中国图书馆年鉴 2014

ZHONGGUO TUSHUGUANNIANJIAN

中国图书馆学会
国家图书馆 编

國家圖書館出版社
National Library of China Publishing House

图书在版编目(CIP)数据

中国图书馆年鉴 2014/中国图书馆学会，国家图书馆编. -北京：国家图书馆出版社，2015. 1
ISBN 978-7-5013-5528-0

Ⅰ. ①中… Ⅱ. ①中… ②国… Ⅲ. ①图书馆事业—中国—2014—年鉴 Ⅳ. ①G259. 2-54

中国版本图书馆 CIP 数据核字（2015）第 000705 号

书　名	中国图书馆年鉴 2014
著　者	中国图书馆学会 国 家 图 书 馆 编
责任编辑	高　爽　金丽萍

出　版	国家图书馆出版社(100034　北京市西城区文津街 7 号) (原书目文献出版社　北京图书馆出版社)
发　行	010—66114536　66126153　66151313　66175620 66121706(传真)，66126156(门市部)
E-mail	btsfxb@nlc. gov. cn (邮购)
Website	www. nlcpress. com→投稿中心
经　销	新华书店
印　装	北京科信印刷有限公司
版　次	2015 年 1 月第 1 版　2015 年 1 月第 1 次印刷

开　本	889×1194(毫米)　1/16
印　张	39. 5　　彩插：2
字　数	1000 千字

书　号	ISBN 978-7-5013-5528-0
定　价	340. 00 元

编辑说明

一、《中国图书馆年鉴》是反映中国图书馆事业年度发展状况的大型资料工具书。首卷出版于1996年，反映1990年至1995年间的情况。自1999年始，编辑出版周期为隔年一卷，包括1999年卷、2001年卷、2003年卷以及2005年卷。自2006年卷起，改为每年编辑出版一卷。

二、《中国图书馆年鉴》自2007年卷起，由中国图书馆学会、国家图书馆联合主办，编纂工作由国家图书馆研究院《中国图书馆年鉴》编辑部主持。

三、《中国图书馆年鉴》2014年卷反映2013年中国图书馆事业的发展状况。

四、《中国图书馆年鉴》2014年卷的动态性信息由全国各省、自治区、直辖市图书馆学会、中国图书馆学会各分支机构及所属各专业委员会、相关专业机构或教学研究机构提供。年鉴的统计资料来自文化部、地方文化行政部门、专业协作组织、中国图书馆学会高校图书馆分会以及有关专业机构。年鉴的参考性、指南性资料，由年鉴编辑部组织力量整理编辑，并得到中国图书馆学会编辑出版委员会年鉴专业委员会的指导。专文由年鉴编纂工作委员会确定选题、特邀作者撰写。

五、《中国图书馆年鉴》2014年卷正文采用分类编辑法。全文由特载、纪事、专文、图书馆事业、学术交流、法律法规与政策性文件、专业文献、统计资料、年度大事记、图书馆活动图辑、索引等几大部分构成。

《中国图书馆年鉴》主办与编纂单位

主　　办　中国图书馆学会　国家图书馆

编　　纂　国家图书馆研究院《中国图书馆年鉴》编辑部

《中国图书馆年鉴》编纂工作委员会

《中国图书馆年鉴》编辑部

编辑部联系方式:

地　　址:北京中关村南大街33号　国家图书馆研究院《中国图书馆年鉴》编辑部

邮　　编:100081

电　　话:(010)88544057

电子邮箱:zgtsgnj@nlc.gov.cn

联 系 人:程　鹏　王旭东

本卷特约专文作者（按姓氏笔画排列）

马艳霞　王珊珊　冯　佳　田　蓉　李　硕　李国新　肖　雪　肖希明　邱奉捷
陈红彦　金武刚

本卷撰稿人（按姓氏笔画排列）

丁启宏　万行明　马　丽　马　骏　马丽军　马秀峰　马慧艳　孔繁青　牛润桃
王　阳　王　丽　王　芳　王　净　王　波　王　洋　王　晴　王　琳　王　琼
王兆勇　王依卓　王国强　王春红　王晓华　王晓青　王晓峰　王海波　王艳聪
王淑琴　王淑新　邓　茜　邓淑敏　乐艳丽　冯　杰　冯宝秀　卢小戎　卢春雷
卢荟羽　史　君　司艳华　甘典国　申国敏　石显凤　立　青　龙子华　任玉荣
任春贤　关志英　关燕云　刘　玉　刘　芳　刘　峰　刘　颖　刘　静　刘细文
刘彦丽　刘春林　刘家坤　刘晓云　刘晓兰　刘雪平　刘雪花　向　青　吕伟红
吕秋培　吕清芳　孙　诗　孙　艳　孙小满　孙革玲　孙艳丽　孙德建　巩　伟
朱　强　朱隽嘉　朱慧明　江振柏　祁燕蒨　许　漪　许鲜草　邢小芳　严　真
何　芳　何杰锋　何淑梅　余胜英　吴　冰　吴　荇　吴汉华　吴羽冰　宋　扬
宋　玲　宋一兵　宋雪飞　张　贝　张　宏　张　亮　张　虹　张　娟　张　章
张小云　张小野　张邓锁　张世彤　张收棉　张毕臣　张岳萍　张建荣　张俊明
张海政　张继军　张艳玲　张淑琼　张惠君　张新兴　张慧蕊　张毅宏　李　抒
李　娇　李　娜　李　香　李　莉　李月好　李永刚　李丽霞　李利华　李宏伟
李凯翔　李秋雨　李盛福　李德胜　杨　凡　杨　威　杨岭雪　杨洪江　沈　华
苏明德　辛　娜　邹序明　陈　华　陈　炎　陈　湘　陈　琳　陈人语　陈有志
陈妮娜　陈建文　陈嘉乐　单晓明　周　娜　周　浪　周　琦　周华平　周建彩
周爱武　国博鸣　庞　琳　林　英　林宏磊　武锦丽　武巍泓　罗　欢　罗　玲
范志峰　郑刘美莉　金仙花　金美丽　侯国柱　姚　舜　姚伟欣　姚晓霞
施　静　施燕斌　段蓓虹　胡京波　胡卓理　赵　燕　赵冬梅　赵庆秋　赵国良
赵保富　赵树宜　郝　杰　闻德锋　项　琳　骆建成　倪海燕　唐晓应　徐　坤
徐世芳　袁学良　贾　玲　贾永红　贾晓斌　郭　坚　郭　英　郭　颖　郭　毅
郭科文　郭娥则　商继娟　尉　洁　曹子珏　曹洪欣　梁金平　梁晓薇　菅晓睿
菊秋芳　逯志祥　黄　英　黄　浩　黄丽婷　黄恩琼　黄爱婷　傅嗣鹏　曾　莉
温晓红　董　隽　董春花　蒋志华　覃汉军　谢万幸　韩　梅　蒲宁英　虞　敏
靳艺星　鲍国葆　廖先军　廖志琦　熊　文　翟东航　蔡　璐　谭黎绮珊
霍彩玲　霍瑞娟　糜　翔　魏　刚　魏　微

◆1 月 30 日，中国记忆项目系列展览之“年画中的记忆——国家图书馆藏年画精品暨国家级非物质文化遗产年画项目代表性传承人作品展”开展

◆5 月 25 日，中国残联党组副书记、常务副理事长王乃坤，国家图书馆馆长周和平在图书馆文化助残系列活动启动仪式上为“文津阳光讲坛”揭牌

◆8 月 27 日，国家图书馆藏清宫“天禄琳琅”珍籍修复项目启动

◆9月2日，《远东国际军事法庭庭审记录》首发出版座谈会在国家图书馆举行

◆9月30日，《永乐大典》一册入藏国家图书馆仪式暨《永乐大典》特展开幕式在国家图书馆举行

◆11月19日，由文化部、云南省人民政府主办，国家图书馆、云南省文化厅承办，云南省图书馆、昆明市文体局协办的2013亚洲图书馆馆长论坛在昆明举行

◆12月12—13日，“第十四届全国省、自治区、直辖市、较大城市图书馆馆长联席会议”在国家图书馆召开

◆6 月 20 日，全国数字图书馆建设与服务联席会第十四次会议在辽宁大连召开

◆7 月 30 日，网络书香·数字图书馆建设与服务宣传推广项目(江苏站)系列活动启动

◆8 月 14—15 日，第一届全国图书馆未成年人服务论坛在云南昆明举办

◆8 月 5—6 日，全国图书馆未成年人服务提升计划(吉林站)巡讲活动举行

◆9 月 25—30 日，网络书香·数字图书馆建设与服务宣传推广项目(四川站)体验区向读者开放

◆11 月 7 日，2013 年中国图书馆年会开幕式在上海浦东新区举行

◆10 月 16 日，“城市与图书馆”学术论坛暨首都图书馆百年纪念会议召开

◆7 月 8 日，首都图书馆接受文化部公共图书馆第五次评估定级工作检查

◆10 月 16 日，首都图书馆与法国蓬皮杜国家艺术和文化中心公共信息图书馆签署战略合作协议

◆2013 年重装开放的首都图书馆少年儿童图书馆少儿中文书刊借阅区内颇具特色的“国学堂”

◆北京市朝阳区图书馆新馆外景

◆3—5 月，天津市西青区图书馆开展“大田杯好书伴我成长”系列读书活动

◆6 月 5 日，天津市西青区图书馆王兰庄中心小学分馆成立

◆10 月 21 日，天津市东丽区图书馆李港监狱分馆揭牌

◆2013 年，天津市静海县建立第四家科技书屋

◆5 月 14 日，数字资源发展趋势和使用统计规范研讨会开幕式在天津师范大学举行

◆4 月 23 日，2013 燕赵少年读书系列活动在河北省图书馆启动

◆5 月 11 日，河北省图书馆举行“纪念孙犁诞辰 100 周年·诗文朗诵会”

◆5 月 18 日，“最美的声音”——第 23 次全国助残日朗诵会暨中国盲文图书馆河北分馆揭牌仪式在河北省图书馆举行

◆8 月 18 日，河北省图书馆汽车图书馆流动服务正式启动

◆7 月 12 日，河北省图书馆学会医院图书馆委员会举办第六届学术研讨会

◆沧州图书馆新馆外景

◆6 月 1 日，山西省图书馆举办表彰优秀小读者活动

◆7 月 1 日，文化部部长蔡武参观山西省图书馆新馆开馆纪念展

◆山西省图书馆新馆外景

◆2013年，太原市图书馆开展为农民工子女送书活动

◆2013年11月，太原市图书馆举办"图书馆第三文化空间"艺术设计邀请展颁奖仪式

◆1月9日，长治市图书馆推出流动图书车进社区服务

◆2013年5月，临汾市尧都区图书馆举办"一站两室"首期培训班暨"文化下基层"活动

◆5月26日，书香辽宁 阅读引领未来——图书馆嘉年华文化系列活动启动仪式举行

◆5月26日，书香辽宁 阅读引领未来——图书馆嘉年华文化系列活动少儿活动专区

◆9月12日，辽宁省图书馆举办“礼迎全运 魅力阅读——图书馆之夜”活动

◆读者在辽宁省图书馆流动图书车上借阅图书

◆1月30日，延边州青少年活动中心揭牌仪式在延边图书馆举行

◆8月10日，国家图书馆馆长周和平在延边州文化局局长沈秀玉陪同下考察延边图书馆

◆7月19日，和龙市图书馆在文化街道文兴社区建立首家分馆

◆10月17日，朝鲜民主主义人民共和国图片展暨赠书仪式在延边图书馆举行

◆10月13日，和龙市图书馆举办关爱留守儿童主题活动

◆4月18日，辽源市图书馆举办"令我感动的一本书"演讲活动

◆7月19日，前郭县图书馆“乌兰塔拉乡文化站和敬老院图书馆分馆”揭牌

◆“4·23”世界读书日当天，黑龙江省图书馆推出“真人图书”借阅服务

◆1月23日，黑龙江省图书馆举办公共数字文化新媒体服务推介会

◆7月18日，黑龙江省图书馆学会第十次会员代表大会在哈尔滨隆重开幕

◆7月31日，2013年全民阅读年会在黑龙江省图书馆举行

◆2013年9月，黑龙江省图书馆（中俄）馆际交流图片展举办

◆4月12日，《民国时期电影杂志汇编》首发式暨座谈会在上海图书馆举行

◆6月20日，长三角城市图书馆讲座工作座谈会暨讲座图书馆开通仪式在上海图书馆举行

◆7月17日，朱践耳音乐手稿捐赠仪式在上海图书馆举行

◆9月4日，"读书乐"上海漫画名家邀请展暨全国读书漫画大赛历届优秀作品展在上海图书馆开幕

◆11月7日，2013年中国图书馆展览会举办期间，文化部副部长杨志今、国家图书馆馆长周和平参观上海图书馆主题展览

◆4月23日，青浦区图书馆推出"阅读推广进巴士"计划

◆5月8日，普陀区图书馆在中国渔政206船设立首个渔政船图书漂流点

◆6月6日，奉贤区第3届阅读节闭幕式在奉贤区图书馆举行

◆7月15日，浦东图书馆援建安徽六安革命老区“候鸟书屋”

◆9月18日，虹口区第二届青少年阅读节举行闭幕式

◆嘉定区图书馆新馆外景

◆12月1日，以“云霞重聚 百年传承”为主题的过云楼藏书合璧展开展仪式在南京图书馆举行

◆2013年10月，金陵图书馆馆长严峰与加纳图书馆委员会签订合作备忘录

◆2013年6月，国家公共文化服务体系示范区创建考核小组检查苏州图书馆

◆11 月 4 日，2013 年中国图书馆年会会前会在苏州举行

◆6 月，彭城书法大赛暨第五届全国规范汉字书写大赛在徐州市图书馆举行

◆4—6 月，盐城市举办“盐读风”首届全民读书月系列活动，图为盐城市图书馆举办读书征文演讲比赛现场

◆5 月 29 日，南通市少儿图书馆举办“快乐图书馆日”活动

◆2013 年，南通市少儿图书馆开展免费办证进校园活动

◆12 月 30 日，扬州市首家 24 小时自助图书馆启用

◆3 月 27 日，浙江省古籍保护工作会议在杭州召开

◆5 月 15 日，第九届浙江省未成年人读书节在湖州南浔拉开帷幕

◆8 月 29 日，浙江省公共图书馆读者活动案例解析培训班在杭州举办

◆10 月 11 日，浙江省 2013 年国际盲人节大型公益活动在嘉兴启动

◆11 月 22 日，浙江省公共数字文化移动服务平台“浙江文化通”开通仪式在浙江图书馆举行

◆11 月 28 日，浙江省文化厅副厅长柳河为首届浙江省未成年人思想道德建设“微电影”大赛获奖作品颁奖

◆4 月 23 日，台州市路桥区图书馆举行开馆仪式

◆7 月 7 日，杭州图书馆生活主题分馆试开放

◆1 月 14 日，“转型与发展：图书馆服务未来暨高校图书馆信息共享空间建设”研讨会在浙江大学召开

◆4 月 25—26 日，浙江省高校图书馆馆长工作会议在浙江师范大学举行

◆11 月 11—12 日，全国通信电子类高校图书情报工作委员会 2013 年学术年会在杭州电子科技大学举行

◆4 月 19 日，安徽省图书馆第三届优秀书刊漂流阅读活动在安徽医学高等专科学校和合肥工业大学启动

◆5 月 10 日，全国公共文化发展中心安徽省级分中心揭牌仪式举行

◆5 月 11 日，“中三角”湘鄂赣皖四省公共图书馆联盟在湖北武汉成立，四省图书馆馆长共同出席此次签约仪式

◆9 月 4 日，2013 年“网络书香·数字图书馆建设与服务”宣传推广项目（安徽站）系列活动在安徽省图书馆启动

◆9 月 6 日，安徽省图书馆在黟县柯村学校建立第 29 个“爱心快乐图书室”

◆11 月 5 日，著名作家王蒙先生应安徽省图书馆新安百姓讲堂之邀，主讲《中国文化的几个特点》

◆11 月 12 日，安徽省图书馆在建馆 100 周年之际，举办章伯钧、吴慰慈先生藏书捐赠交接仪式

◆11 月 12 日，易向军馆长陪同嘉宾参观安徽省图书馆建馆 100 周年展览

◆10 月 10 日，美国俄勒冈州交流图书馆员在福建省图书馆举办讲座

◆5 月 30 日，福建省图书馆举办 2013 年图书馆服务宣传周启动仪式

◆10 月 13—16 日，福建省图书馆学会 2013 年学术年会在长汀县召开

◆2013 年国庆长假期间，厦门市图书馆开展青少年“假日课堂”热读活动。图为中学生到省“书香之家”获得者家中参观家庭藏书并交流读书心得

◆厦门市少儿图书馆“故事妈妈”俱乐部被推选为2013年全国文化志愿者基层服务年示范项目。图为“故事妈妈”活动现场

◆6月8日，漳州市图书馆举办漳州市“非遗“保护成果展

◆7月25日，晋江市图书馆组织优秀外来工子女参加“大美晋江·我的第二故乡行”系列活动

◆1月1日，宁德市蕉城区图书馆举办“我心中的图书馆”少儿现场绘画大赛

◆3月22日，江西省公共图书馆讲座与展览联盟正式签约

◆6月1日，江西省图书馆开展2013年图书馆服务宣传周活动

◆7 月 23 日,“阅读推广经典图书赏析系列展览”在江西省图书馆展出

◆7 月 25 日,江西省迎来全国第五次公共图书馆评估定级工作

◆9 月 23 日,江西省图书馆正式推出 24 小时城市街区自助图书馆服务

◆11 月 24 日,江西省图书馆举办“让感恩成为一种习惯”书信演讲比赛

◆11 月 22 日,2013 鲁豫皖赣新五省区图书馆学会学术年会在江西上饶召开

◆12月8日，江西省副省长朱虹出席南昌城区公共图书馆“通借通还”启动仪式

◆1月21日，宜春市图书馆与实验小学联合举办读书知识竞赛活动

◆12月12日，2013年江西省高校图书馆学术论坛暨馆长大会在南昌召开

◆8月1日，第四届教育部高等学校图书情报工作指导委员会成立大会暨第一次工作会议在河南郑州召开

◆9月12—15日，中国图书馆学会阅读推广委员会2013年工作会议暨第七届全民阅读论坛在河南郑州召开

◆郑州大学新校区图书馆外景

◆5月12日，“湘鄂赣皖四省历史文化名人解读巡回讲座——曾国藩四人谈”在湖南图书馆开讲

◆9月，湖南图书馆举办2013年普通话宣传周系列活动

◆湖南图书馆女子图书馆开展2013年读书活动

◆湘图百姓课堂 2013 年书画课程学员汇报展在湖南图书馆举办

◆2013 年 4 月，湖南省少年儿童图书馆举办儿童阅读讲座

◆11 月 29 日，海南省图书馆协会二届一次会员代表大会在省图书馆召开

◆2013 年春节期间，重庆市公共图书馆联合帮助农民工网上订购火车票

◆4 月 24—26 日，民国时期文献普查工作培训班在重庆图书馆举办

◆4 月 17 日，重庆图书馆在三峡航线的长江黄金邮轮上开设图书流通点

◆5 月 21 日，全国政协副主席卢展工率全国政协科教文卫体委员会调研组视察重庆图书馆

◆2013 年 7 月，重庆图书馆参加“百日纳凉工程”，为全市 111 个人防工程纳凉点提供图书借阅服务

◆9 月 26 日，2013 年中南、西南省（市）、自治区公共图书馆业务协作研讨会在重庆图书馆召开

◆9 月 29 日，网上重庆图书馆上线仪式举行

◆3 月 22 日，四川省图书馆开展汉藏文化共享工程藏区行活动，向金川县广法寺赠送文化信息资源共享工程设备

◆3 月 22 日，四川省图书馆汉藏文化交流工作会议在金川县广法寺召开

◆2013 年 3 月，四川省图书馆系列公益讲座“巴蜀讲坛”走进巴中

◆9 月 25 日，“网络书香·数字图书馆建设与服务”宣传推广项目（四川站）系列活动在崇州市图书馆举行

◆6 月 13—15 日，“2013 年四川省高校图书馆建设发展研讨会”在四川农业大学都江堰校区举行

◆5月26日，贵州省图书馆开展图书馆服务宣传周活动

◆贵州省图书馆与省文化厅联建遵义市洪江小学布客书屋

◆8月10日，贵州省图书馆启动“听见爱——我为盲人读本书”公益活动

◆7—11月，贵州省图书馆在贵阳市未成年人思想道德建设示范点开展“越读越精彩”贵阳市社区少儿阅读推广活动

◆10月27日，在贵州省图书馆学会第八次会员代表大会暨2013年学术年会上为获奖论文作者颁发证书

◆2013年年初，云南省图书馆在省“两会”会场设立服务专区，为与会代表和委员提供服务

◆6月2日，云南省图书馆学会在昆明少年儿童图书馆举办“2013庆‘六一’‘我心目中的图书馆’”有奖征文活动颁奖仪式

◆4月23日，云南省图书馆学会在省女子一监为服刑人员举办征文比赛、有奖知识问答等活动

◆8月3日，云南省图书馆到丘北县图书馆开展送书下乡活动

◆10月10—11日，云南省图书馆学会在泸西县举办数字出版引领全民阅读学术报告交流会

◆3 月 25 日，甘肃省首届图书馆出版社文化论坛及新书现采会在甘肃省图书馆举行，图为新书现采会现场

◆4 月 11 日，甘肃图书情报界讲座展览联盟 2013 年工作会议在兰州召开

◆9 月 25 日，在 2013 甘肃省图书馆学会年会上为“志愿者行动——基层图书馆员培训活动”优秀志愿者颁发荣誉证书

◆5 月 16 日，国家科技图书文献中心二届理事会十次会议在北京召开

◆12 月，国家科技图书文献中心副主任吴波尔代表中国与欧洲粒子中心组织的高能物理开放出版资助联盟(SCOAP3)在瑞士日内瓦签署《SCOAP3 备忘录》，中国正式加入该联盟

◆12月4日，国家科技图书文献中心人才队伍建设业务岗位系列培训第一场——数字图书馆发展战略讲座在北京举办

◆2013年7月，中国地质图书馆与武警黄金部队签订文献资源共建共享合作协议

◆2013年，中国地质图书馆青年馆员借助“三进四同”活动平台深入地质工作一线进行学习交流

◆7月29日—8月4日，中国计量科学研究院文献馆赴西藏开展科技文献培训活动

◆中国农业科学院国家农业图书馆新馆外景

China
Library Yearbook

中国图书馆年鉴 2014

目录

特载

纪事

专文

图书馆事业

学术交流

法律法规与政策性文件

专业文献

统计资料

年度大事记

索　引

特　　载

文化部开展第五次全国公共图书馆评估定级工作

公共图书馆评估工作是政府文化主管部门行使管理职能、加强业务指导、推动公共图书馆事业发展的有效手段。1994年以来，文化部先后对全国县以上公共图书馆进行四次评估定级。评估定级工作有效地促进全国各级公共图书馆基础设施、业务建设、服务工作和办馆效益的提升。2012年2月—2013年10月，文化部开展第五次全国县以上公共图书馆评估定级工作，分为修订标准、实施评估、定级总结三个阶段。本次评估工作得到各级政府及文化主管部门的高度重视，各级公共图书馆经过周密部署、认真组织、深入实施，以评促建、以评促改，取得良好成效。

一、修订标准

2012年2月，文化部公共文化司委托国家图书馆研究院对评估标准进行全面修订。国家图书馆研究院在搜集整理国内外与图书馆评估相关的标准及文件、总结梳理国内学术界对前四次公共图书馆评估的研究成果等深入调研的基础上，遵循加强对政府相关工作考核、注意与相关政策/标准等衔接、统筹考虑事业发展现实水平和地区差异、增强评估标准可操作性等修订原则的前提下，对评估标准进行系统修订，调整标准的总体框架、指标及分值分配，重新设定部分指标的指标值，并统筹各大重点文化工程建设，细化考核目标，还细化指标解释及评分依据。2012年6月，国家图书馆研究院在多次讨论并反复修改的基础上，形成修订初稿。

2012年7月，文化部两次召开专家座谈会，面向全国各地的公共图书馆馆长及图书馆界学者代表征求意见，8月，选取长春、广西、北京、天津等地进行试评估征求意见，10月，由文化部面向全国征求意见，27个地区给予反馈。经过多轮征求意见及反复修改、完善，新修订的标准于10月正式定稿。

新修订公共图书馆评估标准系列文件包括：《省级图书馆评估标准》《市级图书馆评估标准》《县级图书馆评估标准》《省级少年儿童图书馆评估标准》《市级少年儿童图书馆评估标准》《县级少年儿童图书馆评估标准》以及《省、市、县图书馆定级必备条件》《省、市、县级少年儿童图书馆定级必备条件》。新版评估标准对第四次评估标准的体系结构、分值分配、指标取值及评分定级方法等方面都做了较为系统的改进，由设施与设备、经费与人员、文献资源、服务工作、协作协调、管理与表彰和重点文化工程七个部分组成，各级图书馆总分值均为1000分，指标体系最多分四级，包括定性和定量两类考察指标，其中，一级指标7个、二级指标36个、三级指标100个，新增指标50个、删除指标10个。

新版标准在对各级公共图书馆的建设、管理及业务建设进行规范指导的基础上，强调重视图书馆服务工作，不仅对图书馆各项服务活动的内容和方式做详细规定，同时还从人均年到馆次数、书刊文献流通次数、年参与读者活动次数等效益指标，以及读者对图书馆服务环境、馆藏文献、设施设备、服务效率等方面的满意程度，对图书馆的服务质量进行综合评估。本次评估标准的修订注重强化对图书馆服务效益和对现代信息技术应用水平的考查、对重大政策举措执行情况的检查和督导，并适当兼顾东、中、西部不同地区的发展水平。

二、实施评估

2012年11月，文化部印发《关于开展县以上公共图书馆第五次评估定级工作的通知》（办公共函〔2012〕523号），针对2013年开展的县级以上公共图书馆第五次评估定级的具体工作进行系统部署，明确评估对象、评估工作组织及分工、评估方式、评估时间安排，评估标准和定级必备条件，要求各级公共图书馆对照评估标准，以评促建，积极争取改善办馆条件，努力改进各项业务工作，提高管理和服务水平。

2012年11月23日，文化部召开全国公共图书馆工作会议，对评估定级工作进行全面部署，要求以第五次全国县以上公共图书馆评估定级工作为契机，推进公共图书馆设施建设、设备配备、经费保障、改善服务等工作，实现以评促建。

2013年3月13—14日，由文化部公共文化司主办、国家图书馆承办的公共图书馆评估定级工作培训班在国家图书馆举办。来自全国省级、副省级图书馆（包括少儿馆）的馆长及相关部门负责人约100人参加培训。文化部公共文化司巡视员刘小琴出席开班仪式并致辞。国家图书馆馆长周和平出席会议并讲话，他强调，要深刻认识第五次评估定级工作的重要意义，并向与会人员提出三点希望：一是加大培训中的研究和探讨；二是在评估工作中注意及时沟通；三是希望各省馆与国家图书馆研究院之间建立密切联系。培训期间，国家图书馆馆长助理、研究院院长汪东波就第五次全国公共图书馆评估标准（少儿馆部分）从标准修订的主要思路、标准框架及指标数量的调整、各大部分指标的重要调整以及重点注意的几个指标值四个方面进行解读；研究院副院长申晓娟就第五次全国公共图书馆评估标准从评估工作的历史回顾、修订背景、修订的主要思路和重点内容以及地市级馆评估标准重点四个方面进行解读。此外，国家图书馆副馆长魏大威介绍数字图书馆推广工程的建设情况；文化部公共文化司图书馆处副处长尹寿松介绍数字图书馆示范馆、《公共图书馆服务规范》示范馆创建工作；南京图书馆、长春图书馆的参会代表分别介绍评估工作相关经验，上海社科院信息研究所所长王世伟针对《公共图书馆服务规范》做解读。

2013年4—6月，各地对本地区市级和县级图书馆进行评估。各地对于评估工作高度重视，许多省（区、市）文化厅（局）成立专门领导小组，开展专题研究，安排系统培训，并制订有针对性的实施方案，采取参评馆自评、市级评估组初评、省级评估组复评推荐的工作流程。从整体上看，本次评估的结果比较真实、全面地反映出参评图书馆的实际状况，基本反映出各地区图书馆事业发展的整体状况。

2013年6月14日，文化部在国家图书馆召开副省级以上公共图书馆评估组工作会议，部署副省级以上公共图书馆评估工作及有关重点文化工程督导工作。文化部公共文化司副司长陈彬斌、巡视员刘小琴，来自全国各省（市）文化厅（局）、社文处的负责人，各省级、副省级图书馆的馆长、副馆长，国家图书馆副馆长魏大威、张志清，馆长助理汪东波以及各评估工作组的联络员等60余人参会。公共文化司巡视员刘小琴对评估工作的总体安排和工作内容做说明。国家图书馆副馆长魏大威、国家图书馆副馆长张志清，文化部全国公共文化发展中心副主任李建军分别部署数字图书馆推广工程、中华古籍保护计划、全国文化信息资源共享工程、公共电子阅览室建设计划等重点工程的督导重点及打分依据。国家图书馆研究院副院长申晓娟从评估工作的历史回顾、标准的主要内容和基本框架、本次评估工作的主要特点、评估中需要注意的具体问题、部分指标说明等方面对评估标准进行细致解读。此外，各评估组还分别召开小组会议，针对接下来实地评估工作的分工和安排进行沟通和部署。

2013年6月下旬至7月末，文化部公共文化司组织14个专家评估组，分赴全国31个省（区、市），对各地公共图书馆评估定级工作的组织实施情况进行检查，对副省级以上图书馆进行评估，并对全国文化信息资源共享工程、数字图书馆推广工程、中华古籍保护计划和公共电子阅览室建设计划等重点文化工程的实施情况进行检查督导。评估组由文化部公共文化司负责同志、省级文化厅相关负责人、图书馆馆长、学界专家、国家图书馆及全国公共文化发展中心相关工作人员共同组成。

评估过程中，各评估组听取各省（自治区、直辖市）文化厅（局）关于本地公共图书馆事业发展状况、评估工作总体情况及有关重点文化惠民工程实施情况汇报；听取省级、副省级图书馆自评情况汇报。此外，各评估组还实地考察副省级以上公共图书馆设施设备、服务工作及有关重点文化惠民工程实施情况；抽查部分市、县公共图书馆评估情况，考察评估工作效果，听取基层图书馆对评估工作的意见和建议。除此之外，评估工作组还在各馆实地进行读者满意度调查，与读者进行交流。经过充分的实地调研和考察后，评估组严格以评估标准及定级必备条件为依据，对副省级以上公共图书馆打分，同时查看与评估标准相关的各种原始凭证及报告材料。此后，评估组现场召开评估反馈会，及时向被评估省（自治区、直辖市）人民政府、文化厅（局）、财政厅（局）以及图书馆代表反馈评估工作情况，包括对被评估省（自治区、直辖市）图书馆评估工作的总体评价，对被评估图书馆的评价，对有关重点工程督导情况的评价等。这些意见既肯定各省图书馆事业建设中的成绩和经验，又指出其中的问题和不足，还对将来的发展提出意见和建议，切实发挥“以评促建、以评促改”的功效。

据统计，全国共有 2621 个图书馆参加本次评估定级，占县以上公共图书馆总数的 85%，比第四次评估时增加 387 个，增长 17%。其中副省级以上图书馆 52 个，参评率 89%；地级图书馆 348 个，参评率 82%；县级图书馆 2239 个，参评率 87%，均创历史新高。

三、定级总结

2013 年 9 月 27 日，文化部召开副省级以上公共图书馆评估组总结会，14 个评估组的 40 余位成员悉数到会。会议由文化部公共文化司巡视员刘小琴主持，各评估组负责人介绍本组的评估工作，并对如何进一步改进和完善评估工作、加强公共图书馆绩效评估提出意见和建议。与会人员还针对第五次全国县以上公共图书馆评估定级建议分数线进行讨论，并结合评估，围绕图书馆事业发展提出意见和建议。

2013 年 10 月 31 日，文化部印发《关于公布第五次公共图书馆评估定级上等级图书馆名单的通知》（文公共发〔2013〕52 号），文件公布：依据第五次公共图书馆评估标准和定级必备条件，首都图书馆等 859 个图书馆荣获“一级图书馆”称号；天津市河西区图书馆等 640 个图书馆荣获“二级图书馆”称号；天津市河北区图书馆等 731 个图书馆荣获“三级图书馆”称号，全国共计 2230 个图书馆达到三级以上图书馆标准。

本次评估定级工作历时近两年，各级公共图书馆以评促建、以评促改，取得良好成效。各级文化行政部门高度重视、精心组织，各级公共图书馆以评估工作为契机，努力改革创新，加强基础业务建设，提高服务效能和管理水平，使图书馆工作达到新的水平。据统计，本次评估上等级馆数量比第四次评估增长 25%，一、二级图书馆数量分别增长 79%和 56%。

（国家图书馆　邓茜）

第四批《国家珍贵古籍名录》暨古籍普查重要发现正式发布并在京展出

3月8日，国务院颁布《国务院关于公布第四批国家珍贵古籍名录和第四批全国古籍重点保护单位的通知》（国发〔2013〕12号），正式公布第四批《国家珍贵古籍名录》和全国古籍重点保护单位。第四批《国家珍贵古籍名录》包括189家藏书单位的1516部古籍，囊括汉文古籍1218部，少数民族文字古籍286部，其他文字古籍9部，3种甲骨文。第四批全国古籍重点保护单位共16家，其中包括中国嵩山少林寺、西藏博物馆等宗教、少数民族单位。第四批《国家珍贵古籍名录》和全国古籍重点保护单位申报单位，涉及文化、教育、文物、民族、宗教、档案、新闻出版总署、中科院、社科院、部队、中医等系统，包括公共图书馆、高等院校图书馆、博物馆、民委古籍办等不同类型的单位和个人。

通过古籍普查，挖掘出一批不为人知或少为人知的珍贵古籍，发现大量鲜为人知却珍品迭出的古籍收藏单位。在珍贵古籍方面，国家图书馆藏《大宝积经》是我国也是全人类第一部印本大藏经，目前已知全世界仅存12卷；军事科学院图书馆藏元刻明修本《十三经注疏》在2007年古籍普查前未为人知，是国内仅存的三部附释音《十三经注疏》之一；河南私人藏明代金陵本《本草纲目》是目前中国民间发现的唯一一部金陵本全本，金陵本作为各版本《本草纲目》的祖本，在此前全世界只存全帙8部，我国国内仅藏2部，该本的出现意义重大。在收藏单位方面，安徽皖西学院图书馆收藏古籍3万册，藏量较多，善本比例较高，其中宋衢州州学刻元明递修、温廷敬跋《三国志》成为第二批《国家珍贵古籍名录》的一大亮点；中国文物研究所（中国文化遗产研究院）收藏古籍20余万册，所藏宋刻本《列子冲虚至德真经》八卷、元刻本《棋经十三篇》等入选《国家珍贵古籍名录》。这些重要发现是全国古籍普查登记工作的重要成果，为学术研究提供更多有益参考，对我国古籍保护事业的发展具有重要意义。

4月18日，第四批《国家珍贵古籍名录》暨古籍普查重要发现在国家图书馆正式发布。国家图书馆副馆长、国家古籍保护中心副主任张志清，全国古籍保护工作专家委员会主任李致忠以及相关古籍善本研究专家分别就第四批《国家珍贵古籍名录》和全国古籍重点保护单位以及古籍普查重要发现的相关情况，向近30家媒体记者做介绍。

12月3—25日，“古籍普查重要发现暨第四批国家珍贵古籍特展”在国家图书馆总馆北区开展。本次展览由文化部、国家文物局主办，国家图书馆（国家古籍保护中心）承办，全国60家公共图书馆、高校图书馆、博物馆、民族宗教系统等古籍收藏机构联合举办。

本次特展展出第四批《国家珍贵古籍名录》（1516部）和全国重点古籍保护单位（16家）名单，并通过“中华古籍保护计划成果展”“入选《国家珍贵古籍名录》的部分精品古籍实物展示”“古籍普查重要发现展示”“《中华再造善本》续编成果展示”四大部分全面展示中华古籍保护计划开展七年来所取得的突出成绩。

展览从第四批《国家珍贵古籍名录》1516部古籍文献中精选110余部极具代表性的古籍珍品展出。展品包含甲骨文、敦煌遗书、宋元旧拓、古代舆图、民族古籍和外文善本等，不少珍贵文献为首次面向公众展出：

甲骨文作为重要出土文献首次入选《国家珍贵古籍名录》，展览集中展示其中的18件精品，同时配以拓片和内容丰富的展板，介绍甲骨的发现、释读、科学发掘，并绘制中国甲骨收藏分布图、海外甲骨收藏分布图，使广大读者更加深入了解甲骨收藏、研究等情况。

稿本作为书籍写作的最初形态，出于著者之手，最为可信，而未刊稿本、与刻本内容相异的稿本则具有更高的版本和文献价值，弥足珍贵。展览选取部分名家稿本，其中有中国第一位驻外大使郭嵩焘所著《［光绪］湘阴县志》稿本，经曾国藩批校，弥足珍贵；著名文学家蒲松龄的《鹤轩笔札》，收录其南游宝应、高邮时，担任孙蕙幕僚期间，代写的书启、公文、谕告等文稿。这些稀见稿本将展示许多名家学者鲜为人知的经历和思想，让读者在政治历史、学术思想等方面上获得更新、更全面的认识。

抄本是稿本或印本的传抄本，流传较少，在留存原书、校勘版本等方面都具有不可替代的价值。出于名家抄写、校订的精抄本则尤为珍贵。此次参展的明周荣起抄周淑祜、周淑禧彩绘本《本草图谱》，图文并茂，相映生辉；吕无党家抄本《明史抄略》，密行小字，刚劲有致，所记史事多为正史未收；清内府四色抄本《江流记》，是清乾隆间敕命张照制大内节戏院本，四色精写，精妙绝伦，均是能令公众大饱眼福的稀世珍品。

民族古籍作为记录和传承民族传统文化的重要载体，是中华文化遗产宝库中的瑰宝，第四批《国家珍贵古籍名录》共精选民族文字古籍珍品286部，涵盖藏文、回鹘文、西夏文、蒙古文、察合台文、彝文、满文、东巴文、傣文、水文、古壮字、布依文等12种民族文字。其中收录新发现的大量藏文文献，成为民族文字文献的一大亮点。此次展出的9—10世纪写本《般若波罗蜜多经》、元抄本《续密概论诠释》、清抄本《万年历表》等都是藏文古籍普查的重要成果；托忒蒙古文抄本《江格尔击败残暴古日古木之章》，是蒙古族英雄史诗《江格尔》篇章之一，也是目前新疆境内发现的《江格尔》唯一抄本。民族文字古籍的保护与利用，是我国各民族文化融合、共同繁荣的有力保障。

首次集中展出古籍普查新发现的重要古籍50余部。这些不为人知或鲜为人知的古籍品种或版本，是全国古籍普查工作的重要成果，为全国古籍工作者、学术研究者和广大民众带来众多惊喜。展览通过不同版本对照展出、内容深度揭示等形式，让公众更深入地了解新发现古籍，感受优秀典籍文化，理解古籍保护工作的重要意义。

其中，辽宁省图书馆藏宋淳熙八年刻本《扬子法言》，填补历来台州本的空缺，也证明唐仲友在台州刻三子的不争事实；西藏博物馆藏元至元第三帝师达玛巴拉大都刻本《释量论》的发现，推翻元代未刊印藏文文献和明代以前无藏文印刷实物的旧说，更充分说明元朝中央与西藏地方政权的密切关系；四川省图书馆藏明陈洪绶刻《水浒叶子》是极负盛名的版画杰作，乃初刻，形象逼真，刻绘精致，《中国古籍善本书目》未曾著录；河南私人藏家收藏的明万历二十一年金陵胡承龙刻明重修本《本草纲目》作为《本草纲目》的祖本，对中国传统医学乃至人类文化都有极其重要的意义。

展览还特别展示《中华再造善本》续编项目开展以来所取得的丰硕成果。《中华再造善本》项目是利用现代出版印刷技术，将现存于世的中华古籍善本复制出版，合理地进行保护、开发和利用的全国重点文化工程，2002年开始实施，国内外共计出版787种9129册，以《唐宋编》《金元编》为主，得到了社会各界的一致好评。2008年8月，中华再造善本续编工作正式启动，涵盖《明代编》《清代编》和《少数民族文字编》三部分，截至2013年11月已完成380种595函珍稀古籍的出版工作。通过展示，使广大读者更直观地接触《中华再造善本》续编工作成果，更深刻地认识中华再造善本工程继绝存真，传本扬学，嘉惠学林，荫及子孙的重要作用。

为使广大民众更加深入、直观地了解古籍保护知识，体验古籍传统技艺，国家古籍保护中心还特别举办"古籍保护主题宣传日"活动。12月13日宣传日当天，以及14日、15日，国家古籍保护中心邀请古籍修复和碑帖传拓专家到场演示技艺，观众可现场学习古籍装帧、钉线、碑帖传拓的基本步骤，了解各类古代典籍的装帧形式和制作过程。活动还邀请国内雕版印刷技师现场展示传统技艺，观众可以通过观摩和亲手操作了解古籍印制过程。同时，国家图书馆工作人员现场演示古籍普查登记工作流程和全国古籍普查平台应用，并展示国家图书馆近年来建立的《甲骨世界》《碑帖菁华》《敦煌遗珍》等古籍资源数据库。国家图书馆出版社也在当天展示《永乐大典》《国家图书馆藏敦煌遗书》《中国古籍珍本丛刊》《原国立北平图书馆甲库善本丛书》等古籍整理出版成果。

2007年，我国历史上首次由政府主持开展的国家级重要文化工程——中华古籍保护计划正式启动。经过7年的不懈努力，我国古籍保护工作取得令人瞩目的成绩。国务院已正式公布四批《国家珍贵古籍名录》，共11375部古籍入选，命名166家全国古籍重点保护单位。全国古籍保护工作体系基本建立，古籍分级保护制度初步形成，全国古籍普查全面开展，古籍保护人才梯队日益壮大，古籍修复、保存条件显著改善，古籍保护相关标准和法规逐步完善，古籍保护工作逐渐走上科学化、规范化之路。

（国家图书馆网站报道）

2013 亚洲图书馆馆长论坛在云南举办

11 月 19—20 日，2013 亚洲图书馆馆长论坛在云南昆明成功举办。文化部副部长董伟、云南省副省长高峰、国家图书馆馆长周和平和国际图联秘书长詹妮弗·尼克尔森等出席开幕式，董伟、高峰、詹妮弗·尼克尔森先后致辞，文化部公共文化司巡视员刘小琴主持开幕式。

作为第十三届亚洲艺术节的重要组成部分，本次论坛以“知识全球化与亚洲图书馆发展”为主题，由文化部与云南省人民政府共同主办，国家图书馆、云南省文化厅承办，云南省图书馆协办。来自国际图联、亚洲国家图书馆、中国内地和港澳台地区图书馆及美国、新西兰等其他国家图书馆的 80 余位代表参加论坛。论坛由全体大会和分组讨论两部分组成。

在全体大会上，中国国家图书馆馆长周和平做题为《拓展合作领域，加强共建共享，共同推动亚洲地区图书馆事业的发展》的主旨报告。报告提出亚洲各国图书馆之间应进一步促进双边与多边的交流合作，努力探索新的合作领域，包括促进文献资源的共知共建共享，探索亚洲各国国家图书馆书目数据共享机制，适时启动联合书目数据库建设。共同建立“亚洲数字图书馆”，在建设过程中通过开放核心技术和遵循统一标准，实现各国已有数字图书馆系统的互联互通和数字环境下的资源共知共建共享。建设更具开放性的亚洲图书馆交流合作平台，突破馆际与国家之间的界限，通过建立双边或多边高层管理人员定期会晤与互访机制、定期召开专题研讨会等方式，在人员交流、协同服务等方面开展深入合作。此外，来自斯里兰卡、新加坡、美国和我国的代表也分别做主题发言。

在分组讨论环节，各国代表就《亚洲图书馆昆明宣言》文本草案进行充分讨论，并围绕“亚洲图书馆资源共建共享与合作模式”这一主题进行深入交流，大家集思广益，凝聚共识，共同探讨建立亚洲图书馆交流与合作的机制化平台。国内外代表一致认为，应建立图书馆合作交流长效对话机制，为亚洲乃至世界各国图书馆的共赢合作打下良好基础。

论坛通过《亚洲图书馆昆明宣言》，这是此次论坛的重要成果，对于图书馆界的国际交流与合作具有示范性意义。亚洲各国图书馆将以此为契机，进一步增强互助意识，深化合作内涵，共同推动图书馆领域务实合作的逐步升级。

本次论坛契合国际图书馆事业发展的潮流与趋势，是亚洲现有图书馆国际会议机制的有益补充，为图书馆从业人员提供借鉴国外经验的开放平台，有利于图书馆专业会议的丰富和合作模式的多样化。在本次论坛上，亚洲各国各地区图书馆首次就本地区图书馆事业的发展进行共同展望，表达促成务实合作项目、建立长效合作机制的共同心愿。论坛对于促进各国图书馆事业的进步，加强各国图书馆交流协作，推动区域文化领域务实合作不断取得新进展起到显著成效。（国家图书馆网站报道）

亚洲图书馆昆明宣言

今天，来自亚洲图书馆界的朋友们相聚中国昆明，出席 2013 亚洲图书馆馆长论坛，就亚洲图书馆资源共建共享与合作模式等问题共同商讨，达成共识。

我们意识到，亚洲各国图书馆之间的交流与合作意义重大，加强沟通，切实合作，促进亚洲地区图书馆事业以及亚洲地区文化与社会发展是我们共同的责任。为此，我们提出倡议：

一、加强图书馆馆藏文献资源建设合作。重点推动各国政府出版物交换工作，积极开展馆际互借。

二、加强文献保存保护工作的合作与交流。建立专业人员交流沟通机制，设立文化典籍保护论坛，在文献修复、数字化领域开展深入合作。

三、加强数字图书馆建设与资源共建共享领域的合作。合作开展亚洲地区特色文化的数字化建设和服务，适时启动联合书目数据库共建项目。

四、支持建立图书馆国际培训交流中心，促进图书馆高层管理人员互访以及专业人员的交流和培训。

我们相信，在亚洲图书馆联盟框架下，通过亚洲各国图书馆的真诚合作与共同努力，亚洲各国图书馆事业必将繁荣昌盛。

2013 年 11 月

《远东国际军事法庭庭审记录》国内首发

9月2日，在中国人民抗日战争胜利及世界反法西斯战争胜利68周年纪念日前夕，国家图书馆联合上海交通大学整理出版的《远东国际军事法庭庭审记录》（全80卷）（以下简称《庭审记录》）正式与读者见面，首发出版座谈会在国家图书馆举行。

文化部副部长杨志今，中国社会科学院原副院长武寅，中国人民大学原党委书记程天权，国家图书馆馆长周和平，上海交通大学原党委书记、校务委员会名誉主任王宗光以及来自国家新闻出版广电总局、中央档案馆等单位的相关负责人出席座谈会。国内多位近代史、中日关系、抗日战争研究专家以及"东京审判"中国法官梅汝璈、检察官向哲浚、检察组顾问倪征燠的子女等50余人参加会议。

东京审判是二战后世界历史上重大政治事件，是远东国际关系格局新起点，影响整个东亚历史进程，在中日关系史上具有特殊意义。近5万页的《庭审记录》是远东国际军事法庭1946年5月3日至1948年11月12日的庭审全记录，包括法庭成立、立证准备、检方立证、辩方立证、法庭判决等审判全过程。

周和平介绍《庭审记录》编纂出版情况。他指出，《庭审记录》在国内首次出版，是学界和出版界的盛事，具有重大历史意义和现实意义。作为第一手资料，《庭审记录》真实、完整地再现东京审判全过程，奠定二战后东亚地区的格局，是我们尊重历史、记录历史、热爱和平的直接体现。

上海交通大学原党委书记、校务委员会名誉主任王宗光，东京审判研究中心名誉主任向隆万教授，中央档案馆副馆长杨继波分别致辞。

2011年，在文化部、财政部等相关部门大力支持下，国家图书馆联合业内相关单位启动"民国时期文献保护计划"，征集、整理、保护与研究远东国际军事法庭审判史料是其重要内容。2011年2月，国家图书馆组建工作组，通过文献查阅、走访专家、实地考察等多种方式，了解东京审判史料在美国、日本、俄罗斯等国的收藏情况，在广泛调研基础上，由海外征集到馆近5万页庭审记录。

2012年3月，国家图书馆联合上海交通大学共建"东京审判研究中心"，双方工作人员对近5万页庭审记录逐页审阅、核实缺漏。为补全缺漏，2012年4月，国家图书馆又派调研组赴美挖掘史料，搜寻补得7000余页缺藏记录，基本补齐庭审记录原始文献。2012年10月24日，编纂出版工作正式启动。经过近一年的不懈努力，《庭审记录》正式出版问世。

座谈会上，专家们一致认为《庭审记录》的出版满足了国内学界对东京审判原始文献的迫切需要，提供消除歧见与争论的有效途径，也是驳斥"东京审判史观""远东国际军事法庭非法论"等日本右翼保守势力歪曲和否认侵华史实言论的强有力武器与佐证，为解决现实争端提供历史依据与法理依据，对于知史鉴今、资政育人和弘扬中华民族爱国主义精神，具有重大意义。

座谈会前，《庭审记录》编纂出版工作委员会主任周和平、程天权代表编委会向中国社会科学院、中央档案馆、中国人民抗日战争纪念馆、侵华日军南京大屠杀遇难同胞纪念馆各捐赠一套《庭审记录》。座谈会现场，国家图书馆还展出2011年以来通过海外征集到馆的东京审判珍贵历史照片近百幅。

为子孙后代留下关于本民族兴衰荣辱的完整历史记忆，是当代人应当负起的历史责任。国家图书馆将以此为起点，继续收集整理东京审判在美档案及相关历史资料，陆续推出《远东国际军事法庭证据资料》（50册）、《二战后对日本战犯审判报刊资料汇编》等相关文献，支持学术研究，提供公众利用，为保存好中华民族历史记忆、实现中华民族的伟大复兴做出应有贡献。

（国家图书馆网站报道）

2013年中国图书馆年会在上海召开

11月7—9日，2013年中国图书馆年会——中国图书馆学会年会·中国图书馆展览会在上海浦东召开。作为当前中国图书馆界层次最高、规模最大的行业盛会，此次年会由文化部主办，文化部公共文化司、文化产业司与上海市文广局、浦东新区政府、中国图书馆学会、国家图书馆、文化部全国公共文化发展中心共同承办。国内外图书馆界专家学者、图书馆工作者、企业代表以及在上海出席国家公共文化服务体系示范区（项目）创建工作会议的代表等3000余人与会。年会以“书香中国——阅读引领未来”为主题，旨在倡导“全民阅读”理念，营造多读书、读好书的良好氛围，为推动“书香中国”建设发挥积极作用。年会由工作会议、学术会议、展览会三大板块组成。

【开幕活动】

11月7日上午，2013年中国图书馆年会开幕式在上海世博中心隆重举行。文化部副部长杨志今，上海市副市长翁铁慧，国家图书馆馆长、中国图书馆学会名誉理事长周和平，上海市政协副主席、浦东新区区长姜樑，国际图联管理委员会委员、新加坡国家图书馆管理局副总裁严立初女士等出席开幕式。杨志今、周和平、姜樑、严立初分别致辞。

随后举行“2013中国图书馆榜样人物”颁奖仪式。为展现图书馆工作者的职业精神与道德风范，中国图书馆年会组委会组织开展此次评选活动。评选活动面向全国各地图书馆，有21人入围。经过评委会评选和网络投票，最终评选出7位“2013中国图书馆榜样人物”。他们是：解放军医学图书馆馆长陈锐、贵州省正安县图书馆馆长冯康、西藏藏医学院图书馆馆长朗东·多吉卓嘎、天津市少年儿童图书馆馆长李俊国、广东省东莞市图书馆馆长李东来、上海浦东图书馆馆长张伟、国家图书馆国家古籍保护中心办公室全国古籍保护工作专家委员会主任李致忠。

作为此次年会重要的学术活动之一，十二届全国政协常委、副秘书长，民进中央副主席，中国教育学会副会长朱永新做题为《文化中心，精神客厅，心灵牧场——我心目中理想的图书馆》的大会学术报告。国家图书馆副馆长、中国图书馆学会副理事长陈力主持报告。朱永新从一个读者、一个教育家的角度，从六个方面描述他心目中理想的图书馆的模样：理想的图书馆应该是文化中心、精神客厅和心灵牧场，有最经典、最美好的书籍，有用心推荐好书的专业馆员，面向未来培养读者，快捷、方便没有门槛并且是推动阅读的枢纽。报告既是对理想中图书馆的赞美，同时也带给每一位图书馆员对现实图书馆服务深深的思考。

【全国公共图书馆工作会议】

11月8日上午，全国公共图书馆工作会议在上海浦东召开。会议总结全国第五次县以上公共图书馆评估定级工作，研究部署公共图书馆事业发展、公共数字文化重点工程建设及全国古籍保护工作。文化部党组副书记、副部长杨志今，国家图书馆馆长周和平出席会议并讲话。全国各省（区、市）文化厅（局）分管厅（局）长，副省级城市文化局长，国家图书馆、文化部全国公共文化发展中心负责人，省级、副省级图书馆馆长约160人参加会议。

2013年，文化部组织开展全国第五次县以上公共图书馆评估定级工作。经过各级文化行政部门和图书馆近一年的努力，评估定级工作圆满完成。此次会议上宣读《文化部关于公布第五次公共图书馆评估定级上等级图书馆名单的通知》，并向部分上等级图书馆颁牌。全国共2230个图书馆达到三级以上图书馆标准，其中一级图书馆859个、二级图书馆640个、三级图书馆731个。与第四次评估定级相比，上等级馆数量增加446个，增加25%。会上还向入选第四批《国家珍贵古籍名录》的部分收藏单位颁发证书，向第四批“全国古籍重点保护单位”颁发标牌。

杨志今在讲话中指出我国公共图书馆事业发展取得的成绩与薄弱环节，明确提出下一步发展的重点工作和任务。周和平在会上介绍数字图书馆推广工程及中华古籍保护计划的进展，并重点就国家图书馆如何更好地在全国公共图书馆事业发展中发挥龙头作用做阐述。文化部公共文化司巡视员刘小琴介绍第五次县以上公共图书馆评估定级及重点文化工程督导情况。文化部全国公共文化发展中心主任李宏介绍文化共享工程、公共电子阅览室建设计划以及发展中心的重点工作。

【学术会议】

11月7日下午至8日下午，年会学术会议在上海世博展览馆全面展开。作为整个年会的重要组成和依托，此次学术会议围绕“书香中国——阅读引领未来”的主题，以“繁荣学术研究、促进学术交流和推动事业发展”为宗旨，由中国图书馆学会策划并组织1个大会学术报告、5个主题论坛和29个分会场学术会议，逾3000人参加。会议针对图书馆如何在倡导全民阅读，提升国民素质中更好地发挥作用进行深入研讨和广泛交流，对营造多读书、读好书的良好氛围，推动“书香中国”建设发挥积极的作用。

1. 年会征文。在业界近百名专家的积极参与和大力支持下，今年年会征文活动于7月底圆满完成。征集论文数量达1559篇，参与作者近2000名，体现年会对全国图书馆界的巨大影响力。年会期间，一等奖论文结集出版并向参会代表发放。同时，通过对年会征文活动的宣传、发动、组织情况及应征论文的数量、质量等因素进行综合评定，评出征文活动组织奖19个。

2. 主题论坛。继2012年创新设立“主题论坛”，此次年会继续围绕年会主题，针对当前业界关注和推进的重大议题策划组织5个主题论坛，分别于11月7日下午、8日上午和下午3个时段重点推出。中国图书馆学会阅读推广委员会主办的“知识给人力量 阅读引领未来”论坛，以案例分享和专家点评的方式展现图书馆阅读服务的风采；上海图书馆、上海科学技术情报研究所和上海浦东图书馆主办的“阅读的未来——生态重塑与阅读复兴”论坛，交流、探讨未来图书馆阅读服务的生态发展；中国图书馆学会专业图书馆分会、高等学校图书馆分会和医院图书馆委员会联合主办的“图书馆学科化服务战略转型和最佳实践”论坛，针对图书馆学科化服务的发展进行分享和交流；《图书馆报》主办的“融合与机遇：数字时代的馆社对话”论坛，对数字时代图书馆和出版社携手共进做积极探索；龙源数字传媒集团期刊传播研究中心主办的“公众移动阅读服务高峰论坛”，汇集数百家刊社和图书馆共商中国阅读市场如何更好地服务公众。本届年会的主题论坛内容丰富，专家云集，气氛热烈，吸引不同类型和层面的代表参与。

3. 年会分会场。此次分会场的策划和申办进一步面向业界开放，宏观规划，精细组织，数量超过去年，达到29场。分会场更加注重对各图书馆优秀经验的鼓励和推介，分别针对图书馆未成年人服务、图书馆法律法规、图书馆多元化服务、基层图书馆服务体系建设、图书馆资源建设、绿色图书馆建设、图书馆用户教育、民族图书馆事业、古籍整理与保护、地方文献工作、机构知识库建设等方面设立，通过相互介绍和交流学术成果、实践经验和发展设想，促进今后图书馆理论与实践的发展。

4. 卫星会议。根据业界需求和此次年会实际，首次策划组织卫星会议，进一步完善学术会议体系，挖掘年会内涵。在苏州、常熟、杭州、嘉兴、南京等地图书馆的大力支持下，借鉴国际图联大会卫星会议的成功经验，今年首次以“会前会”和“会后会”的形式组织交流研讨会及图书馆实地考察。11月3—5日，以“公共文化服务体系示范区创建与公共图书馆发展”和“基层图书馆服务体系和服务效能”为主题的会前会分别在苏州市和常熟市举行。11月9—12日，题为“公共图书馆服务体系建设研讨会——第二届总分馆建设论坛”“公共图书馆服务体系建设——中心馆、总分馆及专业主题分馆服务实践”“数字时代大学图书馆服务创新实践”的会后会分别在嘉兴市、杭州市、南京市举行。卫星会议为业界同仁特别是中西部欠发达地区图书馆进行考察观摩、工作交流及学术研讨提供便利，同时实现年会学术会议时空跨度的延展，年会成效进一步显现，为与会代表在办馆理念、业务工作等方面带来更多启发和经验借鉴。

此外，此次年会在上海图书馆协会和上海各图书馆的支持下，于11月9日上午在上海市区图书馆内设立若干“自由交流空间”供注册代表免费申请使用，鼓励开展非正式会议交流，进一步营造年会交流研讨的良好氛围。

【展览会】

为期3天的2013中国图书馆展览会在上海世博展览馆举办，约7.5万人次参观展览。此次展览会分为企业展示区、主题展示区、国际展示区、主题书展区、互动交流区等5个展区，总面积2.5万平方米，图书馆领域企事业单位参展商共132家。今年的展览会首次开辟国际展示区，来自美国、英国、法国、新加坡等国的14家展商展示业界最新发展成果，其中包括：世界上最大的图书馆系统供应商——SirsiDynix，全球领先的创新型教育、学习、研究解决方案提供商——Cengage Learning，亚太地区最大的学术和科研资讯服务提供商——IGroup，世界上规模最大的大学出版社——Oxford University Press，全球最大的人文社科出版集团——Taylor & Francis Group 等，它们大都是首次参加年会。美国图书馆协会（ALA）等国外重要专业机构也积极参展。

【闭幕活动】

11 月 8 日下午，2013 年中国图书馆年会闭幕活动在上海世博中心举行。会议邀请著名文化学者余秋雨做题为《生命因阅读而宁静》的嘉宾演讲，就传统图书馆在困境中转型发展提出意见和建议。在颁奖仪式上，相继颁发“2013 中国图书馆学会年会征文活动组织奖”“2013 中国图书馆学会年会征文活动论文奖”“全民阅读示范基地”“2012 年全民阅读优秀组织奖”“2012 年全民阅读先进单位奖”和“2013 年中国图书馆年会展览会优秀展示奖”。中国图书馆学会副理事长、上海图书馆馆长吴建中代表中国图书馆学会，首次发布《图书馆发展浦东共识》，以持续推动图书馆事业创新驱动、转型发展。

年会的永久会徽也在浦东诞生。经会议确定，2014 年中国图书馆年会承办城市为北京市东城区，在闭幕式上举行了会旗交接仪式。

本届年会秉承节俭办会、开门办会的原则，向公众开放各种年会活动，进一步发挥年会的交流、鼓舞和激励作用，传播图书馆的社会价值，提升图书馆事业的社会影响力，为图书馆事业发展创造更好的社会环境。组织者在总结成功经验的基础上，坚持改革创新，全面提升年会的社会化、国际化和信息化程度。（摘编自《中国文化报》《图书馆报》、中国图书馆学会网站、新浪网）

图书馆发展浦东共识

2013 年 11 月 7—9 日，中国图书馆年会在上海浦东举行，海内外图书馆和社会各界 3000 多人齐聚浦江之畔，共议“书香中国—— 阅读引领未来”。与会代表高度认同：全民阅读是全面建成小康社会、实现中华民族伟大复兴的文化基础，是提高全民族科学文化素质、增强全社会文化创造活力的重要途径，是建设社会主义文化强国、推动文化大发展大繁荣的重要内容。图书馆是促进全民阅读、建设书香中国的中坚力量。

今天，中国社会已经进入创新驱动、转型发展新时期，基本建成公共文化服务体系的时代任务，给图书馆事业发展带来前所未有的机遇与挑战。与会代表就抓住机遇、迎接挑战，形成如下共识：

推动图书馆事业均衡发展。呼吁各级政府加大对中西部、农村基层图书馆的投入，加快乡村和社区图书馆建设，加快中小学校图书馆发展，强化资源共享和服务协调机制，实现各级各类图书馆的均衡发展。

实现图书馆服务转型升级。适应数字时代图书馆服务转型挑战，依靠现代信息技术创新服务，彰显图书馆作为活动场所和交流空间的功能与价值。

完善服务体系，提高服务效能。深化拓展以总分馆为代表的图书馆服务体系建设，加强图书馆流动服务和数字传播体系建设，建立持续稳定的经费保障机制，形成规模和结构科学合理的文献资源保障体系，提升服务能力，完善以服务效益为导向、以绩效考核为重点的图书馆评价机制。

打造全民阅读公共空间。图书馆为全民阅读提供设施、资源、活动和服务保障，重点加强少年儿童及其他特殊群体的阅读服务，推动阅读活动和阅读服务体系化、常态化发展，让阅读成为公众日常生活的重要组成部分。

支持国家创新体系建设。研究性图书馆切实履行文献信息资源长期保存、深度开发和有效利用的职责；深化学科馆员制度，建立基于开放获取、开放知识、开放创新的知识服务模式。以机构（知识）库建设为突破口，推动公共资金资助的研究成果全社会共享。拓展数字图书馆和新媒体服务，引领数字学习（E-learning）、数字科研（E-Science）的发展潮流。

加强图书馆法治建设。全面实施现有法律、法规和规章，提高图书馆设施建设、服务管理、知识产权和读者个人信息保护的法制化水平。建立健全图书馆法律法规与标准规范体系。推动《公共图书馆法》早日出台。

落实人才优先战略。造就高层次、职业化领军人物，加强基层从业人员职业素养和专业能力培养，实施青年英才培育计划，壮大图书馆志愿者队伍；在图书馆事业发展中，真正落实人才资源优先开发、人才结构优先调整、人才投资优先保证的战略。

纪 事

第四届教育部高等学校图书情报工作指导委员会成立大会暨第一次工作会议召开

8月1—2日，第四届教育部高等学校图书情报工作指导委员会成立大会暨第一次工作会议在河南省郑州市召开。会议由第四届教育部高等学校图书情报工作指导委员会（以下简称“图工委”）主办，郑州大学图书馆承办。新一届图工委委员、高职高专分委员会委员，各省、自治区、直辖市高校图工委秘书长，香港学术图书馆联盟代表等100余人参加会议。

会议由教育部高等教育司教学条件处处长李静主持。郑州大学副校长高丹盈、河南省教育厅高教处副处长唐多毅受教育厅副厅长訾新建委托分别致辞，李静宣读《教育部关于成立第四届教育部高等学校图书情报工作指导委员会的通知》，教育部高等教育司副司长石鹏建向新一届委员颁发聘书并讲话。图工委主任委员、北京大学图书馆馆长朱强代表新一届图工委发言。教育部高等教育司教学条件处副处长都昌满、职业教育与成人教育司高职高专处副处长任占营出席成立大会。

石鹏建在讲话中介绍高等教育司今后一段时期本科教育改革发展的总体思路与主要任务。他强调，高等学校图书情报工作的开展必须紧扣提高高等教育质量这个主题，新一届图工委要准确把握工作方向，努力把四项任务落到实处。一要立足服务，积极开拓。特别要注意围绕为教学科研服务的中心任务，加大参与人才培养工作的力度，积极参与创新人才培养、学生素质教育、学生阅读活动、向社会服务等。二要扎根本校，面向全国。委员们既要筹划好本校图书馆的发展，又要积极参加全国高校的图书情报工作，推动全国高校图书馆协同创新、共同进步。三要认真学习，深入调研。随着教育部行政职能的调整，很多学术性强的政策调研将会转移给专家组织去处理，高校图书情报工作方面将会有更多的工作委托给图工委去做，图工委要强化调研意识、提高调研能力，把调研作为常规性的基础工作，通过高质量的调研报告，提出指导性、针对性、操作性强的意见和建议，为教育部从宏观上做好高校图书情报工作提供有力的决策支持。四要完善制度，加强管理。图工委要加强和教育部相关部门以及与各地图工委的沟通，各高校和有关单位要积极支持图工委委员的工作，特别是主任委员和秘书处所在单位应为图工委的工作提供有力的支持和便利条件。

随后召开的新一届图工委第一次工作会议分为两个阶段，分别由新任副主任委员、中山大学图书馆馆长程焕文和新任副主任委员、厦门大学图书馆馆长萧德洪主持。朱强以《新阶段、新发展、新任务》为题，总结上一届图工委的成绩和不足，提出本届的组织架构和工作设想。本届图工委第一次吸收的两位高校图书馆以外的委员——国家科学图书馆馆长张晓林、国防科技大学图书馆馆长刘春林，分别介绍所在馆的一些独到理念和成功做法，并表达进一步加强与高校图书馆合作的愿望。副主任委员、南京大学图书馆馆长洪修平做题为《高校图书馆在校园文化建设中的作用》的报告，介绍南京大学图书馆将自身打造成学术支撑中心、文化活动中心、学生服务中心，并通过“读书节”活动大力参与校园文化建设，获得教育部颁发的“校园文化建设先进单位”的成功经验。副主任委员、上海交通大学图书馆馆长陈进做题为《铸就泛学科化服务之梦》的报告，介绍该馆多年积累的产生较大影响的一揽子泛学科化服务举措。副主任委员、四川大学图书馆馆长马继刚做题为《高校图书馆主动进入学校创新人才培养体系的实践与思考》的报告，介绍将图书馆打造成大学生服务学习基地，使大量学生参与图书馆工作，图书馆积极介入学生的素质教育、创新精神教育的成效。新任委员、南方医科大学图书馆馆长顾萍做题为《图书馆与读者、用户间的信息交流障碍的化解》的报告，以大量的调研数据，提醒各图书馆要广开信息发布渠道，特别是要重视新媒体的应用，使图书馆与用户的交流畅通无阻。燕今伟、陈进、刘斌、邓景康、洪修平、彭晓东、唐晓应等委员分别代表上一届图工委各工作组汇报各组的工作进展和将来计划。岭南大学图书馆馆长郑瑞琼介绍香港学术图书馆联盟的新进展。

全体委员就新一届图工委的组织架构、下一步工作规划等分五组进行讨论。

会议闭幕式由新任副主任委员、高职高专图书馆分委员会主任委员、天津医学高等专科学校党委书记杨文秀主持。新一届图工委秘书长、北京大学图书馆副馆长陈凌做会议总结，并代表图工委向因年龄原因没有入选本届图工委的委员的崔慕岳、葛剑雄等前辈致敬。

（摘编自教育部高等学校图书情报工作指导委员会网站，原作者王波）

国际图联第 13 届馆际互借与文献提供会议在京召开

10 月 16—18 日，由国际图书馆协会联合会（简称国际图联、IFLA）主办、中国高等教育文献保障系统（CALIS）承办的国际图联第 13 届馆际互借与文献提供（ILDS）会议在北京大学英杰交流中心召开。这是 ILDS 会议首次在中国举办。来自 19 个国家的 150 多位公共图书馆、专业图书馆和大学图书馆的馆际互借与文献传递业务主管馆长和工作负责人齐聚北京，共话专业发展。

会议由北京大学图书馆馆长、CALIS 管理中心副主任朱强主持。国际图联馆际互借与文献提供分会主席 Pentti Vattulainen 先生、中国国家图书馆副馆长魏大威和北京大学常务副校长、CALIS 管理中心主任吴志攀先后致辞。Pentti Vattulainen 介绍 IFLA 及其 ILDS 分会的主要职责。魏大威概述中国图书馆事业近年来的发展和进步，并表示希望和其他国家促进交流与合作的愿望。吴志攀代表北京大学欢迎世界各地来宾的到来，希望借此会议全面推进中国图书馆馆际互借与文献提供服务工作的发展。

与会代表围绕“全球视野与本地策略”的大会主题展开讨论。会议报告主要有三个方面的侧重点：区域间的资源共享，馆际互借与文献传递的实证研究和馆际互借与文献传递未来的发展前景探讨。来自中国、美国、意大利、加拿大、沙特、德国、澳大利亚等国的 24 名代表在会上做交流发言。

本次会议采用主题报告与讨论相结合的方式，交流和吸收馆际互借与文献传递领域的前沿学术研究成果，展示中国图书馆界的整体实力，为推动中国和世界各地的交流与合作起到积极的促进作用。

（北京大学网站报道）

2013 全国少年儿童阅读年活动综述

由国家图书馆、中国图书馆学会主办，中国图书馆学会未成年人图书馆服务专业委员会、中国图书馆学会中小学图书馆委员会承办，全国各级各类少年儿童图书馆、公共图书馆、全国各地中小学图书馆共同参与，主题为“儿童阅读”的2013全国少年儿童阅读年系列活动于3月至12月期间在全国开展。此次活动是全国公共图书馆系统贯彻落实《儿童发展纲要》，加强公共文化服务体系建设和未成人服务工作的重要举措。

在4月2日第46个国际儿童读书日当天，由国家图书馆、中国图书馆学会联合主办的“科普阅读——开启智慧人生”2013全国少年儿童阅读年系列活动启动仪式在国家图书馆举行。国务院妇女儿童工作委员会办公室副主任宋文珍，中国图书馆学会副理事长、国家图书馆副馆长陈力，中国图书馆学会未成年人图书馆服务委员会主任李俊国出席启动仪式并分别致辞，来自共青团中央、图书馆界、出版界、教育界的专家学者及少年儿童代表100余人参加活动。启动仪式上，国家图书馆馆长助理汪东波向少年儿童代表赠送系列图书，小朋友们表演诗朗诵、歌曲演唱等精彩节目，5位少年儿童代表共同触摸水晶球，正式启动2013全国少年儿童阅读年系列活动。根据我国少年儿童科普阅读兴趣、特点以及少儿科普读物的出版现状，国家图书馆少年儿童馆组织专家研制完成的《2013年全国少年儿童阅读年推荐书目》（科普类）同时发布。北京天文馆馆长朱进应邀做客“文津少儿讲坛”，为读者做题为《什么是天文》的精彩报告。启动仪式后，各项活动在全国各地图书馆有计划、分步骤开展。此次活动呈现如下特点：

一、主题明确，内涵丰富。各承办单位围绕“儿童阅读”这一主题，陆续开展全国少年儿童主题征文比赛、少年儿童主题摄影比赛、全国少年儿童数字阅读推广月、全国中小学校园阅读季、“全国少年儿童阅读推广服务平台”开通、全国家庭亲子阅读推广月、全国少年儿童科学素养问卷调查、第一届全国图书馆未成年人服务论坛等12项主旨活动及3500余场次自办活动，直接服务400多万少年儿童。这些活动贴近实际、形式活泼、内涵丰富，使少年儿童能够充分地参与其中、乐在其中，受到阅读的熏陶。

二、广泛动员，参与度高。本次阅读年活动得到广大图书馆的积极响应，据不完全统计，全国有公共图书馆、少年儿童图书馆、中小学图书馆等各级各类百余家图书馆参与活动。如6—7月，中国图书馆学会面向全国图书馆界征集未成年人服务优秀案例，全国图书馆界积极响应，踊跃申报，短短一个月内共计征集案例148个。8月中旬，中国图书馆学会、国家图书馆和云南省文化厅联合主办的第一届全国图书馆未成年人服务论坛，其中精选10个优秀案例现场集中展播，并由全体参会代表现场投票评出各等级奖项。此次论坛规模较大，共有来自全国图书馆界和相关业界的专家学者、馆员代表等450余人参会，论坛充分调动全国图书馆未成年人服务工作者的积极性，促进全国图书馆界交流、讨论、分享和提高。

三、组织有力，总分结合。各级领导高度重视，组织得力；各牵头馆尽职尽责，尽心筹划；其他馆积极参与的同时，又根据当地的实际情况，将与主旨活动的内容、形式相关的读者活动纳入进来，成为本次活动的自办活动，形成既有总分结合又具地方特色的活动格局；如本次阅读年的主旨活动部分是由未成年人图书馆服务专业委员会负责统筹，湖南省少年儿童图书馆、合肥市少儿图书馆、天津市少儿图书馆、重庆市少儿图书馆等牵头承办，负责策划、组织实施以及协作协调，全国各少儿馆和公共馆的少儿部群起响应，使得本年度阅读年的活动办得有声有色。

四、学术研讨为主轴，多元化模式探究为辅助。少儿阅读年期间的主旨活动配有多元化辅助调研模式为学术研讨和未成年人阅读活动增光添色，通过数字化平台建设、书面和网络调查问卷形式进行全国范围调研等多元化模式进行调研探究和信息发布。专家组对提交上来的数据进行分析、归纳和汇总，适时发布，为学术研讨的筹备和未成年人阅读活动的提升提供重要的依据。如未成年人图书馆服务专业委员会承办的“未成年人科学素养调查”活动，以网络调查的形式展开全国范围内的调研工作，自 9 月至 12 月，有 24 个省市共计约 11000 人参加。又如“全国少年儿童阅读推广服务平台”的发布，该平台整合推荐全国各类优秀的儿童阅读文献、专家资源和图书馆、出版社信息，集中发布全国各地公共图书馆的少年儿童阅读活动信息，是我国第一个面向图书馆即时使用的活动信息发布公共平台。由天津市少年儿童图书馆承办的“全国少年儿童数字阅读推广月”活动，通过网上答题、网上阅卷、网上讲评的形式组织网络知识竞赛，吸引全国 40 余家图书馆的 17000 余名少年儿童参赛，以网络平台的模式有效提高少儿信息素养和阅读检索技能，培养良好的数字阅读习惯。

五、影响力大，效果显著。此次活动广泛调动社会力量参与，注重媒体报道和企业支持。越来越多地借力政府，邀请到文化局、教育局、团委、少工委、文明办等有关部门作为活动的支持单位，进一步扩大社会影响，加强宣传力度。中央及各省主流媒体报道百余次。

2013 全国少年儿童阅读年各项活动取得圆满成功。这不是阅读年活动的结束，而是全国少儿阅读推广工作的新开端，将推动我国图书馆少年儿童的服务工作再创佳绩。

（摘编自中国图书馆学会网站、国家图书馆网站）

第十四届全国省、自治区、直辖市、较大城市图书馆馆长联席会议在京召开

12 月 12—13 日，由国家图书馆主办的第十四届全国省、自治区、直辖市、较大城市图书馆馆长联席会议在国家图书馆召开，会议主题围绕全国公共图书馆服务体系建设问题进行研讨。国家图书馆馆长周和平、文化部公共文化司巡视员刘小琴、国家图书馆领导班子成员和全国公共图书馆 50 余位馆长出席会议。国家图书馆党委书记、常务副馆长詹福瑞，副馆长陈力先后主持全体会议。

周和平做主旨发言。他说，经济社会的快速发展要求各级公共图书馆发挥更为重要的作用，图书馆要抓住机遇，主动适应社会需求，大力推进公共图书馆服务体系建设。国家图书馆在公共图书馆服务体系建设中承担重要责任，国图将从文献信息资源共建共享、数字图书馆服务、文献资源保存保护与开发利用、联合服务、人才培养与研究支撑、国际交流与合作等六个方面发挥行业引领带动作用，联合全国图书馆共同推进公共图书馆服务体系建设。

刘小琴在致辞中介绍文化部公共文化司 2014 年工作思路。浙江省绍兴市、安徽省太湖县和陕西省铜川市的图书馆馆长就基层公共图书馆服务体系建设方面做经验介绍。

与会馆长围绕会议主题，结合周和平馆长讲话、《关于我国公共图书馆服务体系建设的建议提纲（讨论稿）》《国家图书馆 2014 年工作要点》等进行热烈讨论。与会馆长集思广益、畅所欲言，对构建现代公共图书馆服务体系提出许多重要的意见建议，并希望国家图书馆进一步发挥行业引领带动作用，牵头落实各项已有项目，加强新项目研究策划，推进资源、服务、技术、人才、科研等各方面的共建共享，业界携手努力，充分发挥公共图书馆在公共文化服务体系建设中的示范和先导作用。

此次会议贯彻落实中央“八项规定”，利用国家图书馆自有场地召开，会风清新、务实高效。会后，与会馆长集体参观正在国家图书馆展出的“古籍普查重要发现暨第四批国家珍贵古籍特展”，并参与当天举行的“古籍保护主题宣传日”活动。

（国家图书馆网站报道）

《中国图书馆事业发展报告2012》(蓝皮书)正式出版

近日，我国图书馆界第一本综合性研究报告——《中国图书馆事业发展报告2012》(蓝皮书)正式出版。4月27日，国家图书馆馆长周和平，文化部政策法规司副司长孙若风、财务司副司长马秦临，以及来自文化部、国家图书馆、公共图书馆、高校图书馆、图情类院所、出版社的相关代表、部分媒体记者参加蓝皮书的出版座谈会。

《中国图书馆事业发展报告2012》(蓝皮书)由国家图书馆馆长周和平担任主编，国家图书馆研究院组织图书馆研究和实践领域的百余位专家参与编写。该报告首次以蓝皮书的形式反映我国图书馆事业发展的整体面貌，旨在为广大图书馆工作者进一步提高业务水平和管理水平提供经验借鉴，为研究人员深入开展图书馆事业研究提供基础资料，为各级政府科学制定图书馆相关政策提供参考依据，同时也可使社会公众全面了解我国图书馆事业发展状况。基于此，该书力求既全面总结当前我国图书馆事业发展现状，又追溯相关政策的理论渊源；既立足当前实际，对成绩、问题和发展特点等进行深入透彻分析，又注重展望未来，对事业发展规律和未来发展趋势进行预测，使读者能够客观、全面、深入地了解图书馆行业。

此次出版的2012卷，主要反映2011年度我国各地区、各系统图书馆事业发展的基本情况，同时也对2011年之前一段时间，特别是“十一五”以来我国图书馆事业发展的主要脉络进行较为全面的梳理。全书分为综述、宏观形势、行业发展、地区实践、专题研究和大事记等六个部分，共计50万字。为了便于读者理解，书中以大量的客观数据和事实资料为基础，附录图表近百张，生动具体，图文并茂，比较直观地勾画了图书馆事业发展各个方面的特色与成就，并对部分核心数据进行纵向或横向的比较。

座谈会上，周和平结合我国图书馆事业发展脉络及趋势，对蓝皮书编撰的背景、目的、过程等进行总体性介绍，并提出要做好顶层设计，扩大宣传、尽快网上发布，充分利用成果、提炼书中内容等三方面建议。他指出，对图书馆事业发展历史经验的梳理和总结，以及对未来发展趋势的研究和分析，是国家图书馆作为全国图书馆研究中心，开展图书馆学理论与图书馆事业发展研究，履行指导全国图书馆业务工作职能的突出体现。蓝皮书的编撰得到各图书馆实践单位和研究机构的大力支持，希望与会代表能够继续一如既往地支持国家图书馆的相关研究工作，共同推进图书馆事业更好更快地发展。

与会领导和专家先后就我国图书馆事业发展的宏观形势与整体情况、图书馆事业发展的研究进展等蓝皮书中涉及的关键问题，蓝皮书的出版情况，以及今后蓝皮书的编撰出版计划等方面做发言。参会代表各抒己见，座谈会热烈而富有成效。

自2013年起，蓝皮书以综合报告和专题报告交替出版的形式编撰，综合报告一般于每个国家经济社会发展五年规划的第一年组织编撰，主要对上一个五年期间我国各地区、各系统图书馆事业发展情况进行系统梳理和总结，不晚于同年年底交付出版；专题报告一般在综合报告出版年度之外的其他年度每年组织编撰，主要针对当前事业发展的重点、热点领域进行深入调查和研究，不晚于同年年底交付出版。

（国家图书馆网站报道）

专　　文

古籍保护工作进展（2007—2013）

陈红彦（国家图书馆古籍馆）

2007年1月，国务院办公厅《关于进一步加强古籍保护工作的意见》（国办发〔2007〕6号，以下简称“意见”）出台。自此，由政府主导的对中华民族珍贵文献典籍进行全面保护的工作拉开序幕。

根据文件精神，中华古籍保护以“保护为主、抢救第一、合理利用、加强管理”为方针，围绕以下几方面开展工作：①摸清中华古籍的家底，了解其数量、明确其生存状态，建立中华古籍总目；②开展《国家珍贵古籍名录》和全国古籍重点保护单位评审工作，重点对国家珍贵古籍开展保护、对重点保护单位进行环境改善、实现古籍分层保护；③通过各种方式改善古籍人才匮乏状况；④全面开展破损古籍修复工作；⑤通过古籍数字化、影印再造等方式实现古籍再生性保护，普及推广古籍承载的传统文化；⑥提升古籍保护科学水平。

项目启动以来，广大古籍工作者以前所未有的热情在政府统一规划下开展工作，并将保护拓展到海外存藏中华古籍，以及在中华大地上的外文古籍和部分特藏文献。近两年，古籍保护工作得到全面推进。

就古籍保护工作新进展综述如下：

一、摸清家底，建立中华古籍总目，作为基础工作得到推进和拓展

1. 第四批《国家珍贵古籍名录》公布，收录范围拓展

2013年3月8日，国务院办公厅正式公布第四批1516部古籍入选《国家珍贵古籍名录》。至此，《国家珍贵古籍名录》收录古籍11375部。

第四批《国家珍贵古籍名录》较前三批在收录范围上有拓展，甲骨文首次进入名录，7家单位收藏的53872片甲骨入选。

此批名录中甘肃天水放马滩出土的西汉地图是目前世界上已知最早的纸质地图，也是世界上最早用于书写的纸张实物，也是西汉初发明造纸术的佐证。

部分省份开展省级名录的申报评审，截至2013年，各省级名录公布情况如下：

省级珍贵古籍名录公布情况表

省份	总数量（部数）	名录（批次）	最后公布时间
山西	563	3	2013
甘肃	829	2	2013
河北	373	2	2013
陕西	409	1	2013
浙江	228	1	2013
海南	54	1	2013
上海	1303	4	2012
江苏	2392	3	2012
山东	6203	2	2012
辽宁	2073	2	2012
重庆	965	2	2012
广东	1098	1	2012
江西	340	1	2012
广西	275	2	2011
河南	534	1	2011
湖北	264	1	2011
四川	373	1	2010

注：此统计表格来自国家古籍保护中心办公室年鉴资料。

2. 全国古籍普查登记工作成效显著

2012年2月，国家古籍保护中心向各省级图书馆（省古籍保护中心）全面部署全国古籍普查登记工作。其后又部署开展中直系统收藏单位古籍普查登记。

各省、各中直系统收藏单位古籍普查登记工作大力推进。项目确定分步实施的工作方式。首先组织推进以简单著录的方式编纂出版《全国古籍普查登记档》《全国古籍普查登记目录》。当年确定上述出版的编纂体例、内容、出版方式，并通过招标确定出版单位。

国家古籍保护中心完善“全国古籍普查平台”系统，全面推进古籍普查登记工作的开展。为使古籍普查登记规范化、科学化，国家古籍保护中心设计制作《全国古籍普查登记手册》、制

定《全国古籍普查登记目录审校要求》《全国古籍普查登记目录格式整理规范》等，并下发《关于加强古籍普查登记审校工作的通知》，规范普查登记数据审校流程。“中华古籍索引库”得到继续推进。

通过申报和评审，一批《中国古籍善本书目录》未曾著录的珍贵古籍被发现或再发现，如中国军事科学院藏宋刻元明递修本《十三经注疏》、安徽皖西学院藏宋衢州刻本《三国志》、白河书斋藏金陵本《本草纲目》、徐州图书馆藏宋刻本《四书章句集注》等。《中国古籍善本书目录》编纂时未曾调查登记的古籍收藏单位藏书也进入视野，如中国军事科学院军事科学资料馆、皖西学院等。1996 年完成的《中国古籍善本书目录》收藏单位为 785 家，经过几年的普查，参加登记的古籍收藏单位已有 2800 家，普查深度和广度都有所提升。

3. 海外古籍普查逐步开展

随着全国古籍保护工作的全面推进，存藏海外的古籍普查越来越受到海内外的普遍关注。国家图书馆之前以“中华古籍善本国际联合书目系统”“哈佛燕京图书馆善本特藏资源库”“日本东洋文化研究所汉籍全文影像数据库”的数据库、影像库的回归使国内用户普遍受惠。而 2007 年起运作，2013 年正式入藏国家图书馆的一册久藏海外的《永乐大典》原书成功回归，更让大家对海外古籍普查充满期待。

近年重点探讨、推进与英国、北美的中华古籍保护合作，启动“海外中华古籍合作保护项目”。2012 年，国家图书馆（国家古籍保护中心）与美国芝加哥大学东亚图书馆、哈佛燕京图书馆、普林斯顿大学葛思德东亚图书馆等合作，在美国芝加哥大学举办“中国古籍与古文献的写作、流传与保护国际研讨会”，与北美近 10 家东亚图书馆商讨各馆所藏古籍的保护合作，并初步达成合作意向。推进与普林斯顿大学葛斯德东方图书馆古籍数字化合作项目；推进与加拿大哥伦比亚大学东亚图书馆馆藏甲骨数字化合作项目。

2013 年 6 月 17—18 日，“海外（北美地区）中华古籍保护工作研讨会”在国家图书馆召开，北美地区 12 家古籍收藏量大的东亚图书馆馆长就《北美中文古籍联合目录》编纂方案及工作机制等事项进行探讨并达成合作共识。同年 10 月，又与德、法相关单位达成合作意向。

4. 横向联合，共享普查成果

2013 年 7 月，文化部与国家文物局共同发布《关于积极做好文化系统第一次全国可移动文物普查工作的通知》（文物普查发〔2013〕15 号），要求参加“全国古籍普查登记工作”的各类古籍收藏单位将信息提交至国家古籍保护中心，由国家古籍保护中心将信息统一汇总至国家文物局可移动文物普查办公室，进行数据转换，导入平台；国家文物局可移动文物普查通过其他途径收集古籍的信息，由国家文物局可移动文物普查办公室将信息统一汇总，转送至国家古籍保护中心，“国有可移动文物普查”与“全国古籍普查”的数据共享机制建立。

5. 一批珍贵古籍在中华古籍保护计划实施过程中入藏公藏单位

自古籍保护计划实施以来，一批重要文物入藏公藏单位，得到更有效的保护和利用，如国家图书馆入藏一件《开宝藏》、一册《永乐大典》、五批西域文献、九册《元官藏》、阮元《十三经注疏稿》、一件《明渤海孙氏积善堂题赞手卷》；福建省图书馆入藏宋崇宁藏零本《大威德陀罗尼经》二十卷；南京图书馆入藏一批过云楼藏书和私藏的宋本《礼部韵略》。北京大学更是在政府和校友支持下回购原藏日本大仓集古馆的一批古籍，还于 2009 年初接受捐赠，收藏一批从海外抢救回归的 3300 多枚西汉竹简。清华大学也有一批竹简入藏。还有一些古籍在对照研究中重新发现，推进编目成果。

二、以全国古籍重点保护单位评审命名为抓手，重点对国家珍贵古籍开展保护、对重点保护单位进行环境改善、实现古籍分层保护逐步实现

1. 全国古籍重点保护单位评审命名

中华古籍保护计划启动以来，国务院正式颁布四批全国古籍重点保护单位，共命名 166 家全国古籍重点保护单位，许多珍贵古籍得到保护，众多古籍收藏单位的收藏条件得到有效改善，对全国的古籍保护工作起到积极有效的推动作用。一些省份还评选公布省古籍重点保护单位名单，古籍分级保护制度逐步建立。

2. 实施分层保护，对国家珍贵古籍进行重点保护

通过改善收藏环境和条件，符合收藏条件的古籍书库越来越多，特别是一些新建库房，珍贵

古籍的大环境和装具都得到改观，古籍的生存环境越来越趋于理想。古籍寄存也逐步被接受，既保护古籍，也发挥古籍在现实社会中的作用。

3.统筹修复，确保分级保护、优先保护及修复珍贵古籍

国务院办公厅《关于进一步加强古籍保护工作的意见》要求加强古籍修复工作。为加强古籍修复，保障珍贵古籍的安全传承，承担对国家珍贵古籍的修复工作，2009年12月，文化部公布首批12家国家级古籍修复中心，三年多来修复古籍超过100万叶。国家图书馆、中国文化遗产研究院、广东中山大学图书馆的古籍保护实验室，开展古籍实验保护研究，推进古籍保护的科学化进程。

几年间，国家级古籍修复中心发挥人才优势，修复多件入选《国家珍贵古籍名录》的古籍。2009年，国家图书馆国家级古籍修复中心与天津市图书馆国家级古籍修复中心合作，完成科研项目“天津馆藏周叔弢先生捐赠敦煌文献、宋元刻书残叶整理、保护与研究”，对天津图书馆藏周叔弢藏宋元刻书残叶、敦煌文献进行修复方案制定、纸张检测、选配、修复、装具设计制作等全流程整理保护及研究，实现对珍贵文献的科学规范安全修复的全面探讨；国家图书馆国家级古籍修复中心几年间还承担并完成山西省曲沃图书馆藏伪齐阜昌八年刻本《成唯识论了义灯钞科文》、山西省图书馆藏北宋雍熙三年刻本《佛说北斗七星经》、四川泸州市图书馆藏磁青纸明泥金写本《妙法莲华经》、白河书斋藏金陵本《本草纲目》等重要文献的委托修复。2010年，山东省图书馆国家级古籍修复中心完成馆藏宋本《论语》修复，修复过程经专家论证、修复方案制定、修复实施、修复图录出版等环节，成功完成。

2013年，国家图书馆“天禄琳琅”整体修复在国家古籍保护中心立项并得到经费支持，立项前，版本、造纸、保护、修复专家全方位结合，对专藏文献的专题修复做经验与科学结合论证，修复者定制纸张、书衣，装具材料等，并结合修复开展教学培训工作，此修复为其后修复工作的规范化、科学化将树立典范。整个修复期限为四年，修复后的天禄琳琅书将影印出版并数字化，实现古籍原生性、再生性保护较为完美的结合，实现全流程控制。

三、古籍保护特别是修复人才数量增长，培养渠道拓展

经近年培训开展和政策的支持，全国图书馆的古籍修复人才队伍已经从2006年的不足百人，增长至700余人。近两年，除根据需要开设各门类培训班的培训形式外，基于各类古籍专业人员在职培训的渠道有所拓展。

1.传习中心的建立，师徒间的教授，使培训工作长效机制建立起来，使不同流派的技术得以传承

经过探索，就修复而言，采用现代化的人才培养机制与传统以师带徒相结合的方式的有效整合，是建立古籍修复人才培养长效机制，培养修复专业人才的有效途径。2013年6月8日，“国家级古籍修复技艺传习中心”揭牌暨国家级非物质文化遗产项目古籍修复技艺代表性传承人杜伟生收徒仪式在国家图书馆古籍馆举行。8位具有本科以上相关专业学历教育背景的年轻人正式拜师国家级古籍修复技艺代表性传承人杜伟生，师徒技艺传承并参与“天禄琳琅”修复项目，教学相长，将使年轻一代修复技术水平增加迅速提升的可能性。这种形式对建立一支覆盖全国、面向省级保护中心的老中青相结合的国家级古籍修复专家队伍具有重要推动意义。

2.随班学习方式，掌握技艺更加扎实

古籍修复、编目、鉴定需要经验积累的特性，使培训班教学模式无法培养成熟的鉴定、修复人员。国家图书馆古籍馆根据需要，接收新疆维吾尔自治区图书馆、西藏自治区图书馆、内蒙古自治区图书馆、中国艺术研究院图书馆等单位的同仁长时间参与国家图书馆文献修复工作，也有西安市图书馆等学员参加编目鉴定工作，学员认为这种进修方式收获更大。新疆维吾尔自治区图书馆返回所在单位后建立起修复车间，还与国家图书馆的同事一起翻译出版杜伟生修复专著《中国古籍修复与装裱技术图解》，为整个自治区的修复事业做出突出的贡献。其他单位也采取相同的办法，接待区县馆到省馆进修。

3.与高校结合，理论实际密切结合

通过广泛调研，在征求全国古籍保护工作专家委员会、各省（市）古籍保护中心和馆内相关部门意见基础上国家中心完成《国家古籍保护中心人才培训基地管理暂行办法》起草、编写工作，向相关部门、全国各省古籍保护中心及专家

征求意见并进行修订、完善。一些高校和收藏单位联合申报人才培训基地，中山大学、复旦大学还设古籍保护专业硕士。理论与实践的结合将更加紧密。

4. 扩大视野，注重国际交流

国家古籍保护中心在中山大学合作的西文古籍修复培训与香港的歌德学院等单位建立有效的交流渠道。德国的修复师带来他们的修复制度、管理办法、技术修复和修复理念，包括修复材料的选择、修复职业教育模式等。在出访其他国家时，各收藏单位也表示希望中国国家图书馆修复师传授中国古籍的修复技术的愿望。

2010 年 PAC 国际会议上，针对近年自然灾害频发的现状，国家图书馆与日本、韩国以及国内各个系统的古籍工作者针对文献保护如何应对自然灾害等问题进行广泛探讨，取得很大收获。在中华古籍保护计划的实施中，中国和英、美、日、德、俄等国建立良好的业务交流。

四、扩大利用渠道，实现再生化保护的同时，让古籍在社会上影响更加深远

1.《中华再造善本续编》及《中华再造善本・海外编》

《中华再造善本》一期完成后在国内外产生巨大反响。2011 年 8 月 18 日，在香港访问的中共中央政治局常委李克强同志出席香港大学百年校庆典礼，向香港大学赠送一套《中华再造善本》作为政府礼品，成为对蕴含中国传统文化精华的《中华再造善本》的认可。

《中华再造善本续编》自 2008 年 9 月 9 日启动以来，已完成大半，已完成入库图书 466 种。在影印出版的同时，续编的提要也由一批年轻人在老一辈辅助下完成。在普惠社会的同时，一批青年才俊也成长起来。

由于历史原因，大量珍贵古籍流散海外是不争的事实，一些珍本国内不存，以仿真影印的方式实现中华古籍回归是非常可行的办法，目前《中华再造善本・海外编》正在筹备中。

《中华医藏》专题古籍再造整理也在筹备多年后即将展开。

2. 珍贵古籍数字化工作

2007 年，《国务院办公厅关于进一步加强古籍保护工作的意见》，明确要求制定古籍数字化标准，规范古籍数字化工作，建立古籍数字资源库。2011 年，文化部发布《关于进一步加强古籍保护工作的通知》要求加快古籍的数字化建设。《国家"十二五"文化改革发展规划》提出要开展古籍数字化工作，《文化部"十二五"时期文化改革发展规划》则明确提出要"开展古籍基本丛书（电子版）编纂工作，努力建成中华古籍数字资源库"。按照"统一规划、统一标准、合作共建、资源共享、逐步建设"的原则，从入选《国家珍贵古籍名录》的珍贵古籍数字化开始，全国古籍保护工作者共同努力，建设中华古籍数字资源库，力争实现中华珍贵古籍资源的完整揭示。国家古籍保护中心在对各地古籍数字化工作开展进行调研的基础上编制《全国古籍数字化工作手册（试用本）》《数据登记著录有关事项的通知》及著录表格、说明、样例等相关文件，明确古籍数字化制作标准和要求；组织、指导全国各单位"中华珍贵典籍资源库"，已有 13TB 的古籍数字资源入库。

一些专题数字资源库的建设不但起到资源共享的作用，还促进民族情感的凝聚。如澳门基金会与国家图书馆合作开展的"中华寻根网"建设，让海内外华人通过国家图书馆藏古籍资源，寻根问祖，增强民族凝聚力，效果超出预期。

3.《中华珍贵典籍史话丛书》、珍贵古籍题跋整理、珍贵古籍书志项目等从不同层面深度揭示古籍

2011 年 9 月，中国中医科学院终身研究员屠呦呦的抗疟单体"青蒿素"研究成果获得拉斯克临床医学奖，该奖项是美国最有声望的生物医学奖，也是世界上极具影响的大奖之一。其获奖理由是："因为发现青蒿素——一种用于治疗疟疾的药物，挽救了全球特别是发展中国家的数百万人的生命。"该项研究成果正是得益于东晋葛洪编著的《葛仙翁肘后备急方》中"青蒿一握，以水一升渍，绞取汁，尽服之"的记载。这体现出古籍承载的中华传统和智慧在现代科学研究中散发出的光芒，各类古籍中也藏秘着许多内容值得我们去挖掘、去发现，这也正是古籍保护化身千百、服务社会的初衷与价值所在。

2012 年 9 月 17 日，配合时政需要，国家图书馆从馆藏中精选的钓鱼岛及其附属岛屿（简称钓鱼岛）相关古籍善本、舆图、报刊等资料，用大量历史文献证明中国最早发现、命名并利用钓鱼岛，并对钓鱼岛进行长期管辖。此外，还有"馆藏南海诸岛文献展"资料的梳理，用文献

“说话”，同样发挥典籍的作用。

2013 年完成的《廉政史鉴》，从大量古籍文献中梳理相关案例，成为以历史文献服务当代社会的典范。

对于入选《国家珍贵古籍名录》的中华古籍，近年一方面走向普及推广，一方面深入研究、挖掘其中深刻的内涵。目前，《中华珍贵典籍史话丛书》项目已经有初步的成果，史话以大家小书的方式，通过对一部或一组国家珍贵古籍历史背景的介绍、流藏故事整理、典籍价值分析，全方位揭示典籍背后的故事，实现梳理典籍史，普及传统文化的目的，也为古籍保护提供更多的史料支撑。

在史话项目开展的同时，对珍贵古籍题跋的整理作为基础科研工作，也在扎实推进。题跋作为藏书家、学者的研究心得、藏书记载，是我们今天研究典籍的重要辅助资料。通过题跋的整理，不但厘清古籍存藏脉络，也对一批年轻人做版本鉴定、标点句读和辨识各种字体的培训，既为社会服务，也培养人才，提升队伍的整体水平。

中华珍贵古籍书志撰写工作也在起步，通过书志的撰写，对珍贵古籍的深度揭示和人才队伍的培养也会上一个新的台阶。

五、古籍保护规范化、科学化程度提升

1. 制定《古籍保护条例》，从国家层面给古籍保护建立法律保障

经过几年的古籍保护工作，古籍保护中存在的问题越来越清晰，只有从国家层面，用法律形式才能真正保障古籍保护工作规范化可持续发展。2010 年起，国家古籍保护中心追踪国外古籍保护管理的制度模式和相关的法律制度，受命组织专家起草《古籍保护条例》，之后职能转研究院，目前工作在推进中。

2. 健全标准规范，提升古籍保护管理水平

2006 年，为在全国范围有效开展中华古籍保护工作，文化部委托国家图书馆，联合国内古籍收藏单位共同制定相关标准。最终形成 5 个文化部部颁标准。其后经过大量实践检验，一些标准还修订升级为国家标准，表示如下：

标准名称	标准号	升级情况	国标号
古籍定级标准	WH/T 20—2006	2014 年将升级为国家标准	
古籍特藏破损定级标准	WH/T 22—2006		
古籍普查规范	WH/T 21—2006		
图书馆古籍特藏书库基本要求	WH/T 24—2006	2013 年升级为国家标准	GB/T 30227—2013
古籍修复技术规范与质量要求	WH/T 23—2006	2008 年升级为国家标准	GB/T 21712—2008

标准的建立，使古籍保护工作按照统一的标准规范有序进行，实现有效整合和古籍保护工作的科学化、规范化。目前，《少数民族文字古籍定级》国家标准也正在立项申报准备中。

与此相关，2013 年国家图书馆承担的国家标准《信息与文献　图书馆和档案馆的图书、期刊、连续出版物及其他纸质文献的装订要求　方法与材料》（GB/T 30108—2013）开始实施；制定的《信息与文献　纸张上书写、打印和复印字迹的耐久性和耐用性　要求与测试方法》国家标准已经完成首轮验收。

3. 监控修复材料制作使用，实现质量控制

针对古籍保护的需求，国家古籍保护中心在充分调研的基础上，开展古籍修复用纸的质量控制，统一定制修复用纸，并对选用纸张开展检测和监制，所订购的符合古籍保护安全和配纸要求的修复纸张发送到各省古籍修复单位。这些经过检测的适用纸张投入古籍修复，解决困扰多年的修复材料质量控制的问题。一批珍贵的纸样在实验室进行研究，为今后古籍鉴定和修复提供科学参照系。科学实验对文献修复保护的作用已经显现出来。

与此同时，为古籍配装具的质量控制及相关的标准在研究中，希望装具配置更加科学。

4. 现代技术成为古籍保护的有力支撑

中华古籍保护计划对古籍工作是机遇和挑战，在新发现、新成果不断出现的同时，也出现新问题、新办法。

在全国古籍保护普查平台平稳运转，提供数据全流程管理发布后，配套的“古籍索引库”“全国古籍修复档案管理系统”的后续开发也已经完成，将以完善的功能为古籍普查和管理提供技术支撑和保障。

在国家图书馆牵头承担的 2012 年度国家社会科学基金重大项目——“中国古籍数字化工程研究”中对建设、管理、共享资源的理论和技术平台方面均在研究中。

2011 年文化部科研项目“古籍纸张近红外光谱无损检测系统研究”于 2013 年完成。其后“烷基烯酮二聚体（AKD）替代明矾在纸质文物修复中的应用研究”立项。同时开展的“甲骨加固的实验研究”“古籍书库空气微生物生长情况调查”“采用气相色谱—质谱联用技术测定古籍函套中的有机化合物”和“纳米纤维素对老化文献纸张的加固性能研究”一批实际需求迫切的科研项目在研。技术研发成为近年古籍保护的亮点，国家图书馆的实用新型专利产品纸浆补书机、压平机、古籍文献整理拷贝台、高清摄影文献修复台、古籍修复淀粉提取机等一批合作研发并投入使用，使中国古籍修复的技术水平得到提升，一些产品同时在档案、博物馆系统应用。古籍和民国文献最为需要的脱酸研究也在多个系统联合推进。

六、根据需要设立专项，对一些特殊文献的保护和抢救起到重要作用

专项的设立推进民族文献的保护修复和利用。

1. 新疆古籍保护专项

在各方的支持下，2010 年 8 月、2011 年 2 月，“新疆历史文献暨新疆古籍保护成果展”在新疆维吾尔自治区博物馆及北京国家图书馆分别举办。展览以文献说话，以丰富的文献记载说明新疆自古是中国领土的事实，得到热烈反响。在各系统支持下，新疆文献修复也有良好的开端。

2. 西藏古籍保护专项

西藏自治区第一至四批《国家珍贵古籍名录》申报中，全区有 158 函珍贵古籍入选，其中第一批 6 函、第二批 16 函、第三批 12 函、第四批 124 函。第五批续有申报。一些文献的出现打破过去学术研究所下的结论，对学术的发展提供一手资料。有一批文献作为古籍保护的新发现，曾到京展览。《雪域宝典——西藏自治区入选第一、二、三批国家珍贵古籍名录图录》出版。

西藏自治区古籍保护中心对自治区收藏的古籍开展普查登记工作。在昌都、阿里、日喀则、山南等地区和拉萨市发现不少既有历史文物价值，又有文献、版本等方面价值的珍贵古籍文献。这些典籍文献大多数由写本和刻本两部分组成，文字涉及藏文、汉文、蒙文和梵文，时间跨度大，从吐蕃时期一直持续到近现代，内容十分广泛，除大量的宗教文献外，还涉及不少社会文书，是研究西藏政治、宗教、社会和文化等社会各方面历史的重要参考价值的珍贵古籍材料。如罕见的梵夹装蒙文《蒙古史》11 叶，是迄今在西藏首次发现的全蒙文古籍；首次发现有明确纪年的元刻本藏文古籍《释量论》。

西藏、新疆《古籍保护培训视频教材》系列专题片的制作使用，对两地人员参与古籍保护工作提供便利。

七、宣传普及，让更多的人了解中华古籍保护

几年来，全社会古籍保护意识在不断增强，国家图书馆、国家古籍保护中心组织一系列展览，如四届“国家珍贵古籍特展”“中国书籍史展览”巡展、“中华医学典籍展”等；在中国图书馆学会年会上举办成果展并设立“中华古籍保护计划”展示体验区；充分利用电视、报刊、网络等媒体宣传保护知识和保护工作。各省中心和收藏单位也通过展览讲座等多种形式让民众对古籍保护的认识逐步深入，公众对文献保护参与程度越来越高。保护古籍、传承文明成为广大民众的共识。

2013 年 4 月 18 日，文化部委托国家古籍保护中心组织召开“古籍普查重要发现新闻发布会”，系统介绍在《国家珍贵古籍名录》评审和古籍普查中出现的过去不为人所熟知的古籍收藏单位、珍贵的古籍及学术研究上的新成果。《人民日报》《光明日报》《中国文化报》等设专栏或报道，中央电视台等媒体就古籍普查的重要发现中《永乐大典》《本草纲目》《运河图说》《水浒叶子》录制专题片，网络媒体的报道更加丰富。同年 12 月举办的“古籍普查重要发现暨

第四批国家珍贵古籍特展——中华古籍保护计划成果展”，展示古籍普查重要发现60余种，第四批《国家珍贵古籍名录》入选古籍155种，并用70余块展板全面反映“中华古籍保护计划”六年来所取得的工作成果。

在2012年、2013年中国图书馆年会两次中国图书馆榜样人物评选中，薛清禄、萨仁高娃、李致忠先生都是中华古籍保护的践行者。

八、加强调查研究，推进机制创新

2013年，文化部开展县以上公共图书馆第五次评估定级工作，制订重点文化工程——中华古籍保护计划的评分标准，使古籍保护工作纳入公共图书馆评估体系，古籍保护的专业人员和管理者派员参加副省级以上“公共图书馆评估工作暨重点文化工程”督导工作；完成中华古籍保护计划全国督导报告，使古籍保护从原来图书馆工作的边缘走向核心。

近两年，为了发动更多的社会力量共同参与和支持中华古籍保护，解决原有的机制体制不够灵活对古籍征集、古籍保护修复的制约，一些新的机制在调研、探讨中，如“中华古籍保护基金”前期调研和方案拟定、修订，“中国古籍保护协会”设立的前期调研、上报等。这些社会力量的共同参与将给古籍保护行业注入新的生机和活力。

2013年民办图书馆发展状况

马艳霞（洛阳师范学院图书馆）
邱奉捷（国家图书馆）

民办图书馆是指企业事业组织、社会团体以及其他组织和个人兴办的、向社会公众开放的公益性图书借阅机构。为清楚掌握2013年民办图书馆的发展状况，笔者进行问卷调查，期望通过数据来客观描述2013年民办图书馆的发展情况。由于企业事业组织、社会团体以及其他组织创办的图书馆未反馈调查问卷，通过其他途径也难以获得其年度发展详细状况，本文仅反映2013年私人创办图书馆的发展情况。

一、民办私人图书馆基本统计数据

本年度的调查一共向300多个私人图书馆发放问卷，共收到49个图书馆的反馈，现根据这49个反馈的图书馆进行整理和汇总。

1. 建筑设备情况

（1）馆舍情况

49个私人图书馆中，有38个为独立馆舍，8个为租用馆舍，3个为借用馆舍。2013年，建筑面积总计为7715平方米，馆均为157.4平方米。馆舍面积300平方米及以上的有8个，依次是：北京昌平区崔村镇大辛峰村的“北京昌平圣学图书馆”1200平方米；浙江省衢州市衢江区云溪乡云溪村“百姓书院”1108平方米；湖北省仙桃市通海口镇星红村的“光照人口文化活动中心”800平方米；河北省北戴河海滨东三路6号的“爱辉图书馆”474.26平方米；浙江省台州市三门县海游镇文化路215号的“三门县有为图书馆”400平方米；浙江省温州市龙湾永兴街道康宁路15号一腾书画社的“吉夫图书馆”380平方米；湖南省长沙市宁乡县道林镇汤家塘村沈家巷组的“沈家巷图书文化室”350平方米；甘肃省兰州市城关区庆阳路232号的“兰州穆斯林图书馆”300平方米。但馆与馆之间差距较大，馆舍面积最小的仅20平方米。

（2）阅览座位数量

2013年，阅览座席数量总计为1445个，馆均为29个，与2011年馆均座位数28个基本一致。阅览座位50个以上的有12个。提供阅览座位最多的是广西壮族自治区河池市东兰县东兰镇委荣村那尧屯40号的“健将图书馆”，共有108个座位。其次是湖南省长沙市宁乡县道林镇汤家塘村沈家巷组的“沈家巷图书文化室”共有90个座位。排第三的是陕西渭南市临渭区丰原镇闵家村一组24号的张定民“农业图书室”，共有80个座位。

2. 文献总藏量及年度新增情况

（1）图书总藏量及年度新增情况

截至2013年年底，馆藏图书数量总计为750722册，馆均为15320册。位居第一名的是“北京昌平圣学图书馆”约100000册，成为图书总藏量最多的图书馆。其次，四川省巴中市巴州区恩阳“光伟图书馆”55000册位居第二；3个馆藏量50000册的图书馆是并列第三，他们是湖北省黄冈市浠水县洗马镇羊角桥村汪家湾一组的“汪新民农家书屋”、湖南省长沙市宁乡县“沈家巷图书文化室”、山东临沂市沂南县湖头镇曹家小河村的“沂南县湖头镇小河图书馆”。在这次统计中，馆藏量超过10000册的图书馆有19个。但馆与馆之间的差距也很大，馆藏不足1000册的图书馆有5个，最少的1个图书馆藏书仅125册。

各馆馆藏图书以普通中文图书为主。但也有部分民办私人图书馆有一些特藏文献，如山东滨州地区邹平县魏桥镇崔八村的“傅延常书报馆”，从1953年5月开始收藏，主集书籍、报刊、剪报等，现藏报纸1000余种近万份、杂志1000余册、书籍1000余册、“文革”资料（含毛泽东著作、像章、图片、传单、内部文件、报刊等）500余件，1958年创刊至1993年的《诗刊》齐全，同时剪贴摄影作品、书法篆刻作品、报头等60000余幅，装订成100本书（16开每本50页）。成为重要的特藏文献。

2013年，图书新增数量总计为59771册，馆均为1219册。在2013年的文献增长中，有28

个图书馆是自己采购；有 26 个馆接受外来捐助。49 个图书馆接收外来捐助图书共计32148册，其中个人捐赠12608册。接收个人捐赠图书最多的是浙江省台州市"三门县有为图书馆"，共有 4252 册；其次是"北京昌平圣学图书馆"，共有 3200 册；辽宁省庄河市青堆镇前炉村桃园屯的"桃园书社"接收 2500 册位居第三。仅有 6 个图书馆接收企业捐赠图书 3756 册；仅有 8 个图书馆接收非政府组织（NGO）捐赠图书 7484 册；有 10 个图书馆接收政府捐赠图书 8300 册。接收捐赠图书最多的图书馆是浙江省台州市"三门县有为图书馆"，共接收来自于个人、NGO、政府、企业等图书合计14022册。其次是广东省汕头市的"金平区陶然图书馆"，共接收来自于个人、NGO、政府、企业等图书合计 2150 册。全年没有接收任何图书捐赠的图书馆有 23 个。有 11 个图书馆在 2013 年图书新增量为 0 册，另有 5 个图书馆新增量在 100 册以下（含）。

（2）期刊总藏量及年度新增情况

截至 2013 年年底，馆藏期刊数量总计为66136册，馆均 1350 册。位居前 5 名的是：山西省忻州市建设北路市国土资源局宿舍的"崔文俊爱心书屋"，约10000册位居第一；山西省运城市盐湖区姚孟办事处岳坦村"解新民图书室"，6776 册位居第二；河北唐山市滦县滦州镇小横山营村的"广文书屋"（星星火阅览室）、上海浦东大团镇南团公路西面三墩社区上塘村 87 号的"老兵图书室"和湖南省株洲市攸县渌田镇八角居委会的"智灵书屋"3 个图书馆都是馆藏 5000 册，并列位居第三；宁夏中卫市海原县史店乡苍湾村上队的"成林文体大院"4500 册以及辽宁省庄河市青堆镇"桃园书社"4450 册，分列第四和第五。有 8 个图书馆的期刊馆藏量为 0 册，另有 9 个图书馆总藏量在 100 册以下（含）。

2013 年，期刊新增数量总计为12761册，馆均为 260 册。其中 7654 册为图书馆自行出资购买或搜集，5107 册来自于个人、NGO、企业、政府等的捐赠。期刊新增量最多的为"北京昌平圣学图书馆" 5000 册，其中有 500 册来自于个人捐赠。有 20 个图书馆期刊新增量为 0 册，另有 9 个图书馆新增量在 50 册以下（含）。

（3）报纸总藏量及年度新增情况

截至 2013 年年底，馆藏报纸数量总计为8406 种。其中馆藏报纸数量最多的是山西省临汾地区浮山市天坛镇柏村的"大众书屋"3200 种；广东省汕头市"金平区陶然图书馆"2000 种；山东滨州地区邹平县"傅延常书报馆"1500 种。有 14 个图书馆的报纸馆藏量为 0，有 21 个图书馆的报纸馆藏量为 10 种以下（含）。2013 年由 NGO 和政府捐赠报纸 211 种，其中 NGO 捐赠 30 种报纸，主要是捐赠上海浦东"老兵图书室"24 种报纸；捐赠宁夏中卫市"成林文体大院"3 种报纸；捐赠福建省寿宁县竹管龙乡竹管龙街道 45 号的"刘石江农民图书馆"3 种报纸。政府捐赠报纸 181 种，主要捐赠给辽宁省鞍山市台安县桑林镇桑林村的"桑林镇农村家庭图书馆"150 种；江苏"大成图书馆"3 种；湖南"利民村农民图书馆"5 种；山西"大众书屋"6 种；浙江"百姓书院"3 种；山东"周飞农家书屋"4 种。

（4）非纸质资源总藏量及年度新增情况

截至 2013 年年底，馆藏光盘数量总计为15604张，馆均为 318 张，主要为种植养殖、生活健康、艺术娱乐、进城务工实用技能培训等类别。其中总藏量最多的为"北京昌平圣学图书馆"，约 5300 张；广东汕头市"金平区陶然图书馆"，约 2500 张。有 17 个图书馆的馆藏中无非纸质资源。

2013 年，光盘新增数量总计为 1967 张，馆均为 40 张。光盘资源新增量最多的为"北京昌平圣学图书馆"，700 张，来自于政府的捐赠。其次是山东日照市岚山区后村镇西草坡村"周飞农家书屋"和广东省汕头市"金平区陶然图书馆"，这两家馆本年度的新增光盘资源都是 300 张。有 8 个图书馆光盘资源新增量为 50 张以下（含）。有 30 个图书馆光盘资源新增量为 0 张。

3. 经费投入情况

2013 年，经费投入总计为 114.56 万元，馆均为 2.33 万余元。位居前 5 名的是：湖北省武汉市江汉路步行街"文泽尔书友会私人图书馆"，33 万元；浙江省台州市"三门县有为图书馆"，22 万元；北京市西城区鼓楼西大街北京红丹丹文化教育交流中心的"心目图书馆"，18 万元；甘肃省兰州市城关区"兰州穆斯林图书馆"，13 万元；宁夏中卫市海原县"成林文体大院"，9.8 万元。但馆与馆之间差距较大，有 7 个图书馆 2013 年几乎无经费投入，另有 5 个图书馆的年度经费投入在 1000 元以下（含）。在

2013年度经费投入中，约64.4万元为办馆人个人出资，约22.9万元来自于个人捐赠，约10.5万元来自于企业捐赠，约7.32万元来自于政府捐赠，约8.70万元来自于NGO捐赠。

通过对2011年和2013年的私人图书馆经费投入的比较可以看出（详见表1），2013年的年经费投入趋于平稳，没有过快的增长，但各项投入渐趋理性，相对于2011年过高的人员费用和租赁、维修、宣传等其他费用下降比较明显。

表1　2011、2013年私人图书馆各项经费投入情况统计

年份	文献资源购置费（万元）	设备购置费（万元）	服务活动经费（万元）	人员经费（万元）	其他（万元）	经费投入总计（万元）
2011年	18.42	12.69	16.99	56.67	85.48	190.25
2013年	30.72	8.69	23.54	23.80	27.81	114.56

注："其他"包括房屋租赁费、网络费、宣传费、取暖费、修缮费等。

4.读者服务情况

（1）服务对象与服务时间

2013年，49个私人图书馆中有38个的服务对象是农村社区的所有居民；有11个图书馆的服务对象为城市社区居民，其中有5个图书馆的服务对象也包括城市进城务工人员及其子女。

2013年，开放时间总计为12647天，全年馆均开放258天；全年开放时间总计为357小时/天，馆均约7小时/天。其中有18个图书馆的年度开放天数在300天以上（含），有15个图书馆开放时间为10小时/天以上（含）。

（2）注册读者数量

2013年，49个私人图书馆有11个馆对读者进行正式注册登记，年度新增注册读者数量总计2829个，馆均58个。其中新增注册读者数量位居前5名的是：宁夏中卫市海原县"成林文体大院"，640个；浙江省台州市"三门县有为图书馆"，494个；重庆市万州区熊家镇中心街30号的"金龙文化大院图书室"和广东省汕头市"金平区陶然图书馆"2个图书馆读者新增数为300个；江苏省徐州市九里区桃园街南村社区的"薛连平爱心书屋"读者新增数为200个；上海浦东"老兵图书室"为135个。有22个馆全年没有新增读者注册，有5个馆的新增读者数为10个以下（含）。

（3）到馆读者量

2013年，到馆读者总量超过8.85万人次，馆均1806人次。到馆人次前5位的图书馆有：浙江省台州市"三门县有为图书馆"，约1.17万人次，位居第一；浙江省温州市"吉夫图书馆"和甘肃省兰州市城关区"兰州穆斯林图书馆"约1万人次；江苏省南通市海安县雅周镇雅周村4组的"顾昌明家庭文化室"约7000人次；上海浦东"老兵图书室"5193人次；山东临沂市"沂南县湖头镇小河图书馆"约5000人次。另外，有13个图书馆的年度到馆读者量在500人次以下（含）。

（4）外借服务量

2013年，外借总量超过6.22万册次，馆均1270册次。位居前5名的是：上海浦东"老兵图书室"约1.37万册次；浙江省台州市"三门县有为图书馆"9591册次；辽宁省庄河市青堆镇"桃园书社"约9500册次；北京市西城区"心目图书馆"约5400册次；陕西省安康市汉阴县城关镇的"传文书屋"和山西省临汾地区浮山市"大众书屋"约5400册次。另外，有3个图书馆的年度外借量在100册次以下（含），有13个图书馆暂不提供外借服务。

（5）举办读者活动情况

2013年，举办读者活动共计413场，参与读者4.45万余人次，馆均900人次。举办读者活动较多的是：山西省忻州市"崔文俊爱心书屋"80次；浙江省台州市"三门县有为图书馆"71次；湖北省武汉市江汉路步行街"文泽尔书友会私人图书馆"37次。但也有21个图书馆没有举办活动。

5.信息化建设

截至2013年年底，共有计算机173台，比

2011 年的 50 台多 123 台，馆均 3.5 台；其中，2013 年新增计算机 41 台。计算机拥有量最多的是河北省北戴河“爱辉图书馆”55 台。2013 年度计算机新增数量最多的是重庆市万州区“金龙文化大院图书室”20 台。仍有 18 个图书馆无计算机，并且大部分图书馆仅有 1 台计算机，是用来管理图书馆的，不是用来给读者使用的。

2013 年，仅有浙江省台州市“三门县有为图书馆”一个馆建有自己的门户网站，且建设得非常专业有效，大量的信息都在该馆网站上发布。

2013 年仅有 4 个图书馆创设电子阅览室，他们分别是“北京昌平圣学图书馆”、江苏省徐州市九里区“薛连平爱心书屋”、重庆市万州区“金龙文化大院图书室”和浙江省温州市龙湾“吉夫图书馆”。

由此可见，民办图书馆的信息化建设仍然是困扰民办图书馆发挥效用的主要制约因素。

6. 从业人员情况

49 个私人图书馆有 25 个图书馆是由农民创办的，17 个图书馆是由退休人员创办的，有 5 个图书馆是由在职人员创办的（详见图 1），还有 2 个馆情况不详。

49 个私人图书馆的 49 位负责人的年龄段主要集中在 60—69 岁（10 位）和 70—79 岁（13 位）（有 5 位负责人情况不详，见图 2）。其中年龄最大的是浙江省衢州江山市张村乡秀峰村的“周延泉书屋”负责人周延泉，85 岁；年龄最小的是湖北省武汉市“文泽尔书友会私人图书馆”负责人文泽尔，31 岁。

49 个私人图书馆的 49 位负责人受教育程度主要集中在高中（12 位）和初中（12 位）（有 3 位负责人情况不详，见图 3）。其中学历是研究生的有 4 位：陕西省安康市汉阴县城关镇“传文书屋”的李传文；山东临沂市沂南县“小河图书馆”的曹继华；湖北省武汉市“文泽尔书友会私人图书馆”的文泽尔和浙江省台州市“三门县有为图书馆”的丁书奇。

2013 年，共有工作人员 93 人，馆均 1.5 人。其中男性员工 56 人，女性员工 37 人。工作人员数量最多的是甘肃省兰州市城关区“兰州穆斯林图书馆”，共 7 名人员，其中男性员工 4 人、女性员工 3 人。年度新增工作人员 16 人，其中男性员工 8 人、女性员工 8 人。新增工作人员数量最多的是北京市西城区“心目图书馆”和辽宁省鞍山市台安县桑林镇桑林村的“桑林镇农村家庭图书馆”，两馆 2013 年都是新增 3 人。

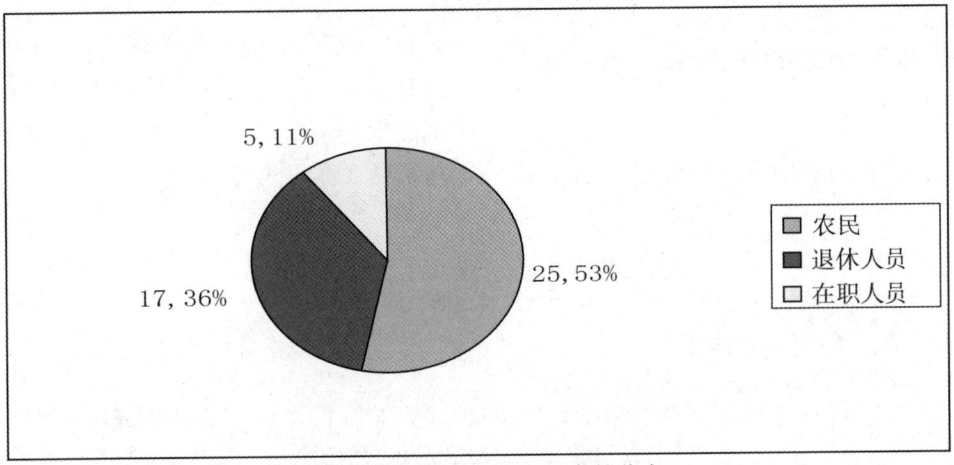

图 1　私人图书馆负责人身份分布

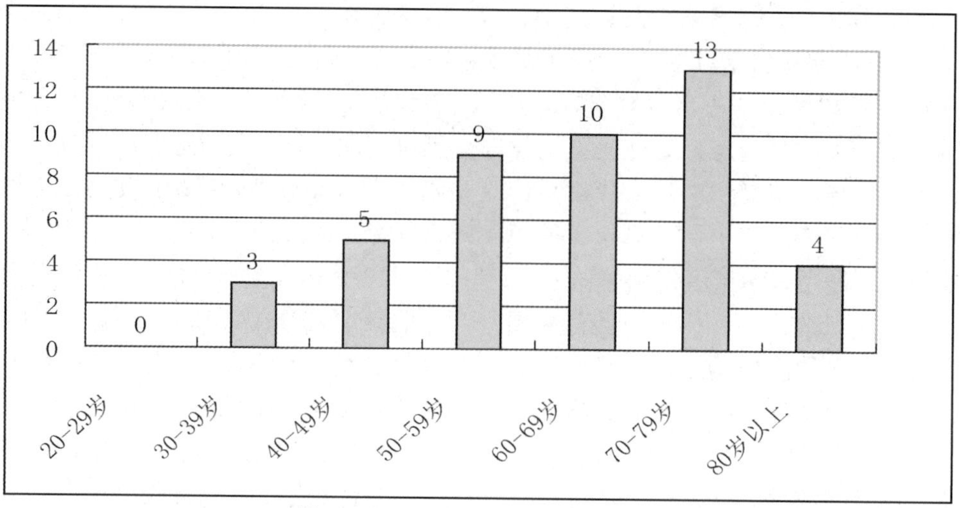

图 2　私人图书馆负责人年龄分布

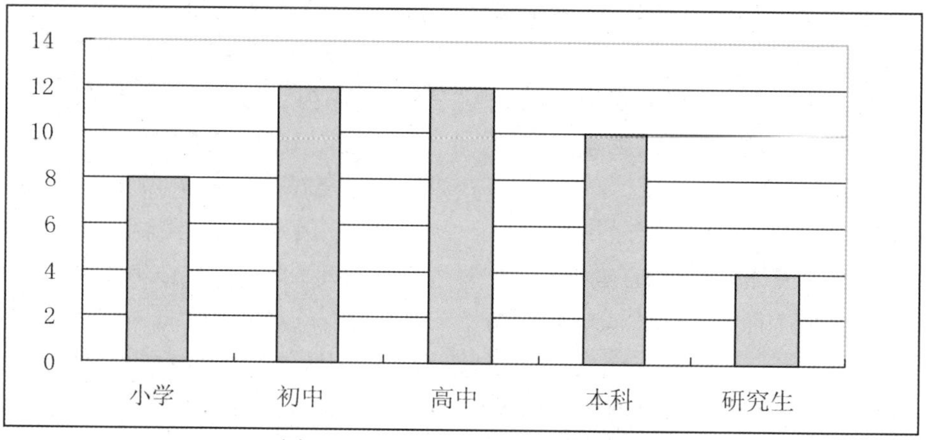

图 3　私人图书馆负责人学历分布

二、2013 年新创办的民办私人图书馆基本情况

根据“文化火种寻找之旅”网站的统计和相关新闻报道，2013 年新创办的民办私人图书馆共有 9 个。为清晰展示这些新办的民办图书馆，下面根据创办时间先后简述其创办者和馆藏规模与特色（详见表 2）。

表 2　2013 年新创办的私人民办图书馆

图书馆名称与创办者	创办时间与馆址	规模与特色
小鬼当家图书馆，“80 后”夫妻陶功财和陈丽华	1 月，湖南省浏阳市碧景湾小区东门三楼	30 余平方米，4000 多册图书，摆放 4 个书架和 3 张阅读书桌。除阅读之外，还启动“三乐”公益活动：“乐读沙龙”“乐想故事绘”“乐听讲堂”，邀名家举办读书讲座，请家长和老师分享绘本故事，并开设家庭教育、文学历史等知识的公益课堂
黄葵图书馆，作家黄葵	1 月 17 日，海南省海口市国贸玉沙路城中城 C 栋 404	筹资 10 万元，改建自己的住宅作为场馆。主要以文学、艺术、历史、地理和科普读物为主，也有言情、动漫、侦探、科幻电影、教辅、动物小说、国际大奖小说、青少年时尚读物等
竹影书屋，退休教师孙石林（70 岁）	2 月，浙江省杭州余杭区余杭街道碧景路	一年 5 万元的租金租下 150 平方米作为场馆，装修花费 30 多万元，藏书 4000 多册，一年运营成本大概需要 10 万元

续表

图书馆名称与创办者	创办时间与馆址	规模与特色
湖畔图书馆，作家王扉	4月23日，广东省深圳市罗湖区	使用面积约1000平方米，馆藏图书80000册，藏书分为爸爸书架、妈妈书架、孩子书架、文艺书架，作家书架、幸福书架、国学书架7大类。还推出“我是作家”与“我是传奇”两大真人图书品牌
格致书屋，小学副校长沈志荣与妻子刘静华老师	7月3日江苏省无锡市江阴市区青果路108弄	各类图书5000多册，每周还会自费500元购买新书。书屋分学生阅读区、家长阅读区和教师阅读区
哈斯乌音嘎图书馆，蒙古族牧民作家哈斯乌音嘎及其夫人杜高娃	8月19日，内蒙古呼和浩特市赛罕区大学东街80蒙古文书画艺术专修学院二楼	馆内有蒙、汉、日、英等不同文字的书籍共10000余册，大多为负责人多年来的收集和友人的赞助，图书内容包括文学、地理、历史等
奉天城外，海归青年姜博和潘赫	2013年，沈阳市和平区南五马路与胜利大街交界处中驰国际大厦1408室	姜博让出一间自己的公寓，潘赫拿出所有的藏书4000多册创办。从成立以来，已接待读者100多人次。两个人负担房租、物业、水电费和每个月3000元左右购新书费用
荷风书苑，高先生	11月26日，陕西省榆林市榆阳区西人民路19号	投资80万元，面积达300多平方米，图书近20000册、杂志17种。涉及国学、古典、名著、传记、军事、地理、医药、养生、艺术以及各种学生类用书等。读者办理会员卡，交付押金(成人100元，学生50元)免费借阅图书
晓理公益图书馆，废品回收者张晓理	12月3日，新疆阿克苏市红光社区	图书10000余册、图片2000余张、文件300多份、地图100余幅、手迹80余份、字画350多幅

三、2013年度民办私人图书馆开展的主要工作及发展特点

目前，我国的民办私人图书馆主要分布在中西部贫困落后乡村，主要服务对象为农民、农村学生、进城务工人员及其子女，是我国基层图书馆事业发展的重要组成部分。2013年，民办私人图书馆针对基层农民、农村学生以及城市务工人员及其子女开展一系列服务活动和培训工作，是基于普通借阅的延展服务，也是民办私人图书馆的特色工作。主要表现在：

1. 关注阅读，延展服务

民办图书馆在缺乏馆藏资源、人力资源等情况下，仍然不遗余力地推动图书馆的各项工作，尤其注重阅读。2013年调查的这49个图书馆都有不同程度、不同范围、不同层次地开展各种阅读活动。如北京红丹丹文化教育交流中心的“心目图书馆”，由于针对特殊的读者群体——盲人，所以，一直把帮助读者阅读作为重点工作。2013年组织现场读书活动，通过培训志愿者提高他们的阅读技能，为视障者多读书、读好书，全年志愿者为视障者提供的读书服务活动共551人次；同时主动联系广播台、电视台的主持人等专业人士来读一段声音或一本书，与视障者分享。湖北省黄冈市浠水县洗马镇的“汪新民农家书屋”常年组织读书心得交流会和讲故事会，作为湖北省图书馆馆外图书流通点，每年定期更换书籍，指导村民阅读，并推出“农家书屋文化中心户”，目前已有11户申请成为“中心户”。广西壮族自治区河池市的“健将图书馆”，暑假

期间组织热爱读书的小读者 12 名，参加《中国少年报》举办的"读队报、长知识"以及广西《小博士报》的"暑假读报知识竞赛"等活动。辽宁省鞍山市的"桑林镇农村家庭图书馆"多次举办青少年读书阅览竞赛活动，开展少儿演唱会活动。北京昌平区崔村镇大辛峰村的"北京昌平圣学图书馆"更是固定每月组织一次读者交流。

2. 强化培训，突出实效

如果说注重阅读推广，做好借阅等服务属于图书馆的基本任务和责任，那么民办私人图书馆与公办图书馆最大的区别就是强化有针对性的培训，尤其强调培训的实用与实效。2013 年调查的 49 个图书馆都开展各种培训活动，大部分图书馆把科技培训、三农服务专题培训，生产实用技术培训以及党的方针政策、法律知识学习等内容作为培训的重点。重庆市万州区的"金龙文化大院图书室"重视开展实用技术培训，紧紧围绕本地主导产业，着眼于农民群众所急需的文化科普需求，积极开展实用农业科技知识培训，帮助农民朋友增产增收，同时开展计算机操作应用与消防知识培训等。湖北省仙桃市通海口镇的"光照人口文化活动中心"组织"种植藕带培训会"和"种植莴苣培训班"两个有地方特色的技术培训，并邀请华中农业大学教授为村科技带头人上课，还为农村老人开展健康知识讲座及身体检查。广西壮族自治区河池市的"健将图书馆"组织返乡农民工学习《劳动合同法》《农民工进城务工指南》等书籍并一同观看央视的"3・15"晚会节目。河北唐山市玉田县的"林南仓家庭文化馆"开展"学科技用科技读书兴农田间课堂示范户""科技示范户田间送书下乡""送一项技术、送一本书、送一粒种子"进农家以及"农家书屋送技术、新农具推广会"等 4 项有针对性的科技培训活动，以促进全村农民的科技素养和能力。

3. 注重交流，扩大影响

通过调研发现，尽管私人图书馆都是个人力量创办的，其条件和资源都很匮乏，但每个图书馆因为创办人的执着和努力，都成为当地文化交流的中心和所在地民众交流沟通的重要平台。这种影响是相互的，图书馆通过组织各种交流活动吸引民众到图书馆来，而参加图书馆活动的民众也在积极参与中受到启发和引导，从而达成双赢的局面。2013 年所调查的私人图书馆都开展各种文娱活动。如广西壮族自治区河池市东兰县东兰镇的"健将图书馆"在创办者韩建相的迫切要求下，得到县总工会的大力支持，由工会出资，"健将图书馆"负责承办春节文娱活动。活动在农历正月初二正式开始，组织体育爱好者在村部广场举行拔河、桥牌、象棋、气排球比赛等活动，参与人数约 60 多人，观众上百人。

宁夏中卫市海原县的"成林文体大院"，从最初"成林书馆"的雏形，到现在发展成为"文体大院"，用了 13 年时间。2 月 18 日，该馆举办"成林文体大院第十三届农民运动会"，这是由文体大院的创办者李成林一手操办的农民"盛会"，这次运动会有 21 个代表队参赛，为期 6 天，设篮球、象棋、短跑等 11 个竞赛项目和方棋、打梭、赛驴等 7 个民俗项目。吸引附近村庄的近千名群众前来观看，新华社、宁夏日报社、海原县电视台进行采访报道。这些与当地政府、媒体以及周边村民的有益互动，大大提升民办图书馆的影响力，为后续民办图书馆的持续发展打下坚实的基础。

此外，2013 年，民办私人图书馆也开展一些馆与馆之间的交流和学习，如 11 月北京红丹丹文化教育交流中心的"心目图书馆"派出成员赴上海参加中国图书馆年会，并选派 5 名骨干成员到日本点字图书馆参观、访问和学习。（本文为 2012 年国家社科基金项目："公共文化服务多元化投入模式研究"成果之一，项目编号：12CTQ001）

示范区（项目）创建与公共图书馆发展

李国新　冯佳　王珊珊　金武刚（北京大学信息管理系）

2011年年初，文化部和财政部联合出台《关于开展国家公共文化服务体系示范区（项目）创建工作的通知》，启动国家公共文化服务体系示范区（项目）创建工作。在地级市人民政府自主申报示范区、地级市文化行政管理部门自主申报示范项目的基础上，经过国家公共文化服务体系建设专家委员会独立评审、创建工作领导小组审批并向社会公示，确定第一批31个国家公共文化服务体系示范区和47个示范项目。创建工作按照公益性、基本性、均等性、便利性的要求，在全国创建一批覆盖城乡、结构合理、功能健全、实用高效的公共文化服务体系示范区，整体推进本区域公共文化服务体系建设；培育一批具有创新性、带动性、导向性、科学性的公共文化服务体系示范项目，就公共文化服务体系的某一方面、某一构成要素进行探索。按照规划，示范区和示范项目的创建周期均为两年，“十二五”期间，全国将分三批创建90个左右国家公共文化服务体系示范区，创建180个左右国家公共文化服务体系示范项目，中央财政给予创建经费补助。示范区（项目）创建要求开展公共文化制度设计研究，示范区（项目）是课题研究的实践基地，课题研究则紧密结合示范区（项目）创建工作，为其提供理论指导和政策支持[1]。2012年3—4月，文化部和财政部共同组织对第一批示范区（项目）创建单位的中期督查。2013年9月，第一批示范区（项目）验收评审工作全部完成[2]。公共图书馆是公共文化服务体系的重要组成部分，整体提升公共图书馆的建设和服务水平是示范区（项目）创建的重要内容之一。

1　示范区创建与公共图书馆

1.1　示范区创建标准中的公共图书馆指标

示范区创建工作启动之初，文化部、财政部制定《国家公共文化服务体系示范区创建工作方案》，以及东、中、西部的《国家公共文化服务体系示范区创建标准》，以此来分类指导全国公共文化服务体系示范区创建工作。2013年3月，在创建标准的基础上，经过细化和具体化，形成《第一批国家公共文化服务体系示范区验收标准》。验收标准中，东部地区包含30项76个指标，中部地区包含29项72个指标，西部地区包含25项61个指标。验收标准对每一个指标都进行说明，并提出验收要求；还为每一指标设定“优秀、达标、未达标”三个等级，赋予不同分值。

示范区创建验收标准中与公共图书馆直接相关的项目指标有25个，具体如下：

示范区创建验收标准中与公共图书馆直接相关的指标和标准

	指标	东部标准	中部标准	西部标准
1	地（市）、县两级图书馆选址	人口集中、公交便利		
2	地（市）、县两级图书馆设置率	100%		
3	地（市）、县两级图书馆达标率	部颁二级	部颁三级	部颁三级
4	地（市）、县两级图书馆标准配置的公共电子阅览室	优秀：设置率100%，达标率100% 达标：设置率100%，达标率80%		
5	图书馆设置方便残障人以及老年人、少年儿童的活动区域和服务项目比例	优秀：100% 达标：80%	优秀：80% 达标：60%	——

续表

	指标	东部标准	中部标准	西部标准
6	地(市)、县两级图书馆设视障阅读区、配设备和盲文读物,并开展服务比例	优秀:100% 达标: 80%	优秀:80% 达标:60%	——
7	贯彻国务院《公共文化体育设施条例》和有关建设标准	优秀:在新馆建设中已经贯彻实施有关标准 达标:组织学习相关标准		
8	人均占有公共图书馆藏书	优秀:≥1.5 册 达标:1.0 册	优秀:≥1.0 册 达标:0.6 册	优秀:≥0.6 册 达标:0.4 册
9	人均年增新书	优秀:≥0.05 册 达标:0.04 册	优秀:≥0.04 册 达标:0.03 册	优秀:≥0.03 册 达标:0.02 册
10	图书馆每周开放时间	优秀:≥56 小时,并做到节假日开放 达标:56 小时		56 小时
11	图书馆免费开放	100%免费开放,服务公示规范,成效显著		
		优秀:服务人次 2 年增 30% 达标:服务人次 2 年增 15%	优秀:服务人次 2 年增 20% 达标:服务人次 2 年增 10%	
12	图书馆向农民工、老人、少年儿童和残疾人免费开放	优秀:100%实施,并建立保障机制 达标:100%实施	——	
13	地(市)、县两级图书馆平均每册藏书年流通率	优秀:≥1.1 次 达标:1.0 次	优秀:≥0.8 次 达标:0.7 次	优秀:≥0.6 次 达标:0.5 次
14	人均到馆次数	优秀:≥0.6 次 达标:0.5 次	优秀:≥0.4 次 达标:0.3 次	优秀:≥0.3 次 达标:0.2 次
15	地(市)、县图书馆建立总分馆制,实现通借通还	优秀:建立总分馆制,市和30%的县、10%的乡镇图书馆实现通借通还 达标:初步建立总分馆制,试行通借通还	优秀:部分建立总分馆制等多种形式服务模式 达标:个别试点	——
16	地(市)、县两级图书馆流动服务车配置率(每馆1台以上)	100%	优秀:100% 达标: 80%	——
17	地(市)、县两级图书馆每年下基层服务	优秀:60 次/年、馆 达标:50 次/年、馆		——
18	建立公共文化统一服务平台和技术支撑系统(设备、人员、机构、制度)	优秀:集图书馆、文化馆、博物馆服务于一体的统一平台 达标:建立图书馆服务平台和相应技术支撑体系		
19	地(市)、县两级图书馆建立网站比例	优秀:100%,栏目齐全 达标:100%,栏目超5项	优秀:80% 达标:60%	优秀:70% 达标:50%
20	数字图书馆资源服务	100%的基层群众可以利用		

续表

	指标	东部标准	中部标准	西部标准
21	地(市)级图书馆建设地方特色数字资源库	3个	——	——
22	建立图书馆机构运营的公众参与制度	优秀：试点建立公众参与制度		
		达标：100%建立群众意见的征询制度并实施	达标：80%建立群众意见的征询制度并实施	达标：60%建立群众意见的征询制度并实施
23	制定图书馆服务标准并实施	优秀：建立并实施，并将服务农村基层情况和群众满意度作为考核指标 达标：建立并实施	——	——
24	地(市)、县两级图书馆在职员工参加脱产培训时间每年不少于15天	优秀：100%单位达标 达标：70%单位达标		
25	地(市)、县两级图书馆建立志愿者队伍比例(有制度、有岗位、有人员)	80%	70%	60%

说明：本表根据国家公共文化服务体系示范区(项目)创建工作领导小组办公室《关于开展第一批国家公共文化服务体系示范区(项目)验收工作的通知》中的附件2《第一批国家公共文化服务体系示范区(项目)验收标准》整理汇总。

25个指标大致可分类五类：一是对服务硬件的要求，包括馆舍设施、图书资源配备等；二是对服务效益的要求，包括免费开放时间与内容、图书流通率、到馆人次等；三是对服务体系的要求，包括总分馆制、流动服务等；四是对数字化服务的要求，包括服务平台、门户网站、数字资源等；五是对管理制度的要求，包括公众参与运营、服务规范标准、人员培训活动以及志愿者工作等。项目和指标充分吸收和转化近年来我国公共图书馆理论和实践两个层面的成果和经验，着眼于全面提升公共图书馆的建设和服务水平，导向和特点非常明确。

根据示范区创建实地检查验收时掌握的打分标准估算，25个与公共图书馆直接相关的指标分值在东、中、西部实地检查验收总分中所占比重分别达到29.9%、31.9%、28.5%。如果将其他相关指标中隐含的公共图书馆因素也考虑进来，如统一纳入公共文化服务体系整体考虑的管理制度、经费保障、效绩考核、经验推广等指标，公共图书馆建设要求约占示范区创建总分值的三分之一左右。由此可见，公共图书馆在公共文化服务体系中的重要性，以及示范区创建对公共图书馆建设和发展的高度重视。

1.2　示范区创建实践中的公共图书馆建设亮点

第一批31个示范区的公共图书馆在创建过程中不断探索，创新体制机制、服务方式和业务管理，为示范区创建贡献诸多亮点。

（1）馆际合作，共建共享

资源与服务共建共享，是图书馆建设的基本策略。示范区创建在构建公共图书馆服务体系时，有的地方突破地（市）、县（市、区）、乡镇（街道）、村（社区）各级公共图书馆系统界限，将区域内的高校和中小学校系统图书馆也整合进来。大连市针对市域内城乡中小学图书馆服务保障普遍比较薄弱的现状，打破文化系统与教育系统的壁垒，2012年，大连市文广局、教育局、财政局联合下发《大连市少儿图书资源全域共享建设实施方案》，确立以市少儿图书馆为总馆，以城乡学校为分馆，由总馆统一采购图书资源、分类编目，配送至各学校图书馆，并按时流转，实现少儿图书资源全域共享，实现公共图书馆系统和学校图书馆系统的整合，有效解决农村特别是偏远地区的少儿读书难问题。截至 2013 年 4 月，已建成少儿图书馆分馆 65 个，其中偏远涉农村地区 47 个；总馆为各分馆送书 55.4 万册，持证读者 3.6 万人[3-4]。青岛市开发区公共图书馆，联合区域内 6 所高校图书馆，采取签订《联盟协议书》，约定开放形式、服务标准、联合形式、资源共享事宜等，在联合目录、馆际互借、文献传递、参考咨询等方面开展合作和联合服务，延伸公共图书馆的服务范围[5]。苏州市下辖的常熟市图书馆，与常熟理工学院合作，成立常熟科技文化信息咨询中心、常熟地方文献阅览研究中心、常熟公共图书流转服务中心，以校地互动方式，推进高校与地方图书馆资源建设、读者服务、文化传承、学术研究等互联互通[6]。

（2）跨界整合，提高效能

在公共阅读服务体系中，除图书馆外，还有文化馆（站）、农家书屋、文化共享工程、公共电子阅读室等公共文化设施，也都提供图书阅览、数字阅读服务。示范区创建中，有的地方突破图书馆界限，实现跨界整合社会资源。宝鸡市以市图书馆为总馆，12 个县（市、区）馆为分馆，吸收企事业单位和大专院校图书馆加盟，在社区、军营、学校、监狱等建立 128 个外阅点，并将 1713 个农家书屋纳入体系，建成以流动服务车为“线”，馆点结合、遍及城乡的图书服务网络，实现西部地区图书有限条件下的服务功能增量[7]。苏州市吴江区实行“四位一体”建设，即把乡村图书室、农家书屋、文化信息资源共享工程、党员现代远程教育中心整合成农村公共信息服务中心，配以流动图书车定期服务。仅图书外借一项指标，2012 年全区年均增长幅度达 55%，其中，乡村区域的图书外借年均增长幅度达 274%[8]。

（3）特殊群体服务新方式

为所有人提供普遍均等服务，是图书馆职业追求的基本理念。示范区创建中，除了按规定为农民工、老年人、少年儿童、残疾人等特殊人群提供专门活动区域和服务项目之外，有的地方在实践中探索出一些创新举措。重庆市渝中区在农民工劳务市场，创建全市首个农民工图书馆，并制定《渝中区农民工图书馆建设、管理、运营制度（试行）》（渝中文广新〔2012〕109 号），明确农民工图书馆建设的各项要求[9]。厦门市图书馆和少儿图书馆，在农民工聚居地开设图书馆分馆[10]。大连市面向敬老院设立图书馆分馆[11]。银川市在市图书馆尝试建立幼儿数字体验区[12]。西藏林芝地区则依托网格管理设立的便民警务站和派出所，设立“便民警务站图书漂流服务点”，积极探索街头读书服务活动，创建地广人稀的农牧区的西部图书流动特色服务；还为符合条件的农牧区宗教活动场所的 93 座寺庙配送图书资料，协助建立“寺庙书屋”[13]。

（4）信息技术应用新思路

图书馆对信息技术的应用需要全面考虑信息技术的适用性、成熟度和成本等问题，需要深入考虑信息技术应用对图书馆服务效能提升的促进程度。示范区创建中呈现出来的图书馆信息技术应用创新，值得关注。苏州下辖的张家港市在梁丰社区设置一个 24 小时自助开放的“智慧小木屋图书馆”，与张家港市图书馆联网，市民可刷卡进入，阅览和借还书。张家港市计划增加小木屋的馆藏量，使其达到 0.5—1 万册次，配备上网检索终端和热线电话等，争取两年内建成 30 座“智慧小木屋图书馆”。该小木屋与 24 小时街头自助图书馆相比，大大降低对物流的要求，符合“最小服务的最低馆藏不应少于 2500 册图书”的国际通行理念[14]，更符合图书馆发展的专业规律。东莞市的“e 管家”公共电子阅览室，被专家誉为“3＋1 新”。第一是形象新，以时尚、新颖、温馨、人性化的设计，改变传统电子阅览室“计算机排排坐”的呆板形象；第二是设计新，将纸质资源、报刊、计算机、影像集成起来，包括固定终端、移动终端，更符合图书馆向公共文化空间发展的思想；第三是管理新，“e 管家”构建分布式电子阅览室的远程集成管理系统，便于向缺乏技术维护人员的基层推广。这“三新”的核心是理念新，是在新型理念指导下创新技术应用的制度设计[15]。此外，大连通过设立“大连数字图书馆”电视频道，3 万多用户可以通过高清数字电视机顶盒浏览大连图书馆提供的数字资源。北京朝阳区依托有线电视，设置图书馆等公共文化服务频道[16]。

（5）基层队伍建设新进展

党的十七届六中全会决议，提出基层文化人才队伍是文化改革发展基础力量的论断。示范区创建中，有些地方创新公共图书馆人员培训方式，在专业认证、持证上岗制度方面也有新进展。银川市制定的《全市公共图书馆深入开展“三学三比三评”岗位大练兵活动实施方案（银文发〔2013〕38号）》，组织全市公共图书馆馆员、乡镇（街道）图书管理员开展岗位大练兵活动，创新员工培训模式。“三学”指学习专业知识、学习业务技能、学习图书馆职业道德和文明服务礼仪；“三比”指比业务知识、比岗位技能、比服务质量；“三评”指评优质服务窗口、评岗位业务能手、评文明服务标兵。苏州市出台《关于进一步加强〈苏州市基层文化从业人员资格认证制度〉的意见》，2007年将市本级试行的基层文化从业人员职业资格认证制度推广到全市范围，推行持证上岗，将培训工作纳入制度化、规范化轨道，并将资格认证培训，作为职称评定的必备条件。截至2012年年底，共有3782人次参加培训并结业，基本实现基层文化从业人员培训全覆盖。

（6）社会力量参与新举措

社会力量参与公共图书馆服务提供，是图书馆服务体系建设的有益补充。示范区创建中，有的地方通过制度建设，合理引导、鼓励社会力量参与提供图书馆服务。澄迈县鼓励和扶持建立“家庭图书馆”，对群众拥有社科类图书300种以上并愿意参与公共文化服务的家庭，每户给予一次性5000元的奖励资金，并在后续免费开放服务中，继续实行政府支持[17]。北京市朝阳区制定了《关于做好扶持朝阳区民办图书馆发展的意见》，通过统一配送图书，联合开展活动等方式，对民办图书馆给予支持和鼓励。长沙市对申请加入公共图书馆总分馆系统、藏书在2000册以上、按照公共图书馆要求向社会免费开放的私人民办图书馆，财政上按不低于社区分馆50%的标准给予相应补助[18]。

2 示范项目创建与公共图书馆

示范项目与示范区有所不同。示范项目不要求创建单位全面推进，而是鼓励发挥既有优势，力求在公共文化服务体系某一方面、某一构成要素上重点突破，以点带面推进公共文化服务体系建设[19]。在我国公共文化服务体系涉及的设施和机构中，公共图书馆历史悠久，建设和发展的成熟度高，示范作用明显，成为开展示范项目创建工作的首选。

2.1 示范项目中与公共图书馆相关的项目

在第一批47个示范项目中，直接以公共图书馆为对象的有4个：浙江省嘉兴市的“城乡一体化公共图书馆服务体系建设”、重庆市大渡口区的“文化馆和图书馆总分馆制”、陕西省铜川市的“公共图书馆服务体系一体化建设”、新疆维吾尔自治区克拉玛依市的“图书馆联建、共享一体化服务体系”。另外，有4个项目依托公共图书馆开展：湖北省荆州市的“小太阳读书节暨全民阅读活动”、湖南省衡阳市的“公共文化服务进社区活动”、广东省佛山市的“南海区县域公共文化服务体系建设工程”、四川省攀枝花市的“大地书香新农村家园工程”[20]。总体而言，上述项目涵盖公共图书馆基础建设、总分馆体制创新和公共图书馆主导的全民阅读活动三种类型。

2013年5月，国家公共文化服务体系示范区（项目）创建工作领导小组办公室在北京组织对第一批示范项目进行评审验收，47个申报项目中的45个通过，公共图书馆项目全部通过[21]。

2.2 示范项目创建促进公共图书馆发展

（1）公共图书馆设施网络布局更加合理

服务网络全覆盖是实现和保障公共图书馆服务公益性、基本性、均等性和便利性的基本前提[22]，公共图书馆项目通过建设覆盖全社会的公共图书馆设施网络，实现图书馆公益性服务的广覆盖、高效能。嘉兴市多级政府共同建设图书馆总分馆服务体系，打破一级政府基本建设一个图书馆的现行模式，在总分馆服务体系中确立中心图书馆的地位和功能定位。公共图书馆的覆盖人口从2010年的5.8万人/馆，提高到当前的3.3万人/馆（国内平均47万人/馆），接近发达国家的覆盖水准。

（2）公共图书馆资源整合能力进一步提高

示范项目创建不仅促进公共图书馆文献资源整合，实现统一采购、联合编目，建立便捷的通借通还文献分拣传递物流体系，还推动有条件的地区实现硬件、人力、文献和经费等资源在更大范围上的整合，跨系统共享。如，铜川市以市图书馆为龙头，以县区图书馆为依托，成立联合编目和物流配送两个中心，形成跨层级、跨地域、跨行业的图书馆一体化服务体系，实现图书资源的无障碍流通。克拉玛依市则将公共图书馆、企业图书室、中小学图书室及街道社区图书室都纳入联建共享范畴，构建一个以跨地区、跨行业、跨系统为基本特点的联建共享一体化新型公共图书馆服务体系，既便于西部地区各中小型图书馆的资源整合和共享，也利于自身的发展和壮大。

（3）公共图书馆经费保障机制初步建立

通过示范项目创建，公共图书馆经费投入大幅提升，并纳入经常性财政预算，初步建立公共图书馆运营的经费保障机制。重庆大渡口区将公共文化设施运行管理经费纳入年初预算，区财政每年设立 1000 万元宣传文化发展基金，用于公共文化事业建设与发展，“两馆一站一中心”免费开放经费 100%落实到位。佛山市南海区下发了《关于开展 2012 年南海区图书进基层补贴工作的通知》，文化消费补贴以每年 2000 万的财政资金补贴高雅艺术进剧场、图书进基层、电影进社区、社区文化活动、文化景点门票，获得群众好评。攀枝花市“大地书香新农村家园工程”规定，市、县（区）两级财政各出资 50%，每个图书室每年的日常经费及辅导员每月的工作补贴纳入财政预算。衡阳市采取以奖代拨的方式对每个建成达标的社区文化活动中心补助 5 万元。湖南省文化厅也分期分批对建成达标的街道（社区）文化中心拨付配套设备费[23]。荆州市图书馆争取企业资金支持，建立鼓励社会资金支持“小太阳读书节暨全民阅读活动”的政策机制，通过市场运行，读书节活动可持续开展[24]。

（4）公共图书馆人才队伍建设进一步加强

各地抓住示范项目创建的机遇，落实《乡镇文化站管理办法》等有关要求，增加人员编制，稳定基层公共图书馆队伍。攀枝花市解决 46 个文化专干的编制、352 个村文化辅导员的待遇，在大学生村官中招募 482 个文化辅导员。大渡口区以示范项目创建为契机，增编进人，每个街道分馆按照 4 名文化专干、每个镇分馆按照 3 名文化专干标准予以配备，全部实现公开招考。在人员管理方式上，推行分馆业务副馆长派驻制，坚持“统一调配、集中作战、分散辅导”的原则，由总馆选派 12 名业务骨干到各分馆担任业务副馆长，全权负责指导分馆开展文化工作，有效实现总分馆之间业务工作垂直管理，解决镇街分馆无人管、无专业人员管的问题。人才队伍管理和培训方面，铜川市基层工作人员每半年到上级馆接受一次业务培训，市、县（区）图书馆派业务骨干定期到基层进行巡回驻点，指导开展服务，并组织人员赴南京金陵图书馆、苏州图书馆、嘉兴图书馆实地考察，举办通借通还、集中编目等专题培训班 5 期，培训 952 人次。克拉玛依市图书馆对所有图书管理员进行业务培训，使街道、社区图书管理水平明显提高。

3　制度设计研究与公共图书馆

示范区（项目）创建工作要求与制度设计研究相结合，创建两年来，形成一大批公共图书馆领域的制度设计研究成果。

3.1　公共图书馆领域制度设计研究概况

在第一批示范区创建中，江苏省“苏州公共图书馆总分馆制度设计研究”“苏州市基层文化从业人员职业资格认证制度研究”“苏州市乡村图书馆制度设计研究”、辽宁省“大连市文化信息资源共享工程进村入户模式研究”、湖南省长沙市“图书馆资源共建共享模式”、广东省东莞市“公共电子阅览室建设与服务”等 6 个示范区制度设计成果与公共图书馆直接相关。2013 年 5 月，制度设计作为示范区验收的前置条件，国家公共文化服务体系示范区创建办进行了第一批示范区制度设计研究课题成果的评审，广东省东莞市、江苏省苏州市的制度设计课题被评为优秀，辽宁省大连市、湖南省长沙市的制度设计课题被评为良好[25]。

对第一批示范项目进行验收，与公共图书馆密切相关的 8 个示范项目中，浙江省嘉兴市“城乡一体化公共图书馆服务体系建设”、广东省佛山市“南海区县域公共文化服务体系建设工程”、重庆市大渡口区“文化馆和图书馆总分馆制”等 3 个项目获优秀成果；湖南省衡阳市“公共文化服务进社区活动”、四川省攀枝花市“大地书香新农村家园工程”、新疆克拉玛依市“图书馆联建、共享一体化服务体系”、陕西省铜川市“公共图书馆服务一体化建设”等 4 个项目为良好；湖北省荆州市“小太阳读书节暨全民阅读活动”被评为合格[26]。

上述示范区（项目）的公共图书馆相关制度设计研究课题分为四种类型：资源供给与服务体系相关研究、总分馆体制研究、公共数字文化资源制度研究、全民阅读活动研究等。由于这些制度设计研究关注包括公共图书馆领域发展需要着力解决的重要问题，并在公共文化服务体系的框架内整体上把握公共图书馆的发展脉络与未来方向，因此，具有一定的理论价值，有利于加强公共图书馆的理论指导，丰富公共图书馆的理论研究成果，完善公共图书馆的政策制定。同时，制度设计研究是对基层公共图书馆建设经验的总结和提炼，有利于梳理公共图书馆服务体系典型，推广公共图书馆服务体系建设经验[27]。

3.2 公共图书馆领域制度设计成果转化

聚焦第一批示范区（项目）与公共图书馆事业发展相关的制度设计研究，对其进行分析、提炼，制度设计成果转化主要体现在以下几个方面。

（1）政府决策提供依据

好的制度设计研究从理论和实践两个层面对公共图书馆事业发展的重大问题着手展开，能够引起党委政府的足够关注，并最终通过将制度设计的思想和理念吸纳进当地的政策文件，使相关研究成果得以转化、落地。研究成果转化的主要形式是形成政府规划、政府政策性文件、管理办法、规范标准等。这些制度设计成果从政策层面，固化与公共图书馆事业发展有关的资金、人才、设施体系等关键要素，强化政府部门对公共图书馆事业的支持力度，为公共图书馆事业持续稳定地发展提供政策法律保障。东莞市在示范区创建期间，由东莞市政府、市文广新局、市财政局等政府部门下发内容涵盖公共电子阅览室各个方面的政策文件，苏州市颁布《苏州市公共图书馆总分馆建设实施方案》，长沙市出台长沙市图书馆总分馆相关方案、标准，佛山市陆续出台11个政策文件，重庆市大渡口区颁发文图两馆发展相关的6个政策制度文件，大连市发布《关于大连文化信息资源共享工程“进村入户通海岛”的实施办法》等，说明制度设计课题研究为政府决策提供依据和支撑。

（2）运作模式推陈出新

各地的制度设计研究均成立由地方主管领导、相关领域专家学者、实践工作者组成的课题组，不仅保证制度设计研究将实践性与理论性相结合，更具有较强的针对性。通过对国内外相关领域先进制度的调研与探索，在固有公共图书馆运作模式的基础上，设计出符合客观规律和本地现状的新型运作模式，更为有效地解决本地公共图书馆实际运作中的难点问题，为实现公共图书馆的可持续发展提供制度保证。如苏州市制度设计课题组通过总结归纳国内外公共图书馆总分馆规律建设的经验和教训，分析探讨总分馆科学发展的客观规律，并结合苏州实践，设计出一套由政府主导、符合公共图书馆总分馆制度发展规律的总分馆设置和运行方案，重新设计总分馆的设置规划、组织模式、内部结构、技术标准、服务规范等，并在示范区创建实践中逐步完善。

（3）实践领域推广利用

示范区（项目）创建要求地方能够结合本地实际，积极开展制度设计研究，并要求制度设计研究具有一定的创新性、带动性、导向性、科学性，在取得制度设计研究阶段性成果基础上，初步发挥制度设计成果在区域乃至在全国的典型示范和带动作用，推动公共文化服务体系建设的科学发展。当然，公共图书馆作为公共文化服务体系的重要组成部分，在示范区（项目）创建过程中产生的相关制度设计成果也都无一例外地为我国公共图书馆事业的发展探索经验、提供示范。如东莞的公共电子阅览室制度设计研究，作为一个较为系统、成熟的制度，在全国范围内得到认可并被推广，社会影响与社会效益得到最大限度的彰显。重庆图书馆、重庆渝中区图书馆、海南省图书馆、贵州省图书馆等地区和单位在技术、形态、管理等方面均引进东莞新型公共电子阅览室模式，深圳市宝安区和罗湖区等在技术管理上引进东莞模式，形态服务上也借鉴东莞模式[28]。

附录1　第一批创建国家公共文化服务体系示范区名单

序号	示范区创建城市
1	北京市朝阳区
2	河北省秦皇岛市
3	山西省长治市
4	内蒙古自治区鄂尔多斯市
5	辽宁省大连市
6	吉林省长春市
7	黑龙江省牡丹江市
8	上海市徐汇区
9	江苏省苏州市
10	浙江省宁波市鄞州区
11	安徽省马鞍山市
12	福建省厦门市
13	江西省赣州市
14	山东省青岛市
15	湖北省黄石市
16	湖南省长沙市
17	广东省东莞市
18	广西壮族自治区来宾市
19	海南省澄迈县
20	重庆市渝中区

续表

序号	示范区创建城市
21	四川省成都市
22	贵州省遵义市
23	云南省保山市
24	西藏自治区林芝地区
25	陕西省宝鸡市
26	甘肃省金昌市
27	青海省格尔木市
28	新疆维吾尔自治区喀什地区
29	天津市和平区
30	河南省郑州市
31	宁夏回族自治区银川市

附录 2　第一批创建国家公共文化服务体系示范项目名单

序号	地区		创建示范项目名称
1	北京	1	东城区:公共文化资源分类供给
		2	大兴区:公共文化设施空间拓展方式
2	天津	3	北辰区:文化品牌活动长效机制
		4	东丽区:群众文艺创作激励机制
3	河北	5	邯郸市:“千村万户”文化家园工程
		6	廊坊市:霸州县级公共文化服务体系
4	山西	7	太原市:文化精品惠民基层行
5	辽宁	8	沈阳市:社区文化建设“五个一”工程运作模式
6	吉林	9	松原市:积极探索“种”文化模式 推动农民自办文化健康发展
7	黑龙江	10	大兴安岭地区:北极村北极光节系列节庆活动
8	上海	11	宝山区:国际民间艺术交流平台建设
		12	浦东新区:高雅艺术走进百姓的运作模式
9	江苏	13	连云港市:社区文化中心标准化建设
		14	南通市:环濠河博物馆群
10	浙江	15	嘉兴市:城乡一体化公共图书馆服务体系建设
		16	温州市:苍南农村文化中心建设创新模式
11	安徽	17	铜陵市:城市文化社区建设项目
		18	淮南市:少儿艺术发展项目

续表

序号	地区		创建示范项目名称
12	福建	19	福州市等:艺术扶贫机制建设
		20	福州市等:村级文化协管员队伍建设
13	江西	21	宜春市:“一乡一色”“一村一品”特色文化建设
		22	南昌市:社区文化在线
14	山东	23	泰安市:肥城县级公共文化服务志愿者递进培养工程
		24	威海市:农村文化大院规范化建设与服务
15	河南	25	南阳市:邓州创建文化茶馆
		26	周口市:周末公益性剧场演出活动
16	湖北	27	武汉市:“武汉之夏”群众文化活动
		28	荆州市:小太阳读书节暨全民阅读活动
17	湖南	29	衡阳市:公共文化服务进社区活动
		30	常德市:鼎城民间艺术团体惠民演出
18	广东	31	佛山市:南海区县域公共文化服务体系建设工程
		32	中山市:农村文化室全覆盖工程
19	广西	33	河池市:罗城仫佬族自治县乡镇文化站规范管理
20	海南	34	陵水黎族自治县:群众文化活动示范项目
21	重庆	35	大渡口区:文化馆和图书馆总分馆制
		36	南川区:文化中心户标准化建设
22	四川	37	攀枝花市:大地书香新农村家园工程
		38	泸州市:泸县农民演艺网
23	云南	39	昆明市:社区文化沟通机制建设
		40	楚雄彝族自治州:农民素质教育网络培训学校建设
24	西藏	41	山南地区:民族地区公共文化服务体系建设机制
25	陕西	42	渭南市:“一元剧场”演出项目
		43	铜川市:公共图书馆服务一体化建设
26	甘肃	44	兰州市:群众自发文艺团队建设机制
27	新疆	45	克拉玛依市:图书馆联建、共享一体化服务体系
		46	乌鲁木齐市:“新疆情”文化讲坛的拓展和创新
28	兵团	47	农八师:石河子市广场活动机制

参考文献

1 李国新.示范区(项目)创建与公共图书馆发展[J].中国图书馆学报,2012,38(199):4-11.

2 金武刚.示范区创建与公共图书馆进展[J].图书馆,2014(1):1-7.

3 辛敏娟.少儿图书馆65所分馆方便全市孩子[N/OL].半岛晨报,2013-04-09[2014-05-30].http://epaper.hilizi.com/shtml/bdcb/20130409/23126.shtml.

4 王春燕.市少儿图书馆建成65个分馆,其中农村47个[N/OL].大连晚报,2013-04-09[2014-05-30].http://dalian.runsky.com/2013-04/09/content_4633108.htm.

5 文化部公共文化司.山东省青岛市第一批国家公共文化示范区集中评议汇报材料[EB/OL].(2013-08-27)[2013-09-25].http://www.ccnt.gov.cn/sjzznew2011/shwhs/shwhs_ggwhfwtxjs/201308/t20130827_387463.html.

6 文化部公共文化司.江苏省苏州市第一批国家公共文化示范区集中评议汇报材料[EB/OL].(2013-08-27)[2013-09-25].http://www.ccnt.gov.cn/sjzznew2011/shwhs/shwhs_ggwhfwtxjs/201308/t20130827_387458.html.

7 陈碧红等.西部地区公共图书馆免费开放制度创新的路径选择——以宝鸡市公共图书馆免费开放制度创新探索为例[J].图书与情报,2013(3):31-35.

8 林理."四位一体"与"末端创新"——江苏吴江公共信息服务中心建设引人关注[N].中国文化报,2013-05-24(8).

9 王寒露.全市首家农民工图书馆在渝中区开馆[N].重庆晨报,2012-05-30(29).

10 文化部公共文化司.福建省厦门市第一批国家公共文化示范区集中评议汇报材料[EB/OL].(2013-10-10)[2013-09-25].http://www.ccnt.gov.cn/sjzznew2011/shwhs/shwhs_ggwhfwtxjs/201310/t20131010_412167.html.

11 文化部公共文化司.辽宁省大连市第一批国家公共文化示范区集中评议汇报材料[EB/OL].(2013-09-16)[2013-09-25].http://www.ccnt.gov.cn/sjzznew2011/shwhs/shwhs_ggwhfwtxjs/201309/t20130916_391380.html.

12 银川市公共文化服务体系制度设计研究课题组.银川市制度设计研究成果汇报(二)[G].银川市文化广播电视局,2013:94-98.

13 文化部公共文化司.西藏自治区林芝地区第一批国家公共文化示范区集中评议汇报材料[EB/OL].(2013-08-27)[2013-09-25].http://www.ccnt.gov.cn/sjzznew2011/shwhs/shwhs_ggwhfwtxjs/201308/t20130827_388877.html.

14 Koontz C, Gubbin B. IFLA Public Library Service Guidelines(2nd)[M]. Berlin/New York: Walter de Gruyter GmbH & Co.,2010:75.

15 赵莎莎.打造公益数字文化服务的新型"连锁店"——文化e管家助理国家公共电子阅览室体系化建设纪实[N].中国文化报,2012-11-16(7).

16 文化部公共文化司.北京市朝阳区第一批国家公共文化示范区集中评议汇报材料[EB/OL].(2013-08-27)[2013-09-25].http://www.ccnt.gov.cn/sjzznew2011/shwhs/shwhs_ggwhfwtxjs/201308/t20130827_387459.html.

17 文化部公共文化司.海南省澄迈县第一批国家公共文化示范区集中评议汇报材料[EB/OL].(2013-09-16)[2013-09-25].http://www.ccnt.gov.cn/sjzznew2011/shwhs/shwhs_ggwhfwtxjs/201309/t20130916_391369.html.

18 凭"一卡通"长沙市公共图书馆有网通借通还[EB/OL].(2013-03-18)[2013-09-25].http://www.changsha.gov.cn/xxgk/szfgbmxxkml/szfgbmxxkml/swgxj/gzdt/201303/t30130318_439039.html.

19 国家公共文化服务体系示范区(项目)创建工作方案[EB/OL].[2012-09-07].http://www.ccnt.gov.cn/sjzznew2011/shwhs/shwhs_gg-whfwtxjs/201111/W020111128545013092431.doc.

20 文化部公共文化司.创建国家公共文化服务体系示范项目评审材料[G].2011年3月印行.

21 国家公共文化服务体系示范区(项目)创建工作领导小组关于公示第一批创建国家公共文化服务体系示范项目验收结果的公告[EB/OL].(2013-07-18)[2013-09-25].http://www.ccnt.gov.cn/sjzz/shwhs_sjzz/shwhs_ggwhfwtxjs/201307/t20130718_353386.htm.

22 周和平.以免费开放为契机,全面提升我国图书馆公益性服务水平[J].中国图书馆学报,2011,37(193):4-9.

23 刘忠平."公共文化服务进社区"推动图书馆服务体系建设[J].图书馆建设,2012(10):8-10.

24 文化部公共文化司.第一批创建国家公共文化示范项目验收工作材料[G].2013年5月印行.

25 文化部公共文化司.国家公共文化示范区(项目)创建工作领导小组办公室关于公布第一批示范区制度设计研究课题评审结果的通知[EB/OL].(2013-07-12)[2013-11-28].http://www.ccnt.gov.cn/sjzz/shwhs_sjzz/shwhs_ggwhfwtxjs/201307/t20130712

_353381. htm.
26 文化部公共文化司. 国家公共文化服务体系示范区(项目)创建工作领导小组关于公示第一批创建国家公共文化服务体系示范项目验收结果的公告[EB/OL]. (2013 - 07 - 18)[2013 - 11 - 29]. http://www. ccnt. gov. cn/sjzz/shwhs_sjzz/shwhs_ggwhf-wtxjs/201307/t20130718_353386. htm.
27 冯佳. 示范区(项目)制度设计研究与公共图书馆的发展[J]. 图书馆,2014(1):12 - 15,19.
28 李东来,宛玲,金武刚. 公共图书馆信息技术应用[M]. 北京:北京师范大学出版社,2013:12 - 16.

2013年国内图书馆学研究热点综述

肖雪(南开大学商学院信息资源管理系)

社交媒体、移动媒体、云服务、大数据成为当前技术进步最强劲的代表，也促使开放、参与、合作、平等的理念更加深入人心，技术和理念的深化推动着资源管理和用户服务等多个领域研究层面的细分和研究程度的深入。2013年，国内图书馆学在图书馆信息资源建设领域的合作储存、读者决策采购，在图书馆服务领域的嵌入式服务、移动服务、数据管理服务，在图书馆管理领域的新媒体管理和利用，在信息组织领域深入语义的本体和叙词表构建，以及开放获取研究等无一不彰显出这一特点。技术发展的双刃剑效应使得数字鸿沟更受瞩目，社群信息学研究成为热点，个人信息世界的概念与相关理论的初步提出更是在此方面亮点突出；当然，公共利益的开放与个人利益的保护之间的冲突，在技术背景的凸显中更加激烈，也为著作权研究的探讨带来更多新课题。

1 社群信息学

一直以来，图书馆学对弱势群体的关注、对信息公平的追求，使得它很自然地形成对数字鸿沟的强烈关切，并引入社群信息学这一新理论和新方法来展现其关切。

社群信息学以社群主义、网络社会理论、社会资本理论等当代社会科学理论为基础，强调ICT应用中的社区振兴和社区参与，它与我国的社区信息化和农村信息化在运用现代信息技术推动社区发展方面具有共同的宗旨，但相对于后两者主要采用的自上而下的实施模式而言，它又提出新理论和新方法[1]，信息通信技术、社会网络、社群、社会资本构成社群信息学研究的核心话语体系[2]，图书馆既是政府资助机构，同时也是服务于社区并以社区为基础的机构，需要社群信息学知识以规划未来[3]，因而社群信息学自2010年引进以来备受瞩目。在国内经过几年的推进，在2013年渐成气候，美国《图书馆趋势》就专门发布“中国社群信息学”专辑论文，对此，《中国图书馆学报》进行专门的论文摘要报道，显示出我国社群信息学研究获得的较高认知度和较多的实证研究成果，农村和农民成为较为集中的研究对象，社区调查、案例分析成为主要的研究方法。

从国家和公益组织开展的ICT项目成效来看，于良芝等人对“十五大”以来由政府主导、自上而下实施的三个农村ICT项目进行考察，指出尽管它们已经使不同水平的ICT设施基本覆盖农村，但其功能开发并不十分匹配所在农村社区的发展需要，而参与这些ICT功能的二次开发将是社群信息学难得的发展机遇[4]。考察新中国成立以来农民信息获取机会的变化及其已知的结构性因素的关联，发现现有理论可以解释城乡在可比指标上的差距，但要理解农村不同信息设施/服务/资源间的内部差异及时间序列上的变异，则需要把国家及其构建的权力关系和市场架构作为影响农民信息获取机会的核心因素，并需要国家彻底反思农村信息供给的导向和方式[5]。北京郊区“农家书屋”和信息通信技术利用率不高，需要加快农家书屋的数字化升级、培养阅读习惯、降低上网费用和加强培训[6]。青树基金会在甘肃天祝开展的一项社区ICT项目通过当地社会资本来实施和推广，改变着当地农村居民在数字化社会阶层结构中的位置[7]。新生代农民工融入城市的信息化呈现多样化趋势，接受信息主动性增强，网络和电视是融入城市信息来源的主要渠道，但对图书馆利用还不充分，反映出图书馆主动服务意识不强、馆藏缺乏吸引力和针对性、服务模式与新生代农民工实际不适应等问题[8]。

2 开放获取

伴随着开放获取运动的持续深入，其对科研人员、出版商、图书馆、高校和科研机构、国家科技发展的影响力日渐增强[9]。人们逐渐意识到传统学术出版模式已不可持续，开放获取更适应当今学术生态环境的演化，还将带来巨大经济效益，并已成为一些国家的战略发展选择[10]。因此，吸引多个领域人员的广泛参与，产生对开放获取规范、开放获取期刊质量、开放出版、图书馆开放资源建设等多方面问题的研究。中国科学院国家科学图书馆在国内持续多年推动开放获取运动和开放资源的建设，对开放获取在国内的实践发展和理论研究居功甚伟。

2.1　开放获取中的图书馆作为

开放获取将对图书馆信息资源建设和服务带来颠覆性影响，一方面如果多数学术论文实现开放获取，传统图书馆就会失去采购和馆藏的必要，可能会削弱图书馆的权力和地位[11]；然而另一方面它又有助于缓解经费紧张、改变信息资源结构、改变信息资源获取和组织方式、拓展信息资源服务内容和方式、转变图书馆员职能和素质要求[12]、带来知识开放应用的能力。面临新环境，大学图书馆应扩大图书馆资源覆盖范围，充分享用开放获取的成果；积极开展开放获取宣传教育活动；机构知识库建设应实施开放获取并尊重版权规定[13]。开放资源的集成检索服务、开放资源之间的关联服务、开放资源的使用统计服务、学术引用网络分析服务、语义丰富后数据的开放利用服务、开放资源专题聚合成的虚拟开放期刊服务为开放资源的再利用确立有效的服务模式[14]。国家科学图书馆协助中国科学院建立开放获取战略、组织开放获取研究和知识传播、建设机构知识库网络、支持作者发表开放论文践行开放获取，中国科学院生物物理所的服务实践则展示 OA 服务的内容和工作流[15]。

2.2　开放获取中的用户行为

从高校学生用户知识需求的角度来看，开放获取的检索效率是他们共同关注的焦点，文献的传统形式仍是知识获取过程的思维定式，学历和研究层次是主要的影响因素[16]。从发文、浏览、评论等角度分析图书情报领域的科研人员在开放获取平台的知识共享行为，发现同行专家的贡献热情较大，受众面较大，但学者的参与热情和行为有待加强，读者参与交流的意愿有待提高，开放获取论文未受到承认、部分参与者的信任缺乏影响了知识共享效果[17]。OA 行动者与 OA 资源之间存在着多种强关系，对其加以利用将有效推进 OA 出版、OA 资源组织和保存、OA 平台共用中的合作行为[18]。

2.3　开放获取期刊

从引用和发表角度考察近 5 年图书情报学 OA 期刊在该领域高影响力作者中的实际利用数据，发现部分 OA 期刊得到本领域高影响力作者的肯定，有些期刊虽然被引数量并不显著，但却集中了较多的高影响力作者，随着时间推移，OA 期刊的学术影响力将逐渐提高[19]。对中国科协 79 种开放获取期刊进行问卷调查，发现实施完整意义上的真正的开放出版的期刊数量很少[20]。

开放获取期刊源生数字、源生开放的特点彰显它与传统期刊的差异，需要确立新的评价角度和评价指标。顾立平等人提出包括质量与影响力、开放程度、成本与服务三部分的评价框架[21]；叶继元建立形式评价、内容评价和效用评价三者结合的“全评价”指标体系[22]；黄金霞等人则归纳分析 3 类开放资源的 5 种不同评价角度和评价内容，提出包含质量、影响力和开放性的广谱评价指标[23]。

3　图书馆服务

服务始终是图书馆实践中动态性、活跃度最强的领域，移动服务、嵌入式服务在近两年为这一领域又注入强劲动力，伴随而来的既有对服务价值和理论的思考，更有对实践案例的分析，2013 年相对于过去，数量的增长是非常明显的。

3.1　移动服务

SoLoMo 背景下，移动图书馆服务的价值意义和理论基础值得思考，高春玲等指出其价值在于战略价值、空间拓展价值以及功能价值，理论基础则可归纳为图书馆多样性理论、战略管理理论、社群信息学理论及图书馆权利理论[24]。

从移动服务实践的总体发展状况来看，国内外移动图书馆服务的对比显示，我国在普及范围、服务理念、服务方式、服务内容、服务深度、界面设计等方面与国外仍存在一定差距[25]。对“985 工程”高校图书馆和省级公共图书馆的调查显示，移动图书馆普及率不高，宣传不足造成知晓度不高，业务功能同质化严重，移动阅读资源不足。业务功能多样化、服务对象扩大化、服务个性化、加强理论与实践研究、与第三方合作将成为移动图书馆未来的发展趋势[26]。“211 工程”高校图书馆主要采取短信和 WAP 方式实施移动服务，移动系统平台主要有自主开发、购买移动系统及与商业公司合作三种模式，还存在移动服务开放率较低、服务内容单一、栏目设置混乱等问题，应树立图书馆服务新理念，加强高校图书馆移动服务的深度与广度，多渠道、多方位加强高校图书馆移动服务的合作[27]。

从图书馆个案发展来看，清华大学图书馆在OPAC、迎新导引、读者手册获取和密集书架控制等场景中就广泛应用二维码开展移动服务[28]。基于Android设计移动参考咨询服务系统具有较强实用性和易用性，北方民族大学图书馆对此进行系统研发和实践[29]。东南大学图书馆利用WAP技术进行移动图书馆的开发并运用到用户登录、信息通报、业务查询、个性化图书馆、数据库管理等环节中[30]。上海图书馆经历短信服务、手机网站、手机客户端的发展之后，利用二维码和智能手机全媒体技术，将移动服务内容扩展到图书馆地图导航、语音检索等个性化服务上[31]。

3.2　学科服务

对“985工程”高校图书馆的调查显示，现有学科服务模式包括基于人员构成、工作方式、资源建设、用户需求、整体发展等不同模式[32]，最常见的学科服务项目依次是学科信息导航、实时参考咨询、智能化检索、个性化信息定制服务、最新信息发布[33]。对广州大学城高校图书馆的调查则显示出主要采用学科分馆、馆内跨部门协作、学科馆员三种服务方式，服务内容主要包括用户信息素质教育、科研支撑服务和学术评价服务三大范畴，但在人力资源、品牌效应、认知度和评估激励机制方面还存在较多不足[34]。完善学科服务，学校、图书馆和院系三个层面的制度体系建设至关重要[35]。高校图书馆联合体的建立为学科化服务合作创造有利条件，可通过共建共享学科化服务团队、学科服务平台、学科馆员交流培训等措施实现参考咨询、信息素养教育、科技查新、学科信息门户等方面的学科服务合作[36]。

学科服务由于其专业性和前沿性在实施上具有一定难度，网上信息共享空间的构建对于解决这一问题具有较高的信度、效度与可操作性。湖南大学图书馆通过个人资源共享空间、学科服务网站、网上学术研究室、馆内协作系统和学科服务长效运行机制5个方面，构建网上信息共享空间的实践[37]。北京大学图书馆围绕应急服务、交互式服务和个性化服务建立的基于WAP协议的移动图书馆服务系统为移动服务的技术系统实现提供参考[38]。杭州师范大学图书馆以服务教学科研单元目标为特征、创建学科服务基地的学科服务实践，探索了学科服务的有效机制和模式[39-40]。上海交通大学图书馆以泛在理念发展学科服务，从管理机制、内容设计和运行模式方面构建泛学科化服务体系，并通过推出多门嵌入课程、设计科研全程服务链、建立创新交流社区的实际行动加以落实[41]。上海财经大学图书则在复合型图书馆的理念下引进LibGuides平台创建基于课程的学科导航来实施学科服务[42]。中国人民大学图书馆则利用LibGuides实现协作式学科服务平台建设[43]。

3.3　嵌入式服务

嵌入式服务的兴起与科研学术环境所发生的变化、图书馆学科服务实践面临瓶颈的背景有关，是学科服务的创新和深化，它在理论上的突破主要体现在：重新定义图书馆的概念与性质，重新认知用户的信息需求，重新确立图书馆员与用户的伙伴关系，颠覆图书馆“中介论”的理论基础，开创对图书馆学的新认知[44]。就未来前景而言，智能咨询、用户流程驱动咨询和云计算环境下的参考咨询将是未来发展的方式，值得更多关注[45]；定位于文献信息搜集的指导者、文献信息的组织与管理者以及信息分析与评价实施者角色的嵌入式信息服务更为有效[46]。

由于产生时间和发展程度不同，国内外嵌入式服务的发展也是存在差异的，因此对国外嵌入式学科服务的案例研究及在此基础上进行的借鉴与展望研究较为突出。国内外图书馆嵌入式服务实践主要表现为嵌入专业课程课堂教学和嵌入网络教学平台开展嵌入式信息素养教育，融入教师/科研人员以及学生的研究过程，提供嵌入式科学研究服务，并面向政府机构、企业单位为他们提供辅助决策服务，但在模式、内容、形态和战略上存在差异。从服务模式上，嵌入式服务主要包括嵌入教学与嵌入科学研究两种类型。嵌入式信息素质教育模式包括目标嵌入、内容、环境、机制嵌入，其成功推行需要加强合作、培养人员、技术支持和效果评估[47]。高校图书馆嵌入教学服务的成功要素在于先进的服务理念、丰富的教学参考资源、高素质的嵌入式馆员、有效的沟通与合作以及积极的服务宣传与营销[48]。

3.4　数据管理服务

数据已成为科学研究的重要组成部分，但科学数据管理在我国才刚刚起步，仅有少数图书馆开展正式的服务活动，因而在研究上，主要集中于对国外情况的调查和探讨。

调查国内外10个有代表性的数据共享平台发现，高校科学数据来源主要来自本机构内自行研究产生的数据或收集其他研究机构的科研数据；经费主要来源于国家基金会资助、高校或研究机构资助、私营部门或社会机构的捐赠；建设目标是便于数据保存和共享并力图提供数据监管服务；我国应从建设目标、组织实施、系统架构、技术路线和平台功能等多方面增进科学数据管理平台建设[49]。对世界排行前50所高校图书馆的调查发现，科研数据服务方式主要有科研数据管理介绍与指南、数据监护、数据管理培训、数据管理咨询、相关工具与资源的推荐等，对我国带来的启示包括加强与利益相关者的合作、重视科研数据管理专门人才的教育和培养、充分利用相关资源与服务、重视数据引用和知识产权教育等[50]。

4 信息资源建设研究进展

4.1 合作储存

低利用率文献的储存在2008年教育部图工委会议上就得到关注，CALIS各级中心有19个建立贮存图书馆，但尚处于分散的个体贮存阶段、缺乏长期性建设规划和管理规范，可通过建立三级文献资源体系的联合存储中心实现低利用率文献的协藏、协管与共享[51]。国内212所高校图书馆的调查发现，目前各馆对低利用率文献在鉴定、储存和服务方式上差异较大，很少开展馆际间的合作储存，建议在区域高校图书馆联盟平台上进行馆际交换，合作储存以实现资源流通和优势互补[52]。湖北省15所高校图书馆对合作储存形成共识，在组建机制、管理机制、服务机制和利益分配机制上进行长远规划，选择构建区域集中储存或学科分布储存模式，但文献所有权、文献的方便使用以及储存库的建设和运行经费还需合作成员的平等协商[53]。

"云图书馆"环境为构建合作储存保障体系带来新的优势和条件，建立合作采购数字资源的保障体系，建立区域性纸本文献合作保障体系，构建"云"环境下的文献合作储存库，是今后构建基于"云"的低利用率文献合作储存保障体系，克服高校图书馆电子书与纸本书重叠及各馆资源建设趋同现象的重要措施。云存储环境下，图书馆联盟数字资源长期保存合作模式包括数字资源合作保存前置化、存储与保管并重的长期保存、跨系统的宽领域资源保存；可有三种实现方式，即建设支持多种移动终端的资源整合和利用平台、构建私有云平台和提供个性化服务、整合机构库资源和实现联合保管[54]。

美国高校图书馆在低利用率文献的储存模式、位置、单元、环境、服务上的特色，对我国具有一定的启发。法国、德国储存图书馆与储备书库的建设也启示我国图书馆在规划、建设时应科学选址，采用先进的技术设备并将数字化加工等业务外迁，以各种方式妥善保护与存取文献[55]。

4.2 读者决策采购（PDA）

PDA的研究热度依然在持续，但已经从概念和理论的介绍延伸到对其理念内涵的深入理解、对其价值的审慎判断及在我国成功实施的策略探讨中。

在对PDA的认识上，蔡屏对PDA有助于降低采购成本、名称翻译强调"决策"、实施是否公开化、是否适合各种类型的馆藏发展目标等4个重要问题进行充分讨论，并指出适宜的策略是外文图书采购可尝试PDA、采取隐性操作方式、慎重选择出版商、设定读者参与权限、加强结果评估[56]。史丽香也指出对国内引入PDA模式应注意读者荐购不是PDA，根据情况进行小规模的PDA试验，设计高效的PDA工作流程，注重对PDA效果的评估[57]。从图书产业链健康发展的角度来看，图书馆在实施PDA模式时也需要从出版社的利益出发，思考对其产生的不利冲击及缓解措施[58]。国内与国外在出版方面的差异导致PDA在我国的实行会面临一定困难，未来发展需要给征订目录创造更多的信息偶遇、增加征订目录的信息参考项、丰富读者推荐功能、缩短图书和推荐者之间的距离[59]。美国大学图书馆实施PDA过程中面临的问题，如藏书体系失衡、购书经费超支、项目推广的必要性、难以为重点读者群服务、无法充分利用图书馆员的选书知识和经验等，对我国也是个警示，要控制书目与控制PDA经费比例并举、采用灵活的经费分配方案、全面推广、设置分级制选书权限、开展馆员进修与读者培训活动[60]。

从我国成功实施PDA的策略来看，需要加强与书商的合作，将PDA嵌入信息素养教育课程，制定科学的购买标准，有效整合图书馆业务流程，以及注重 PDA 数据分析[61]。

5 信息组织研究进展

5.1 叙词表

《汉语主题词表》（工程技术版）修订及其与英文超级科技词表的映射研究、面向外文科技文献信息的超级科技词表和本体建设、国家叙词库构建方式与发展机制研究等项目的持续推进，使得对叙词表在新技术环境中的发展研究愈加深入。

纵观叙词表标准的发展变迁，采用的数据模型经历基于术语的数据模型、基于概念的数据模型到基于概念的扩展模型 3 个阶段。 在语义网环境下，叙词表标准在互操作和计算机处理上体现出概念和术语分离、关系基于概念而不是优选术语、数据模型增加新内容、角色属性出现等特点，通过对数据模型的重新设计，叙词表能够在更高的层次上进行国际共享和使用[62]。

网络环境下叙词表编制中词汇控制发生一系列变化，应向受控语言自然语言化方向发展，表现出选词和规范化控制的弱化、结构化控制的强化、控制技术的智能化及词汇控制与互操作相结合等特点[63]。为了提高叙词表的实用性，需要充分发挥词频信息的参考价值，通过词频和专业偏向度确定专业核心概念，通过词频信息确定优选词属性以及通过词频信息为概念确定范畴号，注意词频信息的渐变与低频处理、词频与优选词的确定、词频变化的生命周期[64]。词表的映射由于中英文语言概念处理方式的差异仍会出现矛盾，从精确匹配可以继承一些映射关系，对于存在矛盾的地方，处理时应优先考虑汉语言用户的需要，保证中文概念均能建立合适的映射关系[65]。

国家叙词库将全国范围内来源于不同学科和领域的叙词表、术语表、词单等词表中的词汇与通过其他渠道获取的词汇进行合并、去重与融合，为知识组织系统提供基础性支撑。周杰等分析国家叙词库的三层组织结构和元数据框架，从基础词库、概念库和范畴体系描述构建流程，并从开放机制建设、基础工具建设、应用环境探索论述其维护和应用[66]。

5.2 本体构建

本体构建是本体研究的主要内容，其构建的语义分析方法过程包括信息源获取、概念分类、语义关系梳理、形式化编码及评估 5 个步骤[67]。基于本体的知识地图、知识检索和知识创新应用有助于实现知识检索服务和科学评价服务，韩静娴结合 CSSCI 本体构建对此进行深入探索[68]。吴琼等在改进和优化 Folksonomy 的基础上，针对网络文学书目资源进行本体构造[69]。张文萍等则在厘清数字图书馆 5S 的概念及相互作用关系的基础上构建数字图书馆本体模型，为数字图书馆服务拓展及馆际互操作提供理论基础与实施框架[70]。

本体是解决信息组织及语义表达问题的有效途径，但从零开始构建主题的工程量非常巨大，因此对已有本体的重用是提高本体利用效率的有效方法。毕琳等使用 NeOn Toolkit 工具，以从 ASTRA 项目获取到的本体实例为分析对象，实现自动化的本体重用，并利用 SPARQL 对重用后目标本体的继承和推理一致性进行校验和确认[71]。利用现有叙词表向本体重构也是有效方式，在分析目前采用方法的基础上，纪姗姗从叙词表分析、叙词表转换、语义丰富及本体校验 4 个关键技术总结转换的通用技术架构，并指出通过叙词表转换生成初级本体相对简单，而语义丰富过程则是研究的重点及难点[72]。现有本体开发方法普遍缺乏对需求验证的支持，针对此问题，宋丹辉以开发场景下的需求验证为重点，从功能视角建立基于测试用例的需求验证模型[73]。

5.3 资源描述与检索（RDA）

RDA 推出后，得到全球关注并已在主要国家正式实施。RDA 工具套件中的资源包括背景概况资源、前身及基础资源、自身资源、编码和实践资源、比对资源和共享资源 6 大类。但其规则过于复杂，映射对比复杂，资源展示不够完备，需要加以改进[74]。RDA 的实施必然与原有的 MARC21 格式有部分不兼容，因而需要对 MARC 进行修订。姜化林结合美国国会图书馆 MARC 标准中公布的样例，对此进行较细致的介绍[75]。RDA 具有国际化设计之外，还提供用于本地化的交替、可选、例外等选项。我国可据此编制本地化的实施细则，加快 RDA 的培训和推广、测试和反馈以及使用政策制定[76]，以应用 RDA 为契机，统一国内中外文编目规则[77]。

6 图书馆管理

6.1 图书馆发展

图书馆的未来发展走向在近年来一直被热烈探讨，转型势在必行。伴随着云服务、大数据、全媒体等技术的更新换代以及用户参与渗透的加深，图书馆资源、服务和管理面临着新的巨大变化，使得这种探讨展现出从之前基于竞争态势的视角向基于技术和用户的视角转变，智慧图书馆、参与式图书馆成为对未来发展预测的主要论点。

科技的迅猛发展使得越来越多的图书馆从传统型和数字型向智慧型图书馆迈进，它由人、资源、空间 3 个要素构成，具有全面感知、绿色发展、智慧服务与管理等特征[78]。城市图书馆应结合自身定位、城市特点，规划选择适当的技术，加强区域合作，对城市图书馆资源与服务进行高度融合与集成，促进传统图书馆服务向“智慧”转型[79]。云服务、大数据时代图书馆的资源结构、服务形态、技术运用将发生巨大的变化，如何保证智慧图书馆的互联、高效与便利三大特点将需要更多考虑[80]。RFID 技术是构建智慧图书馆的应用之一，图书馆应明确标签、读写器选型、数据模型与应用需求，成立技术应用联盟，集中优势力量合作研发，督促厂商改进现有产品缺陷，研究设计创新型的应用[81]。

用户与图书馆的关系在不断发生变化，从信息用户到信息合作创建者/信息提供者、用户向馆员转化、以用户为中心的服务模式被强化，在这一背景中，参与式图书馆或将成为现代图书馆发展模式的新趋势[82]。清华大学图书馆就已经开始在读者深度参与管理、创新合作服务方面积极实践[83]。

6.2　图书馆评估

2013 年，第五次公共图书馆评估实施，围绕此次评估带来对评估标准修订、评估特点认识的研究。李丹等对第五次全国公共图书馆评估标准的修订进行解读，指出修订重点在于注意与相关政策及标准的衔接、优化指标体系框架及分值分配、增删和调整部分指标内容、调整部分指标的取值、细化指标的备注说明，以及调整定级必备条件[84]。胡洁对少儿图书馆第五次评估定级标准的修订思路和修订重点进行详细解读，指出修订主要调整框架体系及各部分所占分值、指标数量，规范不同分值的档数划分标准[85]。梁亮等通过历次评估标准的逐项对比分析，指出评估重心逐渐从建设评估转向服务绩效评估，适应国情特点和接轨国际发展趋势是第五次评估标准的显著特点[86]。申晓娟从评估定级标准的目的、评价活动的政府主导、评价内容、评价结果应用及其影响分析其特点，指出评估活动在促进公共图书馆服务质量提升方面还没有充分发挥作用，应考虑建构多元评价模式、完善标准规范体系、加强评价方法的研究和应用、规范评价工作实施办法[87]。

当然，图书馆评估是需要时时关注、经常进行的活动，绩效评估、读者满意度评估、LibQUAL＋评估等常用评估方式的评估适用性和科学性值得探讨。王宗义认为大一统的“绩效评估”标准，与众多社区图书馆的实际操作之间有着相当的距离，把社区图书馆成效的认定职责交给社区读者和基层管理者，才能准确地测定图书馆工作成果并及时应对用户需求[88]。

6.3　图书馆人力资源管理

图书馆“去职业化”现象日益明显，要提升馆员职业竞争力，有必要考虑修订行业内有关制度替代职业准入限定，以职业为导向修订专业课程，实现馆员转型，建立长效培训机制[89]。在北京大学图书馆馆员中进行的调查发现，图书馆学专业人员和非图书馆学人员在适宜任职的岗位上存在差异，采取岗位轮换机制将有助于专业背景不同的馆员从专到全[90]。在科技查新人员素质中，专业能力、专业知识、检索能力、分析能力、职业道德、沟通能力是重要因素，培养查新人才要建立内部培训与外部引进相结合的人才培养模式，专业＋技能的查新资格培训模式，按专业分工的查新工作模式和跨地域的馆际合作模式[91]。

6.4　微博建设与利用

随着微博的火热发展，微博的传播价值、知识价值、经济价值、社会价值[92]获得广泛认识，图书馆微博建设及其管理利用受到重视。郑满生[93]、唐琼[94]、牛琳琳[95]等分别对公共图书馆和高校图书馆微博的应用现状进行调查，发现微博数量呈上升趋势，但发展水平层次不一，指出提高微博建设水平需要建立管理机制，充分发掘微博平台的各项功能，增强微博内容的吸引力，加大营销宣传力度。

利用微博进行阅读推广具有良好的传播路径、固定的诉求群体、丰厚的信息资源和广阔的发散空间，图书馆要形成品牌基调，用职业规划体现品牌价值，与读者交流，拓展传播渠道[96]；注意沟通策略、时间策略、管理策略和创意策略[97]。将微博引入图书馆参考咨询服务中，为一般性咨询服务和学科主题咨询服务都提供了便利，基于内容和基于用户关系的学科微博咨询服务、权威用户推荐服务将带来咨询服务方式的变革，有助于实现个性化服务目标[98]。

7 少儿阅读

2013 年，全国少年儿童阅读年活动的举办，推动未成年人阅读研究的热潮，但图书馆的未成年人阅读服务要真正成为面向所有未成年人的服务，仍需在服务的地域、年龄和为特殊人群服务方面有所突破[99]。由此，农村留守儿童、特殊未成年人的阅读促进成为研究的新领域，在图书馆阅读促进的观念和原则上也有了不同于以往的新思考，绘本阅读、亲子阅读依然是研究的焦点，在内容上则出现细分和深化。

从阅读促进的观念和原则来看，IFLA 出台的面向未成年人阅读的重要文献，为公共图书馆在环境设施、资源建设、宣传协作、职业技能等方面开展服务提出可资借鉴的服务宗旨和基本原则，即要面向不同未成年人群体开展多种形式的阅读服务，变阅读为悦读，建立广泛的图书馆与社会协作网络，培养兼具专业素养和爱心的图书馆员队伍[100]。自由与好奇是少儿的天性，图书馆应顺从其天性，尊重他们作为读者的阅读权利，通过各种形式激发他们的好奇探索心理，鼓励参与阅读的主动性，而不是模仿学校教育模式，把图书馆办成所谓的“第二课堂”[101]。吴志鸿等也保持类似的观点，从阅读素养的角度指出图书馆要尊重少儿的年龄特征和个体差异，推广科学的早期阅读理念和方法，增强阅读积极性[102]。我国儿童分级阅读标准存在非客观与非中立、研究价值偏颇、商业应用显著等问题，需要开展分级阅读的量化研究，使分级的价值由“人文性”转向“儿童思维的培养”[103]。

留守儿童的阅读环境不容乐观，对重庆农村留守儿童课外阅读环境进行调查发现：书店成了他们唯一能够选择的社会阅读地点，学校和家庭的阅读环境都不尽如人意，能够获得的公共免费资源十分匮乏，阅读材料以纸质图书为主，阅读时间不充足，需要加强政府主导、提升政策执行力，建立家庭、学校、社会多方联动机制，依托城乡共建、推进资源共享，关注与引导留守儿童的阅读需求[104]。由于缺乏良好的阅读环境、正确的阅读导向和相对固定的阅读时间，农村留守儿童的阅读处于盲目、无序和低效的自发状态，需要图书馆创造和改善他们的阅读环境，了解和满足他们的阅读需求，通过组织开展阅读推广活动和科学有效的引导，激发农村留守儿童的阅读兴趣[105]。但基层图书馆特别是中西部地区的基层公共图书馆还面临着诸多限制，要提高未成年人阅读服务水平，需积极实施现有政策、推动新条令出台，加强资源建设，扩大未成年人活动空间，推广早期阅读理念，培养专业人员，招募志愿者[106]。

在特殊未成年人阅读的探讨上，涉及盲童、自闭症儿童、阅读障碍患者等群体。国内自闭症儿童服务的人文理念、专门设施、特殊馆藏缺乏，亟须现状、理论、制度、方法、作用、实效性等问题的深入考察[107]。

目前，国内外儿童绘本阅读推广已形成贯穿模式、分级模式、接力模式、联动模式等，但还处于图书馆个体性开展的阶段，需要统一规划，形成未来的“大联盟模式”[108]。幼儿对绘本图书有着强烈的阅读兴趣，对其内容、装帧、大小和内页设计表现出明显偏好。他们喜爱明亮、鲜艳、色彩丰富的绘本图书，偏好异形、有互动折页或发声游戏区的绘本图书，倾向于科普、故事和绘画类的绘本图书，对绘本图书的语言不具有选择性倾向。图书馆应采用自由式阅读、亲子式阅读、场景式阅读、引导式阅读等方式，促进幼儿形成良好的阅读习惯[109]。

亲子阅读中专业团队、与家长的沟通、鼓励儿童主动阅读是三个重要环节，促进亲子阅读需要从阅读环境布置、导读活动方式、书籍选择和阅读竞赛活动四方面加以努力[110]。桥梁读物介于绘本与纯文字读物之间，有助于引导儿童从亲子阅读过渡到独立阅读，对其选择应综合考虑篇幅文字、主题题材、谨慎对待名著[111]。

图书馆儿童阅读推广活动成效如何，需要建立评价指标体系，王素芳等尝试建立一个包括图书馆、用户感知、社会影响等多维度、涵盖图书馆投入—产出和结果—影响的指标体系，尤其重视图书馆投入指标和参与者受益度指标，对实践有一定的价值导向意义[112]。

8 知识产权

开放的数字化环境中，资源、技术及服务变革使得公共利益与私人利益之间的界限愈加模糊、矛盾也更为凸显，由此衍生的众多版权问题倒逼著作权法必须考虑新的适用规则。《著作权法》第三次修订征求意见自 2011 年启动以来，掀起对著作权法的关注热潮，肖燕对其修订征求意见过程中的图书馆界的建议进行详细介绍，但令人扼腕的是图书馆的建议并没有太多被吸收[113]，因而对于图书馆而言，尽力扩展图书馆的合理使用权限与依法规避侵权责任依然任重道远，需要长期探讨。2013 年的探讨主要集中在《马拉喀什条约》《信息网络传播权保护条例》避风港原则的运用、公共借阅权、数据权等方面。

《马拉喀什条约》是国际著作权体系中的历史性条约，为便利视力障碍者获取出版作品提供国际法依据，对图书馆发展无障碍服务具有重要意义。图书馆是适宜的被授权实体，应遵守三步测试法的规定，充分利用该条约提供的限制与例外以及灵活性，履行相应的权利和义务，并借第三次《著作权法》修订之机，将此条约纳入著作权法体系之中，促进无障碍格式作品在中国的传播[114-115]。

公共借阅权制度是版权人因其作品在图书馆等公共机构被免费利用而享有补偿金的权利，其实施涉及作者、出版商、书商、图书馆和读者等不同群体的利益，对图书馆和读者可能产生不利影响，但各国图书馆界对此态度不一，同时它还面临着法律、政治、经济、文化、社会和技术等多层面的障碍，推进缓慢[116]。傅文奇认为其总体上利大于弊，并指出政府的资金保障对该制度的实施将发挥重要作用[117]。

百度文库侵权案件，表明避风港原则具有一定的适用条件，反映出我国《信息网络传播权保护条例》的漏洞，要通过完善立法、创新制度、软件监督等办法减少网络侵权纠纷[118]。两起图书馆案例的深入剖析，更明晰在图书馆网络资源链接服务中直接侵权和间接侵权的内涵、判断标准和法律责任以及避风港原则的运用条件，提示图书馆要正确理解法律法规的内涵，评估链接服务的法律风险，认真遵循链接服务的规范，履行相关的合理注意义务，注重对证据的获取与保全，完善版权制度、发挥图书馆行业组织作用，图书馆增强版权意识，发挥图书馆员的能动性[119-120]。

参考文献

1 于良芝. Community Informatics 的“西学东渐”——期待与思考[J]. 中国图书馆学报，2013(3)：63－67.
2 郑金婷. 国外社群信息学研究的核心话语体系[J]. 图书馆论坛，2013，33(1)：22－26.
3 凯特·威廉姆斯，赵丹丹. 伊利诺斯州的信息革命：社群信息学视角[J]. 中国图书馆学报，2013(3)：49－62.
4 于良芝，于斌斌. 保障中国农村社区 ICT 接入的自上而下路径——社群信息学的机遇[J]. 中国图书馆学报，2013(3)：69－70.
5 于良芝，谢海先. 当代中国农民的信息获取机会——结构分析及其局限[J]. 中国图书馆学报，2013(6)：9－26.
6 田瑞. 北京郊区“农家书屋”和信息通讯技术使用情况调查与分析[J]. 中国图书馆学报，2013(3)：72－73.
7 闫慧，周文杰，韩圣龙等. 社会资本、数字不平等与一项甘肃天祝的全球本土化社区 ICT 公益项目[J]. 中国图书馆学报，2013(3)：81－82.
8 张韩. 新生代农民工融入城市的信息需求及图书馆服务路径初探——基于长沙市区的抽样调查[J]. 图书馆，2013(6)：56－58.
9 李金林，张秋菊，冉伦等. 开放获取对学术交流系统的影响分析[J]. 图书馆论坛，2013，33(3)：13－18.
10 孙博阳，王琼. 开放获取的发展态势及大学图书馆的作用[J]. 图书情报工作，2013，57(10)：5－11.
11 张晓林. 开放获取：研究型图书馆的下坡路，还是登高梯？——代序[J]. 图书情报工作，2013，57(1)：14.
12 邱春艳. 开放获取对图书馆信息资源建设的影响[J]. 图书馆建设，2013(10)：27－30.
13 孙博阳，王琼. 开放获取的发展态势及大学图书馆的作用[J]. 图书情报工作，2013，57(10)：5－11.
14 黄永文，张建勇，谢靖等. 开放资源的再利用模式研究[J]. 图书情报工作，2013，57(21)：32－37.
15 黄金霞，向桂林，王昉等. 研究型图书馆开放获取服务模式探讨[J]. 图书情报工作，2013，57(21)：38－43.
16 晁亚男，毕强，滕广青等. 高校学生用户开放获取知识需求分析[J]. 中国图书馆学报，2013(1)：63－70.
17 刘齐平，王伟军，刘蕤等. 科研人员参与 OA 知识共享行为及效果分析——以中国科技论文在线图情领域首发论文为例[J]. 图书情报知识，2013(1)：94－100.
18 潘以锋，盛小平. 强关系视角下的开放获取合作行为分析[J]. 图书情报工作,2013,57(23):73－78,84.
19 冯晴,赵颖,王彦等. 开放获取期刊的作者利用率分析[J]. 图书馆论坛,2013,33(1):173－176.
20 初景利,李麟,沈东婧等. 我国科技期刊开放获取出版发展态势——基于中国科协科技期刊的调查[J]. 图书情报工作,2013,57(1):43－48.
21 顾立平,张晓林,初景利等. 开放获取期刊的评价与遴选:质量水平、开放程度和服务能力[J]. 图书情报工作,2013,57(1):49－54.
22 叶继元,陈铭. 开放获取期刊学术质量"全评价"体系研究——以"中国科技论文在线优秀期刊"为例[J]. 图书与情报,2013(2):81－87.
23 黄金霞,陈雪飞,沈东婧等. 开放资源的利用评价研究[J]. 图书情报工作,2013,57(21):18－23.
24 高春玲,张文亮. 关于我国移动图书馆服务的理性思考[J]. 图书馆建设,2013(11):80－84,94.
25 叶莎莎,杜杏叶. 国内外移动图书馆的应用发展综述[J]. 图书情报工作,2013,57(6):141－147.
26 魏群义,侯桂楠,霍然等. 国内移动图书馆应用与发展现状研究——以"985"高校和省级公共图书馆为调研对象[J]. 图书馆,2013(1):114－117.
27 覃凤兰."211 工程"高校图书馆移动服务调查分析与对策研究[J]. 国家图书馆学刊,2013,22(1):26－32.
28 张蓓,张成昱,姜爱蓉等. 二维条码在移动图书馆服务拓展中的应用探索[J]. 图书情报工作,2013,57(4):21－24.
29 马金林,马自萍. 基于 Android 的移动参考咨询服务系统设计与实现[J]. 图书馆论坛,2013,33(1):82－85,99.
30 罗涛,朱莹. 基于 WAP 的移动图书馆的研究与实现——以东南大学图书馆为例[J]. 图书馆杂志,2013(8):66－71.
31 张磊. 上海图书馆移动服务实践与创新[J]. 图书情报工作,2013,57(4):11－15.
32 唐淑香. 高校图书馆学科服务模式探析[J]. 图书馆,2013(4):98－100.
33 韩金,盛小平. 基于网络平台的高校图书馆学科化知识服务调查分析——以"985 工程"高校为例[J]. 图书馆,2013(1):66－68,80.
34 罗亚泓. 广州大学城高校图书馆学科服务现状调研与建议[J]. 图书情报工作,2013,57(11):65－68,76.
35 王雪芳. 高校图书馆学科服务制度体系研究[J]. 图书情报工作,2013,57(9):23－26.
36 王艳秀. 高校图书馆联合体学科化服务合作探析[J]. 图书情报工作,2013,57(4):69－72,78.
37 夏桢. Lib2.0 环境下基于学科服务的信息共享空间构建与实证研究[J]. 图书与情报,2013(5):107－111.
38 聂华,朱本军. 北京大学图书馆移动服务的探索与实践[J]. 图书情报工作,2013,57(4):16－20.
39 陈勤. 单元目标学科服务实践模式研究[J]. 图书馆建设,2013(4):29－32.
40 彭丽文. 创建学科服务基地助力创新服务起航——杭州师范大学图书馆学科服务实施与推广实践[J]. 图书情报工作,2013,57(2):6－9.
41 兰小媛,潘卫,陈进. 大学图书馆泛学科化服务体系设计与实践[J]. 图书馆杂志,2013(11):65－68,100.
42 刘金涛. 复合型图书馆环境下基于课程的学科导航建设——上海财经大学图书馆学科服务案例研究[J]. 大学图书馆学报,2013,31(5):79－83,12.
43 何雅琪,齐慧彬,刘敬芹等. 基于 LibGuides 的用户协作式学科服务平台建设实践[J]. 图书情报工作,2013,57(21):81－85,90.
44 初景利. 嵌入式图书馆服务的理论突破[J]. 大学图书馆学报,2013,31(6):5－9.
45 李玲. 嵌入式参考咨询服务:特点、模式与展望[J]. 图书情报工作,2013,57(22):18－22.
46 冯君. 面向科学研究的高校图书馆"嵌入式"信息服务的研究与实践[J]. 图书馆建设,2013,(2):43－46.
47 张冬荣. 嵌入式信息素质教育服务[J]. 图书情报工作,2013,57(22):23－30.
48 司莉,吴方枝,钱绮琪等. 高校图书馆嵌入教学服务的成功要素分析[J]. 图书馆杂志,2013(3):50－54.
49 赖剑菲,洪正国. 对高校科学数据管理平台建设的建议[J]. 图书情报工作,2013,57(6):23－27.
50 邢文明,吴方枝,司莉等. 高校图书馆开展科研数据管理与共享服务调查分析[J]. 图书馆论坛,2013,33(6):19－25,61.
51 熊太纯. CALIS 贮存图书馆现状与联合存储中心的建立[J]. 图书情报工作,2013,57(10):75－80.
52 祁兴兰. 国内高校图书馆低利用率文献储存方式的调查与分析[J]. 图书情报工作,2013,57(S1):61－64.
53 聂建霞,谢虹霞,袁俊华等. 湖北省高校图书馆低利用率文献合作储存的机制和模式研究[J]. 大学图书馆学报,2013,31(1):68－75.
54 李卓卓,沈妍. 云仓储环境下图书馆联盟数字资源长期保存合作模式研究[J]. 图书情报工作,2013,57(14):45－49,113.
55 郭妮,李菡. 网络环境下储存图书馆及储备书库建设模式——法、德两国图书馆建设特点及其借鉴[J]. 图书情报工作,2013,57(6):97－102.
56 蔡屏. PDA 认识误区之解析与建议[J]. 图书情报工作,2013,57(16):65－70.
57 史丽香. 纸本图书 PDA:境外图书馆的实践及其启示[J]. 图书馆杂志,2013(11):83－87.

58 蔡屏. 从出版社角度看高校图书馆 PDA 模式[J]. 图书馆建设,2013(11):27－30,35.
59 刘亚,蹇瑞卿. 读者决策采购的分析和启示[J]. 图书馆杂志,2013(4):49－52,99.
60 谢莉. 美国大学图书馆实施 PDA 过程中面临的问题及解决办法[J]. 图书情报工作,2013,57(9):65－69.
61 韩丽. PDA——高校图书馆馆藏资源建设的新模式[J]. 图书馆,2013(5):117－119.
62 刘峥,纪姗姗. 叙词表标准的数据模型研究[J]. 图书情报工作,2013,57(2):103－108.
63 薛春香,侯汉清. 叙词表词汇控制机制变革的探讨[J]. 图书馆杂志,2013(11):38－44.
64 常春. 基于词频信息确定叙词表概念属性[J]. 图书情报工作,2013,57(16):11－14,24.
65 邓盼盼,常春. 基于精确匹配的概念映射关系规则研究[J]. 图书情报工作,2013,57(16):25－29.
66 周杰,丁遒劲,吴雯娜等. 网络环境下国家叙词库的构建研究[J]. 图书情报工作,2013,57(16):6－10.
67 王功辉,黄奇,秦超等. 本体构建中的语义分析方法研究[J]. 图书情报工作,2013,57(7):106－111.
68 韩静娴,周志峰,王昊等. 基于 CSSCI 本体的知识服务模式研究[J]. 图书情报工作,2013,57(1):102－107.
69 吴琼,袁曦临. 基于 Folksonomy 的网络文学书目资源本体构建[J]. 图书馆杂志,2013(7):27－31,39.
70 张文萍,邓仲华,黎春兰. 基于 5S 模型的数字图书馆本体模型研究[J]. 图书馆杂志,2013(7):57－62.
71 毕琳,张莹,纪姗姗. 基于 NeOn Toolkit 的本体重用方法实例研究[J]. 图书与情报,2013(1):13－16.
72 纪姗姗,刘峥,宋文等. 叙词表向本体重构的关键技术研究[J]. 图书与情报,2013(1):8－12.
73 宋丹辉. 基于测试用例的应用本体需求验证方法研究[J]. 图书与情报,2013(1):30－35,57.
74 汤彩霞,吴稚敏,孙更新. RDA Toolkit 工具套件中的资源探析[J]. 图书馆杂志,2013(7):32－39.
75 姜化林. RDA 编目规则下的 MARC21 修订[J]. 图书馆杂志,2013(5):47－49.
76 汤彩霞,吴稚敏,孙更新. RDA Toolkit 工具套件中的资源探析[J]. 图书馆杂志,2013(7):32－39.
77 胡小菁. RDA 的国际化设计与本地化实施[J]. 大学图书馆学报,2013,31(1):42－47.
78 刘丽斌. 智慧图书馆探析[J]. 图书馆建设,2013(3):87－89,94.
79 张岩. 城市图书馆"智慧"转型中的三大科技应用领域[J]. 图书情报工作,2013,57(6):59－62,69.
80 祝森生. 大数据时代关于智慧图书馆的几个研究问题探讨[J]. 图书与情报,2013(5):126－128.
81 陈嘉懿. 智慧图书馆的构建之道——浅谈高校图书馆 RFID 技术应用新思路[J]. 大学图书馆学报,2013,31(1):54－58.
82 程文艳. 参与式图书馆:现代图书馆发展模式的新趋势研究[J]. 图书馆杂志,2013(10):13－19.
83 韩丽风,王媛,刘春红等. 学生读者深度参与图书馆管理和服务创新的实践与思考——以清华大学为例[J]. 大学图书馆学报,2013,31(4):26－30.
84 李丹,申晓娟,王秀香等. 新起点新视野新任务——第五次全国公共图书馆(成人馆部分)评估定级标准解读[J]. 中国图书馆学报,2013(2):4－17.
85 胡洁,汪东波,支娟等. 公共图书馆第五次评估定级标准(少儿馆部分)释读[J]. 中国图书馆学报,2013(2):18－26.
86 梁亮,冯继强. 对第五次公共图书馆评估标准的认识与思考[J]. 图书馆杂志,2013(8):46－50.
87 申晓娟,李丹. 公共图书馆服务评价研究——兼论文化部全国县以上公共图书馆评估工作[J]. 图书馆杂志,2013(9):51－56,61.
88 王宗义. 社区图书馆绩效标准化评估与用户直接评判的模式转换——基层图书馆从行政模式转向公共模式的思考之三[J]. 图书馆,2013(1):14－17.
89 沈萍."去职业化"状态下的馆员职业竞争力提升[J]. 图书馆论坛,2013,33(6):165－168,176.
90 裴微微. 不同专业背景馆员的职业发展对比分析——以北京大学图书馆为调研对象[J]. 大学图书馆学报,2013,31(2):60－63.
91 朱榕. 高校图书馆科技查新人员专业素质培养探索[J]. 大学图书馆学报,2013(3):87－92.
92 周戊香,陈艳,彭荣阳等. 图书馆微博作为个性化服务平台的应用分析和价值研究[J]. 图书馆,2013(1):125－127.
93 郑满生. 3G 时代图书馆的微博应用现状及发展建议[J]. 图书馆,2013(1):118－120.
94 唐琼,袁媛,刘钊等. 我国高校图书馆微博服务现状调查研究——以新浪认证用户为例[J]. 大学图书馆学报,2013(3):97－103.
95 牛琳琳. 高校图书馆微博信息服务拓展研究——以浙江省高校图书馆新浪微博为例[J]. 图书馆论坛,2013,33(5):104－108,122.
96 刘静. 图书馆官方微博阅读推广方式探究"莫言作品微信息传播"带来的启示和思考[J]. 图书馆论坛,2013,33(5):23－27.
97 王祝康,王兆辉. 微博营销策略应用于公共图书馆阅读推广的研究[J]. 图书馆杂志,2013(9):34－38.
98 张宇光. 微博在参考咨询服务中的应用研究[J]. 图书馆论坛,2013,33(2):164－166.
99 范并思. 拓展图书馆未成年人阅读服务[J]. 图书与情报,2013(2):1－5.

100 王自洋,李怡梅. IFLA 与未成年人阅读服务[J]. 图书与情报,2013(2):6－10.
101 詹福瑞. 顺从天性 激发好奇——关于儿童阅读的一个观点[J]. 图书馆杂志,2013(10):4－12,19.
102 吴志鸿,高春玲. 图书馆与未成年人阅读:使命与思考——基于阅读素养的视角[J]. 图书与情报,2013(2):11－16.
103 罗德红,余婧. 儿童分级阅读研究的中美对比分析[J]. 图书馆,2013(2):34－37.
104 邓小昭,张敏,刘灿等. 农村留守儿童课外阅读环境研究——以重庆市为例[J]. 图书情报工作,2013,57(5):50－55,37.
105 周坚宇. 关于图书馆如何做好农村留守儿童阅读指导的思考[J]. 图书馆建设,2013(12):50－54.
106 周改珠. 基层公共图书馆未成年人阅读服务研究[J]. 图书与情报,2013(3):45－48.
107 束漫,田花蔓. 图书馆自闭症儿童服务研究[J]. 图书与情报,2013(2):21－25.
108 陈蔚. 基于绘本载体的儿童阅读推广模式研究[J]. 图书馆杂志,2013(12):107－110.
109 袁嘉芮. 幼儿阅读偏好研究[J]. 图书馆建设,2013(2):56－58.
110 全清娥,舒荆楚. 图书馆亲子阅读活动的实践要求[J]. 图书馆杂志,2013(3):32－34.
111 王宇. 浅谈桥梁读物对学龄儿童阅读的引导作用[J]. 图书馆论坛,2013,33(2):55－58.
112 王素芳,孙云倩,王波等. 图书馆儿童阅读推广活动评估指标体系构建研究[J]. 中国图书馆学报,2013(6):41－52.
113 肖燕. 追寻著作权保护与权利限制的平衡——图书馆界对《著作权法》修改草案的建议与期盼[J]. 中国图书馆学报,2013(3):18－24.
114 曹阳.《马拉喀什条约》与中国图书馆界的应对[J]. 图书情报工作,2013,57(19):50－56.
115 徐轩. 图书馆印刷品阅读障碍人士版权例外研究——《马拉喀什条约》述评及对中国图书馆界的建议[J]. 图书情报工作,2013,57(22):60－65.
116 刘海霞,傅文奇. 公共借阅权制度发展的障碍分析[J]. 图书馆,2013(4):34－37.
117 傅文奇. 公共借阅权制度对不同利益群体的影响研究[J]. 国家图书馆学刊,2013,22(3):3－7.
118 张丽波,马海群,周丽霞等. 避风港原则适用性研究及立法建议——由百度文库侵权案件说起[J]. 图书情报知识,2013(1):122－127.
119 杜冰川. 公共图书馆网络著作权侵权责任分析与启示[J]. 图书馆建设,2013(1):14－17.
120 苏明强. 图书馆链接服务侵权法律责任的实证分析[J]. 图书馆建设,2013(3):11－14,19.

2013年国外图书馆学情报学理论研究进展

肖希明　田蓉　李硕（武汉大学信息管理学院）

随着信息技术的迅速发展和广泛应用，图书情报实践领域正在经历着深刻的变化，图书馆学情报学研究也不断拓宽研究领域，深化研究内容。2013年，国外图书馆学情报学理论研究继续关注信息环境的变化，跟踪图书情报领域发展前沿，引进相关学科的理论与方法，在众多研究领域产生丰硕的成果。本文拟对2013年国外图书馆学情报学核心期刊中与理论研究相关的文献进行回顾和梳理，总结2013年国外图书馆学情报学理论研究在五个领域的研究进展。

1　知识管理研究

20世纪90年代以来，随着知识经济的崛起，知识管理成为管理学、经济学、信息管理学等学科研究的热门课题。由于知识与信息的天然联系，图书情报领域众多学者往往将知识管理视为本学科领域的核心概念。图书情报界对知识管理的基础理论、知识管理与信息管理的关系、知识管理的技术、知识管理的活动、知识管理战略等进行过大量研究。2013年，国外图书情报学领域对知识管理理论的研究集中于知识管理活动与影响因素的研究、知识管理绩效研究、知识管理伦理问题研究三个方面。

1.1　知识管理活动与影响因素

知识作为知识经济社会中的重要资源已成为决定知识型组织机构发展的核心要素。为了维持组织的可持续发展，组织机构需要开展知识管理相关的活动，如知识创造、知识共享、知识利用、知识储存、知识传播等。然而，已有的研究表明，并非所有机构在知识管理活动方面的投入都能获得预期的效果。组织机构知识管理活动的效率受到组织内外部因素的影响。2013年，国外图书情报学者对知识管理的相关活动及知识管理行为的影响因素继续进行深入研究，以期提高知识管理实践的效率。WeeJanet C. N. 与 ChuaAlton Y. K. 探讨知识管理活动的内容和促进与阻碍知识管理活动的因素。作者将知识管理流程划分为知识创造、知识共享、知识再利用三个阶段。知识创造表现为组织成员根据用户需求来制定创造性的解决方案；知识共享是由组织内不同功能角色的人员知识交流来完成的；知识再利用指的是将组织的公共知识无形地融入机构知识管理的过程。在组织知识管理的各个活动环节，机构管理者的知识和领导能力、组织柔性和适应性、组织知识资产的开放性对提高组织知识管理活动的效能具有重要影响。知识创造活动受组织成员的创新精神、创造能力，以及行业知识获取能力的影响；知识共享活动与组织成员的角色意识、相互尊重和信任的程度有密切关系；组织成员在物理空间上的邻近性及其传授知识的意愿和开放性影响着知识再利用的效果[1]。BohWai Fong 和 WongSzeSze 探讨影响组织成员知识共享机制选择的两个因素：组织气氛与管理者效率。作者将组织机构内的知识共享机制分成三类：非正式的个人知识共享机制、正式的制度化的知识共享机制、正式的个人知识共享机制。通过对组织成员的调查发现，如果一个组织具有良好的合作氛围，那么组织成员能够较好地运用任意一种知识共享机制。如果一个组织的成员之间具有强烈的竞争意识，那么相较于非正式的个人知识共享机制，组织成员更强更倾向于选择正式的知识共享机制。此外，管理者效率也影响着组织成员知识共享机制的选择。当机构管理者具有较高的工作效率时，组织成员对机构中自上而下的管理持较为积极的态度，因此也更愿意接受组织制定的正式的知识共享机制。该研究有利于组织管理者根据本机构的组织氛围来构建适合自身发展的知识共享方式[2]。Pandey Satyendra C. 和 Dutta Andrew 探讨知识管理基础设施能力与管理效率之间的关系。文章认为知识管理基础设施能力包括组织文化能力、组织结构性能、信息技术能力三个方面，在一个知识型组织中，知识管理基础设施能力的三个要素缺一不可，三者相互协调、共同作用于组织知识管理的各个流程环节才能真正提高组织的知识管理效能[3]。

1.2　知识管理绩效

在知识经济社会中，知识管理也成为知识型组织日常实践工作的重要内容。知识管理的主要活动，如知识获取、知识共享、知识存储等行为与组织机构技术创新之间的关系问题引起学者的关注。近年来，学术界对知识管理在增强组织创新能力、管理能力，提高组织工作效率方面的研究不断增多。2013 年，对知识管理绩效的研究仍成为知识管理研究的热点之一。Mura Matteo 等通过构建概念模型，探讨知识共享行为与组织成员创新行为之间的关系。调查结果发现知识共享对组织成员新思想的产生和新理念的实施有重要的促进作用。在组织内部分享最佳实践经验有助于提高组织成员新理念实施的积极性；分享失败案例则有助于组织成员对实践行为进行反思，从而促进新理念向实践成果的转化[4]。LeeVoon Hsien 等通过实证研究证明知识共享、知识应用、知识存储等知识管理活动对技术创新具有非常积极的作用。如果组织机构对知识管理的各维度都引起足够重视，那么该机构很有可能收获技术创新带来的巨大效益。作者指出应将知识管理纳入组织日常管理工作，从而不断提高组织机构技术创新的层次[5]。为了对知识管理的绩效进行定量评估，Liu Yao 和 Abdalla Ahmed N. 设计一套知识管理综合评估模型。通过知识管理过程度量指标对知识管理行为的三个阶段：组织环境分析、知识管理活动计划、知识管理决策执行分别进行评估，通过评估结果值的高低来评价和预测组织知识管理行为的绩效[6]。Jayasingam Sharmila 等肯定组织机构的知识管理行为是构建机构竞争优势的重要途径。为了探究知识管理与组织效能改进之间的关联，Jayasingam Sharmila 等对 180 个知识型组织进行调查研究。分析结果表明，组织的知识获取和知识利用行为对机构战略改善和业务改进具有积极的影响，知识在组织内部的有效传播也有利于组织发展策略的改进[7]。

1.3　知识管理伦理问题

在知识管理的研究领域中，伦理道德问题是学术界一直忽略的问题。目前，知识管理领域的研究集中于从社会、组织和技术的角度对影响知识管理的文化因素、组织结构因素和技术因素进行研究。然而知识管理作为一种社会技术现象，其中必然蕴含着伦理道德属性。对知识管理的伦理问题进行研究也将进一步提升知识管理研究领域的广度和深度。2013 年，学者对知识管理伦理问题的研究突破原先局限于伦理内涵解析的层次，对知识管理进行更系统化的伦理思考。Chatterjee Sutirtha 和 Sarker Suprateek 探讨已有研究成果对知识管理和伦理道德问题关系的论述，认为两者之间存在紧密的联系。接着，作者用哲学中的经典伦理理论来审视知识管理的关键领域——知识创造、知识储存、知识获取、知识转化和知识应用，指出伦理道德是知识管理活动的哲学基础。最后，作者提出在未来信息系统领域道德意识研究中的研究主题和研究问题[8]。Rechberg Isabel 与 Syed Jawad 关注知识管理理论和实践中固有的伦理道德问题：组织机构和组织成员之间知识所有权的归属。机构知识管理系统中的知识由机构中的组织成员生产和创造出来，但知识的组织和日常管理工作却由机构承担，这成为产生知识所有权归属问题的根源。知识所有权的争议将会阻碍组织和个人之间以及组织成员之间对知识进行有效的处理和使用，从而影响组织机构知识管理的效率。文章提出：组织机构和组织成员应该在信任、公平、正义的基础上进行道德建设，彼此间构建新型的道德契约，从而提高知识管理实践的效率[9]。

2　信息资源建设研究

网络的出现及现代信息技术的广泛应用促使人们从“文献资源建设”阶段过渡到“信息资源建设”阶段。信息资源建设不仅成为图书馆等公共文化机构开展公共文化服务工作的基础，更是促进我国经济社会全面、协调、可持续发展的动力。自 20 世纪 90 年代，信息资源建设一直是图书情报界研究的热点。2013 年，国外学者对信息资源建设理论的研究重点关注图书馆信息资源建设政策、图书馆开放存取资源的利用对策和数字资源保存等问题。

2.1　图书馆信息资源建设政策

图书馆信息资源建设政策是图书馆为实现本机构的信息资源建设目标而制定的路线、方针、政策等，其内容可涵盖图书馆信息资源建设的目标、信息资源结构规划、信息资源采访、信息资源管理、资源购置经费分配等。2013 年，在信息资源建设政策方面，学者重点关注数字信息资源采集政策与数字资源版权政策。Jose Luis Herrera－Morillas 对西班牙 42 所高校图书馆的馆藏信息资源建设政策进行内容分析。研究发现，西班牙高校信息资源建设政策的内容主要涉及信息资源建设的目标、信息资源的选择标准、信息资源的获取方式等方面。作者对高校图书馆馆藏信息资源建设政策中有关信息资源选择与采集的目标、原则、方法、流程等内容进行介绍[10-11]。Hansen David R. 等对 110 家美国研究图书馆协会成员机构的数字馆藏资源版权政策的制定与实施情况进行调查，调查内容包括版权政策的修订周期、版权政策制定与修订的参考源、版权政策的监督管理机制等方面。调查发现，大部分图书馆已制定数字资源版权管理政策，并在五年之内对版权政策进行修订。在版权政策的制定与修订过程中，图书馆往往向内部法律顾问咨询，或参考最佳实践指南和同行机构的版权政策。版权政策的实施与监督工作大多由负责数字信息资源管理的辅助性工作人员来完成。作者指出，目前各机构在数字馆藏资源版权政策的制定与实施方面缺乏沟通交流，这将阻碍图书馆版权保护工作和数字信息资源服务工作的开展[12]。

2.2　图书馆开放存取资源的利用对策

开放存取运动倡导学术资源的公开获取，表达在数字环境下学术资源无障碍流动的愿望。随着开放存取资源在数量上的快速增长和类型上的不断丰富，对开放存取资源的获取与利用也成为图书馆丰富自身数字馆藏资源，降低图书馆经费压力的重要途径。20 世纪 90 年代中后期以来，学者对开放存取的概念、开放存取资源发展现状、开放存取资源的利用障碍、开放存取的意义等问题进行探索。2013 年，图书情报界更关注图书馆对于开放存取资源的利用问题。Hill Heather 与 Bossaller Jenny 对公共图书馆如何提高对网上开放存取资源的认知度，加强对开放存取资源的组织与揭示，实现开放存取资源与馆藏资源的整合等问题进行研究，并且对目前网上免费的数字资源平台进行调查[13]。Wyoma van Duinkerken 与 Wendi Arant Kaspar 探讨图书馆在开放存取运动中的作用。图书馆作为开放存取资源的贡献者之一，是开放存取运动的重要参与力量。近年来，越来越多的图书馆为促进开放存取资源的建设，在基础设施、专家力量、制度创新等方面进行积极探索与完善。文章建议图书馆在注重开放存取资源建设的同时提升开放存取服务工作的质量[14]。Reinsfelder Thomas L. 与 Anderson John A. 关注在高校图书馆开放存取资源建设中，教务管理员这一角色对图书馆开放存储资源建设的影响。通过对图书馆员的问卷调查，发现高校教师和图书馆员对开放存取工作的关注程度与教务管理人员对开放存取活动的重视程度成正比。因此，为了推进图书馆开放存取资源的建设与服务工作，图书馆应该重视教务管理员这一角色对开放存取活动的影响，并试图获得他们的支持[15]。

2.3　数字资源保存

随着信息技术的飞速发展，人类信息载体逐渐由纸质媒体向数字媒体转变，数字资源的长期保存与可靠获取问题日益突出。图书情报界、出版界等都对数字资源保存的现状与需求、技术方法、质量标准和保存策略等问题进行研究与实践。2013 年，国外图书情报界继续关注数字资源保存问题，对数字资源保存的政策进行调查与研究，并对数字资源保存领域的研究现状进行系统性总结。GbajeEzra Shiloba 与 Mohammed Zakari 对尼日利亚国家统计局、尼日利亚国家图书馆和国家档案馆的数字资源保存政策进行调查，发现三者制定的数字资源保存政策的内容不够全面，降低对本机构数字资源保存活动的指导作用。在数字资源保存政策的执行中，由于缺乏制度、资金、技术人员等方面的支持，政策执行的效率大大降低。文章设计一套数字资源保存政策结构框架，希望为各国信息机构制定完善的数字资源保存政策提供参考[16]。Blobaum Paul M. 通过对与数字资源保存这一研究主题相关的 122 篇期刊文献进行分析，探讨目前数字资源保存的研究现状。文章认为目前学者对数字资源保存研究集中在数字资源保存的动因、数字资源保存活动的实施主体和保存对象、数字资源保存的非功能性需求等方面。数字资源保存的动因可分为技术因素、社会文化因素、法律因素、经济因素等。数字资源保存活动可由科研机构、公共文化机构、企业、政府、个人等主体来实施。保存的对象主要涉及数字化形式存在的科学研究成果、文化遗产资源、多媒体资源、文件资料、网络资源、产品信息、财务数据、软件产品等。数字资源保存的非功能性需求是保证数据的真实性、可靠性、完整性、可获得性、保密性的实现。文章认为，目前数字资源保存问题研究中的不足是对数字资源保存的成本与效益分析和数字资源保存的决策问题的研究还较为粗浅，有待进一步深入研究[17]。

3 图书馆联盟与跨界合作研究

新的网络信息环境对图书馆发展提出新的要求。为了提升对用户的信息服务能力，图书馆不仅需要通过组建图书馆联盟来进行信息资源共建共享，而且需要寻求与其他公共文化服务机构，如博物馆、档案馆的合作来实现信息资源整合。2013年，图书馆联盟这一领域的研究有了新的发展。图书馆跨界合作也已成为目前研究的重要课题。

3.1 图书馆联盟

图书馆联盟是图书馆之间开展信息资源共建共享、利益互惠而组织起来的非营利性组织。长期以来，图书情报界对图书馆联盟的功能、图书馆联盟的类型与构建模式、图书馆联盟的发展趋势等问题的探讨一直不断。2013年，学者更注重通过对图书馆联盟案例的调查分析来研究图书馆联盟对图书馆事业发展的作用。Ahmed Mustafa H. 与 Suleiman Raid Jameel 介绍约旦公立大学图书馆联盟的建立与发展情况。文章认为公立大学共同面临财政与管理上的困难是促使约旦高等教育委员会提议建立约旦公立大学图书馆联盟的动因，进而探讨图书馆联盟建立的困难与挑战，以及图书馆联盟在缓解成员馆经济压力中的作用。文章发现，通过数字资源共享机制与集团联合采购，成员馆的数字资源结构得到优化，信息资源建设成本大大降低[18]。Shepherd Jodi 与 Langston Marc 探究加利福尼亚州立大学图书馆联盟的电子图书用户驱动采购模式对馆藏资源发展的影响。加利福尼亚州立大学联盟对电子图书的采购历史由来已久，但对用户驱动的电子图书采购模式还处于探索阶段。文章对加州大学图书馆联盟的电子图书用户驱动合作采购的基本情况进行介绍，并对试点地区的电子图书馆藏资源发展情况进行评价[19]。为了探究印度 UGC－INFONET 高校数字图书馆联盟对高校科研活动的影响，Arora Jagdish 等对联盟成员机构近五年来在 SCI、SSCI、AHCI 发表的论文数量与数字图书馆联盟成立之前的五年内在三大索引上发表的论文数量进行比较，发现近五年发表的论文数量增长近75%。因此，文章认为印度 UGC－INFONET 高校数字图书馆联盟提高成员馆数字信息资源的保障率，更好地满足读者的信息需求，从而促进高校科学研究水平的提高[20]。

3.2 图书馆跨界合作

在网络信息技术环境下，图书馆突破自身体系结构的局限，与博物馆、档案馆等其他公共文化服务机构实现数字资源整合，是三馆提高公共文化服务效能的重要途径。自20世纪90年代，国外开始出现对三馆合作与数字资源整合的研究，近年来相关文献逐渐增多。2013年，学者对图书馆跨界合作的政策背景、实践项目、资源描述等内容进行研究。图书馆、博物馆、档案馆开展信息资源整合项目需要相应的公共数字文化资源整合政策的支持。Davis Wendy 与 Howard Katherine 介绍澳大利亚文化和艺术发展的专门性政策——Creative Australia，对三馆合作推动文化遗产数字化整合的指导意义。政策指出，澳大利亚的文化遗产机构（图书馆、博物馆、档案馆）应该充分认识到文化遗产资源的数字化开发与保存对文化遗产的开放获取和传承具有重要作用。在文化遗产资源数字化整合中，澳大利亚国家图书馆、国家博物馆、国家档案馆应该发挥领导作用，协调各方力量促进资源整合项目的开展[21]。Duff Wendy M. 等认为，在过去的十几年中，虽然图书馆、博物馆、档案馆之间开展较多合作项目，但对三馆合作整合模式的研究仍然相对缺乏。因此，文章通过对加拿大和新西兰的三馆合作项目调查，总结图博档三馆合作的实践经验。三馆合作的动因主要有以下几个方面：三馆为了提高用户服务质量，支持学术科研活动；信息技术的新发展保证信息资源整合的实现；三馆合作能够提高预算和管理效率。文章认为，三馆合作为三大机构本身及公共文化服务事业带来新的机遇。三馆的服务对象得到拓宽，服务水平获得提升，员工的工作能力也得到发展[22]。信息资源描述与互操作技术是三馆公共数字文化资源整合中的关键技术。为了探究本体这一资源描述方法在实现图书馆、博物馆、档案馆信息资源整合中的可行性，Farrokhnia Maliheh 与 Zarei Mitra 以伊朗伊玛目礼萨这一主题为例，对博物馆中的相关信息资源以 CIDOC 概念参考模型进行语义描述，并将这些资源与图书馆、档案馆中的其他信息资源建立关联。结果证明，通过语义描述的方法能够实现不同公共文化服务机构之间的整合[23]。

4 图书馆服务研究

在新的信息环境下，数字技术和计算机技术

飞速发展，图书馆也在与时俱进，应用新思想和新技术完善和变革现有的服务项目和服务流程，拓展服务内容，创新服务方式，提高服务质量、服务水平和服务效率。2013年，国外图书情报学领域对图书馆服务的研究主要集中在用户信息服务、虚拟参考咨询、用户教育以及信息增值服务四个方面。

4.1　用户信息服务

网络环境下，图书馆用户的信息需求不断向个性化、精品化、多层次化方向发展，图书馆用户信息服务的内容也在不断更新和完善。国外图书情报领域的学者对图书馆用户信息服务的新观念、新内容进行了调查研究。随着全球化的发展，留学项目在高等学校培养学生的过程中发挥着越来越重要的作用，高校图书馆也逐渐参与到留学项目中来。美国新泽西州立大学道格拉斯图书馆的Denda Kayo以美国格罗斯人学的留学方案为例，调查学生和教职工对留学信息的需求，以及使用学校图书馆获得留学信息服务的状况和意识，寻找图书馆参与留学项目的机会。他认为高校图书馆应该收集留学项目相关的数据和资源并进行保存，向有出国意向的学生和老师提供留学信息，为学生出国前的准备和在国外的学习提供帮助。文章分析高校图书馆参与留学项目的现状，以及阻碍图书馆提供留学信息服务的因素，并提出一系列政策建议，例如制定新的服务政策，确保图书馆参与研究国外项目的权利，完善留学服务的机构库，跟踪了解本校留学生的状况，促进高校图书馆之间相互合作，更好地发挥高校图书馆在留学项目中的作用等，通过参与留学项目提供更完善的服务满足留学群体的信息需求[24]。随着社会经济的发展和人民生活水平的提高，社会公众越来越关注健康问题，圣荷西州立大学的Luo Lili和Park Van Ta针对消费者的健康信息需求开展一项全国性调查研究，以探索公共图书馆如何为消费者提供健康信息服务。研究结果表明，公共图书馆遇到的健康信息需求涵盖广泛的主题，包括医疗/健康状况、疾病、医疗理念和健身/饮食/营养等。公共图书馆向消费者提供健康信息服务时所面临的两大挑战是难以理解顾客的问题和缺乏值得信赖的、适当的医疗/保健信息来源。图书馆要对馆员进行必要的培训，通过培训掌握相关的知识和能力，保证公共图书馆有效地向消费者提供健康信息服务[25]。国外图书情报领域的学者非常重视图书馆信息服务的可持续性，之前的一些研究已经产生可以用来实现信息服务一些方面的具有可持续性的研究结果和模型。澳大利亚悉尼科技大学信息和知识管理中心的Chowdhury Gobinda在数字信息服务可持续发展的研究中，基于近年来一系列的研究成果和政府政策与举措，从信息系统和服务的可持续发展的不同方面进行批判性分析，确定有助于实现信息服务的经济、社会和环境的可持续发展的各种要素。经济的可持续性指减少获取数字信息服务的费用，社会的可持续性指保证获取信息服务的公平健康的社会环境，环境的可持续性指减小数字信息服务对环境的影响。他提出一个模型，模型显示实现信息服务的经济、社会和环境的可持续发展的研究提出的各种因素，包括数据的格式和内容、学科领域、用户信息行为、社会文化、通信技术和基础设施、信息系统设计等，并讨论不同因素之间的关系以及对数字信息服务秩序性的影响，并定义数字信息服务持续性这一背景下信息研究的领域及其相互之间的关系。该模型为数字信息系统和服务的经济、社会与环境的可持续发展打开新的研究前景，为建立适应数字时代的可持续的信息服务与系统提供新的工具、技术和应用程序[26]。

4.2　虚拟参考咨询

互联网技术的发展使虚拟参考咨询服务逐渐成为图书馆的主要服务项目，国外图书情报领域对于虚拟参考咨询服务的研究也越来越深入。美国华盛顿州立大学图书馆的Nicol Erica Carlson和Crook Linda在《华盛顿州立大学的虚拟参考咨询服务十分必要》一文中认为，如何建立并维护一个高效的虚拟参考咨询系统，实现有效的参考咨询服务，面临着时间、人力和财力的挑战。2007—2011年，虚拟参考咨询服务经历了重大的变革，调查数据显示，2010—2012年间，华盛顿州立大学图书馆的虚拟参考咨询服务的使用有大幅度的增长。参考咨询服务已成为高校图书馆进行用户服务的主要方式和任务，无论是对于图书馆员还是对于图书馆用户，优化虚拟参考咨询服务系统都是十分必要的。2011年5月起，华盛顿州立大学投入更多的时间和财力调整并重组虚拟参考咨询服务系统，新系统的使用能够节省图书馆员提供参考咨询服务的时间，提高参考咨询的效率，优化用户友好的界面，更充分地发挥虚拟参考咨询服务的作用，从而提高图书馆整体的服务质量[27]。

4.3 用户教育

用户教育作为指引读者、教育读者如何去发现信息和获得信息的一种手段，是图书馆服务的重要内容。培养用户的信息能力是图书馆提高服务质量的必由之路，图书馆应该根据不同用户群的年龄层次、知识结构、信息技能等特点，有针对性地进行用户教育活动。Annmarie Powell 认为图书馆应鼓励多种形式的教育，有证据表明玩耍和游戏也可以作为一种教育工具，以一种有趣的方式鼓励创造性思维和认知能力的发展，帮助青少年培养课堂外的素养和能力，增强对学习的兴趣。许多图书馆已经接受视频和桌面游戏，因为他们能促进教育工作。根据对图书馆角色转变的研究，图书馆应该成为除学校和家庭以外的第三空间，图书馆服务也应该把玩耍和游戏的相关元素引入到学习中，并把他们与培养文化素养和创造能力相结合，促进青少年教育的发展[28]。西班牙马德里卡洛斯三世大学图书馆与信息科学系的 Calzada Prado Javier 和 Angel Marzal Miguel 认为数据在社会生活和科学研究中的重要性日益增加，需要图书馆在其领域内促进用户数据素养和信息素养的提高。文章提出针对培养数据素养的核心能力和内容的建议，同时把它作为课程参考框架，把数据素养提升融入图书馆的信息素养项目，并提出促进用户数据素养的提升的模式[29]。

4.4 信息增值服务

信息的价值具有增值特性，即将多种相关信息进行综合得到新信息，其价值远远大于所依据的原信息价值之和，增值后的信息产品对用户的价值更大，能带来更高的经济效益和社会效益，因此，信息增值加工是提高图书馆服务质量和服务效率的重要途径。目前，在多元化的研究环境下，图书馆应创新信息的增值服务，匹兹堡大学的 Corrall S. 等调查澳大利亚、新西兰、爱尔兰和英国 140 个图书馆的文献计量和数据支持项目，包括现有的计划服务、目标受众、服务的限制以及员工培训需求等，大多数受访者提供或计划提供文献计量学的培训、引文报告以及影响因子计算等。目前，图书馆参与数据管理的水平低于文献计量，但多数图书馆预计未来将参与该项目，特别是在技术援助、数据存储和政策制定等方面[30]。

在过去的十年中学术交流发生翻天覆地的变化，导致许多图书馆参与到数字出版活动中，包括促进开放获取、数字化图书馆资料、维护机构库等。在这一背景下，出现图书馆技术服务部门如何转变职能支持数字出版服务的研究。美国爱达荷大学图书馆 Ben Hunter 以变更管理为理论框架，采用内容分析法、问卷调查和访谈的方法，研究图书馆在基于图书馆的数字出版的背景下如何利用技术部门来支持这一举措，以及如何适应这一变化。研究表明，在技术服务部门积极支持基于图书馆的数字出版的同时，其传统的服务项目逐渐向图书馆的其他部门转移，这就对图书馆的职能结构和用户服务造成影响。图书馆的职能部门应适当进行调整以更好地适应图书馆在数字出版环境下的新功能，而技术服务部门在这一过程中发挥着重要的作用并从根本上影响最后的结果[31]。

5 图书馆职业研究

随着社会的发展，科学的进步，信息技术的广泛应用，图书馆正经历着从传统向现代化的转变，图书馆职业面临新的使命。2013 年，国外图书情报学领域对图书馆职业的变化进行探索，研究内容主要集中在图书馆职业的角色转变和新的服务环境对图书馆员能力的要求两个方面。

5.1 图书馆职业角色的转变

随着社会信息化速度的加快，图书馆员的服务对象、工作环境、工作内容、工作方式等都发生巨大的变化，图书馆职业面临着角色的转换或重新定位。Hoffmann Debra 和 Wallace Amy 在《重新构想信息素养和重新设计教学计划以加强高校图书馆员作为校园连接器、专业信息人员和课程设计师的优势》一文中，吸收社会公众研究领域的成果，认为学术图书馆馆员需要探索新的途径以确保毕业生不仅仅是简单的信息消费者。还提出“有意图的信息学家”的概念，并把它定义为具有反思性和信息技能，能够识别信息机会、处理复杂的信息问题和缺陷，并提出超越满足个人需要的解决方案。高校图书馆馆员还应该创造机会，建立伙伴关系，整合课程和课外学习，鼓励学生的学习不局限于图书馆、教学会议、课程或毕业的要求[32]。美国路易斯维尔大学的 Reynolds Latisha M. 等人认为在新的信息环境下，图书馆员应加强与教学研究人员的合作。文章以路易斯维尔大学通信传播领域的教师和图书馆员的合作写作项目为例，探讨社交媒体项目中教师和图书馆员合作的主要课题，深入研究图书馆员和研究人员合作采集数据、撰写著作，探讨合作效益，以及对未来合作的影响等。图书馆员和教师的合作，实现各自学科领域知识的融合，从而提高跨学科项目的质量，促进传播学教师增加对需求的了解并开展研究实践，同时也可以增强研究人员在新闻数据库中使用采样方法研究具体社会媒体的意识，突破从国际新闻资源收集数据的限制，如语言障碍、技术难题等[33]。

5.2　图书馆员的能力要求

面对社会信息化的发展及其带来的挑战，图书馆需要有一支高素质的馆员队伍。美国、土耳其、法国、澳大利亚、荷兰、挪威等，国家的图书情报领域专家和学者联合发表一篇名为《文化和能力：参考咨询服务能力的多国测试》的文章。文章认为在全球化背景下，参考馆员有越来越多的机会向具有不同国家、语言、文化背景的用户提供服务。为了向不同的群体提供更好的服务，参考咨询馆员应该了解不同国家存在的文化差异，特别是不同国家参考咨询服务的构想和提供方式的差异。研究人员对 13 个国家的图书馆参考咨询服务的差异进行调查，找出对图书馆员来说比较重要的能力。该调查的结果强调一些重要的共性和差异，帮助学术参考馆员看到他们的同行在其他国家提供参考服务面临的类似的挑战和期望的程度，有助于参考馆员满足国际用户的期望，也可以帮助他们为参与国际工作做好准备[34]。Gordon Rachel Singer 认为如今的图书馆是协作的、富有创造性的、有丰富的社区活动的，并对技术的要求越来越高，面对行业环境的变化，21 世纪的图书馆员应该熟练使用图书情报领域的相关技术，具备人际交往能力和终身学习能力等[35]。情绪劳动是根据工作需要进行情绪表达的意识以及表达这些情绪的策略。图书馆职业和其他职业一样，也需要情绪劳动，情感事件在图书馆工作中十分普遍，并有证据表明情绪劳动会对工作有积极影响。美国肯特州立大学图书馆与信息科学学院的 Matteson Miriam L. 和俄亥俄大学契利科提分校奎因图书馆的 Miller Shelly S. 对图书馆职业中的情绪劳动进行研究，探讨图书馆工作中情绪劳动的培养方式。并对美国 46 个州的各种类型的图书馆馆员进行调查，对调查数据进行变量相关性和方差分析，测试情绪劳动结构、工作满意度和工作倦怠之间的关系[36]。

6　结语

综观 2013 年国外图书馆学情报学理论研究，大体上具有以下几个方面的特点：（1）与社会信息化、数字化、网络化相向而行，关注新的信息环境下全新的用户需求以及信息技术的发展带来的信息资源建设模式和服务方式的变革，成为目前图书馆学情报学界理论研究的主导方向。（2）研究内容广泛，涵盖图书情报学理论的主要方面，且研究趋于细化，由宏观理论寻找微观方法，以微观系统揭示宏观规律，从图书情报领域不同研究方向开展理论研究，有针对性地对具体问题进行深入分析。（3）注重引进其他学科的理论，研究积极借鉴社会学、管理等其他学科知识，进一步把社会公正研究理论、变更管理理论等引入图书情报领域，探讨图书馆应该提供更深层次的信息服务以及如何协调各个服务部门职能等问题，推动图书情报领域理论的成熟和完善，促进图书馆学情报学与其他相关学科的融合。（4）定量研究与定性研究相结合，既重视调查统计，数据分析，建立数学模型，计算出分析对象的各项指标数值及其相互关系，如知识管理的影响因素、情绪劳动的组成因素等；又借鉴新的理论研究成果，结合新的信息环境下图书情报工作的变革，对图书馆学情报学理论的新特点、新发展进行研究，对发展变化规律作出判断和预测。

参考文献

1　Wee Janet C. N. ,Chua Alton Y. K. The peculiarities of knowledge management processes in SMEs：the case of Singapore[J]. journal of knowledge management，2013(6)：958－972.

2　Boh Wai Fong，Wong SzeSze. Organizational Climate and Perceived Manager Effectiveness：Influencing Perceived Usefulness of Knowledge Sharing Mechanisms [J]. journal of the association for information systems，2013(3)：122－152.

3　Pandey Satyendra C. ,Dutta Andrew. Role of knowledge infrastructure capabilities in knowledge management[J]. journal of knowledge management，2013(3)：

435－453.

4 Mura Matteo, et al. Promoting professionals' innovative behaviour through knowledge sharing: the moderating role of social capital[J]. journal of knowledge management, 2013(4):527－544.

5 Lee Voon－Hsien, et al. Knowledge management: a key determinant in advancing technological innovation [J]. journal of knowledge management, 2013(6): 848－872.

6 Liu Yao, Abdalla Ahmed N. Evaluating the managerial behavior of managing knowledge in Chinese SMEs[J]. information technology & management, 2013(2): 159－165.

7 Jayasingam Sharmila, et al. Knowledge management practices and performance: are they truly linked[J]. knowledge management research & practice, 2013(3): 255－264.

8 Chatterjee Sutirtha, Sarker Suprateek. Infusing Ethical Considerations in Knowledge Management Scholarship: Toward a Research Agenda[J]. journal of the association for information systems, 2013(8):452－481.

9 Rechberg Isabel, Syed Jawad. Ethical issues in knowledge management: conflict of knowledge ownership [J]. journal of knowledge management, 2013(6): 828－847.

10 Jose Luis Herrera－Morillas. Collection management in Spanish university libraries. Plans and regulations: Selection[J]. revista espanola de documentacion cientifica, 2013(4).

11 Jose Luis Herrera－Morillas. Collection management in Spanish university libraries. Plans and regulations (II): acquisitions[J]. revista espanola de documentacion cientifica, 2014(1).

12 Hansen David R., Cross William M., Edwards Phillip M. Copyright Policy and Practice in Electronic Reserves among ARL Libraries[J]. COLLEGE & RESEARCH LIBRARIES, 2013(1):69－84.

13 Hill Heather, Bossaller Jenny. Public library use of free e-resources [J]. journal of librarianship and information science, 2013(2):103－112.

14 Wyoma van Duinkerken, Wendi Arant Kaspar. Continuing the Discussion on OA and the Role of Libraries as Publishers[J]. The Journal of Academic Librarianship, 2013:445－446.

15 Reinsfelder ThomasL., Anderson John A. Observations and Perceptions of Academic Administrator Influence on Open Access Initiatives[J]. journal of academic librarianship, 2013(6):481－487.

16 Gbaje Ezra Shiloba, Mohammed Zakari. Digital preservation policy in National Information Centresin Nigeria[J]. electronic library, 2013(4):483－492.

17 Blobaum Paul M. Digital Curation Bibliography: Preservation and Stewardship of Scholarly Works[J]. journal of the medical libraryassociation, 2013(2):158.

18 Ahmed Mustafa H., Suleiman Raid Jameel. Academic Library Consortium in Jordan: An Evaluation Study [J]. journal of academic librarianship, 2013(2): 138－143.

19 Shepherd Jodi, Langston Marc. Shared patron driven acquisition of E-books in the California State University Library Consortium[J]. library collections acquisitions & technical services, 2013(1－2):34－41.

20 Arora Jagdish, et al. Impact of access to e-resources through the UGC-INFONET Digital Library Consortium on research output of member universities[J]. CURRENT SCIENCE, 2013(3):307－315.

21 Davis Wendy, Howard Katherine. Cultural Policy and Australia's National Cultural Heritage: Issues and Challenges in the GLAM Landscape[J]. Australian Library Journal, 2013(1):15－26.

22 Duff Wendy M, et al. From coexistence to convergence: studying partnerships and collaboration among libraries, archives and museums[J]. information research － an international electronic journal, 2013(3):585.

23 Farrokhnia Maliheh, Zarei Mitra. Integrated Access to Cultural Heritage Information Pieces in Iran over Imam Reza's 4th Zarih (Burial Chamber) as a Sample [J]. Program － electronic Library and Information Systems, 2013(3):304－315.

24 Denda Kayo. Study Abroad Programs: A Golden Opportunity for Academic Library Engagement [J]. journal of academic librarianship, 2013(3):155－160.

25 Luo Lili, Park Van Ta. Preparing public librarians for consumer health information service: A nationwide study[J]. library & information science research, 2013 (10):310－317.

26 Chowdhury Gobinda. Sustainability of digital information services[J]. journal of documentation, 2013 (5):602－622.

27 Nicol Erica Carlson, Crook Linda. Now it's Necessary: Virtual Reference Services at Washington State University, Pullman[J]. journal of academic librarianship, 2013(3):161－168.

28 Annmarie Powell. Get in the Game: Encouraging Play and Game Creation to Develop New Literacies in

the Library[J]. library trends, 2013(9): 836 -848.

29 Calzada Prado Javier, Angel Marzal Miguel. Incorporating Data Literacy into Information Literacy Programs: Core Competencies and Contents[J]. LIBRI, 2013(7): 123 - 134.

30 Corrall S, et al. Bibliometrics and Research Data Management Services: Emerging Trends in Library Support for Research [J]. library trends, 2013 (3): 636 -674.

31 Ben Hunter. The Effect of Digital Publishing on Technical Services in University Libraries[J]. journal of academic librarianship, 2013(1): 84 - 93.

32 Hoffmann Debra, Wallace Amy. Intentional Informationists: Re-envisioning Information Literacy and Redesigning Instructional Programs Around Faculty Librarians' Strengths as Campus Connectors, Information Professionals, and Course Designers[J]. journal of academic librarianship, 2013(11): 546 - 551.

33 Reynolds Latisha M, et al. The Search for Elusive Social Media Data: An Evolving Librarian - Faculty Collaboration[J]. journal of academic librarianship, 2013(9): 378 - 384.

34 Saunders Laura, et al. Culture and Competencies: A Multi-Country Examination of Reference Service Competencies[J]. LIBRI, 2013(3): 33 - 36.

35 Gordon Rachel Singer. how to become a 21st-century librarian[j]. library journal, 2013(3): 68 - 71.

36 Matteson Miriam L. Miller Shelly S. A study of emotional labor in librarianship[J]. library & information science research, 2013(1): 54 -62.

图书馆事业

国家图书馆

综述

2013年，在文化部的正确领导下，国家图书馆全面贯彻落实党的十八大精神，深入开展党的群众路线教育实践活动，稳步推进图书馆事业发展，各项工作取得新成效。

一、加强基础业务建设，文献保障能力和服务水平不断提高

（一）文献资源保障能力稳步提高

继续做好催缴工作，实行外出催缴与阵地催缴相结合，加大催缴力度，2013年缴送中文图书种数同比增长6.9%。外文各语种文献采访工作全面展开，文献采访入藏量较大幅度增长。海外文献征集取得实质性进展。古籍特藏及地方文献采访入藏量稳步增加，新入藏的《永乐大典》1册、黄河水利档案、钓鱼岛和南海地图等具有极高价值。缩微文献资源建设稳步开展。全年新入藏实体文献125万册/件，馆藏文献总量达3244万册/件。全年新增数字资源61TB，数字资源总量达874.5TB。

文献编目与揭示取得新成果。本年度新入藏文献编目和书目数据回溯工作顺利完成。编制中国国家书目，完成中国国家书目门户网站一期建设。全年各类文献编目加工总量为58.9万种126万册/件。数字资源元数据建设稳步推进，文津搜索系统新增元数据约1000万条，元数据总量达2亿条。

（二）立法决策服务工作不断创新

为党政军立法决策提供咨询服务1515件。圆满完成全国两会服务。成功策划并组织实施“中办数字图书服务平台”项目，实现专业化、数字化、权威性的图书检索、阅览和收藏服务。全面开展馆藏边疆文献调研工作，整理编纂《文献为证——钓鱼岛文献图籍录》并举行整理出版座谈会，为我国外交和国防提供文献支撑和保障。建立国家图书馆团中央分馆，部委分馆总数达14家。“部级领导干部历史文化讲座”共举办13场，2002—2013年年底累计举办204场，创新讲座模式，开办诗词赏析、书画艺术两个专题研习小组，完成讲座网站建设，提高讲座服务能力。

（三）读者服务工作亮点突出

根据社会公众需求，制定《国家图书馆关于加强精细化管理整体提升服务水平的意见》，推出一系列读者服务新举措，提升服务精细化水平。全年到馆读者人数达418.7万人次，文献流通2773万册次，网站点击10.4亿次。

服务精细化水平显著提升。放宽读者入馆年龄，加大面向未成年人开放力度。总馆北区中外文文献开架阅览区，接待读者年龄由年满16周岁调整为年满13周岁，少年儿童馆接待12周岁（含）以下少年儿童，取消少儿馆入馆年龄下限，所有公共区域面向未成年人全面开放参观。参考咨询服务积极创新，加强主动服务。为方便读者了解图书馆及服务，设立读者培训处，开设“每日课堂”，并在国图主页增设读者培训栏目。全年主动走进38家科研教育企业单位，集体办理读者卡9400张，深受读者好评。加强国家图书馆与中国高等教育文献保障系统之间的馆际互借与文献传递服务，为高校教学科研提供更多支持。

数字图书馆服务不断拓展。优化互联网服务，网络带宽由250兆拓宽至1200兆，简化读者上网手续，积极拓展远程服务。加强新媒体资源建设，创新服务方式，推出数字图书馆移动阅读平台、国家动漫公共素材库、多媒体展示平台等服务，进一步增强数字图书馆服务吸引力。联合全国66家省、市公共图书馆举行“网络书香过大年”活动，启动“网络书香”全国数字阅读推广工作，并陆续在全国百家公共图书馆开展，服务全国读者。

社会教育工作蓬勃开展。全年举办文津讲坛、国图讲坛等高水平公益讲座237场，推进全国公共图书馆讲座联盟建设，举办国图流动讲坛29场。挖掘馆藏，策划举办展览53场，中国记忆项目“年画中的

记忆”“大漆的记忆”“丝绸的记忆”系列展览，结合古籍善本、非遗作品、传承人技艺演示于一体综合展出，得到读者热烈欢迎。首次引入社会力量支持阅读文化项目，加多宝集团捐赠300万元支持第八届“文津图书奖”公益评选，服务全民阅读。积极开展精品展览的巡展工作，完成全国巡展44场。

特殊群体服务进一步加强。加强未成年读者精细化管理，设置低幼儿童读物阅览区，引导家长陪同儿童合理有效使用图书馆。组织实施弱势儿童知识援助计划及少儿阅读推广进校园活动。开展“2013全国少年儿童阅读年”活动，开通全国少年儿童阅读推广服务平台，编制《温暖童心绘本书目》《家庭亲子阅读指导书目》《全国少年儿童图书馆基本藏书目录2013》，指导少儿阅读。联合中国残联举行“图书馆文化助残系列活动”，开设文津·阳光讲坛，为残疾人创造良好的学习和信息获取环境。

二、大力推进重点文化项目实施，为完善公共文化服务体系做贡献

数字图书馆建设与服务工作深入推进。国家数字图书馆工程基本完成工程软硬件平台建设，开展国家验收前的各项准备工作。数字图书馆推广工程取得重要进展，48家副省级以上图书馆实现虚拟网联通，全国虚拟网连通的省市级图书馆达110余家，除国家图书馆之外，15家省级图书馆开始专网联通建设，覆盖全国的数字图书馆服务网络基本形成。全面开展推广工程运行管理平台、统一用户管理系统、唯一标识符系统等系列软件平台部署，提升各地数字图书馆的建设和服务水平。首次实现通过中央转移支付经费开展资源建设，拓展数据库共享与服务范围，通过虚拟网共享至30个省100余家图书馆，共享资源达120TB。依托数字图书馆建设成果，与总后勤部共建数字图书馆，开通国家图书馆三沙市分馆，为部队官兵服务得到加强。完成塔里木油田数字图书馆一期建设，创新企业服务方式。开展数字图书馆建设全国性专题业务培训9期，1100余人次参加培训。

中华古籍保护计划扎实开展。截至2013年，共计四批《国家珍贵古籍名录》和“全国古籍重点保护单位”通过国务院审批，11375部古籍入选《国家珍贵古籍名录》，命名166家“全国古籍重点保护单位”。策划举办“古籍普查重要发现暨第四批国家珍贵古籍特展”，进一步增强古籍保护工作影响力。截至2013年年底，已有27个省、市及2家中央直属机关单位400余家古籍收藏单位完成古籍普查登记工作。积极推进与“第一次全国可移动文物普查工作”对接，实现古籍普查数据与文物普查数据共享。深入开展新疆、西藏古籍保护专项工作。推进“中华珍贵典籍资源库”建设，制定珍贵古籍数字化标准，全国首批27家参建单位有序开展数字化工作。《原国立北平图书馆甲库善本丛书》正式出版，《中华医藏》《中国珍贵典籍史话丛书》《国家珍贵古籍名录》中古籍题跋整理等文献整理出版工作稳步开展。举办全国古籍普查、鉴定、保护等各类培训班11期，培训学员477人次。

民国时期文献保护工作成效突出。开展文献普查，加快形成联合目录，试点单位上传书目数据近17万条。推进民国时期文献整理出版，与22个单位签订整理出版协议，已完成《民国时期经济调查资料汇编》等8个项目的出版工作。完成近5万页的《远东国际军事法庭庭审记录》(全80卷)整理并正式出版，作为第一手资料，庭审记录真实、完整地再现东京审判全过程，中央领导同志对该项工作给予充分肯定。原生性文献保护研究稳步推进，设立民国时期文献库房标准研究项目并积极开展文献脱酸研究。

一期维修改造工程顺利推进，国家文献战略储备库立项取得积极进展。大部分改造区域已陆续完成，并交付使用。随着改造工作进展，有序完成保存本文献、缩微文献、基藏库文献的内部调整，启动天竺周转库文献回迁工作。修订完成《全馆业务格局调整方案》，各项开馆准备工作全面启动。国家文献战略储备库立项取得积极进展，李克强、刘云山、张高丽、刘延东等领导同志分别做出重要批示，对该项目予以肯定。国家发改委高度重视并开展评估，国家图书馆已根据评估意见完成项目建议书补充上报工作，并努力推动项目立项。

三、拓展国内外交流与合作，国家图书馆影响力进一步增强

业界引领带动作用显著增强。推出我国图书馆界第一本综合性研究报告——《中国图书馆事业发展报告2012》(蓝皮书)，全面反映我国图书馆事业整体面貌。配合文化部公共文化司开展公共图书馆评估定级工作，牵头修订《第五次全国公共图书馆评估定级系列标准》并举办培训班。成功承办2013年中国

图书馆年会学术会议部分，推动业界学术研究和交流；在年会展览会上举办的数字图书馆推广工程体验区、中华古籍保护计划展示体验区得到与会代表肯定。积极推进援疆、援藏工作，制定对口支援新疆、西藏文化建设工作计划，落实2013年“春雨工程——全国文化志愿者边疆行”国家图书馆有关项目。全国联合编目中心影响力进一步增强，已拥有数据用户1965家，成员馆1477家，服务覆盖全国。全国省级公共图书馆决策咨询服务协作平台、全国图书馆信息咨询协作网基本建成，进一步提升为业界服务水平。

国际及台港澳地区交流与合作不断深化。在习近平主席与巴林国王的共同见证下，文化部部长蔡武与巴林王国教育部大臣分别代表两国国家图书馆签署合作备忘录，开展相关合作。在刘延东副总理见证下，周和平馆长与美国杰斐逊基金会主席签署合作备忘录，落实第三轮中美人文交流高层磋商机制成果。与古巴、秘鲁、加拿大、澳大利亚、新西兰等国家和地区的图书馆签署协议，加强双边交流与合作，为今后在中华古籍、民国时期文献的保护与回归等重点领域开展合作打好基础。举办2013亚洲图书馆馆长论坛，与会代表讨论并通过《2013亚洲图书馆馆长论坛昆明宣言》，有效推动区域合作。成功举办海外（北美地区）中华古籍保护工作研讨会、中文文献资源共建共享合作会议等。积极参加第79届国际图联大会、世界数字图书馆会议、亚大地区国家图书馆馆长会议、亚洲文化合作论坛等重要会议。

（谢万幸）

年度工作

【国家图书馆馆长周和平会见台北"故宫博物院"院长冯明珠一行】 1月23日，国家图书馆馆长周和平会见台北"故宫博物院"院长冯明珠一行，副馆长张志清、馆长助理孙一钢等出席会见。双方举行业务交流会，就珍贵古籍合作出版等内容进行深入探讨，为今后开展相关合作打下基础。（国家图书馆办公室）

【国家图书馆与中国延安精神研究会签署合作备忘录】 1月28日，国家图书馆与中国延安精神研究会合作备忘录签约仪式在国家图书馆举行。国家图书馆副馆长张志清出席仪式，代表国家图书馆签订合作备忘录，接受捐赠并颁发捐赠证书；中国延安精神研究会理事胡木英等出席活动。（国家图书馆办公室）

【"年画中的记忆"展览开幕】 1月30日，由文化部非物质文化遗产司和国家图书馆共同主办的"中国记忆"项目系列展览之"年画中的记忆——国家图书馆藏年画精品暨国家级非物质文化遗产年画项目代表性传承人作品展"正式开展。展览现场举行年画项目代表性传承人作品捐赠仪式，9位传承人将35幅代表作品捐赠给国家图书馆永久保存。（国家图书馆办公室）

【国家图书馆春节活动丰富多彩】 2月10日，国家图书馆馆长周和平，副馆长、党委副书记常丕军，副馆长陈力、张志清、魏大威、王军，馆长助理孙一钢、汪东波，在总馆北区向读者拜年，致以新春的祝福。周和平向前3位入馆的读者赠送文津图书奖获奖图书，前200位到馆读者也获赠精美纪念品。国家图书馆围绕"书香过大年"主题，推出年画展、数字图书馆推广工程新春趣味答题活动、儿童电影嘉年华、新年亲子故事会等一系列别具特色的春节活动。（国家图书馆办公室）

【国家图书馆与总后勤部共建的军队后勤数字图书馆】 2月22日，国家图书馆与总后勤部共建的军队后勤数字图书馆在总后勤部档案馆正式开通，面向全军后勤官兵提供个性化、知识化和信息化服务。官兵可在电脑上浏览国家图书馆提供的数字资源，双方还签署合作共建协议。（国家图书馆办公室）

【国家图书馆"两会"服务正式启动】 3月1日，国家图书馆"两会"服务正式启动，主要服务举措有：一、精心编辑"两会"专题信息资料，为"两会"代表及委员提供深入的专题信息服务；二、充实完善"国家图书馆大会信息服务平台"和"国家图书馆两会服务平台"，向参会代表及委员介绍国家图书馆的服务并接受代表及委员的委托咨询；三、厉行节俭、节省成本，减少纸质印刷宣传品，突出数字化特点继续做好各项常规服务，提升服务水平。（国家图书馆办公室）

【《中国航天事业发展的哲学思想》捐赠国图】 3月1日，《中国航天事业发展的哲学思想》捐赠仪式在国家图书馆举行。国家航天局原局长刘纪原，国家图书馆馆长周和平出席仪式并致辞。中国运载火箭技术研究院党委书记兼副院长、高级工程师梁小虹代表中国运载火箭技术研究院向国家图书馆捐赠图书，周和平接受捐赠并代表国家图书馆向中国运载火箭技术研究院颁发捐赠证书。（国家图书馆办公室）

【第十三届新世纪女性健康生活大型公益活动举行】 3月8日，第十三届新世纪女性健康生活大型公益活动在国家图书馆拉开帷幕。全国人大十届环资委委员、全国妇联原副主席刘海荣，国家图书馆馆长周和平，甘肃省原副省长、中国科协原副主席刘恕出席活动开幕式。刘海荣、周和平共同为"国图·爱家讲堂"揭牌，国家图书馆副馆长、党委副书记常丕军致辞，华夏银行总行副行长黄金老宣读《环保倡议书》。由中国妇女活动中心、国家图书馆、华夏银行共同主办的"我的绿色生活圈"环保展览和专题讲座同时在国家图书馆举办。（国家图书馆办公室）

【公共图书馆评估定级工作培训班举办】 3月13—14日，文化部公共文化司主办、国家图书馆承办的公共图书馆评估定级工作培训班在国家图书馆举办。来自全国省级、副省级图书馆（包括少儿馆）的馆长及相关部门负责人约100

人参加培训。文化部公共文化司巡视员刘小琴出席仪式并致辞。国家图书馆馆长周和平出席次日会议并讲话。（国家图书馆办公室）

【国家图书馆馆长周和平应邀率团访问澳门】 3月30日—4月1日，国家图书馆馆长周和平应邀率代表团一行6人赴澳门进行工作访问。期间，先后会见澳门中央图书馆馆长邓美莲等，就数字资源共建共享、妈祖文化研究、中华寻根网建设及古籍保护合作等事宜进行商谈，并参观澳门何东图书馆，对澳门所藏古籍及民国时期文献进行调研。（国家图书馆办公室）

【国家图书馆与香港签订数字图书馆合作协议】 4月2日，国家图书馆馆长周和平与香港特别行政区康乐及文化事务署署长冯程淑仪在香港中央图书馆签署《关于在香港公共图书馆开展数字图书馆合作的协议》。香港公共图书馆咨询委员会主席梁智仁、副主席张志刚，康乐及文化事务署副署长廖昭薰、助理署长李玉文，中央图书馆总馆长刘淑芬等出席仪式。（国家图书馆办公室）

【数字图书馆推广工程资源建设及平台应用培训班举行】 4月11—12日，国家图书馆主办的数字图书馆推广工程资源建设及平台应用培训班在北京举办。国家图书馆副馆长魏大威出席培训班并致辞。来自国家图书馆、全国49家副省级以上图书馆的95位数字资源及系统平台建设相关人员参加培训，培训班由国家图书馆数字资源部主任李晓明主持。（国家图书馆办公室）

【“4·23”世界读书日优秀图书推介活动举办】 4月23日，第18个联合国世界读书日之际，国家图书馆举办“书香中国·阅读让人生更美好——‘4·23’世界读书日优秀图书推介活动”。国家图书馆馆长、文津图书奖组委会主任周和平，文化部公共文化司巡视员、文津图书奖组委会副主任刘小琴，国家图书馆党委书记、常务副馆长、文津图书奖组委会副主任詹福瑞，国家图书馆副馆长张志清等领导出席活动。第八届文津图书奖获奖图书揭晓，新华网对活动进行全程直播，各地读者实时共享现场实况。（国家图书馆办公室）

【民国时期文献普查工作培训班在重庆举行】 4月24—26日，国家图书馆主办、重庆图书馆承办的“民国时期文献普查工作培训班”在重庆举行。国家图书馆副馆长陈力、业务管理处处长高红，重庆市文化广播电视局副局长温俊华、重庆图书馆馆长任竞、副馆长张波出席会议。来自全国18家副省级以上公共图书馆的40名民国时期文献普查工作人员参加培训。（国家图书馆办公室）

【民国时期文献整理出版项目专家评审会在北京召开】 5月3日，国家图书馆在北京召开“民国时期文献整理出版项目专家评审会”。国家图书馆馆长周和平出席会议，就评审工作提出要求并与专家进行交流。来自中国社会科学院、清华大学的20余位民国时期文献保护工作专家委员会委员参加评审，副馆长陈力主持会议。（国家图书馆办公室）

【国家图书馆新浪官方认证微博开通试运行】 5月6日，国家图书馆新浪官方认证微博开通试运行。微博推出预告、服务导航、每日经典诵读、每周一库、书刊介绍、馆藏精品、国图新闻、业界动态等栏目。（国家图书馆办公室）

【阮波所藏菡子书信手稿捐赠仪式在国家图书馆举行】 5月10日，阮波所藏菡子书信手稿捐赠仪式在国家图书馆举行。阮波女士向国家图书馆捐赠菡子给阮波的书信手稿，以及阮波所著《菡子来信》序言、《我的童年》等手稿，共计80种136册/叶。国家图书馆馆长周和平向阮波女士颁发捐赠证书，中共中央文献研究室原常务副主任金冲及、中国现代文学馆馆长陈建功等专家学者，以及阮波女士家人好友出席仪式。仪式现场举行小型陈列，展示国家图书馆馆藏的阮波、菡子代表作。（国家图书馆办公室）

【全国图书馆联合编目中心上海分中心揭牌】 5月21日，全国图书馆联合编目中心上海分中心揭牌仪式在上海举行，上海图书馆馆长吴建中和我馆副馆长陈力共同为上海分中心揭牌。来自全国各地的90余位业界代表参加活动。（国家图书馆办公室）

【图书馆文化助残系列活动在国家图书馆启动】 5月25日，中国残联和国家图书馆联合主办的“书香中国·让知识的阳光照亮每一个人的心灵”——图书馆文化助残系列活动在国家图书馆启动。中国残联党组副书记、常务副理事长王乃坤，国家图书馆馆长周和平出席活动。残障人士读者代表和首都师范大学的大学生志愿者等100余人到现场参加活动。（国家图书馆办公室）

【“网络书香”全国数字阅读推广活动启动】 5月30日，国家图书馆主办的“网络书香”全国数字阅读推广活动启动仪式在福建省图书馆举行。福建省文化厅副厅长陈吉、国家图书馆副馆长魏大威以及福建省图书馆馆长郑智明出席开幕仪式。仪式后，数字图书馆推广工程体验区正式面向公众开放。国家图书馆还特邀鲁迅博物馆原副馆长兼鲁迅研究室主任陈漱渝先生做“爱读书、读好书、善读书”的专题讲座。（国家图书馆办公室）

【文献为证——钓鱼岛文献整理出版座谈会在北京召开】 6月3日，国家图书馆主办的“文献为证——钓鱼岛文献整理出版座谈会”在京召开。国家图书馆馆长周和平，来自中国社会科学院、北京大学、北京师范大学、国家图书馆等单位的边疆问题研究、中日关系、国际法等领域以及文献整理研究方面的资深专家王晓秋、厉声、李国强、万明、赵英军、黄润华、王菡等出席座谈会。国家图书馆馆长助理孙一钢主持会议。（国家图书馆办公室）

【“大漆的记忆”展览在国图开展】 6月7日，文化部非物质文化遗产司与国家图书馆共同主办的中国记忆项目系列展览之“大漆的记忆——中国大漆髹饰暨国家级非物质文化遗产项目代表性传承人作品大展”在国家图书馆总馆北区拉开帷幕。仪式上，国家图书馆馆长周和平接受16位国家级非物质文化遗产大漆髹饰项目代表性传承人捐赠的作品，并向传承人颁发捐赠证书。（国家图书馆办公室）

【非物质文化遗产保护讲座周举行】 6月7—14日，文化部非物质文化遗产司与国家图书馆联合主办的“非物质文化遗产保护讲座周”在国家图书馆总馆北区举办。讲座周期间，共举办8场专题讲座，全面展示非物质文化遗产保护成果。7日，国家图书馆馆长周和平做题为《我国非物质文化遗产保护的实践与创新》的首场讲座。（国家图书馆办公室）

【国家级古籍修复技艺传习中心揭牌】 6月8日，国家级古籍修复技艺传习中心揭牌暨国家级非物质文化遗产项目古籍修复技艺代表性传承人杜伟生先生收徒仪式在国家图书馆古籍馆举行。国家图书馆馆长周和平、文化部非物质文化遗产司司长马文辉出席仪式。8位修复馆员正式拜杜伟生先生为师，活动现场还举办国家图书馆古籍修复成果展。（国家图书馆办公室）

【海外(北美地区)中华古籍保护工作研讨会在北京召开】 6月17—18日，海外（北美地区）中华古籍保护工作研讨会在国家图书馆召开。美国国会图书馆、美国哈佛大学燕京图书馆、加拿大多伦多大学东亚图书馆等12家北美地区收藏中文善本较多的图书馆馆长或负责人应邀参加。国家图书馆馆长、国家古籍保护中心主任周和平出席开幕式并讲话，副馆长、国家古籍保护中心副主任张志清，馆长助理孙一钢出席会议。（国家图书馆办公室）

【国家图书馆团中央分馆成立】 6月28日，共青团中央、国家图书馆在中国青年政治学院签署合作协议，国家图书馆团中央分馆同时揭牌。共青团中央办公厅主任康国明与国家图书馆馆长助理孙一钢签署合作协议。中国青年政治学院党委书记倪邦文，国家图书馆副馆长魏大威分别致辞。共青团中央书记处常务书记贺军科，国家图书馆馆长周和平共同为分馆揭牌。（国家图书馆办公室）

【周和平率代表团访问美国芝加哥】 7月2—3日，中国国家图书馆馆长周和平率代表团访问美国芝加哥。中国驻芝加哥总领事赵卫平会见代表团一行，王淑英副总领事陪同会见。在芝加哥期间，周和平一行出席2013年美国图书馆协会年会，参观芝加哥大学图书馆并与该馆馆长朱迪思·纳德勒亲切交谈。（国家图书馆办公室）

【周和平率领代表团访问加拿大】 7月4—6日，中国国家图书馆馆长周和平率领代表团访问加拿大。周和平访问加拿大国家图书档案馆时会见代理馆长埃尔韦·德里，双方表达加强合作的意愿，代表团还参观考察多伦多大学图书馆、蒙特利尔麦吉尔大学图书馆，并与麦吉尔大学图书馆签署正式合作协议。（国家图书馆办公室）

【国家图书馆三沙市分馆挂牌成立】 7月12日，国家图书馆三沙市分馆挂牌成立。南海舰队政治部副主任卓怡新、文化部副部长董伟、国家图书馆副馆长魏大威出席在三沙市举行的启动仪式。（国家图书馆办公室）

【国家图书馆召开深入开展党的群众路线教育实践活动动员大会】 7月17日，国家图书馆召开深入开展党的群众路线教育实践活动动员大会。文化部第五督导组成员，国家图书馆领导班子成员、党的十八大代表、十二届全国人大代表和政协委员，中层干部、主任（处长）助理、党支部委员、党员代表（含离退休党员代表）参会，会议由副馆长、党委副书记常丕军主持。国家图书馆党委书记、常务副馆长詹福瑞代表国家图书馆党委作动员报告，文化部第五督导组组长张永新出席动员大会并讲话，国家图书馆馆长周和平发表重要讲话。（国家图书馆办公室）

【国家图书馆召开副局级干部任职宣布会】 8月1日，国家图书馆召开副局级干部任职宣布会。文化部人事司干部处处长胡雁宣布《文化部关于李虹霖等3人任职的通知》：任命李虹霖为国家图书馆副馆长兼国家典籍博物馆常务副馆长，孙一钢为国家图书馆现代技术研究所所长（副局级），汪东波为国家图书馆研究院院长（副局级）。（国家图书馆办公室）

【国家图书馆代表团参加国际图联大会】 8月16—22日，第79届国际图联大会在新加坡举行，其卫星会议于13—16日在泰国曼谷召开，国家图书馆馆长助理孙一钢率代表团参加会议。会议期间，国家图书馆代表团正式访问泰国国家图书馆和新加坡国家图书馆，并与两馆领导层就深入开展合作进行探讨；与澳大利亚国家图书馆、新西兰国家图书馆、南非国家图书馆、韩国国立中央图书馆等馆领导举行双边会谈，就双方关心的问题进行磋商。（国家图书馆办公室）

【国家图书馆藏清宫“天禄琳琅”珍籍修复项目正式启动】 8月27日，国家图书馆藏清宫“天禄琳琅”珍籍修复项目正式启动。国家图书馆副馆长、国家古籍保护中心副主任张志清主持启动会。古籍研究专家、修复专家、部分新闻媒体记者参加会议。会上，国家图书馆相关专家介绍“天禄琳琅”及专项修复的背景和修复方案，现场展示待修复的破损古籍。（国家图书馆办公室）

【国家动漫公共素材库上线】 8月29日，国家动漫公共素材库上线发布会在天津滨海国际会议中心隆重举行。文化部文化产业司司长刘玉珠、副司长高政，国家图书馆副馆长魏大威等有关领导出席发布会。会上，刘玉珠、魏大威与动漫行业的4位专家共同启动国家动漫公共素材库上线。（国家图书馆办公室）

【国家图书馆推出系列服务新举措】 9月9日，国家图书馆建馆104周年馆庆之际，推出一系列读者服务重要新举措：一是进一步放宽入馆年龄，拓展未成年读者服务；二是优化互联网服务，提升数字图书馆服务能力；三是完善读者服务培训，提升服务效能；四是加强馆藏建设和利用，拓展社会教育职能；五是加强读者服务管理，提升服务精细化水平。（国家图书馆办公室）

【网络资源采集与数字资源长期保存研讨会在北京举行】 9月10—11日，中国国家图书馆主办的“网络资源采集与数字资源长期保存”研讨会在北京会议中心举办。来自国家档案局、国家科学图书馆、新西兰国家图书馆、新加坡国家图书馆以及60余所公共图书馆、专业图书馆和高校图书馆的专家和研究人员参加会议。（国家图书馆办公室）

【“中文文献资源共建共享合作会议”理事会第七次会议在武汉召开】 9月23日，“中文文献资源共建共享合作会议”理事会第七次会议在武汉召开。国家图书馆副馆长张志清与来自北京、香港、澳门和台湾地区的理事会成员代表参加会议。（国家图书馆办公室）

【国家图书馆与中国教育出版传媒集团签署合作协议】 9月23日，国家图书馆与中国教育出版传媒集团有限公司战略合作协议签约仪式在国家图书馆举行。国家图书馆馆长周和平，中国教育出版传媒集团有限公司党组书记、总经理李朋义，集团公司党组副书记、董事长杨光出席签约仪式，副馆长陈力代表国家图书馆签署协议，副馆长魏大威主持仪式。（国家图书馆办公室）

【《永乐大典》一册入藏国家图书馆】 9月30日，《永乐大典》入藏国家图书馆仪式暨《永乐大典》特展开幕式在国家图书馆举行。文化部副部长、国家文物局局长励小捷，国家图书馆馆长周和平，国家文物局副局长宋新潮，国家图书馆党委书记、常务副馆长詹福瑞，国家文物局博物馆与社会文物司司长段勇出席仪式。文化部、国家文物局、中国文物信息咨询中心、国家图书馆有关负责人，以及中国工程院院士、国家文物鉴定委员会主任傅熹年等专家学者参加仪式。（国家图书馆办公室）

【星云大师演讲暨《百年佛缘》新书首发在国家图书馆举行】 10月19日，国家图书馆、三联书店共同主办的“看见梦想的力量——国际佛光会图书捐赠、星云大师演讲暨《百年佛缘》新书首发”活动在国家图书馆举行。星云大师，国家宗教事务局原局长、中央社会主义学院党组书记、第一副院长叶小文，国家图书馆馆长周和平，国际佛光会中华总会总会长赵丽云，以及来自国家宗教事务局、国务院台办、文化部、国家图书馆、国家博物馆、清华大学、北京师范大学、中国出版集团公司、三联书店等有关负责同志出席活动。（国家图书馆办公室）

【十竹斋木版水印非遗艺术传承文献展在京举行】 11月19日，国家图书馆、中国非物质文化遗产保护中心主办，杭州十竹斋艺术馆承办的十竹斋木版水印非遗艺术传承文献展在国家图书馆古籍馆开幕。第九、十届全国人大常委会副委员长、中华文化促进会名誉主席许嘉璐，第十、十一届全国人大常委会副委员长、中国科学院院士、中国工程院院士路甬祥，第十一届全国人大教科文卫委员会副主任委员、国务院原副秘书长李树文，文化部原副部长、中国非物质文化遗产保护中心主任、中国艺术研究院院长王文章，国家图书馆副馆长张志清等领导出席开幕式并致辞。（国家图书馆办公室）

【国家图书馆馆长周和平率代表团赴美国访问】 11月20—24日，中国国家图书馆馆长周和平应邀率代表团一行3人赴美国纽约市进行工作访问。21日，代表团访问纽约公共图书馆，并与馆长安东尼·马克思等主要负责人进行会谈。22日，周和平出席刘延东副总理与美国文化艺术界人士座谈会及招待会，并与美国托马斯·杰弗逊基金会主席莱斯利·鲍曼女士共同签署《中国国家图书馆与美国托马斯·杰弗逊基金会关于推进文化合作的谅解备忘录》。代表团还访问哥伦比亚大学图书馆、哥伦比亚大学东亚图书馆。23日，代表团参观纽约大都会博物馆等文博机构。（国家图书馆办公室）

【国家图书馆与CALIS馆际互借与文献传递合作业务正式开通】 11月21日，在CALIS（中国高等教育文献保障系统）召开的2013年高校图书馆服务与技术发展研讨会上，国家图书馆与CALIS馆际互借与文献传递合作业务正式开通。国家图书馆馆长助理汪东波出席开通仪式并致辞，参考咨询部主任王磊做题为《国家图书馆的资源与服务》报告，向与会代表推介国家图书馆馆藏资源和各项服务内容。（国家图书馆办公室）

【国家图书馆馆长周和平率代表团访问澳大利亚、新西兰】 12月11—18日，中国国家图书馆馆长周和平率代表团一行5人赴澳大利亚、新西兰进行工作访问，分别与两国国家图书馆签署《中国国家图书馆与澳大利亚国家图书馆合作备忘录》和《中国国家图书馆与新西兰国家图书馆合作安排》。（国家图书馆办公室）

【“丝绸的记忆”展览在国家图书馆展出】 12月30日，文化部非物质文化遗产司、国家图书馆和中国丝绸博物馆共同主办的“丝绸的记忆——中国蚕丝织绣暨国家级非物质文化遗产项目特展”在国家图书馆开展。5位国家级非遗项目代表性传承人将各自作品捐赠国家图书馆。国家图书馆馆长周和平代表国家图书馆接受捐赠并颁发收藏证书，文化部非物质文化遗产司司长马文辉在捐赠仪式上致辞。（国家图书馆办公室）

公共图书馆

综述

一、公共图书馆服务体系建设日渐成熟规范，作用逐步显现

2013年，公共图书馆服务体系建设逐渐向成熟化、规范化方向发展，业内对服务体系的理念和模式形成共识，各地积极探索公共图书馆总分馆体系建设及其他模式。同时，服务体系的建设不断推进读者服务的深入，服务体系的作用逐渐显现。江苏苏州图书馆总分馆模式推动全民阅读；上海市中心图书馆电子书阅读器外借服务向街镇馆延伸。与此同时，服务体系建设突出规范化、标准化。潍坊市3年内将在全市64个镇街建设标准化图书馆；嘉兴城乡一体化公共图书馆服务体系示范项目通过国家验收。而服务体系模式更加多样化，江苏镇江推广"一馆一站一室"数字阅读新模式；吴江"四位一体"农村公共信息服务中心建设受到肯定。各地基层服务体系网点数越来越多。西藏建成154个"便民书窗"，陕西未来5年1000个社区将建成"家庭图书馆"，北京朝阳区新建60家数字文化社区等。

二、文献资源共建共享突破传统，探索新型模式

2013年，公共图书馆间资源共享的范围从同一城市扩展到不同省、市，从同一系统扩展到不同系统。南昌、包头、长沙、成都、昆明、武汉等地在本市内部开展通借通还。在不同省、市之间，资源共建共享也得到广泛响应。资源共享呈现跨行政区划、跨级别、跨系统的特征。打破行政区划限制，开启全新合作空间，湘鄂赣皖四省图书馆开启联盟之路；上海、台北两市图书馆开展馆际图书交换；多省、市共建"讲座图书馆"；江西、江苏携手公益展览惠及更多百姓。对于同一城市公共图书馆体系，图书馆打破层级限制，不断探索资源共享的新模式。嘉兴市城乡一体化公共图书馆服务体系建设成效显著；武汉50余家图书馆"结盟"惠民；吉林省图书馆联盟新增34家成员馆；长沙、包头、南昌、重庆、成都等地实现"一卡通"服务。对于不同系统，公共图书馆以资源共享为主要目标，跨越系统障碍，发挥资源共享优势。上海图书馆与上海都市型工业协会建立战略合作伙伴关系；黑龙江省图书馆与黑龙江省科协签署《战略合作协议》；南京图书馆与江苏省科技情报所签订合作协议等。公共图书馆以更加开放的姿态走进资源互利共享的时代。

三、数字图书馆推广工程发展迅猛，文化共享工程稳步推进，公共文化服务体系示范区亮点频现

2013年，我国数字图书馆建设发展势头迅猛，数字图书馆推广工程不断向市级图书馆延伸。中央财政继续投入1.7205亿元，用于剩余的240家市级馆的硬件平台搭建。经过前期建设，数字图书馆虚拟网初步实现互联互通；各地硬件基础条件大幅提升，全国共计24家省馆、86家市馆硬件设备已达到推广工程配置标准；系统平台部署有序进行，统一用户认证、唯一标识符、政府公开信息整合服务平台等系统平台已在全国20多个省、市进行安装部署。辽宁省图书馆数字化图书馆工程、江苏省数字图书馆计划等数字图书馆建设成果逐渐凸显。

国家公共文化服务体系建设专家委员会完成第二批国家公共文化服务体系示范区（项目）创建资格评审工作。江苏常州市电视图书馆、浙江绍兴市电视图书馆等成为公共文化服务体系示范项目的亮点。西藏昌都地区公共图书馆服务拓展与创新，新疆巴音郭楞蒙古自治州"幸福家园·特阅服务"公共图书阅览及文化信息共享工程等项目，展示公共图书馆在少数民族地区公共文化服务建设中的示范作用。

全国文化共享工程以资源建设为重点，加强数字资源建设的统筹规划和管理；完善覆盖城乡的六级

服务网络；与公共文化服务示范区建设相结合，评选命名一批文化共享工程·公共电子阅览室示范点，继续推进公共电子阅览室建设计划，完善公共电子阅览室建设的设施条件，进一步推动“十二五”时期文化共享工程建设。

四、读者服务以人为本，数字化、科技化成为趋势

2013年，公共图书馆读者服务更加丰富多彩。免费开放继续推行，贵州、山东、西藏、云南、海南等省加大免费开放力度，中小型图书馆也纷纷响应，全面实现免费开放；广州图书馆在免费开放的基础上，每周多开10小时。全国许多新馆建成开放，读者服务环境设施得到极大改善。山西省图书馆及广州图书馆、济南图书馆等建成并全面开放；郑州、佛山等市级馆试运行，力争为读者提供更优质的服务。

新技术、新媒体的应用极大地丰富读者服务工作内容。苏州图书馆引入3D打印机；湖北省首个移动4G图书馆让读者遨游“信息书海”；广州图书馆引入二维码标签扫描服务；武汉图书馆发起“微博荐书”邀请市民荐好书。自助阅读与数字阅读成为读者服务的两大流行趋势。自助图书馆继续保持良好发展态势，在全国各地逐步普及，吉林、江西、山东等省、市首次引进自助借还机，让读者借书更便捷。越来越多的图书馆开始推广数字资源和数字阅读，山东、河南纷纷举行数字资源推广活动；宁夏、大连建立“数字化体验区”；上海图书馆还推出电子阅读器外借、“阅读护照”、电子阅读对账单等举措来推动数字阅读。

全国各地不断加大弱势群体服务力度，让老人士、残障人士、留守儿童、务工子弟、服刑人员等弱势群体感受到公共图书馆带来的人文关怀。北京市西城区少儿馆举办“外来务工子女读书会”；上海市图书馆行业开展文化敬老服务月活动；广州免费音频资源服务启用，优先满足视障用户；大连为智障孩子搭建新图书馆；山西省各级公共图书馆建盲人阅览室等。此外，各地图书馆积极参与两会服务，湖北、广西、江西、海南、浙江、黑龙江、湖南等省级图书馆，大连、济南、南京、厦门等市级图书馆都为两会提供信息咨询服务，获得好评。

五、读者活动参与广泛，志愿者服务传递爱心

2013年，各地图书馆继续开展多种多样的读者活动，通过讲座、展览、换书、阅读推荐等读者喜闻乐见的形式，让读者获得更多的知识和乐趣。首都图书馆的“换书大集”吸引近8000名市民参加；湖南图书馆推出连环画精品展；广西壮族自治区图书馆开展馆藏数字资源有奖阅读活动；山东省图书馆启动百馆千场讲座；新疆维吾尔自治区图书馆启动全民阅读活动。“真人图书馆”成为读者追捧的活动新形式，北京、辽宁、广西、山东、湖南、云南、黑龙江、深圳等地都推出“真人图书馆”“真人图书借阅”等活动。少儿读者活动紧跟时代步伐，通过高科技、数字化、智能化等形式吸引小读者参与体验。此外，图书馆志愿者活动发展迅猛，为读者服务不断助力。广东通过文化志愿者服务传递爱心；辽宁三万志愿者帮助残疾人读书十年不辍；温州市图书馆组织手语志愿者等，志愿者们的服务让图书馆服务更精彩。

六、古籍普查成果显著，古籍保护引发关注

2013年，第四批《国家珍贵古籍名录》和“全国古籍重点保护单位”名单正式公布，189家藏书单位的1516部古籍入选。上海图书馆藏北宋拓本《三藏圣教序》、河南省图书馆《乐经元义八卷》、吉林省图书馆《六臣注文选六十卷》等古籍纷纷入选。截至目前，共有11375部古籍入选《国家珍贵古籍名录》，166家单位成为“全国古籍重点保护单位”。

作为第一部全国古籍藏书总目录的《中国古籍总目》，是我国古籍保护工作的一次重要总结，是我国完成最大规模古籍目录整理出版工程，首次摸清古籍“家底”。由于古籍的珍贵性和稀缺性，古籍数字化成为图书馆保护、利用古籍的首选。同时，古籍修复工作也受到社会各界的重视。浙江图书馆举办古籍修复体验活动；山东省图书馆举办“走进古籍体验日”活动，许多社会力量也加入到古籍修复中来。

七、图书馆评估工作完成，图书馆法制化进程加大

2013年，全国第五次公共图书馆评估定级工作顺利结束，全国2230个图书馆达到三级以上图书馆标准。首都图书馆等859个图书馆荣获“一级图书馆”称号；天津市河西区图书馆等640个图书馆荣获“二级图书馆”称号；河北省承德市图书馆等731个图书馆荣获“三级图书馆”称号。

图书馆法制化范围扩大，工作标准规范化进程加速。《公共图书馆法》送审稿报国务院；《四川省公共图书馆条例》通过；《广州市公共图书馆条例（征求意见稿）》完成；青海图书馆执行新服务标准。图书馆各项业务工作也加大法制规范力度。《全民阅读促进条例》列入国家立法计划；新疆制定文化信息资源共享工程工作服务标准；山西省图书馆确定非基本服务收费标准。

八、新技术、新力量带给公共图书馆事业新的活力

数字化出版和技术力量逐步参与图书馆资源建设。盛大文学与上海图书馆共同打造移动端借阅平台；汉王电子书助力图书馆数字化进程，上海市多家图书馆与汉王合作提供汉王黄金屋电纸书借阅服务。

各种新型图书馆涌现。全国第一家杭州图书馆“生活馆”试开放；天津开发区泰达图书馆开“音频馆”；上海时尚产业主题图书馆等新型图书馆带给读者耳目一新的感觉。

此外，公共图书馆社会形象更加积极、自信、开放。公共图书馆广泛进行国际交流与合作，首都图书馆与白俄罗斯国家图书馆签署合作协议；广州图书馆与美国犹他家谱学会签署《FAMILY SEARCH国际合作图书馆协议》；亚洲图书馆馆长论坛发布《昆明宣言》；“上海之窗”“广州之窗”成为国外同行了解中国的窗口。同时，公共图书馆积极开展各种公益活动。图书馆界人士密切关注四川芦山地震灾区馆情；四川雅安市图书馆在灾区建设帐篷阅览点，给广大灾区人民送去温暖和爱心。

（首都图书馆　陈人语　张娟）

年度工作

北京市

【概况】 2013年，为进一步完善北京市公共图书馆服务体系建设，各级公共图书馆积极改善馆舍条件，通州区图书馆新馆、朝阳区图书馆新馆交付使用，海淀区图书馆新馆奠基。年内，北京市县以上公共图书馆馆舍面积合计26万平方米，阅览座席1.5万个，工作人员1253人，年购书经费6257.62万元，总藏量2095万册（件），总借阅人数844.4万人次，总借阅图书868.3万册次，年新增读者证16万个。“一卡通”服务继续扩大覆盖范围，全市“一卡通”联网馆覆盖全市16个区县的174个图书馆。公共图书馆现代技术应用水平大幅提高，移动图书馆、数字电视、微博等新媒体服务得到广泛应用，大量引入RFID、触摸屏阅报、自助借还设备、免费WIFI无线接入服务等。

北京市公共图书馆基层延伸服务取得重要进展。为丰富市民的文化生活，公共图书馆持续开展“千场讲座”“送书下基层”以及服务宣传周，世界读书日等全民阅读活动和红领巾读书活动。全年共举办各类读者活动4460次，参加者达224.1余万人次，送书下基层2799次，送书达117.8万册，图书配送中心成员馆1141个，配送图书馆96.1万册。各区县图书馆将“三下乡”作为公共文化的服务窗口，开拓服务领域，拓展服务空间，将公共文化服务延伸到社区、农村，充分利用文献资源优势，为农村发展注入新的文化活力，使广大农民朋友能在家门口享受“文化大餐”，并积极扩大图书馆的社会影响力。

2013年5—6月，北京市文化局发布《北京市文化局关于北京市公共图书馆开展评估定级工作的通知》，对北京市公共图书馆第五次评估定级工作进行部署，全市18家公共图书馆参加评估并全部评为一级馆。通过评估对图书馆事业发展的概况及自身建设的差距进行全面的掌握，评估反馈结果促进各馆不断改善自身服务水平、提升服务效能。2013年9月，值首都图书馆百年诞辰之际，市文化局和首都图书馆邀请包括英国国家图书馆、中国国家图书馆在内的世界十大图书馆馆长汇聚首图举办论坛，交流各馆馆藏文献研究的最新成果。

活动组织方面，北京市各区、县图书馆积极联合开展活动，加强活动的预报与活动信息的宣传工作，读者可通过网站、报纸及宣传海报等多种渠道了解活动信息。为了在广大读者和市民中实现优质资源的社会共享，首都图书馆联盟联合北京市公共图书馆等联盟成员馆在广大市民中开展“换书大集”活动，并积极推进成员馆的优秀展览的巡展，实现“阅读的力量”“京城惊喜”等优质文化资源的社会共享。此外，各公共图书馆还紧紧围绕图书馆服务宣传周、世界读书日、科技服务周等主题，通过讲座、展览、专题书展、网上预览、摄影、征文、诵读比赛等形式，吸引市民参与图书馆的活动，充分发挥图书馆社会教育和宣传阵地的作用。

在全市范围内举办图书馆文献标引培训班、第六期北京市古籍保护培训班等专题培训。各区县图书馆也积极开展面向益民书屋管理员、数字文化社区管理员的培训班。培训工作加强图书馆队伍建设，提高图书馆从业人员的理论与业务水平。

2013年，共享工程、数字电影整合、古籍保护、数字图书馆推广工程等重点工程项目继续进行。“北京市公共图书馆计算机服务网络”成员馆已达162家，数字文化社区建设数量达到300个，通过城市有线电视网络，将高清交互数字电视网、互联网、无线融合网元接入街道社区的文化站或图书馆（室），实现近300余万册电子书刊、600集少儿动漫、近10万集讲座视频、2000余小时电视节目等海量的数字文化资源通用。2013年，古籍保护中心为7家单位修复35种、144册破损古籍。（首都图书馆　虞敏）

【北京市公共图书馆开展第五次评估定级】 5—6月，北京市文化局发布《北京市文化局关于北京市公共图书馆开展评估定级工作的通知》，对区、县级图书馆第五次评估定级工作进行部署，成立以王珠副局长为组长、倪晓建馆长、黄海燕处长为副组长的评估工作领导小组，确定由首都图书馆成立以倪晓建馆长任组长的专家评估组，具体实施评估检查工作。专家组对全市区、县级图书馆的基础设施、经费人员、文献资源、服务工作、协作协调、管理与表彰和重点文化等方面工作进行深入、细致的评估检查。参加评估的区、县图书馆，全部达到一级馆标准。（首都图书馆　虞敏）

【北京市24小时自助图书馆建设】 截至2013年年底，全市交通枢纽、大型住宅区、商业区、文化休闲场所及行政机关集中区域实现布置155台24小时街区自助图书馆，其中朝阳区127台、西城区10台、东城区8台、海淀区8台、房山区2台。全年累计办证6767个，借书19.1万册，还书22.5万册。（首都图书馆　虞敏）

【首都图书馆概况】 2013年，首都图书馆（以下简称"首图"）全年新采购各类文献28.6万余册/件，数据库26种；接待读者453万余人次；外借文献280万余册/件；组织各种讲座、展览、活动共计673场，参加读者91万余人；接待读者信息咨询及代检索课题82.9万余次。

圆满完成第五次全国公共图书馆评估，经过对各项业务工作的全面梳理，进一步完善服务功能，并获得优异成绩。2013年是首图建馆100周年，文献纪录片《城市中最大的一本书——首都图书馆百年纪》、大型展览"一个世纪的开放历程——首都图书馆建馆一百周年""城市与图书馆国际学术论坛"等"百年首图"系列纪念活动，引起业界、读者和新闻媒体的广泛关注。新华社、北京电视台、北京日报等20余家权威媒体报道及相关转发达450余篇。

继续加强北京市公共图书馆一卡通工程、全国文化信息资源共享工程、数字文化社区等文化惠民工程建设，积极推进数字图书馆推广工程项目。截至第三季度，全市已建成"一卡通"通借通还网点100个，累计借书量超过600万册，还书量近600万册，提前完成政府实事目标；继续加大首都图书馆联盟成员馆之间合作力度，提升北京市图书馆系统服务于社会的范围与效能；不断推进数字图书馆推广工程，建设完成首都图书馆和国家图书馆两馆之间的虚拟专网联通试点对接，部署中国政务信息整合系统、移动阅读平台、信息咨询协作平台和唯一标识符系统，在北京市部分区县图书馆实施虚拟专网建设、试点对接；共享工程北京市分中心完成"国家公共文化数字支撑平台北京市分中心建设实施方案""北京市公共电子阅览室技术平台集成方案"的制订与审核，新建数字文化社区200个。

不断深化和完善北京市公共图书馆服务体系建设，积极履行和发挥中心图书馆的职责与作用。公共图书馆四级服务网络、24小时自助图书馆、首都图书馆联盟等惠民工程使读者服务更便捷。2013年，首图新建49台自助图书馆服务机，全市总计实现134台自助图书馆的运行服务。首图调拨4万余册图书建立专属库，并制定《北京市城市街区24小时自助图书馆物流配送管理办法》，建立全市统一的自助图书馆监控平台。为提高全市业务水平，年内共举办培训班4次，培训300余人次，发放教材1600余册。

科研工作取得突破进展，全年共申报各类课题22项。其中《跨系统区域图书馆联盟建设与发展研究》获2013年度国家哲学社会科学基金立项；国家公共文化服务体系制度设计研究等4项课题获文化部批准立项；参与国家信息中心标准研制1项。11月，首图官方微信正式开通，更多读者可以通过微信、微博、豆瓣等等新媒体和网络专栏等，了解首图各类动态信息。

首图少年儿童图书馆经过重新设计、改造并开放，读者人数大幅度增加。活动参与人数同比增加261%；继续开展校外教育特色活动，"别样课堂在首图"主题系列活动等近170场次，参与人数近8000人次。"书香首图 书影共读——共享书与影的精彩世界 帮助孩子爱上阅读"荣获第一届全国图书馆未成年人服务论坛优秀案例评选二等奖。

2013年，首都图书馆被文化部评为"廉政文化教育基地"，被授予2012年度"全国人文社会科学普及基地"、2013—2015年"北京市科普基地"等荣誉称号。（首都图书馆）

【首都图书馆举行"乡土课堂"十周年纪念仪式】 1月12日，首图"乡土课堂"十周年纪念仪式暨2013年讲座计划新闻发布会在首都图书馆A座报告厅举行，首都图书馆馆长倪晓建，北京史研究会副会长、中国文物交流中心副主任姚安出席。十年来，首都图书馆、北京史研究会、北京市社科联鼎力合作，"乡土课堂"的品质不断提高，成为深受北京市民欢迎的文化活动品牌。2013年“乡土课堂”重点打造“美丽北京”主题系列讲座，从历史发展、都城建设、生态文明、区域特色等方面，宣传北京之美，让更多人关注北京建设，进一步促进城市的和谐发展。（首都图书馆）

【北京市委常委陈刚到首都图书馆参加志愿服务活动】 3月5日，北京市委常委陈刚作为一名普通志愿者到首图参加“3·5”北京志愿服务活动，共青团北京市委员会书记常宇，北京市委社会工委书记、北京市社会办主任宋贵伦，北京市委办公厅副主任费宝歧，北京市文化局副局长王珠一同参与志愿服务。在工作人员的指导下，他们接受志愿服务岗前培训，学习志愿服务基础知识、了解当日志愿服务内容，并与其他志愿者一起将读者归还的图书排序、整理上架，操作移动图书点检车进行校验与定位。（首都图书馆）

【首都图书馆启动“来自澳大利亚的问候”系列活动】 3月16日，由澳大利亚驻华使馆、首都图书馆、Books Illustrated画廊等机构联合推出的“来自澳大利亚的问候”系列活动在首都图书馆启动。该活动是2013年澳大利亚文学周的重要项目之一。为期5天的活动中，小读者们不仅体味到澳洲儿童图书的风采，还与当地的儿童绘本作家、插画家进行亲密接触、愉快交流。（首都图书馆）

【首都图书馆举办盲人有声阅读活动】 3月17日，由北京市残疾人活动中心、首都图书馆、北京电视台“书香北京”栏目、北京市残联社会工作部、北京红丹丹教育文化交流中心共同举办的“心阅书香”——盲人有声阅读活动在一层视听集体阅览室举行。30位盲人朋友来到活动现场，一起聆听北京电视台主持人和志愿者们分角色朗诵的小说《山楂树之恋》的两个章节。“心阅书香”活动从3月持续至12月，每月在首图举办2场，丰富盲人朋友的文化生活，更好地融入社会。（首都图书馆）

【第三届北京换书大集圆满举行】 4月3日，由首都图书馆联盟、首都图书馆主办，中国科学院国家科学图书馆、北京大学图书馆、对外经济贸易大学图书馆及北京市区县图书馆联合承办的第三届“北京换书大集”正式启动收书。该届换书大集延续“分享阅读交换快乐”主题，号召广大市民将家中闲置书刊流动起来，与其他市民交换阅读，在推动社会阅读的同时，倡导分享阅读、绿色阅读、快乐阅读的理念，吸引市民走进图书馆、利用图书馆。换书大集共举办2天，除首都图书馆作为主会场外，还增设中科院国家科学图书馆等12个分会场，北京大学出版社、中国人民大学出版社、商务印书馆等机构也携新书加入，仅主会场就吸引近7000人次参加，交换图书近30000册。（首都图书馆）

【首都图书馆荣获北京市科普基地荣誉称号】 6月7日，首都图书馆荣获由北京市科学技术委员会、北京市科学技术协会联合颁发的“2013—2015年北京市科普基地”荣誉称号。该馆作为北京市中心图书馆，不断发挥文化辐射职能，并借助资源优势，向市民普及先进的科学文化知识。1—5月，共举办讲座、展览等科普文化活动150余场，惠及民众近10万人次。第三届北京换书大集、“生活中的化学”科技周系列讲座、“京城惊喜——美丽北京发现之旅”主题展等活动赢得社会一致好评。（首都图书馆）

【“伊朗文化周”系列活动在首都图书馆拉开帷幕】 6月20日，由中华人民共和国文化部、伊朗文化与伊斯兰联络组织主办，中国对外文化集团公司、伊朗驻华大使馆文化处、首都图书馆承办的“伊朗文化周”系列活动在首都图书馆拉开帷幕。文化部部长蔡武、国家新闻出版广电总局副局长邬书林、文化部外联局局长张爱平、北京市文化局局长陈冬、首都图书馆馆长倪晓建、伊朗文化与伊斯兰联络组织主席霍拉姆沙德、伊朗驻华大使马赫迪·萨法里等领导、嘉宾出席开幕式。本次活动由伊朗综合艺术展、伊朗电影展映和伊朗传统表演三项内容组成。其中，伊朗综合艺术展包含伊朗绘画、书法、木雕、鎏金器物、细密画、陶瓷、珐琅器、铜雕、手工挂毯、民族服装、波斯茶道等多个展览展示内容，向观众展示伊朗独具传统魅力和民族特色的精湛技艺。（首都图书馆）

【首都图书馆完成300个数字文化社区建设】

2013 年，首都图书馆继续加强数字文化社区建设。至年底，已在全市建成 300 个数字文化社区，并且搭建完成高清交互电视应用平台、无线应用平台，集中采购适用于电视平台使用的电子图书、电子期刊及视频资源。市民可在数字文化社区内进行传统阅读，也可通过高清交互电视平台收看各类型的优秀数字文化资源，通过互联网获取数字资源。北京市数字文化社区项目于 2012 年启动，是北京市文化局 2012 年公共文化服务方面“十大惠民”工程之一，同时还被列入 2012 年市政府为群众拟办的 35 件重要实事。该项目依托高清交互平台，结合互联网无线技术，通过网络建设、平台建设、资源整合等方面，全面提升社区文化中心的服务功能。（首都图书馆）

【首都图书馆完成 Aleph 图书馆业务管理系统部署工作】 2013 年，首都图书馆正式启动图书馆业务管理系统更换工作。经公开招标，以色列艾利贝斯公司的 Aleph500 系统中标，成为首图新的图书馆业务管理系统。7 月 15 日，首图召开项目启动工作会议，部署项目管理程序及项目实施计划，成立项目实施小组，确定项目实施过程中的关键时间点，讨论数据转换范围，提交项目实施计划表。至年底，已完成硬件、存储和网络环境准备，及 Aleph 软件安装与本地配置，并先后进行三次数据转换。根据“北京市公共图书馆计算机信息服务网络”一卡通服务手册调整、配置采访、编目、流通、期刊管理等相关参数表，初步配置各个模块参数。在完成数据转换测试、定制程序开发测试、进一步明确工作流程各项参数等工作后，计划于 2014 年完成系统切换工作。（首都图书馆）

【首都图书馆继续推进古籍保护工作】 2013 年，首图继续推进北京市古籍保护中心各项工作，在古籍普查定级、《国家珍贵古籍名录》申报、古籍修复、古籍数字化、人才培养等方面取得丰硕成果。全市共有 23 家古籍藏书单位开展普查登记工作，共普查完成 6 万余种、61 万余册，数据已上传至全国古籍普查平台。在《第四批国家珍贵古籍名录》中，共有 4 家市属古籍藏书单位的 32 部珍贵古籍入选，其中首都图书馆入选 20 部。继续开展古籍代存工作，本年度共为昌平、顺义等 8 家区县图书馆代存古籍 4000 余册，有效地改善这些单位的古籍保存条件。全市古籍修复工作稳步推进，一批亟待修复的破损古籍得到抢救。在古籍人才培养方面，共组织 5 人次参加国家级培训，并举办全市培训班 1 次，50 余人参加。北京市古籍保护中心网站全新改版，作为对外宣传的主要窗口，向全社会介绍古籍保护的各项工作。古籍整理与数字化工作继续开展，建成《首都图书馆珍善本古籍数据库》，并出版一批影印古籍文献。（首都图书馆）

【文化部第五次公共图书馆评估组完成对首都图书馆的评估指导工作】 7 月 8 日，受文化部委托，由陕西省图书馆馆长谢林任组长、湖北省图书馆馆长汤旭岩任副组长的专家组到馆进行公共图书馆评估定级暨重点文化工程督导。在首图评估工作汇报会上，市委宣传部副部长、北京市文化局局长陈冬致欢迎辞，北京市文化局副局长王珠和首图馆长倪晓建分别作“北京市公共图书馆事业发展汇报”和“理念与创新　品牌与服务——首都图书馆评估定级工作汇报”。会后，专家评估组对首图开展实地考察、资料审阅、读者调查等各项考核督导工作。最终，首都图书馆荣获“一级图书馆”称号。（首都图书馆）

【首都图书馆与白俄罗斯国家图书馆签署合作协议】 7 月 17 日，《中国首都图书馆与白俄罗斯国家图书馆合作协议》在钓鱼台国宾馆签署，白俄罗斯文化部第一副部长卡拉切夫斯基、首都图书馆副馆长邓菊英分别在协议书上签字。两馆同意通过一系列彼此认可的活动促进合作，包括管理层互访、馆员交换以及图书馆业务方面的合作，如互办特色馆藏展、开展馆际图书交换以及馆际学术交流。该协议在白俄罗斯副总理的见证下签署，是白俄罗斯总统卢卡申科 2013 年访华期间的成果之一，旨在增进两馆之间的交流与合作，加强双方的文化交流。（首都图书馆）

【首届北京摄影艺术展在首都图书馆举办】 8 月 22 日，由北京摄影家协会主办，首都图书馆协办的首届北京摄影艺术展在首图第一展厅开展。展览共分为“中国梦想·光影同行”及“美丽平谷”两个系列，展出摄影作品 400 余幅。摄影师们用镜头记录自然之美、城市之美及人与动物的和谐之美，捕捉住生活中被人们忽视的精彩

瞬间。（首都图书馆）

【首图讲坛“社科讲堂”成立】 9月14日，由中国社会科学院、首都图书馆联合推出的社科类讲座品牌首图讲坛“社科讲堂”成立仪式暨首场讲座在首图报告厅举行。中国社科院荣誉学部委员张椿年做首场“社科讲堂”讲座，题为《走向海洋，强国之道——西方海洋大国的发展历程》，为现场400余名读者讲解海洋的无穷魅力以及海洋对国家发展的重要影响。（首都图书馆）

【首都图书馆迎来建馆百年华诞】 在迎接百年华诞之际，首图推出系列文化活动及惠民服务举措。首都图书馆100周年纪念大会于10月16日举行，同时举办“城市与图书馆”学术论坛。A座场馆读者服务功能恢复开放，承担库本图书阅览、残障读者阅览等服务。少年儿童图书馆重装开放。B座场馆新开港澳台文献阅览区，为读者提供7万余册文献。为迎接百年华诞，推出“一个世纪的开放历程——首都图书馆百年馆史展”，向大众介绍首图一个世纪以来的发展脉络。同时还协办诺贝尔奖获得者北京论坛相关活动，举办“京都华彩——北京建都史主题展”“发现首图”摄影作品征集等活动，让大众通过参与活动走进图书馆，亲近图书馆。（首都图书馆）

【首都图书馆少年儿童图书馆重装开放】 10月16日，重装一新的少年儿童图书馆正式迎接小读者。改建后的少儿阅览服务面积达到4000平方米，面积增加3倍。开设“少儿综合服务区”“亲子借阅区”“少儿中文书刊借阅区”“少儿英文阅览区”及“青少年多媒体空间”五大区域，有15万册书刊供开架借阅，读者免证入馆阅览，增设符合小读者身体特征的迷你版自助借还书机，以简化借还书操作流程。少儿馆推出“七彩悦读成长计划”激励阅读，打造包括“书影共读”“阅读故事发现会”“认知图书馆”在内的三大类10余项活动内容，提供多元服务。（首都图书馆）

【首都家庭阅读国际文化推广活动在首都图书馆举办】 11月，北京市妇女联合会和首都图书馆共同主办“‘读世界，看天下’——首都家庭阅读国际文化推广活动”。展览项目“小绘本大世界”原版图画书展展出来自北京塞万提斯学院和北京俄罗斯文化中心的60余本绘本、画册；“一书一世界”图片展由首图联合以上两家文化机构以及外语教学与研究出版社，为爱读书的小朋友推荐近50本中外童书，帮助小书迷们开阔眼界、接触新知。23日，活动落下帷幕，来自俄罗斯文化处的艺术总监卡佳女士为小读者们带来童话故事《渔夫和金鱼的故事》。俄罗斯少年儿童走上首图“童心舞台”，演奏俄罗斯民间传统舞曲，合唱俄罗斯民歌，引领在座观众感受俄罗斯独特的艺术风情。（首都图书馆）

【首都图书馆康复文献阅览室重装开放】 12月2日，首都图书馆康复文献阅览室重装开放。全新的康复阅览室面积扩充至220平方米，可为残疾读者、老年读者提供文献信息资源服务。阅览室内配备盲文点显器、有声地图、盲文打印机、电子手持放大器、大字阅读器、电动轮椅等专业设备。（首都图书馆）

【公共文化服务体系建设与民办图书馆发展研讨会在朝阳区图书馆举行】 2月1日，由朝阳区文化委主办、朝阳区图书馆承办的此次研讨会举行。国家公共文化服务体系建设专家委员会副主任、北京大学信息管理系教授李国新，朝阳区文化委员会主任黄晓伟、副主任马骏、首都图书馆副馆长邓菊英、华东师范大学副教授金武刚及区图书馆、区内民办图书馆负责人及出版发行代表近20人参加会议。研讨会分成两个部分：第一部分为现场观摩，第二部为专题研讨，就发挥中心图书馆的引领作用，为民办图书馆提供更有针对性的书刊资源配送服务；研究、学习、借鉴民办图书馆运行机制体制、管理模式经验，促进公共图书馆整体服务能力提升；搭建政府和民办图书馆交流的平台，承担桥梁与纽带作用，继续关注民办图书馆的发展，为政府扶持民办图书馆发展的决策提供参考等问题进行讨论。（朝阳区图书馆）

【朝阳区图书馆首次承办中国图书馆学会2013年会分会场学术会议及专题展示】 11月8日下午，北京市朝阳区图书馆主办、悠贝亲子图书馆协办的“社会力量参与全民阅读推广的现状与未来”2013年中国图书馆年会学术会议第29分会场在上海浦东新区世博展览馆举办。上海华夏社会发展研究院鲍宗豪院长，杭州市图书馆褚树青馆长，北京市朝阳区文化委员会黄晓伟主任、马骏副主任，悠贝亲子阅读学院孙莉莉院长，悠贝亲子图书馆创始人林丹女士、龚小莉馆长，小陶子流动儿童图书馆发起人安庆华女士以及各省市图书馆代表出席会议。会议由朝阳区图书馆李萍馆长主持，马骏副主任、孙莉莉院长、龚小莉女士、安庆华女士发表演讲；褚树青馆长以杭州为例，结合国外图书馆实践，阐述公共图书馆应该向社会提供怎样的阅读推广。配合此次学术会议，朝阳区图书馆在世博展览馆1号馆举办“开启绘本之旅　书香溢满朝阳”专题展览活动。（朝阳区图书馆）

【朝阳区图书馆新馆开馆】　12月26日，朝阳区图书馆新馆建成开馆。新馆坐落于广渠路66号院，建筑面积14600平方米。新馆以“借阅一体”服务方式为主导，85%以上使用空间分区借阅图书，为不同读者提供专属阅读服务；全馆实现无线网络覆盖，配置“射频识别”技术为基础的读者自助服务系统，引进电子画板、移动阅读终端、体感投影等阅读体验设备；引进一系列节能设计与设备、智能书架等服务手段，室内室外均开设24小时借阅服务自助服务区，设有盲人借阅区，专为盲人读者提供盲文阅读、视听、电子阅览、电脑培训及预约上门、到馆服务。（朝阳区图书馆）

【科举辑萃网站被评为中华炎黄文化研究会科举文化专业委员会学术指导网站】　3月21日，中华炎黄文化研究会科举文化专业委员会专家考察决定，将东城区第一图书馆的“科举辑萃”网站评定为中华炎黄文化研究会科举文化专业委员会的学术指导网站。该网站1997年开始着手进行科举文献整理，数据库共8个子栏目，包含科举动态、科举人物、科举论文、科举图书、科举图库、进士题名碑、展览与视频。截至2011年9月1日，共有数据3700条，其中包含历代鼎甲1655位、科举论文650篇、进士题名碑214篇。（东城区第一图书馆　周娜）

【视障人士可“倾听”图书馆】　4月2日，西城区第一图书馆与文化部共享工程中心合作，首次将“心声音频馆”文化资源服务系统引进到公共图书管理。系统根据视障人士的需求特点和使用习惯定制开发，既能为大众提供优秀音频资源，其无障碍设计更能帮助视障人士“读屏”，视障人士通过安装专用服务系统的普通电脑，可以听到评书曲苑、相声小品、名曲赏析、健康养生等多方面音频内容，能通过指纹认证记录“听网”的历史记录，方便下次收听。目前，“心声音频馆”系统的内容资源量已达到近5000小时。（西城区第一图书馆　郝杰）

【西城区第一图书馆开展《西城之最》公益阅读体验行系列活动】　5—10月，活动开展。该活动围绕《西城之最》一书，将阅读与体验结合起来，带领读者通过参观游览的形式感受西城的历史文化内涵，了解北京建城建都的历史。体验行包括恭王府、北海、白云观、广福观等地体验深层阅读，并将专题讲座与实地体验结合在一起。活动期间共举办讲座7场，参加人数374人次，讲座内容包括《走进恭王府》《走进北海公园 体验皇家宫苑北海的前世今生》等，其中在北海和白云观组织的两场讲座纳入到西城区委宣传部组织策划的2013“最in西城”体验行活动之中。（西城区第一图书馆　郝杰）

【中国盲文图书馆北京市西城区支馆正式挂牌】　12月3日，中国盲文图书馆与西城区第一图书馆签订支馆协议，“中国盲文图书馆北京市西城区支馆”正式挂牌。该馆由中国盲文图书馆给予资源支持和业务指导，以西城区第一图书馆视障人阅览室为平台和纽带，形成“中国盲文图书馆—西城区第一图书馆—社区视障人阅览室”的服务网络。该馆向读者提供55张Daisy有声图书光盘，15张无障碍电影光盘；每隔半年更换一次图书，每次约50册左右的盲文图书、100册供低视力读者阅读的大字本图书，另提供每月2次的系列讲座视频放映。（西城区第一图书馆　郝杰）

【“读书的艺术”摄影展在中国盲文图书馆拉开帷幕】　1月16日，“读书的艺术”百姓摄影展在中国盲文图书馆隆重开幕。展览由首都图书馆联盟、西城区文化委员会主办，西城区第二图书馆、西城区宣南文化研究会承办，西城区广外街道社区百姓摄影家协会协办。中国盲文图书馆馆长张伟、西城区美协主席郑文奇、宣南文化研究会常务副会长许立仁及西城区第二图书馆馆长李金龙、副馆长林凤兰等相关负责人出席开幕仪式。李金龙馆长在开幕式上致辞，著名残疾人作家张骥良作为盲人读者代表发言，张伟馆长宣布摄影展正式开幕。（西城区第二图书馆　丁启宏）

【西城区第二图书馆荣获出版界图书馆界全民阅读年会优秀案例特别奖】 7月30日至8月1日，2013年出版界图书馆界全民阅读年会在黑龙江省哈尔滨举行，全国300余名代表出席大会。“读书的艺术”作为2012年西城区第二图书馆的创意品牌活动，以3110幅摄影作品诠释读书，以展览形式推动全民阅读活动，该案例荣获此次全民阅读年会优秀案例特别奖。（西城区第二图书馆　丁启宏）

【顺义区基层公共电子阅览室建设】 3月，顺义区依托文化共享工程的服务网络和设施以及文化共享工程、国家数字图书馆丰富的数字资源，与文化共享工程建设、乡镇文化站建设、街道（社区）文化中心（文化活动室）建设、国家数字图书馆推广工程相结合，在全区建成145个公共电子阅览室，其中镇级25个、村级120个，为群众提供免费的互联网服务，以及互联网相关的学习培训。公共电子阅览室建设于2013年3月全面展开，总计投入1200余台电脑、100余套网络设备，至年底已全部建成、开放，向当地百姓免费提供互联网信息浏览与查询服务、电子文献阅读服务等。（顺义区图书馆）

【通州区图书馆新馆开馆】 10月9日，通州区图书馆新馆建成开馆。新馆位于京贸中心附近，同时投入试运营的还有通州区文化馆、剧场。新馆面积17513平方米，馆藏图书近70万册。年订期刊1365种，报纸178种；阅览座位约1000个，预计日接待读者3000人次。实现国家图书馆、首都图书馆等18个中外文数据库优质资源的共享，馆外读者可通过手机、PAD等移动终端在馆外随时随地享受图书馆的资源。购进中国美术馆图片库，利用馆藏资源的运河文化展示平台，把通州新城的建设风貌和馆藏历史古迹呈现给读者。图书馆试运营期间，面向社会开放1、2、4层，包括咨询办证和休闲大厅、视障者服务中心、新书刊快借和数字资源体验空间、图书外借区等。（首都图书馆　虞敏）

天津市

【概况】 2013年，天津市各系统图书馆161个，其中省市级公共图书馆2个（天津图书馆、天津市少年儿童图书馆），开发区图书馆1个（泰达图书馆档案馆），区县公共图书馆、少儿图书馆23个，高校图书馆55个（本科院校21个，高职高专及部队军事院校30余个），较大的科研机构图书馆3个，医院图书馆58个，党校图书馆19个。馆舍总面积为89.6万余平方米，阅览总面积为17万平方米。2013年，天津市政府对图书馆的事业发展相当重视，投入大量资金改善图书馆的设备。例如：海河教育园区内图书馆的建筑面积约为7.7万平方米，其中天津海河教育园区中心馆建筑为3.2万平方米，其他7所高职院校图书馆建筑面积为4.5万平方米。此外，天津市政府又投资在市中心区建立天津图书馆文化中心馆，该馆面积为5.5万平方米，地下一层、地上5层，设计藏书600万册，读者座席2400余个，年接待读者可达200万人次。

截至2013年年底，天津市各系统图书馆文献藏书量为5895万册，阅览座席74944个，年接待读者3789.4万人次。在职人员5093人，其中中级职称2584人，占在职人数的50.7%；高级职称602人，占在职人数的11.8%。（天津市图书馆学会）

【香港特首梁振英一行到天津图书馆文化中心馆参观考察】 3月19日，香港特别行政区行政长官梁振英一行在天津市副市长任学锋、天津市文化广播影视局副局长金永伟陪同下来到天津图书馆文化中心馆，参观考察读者自助服务设施情况，并在阅览区与读者亲切交流。（天津图书馆）

【天津图书馆缩微文献影像数据库面向读者免费服务】 2013年7月，天津图书馆缩微文献影像数据库（http://swyx. tjl. tj. cn/）面向读者免费服务。该数据库以馆藏的缩微胶片数字化资料为基础建设，涵盖汉文古籍、民国报纸、民国期刊、民国小说等。其中，汉文古籍以明清时期的地方志资源为主，包括天津建卫600年各朝代的卫志、县志、乡土志以及地方艺文，馆藏民国时期稀见的图书、报刊等。这些珍贵的史料，对于人文社会科学研究具有重要价值。（天津图书馆）

【天津市“我的家国·我的梦”读书活动展示比赛圆满结束】 8月28日，由天津市图书馆读者协会承办，各区县图书馆协办的天津市“我的家国·我的梦”读书活动展示比赛决赛在天津图书馆文化中心馆举行。决赛现场，由全市19个区县级图书馆推荐的参赛家庭组合，以“我的家国·我的梦”为主题，以提升个人境界，促进社会和谐，构建自己的畅想和梦想为主线，表演形式不拘一格，既有传统的朗诵，更融入情景剧、小品、歌舞、曲艺等多种表演形式，体现出崇尚知识、崇尚文明、追求文化、追求梦想的丰富内涵和远大畅想。（天津图书馆）

【全国读书漫画大赛优秀作品在天津图书馆海河园馆展出】 9月23日，全国读书漫画大赛优秀作品展在天津图书馆海河园馆亮相。全国读书漫画作品大赛是由中国新闻漫画研究会、中国图书馆学会举办的重要读书文化项目，自2008年开始历时三届。参赛作品以读书作为创作主题，通过漫画的艺术形式，表现读书的乐趣，揭示读书的重要性。本次展出的300余幅作品是获得优秀以上的作品。（天津图书馆）

【天津图书馆缩微文献影像数据库建设标准的研究项目顺利通过验收】 10月29日，天津图书馆承担的文化部科技创新项目“缩微文献影像数据库建设标准的研究”顺利通过文化部验收。这次验收工作是在文化部文化科技司的组织下，委托天津市文化广播影视局主持完成，天津市文化广播影视局党委常委、副巡视员李春雨同志出席验收会，由7位国内图书馆界知名专家组成的验收委员会对该项目进行验收。（天津图书馆）

【天津图书馆举办图书馆图书由我选活动】 2013年12月，天津图书馆文化中心馆举办“图书馆图书由我选”外文图书采选活动。此次活动是天津图书馆图书采访工作的一次新的尝试，由采编部外文组与典藏部外文图书阅览组共同组织，其目的是让图书的使用者直接参与到图书馆图书选购工作中来。此次活动共准备2000多种最新出版的外文图书，品种齐全、时效性强，共30多名读者参与选购活动。（天津图书馆）

【天津市少年儿童图书馆开展丰富多彩的读者活动】 2013年，天津市少年儿童图书馆积极组织参加国际爱护动物保护行动周活动，围绕主题“狗狗、猫咪和我们——关爱伴侣动物”，精心设计制作宣传展板、广泛发放宣传资料，组织并发动分馆、各区中小学校、社区，通过开展主题征文大赛、绘画大赛、手抄报、儿童剧大赛及在线有奖知识问答等多种形式参与其中；举办“六一”国际儿童节系列活动；表彰在“爱心图书捐赠活动”中为贫困地区的孩子们捐赠图书的小朋友；还举办“快乐互动游艺”等活动；与家教联合会等机构合作，邀请知名心理专家做“关注孩子成长”专家公益咨询活动。（天津市少年儿童图书馆）

【天津市少年儿童图书馆启动全国少年儿童数字阅读推广月仪式】 5月3日，天津市少年儿童图书馆正式拉开“全国少年儿童数字阅读推广月”活动的序幕。活动以“数字阅读学海之舟”为主题，遵循“儿童优先”和“儿童权益最大化”的原则，通过搭建数字阅读推广平台整合我国优秀少儿数字读物，为少年儿童提供丰富多彩的文献信息资源，提供一个网上绿色阅读平台。活动以网络知识竞赛的形式吸引广大少年儿童进行数字资源的使用和检索，引导少年儿童学习正确的数字阅读方法，形成正确的数字阅读习惯，培养广泛的阅读兴趣。（天津市少年儿童图书馆）

【天津泰达图书馆档案馆推进数字化建设】 2013年，天津泰达图书馆档案馆在“泰达电视图书馆”建立“数字图书馆推广工程”视频专栏和“国图讲堂”视频资源，利用微信公众平台建立“微信图书馆”并开展服务；在“泰达移动图书馆”中增加“数字图书馆推广工程”专栏等措施，加强对“数字图书馆推广工程”宣传；充实设备，实现同国家图书馆、天津图书馆VPN网络联通；举行“网络书香”全国地市级首站启动仪式，举办“数字易读·泰达信息素养公开课”讲座，向公众传播数字图书馆服务理念。（天津

泰达图书馆档案馆）

【天津市和平区图书馆规范完善城市书吧管理】 2013年，该馆规范完善城市书吧管理。完善街道图书馆通借通还工作，制定《街道图书馆图书接收流程》《街道图书馆通借通还管理办法》，加强街道图书馆的培训，组织专人，利用业余时间分别对7个街道图书馆进行培训辅导，同时及时解决借阅中存在的问题。（天津市和平区图书馆）

【天津市河西区图书馆读书系列活动丰富多彩】 2013年，天津市河西区图书馆读书系列活动丰富多彩。在元宵节前夕举办“红红火火闹元宵 欢欢喜喜猜灯谜”活动；举办以“生活密码”“廉政建设”“天津市文史资料展”等为主题的图书展览；举办“打开悦读之门”暑期家庭读书活动；利用图书馆院内场地组织开展“倡导全民阅读 共享‘书式生活’图书置换”活动；在空军天津尖山路干休所组织开展“爱在重阳”系列读书活动；开展国学讲座，其中“论语”讲座已经进行44讲，受众达到1000人次；与河西区地方税务局、东海街联合举办多次讲座。组织开展“我的中国梦”——2013年河西区中小学生“好书伴我成长”读书系列活动，历时4个月，包括“我的中国梦”征文、“最美中国”绘画和“我的梦·中国梦”朗诵等比赛，该馆承担的中学组读书活动共收到报送作品103件，其中报送的优秀作品参加天津市中小学生读书活动决赛共获得一等奖4名。（天津市河西区图书馆）

【天津市南开区图书馆古籍整理工作结硕果】 2013年，天津市南开区图书馆馆藏古籍图书已全部整理录入全国古籍普查平台。该项工作从2010年11月开始，历时3年，凝聚众多参与者的汗水和辛劳。共计整理出古籍585种3402册，其中清以前古籍236种1893册，民国古籍349种1509册。此项工作的完成实现该馆古籍图书的数字化管理，同时制作出版《天津市南开区图书馆馆藏古籍图录》一书。（天津市南开区图书馆）

【天津市南开区图书馆组织开展丰富多彩的读书活动】 2013年2—6月，该馆组织第七届“枫叶杯”全国青少年南开区中学生书法绘画艺术大赛，最终获特等奖14个，一等奖15个，辅导教师奖20个，集体奖10个，该馆荣获团体特等奖；在全区组织开展“大田杯”百万中小学生“好书伴我成长”读书征文、绘画、演讲系列活动，吸引近2万名中学生的积极参与；开展以“科技创新、美好生活”为主题的优秀期刊推荐活动；为军营、社区免费放映电影10余次；组织参加天津市第七届家庭文化艺术节“我的家国我的梦”读书活动展示比赛；重阳节期间，专为老年人服务的公益组织——幸福家园举办开馆授牌仪式，并开展以“幸福健康、快乐阅读”为主题中老年读书征文大赛活动。（天津市南开区图书馆）

【天津市红桥区图书馆、红桥区少儿图书馆积极组织大型读书活动】 2013年，天津市红桥区图书馆、少儿图书馆成功组织“大田杯——好书伴我成长”读书系列活动，其中6组诵读节目、25篇征文、10幅绘画作品报送参加市级评选；组织参加“我的中国梦”天津市中小学生诵读汇报展示活动和第七届《枫叶杯》青少年儿童书法绘画艺术大赛，其中32名中小学生荣获特等奖，41名中小学生荣获一等奖；联合天津新蕾出版社分别在智障学生构成的培智学校和进城务工人员子女较为集中的欢庆里小学，举办六一进校园献爱心活动；承办“我的中国梦”网络读书活动、“唱响主旋律 放飞中国梦”家庭读书活动展示比赛；为社区居民和消防部队官兵举办两场“社科讲坛”系列讲座；组织参加“全国少年儿童主题摄影比赛”。（天津市红桥区图书馆、红桥区少儿图书馆）

【天津市津南区图书馆做好农家书屋建设】 2013年，天津市津南区图书馆为该区每个农家书屋配送图书199册，合计14328册，光盘16张合计1152张，配送一年期刊、报纸6种；并将符合社区性质的27个农家书屋更换为“社区书吧”铜牌。专门召开各镇文化站长工作会议，组织安排各镇农家书屋积极开展暑期活动。（天津市津南区图书馆）

【天津滨海新区塘沽图书馆残疾人分馆揭牌】 2013年5月17日，在第23个“全国助残日”

到来之际，天津滨海新区塘沽图书馆残疾人分馆在杭州道街文安里社区正式揭牌成立。成立后的分馆将成为塘沽地区首家专门为残疾人提供传统纸质图书与影像文献阅读服务的图书馆。该图书馆向文安里社区赠送各类书籍600册，并将根据实际阅读情况定期更换。（天津滨海新区塘沽图书馆）

【天津市武清区图书馆亨通花园社区分馆获第五届全国服务农民、服务基层文化建设先进集体荣誉称号】 2013年，武清区亨通花园社区分馆使用面积180平方米，阅览座位80个，馆藏图书4万余册，期刊20余种，是目前天津市最大的社区分馆。一年来，分馆搞好优质服务，不断满足读者阅读需求，开展形式多样的读书活动，活跃社区居民的业余文化生活，丰富公共文化服务内容，被文化部、中宣部、新闻出版广电总局评为“第五届全国服务农民、服务基层文化建设先进集体”荣誉称号。（天津市武清区图书馆）

河北省

【概况】 截至2013年年底，河北省共有公共图书馆172个，省级图书馆1个、地级市图书馆12个（石家庄市图书馆与石家庄市少儿图书馆合署办公）、县级图书馆159个，分馆和馆外服务点1000多个；总建筑面积38.8万平方米，阅览室面积达11.5万平方米；阅览座席30348个；文献总藏量1937.4万册/件。年度经费总投入2.28亿元，年度文献资源购置费2652.5万元。从业人员1851人，其中研究馆员34人、副研究馆员168人、馆员564人。拥有计算机6774台，电子阅览室终端共4171台。年度总流通1078.6万人次，726.9万册次。共组织各类讲座1941次，32.6万人次参加；举办展览500次，120.6万人观看；举办培训班635次，5.5万人次参加。

2013年，在河北省文化厅组织部署下，全省共有1个省级图书馆、8个市级图书馆、128个县级图书馆参加全国第五次县以上公共图书馆评估定级工作，参评率达到79.65%。21个图书馆被评为“一级图书馆”，29个图书馆被评为“二级图书馆”，45个图书馆被评为“三级图书馆”。与第四次评估定级相比，“一级图书馆”增加12个，二级图书馆增加2个，三级图书馆减少1个。评估结果表明，第四次全国公共图书馆评估定级以来，河北省公共图书馆事业取得长足发展，新馆建设进入快速发展阶段，馆均建筑面积由2009年的1564平方米扩展到2256平方米；财政投入大幅增加，文献资源建设扎实推进，重点文化工程实施效果良好，综合服务能力显著提升。通过评估，也反映出全省部分公共图书馆设施状况有待进一步改善，发展不平衡的问题还很突出。（河北省图书馆）

【燕赵少年读书系列活动2012总结表彰暨2013年启动仪式在河北省图书馆举行】 4月23日，由河北省文化厅、河北省教育厅、共青团河北省委联合主办，河北省图书馆学会、河北省图书馆和各设区市文广新局、教育局、共青团市委以及各设区市图书馆学会、各级图书馆共同承办的“燕赵少年读书系列活动”2012年总结表彰暨2013年启动仪式，在河北省图书馆多功能厅举行。会议总结2012年燕赵少年读书系列活动取得的经验和突出成效，为获奖学生代表和获得优秀组织奖的单位颁奖。会议发布2013年燕赵少年读书系列活动方案，活动主题为“经典浸润人生 阅读成就梦想”。2013年系列活动正式启动并向范西路小学赠送经典文学名著荐读图书。（河北省图书馆学会）

【公共图书馆评估座谈会在省图书馆召开】 4月23日，河北省、市图书馆馆长及学会秘书长在省图书馆四楼澄怀轩召开公共图书馆评估工作座谈会。各市图书馆馆长介绍图书馆评估工作进展情况，并提出评估和迎评过程中遇到的问题，经大家共同讨论，大部分问题得以解决。为了进一步拓展全省公共图书馆资源共建共享的范畴，在本次座谈会上，经省、市图书馆共同协商，决定成立全省公共图书馆展览联盟，河北省图书馆、各设区市图书馆是联盟的发起馆和首批成员馆，省馆馆长李春来和各市图书馆馆长共同签署合作协议。（河北省图书馆）

【“最美的声音”第23次全国助残日朗诵会暨中国盲文图书馆河北分馆揭牌仪式举行】 5月18日，由中国残联、中国狮子联会、中国盲文图书馆、中央人民广播电台和中国广播联盟倡议发起“最美的声音”爱心接力系列活动的首场活动——第23次全国助残日青少年朗诵暨中国盲文图书馆河北分馆揭牌仪式，在省图书馆隆重举行。省文化厅厅长张妹芝、中国盲文图书馆馆长张伟、省残联副理事长张国生、省馆副馆长顾玉青、石家庄市政府办公厅督查专员张素珍、市残联理事长尚建斌等领导出席活动。著名播音员、主持人方明、叶迎春、郭志坚、王端端、王洲、王言、笑梅、王勇和社会各界爱心人士出席朗诵会，并与石家庄特殊教育学校的盲童们一起共享美好的书香时光。期间，张妹芝与张伟共同为中国盲文图书馆河北分馆揭牌。河北省残联和中国狮子联会等各界爱心人士向该分馆和石家庄特殊教育学校捐赠有声读物和助读助视器。（河北省图书馆）

【全国图书馆联合编目中心河北省分中心正式挂牌】 5月31日，全国图书馆联合编目中心河北省分中心揭牌仪式在省馆报告厅举行。河北省文化厅副厅长彭卫国、国家图书馆副馆长陈力、省文化厅公共文化处处长王俊海、河北省图书馆馆长李春来等领导出席仪式，陈力和李春来共同签署《全国图书馆联合编目中心河北省分中心协议》。随后举办为期3天的河北省图书馆联合编目培训班，邀请全国图书馆联合编目中心研究馆员刘小玲授课，来自省内公共、高校、科研和中小学图书馆的相关负责人共计260余人参加此次培训。培训期间，省馆还和各设区市图书馆、部分基层图书馆签署全省图书馆馆际互借协议。（河北省图书馆）

【新一届河北省古籍保护工作专家委员会成立】 河北省古籍保护工作专家委员会于2009年底成立，任期已满。省中心在对全省古籍保护工作领域的专家和学者进行充分论证的基础上，拟选名单，上报省文化厅审批，并于2013年5月召开专家委员会的换届会议，完成新一届全省古籍保护工作专家委员会的组织筹建和换届工作。省文化厅副厅长彭卫国任专家委员会主任，河北师范大学教授杨寄林、省馆副馆长顾玉青任副主任，省馆特藏部主任苏文珠任秘书长，河北大学特藏部主任崔广社等15人成为新一届委员。（河北省古籍保护中心）

【第二批河北省珍贵古籍名录和河北省古籍重点保护单位名单公布】 2013年6月，河北省人民政府发布通知，公布第二批《河北省珍贵古籍名录》和河北省古籍重点保护单位名单，《御制资政要览三卷后一卷》等145部古籍入选《河北省珍贵古籍名录》，武安市图书馆入选“河北省古籍重点保护单位”。此次申报工作从2012年6月开始，全省共有12家单位和个人申报古籍220部，3家单位申报省古籍重点保护单位。省古籍保护中心通过材料分析、资料考证、实地考察和科学论证，确定第二批省珍贵古籍名录推荐名单，并推荐武安市图书馆为第二批省古籍重点保护单位，报请省政府批准。至此，全省共有304部古籍入选《河北省珍贵古籍名录》，6家单位入选“河北省古籍重点保护单位”。（河北省古籍保护中心）

【文化部第五次公共图书馆评估组对河北省图书馆开展评估定级工作】 7月5—7日，以陕西省图书馆馆长谢林为组长、湖北省图书馆馆长汤旭岩为副组长的文化部第五次公共图书馆评估组对河北省馆进行全面考评，并对重点文化工程进行督导。省文化厅厅长张妹芝、副厅长彭卫国、省政府副秘书长李璞及办公厅、省委宣传部、省财政厅相关处室领导出席公共图书馆评估暨重点文化工程督导总结会。评估专家组对河北省共享工程、公共电子阅览室建设、数字图书馆推广工程、古籍保护工作等四大重点文化工程取得的成绩给予充分肯定，高度评价省馆馆舍建筑与服务环境、先进理念与管理模式、基础业务和读者服务。评估组经过认真评议，认为省馆符合一级馆必备条件。（河北省图书馆）

【河北省图书馆汽车图书馆流动服务正式启动】 8月18日，正式启动。汽车图书馆当天先后为位于市区和远郊的2个馆外服务点提供办理读者证和借阅图书服务，受到读者的热烈欢迎。河北青年报、河北新闻网、燕赵都市报等媒体进行跟踪报道。汽车图书馆利用无线网络以及虚拟专用网络等技术实现与省馆的系统同步，可提供现场办证、阅览、图书借还、预约借书、解答咨询等多方位服务，并实现与中心馆的通借通还。（河北省图书馆）

【河北省图书馆荣获服务质量奖等奖项】 8月，河北省质量奖评审委员会、河北省质量技术监督局发布《关于公布2012年河北省名牌产品等质量奖项的通知》，省馆荣获“2012年河北省名牌产品和服务名牌”及“2012河北省服务质量奖”两个奖项。省馆新馆自2011年10月全面开放以来，认真落实文化部和行业服务规范、服务标准，建立和健全各项规章制度，延伸公益服务范围，在文献资源建设、读者服务、自动化建设、全民阅读推广等方面取得长足发展。日均到馆读者8000余人次，节假日高达1万人次，得到各级领导、业内同行的充分肯定，受到新闻媒体与广大读者的一致好评。（河北省图书馆　王芳）

【河北省图书馆开展文明阅读宣传季活动】 为了倡导文明阅读，打造和谐文明的知识殿堂，河北省图书馆于8—10月开展“文明阅读·你我他——文明阅读宣传季”活动。举办“文明服务·文明阅读”金点子、阅读行止“百像图”和文明阅读提示语征集，“不文明阅读行为top10”投票，“珍爱书籍，阅过无痕”主题展示及签名，“好书分享”读者荐读荐购，“爱书人的世界”公益讲座和“身边的榜样”评选表彰等一系列倡导文明阅读的读者活动。同时，将文明服务与党的群众路线教育实践活动紧密结合，印发《员工守则》和《河北省图书馆文明服务管理办法》并人手一册，把文明服务、文明引导、文明巡视、文明保洁等落实到工作的各个环节。活动取得显著的效果，不文明、不和谐现象大为减少，全馆上下与广大读者共同营造出一种文明、和谐的读书氛围。（河北省图书馆　冯宝秀）

【香港汉荣书局董事长石汉基先生向河北省图书馆捐赠《贝叶经》】 9月25日，全国政协委员、香港汉荣书局董事长兼总经理石汉基先生专程到石家庄，向河北省图书馆赠送了南传佛教藏经瑰宝——《贝叶经》。捐赠仪式上，石汉基先生亲手将《贝叶经》赠送给省图书馆。李春来馆长接受捐赠并向石先生颁发了收藏证书。石汉基先生是已故香港知名爱国人士、香港汉荣书局创始人石景宜博士的长子，2006年曾与石景宜博士专程到石家庄，为我省各级公共图书馆赠送了8万余册、价值400万港元的港台版图书，这次为省图书馆赠送《贝叶经》也是石景宜博士的遗愿。（河北省图书馆）

【艾文礼、宋恩华等省领导到省图调研视察】 10月11日，省委常委、宣传部长艾文礼、省人大常委会常务副主任宋恩华、省政府特邀咨询孙士彬、副省长许宁、省政协原秘书长安云昉、省政府副秘书长李靖、省财政厅厅长邢国辉等在省文化厅厅长张妹芝、副厅长彭卫国、省文物局局长张立方、省图书馆馆长李春来陪同下，到省图书馆调研、视察指导工作，艾文礼部长一行对省图古籍保护等工作做了重点调研。（河北省图书馆）

【省图书馆志愿服务获文化部、省文明办表彰】 2013年，河北省图书馆文化志愿服务工作先后获得文化部、省文明办表彰奖励。“青春践行梦想——河北省图书馆2013年暑期大学生志愿者活动”被文化部、中央文明办评为“文化志愿者基层服务年”示范项目；河北省图书馆被省文明办、省志愿服务指导委员会办公室评为第三届“全省志愿服务工作先进单位”。河北省图书馆积极弘扬“奉献、友爱、互助、进步”的志愿精神，倡导文化志愿服务。新馆开放以来，志愿服务工作管理逐渐规范化、制度化、常态化，取得了明显的成效。2011年以来，累计组织志愿服务3000余人次，目前拥有注册个人志愿者356名、团体30余个。仅2013年就组织实施了“河北省古籍普查志愿者”“河北省图书馆文献编目加工志愿者”“河北省图书馆暑期大学生志愿者”等志愿服务项目。河北电视台、省市电台、河北青年报、河北新闻网、微博等争相报道，在省内公共文化服务行业有着一定的知名度和影响力。（河北省图书馆）

【河北省公共图书馆在文化部第五次评估定级工作中创佳绩】 在2013年文化部开展的第五次县以上公共图书馆评估定级工作中，河北省公共图书馆取得喜人成绩。全国2230个图书馆三级以上公共图书馆中，河北省有95个，相对于第四次评估定级工作中的82个上等级图书馆，增加16%。在本次评估定级工作中，全省各级文化行政部门高度重视、精心组织，全省172个公共图书馆，共有137个参加本次评估，参评率79.65%。参评馆中，省级1个、市级8个、县级128个，部分市、县级图书馆因正在进行新馆建设而未参加评估。省级馆参评率100％、市级馆参评率72.73％、县级馆参评率80.50％。河北省图书馆等21个省、市、县级图书馆被评定为一级图书馆，较第四次评估的9个馆增加133％；保定市图书馆等29个市、县级图书馆被评定为二级图书馆；承德市图书馆等45个市、县级图书馆被评定为三级图书馆。各级公共图书馆以评估工作为契机，积极整改、努力创新，加强基础业务建设，改善服务环境，优化管理模式，提升服务效益，使全省公共图书馆整体工作水平明显提升。（河北省图书馆学会）

【石家庄市2013年少年读书系列活动举行启动仪式】 5月16日仪式在石家庄市图书馆二楼会议室举行。启动仪式上，石家庄市图书馆副馆长刘桂芳对2012年石家庄市少年读书活动做简要总结，公布2012年读书活动的获奖单位和个人情况，传达2013年燕赵少年读书系列活动的精神和要求、具体安排活动内容，并为6个荐读示范单位分别配送一套100种图书的“2013年经典文学读物推荐图书”。（石家庄市图书馆）

【石家庄市图书馆获中国图书馆学会全民阅读优秀组织奖】 2013年，中国图书馆学会在全国命名13个单位“全民阅读示范基地”，授予9个单位“2012年全民阅读优秀组织奖”，授予69个单位“2012年全民阅读先进单位奖”。石家庄市图书馆被评为9个全民阅读优秀组织奖获奖单位之一，2013年受邀成为国家图书馆文津图书奖联合评审单位。（石家庄市图书馆）

【承德图书馆派馆员到平泉、滦平县图书馆进行业务培训与指导】 为解决承德市县（区）公共图书馆经费短缺、无力购买图书馆自动化管理软件的困难，承德市图书馆为全市各县区公共图书馆安装“智慧2000数字图书馆管理软件”。2013年，应平泉、滦平两县馆的邀请，市图书馆委派4位专业技术人员到这两馆进行业务培训和指导，对文献著录、馆藏数据接收、读者流通借还以及系统管理维护和有关模块的参数设置方面进行辅导和演示，为两馆有效地解决存留的问题。（承德市图书馆　孙艳丽）

【河北省首批市级城市街区24小时自助图书馆落户张家口】 1月初，河北省第一批“城市街区24小时自助图书馆”在张家口市展览馆文化广场和通泰市民广场正式投入使用。首批自助图书馆共2台，可提供自助办证、借书、还书、网上查询等图书馆服务功能。（张家口市图书馆）

【秦皇岛图书馆被授予全国科普教育基地】 2013年，秦皇岛图书馆被中国科学技术协会授予“全国科普教育基地”。作为省、市科普教育基地，秦皇岛图书馆积极履行社会教育职能，充分发挥自身资源优势，加大科普文献入藏力度，完善科普设施。自迁入新馆以来，累计投入科普文献、科普活动和科普设施经费达100多万元。订阅科普类报刊200余种，购买万方科普全文电子期刊6500余种。积极组织开展科普宣传周、科普小讲堂、科技博览专题板报、科普小制作比赛、秦图讲座、科普安全知识教育等系列活动，加强对广大读者，特别是青少年读者科学知识的普及和教育，取得良好的社会反响。（秦皇岛图书馆　项琳）

【秦皇岛图书馆成立首个青少年读书成长基地】 5月28日，秦皇岛图书馆首个青少年读书成长基地在山海关区图书馆成立。该基地旨在为全区学龄前儿童及中小学生提供一个读书成长和互动交流的平台，将陆续开展读书、故事会、公益讲座、阅读互动、知识竞赛等系列活动，激发青少年读书兴趣，吸引更多的青少年参与阅读活动。市图书馆为基地赠送2013年燕赵少年读书系列活动指定推荐用书两套共200册，并为孩子赠送儿童节礼物。（秦皇岛图书馆　项琳）

【唐山市图书馆深入开展关爱农民工学雷锋志愿服务活动】 6月7日、8日，唐山市图书馆深入工地开展“关爱农民工群体，共建美好家园”活动，为建筑工人送去100册图书、100册期刊以及精心编制的《健康知识手册》。为丰富农民工晚上的业余文化生活，该馆从6月1日起将电子阅览室的开放时间由原来的10个小时延长到12个小时，农民工可以在这里免费上网，享受查找资料、听歌、看视频、买火车票等网络服务。（唐山市图书馆）

【沧州图书馆新馆正式开馆】 9月28日，沧州图书馆新馆开馆仪式在市图书馆报告厅举行。国家图书馆党委书记、中国图书馆学会理事长詹福瑞，河北省文化厅副厅长彭卫国、公共文化处处长王俊海，省学会理事长、省馆馆长李春来，中共沧州市委常委、宣传部部长闫继红等领导，以及来自保定市图书馆、沧州市各县（市）、各高校图书馆的同仁和各界读者代表共400余人参加开馆仪式。活动结束后，出席仪式的领导和嘉宾一同参观沧州市图书馆新馆。沧州图书馆新馆占地57亩，建筑面积31714平方米，投资3亿多元，设计馆藏图书260万册，阅览座位2600个，网络节点1980个，其馆舍面积和现代化程度在全省设区市公共图书馆中居于首位。省人大常委会副主任马兰翠此前在市委书记焦彦龙陪同下视察新馆。（沧州图书馆）

【沧州籍著名作家王蒙莅沧与读者见面】 10月18日，沧州籍著名作家、文化部原部长王蒙先生莅临沧州，参加由市文广新局主办、市图书馆和王蒙文学院承办的“王蒙与读者见面会”。市委常委、宣传部部长闫继红，市政府副市长李丽华，市政协副主席何香久等领导，以及沧州市2013年全民读书月活动主办单位负责同志、沧州文学界代表、王蒙文学院成员、沧州师范学院作家班学员及各界读者代表，共计400余人出席见面会。（沧州图书馆）

【邢台市图书馆·邢台市数字图书馆网站发布试运行】 5月3日，邢台市图书馆·邢台市数字图书馆网站对外发布开始试运行。网站界面以蓝色系为主，由11个版块构成。为建设邢台数字图书馆网络平台，邢台市图书馆整合购置和自建的电子图书30余万种、期刊4.6万多期以及学术论文等电子资源，让读者更加便利和快捷地享受公共图书馆服务。（邢台市图书馆）

【邯郸市图书馆春节活动丰富多彩】 2013年春节期间，邯郸市图书馆精心策划开展系列寓教于乐、丰富多彩的文化活动，让市民充分享受公共文化发展成果。1月11日，携带农业、法律、保健等各类图书1000余册到大名县北峰乡刘庄村、万堤镇前屯村开展送书进村活动，当场和两村签订建立图书流动站协议书。春节期间文学开架借书处上架新书500余册，少儿阅览室上架新书400余册，并开展好书荐读活动。少儿阅览室举办有奖猜谜、讲故事、跳绳、踢毽子比赛等活动，累计200余名小读者参加。在服务窗口举办《点亮人生理想》《文化强国》图片展，制作展牌12块，展出图片80余幅，吸引广大读者驻足观看。（邯郸市图书馆）

【乐亭县图书馆“五个一”活动促进全民阅读深入开展】 1月21日，乐亭县图书馆发出“关于大力开展全民阅读活动的倡议”，倡导“五个一”活动，推动全民阅读活动深入开展。“五个一”活动包括：每天读书一小时，每周一次走进图书馆，每月参加一次读书活动，每季度购买一本图书，每年参与一次捐书。这次倡议活动，意在营造全县全民阅读氛围，形成“多读书、读好书”的良好氛围和文明风尚，共建书香乐亭。（乐亭县图书馆　李月好）

【正定县图书馆加强农家书屋建设】 正定县在全县174个行政村普遍建设农家书屋，实现全覆盖。该馆在积极开展图书馆服务宣传的同时，努力抓好农家书屋建设和“图书下乡”工作。2013年上半年，对去年新发展的45个村街的农家书屋进行检查督导，对图书管理员进行业务指导。分别到北楼、南楼、大寨、塔屯等10余个村送书下乡，发放农业科技图书、科技资料万余份。（正定县图书馆　王海波）

【武安市图书馆首次开展真人图书借阅活动】 10月19日上午，武安市图书馆首部“真人图书”——《武安民俗文化漫谈》开始借阅，被邀请来的第一本“真人图书”是中国傩戏学会理事、武安市文联主席、硕士生导师王进元。王进元先从“民、俗”的概念讲起，将武安民俗文化的形式、武安固义傩戏、通乐赛戏、土山诚会等内容，以声、图、文三种形式展现出来，使读者深入了解武安民俗文化。（武安市图书馆）

山西省

【山西省图书馆概况】 2013年，山西省图书馆在编制、机构、经费、馆舍面积等方面大幅增加：新增编制151人，新增副处机构4个，一年财政下拨运行经费1600万元，新馆占地60

亩，建筑面积5万平方米，在老馆的基础上增加2.2倍。百年老馆实现大搬迁：83天完成12个方面上百项具体工作，长风新馆全面对外开放。全年累计接待读者150余万人次，新办读者证39832个，图书借阅1072577人次，最多一天接待读者达3万人次，最多一天办理读者证700多个，少儿阅览室最多一天接待小读者4100多名，接待参观考察团体52批2400余人次。制定“保安全、保运行、保秩序、保服务”新馆运行战略，实行信息日报制度和重点工作周报制度。重要领域和重点工作取得突破性进展：顺利完成第五次公共图书馆评估定级工作，省馆晋升为一级图书馆；地方特色数字资源建设项目获文化部优秀自建项目；业务总分馆覆盖全省；举办“文源讲坛”系列讲座140期，公益电影10期，公益展览13期，少儿系列活动10余次。多项工作获省部级奖励：文化志愿服务活动获文化部“文化志愿者基层服务年”示范项目称号；“山西省系统业务总分馆”“山西省农村流动书库工程”荣获文化部授予的第十届中国艺术节“群星奖”项目奖；舆情信息工作受到山西省委宣传部表彰。（山西省图书馆　梁金平）

【文源讲坛关注中国梦与全民阅读】 4月25日，由中共山西省委组织部、省委宣传部、省直工委、省文化厅主办，山西省图书馆承办的“文源讲坛·山西省领导干部讲座”在省委大楼一层会议厅举行。本期讲座由北京大学教授肖东发主讲“中国梦与全民阅读——学习十八大文件的几点体会”。肖东发在讲座中解读文化的定义、内涵及层次，阐述中国文化的核心价值观，指出全民阅读正是实现中国梦、建设文化强国、提高文化影响力的重要支撑。（山西省图书馆　李德胜　韩梅）

【山西省图书馆举办印象新书房系列活动】 6月1日，山西省图书馆新馆迎来第一批小读者，他们参观刚刚上架的几万册崭新图书，体验自助借还书系统、触摸屏电子阅读系统以及新书上架、顺架程序。省馆馆长魏存庆为2012—2013年度优秀小读者颁发荣誉证书和奖品，并介绍新馆建筑设计的文化内涵，阅览室的藏书量，阅览设施的分布等情况。6月2日下午，“印象新书房”山西省图书馆第七届少儿粉笔画大赛在新馆主入口处的广场举行，100多名小读者参与活动。（山西省图书馆　李德胜　韩梅）

【山西省图书馆新馆全面对外开放】 7月1日上午，太原市长风商务区文化岛上，山西省图书馆新馆作为山西省五大文化建筑之一率先全面对外开放。文化部原副部长、国家图书馆馆长周和平，省委常委、宣传部长胡苏平，省人大常委会副主任周然，副省长张复明，省政协副主席李悦娥等领导，国学大师姚奠中先生和参与省馆建设的建筑工人代表、读者代表、省馆职工代表等200余人参加开馆仪式。省馆此次搬迁开馆工作得到省委、省政府和省文化厅的高度关注与支持，省长李小鹏做出重要批示，副省长张复明、省委宣传部部长胡苏平多次到馆指导，省文化厅厅长张瑞鹏、副厅长张健进驻现场直接指挥。解放军某部队官兵协助省馆将首批图书运往新馆，两天运送46.2万册/件。（山西省图书馆　李德胜　梁金平　韩梅）

【山西省图书馆举办新馆开馆大型展览】 7月1日，在山西省图书馆新馆正式对外开放之际，占地近2000平方米、展线300多米长的“善积行远 三晋文源——山西省图书馆新馆开馆纪念展”和“山西省非物质文化遗产精品展”在新馆开展。开馆纪念展包括馆史展、馆藏珍品展、古籍成果展、数字资源展等四大部分；精品展以“巧夺天工·手艺山西”为主题，分雕塑，堆锦、刺绣、布艺，剪纸，漆器，陶瓷，银器、铜器，晋作家具，砚台和其他九个板块，共展出10个国家级项目和17个省级项目的242件(套)展品。（山西省图书馆　梁金平）

【山西省图书馆召开志愿者座谈会】 9月17日，会议召开。省馆自招募志愿者以来，接待在职、各类专业人士咨询达2000余人次，接受文化志愿者服务达200余人次。“文源志愿者”是省馆致力打造的新的文化服务品牌。“传递书香见证成长——山西省图书馆文化志愿服务活动”项目被文化部评为“文化志愿者基层服务年”示范项目。（山西省图书馆　李德胜　韩梅）

【蒙古文化团到山西省图书馆参观交流】 11月12日上午，来自蒙古文化部、乌兰巴托市政府、蒙古国立民族歌舞剧院的蒙古文化团一行4人来到山西省图书馆新馆参观。省馆副馆长王开学接待文化团成员，介绍省馆百年馆史、馆藏资源、工作成果以及新馆开放以来的运行情况，并陪同参观馆区和正在举办的展览。蒙古国文化团成员认为，山西省图书馆牵头带动全省各级各类图书馆、科研机构、博物馆所做的古籍保护工作和民国文献保护工作非常有意义，并对新馆的开放与现代、服务与效能表示赞赏。（山西省图书馆　梁金平　韩梅）

【山西省图书馆晋升为一级图书馆】　2013年，文化部开展第五次全国县级以上公共图书馆的评估定级。依据国家第五次公共图书馆评估标准和定级必备条件，经审查和公示，确定全国2230个图书馆达到三级以上图书馆标准。山西省共有126个公共图书馆，104个图书馆参加本次评估。上等级公共图书馆达84个，其中一级图书馆14个、二级图书馆16个、三级图书馆54个。上等级图书馆占参评馆的80.8%。山西省图书馆晋升为全国省级馆中的一级图书馆，实现历史性突破。（山西省图书馆　李德胜　梁金平）

【山西省图书馆山西风雅颂多媒体资源库续建项目被文化部评为优秀项目】　12月19日，全国文化共享工程2011年度地方资源项目验收会在江苏省常州市召开。会上，文化部全国公共文化发展中心组织专家对各省建设完成的81个地方资源项目进行验收，其中山西省图书馆申报的“‘山西风雅颂’多媒体资源库续建项目（地方特色部分）”和“‘山西风雅颂’多媒体资源库续建项目（红色部分）”2个项目顺利通过验收，前者还被文化部评为优秀项目。专家认为，2011年度地方资源项目建设质量总体较高，特色鲜明、制作精良，是具有示范意义的优秀成果。（山西省图书馆　李德胜　梁金平）

【太原市图书馆概况】　2013年总流通人数为603394人次，流通图书230160册次；办理读者证15329个、阅览证6058个；加工、验收、交送图书12790种41951册（包含捐赠及零购图书）；网站点击达89026人次；播放优秀影片284场次。全年举办公益讲座、优秀讲座资源展播313场，滴汾论坛15场，太图公益展览14场；组织完成“幸福龙城、美丽太原”——“我们的节日”春节、元宵节文化惠民系列读书活动；组织开展“网络书香过大年”系列春节活动；举办“图书馆第三文化空间”艺术设计邀请展；组织策划“4·23”世界读书日活动及山西红领巾文化乐园图书首飘活动；开展图书馆服务宣传周、“波司登杯2013校园ppt创意设计大赛”、首期“萤火虫读书沙龙”“文化志愿者基层服务年”系列活动等。年初，太原市委、市政府部署安排对市图书馆进行改扩建工程，改扩建后的太原市图书馆将从原来的17209平方米扩大至53006平方米。（太原市图书馆　张建荣）

【太原市图书馆数字图书馆推广平台搭建完成并运行良好】　2013年，太原市图书馆经过三次公开招标，完成数字图书馆的硬件采购，并组织省内专家完成集成平台的验收工作。平台的搭建完成缓解网络设备的压力，增加网络的安全系数。此外，安装无线收发设备、联通50M及电信30M光纤宽带，实现馆内网络全覆盖，确保总分馆自动化系统和读者网上阅读系统的不间断运行，保障总分馆业务管理和读者远程检索、数字文献利用和国家数字图书馆资源的传播。（太原市图书馆　张建荣）

【太原市图书馆古籍文献编辑出版实现零的突破】　2013年，经太原市图书馆古籍专业工作人员多次论证研究、校对整理，对馆藏珍贵文献《三晋诗选》《唐书》以及《并图特藏》系列文献编辑影印再版；经过多次目录整理、目验古籍，编辑出版《太原市图书馆古籍书目》。另外在充分研究的基础上，编辑出版《太原市图书馆珍贵古籍名录图录》，对入选古籍的作者、内容和版本沿革等以提要形式介绍，向读者和学界提供书目之外的古籍知识和历史信息。这些文献的出版，实现太原市图书馆文献编辑出版零的突破和古籍影印再利用零的突破。（太原市图书馆　张建荣）

【太原市图书馆完成晋阳文献数据库课题】　2013年，太原市图书馆组织课题组构建“晋阳文献数据库”资源，先后征集地域文献资料862种、2000余册，非遗资料1600余条，为资源搭建提供充足的参考依据。至年底已完成数据的迁

移及网上发布工作，课题研究任务基本完成。（太原市图书馆　张建荣）

【长治市图书馆概况】 截至2013年12月，长治市图书馆共办理读者证1.1万个，全年接待读者30.5万人次。同时，长治市图书馆流动图书车开展进社区服务180多次，办理读者证1200多个，惠及20个社区6万多居民。市图书馆通过第五次公共图书馆评估，获评地市级一级图书馆；长治市13个公共图书馆全部达到国家定级标准。（长治市图书馆　马丽军）

【长治市图书馆推出流动图书车进社区、进军营服务】 1月9日，长治市图书馆推出“流动图书车进社区”服务。此项服务以图书馆数字智能集群管理平台为依托，每月固定日期，深入到长治市首批选定的10个社区服务点，为社区居民提供现场办证、借阅、图书预约等服务。7月底，为满足读者需求，经多方采点，流动图书车进社区次数由隔两天一次调整为一周五次，极大地满足社区读者的阅读愿望。12月2日，第二辆流动图书车在驻市某部队正式启用。自此，长治市图书馆两辆流动图书车同时在社区、部队开展服务，社区服务点也从原有的10个扩展到20个，并从社区延伸到军营，成为图书馆文化拥军的一个重要组成部分。（长治市图书馆　马丽军）

【长治市成为首批国家公共文化服务体系示范区】 2011年6月，长治市被文化部、财政部确定为第一批创建国家公共文化服务体系示范区。2013年，经文化部考核验收，长治市成为全国首批、山西唯一“国家公共文化服务体系示范区”。鉴于市图书馆在长治市创建国家公共文化服务体系示范区建设过程中工作突出，长治市人民政府对该馆授予“2013年度图书馆工作先进单位”，并授予该馆馆长董书忠“创建国家公共文化服务体系示范区先进个人”荣誉称号。（长治市图书馆　马丽军）

【大同市图书馆创办华北星城分馆】 8月24日，在馆舍重建之际，应读者要求，大同市图书馆与华北星地产公司、华北星城社区合作，开设450多平方米的图书馆分馆。自开馆至年底，共借阅流通图书15000册次，7500人次；办理借阅证500个；报刊阅览室订阅报刊200余种，接待读者阅览6000人次，；电子阅览室接待读者200人次；收集大同地方文献60多种。（大同市图书馆　陈建文）

【阳泉市图书馆建设特色资源库】 2013年，阳泉市图书馆建成大寨特色数字资源库，共收集整理大寨各类文献523册，资源容量达26GB，读者能够更直观、更便捷地查询检索大寨资源。全年完成古籍、普通图书、少儿图书、地方文献书目数据库建设任务。重新整理本馆古籍16249册/件，完成《全国古籍保护平台普查工作登记表》，报送山西省图书馆并通过验收。（阳泉市图书馆　张亮　王晓华）

【阳泉市图书馆阅读流量再创历史新高】 2013年，阳泉市图书馆新增图书13668册，总藏书量达到457928册，期刊589种，报纸83种。在世界读书日、全民读书月活动的基础上，积极开展形式多样的推介、阅读、演讲、竞赛、讲座、座谈、展览、展映等活动吸引读者参与，全年读者流量达到295432人次，创历史新高。（阳泉市图书馆　李永刚）

【朔州大讲堂在朔州市图书馆开讲】 3月23日，由朔州市委宣传部、市委讲师团、朔州市图书馆等联合举办的“朔州大讲堂”在市图书馆正式开讲。大讲堂以“服务大众、指导生活、开阔视野、提升素质”为宗旨，内容涉及文学、思想、政治、生活、理财、健康、养生、教育等各个方面。至2013年年底已成功举办近50期，受到市民群众的欢迎，朔州广播电视台及相关媒体对活动进行多次报道。（朔州市图书馆　李凯翔）

【朔州市图书馆举行馆员业务知识竞赛】 朔州市图书馆首届馆员知识竞赛于10月18日在馆内电子阅览室举行。整个业务知识竞赛采用该馆自行研制开发的考试软件进行答题，经过笔试和机试两轮竞赛，全馆参赛人员成绩优秀率超过80%。此次竞赛全程由图书馆多个部门统筹准备，题型包括选择题、判断题和问答题，涵盖图书馆业务基础理论、古籍保护、流动书库、共享工程、数字图书馆、读者服务、消防安全、礼仪服务及馆情等多方面内容，对馆员的业务理论水

平进行全面检测。（朔州市图书馆　李凯翔）

【吕梁市图书馆新建盲人图书室】 5月，吕梁市图书馆和吕梁市残疾人联合会投资10万元，共同创建吕梁市首个盲人图书室。该室有计算机2台、盲人专用点显器、阳光软件、播放器等盲人专用设备以及盲文图书61种130册，有声读物227种，可以基本满足各种类型视障读者的需求。自启用以来，接待盲人读者100余人次，实现为盲人读者服务零的突破。（吕梁市图书馆　郭娥则）

【曲沃县图书馆开展“数字文化　共享如e”活动】 2013年春节期间，曲沃县图书馆开展“数字文化 共享如e”系列活动。每天为读者免费播放一部爱国影片及科普教育片；利用文化共享资源，引导中小学生读者在电子阅览室自主学习；为外出务工人员免费提供网络平台，辅导和协助其网上订票，共为20余位农民工网上订火车票30余张；宣传和引导读者参与全国群众摄影艺术作品征集大展网上投票活动。（曲沃县图书馆　何芳　邢小芳）

【运城市盐湖区图书馆开展农家书屋星级评定】 3月，运城市盐湖区图书馆制订《盐湖区农家书屋星级评定评分细则》，将评定结果与奖励资金结合起来。依据星级评定结果，对星级书屋分别给予一定的奖励资金，并对星级书屋实行动态管理，每年进行一次复审确认，以调动农家书屋管理员的工作积极性，促使农家书屋得到稳定的长效发展。此次评选范围包括全区21个乡镇的314个农家书屋。按照农家书屋评分细则，经考评后分值达到60分以上的农家书屋为一星级农家书屋，达到70分以上的农家书屋为二星级农家书屋，达到90分以上的农家书屋为三星级农家书屋。最终评出农家书屋三星级117个，占37.26%；二星级121个，占38.54%；一星级76个，占24.20%。（运城市盐湖区图书馆　任春贤　王淑琴）

辽宁省

【辽宁省图书馆概况】 2013年，辽宁省图书馆藏书总量为5662784册（件），工作人员234人。全年发放各种借书证14775个，举办读者活动768次，参与人次466893人。其中举办展览42次，参观人次290583人；举办讲座48次，参加人次10795人；举办其他活动678次，参加人次165515人。获文化部第十届中国艺术节项目类群星奖；被中央纪委驻文化部纪检组、监察部驻文化部监察局授予“廉政文化教育基地”；被辽宁省文化厅授予“辽宁省文化志愿服务工作优秀团队”；被辽宁省直属机关评为“2012—2013年度文明服务窗口”“2012—2013年度省直机关模范职工之家”；被辽宁省宣传部、辽宁省社会科学界联合会评为2012年度“辽海讲坛”组织工作先进单位。（辽宁省图书馆学会）

【辽宁省珍贵古籍特展】 1月18日，由国家图书馆、国家古籍保护中心、辽宁省文化厅共同主办，辽宁省图书馆、辽宁省古籍保护中心、辽宁省博物馆承办的“辽宁省珍贵古籍特展”开幕式在辽宁省博物馆举行。特展以展示珍贵古籍为主，古籍保护成果为辅，包括魏晋南北朝隋唐五代时期写本、宋元刻本、明清刻本、活字印本等10个单元。展出的140余种珍贵古籍，主要从省内30余家古籍收藏单位保存的150余万册古籍中精选。（辽宁省图书馆学会）

【辽宁省图书馆开展“辽图好书榜”阅读推广活动】 为更好地满足社会公众的阅读需求，增加馆藏文献的借阅率，辽宁省图书馆开展以“辽图好书榜”为主题的阅读推广活动。整合新浪读书、当当书城、亚马逊书店、京东商城等数十家知名图书网站的畅销书榜，结合读者借阅情况，精选出近百种好书进行推广，重点推出10部经典好书。（辽宁省图书馆学会）

【辽宁省图书馆推出辽宁省全民学习中心】 5月，辽宁省图书馆投入近百万元引进超星公司的云雅学习中心，在其基础上建设并推出辽宁省全民学习中心。中心整合国内外5000余位名师共同打造的3万余集优质网络课程视频、10万余册电子图书以及报纸、4亿多条期刊全文信息，解决学习者面对纷杂的资源无从下手的问题，为读者提供易于操作、易于管理的学习方法。（辽宁省图书馆学会）

【图书馆嘉年华系列文化活动】 5月26

日，由中共辽宁省委宣传部、辽宁省文化厅共同举办，辽宁省图书馆、辽宁省图书馆学会共同承办的“书香辽宁·阅读引领未来图书馆嘉年华系列活动”在辽宁大剧院拉开帷幕。活动持续到6月2日，分为宣传咨询区、展览区、读者活动区、少儿活动区和读书墙区五大区域。期间，全省各级各类图书馆同时举办名家文化讲座、图书馆知识竞答、名著片段赏析、多媒体阅读体验等30余项活动。（辽宁省图书馆学会）

【辽宁省图书馆举办礼迎全运·魅力阅读活动】 辽宁省图书馆在第十二届全运会期间举办“礼迎全运·魅力阅读”活动。活动期间推出省内首个流动图书馆并开进全运村；9月6日和12日，举办“图书馆之夜”活动；在图书馆展厅展出“五十四载沧桑巨变，历届全运辉煌回顾”大型图片展；向全社会发起“文明全运，从我做起！”的万人签名活动。（辽宁省图书馆学会）

【王珉调研辽宁省图书馆等四大文化项目】 9月5日，辽宁省委书记、省人大常委会主任王珉来到沈阳市浑南新城，就辽宁省图书馆等四大文化设施的建设与使用情况进行专题调研。王珉在调研时指出，四大文化设施项目是省委、省政府为落实中央进一步加快发展科技文化产业部署而投资兴建的重要社会公益性项目，是一项惠及百姓的重大民生工程，对加快推进科技文化产业发展、提升居民科技文化品位、全面完善城市功能具有重要意义。（辽宁省图书馆学会）

【举办民国时期文献普查工作培训班】 9月15—18日，由国家图书馆主办，辽宁省图书馆承办的“民国时期文献普查工作培训班”在沈阳举办。来自国家图书馆、首都图书馆等全国公共图书馆和部分高校图书馆、民国时期文献试点单位和主要收藏单位的民国时期文献保护计划工作人员73人参加培训。（辽宁省图书馆学会）

【“对面朗读”——辽宁省图书馆公益文化活动获群星奖】 10月25日，在第十届中国艺术节上公布的第十六届“群星奖”中，“对面朗读”——辽宁省图书馆公益文化活动荣获项目类奖。辽宁省图书馆的“对面朗读”活动始于2003年，由最初的到图书馆参加活动发展到工作人员和志愿者定期走入盲校。通过导读经典、评析新书、诵读美文、交流心得，给视障儿童送去快乐，也为他们养成良好的阅读习惯奠定基础。（辽宁省图书馆学会）

【沈阳市公共图书馆概况】 2013年，沈阳市有县级以上公共图书馆19个，其中少儿图书馆5个；馆舍总面积7.9万平方米，阅览座席6077个，工作人员434人；总藏量669.4万余册（件），总借阅人数142.8万余人次，年流通图书301.1万余册次。年举办各种公益讲座、培训、展览等活动250余场次。

沈阳市图书馆全年购书经费800万元，现有人员编制156人，在职人员141名；全年365天向广大市民读者免费开放。馆内日接待到馆读者4000余人次，最高时超过1万人次；年外借图书70余万册次；年新增读者证2万余个；设有图书分馆及图书流动站96个，图书馆网站年点击量700余万次。在第五次公共图书馆评估中再次被评定为一级图书馆；获得国家图书馆颁发的“2012—2013年度数据质量优秀奖”；荣获沈阳市“文明诚信服务标兵窗口”称号；沈阳市图书馆学会被全国大中城市社科联授予“全国先进社科组织”光荣称号，被市委宣传部、市精神文化建设办公室、市社科联联合授予“百日科普工作先进学术团体”，被辽宁省图书馆学会评为“先进学会”。（沈阳市图书馆学会）

【沈阳市图书馆星期六剧场】 8月24日，沈阳市图书馆的星期六剧场而推出首场演出，著名相声表演艺术家于琪与其老搭档周智光进行专场表演，300人座席的多功能厅座无虚席。星期六剧场演出内容涵盖小剧场话剧、曲艺（相声、鼓曲）、大学生校园剧、器乐演奏、中国戏曲及名著改编剧目等。各演出团体及个人原则上是以志愿者的身份介入星期六剧场的编排与演出，所有演职人员演出零报酬。至今已演出25场，读者、观众达8000多人次。（沈阳市图书馆学会）

【大连图书馆概况】 大连图书馆馆舍由白云山主馆、鲁迅路分馆、普湾新馆三部分组成。主馆坐落于白云山风景区南麓，建筑面积近4万平方米；鲁迅路分馆系“满铁图书馆”旧址，建筑面积2315平方米，是大连首批重点保护建筑之一；普湾新馆位于大连新市区普湾新区，建筑面积4万平方米，预计2015年投入使用。现有藏书451万册，其中55万册古旧籍。持证读者12万人，“一卡通”成员馆读者49万人，周开馆72小时，实行全年无节假日开放，年流通量305万人次。馆内配置各类型计算机350余台，信息节点952个。在文化部组织的公共图书馆评估中，连续第四次荣获一级图书馆称号。（大连市图书馆学会）

【2013年大连图书馆服务宣传周系列活动】 5月4日，“五四”青年节暨图书馆宣传周系列读书活动拉开帷幕，活动主题是“好读书，读好书，读书好”。启动仪式上，为第三届“情系大图”有奖征文活动、第四届“大连图书馆白云图书奖”、2012年度“优秀读者”“最爱读书的小读者”颁奖。在活动中，陆续推出无线网络、手机图书馆和24小时自助借阅图书服务系统等创新服务模式。此外，还举办“我们一起来读书”万人签名、“开卷”主题系列读书讲座、数字文化体验等丰富多彩的活动。（大连市图书馆学会）

【大连图书馆举办图书漂流公益活动】 11月23日，由大连图书馆举办的图书漂流公益活动正式启动，近百位热心市民参与当天的好书传递活动，千余册由该馆以及读者自己带来的图书开始图书漂流旅程。为了配合这次活动，大连图书馆特意投入近两万元，购置500册适合不同年龄段读者群的新书参与漂流。（大连市图书馆学会）

【鞍山市图书馆概况】 2013年，鞍山市图书馆馆舍面积12960平方米，总藏量146万册/件，年购进中文图书15978种44762册，期刊1194种，报纸521种；年借阅人数27.8万人次，流通图书83.3万册次。进一步推进一卡通建设，将辽宁科技大学图书馆、鞍山师范学院图书馆OPAC系统整合进该馆数字资源统一检索平台，实现公共图书馆与高校图书馆资源共享统一检索。完成馆内无线网络的搭建、调试、试运行工作。完成50个社区图书馆的建设，配送图书2.5万册。推广使用“一卡通”通借通还和自助图书馆。全民阅读工作向馆内馆外、网上网下立体推进。通过国家全民阅读示范基地的年度检查，继续保持基地称号。全年共举办读者活动85次，参与读者近11万人次。其中，举办各种形式的讲座、报告会62场；举办展览活动15次；举办猜谜、征联、答题、征文、送文化下乡等阅读推广活动8次。开展志愿服务活动70余次，累计组织志愿服务600余人次。完成鞍山地区46个社区图书馆业务检查。举办地区培训11次，累计3000学时。读者培训22次，1200余人次参加。被辽宁省文化厅评为辽宁省文化志愿服务工作“优秀团队”、荣获辽宁省“先进学会”、辽宁省社科联“先进社团”、鞍山市社科联“先进集体”、鞍山市文广局“突出贡献单位”“全民阅读优秀组织单位”等荣誉称号。被文化部评为地（市）级一级图书馆。（鞍山市图书馆学会）

【鞍山市图书馆召开地区公共图书馆馆长“一卡通”工作会议】 10月16日，会议召开。来自鞍山地区7个县（市）、区公共图书馆馆长、市图书馆相关人员参加会议。会上，鞍山市图书馆馆长马骅同各县（市）、区馆长分别签订“鞍山地区公共图书馆‘一卡通’联合借阅责任书”及“移交分馆、社区图书馆、农家书屋清单”两份协议，标志着各基层图书馆正式接管分馆、社区图书馆、农家书屋的各项管理工作。（鞍山市图书馆学会）

【抚顺市图书馆概况】 抚顺市图书馆馆舍面积9000平方米。2013年，购进图书78179册，电子图书10651册，期刊、报纸740种；全年接待读者172万人次；流通图书14万册次。通过举办各种展览、报告会、品牌讲座、科技下乡等活动，开展延伸服务，使知识、信息更直观、更系统、更有效地为市民所了解和利用，活动足迹遍布机关、企事业单位、学校、部队、农村和棚改新区等，极大地丰富了图书馆工作的内容。先后被中国图书馆学会授予“2012年全民阅读先进单位”，被辽宁省委宣传部、省社会科学联合会评为“辽宁省社会科学普及示范基地”，被全国大中城市社科联评为“优秀社科类社团”，被抚顺市委宣传部、抚顺市精神文明建设委员会评为抚顺市2011—2012年度“雷锋号先进集体”。（抚顺市图书馆学会）

【抚顺市图书馆举办第六届读书节】 4月23日至6月28日，该馆举办以“大力倡导全民阅读·建设幸福美丽抚顺”为主题的抚顺市第六届读书节，在全市及各区、县开展“读书节”系列公益讲座、雷锋精神宣讲、“大美三块石”诗歌朗诵会、“印象新抚”图片展等10项读书活动，参与读者达28万余人次。本届读书节邀请军事专家乔良将军和当代著名作家梁晓声为市民做公益讲座。辽宁日报、抚顺日报、抚顺新闻网等相关媒体对读书节活动进行大量跟踪报道。抚顺市读书节已成为全市文化事业的一项品牌活动，得到省、市领导和全市市民的赞誉和好评。（抚顺市图书馆学会）

【本溪市图书馆概况】 本溪市图书馆占地面积3656平方米，建筑面积10917平方米。2013年在职员工83人。设服务窗口20个，阅览座席600个。拥有藏书75万册，年借阅34.8万多册次，接待读者20.7万多人次，新增读者4168人。设立全市首家农民工阅读基地。2013年，获本溪市委市政府授予的本溪市先进集体称号，获辽宁省图书馆学会授予的2012年度先进学会称号；获本溪市第二届群众文化节文化志愿者十佳服务团队及优秀组织奖。（本溪市图书馆学会）

【本溪市藏书爱好者学会成立】 11月23日，本溪市第十届藏书家颁奖仪式暨藏书爱好者学会成立大会在本溪市图书馆召开，共评出100位藏书家，此项活动已成为该馆读者活动的品牌。藏书爱好者学会的成立在全省图书馆属于首创。会上同时聘请新一届藏书家为该馆特邀研究员，他们享受免费借阅多册图书和为图书馆选购书刊的权利，担负着为图书馆调整藏书体系、完善服务功能的任务。（本溪市图书馆学会）

【丹东市图书馆概况】 丹东市图书馆建筑面积3826平方米，藏书806022册/件，职工66人。服务窗口7个，阅览座席110个。2013年，接待读者141522人次，流通图书172905册次；新增读者1613人，新增藏量10320册（件）；编辑《他山之石》12期，撰写专题综述15篇，为各委办局提供2400余份，新增参考咨询服务产品《常委参阅》；送信息下乡20次。被文化部评为二级图书馆。（丹东市图书馆学会）

【丹东市图书馆举办纪念抗美援朝胜利60周年征文活动】 6—10月，丹东市图书馆与抗美援朝纪念馆联合举办“鸭绿江的红色记忆”——纪念抗美援朝胜利60周年征文活动，全市党员活动站、部分中学等近30个单位参与，收到征文330篇。11月1日，在抗美援朝纪念馆举行征文获奖作品演讲暨表彰大会，丹东电视台、《丹东日报》等新闻媒体参加会议并做报道。（丹东市图书馆学会）

【丹东市少年儿童图书馆开展延伸服务】 4月15日，丹东市少儿图书馆将凤城市白话茬镇九年一贯制学校图书流动站纳入图书馆管理系统，将服务窗口延伸到农村学校。向该校捐赠30台电脑桌、35把电脑椅、2台计算机及700册书刊。（丹东市图书馆学会）

【锦州市图书馆概况】 2013年，锦州市图书馆馆藏82万余册，古籍5万余册，其中善本692册，民国之前古籍1万余册，是辽西地区古籍藏量最多、古籍保存相对完好的图书馆。年总流通27万人次，文献外借48.7万册，举办读者活动92次，参与读者2万余人次。现有工作人员67人，其中高级10人，中级28人。该馆申报的课题荣获2010—2012年度辽宁省公共图书馆优秀服务成果一等奖，在第二十五届科普之冬活动中被评为“先进集体”，锦州市图书馆学会获2013年度学会、企业（高校）科协工作“先进集体”。（锦州市图书馆学会）

【锦州市图书馆举办多系列公益讲座】 2013年，该馆辽西·读书讲坛共开办13讲，听众达2090人次。讲坛始终秉承公益原则，以获取最大社会效益为宗旨，得到领导的肯定和读者的欢迎。同年举办高考系列、国学系列、健康系列等公益讲座41场，参加人数7200人次。（锦州市图书馆学会）

【营口市图书馆概况】 营口市图书馆现馆址位于站前区公园路10号，建筑面积12000平方米，拥有藏书63万册。2013年，接待读者40.2万人次，举办读者活动、讲座、展览百余场，参加人数10万人。被报纸、电视、电台、网络等各种媒体报道信息85次。被中国科学技术协会评为“2012—2016 年度全国科普教育基地”，被中国图书馆学会评为“全民阅读示范基地”，营口市图书馆学会被评为“2013 年科学普及周优秀组织奖”。在全国第五次公共图书馆评估定级工作中被评为一级图书馆。（营口市图书馆学会）

【铁岭市图书馆概况】 2013 年，铁岭市图书馆馆舍占地面积 9367 平方米，馆藏书总量为 252455册/件，报刊 16 万册，地方文献 3800 册，声像资料 534 种 667 册，电子文献 10 万册，数据库 6 个。工作人员 41 人，其中初级 8 人，中级 16 人，高级 5 人。设有 13 个对外服务窗口，阅览座席 500 个，持证读者 5500 余人，日均接待读者 1000 余人次。建有机关、部队、学校、社区等图书流动站。全年举办读者活动 74 次，参加活动读者61501人次。其中：举办展览 13 次，参观展览33000人次；举办讲座 32 次，参加讲座23000人次；举办其他活动 26 次，参加12000余人次。（铁岭市图书馆学会）

【2013 年辽宁省社会科学学术活动月辽宁省图书馆学会分会场暨第十九届辽东北五市图书馆学学术研讨会】 9 月 26—27 日，会议在铁岭市图书馆召开。此次会议以“阅读 · 创新 · 引领 · 发展”为主题，共收集论文 91 篇，评选出优秀论文 42 篇。来自辽宁省图书馆学会和辽东北五市的图书馆界同仁 37 人参加此次会议。（铁岭市图书馆学会）

【朝阳市图书馆概况】 2013 年，朝阳市图书馆馆舍面积 8000 平方米。年入藏图书 4567 册、报刊 521 册，增购电子图书 5000 册，征收地方文献 800 册，新增中文图书书目数据11390 条。完成馆藏布局调整，仅图书达 40 万册。年接待读者 10 万人次，流通图书 24 万册次，新增读者 1083 人。举办系列讲座 3 场、专题展览 3 场、读书活动 25 次，参与读者达16117人次。开展地区、馆内等各类业务人员培训 3 次，接受培训 315 人次。解答读者咨询 2450 条，完成服务成果 28 项，征集读者文章 60 篇，撰写业务工作调研报告 9 篇。图书流通站及分馆总数达到 48 个，年流通图书 1.2 万册次。同时，积极组织地区的图书馆学学术活动，全年征集学术论文 80 篇，其中有 63 篇发表并获奖。先后荣获辽宁省科普示范基地、辽宁省图书馆学会优秀单位、朝阳市社科联优秀单位等荣誉。被文化部评为地市级二级图书馆。（朝阳市图书馆学会）

【盘锦市图书馆概况】 2013 年，盘锦市图书馆馆舍面积 6050.88 平方米，读者使用面积 5450.88 平方米。年购进图书 2390 种 4764 册，电子图书 9898 种，期刊 383 种，报纸 109 种；全年接待读者 18 万人次；流通图书 17.6 万册次；正式启用移动图书馆，并实现与国家数字图书馆资源互通互联。2013 年，以学习培训、主题教育为抓手，建设学习型、诚信型人才队伍，并取得实效。为视障读者建立视障阅览区；全年开展“公众审美教育系列展览”21 场；举办“鹤乡讲坛 · 盘图视频讲座”140 场。先后被授予“辽宁省首批社会科学普及基地”“职工职业道德建设先进单位”；市图书馆学会被辽宁省社会科学联合会评为“辽宁省先进社团”，被辽宁省图书馆学会评为“2012 年度先进学会”，被盘锦市科学技术协会授予 2013 年度“创优”工作先进集体等荣誉称号。（盘锦市图书馆学会）

【盘锦市图书馆“点菜式”服务受到市民赞誉】 3 月，该馆为盘锦市民推出“点菜式”服务。在图书馆，一旦读者在借书过程中无法找到自己喜爱的书籍，便可进行“点菜式”服务——将书名填写到“读者文献需求登记表”中，还可以利用电子邮件、电子公告板、QQ 在线、电话访问等多种渠道反映图书需求信息。工作人员根据读者的需求，利用图书馆购书渠道广的优势，尽可能为读者找到此书，满足读者的特定需求并以最快的速度购进，让读者能在第一时间看到所喜爱的图书。“点菜式”服务的开设，使图书馆在选择和购买书籍时更为全面、合理，最大限度满足不同层次读者的需求，同时也使得购书经费得到更合理地运用。（盘锦市图书馆学会）

【葫芦岛市图书馆概况】 2013 年，葫芦岛市图书馆有藏书 20 余万册，电子数据资源 15 万余种。平均每周开馆时间为 56 至 60 个小时，开设对外服务窗口 8 个。8 月 23 日，该馆在龙港区双龙街道海鸥社区建立葫芦岛市第一个农民工图书流动站，送去书刊 400 余册，并对社区图书室的管理给予指导。（葫芦岛市图书馆学会）

吉林省

【长白山讲坛首期讲座在吉林省图书馆举行】 3月31日，由中共吉林省委宣传部、吉林省社会科学界联合会联合主办，吉林省图书馆协办的“长白山讲坛”首期讲座在吉林省图书馆五楼报告厅举行。省委常委、宣传部长庄严出席讲座并为“长白山讲坛”揭幕。省工业和信息化厅副厅长白绪贵以“民营经济发展与政策解读”为主题做首期讲座，对省内民营经济发展现状进行深入分析，针对当前亟待解决的问题提出相应的对策建议，对省委、省政府出台的40条政策和国家有关政策进行解读。（吉林省图书馆）

【吉林省数字图书馆推广工程技术骨干培训班举办】 6月20日，吉林省图书馆在长春举办此次培训班，来自全省9个地区、60个市县级图书馆的130多名业务骨干人员参加培训。本着务实的原则，此次培训邀请具有多年授课经验的高校教师，就Linux系统的安装、管理与常用指令进行详细讲解。培训中，授课老师采用理论与实践相结合的授课方式，与学员实时互动，培训课程贴近工作需求。（吉林省图书馆）

【吉林省第三届农民工子女书画精品展隆重开展】 7月11日，由共青团吉林省委和吉林省文化厅共同主办，吉林省图书馆、吉林省博物院、长春市少儿图书馆联合承办的“吉林省第三届农民工子女书画精品展”在吉林省博物院正式开展。此次参展的作品是从长春、辽源、延吉等地20所农民工子女比较集中的中小学报送的1582幅作品中精心筛选，共计展出作品217幅。本次精品展沿用手机WAP同步展的方式，读者可以现场观展，也可以通过手机欣赏，或到“青青草”网站观看并点评。本届书画精品展新增现场作画环节，来自四季青小学、哈达小学、西三小学的50名农民工子女带来硬笔书法、软笔书法、儿童画、国画等艺术形式的现场才艺展示。（吉林省图书馆）

【中国优秀广播剧作品入藏吉林省图书馆】 9月13日，中国优秀广播剧作品入馆收藏仪式在吉林省图书馆举行。来自全国各地的20多名中国广播剧研究会会员走进图书馆，将百部优秀儿童广播剧作品赠予吉林省图书馆。希望通过图书馆这个传播平台，让更多的人有机会领略中国广播剧艺术的魅力。（吉林省图书馆）

【吉林省图书馆新馆建设工作顺利进行】 截至12月末，吉林省图书馆新馆建设工作基本完成，具备接收使用的基本条件，开始进入整体验收移交阶段。书籍搬迁工作开始进行。至此，吉林省图书馆开始全面的验收、搬迁、上架、整理等各项工作，为新馆开馆做准备。（吉林省图书馆）

【延边地区公共图书馆概况】 2013年，吉林省延边地区9个公共图书馆馆舍面积合计28639万平方米，阅览座席2822个，工作人员236个；年购书经费145.3万元，总藏量139.98万册（件），总借阅人数60.69万人次，总借阅图书110.6万册次，年新增读者证3.05万个。各馆全部实现无障碍、零门槛进入，向社会公众免费开放。全年举办各类讲座160场、活动239次，参加人次达2.6万；送书下基层259次、共21.4万册。龙井市图书馆被省人民政府评为吉林省服务农民服务基层文化建设先进集体；和龙市图书馆被市关工委评为“关心下一代”先进集体；延边图书馆在全国第十五次社会科学普及理论研讨与经验交流会上荣获“全国人文社会科学普及基地”称号。

各馆全年为基层服务点提供视频资源876种，光盘11000件，续建农家书屋86个，更新农家书屋图书4.79万册，流通图书3.2万册，共建文化信息资源共享工程基层服务站点1104个，覆盖面积为89.3%，丰富部队、社区和农村地区的文化生活。延边图书馆8月开通朝鲜文新版网站，增设朝鲜族社会、海内外交流、东北亚信息等专栏，至年底IP数量已达到2.5万，点击量超过10万次，引起韩国、朝鲜等国外图书馆的关注，并主动要求合作和信息交流。

增加CNKI中国学术期刊网络出版总库、中国博士学位论文全文数据库等数据库相关文献；引进超星电子图书17万册、连环画数据库6400册；引进“智博起点”各类考试题库及用于信息咨询的“读秀网”和“讯库系统”等数字服务，深受读者好评。

6个公共图书馆顺利通过全国公共图书馆第

五次评估定级检查，延边图书馆、延吉市少年儿童图书馆、敦化市图书馆、龙井市图书馆被评为一级图书馆；图们市图书馆、汪清县图书馆被评为二级图书馆。（延边图书馆学会　金仙花）

【延边心理咨询中心在延边图书馆建立】 延边图书馆学会和延边心理咨询研究会联合创办的延边心理咨询中心于1月1日在延边图书馆正式建成。该中心是一个集心理咨询与幸福教育为一体的心理健康促进专业机构，旨在为读者免费提供心理健康教育和心理咨询服务。中心组织专家深入到学校、企业、社区、部队、机关，开展以“心理健康”为主题的幸福课程系列讲座和公益活动。全年共受理社会、婚姻、法律、心理健康等各类咨询9400余件，接听咨询电话4200余次，成功干预自杀事件170例，化解2件信访积案，举办幸福讲座100多场，受益群众达15000余人，得到社会各界的广泛赞誉。（延边图书馆　金仙花）

【延边州青少年活动中心揭牌仪式在延边图书馆举行】 1月30日，中共共青团延边州委在延边图书馆一楼大厅举行“延边州青少年活动中心”揭牌仪式。延边州委副秘书长叶连生为活动中心揭牌，团州委书记石琦华代表团州委为图书馆捐赠100万码洋图书。该活动中心为共青团延边州委于2012年向团中央争取青少年校外活动阵地建设补助经费后，与延边图书馆合作建立的。仪式后，与会领导和人员参观延边图书馆。（延边图书馆　金仙花）

【延边州暨延吉市教科文卫体工会“职工文化家园”揭牌仪式在延边图书馆举行】 4月23日，延边州暨延吉市教科文卫体工会“职工文化家园”揭牌仪式在延边图书馆举行。延边图书馆馆长金勇进致贺词。延边州暨延吉市教科文卫体工会主席尹京哲，延边大学工会主席玄英哲、金勇进，延吉市教科文卫主席李桂艳四位领导为“职工文化家园”揭牌。仪式上，延边教育出版社向该馆赠送134种、码洋（价值）达1万元的图书；延边大学附属医院向该馆捐赠8种价值1000元的常用急救药品。该馆向延边职业技术学院、延边妇幼保健院发放读者卡。（延边图书馆　金仙花）

【延边图书馆举办首届延边图书馆杯朝鲜族小学生读后感现场作文比赛】 比赛于9月1日在延边图书馆拉开帷幕，来自州内12个朝鲜族学校的1700多名小学生参加比赛。此次作文比赛由延边图书馆和中国朝鲜族少年报社共同举办，以延边图书馆为主会场，珲春市图书馆、图们市图书馆、和龙市图书馆、龙井市图书馆为4个分会场同时进行。学生们从延边图书馆推荐的三篇文章中自选一篇写出读后感。经过评委们的认真评选，最终评选出10名大奖、20名金奖、30名银奖、39名铜奖、100名鼓励奖。9月3日举行颁奖仪式，对199名学生、60名指导教师和12所学校进行表彰。表彰会上，延边图书馆馆长金勇进和中国朝鲜族少年报社社长柳洛铉共同为中国朝鲜族少年报活动基地揭牌。（延边图书馆　金仙花）

【朝鲜民主主义人民共和国图片展览暨赠书仪式在延边图书馆隆重举行】 10月17日，为纪念“中国延边—朝鲜平壤友好图书馆”开馆一周年，延边图书馆和朝鲜出版物交流协会共同主办的朝鲜民主主义人民共和国图片展览暨赠书仪式在该馆一楼大厅隆重举行。延边州文化局副局长宋林致祝词，朝鲜出版物交流协会局长金正洙在仪式上讲话。金正洙和延边图书馆馆长金勇进为8个县市公共图书馆赠送朝鲜图书，共125种1000册，主要内容有金日成传记、回忆录、朝鲜历史故事、文学小说等。本次共展出80张彩色图片，主要反映朝鲜2012年举行的各种纪念活动和所取得的伟大业绩。（延边图书馆　金仙花）

【辽源市图书馆组织参加吉林省图书馆大赛活动】 2013年，辽源市图书馆积极组织中、小学校学生，参加由吉林省图书馆举办的吉林省第九届“青青草”杯青少年书法绘画摄影展、吉林省第十届“青青草”杯原创作品大赛和吉林省第三届农民工子女书画展作品大赛等活动。组织45件作品参加书法绘画摄影展，有10名同学获得一等奖，14名同学获得二等奖，21名同学获得三等奖；组织征文56篇参加原创作品大赛分获一、二、三等奖，选送书画作品62幅分获一、二、三等奖，另有25名老师分获不同类别的“优秀指导教师奖”；选送书画作品参加农民工子女大赛，获一等奖 1 人、二等奖 3 人、优秀奖 5 人，5 名教师荣获“优秀指导教师奖”。多项活动为促进青少年全面发展做出贡献。（辽源市图书馆　宋雪飞）

【辽源市图书馆开展夏季共享工程惠农服务】　为让文化共享资源惠及农民百姓家，辽源市图书馆采取服务到农户方式，有针对性地对养殖专业户进行技术培训，提高农民养殖技术水平。6 月 21 日，重点对向阳 4 队 3 户养牛及养羊专业户提供养殖技术培训，将《怎样养奶牛》《怎样养奶羊》等养牛、羊技术视频光盘送到农民手中，并组织农民现场播放学习、研究奶牛养殖技术。8 月 26 日上午，到工农乡建新村四队养鸡场举办专题培训，组织农户观看视频资源，并为现场村民发放 20 余张养鸡技术光盘。（辽源市图书馆　王淑新）

【四平市图书馆举办多次阅读活动】　5 月 1—20 日，该馆举办“书香中国，阅读引领未来”有奖征文竞赛，来自全市 10 所学校的 1500 名小学生参加此次竞赛，在“六一”儿童节当天举行颁奖仪式。5 月 22 日，与铁东区教育技术装备处在四平市平东路第二小学联合举办“书香伴我成长——阅读引领未来”读书成果展示活动，500 余名师生参加。通过师生的读书感言和学生的英汉双语诗朗诵、配乐诗朗诵等丰富多彩的节目，充分展示阅读成果。5 月 28 日，在第九中学校园举办“书香中国——阅读引领未来”经典诵读活动，全校 1000 余名师生参加，市馆同时向该校无偿捐书 1500 余册。（四平市图书馆）

【四平市图书馆万卷图书进军营】　8 月 1 日建军节前夕，为贯彻落实四平市文广新局提出的“文化七进”服务理念，四平市图书馆开展万卷图书进军营活动。文广新局局长左今明、副局长高云玖，市馆馆长李宏伟、书记毋育携 3000 余册新书慰问某部队分馆官兵。该分馆 2011 年建立，几年来市馆总计向分馆分批投设图书10000 余册、期刊 1000 余册、报纸 100 余种、光盘 500 种，免费赠书 600 册，还多次派业务骨干现场进行业务指导。市图书馆今后将逐步增加图书的投放量，定期交换馆藏图书，根据部队官兵的需求，逐步开展多层次、多形式的文献讲座、参考咨询和图书馆业务辅导等综合性服务，把知识和文化送到军营，将文化拥军工作不断引向深入。（四平市图书馆）

【和龙市图书馆扎实抓好农家书屋和文化资源共享工程的建设与服务】　4 月，和龙市图书馆对全市农家书屋进行检查，并进行现场业务指导，帮助农家书屋管理员正确对图书进行排架、分类，对检查中存在的问题及时纠正。5 月，为 76 家农家书屋配备适合农民阅读的图书 5000 册（全年配备图书15000册），并购买 DVD 机 1 台、光盘 2200 张，为 8 个综合文化站安装宽带。7 月 18 日，在福洞镇综合文化站开展“一站式服务携手走进农家书屋”知识竞赛活动，来自福洞镇 4 个村、2 个社区的代表队参加这次活动。7 月 19 日，在和龙市文化街道文兴社区建立首家图书分馆，为分馆提供免费的基础藏书 1800 册和流动期刊，为社区居民的业余生活增添了更多的文化色彩。（和龙市图书馆　何淑梅）

【长春市宽城区图书馆古籍保护工作得到省内专家认可】　4 月 7 日，吉林省古籍保护中心专家组对宽城区图书馆古籍工作进行督促、指导。专家组一行对图书馆馆藏线装书进行版本鉴定，指导清点、分类整理馆内线装书 870 册，其中，古籍图书 379 册，民国时期图书 448 册，新中国成立后线装书 43 册。另外，吉林省图书馆向宽城区图书馆赠送《长白山灵迹全影》《皇清职贡图》《谷园印谱》等三部馆藏珍贵古籍的影印本。专家组一行对宽城区图书馆古籍收藏、保护工作给予了充分肯定，并对图书馆进一步做好古籍宣传展示、古籍保护收藏、古籍专业人才培养等工作提出宝贵意见。（宽城区图书馆　王艳聪）

【前郭县图书馆积极开展农民文化活动月活动】　按照吉林省、松原市、前郭县安排，前郭县图书馆结合工作实际，积极开展“农民文化活动月”活动。7 月 19 日，在乌兰塔拉乡文化站和乡敬老院举行“乌兰塔拉乡文化站和敬老院图书馆分馆”揭牌仪式，为敬老院分馆配发电脑、光盘和老花镜等用品，并为乡上种养殖大户配送科技图书和光盘；新建夕阳红老年公寓图书馆分馆。开展“书香进农家，读书促致富”送书下乡活动，将农民感兴趣的最新种养殖和科技图书送到他们手中；为23个分馆配送图书6099册，光盘400本。8月9日，为前郭县西部乡镇农家书屋、图书馆分馆和共享工程基层管理员举办业务培训班，培训14个乡镇、112个行政村的148名学员。结合松原市“书香松原”全民阅读活动，举办以“阅读是成长的基石、阅读是精彩人生的开始”为主题的读书征文活动，共收到成人读者和青少年读者来稿215篇，评选出成人组和青少年组一等奖各1名、二等奖各2名、三等奖各3名。开展地方文献和书画作品征集活动，将当地名家名作的作品收集、保存到馆内。吉林省电视台、松原市电视台、前郭县电视台对该馆开展的活动进行采访与报道。2013年，该馆被中共中央宣传部、文化部、国家新闻出版广电总局评为“第五届全国服务农民、服务基层文化建设先进集体”；被文化部评为一级图书馆；被吉林省人民政府授予“吉林省服务农民服务基层文化建设先进集体”；被吉林省图书馆学会评为2009—2012年“先进集体”；被中共前郭尔罗斯蒙古族自治县委、县政府评为“全县关心下一代先进集体”。（前郭县图书馆　杨威）

【德惠市图书馆下乡举办文艺演出】 1月11—13日，该馆携手书法家协会和文化馆组织送文化下乡慰问演出。7月26日，联合达家沟文化站举办“幸福农家”主题消夏文艺会演，演出地点设在达家沟树合文化大院，参加演出的大多是达家沟镇的老百姓。共演出节目20余个，近2000人现场观看，掌声和欢笑声此起彼伏。图书馆准备奖品30份，评出一等奖1个、二等奖2个、三等奖5个、优秀奖若干。（德惠市图书馆）

黑龙江省

【黑龙江省图书馆举办公共数字文化新媒体推介会】 1月23日，为全面推广和普及数字图书馆服务，实现“共享数字文化、惠及龙江全民”，黑龙江省图书馆举办公共数字文化新媒体推介会，黑龙江省图书馆馆长兼党委书记高文华致新春贺词，副馆长刘继维、孙建华、毕洪秋及相关业务部门主任出席，推介会上就2013年的重点服务项目进行发布，数字资源服务部副主任郝志福、辅导培训部主任闻德锋、数字图书馆技术部主任张大尧、资源共享部副主任王珊分别对“龙江学习中心与黑龙江省移动图书馆”“全省公共数字文化服务宣讲团”“万里边疆数字文化长廊”建设项目及“黑龙江公共数字文化网”项目内容进行发布和推介。推介会现场馆领导与媒体朋友、广大读者互动问答，活动现场气氛热烈。黑龙江省电视台、黑龙江日报、东北网等参与并报道本次媒体推介会。（黑龙江省图书馆学会秘书处）

【黑龙江省图书馆建立哈尔滨市阿城区无障碍流动图书角】 2月1日，黑龙江省图书馆在哈尔滨市阿城区建立的无障碍流动图书角正式成立，由此拉开省馆春节文化助残活动的序幕。首批无障碍读物包括盲文版《盲人月刊》《医学荟萃》《文华世界》《读者》等书刊和《集结号》《走出西柏坡》《非诚勿扰》等无障碍数字电影近百部。流动图书角将定期更新、轮换投放残疾人所需的各类无障碍读物，为丰富残疾人精神文化生活、提升残疾人综合素质提供有力支撑。省馆无障碍服务中心主任暴国霞和阿城区残联理事长高喜民在交接协议书上签字。（黑龙江省图书馆学会秘书处）

【黑龙江省图书馆与省科协签署战略合作协议推进数字资源延伸服务】 2月5日，黑龙江省图书馆与省科协在省馆二楼会议室签署战略合作协议。省科协党组成员、副主席杨铭铎，省文化厅党组成员、副厅长韩慧峰出席协议签署仪式并致辞，省科协科普部部长迟亮和省图书馆馆长兼党委书记高文华签署协议。该协议充分利用科协组织覆盖省、市（地）、县（区）、乡（镇）科协的组织网络和省图书馆丰富的知识资源、广阔的信息网络，搭建服务全省青少年、农民、城镇劳动者、领导干部和公务员、社区居民五大重点人群的科普工作平台，通过“移动图书馆”和“龙江学习中心”提高网络覆盖范围人群的科学素质。（黑龙江省图书馆学会秘书处）

【2013年世界读书日暨全民读书月系列活动启动仪式在黑龙江省图书馆举行】 4月23日，世界读书日暨全民读书月系列活动启动仪式在省馆主楼大厅举行，省委宣传部、省文明办、省文化厅、团省委、省妇联、省残联、市残联的相关领导及省市各媒体出席活动启动仪式。省馆馆长

高文华主持启动仪式，省文化厅副厅长綦军致辞。在全民读书月中，省馆精心策划组织图书漂流、真人图书借阅服务、古籍修复技艺展、公益视听、诗歌诵读、读书征文等 30 余项形式多样、内容丰富的读书活动，通过阅读活动，营造全民阅读氛围，共享公益文化服务。其中真人图书借阅服务首推的 4 位真人图书分别是哈尔滨电视台高级记者郑鸣、省摄影家协会副主席夏富祥、哈尔滨市残疾人艺术团团长刘向东、肿瘤外科医生何洪江，有 60 位读者现场与真人图书进行面对面的阅读交流，促进不同文化背景、不同行业领域、不同年龄层次之间的沟通。（黑龙江省图书馆学会秘书处）

【黑龙江省图书馆龙江讲坛举办七周年座谈会】 5 月 18 日，会议在省馆举办。省委宣传部副部长张翔就“龙江讲坛”的今后发展做重要讲话，主讲嘉宾代表和热心听众就讲坛 7 年来取得的成就给予充分的肯定。讲坛创办 7 年来，已举办 300 期，为广大市民提供一个平等且免费获取知识信息的公共文化平台，选题设置以人为本，内容涉及十分广泛，能够切中广大听众所需和心之所想，与时代同步；能发掘传承本土文化，进行个性化解读，非常接地气，使更多的人了解黑龙江的历史与文化，对受众非常有帮助。同时也为专家学者提供一个交流、展示、开放、共享的平台，促进其自身的提升和成长。（黑龙江省图书馆学会秘书处）

【文化部第五次公共图书馆评估组对黑龙江省图书馆评估督导】 7 月 8—9 日，由江西省文化厅副厅长王晓庆为组长、广东省立中山图书馆馆长刘洪辉为副组长的第五次公共图书馆评估与重点文化工程督导组一行 6 人对黑龙江省进行为期 2 天的评估督导。评估组首先听取省文化厅副厅长韩慧峰关于黑龙江省公共图书馆事业、评估定级工作和全国文化信息资源共享工程、数字图书馆推广工程、公共电子阅览室计划和中华古籍保护计划等重点文化工程实施情况的汇报；听取省馆馆长高文华关于省馆自检自评情况工作汇报。认真审阅省馆评估档案和统计资料，对省馆的文献资源、读者工作、参考咨询服务、辅导培训工作以及经费使用情况等进行详细调查测评。对省馆读者进行满意率调查，读者满意率按评估标准达到 100%。（黑龙江省图书馆学会秘书处）

【中国质检出版社捐赠仪式暨与业务交流座谈会在黑龙江省图书馆举行】 会议于 7 月 30 日召开。适逢全国阅读年会（2013）召开之际，中国质检出版社向省馆捐赠价值 38 万元图书。高文华馆长代表黑龙江省图书馆和社会各界广大读者表示衷心感谢，中国质检出版社副社长戴群介绍该社的行业地位与独特的资源优势。通过深入的业务交流，双方一致表示，将借助各自的优势，在图书馆领域的重大项目中开展广泛合作，就打造“技术创新、高效服务”的全民阅读服务平台达成共识，并签署战略合作框架协议，架构图书馆与出版社战略合作的新模式。（黑龙江省图书馆学会秘书处）

【黑龙江省图书馆举办文化志愿者灾区服务行活动】 8 月中旬，我国东北地区遭遇罕见的洪灾，其中黑龙江、嫩江、松花江部分地区灾情严重，人民群众的物质生活和文化生活受到严重威胁。为帮助灾区群众重建“精神家园”，8 月 30 日，黑龙江省图书馆赴灾区基层图书馆进行慰问活动，慰问小组由馆长高文华带队，馆长办公室、资源共享部、数字图书馆技术部组成，行程 5 天，途径海伦市、孙吴县、黑河市、逊克县、伊春市，慰问小组走进灾区县、乡、村，统计基层图书馆受灾情况，将爱心、图书及技术服务送到群众手中。同时，围绕党的群众路线教育实践活动向基层图书馆征求意见。8—11 月，共享工程文化志愿者灾区服务队先后在受灾的 12 个县支中心、47 个基层服务点和灾民安置点开展各种文化共享工程服务。下发资源光盘 5000 张、数字资源卡 1000 张、宣传材料 4000 份、配送图书（刊）26000册；为安置点的受灾群众、驻军部队等播放视频影片资料 30 余场，观影群众超过 4500 人次；组织集中培训 12 次，培训 438 人；业务辅导 32 次，辅导 296 人。针对灾区文化共享工程相关县支中心和基层服务点设施设备受损情况，为 16 个重灾区乡镇各补充一套共享工程服务设备（包括 51 寸网络电视机、数码播放器、移动硬盘）共计80000元。（黑龙江省图书馆学会秘书处）

**【中国黑龙江、俄罗斯远东国家科学图书馆国际图书馆学术研讨会在黑龙江省图书馆举行】 9月9—16日，俄罗斯远东国家科学图书馆代表团一行6人访问黑龙江省图书馆期间召开此次会议。俄罗斯远东国家科学图书馆代表团团长、哈巴罗夫斯克远东国家科学图书馆副馆长娜杰日塔女士，黑龙江大学信息管理学院副院长蒋永福教授等中俄嘉宾出席会议，并先后做学术报告，进行学术讨论。黑龙江省图书馆与俄罗斯远东国家科学图书馆签署合作意向协议。代表团还赴基层图书馆及博物馆进行考察，省馆同时举办“中俄共赏一江月·仲秋诗歌朗诵会”联谊活动和中俄交流图片展。（黑龙江省图书馆学会秘书处）

【第三届美丽富饶的黑龙江摄影大赛在省图书馆举办】 10月23日，“第三届美丽富饶的黑龙江摄影大赛”在省图书馆正式展出并举行开幕式及颁奖仪式，本次大赛从4月征稿以来，全省各地市、县的摄影家、摄影爱好者积极参与，踊跃投稿，参赛作者多数为黑龙江省图书馆摄影沙龙的成员。截至8月20日，大赛组委会共收到各类摄影作品2000多幅（组）。此次展览的作品是从参赛100多位作者近3年来精心创作的众多作品中评选出来的。这些富有生命力的摄影作品以风光、纪实、民俗、人像为主题，最终评选出一等奖两名、二等奖四名、三等奖6名、优秀奖30名。（黑龙江省图书馆学会秘书处）

【文化部全国公共文化发展中心向黑龙江受灾地区基层服务点捐赠设备】 12月15日，文化部全国公共文化发展中心向黑龙江受灾捐赠设备仪式暨2013年度黑龙江省共享工程与公共数字文化资源服务推广培训班在大庆市图书馆举办，文化部全国公共文化发展中心培训指导处处长刘刚代表公共文化发展中心向受灾地区基层服务点赠送16套高清网络电视机、易播宝、移动硬盘等设备。根据灾情现状，全国公共文化发展中心给予黑龙江省分中心专项补助资金13万元和省分中心投入的资金，在受灾的12个县支中心、47个基层服务点和灾民安置点，为16个重灾区的乡镇基层服务点各补充一套共享工程服务设备价值8000元，拷贝资源30TB。（黑龙江省图书馆学会秘书处）

【黑龙江省共享工程与公共数字文化资源服务推广培训班(西部地区)培训班在大庆市图书馆举办】 培训班于12月15—17日举办。文化部全国公共文化发展中心培训指导处处长刘刚、省馆馆长高文华、大庆市文化广电新闻出版局副局长邢凯华等领导出席开班仪式并讲话。来自省内西部7个地区的市、县（区）图书馆的业务馆长和专业技术人员150人参加此次培训。通过培训，使学员们能充分利用覆盖省、市、县、乡、村的五级共享工程服务网络体系和全省VPN数字资源共享服务平台，让省图书馆（省中心）购买、自建、整合的海量数字文化资源（总量达120TB）服务于基层最广大的人民群众，拓展公共数字文化资源服务领域。（黑龙江省图书馆学会秘书处）

【黑龙江省图书馆举办首期盲人电脑培训】 12月29日，历时4个多月的黑龙江省图书馆首期盲人电脑培训圆满结束。结业典礼上，高文华馆长介绍省馆无障碍服务中心近几年为弱势群体服务所做的工作，勉励学员们继续努力，自强自立，坚持不懈，让电脑真正成为生活中的良师益友。高文华馆长和毕洪秋副馆长为盲人教师和学员代表颁发证书。通过培训，盲人学员们能够熟练运用读屏软件在网络世界里“冲浪”，为生活和学习带来极大便利。（黑龙江省图书馆学会秘书处）

【澳大利亚莫斯曼市政府代表团第四次访问牡丹江市图书馆】 5月13日，澳大利亚莫斯曼市政府代表团在牡丹江市文化广电新闻出版局副局长王文明的陪同下访问牡丹江市图书馆。牡丹江市图书馆馆长蒋伟重点介绍新建成的小雪花少儿悦读体验大世界及品牌服务活动。2007年至2009年，莫斯曼市政府连续3年向牡丹江市图书馆捐赠有关澳大利亚风土人情的图书和3台电脑，2013年同样捐赠图书及1台电脑。图书馆在外借部设立“澳大利亚莫斯曼市捐赠图书专架”，为读者提供一个感知澳大利亚、感知世界的平台，促进莫斯曼市和牡丹江市的文化交流。（黑龙江省图书馆学会秘书处）

【牡丹江市图书馆首期少儿阅读大礼包推出小雪花故事会】 5月30日，牡丹江市图书馆首期少儿阅读大礼包小雪花故事会正式推出。为深化少儿阅读大礼包活动内容，该馆开展“欢庆我们的节日”“诵读我们的经典”和“树立我们的榜样”。通过讲故事，激发孩子们的阅读兴趣，提高孩子们的阅读能力，吸引孩子们走进图书馆，获取知识，获得乐趣，陶冶情操。（黑龙江省图书馆学会秘书处）

【牡丹江市图书馆四城区分馆揭牌成立】 6月20日，牡丹江市图书馆四城区分馆正式揭牌。牡丹江市委常委、宣传部长闫岩、市政府秘书长赵士元、市文化广电新闻出版局局长马春芳、副局长王佰贵、市图书馆馆长蒋伟等领导为市图书馆东安区分馆揭牌。闫岩对东安区分馆的基础建设和馆藏资源给予充分肯定。至此，牡丹江市图书馆初步形成以市图书馆为总馆，各县（市）区图书馆为分馆，村（社区）、企事业单位、学校、部队图书流动站以及图书流动车为补充的地区图书馆网群，使图书馆网络覆盖全地区，信息服务进社区，建立市（县）公共图书馆、乡镇综合文化站和农家书屋三级图书馆服务网络，实现资源共建共享，让文化惠及于民。（黑龙江省图书馆学会秘书处）

【牡丹江市图书馆喜迎60周年华诞】 7月26日，牡丹江市图书馆举行“老坛子杯十佳读者”颁奖仪式暨牡丹江市图书馆建馆60周年纪念大会。牡丹江市领导李新代、王萍、市文化广电新闻出版局局长马春芳、市委宣传部副部长唐国东参加纪念大会。会上，为十佳读者颁奖，李新代、王萍揭牌“牡丹江籍艺术家精品坊”及“小雪花悦读体验大世界”，唐国东开通牡丹江市数字图书馆网站。中国国家图书馆、中国图书馆学会、全国中小型公共图书馆联合会、上海图书馆、黑龙江省图书馆等发来贺信。（黑龙江省图书馆学会秘书处）

【全省公共文化服务示范区创建成果展示暨公共图书馆文化馆(站)免费开放工作观摩会代表到牡丹江市图书馆检查指导工作】 10月29日，参加全省公共文化服务示范区成果展示暨公共图书馆文化馆（站）免费开放工作观摩会的省文化厅、省图书馆及各地（市）文广新局、图书馆、文化馆的领导，在市文广新局副局长王佰贵、市图书馆馆长蒋伟等的陪同下，考察牡丹江市图书馆。代表们参观小雪花悦读体验大世界、牡丹江籍艺术家精品坊及报刊阅览室、外借书库等服务窗口，现场观摩少儿阅读大礼包“品书论道”阅读活动、2014年报刊征订读者座谈会、“迎国庆”图书展览。图书馆汇报免费开放以来资金投资、增加馆藏、读者服务、古籍保护等工作情况。（黑龙江省图书馆学会秘书处）

【佳木斯市图书馆举办庆祝重阳节暨市图书馆老年读书会成立大会】 10月11日，佳木斯市图书馆迎来老年读书会的首批会员及各界老年读者代表，共庆老年节暨老年读书会成立。市政府副市长朱晓峰、市政协副主席颜忠、职教集团领导魏庆军及社会各界代表出席本次活动。成立大会上，北海市巨欣科技生物有限公司佳木斯分公司总经理刘广明向图书馆捐赠10万余册电子图书。市图书馆书记韩一泉为首批会员颁发借书证，向客座教授颁发聘书。焦野馆长宣读老年读书会组织机构成员名单。老年读书会的成立，为老年读书交流创造条件，引起社会广泛关注，市老干部合唱团为大会献上精彩的演唱。（黑龙江省图书馆学会秘书处）

【同江市图书馆防汛抗洪期间设立帐篷图书馆】 2013年，同江市遭遇超百年一遇洪涝灾害，市图书馆全体馆员心系灾民，积极参加垒坝守城，同时坚守阵地服务岗位。组织馆藏图书800册(其中儿童图书300册)，购置文学名著、科普读物等图书500余册及期刊300种、报纸1000余份（《健康报》《生活报》《保健报》《人民日报》《三江晚报》等）在灾民安置点搭设帐篷开设阅览室提供阅读。在“帐篷图书馆”开放近一个月时间内，有效地安抚灾民不安的心情，受到广大灾民的好评。（黑龙江省图书馆学会秘书处）

【大庆市图书馆与俄罗斯远东国家科学图书馆交流】 9月12日，俄罗斯哈巴罗夫斯克远东国家科学图书馆访问团到访大庆市图书馆，与该馆馆长施连德、副馆长宋淑红进行交流。访问团参观即将投入使用的大庆市图书馆新馆以及市博物馆、市规划展示馆，双方互赠图书。新馆建筑面积3.5万平方米，是省内面积最大、功能最先进的地市级公共图书馆。（黑龙江省图书馆学会

秘书处）

【大庆市大同区农家书屋建设逐步完善】 3月29日，大同区文体新局在区文体中心举行大同区农家书屋图书设备发放仪式，区图书馆向大同区40个行政村的农家书屋分别发放图书1531册、光盘140片等。此次活动是大同区历年来发放规模最大的一次，各行政村建成的标准化农家书屋逐步完善。8月12日，区图书馆在区文体中心举办首届大同区农家书屋图书管理员培训班，聘请大庆市图书馆老师授课，53名图书管理员参加培训。培训方式以理论与实践相结合，突出实用性。11月3—5日，组织农家书屋开展"图书漂流"活动，本次活动从农民需求入手，筹集文学、法律、农业技术等图书19200册，深入到35个村、110个自然屯，入户发放图书2148家。（黑龙江省图书馆学会秘书处）

【杜尔伯特蒙古族自治县图书馆盲人阅览区全新开放】 4月23日，大庆市杜尔伯特蒙古族自治县图书馆为视障人士设置盲人阅读区，盲文图书内容涵盖哲学、心理学、政治、法律、教育、文学、医药卫生等。配有视听资料、有声读物，同时提供2台盲人专用电脑，装有盲人读屏软件和耳麦，能根据盲人读者的具体要求，提供人性化、个性化服务。（黑龙江省图书馆学会秘书处）

【鹤岗市图书馆启动文化志愿者活动】 9月9日，鹤岗市图书馆"传递书香 见证成长"文化志愿者活动在艺博图大厦四楼启动，来自全市近50余名志愿者参加为其开展的图书馆业务知识培训。此活动被文化部评为2013年"文化志愿者基层服务年"示范项目；志愿者徐亚峰被文化部评为优秀文化志愿者。（黑龙江省图书馆学会秘书处）

【鹤岗市数字图书馆开馆仪式举行】 12月24日，鹤岗市数字图书馆开馆仪式在市图书馆举行，由李娟馆长主持。鹤岗市数字图书馆是市政府2013年民生工程之一，总投资150万元，建设周期一年。数字图书馆开馆后，读者在电子阅览室可以免费阅览和下载国家图书馆中外文期刊全文、博硕士论文全文、讲座、视频资料大约120TB，黑龙江省图书馆包括中国知网、国研网等30个全文数据库、视频资料等大约65.92TB数字资源。读者还可以凭借本人图书馆借阅卡在家里登陆龙江学习中心网站（http://ljxx.hljlib.cn/）免费阅读相关的数字资源。（黑龙江省图书馆学会秘书处）

【虎林市图书馆开展科普之冬送书下乡】 1月15日，虎林市图书馆利用自身资源优势开展科普之冬送书下乡活动，把优秀的科普知识图书送到农民手中，营造全民读书良好环境，现场发放图书300余册，内容涉及，文学、法律、科技、养殖、保健等方面书籍，深受农民朋友好评。（黑龙江省图书馆学会秘书处）

上海市

【概况】 2013年，根据文化部办公厅《关于开展县以上公共图书馆第五次评估定级工作的通知》（办公共函〔2012〕523号）工作部署和要求，结合上海市公共图书馆创建新一轮文明行业工作，全市市、区县图书馆和少儿图书馆经过半年多的精心准备，顺利通过文化部专家组及上海市文化广播影视管理局专家组的检查。全部参评的25个市、区图书馆和区独立建制少年儿童图书馆以及县图书馆（包括区级功能区图书馆）中，上海图书馆、上海少年儿童图书馆2个市级图书馆，16个区图书馆和3个区独立建制少年儿童图书馆，3个县图书馆（包括区级功能区图书馆）获得一级图书馆称号，1个区图书馆获得二级图书馆称号。

11月7—9日，由文化部主办，上海市文化广播影视管理局、上海市浦东新区人民政府、中国图书馆学会等承办的"2013年中国图书馆年会——中国图书馆学会年会·中国图书馆展览会"在上海浦东新区举办。这届年会的主题是"书香中国——阅读引领未来"，来自国内外图书馆领域的从业人员、管理者、专家学者及相关企业负责人共3000余人参加。年会期间共举行3个工作会议、5个主题论坛、29个分论坛。展览会面积达2.5万平方米，吸引132家国内外企业参展，参观人次7.5万。

上海市中心图书馆"一卡通"服务各项指标值持续增长。截至10月底，办理"一卡通"读者证24.06万张，同比增长19.1%；"一卡通"

有效证 185.93 万张；“一卡通”文献流通量 4238.53 万册，同比增长 18.5％；“一卡通”文献入藏量 1228.62 万册，同比增长 17.6％。涵盖市、区（县）、街（镇）的 145 家图书馆开通少儿“一卡通”外借服务，2013 年新增 46 家。少儿读者有效证 15.59 万张、借还册次 826.76 万册、借还人次 202.17 万人次、少儿图书入藏量 130.21 万册。与此同时，为落实和早日实现“一城一网一卡一系统”的目标任务和具体要求，上海图书馆拟定具体工作落实方案，确定主要时间节点及目标。

上海图书馆文化援疆工作受到上海市委宣传部领导充分肯定，通过两年的对口支援，捐赠图书 5 万余册、“上图讲座”视频资源、无障碍电影等文化产品，以及电脑、电子书阅读器、书标打印机、磁盘阵列等设备，使莎车县图书馆在第五次公共图书馆评估定级中，由原来的三级馆一举获得一级图书馆的称号。

全国文化信息资源共享工程上海市分中心财政投入全年共计 141.8 万元，用于市分中心的设备更新、数字化资源建设和培训工作，以确保完成市分中心的各项任务。地方资源建设，如期完成 2011 年《上海图书馆馆藏精品文献专题片》“上海城市文化讲坛多媒体资源库”和“海派历史文化多媒体资源库”3 个地方资源项目的建设工作，并分别通过上海数字文化网和 IPAD 共享工程 HD 客户端向公众提供服务；2012 年上海市分中心申报的《〈近代上海城市文化〉专题片》，嘉定区支中心申报的《“嘉定文化故事”专题片》，闵行区支中心申报的《上海闵行民俗文化专题片》获得全国文化信息资源共享工程领导小组办公室正式立项启动；2013 年，上海市分中心联合东方信息苑提交《崇明扁担戏》《“明朝大学士徐光启”专题片》《上海闵行民俗文化专题片》和《上海码头号子专题片》4 个年度上海市地方特色资源建设项目的申报书，并已正式立项准备启动。确定上海市公共电子阅览室的平台建设方案，如期完成项目招标工作，及硬件采购和平台的软件开发。

上海文献资源共建共享协作网工作进一步开展。协调全市各系统外文期刊采购减少复份而节约经费 67.92 万元，新增外刊新品 25 种。完成《华东地区外国和港台期刊预定联合目录》出版和该目录网络版新版的研发工作。继续开展馆际互借服务工作，协作网成员馆馆际互借总量达到 1340 册。网上联合知识导航站质量不断得到提高，共有来自 7 个国家和地区、44 家图书馆和科研院所的 114 位专家加盟。

上海地区古籍保护工作大力推进数据库与全文数字化建设与利用。已建成古籍善本数据库并投入使用，约 20 种稿本全文影像信息已输入数据库；上海中医药大学图书信息中心完成 1446 多种计 18 万叶古籍扫描工作；复旦大学图书馆启动了馆藏抄稿本数字化平台制作与数字化加工项目；上海交通大学医学院图书馆建成古籍资源管理和应用系统；中国科学院上海生命科学信息中心对所藏中医古籍进行图像采集，共完成 44 种 144 册、24290页，刻录 DVD 光盘 150 张。继续参与国家古籍保护中心主持的全国古籍普查登记工作，全年上传登记平台数据共计 1564 条。积极开展第五批上海市珍贵古籍名录申报工作，已认定各单位申报种数，其中上海图书馆 30 种，复旦大学图书馆 30 种，上海师范大学图书馆 10 种，上海中医药大学图书信息中心 10 种，上海博物馆 7 种，上海图书公司 8 种。

上海图书馆全年在丹麦、斯里兰卡、芬兰等新开 13 家“上海之窗”，累计赠书 4749 种 6518 册；对已有“上海之窗”增补图书 6015 种 7447 册。目前正已 6 大洲 61 个国家和地区的 109 家境外图书馆机构成立“上海之窗”，累计赠书 6.5 万余册。与此同时，“上海之窗”数字资源远程服务稳步推进，向全球合作伙伴及其用户提供数字资源远程服务并受到普遍欢迎和好评。“上海之窗”电子赠书服务网站现提供 1280 种电子图书的在线阅读服务，此项服务已在意大利米兰市、法国里昂市等 15 家合作伙伴馆中开通并试用。（上海市图书馆学会秘书处）

【上海图书馆创设优秀图书发布与推荐新平台“上图首发”】 1 月 29 日下午，由上海图书馆创设的图书发布与推荐平台“上图首发”首次活动——“《刘子集校合编》出版首发暨手稿捐赠座谈会”在上海图书馆善本阅览室举行。来自本市和外省的 30 余位著名学者专家参加活动。“上图首发”旨在进一步发挥图书馆的文化交流价值，加强信息的发布功能，体现场所的空间作用，结合历史文献的整理研究与收藏，联合出版社和学者所建立的图书馆又一服务新平台。上海图书馆努力完善知识服务链，主动对接知识生产的上游学者与出版社，将优秀图书以更快捷、更深入的形式推荐给读者，为学者和读者提供学术交流和互动的平台，同时鼓励学者向图书馆捐赠新作，丰富馆藏，并在阅览室设立“读者捐赠图书展示”。首次“上图首发”得到华东师范大学出版社的响应，林其锬教授的《刘子集校合编》成为首发图书。（上海市图书馆学会秘书处）

【《民国时期电影杂志汇编》首发式在上海图书馆举行】 4月12日，作为“上图首发”重要活动之一的《民国时期电影杂志汇编》首发式暨座谈会在上海图书馆举行。国家图书馆、上海图书馆、国家图书馆出版社领导，国内电影与文献专家、学者，上海图书馆历史文献中心专家等嘉宾出席首发仪式。这是迄今为止海内外出版的有关民国时期电影期刊规模最大的影印本，也是国家实施“民国时期文献保护计划”以来出版的最重要的丛书之一，与会专家对此书给予高度评价。上海图书馆收藏民国电影杂志超过300种，占当时出版总数的十分之九，是收藏民国电影期刊最为丰富的公共图书馆。2009年1月，上海图书馆曾编撰出版《中国现代电影期刊全目书志》一书，对民国电影杂志的出版总貌作详尽梳理，是一项填补空白的工程。此次与国家图书馆出版社合作，精选其中重要部分影印出版，将对民国电影研究与社会文化史研究产生积极影响。（上海市图书馆学会秘书处）

【上图讲座进百校·美丽中国梦系列讲座】 3月26日，“上图讲座”邀请著名电视节目主持人今波以“中西文化大不同”为主题，在上海师范大学拉开2013年“上图讲座”进高校的帷幕。这是上海市教委与上海图书馆在2009年共同策划启动的“上图讲座进百校”活动的扩展与延伸。4年以来，“上图讲座”与上海有关高校及部分高中联手，推进“上图讲座进百校·人文素养系列讲座”“上图讲座光盘进高中”和教师人文素养讲座活动，分别在南汇临港校区和松江大学城举办100多场精彩的人文讲座，受到学校师生的热烈欢迎。通过公共文化品牌向校园的延伸，“上图讲座”以塑造健康向上的校园文化、提高当代学生的人文素养为宗旨，竭诚为青年人的全面发展提供帮助，同时也从师生们的热烈反响中获得动力。2013年，在市教委的大力支持下，“上图讲座”将服务点辐射至奉贤校区，增设2个服务点，并与上海师范大学共同策划“美丽中国梦”系列讲座。（上海市图书馆学会秘书处）

【上海市民读书系列活动入选第十五届上海读书节示范引领项目】 4月23日下午，“书香上海，成就梦想”第十五届上海读书节暨宝山·嘉定读书月开幕式在宝山区体育中心隆重召开，上海市委副书记李希出席仪式并致辞。本届读书节开展58项活动，其中“示范引领项目”20项。由上海图书馆主办的“我爱读书 我爱生活——上海市民读书系列活动”以及由上海图书馆和上海市残疾人联合会联合成立上海市残疾人读书指导委员会主办的“读书的情趣——2013年上海市残疾人读书系列活动”均入选此次读书节“示范引领项目”。（上海市图书馆学会秘书处）

【2013上海版画作品年度精选展】 展览由上海图书馆中国文化名人手稿馆与上海市美术家协会版画艺委会联合主办，于5月14—17日在上海图书馆举行。本年度入藏的版画作品质量明显提高，入选国内外重要版画展的作品收藏量创历年之最。此次展览除从今年征集的67位艺术家90件作品中精心遴选40幅佳作外，还结合历届版画精选展的部分优秀作品，共展出54幅作品，集中体现当代上海版画艺术创作的最高水准。上海版画作品年度精选展作为上海图书馆与上海市美术家协会合作的文化项目，已连续成功举办五届，发挥出显著的文化推广与艺术教育的公益性效应。为配合此次版画盛会，中国文化名人手稿馆编辑出版《2013上海版画》，除收入此次展览佳作外，还编入版画研究文章与上海版画年度大事记，图文并藏地记录上海版画一年来的发展历程，成为上海的版画年鉴。（上海市图书馆学会秘书处）

【2013年图书馆服务宣传周上海图书馆系列活动】 5月27日，2013年图书馆服务宣传周开幕。以“书香上海——阅读引领未来”为主题，涵盖创意产业主题阅览室开放、《上海市公共图书馆2012阅读报告》发布、讲座、展览、手稿捐赠、新书推荐以及读者征文等活动。为了顺应数字化时代的发展趋势，此次服务宣传周系列活

动还以数字阅读新平台为载体，展示数字阅读，通过全媒体、微载体等形式，推进全民阅读。宣传周期间，作为上海市文化创意产业重要信息窗口的“创·新空间”阅览室崭新亮相，在国内图书馆界率先引入3D打印机，为读者的学习研究和创意体验提供必要的工具，激发他们的创意灵感，使图书馆成为一个学习、探索以及开拓思维的场所。《上海市公共图书馆2012阅读报告》是国内第一份面向公众的图书馆阅读白皮书，综合分析上海市公共图书馆市民借阅服务数据的，直观展示上海市民的阅读现状。上海图书馆通过“微载体”推出全新视听产品——“微讲座”。从800多部上图讲座中，遴选最精彩的片段，以最快的速度、最少的时间让读者走近名家大师。同时，还通过“微载体”开展“市民数字阅读推广公益广告语（微广告语）征集活动”“妙语微言评好书——上海市公共图书馆联合微书评征集活动”以及“一句话读书感言”征集活动等。上图中国文化名人手稿馆在宣传周期间举办多场手稿捐赠仪式。《周克希译文集》签名售书及新书推荐展示活动也在宣传周期间举办，受到读者好评。上海市中心图书馆电子书阅读器外借服务在服务宣传周期间向18家区（县）图书馆和40家街（镇）图书馆服务点延伸。（上海市图书馆学会秘书处）

【纪念上图讲座35周年座谈会】 6月5日下午，“传播优秀文化 传递人文关怀——社会各界纪念上图讲座35周年座谈会”在上海图书馆召开，上海各界专家学者欢聚一堂，共同庆贺“上图讲座”35岁生日。起始于1978年的“上图讲座”，35年来共举办讲座2400余场，听讲人数逾120万，并逐渐形成6大板块18个讲座系列，成为上海图书馆的知名品牌。不仅如此，讲座光盘还无偿提供给全市254家中心图书馆分馆以及上海300余家东方信息苑和全国170家公共图书馆，社会影响与日俱增，被市民亲切地誉为“城市教室”“市民课堂”。“上图讲座”先后荣获文化部首届创新奖，上海市模范集体，全国全民阅读活动先进单位等称号。3月，上图讲座“大家讲坛”和“大家的讲坛”又获2012年度上海市群众文化优秀项目奖。（上海市图书馆学会秘书处）

【张佩纶手稿等珍贵文献捐赠仪式在上海图书馆举行】 6月18日，上海图书馆举行张佩纶手稿等珍贵文献捐赠仪式。中国科学院院士张恭庆与其胞妹张怡、胞弟张恭慈向上海图书馆捐赠其曾祖张佩纶尺牍、日记手稿等珍贵历史文献。此次所捐文献含有张佩纶、李鸿章、李鸿藻、张之洞、王懿荣、柯逢时、陈宝琛、黄国瑾、于式枚等数十人来往信札计100余册4800余通。这批尺牍揭示晚清政坛大量内部运作的秘密，如北洋海军的筹划、朝鲜壬午事变和琉球问题的处理等等，对后人深刻了解晚清政治势力纵横捭阖的格局、洋务运动的艰难曲折、近代海军和海防的建设，都提供极其重要的第一手资料。此外还有张佩纶《涧于日记》底稿、诗文杂稿、《管子学》手稿以及朱学勤《结一庐日记》等多种稿抄本近170册，亦极为珍贵。（上海市图书馆学会秘书处）

【世界新兴技术峰会暨竞争情报上海论坛】 6月15—16日，由上海图书馆（上海科学技术情报研究所）与麻省理工《科技创业》（*TECHNOLOGY REVIEW*）杂志联合主办的世界新兴技术峰会暨竞争情报上海论坛在上海图书馆举行。此次会议是“EmTech世界新兴技术峰会”首次在上海举行，并与竞争情报上海论坛（SCIF）联手，旨在推进中国在前沿技术、新兴产业方面的研究，尤其是运用情报研究方法发现和捕捉新兴的前沿技术、产业，剖析其发展趋势、商业模式。在为期两天的论坛上，*TECHNOLOGY REVIEW*杂志发布2013全球十大新兴技术（TR10）。20多名专家学者就前沿技术最新进展、新兴产业发展态势、竞争情报实践应用等话题做报告交流。会议把商业领袖、资深技术专家、竞争情报专家、投资人和企业家聚集在一起，通过宏观技术展望、能源、智慧城市与城市规划、创新模式、计算和智能识别、生物医药与医疗器械等6个专题论坛讨论各个领域的重要创新。而竞争情报与前沿科技及新兴产业专场更是将本次会议推向高潮，来自MIT斯隆管理学院、上海图书馆上海科技情报研究所、台湾工业研究院、MIT工业联盟、Technology Review、中美能源合作办公室等机构的代表从各自角度与参会者探讨竞争情报在前沿技术研究中发挥的作用，专场独特的讨论形式让发言嘉宾有更多的时间探讨不同机构的情报运营模式，得到与会代表的一致好评。论坛以其专业性和规模受到各方广泛关注，吸引来自全国各地的300余名专业人士。会议通过新浪微博进行全程直播，取得较好的互动效果。（上海市图书馆学会秘书处）

【长三角城市图书馆讲座工作座谈会暨讲座图书馆开通仪式举行】 6月20日，值此上海图书馆的品牌文化活动“上图讲座”迎来35周年纪念之际，来自长三角各兄弟馆、全国部分省级图书馆及上海市区县图书馆的同行汇聚一堂，举行长三角城市图书馆讲座工作座谈会暨讲座图书馆开通仪式，共同探讨公益讲座的发展与创新之路。上海图书馆馆长吴建中、副馆长何毅出席会议并讲话。“讲座图书馆”是由各地部分公共图书馆共同参与，在互联网上建立一座以讲座为特色的数字图书馆，将讲座资源、讲座信息、讲座服务、讲座发展为一体的共享的知识资源平台和文化传播与交流平台，采取“微讲座”“广播版”“视频版”等新型听讲方式。（上海市图书馆学会秘书处）

【上海图书馆联合主办暑期国产动漫观摩活动】 7月17日—8月2日，由上海市精神文明建设办公室、上海市教育委员会指导，上海图书馆、上海美术电影制片厂、上海中学生报社等联手主办，共同为全市高年级小学生、初中学生推出此次暑期特别活动，旨在向广大青少年学生推荐当代优秀的国产动漫影片，改变对国产动漫影片固有的传统印象，让更多的学生了解和认识中国的国产动漫。每场展映还特别安排30分钟动漫讲座，邀请影片的原创、导演等与小观众见面，解读动漫电影的奥秘，探究源远流长的国内动漫历史，展望中国动漫的未来发展前景。主办方还特别将最后一场观摩活动设为爱心专场，邀请特殊学校的孩子们观看。（上海市图书馆学会秘书处）

【朱践耳音乐手稿入藏上海图书馆】 7月17日上午，朱践耳音乐手稿捐赠仪式在上海图书馆举行。现年91岁的朱践耳是中国音乐界的代表人物之一，创作过《接过雷锋的枪》《唱支山歌给党听》等脍炙人口的作品谱曲，在创作交响乐、室内乐、民乐合奏等方面也成果颇丰。1991年荣获上海首届文化艺术奖评选中的“杰出贡献奖”。此次朱践耳向上海图书馆捐赠九大类共374件音乐手稿文献。其中，乐谱手稿209件，作曲笔记、创作构思、演讲讲稿等165件。上海图书馆向朱践耳颁发“妙笔”手稿贡献奖。（上海市图书馆学会秘书处）

【宋庆龄爱心书库儿童阅读夏令营在沪开营】 8月13日，宋庆龄爱心书库儿童阅读夏令营在沪开营，20余位来自贵州凯里的优秀小学生与上海爱好阅读的小学生一道，来到上海图书馆进行“阅读写作之旅”。本次活动由上海图书馆举办，旨在让老、少、边区的少年儿童获得健康成长。（上海市图书馆学会秘书处）

【名家新作系列讲座在上海图书馆举办】 8月14日下午，上海市新闻出版局、上海图书馆等多家单位联合主办的上海书展文化讲坛之“书香·上海之夏——名家新作系列讲座”在上海图书馆多功能厅拉开序幕。此次上海书展文化讲坛共安排12场讲座，场场爆满，座无虚席。著名作家王小鹰、著名越剧表演艺术家王文娟、著名昆曲表演艺术家张静娴，著名作家韩少功，复旦大学中文系博士生导师骆玉明、上海市出版协会理事长赵昌平和复旦大学中文系教授汪涌豪，被誉为英国国宝级作家杰夫·戴尔（Geoff Dyer），陈丹青等以艺术、历史、文学、世界等多角度为市民传诵经典，解读历史，上海图书馆也将为引领城市阅读新风尚做出应有的努力。（上海市图书馆学会秘书处）

【“读书乐”上海漫画名家邀请展暨全国读书漫画大赛历届优秀作品展】 由上海图书馆、上海市美术家协会等单位主办，于9月4日在上海图书馆开幕。为期5天的展览集中展出漫画作品120幅。在结束上海图书馆的展出后，本次展览还通过全国公共图书馆展览资源共享网络进行巡回展览，让更多的人欣赏到这些精彩纷呈的漫画作品。本次展览还展出由全国读书漫画大赛组委会选送的历届优秀作品60幅。由中国新闻漫画研究会、天津市和平区人民政府、天津市和平区图书馆发起的全国读书漫画大赛经过连续3届的成功运作，取得良好的社会效益，在全国漫画界及图书馆界拥有相当的影响力。海派漫画与来自

海内外漫画名家的作品齐聚一堂，为观众带来一次漫画艺术的享受。（上海市图书馆学会秘书处）

【上海图书馆系列活动亮相 2013 中国图书馆年会】 以“书香中国——阅读引领未来”为主题的 2013 中国图书馆学会年会于 11 月 7—9 日在上海浦东新区举办。上海图书馆策划举办“图书馆 2020”《全国报刊索引》主题展、“阅读的未来——生态重塑与阅读复兴数字阅读主题论坛”等一系列活动。“图书馆 2020”主题展览为公众呈现“图书馆未来之梦”，通过自助办证、自助借书、数字阅读体验、“摇一摇”或“扫一扫”下载电子书阅读、大数据演示、三维扫描、3D 打印、体感阅读演示等新技术和新阅读体验，展望 2020 年图书馆的模样。《全国报刊索引》主题展着重强调近代报刊服务内容的展示，搜集和研究大量素材，让用户全面、深入了解《全国报刊索引》这一品牌。上海图书馆与浦东图书馆共同主办的“阅读的未来”主题论坛，由出版业者、网络作家、图书馆员以及读者代表共同座谈“数字阅读生态重塑”。论坛上发布《数字阅读白皮书》系列。年会闭幕式上，“图书馆 2020”主题展和“全国报刊索引”主题展分别被年会组委会评为事业类优秀展示奖二等奖和企业类优秀展示奖二等奖。（上海市图书馆学会秘书处）

【上海首份英文报纸完成数字化】 11 月 21 日，上海图书馆完成《北华捷报/字林西报》从 1850 年创刊至 1951 年终刊逾 50 万版报纸的数字化，并提供馆内免费浏览查询。上海第一份英文报纸《字林西报》（*North China Daily News*）以西方媒体的视角报道中国，较完整详尽地记载鸦片战争之后的中国社会，从不同的视野叙说了中国曲折的发展历程，对于上海开埠以来的历史研究具有很高的文献价值。《字林西报》前身为《北华捷报》（*North China Herold*），由英国商人 1850 年 8 月 3 日在上海创办，是上海第一份英文报纸，也是第一份近代意义上的报纸。上海图书馆自 2009 年起对《北华捷报/字林西报》进行系统的抢救性发掘，采用大幅面扫描设备进行数字化处理。（上海市图书馆学会秘书处）

【上海图书馆藏尺牍文献精品展】 于 11 月 30 日—12 月 9 日在上海图书馆举行。此次展览共展出明清至当代 106 位名家和 1 个社团的尺牍原件 117 件，同时陈列尺牍文献 14 件，其中有宋拓珍本名帖、宋刻善本等珍稀文献。造纸术发明以前，古人常用长一尺的木牍写信，“尺牍”因此成为书信的代名词。上海图书馆的尺牍收藏中，明清至当代尺牍原件达 13 万余通，而馆藏刻帖、古籍等文献中保存的尺牍更多。（上海市图书馆学会秘书处）

【黄浦区举办“那些年，让我们感动的书”征文活动】 12 月 27 日下午，“那些年，让我们感动的书”征文颁奖会在黄浦区明复图书馆会心楼举办。本次征文活动由黄浦区文化局主办，黄浦区图书馆、黄浦区明复图书馆共同承办，历时 5 个月，共收到社会各界投稿 230 余篇，取得较好的社会反响。（上海市图书馆学会秘书处）

【徐汇区图书馆举办少儿国学夏令营】 2013 年，为丰富少儿暑期生活，培养学习中国经典文化的浓厚兴趣，徐汇区图书馆在暑期举办“我的中国梦”少儿国学夏令营，邀请中小学高级教师为夏令营 30 多位小朋友进行授课。夏令营共开设 6 讲，内容分别是诸子百家故事、《三字经》中的历史典故、古典诗词与人生境界、体验中国茶艺、古代文人书房、趣解汉字。（上海市图书馆学会秘书处）

【2013 年长宁区读书节】 6 月 29 日，由中共长宁区委宣传部、长宁区学习办、长宁区精神文明办、长宁区机关党工委、长宁区共青团与长宁区文化局主办，长宁区图书馆学会、长宁区图书馆与长宁区少儿馆承办的 2013 年长宁区读书节闭幕式在长宁区图书馆多功能厅举办。中共长宁区委常委、宣传部长章卫民、长宁区政府副区长陈志奇、上海市图书馆副馆长陈超以及各家主办单位领导、文化合作单位领导、长宁区各街镇图书馆馆长，长宁区优秀读书组织与个人代表，书香家庭代表，读书征文比赛优胜代表和读者代表逾 300 人参加。此次读书节围绕“阅读，生活中最美好的事情”为主题，从区图书馆、少儿馆，到各街道（镇）图书馆，在近两个月的时间内，开展各类读书主题活动 80 多项，提升公共文化服务的辐射面、涵盖面与功效品质，也让广大市民在读书节中享受丰富、便利、快速的公共

文化服务。（上海市图书馆学会秘书处）

【“读吧！静安”2013 静安读书周】 8 月 14—20 日，由静安区文化局主办、静安区图书馆、静安区读书协会承办的“读吧！ 静安”2013 静安读书周全面展开。作为上海书展暨“书香中国”上海周官方合作项目，静安读书周通过书香评选、市民体验、白领悦读、名家讲坛、少儿活动、精彩社区等八大板块，共计 27 项缤纷多彩的读书活动，吸引市民 5000 余人次参与。（上海市图书馆学会秘书处）

【普陀区图书馆设立首个中国渔政图书漂流点】 5 月 8 日上午，普陀区文化局和农业部东海区渔政局在目前我国吨位最大的渔政公务船—中国渔政 206 船上举行图书漂流点启动仪式。随着首个渔政船图书漂流点的设立，普陀区图书漂流点的数量已经达到 96 个。在名为“开展文化共建共筑海上长城”的启动仪式上，普陀区图书馆向东海区渔政局机关和渔政船代表颁发图书漂流点标志，并赠送首批 500 本“漂流图书”，并将对放漂书籍进行定期更新。（上海市图书馆学会秘书处）

【闸北区社区数字图书馆建设完成】 作为 2013 年闸北区十大实事项目之一，闸北区全区社区数字图书馆建设完成，实现全区 9 个街道、镇社区数字图书馆的全覆盖。闸北区文化局为社区配发电脑一体机 45 台、平板电脑 21 台、触摸读书读报一体机系统 9 套、电子书阅读器 20 个、U 盘图书馆 450 个，开通二维码借阅电子图书等新功能，向读者提供远程数字资源访问、电子图书自助借还、U 盘图书馆、新媒体体验等服务，实现免费无线上网，读者可浏览15000种电子期刊、5 万册电子图书、1000 余家中英文媒体报道及约 15TB 英语学习、考试辅导、评书、相声等数字资源。全区 9 个社区图书馆有线宽带已扩容至 10M，无线宽带达到 4M。（上海市图书馆学会秘书处）

【2013 年虹口区第 2 届青少年阅读节】 由虹口区文化局主办，虹口区图书馆、中共虹口区小学第五总支部委员会、虹口区各街道图书馆承办的虹口区第 2 届青少年阅读节于 7 月 6 日—9 月 18 日举行。在两个月的暑假中，阅读节共开展“阅读，在寻梦的路上”征文比赛、“阅读圆梦”系列主题论坛、上海的味道“阿拉一起唱童谣”“阅读光影”摄影作品比赛等 13 项精彩活动，吸引 2760 位同学参加，丰富虹口区青少年的暑期生活，并取得丰硕成果。（上海市图书馆学会秘书处）

【杨浦区公共图书馆第 2 届读书月活动】 4 月 23 日，“书香润泽杨浦 阅读传递能量”——杨浦区公共图书馆第 2 届读书月活动在杨浦区图书馆启动。上海市文广局、上海图书馆、杨浦区政府、区委宣传部、区文化局、区学习办、区教育局、区 12 个街镇领导等出席启动仪式。在历时近一个半月的时间里，七大版块的 20 多场活动依次在杨浦区图书馆（平凉馆、少儿馆、延吉馆三所馆舍）、杨浦区 11 所街道（镇）图书馆、杨浦区图书馆网站和“杨浦区图书馆”新浪微博上开展，如杨浦区图书馆公益文化服务联盟活动、“海上文化”名家讲座、“阅读正能量”优秀读物推广活动、“阅读新锐”评选活动、数字阅读推广活动、海上画梦录——老上海漫画展、快乐儿童周活动等，至 6 月 5 日结束。读书月活动通过丰富的内容、创新的载体，吸纳活动人次逾万，引领全区乃至更大范围开展全民阅读，为营造“知识杨浦”起到积极作用。（上海市图书馆学会秘书处）

【陈伯吹纪念馆迁馆开放仪式暨第 25 届陈伯吹儿童文学奖颁奖会】 11 月 11 日在宝山区图书馆举行，由宝山区人民政府和陈伯吹儿童文学基金会联合举办。宝山区领导出席并为获得第 25 届陈伯吹儿童文学奖的作家代表颁奖。中国科学院院士、原北京大学校长、陈伯吹儿童文学基金会名誉主任陈佳洱，北京大学教授周维金，中国作家协会副主席、上海市作家协会副主席、陈伯吹儿童文学基金会主任叶辛等嘉宾以及近百位上海儿童文学作家、编辑应邀参加活动。中国幻想文学的代表性作家彭懿凭借作品《老师，操场上有个小妖怪叫我》获得本届文学奖大奖，90 高龄老作家孙毅获杰出贡献奖。扩建后的陈伯吹纪念馆还原陈伯吹的生平及成就，展览与阅览相结合、趣味性与知识性相结合、活动功能与环境氛围相结合，开创中国公共图书馆与名人纪念馆融合的先河。同日，陈伯吹纪念馆网站（http://www.chenbochuimh.org）正式对外开通。（上海市图书馆学会秘书处）

【嘉定区图书馆新馆建成开放】 6月26日，嘉定区图书馆新馆与嘉定区文化馆、嘉定区博物馆同时建成开放。新馆坐落在裕民南路1288号，馆舍采用江南传统院落式组合，俯看似一本本打开的书，将山水园林的概念植入到现代建筑中，内装设计荣获美国纽约 Interior Design 竞赛2013年度最佳机构类图书馆大奖，建成后成为嘉定新城重要的文化地标。新馆开馆后，与清河路馆形成“一区两馆”服务模式。新馆建筑面积1.5万平方米，其中共享区域的建筑面积为7789平方米。开架图书20万册，采用便捷的RFID借阅设备。内设10余个服务窗口，拥有1个藏量达3万册的24小时无人值守自助图书室。（上海市图书馆学会秘书处）

【“嘉定·宝山读书月”活动获得上海读书节优秀项目奖】 12月24日，2013年第15届上海读书节在宝山体育场举行，由嘉定区图书馆和宝山区图书馆联合举办的“嘉定·宝山读书月”活动荣获此次读书节优秀项目奖。以“梦想都市·悦读嘉图”为主题的读书月活动围绕传承文化展开，结合两区的特色与优势资源，共举办重点活动4项，主题、系列活动22项以及数百场街镇特色读书活动，吸引近8万市民参与其中，较2012年增加近3万人次，有效提高公共图书馆在阅读推广中的影响力。（上海市图书馆学会秘书处）

【浦东图书馆援建安徽六安革命老区候鸟书屋】 7月15日，浦东图书馆援建安徽六安革命老区“候鸟书屋”交接仪式在六安市皖西博物馆举行，来自六安革命老区7个“候鸟书屋”试点的代表和相关单位共60余人参加。援建“候鸟书屋”，是浦东图书馆和六安市文广新局联合发起的一项旨在改善革命老区留守儿童读书阅览条件、丰富精神文化生活的活动。浦东图书馆和六安市文广新局经过调研，选择霍邱县龙潭镇杨楼村、金安区三十铺镇凤凰村等7个村作为试点建设“候鸟书屋”。仪式上，浦东图书馆向7个试点村捐赠电脑14部、桌椅14套、图书7000册等“候鸟书屋”物资，并进行授牌。（上海市图书馆学会秘书处）

【第七届青浦市民读书节】 4月23日下午，第七届青浦市民读书节开幕式在青浦区图书馆隆重举行。区委副书记房剑森，副区长蔡忠等领导出席此次开幕式，向上海市文明村、文明小区、文明单位等赠送优秀图书，并为“尚读——翻开一个世界”2012年度优秀书评活动的获奖者颁奖。青浦区阅读推广计划今年推出“阅读推广进巴士”项目，即在青浦巴士的“阅读推广袋”中定期投放图书馆指南、最新书目推荐、数字图书馆简介、公益读书活动预告、《清阅朴读》阅读推广刊物等公益阅读推广宣传资料。读书节期间，区图书馆与各街镇图书馆等单位联合开展读书沙龙、读书展览、读书征文、作家讲座、诗歌朗诵、图书漂流等一系列读书活动，并走进农村、社区、学校、家庭等阵地推广阅读。（上海市图书馆学会秘书处）

【青浦区图书馆改扩建工程完工】 7月，青浦区图书馆改扩建工程完工，全馆功能布局大幅调整，读者的借阅环境更为舒适。此次青浦区图书馆全局规模的调整是改扩建后的第2次大范围调整，在扩建及内部整理期间，图书馆坚持正常开放，未对读者的借阅造成大的影响。改扩建后，图书馆的阅览座位数达到900多个，全开架图书也从18万册增加到30万余册。新设立的亲子阅览室受到低龄幼童家长的欢迎。（上海市图书馆学会秘书处）

【奉贤区举办第3届阅读节】 4月26日—6月6日，以“乐享阅读　启智生活”为主题的奉贤区第3届阅读节在奉贤区图书馆举办，以“阅读名人、阅读名著、阅读感悟、阅读成长”为四大主线，区图书馆推出“名家解读名著”言子讲坛、“追溯流年阅读名人”系列活动、“说贤人话贤事”奉贤本土方言故事大赛、流动书香进企业等31项阅读活动，直接参与市民人数近1.8万人，进一步突出品牌化、系列化、地方化的活动特色，面向基层、服务群众、与时俱进，社会效益得到不断彰显。（上海市图书馆学会秘书处）

江苏省

【概况】 2013年，江苏省公共文化服务成效显著。苏州市以全国总分第一的成绩，荣获首批国家公共文化服务体系示范区称号。常州市“电视图书馆”等进入第二批国家公共文化服务体系示范项目创建名单。《江苏省公共文化服务促进条例》正式列入省人大五年（2013—2017）立法规划。

全省公共图书馆事业再上新台阶。截至2013年底，省、市、县（市、区）三级共有公共图书馆113个（含独立编制的少儿图书馆9个），其中省级馆1个，市级馆17个，县级馆95个。实际使用总建筑面积为88.206万平方米，其中书库面积13.636万平方米，书刊阅览室面积14.122万平方米，电子阅览室面积2.431万平方米。阅览室座席44431个，其中少儿阅览室座席11794个。文献总藏量为5769.829万册，其中图书4902.401万册，古籍344.607万册，报刊373.577万件，视听文献84.601万件，电子图书3488.904万种。2013年新增纸质藏书总量为435.979万册，新增电子图书1323.146万册，购买报刊70696种。财政拨款总经费65868.9万元，其中专项购书经费11413.2万元。省馆获得财政拨款总经费12765.8万元，其中专项购书经费4500万元。全省发放有效借书证367.7104万个，总流通5046.696万人次，书刊文献外借3996.844万册次。组织各类讲座3003次，参加读者63.908万人次；举办各类展览911个，观展读者171.338万人次；举办各类培训班1665个，受训读者12.009万人次。共有计算机10100台，电子阅览室终端5300个，图书馆网站总访问量4450.7261万页人次。共有从业人员3033人，其中中级及以上专业技术人员2203人（含正高级职称41人，副高级职称305人）。

扎实开展第五次全国公共图书馆评估定级工作和首次全国乡镇综合文化站评估定级工作。通过周密计划、广泛发动、狠抓落实，全省112个图书馆中有110个图书馆参加本次评估定级，最终有109个图书馆达到三级以上图书馆标准，其中有99个图书馆荣获一级图书馆称号，一级馆的比值与数量位居全国第一。结合文化部开展的首次全国乡镇（街道）综合文化站评估定级工作，江苏省先行做好试点，在部颁标准的基础上，分苏南、苏中、苏北制定符合江苏实际的评估定级标准，以此推动全省乡镇（街道）公共文化设施建设上台阶。在规定时间内，江苏省有1250个文化站参加评估定级工作，其中有881个达到评估定级的基本条件，达标率超过70%。

深入推进全省图书馆总分馆制建设及图书借阅“一卡通”便民措施。苏州市、南京市、镇江市结合创建公共文化服务体系示范区，总分馆制建设取得重大进展，苏州图书馆、金陵图书馆、镇江图书馆、扬州图书馆、盐城图书馆以及靖江图书馆、姜堰图书馆等在总分馆制建设与便民服务方面取得优异成绩，获得广大群众好评。

大力推动公共数字文化建设工程，积极开展数字图书馆推广工作和公共电子阅览室建设工作。在2012年下发《关于开展公共数字文化建设的实施方案》基础上，今年又制定下发《江苏省公共数字文化系统建设标准》。各地根据标准要求，制定本地区公共数字文化建设四年计划和2013年实施方案。根据省政府重点工作时序进度安排，全年对600个街道、乡镇文化信息资源共享工程基层服务点进行提档升级，省中心完成全省公共电子阅览室管理信息系统的采购、试点和推广工作。

继续加强古籍保护工程，结合实施中华古籍保护计划与第一次全国可移动文物普查工作，江苏省古籍保护中心古籍普查登记工作有序进行，并取得重要成果。全省有191部古籍入选第四批《国家珍贵古籍名录》，其中南京图书馆96部，两者总数均列全国第三。截至目前，国务院公布的四批《国家珍贵古籍名录》共11375部，江苏入选数量占全国总量的10.66%。在国家古籍保护中心公布的14项古籍普查重要发现中，南图藏宋刻《龙川略志》六卷《别志》四卷，徐州市图书馆藏宋刻本《四书章句集注》均被列为全国古籍普查重要发现，数量仅次于国家图书馆。南京图书馆藏本原为过云楼藏书，是目前仅见的两志合刻宋刊宋印本，具有珍贵的史料价值。《南京图书馆藏汪伪政府公报汇刊》《南京图书馆藏民国文献珍本图录》入选22个首批全国民国时期文献整理出版项目，入选数量居全国省级公共图书馆之首。成功召开全省古籍保护工作会议和学术研讨会，来自国家古籍保护中心的领导、全国部分及江苏地区的专家和代表参加会议，就新形势下如何做好古籍保护工作的传承与发展进行专题研讨。古籍保护数字化工作取得新成绩，已完成历史文献数字化约 40T、110 万拍、12000多册工作。调整成立江苏省古籍保护专家委员，制订《江苏省古籍收藏单位申报评定暂行办法》和《江苏省古籍保护工作专家委员会章程》。

无锡锡山区图书馆、南通如皋市图书馆、启东市图书馆等一批县级图书馆新馆先后对外开放。江苏省公共图书馆联合参考咨询网于 9 月正式通过专家论证验收，发展省内地（市）、县（区）图书馆成员馆 76 个，服务效果较好。（江苏省图书馆学会　杨岭雪）

【南京图书馆年刊 2011 正式出版】 4 月，南京图书馆年刊 2011 正式刊印出版。年刊由 11 个部分组成，分别是卷首语、南图影像、馆藏精品、专题访谈、服务要点、工作亮点、业务重点、馆务创新、馆外奖励、媒体报道、大事记；大量采用图片配文字以及表格的形式，生动形象，具体准确。年刊编撰既可反映南京图书馆年度发展状况，也可为日后馆史编纂积累重要素材，提供可靠依据。（江苏省图书馆学会）

【过云楼藏书合璧展在南京图书馆举办】 12 月 1 日，以“云霞重聚，百年传承”为主题，由南京图书馆和江苏凤凰出版传媒集团共同举办的过云楼藏书合璧展在南图开展。此次展览共挑选两家所藏古籍珍本之精华 120 种，其中南京图书馆 90 种，江苏凤凰出版传媒集团 30 种，分别汇集宋本、元本、稿本、批校本、抄本、明刻本与清刻本之精粹，其中包括被国家列为古籍普查重大发现的宋刻孤本《龙川略志》六卷《别志》四卷，创下中国古籍拍卖新纪录的宋刻孤本《锦绣万花谷》等。这不仅是迄今为止过云楼藏书最为完整、最大规模、最高规格的公开展览，其展出的古籍珍本等级之高、品质之优也世所罕见。展览为期 5 天，观展人次逾万，近百家新闻媒体集中报道。（江苏省图书馆学会）

【江苏举办全省公共图书馆业务竞赛】 12 月 4 日，由江苏省文化厅主办、南京图书馆承办的全省公共图书馆业务竞赛初赛在省内 14 个考点同时开考。作为江苏公共图书馆事业发展史上首次大规模的业务竞赛，得到全省各地、各级公共图书馆的热烈响应和积极参与，801 名参赛选手占全省从业人数的 26%，其中南京地区高达 60%。本次竞赛内容全面，涵盖基础业务知识、专业技能操作，既有理论，又有实践，既兼顾全省选手的水平、又考虑高水平选手的发挥；组织严密，对出题、监考、阅卷、统计等各个环节精心设计和严格把关，努力保证竞赛的公平公正；竞赛成绩比较客观地反映江苏公共图书馆从业人员的业务水平，也反映各地区的组织水平。比赛历时近一个月，经过初赛、决赛两轮角逐，产生团体一、二、三等奖 6 名，个人一、二、三等奖 32 名（各地区 24 名、省馆 8 名），个人优秀奖 14 名（各地区 12 名、省馆 2 名）和组织奖 6 名。此次竞赛对加强全省人才队伍建设，活跃业务学习气氛，提高全省公共图书馆从业人员的业务能力和服务水平具有积极作用。业务竞赛今后将常规化，每两年举办一次。（江苏省图书馆学会）

【第三届南京图书馆陶风图书奖评选结果揭晓】 12 月 15 日，在第四届南图阅读节闭幕式上，南图公布第三届陶风图书奖获奖作品名单，《中国留守儿童日记》等 10 种图书被评为陶风图书奖获奖图书，50 种图书被评为陶风图书奖提名奖图书。陶风图书奖自 2010 举办首届评选活动以来，至今已连续三届，在社会上产生一定的影响，对引导读者好读书、读好书，形成良好的社会阅读氛围起到积极推动作用。（江苏省图书馆学会）

【金陵图书馆与尼日利亚国家图书馆签订合作交流谅解备忘录】 受中国文化部委派，金陵图书馆馆长严峰作为南京市文化考察团成员，于 2 月 25 日抵达尼日利亚首都阿布贾，与尼政府部门官员举行会谈，并与尼日利亚国家图书馆签署双边友好文化交流谅解备忘录。金陵图书馆同时向尼日利亚国家图书馆赠送中国近期出版的英文图书 250 本。（江苏省图书馆学会）

【金陵图书馆与加纳图书馆委员会签订友好合作备忘录】 10 月 7—12 日，受中国文化部委派，根据 2013 年 2 月南京市文化考察团关于中国与加纳图书馆合作意向计划安排，以金陵图书馆馆长严峰为团长的中国金陵图书馆专家代表团一行 4 人赴加纳首都阿克拉，与加政府教育部门官员举行会谈，与加纳图书馆委员会签署双边友好合作谅解备忘录，并就建立出版物交换关系、书目著录标准化培训、图书馆计算机自动化管理和珍贵文献保护与修复技术培训等合作事项进行仔细深入地探讨商议。（江苏省图书馆学会）

【西北大学公共管理学院苏州图书馆教学实习基地揭牌】 3月27日，“西北大学公共管理学院教学实习基地”在苏州图书馆正式挂牌。此前，苏州图书馆已连续四年和西北大学合作，为实习基地的建成奠定基础。苏州图书馆从2007年开始，先后接待来自北京大学、南开大学、西北大学图书情报专业的学生来馆学习实践，为大学生提供有益于他们成长的岗位机会，同时也为苏州图书馆的持续发展储备优秀的人才资源。（江苏省图书馆学会）

【苏州图书馆与遵义市图书馆缔结友好图书馆】 10月17日，苏州图书馆与遵义市图书馆缔结友好图书馆。为贯彻落实国务院办公厅于今年2月4日下发的《关于开展对口帮扶贵州工作的指导意见》，帮助西部地区不断提升公共文化服务的质量和水平，苏州图书馆与遵义市图书馆缔结为友好图书馆后，将本着“优势互补、共同发展”的原则，在服务模式、资源建设、人员培训、品牌活动等方面与遵义市图书馆开展全面的交流与合作。（江苏省图书馆学会）

【无锡市图书馆、无锡博物院联合举办古籍珍本展览】 9月28至10月29日，由无锡市图书馆、无锡博物院联合举办的“天禄遗珠——无锡市图书馆、无锡博物院藏古籍珍本联展”在无锡博物院西区二层展厅展出。本次展出的81件古籍包括无锡市图书馆藏珍本68件、无锡博物院藏珍本13件。无锡市图书馆古籍藏品宏富，2009年被评为“全国古籍重点保护单位”。此次展出的68件展品均为入选《国家珍贵古籍名录》的珍本，涵盖经、史、子、集各大部类，刻本、套印本、活字本、抄本、钤印本、磁版印本等古籍版本一应俱全。（江苏省图书馆学会）

【镇江市图书馆完成《文心雕龙》专题数据库建设】 2013年，镇江市图书馆完成江苏省文化科研课题“‘文心雕龙’专题数据库”建设，并通过审查结题。目前数据库共收入论文3509篇，时间跨度从20世纪初至今，达100余年，基本包含其间出版的全部文心雕龙论文和部分专著，具备检索快捷的特点，拥有文字、图形同步显示功能。（江苏省图书馆学会）

【镇江市数字图书馆开通】 6月28日，镇江市数字图书馆正式开通。市图书馆的持证读者可以通过电脑或手机网络24小时享受镇江市数字图书馆免费提供的电子图书、期刊、报纸在线阅览和百万数字资源的检索、下载服务。目前，该馆资源总量为15TB，包括读秀学术搜索、龙源期刊、人大报刊复印资料、共享工程等数字资源，以及市图书馆自建的馆藏古籍、《文心雕龙》特色数据库、视点信息等多个数据库，其中龙源期刊及中文主流报纸与纸质版同步更新；提供用户在线阅读、下载、文献传递等服务，以查、阅、传、询四种方式，为用户提供高效优质的服务。（江苏省图书馆学会）

【镇江市图书馆韩国益山分馆开馆】 10月25日，设于韩国益山市图书馆内的镇江市图书馆益山分馆“镇江之窗”正式对韩国读者开放。韩国益山市是镇江市缔结的国际友好城市。为了让韩国读者更加深入地了解中国、了解中国文化，此次在韩国益山建设图书馆分馆，是镇江市在对外文化交流方面的一次尝试。在书籍选择方面，镇江市图书馆按照突出镇江特色、弘扬优秀文化和结合益山图书馆工作重点的要求，选配镇江百年图志、四大名著、优秀少儿读物等书籍500多种，内容涵盖政治、经济、文化、艺术、旅游、教育等各个方面，多角度、多层次展示“镇江之窗”的魅力。（江苏省图书馆学会）

【镇江市首张城市图书馆地图出版】 镇江市首张城市图书馆地图——《2013书香镇江地图》手册正式面世，镇江图书馆、辖市区总馆及各分馆的最新服务布局一目了然。其中，地图正面介绍镇江图书馆数字图书馆和电视图书馆相关内容，背面详细标识镇江主城区图书馆分馆所在地，以不同颜色区分各区域的图书馆分馆，并配上名称标识和附近醒目的地标物，让读者易于查找。（江苏省图书馆学会）

【2013年长江三角地区网上联合知识导航站

年会在扬州市图书馆召开】 此次年会于12月12日召开，由上海图书馆、扬州市图书馆、扬州市图书馆学会联合主办。上海图书馆、南京图书馆、浙江图书馆领导，以及来自长三角地区20多家公共图书馆、部分高校图书馆的领导和导航站专家学者参加本次年会。“长江三角网上联合知识导航站扬州分站”在会上正式成立，扬州市市政府副秘书长仲衍书与上海图书馆副馆长周德明共同为导航站揭牌。周德明做2013年网上联合知识导航站工作总结；上海图书馆樊佳怡等同志分别阐述参考咨询服务的变革，总结微博参考咨询服务，介绍网上联合知识导航站新平台；与会人员随后分成两组交流讨论网上参考咨询业务的发展与合作。（江苏省图书馆学会）

【苏中地区首家24小时自助图书馆落户扬州】 12月30日下午，由扬州市图书馆和扬州盛城置业有限公司共同建设的扬州市首家24小时自助借阅示范社区暨扬州市图书馆盛城世家分馆在扬州盛城世家用户服务中心举行揭牌仪式。扬州市政府副秘书长仲衍书、扬州市委宣传部副部长、文广新局局长季培均等出席揭牌仪式。这是苏中地区建立的第一家24小时自助图书馆，推动扬州的城市文化建设。（江苏省图书馆学会）

【彭城书法大赛暨全国规范汉字书写大赛在徐州市图书馆举行】 6月，由徐州市图书馆、市语言文字工作委员会、彭城视窗等单位联合举办的“彭城书法大赛暨全国规范汉字书写大赛”（徐州赛区）在徐州市图书馆举行，活动主题为：“书写经典国文，弘扬传统文明”。经过两天16场的激烈角逐，从4000多名选手中评选出金奖80名、银奖120名、铜奖200名。（江苏省图书馆学会）

【徐州市首届汉风读书月暨淮海书展在市图书馆开幕】 7月6日上午，由徐州市委宣传部、市文明办、市文广新局等十几家单位联合主办，市图书馆承办的徐州市首届“汉风读书月”暨淮海书展开幕式在市图书馆举行。近600人参加此次活动。活动现场举行全民阅读活动暨赠书签名，国内几十家正规出版社的各类书籍以3到8折优惠供市民选择。开幕式后，徐州籍国家著名作家赵本夫在市图书馆“汉风大讲堂”做题为《读书与视野》的开坛开幕专题讲座。（江苏省图书馆学会）

【徐州作家馆在市图书馆建成】 8月初至8月底，徐州市图书馆和徐州市作家协会携手创建徐州作家馆。该馆设在市图书馆一楼“徐州记忆”特藏室，收藏从全市作家广泛征集来的文献著作。截至8月底，已征集到馆徐州籍作家25人的陈展作品62种168册。征集来的文献一部分作为地方文献保存，其余免费提供给市民借阅。徐州作家馆成立之后，还将陆续征集徐州地方文献，不断丰富馆藏，使其成为徐州人文资料的保存基地。（江苏省图书馆学会）

【盐城市图书馆新馆建成开放】 “4·23”世界读书日之际，盐城市图书馆新馆全面开放，建筑面积3万平方米。盐城市馆作为苏北唯一一家上报文化部的数字图书馆，除自建的盐城市地方文献数据库外，还引进北京超星读秀学术资源、龙源期刊等数据库。馆内实现国内最先进的RFID（无线射频识别）系统应用，通过自助借还提供快捷、方便的借阅服务。除传统功能外，还增加总分馆通借通还、文献数字化处理、音视频制作、亲子阅览、视障阅览、图书流动车、手机图书馆等功能。（江苏省图书馆学会）

【盐城市创立盐读风全民读书月品牌活动】 自“4·23”世界读书日起到6月期间，盐城市在全市组织开展以“推广全民阅读，实施文化惠民”为主题的盐读风首届全民读书月系列活动。本届读书月系列活动结合盐城市图书馆新馆开放，创立“盐读风”文化品牌，多层次、广范围地开展形式多样的读书系列活动，具有广泛的社会影响。其中，“读书伴我成长”“我与农家书屋”大型读书征文演讲比赛和大型读书知识竞赛活动，吸引数万名民众的参与。（江苏省图书馆学会）

【《宿迁市图书馆志》完稿】 经过2个多月的收集资料和整理编撰，6月4日，市图书馆圆满完成《宿迁市图书馆志》的撰稿工作。该稿近4万字，既是《宿迁文化志》中的图书馆部分，也是《江苏省公共图书馆志》宿迁篇，分为公共图书馆、其他重要图书馆（室）、官府藏书和私人藏书等部分，如实记录宿迁地区图书馆事业及藏书活动的起源、发展和现状，全面、客观地反映宿迁市公共图书馆服务体系建设和跨越发展的历程，以及各级图书馆开展的各项惠民服务工作。（江苏省图书馆学会）

【全国中小型公共图书馆联合会2013年研讨会在张家港市召开】 6月17—18日，由中国图书馆学会、全国中小型公共图书馆联合会和张家港市委宣传部、市文广新局、市全民阅读活动推进委员会联合主办的全国中小型公共图书馆联合会2013年研讨会在张家港市沙州宾馆召开。江苏省文化厅党组成员、南京图书馆党委书记方标军，文化部公共文化司图书馆处副处长尹寿松，全国中小型公共图书馆联合会会长郭斌、秘书长董海以及来自全国30个省、市、自治区的250多位图书馆馆长、负责人出席会议。与会代表围绕“文化强国建设中的中小型公共图书馆服务”等议题进行深入讨论。广东省佛山市图书馆馆长屈义华和西北大学公共管理学院教授杨玉麟分别以《“项目立馆”与图书馆管理机制变革》《公共图书馆职业理念与职业素养》为题做主旨报告，张家港市图书馆馆长缪建新做题为《张家港市图书馆服务的实践与探索》的专题报告，国家公共文化服务体系专家委员会委员、全国中小型公共图书馆联合会顾问冯守仁做专家点评。此次会议共收到征文780篇，其中346篇分获一、二、三等奖。会上分别为获奖论文作者及征文组织奖单位颁发证书，并举行“中西部地区基层图书馆领军人才培训计划”结对仪式。会议还组织与会代表参观考察张家港市城市综合展示馆、市图书馆、24小时自助图书馆、南丰镇文化中心、永联村图书馆等。

【无锡新区图书馆联盟正式运行】 自1月1日起，无锡新区图书馆联盟正式运行。为方便读者借阅书籍，加强无锡新区全区文化共享及流通，提高跨街道、园区馆藏图书利用率，无锡新区图书馆结合软件园、530创业中心两个分馆以及新区6个街道图书馆建立“1＋8”图书馆联盟，各联盟馆间实现通借通还，服务网络覆盖整个新区范围。4月初，无锡新区图书馆关于《新区图书馆服务管理规范》通过GB/T 19001—2008/ISO 9001:2008质量管理体系认证，实现该联盟所属图书馆管理标准的规范化、一致化。（江苏省图书馆学会）

【文化共享工程南京市六合区第一图书馆支中心建成并试运行】 文化共享工程南京市六合区第一图书馆支中心建设工作前后历时3个多月，于4月下旬全部完工。该支中心中控室（机房）建筑面积15平方米，电子阅览室建筑面积120平方米，配备电脑25台，可为广大群众提供文化信息资源共享工程的优质文化服务。（江苏省图书馆学会）

【启东市图书馆新馆开放】 1月8日，启东市图书馆新馆正式向读者开放。新馆面积8000平方米，地处市中心闹市。新馆功能齐全，设有报刊阅览室、成人外借区、少儿外借区、电子阅览室、视障人阅览室、展厅、报告厅等；设施先进，有电子读者机、自助借还设备、自助查询机等。（江苏省图书馆学会）

浙江省

【概况】 截至2013年年底，浙江省共有县（市、区）以上公共图书馆98个，其中省级图书馆1个，市级图书馆11个，市级少儿图书馆3个，县（市、区）以上图书馆84个。从业人员3273人，其中专业人员1999人，较上一年增加3.68%。全省公共图书馆馆舍面积74.69万平方米，比上一年增加8%。阅览座席42423个。2013年，全省公共图书馆藏书总量达到5165万册，累计发放有效借书证322万张，外借图书3919万册。图书馆网站访问量3739万人次，较上一年增加23%。全年总流通人次4946万人次，为读者举办各种活动6153次，参加人次401万人次。

顺利通过第五次公共图书馆评估定级。浙江省有90个图书馆达到三级以上图书馆标准，其中一级馆72个，二级馆15个，三级馆3个，上等级图书馆数量占全省公共图书馆总数的91.84%。与2009年第四次评估定级相比，上等级图书馆数量增加13.92%，一级馆数量增加53.19%，全省公共图书馆事业发展再上新台阶。

基础设施不断完善。浙江图书馆扎实推进新馆建设工作，完成《新馆建筑方案设计任务书》。宁波市图书馆新馆建设完成项目建议书起草，取得选址意见书及立项批复，启动概念设计方案征集工作，前期各项工作有序推进。绍兴市图书馆全面开展镜湖新馆建设工作，反复论证并严格落实新馆的功能布局、设施设备方案，完成新馆的人员编制及分批到位方案，组织落实第一批新员工招聘。金华市少年儿童图书馆新馆完成建设，项目总投资 2 亿多元，面积从原来的 1000 平方米扩建到 7000 多平方米。衢州市图书馆启动图书馆改扩建（中国儒学馆）项目。丽水市图书馆新馆建设完成方案设计并提交市规划部门审核。宁波市江北区图书馆和台州市路桥区图书馆新馆正式开放。

馆外服务网络日益健全。浙江图书馆新增浙江省警卫局流通站。杭州图书馆开设生活主题分馆。宁波市图书馆新建 11 个流动图书馆，投放 14 台自助图书馆，在市聋哑学校建立全市首家盲文流动图书馆。温州市图书馆新设 3 个“儿童知识银行”，启用 6 辆汽车图书馆、11 台 24 小时街区微型图书馆，新建 30 个中心镇分馆和 200 个农村服务基层点。湖州市图书馆新增 2 个图书流通点。嘉兴市图书馆新建东栅街道、解放街道、嘉北街道阳光社区等街道、社区分馆，新增图书流通点 12 个，并启动 24 小时街头智能 mini 图书室建设试点。绍兴图书馆建成龙华佛学分馆，新建 4 个馆外流通站。衢州市图书馆建成巨桑分馆，新建流通点 17 个。丽水市图书馆新建碧湖分馆及 10 个流通站。

数字资源建设稳步推进。浙江图书馆加强数字标准化与规范化建设，制定《浙江图书馆馆藏文献数字化建设工作手册》；“新编地方志数据库”新增地方志 763 册；“馆藏拓片数据库”完成 561 张原拓的数字化加工；“舆图数据库”完成 20117 张扫描工作；出版“中国历代鉴藏家印鉴数据库”（DVD）“舞台姐妹”（DVD）；购买数据库 53 个系列，其中新购 5 个。温州市图书馆完成“温州话数据库”“温州地方志数据库”等 5 个特色数据库建设。嘉兴市图书馆完成馆藏古籍数字化 1 万多册，建设完成“嘉兴血防史资料库”等 3 个数据库。绍兴图书馆开通绍兴数字图书馆。舟山市图书馆完成“舟山名人库”和“舟山方志库”等 2 个特色资源库的数字化加工。

依托读者服务品牌，提升读者服务水平。浙江图书馆“文澜”系列读者活动新开设“文澜社会大课堂”，设立浙江图书馆文澜朗诵团，举办朗诵公开课 24 场；实施“年度读者外借服务提升计划”，通过评选外借达人提升外借册次，推广阅读。杭州图书馆推出“阅读疗愈”活动，通过文献推荐和心理学专家疏导相结合的方法，帮助读者提高生活和阅读质量，开创阅读推广新模式。宁波市图书馆“天一讲堂”坚持周周有讲座，举办讲座 74 场，并推出讲堂巡讲活动。绍兴图书馆申报的“绍兴市电视图书馆”被评为第二批创建国家公共文化服务体系示范项目。金华市图书馆开办“小邹鲁大讲堂”，举办讲座 13 场。舟山市图书馆开展“舟图志愿者”专项服务，组建志愿者团队 10 个，吸纳志愿者 248 名；开展故事会、英语沙龙等读者活动 56 场次，1660 人次参加。台州市图书馆举办真人图书馆活动，开展活动 4 期，收录真人图书 9 本。杭州少年儿童图书馆“小可妈妈伴小时”亲子课堂品牌活动、嘉兴市图书馆总分馆联动创建“禾禾”少儿系列品牌活动、温州市图书馆“儿童知识银行”等少儿品牌继续开展形式活泼、内容丰富的活动，吸引小读者的参与。

决策信息服务领域逐步拓展。浙江图书馆建立省委、省政府、省人大信息服务机制，合作组建网络信息资源共享平台，访问量 1.2 万余人次，送书 90 次，推荐图书 1500 余种；新推出《信息速递》《时政专题》《省部级领导决策专辑》3 个决策参考专题剪报，共编辑 624 期；举办全省首届公共图书馆信息服务产品创作大赛，促进浙江省公共图书馆决策信息服务工作共建共享。杭州图书馆开展“一日一报”信息推送服务。温州市图书馆编发《新参考》《廉政参考》等刊物；加入全国图书馆参考咨询联盟；与温州市委政策研究室合作开发“数字政研”网上平台等。

特殊群体服务进一步深化。浙江图书馆首次联合地方文广新局和残联，在嘉兴市举办 2013 年国际盲人节公益活动；开展市县盲文文献流通工作，向兰溪、金华、杭州等市、县图书馆送盲文文献 1723 册次；持续加强全省视障信息无障碍服务中心建设，引进全国首台音乐座椅，改进视障读者视听环境；继续推出听书机外借服务，为视障人群开展“送书上门”等服务；加大盲人文献资源建设力度，初步建立有声读物数据库，自制盲文文献400多万字、打印4700多万字，自制有声读物876.4M；推动视障读者活动常态化，每月播放无障碍电影2场。组织开展第三届“网聚少年”青少年暑期网络夏令营活动，参与人数1.6万人次。杭州图书馆音乐分馆设立“听心”盲人影院，每月开展一期现场“讲电影”活动。温州市图书馆全年举办各类老年人、未成年人公益文化活动80余场，参与1.3万余人次；面向弱势群体开展心理康复培训、技能比赛等活动7场，推出“温图小巴·爱心驿站”，为低保人群提供文化服务。湖州市图书馆“农民工文化之家”展现新活力，增设后庄小学馆外服务点，开展助力春运火车票网购服务以及网络知识与技能培训。台州市图书馆推出“老年人计算机培训班”，举办5期，479人次参加。丽水市图书馆积极参与农村“春泥书库”共建活动，认购“春泥书库”2个，帮助解决农村未成年人“买书难、借书难、看书难”问题。

重点文化工程有序推进。文化共享工程浙江省分中心完成浙江网络图书馆影视频道系统升级，所有视频重新转码并发布，共计9532部；完成“全国公共文化数字支撑平台浙江中心”建设方案，通过国家中心专家评审；完成“畲族文化多媒体数据库”“浙江革命风云人物专题片”“浙江书院专题片”并通过国家中心验收；“浙江传统美术与技艺多媒体资源库”“浙江书楼书院学堂多媒体资源库”获文化部立项；组织专家对2012年地方资源建设项目进行验收，44个项目通过验收；开展2013年地方特色资源建设申报工作，18个项目获得立项；《浙江藏书楼》（DVD）获第三届中国出版政府奖提名奖；举办2013年全省文化共享工程业务培训班。数字图书馆推广工程建设完成《浙江数字图书馆推广工程省级节点建设方案》和《浙江省数字图书馆推广工程建设项目经费申报书》，分三年下拨经费，2013年第一期500万元省本级建设经费已经到位；积极推进全省数字图书馆资源共建共享机制建设，着手制订省、市数字图书馆资源建设、保存和服务统一规划；全年全省累计组织开展数字图书馆专题培训班18次，受训784人次，内容涉及推广工程理念、资源建设、系统构建、技能提升等方面；完成《浙江省公共电子阅览室建设方案》，并与国家中心对接；完成省级中心公共电子阅览室升级，部署省级中心服务器1个，市级支服务器11个，县级支服务器80个，接入公共电子阅览室935个，接入终端计算机13086台；完成全省公共电子阅览室管理平台资源导航与信息发布模块并上线运行；开展公共电子阅览室基层示范点评选活动；与省开发区协会合作进行开发区公共电子阅览室建设，联合调研镇海经济开发区、余姚经济开发区的公共电子阅览室建设情况。中华古籍保护计划完成第一批“浙江省古籍重点保护单位和保护达标单位”、《浙江省珍贵古籍名录》评审工作；建成浙江省古籍修复中央材料库，共有修复用纸177种53万张；完成《古籍修复纸谱》样本；规范普查信息著录项目，制定《浙江省古籍普查信息登记项目规定》，出版《浙江省古籍普查手册》，举办第五期全省古籍普查培训班；全省古籍普查项目新立项单位14家，全省累计48家，其中湖州市图书馆和云和图书馆已完成古籍普查工作；完成馆藏古籍普查（一审）5814部8.3万册，省内其他馆藏（二审）9995部10.6万册；完成浙江省古籍保护专项的绩效评估工作。

业界交流与合作不断深化。以联盟为平台推动省内图书馆联动发展。信息服务联盟开展两会联动服务，21个图书馆在两会期间合作编辑两会专题34个；开设两会专题网页，搭建专题数据资源，录入数据725条，为全省各级公共图书馆开展两会服务提供便利。展览、讲座联盟组织40余位讲师、50余个讲座主题以及30余个展览的巡讲巡展资源供各馆选择，全年巡讲34场次、巡展88场次，受众逾30万人次。浙江图书馆派员参加首届全国公共图书馆视障服务工作研讨会，并与中国盲文图书馆签订浙江分馆服务协议；参加国家图书馆巡展活动，举办文津图书奖优秀图书推介展；参与“长三角公共图书馆联盟活动”，在上海图书馆新创建的“讲座图书馆”中发布该馆读者活动信息和视频；承办古籍鉴定与管理高级研修班、首届中国藏书文化学术研讨会、首届全国阅读推广高峰论坛等全国性学术交流活动，来自全国各地的500多名专家、代表参与。杭州图书馆市民合唱团赴匈牙利参加“纪念柯达伊——佐尔坦”2013国际论坛合唱节，《水母鸡》曲目获金奖。宁波市成立公共图书馆讲座、展览联盟，促进资源共建共享。嘉兴市图书馆积极参与比尔&梅琳达·盖茨基金会“新兴图书馆创新者国际合作网络”项目，完成为期两年

多的技能培训课程，并合作完成相关课题论文。（浙江省图书馆学会秘书处）

【浙江省第一届开发区企业职工电脑实用技术大赛颁奖仪式在杭州举行】 1月13日，由全国文化信息资源共享工程浙江省分中心（浙江图书馆）、浙江省开发区协会、英特尔（中国）有限公司共建的开发区公共电子阅览室第一个活动——浙江省第一届开发区企业职工电脑实用技术大赛颁奖仪式在杭州举行。全省5家试点开发区近100位员工代表参加仪式。此次大赛以“树立文化典范，开启崭‘芯’未来”为主题，包括“我眼中的新浙江”摄影大赛和“身边的故事”电子相册制作大赛两项赛事，职工可通过线上学习，自助学习等方式参与。最终评出一等奖2个、二等奖3个、三等奖5个、特别参与奖10个，最佳社会责任奖5个。浙江省分中心推荐获奖作品参加全国文化共享工程摄影大赛。（浙江省图书馆学会秘书处）

【浙江省第五次公共图书馆评估定级工作培训班在杭州举办】 1月24—25日，浙江省第五次公共图书馆评估定级工作培训班在杭州召开，全省公共图书馆的112位馆长及业务骨干参训。省文化厅公共文化处处长戴言对评估工作进行部署。本次培训班邀请参与本次评估标准制定的国家图书馆研究院政策研究室主任李丹，对本次评估标准修订的背景、思路和重点进行介绍，对地市级馆评估标准做了重点解读，并就各馆提出的问题进行解答。培训班上，浙江图书馆、绍兴图书馆和温州市图书馆分别介绍各自的评估工作经验。（浙江省图书馆学会秘书处）

【《浙江藏书楼》(DVD)专题片荣获第四届中华优秀出版物奖】 《浙江藏书楼》（DVD）由浙江图书馆耗时两年多完成拍摄，由浙江电子音像出版社于2013年出版。该专题片在文化部全国文化信息资源建设管理中心立项，由浙江图书馆专门组织力量成立摄制组，拍摄浙江目前仍然保存完好或有遗址的有代表性的11座藏书楼，包括杭州文澜阁、宁波天一阁、嘉兴曝书亭、余姚五桂楼等。专题片共13集，可在浙江网络图书馆影视频道观看。（浙江省图书馆学会秘书处）

【2013年浙江省市级公共图书馆数字图书馆推广工程技术工作会议召开】 3月5—6日会议在杭州召开，来自全省各市公共图书馆的技术部主任和技术骨干30余人参会。浙江图书馆副馆长刘晓清总结2012年度全省数字图书馆推广工程的工作情况，并对2013年度工作任务进行部署。浙江图书馆信息技术应用部主任陈晔以“浙江省虚拟网建设、使用问题分析及解决方案”为主题做会议交流。11个市图书馆代表对各地虚拟网建设情况、存在的困难与不足等进行探讨。会议期间，还进行“智能广域网解决方案”的专题技术培训。（浙江省图书馆学会秘书处）

【2013年浙江省文化共享工程市级支中心负责人和联络员及数字图书馆推广工程工作会议召开】 3月12—13日会议在杭州召开，30余人参会。会议集中学习文化部《全国文化信息资源共享工程“十二五”规划纲要》，通报全省11个地市公共电子阅览室平台接入和网络图书馆使用情况、数字图书馆推广工程虚拟网建设和资源共享情况，讨论2013年浙江省文化共享工程工作要点。重点对公共电子阅览室平台建设和管理情况、2013年全省文化共享工程数据库采购、地方特色资源库建设项目选题以及数字图书馆推广工程资源建设情况进行讨论和意见征询。与会成员同时针对国家、省、市三级采购资源的融合、地方特色资源建设、电子阅览室管理尤其是青少年上网管理、服务活动开展等方面展开讨论与交流。（浙江省图书馆学会秘书处）

【浙江省公共图书馆网络技术联盟成立】 3月27日，浙江省公共图书馆网络技术联盟成立大会在浙江图书馆召开，全省各地市公共图书馆馆长以及浙江图书馆相关部门负责人参加会议。会上介绍该联盟的筹备过程、目标以及运作模式，现场演示全省公共图书馆云服务平台上政府决策信息、讲座展览共建共享平台的建设成果。各公共图书馆馆长结合各地实际，就网络技术联盟章程以及运行中的资源管理、知识产权保护、分工合作等问题进行讨论。（浙江省图书馆学会秘书处）

【浙江省古籍保护工作会议召开】 3月27日上午，会议在杭州召开。省文化厅副厅长陈瑶主持会议。副省长郑继伟、文化厅厅长金兴盛出席会议并作重要讲话。省政府副秘书长李云林首先向大会宣读浙江省入选第一、二、三批"全国古籍重点保护单位"和《国家珍贵古籍名录》名单,随后举行授牌和颁证仪式。出席会议的还有省发改委、省教育厅、省科技厅、省民宗委等省古籍保护工作联席会议成员单位的负责人和联络员,全省各市、县(区)文化广电新闻出版局、杭州园文局、绍兴文物管理局、金华文物局、入选第一、二、三批"全国古籍重点保护单位"和《国家珍贵古籍名录》的单位负责人、各市图书馆馆长共 140 余人。(浙江省图书馆学会秘书处)

【第九届浙江省未成年人读书节成功举办】 5 月 15 日,以"绿色悦读 七彩童年"为主题的第九届浙江省未成年人读书节在湖州南浔拉开帷幕。本届读书节由浙江省文化厅主办,浙江图书馆、湖州市南浔区委、区政府承办,南浔区委宣传部、南浔区文化体育局等执行承办。全省 11 个地市的多家公共图书馆在历时一个月时间里,组织开展书评、征文、讲座、展览、知识竞赛、书画比赛等各类型活动 600 多场次。(浙江省图书馆学会秘书处)

【浙江网络图书馆移动版正式开通】 5 月 30 日,浙江网络图书馆移动版(wap. zjelib. cn)正式开通。它是以浙江文化信息资源共享工程和全省公共图书馆的传统文献、数字资源为基础,为广大读者打造的一个移动阅读服务平台。它与浙江网络图书馆无缝对接,集成海量信息资源,利用云服务共享体系,为移动终端用户提供无时不在、无处不在的资源搜索与获取、自助借阅管理和个性化定制服务。读者用手机、iPad 等移动终端,用浙江网络图书馆、浙江图书馆借阅证号完成登录后即可访问浙江网络图书馆提供的丰富资源。(浙江省图书馆学会秘书处)

【文化部第五次公共图书馆评估督导组对浙江图书馆开展评估定级工作】 7 月 7—9 日,以天津市文广局副局长金永伟为组长、辽宁省图书馆馆长王筱雯为副组长的文化部评估督导组一行五位专家对浙江省公共图书馆进行评估,对有关重点文化工程实施工作进行督导。评估组听取省文化厅副厅长柳河关于全省公共图书馆事业、评估定级工作和重点文化工程实施情况的介绍,以及浙江图书馆、杭州图书馆、杭州少年儿童图书馆、宁波市图书馆自评情况的汇报,审阅有关文件档案和统计资料,并开展读者满意率调查与实地考察,按照评估标准对浙江图书馆进行评估。(浙江省图书馆学会秘书处)

【2013 年浙江省公共图书馆"两会"服务工作优秀服务奖公布】 2013 年,全省各级公共图书馆开展内容丰富、形式多样的"两会"信息服务工作,为代表委员们参政议政提供文献支撑,受到各级人大代表和政协委员的高度肯定和赞扬,服务"两会"工作取得全面创新提升。8 月 21 日,省文化厅发文公布 2013 年浙江省公共图书馆"两会"服务工作优秀服务奖名单(浙文公共〔2013〕51 号),浙江图书馆等 20 个公共图书馆获得"两会"信息服务工作优秀服务奖。(浙江省图书馆学会秘书处)

【浙江省古籍普查工作会议召开】 会议于 8 月 30 日在临海召开。省文化厅副厅长柳河,国家古籍保护中心副主任、国家图书馆副馆长张志清出席会议并做重要讲话。会议公布第一批"浙江省古籍重点保护单位和保护达标单位"以及《浙江省珍贵古籍名录》名单,并进行授牌颁证仪式。与会人员就《浙江处古籍普查审校方案》和《浙江省古籍普查信息登记项目规定》(讨论稿)两个方案展开热烈讨论,并提出许多富有建设性的建议和意见。(浙江省图书馆学会秘书处)

【浙江省 2013 年国际盲人节大型公益活动在嘉兴启动】 此次活动由浙江省视障信息无障碍服务联盟、嘉兴市文化广电新闻出版局和嘉兴市残疾人联合会主办,于 10 月 11 日下午在嘉兴市图书馆隆重举行。浙江省残联正厅级巡视员、党组书记、副理事长陈玉国,浙江图书馆馆长、省视障信息无障碍服务联盟主任应长兴等领导与近百余名视障朋友及各县市图书馆代表参加活动开幕式。浙江图书馆等 26 家单位获得 2013 年视障信息服务工作优秀单位表彰。10 月 12 日上午,浙江省视障信息无障碍服务联盟举办首届联盟培训班,就"浙江省公共图书馆视障服务点建设规范"内容进行培训及深度讨论。应长兴做主旨发言,并邀请李超平、范并思教授进行指导。(浙

江省图书馆学会秘书处）

【2013 年度浙江省公共图书馆馆长培训班在宁波鄞州举办】 此次培训班由浙江图书馆和浙江艺术职业学院于 10 月 28—30 日联合举办。来自省、市、县（市、区）级 94 个公共图书馆 124 位馆长参加。培训班介绍文化部组织开展的第五次公共图书馆评估中浙江省的评估情况，并邀请北京大学信息管理系教授李国新，南京大学信息管理学院副院长、教授陈雅，武汉大学陈传夫教授等业内专家，就公共文化服务体系构建与公共图书馆建设、图书馆业态的变化与发展趋势、公共图书馆少儿读者服务工作、县级图书馆发展方式与实务对策分析等专题进行研讨，借此进一步提高浙江省公共图书馆馆长队伍的业务素质和理论水平，为全省公共图书馆事业的持续健康发展提供坚实的人才保障。（浙江省图书馆学会秘书处）

【浙江文化通上线发布仪式在浙江图书馆举行】 11 月 22 日，浙江省公共数字文化移动服务平台——“浙江文化通”上线发布，标志着浙江省公共文化服务向数字移动服务迈出重要的一步。浙江图书馆从 2012 年开始组织力量研发，最终形成手机终端、宣传屏、公共电子阅览室微门户三位一体的平台——“浙江文化通”，它汇聚浙江省公共图书馆、博物馆、文化馆、美术馆、影剧院等公共文化单位举办的讲座、展览、活动、演出等文化信息，同时，专门购置有适合移动终端阅读的专用电子资源，包括百万电子书以及百余种精品人文杂志等。（浙江省图书馆学会秘书处）

【浙江省首届公共图书馆信息服务产品创作大赛在舟山举行】 11 月 25—28 日，由省文化厅主办，浙江图书馆、舟山市文化广电新闻出版局（体育局）、省公共图书馆信息服务联盟承办，舟山市图书馆执行承办的浙江省首届公共图书馆信息服务产品创作大赛在舟山举行。来自全省 11 个地区的公共图书馆代表参加此次大赛。大赛由入围的 25 个作品主创人员逐一上台现场讲解其创作思路与特色、创作实践心得以及编辑信息产品的困惑与思考。上海图书馆副馆长周德明、国家图书馆立法决策服务部主任卢海燕、广东省立中山图书馆信息部主任陈杏、舟山市图书馆馆长包继英、浙江图书馆信息服务中心主任屠雷激组成专家评委团进行提问、点评、打分，最终评出 8 个金参考奖。同时各地区代表进行现场投票，选出最佳内容编辑、最佳栏目编排等 5 个单项奖。浙江省文化厅副厅长柳河等领导为获奖选手颁奖。（浙江省图书馆学会秘书处）

【首届浙江省未成年人思想道德建设微电影大赛在舟山举行】 11 月 26—28 日，由省文化厅主办，浙江图书馆、舟山市文化广电新闻出版局承办，舟山市图书馆执行承办，省学会图书馆文化与传播分委会、省社科信息学会协办的此次大赛在舟山举行。来自全省各市的 11 支代表队参赛，14 位领导及嘉宾担任评委。大赛经过近半年的紧张筹备，全省各市围绕“印象 七彩童年”这一主题在当地开展微电影初赛选拔，选送 80 余部作品参加决赛，最终确定入围决赛作品 36 部。通过专家评审和大众评审的共同打分，最终宁波市图书馆、杭州图书馆、湖州市图书馆选送的作品获得“微电影”大赛前三名；5 部作品分获纪实类、剧情类最佳编剧奖等奖项；2 部作品中的两位小演员分获最佳男、女演员奖。（浙江省图书馆学会秘书处）

【浙江图书馆多次举办图书馆专业培训班】 8 月 29—30 日，由省馆主办、省公共图书馆讲座展览联盟承办的浙江省公共图书馆读者活动案例解析培训班在杭州举办。全省 65 个图书馆的馆长、读者活动策划人员共计 120 余人参加培训班。来自 14 个图书馆的 20 位主讲人向学员介绍各馆开展读者活动的实践与体会，这些案例既有面向成人的，也有针对少儿的系列活动，内容涉及讲座、展览、读书沙龙、活动宣传等多个领域。10 月 13—16 日，由省馆主办、苍南县图书馆协办的 2013 年浙江省公共图书馆读者服务工作研讨培训班在温州苍南举办。全省 65 个图书馆的 150 余名学员参加此次培训。培训班包括读者服务形象展演、案例交流、实践问题研讨 3 个活动，并首次开设微博平台进行全程微博直播。12 月 2—4 日，由省馆主办、玉环县图书馆协办的浙江省公共图书馆文献资源建设工作培训班在玉环举办。全省 67 个图书馆的近百名馆员参加。培训围绕公共图书馆文献资源建设理论与实务主题，13 位讲课老师均来自省市县各级公共

图书馆。（浙江省图书馆学会秘书处）

【丽水市网络图书馆荣获2012年浙江省文化传播创新十佳网站】 1月21日，由省委宣传部、省委外宣办（网信办）、省公安厅、省文化厅、省广电局、省新闻出版局、省通信管理局联合主办的2012年浙江省文化传播创新十佳网站评选结果出炉，丽水市网络图书馆等10家网站获此荣誉。这次活动得到省内各类网站的积极响应和网民的广泛参与，51家网站被推荐至省里参评，10余万网民参与网络、短信、固话投票。（浙江省图书馆学会秘书处）

【台州市图书馆正式开放24小时自助图书馆】 于2月4日正式开放。24小时自助图书馆位于台州市图书馆一楼，占地面积约300平方米，分为阅读区和藏书区两部分，共11个书架，藏书量达2万多册，内容涵盖文学、传记、政治、法律、艺术、科技、教育、文化等方面。采用自动控制技术和RFID（射频识别）等现代化技术，读者只需刷与借阅证相关联的身份证或市民卡即可借阅。（浙江省图书馆学会秘书处）

【温州市汽车图书馆开通】 8月30日，温州市汽车图书馆开通，标志着温州市已经初步形成以市图书馆为总馆，以各县（市、区）图书馆为一级分馆，以乡镇图书馆、校园分馆、企业分馆、社区分馆、机关分馆、军营分馆等为联盟分馆，以ATM机、流动图书车为补充的一种新型的公共图书馆服务网络。开通仪式后，8辆流动图书车同时发动，分别前往8个社区，为市民开展现场借书、还书、办证等服务。目前投入使用的汽车图书馆是客车改装的，每辆车可容2000余册图书，车内装备齐全，每车配置一名司机和一名工作人员。今后汽车图书馆将按预定的路线每日定时进入城区3—4个社区（总计50个社区），服务范围覆盖市区80%的社区，并将讲座、展览等文化活动送到市民家门口，进一步增强温州市公共文化服务辐射范围和服务能力。（浙江省图书馆学会秘书处）

【2013年温州市基层公共图书馆业务骨干培训班在杭州举办】 10月27日—11月1日，由温州市文化广电新闻出版局主办、温州市图书馆、浙江艺术职业学院承办的此次培训班在省艺术职业学院举办。来自全市13个公共图书馆及45个中心镇分馆的94名学员参加学习。此次培训采取专题讲座与案例分析相结合，交流研讨与参观考察相结合的方式，邀请北京大学教授李国新、上海社科院研究员巫志南、华东师范大学教授范并思等8位省内外专家讲解“当前公共文化服务体系建设的关键问题”“公共图书馆服务的理论问题”等课程，并组织学员详细了解目前公共服务体系建设中图书馆的运作模式，参观考察杭州图书馆、杭州少年儿童图书馆、宁波鄞州区图书馆、鄞州区云龙镇文化中心，并就图书馆管理、经费保障机制以及服务对象与范畴等问题进行交流。（浙江省图书馆学会秘书处）

【嘉兴市成功创建国家公共文化服务体系示范项目】 5月28日，经过专家现场打分，“嘉兴市城乡一体化公共图书馆服务体系建设”项目以东部地区17个项目得分第一，东、中、西部地区47个项目排名第一的优异成绩，通过第一批创建国家公共文化服务体系示范项目验收评审，这也标志着嘉兴成功创建国家公共文化服务体系示范项目，并为嘉兴创建国家公共文化服务体系示范区打下坚实基础。自2011年5月该项目列入第一批创建国家公共文化服务体系示范项目以来，经过两年的创建，各项指标均达到或超过国内先进水平。在“中心馆—总分馆”建设上，全市已建成市、县两级公共图书馆6个，镇（街道）图书分馆56个，村（社区）图书分馆72个，形成总馆建设不断加强，乡镇分馆管理规范，村（社区）分馆全面铺开的良好局面。在“图书馆联盟”建设上，公共图书馆系统、中小学教育系统、科技系统等已建起数字资源共同采购、共同建设、共享利用的联盟体制，面向地区所有用户提供数字文献资源服务。在“社会资源整合”上，文化共享工程、数字图书馆、农家书屋、职工书屋、党员远程教育等工程资源在镇（街道）和村（社区）实现全面整合，形成综合、系统、运行有效的公共文化服务网络，节约基层管理成本，提高基层社会资源利用效能。该项目在10月召开的第十届中国艺术节上荣获项目类“群星奖”。（浙江省图书馆学会秘书处）

【杭州图书馆生活主题分馆试开放】 7月7

日，杭州图书馆生活主题分馆试开放。该馆以“生活知识服务”和“品质生活体验”为特色，旨在通过特色馆藏建设和以“生活的艺术、艺术的生活”为主题的多元文化活动，打造国内首家为社会公众提供科学生活示范和实践体验的公共图书馆，开创图书馆服务新方式和新面貌。杭州市城市品牌促进会现场授予“杭州城市生活文化体验互动交流中心”牌匾。（浙江省图书馆学会秘书处）

【绍兴数字图书馆正式建成开通】 绍兴数字图书馆是绍兴市公共文化服务体系建设的重要项目，也是市政府2013年十方面民生实事工程之一，同时还是国家数字图书馆推广工程绍兴节点。经过近一年的建设，绍兴数字图书馆于10月8日开始试运行，10月27日正式开通。该馆整合绍兴地区所有公共图书馆的各种数字资源，并与浙江图书馆数字资源门户、浙江网络图书馆、国家数字图书馆实现对接。目前，绍兴数字图书馆有25万种电子图书、1万余种电子期刊、1000余种电子报纸、近4000万篇论文、9万余套考试试卷、3万余张艺术图片、14万部音频、3万部视频，今后将不断增加、更新。（浙江省图书馆学会秘书处）

【绍兴家谱馆正式开馆】 11月30日上午，绍兴家谱馆正式开馆。市文广局局长杨志强、副局长胡华钢参加开馆仪式，绍兴图书馆馆长赵任飞介绍绍兴家谱馆的筹建过程及馆藏情况。来自越城区、柯桥区、上虞区、诸暨市、嵊州市、新昌县等家谱收藏者现场捐赠9套家谱。开馆仪式后，原《绍兴市志》总纂任桂全先生作专题讲座《家谱的当代价值和意义》，现场听众200余人。绍兴家谱馆设在绍兴图书馆，由绍兴图书馆与市家谱协会共建。馆舍面积600平方米，现有81个姓氏近600种家谱，并配有相应的家谱参考工具书。（浙江省图书馆学会秘书处）

【宁波市江北区图书馆新馆对外开放】 新馆位于江北区丽江西路77号的江北区文化中心内，总面积2500平方米，于2月1日对外开放。现拥有藏书11.5万册，其中今年购置新书7500种、杂志352种、报纸66种，门类齐全，结构合理。与全市公共图书馆联网，采用Interlib系统，文献资源实现通借通还。另有8个街道乡镇总分馆和67个馆外流通点。（浙江省图书馆学会秘书处）

【台州市路桥区图书馆新馆正式开馆】 4月23日，浙江省文化厅副厅长陈瑶，台州市文广新局局长郑楚森，路桥区委书记郑敏强、区长徐仁标共同为路桥区图书馆新馆揭牌。该馆位于腾达路公安大楼西侧，总投资近1亿元，占地面积25.93亩，建筑面积24400平方米，共有4层，设计藏书70万册。该馆设四馆三区，“四馆”包括少儿图书馆、数字图书馆、艺术图书馆、传统图书馆；“三区”指学术交流区、地方文献保藏区、读者服务区。提供图书自助借还、多媒体视听、视障文献借阅、培训讲座等多项服务。（浙江省图书馆学会秘书处）

安徽省

【概况】 截至2013年年底，安徽省共有各级公共图书馆102个，其中省级图书馆1个，地级市图书馆13个，独立建制少年儿童图书馆3个，县（市、区）图书馆85个。从业人员1312人，其中正高职称8人、副高职称83人、中级职称382人。馆舍总面积28.2万平方米，藏书总量2264万册（件）。总流通人次13467906人，书刊文献外借人次7982030人，书刊外借册次12581112册。组织各类讲座1431场，参加人次244561人。举办展览538场，参观人次737996人。举办各类培训班718期，培训人次51696人。全省公共图书馆年度财政拨款220341万元，比上年增加40926万元。安徽省公共图书馆事业发展依托全国文化信息资源共享工程、数字图书馆推广工程、公共电子阅览室建设计划和中华古籍保护计划的服务平台，积极构建数字化公共文化服务体系，初步形成资源丰富、服务快捷、技术先进、稳定可靠的分布式服务网络，实现把公共数字文化送到人民群众手中。（张海政 武巍泓）

【新安百姓讲堂评选出2012年度最受读者欢迎的讲座系列和主讲人】 1月20日，安徽省图书馆和合肥晚报社共同主办的“新安百姓讲堂”举办2012年度读者调查和读者座谈活动。根据问卷调查统计和读者推荐，评选出年度最受读者

欢迎的文学与生活等讲座系列和傅瑛等主讲嘉宾。（张海政　武巍泓）

【安徽省图书馆开展“关爱农民工、书籍送温暖”图书漂流活动】 1月29日，在新春佳节到来前夕，省馆精心准备健康保健、家庭理财、家教育儿、权益维护、中外名著等优秀书刊近600册，送到省馆农民工惠园服务点，举行迎新春“关爱农民工、书籍送温暖”图书漂流活动，受到农民工朋友的热烈欢迎。（张海政　武巍泓）

【安徽省图书馆举办全省公共电子阅览室业务培训】 4月9日，省文化厅组织文化共享工程安徽省分中心在省馆举办安徽省公共电子阅览室建设技术培训会，100余名业务人员参加培训。培训内容包括2013年全国公共电子阅览室建设计划和安徽省公共电子阅览室建设计划及技术方案等，并参观省馆电子阅览室和公共文化数字体验区。10月24—25日，受省文化厅委托，全国公共文化发展中心安徽省分中心举办全省公共电子阅览室管理软件部署技术培训班，220余人参加培训。培训内容分专家授课和上机实践两部分。专家授课主要内容有：公共电子阅览室各级平台功能和基层站点管理软件功能，以及各类管理软件安装、调试、验收方案等；上机实践部分为指导学员在真实环境下进行软件安装和调试。（张海政　武巍泓）

【第三届安徽省“读书、生活、快乐”主题摄影大赛揭晓】 4月18日，由安徽省图书馆、省艺术摄影学会、市场星报联合举办的第三届安徽省“读书、生活、快乐”主题摄影大赛评选揭晓。本次大赛征集作品历时10个月，共收到省内外作者投稿2000多幅，经组织评委会专家认真评选，共评出一等奖1名、二等奖2名、三等奖3名、优秀奖30名、入围奖60名。（张海政　武巍泓）

【安徽省11部珍贵古籍入选第四批《国家珍贵古籍名录》】 3月8日，在国务院公布的第四批《国家珍贵古籍名录》中，安徽省图书馆5部、安徽省博物院6部古籍入选汉文古籍名录。此次入选珍籍质量精良、书品上乘，版本较早的是省馆馆藏南宋绍兴二十一年（1151）两浙西路转运司王珏刻元明递修本《临川先生文集》和元刻本《五朝名臣言行录》，而入选数量较多的为明本。（张海政　武巍泓）

【安徽省图书馆为郎溪县农民工图书馆捐赠图书和电脑设备】 4月23日，安徽省首个农民工图书馆——郎溪县农民工图书馆正式对外开放。该馆馆舍面积1000平方米，阅览区座席200多个，藏书近万册，期刊1万余册，电脑10台，设有图书外借室、电子阅览室、公共文化数字体验区、多功能厅、自修室等，是集阅读娱乐健身于一体的公共文化服务场所。开馆仪式上，易向军馆长代表省馆向该馆捐赠图书3000册、电脑10台。（张海政　武巍泓）

【安徽省图书馆获邀文津图书奖联合评审单位】 4月，安徽省图书馆获邀成为国家图书馆“文津图书奖”联合评审单位。自2010年开始，省馆积极参与“文津图书奖”的推荐和评选工作，并坚持开展专题讲座、公益展览、视频播放、获奖书籍阅读推荐、有奖书评征文、图书漂流等阅读推广活动，产生显著的社会效益。（张海政　武巍泓）

【全国公共文化发展中心安徽省级分中心正式揭牌】 5月10日上午，揭牌仪式在省馆西一楼大厅举行。文化部公共文化司巡视员刘小琴，全国公共文化发展中心主任李宏、副主任陈胜利，安徽省文化厅党组成员、副厅长丁光清等领导出席。该中心是全国首家挂牌的公共文化省级分中心，是共享工程安徽省分中心的成功转型，其功能除继续开展文化信息资源建设管理和服务等相关工作外，将向更广领域、更大范围、更深层次拓展。（张海政　武巍泓）

【安徽省图书馆加入湘鄂赣皖四省公共图书馆联盟】 5月11日上午，“中三角”湘鄂赣皖四省公共图书馆联盟在湖北武汉正式成立，四省图书馆馆长共同出席签约仪式。安徽省各级公共图书馆加盟后，联盟总服务人群达到2.3亿，四省共有423个省、市、县级公共图书馆，建有文化信息资源共享工程省级中心4个，市县级分中心406个，联盟藏书总量达6394.7万册。四省公共图书馆联盟将在协调文献采购、深化信息服务、培养专业人员、开展研讨活动、分享办馆经验，促进科学管理等方面加强学习交流，此外，在数字资源共享、数字图书馆建设、古籍保护、整合优质讲座展览等文化惠民服务方面进行紧密合作。5月19日上午，由该联盟主办的“湘鄂赣皖历史文化名人解读——曹操四人谈”主题讲座在安徽省图书馆东二楼报告厅举办。来自湘鄂赣皖四省的讲座嘉宾孟泽、安德义、方志远、钱斌教授，分别从不同角度为广大听众解读历史人物曹操的多面人生。此次巡回讲座是该联盟的系列活动之一，是深化湘鄂赣皖四省文化发展战略合作、推进省际公共文化服务的有益尝试。（张海政 武巍泓）

【安徽省图书馆拍摄的电视专题片《红星闪闪耀中华》获好评】 6月，由全国文化信息共享工程安徽省分中心拍摄的八集电视专题片《红星闪闪耀中华》在革命老区安徽省金寨电视台播放，收视率创新高，受到社会各界的高度赞扬和一致好评。该片通过洪学智、皮定均等一批金寨籍开国将领的传奇故事，表现革命先辈投身革命、矢志不移、不怕牺牲、勇于奉献的高贵品格和英雄风采，也展示了中国革命艰难曲折、波澜壮阔的辉煌历程，是一部对广大人民群众和青少年进行革命传统教育的好影片。（张海政 武巍泓）

【文化部第五次全国公共图书馆评估组来安徽省图书馆开展评估定级工作】 7月10日，以天津市文广局副局长金永伟为组长、辽宁省图书馆馆长王筱雯为副组长的文化部第五次全国公共图书馆评估定级和重点文化工程第五督导组一行5位专家莅临安徽省图书馆，通过听取汇报、实地查看、审阅材料、读者问卷调查等方式对省馆各项工作进行现场评估，同时对安徽省重点文化工程建设与发展情况进行检查督导。在听取相关工作汇报和现场评估后，专家组对省馆各项工作给予好评并提出一些建议。在11月文化部公布的此次评估定级上等级图书馆名单中，省馆荣登一级图书馆之列，这是省馆第二次被评定为一级图书馆。近年来，省馆在各级政府的高度重视与关心下，在社会各界的大力支持下，各项事业取得跨越式发展，先后荣获“全国文化系统先进集体”“全国教科文卫体系统先进工会组织”“全国文化文物系统先进基层党组织”、2011年度“安徽省卓越绩效奖”等荣誉称号。（张海政 武巍泓）

【安徽省图书馆荣获全民阅读年会优秀阅读案例二等奖】 7月31日至8月2日，2013年全民阅读年会在黑龙江省图书馆召开。活动由韬奋基金会、中国图书馆学会阅读推广委员会等单位主办。在此次阅读年会上，安徽省图书馆拍摄制作的“英语沙龙”宣传视频作为案例在会上展示播放，受到与会专家和代表的好评，并在本次全民阅读推广优秀案例征集与评选中荣获二等奖。（张海政 武巍泓）

【王蒙先生做客新安百姓讲堂】 11月5日下午，著名作家、原文化部部长王蒙先生做客安徽省图书馆新安百姓讲堂，以中国文化的几个特点为题，为广大听众做精彩阐述。王蒙先生从中国文化的泛善论、泛哲学论、泛易论说起，两个小时的讲演，王先生旁征博引、生动幽默，并与现场听众进行热烈互动。（张海政 武巍泓）

【安徽省图书馆举行建馆一百周年纪念活动】 11月12日，活动在安徽省图书馆隆重举行。安徽省委常委、宣传部长曹征海，文化部原副部长、国家图书馆馆长周和平等领导及来自业界的嘉宾、读者等300余人出席纪念活动。省文化厅党组书记、厅长袁华主持纪念活动。曹征海、周和平分别发表重要讲话，共同启动安徽省数字图书馆推广工程水晶球，并与嘉宾参观省馆建馆100周年纪念展和全国公共图书馆古籍整理出版成果邀请展，对省馆所做的探索和创新给予高度评价。纪念活动还包括专题学术报告会和业界文艺演出等，章伯钧先生、吴慰慈先生藏书捐赠交接仪式也于当日举行。在11月2—3日，先期举行全省公共图书馆纪念安徽省图书馆建馆100周年文津奖图书阅读演讲比赛。

始建于1913年的安徽省图书馆迄今已走过百年历程，现已成为安徽最大的公共文献中心。馆舍面积3.69万平方米，馆藏文献352万册（件），古籍文献35万册，设有4个分馆、44个图书服务点，年接待读者、外借图书读者均超过百万人次，并实现向数字图书馆的跨越发展。（张海政 武巍泓）

【共享工程安徽省分中心资源进高校】 12月，为促进公共文化资源与高校优质专业资源互通共享，扩大信息资源服务的辐射范围，安徽省领导指示省文化厅和省教育厅，推动公共文化资源进高校、高校资源进公共图书馆。省文化厅高度重视、积极组织落实，通过全国公共文化发展中心安徽省级分中心和省教育科研网的技术磋商，互接工作于12月5日完成。省级分中心将自主拍摄、拥有版权的安徽地方文化电视专题片《徽州建筑》《安徽历史文化名城》《安徽红色记忆》等9部114集视频资源作为第一批进高校资源，高校师生可通过安徽省高校数字图书馆门户网站（ http://ahadl.org ）访问到这些特色文化资源；同时，省教育厅将其优质丰富的高校资源提供给省图书馆。（张海政　武巍泓）

【安徽省图书馆完成中华珍贵典籍资源库共建项目】 6月，依据国家数字图书馆推广与建设的相关技术标准规范，省馆与国家古籍保护中心签订《中华珍贵典籍资源库共建任务书》。为确保古籍数字化的资源质量，制定《安徽省图书馆古籍数字化工作方案》，确定项目外包形式。12月18日，省馆顺利完成古籍数据加工和著录任务，共计向国家古籍保护中心提交36部馆藏珍贵古籍数据文件36528个，附录古籍数字化文献整理登记表、描述元数据、管理元数据，共计1.41TB。（张海政　武巍泓）

【合肥市图书馆举办首期残疾人读书沙龙】 5月30日下午，合肥市图书馆与庐阳区残联共同举办的首期残疾人读书沙龙在该馆举行。本期主题是“知识决定命运，阅读引领未来”。庐阳区残联肢残协会主席、合肥广播电台残疾人专题节目《共有这片蓝天》主持人李文为现场残疾人做题为《读书改变命运，阅读放飞梦想》的报告会，大家被他身残志坚、自强不息的故事所感动。与会的10多位残疾人分别结合自己的亲身经历，畅谈读书带给自己快乐、幸福和充实，深感读书改变他们人生的轨迹。此次读书沙龙活动得到残疾人的喜爱。（张海政　武巍泓）

【“合肥经济圈”公共图书馆事业发展论坛召开】 12月20日，会议以“共建·共享·协作”为主题，在合肥市图书馆召开。来自合肥、六安、淮南、桐城、定远等17个县市的公共图书馆馆长出席会议，共商“合肥经济圈”区域内公共图书馆发展大计。会议倡议：“合肥经济圈”内图书馆，利用各自地方特色优势，资源共建共享；帮助老区、贫困地区发展图书馆事业；利用区域内发展快的图书馆的人才和技术优势，取长补短、互帮互助、抱团发展，力求消除区域内公共图书馆发展的不平衡，共同提高公共图书馆事业发展的整体水平。合肥市图书馆学会第四届会员代表大会于当天下午举行，选举产生第四届理事会成员及学会领导。（张海政　武巍泓）

【安庆地区13家图书馆签署文献资源共享服务合作协议】 3月7日下午，安庆地区图书馆文献资源共享服务合作协议签字仪式在安庆市图书馆举行。安庆市图书馆、安庆市属8个县（市）公共图书馆和安庆师范学院、安庆职业技术学院、安庆医专、桐城师专高校图书馆共13个图书馆的馆长共同签署合作协议。协议的签署与实施，将使区域内公共图书馆、高校图书馆及其他图书馆形成相互联系的整体，充分发挥图书馆服务整体优势，提高资源利用效率，促进安庆区域图书馆事业共同发展，加快形成覆盖本区域的图书馆服务体系。（张海政　武巍泓）

【安庆市图书馆少儿分馆恢复开放】 9月24日，安庆市图书馆少儿分馆搬迁至菱湖南路477号恢复开放，为城区15万少年儿童提供图书借阅和课外教育活动的服务。新址馆舍三层，总面积约1500平方米，藏书5万余册，杂志近百种，有开架图书借阅室、报刊阅览室，新增电子阅览室、少儿活动室等服务场所。（张海政　武巍泓）

【安庆大讲坛举办公共文化服务体系建设专题报告会】 11月25日上午，由安庆市政协、市委宣传部、市文广新局、上海安徽经济文化促进会主办，安庆市图书馆承办的公共文化服务体系建设专题报告会在安庆市政务中心会议厅举行。上海大学社会学系教授、博士生导师邓伟志应邀做题为《如何构建现代公共文化服务体系》的学术报告，围绕现代公共文化服务体系概念与公共文化服务的设施、资源、服务、人才、资金、技术和政策保障机制等话题，阐述构建公共文化服务体系的重要意义，并对如何构建城乡公共文化服务体系以及面临的困难和问题提出建议和解决思路。报告主题鲜明、重点突出、内容丰富、讲解透彻，让在场听众深受启发。安庆市领导及社会各界共 300 余人聆听报告。（张海政　武巍泓）

【铜陵非物质文化遗产名录图典在铜陵市图书馆展出】 4 月 9 日，由铜陵市图书馆、文化馆、非物质文化遗产保护中心联合举办的“铜陵非物质文化遗产名录图典”在市图书馆展览大厅展出。长期以来，经过多元文化的浸润交融，孕育产生铜陵民间文学、民间舞蹈、民间音乐、传统手工技艺、民间习俗、民间美术等七大类非物质文化遗产。此次展览精选其中部分项目，具有鲜明的铜陵地方特色和深厚的群众基础，有助于在全市营造保护非物质文化遗产的良好氛围。（张海政　武巍泓）

【安徽省委书记张宝顺视察黄镇图书馆】 6 月 4 日下午，安徽省委书记张宝顺一行视察枞阳县黄镇图书馆。枞阳是开国将军黄镇的家乡，县图书馆以将军的名字命名。视察过程中，张宝顺书记了解黄镇生前关注和支持家乡建设发展情况，听取枞阳历史文化名人情况介绍，对黄镇图书馆在文化传承上发挥的作用给予肯定，希望图书馆继续发挥历史文化资源优势，进一步提升对外形象，促进社会和谐发展。（张海政　武巍泓）

【黄山市三区四县图书馆联合举办图书馆服务宣传周活动】 5 月 28 日上午，黄山市三区四县图书馆在黄山区文化广场开展以“书香中国——阅读引领未来”为主题的图书馆服务宣传周活动，黄山区文广新局主要负责人和各区县图书馆馆长及广大读者参加此次活动。活动包括制作宣传展板 20 余幅，对图书馆服务功能、作用、免费开放及民生工程等相关内容进行宣传，向农民工、残障人士、留守儿童捐献精美的图书礼包，向市民发放 200 份“公共电子阅览室建设”“农家书屋”等宣传资料。此次活动增强社会各界的图书馆意识，促进馆际之间的交流，树立图书馆的良好形象。（张海政　武巍泓）

【国家图书馆社会教育部向黟县图书馆捐书】 7 月，国家图书馆社会教育部组织党员、团员和工会会员向黟县图书馆捐赠 1007 册图书，内容涉及政治、历史、法律、文学、科技、养生保健等方面，价值人民币 3 万余元。这是国家图书馆社会教育部首次在安徽省公共图书馆界开展的捐赠活动。县图书馆工作人员加班加点进行整理上架，这批图书已与读者见面。此次捐赠丰富黟县图书馆的文献资源。（张海政　武巍泓）

【宁国市图书馆开展全市古籍普查和古籍资源信息数据库建设工作】 1 月，宁国市图书馆着手开展全市古籍资源信息数据库建设工作，以便为宁国市启动古籍保护工作打下良好的基础。该馆此前曾聘请专业人员深入档案馆、古玩市场、文物收藏者以及基层农户家中，认真进行走访普查，搜集大量晚清及民国初期的古籍资料，并逐一进行信息登记和图片收集。（张海政　武巍泓）

【金寨县举办公共电子阅览室业务培训班】 1 月 30 日，由县文广新局主办的此次培训在金寨县图书馆举办，13 个乡镇文化广播电视服务站站长或业务人员参加培训。培训班邀请安徽省科讯公司软件工程师讲授公共电子阅览室软件使用和管理，并就软件使用中存在的问题进行解答和实际操作培训。公共电子阅览室建设是金寨县 2012 年实施的 33 项民生工程之一，现已完成 13 个乡镇电子阅览室的建设任务，并于 11 月免费向公众开放。（张海政　武巍泓）

【天长市图书馆举办首届家校共育重点课题暨科学家庭教育讲座】 5 月 25 日，天长市图书馆多功能厅举办 3 场家校共育重点课题暨科学家庭教育培训，主讲嘉宾为中国青少年教育发展研究中心专家。报告会上，专家用形象的语言，结合案例，生动阐述道德教育、情感教育和家庭教育的现状、误区、缺陷，对家校联系进行重点阐述；并从教孩子学会做人、指导孩子学会求知、关注孩子的心灵、让孩子在生活中成长等几个方面给予家长指导。全市 500 多名幼儿园教师和家长认真聆听讲座，受到好评。（张海政　武巍泓）

福建省

【概况】 至 2013 年年底，福建省共有各级公共图书馆 90 个，其中省级馆 2 个，市级馆 11

个，县级馆 77 个。建筑面积共 35.26 万平方米，其中书库面积 7.99 万平方米，阅览室面积 10.95 万平方米。阅览室座席总数28524个，其中少儿阅览室座席数 8612 个，盲人阅览室座席数 476 个。从业人员 1301 人，其中专业技术人员 938 人，高级职称 91 人，中级职称 451 人。

2013 年，各地政府继续加大图书馆基础设施建设。宁德市、闽清县、华安县、清流县等 6 家图书馆建成新馆舍，福州市、莆田市、三明市和厦门市图书馆集美分馆等 19 家图书馆在建或筹建新馆舍。

全年收入合计30019.5万元，其中财政拨款 26545.30万元，购书专项经费 3921.30 万元；总支出 28176.60 万元，其中新增藏量购置费 3804.30 万元，新增数字资源购置费 891.50 万元。

文献总藏量 2466.74 万册/件，其中纸质图书 1839.77 万册（包括盲文图书 1.24 万册），电子图书 1506.04 万册/件，报刊 235.13 万册，视听文献与缩微制品 60.08 万件，古籍、线装文献 48.43 万册/件，善本 4.60 万册。2013 年度新增藏量 229.99 万册，新增电子图书 286.15 万册，报刊入藏量36041种。

共有计算机终端设备 5539 台，其中供读者使用电子阅览室终端 3372 台。各级公共图书馆建立信息服务网站 63 个，总访问量 3156.98 万次。公共电子阅览室 87 个，总面积 1.42 万平方米，年接待读者591210人次。数字资源总量达到 133.85TB，30 多家图书馆读者服务区无线网络实现 100％全覆盖。

总流通数 1809.15 万人次，书刊文献外借 723.94 万人次，1805.18 万册次。举办各类读者活动 3577 次，参加读者达 214.60 万人次。其中，组织各类讲座 2265 场，参与读者 30.07 万人次；举办展览 638 场，观众 179.48 万人次；举办培训班 674 个，培训人员 5.05 万人次。全省公共图书馆共建有分馆 434 个，流动服务书刊借阅 129.05 万人次，241.51 万册次。公共图书馆的文化传播与社会教育职能得到显著发挥。（福建省图书馆学会秘书处）

【福建省图书馆温泉街道河东社区分馆开馆】 1月 19 日上午在河东社区举行分馆揭牌仪式，省图书馆同时向社区困难户代表赠送免押金借书卡。河东社区分馆是该馆与温泉街道联合共建的第一个综合数字及传统服务分馆，配备 3000 多册图书、10 台平板电脑、5000 册数字动漫书籍及数字书创作软件，实现与总馆图书通借通还服务。该分馆还是省文化厅、省财政厅扶持建设的首批城市社区文化中心电子阅览室之一。（福建省图书馆）

【文化共享工程福建省分中心举办数字文化惠民活动】 1 月 31 日，福建省文化厅在莆田市华亭镇工业园区举办以“数字文化 · 共享如 e”为主题的 2013 年春节文化下乡服务活动，厅党组书记、厅长陈秋平，副厅长陈吉、副巡视员卢鸿筠，中共莆田市委宣传部长陈立华、副市长张丽冰等领导出席。现场开展农民工网络购票辅导、手机图书馆免费体验和推广、“零距离”视频通讯聊天、文化共享工程十周年纪念活动视频播放、免费发放省分中心编印的《信息集萃》（三农版）和 300 多张天津杨柳青年画，受到当地群众欢迎。（福建省图书馆）

【福建省图书馆举办全国数字阅读推广活动启动仪式】 在该馆开展图书馆服务宣传周期间，于 5 月 30 日上午在图书馆广场举办“网络书香”全国数字阅读推广活动启动仪式暨福建省图书馆“博学网络学习中心”与“汽车图书馆”启用仪式，省文化厅副厅长陈吉、国家图书馆副馆长魏大威、省图书馆馆长郑智明、书记兼副馆长陈晟等出席。鲁迅博物馆原副馆长兼鲁迅研究室主任陈漱渝做“爱读书，读好书，善读书”讲座；与梦工坊文化传播公司合作共建的少儿绘本馆正式开放。宣传周期间，还举办“好书大家读”与作家面对面、“凌波微步走台湾——漫谈《走台湾》随笔”等系列讲座；召开读者座谈会，并采取网络直播形式向全省读者开放“数字资源检索方法与技巧”讲座。（福建省图书馆）

【福建省图书馆召开政府信息公开服务读者座谈会】 7 月 16 日上午，座谈会召开，省政府办公厅公开办、省文化厅、省档案馆、省图书馆等单位负责人、工作人员以及长期关注政府信息服务工作的读者代表 30 余人出席。省图书馆馆长郑智明就该馆政府信息公开情况及读者普遍关心的问题做详细说明，省档案馆主任郑秀丽介绍省档案馆近年在政府信息查阅方面的工作措施，省图书馆主任杨瑞英通报省图书馆政府信息查阅场所建设与服务情况，并公布前期“政府信息公开服务质量满意度问卷调查表”的统计结果。读者代表对省图书馆、档案馆进一步做好政府信息公开服务工作提出宝贵意见。（福建省图书馆）

【福建省图书馆汽车图书馆投入使用】 5月30日开始投入使用。以大型客车为载体，内设图书借阅区及MINI公共电子阅览室服务区，配备4000余册图书、6台笔记本电脑、iPad平板电脑、LED公共文化服务宣传机、无线局域网等设施设备，与图书馆网络中心实时互联，实现异地读者免费办证、图书预约、通借通还、远程访问文化共享工程及本馆150余万册电子图书和10万余部视频等数据库，并提供信息查询、数字阅读、影音点播、咨询、教育培训等服务。（福建省图书馆）

【福建省在南非设立全球首家闽侨文化中心】 6月30日，全球首家闽侨文化中心——“南非闽侨文化中心”在南非首都约翰内斯堡揭牌，南非友好人士和华侨华人300多人参加揭牌仪式。文化共享工程福建省分中心为该服务点配备10台电脑、投影仪、幕布、播放器等设备，配备福建省图书馆及文化共享工程部分电子资源（电子图书5000册、音像资料500多种以及各类视频资源3399集），通过该中心向南非侨胞免费提供中文数字信息资源离线访问阅读、中文图书和音像资料借阅、信息参考咨询以及公共电子阅览室等服务。此外，该中心将不定期举办福建非物质文化遗产展示、美术展览、文艺演出、艺术培训、讲座、民间器乐教学等活动。（福建省图书馆）

【福建省图书馆被授予全国廉政文化教育基地】 8月，该馆被中纪委驻文化部纪检组、监察部驻文化部监察局授予“廉政文化教育基地”，是福建省唯一一家获此殊荣的省直单位，福建省纪委驻省文化厅纪检组组长张佩煌为该基地揭牌。（福建省图书馆）

【福建省图书馆举办首届馆员论坛】 11月21日，该馆举办首届“馆员论坛”，全馆员工参加。论坛分为专题报告和论坛发言两部分，馆长郑智明作《福建省数字图书馆网络建设的探索与实践》专题报告，5位馆员宣读论文。“馆员论坛”旨在为全馆员工搭建一个学习交流、共同提高的平台。（福建省图书馆）

【福建省少年儿童图书馆举办各种主题活动】 2013年，该馆“红领巾讲坛”每周末举办1期讲座，全年共举办50场，主要围绕亲子沟通、情商教育、快乐学习、潜能开发等内容，另有各学科系列讲座。“好书大家读”儿童阅读推广系列讲座自2012年11月3日开讲以来，每周举办1场，2013年共举办50场，参与读者24187人次，媒体报道318次。利用世界儿歌日、国际儿童图书日、“六一”儿童节等纪念日，全年共举办主题展览16场、文艺表演1场、“儿童友好家园”读者阅读指导交流活动35场、其他各种交流活动及主题仪式12场，参与读者达82743人次。（福建省少年儿童图书馆）

【福建省少年儿童图书馆举办少儿国学体验课和国学夏令营】 该馆少儿国学体验课分为琴、棋、书、画4科，2013年每月举办1期，12期参与读者达979人次，收到信息反馈表241张。7月16—23日，举办“国学涵养身心·经典浸润成长”第二届国学夏令营，学习内容涵盖国学经典诵读、感恩孝道教育、日常礼仪培训、古典诗词吟诵、语言能力训练等。80名7—12岁的孩子入营学习，安排活动14场，参与旁听的小朋友和家长3000多人次。（福建省少年儿童图书馆）

【纪念国际志愿者日活动在福建省少年儿童图书馆举行】 12月1日，由福建省妇联主办，省巾帼志愿者协会、省直机关妇工委、省少儿图书馆承办的“巾帼有爱，志愿奉献”纪念国际志愿者日活动在该馆举行，省妇联、省巾帼志愿者协会、省直机关文明办等相关单位领导以及省直机关妇女干部、各行各业巾帼志愿服务队、巾帼志愿者参加活动。省少儿图书馆巾帼志愿服务站十佳志愿者获得表彰。现场还举行省直机关志愿服务团队授旗仪式、巾帼风采摄影大赛部分获奖作品展，儿科专家提供现场义诊咨询服务等。（福建省少年儿童图书馆）

【福州地区公共图书馆业务研讨会】 7月25—27日，会议在晋安区鼓岭召开，福州地区14家区县公共图书馆馆长等20余人出席。会议探讨“县级图书馆服务能力的提升”等问题，交流各馆在加强农家书屋图书管理与服务方面的做法和经验，并就组织开展“纪念延安双拥运动70周年”征文活动等进行沟通协作。11月21—23日，2013年下半年福州地区公共图书馆业务研讨会在泉州召开。会议考察学习晋江、石狮等图书馆在新馆建设、管理机制、服务模式、通借通还等方面经验，并就县级图书馆如何转变服务理念、提升服务能力、创新服务方式进行研讨。（福州市图书馆）

【福州市图书馆开展第七届书香八闽全民读书月暨福州市第八届读书月活动】 活动于9月28日—10月28日开展。该馆举办“中国梦行在路上 全面改革再启新程”图片展、“迎国庆”专题刊展、“书画摄影艺术”书展、“祖国万岁”职工摄影展、“纪念延安双拥运动70周年征文”等系列活动，播放“阅读改变人生”“提升学习能力与方法”等优秀视频，并组织员工深入社区、乡村、军营等流通点更换书籍，开展指导阅读活动。（福州市图书馆）

【福州市少年儿童图书馆开展关爱留守儿童读书活动】 5月29日，该馆与闽侯县图书馆、闽侯鸿尾学区桥头小学联办“好书进校园树校园新风”阅读活动，在学校设立流通点，捐赠书刊500册，并为校园8位读书小明星颁奖。300多位师生参加活动。（福州市少年儿童图书馆）

【厦门市图书馆举办袁腾飞大型公益讲座】 3月22日、23日，该馆邀请中央电视台“百家讲坛”主讲人袁腾飞，分别在文化艺术中心共享楼国际会议报告厅和厦门一中千人大礼堂做《这个历史挺靠谱——中国传统文化在当代的继承与应用》《袁腾飞老师讲历史》2场有关中国传统文化的专题讲座，吸引1680名市民和学生听讲，还开辟现场同步直播满足更多读者需求。（厦门市图书馆）

【厦门市图书馆应用新媒体技术满足读者多样化阅读需求】 4月，该馆定制开发的集数字报纸阅读、主题图片展览和视频点播三大功能于一体的电子多媒体系统（电子展板）在图书馆大厅正式开放。该系统包括8台触摸屏一体机、个性化导航平台、触摸屏数字报纸等硬件设备及管理系统，支持数字报纸自动更新、图片视频上传、编辑和发布，是该馆应用新媒体技术满足读者多样化阅读需求的创新与尝试。其中主题展览功能支持对往期展览的回溯，突破传统展览模式的时间限制。（厦门市图书馆）

【厦门市图书馆中山分馆开设家庭旅馆图书角】 2013年，该分馆在鼓浪屿家庭旅馆开设图书角，由家庭旅馆提供固定的书刊存放和展示场所，专人负责管理和开展书刊借阅服务，同时持个人社会保障卡向该分馆申请办理集体借书证。至年底共在8个家庭旅馆建立图书角，外借书刊3282册，占分馆书刊外借量7%，到中山分馆参观、看书读报和上网的游客也越来越多。（厦门市图书馆）

【厦门市参加文化部国家公共文化服务体系示范区验收评审】 9月10—11日，文化部在北京召开第一批国家公共文化服务体系示范区第二次验收评审会，厦门市副市长黄强带领市政府办公厅和市文广新局等有关部门领导参加会议。经过评审会汇报、提问、答辩、评审等环节，厦门市最终取得好成绩。（厦门市图书馆）

【厦门市图书馆国庆期间接待10万读者】 10月1日—7日，该馆共接待读者109151人次，外借文献82572册次，日均到馆读者超过1万人次。长假期间，该馆总馆及各分馆照常开放，迎接节日到馆的读者。开展“我与数字图书馆”征文比赛颁奖活动；邀请厦门市信息化局总工程师童平平作《智慧厦门 惠及你我》讲座，地方文史专家洪卜仁做《厦门地名的故事》讲座；总馆少儿阅览室举办“何娟姐姐故事角”、少儿绘画等主题活动；同时配合“电影与阅读”活动播放4场周末免费电影。试运行不久的24小时自助图书馆在国庆期间也受到读者特别关注，不时有读者刷卡体验。（厦门市图书馆）

【厦门市图书馆荣获首届全国敬老文明号荣誉称号】 10月，该馆被全国老龄委授予首届全国“敬老文明号”荣誉称号，是厦门市获此殊荣的5家单位之一。该馆结合图书馆业务特点，常年开展适合老年人特点的公益读书活动，吸引大量老年人走进图书馆，成为老年人丰富业余生活、实现终身学习、发挥个人余热的文化殿堂，赢得广大老年读者的肯定和赞誉。（厦门市图书馆）

【厦门市图书馆推出电子书借阅机】 自11月8日开始，该馆电子书借阅机每天24小时为读者免费提供正版电子图书下载阅读服务，成为福建全省首个提供该项服务的公共图书馆。电子书借阅机利用二维码技术开创独特新颖的图书借阅方式，读者可在智能移动设备上安装歌德电子书阅读器或超星移动图书馆APP，扫描二维码即可方便快捷地下载所需图书。（厦门市图书馆）

【厦门市少年儿童图书馆举办红读系列读书竞赛活动】 3月—12月，该馆在全市中小学组织开展37场读书活动，60160人次参加。主要内容有：“学雷锋，做有道德的人”全市中小学生征文暨演讲朗诵比赛4场，57600人参加；“畅想中国梦——厦门市中小学生讲故事夏令营”2期共20场，530人次参加；“绘本亲子阅读方法”巡回讲座走进10所幼儿园，听讲家长2030人次，引发亲子阅读热潮；厦门市中小学生迎新春经典诵读比赛，29个代表队参加小学组和中学组总决赛，约500名师生观看。（厦门市少年儿童图书馆）

【泉州市图书馆开展纪念第18个世界读书日活动】 4月21日，该馆《温陵讲坛》邀请福建师范大学文学院博士生导师潘新和教授做《阅读漫谈——向大师请益，与大师对话》讲座；4月22日，“人文刺桐·书香古城”首届读书文化周在六井孔音乐文化创意园拉开帷幕，市文广新局副局长林育毅、鲤城区副区长洪奕蓉等出席；4月23日，“中国梦·我的梦”纪念第18届世界读书日活动在中山公园泉州书城广场举行，市委宣传部许旭明副部长为开元街道全民阅读志愿者队伍授旗，泉州市图书馆、泉州书城向开元街道泉山社区捐赠图书。（泉州市图书馆）

【泉州市图书馆视障阅览区投入使用】 6月，该馆在一楼中文借阅部开设“视障阅览区”，配置点显器、一键式智能阅读机、助视器、盲文刻印机、盲文读屏软件等，并购置500多种盲文读物、100种有声读物。（泉州市图书馆）

【长乐市图书馆开展农家书屋巩固提升工作】 7月，该馆成立农家书屋巩固提升工作小组，对长乐市部分农家书屋摸底检查，共检查51家农家书屋，配送图书24700册。9月11日，该馆在市少儿馆多功能厅举办2013年长乐市农家书屋基础业务培训班，全市18个镇乡（街道）分管领导、文化服务中心负责人和农家书屋管理员代表81人参加培训。（长乐市图书馆）

【平潭县图书馆开展免费提供网购火车票服务活动】 2013年12月23日—2014年1月30日，该馆为外来务工人员提供网络购票帮助，购票成功的务工人员同时获赠春联一对、图书一册及爱心企业赞助的保温杯一个。共为务工人员购买火车票90余张。（平潭县图书馆）

【厦门市海沧区图书馆为环卫工人设立图书流动点】 2013年，该馆在环卫工人休息站建立图书流动点13个，每个图书点均设置图书阅览区和报纸杂志区，由各相关单位赠书及区图书馆定时送书，同时为各环卫站免费办理集体外借卡。（厦门市海沧区图书馆）

【厦门市同安区少儿图书馆举办首届少儿故事大王比赛】 5月19日，该馆联合同安区文化馆、厦门恒艺嘉教育咨询管理公司共同举办首届同安区少儿故事大王比赛暨市级选拔赛。全区共有150多位小选手参加比赛。（厦门市同安区少儿图书馆）

【集美图书馆开展迎百年校庆系列活动】 7月19日—10月17日，该馆举办“陈嘉庚的中国梦”“走进嘉庚建筑，感悟嘉庚精神”两场道德讲堂报告会以及小读者“游集美学村、拼嘉庚建筑”活动，编辑发行《图书馆信息》校庆特刊500余份，喜迎百年校庆，共700余人参加。（集美图书馆）

【古田县图书馆建“心声·音频馆”服务视障人群】 9月初，古田县图书馆文化共享工程支中心“心声·音频馆”投入使用。该系统现有资源1.2万余小时、61765集，分为评书曲苑、相声小品、名曲赏析、文学素养、欢乐少儿等9大类。（古田县图书馆）

【晋江市图书馆承办读书创意展示大赛】 4—7月，该馆承办“寻找晋江最爱读书的孩子”读书创意展示大赛暨2013年市“一生阅读计划”系列活动。经海选、百人擂台赛、复赛、决赛，选出“状元”“榜眼”“探花”。此次活动吸引全市600多名学生参赛，近千名师生及家长参与。（晋江市图书馆）

【晋江市图书馆设立首家高校分馆】 5月30日，该馆与泉州理工学院共建签约仪式在泉州理工学院举行。双方本着“资源共享、惠及全民”原则互成为分馆，共建双方将整合双方文献资源与服务，实现文献资源共知、共建、共享。（晋江市图书馆）

【晋江市少年儿童图书馆试开馆】 10月31日，由晋江市图书馆旧馆（即陈延奎图书楼）装修改造的晋江市少年儿童图书馆试开馆，面积达4000多平方米，藏书约5万册。馆舍按照国家一级少年儿童图书馆的标准进行建设，服务对象为0—16岁的少年儿童。设有总服务台、亲子悦读区、绘本悦读区、儿童活动区、儿童文献借阅区等8个服务区。（晋江市图书馆）

【南安市图书馆被评为第五届全国服务农民服务基层文化建设先进集体】 2013年11月，该馆在第五届全国服务农民、服务基层文化建设先进集体表彰座谈会上被评为先进集体。近年来，该馆成立农家书屋管理服务办公室，开通农家书屋管理服务中心网页，形成覆盖全市的农家书屋服务平台，通过信件、电话、网络等形式直接对农家书屋进行专业技术帮扶，从制度建设入手，形成人员培训、图书轮换、日常管理的一条龙服务。（南安市图书馆）

【东山县图书馆赴新加坡举办“东山歌册”推介会】 12月6日，该馆馆长游明元、国家级非物质文化遗产“东山歌册”传承人黄春慧伉俪应邀参加新加坡东山会馆成立75周年庆典，在会馆礼堂举行“东山歌册”推介会，向150位海外华侨做“东山歌册”演讲。黄春慧现场演唱新作《贺新加坡南洋东山会馆钻禧之庆》及《东山十八景》《五月初五赛龙舟》等6首有东山特色的老歌册。（东山县图书馆）

【永定县图书馆编辑整理地方文献】 2013年，该馆完成龙岩市非物质文化遗产丛书——永定卷《土楼古韵》编辑工作，约35万字，照片百余幅，由厦门鹭江出版社出版。该馆还着手独立编撰土楼系列丛书——《永定县民间故事集锦》《客家土楼楹联研究》，参与编辑《漫画土楼》等书。（永定县图书馆）

【永安市图书馆举办永安市中小学校班班通网管培训班】 4月19日，该市中小学47名网络管理员参加此次培训。培训旨在提高校园网络“班班通”应用管理水平，进一步促进教育信息化。（永安市图书馆）

【全省农家书屋管理工作座谈会召开】 会议于7月9日在将乐县召开，省新闻出版局副局长陈忠财和相关处室领导、全省九地市新闻出版局及平潭综合试验区科技文体局、福建新华发行集团等单位领导出席。将乐县农家书屋管理工作经验被省新闻出版局作为典型之一推广，与会人员还参观万安镇翔安小区农家书屋。（将乐县图书馆）

江西省

【概况】 2013年，江西省有公共图书馆114个，其中省级1个、地市11个、县级102个。从业人员共计1454人，其中高级职称97人、中级职称352人。文献总藏量19896789册，其中：图书14643714册，古籍954681册，善本69894册，报刊2826874册，视听文献141958册，缩微制品7042册，电子图书5092909册，其他1322520册。全年总流通人数11650500人次，书刊文献外借9468692册次。公用房屋建筑总面积343162平方米，其中：书库面积84964平方米，阅览室面积108651平方米(书刊阅览室面积73660平方米，电子阅览室面积17487平方米)，阅览座席数共28283个。计算机共计6867台，有电子阅览室终端4362个，设网站的图书馆网站访问总量9070719次。设立文化共享工程省级分中心1

个，市级分中心 11 个，县级支中心 100 个，乡镇基层服务点 1444 个（其中包含街道服务点 68 个），村级基层服务点21818个（其中包含社区服务点 314 个）。

2013 年，省委书记强卫，省委常委、省纪委书记周泽民，省委常委、省委宣传部部长姚亚平，省文化厅厅长郜海镭、省文化厅副厅长王晓庆先后考察、指导全省各地图书馆，充分反映政府各级部门对图书馆工作的高度重视和关心，使得江西图书馆事业迎来新的发展机遇。在省委省政府的高度重视下，新馆建设取得实质性进展。省图书馆新建工程建设方案获省委、省政府领导批准同意，确定按照原址扩建方案进行建设，规划新增馆舍建筑面积 5 万平方米，地下室建筑面积 1 万平方米，总投资 3.2 亿元。新余市图书馆新馆正在装修，萍乡、景德镇、九江等市馆的新馆建设也列入当地政府议程。

根据《文化部办公厅关于开展县以上公共图书馆第五次评估定级工作的通知》和省文化厅下发的《关于开展全省公共图书馆第五次评估定级工作的通知》精神，各级公共图书馆以评估为契机，以创新服务为抓手，将评估工作与图书馆服务工作有机结合起来，促进优质服务品牌的建设，使评估定级工作顺利完成，取得优异的评估成绩。

服务创新有新思路、新突破。3 月，成立江西省公共图书馆讲座与展览联盟，在全省推出“中国梦”系列讲座，听众近万人次；与国家图书馆和南京图书馆等合作举办展览，在省内设区市馆和县馆巡展 11 次。5 月，“中三角”湘鄂赣皖四省公共图书馆联盟成立，为长江中游城市集群的发展提供信息保障和文化支撑，举办“湘鄂赣皖历史文化名人解读”巡回讲座。

4 月 23 日，围绕“知识给人力量、阅读引领未来”的主题，由江西省文化厅主办的第三届“读好书”活动在全省公共图书馆全面展开，其中“书香赣鄱 悦读人生”全省读书演讲比赛活动取得良好的社会影响。全省各地持续开展各具特色的读书活动：南昌市馆的“全民读书月”、赣州市馆“中国梦·我的梦”少儿绘画大赛、萍乡市馆的“全民阅读，提升文化素养”活动、九江市馆的“寻庐大舞台”、吉安市馆的庐陵文化专题、景德镇市公共图书馆一卡通、抚州市馆的“读好书”经典诵读、宜春市馆“幸福书屋”的开放、上饶市馆的“建最美上饶市，做最美上饶人”摄影作品展、鹰潭市馆的知识问答系列活动、省馆推出的 24 小时城市街区自助图书馆服务、“赣图大讲堂”等创新服务及品牌的创办，提高全省公共图书馆界的服务水平。

省图书馆连续 11 年为“两会”服务，将图书馆先进数字技术服务带到“两会”；各设区市图书馆利用数字资源服务“两会”。南昌城区开通公共图书馆通借通还服务。

重大项目稳步推进。南昌等 7 个地市的数字图书馆建设专项经费及硬件设备全部到位，宜春等 4 个地市的数字图书馆建设专项经费已下拨；省馆已着手搭建全省数字图书馆虚拟网，实现与国家图书馆的连通，并承办由国家图书馆主办的“网络书香·全国数字阅读推广活动”。公共电子阅览室建设计划当中的省级技术平台基本搭建完成，相应的平台管理软件正在安装，基层服务点的设备实施更新和补充。全省 19 部古籍入选第四批《国家珍贵古籍名录》，3 家单位入选“全国古籍重点保护单位”；承办全国第四期民国时期文献普查培训班，来自国家图书馆及 9 省图书馆 43 家单位的 56 名学员参加培训。（江西省图书馆学会）

【江西省 19 部古籍入选第四批《国家珍贵古籍名录》】 3 月 8 日，国务院下发《国务院关于公布第四批国家珍贵古籍名录和第四批全国古籍重点保护单位名单的通知》，江西省有 19 部古籍入选（其中江西省图书馆 15 部、乐平市图书馆 3 部，南康市图书馆 1 部），庐山图书馆、乐平市图书馆、江西省博物馆入选第四批“全国古籍重点保护单位”。近年来，江西省古籍保护工作得到明显加强，各级财政下拨古籍保护专项经费，全省有部分古籍公藏单位改善古籍保存环境，建立基本符合文化部颁发的《图书馆古籍特藏书库基本要求》的古籍书库，全省古籍保护工作稳步推进。（王晴）

【江西省公共图书馆讲座与展览联盟成立】 3 月 22 日，2013 年江西省设区市公共图书馆馆长联席会在抚州市图书馆举行。在此次会议上，正式成立江西省公共图书馆讲座与展览联盟，各设区市公共图书馆及省图书馆共同签署“江西省公共图书馆讲座与展览联盟合作意向书”。联盟的成立，对全省公共图书馆讲座、展览业务的共同发展，实现文化资源和人才资源的互补共享，构筑完善公共文化服务体系建设具有重要意义。6月，联盟分别推出今年首批巡讲项目“赣图大讲堂”之“中国梦”系列讲座和首个巡展项目“赣地戏曲之光——赣剧艺术展”。（王晴）

【江西省开展第五次全国县以上公共图书馆评估定级工作】 7月25日，以江苏省文化厅党组成员、南京图书馆党委书记方标军为组长的文化部全国第五次公共图书馆评估组对江西各图书馆进行评估。江西省文化厅党组成员、副厅长王晓庆，厅社文处处长丁跃，省图书馆馆长周建文、党委书记程春焱等参加汇报会。评估组听取王晓庆关于江西图书馆事业发展情况的汇报，周建文就省馆迎接评估进行自评汇报。评估组根据评估要求七个方面的自评资料进行查阅，同时按照评估细则逐一进行评定，并深入到窗口部门进行考察。当天下午，评估组赴庐山图书馆进行抽查。26日下午，评估组召开评估意见反馈会，对江西评估工作表示肯定，对存在不足提出指导性和建设性意见。（王晴）

【江西省举办读书演讲比赛】 自4月23日江西省第三届“读好书”活动启动以来，全省图书馆界广泛组织开展各种主题鲜明、内容丰富、形式多样、深受群众喜爱的读书活动，丰富广大读者的精神文化生活。8月28日，“书香赣鄱悦读人生”读书演讲比赛在省图书馆三楼报告厅举行，通过全省各设区市、县层层选拔而组成的12个代表队的25名选手参加角逐。此次读书演讲比赛把全省的全民阅读推广活动推向高潮，同时也是对开展第三届“读好书”活动成效的一次集中展示与检阅。（王晴）

【江西省图书馆创新“两会”信息服务方式】 1月22日，省图书馆“两会”信息服务组连续第11次进驻省“两会”现场。此次服务内容包括编印发送“两会”参考资料专辑、现场开通掌上赣图展示、推送数字资源、提供300余册图书杂志阅览、信息咨询、文献传递、文件打印等，还应代表要求创新服务方式，为其代购相关书籍、延长服务时间等，受到与会代表肯定。进驻会场当天，发放参考资料专辑200多份，借阅书籍23人40余册次，接待代表咨询100余人次。（王晴）

【江西省图书馆推出赣图大讲堂】 2013年，省馆在多年开办讲座工作的基础上，整合原有讲座资源，推出全新“赣图大讲堂”品牌讲座，邀请省内外众多著名专家、学者、教授演讲。4月，举办“赣图大讲堂”之“中国梦”系列讲座3场，数百名读者聆听。5月，湘鄂赣皖四省学者汇聚“赣图大讲堂”，开讲“湘鄂赣皖历史文化名人解读”巡回讲座之“王安石四人谈”，此次巡讲是四省公共图书馆联盟的重要合作项目之一。6月，江西省公共图书馆讲座与展览联盟推出首批“中国梦”系列讲座巡讲活动，邀请省内知名专家、学者以“中国梦：200年的追寻”和“中国梦与现代化”为题，详细解读“中国梦”的本质内涵即国家富强、民族复兴、人民幸福。至9月，“中国梦”系列讲座在全省各设区市公共图书馆举办，听众近万人次。（王晴）

【江西省图书馆兰兰姐姐故事会获得首届赣鄱群星奖】 4月，由江西省文化厅组织开展的江西省首届“赣鄱群星奖”评选活动结果揭晓，省馆选送的参评项目“兰兰姐姐故事会”荣获项目类“赣鄱群星奖”。该项目是省图书馆创办十余年的品牌少儿活动，它采用听故事、讲故事、分享阅读、亲子阅读等方式，进行少儿图书导读，推荐优秀少儿读物。（王晴）

【江西省图书馆推出24小时城市街区自助图书馆服务】 9月23日，省馆推出24小时城市街区自助图书馆，市民可在省馆实现24小时自助借还图书。该馆可供外借图书400多本，可储存读者还书150多本，能够检索省馆的全部馆藏目录和电子数据库，实现自助借书、自助还书、自助查询3大服务。此外，省馆大厅及各阅览室共设置2台自助办证机和11台自助借还机，读者可实现全自助式借书、还书。（王晴）

【江西省图书馆荣获全民阅读示范基地称号】 10月，江西省图书馆被中国图书馆学会评为全民阅读示范基地，成为江西首个荣获该称号的图书馆，这是省馆继“全国文化体制改革先进单位”“全国人文社科普及基地”及连续两年被授予“全民阅读先进单位”后获得的又一全国性荣

誉。作为构建书香赣鄱的重要力量之一，省馆每年开展读者活动上百场次，年到馆读者近百万人次。（王晴）

【南昌城区公共图书馆通借通还服务启动仪式举行】 12月8日，南昌城区公共图书馆通借通还服务启动仪式在江西省图书馆举行。省政府副省长朱虹，省文化厅党组书记、厅长郜海镭，省政府办公厅巡视员蔡玉锋，省文化厅副厅长王晓庆等出席仪式，并为首批7家成员馆授牌。通借通还服务开通后，读者可享受南昌城区公共图书馆（江西省图书馆、南昌市图书馆、东湖区图书馆、西湖区图书馆、青山湖区图书馆、青云谱区图书馆、湾里区图书馆）的服务及380多万册的藏书资源。7家公共图书馆的持证读者可到其中任一家图书馆借阅书籍，可就近选择图书馆归还。通借通还服务的开通，初步构建起南昌城区公共图书馆服务网络共享平台，进一步完善南昌公共文化服务体系。（王晴）

【南昌市第三届“读好书”活动启动】 4月23日，由南昌市文化新闻出版局、东湖区文化广电旅游新闻出版局主办，南昌市图书馆、东湖区图书馆、南昌市东湖小学等承办，以“文明东湖 书香生活”为主题的南昌市第三届“读好书”活动在南昌启动。启动仪式上，学生代表发出全民读书倡议，揭晓“我最喜爱的一本书”评选结果，向10名留守儿童捐赠书包，向10个“书香家庭”赠送图书，开展以“悦读、文明、幸福”为主题的图书漂流活动。活动期间，还举办“国学经典我来画”少儿现场绘画作品展、“书籍传友谊爱心献农村”送书进农村、第三届“书来书往”图书交换等活动。（王晴）

【赣州市图书馆开展世界读书日图书漂流活动】 4月20—21日，由赣州市图书馆主办，《小主人报》赣州小记者站承办的“漂流书香、漂流知识、漂流文明”图书漂流活动及2013年世界读书日系列活动在赣州市图书馆举行。全市中小学生500余人参加启动仪式。此次图书漂流活动共收到读者捐赠图书800余册，成功漂流图书325册，活动使同学们与图书拉近距离，与他人共享读书的乐趣、体验成长的喜悦。此外，赣州市图书馆还开展爱心捐书、“我心中的图书馆”征文及征集绘画、“与经典同行”读书活动等第三届“读好书”系列活动。（王晴）

【宜春市幸福书屋正式向市民开放】 7月2日，坐落在宜春市袁山西路、秀江西路、温汤镇的3个自助式全开放公共图书阅览服务点“幸福书屋”建成并向市民开放。“幸福书屋”是宜春市委市政府着眼于建设“幸福宜春”，提升宜春文明形象，提高公共文化服务保障水平而建设的文化惠民项目。书屋采取全开放自选、自借、自还、自捐服务方式，市民不需办理任何手续就可在书屋内挑选自己喜欢的书籍，可在书屋内阅览，也可带回家品读，阅后自行归还，还可将自己的藏书捐给书屋与大家共享。书屋的建成开放，标志着宜春市民走进享有免费自助借阅公共图书服务的新时代。每个“幸福书屋”面积30平方米左右，藏书1000多册。（王晴）

【江西省委书记强卫考察调研宜春市图书馆】 8月27日，江西省委书记强卫在宜春市委书记谢亦森、市长蒋斌等陪同下来到宜春市图书馆考察调研。强卫书记先后参观少儿阅览室、视听室、自修大厅、电子阅览室、外借室、报刊阅览室等开放部门，听取该馆情况介绍，观看工作人员对RFID系统中图书定位功能的演示过程，对市图书馆实行自助借还系统的做法十分赞赏。在考察结束后，强卫书记对市图书馆工作给予充分肯定，希望该馆发展与高校图书馆的合作共建，并继续做好文化惠民系列服务工作。（王晴）

【九江市图书馆荣获九江最具影响力公益团队荣誉称号】 6月14日，由九江日报社、九江市志愿者（义工）联合会发起主办，九江晨报承办的首届九江公益盛典颁奖典礼暨中国九江公益高峰论坛在远州国际大酒店举行。九江市图书馆荣获“九江最具影响力公益团队”荣誉称号。近年来，九江市图书馆的工作取得快速发展，在现有藏书60万册的基础上，每年新增入藏图书2万册；启动流动图书车服务，实施自助图书馆项目，实行全开架借阅。同时，举办展览、讲座、学术报告等社会文化活动，创办公益性文化品牌讲座“寻庐讲坛”；创办“寻庐大舞台”惠民文化服务品牌，首场演出“世界经典金曲音乐会”于6月11日举行。在图书馆工作32年的九江市

图书馆馆长余海还入选“2013 中国图书馆榜样人物”候选人。(王晴)

【萍乡市举行 2013 年全民阅读活动启动仪式】 4 月 23 日，由萍乡市图书馆承办的萍乡市 2013 年“全民阅读，提升文化素养”活动启动仪式在绿茵广场举行。市委常委、宣传部长彭艳萍出席仪式并发表重要讲话。整个启动仪式由学生代表发言、市民代表发言、有关单位和个人赠书、万人签名、参观书展和文艺演出等 6 项议程组成。市图书馆同期召开读者座谈会，来自全市社会各界的 16 位读者代表先后发言，畅谈读书学习的心得体会。(王晴)

【景德镇市城区公共图书馆实现通借通还】 4 月，景德镇市城区公共图书馆全面实现“一卡通”通借通还。“一卡通”使景德镇市公共图书馆实现四个统一，即统一计算机管理系统、统一读者办证手续、统一借阅制度、统一服务标准，实现景德镇市公共图书馆网络化和一体化管理，在全市区域建立起文献信息资源共享的公共图书馆服务网络体系。(王晴)

【新建县长堎镇成立首家纯公益图书馆】 8 月 10 日，新建县长堎镇礼步湖畔的礼步书社正式成立，这是该镇第一家纯公益性质的图书馆。礼步书社创办人魏楠和她的两位书友从半年前开始筹备，三人自筹资金租用场地，购买设备，将珍藏多年的书籍提供给大家免费借阅。目前约有图书 300 册，除三位创办人提供的书之外，还有来自熊培云立人图书馆的捐赠。现场有不少读者也纷纷将家中的藏书捐出。(王晴)

【会昌县图书馆建立农民工借阅室】 2013 年 12 月，经过近一年时间的筹划，会昌县图书馆在红旗街道建立农民工借阅室。该馆采用现代化的信息技术手段和服务方式，为农民工提供绿色阅读通道、娱乐健身、就业创业信息、农民工心理咨询等服务，并在全社会大力宣传和积极倡导捐款助学、帮困扶贫，以及手拉手、结对子、献爱心等活动，为农民工的阅读学习营造良好的社会舆论氛围。(王晴)

【泰和县图书馆推出分级阅读推广服务模式】 1 月 12 日，泰和县图书馆为少儿读者推出“分级阅读”推广服务模式。在馆藏建设方面，针对不同年龄段的读者群购买和分编图书，设立适合 1—3 年级阅读、4—6 年级阅读、初中年级阅读 3 个分级书架；在室内设计上，将《中国儿童青少年分级阅读水平评价标准》《中国儿童青少年分级阅读内容选择标准》挂在墙上，指导家长和少儿读者对照标准进行借阅图书；大力加强分级阅读指导以及阅读推广活动。此举深受广大家长和少儿读者的欢迎。(王晴)

山东省

【概况】 截至 2013 年年底，全省公共图书馆共有 157 个，比 2012 年增加 5 个，其中省级图书馆 1 个，副省级图书馆 1 个，计划单列市图书馆 1 个，市级图书馆 15 个，县（市、区）级图书馆 139 个。市、县（市、区）两级图书馆覆盖率分别达到 100%和 99%，达到历史最高峰。

各级党委、政府和文化部门重视支持。2013 年全省公共图书馆财政拨款达 3.9 亿元，同比增幅 39%，其中购书经费 7590 万元，人均购书费 0.79 元。其中省馆购书经费 1200 万元。

馆舍建设突飞猛进，设施条件完善提升。济南市、潍坊市、菏泽市、东平县、郯城县、庆云县、邹平县、巨野县等市、县级 60 多座图书馆得到新建或改建，现代化、标志性、多功能的新馆不断涌现。全省图书馆总馆舍面积 71.1 万平方米，比上一年度增长 17.7%，其中省馆馆舍面积达 5 万平方米。总阅览座席42170个，比上一年度增加 6719 个，平均每馆座席 269 个。计算机 9186 台，网站 100 个。

文献信息资源日益丰富，服务能力不断提升。全省公共图书馆总藏书量 4013 万册/件，比上一年度增加 74 万册/件，全省人均拥有藏书 0.41 册，其中省馆总藏量为 740 万册/件，市级馆平均馆藏为 63 万册/件，县级馆平均馆藏 16 万册/件。全省持证读者达 161 万人；全年流通人次 2198 万人次，文献外借册次 1956 万册次，同比分别增幅 10%和 7%；举办讲座 2205 场，展览 847 次；承办第八届全省读书朗诵大赛，在齐鲁大地营造浓厚的书香氛围。

人才培养工作扎实推进。全省公共图书馆从业人员 2461 人，平均每馆 15 人。全年先后主办、承办全省公共电子阅览室技术、公共图书馆评估定级、联合参考咨询系统等主题研讨班6次，累计培训人员500人次。山东省文化系统率先实施“大师引进工程”，第九、十届全国人大常委会副委员长许嘉璐被聘为省馆名誉馆长。省馆通过聘任国内具有较高学术造诣、学术声望和广泛影响力的业界大师担任名誉馆长，形成高端学术科研团队，全面提升图书馆的学术研究、文化交流和社会教育水平，推动多出成果、多出人才，建成全省的文化重镇和文化窗口。

文化共享工程继续走在全国前列。全省新建规范化公共电子阅览室8100多个，打造公共电子阅览室服务平台，建设特色资源库近30个，全省累计开发、整合资源达70TB。举办全省公共电子阅览室技术培训班。“山东省公共电子阅览室综合管理平台建设”荣获山东省首届文化创新奖。首个“光明之家·视障数字阅览室”在省图书馆建成并开始面向全省视障读者提供服务。启动“边疆万里数字文化长廊”暨“万里海疆·万里书香”工程，这是由文化部全国公共文化发展中心、山东省文化厅、山东省分中心和武警山东边防总队共同开展的边疆文化建设项目，是一项文化建设项目，也是一项强军工程。

整体发展实力不断增强。文化部于2013年在全国开展第五次县以上公共图书馆的评估定级工作。全省各级文化行政部门高度重视、精心组织，各级公共图书馆以评估工作为契机，努力改革创新，加强基础业务建设，提高服务效能和管理水平，使图书馆工作达到新的水平。全省121个图书馆达到三级以上图书馆标准，比第四次评估定级工作增加4个，其中一级图书馆76个、二级图书馆42个、三级图书馆3个，一级馆增长了58%。（山东省图书馆）

【2013年全省公共图书馆馆长座谈会召开】 1月19日，山东省图书馆在济南召开此次会议。省馆领导以及全省17个地市公共图书馆的馆长参加会议。会上通报开展全国公共图书馆第五次评估定级工作，总结全省公共电子阅览室建设取得的阶段性成果并强调下一步的建设重点和注意事项，介绍全省古籍保护工作的整体状况、难点与问题，对讲座联盟的发展做出展望，介绍“全省读书朗诵大赛”等几项省馆大型读者文化活动取得的效果和成绩并就配合“十艺节”开展更多读者活动提出建议。在分组讨论阶段，各地市馆馆长积极为加快推进全省公共图书馆设施建设、业务发展、资源共享与保护、读者活动等方面建言献策，并就评估定级、新馆建设、古籍保护等几个重点问题提出各自的意见和建议。（山东省图书馆）

【山东举办全省公共图书馆评估定级培训班】 3月3日，由山东省文化厅主办的“全省公共图书馆评估定级培训班”在省馆举办，17个地市图书馆代表参加培训。文化部巡视员刘小琴对评估工作的意义、作用和目的进行阐释，对评估工作的具体开展提出指导意见。省文化厅副厅长李宗伟简要介绍山东省迎接评估工作的准备情况，并对评估工作提出要求。国家图书馆研究院院长汪东波做题为《文化部第五次全国公共图书馆评估标准解读》的报告，主要从“评估工作的历史回顾”“修订的背景”“修订的主要思路和重点”“地市级馆评估标准重点”四个方面，深入分析评估工作的发展、第五次评估标准的变化以及评估中需要注意的问题，对于山东省做好第五次评估准备工作具有重要参考意义。（山东省图书馆）

【文化共享工程·十艺节文化惠民节目展播网站开通】 6月4日网站在省馆正式开通，文化部全国公共文化发展中心主任李宏、山东省文化厅副厅长李宗伟、省馆馆长李西宁出席开通仪式。该网站是在文化部全国公共文化发展中心与山东省文化厅共同主持下开通的，目的是充分利用文化共享工程服务网络和十艺节优秀的艺术资源，通过互联网，为全国观众提供视频观看服务。网站初步设置音乐类、舞蹈类、戏剧类、曲艺类、项目类、群文之星6个板块，涵盖艺术领域的各个方面。开通后至十艺节期间，网站以最快的速度将优秀的参演节目上线展播，供观众点播收看。十艺节闭幕后，所有节目被整理加工成资源库，上报文化部全国公共文化发展中心，通过中国数字文化网和山东省文化共享工程视频平台提供永久展播服务。（山东省图书馆）

【2013年度全省古籍保护工作会议召开】 6月5日会议召开，来自17个地市图书馆、省直及各大高校图书馆和全国古籍重点保护单位负责人参会。山东省古籍保护中心主任、省馆馆长李

西宁做重要讲话，充分肯定前段时期全省古籍保护工作所取得的优异成绩，并对下一步的古籍保护工作提出要求。会上，向古籍保护工作先进单位和个人颁发证书。（山东省图书馆）

【全国公共图书馆缩微技术培训班在烟台举办】 由全国图书馆文献缩微复制中心主办，山东省图书馆承办的此次培训班于10月20—22日举办，省馆副馆长周玉山、全国文献影像技术标准化技术委员会秘书长李健等出席开班仪式。此次培训班内容包括缩微技术未来发展趋势、胶片保存与保护、缩微文献数据制作、缩微摄制流程及多类型缩微母片质量控制等，来自全国公共图书馆的50余名缩微文献制作从业人员参加培训。（山东省图书馆）

【边疆万里数字文化长廊工程正式启动】 10月24日，山东省“边疆万里数字文化长廊”——“万里海疆万里书香”边疆文化建设项目在刘公岛边防派出所启动。该项目合作方领导文化部全国公共文化发展中心副主任李建军、十艺节组委会群文美术部部长李宗伟、山东省文化厅公共文化处副处长冯庆东、山东省图书馆馆长李西宁及武警山东边防总队政委明学森等出席启动仪式并为刘公岛边防派出所基层服务点揭牌。文化部全国公共文化发展中心、山东省图书馆、威海市图书馆分别向该所官兵赠送资源大礼包、流动播放设备和图书，并与基层官兵进行座谈，详细了解他们的文化需求。十艺节组委会同时启动“十艺进军营”活动，为官兵送去群星奖获奖节目。该建设项目包括共建边防数字文化服务平台、蓝海书香阅览室、基层文化共享学习中心、海洋信息数据库以及共同举办文化活动等五个方面。省图书馆与边防总队机关共建阅览室，首批提供图书2000种、期刊1000册，根据官兵需求及时更新；开展各种读书活动，丰富官兵文化生活；根据部队需要定期开展人才培训，免费提供各类教学培训视频资料；采取图文、动漫等喜闻乐见方式，建设海洋信息数据库。（山东省图书馆）

【“光明之家·视障数字阅览室”在山东省图书馆建成】 4月20日，山东省首个“光明之家·视障数字阅览室”在省馆建成并面向全省视障读者提供服务；省馆同时与山东特教学校签订共建协议，并为该校视障同学提供20个便携式阳光听书郎设备及部分电子书。在这个阅览室内，视障读者不仅可以利用传统的盲文书籍获取知识，还可以利用各类先进的辅助阅读工具在互联网上获取海量信息。省馆除协调省内各级公共图书馆开辟专门服务场地进行建设外，还将把该阅览室的服务拓展到残疾人学校、福利工厂等各类视障群体聚集的场所，就近为视障群众提供先进的公共数字文化服务。在此基础上，省馆还积极筹划建设山东盲人数字图书馆核心网站平台，充分利用包括语音识别、数字认证等技术在内的各类信息技术，为视障读者提供各类经过无障碍化处理的文化资源。该网站上线后，视障读者可以在家庭普通电脑上，在不利用辅助工具的情况下获得充分文化服务。（山东省图书馆）

【山东省图书馆召开山东儒学文献收藏中心建设座谈会】 4月25日会议召开。邀请山东大学儒学高等研究院副院长、教授、博士生导师杜泽逊，山东师范大学齐鲁文化研究中心教授程奇立、王钧林，山东大学儒学高等研究院副教授徐庆文，结合省文化厅“大师引进工程”、许嘉璐先生担任省馆名誉馆长等，就省馆建设山东儒学文献中心进行研究讨论。省馆馆长李西宁从必要性和重要意义、具备的条件、创建思路等方面向与会专家介绍打造“儒学文献收藏中心”的基本构想。与会专家对此进行热烈讨论，论证建设该中心的必要性与积极意义，并从体系性、宗旨和功能、数字化发展、学术研究、服务定位等方面提出富有建设性的意见和建议。（山东省图书馆）

【山东省图书馆真人图书馆开馆】 6月30日，山东省图书馆与I think真人图书馆合作，开启图书借阅的新模式。真人图书馆里的“图书”都是活生生的人，其中有旅行者、社工、背包客还有罕见疾病患者，他们通过讲述自己的经历，与读者分享精彩的人生故事和人生感悟。首期到场的5位“真人图书”和100余名读者面对面交流，不时产生思想共鸣，精彩高潮频现。（山东省图书馆）

【全国人大原副委员长许嘉璐向山东省图书馆捐赠著作文献】 6月5日，全国人大原副委员长、山东省图书馆名誉馆长许嘉璐到省馆视察工作，对省馆下一步发展规划、服务功能优化、学术研究等方面做出重要指示，之后一直关心省馆建设与发展。9月，许嘉璐先生向省馆捐赠著作文献5种，包括《未央四集——许嘉璐文化论说》《未成集——论新时期语言文字工作》《未了集——许嘉璐讲演录》《未央集——许嘉璐文化论说》和《为了天下太平——文明对话录》。省馆将抓紧编目，充实名人文库，尽快上架服务读者。（山东省图书馆）

【山东省图书馆举办首场馆员论坛】 9月30日，为加强人才队伍建设，培养学术人才，促进业务交流，省馆举办首场“馆员论坛”。两位青年馆员分别从音像电子资源的管理与利用、连续出版物的管理流程方面做深入交流，50余位与会者就相关问题展开讨论，气氛热烈。省馆馆长李西宁在点评时认为：“馆员论坛”能够密切结合实际工作，今后要长期持续下去，对全馆业务工作和学术研究起到良好的推动作用。（山东省图书馆）

【山东省公共电子阅览室综合管理平台建设荣获山东省首届文化创新奖】 12月13日，首届山东省文化创新奖成果报告会在历山剧院举办。山东省副省长季缃绮、文化部科技司司长于平到会并做重要讲话。会议向获得首届文化创新奖的30个项目获奖单位和个人颁发奖状和证书，由山东省图书馆、省文化信息资源共享中心完成的“山东省公共电子阅览室综合管理平台建设”获奖。该项目是全国首个公共电子阅览室综合管理平台，成功创建具有山东特色的公共电子阅览室运行服务与监管模式，即“一站双网三平台的全功能服务模式”，总体达到国内领先水平。项目实施以来，在全省新建规范化的公共电子阅览室8000多个，建立公共电子阅览室服务平台以及近30个资源库，包含1.2万部视频、100余万册电子书、5300万篇中文期刊、10800万篇外文期刊、8000万篇报纸、400个在线益智游戏、688种电子漫画书、5000册数字连环画、246种少儿在线电子期刊，全省累计开发、整合资源达70TB。该项目先后应用于各级图书馆、文化馆、工人文化宫、青少年宫、妇女儿童活动中心、乡镇(街道)文化站、社区文化中心、村文化室、各类学校、企事业单位等，年服务对象达5000万人次。（山东省图书馆）

【山东省图书馆确立为国家公共文化政策研究基地】 12月2日下午，山东省国家公共文化政策研究实验基地工作会议在济南召开。财政部、文化部、省财政厅、文化厅、武汉大学国家文化财政政策研究实验基地等有关领导为全省17个国家公共文化政策研究实验基地授牌，并为特约研究员、观察员等颁发聘书。周玉山副馆长代表省馆与武汉大学国家文化财政政策研究基地签订协议，并接受国家公共文化政策研究基地证牌和聘书。（山东省图书馆）

【济南市图书馆承办2013年“书香泉城”全民阅读节】 4月23日上午，在第18个“世界阅读日”到来之际，由中共济南市委宣传部、市文明办、济南日报报业集团、市文化广电新闻出版局等联合主办，市图书馆等承办的2013年“书香泉城”全民阅读节正式启动。现场举办“小桔灯照亮城乡每一个角落”图书捐赠、“重汽杯”济南市第七届“读书人”摄影比赛颁奖仪式、2013济南市读书朗诵比赛颁奖仪式及优秀节目展演等活动。此次阅读节以“相约十艺节，书香润泉城”为主题，陆续开展全民阅读“五进”即进社区、进学校、进企业、进乡村、进机关等行动，并精心策划组织2013“书香泉城”济南换书节、名家教您鉴宝与收藏、外来务工人员电脑培训等25项活动，引起广大市民群众的高度关注与积极参与。（济南市图书馆）

【济南市图书馆推出少儿七彩泉谈书吧】 “七彩泉谈书吧”是济南市图书馆于2013年为7至12岁的少年儿童打造的读书、交流、分享的品牌活动，每周日下午在济南市图书馆中小学生借书室举行，每期推出一部优秀儿童文学作为引导话题。参与活动的小读者可赢得“七彩泉谈书吧”送出的一个积分，积极参与交流的小读者可赢得2个积分。积满200个积分，借阅额度可由原来的每次2本提高为4本，积满400个借阅额度由原来的每次4本提高为5本，并成为《童阅》的小编辑。首期活动于9月8日下午举行，引导话题是《小猪唏哩呼噜》，来自市区多所小学的20名小读者报名参加，和同龄人一起交流阅读感受。为使谈书吧活动受到少儿读者的喜爱，济南市图书馆还与山东省师范大学志愿者组织联系，定期与相关院系志愿者沟通儿童文学发展情况，共同主持活动。（济南市图书馆）

【济南市图书馆新馆开馆】 作为“十艺节”的重点惠民工程，济南市图书馆新馆于10月11日正式开馆。新馆坐落于省会文化艺术中心大剧院北侧，阅览座席2200个，总藏量260余万册（件），具备100万册的文献规模，5000—8000人次的日接待能力。设总咨询台、报刊阅览区、视障阅览区、数字资源阅读区、读者休闲交流区等17个服务窗口；拥有万兆局域网和300兆光纤接入互联网，为读者提供免费无线上网服务。新馆虽距市区较远，但市民热情高涨，开馆一周时间内就办理借书证超过1万张。借书证分为个人借书证与家庭借书证，只要缴纳200元押金、出示有效证件，便可办理家庭借书证，最多允许3人进入借阅区，一次可借出10本书；缴纳50元押金、出示有效证件，便可办理个人借书证和阅览自习证，个人借书证最多一次可借出3本书；老馆和新馆的借书证可以通用。（济南市图书馆）

【“小桔灯”乡村爱心流动图书馆再获殊荣】 2013年2月，济南市2012年度影响济南文化事件、文化人物和群众文化活动评选揭晓。济南市长清区图书馆申报的“‘小桔灯’爱心流动图书馆—乡村行”被评为2012影响济南年度群众文化活动。“小桔灯”乡村爱心流动图书馆自开展以来受到社会媒体的广泛关注，曾被中国图书馆学会网站和中国网络电视台、网易新闻中心、山东图书馆信息、济南市政府网等宣传报道。（济南市长清区图书馆）

【第六届淄博市读书节全面启动】 4月14日，“第六届淄博市读书节启动仪式暨第四届淄博市读书朗诵大赛”在市图书馆隆重举行。本届读书节自4月初持续至5月中旬，围绕“阅读点亮智慧 书香润泽心灵”主题，陆续开展“读书节大讲堂”“图书馆公众开放日”“捐建爱心书屋”“读书朗诵大赛”等13项系列活动。其中，“淄博市读书朗诵大赛”自2010年开办至今，已成为淄博市优秀文化品牌项目，深受广大读者和市民的喜爱，产生良好的社会效益。（淄博市图书馆）

【爱心书屋落户淄博市沂源县张家坡中心园】 6月20日上午，第六届淄博市读书节爱心书屋捐建仪式在张家坡中心园举行，各界爱心人士捐赠图书1200余册和电子琴、手风琴各一台。这是2011年以来由淄博晚报联合淄博市图书馆发动社会各界捐建的第三所“爱心书屋”，每年六一节前后的捐建活动已成为淄博市读书节最受关注的公益品牌。自首届“手牵手——为山区娃捐建爱心书屋”活动开展以来，得到全市特别是张店城区学校及家长、学生们的支持，累计收到捐赠图书近万册。（淄博市图书馆）

【淄博市图书馆新馆全面竣工交付使用】 2013年10月，在第十届中国艺术节期间，淄博市重点文化惠民工程——市图书馆新馆工程全面竣工并正式交付使用。新馆面积23800平方米，共5层，包括报告厅、少儿服务区、视障阅览室、期刊阅览室、专题阅览室等。整体设计风格突出适宜读书、学习、研究的特点，体现出高效、节能、便捷、环保的设计理念。新馆搬迁工作目前正在进行中，计划于2014年上半年完成。（淄博市图书馆）

【即墨市图书馆开展新一届义务小馆员招募活动】 2013年7月，该馆新一届“义务”小馆员招募活动正式更名为“墨墨”火炬手行动——小志愿者服务活动。更名后的活动在小志愿者选拔形式上有很大创新，一改原来以小读者报名顺序为依据的录取方式，采取竞争上岗的形式，即对所有报名参与的小读者们进行笔试、面试考核，笔试主要测试图书馆的相关借阅规定，考察小读者对馆内各项制度的了解程度，面试则侧重于表达沟通、应变及服务能力，根据综合成绩，图书馆按比例择优录取，选拔出一批高素质的小读者成为小志愿者。此项活动是即墨市图书馆在少儿服务工作中的又一次有益尝试，其前身“义务小馆员”招募活动已举办5期，一直受到小读者及家长的热烈欢迎。（即墨市图书馆）

【青岛市“道德讲堂”总堂落户市图书馆】 2013年，青岛市文明办打造推出的青岛市“道德讲堂”总堂落户青岛市图书馆。7月25日上午，在青岛市图书馆三楼报告厅正式开讲，首场活动以“和谐邻里情 共筑社区梦”为主题，之后分别由市北区、市南区、李沧区和交运集团承办，连续举办4场活动。总堂突出示范性、群众性、经常性，为人们定期观摩和参加总堂活动提供便利。实行轮流承办制度，每月至少组织2场活动，每场活动将确定一家承办单位，经申报确认批准后组织实施。实施“一堂一档”，每次活动由总堂统一录像存档。建立主持人、宣讲员、优秀课件资源库，与基层“道德讲堂”形成良性互动。（青岛市图书馆）

【文化志愿者走进青岛市崂山区图书馆】 2013年，崂山区图书馆开展“文化志愿者”招募活动。该活动开展正值假期，学生成为志愿者队伍的生力军。通过集中培训，志愿者们对图书馆基本情况、馆藏分布、图书查询方法、书刊借还制度和工作职责、服务礼仪等方面有了初步了解，并针对图书上架、排架进行实地演练，让10余名志愿者对读者服务工作有全面的认识。崂山区图书馆希望通过该活动吸引更多的市民通过志愿者服务这一途径参与到图书馆的日常管理中。（青岛市崂山区图书馆）

【《栖霞市图书馆古籍藏书目录》编纂完成】 《栖霞市图书馆古籍藏书目录》反映图书馆的古籍藏书资源和保护成果，对入选省、市珍贵名录的14种古籍特别采用图录形式单列，方便读者更加直观的查阅。目录以传统的经、史、子、集分类，按照历史朝代为序排列，收录古籍481种。该目录于2013年出版，使广大读者加深对馆藏古籍的了解并方便查阅。（栖霞市图书馆）

【临沭县公共电子阅览室服务网络实现全覆盖】 2013年，临沭县建成一批免费开放、有统一平台、统一标识、符合文化部建设标准的公共电子阅览室，其中县级电子阅览室1个、基层公共电子阅览室15个、镇街3个、村级42个；全国文化信息资源资源共享乡镇基层服务中心10个、村居基层服务点236个，覆盖率达100%，其中规范化的乡镇站点占60%，规范化的村街站点占40%。这些公共电子阅览室以乡镇、街道文化站、社区文化活动室为阵地，供农民查阅资料、观看新闻、学习农业科技知识、观看农业视频录像等。（临沭县图书馆）

【东营市图书馆举办第四届图书交换活动】 9月15日上午，东营市图书馆第四届“让好书苏醒，让知识对流”图书交换活动在一楼大厅举行。此次活动吸引700余名市民参与，交换图书2000余册，均为七成新以上的正版图书，主要涉及社科、文学艺术、少儿、生活类图书等。换书活动结束后，市图书馆从剩余图书中精选部分捐赠给农家书屋及农村中小学校图书室。（东营市图书馆）

【莱州市文化共享工程支中心开展留守儿童关爱行动】 11月3日上午，“向日葵梦想书屋——莱州市文化共享工程社区留守儿童关爱行动”启动仪式在文昌路街道光州社区隆重举行。通过开展“向日葵梦想书屋”“流动亲情聊天室”“E路共享数字阅读平台”“相伴成长巡回讲堂”等活动，为光州社区的留守儿童送去科学知识和数字资源。在“向日葵梦想书屋”，市共享工程支中心工作人员将赠送的1000册书刊分类上架。今后将依托文昌路街道村居社区文化共享工程基层服务点，联合有关部门、志愿者协会等开展特色活动，让更多的留守儿童加入到“向日葵梦想书屋”活动中。（莱州市图书馆）

河南省

【河南省图书馆概况】 至2013年年底，河南省图书馆设有10个业务部门、5个职能部门、17个对外服务窗口，业务窗口实行365天开放，阅览座席1200多个，总建筑面积2.95万平方米。年到馆读者达百万人次，在全省开设30余处外借点进行图书流通服务。累计藏书总量达到329多万册/件，其中古籍50万多册。公益讲座“豫图讲坛”已连续举办153期，深入开展多种延伸服务活动，公共文化服务能力与水平不断提高。《河南图书馆学刊》已编辑出版160多期。文化信息资源共享工程河南省分中心服务范围覆盖全省4.8万个行政村，形成基层文化信息资源服务网络。被评为“全国人文社会科学普及基地”和首批“河南省社会科学普及基地”。（严真　马秀峰）

【公共电子阅览室管理信息系统全国第二次

软件平台技术培训及协调工作会在郑州举办】 此次会议由文化部全国公共文化发展中心主办，于5月21—24日举办。河南省文化厅副厅长崔为工、文化部公共文化发展中心副主任李建军出席开班仪式并致辞，来自全国33个省(区)、直辖市及新疆建设兵团分中心的近70位同志参加会议。(严真　马秀峰)

【河南省公共图书馆三大联盟建设全面启动】 2013年，“河南省公共图书馆信息共享联盟”向各成员馆传递为领导机关决策服务信息资源60余万字；“河南省公共图书馆讲座联盟”向全省市、县公共图书馆发放讲座光盘140余套；“河南省公共图书馆地方特色资源共建共享联盟”于4月召开会议，来自全省各省辖市馆以及部分县级馆馆长为联盟的构建、发展、创新积极献言献策，全年联合各级公共馆收集地方文献资源3万余件，目前已经部分向社会提供服务。由河南省图书馆牵头建设的三大联盟工程是公共图书馆界携手提高服务水平、服务能力的一次探索，各级公共图书馆普遍对这项工作提高了认识，工作有新发展。(严真　马秀峰)

【河南省图书馆举办河南小记者系列公益培训讲座】 4月6日上午，河南省图书馆与河南经济报社联合举办的河南小记者公益系列培训活动开班典礼暨新闻发布会在省图书馆一楼研议厅举行。此次活动是在中国图书馆学会倡导举办2013全国少儿阅读年之际推出的系列儿童阅读推广活动之一。此外，省馆还在年内陆续推出少年儿童主题征文比赛、少年儿童主题摄影比赛、全省中小学校园阅读季、家庭亲子阅读推广月、全省少年儿童科学素养问卷调查等系列活动。(严真　马秀峰)

【河南省图书馆数字资源阅读推广活动在省人大机关举办演示会】 5月22日，以“网络书香”为主题的河南省图书馆数字资源阅读推广演示会在省人大常委会议室举行。省馆副馆长李克征向省人大机关领导汇报省馆及省数字图书馆的建设发展情况，介绍并演示书目数据库、全文报刊数据库、专题特色数据库等相关数据库。省人大机关的同志们对此很感兴趣，表示今后要多关注省馆的发展，大力支持省数字图书馆的建设。(严真　马秀峰)

【河南省图书馆参加“心相连、手相牵”庆六一圆梦行动】 “六一”儿童节前夕，由河南省妇联主办，开封市妇联与河南省图书馆协办的“美丽通许中原梦——‘心相连、手相牵’庆六一圆梦行动”对接仪式在全国关爱留守儿童服务体系试点县开封市通许县实验小学隆重举行。河南省妇联副主席王秀芝、省妇联儿童部长张宇辉、开封市人大常委会副主任于吉良、开封市妇联主席赵洁、河南省图书馆数字资源部主任杨向明等参加现场活动。省馆向此次活动赠送全国文化信息资源共享工程“同享文化暖春，共促亲子成长”教育光盘300张，以及近400册图书等节日礼物。(严真　马秀峰)

【河南省图书馆少儿阅读中心开馆】 7月2日新开业的少儿阅读中心整合文献资源，扩充藏书量并增设新的服务项目，实现借、阅、读一体化服务，同时开始使用自助借还系统。该中心3层楼增加开放式休闲空间，开阔明亮、wifi覆盖，提供更加舒适的阅读环境。(严真　马秀峰)

【河南省图书馆少儿活动在2013全国少年儿童阅读年活动中获奖】 11月7日，在2013年中国图书馆年会上，省馆推出的少儿活动“七色花亲子故事会”荣获2013全国少年儿童阅读年——全国家庭亲子阅读推广月活动二等奖。七色花故事家族的活动时间均在每周六上午，参与人群是2—7岁的小读者及家长。讲故事人一般是志愿者（故事义工）以及馆员，他们为孩子们朗读、讲解故事，鼓励小朋友们参与提问或互动，然后安排自行阅读或者带领小朋友朗诵诗歌、唱歌跳舞绘画、做游戏等。七色花亲子故事会推出至今，丰富了低幼读者及家长的阅读活动，形成并培育少儿部阅读活动品牌。(严真　马秀峰)

【河南省图书馆豫图讲坛开展丰富多彩的文化活动】 2013年，河南省图书馆共举办豫图讲坛公益讲座54期，健康专题讲座3场，接待近8000人次的听众。同时，还组织专家开展“豫图讲坛下基层活动”，在3个市举办8场讲座，不仅扩大豫图讲坛的影响，还有力地促进各地讲座活动的开展。鉴于“豫图讲坛”的社会影响力，该馆被命名为“全国人文社会科学普及基地”和“河南省社会科学普及基地”。（严真　马秀峰）

【河南省图书馆开展面向全省的业务培训】 2013年，省馆举办全省公共图书馆评估培训班，30个市县图书馆馆长及业务骨干80余人参加培训。先后到巩义市、安阳市、林州市等地图书馆开展业务辅导。通过电话、电子邮件、网络即时通讯等多种形式，做好第五次公共图书馆评估工作的解释工作，并根据第四次评估中的有关问题，为部分图书馆提出评估准备建议。建立网上“河南省公共图书馆发展论坛”（QQ组群），组织全省各级公共图书馆随时交流业务，开展业务辅导。（严真　马秀峰）

【《河南图书馆学刊》正式改为月刊】 2013年初，经省新闻出版局批准，《河南图书馆学刊》正式改为月刊。为了提高工作效率和办刊质量，规范编辑工作程序，编辑部制定严格的学刊岗位职责。分别派员参加由国家新闻出版广电总局在武汉举办的中国期刊博览会、河南省期刊协会在登封举办的河南省期刊编校业务培训暨第三届编校大赛，进一步提高编校人员在政治思想上和编校业务上的能力。截至12月底，共收到网上投稿2520篇，编辑出版发行12期，刊发学术论文620余篇。（严真　马秀峰）

【新郑市图书馆举办基层文化骨干培训】 此次培训于1月23日举办。培训期间，图书馆相关负责人向基层文化骨干介绍图书馆基层服务知识，就如何做好管理，使用好、发挥好基层公共电子阅览室的作用进行讲解。（严真　马秀峰）

【平顶山市图书馆举办世界读书日宣传活动】 2013年世界读书日期间，平顶山市图书馆在鹰城广场开展大型宣传活动，精心挑选1000余册图书、期刊供前来咨询的市民阅览，现场办理图书借阅证100余个，发放宣传品1000余份，接待咨询2000多人次。在馆内举办少儿精品书展，特设“魅力女性”主题图书专架和莫言图书专架。宣传活动得到广大市民的热烈支持以及新闻媒体的现场报道。（严真　马秀峰）

【新乡市图书馆文化志愿者服务队开展儿童剪纸活动】 2013年“六一”国际儿童节当天，新乡市图书馆文化志愿者服务队在少儿阅览室组织开展“传承中华民间文化公益行动：小朋友，快来学剪纸”培训。百余名来自市“两报”小记者采访团的小朋友和家长，在左手剪纸王杨庆锋老师的带领下学习剪纸，现场气氛热烈。新乡市多家新闻媒体对活动进行报道。（严真　马秀峰）

【原阳县图书馆举办“培英杯”青少年读好书有奖征文活动】 6月18日，由原阳县图书馆和培英学校联合举办的“培英杯”青少年读好书有奖征文活动颁奖仪式在县培英学校隆重举行。这次征文活动从5月10日启动，到5月31日征文截止，以“我的中国梦”为主题，以此激发广大师生“为中华之崛起而读书”的热情。共有1015名学生积极参与，收到征文500余篇，评出一等奖5名、二等奖10名、三等奖20名、优秀奖20名、辅导奖16名。（严真　马秀峰）

湖南省

【概况】 湖南省现有省级公共图书馆2个，市、县级图书馆129个（含少儿馆5个）。湖南图书馆2013年文献藏量417万余册，数据库入藏106.16T，150万余种，阅览座位1476个；全年举办展览、讲座、阅读推广、文化沙龙等各类读者活动240余场，参与读者5万余人次。湖南省少年儿童图书馆文献藏量89万余册，阅览座位595个，全年开展各类读者活动共计87场，参加人数4万余人次。

全省依托各级公共图书馆建成文化共享工程省级分中心1个、市级支中心14个、县级支中心123个、乡镇基层服务点2241个、村级服务点34754个，乡镇基层服务点较去年增加1217个。

湖南省普通高校图书馆2013年馆舍总面积105万平方米，阅览座位10万个；全省37所普通高校图书馆文献总量达8300万册，其中印本文献超过5112万册，数字资源折合藏书3188万册；从业人员2189人。（湖南省图书馆学会）

【湖南图书馆举办长沙市首届聋人新春联欢会】 1月27日，由湖南图书馆和长沙市聋人协会共同主办的“长沙市首届聋人新春联欢会”在省馆多媒体演示厅隆重举行。省、市残联及省聋人协会领导到场和200多名聋人朋友一起参加活动。联欢会围绕“爱”“自强”两个主题进行，聋人朋友们在志愿者拍手节奏的指引下表演各种节目，包括小品、唱歌、舞蹈等。都市频道、三湘都市报和红网等媒体对此次活动进行报道。湖南图书馆多年来一直致力于残疾人文化服务，为残疾人提供基本、均等的文化服务是图书馆工作的重要组成部分。（王晓峰）

【湖南图书馆自动化系统全面升级】 3月，湖南图书馆对自动化管理系统进行全面升级。新升级的图书馆集群管理系统采用B/S架构，不但能更好地满足图书馆的业务管理需要，还符合网络和云计算环境下的图书馆联盟、资源共享等新的服务需求。新系统还开通短信和电话语音系统，让读者可以采用多种方式完成图书馆的书籍查询以及对所借图书的续借操作，极大地方便读者阅读。目前新系统运行情况良好，各项功能模块运行正常。（姚舜）

【湖南图书馆举办世界读书日阅读圆梦系列活动】 4月23日，“阅读圆梦——湖南图书馆世界读书日系列活动”盛大开幕。湖南省文化厅、省民政厅、省妇联、省新闻出版局的领导出席活动。开幕式上，领导及嘉宾们为女子图书馆、老年图书馆开馆剪彩，为年度“读者之星”颁奖。同时，湖南图书馆和湖南交通频道联手举办“梦的种子，从这里出发”大型公益活动，号召各界爱心人士为农民工和农村留守儿童捐书，活动得到广大市民的支持，当天募集图书2000余册。募集结束后，省馆用流动书车把图书送往浏阳市西部枨冲镇。省馆湘图讲坛邀请中南大学外国语学院教授孟泽、潇湘晨报周末副刊版主编袁复生为读者做“中国梦，从读书开始”讲座，来自全省109个地市公共图书馆的万余名读者通过网络听讲座，这是湘图讲坛现场讲座率先开通省内馆际网络在线视频直播，引起馆内外人士的广泛关注。（王晓峰　刘雪花）

【湖南图书馆女子图书馆、老年图书馆全新开馆】 4月23日，全国首家公共女子图书馆和湖南首家公共老年图书馆同时开馆。两馆根据分龄分众、优化创新的原则，结合女性、老年群体不同的学习和阅读特点，积极与社会接轨，有针对性地开展个性化服务，将阅读、休闲、教育、活动融为一体，分别举办家庭教育、国学课堂、科普知识和养生保健、书画艺术、网络知识学习等丰富多彩的文化活动。两分馆全年共开展活动150多场次，累计服务读者近20万人次。（曾莉）

【湖南图书馆志愿者服务队成立】 5月4日，在湖南省文化厅及共青团湖南省委、长沙市委指导下，湖南图书馆志愿者服务队正式挂牌成立。目前拥有长沙市及周边单位、团体、学校注册志愿者1000余人，年累计服务时间15000多小时。志愿者们扶助弱势群体，开展阅读推广，组织社会教育培训，举办文化交流，积极倡导勤奋学习之风，为传承湖湘文化、建设书香湖南无私奉献。（曾莉）

【四省名家谈四省文化名人巡讲湖南站活动举行】 5月12日上午，由湘、鄂、皖、赣四省公共图书馆联盟和湖南省“三湘读书月”活动领导小组办公室主办的“湘鄂赣皖历史文化名人解读”巡回讲座在湖南图书馆开讲。著名学者孟泽、安德义、方志远、钱斌，分别从四个不同角度诠释曾国藩的传奇人生。此次活动是中三角四省公共图书馆联盟的首次深入合作，也是首次利用网络在线直播和广播电台“声音图书馆”声音直播的形式，实现讲座资源的跨省、跨地区的分享交流。巡讲依托共享工程的各级网络，覆盖全省118所公共图书馆，讲座受众达到数万人。（刘雪花）

【永远长不大的记忆——湖南图书馆馆藏连环画精品展举办】 5月8日至6月30日，“永远长不大的记忆”——湖南图书馆馆藏连环画精品展在湖南图书馆古籍鉴赏室举行。湖南图书馆自1953年开始大批购进连环画，至今已有3万余册。此次千余册连环画展刚一亮相，即引来市民争相参观，多家媒体为此做专题报道。（李娇）

【《湖南抗战老兵口述录》出版】 5月，湖南图书馆编著的《湖南抗战老兵口述录》由湖南人民出版社出版。全书分上下2册，由87位湖南抗日老兵的真实口述组成，从老兵个人的视角，讲述抗日战争的惨烈、悲壮和残酷，从而反思战争。同时本书辅以抗战相关背景史料、事件细节史料等小贴士，补充和丰富口述内容，尽可能真实可靠地反映抗战历史，是珍贵的抗日战争民间历史资料。该书是湖南省第五届“三湘读书月”推荐书目之一。（蔡璐）

【湖南图书馆被授予廉政文化教育基地称号】 8月21日，湖南图书馆被中共中央纪律检查委员会驻文化部纪律检查组、监察部驻文化部监察局授予“廉政文化教育基地”称号。湖南图书馆在加强自身党员干部廉政教育的同时，还面向社会积极组织开展廉政文化活动，如制作廉政文化展板设立“廉廊”，添置廉政文化教育书籍打造专区展览室，择选古代中国廉政故事及文献举办“中国历代廉政文化及文献展”。（龙子华）

【《湖南图书馆古旧文献目录丛编》全部出版完成】 10月，湖南图书馆编纂的《湖南图书馆单幅文献目录》《湖南图书馆古旧文献目录附编》由线装书局正式出版，这标志着《湖南图书馆古旧文献目录丛编》的整个出版工作画上圆满的句号，也是一个百年老馆厘清家底的基础性整理工作的重大成果。这套反映湖南图书馆基本馆藏的目录丛书包含四种，共计16册，它是湖南图书馆馆藏80余万册（件）古旧文献的全面揭示，在全国图书馆界起到率先垂范的作用。（刘雪平）

【湖南图书馆开展国民口述历史项目】 11月，湖南图书馆启动“国民口述历史”项目。该项目通过视频、音频、图片等多种形式，以亲历者口述的形式，全面收集、整理个人家族史、重大事件亲历者、传统技能传承者、古街、古巷、古树、古井等与湖南有关的记忆。此前，曾成功开展“寻找城市记忆”“寻找湖南地下党人”“寻找湖南抗战老兵”等口述项目。（蔡璐）

【湖南图书馆制作五部拥有自主版权历史文化名村（镇）专题纪录片】 2013年，湖南图书馆拍摄并制作中国土家第一村永顺双凤村、中国历史文化名村五宝田村等五部拥有自主版权的历史文化名村（镇）专题纪录片。这些古村落的选址、布局、建筑风格都集中反映当地的山地特征和审美倾向，拍摄这些湖湘珍贵古村落的视频，能使古村落的特色得到全面展现，对湖湘文化的传承和保护具有特殊而重要的意义。（蔡璐）

【湖南图书馆开展面向党政决策的舆情信息服务】 为促进信息技术和信息资源为党政决策服务，拓宽图书馆的服务领域，2013年，湖南图书馆对400余家境外媒体和国内主要互联网媒体关于湖南的舆情报道进行监测、统计和分析，编辑两份舆情信息产品——《外媒看湖南》和《互联网涉湘舆情信息》，供省委、省政府、省委宣传部主要领导参阅，受到湖南省委外宣办和湖南省政府信息处的肯定和好评。其中《外媒看湖南》全年共检测外媒涉湘舆情4000余篇，报送舆情监测报告11期，文字量约18万字；《互联网涉湘舆情信息》报送118期，其中22篇被采用并直接呈送省长、副省长批示。（陈炎）

【湖南图书馆百姓课堂】 湖南图书馆打造的公共文化服务品牌——湘图百姓课堂，按照“公益性、基本性、均等性、便利性”的原则，以“零门槛”的准入制实现对社会公众进行终身教育，以培训形式向广大市民进行科学文化知识普及，涉及艺术（书法、美术、摄影、国画、戏曲、声乐等）、医学（养生保健、母婴护理、心理咨询等）、文史、理财、法律、教育等方面的专业知识。2013年，湘图百姓课堂共举办4期，每期2—3个月，每周7天全开放。共开设课程127门，累计培训2440课时，累计报名学员5041人，培训超过4.7万人次。（陈湘）

【湖南省少年儿童图书馆首次派员参加美国图书馆协会年会】 6月25日至7月4日，湖南省少年儿童图书馆首次派员参加由文化部公共文化司牵头组成的中国图书馆考察团，赴美国参加美国图书馆协会（ALA）年会。考察团一行参加ALA年会开幕式及“图书馆未成年人服务”分会场中国专场，会后访问美国纽约布鲁克林区中心图书馆、纽约皇后区公共图书馆和加拿大温哥华公共图书馆及萨里公共图书馆。此次重点考察北美公共图书馆发展现状、经费来源和预算、阅读活动，特别是儿童图书馆阅读活动、形象宣传等方面的情况。（郭坚）

【湖南省少年儿童图书馆参与《公共图书馆少年儿童服务规范》编制工作】 8月，全国图书馆标准化技术委员会启动《公共图书馆少年儿童服务规范》（以下简称《少儿规范》）编制工作。湖南省少儿馆作为牵头单位与国家图书馆少儿馆、天津市少儿馆共同参与该项工作，负责组织制订、修订图书馆领域国家标准任务。《少儿规范》将于2014年初步完成编制工作，2015年整体完成。《少儿规范》的颁布将成为检验公共图书馆少年儿童服务效能与管理的尺度，是评估公共图书馆少年儿童服务水平的依据。（郭坚）

【湖南省少年儿童图书馆参与国家文化科技服务提升计划课题】 “全国少年儿童阅读推广服务平台”是国家文化科技服务提升计划中的课题任务，是在文化部文化科技司和公共文化司的指导下，由国家图书馆联合全国主要少儿馆共同研制的一个致力于为全国少年儿童提供优秀阅读资源、提供阅读推广服务的综合性服务平台。湖南省少儿馆与国家图书馆少儿馆、天津市少儿馆共同参与研发工作。该项目2011年9月正式启动，于2013年12月获得终审通过。（郭坚）

【宜章县图书馆以读者活动塑造服务新形象】 2013年，宜章县图书馆以建馆三十周年为契机，开展形式多样的一系列活动。针对重点读者举办较高规格的读者座谈会，受邀参会读者30人，来自社会的各行各业。针对青少年学生读者开展“世界读书日——我爱读书”演讲比赛，经遴选共有20名学生参加最后的决赛，获奖作品在7月进行联展，并在《宜章报》上登载。针对特殊群体读者开展送爱心赠书活动，为县民政局光荣院的老人送去图书1000多册。全年举办各类活动共计12次，参与人数26500人次。（立青）

【汉寿县地方文献征集工作上台阶】 汉寿籍中国知名近代史学家、中国人民大学老教授李良志与中国国防大学中国党史研究所知名史学家胡庆云老先生，非常关注家乡图书馆地方文献征集与收藏工作。为了支持家乡图书馆建设，丰富地方文献资源，10月，经汉寿县图书馆多次联系与发函，二老将自己的学术专著、珍贵的原始手稿、工作笔记、各类证书复印件（部分原件）、各时期工作照片以及1500多册个人藏书捐赠给家乡图书馆。（覃汉军）

【衡阳县图书馆2013年度工作概况】 2013年，衡阳县图书馆购买新书4884册；接待到馆读者186425人次，外借95698册次，送书上门328册次，预约借书366册次，修补图书396册次，资料代查297条，下乡224人次。文化共享工程衡阳县支中心被中宣部、文化部、国家新闻出版广电总局评为“第五届全国服务农民、服务基层文化建设先进集体”。在全省图书馆界业务知识竞赛中，刘向阳、熊茗和市图书馆谭宇昊组成的代表队荣获二等奖，三位同志均获优秀个人奖。（衡阳县图书馆）

【衡南县图书馆第九届读书节暨清泉沙龙正式启动】 活动于4月23日在县图书馆前坪举行，同时在四楼多媒体报告厅举行现场讲座，著名学者、衡阳师范学院教授凌云志做《同心共筑中国梦》主旨演讲。读书节期间，发放倡议书1723份，展出书刊450册，宣传板报12块，参加活动达8000多人次，志愿者36人。（衡南县图书馆　甘典国）

【衡阳市南岳区图书馆开展春节文化惠民活动】 为了传承和弘扬中华民族传统文化，丰富群众文化生活，南岳区图书馆于正月十五举办“庆元宵·舞龙狮·猜灯谜·看电影”文化惠民系列活动。活动受到群众的欢迎及踊跃参与，现场人头攒动、热闹非凡。活动期间，共发放奖品1000份，参加人数达2000余人。（周华平）

广东省

【概况】 2013年，第五次全国公共图书馆评估定级公布，全省公共图书馆现有一级图书馆66个，二级图书馆30个。馆舍总面积105.1万平方米。从业人员3661人，其中高级职称242人，占比6%；中级职称1185人，占比32%。年购书经费22286.9万元，购书514.77余万册，总藏量共计7149.7万册。计算机总数13752台，其中电子阅览室终端7123台。累计发放有效借书证416.4万个，总流通人数1527.2万人次，外借书刊文献3313.3万册次，组织各类讲座3536次，举办展览1069个。

各地加强图书馆服务体系建设，大力发展成

员馆。2013 年，省馆继续推进广东流动图书馆建设，完成分馆建设 5 个，分馆总数达 81 个。广州图书馆新增 3 个馆外服务点；全市通借通还服务效益显著，达 22.4 万册次。深圳继续深化“图书馆之城”服务体系建设，市、区图书馆及其分馆共 212 个公共图书馆和 200 台自助图书馆实现统一服务，此服务被省文化厅授予广东省特色文化品牌。东莞市首批创建的国家公共文化服务体系示范区项目“公共电子阅览室建设与服务”顺利通过文化部评审，在全国 31 个创建示范区城市中名列第一；编撰《东莞市公共图书馆服务体系概览》。佛山市联合图书馆发展成员馆 6 个，成员馆已累计 52 个（包括 8 个智能图书馆和 2 个馆外新书借阅点）；佛山市图书馆汽车图书馆的服务点延伸至大型企业事业单位、外来工社区、医院、学校、监狱等 20 多个固定服务点，全年外出服务达 219 次，运行近万公里，开通借阅功能的二代身份证和联合图书馆一卡通证 6238 个，借阅图书约 5.6 万册次，服务市民达 10 万人次。江门市五邑图书馆新增分馆 4 个，援建图书馆 15 个，图书分馆和流动图书馆总数达 56 个，逐步形成以五邑图书馆为中心，各镇街图书馆为节点，各社区、乡村、工厂、学校图书馆为基础的公共图书馆服务网络，并实现部分分馆与总馆的通借通还。中山市图书馆建立全市通借通还一卡通系统；研发总分馆后台管理系统，提高对分馆的监控和管理效率；搭建中山市总分馆工作 QQ 群，开展远程技术支持和培训；建成全市首家智能图书馆——艺术分馆，现场向读者赠送免押金智能借书证 200 张。肇庆市图书馆建立流动服务点 3 个。

做好纸质资源采集的同时，各馆以数字图书馆推广工程为抓手，有序开展数字资源建设。全省电子文献总藏量为19909473种，数字化资源总容量 933T，自建数据库 313 个，购买数据库 5373 个。广州图书馆完成 3400 万元购置经费的采购支付；制定《广州数字图书馆建设基本框架》，为读者提供在线使用数图推广工程资源服务。东莞图书馆建设国内首个公共数字文化体验区，开展“数字阅读进村进社区”活动；完成东莞报道数据库等资料 8000 余条。佛山图书馆本年度读者自主采购新书册数比去年增加 80%。揭阳市图书馆数字图书馆建设项目完成招投标、设备安装及调试工作，并顺利通过检查验收。茂名市图书馆馆藏纸质图书近 50 万册，电子资源 25 万余册；完成 7 个数据库的数据入库及“冼太夫人数据库”管理平台建设，新开通多个电子信息资源库。肇庆图书馆新增数字资源 9TB，数字资源总量为 15TB。梅州市图书馆积极向上级部门争取增加购书经费，使购书经费比 2012 年增加一倍。清远市图书馆投入 70 万元建设“清远市数字图书馆推广工程”，经验收合格投入使用；积极开发清远本地的特色资源。珠海市图书馆全年采购新书87767册，购买电子资源 29 种；通过易瑞馆外授权系统供读者在馆外登录，免费使用该馆所有资源；开通多种电子资源的试用功能。湛江市图书馆建立以“石狗”为专题的特色数据库。

2013 年，广州图书馆接待公众访问 427.2 万人次，比去年增长 27%，单日峰值 3.9 万人次；注册读者 39.8 万人，比去年增长 536%，单日峰值 5491 人，累计注册读者 66.1 万人；外借文献 568.8 万册次，比去年增长 139%，单日峰值 4.2 万册次；6 月 23 日新馆实现全面开放后，服务效益更为突出，日均接待公众访问 1.8 万人次，外借文献 2.1 万册次，分别比全面开放前增长 98%、40%。该馆设置基本服务、对象服务、主题服务、交流服务四大功能区域，多样化服务框架基本形成。深圳图书馆全年累计服务读者 789.47 万人次，接待到馆读者 340.63 万人次，提供文献外借 361.42 万册次，新增持证读者 7.9 万人。佛山市联合图书馆累计办证 37 万个，人均持证率将近 8%，其中佛山市图书馆累计办证约 18.6 万个，占联合馆办证总量的 50%；联合馆流通量达 240 多万册次，比 2012 年增加 24%，其中佛山市馆流通量约 121 万册，分别比 2012 年、2011 年增加 29%、139%。肇庆图书馆新馆开放取得良好效益，全年流通 72.2 万人次，较上年增加 96.2%；外借图书 62108 人次，比上年增加 191.8%；外借图书 245975册次，比上年增加 195.7%；全年办证 13090个，累计办理有效图书借阅证23949个，比上年增加 108.9%。

各图书馆创新多种服务模式，提高服务效能。省馆、广州图书馆、深圳图书馆、清远市图书馆、中山市图书馆、江门五邑图书馆先后在新浪、腾讯、网易等网络平台上开通官方认证微博，实时发布图书馆最新讲座、展览、各类阅读推广活动、服务政策变动等信息，广泛接受读者监督和建议，通过开展微服务为宣传图书馆、加强与读者的沟通开辟新渠道。其中深圳馆微平台拥有粉丝5.2万余人，在国家图书馆、上海图书馆之后，位列全国公共图书馆第三。佛山市图书馆与广电公司佛山分公司合作开展电视图书馆上线服务，通过电视平台把图书馆优秀视频资源传播到千家万户。省馆大部分讲座经专业团队摄制并上传至网络，同时开通“中图在线图片展”栏目，方便读者在线欣赏讲座、展览；专设新媒体阅读区，增设触摸屏一体机24台，让读者体验即时阅览电子报纸、电子期刊。深圳图书馆、惠州慈云图书馆、韶关图书馆、中山市图书馆、佛山图书馆相继开通移动图书馆、手机图书馆等。在服务效能上，省馆、广州、深圳、佛山、肇庆等图书馆服务效益取得大丰收，省馆因广州图书馆搬迁而读者激增；省馆牵头负责制定国家标准《乡镇图书馆服务规范》，参与单位有深圳市图书馆、深圳罗湖区图书馆、福田区图书馆等。

各图书馆积极开展读者活动与宣传推广。省馆在提升原有讲座品牌如“中山讲堂”“岭南文化大讲坛”等规格的基础上，适时开创“厚朴学堂”“乐龄讲堂”“星星的家”少儿系列讲座等新的讲座品牌，全年共举办讲座110场、展览50场、播放电影145场、其他活动500场，接待读者331948人次。广州图书馆借新馆全面开放之机，为广大市民和读者精心策划454场形式多样、内容丰富的文化活动，参加公众28.3万人次；先后有64家境内外媒体累计报道632次，接待业界同行、国内各地区及外事来访等合计158批次、3455人次。深圳馆将原有各种各类阅读推广活动提炼合并为深图讲座、深图展览、深图艺苑、深图活动四大系列读者活动，成为全馆常规性活动品牌；新增南书房系列、深圳学派系列等，全年共举办各类阅读推广活动561场，比去年增长29.86%。佛山馆共举行各类读者活动500多场，全年有关该馆媒体宣传报道数量达292篇。肇庆馆启动残疾人阅读服务中心、乐龄读者服务中心，重抓少儿阅读推广活动，创新活动形式，创办“周末儿童剧场”及“周末故事会”，反响热烈。珠海馆举办公益性展览上百场，举办珠海文化大讲堂讲座22场，播放由上海图书馆精选提供的视频讲座12场。中山馆打造才能型、专业型志愿活动品牌“妈妈故事会”，面向社会招募爱讲故事的“妈妈”与小朋友分享故事，激发孩子阅读兴趣；变阵地服务为流动服务，扩大分馆社会影响力，累计下镇区举办各种读书活动40场，参与人数12149人次；该馆全年共举办各类读书活动224场，参与人数22730人次。

全年通过全国图书馆参考咨询服务联盟，解答咨询共1294686例，传递文献848526篇，效益显著。省馆联合省内市县图书馆开展“社区文化大讲堂”“环球图书馆之旅”“岭南民俗摄影大赛作品展”等活动，省馆展览资源受邀到各地市级图书馆巡展。深圳馆与深圳大学城图书馆、深圳大学图书馆共同推进“深圳文献港”Ⅱ期工程建设，先后开通基于文献港平台的移动服务门户和Ⅱ期主网站，可检索深圳地区主要图书馆的数字资源和700多个图书馆的资源。东莞图书馆成为国内图书馆界首个博士后创新实践基地。佛山馆搭建区域内数字图书馆共建共享平台，方便四区居民使用联合图书馆丰富的数字资源；承办中国图书馆学会主办的城市图书馆服务体系建设研讨班。珠海、中山、江门三市图书馆共同签订《珠中江三市图书馆协作共享框架协议》，建立“珠中江图书馆协作网”，制定《珠中江三市图书馆之间项目协作共享实施办法》等。

2013年，省馆馆长、研究馆员刘洪辉荣获“2013年度文化部优秀专家”称号；东莞图书馆荣获“东莞市政府质量奖”（2012），该馆馆长李东来荣获“2013中国图书馆榜样人物”；深圳荣获联合国教科文组织颁发的“全球全民阅读典范城市”称号；全省多家图书馆先后被中国图书馆学会评为“全民阅读先进单位”。（广东省立中山图书馆　何杰锋）

【广东省公共图书馆馆长培训班在汕头举办】 于3月25—27日举办。全省市、县级公共图书馆馆长以及东莞、中山两市镇（街道）图书馆馆长200多人参加培训。这次培训班由广东省文化厅主办，汕头市文化广电新闻出版局、广东图书馆学会承办。（汕头市文化广电新闻出版局）

【广东省中心图书馆委员会2013年工作会议在广州召开】 会议于3月12日在广东省立中山图书馆召开。广东省中心图书馆委员会主任委员、省文化厅巡视员、副厅长杜佐祥，委员会各位副主任委员、委员等约 40 人出席会议。委员会副主任委员、广东省馆馆长刘洪辉做“广东省中心图书馆委员会 2012 年工作总结和 2013 年工作计划”报告。（广东省中心图书馆委员会办公室）

【2013 年广东省咨询工作会议召开】 6 月 17—19 日，广东省中心图书馆委员会联合省馆参考咨询部在省馆二号报告厅举办此次会议。来自公共、高校、科研三大系统 36 个图书情报单位的领导、部门负责人及业务骨干 80 多人参会。会议总结全国图书馆参考咨询联盟和珠江三角洲数字图书馆联盟两个平台的运作情况，针对各馆的参考咨询服务现状及方式交流使用平台的经验与检索技能。（广东省中心图书馆委员会办公室）

【广东省电子资源协调采购与利用工作会议召开】 11 月 22 日会议在省馆召开，由广东省中心图书馆委员会主办，省高校图工委、广东省科技图书馆、广东图书馆学会信息技术委员会委员协办。来自公共、高校、科研三大系统 28 个单位的 60 余名代表参会。广东省科技图书馆馆长李宏荣、中山大学图书馆副馆长罗春荣、广东省立中山图书馆副馆长吴昊分别就各系统电子资源建设与利用情况做主旨发言，广东省中心图书馆委员会副主任委员、省馆馆长刘洪辉做总结发言。这是省内三大系统图书情报机构首次联合召开的电子资源协调采购会议，为各系统间在电子资源采购方面的相互沟通提供平台，高校和科研这两大系统在集团采购方面成熟的招标方式及协调沟通机制对公共图书馆系统具有很好的借鉴作用。未来各系统、馆际之间将就如何加强合作积极探索，以期让有限的经费发挥最大的功效，满足不同层次读者的需求。（广东省中心图书馆委员会办公室）

【广东流动图书馆二期工程扎实推进】 2013 年，广东省立中山图书馆承建的广东流动图书馆在揭阳、斗门、陆丰、陆河、江城新建 5 个分馆，分馆总数达到 81 个。对 60 个分馆进行新书补充，全年共流动图书 10 万余册，补充新书 14.27 万余册；图书采购 500 万元。处理书目数据近 22 万余条，处理流动图书馆各分馆自动化系统故障 36 次，解答各分馆关于自动化系统咨询 300 余件，通过远程协助帮助各分馆解决电脑及其他设备疑难 12 件。到馆读者6182744人次，阅览12136675册次，咨询112299件，外借办证53295个，外借1000793册次。全年投入 95 万元资金开展广东流动图书馆二期工程项目建设：针对第五次公共图书馆评估中暴露的不足，对门户网站进行改版，并拟对 81 家分馆建设有独立域名的子网页；对网站资源实行共建共享，除开放省馆的电子资源外，各分馆也可设立特色资源库，将本馆的特色资源上传共享，为各基层馆节约大量网站建设经费；为各单位举办各类会议、培训班策划和建设“会议报名注册管理系统”平台；打造面向全省基层图书馆的“网上讲座直播系统”，把省馆的优秀讲座资源向全省各分馆共享。以自愿申请原则，为各分馆配备 2 台身份证阅读设备，推行读者使用第二代身份证作为读者证借阅图书，明年在此基础上实施自助借还服务，在珠海市斗门区图书馆新成立的斗门分馆是广东流动图书馆中第一个推出第二代身份证借阅服务的分馆。省馆于 9 月 9—13 日和 10 月 8—12 日，分别在梅县、乳源县举办本年度广东流动图书馆（粤东地区）第一期业务培训班和广东流动图书馆（粤北地区）业务培训班。

【“粤港文化在美国：波士顿华人生活百年”历史图片展在广东省立中山图书馆举办】 展览于 3 月 22 日在省馆展览厅隆重开幕。广东省文化厅副厅长程扬、文化交流合作处副处长李蔚荷，省档案局副局长黄菊艳，香港中文大学历史系主任叶汉明、客座教授杜荣佳、博士马木池，广东华侨博物馆馆长王明惠以及省馆馆长刘洪辉、副馆长倪俊明等领导和嘉宾出席开幕式。此次展览由广东省立中山图书馆与香港中文大学历史系、美国纽英伦（New England，又称新英格兰）华人历史学会联合举办。（广东省立中山图书馆 朱隽嘉）

【广东省立中山图书馆在全省开展岭南民俗摄影作品大赛】 2013 年春节期间，广东省立中山图书馆、广东图书馆学会联合全省各级公共图书馆发动广大读者开展“岭南民俗摄影作品大赛”（2013 年春节）活动，鼓励读者用摄影的方式记录当地春节文化活动的精彩镜头，并于活动规定时间内上传至“岭南民俗摄影作品大赛”

（2013 年春节）活动网络平台。大赛共征集到有效作品 2026 幅，涵盖全省 21 个地区共 40 多种民间习俗。6 月 23 日—7 月 14 日，68 幅获奖作品和部分入围作品在省馆展览厅展出，随后在全省巡展，并出版《岭南民俗摄影作品集》画册。（广东省立中山图书馆　郭颖）

【《岁月留迹——任仲夷》大型画册首发式暨赠书仪式在广东省立中山图书馆举行】　为纪念任仲夷同志 100 周年诞辰，由省文化厅、任仲夷纪念影集编辑委员会主办，省馆和省侨界人文学会承办的“《岁月留迹——任仲夷》大型画册首发式暨赠书仪式”4 月 28 日在省馆举行。全国人大农业与农村委员会副主任委员欧广源，省委常委、统战部部长林雄，中央文献出版社总编辑杨茂荣，任仲夷同志夫人王玄，任仲夷同志生前同事、好友、家乡代表等各界人士 500 余人出席活动。（广东省立中山图书馆　李利华）

【第三届广东省盲人诗歌散文朗诵比赛在广东省立中山图书馆举行】　比赛于 5 月 17 日在省馆一号报告厅举行，由省文化厅、省残疾人联合会主办，省馆、省盲人协会和省学会共同承办。省文化厅副巡视员王莉、省残联副理事长康德成、省盲协主席富明慧、省馆副馆长李毅萍等领导出席活动。来自全省各地市和广州市盲人学校的 20 名选手通过选拔进入决赛，其中有 7 个参赛作品为选手自创，最终来自盲校和肇庆的两位选手并列获得一等奖。此次比赛是广东省文化厅 2013 年“粤读越精彩”全民阅读系列活动的重要组成部分。自 3 月开始，全省各地市残联、公共图书馆便广泛发动，认真组织开展选拔赛，既丰富当地视障人士的文化生活，也进一步推动爱读书、读好书的全民阅读氛围。（广东省立中山图书馆　郭科文）

【文化部评估组对广东省立中山图书馆开展评估定级工作】　6 月 25—26 日，以首都图书馆馆长倪晓建为组长、国家图书馆馆长助理汪东波为副组长的文化部第五次公共图书馆评估定级专家组莅临广东省立中山图书馆，通过听取汇报、审阅材料、问卷调查、实地查看等方式，对该馆 2009 年以来的各项工作进行全面考核。专家组充分肯定该馆的基础业务与服务水平，并对广东流动图书馆、全国图书馆参考咨询联盟、古籍文献开发等工作给予高度评价。（广东省立中山图书馆　宋玲）

【广东省立中山图书馆举办 2013 走进图书馆系列活动】　9 月 10 日—12 月 30 日，省馆举办第二届广东社区文化节之“2013 走进图书馆”系列活动。内容包括图书馆主题展览、诗文朗诵、名家讲座、少儿临摹画比赛和图书漂流等。（广东省立中山图书馆　蒋志华）

【《港澳文化内参》创刊】　由文化部港澳台办公室主办、广东省文化厅文化交流合作处协办、广东省立中山图书馆信息部编印的《港澳文化内参》于 9 月 30 日创刊，这是省馆信息部在为高端读者编印发行原有四刊《决策内参》《文化内参》《警界参考》和《省长舆情监测月报》后的又一新刊。该刊根据我国文化建设的需要设立政策管理、热点透析、对我观察、交流互鉴、瞭望观察等 5 个栏目，每月一期，每期精心筛选出具有参考价值、借鉴意义的文章 30 篇，共 40 版，约 5 万字。（广东省立中山图书馆　吴羽冰）

【“纸上风云：辛亥革命在广东”展览在香港隆重开幕】　11 月 27 日下午，由广东省立中山图书馆与香港康乐及文化事务署联合主办的“纸上风云：辛亥革命在广东”展览在香港孙中山纪念馆隆重开幕。香港康乐及文化事务署助理署长（文物及博物馆）吴志华、香港历史博物馆总馆长萧丽娟、广东省立中山图书馆副馆长倪俊明作为主礼嘉宾出席开幕典礼。此次展览是粤港澳三地文化交流合作的重要成果之一，将向香港市民开放至 2014 年 5 月 14 日。（广东省立中山图书馆　张淑琼）

【2013 年书香羊城阅读月在广州图书馆启动】　3 月 31 日，由广州市委宣传部、市教育局、市文广新局等单位主办，广州日报报业集团、广州图书馆等单位协办的 2013 年“书香羊城阅读月”正式启动，广州市委常委、宣传部部长甘新出席并致词。此次活动以“阅读，让生活更美好”为主题。现场公布年度 10 本好书，以及十大阅读之星、十大书香家庭、全国职工书屋示范点等名单；举办广州悦读论坛，李岩、梁晓

声、马原、解玺璋以及中山大学副校长陈春声等著名作家、学者以"阅读与生活"为主题，围绕阅读与人生、阅读与幸福、数字时代的阅读以及公众阅读等议题与现场听众进行热烈讨论与交流。（广州图书馆）

【第二届书香羊城——微博书评大赛表彰交流会在广州图书馆举行】 4月21日下午，广州市委宣传部联合广州图书馆、广州日报等单位在广州图书馆新馆报告厅举行此次活动。市委宣传部副部长曾伟玉致辞。大赛历时10周，通过新浪、腾讯、大洋网微博平台和广东移动"无线城市"专题页面，收到微书评作品6万多件，各平台专题网页点击量超过1000万次。（广州图书馆）

【广州图书馆新馆全面开放】 6月23日上午，"美丽书籍 全新绽放——广州图书馆新馆全面开放"活动举行，正式拉开广州图书馆新馆全面开放月活动的序幕。广州市委副书记、市长陈建华出席开幕式并在"珠江边上 美丽书籍"画卷上签名留念。新馆自2012年12月28日试运行半年来，取得良好社会效益，至6月中旬共接待读者135万人次，共有23万人成为新广图读者，日均接待读者近万人次，日均新增注册读者1500多个，日均外借文献15000册次。新馆坐落于珠江边上、广州城市新中轴线和珠江景观轴线交汇处的花城广场，总投资13亿，建筑面积10万平方米，是目前世界上建筑面积最大的城市图书馆。馆藏文献400万册/件（总馆藏574万册/件），阅览座位4000个，供读者使用的计算机数量500台，有线网络节点4000个，无线网络覆盖范围100%。实现藏、借、阅、咨一体化；全面应用无线射频识别技术（RFID）、文献自动分拣系统、自助服务设备，实现高效精确的典藏管理与便捷服务；设置综合服务区、大众服务区、对象服务区、主题服务区、交流服务区、藏书区等功能区域，具有鲜明时代风格和浓郁岭南人文蕴涵。（广州图书馆）

【深圳市"图书馆之城"统一服务被授予广东省特色文化品牌】 2009年以来，深圳市公共图书馆启动"图书馆之城"统一服务平台建设，统一全市公共图书馆的条形码、RFID标签，建立统一的书目数据库和读者数据库，实现对馆藏数据、读者数据、流通数据的集中运作、管理和维护，通过图书馆之城门户网站统一导航、统一检索、统一使用，着力打造"全城一个图书馆"，为读者提供便捷、高效、无差别的一站式图书馆服务。2012年4月23日，"图书馆之城"统一服务平台正式启动，同时发布统一服务LOGO。2013年，继续深化"图书馆之城"服务体系建设，全年完成40台服务机的安装调试并开通服务；对已建160个自助图书馆服务点进行分析后优化整改、迁移；新增馆外流通点2个，总数达66个；深圳市、区图书馆及其分馆共212个公共图书馆和200台自助图书馆实现互通互联、资源共享和一证通行、通借通还的统一服务。在"图书馆之城"建设十周年纪念之际，深圳市"图书馆之城"统一服务被省文化厅授予广东省特色文化品牌。（深圳图书馆　余胜英）

【2013年深圳市公共图书馆基层馆员培训在深圳图书馆举行】 9月17日，此次培训由深圳图书馆、深圳图书情报学会和南山图书馆联合主办，来自全市各级公共图书馆约200名馆员参加。分别由佛山市图书馆馆长屈义华主讲"理念、创新与图书馆服务"，程亚男研究馆员主讲"深圳市图书馆之城的建设与发展"。（深圳图书馆　王洋）

【东莞图书馆推出新生儿书香礼包】 在8月16日至9月15日开展的2013东莞第九届读书节期间，东莞图书馆为新生儿家庭准备内涵丰富、色彩缤纷、集学习与玩乐于一体的"新生儿书香礼包"。礼包内有亲子书香套卡、《婴幼儿阅读指导手册》、婴幼儿图书一套和祝福卡一张。东莞市人民医院等5家定点医院在本届读书节开幕式上获得授权并向新生宝宝家庭派赠礼包。（东莞图书馆）

广西壮族自治区

【第六届全区自治区、市级公共图书馆馆长联席会召开】 2013年3月，广西壮族自治区图书馆在北海组织召开第六届全区自治区、市级公共图书馆馆长联席会。会上介绍数字图书馆推广工程、"三区"人才支持培训计划、实施文化志愿者工作等；就"免费开放经费使用情况""广西公共数字文化建设问题"等议题进行讨论。与会

馆长一致认为，要深刻认识图书馆在新时期承担的使命，加强馆际合作，不断推动广西公共图书馆事业发展。（广西图书馆学会）

【广西开展第五次公共图书馆评估定级工作】 2013 年 3 月，广西壮族自治区文化厅在自治区图书馆举办广西公共图书馆第五次评估定级培训，邀请国家图书馆研究院副院长申晓娟解读《公共图书馆第五次评估标准》，来自全区各公共图书馆 130 多位馆长和相关人员参加培训。5 月，在自治区文化厅领导下，自治区图书馆与桂林图书馆相关人员组成 5 个评估组，对广西 14 个地市开展市级公共图书馆评估，对 25 个县级图书馆评估进行抽查，并将评估情况向相关市、县（区）政府分管领导、文化主管部门和图书馆反馈。6 月 20—21 日，以云南省文化厅副厅长黄玲为组长的文化部评估组通过听取汇报、查阅档案材料和现场实地查看，对自治区图书馆进行评估。根据 11 月文化部公布的评估结果，本次评估全区公共图书馆一级馆 16 个，比 2009 年第四次评估增加 8 个，其中自治区图书馆再次获评一级馆；二级馆 33 个，同比增加 28 个，全区公共图书馆事业得到大发展。（广西图书馆学会）

【广西壮族自治区图书馆古籍保护工作】 2013 年，广西有 6 部古籍入选第四批《国家珍贵古籍名录》。4 月 12 日，由广西古籍保护中心策划组织的“品味古籍 传承经典：话说古籍保护点滴”展览在自治区图书馆展出，从古籍版式结构、装帧形式、常见版本、保护方法、广西民族古籍等五个方面进行介绍。此展览还分别至梧州、玉林、北海等地公共图书馆巡回展出，借此普及古籍保护知识，提高公众的古籍保护意识。7 月，广西古籍保护中心组织专家，分别对自治区图书馆、桂林图书馆、广西师范大学图书馆、广西博物馆等 12 家古籍收藏单位申报第五批《国家珍贵古籍名录》的 259 部古籍和申报第三批《广西珍贵古籍名录》的 223 部古籍进行评审，最终向国家推荐 72 部，向自治区推荐 97 部。12 月，广西古籍保护中心组织全区 7 个古籍收藏单位的古籍普查工作人员一行 8 人赴国家图书馆、首都图书馆和中国民族图书馆参观学习，更新理念，提高对古籍著录、采访、保护、书库管理等工作的认识，收到良好效果。年内，自治区图书馆基本完成馆藏古籍普查登记工作，著录数据 4739 条；先后赴玉林、岑溪、梧州、柳州、北海、百色等各市级图书馆及下属各县级图书馆，以及自治区档案馆、自治区博物馆等 10 多家古籍收藏单位进行古籍普查的督导和指导工作，至年底全区已基本完成对各自馆藏的普查工作，著录数据24299条。（广西图书馆学会）

【广西壮族自治区图书馆“三区”人才培训工作】 2013 年，自治区图书馆以基层公共图书馆自动化系统建设培训为切入点，围绕书刊文献采编、机读目录制作、读者管理和信息服务等开展基层人才培训，帮助基层图书馆实现由传统手工操作向机器自动化的转变，提高县级图书馆工作人员的业务水平和工作能力。为做好此项工作，成立领导机构、制订培训计划，组建培训团队，划分培训区域，明确责任。8 月，启动图书馆自动化系统建设师资培训，设有图书馆自动化管理系统的安装、图书馆联合编目系统客户端的下载与使用、图书馆网站维护以及网页制作等课程。通过培训，提升培训师资的教学指导能力、业务操作能力，为开展面向基层图书馆的人才队伍培训工作提供有力保障。（广西图书馆学会）

【文化部部长蔡武视察广西壮族自治区图书馆】 9 月 3 日上午，文化部党组书记、部长蔡武等一行 4 人到自治区图书馆视察工作。蔡部长一行听取馆长徐欣禄做馆情汇报，先后实地查看电子阅览室、自修室、网络中心、古籍书库、报刊借阅室等，对该馆工作给予充分认可，希望该馆在构建公共文化服务体系中做出更大贡献。（广西图书馆学会）

【广西壮族自治区图书馆文化志愿者组织管理工作】 2013 年，自治区图书馆组织成立广西图书馆文化志愿者分中心，制定《广西壮族自治区图书馆文化志愿者工作实施方案》和《广西图书馆文化志愿者管理办法》，规范志愿者管理，确定工作内容。暑期期间，文化志愿者举办少儿书法培训班、互动故事会、展览、讲座等丰富多彩的志愿服务活动。（广西图书馆学会）

【广西壮族自治区图书馆开展扶贫对结点调研活动】 2013 年，自治区图书馆深入开展党的群众路线教育实践活动，除组织党员参加馆内和文化厅组织的专题学习、讲座，还到昭平县黄姚镇界塘村开展“美丽广西 清洁乡村”和扶贫对结点调研活动，捐赠给界塘村500个垃圾桶，同时到养羊户的深山养殖场实地调研，落实帮扶计划方案，资助经费1万元。之后，该馆带领养羊户到南宁市和扶绥县考察学习，并到自治区水产畜牧局和草业中心申请资金和设备等支持，获得一批山羊养殖书籍以及价值近万元的专业设备。（广西图书馆学会）

【广西壮族自治区桂林图书馆概况】 截至2013年底，广西壮族自治区桂林图书馆（广西桂林图书馆）在编人员130名，其中大专以上学历114人，中级以上专业技术职务71人。全年入藏图书29924种76690册；征集图书4117种6365册。全年接待读者88万余人次，借阅书刊408万余册次，解答读者咨询2.9万余人次，完成科技查新387项。设立馆外流通点35个，开展各类读者服务活动270余次。荣获“全区公共文化服务体系建设先进集体”荣誉称号；被中共桂林市委宣传部评为“2013年度桂林市宣传思想战线先进集体”；“亲子‘玩’阅读 快乐过暑假”活动获2013全国少年儿童阅读年优秀案例一等奖；在文化部全国公共文化发展中心、中国艺术摄影学会等共同举办的第一届“文化共享杯”全国群众摄影艺术作品征集大赛上获优秀组织奖。临桂新区新馆建设进展顺利，新馆搬迁开馆各项工作正在准备中。（广西图书馆学会）

【广西桂林图书馆开展古籍普查督查及培训】 2013年1月，为配合国家古籍保护相关工作的开展，根据自治区文化厅要求，广西桂林图书馆相关人员组成古籍普查督查小组，分别在钟琼馆长、曹旻副馆长带领下，到桂林、柳州、平乐、贺州等地进行实地督查，了解各市古籍普查工作的进展、成效以及存在的问题，对督查中发现的古籍文献进行登记，并就古籍文献的正确保护进行指导和帮助。3月28—29日，该馆针对桂北地区古籍普查督查工作中存在的问题，在榕湖分部举办桂北公共图书馆馆长及普查工作人员培训班，来自41个市、县级公共图书馆的82名学员参加培训。培训内容包括古籍和民国文献保护、古籍普查、古籍普查平台著录、拓片采集以及文献修复等，使学员初步掌握古籍普查及古籍保护知识。（广西图书馆学会）

【广西桂林图书馆服务首次走进政协会议现场】 2月18—20日，桂林市政协四届三次会议召开。广西桂林图书馆派出5名工作人员进驻会场，为委员们提供办理读者证、发放宣传资料、现场接受咨询委托等服务项目。这是该馆第一次走进政协会议为政协委员提供信息咨询服务，也为两会初步搭建起文献信息资源服务平台。（广西图书馆学会）

【广西桂林图书馆文化志愿者服务活动】 3月30日，该馆组织志愿者参加桂林市创建“文化志愿者活动示范市”启动仪式，成为桂林市文化志愿者队伍中的一员，在阅读推广活动中发挥重要的作用。2013年，该馆志愿者走进桂林聋哑学校、培智学校和社会福利院，为残障孩子讲故事，带他们走进图书馆阅读；组织读者聆听专家讲座，参观桂林八路军办事处灵川县杜漠村物资转动站等历史文化景点；开展“最美的山水，最美的阅读”讨论会；出版刊物《书友》；邀请不同国家的国际友人来到英语角，与英语爱好者交流英语学习心得；参加该馆举办的公益课堂活动，为读者传授文化知识。暑假期间，该馆举办两期图书馆基础业务实践培训，组织志愿者到馆与工作人员共同开展服务工作，在工作中进行学习，参加培训的志愿者有20多人。志愿者刘毓鲲年底被文化部评为“优秀文化志愿者”。（广西图书馆学会）

【广西桂林图书馆启动残障儿童阅读推广活动】 2013年，广西桂林图书馆启动“悦读1+1”残障儿童阅读推广活动项目。活动面向社会吸收各行各业志愿者参加，每月不定期开展2—3次阅读活动，通过故事会、游戏、参观、制作图书、播放多媒体等丰富多彩的形式，为残障儿童提供精神食粮。全年与桂林聋哑学校、培智学校、福利院和象山区残疾人康复训练基地快乐小站等单位和机构合作开展活动15次，参加活动的残障儿童、家长和志愿者1200余人次。（广西图书馆学会）

**【广西桂林图书馆举办青少年科普大挑战活

动】 2013 年 5 月至 12 月，广西桂林图书馆与市科技局、市教育局联合举办桂林市“悦动·科学”青少年科普大挑战活动。活动内容包括青少年 Flash 科普作品创作大赛、少儿计算机技能竞赛、中小学生科普项目探索成果大赛和中小学生发明创造比赛等 4 个子项目。其中，少儿计算机技能竞赛在桂林图书馆榕湖分部电子阅览室举行，共有 15 所学校 45 人参加决赛，6 所小学分获团体一、二、三等奖，10 名小选手获“小小计算机高手”称号。桂林市第十届青少年 Flash 科普作品创作大赛、第四届“快乐探索”中小学生科普项目探索成果大赛、桂林市第二届中小学生发明创造比赛等 3 项活动参加学校达 50 多所，参赛选手 500 多人，共收到作品 300 余件，分别评出一、二、三等奖及优秀组织奖。（广西图书馆学会）

【广西桂林图书馆数字资源建设工作】 2013 年，广西桂林图书馆配合数字图书馆推广建设，以资源共享提升地方影响力；与文化共享工程相结合，以项目建设带动地方特色资源建设。正式开拍《壮歌行——红色遗踪》和《桂林抗战文化城访谈录》2 个系列专题片；《壮歌行——壮乡群英谱》《桂林山水文化（二）》2 个项目获得全国文化信息资源共享工程地方资源建设项目立项；该馆建设的“广西红色历史文化多媒体资源库”通过文化部全国公共文化发展中心项目验收。此外，该馆还不断完善功能性数字资源采购，尤其是少年儿童数字资源和立法决策资源，努力提升作为区域数字图书馆省级中心的数字资源保障力度。（广西图书馆学会）

【广西桂林图书馆举办暑假亲子阅读系列活动】 “快乐一小时”亲子阅读活动是广西桂林图书馆于 2007 年推出的低龄幼儿阅读活动项目，每月组织两次，根据不同类型低幼儿童的心理、生理以及接受能力，策划开展“亲子故事会”“手工制作”“艺术表演”等各种活动。通过多年积累和建设，“快乐一小时”已成为该馆未成年人阅读活动品牌之一。2013 年 7—8 月，该馆依托“快乐一小时”亲子阅读活动，整合讲座、展览、英语角等活动品牌，策划组织“亲子‘玩’阅读，快乐过暑假”系列活动。活动以“一切为了孩子”为宗旨，以“亲子阅读——爱的体验”为主题，以家庭亲子“玩阅读”为主要活动形式，在传统阅读和手工制作等常规性活动的基础上，融入参观、绘画、播放音像视频、才艺表演、好书分享、书评、讲座等形式多样的亲子阅读活动，让孩子和家长共同感受亲子阅读的乐趣，为家长之间、教师和家长孩子间搭建相互交流的平台，为图书馆阅读推广拓宽志愿者服务渠道。暑假期间，共举办 10 场活动，200 多个家庭参与活动，100 多名志愿者参与服务。桂林电视台、桂林日报、图书馆报等媒体对此多次进行报道。此项活动获得 2013 全国少年儿童阅读年之“亲子共读爱的体验——全国家庭亲子阅读推广月活动”优秀案例一等奖。（广西图书馆学会）

【广西桂林图书馆开展为农民工服务活动】 2013 年春运期间，该馆依托电子阅览室为农民工免费提供网络平台，派专人帮助农民工网上购票；与桂林部分企业工会联系，专门为农民工占多数的企业量身定制培训内容，与桂林溢达纺织有限公司联合开展 2 次培训并初见成效；邀请农民工子女、农村留守儿童参观图书馆，交流读书心得；举办“捐一本好书，圆一个梦想”主题捐赠活动帮助贫困山区儿童，征集爱心图书 1143 本。一年来，该馆先后为当地农村小学送去文具用品及少儿书刊 2000 余册；在“科技三下乡”“十月科普大行动”等活动中，为农民朋友送去科技资料 100 余种 5000 余份，捐赠图书 3000 多册，图书基金 3000 多元，同时展出科普知识板报、播放优秀视频及农业科技视频讲座。（广西图书馆学会）

【广西桂林图书馆举办第一期全国传拓技术高级培训班】 10 月 14—25 日，广西桂林图书馆承办由国家古籍保护中心主办的第一期全国传拓技术高级培训班，来自全国各省级公共图书馆、博物馆的 25 名学员参加培训。培训班邀请中国传拓大家马国庆、被誉为“中国高浮雕拓片第一人”李仁清以及桂海碑林博物馆的韦可祥三位老师向学员传授瓦当、高浮雕、摩崖石刻等传拓技法。三位专家利用桂林丰富的摩崖石刻资源，现场指导传拓技术实践、摩崖传拓技术、浮雕传拓技术等。培训期间，马国庆、李仁清两位专家向该馆赠送画册、书法作品及高浮雕拓片。（广西图书馆学会）

【桂林抗战文化研究会成立20周年座谈会暨抗战时期桂林出版物与抗战史料保护利用学术研讨会】 会议由广西抗战文化研究会、广西桂林图书馆、桂林市抗战文化研究会、桂林市八路军办事处、桂林市政协文史委共同举办，于12月14日在广西桂林图书馆榕湖分部召开。抗战文化研究专家魏华龄老先生、桂林市委副秘书长刘春燕、桂林市委宣传部副部长黄立平、市社科联副主席卢毅、广西社科院文史研究所所长李建平、广西大学教授王建平及南宁、柳州、桂林等地专家学者40余人参会。会议分别由刘春燕、王建平主持。纪念会上，桂林市八路军办事处副馆长、桂林抗战文化研究会会长文丰义做20周年回顾与展望的专题报告，黄立平、卢毅对桂林抗战文化研究会今后研究方向做重要说明。在学术研讨会中，广西桂林图书馆、广西壮族自治区图书馆、柳州市图书馆分别就桂林、南宁、柳州等地现存抗战出版物的情况做介绍，重申妥善保护和充分利用抗战书刊、抗战文物、抗战文化遗址等抗战史料的重要意义，提出保护与利用的措施办法。李建平就进一步整理抗战文化史料，编辑“桂林抗战文化史料文库”和编撰“广西抗战文化研究丛书”做具体部署。（广西图书馆学会）

【广西桂林图书馆“桂学文献研究”课题进展顺利】 由该馆承担的国家社科基金重大招标项目“桂学研究”子课题“桂学文献研究”进展顺利。子课题综合运用调查法、统计分析、比较分析等多种方法，通过纵向统计不同历史时期广西文献的种类、数量等，横向比较分析不同历史时期、不同地域文献等，展示桂学文献的历史发展、桂学文献的特点等。2013年，根据课题研究内容组建的“桂学古代典籍”“民国及新中国成立后文献”“石刻等特殊文献”课题组对文献存佚、收藏等情况进行初步调查、梳理、收集，整理出桂学文献目录信息，完成《明代桂人著述稀见本补录》初稿，撰写、发表数篇论文。（广西图书馆学会）

【南宁市少年儿童图书馆概况】 至2013年末，南宁市少年儿童图书馆在编职工24人（高级职称2人、中级职称9人、初级职称9人），83%具有大专以上文化水平。馆内设有藏、借、阅一体化的南宁未成年人阅读中心、图书外借处、教学参考室、南宁益智科普乐园和电子阅览室等多个读者服务窗口，有阅览座席724个。4月，被广西壮族自治区妇联评为2013年广西壮族自治区示范性“儿童家园”。全年共加工分编入库图书9750种24573册，其中，连环画691种2218册。目前馆藏为383643册（其中图书346126册、报刊合订本10086册、视听文献11031册、电子图书14100册、电子期刊2300种），年接待读者781000人次、图书外借158228册次，建成5个图书流通站，为流通站（分馆）配送图书20次17250册，新办读者借书证2662个。编印《南宁市图书馆少年儿童规章制度汇编》（内含业务建设、读者服务和行政管理三大类型共66个规则、办法和制度）并开始执行。完成南宁未成年阅读中心建设及综合借阅室改造；完成加入南宁市城乡一体化联合图书馆各项准备工作，并开展与南宁市图书馆总馆及其他分馆通借通还试运行工作；通过图书馆集群管理系统，将江南路小学图书流通站纳入该馆分馆管理系统。完成第五次全国公共图书馆评估迎检工作，再次被评为国家一级图书馆。（广西图书馆学会）

【南宁市少年儿童图书馆读者服务与活动】 2013年，该馆以“中国梦”为主题，以“绿城蒲公英讲坛”“绿城蒲公英舞台”等品牌活动为平台，开展阅读指导、科技、科普、竞赛、未成年人思想道德建设等各种主题的公益性读者活动42次，为孩子营造健康成长文化环境。共有19532人次参加活动。（广西图书馆学会）

【南宁市少年儿童图书馆培训工作】 2013年，该馆利用共享工程的软硬件资源，联合南宁市图书馆和城区图书馆，举办农家书屋（社区图书室）管理员暨文化信息共享工程基层服务点管理员培训班3期；举办南宁市中小学图书馆培训班1期；读者培训5期、读者公益讲座14场、学习汇报会6场。共有3770人次参加培训。（广西图书馆学会）

【来宾市图书馆创建国家公共文化服务体系示范区】 7月23日，来宾市大学生志愿服务创建国家公共文化服务体系示范区暑期行动暨“1＋1”培训计划正式启动，来自广西区内各高校的40多名来宾籍大学生志愿者经过岗前培训后，开展为期1个月的志愿服务活动，为来宾市图书馆做好开馆前的图书分类、图书上架等工作。8月27日，文化部国家公共文化服务体系示范区验收组成员、文化部党组成员、故宫博物院院长单霁翔一行到来宾市图书馆，实地检查验收该馆开展第一批创建国家公共文化服务体系示范区的工作。该馆的馆内布置、馆藏量等各项指标均符合验收标准。（广西图书馆学会）

【来宾市图书馆正式开馆】 8月16日，来宾市图书馆正式开馆。自治区新闻出版局副巡视员朱为范，来宾市委书记李志刚，市委常委、宣传部部长、副市长韦凤云，市委常委、秘书长余治平，市人大常委会副主任卢忠参加开馆仪式，并为图书馆揭牌。仪式上，自治区新闻出版局、自治区图书馆、桂林图书馆向来宾市图书馆捐赠价值50万元的图书。该馆的开馆填补了来宾市没有市级图书馆的空白。（广西图书馆学会）

【梧州市图书馆开展系列读者活动】 4月，梧州市图书馆为纪念世界读书日，开展"阅读，让我们的世界更丰富"主题读书征文、"悦读总动员"读书阅读之旅、"快乐阅读与成功人生"公益讲座、举办征文展览、"捐一本好书，促一个梦想"主题捐书以及召开读者座谈会等系列活动。共收到征文51篇，2370人次参观征文展，服务读者2497人次。在图书馆服务宣传周期间，聘请区内、市内各领域专家，有针对性地开展"鸳江讲坛"系列专题讲座。全年举办专题讲座64场，听众8100多人次。（广西图书馆学会）

【梧州市图书馆开展系列培训活动】 2013年，梧州市图书馆联合文化共享工程梧州市支中心、老年大学开展各类型的培训班：举办老年计算机基础培训班30期，培训990人次；举办摄影知识培训班32期，培训1357人次；举办小学生硬笔书法培训班，共15课时，培训学生达199人次；举办梧州市农家书屋管理业务培训班1期，培训20人次；举办"职工书屋"管理业务培训班1期，培训65人次；举办"全市综合乡镇文化站评估定级，文化站图书室管理"业务培训班，共培训文化站图书室管理人员60人次。（广西图书馆学会）

【百色市图书馆概况】 2012年11月13日，该馆批复成立，实现百色市没有市级图书馆的零的突破。馆址建在百色市文化科技中心B区，馆舍按照国家一级馆标准建设，总建筑面积约9664平方米。2013年，该馆积极做好项目建设规划和资金筹备工作。先后派员到杭州、重庆、广安、自治区图书馆等地考察学习，并邀请区内有关专家对图书馆内设布局、功能设置、人员配备等方面提出建设性的指导意见。为解决图书馆开馆前期经费问题，在局党组的领导下市图书馆积极呼吁，得到市政府和上级业务部门的重视和支持，并通过多方渠道筹集资金，经费得到基本落实。（广西图书馆学会）

【百色市图书馆完善人员配备】 2013年，该馆制定《百色市图书馆功能设置及人员配备方案》，设立部门26个（其中对外窗口16个），全馆需要在岗专业技术或管理人员57人以上，已核定编制15人。至年底有在编人员13人，已完成岗位设置和人员评聘工作，其中副高级职称1人、中级职称8人、初级职称3人；本科学历5人、大专学历3人。由于图书馆人员大部分由艺术团体调入，从未接触过图书馆业务工作，为使馆员在短时间内转换角色，该馆积极开展岗前培训，采取"走出去、请进来"的方式加大培训力度。一是派员到自治区图书馆参加各种业务培训5期并分期分批到各业务部门跟班学习，二是馆内自行组织学习培训3期，聘请专家授课。全年参与培训人员64人次。（广西图书馆学会）

【百色市凌云县图书馆开展系列图书下乡活动】 2月1—4日，该馆在县城长途汽车站、集市贸易市场周边设流动读书点，为进城务工返乡农民工、大中专院校学生开展读书赠书活动，到点阅览图书和接受赠书达4486人次，赠送图书3256册；4月23日世界读书日期间，展出图书2500册，向广大市民赠送图书1236册，纸质宣传材料发放1500份，工作人员口头解答各种咨询430余条，到活动点接受赠书和观看图书展示的群众达3240余人次；年内，选择雷锋故事、雷锋事迹，以及爱党、爱国、乐于助人、艰苦奋斗、敬业奉献的图书、连环画等，分别送到学校、文化站、社区、老年活动中心等地，为残疾人、未成年人、老年人服务，送去图书5560册，

参加阅读人数 3650 人次。（广西图书馆学会）

海南省

【概况】 2013 年，海南全省公共图书馆 20 个，其中省级馆 1 个，市级馆 2 个，县（市、区）级馆 17 个。实际使用建筑面积81829平方米，书库面积18967平方米，阅览室面积24246平方米，其中书刊阅览室面积17587平方米，电子阅览室面积 3072 平方米。阅览座席 5671 个。全省公共图书馆从业人员 327 人，其中专业技术人员 251 人，包括副高级职称 6 人、中级职称 57 人。全省各级财政划拨经费93927千元，其中购书专项经费14436千元。

文献资源建设方面，全省公共图书馆文献总藏量 377.132 万册/件，其中图书 335.372 万册，古籍10536册，报刊 34.962 万册，视听文献32995件，缩微制品 100 件，电子图书 611.213 万册。在总藏量中，开架书刊 215.358 万册。全年新购藏量 49.199 万册/件，全年新增电子图书 55.639 万册，全年购买报刊17088种。

信息化建设方面，全省公共图书馆共有计算机 1484 台，供读者使用的终端数 952 台，其中电子阅览室终端 866 台。图书馆网站访问量 52.329 万页次。

读者服务方面，全省公共图书馆有效借书证 12.509 万个，总流通人数 246.728 万人次，书刊文献外借 64.053 万人次、153.376 万册次。组织各类讲座 124 次，参加读者22144人次；举办展览 144 场，参观读者 18.615 万人次；举办各类培训班 174 次，培训学员14499人次。（海南省图书馆协会）

【海南省图书馆纸质文献资源保持较快增长速度】 省馆在 2013 年图书采购中着重提高少年儿童读物的比例，仅绘本一项占到全部图书采购经费的 7.5%。全年采编中文图书 7.8 万多种 26 万多册，外文 910 种 910 册，港澳台文献 1149 种 1159 册，视听文献 888 种 888 张/盒。接收社会赠书 1.55 万种 2.4 万册，呈缴本图书 1273 种 2498 册。采编境内期刊 3279 种 3742 份，报纸 322 种 368 份；境外报刊 35 种。纸质文献总馆藏量达 100 万册/件。图书借阅 36 万册次，期刊外借 1.6 万册次；为流动站换书 1500 册次；办理借阅卡 1.45 万张。（海南省图书馆）

【海南省图书馆合理调整数字资源结构】 省馆数字资源主要包括 15 个电子图书类数据库、7 个电子期刊类数据库、4 个视频类数据库、10 个其他类数据库，总量 36.81TB，读者可以通过本地镜像、远程包库、文献传递等多种渠道对数字资源进行访问。除续订外，新购数据库有 e 线图情、库客数字音乐图书馆和少儿多媒体图书馆等数据库。注重提高未成年人电子资源所占的比重。（海南省图书馆）

【海南省图书馆推进文化共享工程建设】 2013 年，文化共享工程省分中心（海南省图书馆）开展“网络书香过大年”“网络书香满椰岛”“文化剪影、共享幸福”群众摄影活动、“传统文化进校园”等系列活动，参加活动人员累计 8000 多人次，全年累计服务73000人次。举办全省文化共享工程技术交流培训会暨数字资源发展建设研讨会，各市县支中心负责人及业务骨干共 60 余人参加培训；组织全省基层文化站培训班 10 期，培训 700 多人次；举办全省各市县支中心和乡镇基层服务点网络培训 12 期，培训 1872 人次。（海南省图书馆）

【文化共享工程海南省分中心开展合作共建】 文化共享工程省分中心加强与中国有线海南分公司的战略合作，有效利用共享工程专用数字电视 401 频道不间断播出优秀视频资源；继续与中国联通合作，通过已投入使用的全省 204 个乡镇 3G 无线网络接入工程，在全国率先实现乡（镇）全覆盖；与中国联通合作，开通“100M 独享”数字资源通道，使省分中心与全省市县支中心、乡镇基层点形成互联出口的“双通道”模式；与中国有线合作优化数据专网，实现全省 22 个市县支中心机房、公共电子阅览室、业务网络系统的统一管理，为数字图书馆推广工程奠定基础。（海南省图书馆）

【海南省图书馆试用移动图书馆平台和电子书借阅机】 2013 年，省馆向读者推出移动图书馆平台试用服务，读者可以通过移动设备登录该平台查阅图书馆的信息公告、数字资源和借阅信息等，该平台包含电子图书 3 万种、电子期刊 4 万册。电子书借阅机是通过手机扫描机上的二维码下载电子书籍到移动终端上的阅读设备，目前

该馆预装社会法律、文学名著、科学技术等11个类目的1000余本电子书。（海南省图书馆）

【海南省图书馆开展走进图书馆系列阅读活动】 2013年，省馆主办“我们爱阅读——学校学生世界读书日走进图书馆活动”、少儿英文故事会活动、“我来推荐一本书”小读者荐书、“悦”读在省图——少儿读书心得交流会活动、“国庆，我的故事梦”——海南省图书馆迎国庆少儿故事会、从绘本爱上阅读——少儿部亲子绘本故事会等活动。丰富多彩的少儿活动，吸引500多人踊跃参加，获得家长朋友和社会各界的一致好评。（海南省图书馆）

【海南省图书馆建立文化共享工程三沙市支中心】 4月，省馆在三沙市建立文化共享工程暨边疆万里数字文化长廊南海第一站——文化共享工程三沙市支中心，并向驻岛部队赠送设备和数字资源等。其中，为公共电子阅览室配备10台电脑、1部服务器，还有网络设备、桌椅、机柜等，以及配套的资源导航平台、优秀数字文化资源、资源光盘箱等。同时，还为海军驻西沙某水警区的所在驻岛建起文化共享工程基层服务点，并专门针对官兵的需求配备优秀数字资源；为部队接入专用服务器预装717GB的精品资源，使官兵通过联网的电脑终端就能访问到文化共享工程资源内容。（海南省图书馆）

【海南省图书馆开设少儿暑期免费兴趣班】 自7月8日起，省馆开设19个兴趣课目42个少儿暑期兴趣班，其中艺术类课目包括少儿街舞、少儿瑜伽、少儿书法、少儿舞蹈、少儿围棋等；文化类课目包括外教英语兴趣班、小主持人班、口才班、拼音班、写作班等。针对不同年龄段的孩子，采用难度深浅不同的课题，让孩子们在学习的过程中提高自我表现能力并增强自信心。参加人数共有1500人。（海南省图书馆）

【海南省图书馆加强古籍普查和保护工作】 7月24日，省馆完成第一批《海南省珍贵古籍名录》和第一批海南省古籍重点保护单位的申报、审定和发布工作。全省54部古籍入选第一批《海南省珍贵古籍名录》，海南师范大学图书馆被评为第一批海南省古籍重点保护单位。（海南省图书馆）

【海南省图书馆加大盲文资源建设力度】 9月16日，省馆新购盲文图书和盲文有声读物近2000册件，安装“心声·音频馆”的终端设备、指纹登陆设备和盲用读屏软件。视障人群可以通过该馆视障阅览室的视障人群专用机，直接访问音频馆网站，在盲用读屏软件的支持下，通过简单的键盘操作，便捷、准确获取网页信息，点播收听音频节目，享用海量文化资源无障碍畅听服务。（海南省图书馆）

【海南省图书馆建立省内首个盲文图书流动站】 11月25日，省馆在海口特殊教育学校建立海南省第一个盲文图书流动站。目前，该流动站共有盲文图书486册，涵盖医学、文学、法律等方面内容，省馆将不定期对流动站图书进行更新。（海南省图书馆）

【海南省图书馆建立省内首个社区图书馆】 12月6日，省馆建立海南省首个社区图书馆——龙岐社区图书馆。结合该社区实际情况，采取共建模式，在龙岐居委会原有“4点半小课桌”的基础上建设一个社区图书馆，以绘本、儿童文学、历史等图书为主，共计2000册，丰富学生的课余生活。龙岐社区图书馆的建成，填补海南没有公共社区图书馆的空白，是省馆建设分馆的重要尝试。（海南省图书馆）

【海南省图书馆组织业务骨干到外省图书馆以岗代训】 12月，该馆组织全馆41名员工，分赴上海图书馆、广东省立中山图书馆、陕西省图书馆、杭州市图书馆、深圳少年儿童图书馆学习培训。此次学习的主要特点是：根据省馆提出的学习内容，将参与培训的员工编入各图书馆实际工作岗位中，理论联系实际，加快成果转化，提高馆员素质。（海南省图书馆）

【琼中县图书馆开展捐书赠卡活动】 琼中黎族苗族自治县是国家级贫困县。2012年4月开始，琼中县图书馆开展“你捐书，我赠卡”活动，即凡捐赠图书价值达50元以上，并被县图书馆采用的，可凭身份证领取县图书馆赠送的一张免交押金的借阅卡。活动一公布，引来不少读者向图书馆捐赠图书。截至 2013 年 12 月 31 日，共接受单位及个人捐书 1 万多册，免费赠送借阅卡 100 多张。活动丰富了馆藏，扩大了读者队伍。（琼中黎族苗族自治县图书馆）

【昌江县图书馆实行每周无闭馆日】 2013 年 1 月起，昌江黎族自治县图书馆推出“每周无闭馆日”的新举措，把原来每周开放 48 小时，延长到每周开放 57 小时，深受读者欢迎。（昌江黎族自治县图书馆）

重庆市

【概况】 2013 年，重庆市县以上公共图书馆共 43 个，馆舍面积合计 25.26 万平方米，阅览座席17369个，从业人员 852 人；年新增藏量购置费为 2886.80 万元（含数字资源购置费），总藏量达 1128.85 万册/件，书刊文献借阅 428.57 万人次，968.73 万册次。

2013 年，重庆市共有 37 个公共图书馆参与第五次全国公共图书馆评估定级，其中省级馆 2 个、区级馆 19 个、县级馆 16 个。经评估确定，37 个参评馆均达到国家等级标准，其中一级馆 25 个、二级馆 6 个、三级馆 6 个，相比第四次评估取得长足进步。

重庆市公共图书馆一卡通工作进展顺利。一卡通文献供应量达到 120 万册，持证读者突破 18 万，通借通还借出量790171册次，还回量769771册次，同比增长 7.2%。成立“重庆市公共图书馆讲座展览联盟”，以整合资源、优势互补。

重庆市文化共享工程完成全市 2012、2013 年地方资源建设项目申报的专家评审，并推荐上报国家中心；成功申报“国家公共文化数字支撑平台”项目；搭建文化惠民活动平台，启动“蒲公英梦想书屋——重庆市文化共享工程乡村留守儿童关爱行动”；重庆市共享工程首进民营企业，支持本地民营企业发展。由共享工程重庆市分中心（重庆图书馆）发起成立的公共图书馆文化共享农民工联盟，荣获第十届中国艺术节“群星奖”；该中心获得 2012 年度全国文化共享工程培训工作优秀奖及第一届“文化共享杯”全国群众摄影艺术作品征集大展优秀组织奖。国家数图推广工程和公共图书馆电子阅览室建设工程在重庆开始启动，争取到国家图书馆数字图书馆 622 兆的专网部署资源，项目一期已启动；作为全国三个公共电子阅览室管理平台软件建设试点省份之一，完成市、县、乡镇三级平台软件部署工作。

重庆市古籍和民国文献保护工作成效显著，完成全市 33 家古籍收藏单位的数据审核并出版《重庆市古籍普查目录》，完成《巴渝文库总目》，与中华书局开展《重庆图书馆藏稀见民国期刊图录》等 3 个项目的合作；《重庆图书馆藏〈刘赞廷藏稿〉》成为全国民国时期文献保护中心办公室公布的首批全国民国时期文献整理出版项目。

2013 年，重庆各级图书馆围绕第 50 个雷锋精神纪念日、世界读书日、图书馆服务宣传周、科技活动周、文化遗产宣传月、重庆读书月等大型宣传活动及节假日期间，精心组织展览、讲座、征文等形式多样、内容丰富的活动，取得广泛的社会影响。全年组织公益讲座 990 场，参与人数 11.8 万人次；举办展览 387 场，参观人数 77.3 万人次。（重庆图书馆）

【重庆图书馆及重庆市文化共享工程服务首进长江航线】 4 月 17 日，重庆图书馆在长江三峡航线的长江黄金邮轮上开设图书流通点，为每艘邮轮配备图书 1000 册，每季度更新图书；订阅各类期刊 30 种，每期更新。4 月 25 日，共享工程重庆市分中心与重庆长江轮船公司签订资源共建共享协议，该中心针对重庆市内两江游航线，为长江轮船公司 14 个职工书屋提供书刊 1000 册；在 4 艘江山号游船上建立图书流动点，各提供书籍 100 册；为 2 艘两江游船配置电脑，供船员及游客浏览文化共享工程共建平台资源。这是重庆图书馆及市文化共享工程服务首度走进长江航线，是文化服务活动与旅游体验活动融合发展的一个典范，对推动重庆市公共文化传播和提升旅游服务品质具有重要意义。（重庆图书馆）

【民国时期文献普查工作培训班在重庆举办】 4 月 24—26 日，由国家图书馆主办、重庆图书馆承办的民国时期文献普查工作培训班在重庆图书馆举办。来自全国 18 家副省级以上图书馆的 40 名民国时期文献普查工作人员参与培训。国家图书馆副馆长陈力、重庆市文化广播电视局副局长温俊华、国家图书馆业务管理处处长高红、重庆图书馆馆长任竞出席开班仪式并讲话。本次培训由国家图书馆中文采编部研究馆员刘小玲、朱芊针对民国时期图书著录、标引的特殊性进行授课，业务管理处研究馆员贺燕对民国时期图书馆藏描述进行讲解，业务管理处副研究馆员李杉介绍“民国时期文献联合目录”平台，中文采编部袁春艳则培训联合编目系统民国时期书目数据馆藏挂接和制作。培训班还安排学员参观重庆图书馆特藏书库。（重庆市图书馆学会）

【云南、四川、甘肃、青海藏区部分州县支中心业务骨干培训班在重庆举行】 5月7日，由文化部全国公共文化发展中心（以下简称发展中心）主办，共享工程重庆市分中心承办的云南、四川、甘肃、青海藏区部分州县支中心业务骨干培训班在重庆图书馆举行。来自四省藏区的38名学员参加培训。此次培训是发展中心贯彻落实中央关于文化援藏的指示精神，推动四省藏区文化共享工程发展的重要举措。国家公共文化服务体系建设专家委员会秘书长、清华大学副教授杨永恒主讲公共文化服务体系建设；来自文化部财务司、公共文化司、发展中心和共享工程重庆分中心的老师分别讲授《文化共享工程“十二五”发展》《近年来文化部转移支付项目情况解读》等课程。（重庆图书馆）

【全国政协科教文卫体委调研组赴重庆考察调研】 5月21日，全国政协副主席卢展工率全国政协科教文卫体委调研组，在重庆市委常委、市纪委书记、市政协主席徐敬业，副主席谢小军等市领导陪同下视察重庆图书馆、涪陵区图书馆等。调研组此行来渝旨在调研重庆市公共文化服务体系建设，重庆图书馆是调研组现场考察的第一站。重庆图书馆党委书记、馆长任竞向各位领导详细介绍该馆公共文化服务的开展情况。调研组先后参观24小时自助图书馆、电子读报栏、视障阅览室、抗战文献陈列室、赠书阅览室、中文书刊借阅区及“数字云”阅读体验室。卢展工副主席深入了解重庆图书馆在抗战文献方面的保护和开发成果，对该馆民国文献数字化工程给予高度赞赏，并指导该馆做好赠书的开发利用工作。（重庆图书馆）

【重庆市公共图书馆讲座展览联盟成立】 5月25日，重庆市公共图书馆讲座展览联盟成立。联盟办公室设立于重庆图书馆，成员馆通过签订协议书自愿加入联盟。联盟旨在搭建全市公共图书馆讲座展览联盟共建共享平台，建立资源数据库，挖掘优秀文化资源，打造名人讲座，并深入开展成果整理和开发工作，为制定行业规范、发展规划、管理政策及考核标准等提供依据。联盟成立后开展全市性巡展及讲座。（重庆图书馆）

【共享工程重庆市分中心为乡村留守儿童开办蒲公英梦想书屋】 6月21日上午，“蒲公英梦想书屋——重庆市文化共享工程乡村留守儿童关爱行动”启动仪式在长寿龙溪中学隆重举行。“蒲公英梦想书屋”由共享工程重庆市分中心主办，重庆广播电视集团（总台）TICO少儿频道及区县文广新局、教委、妇联、山城志愿者协会等多个组织协办。项目包括流动亲情聊天室、E路共享数字阅读平台、相伴成长巡回讲堂等，通过赠送图书及数字资源帮助乡村中小学校建立或完善图书室，让乡村留守儿童分享高水平的公益讲座、少儿阅读推广活动及优秀数字资源，打造针对110万重庆留守儿童的服务品牌。7月和9月，第二、三家书屋分别在忠县、涪陵区开办。（重庆市图书馆学会）

【重庆图书馆搭建“重图微世界”青少年第三空间】 2013年，重庆图书馆推出“重图微世界”，整合优势的馆藏、会展、公关资源，免费为各大中学校学生自发成立的、跨区域的非政府公益性社会组织提供场地、宣传、文献支持等多方面的服务，搭建积极向上、安全稳定的活动平台，支持学生丰富课外生活、开展社会实践，打造全市青少年在学校、家庭之外的第三空间。8月9—11日，第一个入驻“重图微世界”的活动品牌——第四届重庆市模拟联合国会议在重庆图书馆举办，吸引全市200多位青少年学生参与。（重庆图书馆）

【网上重庆图书馆上线】 9月29日，“网上重庆图书馆”上线仪式在该馆北门大厅举行。网上重庆图书馆（http://tsg.cqnews.net）由该馆与华龙网共同推出，是推广数字图书馆资源的又一重要渠道，是西南地区首家公共图书馆与官方门户网站共同合作打造的数字资源绿色通道。网上重图主要以超星电子书、万方数据、国学宝典、CNKI中国期刊全文数据库等13种使用率较高的电子资源为内容支撑，依托日均IP130万用户的华龙网为窗口平台，通过在线网络注册，市民即可足不出户享受重庆数字图书馆海量电子图书和期刊。（重庆图书馆）

【重庆市公共图书馆文化共享农民工联盟获得文化部群星奖】 由重庆图书馆（文化共享工程重庆市分中心）发起成立的重庆市公共图书馆文化共享农民工联盟自2010年启动以来，整合全市公共图书馆面向农民工服务的丰富资源，围绕“融入城市 让生活更美好”的主题，建立拥有70T数字资源、50万册纸质资源的文献平台，支持联盟成员创建一批创新型基层服务品牌。2013年5月25日，首批主城九区共11个公共图书馆作为该联盟示范成员馆正式挂牌。全年服务农民工29.6万人次；与重庆市贫困地区干部培训中心合作举办培训班704期，培训农民工31660人次。在10月召开的第十届中国艺术节上，该联盟获得文化部颁发的项目类“群星奖”。（重庆图书馆）

【重庆图书馆获得全国敬老文明号荣誉称号】 11月，重庆图书馆被授予首届全国“敬老文明号”荣誉称号。该馆高度重视尊老敬老工作，通过举办老年专题讲座展览培训、开辟老年阅览专区、成立重庆市老年大学重图分校、建立老年公寓图书流通点、设置老年专用通道、提供老年便民物品等丰富多彩的服务活动，切实为老年人提供温馨、细致、贴心、周到的特色人性化服务，丰富广大老年朋友的精神文化生活，大力弘扬敬老爱老传统美德，营造敬老助老的良好社会风尚，充分发挥重庆图书馆作为全市精神文明建设窗口的作用。（重庆图书馆）

【第一期全国碑帖拓片修复技术培训班在重庆图书馆举办】 11月27日，由国家古籍保护中心主办，重庆图书馆承办的第一期全国碑帖拓片修复技术培训班在该馆开班。国家古籍保护中心副主任张志清、中心主任助理王红蕾，重庆图书馆馆长任竞、副馆长张波，四川省图书馆馆长李忠昊，上海图书馆修复专家赵嘉福等出席开班典礼。来自全国14个省、市图书馆的22名学员参加培训。培训为期一个月，由上海图书馆专家赵嘉福、邢跃华围绕碑帖拓片修复技术和装帧形式等进行授课。（重庆图书馆）

【重庆图书馆推出无障碍行走模拟体验】 12月2日，重庆图书馆在四楼多功能厅举行“无障碍行走模拟体验”，特别邀请市盲校的专业老师陪同视障人士一起体验。“无障碍行走模拟体验”指的是视障人士通过定向行走的学习，科学地使用盲杖判断自身形体方位、辨别方向、辨别障碍物、辨别上楼和拐角，通过反复模拟使他们能够基本具备准确定向和安全行走的能力。这一项目成为重庆图书馆视障读者服务的定期培训项目。（重庆图书馆）

【巴南区图书馆开办留守儿童艺术课堂】 5月25日，巴南区图书馆为农民工留守子女开办“圆梦·共享阳光”艺术课堂。开设绘画、语言、书法和舞蹈等丰富课程，借助巴南区图书馆的场地和优秀的少儿培训资源，与社会单位合作，吸纳文化志愿者，常年免费面向农民工子女开展培训，培养、提升他们在艺术方面的才能和修养。6月2日，艺术课堂的首批学员在巴南区人民广场现场作画，呼吁社会各界关怀留守儿童成长，引起良好的社会反响。（重庆市图书馆学会）

【渝北区图书馆建成首批家庭图书馆】 10月28日，渝北区图书馆流动图书车为首批20个家庭图书馆送去价值20000元的600册图书，渝北区家庭图书馆正式成立。只要持有区图书馆的借书证，家里有一定的藏书量，并在渝北区工作和居住，即可提出申请加入家庭图书馆。加入家庭图书馆后，家庭成员可选订30册图书，由区图书馆采购进行加工，并送书上门，同时为每一个家庭免费订阅一种期刊。家庭图书馆的图书除供本家庭成员阅读外，鼓励外借给亲戚朋友或本社区的居民。区图书馆还在家庭图书馆间定期组织开展读书交流、阅读讲座、联谊活动等，并进行流动星级家庭图书馆年度评选。（重庆市图书馆学会）

四川省

【概况】 2013年，四川省公共图书馆共有

188个，其中省级馆1个、地市级馆22个、县级馆165个，从业人员2050余人，馆藏文献3700万册，年财政拨款总额约3.8亿元，电子阅览室终端5500台，人均馆藏量0.444册，人均购书经费0.463元。公共图书馆电子资源和纸质资源并重发展，注重挖掘自身特色资源，建设地方特色文献数据库。四川省图书馆新馆主体工程完成。重视图书馆人才队伍的培养，2013年新招聘高校毕业生20人。

数字图书馆推广工程在四川地市级公共图书馆有序开展。特别是"网络书香·数字图书馆建设与服务"系列活动四川站在崇州启动后，全省图书馆行业领导和业务骨干200余人参加启动仪式与讲座，使得数字图书馆推广工程为地市级图书馆的了解，地市级公共图书馆更加重视自身数字图书馆的建设，形成资源建设的新理念和新思路，积极探索自身数字图书馆发展之路，提高服务能力。

"4·20"芦山地震发生后，四川省图书馆学会迅速与灾区图书馆取得联系，并向中国图书馆学会和四川省文化厅汇报情况，请求并配合外界支援工作；多次开展灾区送书活动和系列公益活动，如"巴蜀讲坛"六一儿童节期间在雅安举办系列公益活动。

第五次全国公共图书馆评估期间，四川的18个市州县区图书馆被抽查作为调研对象。此次参评的市州图书馆有19个，参评率90.5%；参评的县区馆106个，参评率64.2%，共计参评馆125个，参评率66.5%。最终评出一级图书馆38个，二级图书馆48个，三级图书馆36个。（四川省图书馆　熊文　徐世芳）

【习近平总书记视察芦山县图书馆帐篷书屋】 5月21日，中共中央总书记、国家主席、中共中央军委主席习近平深入"4·20"芦山地震灾区，看望慰问灾区干部群众，实地指导抗震救灾工作。在视察期间，习总书记来到芦山县图书馆在县体育馆设置的"帐篷书屋"，向县图书馆工作人员详细询问书屋的开展情况，并现场查看图书《借阅登记簿》，翻阅《抗震救灾急救手册》《地震灾后防病手册》以及震后心理疏导资料等图书，高度赞扬该馆设置"帐篷书屋"的举措。（四川省图书馆　黄英）

【四川省开展第一批省级古籍重点保护单位评审工作】 3月25日，省文化厅正式下发《关于开展第一批省级古籍重点保护单位和古籍保护单位申报评审工作的通知》（川文办发〔2013〕49号），拉开四川省首批古籍重点保护单位评审工作的序幕。此次评审活动经四川省古籍保护工作厅际联席会各成员单位审定，并经省政府批准同意，于4月1日正式开始申报。共有36家单位提出申请，涉及公共图书馆、高校图书馆、博物馆、档案局、编译局等。经过省古籍保护中心初评，由公共图书馆、高校图书馆、博物馆和教育部门相关专家共同组成3个考评专家组，完成全省30家单位的实地考评工作。11月28日，《四川省人民政府办公厅关于公布第一批四川省古籍重点保护单位和第一批四川省古籍保护单位名单的通知》（川办发〔2013〕80号）在四川省人民政府网站上正式发布，第一批四川省古籍重点保护单位（14个）和第一批四川省古籍保护单位名单（12个）同期公布。（四川省图书馆　林英）

【《四川省公共图书馆条例》获省人代会通过】 7月26日，《四川省公共图书馆条例》经省第十二届人民代表大会常务委员会第四次会议通过，于2013年10月1日起正式施行。该条例是《立法法》颁布施行之后，四川省公共文化领域首个经省级人大讨论通过的地方性法规，填补四川公共文化服务体系立法的空白。（四川省图书馆　吕伟红）

【四川省开展第五次全国县以上公共图书馆评估定级工作】 《文化部办公厅关于开展县以上公共图书馆第五次评估定级工作的通知》（办公共函〔2012〕523号）文件下发后，四川省文化厅成立以厅长为组长、分管厅长和相关处室组成的四川省评估定级领导小组。3月，开办由省文化厅主办、四川省图书馆承办的评估定级辅导培训班。自5月起，来自公共图书馆、高校图书馆、中科院图书馆的9位专家组成3个专家组，分赴18个被抽查的市州县区图书馆，通过"看、听、议、查、问"等方式，对公共图书馆逐条评估打分。此次参评的市州图书馆19个，参评率90.5%；参评的县区馆106个，参评率64.2%；共计参评馆125个，总参评率66.5%。

专家组对 18 个市（州）级图书馆进行抽查，并抽查 25 个县（区）级图书馆。最终四川省各公共图书馆产生一级图书馆 38 个，二级图书馆 48 个，三级图书馆 36 个，完成文化部关于第五次全国县以上公共图书馆评估定级工作任务。（四川省图书馆　熊文　徐世芳）

【四川省图书馆向进城务工青年赠送读书卡】 1 月 22 日，四川省馆和成都市团委联合策划的向进城务工青年赠送读书卡活动在成都市富士康高新青年公寓社区活动中心举行。团省委、团市委等相关领导以及省馆副馆长王嘉陵出席活动，王馆长代表省馆向进城务工青年代表赠送网上读书卡 1000 张。（四川省图书馆　熊文　黄英）

【四川省图书馆开展汉藏文化交流】 1 月 23 日，三州公共图书馆“汉藏文化交流”工作座谈会在成都市花园宾馆召开。四川省文化厅副厅长泽波，省图书馆馆长李忠昊、副馆长王嘉陵，省文化厅公共文化处，阿坝州宗教局原局长、阿坝州委、州人民政府顾问李茂，西南民族大学民族文献中心主任刘勇博士，中国佛教协会理事、阿坝州佛教协会副会长、活佛登德旺志，三州文化局、图书馆、文化馆馆长、汉藏文化交流工作等单位专家领导 50 余人参加会议。3 月 22—25 日，省图书馆汉藏文化共享工程藏区行活动在阿坝藏族羌族自治区金川县和阿坝县举行。3 月 29—31 日，文化部党组成员、副部长杨志今，文化部全国公共文化发展中心主任李宏等领导赴四川省调研汉藏文化交流活动、文化共享工程藏区服务站试点工作情况，同时召开相关工作会议。5 月 27 日，《金川历史文化览略》首发暨赠书仪式在省图书馆一楼大厅隆重举行。7 月 17—26 日，“省文化藏区行”工作组在道孚县惠远寺、玉科寺及壤塘县藏哇寺举行第二次汉藏文化交流活动。12 月 18 日，2013 年度四川省图书馆汉藏文化交流工作总结会在成都召开，对 3 位优秀志愿者和 5 位先进个人进行表彰和奖励。（四川省图书馆　徐世芳　黄英）

【四川省图书馆支援芦山灾区】 5 月 3 日，省馆馆长李忠昊、雅安市图书馆馆长张建跃等一行赴芦山查看“4·20”地震后灾情，慰问芦山县图书馆职工，指导开展抗震救灾、开设灾民集中安置点图书阅览点、共享工程服务点建设等。省馆将在灾民安置点的图书阅览点、文化共享工程服务点的设施、设备和文化活动的开展上给予物质和技术上的大力支持，指导灾区图书馆做好灾后重建维修规划，帮助灾区重建文化家园和精神家园。（四川省图书馆　黄英）

【内江市文化进军营知识讲座系列活动启动】 7 月 1 日，由内江市文化广播影视和新闻出版局、市社科联、市民政局主办，内江市图书馆、大千在线网站承办的“大千讲坛——文化进军营知识讲座系列活动”首场“姚伟民讲摄影”在内江军分区会议室开讲，讲座特邀内江师范学院教授姚伟民主讲。（四川省图书馆　吕伟红）

【资阳市老科协科技沙龙在市图书馆挂牌成立】 8 月 30 日，资阳市老科协科技沙龙在市图书馆二楼挂牌成立。该沙龙由市图书馆与市老科协携手创办，为资阳市老科学科技工作者提供一个研究、讨论和交流的场所。沙龙除配备大量科技读物外，还提供 10 台计算机供老科协成员查询资料。为丰富沙龙的书籍内容，市老科协会长黄先荣率老科协成员在新华文轩挑选近百册科普读物，并亲自送到市图书馆。（四川省图书馆　黄英）

【阿坝州图书馆举办第三届优秀读者座谈会】 10 月 16 日上午，阿坝州图书馆在其二楼期刊阅览室召开以“做好传承文化的纽带，办好读者满意的图书馆”为主题的第三届优秀读者座谈会，州相关领导参加座谈。馆长王文向读者介绍图书馆的基本情况、新馆建设的筹备情况以及图书馆在工作中所遇到的困难、薄弱环节与不足之处，最后恳请参会的读者提出意见或建议。与会读者积极发言，对图书馆各方面建设提出意见。图书馆为 40 位优秀读者颁发荣誉证书及纪念品。（四川省图书馆　熊文　徐世芳）

【遂宁市图书馆为安居特校设立“心声音频视频”播放点】 10 月 23 日，遂宁市图书馆深入安居特校，设立“心声音频视频”播放点。免费为残障小朋友提供个性化服务，播放《学习雷锋好榜样 1—13》《羽毛球技术》《跟我学唱歌》等优秀节目 30 套，并赠送光盘资料 50 张。（四川

省图书馆　熊文　徐世芳）

【巴中市图书馆开展“2014年征订报刊读者说了算”活动】 10月20日至11月25日，巴中市图书馆开展“2014年征订报刊读者说了算”活动。活动期间，读者在市图书馆大厅的小黑板上写下推荐报刊名，也可在报刊阅览室的《2014年度邮发报刊简明目录》上勾画出自己喜欢的报刊名。市图书馆综合读者推荐的目录，再根据馆藏需要来决定征订2014年报纸杂志的目录。（四川省图书馆　吕伟红）

【泸州市公共图书馆服务网络(一卡通)正式开通】 11月27日，泸州市图书馆正式开通泸州市公共图书馆服务网络（一卡通），与全市各县（区）公共图书馆全面联网，实现文献信息资源共享和馆藏书刊文献的通借。服务网络以市图书馆为中心馆、各县（区）公共图书馆为服务网点，持有“一卡通”借书卡的读者，可在市、县（区）各公共图书馆通借书刊文献，还可以使用网上书目查询、预约、续借、查阅浏览网上数字资源等功能。（四川省图书馆　熊文　徐世芳）

【成都市新都区图书馆新馆对外开放】 12月16日，成都市新都区图书馆新馆正式对外开放。新馆建筑面积4600余平方米，阅览座席300个，纸质图书藏量22万余册，电子图书30余万册，纸质报纸50种，电子报纸224种，纸质期刊500种，电子期刊516种，数字资源容量10TB，30M网络光纤，设立PC信息服务点120个；开设有成人阅览室、少儿阅览室、幼儿阅览室、多媒体阅览室、盲文阅览室等8个服务功能区。（四川省图书馆　吕伟红）

贵州省

【贵州省图书馆概况】 2013年，到馆参加各种活动的读者为32万人次，文献资料外借7万人次、外借图书11万册次，办理读者卡3390张。贵州数字图书馆网上访问量近2000万人次，24万新读者注册。全年入藏图书和期刊36763种95899册，馆藏总量达到176万余册/件；成立全国联合编目中心贵州省分中心，实现全省书目数据资源共建共享；加快整理民国文献和地方文献；完成社科期刊回溯建库工作；开通短信服务平台；实现阅览区域wifi无线网络全覆盖。5月，省馆大规模举办图书馆服务宣传周活动，是贵州省的首次尝试，特别是全省联动、集中启动与分会场展示，更是一种探索。全省共举办64项活动，并一直持续到年底。在“4·23”世界读书日举办“让阅读与生命相伴、与事业同行”主题系列活动共计12项，上万人次参与；开展未成年人公益文化活动共218场次，28390人次参与；举办大型讲座和展览共计68场；开展分馆、流通站、服务点服务，新建省公安厅、贵阳第十八中学、花果园社区、贵阳爱健康盲人按摩院等7个分馆和流通点，配送更换图书55000册，对监狱分馆实行期刊配送服务。

贵州数字图书馆2013年财政专项经费为350万元，续订17个已购数字资源库，同时引进15个试用数据库。在省公安厅、中国水电顾问集团贵阳勘测设计研究院建立数字分馆。截止到12月20日，累计访问量突破6000万人次，其中今年访问量达2000万人次；注册用户超过113万人。贵州数字图书馆的管理模式和服务理念走在全国前列，得到文化部和国家图书馆的肯定，被选为全国10个示范馆在2013年中国图书馆年会数字图书馆推广工程体验区展示。文化共享工程贵州省分中心协助省文化厅完成全年646个乡镇基层文化站及公共电子阅览室建设并抽查验收。制作“贵州彝族撮泰吉”“贵州刻道”“贵州铜鼓十二调”等6个非物质文化遗产多媒体数据库和高清专题片并通过省内专家验收；向国家中心申报“贵州红色人物”系列专题片、“贵州三线建设”文化专题片及多媒体数据库——黔南篇等资源建设项目4个。全年共开展网络远程培训12次，培训人员3500余人次。完成贵阳市金阳新世界社区、河滨社区、沙南社区等10多个社区基层发布系统的安装与技术指导。在全省范围内组织形式多样的服务活动，服务群众达20万人次。古籍保护工作完成名录申报和入选、古籍普查、古籍修复与保护、宣传等工作。全省民族古籍收藏单位从开始的5家增加到现在的10家；进入《国家珍贵古籍名录》的民族语文类古籍从第一批的8部增加到第四批的50部，质与量都是一个极大的突破和跨越，目前累计130部民族语文类古籍入选四批《国家珍贵古籍名录》。完成全馆6675部77477册古籍的普查工作；全年共修复古籍1242页，更换破损封面、装订线76册，装订影印古籍图书67册。

省馆申报的“贵阳市社区儿童阅读共享项目”阅读推广案例在2013年中国图书馆年会上获得中图学会“2013年社区乡镇阅读推广活动优秀案例征集”最佳案例奖第一名；省馆选送的布客小剧团排演的童话情景剧《蓝精灵》获中图学会“全国少年儿童经典读物情景剧视频大赛”银奖，省馆同时获大赛优秀组织奖；省学会被省民政厅评为2013年省级社会组织最高评级4A等级学会。（贵州省图书馆　罗玲）

【共享工程贵州省分中心春节期间举办摄影展】 2月6—20日，贵州省第一届文化共享群众摄影大赛获奖作品展在省馆二楼展厅举办。展览作品来自全省各地，展现基层群众文化生活。分中心从收集到的1500多幅参照作品中评选出一、二、三等奖共计70幅作品。（共享工程贵州省分中心）

【贵州数字图书馆第一季度实现开门红】 2013年第一季度，贵州数字图书馆访问量达到4411695人次，月均访问量达140多万人次，每天平均访问量超过4.9万人次，实现“开门红”。（贵州省图书馆　糜翔）

【贵州省图书馆举办关爱自闭症儿童系列公益活动】 4月2日是“世界自闭症日”。省馆联合多单位举办“壹基金蓝色行动”关爱自闭症儿童系列公益活动。3月23日至4月2日，在省馆二楼展厅展出自闭症儿童绘画作品，并通过宣传展板向公众普及自闭症知识。3月31日下午，贵阳爱心家园的创始人艾欣老师在学术报告厅做普及自闭症知识公益讲座，来自爱心家园的家长、儿童、社会人士近100人聆听讲座。（贵州省图书馆　周琦）

【贵州省图书馆举办2013年社区儿童图书音乐节】 4月20日，在世界读书日来临之际，省馆联合贵阳市图书馆、贵阳市文明办、贵阳广播电视台、共享工程贵州省分中心共同举办此次活动。今年已在社会公共文化场所——云岩广场举办第三届。活动以主会场为主，梦想墙、经典朗读铺、图书头脑风暴铺、手工书签铺等各具特色的8个店铺活动分别开展，让少年儿童充分地发挥想象力、创造力、动手能力，全身心地感受到阅读、音乐的乐趣。该活动得到贵州都市报、贵阳晚报、人民网等多家媒体的报道，作为主办方之一的贵阳广播电视台对活动进行长达10天的宣传，并在当天做全程连线播报。（贵州省图书馆）

【贵州省图书馆读者俱乐部正式成立】 4月23日世界读书日当天，省馆读者俱乐部正式成立，俱乐部组织第一批成员在五楼会议室进行交流。会上，俱乐部成员就省馆馆藏质量和读者服务方面提出许多宝贵意见和建议。省馆副馆长张少华感谢读者对图书馆工作的支持和关注，对存在不足要予以改进。（贵州省图书馆）

【贵州省开展2013年图书馆服务宣传周及系列活动】 5月26日，贵州省2013年图书馆服务宣传周及系列活动在贵阳市筑城广场正式启动。省文化厅党组书记、厅长许明出席并做重要讲话。此次宣传周活动注重整合资源，创新方式，构建宣传合力，采用全省联动，集中启动与分会场展示的方式进行。即以贵阳市筑城广场为主会场，9个市、州文化局、图书馆在本市、州所在地组织分会场联动的形式，共享工程贵州省分中心对启动仪式全程录制后向全省9个市、州分中心及88个县级支中心转播。省图书馆在启动仪式现场开展“谈怎样读书”主旨演讲、免费办理读者卡、现场送刊、有奖知识问答送书、志愿者招募、儿童书签制作、贵州数字图书馆宣传推广、书商优惠售书等多项活动。9个市、州图书馆在各自展区开展形式多样的阅读宣传活动，积极宣传图书馆免费开放政策。各地图书馆都带来突出地方特色的文献资源在启动仪式上展示，还向参与的群众发送具有本土特色的光盘、宣传资料和小礼品。安顺图书馆展示《安顺老房子》《图像人类学视野中的贵州安顺屯堡》等图书，现场向少儿读者捐赠儿童读物《嘟嘟，我是你爸爸》作为六一节礼物，播放安顺旅游风光片开展公益活动视频；黔南州图书馆向市民展示属于非物质文化遗产的水书和马尾绣，发放印有黔南州图书馆宣传字样的环保袋；铜仁市图书馆带来的“梵天净土，桃源铜仁”旅游宣传光盘深受市民欢迎；贵阳市图书馆向市民赠送资料刊物、免费办理读者卡、制作儿童书签、有奖猜谜语、招募志愿者以及图书馆数字资源展示体验等。活动共发放宣传资料2000余份，赠送读者卡近1000张、现场送刊1000多册，有奖知识问答送图书1000册。同时，省馆向贵阳市云岩区未来学校、长顺县敦操乡民族学校和平坝监狱等8家包括流动儿童学校、乡村学校和部队监狱等在内的特殊群体机构赠送价值80000元的图书。从5月26日开始，全省各级公共图书馆围绕“书香中国——阅读引领未来”的活动主题，陆续开展内容丰富、形式多样的读者活动60余项。（贵州省图书馆 张贝）

【古籍修复技艺展示在贵州省图书馆举办】 6月8日，省古籍保护中心在我国第八个“文化遗产日”当天举办此次活动。省古籍保护中心副主任陈琳向参加活动的市民介绍省古籍保护工作的基本情况，并表示省馆古籍库房可接受市民所藏古籍的托管收藏；副主任黄琴介绍古籍破损的原因和古籍修复的原则及方法。省馆副馆长、省古籍保护中心主任钟海珍现场接受贵州师范学院历史与社会学院副院长李忠峪向省馆捐赠的贵州历史名人李端棻史料复印件。展览吸引众多市民观展，提升公众对古籍保护和文化遗产的关注，取得良好的社会反响。（贵州省图书馆 陈琳）

【西藏摄影艺术作品展在贵州省图书馆举办】 6月1—12日，由省馆和上海图书馆主办的“西部畅想曲—西藏摄影艺术作品展”在省馆2楼展厅展出。展览得到贵阳晚报、贵州都市报、贵州商报等媒体支持报道，并以海报、QQ群等形式加大宣传，为期12天的展览取得圆满成功，参观人数达10000余人。（贵州省图书馆 江振柏）

【文化部第五次公共图书馆评估组对贵州省开展评估定级工作】 7月4—7日，文化部全国公共文化发展中心副主任李建军、上海市图书馆副馆长周德明、山西省图书馆党委书记石焕发等组成的文化部第五次全国公共图书馆评估组到贵州开展第五次评估定级，对有关重点文化工程的实施进行督导。评估组听取省文化厅汇报、省馆自评情况汇报，实地考察省馆、江口县图书馆、凯里市三棵树镇基层服务点，审阅有关档案、资料，开展读者满意率调查，召开意见反馈会。（贵州省图书馆 张贝）

【贵州省图书馆理事会正式成立】 8月9日，贵州省图书馆理事会成立大会暨挂牌仪式在五楼多功能厅举行。省文化厅党组书记、厅长许明，省编委办副主任曲鹏，省文化厅党组成员、副厅长兼理事会理事长黎盛翔出席会议并发表讲话。会议由省文化厅党组成员、纪检组长孔锦主持。省事业单位登记管理局副局长周奠苏，省文化厅社文处处长王德文、人事处处长王宁、办公室主任罗道忠，第一届理事会理事及省图书馆全体干部职工参加会议。到会领导为第一届理事会理事长、副理事长和理事颁发聘书。贵州省图书馆第一届理事会理事由与图书馆事业发展紧密联系的政府相关部门代表、社会知名人士、读者代表以及图书馆代表等组成，外部理事占50%以上。会后，召开第一届理事会第一次会议，审议通过《贵州省图书馆章程》和《贵州省图书馆四项制度》。（贵州省图书馆 许漪）

【贵州省开展网络书香数字阅读推广系列活动】 2013年，为整体提升全国数字图书馆业务水平，促进数字图书馆工程成果惠及全民，推广工程联合贵州省图书馆在内的百家公共图书馆开展以“网络书香”为主题的数字阅读推广系列活动，活动包括“百万公众网络学习工程”网上学习、答题竞赛、举办展览、体验区以及培训、讲座等。9月6—7日，由贵州省全民科学素质工作领导小组和国家图书馆主办的“百万公众网络学习工程·网络书香飘贵州”阅读推广活动在省馆启动，遵义市图书馆及大方县图书馆作为市、县级公共图书馆代表分别启动该活动。（贵州省图书馆）

【贵州省图书馆举办老年电脑公益讲座】 为丰富离退休老同志的文化生活，让他们了解图书馆数字化的发展，体验各种数字化的阅读方式和服务，省馆于4月、5月、8月、9月举办4期主题为“快乐生活 畅游网络”的老年电脑公益讲座。老年朋友踊跃报名，共有近140名老年朋友参加讲座，年龄最大的为82岁。（贵州省图书馆 卢荟羽）

**【贵州省图书馆为中国(贵州)国际酒类博览

会提供舆情信息服务】 中国（贵州）国际酒类博览会是中国举办的首个国际性酒类博览会，今年是该博览会举办的第三届。省馆信息服务部积极与“酒博会”筹备处宣传组联系，商谈为会务组提供“酒博会”期间的舆情监测服务。在服务内容达成一致后，从9月8—13日，省馆信息服务部利用“中科讯库”舆情监测平台，在“酒博会”期间为会务组收集会前、会中、会后的各大媒体、各大论坛及微博中涉及“酒博会”的所有相关信息，以邮件推送的形式及时提供，共计推送简报9期，455条相关信息，并对信息来源的区域性和信息的正、负面等情况做数据分析。(贵州省图书馆　向青)

【2013年贵州省公共图书馆业务培训班】 11月24—28日，省文化厅在贵阳市举办该培训班。此次培训开设“公共图书馆管理”“公共图书馆文献分类”“公共图书馆基本原理”“INTLIBRARY特点与操作”“数字图书馆与信息技术”“公共图书馆宣传推广与阅读服务”等6门课程，共40学时，授课老师均为省馆专业技术人员。来自全省图书馆的120余名专业人员参加培训。(贵州省图书馆)

【贵州省图书馆开展“听见爱——我为盲人读本书”公益爱心活动】 由省馆与省残联、金黔在线联合开展的“听见爱——我为盲人读本书”公益活动于11月16日在省馆圆满结束。此次活动通过知名媒体人、爱心网民的声音，实现视障朋友与社会亲密、公平接触的愿望，通过弘扬社会关爱和书籍的精神力量鼓励视障朋友勇敢面对生活、热爱生活。活动历时3个月，共举办12期，朗读志愿者、电台主持人在每周六下午分别走进图书馆盲人阅览室、盲人按摩院以及盲聋哑学校等，为近400位视障朋友提供朗读服务，用声音和行动传递爱心。(贵州省图书馆)

【贵州省图书馆开展贵阳市社区儿童阅读推广活动】 7—11月，在贵阳市文明办的指导下，按照全国未成年人思想道德建设测评体系要求，省馆精心策划并实施“越读越精彩——贵阳市社区儿童阅读推广活动”。活动针对贵阳市22个未成年人思想道德建设示范点组织20场少儿阅读推广活动，参与人数达1000余人。11月29日，此次活动现场总结会暨贵阳市云岩区三社区阅读推广活动举行，相关单位及志愿者代表对整个活动做总结汇报。这次活动是贵阳市首次全方位在社区系统开展亲子阅读推广，持续时间长、覆盖面广、成效显著。活动吸引众多社会爱心人士参与服务，包括院校老师、医生护士、公司职员、高校学生等。此外，还吸引众多未成年人志愿者参与。在开展阅读推广活动的同时，省馆举办公共图书馆用户培训，让公众了解图书馆的免费文献资源。(贵州省图书馆)

云南省

【云南省图书馆概况】 2013年，按照省文化厅党组的统一部署，省馆深入开展党的群众路线教育实践活动，对“四风”方面存在的突出问题予以切实整改，密切党群干群关系，取得令群众满意的成效。在此基础上，通过做好五件大事（全省公共图书馆评估定级、公共图书馆服务、基层培训、内部改革、首届亚洲图书馆馆长会议），深化五大工程（文化共享工程暨农文网培学校建设工程、公共电子阅览室建设工程、数字图书馆推广工程、全省古籍保护工程、云南文化传播中心建设工程），推进两项工作（内部管理工作、党建工作），促进图书馆事业再上新台阶。

在文化部开展的第五次全国公共图书馆评估定级工作中，省馆认真做好自查和迎评工作，各项工作受到文化部第11评估督导组高度评价，最终被评为一级图书馆，这是继2009年第四次评估定级后再次获此荣誉。同时，积极发挥省级图书馆的龙头作用，牵头做好全省公共图书馆评估定级工作。先后举办评估定级工作培训班3次，对全省各州市、县文化局公共文化科科长、图书馆馆长及业务骨干进行全面系统的培训。在此基础上，抽调部分副高以上专业技术人员组成5个评估定级专家小组，分赴全省各州市图书馆开展工作，实现以评促建。

积极建设全省文献信息资源中心，完成年度图书采购任务，以及中文图书38377种102676册，外文图书2192种/册的分类编目和后期加工，中外文现过刊的加工，中文图书书目数据修改等工作，构建起以省馆为中心、38个成员馆为网点的全省联合编目体系。积极构建地方文献工作体系，通过各种渠道征集地方文献，地方文献阅览室新入藏图书4913种8433册，在此基础上编制《富民释续亮诗作篇目》等4期二次文献，建设“云南省新方志”专题数据库，丰富完善“云南地方文献联合目录”数据库。全年外借书刊68.33万册次，接待读者235.05万人次，再创历史最高水平；举办公共文化展览33次、公益知识讲座76次，新办读者证1万个，新建馆外图书流通点4个，自助图书馆借还书1万余册次。

省馆在本年度获得多项荣誉。作为2013亚洲图书馆馆长论坛的协办单位，圆满完成相关筹备和组织工作，被第十三届亚洲艺术节组委会授予“优秀组织奖”。省馆“抢救修复云南民族古籍文化志愿服务行动”被文化部评为“2013文化志愿者基层服务年”示范项目，受到通报表扬。省馆还被中纪委驻文化部纪检组、监察部驻文化部监察局授予全国文化系统“廉政文化教育基地”，被全国社科联评为“全国人文社会科学普及基地”，被中图学会授予首届全国图书馆未成年人服务论坛“优秀组织奖”，文化共享工程基层培训工作获全国通报表扬。另外获得省级、厅局级奖励10多项。（云南省图书馆学会）

【2013年云南文化大讲堂开讲仪式暨第一期讲座举行】 1月13日下午，由云南省文化厅、省文联主办，省图书馆、省演讲学会承办的2013年度云南文化大讲堂开讲仪式暨第一期讲座在省馆报告厅举行。省文化厅副厅长花泽飞作为首讲嘉宾做题为《智慧创造财富 策划改变人生》的演讲。省馆全年除举办24期“云南文化大讲堂”和12期“云南科普大讲坛”系列讲座外，还举办各类形式的公益讲座40期，举办第二届发现之旅摄影大赛、中韩书画展等各类展览33次，免费接待各界群众30余万人次，形成社会效益显著的公益讲座品牌和公共文化会展品牌。（云南省图书馆学会办公室　金美丽）

【全省数字图书馆推广工程工作会议召开】 1月21日，会议在云南省图书馆召开。云南省文化厅党组成员、副厅长黄玲，厅公共文化处处长李友仁，厅财务处处长杨习跃，省财政厅教科文卫处吴翀等出席会议并发言。会议由省馆副馆长王水乔主持。参会的6个州市图书馆馆长做工做汇报；省馆计算机中心主任周青松就数字图书馆推广工程的技术要求和实施方案做介绍；省馆副馆长肖贵中就数字图书馆推广工程的有关技术规范做补充说明。（云南省图书馆计算机中心）

【云南省图书馆举办免费开放工作成就展】 2月1日，“凝聚百年文萃 共享文化盛宴”云南省图书馆免费开放工作成就展在该馆举办。省文化厅副巡视员郭伟出席展览开幕式并致辞，对省馆实施免费开放以来的各项工作给予高度评价。此次展览由免费开放工作、文化共享工程暨农文网培学校建设、全省古籍保护工作、数字图书馆推广工程和党组织建设等五个部分组成，全面、直观地展示省馆免费开放以来开展的各项重点工作以及取得的成就。展览一直持续到春节期间，受到社会各界的高度关注，社会反响强烈，云南日报、春城晚报、云南电视台等媒体对此进行宣传报道。省馆举办的云南文化大讲堂、新春音乐会等免费开放系列文化活动，吸引广大群众走进图书馆。2012年，省馆外借书刊66.96万册次，比上年增长15.4%；接待读者233.28万人次，比上年增长22.1%，均创历史新高。（云南省图书馆学会办公室　金美丽）

【云南省图书馆开展2013年网络书香过大年活动】 2月4日至3月11日，省馆联合昆明市图书馆，推出“国泰逢盛世，民安庆吉祥，书香过大年”系列文化惠民服务活动，借助数字图书馆推广工程搭建的虚拟平台，为广大读者提供丰盛的网络文化大餐。活动中，省馆利用网站、电子显示屏、宣传展板、宣传册、明信片等载体，向广大读者宣传介绍数字资源，组织读者观看数字图书馆推广工程资源库中的优秀剧目和知识讲座；组织“网络书香过大年”趣味答题活动，得到广大读者特别是中小学生的积极响应，有1200余名读者参加网上答题活动并获得省馆赠送的数字资源学习光盘和数据库上网卡，读者可持卡查阅并下载馆藏数字资源，足不出户即可尽享书香。此次活动共接待读者两万余人次，受到社会各界的广泛好评。（云南省图书馆学会办公室　金美丽）

【云南省图书馆深入彝良地震灾区看望慰问图书馆职工】 3月16日，省馆副馆长王水乔带领共享工程办公室工作人员，不辞辛苦，长途跋涉，深入彝良地震灾区，看望慰问长期坚持在灾区恢复重建第一线的彝良县图书馆全体干部职工，并向彝良县图书馆赠送价值两万元的电脑和电视机等设备。（云南省图书馆学会办公室　金美丽）

【文化部副部长杨志今到云南省调研】 3月25—26日，文化部党组成员、副部长杨志今率调研组深入云南部分地区，就“完善公共文化服务体系，提高公共文化服务效能”进行专题调研。文化部全国公共文化发展中心主任李宏、公共文化司副司长陈彬斌，云南省文化厅副厅长黄玲、公共文化处处长李友仁，云南省图书馆副馆长王水乔、肖贵中等随同调研。调研组先后赴楚雄彝族自治州禄丰县广通镇文化站、楚雄市冬瓜镇文化站和德宏傣族景颇族自治州陇川县拉影文化中心，实地调研农文网培学校建设情况，并赠送文化共享工程专题资源。其中的拉影文化中心是1995年国家“千里边疆文化长廊”建设项目，该中心近年来通过创建农文网培学校，建立流动书屋，解决边境各族群众看书难的问题；通过举办培训，为边民联欢、文化娱乐、体育锻炼等提供良好环境，丰富边境军民的文化生活，成为促进中缅胞波情谊和文化交流的窗口。通过调研，杨志今对云南创新公共文化服务，充分利用文化共享工程等国家重大公共文化项目因地制宜开展文化服务的做法和经验给予充分肯定，希望云南各地农文网培学校充分利用公共数字文化资源，以群众需求为服务导向，进一步提升农村公共文化服务效能。（云南省图书馆学会办公室　金美丽）

【云南省图书馆召开全省州市公共图书馆馆长工作会】 4月8日，会议召开。会上，省馆副馆长王水乔就做好全省公共图书馆第五次评估定级工作做动员，就当前公共图书馆承担的数字图书馆推广工程、公共电子阅览室建设计划、古籍保护工作、农文网培学校等重点文化工程做安排部署。与会的州市图书馆馆长积极建言献策，在加强全省图书馆协作协调、推动公共图书馆服务网络建设、实现图书资源联合采购、形成整体合力等方面提出许多建设性意见。（云南省图书馆学会办公室　金美丽）

【云南省图书馆推进书香云南建设】 4月19—23日，省馆举办以“开展全民阅读活动，建设书香云南”为主题的系列宣传服务活动，迎接第十八个世界读书日。活动内容包括：举办“沐浴书香 传承文明”“读书与信仰”阅读讲座；开展以“晒晒我家的悦读生活”为主题的家庭阅读推广活动；举办“2013中韩书画展”；通过现场修复破损古籍的形式，向读者展示古籍修复技艺，教育引导社会公众关注支持古籍保护工作；向读者介绍省馆数字资源、文化共享工程多媒体资源，免费为读者发放网上借阅卡；为省女子一监服刑人员这一特殊群体举办征文比赛及有奖知识问答等活动。系列宣传服务活动吸引社会各界的热情参与和关注，云南日报、春城晚报、云南电视台等媒体对此做宣传报道。（云南省图书馆学会办公室　金美丽）

【2013年全省农文网培学校建设培训班在泸西举办】 5月4—5日，由云南省文化厅、文化共享工程云南省分中心主办，泸西县文体局承办的2013年云南省文化共享工程农文网培学校建设培训班在泸西县举办，来自省内7个州（市）支中心、26个县（区）支中心、115个乡镇农文网培学校的负责人共148人参加培训。培训班授课内容包括省文化共享工程发展情况介绍、农文网培学校建设案例、文化共享工程基层网点建设中的注意事项以及文化共享工程资源的应用、农文网培学校设备的使用和维护等。培训采取专家授课与学员现场提问、学员上机操作相结合的形式，并进行严格的结业考试。通过培训，有效提高参训人员的专业水平，进一步理清农文网培学校建设的工作思路。（云南省图书馆学会办公室　金美丽）

【文化部公共图书馆评估组到云南检查评估】 7月8—10日，以全国公共文化发展中心副主任李建军为组长的文化部第十一评估组到云南进行实地检查评估。在云南省公共图书馆评估定级暨重点文化工程工作汇报会上，省文化厅副巡视员郭伟从全省公共图书馆事业发展状况、第五次全省公共图书馆评估定级工作进展情况、省重点文化工程实施情况等三个方面做汇报；省图书馆馆长王水乔就本馆自评工作情况、近年来主要工作亮点、未来发展规划等方面做汇报。会后，评估组对云南省图书馆进行全面的实地检查评估，并现场发放读者满意率调查表。随后，评估组深入昆明市图书馆和泸西县图书馆，对两馆评估工作进行严格细致的抽查。在意见反馈会上，评估组对近四年来云南省公共图书馆事业发展和重点文化工程建设工作，以及云南省第五次公共图书馆评估定级工作给予充分肯定，对云南省图书馆近年来所开展的工作给予高度评价，同时建议云南省财政进一步完善经费保障机制，加大对云南省图书馆的经费投入。省文化厅厅长黄峻做重要讲话，提出省图书馆要进一步加强文化创新。（云南省图书馆学会办公室　金美丽）

【北京蔚蓝公益基金会向云南省县级公共图书馆捐书】 9月9日，北京蔚蓝公益基金会向云南省县级公共图书馆捐赠图书仪式在省馆举行。由北京蔚蓝公益基金会启动实施的千家公益“蔚蓝图书馆”项目，旨在为贫困、偏远地区农村和学校、社区图书馆提供图书捐赠服务。为争取云南省县级公共图书馆能够获得更多的捐赠图书，省馆与蔚蓝基金会积极沟通联系，并得到省文化厅的大力支持。此次基金会共向云南省20家县级公共图书馆捐赠价值150万元图书，并拟从今年起每年向云南省部分公共图书馆捐赠一定数量的图书。（云南省图书馆学会办公室　金美丽）

【首届亚洲图书馆馆长论坛参会嘉宾到云南省图书馆参观访问】 11月21日，国际图联秘书长詹妮弗·尼克尔森带领首届亚洲图书馆馆长论坛各国参会嘉宾到云南省图书馆参观访问。在省馆馆长王水乔的陪同下，嘉宾们参观省馆的各个阅览室，详细了解文献资源建设、读者服务工作、数字图书馆建设、古籍保护工作、对外文化交流等方面的情况，并与省馆干部职工进行交流。期间，尼克尔森秘书长与王水乔馆长进行座谈交流，对省馆的读者服务工作给予高度评价并提出建议。（云南省图书馆学会办公室　金美丽）

【云南省图书馆抢救修复云南民族古籍文化志愿服务行动获文化部通报表扬】 11月，文化部发布《关于表扬2013年“文化志愿者基层服务年”优秀典型的通报》，省馆开展的“抢救修复云南民族古籍文化志愿服务行动”被评为“文化志愿者基层服务年”示范项目，获得通报表扬。2013年，省馆组织专业人员成立专门的志愿服务机构，在全省范围实施“抢救修复云南民族古籍文化志愿服务行动”，通过深入基层实地调研、免费为基层修复少数民族古籍文献、无偿举办全省少数民族古籍修复培训班等方式，抢救修复一大批珍贵的云南少数民族古籍文献。（云南省图书馆学会办公室　金美丽）

【云南省图书馆被评为全国文化系统廉政文化教育基地】 2013年，省馆被中纪委驻文化部纪检组、监察部驻文化部监察局授予全国文化系统首批“廉政文化教育基地”称号。2007年以来，省馆与省直机关纪工委合作成立“云南省直机关廉政文化建设教育基地”，举办“云南省廉政文化建设专题展”，设立“云南省纪检监察图书资料室”，编制每月一期的专题信息刊物《廉政文化建设参考》，开展丰富多彩的廉政文化宣传教育活动，成为云南省直机关开展廉政文化教育的重要平台，受到社会各界的好评。（云南省图书馆学会办公室　金美丽）

西藏自治区

【文化部第五次公共图书馆评估组在西藏自治区开展评估】 7月16—17日，以河南省文化厅副厅长崔为工为组长的文化部第五次全国县以上公共图书馆评估组来到拉萨，实地评估全区公共图书馆事业发展情况及西藏图书馆工作。评估组在自治区文化厅召开情况汇报会，听取西藏自治区公共图书馆事业发展、第五次全国县以上公共图书馆评估工作和重点文化工程进展情况汇报，以及西藏图书馆参加公共图书馆第五次评估定级工作报告，审核西藏各级图书馆自评情况、相关文件材料和数据统计等。随后评估组在西藏图书馆开展实地评估并召开评估情况反馈会。评估组对西藏自治区公共图书馆建设、评估和重点文化工程推进工作给予充分肯定，认为第四次评估以来，西藏自治区公共图书馆的质量显著提高，设施设备明显改善，经费投入和人员问题得到有力解决，文献资源的数量和质量明显提升，服务工作显著进步，全区公共图书馆事业加快发展。近年来，在文化部的高度重视和区党委、政府的有力领导下，西藏自治区通过国家投资、援藏支持等多种方式，相继建成西藏图书馆、林芝地区图书馆、昌都地区图书馆、阿里地区图书馆等4个省级和地（市）级公共图书馆，在各县建成具有文化馆、图书馆双重功能的县综合文化活动中心，各级公共图书馆的总量达到78个，基本形成区、地（市）、县三级图书馆服务网络。今年除2个县级图书馆因维修改造未参加此次评估外，全区76个图书馆均参加评估。（胡京波）

【西藏为农家书屋补充32万册藏汉文对照图书】 8月，惠民图书首发仪式在拉萨市达孜县德庆镇德庆村举行，由西藏自治区新闻出版局为全区所有农家书屋补充的32万余册新图书将陆续发放。这批惠民图画书是根据农牧民现有的知识结构编制而成，内容通俗易懂、生动活泼；以藏汉对照为体例，采用一图一文、图文并茂的表现形式，主要反映法制知识、农牧业实用科技、传统优秀文化、卫生保健等内容。这次除发放惠民图画书，还依靠驻村工作队帮助农牧民开展相应的阅读活动，同时鼓励中小学生“小手拉大手”帮助父母阅读，力争在西藏形成以农家书屋为载体的浓郁阅读氛围。西藏自2008年以来已建成农家书屋5451个，覆盖所有行政村，每个书屋现在平均有期刊、音像制品及图书等读物2000多册，受到农牧民群众欢迎。（胡京波）

【西藏公共文化设施全部免费开放】 自2011年以来，西藏全面启动以增加服务内容、提高服务水平、扩大服务覆盖面为主要任务的西藏公共图书馆、群艺馆、县综合文化活动中心、乡镇综合文化站免费开放工作。仅2012年，西藏各级公共文化设施开展免费开放活动7700余次，受益群众达206万人次，极大地丰富各族干部群众的业余精神文化生活。为进一步规范和加强西藏公共文化服务基础设施免费开放管理和使用工作，自治区文化厅结合实际，于2013年研究制定《西藏自治区公共文化服务基础设施免费开放工作准则（试行）》，提出推进西藏公共文化设施免费开放的主要措施，并下发全区各级文化部门执行。截止到8月底，西藏全区现有的8个群众艺术馆、4个公共图书馆、74个县级综合文化活动中心以及216个乡镇综合文化站已经全面实现免费开放。（胡京波）

【中国人权发展基金会向西藏捐建500个数字图书馆】 10月，中国人权发展基金会在拉萨市西藏儿童福利院举办公益捐赠活动，向西藏自治区中小学捐建500个数字图书馆，总价值约1000万元。该基金会近年来积极面向西部贫困地区和民族地区开展公益活动，此前已先后举办“书香中国公益捐赠活动”等多项大型公益活动，并在内蒙古、贵州等地捐建爱心小学。（胡京波）

【西藏自治区与中国出版集团公司启动战略合作】 3月，西藏图书馆发起“齐为雪域高原添书香——全国知名出版发行机构为西藏图书馆捐赠图书活动”。中国出版集团公司作为中国最大的出版集团积极响应，动员所属出版社为该馆捐赠价值40万元的高品质图书，全国35家知名出版发行机构也陆续向该馆捐赠图书4万余册，西藏图书馆受赠图书总价值达到130余万元。这是近年来该馆接受的数量最大、质量最好的一次图书捐赠。同时，为进一步加大对西藏文化事业的援助力度，10月28日，西藏自治区党委宣传部副部长、自治区文化厅厅长尼玛次仁与中国出版集团公司党组成员、副总裁李岩在拉萨共同签订战略合作协议，“中国出版集团公司西藏图书选题开发中心”同时揭牌。此次活动是中国出版集团公司首次集体向西藏捐赠图书并与包括西藏在内的各省区市签订战略合作协议，首次在京外建立图书选题开发中心。（胡京波）

【西藏公共文化服务体系示范区和项目通过验收】 2011年4月，经国家公共文化服务体系建设专家委员会评审，西藏自治区林芝地区被列入第一批国家公共文化服务体系示范区，山南地区公共文化服务体系建设机制被列入第一批创建国家公共文化服务体系示范项目。自创建工作开展两年来，文化部、财政部先后组织2次实地评估检查，对示范区创建工作进行督查和验收，并对存在的问题提出整改意见和要求。2013年11月，在全国公共文化服务体系示范区（项目）创建工作会议上，国家公共文化服务体系示范区（项目）创建工作领导小组公布第一批国家公共文化服务体系示范区（项目）名单，全国31个单位、45个项目被列入第一批示范区和示范项目。其中，西藏自治区林芝地区被列入第一批国家公共文化服务体系示范区名单，山南地区“民族地区公共文化服务体系建设机制”被列入第一

批国家公共文化服务体系示范项目。（胡京波）

【西藏图书馆举办迎"春节、藏历新年"系列活动】 2月7日，西藏图书馆在多功能厅举办迎"春节、藏历新年"系列活动启动仪式。西藏图书馆馆长努木在仪式上介绍西藏地区数字图书馆推广工程和共享工程的实施情况，自治区党委宣传部副部长、文化厅厅长尼玛次仁就读书、做人等话题与读者进行交流。仪式结束后，30余位嘉宾参观数字图书馆推广工程展板，并参与"网络书香过大年"有奖趣味答题活动和春节讲座活动。此次西藏图书馆迎双节系列活动截至3月11日，包括"网络书香过大年"和"魅力剪影，文化双节"全区文化摄影艺术作品征集活动。所有获奖的摄影作品在西藏图书馆以图片展的方式向公众展示，并被收入"全区群众文化优秀艺术摄影作品资源库"，丰富西藏图书馆、西藏分中心原创的特色资源。（胡京波）

【西藏图书馆大力倡导全民阅读】 2013年世界阅读日期间，西藏图书馆在拉萨市区内举办"从春天走来，走向阅读社会"的宣传活动，还深入到贡嘎县甲竹林镇甲日村和曲水县茶巴拉乡小学举办读书宣传活动。7月，为增强全民阅读意识，宣传读书的益处，西藏图书馆专门成立阅读推广委员会。该委员会成立后，启动"共享阅读、分享知识"的品牌活动，完成2期青少年寒假共享阅读活动，以专家讲座、学生互动与分享的形式进行；编制"阅读 快乐 成长"和"亲子阅读"两本阅读推广宣传册，正在编制宣传海报、书签、文具、T恤、有声读物等阅读推广文化产品。今后将走进部队、孤儿院、学校、乡村等不同的群体中，开展有针对性的阅读推广活动；邀请西藏阅读、文化、民俗等方面的专家举办系列讲座；开展新书推荐、好书推荐等工作。（胡京波）

【西藏图书馆青少年阅读推广基地——开放式书架正式揭牌】 11月初，西藏图书馆"青少年阅读推广基地——开放式书架"在拉萨市第一中学正式揭牌，图书馆为此捐赠图书1200余册、电子图书5000册。西藏图书馆阅读推广委员会和拉萨市一中先后合作举办"共享阅读——寒假青少年读一本好书""共享阅读、分享知识"和"阅读推广走进中学校园"等系列阅读推广活动，提升青少年课外阅读的积极性。（胡京波）

【西藏图书馆便民书窗覆盖拉萨市区】 截止到2013年底，西藏图书馆在拉萨市各便民警务站设立"便民书窗"服务点154个，实现拉萨市区"便民书窗"全覆盖。图书馆为每个新建"便民书窗"配备书柜，并无偿提供藏、汉文工具书和政治、经济、文学、科普等各类书籍100册；为92个已建"便民书窗"更新图书近3000册，总价值近10万元。（胡京波）

【林芝地区图书馆承办首届超级读者评选活动颁奖仪式】 为庆祝"4·23"世界读书日，林芝地委宣传部和地区文化局主办、林芝地区图书馆承办首届"超级读者"评选活动。在颁奖仪式上，向评选出来的13位"超级读者"颁发荣誉证书、奖金和图书。举办"超级读者"评选活动，旨在倡导全民阅读，营造学习型社会，让广大公众认识图书馆、走进图书馆和利用图书馆，丰富地区居民的文化生活。（胡京波）

【昌都地区图书馆把免费开放做实做细】 9月，为确保免费开放工作有序推进，昌都地区图书馆制订实施免费开放服务工作方案和措施，完善阅览室、外借室相关服务准则，在军营、机关、便民警务站建设便民书窗45个，向学校、福利院、部队和部分县赠送图书10万余册。同时举办世界读书日活动，发放读书倡议书，组织开展康巴少年讲故事等系列读书活动，并保障图书馆全年向读者开放；通过制作和赠送电子图书U盘、发放读书宣传袋等形式，吸引读者走进图书馆，参与全民阅读活动。（胡京波）

陕西省

【概况】 2013年，陕西省公共图书馆有114个（含少儿图书馆3个），其中省级馆1个，副省级馆1个，地、市级馆7个，县级馆105个。从业人员共计2231人，比2012年增长3.1%，其中高级职称92人，中级职称556人。文献总藏量1458.40万册，其中图书1116.44万册，古籍57.76万册（其中善本5.72万册），报刊133.47万册，视听文献、缩微制品11.14万册件，电子图书80.26万种，电子期刊1.02

万种，其他 58.31 万册件。2013 年新增藏量 83.22 万册/件。全年总流通人数 879.29 万人次，书刊文献外借 335.46 万人次，608.57 万册次。公用房屋建筑总面积 24.13 万平方米，其中书库面积 5.23 万平方米，阅览室面积 7.65 万平方米。阅览室座席总数18116个，其中少儿阅览室座席 4107 个。计算机共计 5781 台，比 2012 年增长10.96%，有电子阅览室终端3498 个。全年举办各类读者活动讲座 1323 场，参加 17.31 万人次；举办展览 461 场，观众 70.52 万人次；举办培训 956 次，参加 8.76 万人次。流动图书馆（车）借阅读者共计 51.02 万人次，借阅书刊 69.81 万册次；建设分馆 81 个。（王阳　辛娜　万行明）

【基础建设】 2013 年，全省公共图书馆以评估工作为契机，在工作实践中不断完善免费开放管理制度，进一步深化免费开放工作内容，稳步推进图书馆管理体制、机制改革，加强基础业务建设，提高服务效能和管理水平。陕西省图书馆完成年度事业单位公开招聘，完善人事档案资料的备案管理，并对馆内设施设备进行改造升级。铜川图书馆在联盟建设基础上创建完成的“铜川市公共图书馆服务一体化建设项目”通过国家公共文化示范项目验收。

省馆新馆建设工作取得进展，基本确定新馆选址，完成项目地形勘测和划制红线图、可行性研究报告等，并在多次调研和讨论的基础上形成对新馆功能布局的初步意见。建筑面积 800 平方米、藏书 1.47 万册的延长县图书馆和建筑面积 3600 平方米的户县图书馆新馆相继正式对外开放；蓝田县图书馆新馆主楼主体已封顶，完成投资 1000 万元；宝鸡市图书馆新馆建设列入国家、省级发展规划，中央首批援助资金已拨付到位；西安市长安区、咸阳市秦都区、彬县、渭南市、安塞县等市县公共图书馆的新馆建设工程均有实质性进展，主体工程已经或即将完工。（王阳　辛娜　万行明）

【陕西公共图书馆服务联盟建设】 2013 年，完成《陕西公共图书馆服务联盟 2013—2015 年发展规划》的修编工作，在机制建设、资源共享、技术支持、人才培训等工作方面进一步发展。

联合编目方面，进一步完善联盟《联合编目工作手册（2013 版）》，全年发展联编成员馆 15 个，举办联合编目、期刊著录等培训班 3 期，培训编目员 182 人，添加馆藏数据累计达 1818796册/件（不包含省馆馆藏）。

地方文献联合征集方面，加入全省地方文献联合征集网的成员馆已达 84 个。通过购买、上门征集、馆际交换、接受捐赠等途径，各馆征集的各类地方文献在数量和质量上均有很大提高，支柱性地方文献比重明显增加，先后征集图书、剪报、民国地图、书画等共计 1596 种、2698 册，价值130511元（不含无法估价的民国地图及书画）。与此同时，省馆与市、县图书馆之间的地方文献交换关系得到进一步发展。

联盟数字资源建设方面，省馆全年无偿为全省 10 个地市公共图书馆建成二级域名联盟成员馆网站 30 个；发放陕西省图书馆数字资源阅览证 7865 张，开通 6337 张，发放总数达到24865 张；在数字资源宣传推广工作方面，先后举办“看视频、答问题、赢奖品”视频知识竞赛、“我与数字图书馆”有奖征文、MyET 英语口语大赛等活动，分别在咸阳、华县组织举办“数字图书馆推广工程展览”“中国连环画展览”巡展活动；定边县图书馆、咸阳市图书馆与省馆在数字资源联合采购方面取得进展。

联盟流通服务方面，先后拟订《联盟馆际互借工作实施方案》《联盟乡镇流通服务工作实施方案》《全省公共图书馆视障阅览室及数字资源建设方案》等草案文稿，为相关业务的开展奠定基础；为延安市、金台区、临渭区等 21 个成员馆开通计算机文献流通管理业务，累计开通联盟外借成员馆 45 个；办理读者证28361张，联盟借书证累计达56758张；图书外借902004册次，较上年增长 243.8%。

联盟阅读推广方面，积极策划并组织举办以联盟为主导的第四届“三秦书月”全民阅读活动、“科技之春”宣传月、“世界读书日”、第二届“关注乡村学生分享阅读快乐”“秋天的童话”国庆诗歌朗诵会、“书香长安 诵读三秦——与书同行”征文、“又见最美读书人”摄影大赛、藏书票趣谈讲座等各类丰富多彩的主题活动（其中，联盟成员馆共计举办相关活动 141 场次，参与人数约 3 万人次）。此外，各成员馆不断创新阅读方式，66 家联盟成员馆自主策划组织诸如读书会、读者培训、电影放映、朗诵会、公益讲座等阅读推广活动共计 1091 场次，参与人数达 48 万人次。

联盟培训方面，全年开展培训 6 期，培训基层图书馆工作人员 451 人次。此外，省馆积极配合省文化厅在全省组织开展陕西省公共图书馆业务知识技能竞赛活动，吸引全省 10 个地市 90 余个市、县（区）图书馆的 1250 余人参加。活动经过初赛、复赛、决赛三个阶段，历时 6 个月，决出十佳选手、个人单项奖和团体奖，安康市、汉中市、商洛三市代表队分获团体前三名。

2013 年 12 月，由陕西省文化厅、陕西公共图书馆服务联盟主办的陕西省公共图书馆新馆建设现场会暨陕西公共图书馆服务联盟 2014 年工作会议在西安市户县图书馆召开，会议全面总结近年来全省公共图书馆新馆建设的主要成就，交流市县基层公共图书馆的新馆建设经验，并对全省公共图书馆新馆建设今后发展提出要求；同时听取联盟工委所做的陕西公共图书馆服务联盟 2013 年工作报告，表彰 2013 年度联盟工作先进单位和个人，并对联盟下一步工作进行安排。截至 12 月底，全省加盟图书馆已达 102 个，加入联合编目的成员馆增至 80 个，开通联合外借的联盟馆达到 45 个，制作发放联盟读者证286200张。（王阳　辛娜　万行明）

【文献资源建设】　2013 年，省馆文献采购经费为 1000 万元。截至 11 月底，共计入藏中外文图书、期刊、报纸及视听资料78510种250295册/份/件，实付 787 万余元。其中中文图书68010种231469册，外文图书 2696 种、2696 册，视听资料 1512 种 6833 件；预订 2014 年中外文报纸、期刊 4961 种 6241 份；整理验收呈缴本、征集文献、捐赠文献等共计 5046 种10526册；购买电子图书和专题数据库价值 442 万元。全年共计入藏与预订各类文献总价值 1229 万元，超额完成年度采购任务。累计馆藏达到 4300710 册件。

在国家公共文化服务体系及免费开放相关政策的促进和各地财政的积极扶持下，全省多数市、县（区）公共图书馆文献采购量均有不同程度增加。2013 年 3 月，国家图书馆通过陕西省图书馆将 10 万册下架书刊无偿捐赠给全省市县公共图书馆，36 个基层图书馆作为受赠单位接受赠书，有效补充基层公共图书馆馆藏文献资源的不足。（王阳　辛娜　万行明）

【古籍保护工作】　2013 年，省古籍保护中心完成《第一批陕西省珍贵古籍名录图录》的编辑、《陕西古籍总目》馆藏分册编纂、《陕西省图书馆古籍普查登记目录》的编辑审校以及馆藏入选《国家珍贵古籍名录》题跋著录，成功举办“第一批陕西省珍贵古籍展览暨古籍保护成果展”。扩大古籍修复保护范围，继续推进二级古籍修复，共修复二级古籍 357 页，完成普通古籍修复 8490 页，专人修复保护馆藏拓片 1906 张，民国期刊修复 6934 册。近代民国期刊修复整理全部完成，累计修复整理21550册。

全省公共图书馆在省古籍保护中心的带动下各项工作全面推进。28 个公共图书馆古籍存藏单位与省古籍保护中心签订古籍普查登记工作任务协议书，有 9 个已基本完成任务，另有 6 个单位完成《陕西古籍总目》。2013 年 6 月，西安市古籍保护中心正式成立，新建古籍书库和古籍修复室，为古籍存藏创造良好条件。岐山图书馆馆藏古籍善本《春秋公羊传十二卷考一卷》和《钦定学政全书》八十卷、临潼图书馆馆藏《说文解字》被《陕西省珍贵古籍名录》收录。凤翔县图书馆完善古籍文献的电子档案，完成馆藏古籍文献的可移动文物普查。全省古籍存藏现状较上年有一定程度的改观。（王阳　辛娜　万行明）

【文化共享工程】　2013 年，共享工程陕西分中心完成 356 个乡基层服务点、39 个街道文化中心、242 个社区文化活动室、23259 个村基层服务点的验收工作。开展针对未成年人、老年人、农民工等特殊群体的全省范围服务活动，全年服务读者达297695人次。全省文化共享工程春节期间开展的各项服务活动受众达161330人次。省分中心通过现场培训、下基层指导、远程视频培训、开展竞赛等方式共计开展基层培训 50 场，培训23020人次。“陕西文化信息网”主页面导航新增“廉政建设”“陕西作家网”栏目版块；完成影视资料库频道的改版；网站年点击量为 428 万次，比去年增加 78 万次；文本信息21736条、7300 万字，图片 2978 张，视频 2232 集 357GB，时长 1025 小时。

各级公共图书馆充分发挥共享工程网络优

势，利用文化信息资源共享平台，开展本地特色服务活动，积极做好乡镇信息点辅导工作，全省共享工程网点建设更加趋于合理，服务更加规范。全省各级公共图书馆积极参与由文化部全国公共文化发展中心策划的第一届“文化共享杯”全国群众摄影艺术作品征集大展活动，共提交作品 400 余幅，其中 8 幅作品获奖。全省 102 个公共图书馆参与春运期间为农民工免费提供网购火车票活动，服务 1200 人次。各支中心春节期间开展本地特色服务活动，如迎新春春联剪纸送万家、送电影进社区贺岁大片庆新年，向儿童福利院、老年公寓、留守儿童中心送慰问等活动，受益群众114000人次。（王阳　辛娜　万行明）

【数字化、网络化建设】　2013 年，陕西省图书馆配合国家图书馆数字图书馆推广工程，结合全省服务联盟开展形式多样的活动，先后举办“读者培训乐分享 数字资源一点通”数字资源使用培训、“陕西省图书馆杯 MyET 英语口语大赛”“陕图（库客）数字资源音乐会”等 15 次数字资源宣传服务活动。分别与咸阳图市书馆、华县图书馆等联合举办“数字图书馆推广工程展览”“中国连环画展览”数字资源巡回展览。截至 11 月底，资源浏览下载总量达到 293344篇（册）次。

西安图书馆制订《西安市数字图书馆建设推广规划》，采买 5 个数据库，完成总量达 8.2TB 的 4 个自建数据库，同时以“网络书香”为主题开展 30 场次的数字阅读推广系列活动；宝鸡市图书馆启动图书馆数字化推广工程；定边县图书馆在省馆“超星数字图书馆汇雅电子图书”平台的建设项目中，投入经费购买电子图书 2 万册，使该平台的电子图书数量达到 70.0253 万种；省图书馆与咸阳市图书馆联合采购“博看期刊”数据库工作即将完成。（王阳　辛娜　万行明）

【未成年人及弱势群体服务】　2013 年，陕西省图书馆少儿分馆增设绘本借阅室和少年借阅二室，借阅服务面积扩大 360 平方米，阅览座席增加 64 个。全年新办理读者证 3706 个，外借读者70890人次（含续借13268人次），外借文献262215册次（含续借47433册次），电子阅览读者 6498 人次。举办少儿活动和公益培训 32 次，参加活动读者 3560 人次。在保持原有 3 个流动点全年完成流动服务 12 次的基础上新增曲江池小学服务点。重视和加强少儿文献资源的二次开发和利用，全年从少儿期刊中挑选少儿知识类信息 1097 条，充实少儿网页信息数据库。

全省各级公共图书馆把开展未成年人服务作为自身重点工作，重点关注贫困地区儿童、留守儿童及智障残疾儿童等群体的阅读情况，开展有针对性的阅读推广活动。5 月 8 日，第二届“关注乡村学生，分享阅读快乐”活动正式启动，省馆和陕西公共图书馆服务联盟中的 20 家市县公共图书馆在全省国家级贫困县的 20 所乡村小学开展活动，为孩子、教师送书 4400 册。各图书馆联合学校组织开展“讲故事小达人”“书声琅琅新学年”“新书读后感”征集等校园课外活动 37 场，为小学生搭建课外阅读与交流平台。

在为弱势群体服务方面，省馆视障阅览室通过为读者上网查询资料、电话导读、网络解答读者问题、为视障读者传送音频数字资料、刻印盲文资料、帮助读者解决电脑问题等形式开展服务；全年开展读者服务活动 11 次，参加人数 1661 人次。全省各级公共图书馆通过设立视障阅览室，购买盲文图书、在馆内铺设盲道、添置视障读者阅读设备、为老弱病残人员提供自助轮椅等措施加强为社会特殊群体的服务。西安市、宝鸡市等 13 家市、县（区）图书馆已建有视障阅览室，汉中市、商洛市商州区、宝鸡市金台区图书馆视障阅览室正在筹建中，三原县图书馆设有专为视障读者使用的“心声・音频馆”。（王阳　辛娜　万行明）

【读者活动】　2013 年，陕西省图书馆先后开展春节文化惠民服务、陕西省第二十一届“科技之春”宣传月、“三秦书月”全民阅读、“4・23”世界读书日暨全民读书月、科普展览、知识讲座、科幻电影放映等 18 项阅读推广活动。志愿者服务队伍建设继续加强，全年新增志愿者 204 名，参与馆内业务工作和阅读活动 272 次，志愿者及社会实践者队伍的组织管理、评价鉴定等工作进一步完善。创办阅读推广刊物《陕图读览》，编撰 4 期。11 月，在中国图书馆年会上，省馆荣获“全民阅读示范基地”称号。《陕图讲坛》全年策划举办 72 场，邀请嘉宾 77 人，参与听众22360人次；《陕图讲坛》丛书已选编整理各类主题讲座 30 篇，60 余万字。全年举办各类展览 30 场，参与读者64160人次。

全省各级公共图书馆不断深化免费开放政策，以“4・23”世界读书日、“科技之春”宣传月、“五四”青年节、“六一”儿童节、图书馆服务宣传周、十八大召开等为载体，举办形式多样的宣传、服务活动。全年举办讲座、展览、培训班等形式的读者活动 2740 余次，比 2012 年增长 7.3%，参与人数达到 9.66 万人次。（王阳 辛娜 万行明）

【参考咨询工作】 2013 年，陕西省图书馆接待读者各类咨询 8080 人次，承接各类课题 190 个，为读者传递相关研究成果 1995 篇。编辑刊发《决策参考》24 期、《专题资料汇编》48 期、《舆情信息》251 期。《资料汇编》全年传递给读者 347 次，比同期增长 23.5%。《舆情信息》报送篇数、采用篇数和时效等均在全省舆情报送单位中名列前茅，再次被省委宣传部评为舆情信息先进单位。进一步加强政府信息公开查询工作，全年新增数据库信息 3268 条，接待读者各类信息查询 77 人次，完成政府文件收集 2167 篇。在两会服务方面，省馆根据两会主题精心编印《两会专题资料汇编》《决策参考》（5 个分册）共计 1000 份（配备光盘），为 12 个代表委员建立联系服务档案，进行常态化跟踪服务。

通过省馆宣传以及推广，目前加入联合参考咨询平台的地县馆已经有 58 个，其中市级馆及中心城区图书馆 10 个，县（区）级馆 48 个，均已初步具备承担普通读者参考咨询服务的能力。全年全省公共图书馆之间开展文献传递共计 109 篇。西安市、汉中市、临渭区、延安市、咸阳市、神木县、宜君县等图书馆开展为当地两会服务，收到较好反响。西安、汉中、延安等 10 多家公共图书馆相继开展二次文献编辑工作。（王阳 辛娜 万行明）

【地方文献工作】 2013 年，陕西省图书馆继续加强省情文献全文数据库和陕西特色文献专题数据库建设，加大地方文献征集工作。完成《陕甘宁边区红色记忆多媒体资源库・人物库》125 册文献标引工作，入库文献文字 1600 多万字，图片 1200 余张，（视频）专题片策划及撰稿 7 万字。完成《陕甘宁边区红色记忆多媒体资源库・事件库》大纲设计及文献调研工作，初选陕甘宁边区时期历史事件 100 余件。接收交换、代征、赠送地方文献 38 次，826 种 1157 册；向基层公共图书馆交换地方文献 31 次，791 种 806 册，赠送图书 807 种 2345 册；接收呈缴陕版样书 2834 种 5464 册，251022.6元，音像制品 131 种 359 份 4438 元。加强和日本奈良县立图书情报馆的文献互换工作，本年度共交换文献 3 批近 70 种。

全省各级公共图书馆重视地方文献联合征集以及对不同文献载体（音视频资料、书画、手稿、照片、剪纸、糜子画、油画等）地方文献的征集，如陇县图书馆确定专人进行地方文献视频资源的收集。各馆积极开展地方文献征集宣传活动，咸阳图书馆举办“寻根稽谱——咸阳图书馆家谱展”“咸阳市政协系统文史资料展”；定边县图书馆举办“征集地方文献 传承塞上文明”活动等。（王阳 辛娜 万行明）

【全国第五次公共图书馆评估定级】 2013 年，文化部开展全国第五次公共图书馆评估定级工作，陕西省各级文化行政管理部门和公共图书馆高度重视、积极组织参评。省文化厅先后下发《关于开展第五次公共图书馆评估定级工作的通知》《关于印发〈县、市级图书馆评估标准释义〉的通知》，指导基层图书馆做好评估准备工作。省馆成立评估工作领导小组，下设评估办公室，多次召开评估工作专项会议，协调解决评估准备中的各种问题。5 月 15 日—6 月 9 日，省文化厅组织对全省 10 个地区 50 个市、县（区）图书馆进行评估复查，复查率占 82 个参评图书馆的 61%。6 月 30—7 月 2 日，以安徽省文化厅副厅长丁光清为组长、国家图书馆研究院副院长申晓娟为副组长的文化部第 12 评估组对陕西公共图书馆进行评估，对有关重点文化工程实施情况进行督导。评估组对全省图书馆自上次评估以来 4 年间在领导重视、经费投入、图书馆建设与服务、构建公共文化服务体系方面做出的成绩给予充分肯定，省馆连续第三次被评为国家一级馆。

陕西省 82 个公共图书馆参加此次评估，占全省 112 个公共图书馆的 73%，与第四次评估的参评馆数量持平。其中 66 个公共图书馆达到三级以上图书馆标准，包括一级图书馆 5 个，二级图书馆 20 个，三级图书馆 41 个。与第四次评估定级相比，上等级馆增加 23 个，增加

53.5%。在41个三级图书馆中，新定级的图书馆有21个，占51.2%。总体看，上等级馆占参评馆的79.5%，占全省公共图书馆总量的58.9%。（王阳　辛娜　万行明）

【培训学习与人才培养】　2013年，陕西省图书馆开展全员岗位培训，加强干部职业道德和业务素质培训。全年共举办全员培训、分层次培训14期，1049人次，8149课时。培训内容涉及职业道德、管理实务、科研素养与科研方法等方面，聘请省内和馆内专家、教授授课，逐步提高馆员知识水平和业务素养。按照中组部等五部门《边远贫困地区、边疆民族地区和革命老区人才支持计划文化工作者专项实施方案》和省文化厅《专项实施方案》开展“三区”人才培养工作，全年分三期培养学员60人。

全省各市、县图书馆结合免费开放、新馆筹建等机会，通过联盟培训、馆际协作、参观学习、岗位练兵等形式加强对员工的培训，使员工的专业素质有一定提高。（王阳　辛娜　万行明）

【延伸服务及送书下乡】　2013年，陕西省图书馆新增分馆4个，进一步拓展省馆的延伸服务范围。流动服务车全年出车321次。省馆16个分馆和流动服务车全年接待读者195810人次，办证1306张，外借图书119360册次。

全省各级公共馆积极开展分馆及馆外流动服务点建设，开展送书上门，送书下社区、下乡镇服务，满足广大基层群众的需求。各馆流动图书馆（车）全年借阅人数51.02万人次，比2012年增长4.5%；借阅图书69.81万册次，比2012年增长57.62%；建设分馆81个。（王阳　辛娜　万行明）

【对外交流】　5月5日，国家图书馆副馆长魏大威一行9人前往陕西省图书馆调研数字图书馆推广工程实施状况并召开座谈会，省馆馆长谢林，副馆长徐大平、陆路及相关部门负责人参加调研和座谈。7月18—25日，省馆馆长谢林、副研究馆员金茵应邀前往俄罗斯、英国参加信息环境下现代数字图书馆研讨会和第10届诺桑比亚图书馆与信息服务绩效评估国际会议。8月17—23日，省馆副馆长徐大平、科长赵春华作为中国图书馆学会代表团成员出席在新加坡举行的第79届国际图联大会。11月19日，省馆馆长助理陶晓钟参加在昆明举办的首届亚洲图书馆馆长论坛。（王阳　辛娜　万行明）

【宣传报道】　2013年，陕西省图书馆接待媒体采访与报道36次，各类宣传报道59篇（次）。其中“第一批陕西省珍贵古籍名录发布仪式暨古籍保护成果展”、第二届“关注乡村学生，分享阅读快乐”活动、“首届陕西省阅读文化节”以及省图“两会”服务活动受到媒体的广泛关注，收到良好的社会效益。利用微博发布资讯，与读者互动，提升图书馆影响力。截至11月底，新浪发布微博1290条，拥有粉丝15200名；腾讯发布微博907条，拥有粉丝147949名。（王阳　辛娜　万行明）

【领导视察】　4月3日，文化部党组成员、驻部纪检组长、著名文化学者李洪峰一行2人在陕西省文化厅相关领导陪同下来省馆视察工作，重点考察省馆古籍善本库。7月9日，陕西省委常委、宣传部部长景俊海一行在延安市常委、宣传部部长薛义忠的陪同下视察延安中山图书馆工作。8月29日，省委常委、宣传部长景俊海，省委宣传部副部长龚晓燕，省文化厅党组书记刘伟、厅长刘宽忍一行到省馆调研群众路线教育实践活动开展情况，并召开座谈会听取对省文化厅开展教育实践活动的意见和建议。（王阳　辛娜　万行明）

甘肃省

【概况】　截至2013年年底，甘肃省共有县级以上公共图书馆103个，其中省级馆1个，市级馆17个（首次把甘肃矿区图书馆列入统计数据；其中金昌市图书馆和金昌市少儿图书馆为一个单位两块牌子；武威市馆、张掖市馆、酒泉市馆、陇南市馆、定西市馆机构已经成立，馆舍正在兴建中），县区级图书馆85个（全省86个县区，只有兰州市城关区还没有建立图书馆）。全省目前有少儿图书馆4个，其中市级少儿馆2个，县区级少儿馆2个。从业人员1472人，专业技术人员775人，其中馆员312人，副研究馆员62人，研究馆员6人。藏书总量1380.58万册/件，其中普通图书947.15万册，古籍53.5万册，报刊合订本178.5万册，视听文献8.88

万件，缩微文献 0.486 万件，电子图书 154.38 万册。累计发放有效借书证 27.43 万个，读者流通 616.13 万人次，书刊文献外借 525.95 万册。为读者举办各类讲座 1024 次，参与人数 27 万人次；举办展览 354 个，参观人数 33.76 万人次；举办各种类型的培训班 346 期，参加培训 2.77 万人次。拥有计算机 4499 台，其中供使用的计算机 2818 台，网站访问量 167.4 万页次。馆舍总面积 19.347 万平方米，阅览座席17403个，其中少儿阅览座席 4478 个，盲人阅览座席 366 个。2013 年全省公共图书馆事业经费22499.4万元，新增藏量购置费 3069.8 万元，新增数字资源购置费 749.1 万元，新购图书 68.46 万册，订购报刊15506种。

加强馆舍建设与改造。2011 年甘肃省图书馆扩建工程被列入《甘肃省“十二五”时期文化改革发展规划纲要》之后，甘肃省图书馆随即开始馆舍扩建立项和方案论证工作，2013 年 12 月，立项被正式批准，将在现图书馆大楼西侧实施扩建工程。嘉峪关市图书馆新馆装修和搬迁工作已经完成，新馆建筑面积 1.08 万平方米，原旧馆经过装修改造，成为新设立的嘉峪关市少儿图书馆，并已于 2013 年 1 月 16 日开馆。新成立的定西市图书馆、陇南市图书馆机构与馆舍正在建设中，大楼主体已经完工。甘南州图书馆、临夏州图书馆新馆已完成土建部分。庆阳市图书馆新馆处于选址和论证阶段。平凉市将原住建局办公楼拨付给平凉市图书馆使用，经过装修改造，馆舍面积由原来的 2037 平方米增加到 7629 平方米，新馆将于 2014 年 1 月开馆。白银区少儿图书馆、天祝县图书馆、崆峒区图书馆、崇信县图书馆等 12 个县区级图书馆新馆正在兴建中。

加强文献资源建设，加大数字资源建设力度。2013 年全省公共图书馆文献资源总量较 2012 年增加 220.97 万册/件，其中普通图书增加 89.46 万册，电子图书增加 123.23 万册，电子图书的增幅首次超过普通图书，这主要是各级图书馆为迎接第五次公共图书馆评估而购买大量电子图书。甘肃省图书馆新增万方数据知识资源系统、博看期刊数据库等数字资源，外购数据库数量达到 26 个。“西北地方文献资源数据库”“四库全书研究资源数据库”“甘肃地方文献联合目录”等 20 多个自建数据库新增数据 1 万余条，包括共享工程的资源库等，各类可利用的数字资源总量达到 60TB。

提高图书馆服务能力与服务水平。继续推进公共图书馆的免费开放与服务，中央财政拨付的 80%和甘肃省财政配套的 10%公共图书馆免费开放经费全部足额到位，地方财政配套的 10%的免费开放经费大部分没有得到落实。全省所有的公共图书馆都实现书刊借阅、电子阅览、读者办证、读者自习等基本服务的免费开放。在服务的深度与广度上不断扩大。结合每年度的全民阅读活动、世界读书日、图书馆服务宣传周活动，全省各级各类图书馆因地制宜，开展诸如读书报告会、演讲会、读书征文比赛、少儿绘画书法比赛等形式多样的阅读推广活动，形成如“兰州读书节”“书香天水读书节”“敦煌读书节”等品牌文化活动，吸引越来越多的人走进图书馆，利用图书馆。在服务深度上，2013 年甘肃省图书馆依托丰富的馆藏资源，为国家社科基金重大项目、省部级社科项目及地方史志文博、博硕士学位论文等项目提供检索咨询服务 130 多项，解答各类信息咨询 6 万余条；与兰州大学查新中心签订协议，启动科技查新工作；编辑完成《西北研究通讯》《四库全书研究论文篇目索引》等二、三次文献，为相关领域的研究者提供服务。加强政府决策信息服务，编辑《决策参考》等专题资料，定期向省委、省政府等领导机关寄送。政府信息公开服务进一步普及，有 50%的图书馆设立政府信息公开查询的专架或网络连接。讲座展览服务继续保持较快发展，甘肃省图书馆的“周末名家讲坛”和展览、兰州市图书馆的“金城大讲堂”、天水市图书馆“陇右讲堂”等品牌效应显著，全年累计举办讲座 1024 场次，听众 27 万人次；举办展览 354 场次，观众 34 万人次。

加强为弱势群体服务，以少儿群体、视障人群、老年群体、进城务工人群为重点，深化弱势群体服务。甘肃省图书馆成立的少儿图书馆时间虽然不长，但以其丰富多彩的少儿阅读推广活动，成为引领全省少儿图书馆发展的排头兵，全年组织举办亲子同乐故事会、少儿才艺大比拼、少儿炫彩刮画比赛、智力拼图、彩绘沙画等活动 40 余场次。全省有 21 个图书馆建立盲文阅览室或阅览专架，甘肃省图书馆“阳光工程”继续为盲人读者开通服务热线，配备专车免费接送来馆阅览并免费提供午餐，组织举办盲人读者电脑培训班一期，全年接待盲人读者 972 人次；“农民工之家”全年共接待农民工读者 9800 人次。围绕 2013 年全民阅读活动和图书馆服务宣传周活动的开展，全省各地上下联动，进校园、进社区、进农村，举办各类活动 500 余场次，50 余万未成年人和老年人参加活动。

继续推进文化信息资源共享工程建设。经过十年的建设，全省已建成省级分中心 1 个、市级支中心 14 个、县级支中心 86 个、乡镇基层服务点 1227 个、街道基层服务点 126 个、社区基层服务点 791 个、村基层服务点16272个，通过自建、合作共建、购置等途径，省分中心拥有各类资源总量超过 30TB。在资源建设方面，由省分中心申报的《甘肃红色历史多媒体资源库》等 5 个 2011 年度地方特色资源建设基本完成，《红色记忆哈达铺多媒体资源库》等 5 个 2012 年度地方特色资源建设项目、《会宁会师多媒体资源库》等 4 个 2013 年度地方特色资源建设项目获国家管理中心批准立项并开始组织实施。在人才培养方面，在常态化组织全省基层工作人员参加国家管理中心安排的各种网络培训活动的基础上，举办全省文化信息资源共享工程 2013 年度技术培训班，培训学员近百名。配合国家中心举办“情系灾区 相伴共享——全国文化信息资源共享工程流动服务设备捐赠仪式暨技术培训班”，并向“7・22”定西岷县、漳县地震灾区捐赠 18 套基层移动服务设备。为扩大文化信息资源共享工程在基层群众中的影响，省分中心还结合重大节日和事件，依托优秀的数字文化资源，开展“数字文化，共享如 e”等多种形式的服务宣传活动。在第一届“文化共享杯”全国摄影艺术作品征集大展中省分中心荣获“优秀组织奖”。各市、县级支中心也结合各自实际，组织开展了诸如优秀电影展播、秦腔陇剧展播、数字资源下乡等活动，逐步将全省共享工程建设重点从设施设备建设转向资源的建设与使用。

实施数字图书馆推广工程。2013 年是甘肃省数字图书馆推广工程基础构建阶段。上半年甘肃省图书馆参照文化部相关标准、规范，采购服务器、存储器、网络交换及安全设备等，初步完成省馆和兰州、白银、天水、金昌、嘉峪关等 5 个试点市级馆的硬件基础建设，实现甘肃省图书馆与国家图书馆的虚拟网连通，155M 专线光缆接入已列入计划，软件平台部署工作有序开展，并帮助硬件平台建设到位的市级数字图书馆启动虚拟网连通和软件平台部署工作。成功举办全国数字图书馆推广工程移动阅读平台培训班，来自全国 31 个省级图书馆和 41 个市级图书馆的馆长、主任及技术人员共计 85 余人参加培训。9 月 25 日，国家图书馆与甘肃省文化厅签署数字图书馆推广工程战略合作框架协议，并举行数字阅读推广启动仪式。

实施公共电子阅览室建设。2013 年 5 月，成立甘肃省公共电子阅览室建设领导小组、专家组和工作组，正式启动该省公共电子阅览室建设工作。省级平台采用国家中心组织研发的软件系统，设备已安装到位，软件系统部署完毕，即将在全省市州、县区公共电子阅览室安装部署管理端和终端软件，并在全省开展技术培训。由文化部全国公共文化发展中心支援全省建设的两个文化共享工程村级公共电子阅览室示范点项目（定西市安定区青岚乡大坪村、陇南市宕昌县阿坞乡麻界村）年初投入使用，解决了当地村民群众上网难、获取信息难的问题。

稳步推进中华古籍保护计划。至 2013 年底，全省已有 37 家古籍收藏单位在线提交古籍普查数据 3.5 万余条，17 家古籍收藏单位完成了古籍普查工作，普查古籍约 35 万余册，完成全省古籍普查任务量过半的目标。反映天水市图书馆、兰州大学图书馆两家收藏单位的《古籍普查登记目录》绿皮书的编辑工作进入数据修订阶段，审校后将由国家图书馆出版社出版；收录首批甘肃省珍贵古籍名录入选典籍的《甘肃省珍贵古籍名录图录》由中华书局出版发行；《中华古籍总目・甘肃卷》（地方志分册）完成约 50 万字的初稿编辑。组织开展国家级和省级珍贵古籍名录和古籍保护重点单位的申报评审工作，有 6 家古籍收藏单位的 15 部古籍入选第四批《国家珍贵古籍名录》，甘肃累计已有 283 部古籍入选，并有 4 家收藏单位入选“全国古籍重点保护单位”；418 部古籍入选第二批《甘肃省珍贵古籍名录》，武威市博物馆入选第二批省古籍重点保护单位。年内还配合国家古籍保护中心开展民国文献保护、国有可移动文物普查、全国古籍保护培训基地建立、珍贵古籍数字化试点等相关工作。配合国家古籍保护中心举办中华古籍保护成果展、国家珍贵古籍特展。建立完善甘肃古籍保护网，全面动态反应古籍珍藏特色和普查保护工作的进展成效。组织全省各收藏单位学员积极参加国家古籍保护中心主办的各类培训班，举办全省古籍普查登记目录审校培训班，培训学员48人。甘肃省古籍修复中心在做好申报国家级修复中心的业务准备基础上，继续开展馆藏珍贵古籍的修复工作，修复普通古籍89种、289册、19521页。

加强图书馆员岗位培训和继续教育。全年累计举办面向图书情报从业人员的各类培训班、研讨会、报告会等88场次，培训学员2537人次。由省学会组织的“志愿者行动——基层图书馆员培训活动”培训学员660余人，至此，志愿者行动经过三年的有效实施实现全省覆盖，成为载入甘肃省图书馆事业发展史册的一次培训活动。（甘肃省图书馆学会 董隽）

【甘肃在第五次全国公共图书馆评估定级工作中有54个图书馆上等级】 5月，甘肃省文化厅社文处组织省内评估专家，分成四个组，对全省14个市州的图书馆进行第五次评估验收。11月，文化部正式公布全国第五次公共图书馆评估结果，甘肃有54个图书馆上等级，其中一级图书馆11个，二级图书馆12个，三级图书馆31个。上等级图书馆数量比2009年的第四次公共图书馆评估增加11个，在第四次公共图书馆评估中，甘肃一、二、三级馆分别是5个、6个和32个，此次评估一、二级图书馆数量增幅明显，各增加6个，达到历史最好水平。其中，甘肃省图书馆再次获得一级图书馆称号。省馆在文化部组织的历次评估中均取得优异成绩，1994年首次评估名列全国第五，在1998、2009、2013年的三次评估定级中均保持一级图书馆称号。（甘肃省图书馆学会 董隽 李娜）

【文化共享工程兰州市支中心获全省文化信息资源共享工程建设先进集体】 在1月17日召开的甘肃省文化处局长工作会议上，文化共享工程兰州市支中心（兰州市图书馆）被授予全省文化信息资源共享工程市（州）级先进集体，兰州市图书馆网络部副主任张国蓉被授予先进个人。同时，兰州市支中心推荐报送的县（区）支中心和个人也获得省文化厅的表彰。（甘肃省图书馆学会 李娜）

【甘肃省图书馆残疾人阅读中心获得省文化厅表彰】 2012年6月以来，甘肃省文化厅落实省委省政府决策部署，在省直文化系统中深入开展效能风暴行动，以“五看五评议活动”为抓手，经过文化厅各处室、文化厅省直各单位自荐推荐，文化厅预选评审、正式投票三个阶段后，经厅党组研究决定于2013年3月14日对14个处室和单位的单项工作予以表彰，其中甘肃省图书馆残疾人阅读中心被授予“创新服务窗口”荣誉称号，并予以表彰。（甘肃省图书馆学会 李娜）

【甘肃省图书馆图书流通车正式启用】 甘肃省图书馆图书流动车于6月26日上午举行启动仪式，图书馆职工和读者代表200余人参加启用仪式。图书流动车内装载约5000本图书，图书涵盖医药卫生、天文地理、政治经济、文学作品能满足居民的基本要求。图书流通车将合理制定服务点、定时间、定线路，以方便、快捷、灵活等特点为读者提供办证借阅服务，并以固定服务站、流动服务站、临时服务站等形式为广大居民提供图书借阅服务。（甘肃省图书馆学会 李娜）

【国家社科基金项目《四库全书研究资源数据库建设》完成结项】 由甘肃省图书馆2010年申报的国家社科基金项目“四库全书研究资源数据库建设”，经过三年的建设，于2013年9月通过全国哲学社会科学规划办公室项目验收，并颁发结项证书。该项目收录论文集8部，期刊论文4000余篇，学位论文1000余篇，会议论文300篇，专著55部，相关工具词条900余条。（甘肃省图书馆学会 李娜）

【甘肃首个24小时自助图书馆在嘉峪关建成】 11月，甘肃省内首个24小时自助图书馆在嘉峪关市联通广场建成开放，这是嘉峪关市在构建覆盖全社会的公共文化服务体系方面的一项重要举措。引进安装自助图书馆被列为2013年嘉峪关市政府为民办的实事之一。今年共计划在市区人员密集场所安装3台自助图书馆，地点分别设在联通广场、东湖明珠气象塔一楼前厅和雄关广场文化长廊。（甘肃省图书馆学会 董隽）

【嘉峪关市少儿图书馆开馆】 1月16日，

装饰一新的嘉峪关市少儿图书馆正式开馆。该馆是由原嘉峪关市图书馆旧址维修改造而成，是2012政府为民办的十件实事之一。新改造的少儿图书馆占地面积3144平方米，建筑面积2500平方米，地上四层。设有玩具室、艺术展厅、借阅区，包括亲子阅览室、报刊借阅室、图书借阅室等。通过改造维修，各图书室设备完善、功能齐全，能够满足不同年龄层次少年儿童的借阅需求。（甘肃省图书馆学会　董隽）

【关中—天水经济区公共图书馆联盟第四次联席会议在咸阳召开】 10月23—25日，会议召开。关天经济区公共图书馆联盟11个成员馆馆长和业务骨干40多人出席该会议。各联盟馆之间对一年工作中的成绩、工作经验、存在的问题及下一步工作进行重点交流和探讨，并针对联盟的发展建言献策，提出很多很好的意见和建议。会议还确定举办下一届联盟会议的图书馆。各联盟馆签订“关中—天水经济区公共图书馆联盟地方文献征集交换协议”并进行地方文献交换。（甘肃省图书馆学会　李娜）

【甘南州图书馆赴迭部县藏传佛教寺院开展珍贵古籍普查工作】 根据《甘南州古籍保护工作实施方案》和州文广新局关于在全州范围内开展珍贵古籍普查工作的具体部署，州古籍保护中心（州图书馆）从10月中旬开始，对迭部县1镇3乡5座藏传佛教寺院古籍和民间个人所藏古籍进行摸底普查。县图书馆全程参与普查工作，并帮助普查组协调联系县境内相关藏传佛教寺院。对普查掌握的古籍数据进行汇总并提交省古籍中心进行初步鉴定。（甘肃省图书馆学会　李娜）

【兰州穆斯林图书馆成立二十周年纪念大会举行】 8月18日，兰州穆斯林图书馆成立二十周年纪念大会在兰州国际太阳能培训中心隆重举行。该馆作为一所民营民族图书馆，二十年来始终根植于民族与宗教这两大特色，在宣传党的民族与宗教政策、弘扬优秀民族文化、保存珍贵民族文化遗产、促进民族和谐与发展等诸多方面做出积极的贡献。特别是在回族与伊斯兰教文献的资源建设方面独树一帜，成为在甘肃乃至全国都有一定影响的专业特藏，并积极为社会各界人士提供免费咨询与服务。与此同时，兰州穆斯林图书馆创立的理事会管理制度与志愿者工作制度，为民营图书馆的建设与发展探索一条成功之路。（甘肃省图书馆学会　李娜）

青海省

【青海省图书馆召开热贡艺术视频专题片制作论证会】 5月24日，青海省图书馆召开“三江源文化数据库”之“热贡艺术”系列专题片制作论证会。青海省文化和新闻出版厅、省委组织部党员远程教育办公室有关领导及省内著名专家学者、媒体记者参会。会上，省馆馆长于立仁就全省“热贡艺术”发展现状、制作“热贡艺术”系列专题片前期准备工作开展情况做汇报。与会专家提出中肯意见和建议。青海省文化和新闻出版厅副厅长陈通做总结讲话。该系列片是“三江源文化数据库”内容之一，总体规划拍摄24部388集，分三期完成，内容包括唐卡、雕塑、堆绣、壁画、木雕、石刻等艺术专题。（青海省图书馆地方文献中心）

【青海省图书馆开展2013年图书馆服务宣传周活动】 5月27日至6月2日，省馆围绕2013年度图书馆服务宣传周“书香中国——阅读引领未来”主题，开展一系列内容丰富、形式多样的公共文化服务活动。举办讲座、新书推荐、少儿书画展、少儿优秀图书展等；印发《读者指南》；开展针对老年人、残疾人、未成年人及进城务工人员特点的阅读等活动，为他们送书上门；召开读者座谈会，倾听读者心声。系列活动拓展图书馆服务范围，吸引更多市民特别是青少年走进图书馆，取得很好的社会效益。新华社青海分社、青海日报、西宁晚报及青海电视台等10家新闻媒体对此做宣传报道。（蒲宁英）

【青海省图书馆开展母亲邮包公益项目捐赠活动】 “母亲邮包”公益项目是中国妇女发展基金会实施的大型公益项目，通过发动社会各界进行“一对一”捐助，帮助解决贫困母亲生活实际困难。2013年6月，青海省图书馆组织员工开展“母亲邮包”公益项目捐助活动，共募集善款1700元，将用于购买日常生活必需品，以“母亲邮包”的形式赠送给贫困母亲，帮助她们解决实际困难。（廖志琦）

【文化部第五次公共图书馆评估组对青海省图书馆进行实地评估】 为迎接文化部第五次公共图书馆评估定级，省馆于2月16日召开动员大会，对全馆迎评工作做部署。6月27—28日，以安徽省文化厅副厅长丁光清为组长的文化部第五次公共图书馆评估组一行5人莅临青海，对青海省公共图书馆进行评估，对有关重点文化工程实施工作进行督导。首先在省馆召开评估工作汇报会，听取青海省文化和新闻出版厅副厅长陈通关于全省公共图书馆事业发展状况、第五次全省公共图书馆评估定级工作和重点文化工程实施情况工作的汇报，听取省馆馆长于立仁关于青海省图书馆自评情况的汇报。随后评估组实地考察省馆和湟中县图书馆，审阅有关文件档案和统计资料，开展读者满意率调查。评估组在省馆召开的意见反馈会上，对全省公共图书馆的工作给予充分肯定，对省馆近年来所开展的工作给予高度评价并提出建议意见。根据文化部的部署和要求，青海省对全省34个市级和县级公共图书馆进行评估定级，实现通过评估促进全省公共图书馆事业科学发展、规范管理的目的和效果。（蒲宁英）

【青海省文化设施集群“三馆”建设项目奠基开工仪式在青海省图书馆举行】 9月22日，青海省文化惠民工程项目——青海省图书馆（二期）、青海省文化馆和青海省美术馆“三馆”建设项目正式奠基开工，标志着青海省提高公共文化服务水平迈出跨越性的一步。青海省副省长张建民出席奠基仪式。“三馆”建设项目是省委、省政府在“十二五”期间实施的省属重点文化基础设施项目，位于省会西宁市新宁广场南侧，保留和改造青海省图书馆一期建筑，新建青海省图书馆二期、青海省文化馆、青海省美术馆。其中，新建省图书馆（二期）建筑面积12000平方米，地上5层，东侧办公部分局部6层。项目建成后，在新宁广场南侧形成连续的文化建筑群组，满足广大人民群众的精神文化需求。（廖志琦）

【春雨工程2013年福建省文化志愿者青海行系列文化讲座在青海省图书馆举办】 9月24—30日，福建省文化厅组织福建文化志愿者服务团来青海省开展春雨工程大讲台、大交流文化服务活动。作为此次活动项目之一的“春雨工程2013年福建省文化志愿者青海行系列文化讲座”于9月29日在青海省图书馆一楼报告厅举行，厅属文化系统工作者及部分读者300余人聆听讲座。青海省文化和新闻出版厅副厅长王建平、福建省文化厅副厅长陈吉先后致辞。厦门市文化广电新闻出版局副局长李云丽、福建省艺术馆副馆长宋珍珍、福建省图书馆馆长助理兼技术中心主任陈顺分别做题为《文化惠民，幸福厦门》《艺术扶贫的实践和机制建设》《数字文化服务的发展趋势和对策》的专题讲座。此次活动对于进一步加强两省间的文化交流，推动青海省民族地区文化繁荣发展，促进各民族文化交流起到积极作用。（青海省图书馆培训中心）

【青海省图书馆组织摄影展巡展活动】 7月至10月，青海省图书馆组织“风景如画——大美青海摄影展”参加全国图书馆展览资源巡展活动。此次展览作品，出自青海省知名摄影家付平先生之手。自开展以来，先后在甘肃省图书馆、宁波市图书馆、慈溪市图书馆、马鞍山市图书馆展出，吸引大批市民参观。此次活动加强馆际之间展览工作的交流与合作，扩大省馆的社会影响，为各省市了解青海、宣传青海起到积极作用。（青海省图书馆培训中心）

【青海省图书馆组织开展2013年度三区人才支持计划】 2013年，按照文化部、青海省文化新闻出版厅关于开展边远贫困地区、边疆地区和革命老区“三区”人才支持计划文化工作者专项选派培养工作的要求，省馆选派25名专业人员到各州、县（行委）、对口的文化单位工作或在本馆为基层文化单位从业人员提供培训服务。此次专项选派培养工作包括：举办文化共享工程培训班、图书馆专业培训班，讲座、报告会、展览的策划与实施，古籍文献整理与保护等。（廖志琦）

【青海省委副书记王建军一行视察海西州图书馆】 3月7日，青海省委副书记王建军一行在海西州委副书记武玉璋等陪同下，莅临海西州图书馆视察指导工作。视察中，针对海西州图书馆新馆建设及读者服务方面的情况给予充分肯定，同时对图书馆今后发展提出宝贵意见和建议。（马丽）

【海西州图书馆组织业务骨干对基层图书馆进行辅导】 4月初，海西州图书馆派遣馆内4名业务骨干到天峻县文化馆图书室进行业务辅导，从图书分类编目、整理上架、借还登记手续以及日常图书的维护进行详细讲解及示范。在11天的帮扶工作中，累计加工图书5200册，其中藏文图书900册。5月中旬，该馆选派3名业务骨干前往海西州人民医院图书馆开展为期8天的业务辅导，帮助分类、整理图书、期刊4000余册。10月初，该馆派遣4名业务骨干赴都兰县图书馆开展为期半个月的业务辅导，协助分类编目图书7335册。这些辅导工作进一步提高基层图书馆员的业务技能和管理水平。（马丽）

【海西州图书馆接受图书捐赠】 4月23日，海西州图书馆开展"金色柴达木·世界读书日"暨"海西州文学艺术工作者向海西州图书馆捐献自己专著仪式"系列活动。此次捐赠的文学艺术作品均是海西州本土作家、诗人、摄影、音乐等文学艺术爱好者的专著作品，共500余册。7月9日，海西州残疾人联合会向州图书馆视障人士借阅室捐赠盲文图书383册、有声读物光盘344张、盲人电脑4台，价值4万余元。（马丽）

【海西州图书馆积极建立图书流动服务点】 1月30日，海西州图书馆在州公安消防支队建立图书流动服务点，为部队官兵配送图书600册及书柜4个。7月24日，在州公安特警队建立流动图书点，送去图书300册，这是该馆在全州建立的第25个流动图书点。7月31日，在德令哈市看守所建立图书流动服务点，配备图书300册、书柜2个，为羁押人员以及看守所干警送去精神食粮。12月6日，在昆仑碱业有限公司建立流动图书点，为一线职工送去图书400册、合订报纸及期刊100册；同时对昆仑碱业工会图书室进行现场业务辅导，加工编目图书1091册。（马丽）

【黄南州图书馆送书下乡】 1月—10月，黄南州图书馆开展送书下乡活动15次，分别为同仁县扎毛乡中学、扎毛乡果盖村小学、同仁县吾屯热贡民族文化宫、瓜什则乡文化站、瓜什则西合来村等地农家书屋，以及州委机关图书室、热贡社区图书室捐赠图书4500册，并对农家书屋、图书室业务人员进行专门的培训和辅导。（董春花）

【黄南州图书馆举办首期少年儿童书法培训班】 7月26—30日，黄南州图书馆举办首期少年儿童免费书法培训班。本次培训班共有37名学生参加，平均年龄为10岁，学员们学习所用毛笔、纸、墨均由该馆免费提供。书法培训班丰富同学们的假期生活，并通过传统文化教育陶冶性情。（董春花）

【大通县图书馆对农家书屋全面督查验收】 7月21日至8月27日，大通县图书馆组织专业技术人员对全县289个村农家书屋进行全面督查验收。目前全县农家书屋现有藏书406026册，光盘28900。同时建立3个寺庙书屋，配套藏文图书1701册，并按分类标准分类上架。寺庙书屋的建立，将有效改变藏传佛教僧人看书难、借书难的实际问题，对提高僧人文化素质、丰富僧人文化生活起到良好作用。（苏明德　李盛福）

【大通县图书馆开展全民阅读活动】 2013年，大通县图书馆在世界读书日、全民阅读宣传日、科技宣传活动周、世界助残日和图书服务宣传周活动中，以"阅读让我们的世界更丰富""知识给人力量，阅读引领未来"等为主题，为特殊学校、居民社区、老年公寓、监狱送书刊，赠送学习用具，开展全民阅读活动，受到群众欢迎。4月，该馆被中国图书馆学会评为2012年"全民阅读先进单位"。6月，该馆推荐的4个家庭被西宁市全民阅读活动领导小组授予首届西宁"书香之家"称号，对大通县全民阅读活动起到示范引领作用。（苏明德　李盛福）

【湟中县图书馆概况】 2013年，湟中县图书馆在编人员9人，其中副高职称1人、中级职称3人、初级职称5人。馆藏图书108600册，馆舍面积1200平方米，阅览座席220个，计算机45台，电子阅览室终端30个。累计发放借书证1200个，年接待读者18729人次，借阅图书26878册次。年购书经费3万元，征集家谱19部。建成盲人阅览室，配备盲文图书355册，有声读物100件。建立馆外流动图书室8个，寺庙书屋7个。全县393个行政村全部建成农家书屋向村民开放，并为 274 个农家书屋的管理员进行为期 11 天的业务培训和辅导。该馆被省文化和新闻出版厅评为 2012 年度免费开放优秀馆，被西宁市全民阅读活动领导小组授予“文化西宁，书香夏都”全民阅读活动先进集体，该馆推荐的 4 个家庭获西宁市首届“书香之家”荣誉称号。（祁燕倩）

【贵德县图书馆概况】 截至 2013 年 12 月，贵德县图书馆在编人员 9 人，其中中级职称 7 人，初级职称 2 人。馆藏总量 7 万余册，古籍 87 册，报刊 2780 册，视听文献（光盘制品）160 件。馆舍面积 880 平方米，阅览座席 144 个，其中少儿阅览室座席 42 个。计算机 41 台，电子阅览室终端 28 个。免费开放经费 20 万元。累计发放借书证 1200 多个，年流通总量24000人次，年文献外借 22600 册次。建立馆外流动图书室 7 个。在全县 119 个行政村建成农（牧）家书屋的基础上，建立农（牧）家书屋示范点 28 个，并对其管理员进行为期一周的系统业务培训和辅导。协助青海省文化和新闻出版厅、省委统战部在全县建立寺庙书屋 30 个，发放价值 54 万元的少语书籍 2.4 万册、书柜 83 组，并对其管理员进行业务指导。2012 年 12 月底，该馆被文化部授予“全国文化信息资源共享工程电子阅览室示范点”荣誉称号，这是该馆电子阅览室首次获得国家级荣誉。全年建成乡镇文化站图书室、电子阅览室 5 个，配备图书 2500 余册。（贵德县图书馆）

【门源县图书馆概况】 门源县图书馆前身是 1945 年成立的民众馆，1980 年在门源县文化馆的基础上成立图书馆。2013 年在编 5 人，在职 4 人，其中具有中专以上学历 4 人，中级职称 2 人。馆藏图书 8 万余册，订阅报纸 30 种，期刊 120 种。电子阅览室终端 40 个，网站 1 个。年累计办理借书证 535 个，年总流通40000余人次。为 8 个乡镇送书刊 1500 多种，读者达14000人次。在清真寺举办图书展，受到穆斯林群众的欢迎。配合省委宣传部等单位开展“欢乐乡村”活动，为农牧民发放图书 200 余种 1500 多册，报刊 200 多份。（石显凤）

【民和县图书馆开展寺庙书屋验收工作】 民和县首批寺庙书屋建设涉及 18 个乡镇的 44 座寺庙，其中 10 人以上书屋 9 个，10 人以下书屋 35 个。共发送书籍22942册，价值 50 余万元；书柜 97 个，价值 7 万余元。2013 年 8 月，县馆工作人员深入全县 44 个寺庙书屋开展验收工作，对其管理员进行培训，对书屋相关数据进行采集录入并上报青海省文化和新闻出版厅。（吕清芳）

宁夏回族自治区

【概况】 2013 年，宁夏回族自治区公共图书馆借助文化部开展公共图书馆第五次评估定级工作的契机，努力整改、寻找差距、以评促建、以评促用，严格对照评估标准进行考核评审。经过文化部和自治区评估组的严格评估考核，全区 26 个公共图书馆共评出一级馆 7 个，为宁夏回族自治区图书馆、银川市图书馆、吴忠市图书馆等；二级馆 3 个，为石嘴山市图书馆等；三级馆 11 个。通过此次评估定级工作的开展，促进了全区公共图书馆在免费开放服务、未成年人及弱势群体服务、图书馆数字化、网络化建设、共享工程及数字农家书屋建设等方面的工作，并取得显著成绩。

免费开放服务稳步推进，服务领域不断拓展，各项文化惠民活动丰富多彩。2013 年，自治区图书馆全年到馆人数 56.1 万（不含社区图书馆、自助借还机），总借阅 37.7 万人次、95 万册次，少儿书籍流通及阅览为 8.8 万人次、26.4 万册，残障阅览 338 人次、372 册次，数字化体验 4048 人次；银川市图书馆全年读者流通 37.1 万人次，书刊流通 74.4 万册次；青铜峡市图书馆全年接待到馆读者 13.04 万余人，书刊流通 25.02 万册次。同时，在服务深度和广度上不断扩大延伸，各项文化惠民活动多姿多彩。自治区图书馆全年举办公益性展览 11 场，参观人数 26700 人次。其中，“第八届文津奖专题展”“汉字发展史图片展”“净土一青海风情摄影展”等展览，内容新颖、文化品位厚重，扩大读者视野。全年举办“塞上人文论坛”等公益性讲座 22 场，参加人数 2400 多人次，特别是“塞上人文论坛”继续主打名家牌，先后邀请全国各界名人名家来宁演讲，吸引读者参与，提升宁夏图书馆公益性讲座的知名度。银川市图书馆全年共开展各类读者活动 34 次，其中大型广场及读书系列活动 7 次，每月最后一个周末举办“书香银川・百姓讲堂”和优秀电影展映。石嘴山市图书馆多功能厅每周末均举办“共享天地影院”和“道德讲堂”的放映和讲座。同心县馆每年的“元宵灯谜竞猜”活动，海原县馆“庆元旦·迎新春”读者灯谜、卡拉OK比赛大比拼活动，参与者众多。青铜峡馆元旦、春节“文化年货带回家”的免费专题光盘、农技资料赠送活动，吴忠市图书馆不断完善和拓展的“正月十五元宵灯谜竞猜”、迎春文化三下乡、科普资料免费发放等活动，深受农民欢迎。彭阳县馆送书进基层、进农村活动，永宁县馆将“送书送科技三下乡活动”变为“常下乡”活动，这些活动的开展已经成为宁夏本地区市民欢度节日的必备节目，也成为宁夏地区各公共图书馆的常态服务项目。

大力开展无差别的文化信息服务，提高未成年人及弱势群体的服务水平，实现信息服务无障碍理念。2013年，海原县图书馆以把温暖送给留守儿童为服务宗旨，将举办“关爱留守儿童，创建快乐之家”读书活动常态化。此项活动的开展从图书类型的购置，到活动项目的设计都刻意倾向留守儿童，深受孩子们的喜欢；同时，为树台乡留守儿童送去200册图书，并利用村里共享工程基层服务点的网络设备，让留守儿童与远在千里之外的父母进行视频聊天，以弥补亲情的缺失。平罗县图书馆借评估契机，争取专项资金，开辟500平方米少儿阅览室，开展“走进图书馆，暑期天天乐”“‘今天我服务’小志愿者”及“谈阅读、谈学习、谈收获”等阅读学习交流活动，得到少年儿童的喜爱和欢迎，参与者众多。海原县图书馆将基层流动图书室设置的重点倾向弱势群体中的敬老院，年内共完成海原县中心敬老院、新区敬老院等其他6家流动图书馆室的建立。

青铜峡市图书馆开辟残障人通道和盲文阅览室，购买盲文图书220册；并与残联及老干局合作协助，将本市残障人、离退休职工及敬老院等弱势群体的档案材料及实际情况进行登记造册，以掌握他们的文化需求。全年为弱势群体人员免费上门送书1800余册，播放经典电影及卫生保健知识12场次，举办各类知识讲座、宣传活动8场次，为弱势群体提供从馆内延伸到馆外的各种文化服务。永宁县图书馆专门开辟残疾人专用通道及专座，以方便残疾读者的上网浏览和图书借阅；同时，调拨专款建设视障阅览室，举办视障读者读屏软件培训班，开展“残疾人才艺展示、图书阅读心得、网上学习体会、有声读物的欣赏”等活动，特别是举办的“增强信心，实现自我价值”和“残疾人趣味运动会”受到残障人士的欢迎和喜爱。

数字图书馆及各项数字文化建设稳中有进，文化惠民成效显著。2013年是宁夏地区数字图书馆项目实施年，宁夏图书馆在完成数字图书馆硬件平台搭建、与国家数字图书馆的网络连接、与市县级图书馆实现数字图书馆虚拟网以及数字资源共建共享的基础上，年初，安装调试VPN防火墙。同时，实现集群数字图书馆平台（DLIBS系统）的全面升级，升级后的采访、编目、典藏、流通、期刊、OPAC查询、RFID应用等基础性业务系统全面投入运行，使电脑、电视、手机及掌上电脑图书馆的利用更加快捷方便。6月，宁夏图书馆数字化体验区投入使用，体验区通过互联网、手机、数字电视、智能移动终端、多媒体影音设备等各种载体、媒体渠道，推广数字图书馆服务、普及数字化阅读。在数字资源建设方面，宁夏图书馆在免费共享国家图书馆19个数据库的基础上，购买13个大型数据库。同时，自建地方特色视频资源60多集约250GB，并组织开展回族和伊斯兰文献、宁夏地方文献等特色数据库的建设。电子资源的丰富便捷，使宁夏图书馆网站年访问量达到15.7万人次，数字阅览人数达3.1万人次、4.1万册次。

银川市数字图书馆建设项目进入二期工程建设阶段，已完成成人、少儿电子阅览室、3D影厅及亲子阅览室、底本图书查阅室的改建和新建。完成数字体验区、读者休闲区、开架式读者阅览区及数字化前厅的改造，以及数字图书馆自动化管理系统的升级、更换、开通和使用，RFID自助借还设备的安装及开通使用。同时，向读者开通阅报机数字报纸的阅读、OPAL查询机馆藏书目信息的查询、数字图书馆自动化管理系统DLIBS的正常使用，RFID自助借还书机及城市街区自助图书馆的使用等项目。

吴忠市数字图书馆建设作为市级试点馆，在硬件配置标准、软件平台建设等方面都按照文化部有关配置标准进行采购配置。在与国家数字图书馆网络成功连接的基础上，购置100万册电子图书、CNKI中国政报公报文献总库、面向盲人读者的启讯有声资源平台等数字资源。同时，在馆内大厅及阅览室安放了自助在线读报系统，在公共电子阅览室安装绿坝软件。

文化共享工程及数字农家书屋建设不断深入，极大地推进农村基层服务点信息化水平的跨越式发展。2013 年，宁夏地区在文化共享工程全覆盖的基础上，充分利用电子阅览室计划和数字图书馆推广的契机，定期定点地对基层服务点工作人员进行数字图书馆和业务自动化系统的培训。全年共完成市县及分中心培训 1554 人次，农村实用人才培训 4200 人次，农民工培训 650 人次，网络培训 1351 人次，人才队伍的培养为基层信息化服务的深入开展奠定基础。特别是共享工程宁夏分中心利用“信息大篷车”对乡镇基层群众进行现场培训，使科技兴农、信息惠农、产业助农、文化娱农的新农村文化建设迈上新台阶。

2013 年，卫星数字农家书屋工程建设成为宁夏新农村文化建设中“文化惠民”的重点项目，各县级公共图书馆积极参与卫星数字农家书屋工程建设，就卫星数字农家书屋的建设标准、要求、操作规程等相关问题均做了详细、具体的规范，并对管理员进行现场讲解和示范指导；同时，要求各卫星数字农家书屋根据实际情况制定开放时间，保证并发挥卫星数字农家书屋的文化信息资源在基层点服务于农民的优势。海原县图书馆完成 171 个卫星数字农村书屋的设备配送、安装与运行调试，并依据相关标准和要求就地“手把手”培训书屋管理员。原州区 155 个卫星数字农家书屋的设置达到村村全覆盖，农民们在农家书屋里学农耕技术、科技种植和养殖技能。永宁县安装 71 个卫星数字农家书屋，利用农家书屋卫星数字平台举办 21 场暑期爱国主义影片展播活动，吸引约 2000 名学生观看。同心县建立 149 个卫星数字农家书屋，丰富回族群众的文化生活。泾源县 106 个卫星数字农家书屋的设立，基本上实现村级全覆盖，每个行政村均配备液晶电视一台，1TB 移动存储一台，高清接收播放机一台，卫星接收锅一台。彭阳县 156 个行政村实现卫星数字农家书屋的全覆盖，给偏远的村民们增添丰富的文化生活。（菊秋芳）

【宁夏图书馆塞上人文论坛邀请专家做专题讲座】 4 月 23 日，在宁夏图书馆主办的第 66 期“国图讲坛·塞上人文论坛”上，北京大学信息管理系教授王余光应邀做题为《阅读与经典同行》的专题讲座，阐述阅读经典的重要性和必要性，深刻而富有哲理，受到现场听众的欢迎。5 月 31 日，黑龙江大学信息管理学院院长马海群教授在第 68 期论坛上做题为《图书馆员的职业精神与核心价值》的专题讲座，200 余位图书馆界同仁在北方民族大学图书馆学术报告厅聆听讲座。9 月 3 日，在 2013 中国—阿拉伯国家博览会开幕之际，宁夏图书馆邀请中国伊斯兰教协会常委、上海伊斯兰教协会副会长、上海市政协常委白润生先生做客第 71 期论坛，做题为《东方智慧——中阿文化之异同》的讲座，旨在通过讲座，让更多的读者了解、熟知中阿文化的异同，增进宁夏同阿拉伯国家之间的文化交流。来自公共、高校、科研图书馆的工作人员及读者约 200 余人参加讲座。（宁夏图书馆学会）

【第五届 CALIS 全国高校医学图书馆工作会议暨 2013 两岸三地医学图书馆馆长论坛在银川召开】 会议由 CALIS 全国医学文献信息中心和北京大学医学图书馆主办，宁夏医科大学图书馆承办，美国 Ovid Technologies Inc. 共同协办，于 6 月 3—6 日在银川召开，来自全国 50 余所高校医学图书馆馆长以及 20 余家数据库商代表出席会议。此次会议围绕高校医学图书馆的资源建设、服务创新以及新技术应用等话题进行深入交流与探讨，CALIS 管理中心副主任、北京大学图书馆副馆长陈凌等 10 余位专家做主题报告，报告既有对医学图书馆发展趋势与特点的理论分析，也有工作回顾、经验总结以及对现代文献信息保障体系建设发展的思考。在高校医学图书馆馆长座谈中，大家就共同关注的话题进行热烈讨论与交流。代表在会议期间参观了宁夏医科大学图书馆。（宁夏图书馆学会）

【宁夏图书馆数字化体验区建成并投入使用】

6 月，宁夏图书馆数字化体验区投入使用。该体验区位于宁夏图书馆四楼西区，面积约 270 平方米，由休闲区、自助服务区、电脑阅读体验区、数码电视阅读体验区、自助办证及自助借还书体验区、可移动终端设备阅读体验区、红外及多媒体视听体验区 7 个区域组成。读者可以在不同区域通过不同载体，借助图书馆内的网络来欣赏、阅读电子图书、电子期刊、电子报纸、数据库、音视频资源、网络资源等海量数字资源。

（宁夏图书馆学会）

【文化部对宁夏图书馆进行第五次评估定级】 7月9—11日，由四川省文化厅副厅长李兆权带队，邓菊英、柯平等图书馆专家学者一行5人组成的文化部第13评估组对宁夏图书馆进行全面考评，并对重点文化工程进行督导。宁夏图书馆提前一年开展自查，寻找差距、努力整改、以评促建、积极争取改善办馆条件、努力改进各项业务工作，以最饱满的状态迎接评估组的各项检查。评估组听取宁夏图书馆馆长丁力的工作汇报，并逐项对比检查宁夏图书馆自评指标，与工作人员交流个别存在的问题。之后，评估组专家对贺兰县图书馆进行实地抽查。在评估反馈会上，专家对宁夏图书馆的整体评估情况给予高度评价，同时重点指出经费不足等影响图书馆发展的制约条件，希望引起地方政府的高度重视并增加经费给予支持。（宁夏图书馆学会）

【共享工程宁夏分中心通过信息大篷车为基层群众服务】 2013年，全国文化信息共享工程宁夏分中心通过与信息大篷车结合的方式，对基层农民进行培训、服务。宁夏的信息大篷车项目，是为解决农民信息化应用、缩小数字鸿沟最后一公里的问题而实施的民心工程。通过信息大篷车的便捷、灵活、流动特点，使信息直接进乡入村，对共享工程基层服务点、新农村信息服务站的信息员和农村种养殖大户以及广大农民进行培训，将电脑知识、农村信息化技术和优秀的文化信息资源带给农民，实现科技兴农、信息惠农、产业助农、文化娱农的有机结合。信息大篷车受到当地信息员和各个年龄、不同学历农民朋友的热情欢迎。（宁夏图书馆学会）

【银川市数字图书馆服务体系建设初具规模】 2013年，银川市数字图书馆建设项目作为银川市重点项目，总投资3000万元，目前已完成一期工程和二期工程建设。项目的成功实施，初步搭建起银川市公共图书馆总分馆服务体系，实现全市公共图书馆文献联合采编和资源统一加工调配、共享，并通过系统提供的统一检索功能实现文献就地通借通还、自助借还等功能。目前正在建设的银川市数字文化云平台，将整合银川文化所涵盖的文化、艺术、文物、非遗、广播影视、新闻出版等各个方面的数字资源。以银川市图书馆为总馆、市属县区图书馆为分馆的总分馆服务体系初见雏形，已实现西夏区图书馆与市馆图书的通借通还，并为兴庆区、金凤区图书馆与市馆的总分馆体系建设做好前期准备工作。（宁夏图书馆学会）

【银川市图书馆建成百家图书流通服务点】 2013年，银川市图书馆在原有32个图书流通服务点的基础上新建68个服务点，为各点购置图书和书柜，由市馆对图书进行分编、加工和选配，通过物流配送，各点每次配送图书300册，定期更换，实现在全市建设百家图书流通服务点的新目标。目前，百家图书流通服务点均匀地分布在银川市的三区、两县、一市，服务足迹遍布社区、军营、学校、工厂、边远乡镇以及一些特殊的场所，让更多的基层群众享受到图书馆的公益性服务。（宁夏图书馆学会）

【银川市图书馆开展创新服务】 2013年，银川市图书馆新建亲子阅览区、休闲阅读区、图书底本查阅室、3D放映厅等服务窗口。其中，亲子阅览区可供家长陪同低幼儿阅读低幼儿图书、期刊、在电脑上阅读低幼儿类电子读物，并可在游戏区玩耍，家长在视听区休息，开创全区公共图书馆低幼儿活动场所的先例。全馆实现WIFI无线网络全覆盖。为了提高馆藏图书的利用率，让更多的读者看到更多的图书，今年该馆改造并新增设底本图书查阅室，让一直封闭的底本图书供读者查阅。（宁夏图书馆学会）

新疆维吾尔自治区

【新疆维吾尔自治区图书馆概况】 新疆维吾尔自治区图书馆占地55亩，总建筑面积24700平方米。共有各类纸质文献210余万册/件，其中包括维吾尔文、哈萨克文、柯尔克孜文、蒙古文、锡伯文5个语种少数民族文献16万册；馆藏古籍11万余册，包括汉文、察合台文、阿拉伯文、波斯文等文种；有文澜阁《四库全书》（影印本）及中华再造善本8990册；数字资源近50TB，形成以新疆少数民族文献、地方文献和古籍为特色的藏书体系。现有在编工作人员93人，由汉、维、哈、蒙、回、柯尔克孜等6个不同民族组成；副高职称12人，中级职称25

人；本科以上学历 81 人，研究生学历 18 人。现有业务部门和服务窗口 14 个；在乌鲁木齐市及周边学校、军营、监狱、社区建有分馆（流动站）69 家，形成一定规模的自治区图书馆服务网络体系。

2013 年不断强化公共文化服务阵地意识，打造以“昆仑讲坛”“书香佳苑”“书香新疆”为代表的品牌活动。全年共接待读者 49.3 万人次，书刊借阅 46 万册次，网站访问量 290 万次，新增持证读者证 1.9 万人，举办读者活动 221 场、参与读者 20 余万人次，相比去年同期，各项指标均有大幅提高。先后被授予“全民阅读活动组织先进单位”“文化厅系统先进基层党组织”、自治区第七届天山读书节“优秀组织奖”等荣誉。自治区图书馆二期改扩建工程各项前期工作按计划顺利推进。（新疆维吾尔自治区图书馆学会　赵燕）

【新疆维吾尔自治区图书馆文献资源建设】 2013 年，自治区图书馆重新修订《新疆维吾尔自治区图书馆文献资源采访方针》等文献资源建设制度，重点补充视听文献、数字资源的采访原则。全年共采购图书 1.5 万余种 5 万册；征订报刊 3193 种。与 14 家地州图书馆和 12 家县图书馆签订《新疆地区文献资源共建共享协作网联合编目协议书》。完成维吾尔文15115种30000册、哈萨克文 5000 种10000册、柯尔克孜文 222 种 375 册，总计近 10 万册的少数民族文献编目审核工作。完成地方文献数字化的二次审核与数据库平台的建设工作，包括 6036 册图书共计 200 万页的审核以及 3080 册图书共计1029634页的入库测试。建设“新疆少数民族风情提要”和“新疆考古文献提要”等特色数据库。（新疆维吾尔自治区图书馆学会　赵燕）

【新疆维吾尔自治区图书馆全民阅读活动】 4 月 21 日，以“知识给人力量 阅读引领未来”为主题的“书香新疆——2013 年全民阅读系列活动”在自治区图书馆书香文化广场全面启动。自治区图书馆开展的活动包括：联合区直机关工委策划组织“阅读——新航程”启动仪式，完成“阅读——新航程”时事理论讲坛一期；联合全疆公共图书馆发布维汉文“书香新疆——阅读流行指数排行榜”，打造引导各族群众阅读和实现“以现代文化为引领”目标的风向标；与自治区诗文朗诵协会共同举办“北京——新疆朗诵艺术交流会”“少年中国梦——庆六一少儿朗诵会”经典诗文朗诵会、诗歌朗诵会等 10 余场次活动；举办“挚爱新疆——2014 新年朗诵会”，这是自治区图书馆举办的一项重要的阅读推广活动，现场近 500 名听众聆听，朗诵会开始前，对评选出的 2013 年度 36 位“阅读之星”和 6 家“优秀流通服务单位”进行表彰，扩大全民阅读活动的影响力。（新疆维吾尔自治区图书馆学会　赵燕）

【新疆维吾尔自治区图书馆文化共享工程建设】 2013 年，自治区图书馆配合文化厅积极完成新疆少数民族语言译制中心建设的方案、论证和申请等工作，已得到公共文化发展中心的正式批复；积极参与“边疆万里数字文化长廊”项目的方案撰写、专家论证及基层调研等工作；参与南北疆 30 个县级支中心的督导验收、设备检查维护和技术辅导等工作；完成 32 个省级分中心 2012 年培训工作的评审；完成文化共享工程 1300 万地方特色资源（5200 余幅图片、3 万文字、60 小时视频）和 830 小时维、哈文译制的三审；完成文化共享工程地方特色资源、红色历史资源和维、哈语译制共计 1770 万元的数字文化资源库群建设工作。另外，充分利用电子阅览室共享工程资源服务各族人民，积极开展“文化共享夏日风”优秀资源展播活动，累计播放电影 18 场次，观众达 3600 余人次；为读者开办《数字资源检索与利用》免费培训，提升读者信息素养，深受读者欢迎，培训读者 9146 人次。（新疆维吾尔自治区图书馆学会　赵燕）

【新疆维吾尔自治区图书馆古籍保护工作】 自治区图书馆古籍普查登记工作在 2013 年取得突破性进展。组织开展全区古籍普查登记及数据审核工作，共计完成 8481 条79769册的古籍普查；完成对自治区图书馆古籍普查数据的审校工作，已由国家图书馆出版社出版印制绿皮书；筹建古籍修复室，古籍修复工作稳步开展；成为“中华珍贵古籍文献数字化”成员馆，扫描制作完成国家古籍保护中心今年第一批国家珍贵古籍数字化样书。（新疆维吾尔自治区图书馆学会　赵燕）

【新疆维吾尔自治区图书馆数字图书馆推广工程建设】 2013年，制定新疆数字图书馆的建设方案，启动新疆数字图书馆虚拟专网建设，完成国家数字图书馆、新疆数字图书馆和3个地（州、市）、65个县市数字图书馆三级VPN虚拟专网的无缝连接，同时完成国家数字图书馆统一用户认证平台、立法决策平台和政府公开信息整合联盟平台的安装与联调。（新疆维吾尔自治区图书馆学会　赵燕）

【新疆维吾尔自治区图书馆对特殊群体服务工作】 2013年，自治区图书馆在军警监狱系统分馆开展主题征文、讲座活动；举办"爱在冬日——慰问乌鲁木齐市儿童福利院"活动，组织馆员、号召社会各界为福利院儿童捐款捐物；继续开展"让爱凝聚，送您回家"为农民工网购火车票活动，为春节返乡农民工及市民成功购票102张，全疆106个公共图书馆积极参与此项工作，11家媒体做现场采访及报道，取得良好的社会效果；全年策划组织50余场丰富多彩、寓教于乐的少儿活动；在电子阅览室专门设立电脑专区，安装"心声·音频馆"相关软件及指纹登录机，帮助视障人士收听音频节目；此外，为农民工、中老年人和青少年学生等不同群体开展计算机免费培训28课时，培训学员2678人次。（新疆维吾尔自治区图书馆学会　赵燕）

【新疆维吾尔自治区图书馆展览活动】 全年与社会各界联合举办各类展览20场次，服务读者16万人次。配合自治区党委宣传部做好"热爱伟大祖国 建设美好家园"主题教育活动展览的讲解接待工作，观众达万余人次；承办"意会中国"阿拉伯各国著名画家作品展，促进中阿文化交流；举办面向全疆的首届"文化共享杯"新疆群众摄影艺术作品征集活动并荣获优秀组织奖；举办全疆图书馆"精彩瞬间"摄影作品征集活动，从22个地州市县征集图片397件，在世界读书日展出。新图展览吸引各族群众观展，成为开展爱国主义教育、区情教育和民族团结教育的重要阵地和生动载体。（新疆维吾尔自治区图书馆学会　赵燕）

【新疆维吾尔自治区图书馆立法决策参考服务】 2013年，新疆维吾尔自治区两会召开期间，自治区图书馆馆长历力带领8名业务骨干在"两会"现场为代表、委员提供立法决策咨询服务：根据文化信息分类收集相关新闻报道和评述，汇编《决策与参考（2013）》1000余册免费发放；办理免费借阅证，提供最新图书、报刊现场借阅；设立文献信息服务中心，开通图书馆立法决策服务平台，提供电子信息和数据库现场检索查询，开展定题服务和科研课题方面参考咨询。这些服务赢得与会代表、委员的高度评价，这也是自治区图书馆将信息服务送进两会会场的第四年。此外，自治区图书馆还编辑《2013年自治区文化文物工作会议参考与决策》、三届中国新疆国际民族舞蹈节资料汇编及24期《东部看新疆专题简报》等，为支持政府中心工作提供决策信息服务。（新疆维吾尔自治区图书馆学会　赵燕）

【新疆维吾尔自治区图书馆业务指导与培训工作】 自治区图书馆充分发挥全疆中心馆、龙头馆的作用，圆满完成全年度古籍普查保护、文化共享工程、图书资料专业继续教育等培训工作，培训学员2万余人次。开展的主要工作包括：选拔业务骨干赴武汉大学信息管理学院进修，开办由北京大学信息资源管理系和自治区图书馆合作举办的2013年图书馆学专业（信息资源管理方向）研究生课程进修班；由国家古籍保护中心主办、新疆古籍保护中心承办第二期珍贵古籍数字化培训班，这也是文化部、国家图书馆暨国家古籍保护中心开展对口援疆工作的一个专项工作；举办新疆边疆万里数字文化长廊建设试点单位第一期培训班；协助国家科技图书文献中心举办"送服务到西部——NSTL科技文献信息新疆行"培训活动；举办"春雨工程——新疆文化信息资源共享工程师资骨干培训班"；举办和田地区基层业务骨干培训班并开展业务指导工作；配合自治区文化厅举办全疆公共图书馆评估培训班；组织全疆各级共享工程支中心参与公共文化发展中心开展的网络培训12期。（新疆维吾尔自治区图书馆学会　赵燕）

【新疆维吾尔自治区图书馆科研和课题申报】 2013年，自治区图书馆完成《新疆少数民族文献检索平台建设》项目平台的白盒测试、黑盒测试、功能调整等工作，完成该课题项目验收的项目研制报告、技术研制报告、论文汇编、申请报告等验收材料以及文化部科技司的专家评审。积极组织动员全馆人员参与中图学会、科协等系统组织的征文和学术交流活动，获奖论文共计35篇。（新疆维吾尔自治区图书馆学会　赵燕）

【乌鲁木齐市图书馆概况】 乌鲁木齐市图书馆现有工作人员29名，由维、汉、哈、回、满等民族组成，少数民族占全馆人员的30%。其中，专科以上文化程度工作人员占98%。副研究馆员职称4人，馆员职称16人。使用面积近6202平方米，馆藏书籍达28万余册、报刊1200多种。阅览座位700余个，多媒体电脑100台。采用开放式管理模式，是一座借、阅、藏一体化，设备自动化，管理现代化的全新图书馆。（乌鲁木齐市图书馆　靳艺星）

【乌鲁木齐市图书馆举办国学经典诵读亲子读书班一周年教学成果汇报展示活动】 1月20日，由乌鲁木齐市图书馆主办的“国学经典诵读亲子读书班”“迎新春——让国学经典走进孩子心灵”周年庆典教学成果汇报展示活动在市图书馆六楼报告厅举行。市委宣传部副部长、市机关文化建设领导小组办公室常务副主任刘先勇等领导，国学亲子班小朋友、家长及社会各界200多人参加活动。“乌鲁木齐市公益性国学经典诵读亲子读书班”创建于2012年1月15日，以发挥图书馆的社会教育职能、弘扬传统文化、加强青少年对传统文化的了解和传承、让青少年“沐浴经典，伴我成长”为主旨。国学亲子班以讲座，家长、小朋友才艺表演，手工制作，分享交流，音像观摩，拓展训练等方式进行学习，全年共开设培训课40场，开办专题讲座20场，受训人员6850人次。（乌鲁木齐市图书馆　靳艺星）

【乌鲁木齐市图书馆启动新疆优秀文学作品系列朗诵会】 8月18日，由乌鲁木齐市图书馆、新疆朗诵艺术协会共同打造的全新文化活动“天山珠玑——新疆优秀文学作品系列朗诵会”第一场“鲁焰文学作品朗诵会”在市图书馆六楼多功能厅隆重举行。该系列朗诵会每月举办一期，每期推介一名或多名新疆本土优秀作家及其作品，自启动以来已先后推出多场朗诵会，深受广大文学爱好者及市民群众的喜爱。此系列活动推动新疆本土文学事业的繁荣与发展，并宣传大美新疆以及建设发展大美新疆所展现出的新疆精神，同时丰富广大市民群众的精神文化生活。（乌鲁木齐市图书馆　靳艺星）

【乌鲁木齐市图书馆获得一级图书馆称号】 乌鲁木齐市图书馆自2011年6月免费开放以来，积极完善功能设置、丰富馆内资源，延长开放时间，在功能设置、服务理念、服务领域与管理模式上不断创新，开办“文化讲坛”“主题展览”“国学经典诵读亲子班”“新疆优秀文学作品系列朗诵会”等品牌活动及“天山读书月”“机关干部美文大赛”等读书活动。2013年，在文化部开展的第五次公共图书馆评估定级中，市图书馆最终以945分的好成绩通过文化部公共图书馆评估领导小组的达标验收，继2009年后再次荣获地（市）一级图书馆称号。（乌鲁木齐市图书馆　靳艺星）

高校图书馆

综述[①]

一、2013 年高校图书馆事业发展概况

2013 年，高校图书馆的馆均总经费投入稍低于 2012 年，馆均文献资源购置费、馆均纸质资源购置费略有下降，电子资源购置费继续攀升。馆舍面积持续扩大，有 66 所高校图书馆在建新馆，馆均 2.5 万平方米。人才队伍素质进一步提升，高学历人才比例更大，减员增效充满活力。数字化设施全面普及，信息技术应用更加深入。资源共建共享活动不断拓展并走向深入，中国高等教育文献保障系统（CALIS）和中国高校人文社会科学文献中心（CASHL）在资源建设、平台再造、服务提升、管理优化、协同创新等方面拾级而上，已成为支撑和保障中国高校教学科研的重要的信息基础设施。

教育部高等学校图书情报工作指导委员会、中国图书馆学会高校图书馆分会积极发挥研究、咨询、协调和指导作用，有力推动高校图书馆合作共建、协同创新。

总之，面对新技术、新环境、新需求带来的挑战，高校图书馆积极面对、勇于探索，在 2013 年实现稳健发展。

二、2013 年高校图书馆基本统计数据

（一）文献资源购置费

2013 年，共有 645 所高校图书馆在“教育部高校图书馆事实数据库”中填报数据，数据有效的为 624 所。年度总经费的平均值[②]约为 500 万元（2012 年的平均值约为 501.8 万元），与去年相比略有下滑，中位值[③]约为 289 万元（2012 年的中位值约为 252.2 万元），标准差[④]约为 634.1 万元（2012 年的标准差约为 739.2 万元），极差[⑤]约为 5407.6 万元（2012 年的极差约为 906.7 万元），2013 年的极差比 2012 年明显增加，表明我国高校图书馆年度总经费的差距非常大，投入极不均衡。年度总经费的具体分布情况见表 1。

表 1　2013 年高校图书馆总经费分布

年度经费（万元）	百分比	向上累积百分比
＜10	1.5%	1.5%
10—49.99	7.3%	8.8%
50—99.99	8.9%	17.7%
100—149.99	11.6%	29.3%
150—199.99	9.9%	39.2%
200—499.99	30.2%	69.4%
500—999.99	16.4%	85.8%
1000—2000	11.4%	97.2%
2000—5409	2.8%	100.0%

---

① 文中统计数据均来自“教育部高校图书馆事实数据库”，网址：http://www.tgw.cn:18080（截止日期 2013 年 9 月）。

② 平均值指的是各高校图书馆填报有效数据之和除以填报有效数据的高校图书馆数量所得到的值。

③ 中位值指的是将有效数据从高到低排序，排在最中间的高校图书馆所填报的值。

④ 标准差指的是各高校图书馆填报的有效数据偏离平均数距离的总平均数，它能描述出各高校图书馆填报此项数据集合的离散程度。

⑤ 极差是指在各高校图书馆填报的有效数据中，最大值与最小值之差，也能描述数据离散度。

（二）馆舍面积

共有564所高校图书馆提交有效的2013年度馆舍面积的数据，建筑总面积约为1272.2万平方米，馆均约为2.3万平方米，与2012年的2.23万平方米略有增长，标准差约为1.7万平方米，高于2012年的1.69万平方米。中位值约为1.9万平方米，落在排名第282位的安徽职业技术学院图书馆上。图书馆建筑面积位居前5名的是：中山大学图书馆，约为11.7万平方米；贵州大学图书馆，约为8.9万平方米；浙江大学图书馆，约为8.6万平方米；郑州大学图书馆，约为8.4万平方米；大连理工大学图书馆，约为8.3万平方米。馆际间馆舍建筑面积差距很大，面积最小的是上海民航职业技术学院图书馆，只有500平方米，排名第一的中山大学图书馆的馆舍面积是其233.3倍。从2006年到2010年，高校图书馆的馆均建筑面积呈持续增长趋势，但2011年开始增长缓慢，高校图书馆进入建筑面积的平稳增长时期，具体分布见图1。

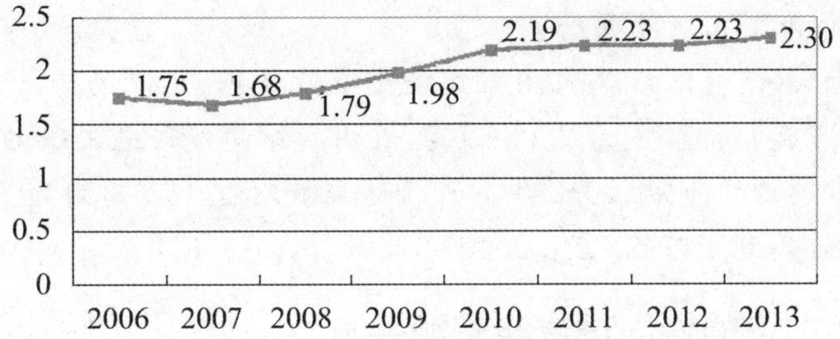

图1　2006—2013年高校图书馆馆均建筑面积（万平方米）

（三）人力资源

“教育部高校图书馆事实数据库”中各馆自报的数据表明，2013年，尽管馆舍面积和馆藏数量持续增长，馆均在编职工人数基本保持稳定，这意味着工作效率的提高和服务成本的降低，高校图书馆员的工作压力日益加大。

2013年，共有612所高校图书馆提交有效的在编馆员数据。在编馆员总人数为24564人，馆均约为40.1人，众值为12人，标准差为38人，中位值为28人，这些说明高校图书馆在编馆员数量相差较大。

共有597所高校图书馆提交职工学历数据。其中183所高校图书馆拥有博士学历的馆员，拥有博士学历馆员的总数为597人，平均每馆拥有博士0.78人（2012年为0.89人），中位值和众值都是0人，标准差为1.77人。在提交数据的图书馆中，有69.3%的高校图书馆没有博士馆员，有14%的高校图书馆仅拥有1名博士馆员，有7%的高校图书馆拥有2名博士馆员，有4.7%的高校图书馆拥有3—4名博士馆员，仅4.9%的高校图书馆拥有博士馆员在5名及以上。

597所高校图书馆所拥有的在编硕士馆员为2867人，平均每馆拥有硕士4.8人表明硕士学历的馆员正在成为高校图书馆开展知识服务的生力军，高校图书馆对硕士馆员的需求量还非常大，硕士研究生正在成为高校图书馆引进人才的主要对象。

在597所提交有效数据的高校图书馆中，拥有本科学历馆员的总人数为11728人，其中本科双学位馆员为262人。本科学位馆员的总人数是硕士学位馆员总人数的2.24倍，平均每所高校图书馆拥有19.7名本科馆员，这也表明本科馆员仍然是高校图书馆的主力。

在597所高校图书馆中，在编大专馆员达到4764人。有8.6%的高校图书馆不拥有在编大专学历馆员，拥有1—2名在编大专学历馆员的高校图书馆占19.2%，拥有3—7名在编大专学历馆员的高校图书馆占34.2%，拥有8—15名在编大专学历馆员的高校图书馆占21.4%，拥有在编大专学历馆员超过15人的仅占16.6%。

在提交有效数据的597所高校图书馆中，学历在大专以下的馆员有1923人。其中有30.4%的高校图书馆不拥有大专以下学历馆员，拥有1—5名大专以下馆员的占到51.2%，比2012年的69.2%下降了近20个百分点。

从总体情况看，我国高校图书馆人力资源结构正在朝高学历的方向转型，但发达城市重点高校图书馆的人力资源结构的转型速度明显快于西北部落后城市非重点高校图书馆。

(四)数字化设施

在网络环境下,数字化设施的装备情况和数字化、网络化服务水平,已经成为图书馆的核心能力之一,读者关注度高,期望值大,各校也十分重视。"教育部高校图书馆事实数据库"中各馆自报的数据表明,2013 年,全国普通高校图书馆均已装备各种数字化、网络化设施,但是整体服务绩效有待提高,馆际服务水平差距极大,仍有一些馆在数字化、网络化服务方面作为不大。

在电脑拥有量方面,共有 536 所高校图书馆提交有效数据,共有电脑(含笔记本电脑)约 13 万台,馆均为 242 台,少于 2012 年的 257 台,中位值为 181 台。

在服务器台数方面,共有 616 所高校图书馆提交有效数据,总台数为 7055 台,馆均 11 台,中位值为 7 台,众值为 0 台,标准差是 14 台。

在扫描数据量方面,共有 84 所高校图书馆提交有效数据。扫描加工文献总量约为 3929.7 万页,馆均约为 46.8 万页(2012 年为 178.9 万页)。

在向外传递文献方面,共有 438 所高校图书馆提交有效数据,总量约为 654.5 万篇,平均每馆传递 1.5 万篇(2012 年为 0.3 万篇),标准差为 23.3 万篇,表明各馆向外传递文献的数量差别很大。有 5%的高校图书馆向外传递文献超过 1 万篇,2012 年向外传递文献超过 1 万篇的为 8.2%;有 9.8%的高校图书馆向外传递文献在 1000 篇到 1 万篇之间,2012 年此数据为 19.6%。

三、2013 年高校图书馆的协同进步与资源共享

高校图书馆的宏观协调和指导工作主要由教育部高等学校图书情报工作指导委员会(简称"高校图工委")和中国图书馆学会高校图书馆分会(简称"高校图书馆分会")来开展。两机构在教育部和中国图书馆学会的领导下,紧密依靠委员和会员,充分发挥交流信息、推广经验、激发创新、指导发展的桥梁和纽带作用,努力为事业的发展集思广益、探索方向、出谋划策、上传下达、凝聚力量、协同推进。

两大图书馆联盟——CALIS 和 CASHL 则继续承担资源共建共享大本营的作用,克服各种困难,努力为全国高校提供文献保障。

(一)高校图工委的工作进展

2013 年,高校图工委与北京大学联合主办的图书馆学核心期刊《大学图书馆学报》迎来创刊 30 周年。4 月 22 日,纪念《大学图书馆学报》创刊 30 周年座谈会暨四届二次编委会在深圳大学城图书馆召开,20 位来自全国各地的编委、作者代表和特邀嘉宾参加会议。2013 年,《大学图书馆学报》继续获得国家社科基金资助,在中国知网、万方数据、CSSCI 等期刊数据库发布的影响因子排行榜中,稳居图书馆学情报学期刊第二名。

8 月 1—2 日,第四届教育部高等学校图书情报工作指导委员会成立大会暨第一次工作会议在河南省郑州市召开。新一届图工委委员、高职高专分委员会委员,各省、直辖市、自治区高校图工委秘书长,香港学术图书馆联盟代表等 100 余人参加会议。第四届高校图工委由 70 名委员和 29 名高职高专分委员会委员组成,根据个人志愿,分编为文献资源建设、人力资源建设、馆舍与环境建设、读者服务创新与推广、信息素养教育、信息技术应用、战略规划研究(包括统计、发展报告)、古籍和特藏整理与保护、期刊及信息计量研究、规程修订(临时性的,任务完成即撤销)等 10 个工作组开展工作。

7 月 8—12 日,高校图书馆新任馆长暑期高级研修班在山东济南成功举办。本次研修班是教育部高等教育司"2013 年高等学校青年骨干教师高级研修班项目"之一,由高校图工委秘书处与北京大学图书馆联合主办、山东大学图书馆承办。来自全国 20 余个省、直辖市、自治区的 70 所院校图书馆的 75 位新任馆领导参加研修班。研修班邀请北京大学图书馆、武汉大学图书馆、南开大学信息资源管理系及华东师范大学图书馆的专家为学员授课。授课内容覆盖高校图书馆的使命、职能、现状与未来发展,高校图书馆服务创新、高校图书馆资源建设资源组织、高校图书馆人力资源管理、图书馆系统与现代技术应用以及国内外图书馆资源共享理论与实践等方面。专家们详细介绍国内外前沿发展状态,与会代表按照不同专题分组进行案例研讨,并结合各馆工作实际进行深入交流。

9月13—14日，由教育部高校图工委期刊研究工作组、全国高校期刊工作委员会主办，南京大学图书馆、武汉大学图书馆、中国图书进出口(集团)总公司联合承办的2013年教育部高校图工委期刊研究工作年会暨全国高校图书馆第十四届期刊工作学术研讨会在武汉大学召开。会议的主题为“数字化转型下的图书馆期刊资源建设与服务”。来自北京大学、清华大学、复旦大学、西安交通大学等国内40多所教授的70多位代表参加会议。

11月15日，高校图工委读者服务创新与推广工作组第一次工作会议，在上海交通大学图书馆召开，来自工作组的20余名高校图书馆馆长及代表出席会议。会议对《高校图书馆读者服务创新与推广工作——2013—2016年工作计划提案》进行讨论，并就各项工作的开展进行具体分工。会议由工作组组长单位上海交通大学图书馆和南方医科大学图书馆主持。

12月25—27日，第四届教育部高校图书情报工作指导委员会高职高专分会成立大会暨第一次工作会议在天津召开。会议审议通过《教育部高等学校图书情报工作指导委员会高职高专分委员会工作章程》；讨论、通过《2014年度工作计划》；审议通过《普通高等学校图书馆规程》修订意见；审议通过2013—2017年聘期规划。成立体现职业教育特色的专题工作组，确立了组长和牵头学校。

(二) CALIS的工作进展

1.服务成效显著

各方面数据见以下图表，均有增长。

表2　2013年CALIS元数据总量统计　　单位:条

资源	子资源	元数据	小计
图书	中文图书	8032580	11795084
	西文图书	2979269	
	日文图书	513197	
	俄文图书	259550	
	方正年鉴	7767	
	方正工具书	2721	
期刊	中文期刊	11683	147838
	西文期刊	136155	
期刊文章	中文期刊文章	50294693	135665408
	西文期刊文章	85370715	
学位论文	中文学位论文	2869129	4760219
	外文学位论文	1891090	
年鉴条目		6026200	6026200
工具书条目		11729941	11729941
报纸条目		73853702	73853702
合计	243978392		

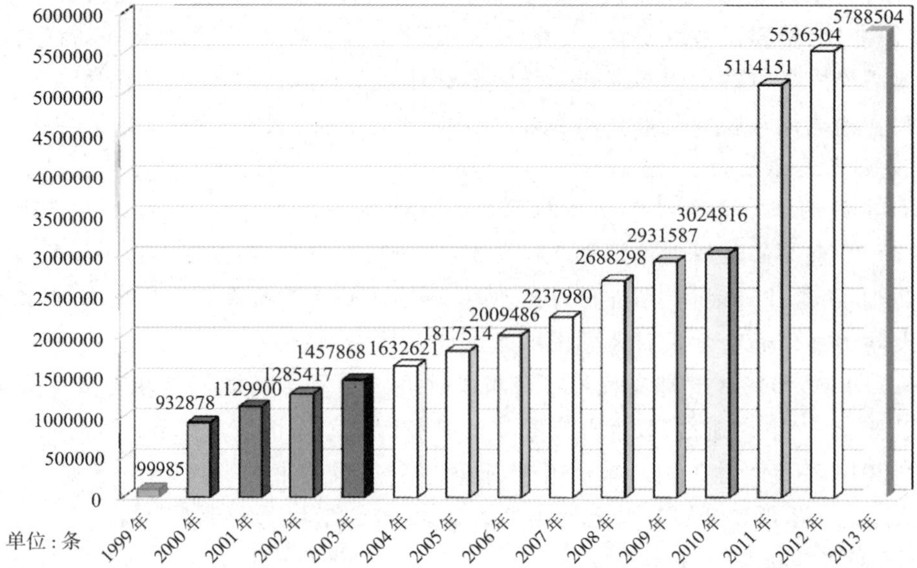

图 2　联合目录书目数据量年度统计图(建库—2013 年 11 月 30 日)

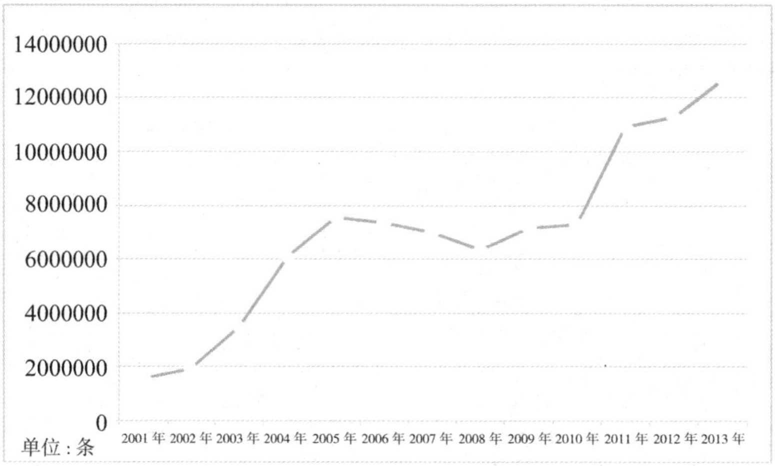

图 3　联合目录书目数据下载量年度统计图

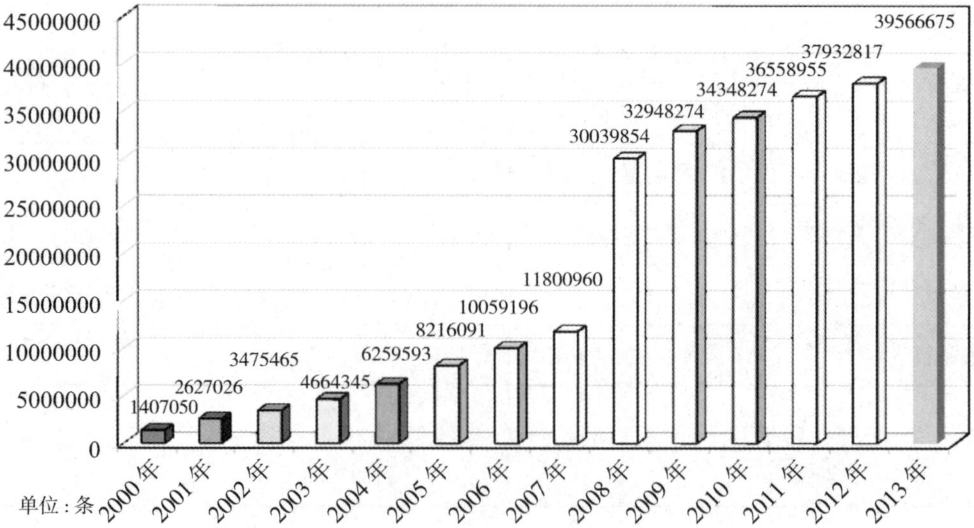

图 4　联合目录馆藏量年度统计图

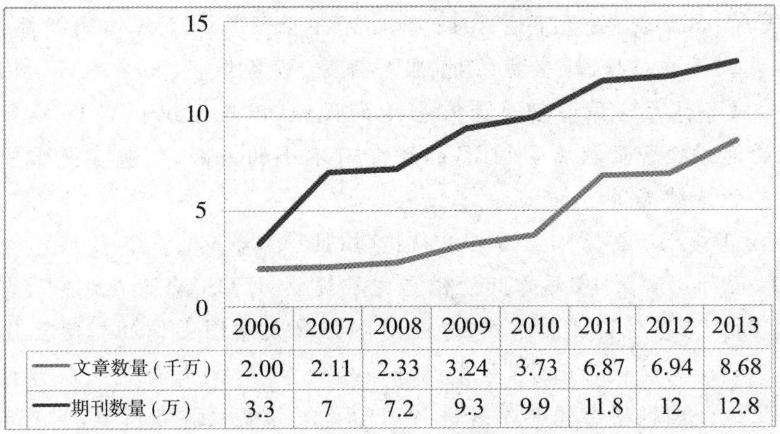

图 5　外文期刊网资源数量年度统计图

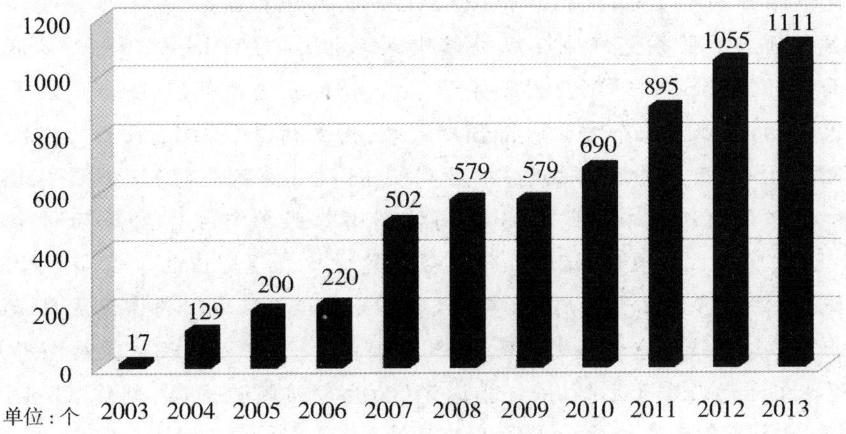

图 6　外文期刊网成员馆数量年度统计图

表 3　CALIS 馆际互借与文献传递中心调度服务量统计　(单位:件)

年	2011 年	2012 年	2013 年
请求数	28941	133042	106857
满足数	25820	114467	91633

表 4　CALIS 馆际互借与文献传递服务馆数量统计　(单位:个)

2011 年	2012 年	2013 年
177	281	327

2. 获得教育部拨付的运维经费

1月，教育部给CALIS下发《关于下达2013年教育经费预算的通知》，同意提供2013年运维经费1300万。运维经费主要用于文献保障、数据维护、服务保障、设备维护、日常运行、应用软件维护、服务与运维人员和各级中心服务体系运维管理部署在当地的设施，以及组织CALIS服务在当地的宣传推广等。教育部本次下拨的运维经费虽然离CALIS的预期有不小的差距，但确实是雪中送炭，解燃眉之急，保证CALIS各项服务的持续提供。

3. 成功举办国际图联第13届馆际互借与文献提供(ILDS)会议

10月16—18日，国际图联第13届馆际互借与文献提供(ILDS)会议在北京大学英杰交流中心成功召开。来自19个国家的150多位公共图书馆、专业图书馆和大学图书馆的馆际互借与文献传递业务主管馆长和工作负责人参会。与会代表围绕"全球视野与本地策略"的大会主题展开讨论。ILDS会议首次在中国成功举办，不仅方便国内图书馆界学者进行国际交流并吸收前沿精华，也展示中国图书馆界的整体实力，为推动中国和世界各地图书馆的交流与合作起到积极促进作用。

4. 召开2013高校图书馆服务与技术发展研讨会

由CALIS管理中心主办的2013高校图书馆服务与技术发展研讨会于11月21—22日在北京师范大学图书馆举行。来自CALIS高校成员馆、非高校系统和合作单位的专家、代表260余人与会，共同探讨图书馆服务与技术的新理念、新思路、新方法和新应用。

5. 借CALIS建设十五周年之际，评估和推广CALIS的系统和服务

为了把CALIS各项应用服务更好地在成员馆中深入推广，CALIS管理中心从服务能力、服务质量、服务效果等方面，对CALIS省中心、应用服务示范馆、馆际互借服务馆、联合目录项目建设参建馆等进行评估。通过此次评估，在以下几个方面取得预期效果：树立利用CALIS服务的样板；检验CALIS服务的有效性；完善CALIS的云服务及其机制；推动CALIS服务深入利用；发挥CALIS项目的效益；培养掌握先进理念和技术的优秀馆员。在2013年高校图书馆服务与技术发展研讨会上，CALIS对在CALIS省中心、示范馆、联合目录项目、馆际互借服务馆建设中表现突出的单位和个人进行集中表彰。

与此同时，为纪念CALIS成立十五周年，宣传CALIS及其各级中心的建设成果，推广CALIS的各项服务和系统，推出"CALIS服务宣传展"和"CALIS全国中心、省中心建设成果展"；开展面向成员馆馆员的"我与CALIS"征文活动，以"开元知海，任我遨游"为主题编撰论文集；制作"CALIS十五周年历程回顾"Flash，对CALIS十五年来的工作和成果进行总结。

6. 与国家图书馆馆际互借与文献传递服务正式开通

2013年4月，CALIS与国家图书馆馆际互借与文献传递服务，经过确定服务流程、服务政策，相关系统的对接、改造等前期工作，开始试运行。11月21日，在2013年高校图书馆服务与技术研讨会上，CALIS和国家图书馆正式联合推出"CALIS与国家图书馆馆际互借与文献传递服务"，高校读者通过CALIS平台即可获得国家图书馆的文献资源，进一步扩大网络环境下资源共享的范围。

7. 共享域建设取得新进展

2013年，成立"CALIS军队院校文献信息服务中心"和"师范院校联盟"，以此带动各类共享域文献保障工作的开展。由国防科技大学牵头的"CALIS军队院校文献信息服务中心"于11月8日正式开通，25所军队院校加入该共享域。由北京师范大学牵头的"全国师范院校图书馆联盟"成员大会筹备会于11月28日在北京召开，来自教育部所属以及地方师范院校图书馆的近30位代表参加会议。

7月4日，CALIS和澳门科技大学举办"图书馆发展之未来"研讨会，在澳门共享域范围内探讨两岸图书馆的未来发展趋势、现代图书情报技术、服务创新讨论与合作等内容。11月22日，在CALIS的支持下，"五星联盟(5+1)"共享域会议召开，就新馆建设及新馆使用、图书馆现代化技术应用、旅游院校高职高专图书馆创新管理模式、资源数据整理及提交的质量控制等议题进行学术及经验交流，并制订五星联盟下一年活动计划。

8. 发布"CALIS—CARSI Shibboleth服务"

Shibboleth是一个针对SSO(Single Sign On，单点登录)的开源项目。国外数据库普遍支持基于

Shibboleth 的实名登录认证服务，以方便高校读者以实名方式在校园外直接登录和访问这些数据库，无须使用学校提供的 VPN 或 Proxy 服务。国外大多数学校都已开通这种服务。2013 年 6 月中旬，CALIS 管理中心与高校图书馆数字资源采购联盟（DRAA）和中国教育科研网（CERNET）合作，基于 CERNET 高校身份认证联盟基础设施项目（CARSI），共同推出 CALIS—CARSI Shibboleth 服务（简称“CALIS—CARSI 服务”），旨在为我国高校图书馆提供图书馆读者在校外以实名方式登录和访问商业数据库的身份认证服务。为更好地向高校图书馆和数据库商提供统一的 CALIS—CARSI 服务申请、开通与技术支持，CALIS、DRAA 和 CERNET 共同成立 CALIS—CARSI 服务组。

DRAA 门户已完成组团数据库对 Shibboleth 服务相关页面及功能开发，并在“资源百科”中揭示相关信息。数据库商可以在线填报“Shibboleth 信息”时，提供技术人员联系信息和相关技术字段，方便 CALIS—CARIS 服务组技术人员联系开通服务。目前，正式开通 CALIS—CARIS 服务的数据库商有 4 家，分别是美国 Thomson Reuters 公司、美国 IEEE 公司、英国皇家化学学会（RSC）和英国 Nature 杂志出版社。EBSCO、Emerald、ACM 出版社等数据库商也计划加入。成员馆方面，分别于 7 月 2 日和 11 月 12 日分两批给已购库成员馆下发服务启动通知，截至 12 月 20 日统计，共有 50 家图书馆申请安装 IDP 软件，CALIS—CARSI 服务组正在按照申请顺序依次部署。

9. 技术中心通过 CMMI 3 级资格认证评审，获得 CMMI—3 级认证证书

CALIS 技术中心从 2010 年起，启动软件过程改进工作，经历三年的艰苦努力，于 2013 年 4 月 22—26 日，以北京开元数图科技有限公司名义接受 CMMI 标准评估机构的审核评估并最终通过 CMMI3 级资格认证评审，获得 CMMI—3 级认证证书。这意味着 CALIS 技术中心软件组织已根据 CMMI—3 标准流程和组织自身的特点，成功建成一套制度化、标准化、科学化的软件开发管理体系。

CALIS 技术中心以开元公司名义于 2013 年 1 月通过 ISO 9001 质量管理体系审核，2 月获得 ISO 9001 质量管理体系认证证书。ISO 9001 与 CMMI 互为补充，强调企业过程和产品改进的不同方面。

10. 馆际互借协调组完成新一轮换届

12 月 23 日，第五届高校馆际互借协调组第一次会议在北京大学图书馆召开。CALIS 管理中心副主任陈凌、CASHL 管理中心副主任肖珑，以及第五届高校馆际互借协调组所有成员参加会议。会议完成换届工作，成立第五届高校馆际互借工作协调组并明确主要工作。

11. 高职高专专家工作组成立

为了尽快完成项目建设机制向全面服务机制转换，结合高职高专信息服务的特点，帮助 CALIS 项目建设成果在高职高专的“落地服务”，进而促进高职高专图书馆的快速发展，由 CALIS 管理中心主办的“第一届 CALIS 高职高专专家工作组成立暨第一次工作会议”于 2013 年 12 月 27 日在北京大学图书馆召开。会上，CALIS 管理中心副主任、北京大学图书馆馆长朱强宣布了高职高专专家组成立及专家名单，并向专家颁发聘书。随后，专家组成员就《高职高专专家工作组章程（讨论稿）》、工作组成立后未来的工作计划、CALIS 对高职高专的针对性服务等问题进行了讨论。专家们表示：今后通过 CALIS 机构服务平台，结合高职高专院校图书馆发展的特点，有针对性地为促进高职高专院校图书馆的发展贡献自己的一分力量。各位专家还结合本校发展的特点，在 CALIS 机构服务平台建设、资源利用和服务开展等方面，提出了应加强联系，密切沟通，积极开展广泛的交流与合作等许多有建设性的意见和建议。

（三）CASHL 的工作进展

1. 采购大型特藏文献

利用正常经费新增 10 种大型特藏文献。又通过新增经费 80 万美元，采购 65 种或是传世巨著或是科研一手资料的特藏文献，多为国内高校孤藏，涉及历史、哲学、艺术、法学、社会学、周边国家区域研究等多个领域。

2. 常规资源建设稳步发展

2013 年，全国 70 所高校图书馆通过“高校文科引进专款图书订购信息平台”，共发出协调采购订单 18073 笔，自主采购订单 29130 笔。完成图书集中编目 45234 种，扫描封面和目次页共计 4 万余种。纸本期刊从 2012 年的 17343 种，增加到 21061 种，增加了 21.5%。其中核心期刊达到 4849 种。

3. 文献利用率不断提高

2013 年，CASHL 各中心馆文献传递服务总量达到 122353 件，累计服务量突破 90 万篇。跨区域借书服务已向 90 家高校开通。全年完成的图书借阅请求 3005 件，较 2012 年增长显著。2013 年 4 月推出的“畅读”活动，仅一个月就完成图书借阅申请 500 件。文献传递服务质量进一步提升，文献满足率达到 95.52%；服务完成时间为 2.19 天。用户满意度调查中，90.6% 的用户表示非常满意 CASHL 的服务。

4. 创新宣传推广模式，深入推进 CASHL 学科化服务试点

2013 年 9 月，CASHL 开通新浪官微“@CASHL 开世览文”，为用户介绍 CASHL 的新资源与新服务，让广大馆员和读者第一时间了解 CASHL 的优惠服务信息。下半年还开展了教育学和经济学学科服务推广活动。同时持之以恒地进行全国与区域推广活动。例如，6 月 21 日召开“总结分享、合作共赢——‘CASHL 走入华中’七周年宣传推广总结表彰会议”，来自华中 4 省 37 个成员馆的主管馆长及馆际互借员共 74 人参加会议。2013 年，CASHL 与 BALIS 签署合作协议，BALIS 成员馆全体加入 CASHL，成员馆总量达到 741 家。

5. 组织专业会议，探索发展新路

1 月 18 日，CASHL 管理中心策划并组织教育部“高校文科图书引进专款项目”30 周年纪念大会暨高校文科文献保障体系建设学术会议、教育部“高校文科图书引进专款项目”院校采访馆员培训会议。来自教育部、财政部的有关领导、高校知名专家学者、国家图书馆、上海图书馆、中国社科院、中国科学院等图书馆馆长以及全国 70 余所高校图书馆馆长和工作人员约 200 余人参加会议。

3 月 22 日，由 CASHL 管理中心主办的 2013 年 CASHL 中心馆馆长工作会议在浙江大学宁波理工学院图书馆召开。教育部社科司何健处长和 CASHL 17 家中心馆馆长和主管副馆长、CALIS 管理中心、中国教育图书进出口公司等机构主要负责人共 35 人参加会议。会议讨论新信息环境下 CASHL 发展的新思路，通过对上一年度工作进行总结梳理的同时，讨论、部署和落实年度工作计划。

7 月 17—18 日，第二届中美高校图书馆合作发展论坛在兰州召开。论坛由 CASHL，北美中国研究图书馆员学会(SCSL)和兰州大学联合主办，兰州大学图书馆承办，论坛主题是“中国周边国家文献资源的收集、整理和共享服务”。来自海内外 8 个国家和地区的图书馆专家、学者 110 人参会。

11 月 15 日，召开“资源共享 拓展服务——华东南地区特藏文献共建与共享服务启动大会”。来自闽、浙、沪三地的高校及公共图书馆负责人、馆际互借员，共计 58 人参会。会议就古文献传递存在的问题以及古籍保护修复的规范等问题进行深入讨论，倡议尽快建立古籍文献保护规范，建立起完整的规程，细化操作标准。经过讨论，大家普遍认同在有效保护的前提下，支持古籍开放。华东南地区古文献服务是 CASHL 拓展资源与服务的新尝试，将为全国范围内古文献传递服务开展提供宝贵经验。

12 月 30 日，CASHL 专家咨询组第七次工作会议在中山大学召开。会议讨论文科图书引进专款项目未来五年发展规划和 CASHL 期刊协调方案，就进一步加强图书与期刊的全国协调建设提出指导性意见。这些专业会议和工作会议是对在全国范围内进一步深化联合保障机制的有益探索与实践，也是 CASHL 探索未来发展方向的新尝试。与会专家积极建言献策，群策群力，为 CASHL 的未来建设道路指明方向。

（王波　刘静　庞琳　吴汉华　姚晓霞　关志英　王琼　朱强）

年度工作

普通高校图书馆

北京市

【概况】 2013 年，北京地区高校图书馆文献资源保障体系（BALIS）建设得到持续发展。原文传递、馆际互借、资源协调、联合信息咨询、培训等方面开拓性地开展一系列工作，文献资源的保障水平和服务水平得到进一步的提升，为首都高校的人才培养和科学研究工作提供良好的支撑，取得较好的社会效益和经济效益。BALIS 馆际互借中心系统内开户数 87 家，正式签约馆增至 77 家。读者注册人数新增 12108 人，提交请求 22369 条。请求已满足数 16250 条，BALIS 馆际互借服务共计借出图书 16250 册，满足率为 73%。BALIS 原文传递中心读者注册量 13487 人次，服务请求量达 67896 条，满足量达 58728 条，满足率 86.5%。BALIS 联合信息咨询中心为广大用户提供的委托数量为 2134 项，受理数量为 1975 项，满足率为 92.5%。培训中心组织多次专业培训，取得很好效果。

科学研究立项工作进一步推动图书馆的学术研究气氛。专家对 2011—2013 年度北京高校图书馆研究基金项目进行结项评审，在批准立项的 30 个项目中，24 个项目按期结项，项目产生正式发表论文 39 篇，未发表论文 5 篇、项目报告 18 篇，另有专著 1 部、程序软件 1 个、平台 3 个、数据库 3 个等。同时，期刊专业委员会、艺术专业委员会、数字图书馆专业委员会、信息素质教育专业委员会、编目专业委员会、用户研究与服务专业委员会、高职高专专业委员会等各专业委员会都开展学术交流、研讨活动。

各高校图书馆十分重视泛在化服务的开展。各馆相继开通微博、微信等平台，与读者进行交流，同时大力发展移动图书馆业务，为读者提供更加简洁、便利的智能化服务。

各高校图书馆之间的合作与交流更加广泛和深入。北京高校图工委组织北京代表团参加华北图协第二十七届学术年会；成功举办北京高校图书馆第九届运动会，来自 49 所高校的 1100 余名运动员参加 43 个项目的比赛，增强图书馆馆员的凝聚力。（张小野）

【BALIS 与 CALIS 原文传递融合系统服务启动】 1 月 1 日，BALIS（北京地区高校图书馆文献资源保障体系）与 CALIS（中国高等教育保障系统）原文传递融合系统（http://www.bj.calis.edu.cn）正式启动服务，北京地区高校约 50 家成员馆加入该系统开展服务。该系统可传递报刊文献、科技报告、会议论文、标准、专利、学位论文和图书部分内容，可获取全国高校图书馆、国家图书馆、上海图书馆、NSTL（国家科技图书文献中心）的文献全文，还可通过代查代检馆获取国外文献资源。文献获取费用由 BALIS 和 CALIS 分担，读者享受文献获取全免费服务。通过融合系统，BALIS 原文传递可以有效利用 CALIS 原文传递系统提供服务，从而拓宽了北京地区高校图书馆读者原文传递的渠道。（北京高校图工委　魏微）

【第二届图书馆资源建设学术交流论坛召开】 1 月 11 日，第二届图书馆资源建设学术交流论坛在中国人民大学召开。论坛由 BALIS 文献资源协调中心、北京高教学会图书馆工作研究会文献资源建设专业研究会、中国人民大学图书馆、社会科学文献出版社联合主办，主题为“馆配市场规范化”。BALIS 管理委员会常务副主任、中国人民大学图书馆馆长刘大椿，BALIS 资源协调管理中心主任、首都师范大学图书馆副馆长熊丽，社会科学文献出版社总编辑杨群、社会科学文献出版社总编辑助理蔡继辉以及来自北京地区和其他省市的图书馆、馆配商、出版社代表等 150 余人参加此次论坛。图书馆、馆配商、出版社三方代表分别发言并进行讨论。（北京高校图工委　魏微）

【清华大学金融图书馆开馆】 2 月 25 日，清华大学金融图书馆开馆，其前身是成立于 1981 年的人民银行研究生部图书馆。金融图书馆馆藏以经济、金融类为主，总量约 8.7 万余册，包括：中文图书 32299 种(61758 册)，西文图书(含俄文)5084 种(6646 册)，日文图书 779 种(894 册)；中文合订期刊 810 种(7265 册)，西文合订期刊 147 种(4028 册)，日文合订期刊 12 种(205 册)；五道口金融学院博士论文 513 册、硕士论文 5712 册；每年订购纸本中外文报刊 200 种左右。另外，还藏有珍贵的国际金融组织资料 2 万余件。该馆与经管图书馆、建筑图书馆、法律图书馆、人文社科图书馆、美术图书馆和医学图书馆一起共同构成清华大学的 7 个专业图书馆。该馆隶属清华大学图书馆，其管理、文献资料、设备、人员以及运行经费等由校图书馆提供；馆舍由清华大学五道口金融学院提供。（清华大学图书馆）

【首都经济贸易大学图书馆阅览室座位管理系统投入运行】 3 月 1 日，首都经济贸易大学图书馆启用图书馆座位管理系统，并取得显著效果，免去读者早起排队的麻烦，提高图书馆座位的利用率，占座问题有明显改善，提升图书馆阅览室的现代化管理水平。（首都经济贸易大学图书馆　巩伟）

【数字环境下图书馆外语学习资源建设与服务研讨会】 4 月 12 日，数字环境下图书馆外语学习资源建设与服务研讨会在北京外国语大学文华厅召开。此次会议由 BALIS 资源协调中心、外语教学与研究出版社(外研社)、《图书情报工作》联合主办。BALIS 管理中心副主任、中国人民大学图书馆副馆长刘春鸿，BALIS 资源协调中心主任、首都师范大学图书馆副馆长熊丽，《图书情报工作》社社长初景利，中国人民大学信息资源管理学院教授索传军，《图书馆报》执行编辑姜火明，外研社副社长沈立军以及来自北京地区高校负责文献资源建设的近百名馆长、专业人员参加此次研讨会。（北京高校图工委　魏微）

【中国人民大学移动图书馆正式启用】 5 月 3 日，中国人民大学移动图书馆启动仪式在图书馆一层大厅举行。启动仪式由中国人民大学图书馆馆长刘大椿主持，中国人民大学党委副书记兼副校长王利明出席仪式并讲话，来自学校各院系、机关（部、处）的负责人及师生代表、图书馆馆员等共同参加启动仪式。移动图书馆平台投入使用后，广大读者可以不受时间和空间的限制，通过各种移动设备方便灵活地查询和获取图书馆资源与服务，在无线网覆盖的范围内与图书馆交互，实现泛在服务。（中国人民大学图书馆）

【北京大学图书馆数字特藏主页正式发布】 7 月 3 日，北京大学图书馆数字特藏主页（http://www.lib.pku.edu.cn/portal/special）正式发布。北京大学图书馆拥有诸多的特藏，包括国内外名人学者捐赠给北京大学的资源，北京大学收集整理的一些资料，以及北京大学特有的一些资源，如北大讲座、北大博文、李政道图书馆、季羡林书屋等。该主页全面展示这些特藏资源，为读者提供符合特藏资源检索与服务的界面与功能。（北京大学图书馆　刘彦丽）

【北京大学机构知识库正式上线】 7 月 16 日，北京大学机构知识库 Beta 版正式发布。作为支撑北京大学学术研究的基础设施，该库收集并保存北京大学教师和科研人员的学术与智力成果，为北京大学教师、科研人员和学生的学术研究和学术交流提供系列服务，包括存档、管理、发布、检索和开放共享。在系统中，学者可以存储、发布、管理自己学术成果，维护个人专有主页，还可以享受检索和开放共享等信息服务。截至 12 月底，系统内当前拥有元数据 20418 条，全文数据 8563 条，访问量达 356 万次，下载量为 10 万余次，参与学院达 65 个，建立教师学者主页 435 个。（北京大学图书馆　刘彦丽）

【北京科技大学图书馆“星光志愿者”团队成立】 “星光志愿者”团队 9 月 25 日正式成立。该团队在学校团委的支持下，由图书馆直接领导管理，由 70 名学生组成，是一个自我管理、敬业奉献的义务劳动组织。这个团队以图书馆为实践基地，每位团队成员能够全面了解图书馆的架构以及图书上架流通的基本流程，充分展示团队的创新、合作精神，为图书馆带来活力。社团活动主要包括图书馆勤工俭学、图书交流会、参与图书馆组织的活动等。（北京科技大学图书馆　牛润桃）

【北京工商大学图书馆推出移动服务】 9

月，图书馆推出移动终端图书书目检索、移动阅读等服务，实现利用智能手机或者平板电脑等移动设备进行馆藏资源检索、读者借阅信息查询、图书续借、阅读电子书等功能，满足年轻读者随时随地获取信息的新需求。（北京工商大学图书馆　刘峰）

【北京市高等教育学会图书馆工作研究会获奖】 9月，北京市高等教育学会图书馆工作研究会被评为北京市高等教育学会第六届（2011—2013）先进研究会；姜爱蓉、张兆忠、魏微获得北京市高等教育学会（2009—2013）优秀学会工作者称号。（北京高校图工委　魏微）

【大数据时代数字图书馆的变革与创新学术研讨会】 10月25—26日，“大数据时代数字图书馆的变革与创新”学术研讨会在北京召开。研讨会由北京高教学会图书馆工作研究会数字图书馆专业委员会主办、北京大学图书馆承办。来自北京地区44所高校的图书馆代表及部分企业代表共129人参加会议。此次会议展示北京市各高校图书馆馆员在大数据时代背景下对于数字图书馆的变革与创新的思考，应用新的信息技术实践成果，旨在拓展大学图书馆服务空间和提升图书馆服务水平。（北京高校图工委　魏微）

【艺术高校图书馆的创新服务主题年会】 11月15—16日，北京高教学会图书馆工作研究会高等艺术院校专业委员会召开以“艺术高校图书馆的创新服务”为主题的年会，20家成员馆及6家图书馆服务商参会。北京高教学会图书馆工作研究会理事长姜爱蓉做专题报告，另有5家图书馆做相关主题报告。报告就服务理念、服务模式、规范管理等方面进行交流，各馆还就艺术高校图书馆发展的问题展开讨论。（北京高校图工委　魏微）

【北京高科大学联盟图书馆资源生态系统启动】 启动仪式于12月10日在北京化工大学图书馆举行，来自30余所高校的近60名馆领导及学者参加。北京高科大学联盟简称“北京高科联盟”，由北京邮电大学、西安电子科技大学、北京科技大学、北京交通大学等11所高水平行业特色大学组成。高科联盟图书馆联合目录、资源共享及文献传递项目暨资源生态系统旨在建设高科联盟图书馆各类文献资源的目录导航共享共知文献传递服务系统，全面整合和揭示联盟高校图书馆实体印刷型书刊文献和数字资源的收藏、建设状况，提高联盟书目数据标准化著录水平，方便各馆进行文献交流和馆际互借，最终实现联盟高校文献资源共建、共知、共享。（北京化工大学图书馆　任玉荣）

【2013年北京地区高校图书馆年会】 12月27—28日，2013年北京地区高校图书馆年会在怀柔举办。北京市教工委委员、市教委高教处处长黄侃，北京市教委高教处副处长金红莲，北京高校图工委副主任、秘书长、中国人民大学图书馆馆长刘大椿，北京高校图工委副主任、清华大学图书馆馆长邓景康，北京高校图工委副主任、北京邮电大学图书馆馆长严潮斌，北京高校图工委副主任、首都师范大学图书馆馆长方敏等来自北京各高校图书馆的馆长和负责人以及相关企业代表90多人出席会议。黄侃在开幕式上讲话，肯定BALIS建设得到的发展；刘大椿向大会做2013年北京高校图工委工作总结报告，从五个方面对图工委主要完成的工作进行概括总结，并提出2014年工作设想；中国科学院国家科学图书馆副馆长孙坦做《面向语义知识服务的数字知识资源建设》的学术报告。28日，大会进行分组讨论，来自北京各高校馆负责人围绕图工委2013年工作与2014年计划、华北图协年会、统一检索平台、各馆特色数据库建设等主题展开讨论。（北京高校图工委　魏微）

天津市

【南开大学图书馆更换管理系统】 2013年，南开大学图书馆与校信息化建设与管理办公室合作，购置图书监测仪及图书自助借还机，读者使用校园一卡通即可在图书馆自助借还图书。该馆新版主页正式上线，发布“掌上图书馆”二维码，推出预约借书和短信提醒服务，新主页在导航性、信息表达、功能性等方面都更具亲和力和易用性。同时，该馆开展一系列丰富多彩的用户体验宣传活动，让更多的读者了解和使用新主页、新功能，广大师生随时随地通过手机，以WAP网站、客户端或短信的方式利用图书馆资源和服务，了解馆藏书目，进行预约借书等。

（南开大学图书馆）

【南开大学图书馆加强数据库资源建设】2013年，南开大学图书馆拥有可访问的数据库系统95个，子库316个，涵盖学术期刊、电子图书、学位论文、专利文献等各种文献类型。在对“公司治理研究专题数据库”“南开话剧专题研究数据库”“南开大学名师数据库”“高校教学参考书全文数据库”等原有数据库进行内容更新和功能完备的同时，完成“本校博硕士学位论文数据库”等。这些具有南开特色的专题数据库的建设和投入使用，将起到馆藏资源数字化和读者服务多层次化的双赢效果。（南开大学图书馆）

【南开大学图书馆强化个性化服务】2013年，南开大学图书馆强化个性化服务，在网上开通“读者荐购”栏目，建立适合学校教学科研发展需要的纸质与电子型书刊、虚拟数据库馆藏与现实数据库馆藏互补的文献信息资源体系；加强宣传与培训，让读者了解图书馆，使用图书馆；更换图书管理平台，开通“掌上图书馆”、引进自助借还等设备，为师生提供可定制服务、可自我管理服务；深化服务层次，使图书馆的服务更直接、更有针对性。（南开大学图书馆）

【天津大学图书馆查新查收查引等工作业绩显著】2013年，天津大学图书馆完成查新课题628项，完成收录引用检索报告201个，检索证明100余个。文献传递共处理6103笔，平均满足率达94.8%；百链云图书馆文献传递系统处理我校师生文献传递量37151笔。积极参加CALIS与CASHL举办的三项文献传递与馆际互借优惠活动。馆际互借和复制图书共计460余册。收缴学位论文两批共计5100余篇；完成2012年度博士成果认证718人，完成博士生指导教师246人的选聘与考核中发表论文的认证工作。在教师成果机构库建设工作中本年度完成本校教师科研成果的信息搜集、整理工作。（天津大学图书馆）

【天津大学图书馆信息服务工作获得多项奖励】2013年，天津大学图书馆信息服务工作得到CALIS与教育部的充分肯定，在CALIS三期项目评奖中，获得6项集体服务奖项，4项个人奖项，包括：馆际互借与文献传递服务示范馆一等奖、名称规范数据库项目建设杰出贡献奖、联合目录项目建设杰出贡献奖、馆际互借与文献传递优秀服务馆二等奖，1人获省级文献信息服务中心先进个人，3人获应用服务优秀示范馆先进个人。查新站获教育部科技查新工作站先进集体，并有1人获教育部科技查新工作先进个人。（天津大学图书馆）

【天津财经大学图书馆积极推进馆藏资源宣传与推广】2013年，天津财经大学图书馆举办专题数据库培训、研究生专场培训、新生培训、预约培训等多种形式的资源推介活动。共组织“数字资源双周培训”14次，300余人参加；针对不同层次学生开展分层次的预约培训活动；针对新生开展信息检索和图书馆利用培训6次约500余人；为旅游系、管理信息系统系、经济系、会计系、研究生院师生进行科研培训约400余人；为国际教育学院留学生做“图书馆资源与服务”专题讲座2次；继续为全校开设公选课“文献检索课”。（天津财经大学图书馆）

【天津财经大学图书馆以读书节活动为平台营造书香校园】2013年，天津财经大学图书馆牵头成立学生自主管理的读书学习组织——“思扬读书会”；举办多场阅读推广经验交流会及“天津财经大学教师专著展”“百米百家百联”书法长卷展等多场系列展览和专题讲座；成立“天财诗联社”，在年轻学子中间传播、发扬传统诗词、楹联文化；配合校纪委承办“中国梦”与“廉政文化”主题征联大赛。（天津财经大学图书馆）

【天津师范大学图书馆完善资源拓展方法】2013年，天津师范大学图书馆完善资源拓展方法，加大资源流通效益。一是通过加强与国外团体联系，获赠日、法、澳和泰等国3万余册赠书并及时采编上架向读者全面开放；二是为全校教师开通CNKI漫游账号和VPN远程访问服务，并加强文献传递和馆际互借服务，今年文献传递量在全国高校图书馆中再次名列前茅；三是科学修订图书、期刊与数据库等采购原则与标准，严格专家论证、采购流程和招标程序。（天津师范大学图书馆）

【中国民航大学图书馆初步建成服务高效的云图书馆平台】 2013 年，中国民航大学图书馆完成百链云数字图书馆平台的配置、调试工作，已经向全校读者开放使用。读者可以检索、查找全国 700 多家图书馆内的 260 多个数据库，极大地简化资料搜寻和获取的过程。读者可以通过各种移动设备，更好地利用图书馆的资源和服务。（中国民航大学图书馆）

【天津外国语大学图书馆积极为学校教学、科研和高水平学科建设提供重要支撑】 2013 年，天津外国语大学图书馆充分利用联合系统开展馆际互借工作，馆际互借借入量 143 册，借出量 165 册。积极向师生宣传推广 CALIS、CASHL 两大文献传递系统的使用方法。CALIS 文献传递总量为 385 篇次，传递人数为 363 人。组织 CASHL 经济学文献传递优惠活动，共传递 86 篇次。为读者提供专题查询、参考书目查询、历年论文查新等代查代检服务 200 余次。为应届毕业生撰写毕业论文提供参考咨询和文献检索的指导工作。做好日语应届毕业生论文参考文献加工工作。为德语系提供学科专题咨询服务，指导学生 31 人次。（天津外国语大学图书馆 ）

【天津商业大学图书馆深化读者服务工作】 2013 年，该馆共接待读者约 112 万人次，办理 2009 级毕业生离校手续 5000 人次，完成 2013 级新生入学数据导录、借阅权限开通；建立图书预约、请求服务 160 余次，修改读者数据 815 条。接待电子阅览室学生上机 15.78 万人次，25.49 万机时；完成中文期刊验收签到 1620 种/16780册，外文期刊验收签到 138 种，完成 118 种/128 份报纸的分发和阅览管理，中外文期刊配刊、送装 1742 种约 2.9 万册，过刊调库倒架 4090 册。积极开展电话、E-mail、在线、面对面等形式多样的信息咨询服务，为各学科专业师生提供一系列课题信息服务，代查代检论文、专著、专利、标准、会议论文等各种文献，提供定题检索报告，累计为院系师生提供各种类型的咨询服务 1600 余次，各类型资料约 100G，利用万方论文检测系统完成论文查重检测报告 50 余篇。（天津商业大学图书馆）

【天津中医药大学图书馆加强文献资源建设】 2013 年，天津中医药大学图书馆文献资源满足学校教研需求，电子资源建设保持在全国中医药院校中数字资源建设的领先地位。年内增加数据库 7 个，发布试用数据库 59 个，丰富馆藏数字资源，为中医药教学科研和医疗提供坚实的文献保障。（天津中医药大学图书馆）

【天津医科大学图书馆加快现代化建设步伐】 2013 年，天津医科大学图书馆完成 UNICORN 新系统升级切换培训和新系统数据转换软件的更新工作，同时开通 symphony 系统期刊模块的使用，实现期刊的数字化管理；安装图书馆管理系统（gdlis)阅览室模块，包括 2 台服务器和 9 台客户机，弥补 UNICONR 阅览模块缺陷的不足，实现该馆业务工作无纸化和自动化全覆盖的管理方式,为进一步实施阅览室一卡通连接和自动化管理打好基础。（天津医科大学图书馆）

河北省

【概况】 2013 年，河北省高校图书馆有 101 个，其中本科院校图书馆 41 个（含民办 6 个），高职高专图书馆 60 个（含民办 13 个）。高校图书馆总建筑面积 59.44 万平方米，比去年增加 4 万平方米，阅览座席59520个；文献总藏量47530132万册件，年度新增 145 万册件；年度经费投入15440万元，其中文献资源购置费10434 万元；95%以上的高校图书馆建有网站；从业人员 2032 人，其中专业技术人员 1563，占 77%；持证读者 48 万人。（河北省高校图工委）

【河北联合大学图书馆举办第二届图书文化节】 4 月 23 日，以“扬阅读之帆，启就业之旅”为主题的第二届图书文化节在河北联合大学主校区图书馆前广场举行。校领导班子成员，唐山市图书馆协会会长、唐山市图书馆馆长王昕，唐山师范学院图书馆馆长任海生，唐山学院图书馆馆长郑书清，校图书工作委员会委员，教师代表及学生代表出席开幕式。本届图书文化节旨在通过介绍现代阅读方法、开展数据库专题讲座等途径，帮助同学们拓宽阅读途径，提高阅读能力，掌握就业技能。（河北联合大学图书馆）

【河北农业大学图书馆举办 2013 年图书馆资

源与服务宣传月活动】 河北农业大学图书馆在4月23日—5月23日开展主题为“悦读品人生，畅想中国梦”的图书馆资源与服务宣传月系列活动。主要活动有数字资源宣传与培训、“校园悦读生活”摄影比赛、“你借书我有礼”、馆员与读者互动、爱心图书捐献活动、搜书比赛、维普杯图书馆利用有奖知识竞赛等，激发大学生们的阅读兴趣，增强利用图书馆的能力。（河北农业大学图书馆）

【河北经贸大学图书馆举行数字图书馆启动仪式】 4月9日，校领导纪良纲、申富平、武建奇、柴振国出席仪式并为图书馆RFID和IC运行启动仪式揭牌，各学院院长、各教学部（中心）主任、图情顾问、各学科馆员，图书馆相关工作人员和部分学生参加仪式。启动仪式结束后，全体与会者参观和试用图书馆无线射频自助借还书系统（RFID）和信息共享空间（IC）。（河北经贸大学图书馆 胡卓理）

【2013年河北省高校图工委常务委员单位馆长工作会议】 5月10日，会议在保定市河北大学新校区召开。省高校图工委秘书长、河北大学图书馆馆长李振纲，省高校图工委副秘书长张长安，省高校图工委副秘书长、河北省教育厅高教处高明等领导出席会议，18个常务委员馆的21位代表参会。本次会议总结省高校图工委2012年工作，部署2013年工作安排；商议省高校图工委2013年年会的有关事项；评选河北省高校图书馆图书资料先进工作者；讨论《河北科技图苑》刊物出版与发行情况。（河北省高校图工委）

【河北省高等学校图书馆科学管理研究会2013年年会暨第十二次学术研讨会】 6月22日，会议在承德市河北民族师范学院召开，120余人参会。会议邀请中南财经政法大学图书馆顾问黄孟黎研究馆员做《创新服务引领图书馆发展——〈图书馆服务宣言〉的思考与美国大学图书馆的观念和行动》的主题报告。围绕“新技术时代高校图书馆管理与服务创新”的主题，多名高校图书馆馆长从不同角度分别做专题交流。大会从参会论文中评选出15篇论文为优秀论文，向获奖作者颁发证书。（河北省高校图工委）

【河北省高校图书馆信息服务能力提升与创新培训班】 10月16—18日，首期河北省高校图书馆信息服务能力提升与创新培训班暨河北省高校文献课教学研究会会员大会在河北农业大学召开，省内28所高校图书馆馆长、文献课教师、业务骨干共58人参会。会议邀请北京大学信息管理系教授刘兹恒、中国科学院国家科学图书馆教授初景利，北京大学信息管理系副教授张久珍，河北大学图书馆教授金胜勇，华北电力大学图书馆信息中心副研究馆员周晓兰，分别做《图书馆文献资源建设与之管理》《嵌入式学科服务的难点与突破》《数字信息资源的检索与利用》《新技术环境下的图书馆服务变革与创新》《科技查新基础知识》等5个学术报告。（河北农业大学图书馆）

【驻石高校图书馆2013年学术年会】 10月26日，会议在河北师范大学图书馆报告厅举行，来自省会28所高校和省外2所高校的代表近170人参加会议。河北师范大学副校长王长华教授，河北省图书馆学会理事长、省图书馆馆长李春来，省图学会秘书长、省图书馆副馆长顾玉青出席会议。会议以“大数据时代高校图书馆的创新服务”为主题，特邀专家北京大学图书馆副馆长聂华教授做《技术趋势与下一代图书馆系统》的学术报告，中国人民大学图书馆副馆长刘春鸿教授做《在数据时代高校图书馆建设与发展》的学术报告，北京超星集团副总裁叶艳鸣先生报告的是《大数据时代高校图书馆的服务创新》。本次会议时间紧凑、内容充实，技术新、理念新，既有前瞻性，又对实际工作具有很强的指导性。（河北师范大学图书馆）

山西省

【2013年山西省高校图书馆馆长会议在太原召开】 5月21日，由山西省高校图书情报工作委员会主办的此次会议在太原理工大学图书馆举行，会议主题为“图书馆新馆建设”。山西大学图书馆研究馆员李嘉琳和太原理工大学图书馆馆长刘永胜分别做《关于新馆建设的几点思考》和《新馆建设启示录》的报告。报告内容求真务实，反响热烈，给各馆大学园区新馆建设提供参考意见。会议授予李嘉琳“山西省高校图书馆特殊贡献奖”，同时还对获得“2010—2012年山

西省高校图书馆管理创新贡献奖”的20位先进个人予以表彰。（山西大学图书馆　赵冬梅）

【华北地区高校图协第二十七届学术年会在山西大学图书馆召开】 10月12—13日，主题为“盛世危言：网络环境下图书馆生存危机探讨”的华北地区高校图协第二十七届学术年会在山西大学图书馆召开。北京大学图书馆馆长、教育部高等学校图书情报工作指导委员会主任委员朱强到会祝贺。《情报科学》编辑部副主编毕强和山西大学经济与管理学院教授裴成发分别做《数字时代图书馆的变化趋势》《生态视角的图书馆可持续发展问题》的主旨报告。本次年会共提交论文126篇，评选出40篇优秀论文。（山西大学图书馆　赵冬梅）

【山西高校图工委推动数字资源共建共享】 2013年，山西省高校图书情报工作委员会协同全省高校图书馆界同仁，加大CALIS服务宣传力度，推动资源共建共享服务。4月，与中国教育图书进出口公司联系，为山西省13家高校开通剑桥期刊回溯数据库。9月，和重庆维普资讯有限公司、北京世纪读秀技术有限公司分别续签“中文科技期刊”和“超星读秀＋Medlink”与山西高校的合作协议；新签署山西高校和锐思数据（RESSET）的联采协议；规范山西高校集团采购的管理办法和操作流程。12月，与北京世纪超星信息技术发展有限责任公司、北京泰克贝思科技有限公司分别签署“经纬发现系统”“泰克贝思专题数据库”两个产品的山西高校联采协议。同月，完成省高校图工委新网站的设计制作，创造多种机会加强与外界的交流与合作，推动山西高校图书馆事业迈向新的台阶。（山西大学图书馆　赵冬梅）

【山西省部分高校图书馆馆长更换】 2013年，山西省部分高校图书馆馆长卸任，由新的同志担任馆长职务。2月，太原科技大学图书馆幸玉亮卸任馆长一职，学校任命赵子龙为图书馆馆长。3月，山西大学图书馆李嘉琳卸任馆长一职，由李景峰接任馆长。6月，山西师范大学图书馆马建中卸任馆长职务，学校任命李晋林为图书馆总支副书记和常务副馆长职务，主持图书馆工作。（山西大学图书馆　赵冬梅）

【山西大学图书馆新馆正式启用】 4月18日，山西大学图书馆开始新馆搬迁部署，历经半年时间，10月20日新图书馆正式启用。新馆建筑面积约35000平方米，具有幽雅的人文环境和智能化、人性化，藏、借、阅一体的信息化管理模式，是山西大学的重要标志。馆藏文献293万余册，其中中文图书118万册，英、日、俄、德等外文图书16万余册，线装古籍13.6万多册，合订本期刊、报纸22万余册，中外文数据库56余个，自建数据库13个。中文电子期刊47万余册，外文电子期刊15万册，还收藏有一定数量的光盘、缩微资料、视听资料等新型载体文献。馆藏图书文献中，以哲学、社会科学、自然科学基础理论为主。此外，该馆为强化新图书馆的后勤保障，把后勤管理职能从办公室分离出来，成立专门的后勤管理部，下设物业管理中心、水电管理中心和安全保卫管理中心。（山西大学图书馆　赵冬梅）

【太原理工大学图书馆加强自助借还服务】 3月4日，太原理工大学明向校区临时图书馆建成并开馆接待读者。5月10日，太原理工大学图书馆举行超星发现系统启动仪式。6月26日，太原理工大学榆次校区图书馆归并太原理工大学图书馆。8月25日，继迎西校区之后，太原理工大学虎裕校区图书馆也实现图书的自助借还。11月20日，具有太原理工大学特色的学术搜索引擎“清泽搜索”和图书馆新门户网站同时启用。（山西大学图书馆　赵冬梅）

【山西师范大学图书馆获颁全国古籍重点保护单位标牌】 3月，国务院正式公布第四批《国家珍贵古籍名录》和“全国古籍重点保护单位”。此次公布189家藏书单位，1516部古籍，山西师范大学图书馆名列其中。11月，文化部在上海浦东召开全国公共图书馆工作会议，该馆获颁“全国古籍重点保护单位”标牌。（山西大学图书馆　赵冬梅）

辽宁省

【沈阳师范大学图书馆向中小学生开放】 2013年，为响应高校图书馆社会化的号召，提高图书馆馆藏书利用率，沈阳师范大学图书馆决定面向中小学生开放，将馆藏图书140万册，中

外文期刊1000余种；电子图书50余万种，中外文电子期刊2万余种及多媒体资料提供给中小学生使用。（辽宁省图书馆学会）

【大连海事大学举办2013年走进图书馆系列活动】 4月23—30日，大连海事大学在图书馆开展"书香遗韵"纪念第十七个"世界读书日"系列活动。开展"图书馆之星"优秀读者评选、第四届"漂流书香、传递阅读"图书漂流、举办"美丽人生 读书起步"馆长沙龙等。（辽宁省图书馆学会）

【辽宁师范大学2013年第七届"飞扬的青春"春季读书活动】 4月23日—5月24日，辽宁师范大学图书馆向全校读者推出第七届"春季读书月"系列活动，本年度主题为"飞扬的青春"。活动内容包括：春季读书征文活动、超星名师讲座、读者沙龙、真人图书馆以及检索与利用专题讲座。（辽宁省图书馆学会）

【大连医科大学图书馆推出"成长·记忆"文化工作展】 2013年4月，为配合图书馆文化月活动的开展，图书馆在主页图片空间推出"成长·记忆——图书馆五年文化工作剪影"图片展。展览围绕"成长·记忆"的主题，划分为文化掠影、情系书缘、方寸情怀、品读传统、living library和信息达人6个部分，生动形象地展现了5年来图书馆文化工作的成绩。除此之外，图书馆还将同期推出《从星海到旅顺》图片展，真实再现从星海校区到旅顺校区图书馆的发展变迁。（辽宁省图书馆学会）

【营口理工学院图书馆成立】 4月18日，营口理工学院经教育部批准正式成立，为省属普通本科高等院校。营口理工学院由2009年营口市政府与东北财经大学、辽宁石油化工大学、辽宁科技大学合作共建的营口大学园演变而来，原营口大学园图书馆更名为营口理工学院图书馆。图书馆为四层独立馆舍，建筑面积11405平方米；工作人员25人；馆内现有纸质图书49.6万册，电子图书4.3万种，期刊874种；阅览座位1564个；学生电脑160台；年购书经费225万元；2013年借阅人数9955人次，总借阅图书33727册次。（辽宁省图书馆学会）

黑龙江

【黑龙江省高校图工委召开2012年度优秀科研成果评审会】 会议于2013年1月9日在哈尔滨召开。省高校图工委组织专家，对2012年度优秀科研成果进行评审，共评出一等奖28项、二等奖59项、三等奖7项。（黑龙江省图书馆学会秘书处）

【2012年度黑龙江省高校图书馆馆长研讨会召开】 会议于2013年3月22日在哈尔滨召开，全省43所高校的近百位馆长参会。省学会秘书长闻德锋致辞，省高校图工委副主任兼秘书长、哈尔滨医科大学图书馆馆长曲章义教授作省高校图工委2012年工作总结及2013年工作计划的报告。会议宣布《关于公布黑龙江省高校图工委2012年度科研成果评审结果的通知》《关于公布黑龙江省高校图书馆2013年度中英文纸质图书、外文期刊统一采购招标项目结果的通知》《关于表彰2012年度黑龙江省高校图工委优秀通讯员的决定》并给优秀科研成果和优秀通讯员颁奖。佳木斯大学图书馆姜殿清、哈尔滨工程大学图书馆副馆长胡乃志分别做《中文电子期刊数据库调查对比分析报告》和《我省高校图书馆三十年建设发展研究》的主题报告。会议还公布省高校图工委暨哈尔滨市高等学校图书馆学会换届决定。（黑龙江省图书馆学会秘书处）

【黑龙江省图工委举办高校图书馆部主任学科服务研讨会】 会议于6月15日在黑河召开，全省30所高校的部主任及与会代表百余人参加此次研讨会。会议围绕持续发展"以人为本"的服务理念、整合资源与创新服务、拓展个性化服务形式等内容展开讨论。特邀中国科学院国家科学图书馆学科服务专家、《图书情报工作》杂志社社长、主编初景利教授和河南省高校图工委秘书长、郑州大学图书馆馆长崔波教授，分别以《图书馆嵌入式学科服务的难点与破解》和《周易文化与和谐图书馆建设》为题做大会主题报告。东北农业大学图书馆的"学科服务的践行与趋势——以东北农业大学图书馆为例"、哈尔滨工程大学图书馆的"润物无声——以用户需求为导向的高校图书馆学科服务"等典型经验介绍，对高校图书馆深入开展"学科服务"，具有较大

的指导性和借鉴作用。(黑龙江省图书馆学会秘书处)

【黑龙江省高校图工委举行第三届科研课题立项评审会】 12月25日，评审会在哈尔滨举行。申报科研课题共116项，经过专家组评审，列入黑龙江省高校图工委第三届科研课题预中标课题共69项，其中重点课题14项、一般课题55项。(黑龙江省图书馆学会秘书处)

【大庆师范学院测井公司图书馆分馆揭牌仪式】 大庆师范学院和大庆油田测井公司在4月23日联合举行分馆揭牌仪式，大庆师范学院地企办主任王海、图书馆馆长赵吉民、图书馆书记张小兰与测井公司党委副书记于永海等出席。测井公司图书馆成立于2011年11月，现有图书5400余册。测井分馆成立后，大庆师范学院图书馆向测井公司图书馆提供首批图书3000册，采取定期更换方式，来满足阅读的需要。(黑龙江省图书馆学会秘书处)

【民进大庆市委与大庆师范学院联合举办首届读书沙龙】 12月19日，民进大庆市委、大庆师范学院图书馆、大庆三合书店在大庆师范学院联合举办首届读书沙龙。大庆市政协副主席、民进大庆市委主委于智玲、大庆师范学院副院长乔志和、院党委统战部及图书馆负责人、大庆市部分作家学者等出席活动。(黑龙江省图书馆学会秘书处)

上海市

【概况】 2013年，上海市普通高等学校有62所。图书馆馆舍建筑总面积为985061平方米，阅览座位101680个，文献累积总量(含电子馆藏)为147181600件/册，年度文献资源购置费300569365元。上海交通大学图书馆申报的“多种媒体特色资源深度聚合与组织研究”获得2013年国家社科基金批准立项资助；《思源籍府、书香致远(1896—2012上海交通大学图书馆馆史)》于2013年12月由上海交通大学出版社出版，记录历代交大图书馆人的奉献与付出。上海旅游高等专科学校“旅游特色数据库开发和建设”案例2013’在全国示范(骨干)高职院校图书馆馆长论坛上获得一等奖。上海交通大学、东华大学在高校科技查新工作研讨会上被评为科技查新工作站先进集体，3人被评为先进个人。(上海市图书馆学会秘书处)

【高校图书馆RFID技术应用标准规范研讨暨产品设备展示会】 此次会议由高校图书馆RFID技术应用联盟主办，于1月12日在上海交通大学图书馆召开。会议旨在发布高校图书馆RFID应用数据模型规范，解读高校图书馆RFID数据模型应用指南，现场考察、测评基于标准规范的RFID厂商产品设备与技术解决方案。来自内地和港台的图书馆、厂商、相关科研院等80余家单位的168位代表参加会议。共有28台各类设备实地展示。应邀参会的还有来自香港城市大学知识转移处、江苏省电子信息产品质量监督检验研究院国家物联网产品及应用系统质检中心以及上海交通大学软件学院的专家代表。“产、学、研、用”多方汇聚一堂，理论研讨与设备展示交流相结合，共谋RFID技术应用之道，这样的展示会在国内尚属首次。(上海市图书馆学会秘书处)

【李政道数字资源中心开通上线】 4月13日上午，在上海交通大学117周年华诞之际，李政道数字资源中心开通上线。上海交通大学依托先进的信息技术和国际化的网络平台，打造立体动态展示李政道生平事迹、学术成就与艺术情操，多语种、交互式的数字图书馆。李政道数字资源中心由“史·记”“物·理”“授·业”“科·艺”“实·时”五大版块组成，包括李政道的生活照片、书信、手稿、成果报告、视频、音频等多种媒体资料。上海交大已对李政道捐赠的共计45万页资料进行数字化加工，编目数据达6.23万条，主题标引8116条。这些资源采取授权发布的形式，通过审核的数字资源在数字资源中心网站逐步发布。(上海市图书馆学会秘书处)

【2013年上海市高职高专及民办高校图书馆馆长会议暨数字阅读推广研讨会】 5月17日，研讨会在上海医疗器械高等专科学校召开。会议分为主题发言和自由交流两个环节。上海医疗器械高等专科学校图文信息中心主任唐坚刚做《文献资源信息化建设探索》主题发言，介绍医疗器械全文标准数据库和医疗器械样本数据库两大行

业特色数据库的建设情况。各高校图书馆馆长还对图书馆空间设计、阅读推广、资源共享、数字资源建设、资源采购质量、学科服务团队建设以及如何利用社会资源为读者服务等内容进行深入交流。（上海市图书馆学会秘书处）

【CALIS 三期高校古文献资源库扩大建设工作总结暨发展战略研讨会】 由 CALIS 三期“高校古文献资源库”项目管理组、CALIS 文理中心/北京大学图书馆主办、复旦大学图书馆承办的此次会议于 5 月 22—23 日在复旦大学江湾校区召开。CALIS 三期“高校古文献资源库”是 CALIS 三期重点建设项目之一，是在 CALIS“十五”专题特色库项目“高校古文献资源库”建设基础上，联合高校古籍收藏有一定规模的图书馆，继续建设高校古文献元数据、书影与全文资源库，为高校图书馆馆藏古籍的整理编目提供数据与平台共享，为参建机构和全球用户提供古文献资源的检索和浏览服务，促进古文献资源的整理、研究和共享利用，为中国文化走向世界做出贡献。项目于 2012 年 4 月底正式通过 CALIS 项目验收。此次研讨会就一年多来的项目建设情况进行总结和经验交流，并就下一步发展进行战略研讨。CALIS 管理中心副主任、北京大学图书馆馆长朱强，武汉大学图书馆馆长燕今伟，CALIS 文理中心副主任、北京大学图书馆副馆长肖珑，复旦大学图书馆副馆长杨光辉，南京大学图书馆副馆长史梅，四川大学图书馆副馆长林平和中山大学图书馆副馆长林明等来自 21 个参建馆的 50 余名代表出席会议。（上海市图书馆学会秘书处）

【第 3 届中美法律信息与图书馆论坛】 6 月 11 日，上午会议在华东政法大学长宁校区开幕。本届会议云集来自美国国会法律图书馆、耶鲁大学、斯坦福大学、康奈尔大学、纽约大学、华盛顿大学等 35 位美方代表以及来自北京大学、清华大学、上海交通大学、同济大学和国内 5 所政法院校等 80 位中方代表。论坛每两年在中美轮流举行一次，本届会议的主题为“合作、信息、获取、伙伴”。6 月 11 日下午至 6 月 12 日下午，本届会议的 7 个分论坛在万丽酒店举行。有 15 位美方代表、20 位中方代表做演讲，另有 11 位美方代表作为评议人进行发言。两国学者分别就“法律图书馆服务发展新趋势新理念”“中美两国法律信息资源的公共获取研究”“中美国际法律信息资源共享与合作”等专题展开深入交流与探讨。（上海市图书馆学会秘书处）

【“085”工程项目——图书馆 2011—2012 年度项目建设先进表彰及经验交流会】 12 月 10 日，会议在华东政法大学长宁校区召开，市属高校图书馆馆长和专业人员共 50 余人出席。上海高校图工委秘书长庄琦就评优活动做简要介绍，并宣布上海市高等教育内涵建设“085”工程项目——图书馆 2011—2012 年度项目建设先进单位和个人名单。会上为先进单位和个人颁奖。上海音乐学院图书馆馆长钱仁平、上海政法学院图书馆馆长毕秀水、上海电力学院图书馆馆长赵宪平等做经验交流发言，华东政法大学副校长林燕萍介绍该校“085”项目建设的进展情况。市教委高教处赵丽霞就“085”工程项目进展情况向与会者做情况通报。（上海市图书馆学会秘书处）

江苏省

【概况】 2013 年，江苏省共有普通高校图书馆 129 所。全省高校图书馆以“建成文献信息资源丰富、技术手段先进和服务体系完善的江苏省高等教育文献信息保障体系，为高等学校的教学科研工作提供强有力的支撑与服务，整体水平、共享程度全国领先，部分高校达到世界先进水平”为目标，科学规划和建设图书馆文献信息资源，积极推进图书馆数字资源建设与使用，进一步提升全省高校图书馆文献资源建设的整体水平。（江苏省图书馆学会）

【江苏省高等学校数字图书馆工程建设与实践项目获得 2013 年省教学成果一等奖】 4 月，江苏省教育厅通知组织开展 2013 年江苏省教学成果奖评选工作。在教育厅的具体指导下，以省高校图工委为申报单位，组织南京大学、东南大学、河海大学、南京师范大学、南京农业大学、南京工业大学、中国矿业大学、苏州大学和扬州大学 9 所高校图书馆，在总结 JALIS（江苏省高等教育文献保障系统）十余年来建设成果与经验的基础上，共同完成“江苏省高等学校数字图书馆工程建设与实践”的成果申报工作，最终获得 2013 年江苏省教学成果奖（高等教育类）一等

奖。这是JALIS建设十余年来，首次以整体项目获得的第一个奖项。（江苏省图书馆学会）

【组织2013中国高校图书馆高级馆员赴新加坡学术交流】 8月17—25日，江苏省高校图工委队伍建设与职业素养专业委员会和新加坡国家图书馆管理局联合主办，南京理工大学图书馆和新加坡国家图书馆管理局独资企业具体承办2013中国高校图书馆高级馆员赴新加坡学术交流活动。此次交流活动包括参加第79届国际图联大会和2013高级馆员新加坡学术研讨会两部分。学术研讨会的主题为"迈向卓越服务——新加坡国家管理局的经验"，会议内容包括新加坡图书馆资源建设、人力资源发展战略、数字图书馆建设及数字资源发展、集中式参考咨询服务、服务质量标准、新加坡和马来西亚高校图书馆的日常管理及运作，代表团成员还与新加坡及马来西亚高校图书馆高级管理人员进行讨论交流。（江苏省图书馆学会）

【召开2013江苏省高校图书馆馆长论坛】 10月18日，会议在南京召开。南京大学副校长杨忠，江苏省教育厅高教处副处长王兵，全国高校图工委秘书长、北京大学图书馆副馆长陈凌等领导参加开幕式并分别致辞，省高校图工委秘书长、南京大学图书馆馆长洪修平主持开幕式。会上，分别向荣获"江苏省高校图书馆2010—2012年度先进集体"的30所高校图书馆、"江苏省高校图书馆2010—2012年度优秀馆长"的37位馆长颁发奖牌和证书。洪修平代表省高校图工委做《江苏省高校图工委暨JALIS管理中心工作报告》，总结近三年的主要工作，研究落实全省高校图书馆工作会议的要求，确定下一阶段的工作思路和重点任务。会议特邀陈凌秘书长做《从图书馆联盟到共享域、协作域——CALIS发展思路》的专题报告；邀请CADAL项目管理中心副主任、秘书长、浙江大学图书馆副馆长黄晨做《扁平、互动、共享——CADAL项目规划与交流》的专题报告。在讨论环节，各位馆长对照江苏省高校图书馆工作会议的要求，针对图工委工作报告等内容进行分组讨论，交流各馆在管理、改革等方面的新成果、新情况、新思路，并对图工委、JALIS的工作提出意见和建议。（江苏省图书馆学会）

【常州大学开通苏南高校首家移动图书馆】 1月11日，常州大学移动图书馆开通仪式在图书馆六楼报告厅隆重举行，常州大学副校长王卫星、超星集团副总经理叶艳鸣和常州大学图书馆馆长丁恒龙同时按下开通按钮，标志着苏南地区高校首家移动图书馆在常州大学正式开通。常州地区高校图书馆馆长以及130多位师生参加开通仪式。此次推出的"常州大学移动图书馆"，让读者可以随时随地，通过接入网络的手机、平板电脑等移动终端使用移动图书馆带来的便捷服务，这在学校数字图书馆建设中具有里程碑的意义。（江苏省图书馆学会）

【南京特教学院图书馆盲文阅览室正式向社会视障读者开放】 南京特殊教育职业技术学院图书馆是全国高校图书馆中盲文图书收藏最多、规模最大的图书馆，也是全国高校图书馆中唯一一个集视障读者阅读盲文图书、汉字印刷图书、听声阅读和上网于一体的场所。4月18日，经过一年多升级改造，该馆盲文阅览室正式面向社会开放。盲文阅览室现配备阅览座位50个，移动投影仪、白板各一个，点显器、助视器、盲人阅读机等无障碍阅读设备若干，盲文书刊5500多册，可支持50人以下的盲人阅读、课程培训、学术会议、小组研讨等。盲文阅览室开放以来，积极服务社区，开拓社会服务功能：与栖霞区残联合作，在特教学院图书馆挂牌建立栖霞区残联阳光图书室；与雨花区残联、盲人协会共同组织视障人士观看无障碍电影；为秦淮区残联提供无障碍电影的资源服务。（江苏省图书馆学会）

【全国第一个视障人员普通话测试站在南京特教学院图书馆成立】 7月2日上午，全国视障人员普通话水平测试启动仪式在南京特教学院图书馆盲文阅览室举行。教育部副部长、国家语委主任李卫红莅临活动现场，启动全国视障人员普通话水平测试。国家语委副主任、教育部语用司司长姚喜双，省教育厅厅长、省语委副主任沈健，省教育厅副厅长、省语委副主任胡金波等领导出席启动仪式。活动现场，与会人员共同观摩盲人普通话水平测试，来自南京盲校的张琪等5名学生接受测试。开展视障人员普通话水平测试工作，在全国属首创之举。（江苏省图书馆学会）

【全国化工院校图书馆联盟协作会议在南京工业大学举行】 6月20—21日，会议召开，来自北京化工大学、郑州大学、华东理工大学、武汉工程大学等院校的16位图书馆馆长和专家参加会议，南京工业大学图书馆馆长赵乃瑄主持会议。会上成立“全国化工院校图书馆联盟”，共同签署“全国化工院校图书馆联盟协作合作协议”。该协议以化工院校图书馆资源共享为根本出发点，发挥各自特色优势，开展文献资源共建共享，馆员互派培养计划，通过联盟成员院校的优势互补，馆际间信息沟通，引领和推动化工院校图书馆工作的共同发展。（江苏省图书馆学会）

【南通大学图书馆与河海大学图书馆举行合作服务协议签字仪式】 11月22日，仪式举行。南通大学图书馆党总支书记钱亮华主持仪式，河海大学图书馆与南通大学图书馆、服务地方办公室相关负责人出席活动。南通大学图书馆馆长董建成、河海大学图书馆馆长赵坚分别发言，表达通过合作实现两馆共同发展，为服务行业和地方社会经济建设做出贡献的愿望。（江苏省图书馆学会）

浙江省

【概况】 2013年，浙江省高校图书馆实现稳步健康的发展。办馆条件进一步改善，阅览环境不断优化，有2所高校图书馆新馆正式投入使用，有8所高校图书馆在建新馆。经费投入保持稳定，70所高校图书馆用于文献资源购置费约2.96亿元，其中用于纸质文献购置费约1.89亿元、用于电子资源购置费约1.07亿元。

文献资源保障稳步提升。2013年，70所高校图书馆新增中文纸质图书约314万册，外文纸质图书约7.1万册，中文电子图书约1180万册，外文电子图书265万册。截至2013年12月底，70所高校图书馆文献资源累积总量约18650万册，其中，图书累积总量约17000万册、期刊合订本累积总量约1650万册。

浙江省高校图书馆坚持“自我培养”与“人才引进”相结合，通过岗位聘任、分类培训等有效措施，培养出一支服务意识强、专业素质高的人才队伍。70所高校图书馆有正式在编工作人员2172人，其中：博士28人，硕士524人，本科1248人，大专349人；正高级职称78人，副高级职称405人，中级职称1264人，初级职称324人。浙江大学、浙江工业大学、宁波大学、浙江师范大学作为浙江首批高校图书馆馆员访学研修基地，充分其发挥人才和资源的优势，积极为高校图书馆培养业务骨干。一年多来，4个基地共为省内外20余所高校图书馆培训业务骨干40余人。

读者服务工作呈现如下特点：一是常规读者服务工作正常有序开展，大部分高校图书馆保持每周98小时对外开放，网络数字化资源每天24小时对校园读者开放；二是情报咨询和学科服务工作有所突破，文献传递服务发展迅速，完成量在幅度增长；三是积极打造图书馆“和·雅”文化品牌，每年开展“世界读书日”系列活动；四是服务手段不断创新，如浙江大学等高校图书馆推出移动图书馆服务，实现移动OPAC、移动信息空间预约功能、图书馆数据库导航、在线电子资源检索全文阅读等功能。

浙江省高校数字图书馆（简称ZADL）运行成效显著，ZADL项目二期建设方案顺利通过专家论证。2013年，ZADL统一检索和联合目录的访问量达10654872次，师生对文献的大量需求通过ZADL服务得到满足。

浙江省高校图书情报工作委员会积极发挥协调、咨询、研究和指导作用。组织开展学术研究、学术交流和科研成果评奖。组织专家组，赴4所高职高专院校图书馆进行实地调研，了解各馆对《浙江省高职高专院校图书馆建设指标体系》的实施情况及在实施过程中存在的问题形成调研报告，上报省教育厅。组织开展多形式、多层次的全省高校图书馆工作的业务协作，定期召开全省高校图书馆馆长工作会议，促进事业协同发展。继续办好刊物《浙江高校图书情报工作》，一年共出版4期。（浙江省高校图书情报工作委员会　陈华）

【转型与发展:图书馆服务未来暨高校图书馆信息共享空间建设研讨会】 1月14日，此次会议由浙江大学图书馆主办，在浙江大学召开，来自北京大学、香港城市大学、复旦大学等国内35所大学图书馆的馆长和专家80余人参加研讨会。浙江大学副校长、CADAL项目管委会副主任罗卫东与美国Internet Archive全球图书部主任Robert Miller分别代表双方签订合作协议。

Internet Archive 将在未来数年内向中国赠送 70 万册纸质外文图书，这些赠书作为 CADAL 项目建设和服务的依据，将由浙江大学统一接收管理，支撑双方合作完成数字化资源的网上电子借阅服务。研讨会上，6 位专家就图书馆在技术、空间转型及在智慧校园中的作用等前沿话题做精彩报告。与会代表还参观考察浙江大学信息共享空间的建设情况，就图书馆在技术、空间转型这一话题进行热烈讨论。（浙江省高校图书情报工作委员会　陈华）

【浙江省高校图书馆学科服务研讨会在杭州举行】　4 月 2—3 日，浙江省高校图工委信息咨询与用户教育专业委员会和 ZADL 服务组在杭州联合举办此次研讨会。会议邀请相关专家做《基于知识发现与管理平台的学科服务发展策略与新动向》的专题报告，并邀请几位资深的学科馆员，介绍所属图书馆在学科服务方面的成功探索与精彩案例。来自全省高校图书馆从事学科服务的馆员约 140 余人参加研讨。（浙江省高校图书情报工作委员会　陈华）

【浙江省高校图书馆馆长工作会议在浙江师范大学举行】　4 月 25—26 日，由省高校图工委主办、浙江师范大学图书馆承办的浙江省高校图书馆馆长工作会议在浙江师范大学举行。全省 83 所高校图书馆的馆长、图工委各专业委员会主任等 110 余人参加会议。浙江师范大学副校长王辉，省教育厅高教处处长顾玮、调研员韩天琪出席大会开幕式。省高校图工委副主任兼秘书长章云兰做《浙江省高校图书情报工作委员会第七届工作报告》，并部署下一步工作。会议还以专题报告的方式进行业务交流和工作探讨，浙江大学图书与信息中心副主任杨国富、浙江理工大学图书馆馆长刘朝马、浙大宁波理工学院图书馆馆长赵继海、浙江师范大学图书馆副馆长王云娣等几位馆长做相关专题报告，他们结合各馆的工作实践，从不同的角度，介绍在科学管理、服务创新、构建阅读推广服务体系等方面的经验和做法。大会还对省高校图书馆 2011—2012 年度先进集体和先进个人进行表彰。（浙江省高校图书情报工作委员会　陈华）

【2013 年高职高专院校图书馆工作暨案例研讨会在衢州职业技术学院举行】　会议于 11 月 6—7 日召开，传达教育部高职高专分委会有关会议精神，总结 2013 年分委会工作，确定 2014 年工作计划。会前，高职分委会在全省高职高专院校开展图书馆管理与服务创新典型案例征集活动，共收到创新案例 23 个，经组织评审，选出衢州职业技术学院、温州科技职业学院、湖州职业技术学院、浙江商业职业技术学院、金华职业技术学院等 5 个图书馆在大会上介绍各自在服务创新方面的优秀案例。（浙江省高校图书情报工作委员会　陈华）

【全国通信电子类高校图书情报工作委员会 2013 年学术年会在杭州电子科技大学举行】　11 月 11—12 日，此次会议由全国通信电子类高校图书情报工作委员会主办、杭州电子科技大学承办的，来自全国 9 所通信电子类高校的图书馆领导及代表共 60 余人参加会议。杭州电子科技大学副校长孙玲玲、图书馆馆长张云电和北京邮电大学图书馆馆长严潮斌分别在大会上致辞。会议以“技术推动高校图书馆发展”为主题，共收到学术论文 46 篇、研讨案例 5 个。9 所高校的代表分别围绕新技术在图书馆中的应用等内容做专题报告。（浙江省高校图书情报工作委员会　陈华）

【浙江农林大学天目(暨阳)学院免费向社会开放图书馆】　12 月底起，浙江农林大学天目(暨阳)学院免费向社会开放图书馆，这也是浙江省第一家“零门槛”向社会开放的高校图书馆。天目学院图书馆共有纸质藏书 40 余万册，涉及 8 个学科 31 个专业，其中包括 1300 余种中外文期刊和 70 余种报纸，藏书量相当可观。免费开放后，校外社会人员进入图书馆不需要任何证件，可以直接入内免费阅读；图书外借需要办理借阅证，一次可借 5 本，2 个月内归还即可。（浙江省高校图书情报工作委员会　陈华）

安徽省

【安徽省高校数字图书馆 2013 年工作会议在中国科技大学召开】　3 月 19 日下午，会议在中国科技大学（简称“中科大”）东区图书馆学术报告厅召开。副校长张淑林、安徽省教育厅副厅长李和平出席会议并讲话，省内 34 所高校的图书馆馆长和业界工作者参加会议，对省高校数字图书馆建设进行充分交流与讨论。中科大图书馆馆长助理陈超做省高校数字图书馆 2012 年工作总结及 2013 年工作计划报告，超星公司叶艳鸣老师介绍当前技术热点“中文发现系统”的进展和应用情况，中科大图书馆周国华结合安徽省高校数字图书馆文献基地——中科大的“英才书苑”和大家交流共享文献资源建设的创新实践和思考，几位高校代表交流省数图建设使用的经验和心得。会议对年度数字图书馆工作先进集体和先进个人进行表彰。（张海政　武巍泓）

【中国科技大学举办图书馆学科服务系列论坛(合肥站)活动】 4 月 25 日，由中国科技大学（简称“中科大”）图书馆和汤森路透集团共同举办的此次论坛在中科大东区图书馆学术报告厅举行，省内 20 多所高校 70 余名图书馆领导和业界工作者参加活动。汤森路透集团张帆做题为《Web of Knowledge 5 平台与图书馆面向科研的服务》的讲座。中科大图书馆信息咨询部负责人介绍本馆推广嵌入式教学及案例教学，引导学生完成科研过程中涉及的文献管理与文献信息分析工作，以及开展面向院系、课题组及管理决策部门的渗透式信息服务。与会人员还就使用 ISI Web of Knowledge 遇到的问题进行交流。此次活动有助于高校学术及科研管理水平的提升与发展。（张海政　武巍泓）

【中国科技大学图书馆举办首届安徽省高校研究生信息素养夏令营】 7 月 12 日，夏令营落下帷幕，合肥工业大学、安徽大学等省内 19 所高校图书馆馆长与全体营员一起参加结营仪式。安徽省高校研究生信息素养夏令营，是依托安徽省高校数字图书馆举办的首届有关文献信息交流方面的夏令营活动，在省内乃至全国尚属首次。其活动内容既有一线的科研导师与广大研究生面对面交流，又有专人辅导上机实践，以及专业参观等，使大家的信息素养得到加强，分析、处理信息的能力明显提升。（张海政　武巍泓）

【淮北师范大学开通移动图书馆】 5 月 20 日，淮北师范大学举办移动图书馆开通仪式，标志该校图书馆步入移动数字化时代。开通移动图书馆以后，学生可以直接在手机等移动设备上，实现对校图书馆电子图书、电子期刊、音视频资源、学位论文等资料进行实时在线的检索与阅读；学生还可以通过登录资源共享平台，获取全国 700 多家图书馆的馆藏信息，通过文献传递，获得本馆没有的资源。（张海政　武巍泓）

【安庆师范学院课题获得国家社科基金项目立项】 8 月 22 日，2013 年度国家社科基金立项结果公布，由安庆师范学院图书馆馆长董根明教授主持、图书馆副研究馆员沈志富等参与的“桐城派名家史学思想研究”课题获准立项，这是该馆首次获得国家社科基金项目立项。（张海政　武巍泓）

【安徽农业大学举办 CALIS 全国农学文献信息中心业务交流暨学术报告会】 10 月 15—17 日，会议举办，来自全国 48 所农、林、水高校图书馆的代表共 130 人参会。台湾师范大学图书馆馆长柯浩仁博士、中国科学院国家科学图书馆编辑出版中心主任初景利博士、浙江大学宁波理工学院馆长赵继海博士分别做题为《变动环境下的学术图书馆发展趋势》《学科服务的难点与突破》《关于高校图书馆转型与服务创新的若干思考》的报告，受到与会代表的欢迎和好评。安徽农业大学图书馆获得 2013 年大会组织优秀奖。（张海政　武巍泓）

【安徽师范大学图书馆 2013 年度科研成果丰硕】 截至 2013 年年底，安徽师范大学图书馆 2 人获得全国高校古籍整理研究项目立项，2 人获得省教育厅人文社会科学研究项目立项，4 人获得 2013 年安徽省高校图工委基金项目立项，1 人获得安徽师范大学学术著作出版基金项目立项，2 人获得安徽师范大学培育基金项目立项；出版著作 2 部，发表论文 31 篇；1 人入选安徽省学术和技术带头人后备人选。（张海政　武巍泓）

福建省

【概况】 2013 年，福建省共有高等院校 81 所，其中本科 24 所、高职高专 54 所、成教 3 所。全省高校图书馆（不含独立学院和院系资料室）馆舍总面积 125 万平方米，在编人员总数 1700 多人，年文献资源购置费 1.8 亿元（其中电子资源购置费 6500 多万元），纸质文献总量 5000 多万册，外借书刊 960 多万册次。（福建省

高校图工委秘书处）

【海峡两岸高校图书馆合作发展论坛暨闽台高校图书馆交流会】 4月2日，交流会在福州大学图书馆召开。台湾地区高校图书馆代表团林光美一行7人、福州地区大学新校区文献信息资源共建共享协调小组全体成员以及来自全省近40所高校图书馆同仁共200余人出席，会议主题为“高校图书馆数字化建设与资源共享及闽台高校图书馆合作发展”，两地8位专家做学术报告。4月3日，台湾地区高校图书馆代表团还分组前往福州8所高校图书馆考察交流，并在福建师范大学、福建中医药大学和福建农林大学图书馆召开学术交流会。（郭毅）

【福建省高校图书馆信息素质教育课程教学研讨会】 6月13—15日在福建农林大学图书馆召开，全省33所大学70多名代表出席，收到论文16篇，6位代表宣读论文。大会邀请福州大学信息化建设办公室主任张文德教授、福建中医药大学研究生部主任林丹红研究馆员、原福建江夏学院图书馆副馆长詹仁锋研究馆员做专题报告。（郭毅）

【2013年华东地区六省一市高校图工委秘书处年会】 9月24—26日，会议在莆田市召开，来自上海、江苏、浙江、山东、安徽、江西、福建等省(直辖市)高校图工委秘书长、副秘书长及秘书处人员16人出席。会议交流工作情况和经验，研讨华东地区区域文献保障体系建设和文献信息资源共享、高校数字图书馆建设等问题，重点介绍上海牵头的跨四省“长三角”图书馆界合作以及“上海教育网络图书馆”建设最新进展、江苏省高等教育数字图书馆（JALIS）三期工程建设、浙江省高校数字图书馆（ZADL）二期建设、CALIS山东省文献信息服务中心建设、安徽省数字图书馆建设项目、江西省高校数字图书馆建设项目以及福建省福州地区大学城文献信息资源共享平台（FULINK）。（郭毅）

【福州地区高校图书馆举办中美图书馆学术研讨会及交流活动】 10月23—24日，美国俄勒冈州图书馆代表团洛丽·温斯里博士一行3人考察福州地区部分高校图书馆，并在福州大学、福建师范大学、福建农林大学和福建中医药大学图书馆分别召开学术交流会，福州大学城部分院校图书馆领导、馆员及研究生200余人参加。（郭毅）

【福州大学图书馆加强福州地区大学城文献信息资源共享平台建设】 2013年，福州大学图书馆继续做好共享平台软硬件建设，完成联合借阅系统建设，实现8所高校图书馆纸质资源共享，部署实施共享平台移动图书馆系统。开展信息资源的共享机制、政策、制度及特色资源建设等专项研究，共设立40个项目（其中重点项目11项），31项按时结题；提交研究论文55篇，评选优秀论文10篇。共享平台对外开放，接纳3所图书馆为FULINK新成员。共享平台的推广应用取得明显成效，各高校全年通过共享平台提出文献传递申请共543649篇，获取文献542018篇，满足率为99.7%，申请量和获取量比上年分别增长154.1%和154.8%；8所高校全年共接待外校读者到本校图书馆学习或借书11093人次，外借纸质图书4438册次。在数字资源联合采购招标谈判中，8所高校代表与15家数据库厂商达成数字资源联合采购协议，通过联合采购为各校节约资源采购经费282万元。（福州大学图书馆）

【福建师范大学图书馆承建项目获中国高等教育文献保障系统优秀示范馆称号】 1月，该馆承建的参考咨询示范馆、馆际互借示范馆获中国高等教育文献保障系统（CALIS）三期应用服务优秀示范馆称号，其中参考咨询示范馆获二等奖，馆际互借示范馆获三等奖。（福建师范大学图书馆）

【福建农林大学举办第九届暨金山学院首届读书节系列活动】 4月15日—5月15日，活动由该校图书馆与校团委、金山学院共同举办。主要内容有：“书籍无言·心有回声”5点读书会活动（每周二、四、日17：00—21：00），为学生推荐100本经典好书现场阅读，评选10本最受同学们喜爱的书及百条优秀书评；“点亮青春·扬帆人生”读书征文，收到60多篇参赛征文，评选出十佳优秀征文；“微·阅读”征文大赛，以微博形式征文，从300多条参赛作品中评选出10条优秀微博作品；“读书与梦想”系列讲座，邀请3位专家做报告，600多名学生参加；“翰墨馨香绿农大，诗书学子猜诗谜”主题诗谜大赛；2013年中国大学生励志系列公益讲座“梦想之旅”，500多名学生参加。（福建农林大学图书馆）

【厦门大学图书馆举办馆藏研究陈敬贤李光前图书展】 自4月3日起，“敬贤伟业 光前风范——馆藏研究陈敬贤李光前图书展”在厦门大学图书馆总馆二楼宣传廊举办。展览精选馆藏图书中陈敬贤先生家书、李光前先生文稿和讲话以及有关纪念文章、传记、论文等，以近百张图片的形式再现教育家陈敬贤、李光前二人的传奇人生。（厦门大学图书馆）

【厦门大学图书馆文化讲堂】 2013年，厦门大学图书馆文化讲堂多次邀请名家举办讲座。1月，著名学者杨早作“民国了”讲座；3月，著名学者吴思作“血酬定律”讲座；5月，著名作家阿丁以及复旦大学著名教授郝雨、著名书法家瘦金体书法传人赵功等举办讲座；7月，中国社科院著名学者雷颐研究员做《晚清改革的动力与空间》讲座。此外，还邀请著名作家张曼娟、著名教授黄美娟、文化学者郭永进等举办讲座。厦大图书馆“文化讲堂”由此进入国内学者视野，受到大陆及港台学者广泛关注。（厦门大学图书馆）

【集美大学图书馆创建“嘉庚文献与集大文库特藏室”】 5月，在嘉庚图书馆西二楼建立，以“嘉庚文献”和“集大文库”两大特色资源为收藏核心，集藏、阅、展为一体。“嘉庚文献”主要包括校主陈嘉庚先生著述以及研究陈嘉庚生平与事迹、嘉庚精神、集美学村、嘉庚文化、嘉庚人物与校友等方面文献资料；“集大文库”则收藏该校教职工和学生学术成果（著作、教材、译著、学位论文）及本校出版物等。现已初具规模，“嘉庚文献”有400余册，“集大文库”超过1000册。（集美大学图书馆）

【泰国上议院院长尼空参观华侨大学图书馆】 7月12日，泰国上议院议长尼空率领42人组成的泰国上议院代表团访问华侨大学，华侨大学校长贾益民与尼空议长亲切交谈。尼空议长受聘为该校名誉教授，并在馆长顾立志等陪同下参观该校厦门校区图书馆。（华侨大学图书馆）

江西省

【概况】 2013年，江西高校数字图书馆建设项目中心机房即将投入使用，使高校图书馆的图书信息现代化上一个新的台阶。由省高校图工委主办的“大数据与图书馆大未来”“江西省高校图书馆图情业务培训”等学术交流活动，对提高高校图书馆界从事图书情报业务工作人员的素质与技能，增强现代化意识，满足用户新需求，提升江西省高校图书馆界的管理服务水平等方面具有重要的促进作用。全省现有高校图书馆91所，其中本科27所、职业学院47所、专科学校4所、独立院校13所。（江西省图书馆学会）

【昌北高校图书馆联盟举办第三届“知网杯”搜索竞赛】 4月26日，昌北高校图书馆联盟在南昌大学前湖校区图书馆举办以“信息改变人生，搜索创造未来”为主题的第三届“知网杯”搜索竞赛。比赛分为上机检索和小组抢答两个环节。最终，南昌大学代表队获得最佳组织奖，江西财经大学的谢文娟获得个人特等奖。该竞赛是昌北高校图书馆联盟组织的重要活动之一，增进读者对联盟数字资源的了解和有效利用，促进联盟各成员馆的交流。（王晴）

【2013江西省高校图书馆图情业务培训举行】 11月24—30日，由江西省高校图工委主办的2013江西省高校图书馆图情业务培训在江西师范大学举行，来自全省高校图书馆的70余名代表参加。本次培训邀请上海交通大学图书馆副馆长郭晶、北京超星集团副总经理叶艳鸣、武汉大学图书馆副馆长张洪元、南京大学图书馆副馆长邵波、武汉大学信管院图书馆学系副主任冉从敬、江西师范大学图书馆张发亮等6位专家授课，生动幽默、深入浅出的演讲，使学员受益匪浅。（王晴）

【2013年江西省高校图书馆学术论坛暨馆长大会召开】 12月11—13日，会议在江西师范大学召开。江西师范大学副校长聂剑、江西省教育厅副处调研员赵润华、江西省图书馆馆长周建

文出席开幕式并致辞。65所高校图书馆的76位代表参加会议。江西省高校图工委秘书长刘小强做《2013年江西省高校图工委工作报告》，并部署2014年工作计划；副秘书长甘安龙做《2013年江西省高校图工委财务报告》；会议通报《关于表彰2013年江西省高校图书馆先进集体和先进工作者的决定》。学术论坛邀请上海交通大学图书馆馆长陈进、华东师范大学教科院教授吴遵民、华中师范大学图书馆馆长李玉海、上海RFID产品研究所副所长张意捷做主题报告；各高校图书馆在藏书管理、技术改革等方面交流新成果、新情况、新思路，并对图工委的工作提出意见和建议。（王晴）

【江西师范大学举行图书馆知识发现与移动学习研讨会】 4月25日，研讨会由江西师范大学图书馆主办，在南昌举行。校党委副书记何小平出席仪式并讲话，江西省图书馆馆长周建文、北京航空航天大学图书馆馆长杨晓光、宁波大学园区图书馆馆长颜务林等出席开幕式。本次研讨会邀请省内外图书馆界5位知名学者和专家做大会报告，为全省从事图书情报服务、信息数据处理的研究人员提供一个学术交流的平台。研讨会之后还举行知识发现系统江西片区首发仪式。（王晴）

【江西农业大学举办第四届读书月】 4月23日，图书馆资源与服务展在江西农业大学逸夫图书馆大厅开展，正式拉开读书月的序幕。此届读书月由共青团江西农业大学委员会和图书馆共同举办，主题为“阅读·悦读”。读书月期间，安排6场讲座，内容包括数据库的利用、文献管理软件等；组织10名读者参加“知网杯”搜索竞赛活动，取得优异成绩；按教师、研究生、本科生3个层次，评选出15名优秀读者作为“读者之星”予以表彰。此外，还开展校园百家讲坛、信息服务优惠、图书推荐、培训大使招聘表彰等系列活动。（王晴）

【井冈山大学移动图书馆正式启动】 1月8日，井冈山大学移动图书馆启动仪式隆重举行。校长张泰城、副校长吕玉华、图书馆馆长李雄出席启动仪式。读者可以通过移动图书馆，查询到图书馆百万册的馆藏资源，在线免费阅读50多万种电子图书资源，同时提供24小时云图书馆文献传递服务。这是该校继南昌大学、南昌航空航天大学等高校之后，首批开通移动图书馆的地方院校。（王晴）

【景德镇陶瓷学院图书馆举办业务知识系列讲座】 自11月27日开始，景德镇陶瓷学院图书馆利用每周三业务学习时间，举办10余场次业务知识系列讲座，内容包括高校图书馆的发展趋势、藏书布局与书目查询、各种中外文电子信息资源的最新发展与检索等。第一讲由图书馆副馆长罗晓宁主讲《高校图书馆的职能和发展趋势》，使大家对高校图书馆的未来走向有整体的把握。（王晴）

山东省

【山东财经大学图书馆举办世界读书日系列活动】 4月23日，由山东财经大学图书馆主办，校读者协会承办的山东财经大学2013年世界读书日系列活动在燕山、明水两校区圆满落下帷幕。本次活动由“感受读书乐趣，共建书香财大”主题签名、“手机遇上图书馆”超星移动数字图书馆试用推广、“奇文共赏”师生好书推荐三项活动组成，共有约500位师生参加活动。4月22—24日，开展“如何获取学术论文资料”培训活动，介绍数据库的使用方法，解答读者提出的问题，并辅导读者上机检索，受到教师和学生欢迎。（山东财经大学图书馆）

【山东大学(威海)图书馆获CALIS应用服务优秀示范馆称号】 2013年，中国高等教育文献保障系统（CALIS）管理中心公布CALIS三期应用服务示范馆评优结果。此次共有107家示范馆参与申报，经CALIS管理中心评选，52家获得CALIS三期应用服务优秀示范馆称号，其中山东大学（威海）图书馆申报的虚拟参考咨询示范馆获评优秀示范馆二等奖，并受邀参加CALIS管理中心举办的示范馆评优表彰大会。该馆于2011年9月首次参与CALIS应用服务示范馆建设项目，并于2012年9月通过CALIS三期应用服务项目的评估验收，获得“馆际互借与文献传递”“虚拟参考咨询”两项服务示范馆称号。（山东大学图书馆）

【中国海洋大学图书馆接待日本科学协会赠书项目负责人参观考察】 11月1日，日本科学协会赠书项目室长顾文君、日本科学协会赠书项目室系长吉田玉果在中国教育图书进出口公司国际赠书中心主任郭亚玲的陪同下，到中国海洋大学图书馆就原版日文和西文图书捐赠事宜进行具体磋商。顾文君女士介绍日本科学协会的发展历史、运营情况和组织结构，表示向中国大学及研究机构捐赠图书旨在支援教育和学术研究，加强国内外科学技术研究者及爱好者之间的联系和合作，并希望海大图书馆成为图书受赠地区中心。该馆馆长曹志敏教授向客人介绍海大学科、人才培养情况、图书馆发展历史，并对受邀加盟表示感谢。在副馆长胡远珍的陪同下，顾文君一行参观图书馆斯文堂、自然科学图书阅览区和佐治圭三文库，详细考察图书馆日文文献馆藏及利用情况，并赴外国语学院与日语系研究生座谈，听取在校师生对日文文献的需求情况。（中国海洋大学图书馆）

河南省

【“提升阅读质量，树立推广品牌”专题研讨会暨中国图书馆学会大学生阅读专业委员会、阅读与心理健康专业委员会2013年工作会议在郑州大学召开】 9月12日，会议召开，中国图书馆学会阅读推广委员会副主任徐雁、副主任黄鹏、秘书长窦英杰，大学生阅读专业委员会主任崔波，阅读与心理健康专业委员会主任王波及来自全国各地图书馆界的30多位专家学者参加会议。围绕“提升阅读质量，树立推广品牌”这一主题，各代表汇报阅读推广案例，并对阅读推广的形式、范围、经验以及需要改进的地方进行广泛交流与探讨。（严真　马秀峰）

【中南六省区高校图书馆2013年学术年会在河南大学召开】 10月29日—11月1日，由河南高校图工委主办，河南大学图书馆、河南大学文献信息研究所承办的中南六省区高校图书馆2013年学术年会在河南大学金明校区召开。会议以“数字时代高校图书馆事业的理论与实践”为研讨主题，来自中南六省区的200余位专家、学者参会。河南大学副校长刘志军、河南省教育厅评估办主任唐多毅、武汉大学图书馆馆长王新才、河南省图书馆学会副秘书长严真、河南省情报研究院院长楚明超、郑州大学信息管理学院院长陈忠海、河南省高校图工委主任崔慕岳、中南六省区高校图工委秘书长等领导、专家、学者参加开幕式并讲话，开幕式由河南省高校图工委副主任、河南大学图书馆馆长李景文主持。《图书情报工作》杂志社社长兼主编初景利教授、海南大学图书馆馆长詹长智教授、新乡学院党总支书记秦珂研究馆员分别做题为《图书馆的转型与变革》《文化立馆 服务创新——海南大学图书馆10年探索之路》《“孤儿作品”版权问题对图书馆数字化建设的影响》的报告。（严真　马秀峰）

【河南省高校图书馆2013年工作会议在巩义市举办】 4月18—19日，由河南省高校图工委主办，郑州成功财经学院与郑州升达经贸管理学院共同承办的此次会议在巩义市召开，169人参会。郑州成功财经学院院长张鑫，教育部高校图工委副主任、河南省高校图工委主任、郑州升达经贸管理学院院长崔慕岳，河南省教育厅高教处唐多毅处长先后致辞。教育部高校图工委副主任兼秘书长、北京大学图书馆馆长朱强，武汉大学信息管理学院图书馆学系系主任肖希明分别做题为《泛在化阅读与图书馆》和《数字环境下信息资源建设的变革与发展》的专题报告。与会代表按照本科组与专科组进行分组，分别就图工委工作报告与计划、财务报告和HALIS工作报告与计划进行学习与讨论，两组代表向大会作汇报交流；郑州成功财经学院图书馆馆长尚书安向与会代表介绍该馆的理念与经验。（严真　马秀峰）

【HALIS管理中心组织电子资源集团采购】 2013年，河南省高等教育文献保障系统（HALIS）管理中心采取省教育厅下拨经费资助与学校自筹相结合，成功组织超星电子书、维普科技期刊、中文社会科学引文索引、随书光盘系统、中国资讯行、网上报告厅、爱迪科森就业、超星学术搜索等涉及面广、量大、使用效益高的18个中外文数据库的集团采购，累计购买中文电子图书36万余种、中文全文电子期刊9500余种，外文全文电子期刊9700余种。其中，利用省教育厅经费购置4个数据库供全省高校免费使用。（严真　马秀峰）

【HALIS管理中心获得CASHL华中区域中

心奖励】 2013年6月，中国高校人文社会科学文献中心（CASHL）华中区域中心在武汉大学图书馆举办总结分享、合作共赢——“CASHL走入华中”七周年宣传推广总结表彰会议。HALIS管理中心荣获CASHL华中区域中心文献传递服务宣传推广突出贡献奖和最佳组织奖；郑州大学图书馆赵丽萍荣获华中地区CASHL文献传递服务宣传推广先进个人称号。HALIS管理中心参会代表在会上做文献传递服务工作和宣传推广经验。（严真　马秀峰）

【郑州大学图书馆概况】 郑州大学图书馆由原郑州大学图书馆、原郑州工业大学图书馆、原河南医科大学图书馆合并组建而成，现拥有一个中心馆和三个分馆，总建筑面积达8.4万平方米。至2013年，拥有各类资源797.1万余册，其中纸本馆藏485.2万册、电子图书311.9万册，中外文数据库118个，中外文电子期刊3万余种；书库和阅览室30余个，阅览座位近7000个；每周开馆时间达108.5小时，网络服务每日24小时不间断；文献数据中心数字存储容量达350TB。郑州大学图书馆设有教育部综合类“科技查新工作站”（Z12）；被授予“全国古籍重点保护单位”，已有34种善本古籍入选《国家珍贵古籍名录》，也是第一批河南省古籍重点保护单位；被中国图书馆学会命名为“全民阅读示范基地”。CALIS河南省文献信息服务中心和河南省高等教育文献保障体系（HALIS）的管理中心均设在该图书馆，中国图书馆学会大学生阅读委员会和河南省高校图书情报工作委员会秘书处挂靠在该图书馆，设有郑州大学科学技术信息研究所和郑州大学《周易》与古代文献研究所。（严真　马秀峰）

湖南省

【湖南高校开展“一校一书”阅读活动】 12月23—24日，一年一度的湖南省高等学校图书馆馆长会议在湖南大学召开。全省37所普通高校图书馆的馆长参加会议。湖南省教育厅高等教育处处长唐利斌、副处长张平，中国图书馆学会阅读推广委员会主任吴晞，湖南图书馆馆长张勇，湖南大学副校长曹一家教授出席会议开幕式。会议充分肯定湖南省普通高等学校图书馆在整体建设上所取得的成绩，提出湖南省普通高等学校图书馆发展“坚守、创新、合作、推介”四个要求。会议对2013年湖南省普通高校图书馆“一校一书——经典、精读、经世”阅读活动获奖单位及个人进行表彰，湖南大学图书馆、中南大学图书馆、湖南师范大学图书馆等22个单位荣获“优秀组织奖”，湖南大学、湖南师范大学等5个图书馆获得“优秀创意奖”，中南大学、吉首大学等5个图书馆获得“阅读推广奖”，同时评出读者个人读书心得奖和图书馆职工个人读书心得奖若干名。湖南省高校图工委秘书处对此次阅读活动做全面总结。此次活动历时8个月，全省37所普通高校参与，其中28所普通高校提出推荐精读图书、22所普通高校组织读书心得撰写；开展各类读书活动300余场次，包括报告会、座谈会、电影、诵读、书评、读书心得、书签设计、书展、图书漂流等多种形式，实体活动总参与人数超过10万人次，总投票数量22.7992万篇次。（陈有志）

【湖南省首届高职院校图书馆业务知识竞赛在长沙举办】 9月17日，湖南省首届高职院校图书馆业务知识竞赛在长沙商贸旅游职业技术学院图书馆举办，来自全省各地区18所高职院校图书馆馆长、80余名参赛选手参加。最终12名选手获得佳绩，他们将代表湖南省高职教育图书馆管理研究会参加全省图书馆馆员知识竞赛；6个图书馆代表队获得竞赛组织奖。（朱慧明）

【湖南省高职教育图书馆管理研究会2013学术年会在郴州召开】 12月10—12日，会议召开，全省各高职院校图书馆馆长、图书馆代表近百人参加此次会议。北京航空航天大学图书馆馆长、教授、博导杨晓光做题为《基于移动服务和学术发现的图书馆服务创新》的主旨报告。本次年会表彰在全省首届高职院校图书馆业务知识竞赛中的获奖单位和个人，开展2013年学术年会获奖论文评选活动。（朱慧明）

【《湖南省高职院校图书馆事业志》出版】 一部反映湖南省高职院校图书馆历史沿革、发展脉络的《湖南省高职院校图书馆事业志》于2013年由湖南科学技术出版社出版。全书56万字，由湖南省高职教育图书馆管理研究会主持编著，秘书长唐晓应担任主编，史明明、朱明松分别担任执行主编、副主编，教育厅副厅长王键为本书写序。该书从 2007 年开始收集稿件，汇集全省 37 所高职院校图书馆发展脉络；同时展示湖南省高职教育图书馆管理研究会从 2005 年成立以来开展的各项活动、会议纪要以及本研究会主持“湖南省职业教育文献资源共享服务中心”建设有关论证材料，是研究和记载湖南省高职院校图书馆发展历史的重要工具书。（唐晓应）

广东省

【2013 年广东省高等学校图书情报工作指导委员会第一次工作会议在中山大学召开】 4 月 18 日，会议召开，来自全省 18 所高校的 19 位委员出席会议。会上宣布新一届广东省高校图工委成立。与会代表就各专业委员会的设置与人选问题进行商讨，最终决定设立 5 个专业委员会，并推选出 5 位专业委员会主任委员人选。代表们围绕广东省高校图工委主任、中山大学图书馆馆长程焕文提出的“2013 年图工委工作重点与计划设想”展开讨论，包括大学城提升计划的制定、高职高专院校图书馆评估、广东省高校图书馆发展报告的编制和 2013 广东省高校图工委年会，以及图工委及数字资源规划与评价中心部分成员的调整、电子资源集团采购的组织实施等问题，并达成共识。（广东省高校图工委秘书处）

【第三届图书馆杯广东大学生英语口说大赛举办】 经过 30 天的激烈角逐，第三届“图书馆杯广东大学生英语口说大赛”5 月圆满落下帷幕。本届大赛作为各合办图书馆“世界读书日”系列活动之一，是在广东省高校图工委指导下，由北京策腾文化传播有限公司、广州红兔信息科技有限公司、台湾艾尔科技股份有限公司与广东 80 所高校图书馆联合举办的基于互联网环境进行的英语口语网络竞赛。比赛通过“MyET 英语口语与听力训练资源库” 平台，利用 MyET 智能语音分析的评分机制，由电脑当评委，学生不受时间地点的限制，通过互联网报名、参加比赛。本届大赛全省共有11722名学生报名参与，其中本科研究生组 8510 人、高职高专组 3212 人，共有 256 名学生获奖。（广东省高校图工委秘书处）

【2013 广东高校图书馆服务创新论坛在南方医科大学召开】 6 月 21 日，会议召开。本次论坛由广东省高校图工委服务创新委员会主办，南方医科大学图书馆和方正阿帕比技术有限公司承办。全省 50 余所高校以及高职高专院校图书馆共计 180 余人出席论坛。上海图书馆读者服务中心主任刘燕、江苏大学图书馆书记袁润及广东南方周末新媒体有限公司运营中心总监卢先义等分别作专题报告。另外，来自暨南大学、华南师范大学、华南农业大学等院校的 8 名代表还就日常工作中如何开展服务创新进行现场经验分享。（南方医科大学）

【广州大学城十校图书馆馆际互借服务项目取得新突破】 在教育厅组织下，由中山大学牵头大学城 10 所高校开展的图书馆资源共享系统建设项目——广州大学城十校图书馆馆际互借服务子项目，于 9 月下旬投入试运行。10 所高校的读者，无论身处何处，只需通过“广州大学城十校图书馆馆际互借服务系统”提交申请，即可借阅除本校外其他 9 所大学城高校所有校区图书馆中可供流通外借的中、外文普通图书。（广东省高校图工委秘书处）

【高校科技查新工作学术研讨会在广州大学召开】 10 月 21 日，由广东省高校图工委交流与合作委员会、创新服务委员会主办，广州大学承办的 2013 年高校科技查新工作学术研讨会在广州大学隆重召开。本次研讨会的主题为“新形势下高校科技查新工作的深化和 2013 年教育部科技查新报告撰写规范（修订）的解读”。来自省内外 28 所高校图书馆、科技图书馆的馆长、科技查新专家、查新员共计 120 余人出席。（广州大学　张新兴）

【广东省高等学校数字化文献资源共享服务体系建设项目通过省“211 工程”三期项目验收】 10 月 29 日下午，广东省“211 工程”协调小组在华南农业大学图书馆召开项目验收会，广东省高校数字化文献资源共享服务体系建设项目顺利通过专家组验收。该项目是广东省“211 工程”三期公共服务体系建设项目之一，财政总投入 1000 万元，由省教育厅牵头，华南理工大学、华南农业大学、南方医科大学、广州中医药大学、广东工业大学、广东外语外贸大学等 6 所高校图书馆共同承建。（华南农业大学图书馆）

【广东省高等学校图书情报工作指导委员会2013年年会在广州增城举行】 12月26—27日，会议举行，这是新一届广东省高校图工委成立后举办的第一次年会。来自全省79所院校的图书馆馆长及业务骨干共137名代表、12家企业的30余名代表参会。省教育厅高教处处长郑文出席会议并致辞。广东省高校图工委主任、中山大学图书馆馆长程焕文做《广东省高校图书馆2012年年度发展报告及广东省高校图工委2013年工作总结》；中山大学图书馆副馆长周纯、暨南大学图书馆杨鹤林分别做题为《面向科研产出评估的数据服务——以暨南大学论文资讯网为例》《理想与现实——发现服务的应用与发展》的学术报告；华南农业大学图书馆馆长刘锋就“广东省高等学校数字化文献资源共享服务体系项目”做总结报告。6个专业委员会、分委员会主任分别就各自委员会2013年工作做总结报告。（广东省高校图工委秘书处）

广西壮族自治区

【2013年广西高校图书馆工作与学术年会】 5月8—12日，由广西高校图工委、广西高教学会图书馆专业委员会（广西高教学会图专委）和CALIS广西中心共同主办，玉林师范学院图书馆承办的2013广西高校图书馆工作与学术年会在玉林隆重召开。来自全区49所高校的116位代表及部分赞助商代表共计145人参加会议。会上，对广西高教学会图专委第22次学术年会获奖论文作者和第九届广西高校图书馆学优秀成果获奖者进行表彰。此次年会共收到征文102篇，其中获得一等奖2篇、二等奖4篇、三等奖14篇、鼓励奖20篇，正式论文48篇。第九届广西高校图书馆学优秀成果评选，共评选出一等奖2名、二等奖4名、三等奖9名、鼓励奖10名。年会邀请上海交通大学图书馆馆长陈进做题为《构建智慧图书馆的若干关键问题思考》的学术报告。（广西高校图工委秘书处）

【广西高教学会图专委组织会员参加中南六省区高校图书馆2013年学术年会征文】 在此次征文活动中，广西高校共有45篇论文参评，其中获得一等奖16篇、二等奖18篇、三等奖11篇。直至这次年会，近几年广西高校图书馆参加中南六省区年会的论文数量和获奖数量，均名列前茅。（广西高校图工委秘书处）

【广西高教学会图专委组织数据库团购】 2013年，广西高教学会图专委组织《维普期刊资源整合服务平台CSTJ》2014—2016年联合采购、EBSCO数据库2013年广西团购、《网上报告厅》《就业培训数据库》《环球英语库》《新东方学习库》等数据库的联合采购或者续订，为各高校馆节约购买经费。（广西高校图工委秘书处）

【CALIS广西中心组织成员馆赴福建高校考察学习】 考察团由36所成员馆的33位馆长、4位副馆长和4位省中心办公室人员组成。5月26—30日，考察团先后参观厦门大学、集美大学、福州大学和福建师范大学等4所各有特色的高校，并与对方进行广泛交流。考察内容主要包括CALIS项目建设、福建省图书馆联盟（FULINK）建设、图书馆管理、数字图书馆建设、资源整合与特色库建设、文献传递与馆际互借服务等方面。（广西高校图工委秘书处）

【CALIS广西中心及其成员馆获得多个奖项】 CALIS广西中心积极推进CALIS项目各项服务，中心及其成员馆在2013年获得CALIS管理中心颁发的多个奖项。CALIS广西中心服务推广主管王芳被授予“CALIS三期省级文献信息服务中心先进个人”称号，南宁职业技术学院被授予“CALIS三期馆际互借与文献传递服务馆二等奖”。广西大学图书馆获“中国高等教育文献保障中心（CALIS）学位论文项目”的“全文传递服务奖三等奖”。河池学院申报的“桂西北地方资源文献数据库”获“CALIS三期专题特色数据库项目”一般资助项目立项，桂林理工大学南宁分校申报的“广西与东盟民族文化旅游信息库”获指导性项目立项。南宁职业技术学院荣获“CALIS三期馆际互借与文献传递服务示范馆二等奖”和“CALIS三期虚拟参考咨询服务优秀示范馆二等奖”；桂林理工大学南宁分校荣获“CALIS三期虚拟参考咨询优秀示范馆三等奖”；南宁职业技术学院莫耀平和黄晓明、桂林理工大学南宁分校黄昭彦被授予“CALIS三期应用服务优秀示范馆先进个人”称号。（广西高校图工委秘书处）

海南省

【海南省高校图书馆2012年学术年会召开】 2013年1月18日，会议在琼州学院召开，由海南省高校图工委主办。海南省教育厅、省高校图工委的领导、专家、各本科及高职高专图书馆360余人参加本次大会。省高校图工委主任、海南大学图书馆馆长詹长智做《海南省高校图工委2012年工作报告》，对过去一年中全省高校图书馆工作做全面的回顾和总结。会上进行海南省高校图书馆首届馆员技能竞赛（高职高专组）总结颁奖。在会议的交流与研讨阶段，7个委员会分组就本专业委员会2012年的工作进行总结。（琼州学院图书馆）

【海南大学图书馆开展对外交流活动】 2013年3月，海南大学图书馆党委书记顾江洪、副馆长李春等人到中国人民大学图书馆、四川大学图书馆、西安交通大学图书馆、上海交通大学图书馆、杭州图书馆等10多个图书馆进行交流学习，为该馆服务功能拓展及馆舍部局提供很大的参考价值。6月，文献中心主任王小会在北京参加CALIS省中心负责人联席会议，这是CALIS在三期建设通过国家验收、项目建设进入运维阶段后，为制定服务政策、部署各中心工作安排而召开的一次重要的工作会议。8月，4位部门主任赴新加坡参加第79届国际图联大会；馆长詹长智在郑州参加第四届教育部高等学校图书情报工作指导委员会会议，会议针对高校图书馆为教学和科研服务，推动高等教育内涵式发展、提高人才培养质量三个方面进行探讨，为今后高校图书馆工作的开展指出方向。9月，委派业务骨干前往天津大学进行为期一学期的学习进修，期间参与"图书情报"研究方向"一对一"结对帮扶计划任务；书记顾江洪、副馆长闫金玲在合肥参加CALIS全国农学文献信息中心业务交流暨学术报告会，会议以"变革与思考"为主题进行讨论，为逐步实现图书馆的服务转型提供思路。10月，詹长智、李春等4人在河南开封参加中南六省图书馆会议；詹长智等3人前往深圳职业技术学院进行考察学习，此次考察主要是针对文检课教学与绩效评估两个方面进行学习。（海南大学图书馆）

【海南经贸职业技术学院图书馆举办业务培训班】 海南经贸职业技术学院图书馆从2010年起就与海南省电教馆联合举办中小学图书馆（室）业务人员培训班，每年基本开办四期。2013年4月16日至5月18日，该馆与海南省电教馆联合举办中小学图书馆（室）业务人员培训班，参加培训160人次，培训对象为海口、文昌、澄迈、屯昌、东方、昌江、乐东、白沙等地中小学校图书馆管理员。（海南经贸职业技术学院图书馆）

【琼州学院新图书馆落成开馆试运行】 琼州学院新图书馆是一座位于三亚校区中轴线上的地标性建筑，10月21日试运行。新图书馆建筑面积32000平方米，阅览座位有3300个。馆藏书刊纸质图书100多万册，电子图书为342773册（件），光盘等音像资料20978件。纸质期刊1913种，电子期刊9850种。新图书馆建立千兆主干光纤，百兆到桌面的高速局域网，业务工作全部实现计算机管理，形成便利的分布式数字化信息服务网络。可为读者提供文献流通阅览、电子阅览、馆际互借、文献检索、定题服务、课题查新、参考咨询、文献传递等多类型、多层次服务。（琼州学院图书馆）

四川省

【概况】 2013年，四川省全面推进高校图书馆的管理创新、服务创新。四川省高校图工委秘书处组织各高校图书馆深入学习与研讨教育部《普通高等学校图书馆规程（修订）》，广泛征求修订建议。召开"2013年四川省高校图书馆建设发展研讨会"，探讨研究图书馆发展中遇到的各种新问题。

继续组织有关数据库的联合集团购买，积极开展四川省高校图书馆文献资源共享工作，大幅提高各馆文献经费使用效益及文献信息资源利用率。

加强高校图书馆专业队伍建设。省高校图工委及其各协作组和专业组举行各种研讨会、工作会，进行有计划、分层次的各种业务培训和工作交流，并积极参与国内外图书情报界的学术交流活动。

积极加强与各级公共图书馆之间的合作，进一步推动高校图书馆面向社会公众开放的工作，增强高校图书馆的社会服务能力，为地方社会经济建设提供强有力文献信息支撑。

继续推进高职院校图书馆、独立学院图书馆的规范化、科学化建设，较大提升全省高职院校图书馆、独立学院图书馆的管理水平和服务水平。

“4·20”芦山地震发生后，省高校图工委和各高校图书馆对地震灾区图书馆给予大力援助与支持。灾区高校图书馆把恢复重建作为头等大事，加强组织领导，完善工作机制，确保灾后重建工作有力、有序、有效推进。

根据对四川省53所主要高校图书馆的统计，2013年全省高校馆舍面积已达117.4万平方米，读者座位13.1万个；文献资源购置费达22900万元，其中，电子资源购置费8850万元；文献累积总量18800万册。当年购置中文纸质图书336万册，外文纸质图书2.7万册，中文纸质报刊7.8万余份，外文纸质报刊2788份，中文电子图书1251万册，外文电子图书140万册，中文电子报刊137万份，外文电子报刊36.5万份。正式职工2040人，其中博士37人、硕士407人，本科以上学历占总人数近70%，中高级职称比例达60%。（四川省高校图书情报工作委员会秘书处　袁学良　孙诗）

【四川省高校图工委赴雅安地震灾区高校图书馆慰问】 5月15日，四川省高校图工委副主任兼秘书长、四川大学图书馆馆长马继刚与4位副秘书长赴雅安，先后到四川农业大学图书馆和雅安职业技术学院图书馆实地勘察在“4·20”芦山地震中馆舍受损情况。之后，省高校图工委积极联系，争取相关数据商、出版社对灾区高校图书馆进行实质性援助，德国施普林格（Springer-Verlag）出版社、北京超星公司、清华同方知网（北京）技术有限公司、中国教育图书出口公司等对此给予大力支持。（四川省高校图书情报工作委员会秘书处　袁学良　孙诗）

【2013年四川省高校图书馆建设发展研讨会】 6月13—15日，由四川省高校图工委主办的2013年四川省高校图书馆建设发展研讨会在四川农业大学都江堰校区举行。省教育厅高教处调研员赵锦棻，四川农业大学副校长杨文钰，省高校图工委秘书长、四川大学图书馆馆长马继刚等出席会议。来自全省77个高校图书馆的会议代表和公司代表等共计196人参加会议。来自8所高校的专家分别在会上做专题报告，与会代表分组进行交流讨论，并举办新馆长培训会。西南交通大学图书馆馆长高凡解读教育部《高等学校图书馆规程》；馆长们相互分享多年工作的实践经验。最后，省高校图工委对2008年以来取得优异成绩的高校图书馆先进集体和先进个人进行表彰，并颁发奖牌、证书，47个先进图书馆、10个图书馆先进部室、143位先进个人受到表彰。（四川省高校图书情报工作委员会秘书处　袁学良　孙诗）

【张晓林博士学术报告会】 9月18日，中科院国家科学图书馆馆长、国务院学位委员会学科评议组成员张晓林博士受邀在四川大学文理图书馆报告厅做题为《从数字图书馆到知识创新实验室》的学术报告。来自全省高校图书馆、信息管理系的300余名馆员和师生聆听报告。报告分析、研究型图书馆面临的发展挑战和趋势，并详细阐述中科院文献情报系统在开放性知识创新实验室创建过程中的思路和实践。（四川省高校图书情报工作委员会秘书处　袁学良　孙诗）

【四川省本科院校图书馆协作组研讨会暨成都地区第42届高校图书馆馆长研讨会】 10月14日，由四川省高校图工委主办、成都理工大学图书馆承办的四川省本科院校图书馆协作组研讨会暨成都地区第42届高校图书馆馆长研讨会在成都理工大学召开。来自全省36所高校图书馆及24家公司代表共计130余人参加会议。大会通过主题报告、研讨交流的形式，探讨全省高校图书馆发展所面临的形势、问题和对策。来自四川大学、电子科技大学、信息工程学院等7所高校图书馆的发言人分别就高校图书馆管理服务创新、数字图书馆资源的挖掘与推广、图书资料室规范化建设与管理、专业院校特色化服务等问题做主题报告。与会代表会后参观成都理工大学图书馆。（四川省高校图书情报工作委员会秘书处　袁学良　孙诗）

【四川省高校图书馆第九届专家论坛】 11月15日，四川省高校图书馆第九届“专家论坛”在西南交通大学举行，论坛主题为“信息资源管理与利用”。西南交通大学常务副校长蒋葛夫，四川省高教研究会副秘书长、省高校图工委副主任赵锦棻，四川省图书馆副馆长王嘉陵，清华大学图书馆馆长邓景康等出席论坛。学术报告上，长江学者特聘教授、南京大学信息管理学院苏新宁，清华大学图书馆馆长邓景康，北京大学信息管理系教授刘兹恒，西华大学图书馆馆长吕先竞分别做题为《信息资源管理技术动向》《数字信息时代文献支撑服务的思考与实践》《数字出版的趋势及对图书馆信息资源建设的影响》《高校图书馆学科信息服务探索》的学术报告。（四川省高校图书情报工作委员会秘书处　袁学良　孙诗）

【第十八届西南地区高校图工委联席会议】 11 月 28 日，第十八届西南地区高校图工委联席会在西昌学院北校区图书馆报告厅举行。四川省教育厅高教处处长杨亚培、省高校图工委副主任赵锦棻以及三省一市各高校图书馆领导出席此次会议。西昌学院党委副书记、院长夏明忠，副院长曲木伍各出席开幕式。重庆高校图工委副秘书长曹京、云南省高校图工委秘书长朱曦、四川省高校图工委秘书长马继刚、贵州高校图工委副秘书长钟文一分别就三省一市高校图工委工作做经验交流。重庆大学杨新涯、云南农业大学赖毅、贵州民族大学卢云辉、成都医学院刘萍分别做题为《浅谈图书馆服务创新》《信息生态视域下的高校图书馆多元化服务》《整合资源，推广阅读，创建品牌》《走进“阅读疗法”——图书馆角色与功能的思考》的专题报告。（四川省高校图书情报工作委员会秘书处　袁学良　孙诗）

【四川省高职高专协作组 2013 年年会暨“图书馆·服务”研讨会】 12 月 18—20 日，会议在四川城市职业学院召开，来自省内 43 所高职院校的近百名代表与会。四川城市职业学院党委副书记、副院长刘飞，省高校图工委副主任赵锦棻，省图书馆学会秘书长、省图书馆副馆长王嘉陵出席开幕式并致辞。省高校图工委秘书长、四川大学图书馆馆长马继刚教授致辞并传达教育部第四届高校图书情报指导委员成立大会会议精神。省高校图工委副秘书长姜晓、成都航空职业技术学院图书馆馆长张勇、四川工程职业技术学院图书馆馆长邹毓文、现代职院图书馆馆长周昱宇，分别围绕“阅读推广·服务创新”这一主题从不同视角做专题发言。与会代表对教育部《普通高等学校图书馆规程（修订）》进行热烈研讨。（四川省高校图书情报工作委员会秘书处　袁学良　孙诗）

云南省

【云南高校图书馆联盟第一届理事会召开】 5 月 14 日，云南高校图书馆联盟第一届理事会在云南师范大学召开，来自全省高校的 40 余位图书馆馆长参加会议。省高校图工委副主任兼秘书长、省高校图书馆联盟第一届理事长、云南师范大学图书馆馆长朱曦通报常务理事会讨论通过的《云南高校图书馆联盟工作方案（征求意见稿）》，提出图书馆联盟的指导思想、工作目标等问题，明确第一届执行理事长单位的工作任务和下一届执行理事长单位的相关问题。云南师范大学副校长陈勇出席会议，提出该校图书馆成为联盟第一届执行理事长单位后，将在今后两年的工作中认真履行联盟职责，完成任期目标，为全省高校图书馆的建设与发展服务。至此，云南高校图书馆联盟的工作正式开展，推动全省高校图书馆间的合作与交流深入发展。（云南省图书馆学会）

【云南师范大学图书馆与腾冲县和顺图书馆签署合作框架协议】 9 月 30 日，协议在腾冲县和顺图书馆签署，同时举行合作共建基地揭牌仪式。保山市副市长李宗华、腾冲县委副书记马子兴、副县长谷燕，云南师范大学副校长陈勇、图书馆馆长朱曦等领导参加仪式。合作框架协议的签订，标志着双方合作正式拉开序幕，也宣告云南省第一家高校图书馆与地方图书馆合作共建基地正式成立。（云南省图书馆学会）

【昆明冶金高等专科学校开展 2013 年世界读书日系列活动】 4 月 17 日晚，昆明冶金高等专科学校图书馆联合校团委举办世界读书日系列活动开幕式，副校长赵文亮出席并致辞。开幕式结束后，云南师范大学图书馆馆长朱曦教授为师生作题为《书里书外——文学家的生命体验及其艺术创作》的专家讲座。此次系列活动以“让阅读成为习惯，让书香滋润心灵”为主题，为期 36 天，共举办专题讲座、“我阅读，我快乐”有奖征文、“读好书微心得”活动、“优秀读者”评选、新书展览、图书馆勤工助学岗“服务之星”评选、图书捐赠、图书漂流、“跳蚤市场”售书易书、读者座谈交流会和颁奖仪式等11项活动。（云南省图书馆学会）

西藏自治区

【2013—2014学年西藏自治区高等学校图书情报工作指导委员会年会暨教育部CALIS CADAL项目西藏地区培训专家讲座】 10月12—14日，会议由西藏自治区高等学校图书情报工作指导委员会（简称西藏高校图工委），教育部CALIS、CADAL项目西藏工作领导小组主办，在西藏大学农牧学院举办。教育部CADAL项目管理中心副主任竺海康教授，教育部CALIS项目管理中心副主任、北京大学图书馆副馆长陈凌等领导出席会议，西藏大学副校长侯太平、西藏大学农牧学院副院长赵垦田分别代表主办方和承办方致辞。西藏高校图工委秘书长、西藏大学图书馆馆长尼玛扎西在大会上做西藏高校图工委2012—2013学年工作总结，并提交2013—2014学年工作计划讨论稿。与会代表就《西藏自治区高等学校图书情报工作指导委员会章程（讨论稿）》修订、会费标准、统一采购、2013—2014学年工作计划等事宜进行讨论并达成一致意见。会议期间，围绕“西藏高校图书馆建设与服务模式创新”主题，举办专家讲座、馆长论坛、图书资源信息发布等活动。此次会议为进一步提升西藏高等学校图书情报的管理和服务工作奠定良好基础。（胡京波）

【西藏大学图书馆与电子科技大学图书馆结为友好馆】 7月9日，电子科技大学图书馆与西藏大学图书馆签署正式协议，结为友好馆。电子科技大学图书馆将为西藏大学图书馆的工作提供长期支持，建立馆员互派互访机制，为双方图书馆馆员提供学习交流的机会。在签约仪式上，西藏大学党委委员、副校长娄源冰对电子科技大学多年来给予的大力支持和帮助表示感谢；西藏大学图书馆馆长尼玛扎西和电子科技大学图书馆馆长李泰峰就友好馆今后合作进行探讨和展望。电子科技大学派出的援藏干部、图书馆系统技术部主任曾庆辉在西藏大学图书馆与现代教育技术中心工作期间，了解并掌握西藏大学图书馆基本情况，特别是数字图书馆的建设发展状况，按照建设智能图书馆的理念，在馆舍布局、自动化建设、智能馆藏等方面，提出并设计和国内一流高校相当的图书馆应用方案以及数据中心建设方案。他的工作为两校图书馆结为友好馆奠定良好的基础。（胡京波）

【扎西多吉先生向西藏大学图书馆捐赠珍贵藏学资料】 11月14日上午，18世纪泥金写本《大般若经》之第六函捐赠仪式在西藏大学新校区图书馆举行。校党委书记房灵敏代表学校接受捐赠，并向捐赠者扎西多吉先生颁发证书、献哈达。此次捐赠的文献，是扎西多吉先生珍藏多年的藏文古籍，具有非常高的收藏价值。（胡京波）

【西藏民族学院图书馆召开图书馆职业道德与资源采购规范研讨会】 7月9日，“图书馆职业道德与资源采购规范研讨会”在西藏民族学院图书馆召开。参加研讨会的有中山大学图书馆和吉首大学图书馆的代表，学院原副院长王学海、副院长高学，图书馆领导及全体工作人员。研讨会由图书馆党总支书记徐明主持。会上，中山大学图书馆馆长程焕文、副馆长林明、采编部主任冯彩芬，吉首大学图书馆副馆长刘洪与西藏民族学院图书馆馆长孔繁秀分别就“图书馆职业道德”“文献资源采购”和“图书馆资源与服务”等议题做主旨发言。中山大学图书馆还向学院图书馆捐赠一套极有价值的纸本图书文献《钦定四库全书荟要》，共计500册，价值19.8万元。当天下午，程焕文教授为学院师生做题为《数字时代大学图书馆的变革与未来》的学术报告。此次研讨会加强了学院图书馆与其他高校图书馆的交流与合作，为今后图书馆受援工作持续开展奠定良好基础。（胡京波）

【以色列教育代表团参观西藏民族学院图书馆】 12月6日上午，以色列教育工作者访华代表团一行11人参观西藏民族学院图书馆。代表团听取该馆概况介绍，参观藏学文献中心，工作人员展示该馆收藏的藏学特色古籍——四川德格版藏文《大藏经〈甘珠尔〉和〈丹珠尔〉》、北京版日本影印藏文大藏经等珍稀文献，来宾对这些珍稀文献给予极大的关注并表现出浓厚的兴趣。以外，工作人员还展示当代藏汉两种语体的

藏学文献。（胡京波）

【西藏藏医学院图书馆馆长朗东·多吉卓嘎获评“2013中国图书馆榜样人物”】 在2013年中国图书馆年会上，西藏藏医学院图书馆馆长朗东·多吉卓嘎荣获“2013中国图书馆榜样人物”，成为西藏首位获此殊荣的图书馆馆长，极大提升西藏图书馆事业在全国的知名度。朗东·多吉卓嘎20余年来在西藏藏医学院从事高校图书管理与研究工作，主持编写以藏医药为主的甘珠尔、丹珠尔、藏医药、天文历算名人文集等1—54卷详细目录和2卷简称目录，这是目前世界同类文献中反映藏文古籍的一部最全面、最权威的参考工具书，创新藏学古籍目录研究的思路和方法，终结世界无藏医药和天文星算为主的藏学文献目录集的历史。近三年来，朗东·多吉卓嘎克服重重困难，在阿里、日喀则、山南、拉萨等地的寺庙和民间搜集古籍文献6000多种30多万页，组织申报国家级非物质文化遗产名录项目3项。她主持的《中国藏医药影印古籍珍本》出版项目获国家出版基金支持。（胡京波）

陕西省

【概况】 2013年，陕西高校图书馆平均馆舍面积23074平方米，比上年的平均21552平方米增加1522平方米。馆均在编职工39人，与上年持平；其中本科及以上人员占65.91%，比上年的62.40%增加3.51%。馆均年度总经费4450175元，比上年的3492526元增加957649元。馆均文献资源购置费3783712元，占年度总经费的85.02%；其中，馆均纸质资源购置费2256208，占文献资源购置费的59.63%；馆均电子资源购置费1525662元，占文献资源购置费的40.32%。馆均年购中文纸质图书55568册，比上年的平均42691册增加12877册；馆均年购外文纸质图书646册，比上年的平均613册增加33册；馆均年购中文电子图书333592册，比上年的馆均367723册减少34131册；馆均年购外文电子图书17652册，比上年的馆均7580册增加10072册。馆均中文纸质图书累积量1020418册，比上年的平均949581册增加70837册；馆均外文纸质图书累积量55971册，比上年的平均54574册增加1397册。（以上信息来自62所高校图书馆的统计数据）（张惠君）

【2013年陕西省高等学校图书情报工作会议】 5月29—31日，会议在杨凌召开，来自全省68所高校图书馆的领导和有关人员160余人参加会议。西北农林科技大学副校长张雅林到会并致欢迎词，省高校图工委副主任王元、卢朝阳、赵建有、余健明、孔润年、李万社等出席会议。省高校图工委副主任、西安交通大学图书馆馆长王元教授做关于省高校图工委2012年工作总结和2013年工作计划的报告，从8个方面总结全省高校图工委的工作；省高校图工委副秘书长、西安交通大学图书馆研究馆员张惠君做关于2012年陕西高校图书馆发展状况的报告，通过一系列统计数据，对全省高校图书馆的馆舍建设、队伍建设、经费投入、文献资源建设、资源利用与服务等进行分析、探讨和总结。在图书馆管理与服务交流单元，共有5个图书馆做大会交流。（张惠君）

【高校图书馆与县级图书馆结对帮扶工作】 2013年9月，省高校图工委组织结对帮扶的高校馆在长安大学图书馆召开结对帮扶经验交流会，探索长效实践机制。在继续为县级图书馆做好业务辅导、技术支持等工作的同时，省高校图工委秘书处主动与蔚蓝基金达成合作意向，共为10个县级图书馆争取到受赠图书的机会，获赠图书2.5万册。（张惠君）

【陕西省图书馆员参考咨询服务案例展示交流会】 11月14日，由省高校图工委主办、西安工程大学图书馆承办的此次交流会在西安工程大学图书馆举办。52所图书馆的164名馆员参加会议。在案例征集阶段，共有14所图书馆的47名馆员提交参赛案例，由专家初评选出36个案例参与现场评比，最终有24个案例入选优秀案例。（张惠君）

【陕西省高校图书馆信息技术应用研讨会】 11月26日，由省高校图工委和西北工业大学图书馆共同举办的此次研讨会在西北工业大学召开，来自全省50余所高校图书馆的领导和专家150余人参加会议。研讨会共邀请全省高校图书馆信息技术领域的领导和专家做10个精彩的主题报告。（张惠君）

【开展专业培训】 9月24日，省高校图工委在西北工业大学举办2013年陕西地区数图新服务应用研讨班，来自全省近50所大专院校、科研院所图书馆的近300名代表参加，围绕“研讨数图应用新服务、进入知识服务新时代”的主题，多位专家做学术报告。10月9日，陕西省高校图书馆新馆员入职培训专家报告会在长安大学召开，70余人参会，培训专家报告的主题分别为“图书馆业务知识概况”和“一个图书馆员的自我修养”。12月19日，由省高校图工委在西安铁路职业技术学院举办陕西省高职高专院校图书馆馆长研修班，近60人参加培训，5位专家结合高职高专院校图书馆特点分别做精彩的学术报告，内容涵盖图书馆的办馆理念、图书馆人的职业素养、图书馆业务知识概论、信息技术在图书馆的应用以及图书馆招投标管理等方面。（*张惠君*）

甘肃省

【概况】 截至2013年年底，甘肃省共有各类高等学校图书馆46个，普通本科高校图书馆16个（2013年兰州工业高等专科学校升本为兰州工业学院），专科院校图书馆21个（张掖医学高等专科学校并入河西学院），独立学院5个，党校图书馆1个，甘肃广播电视大学图书馆1个，其他2个。

馆舍面积持续扩大。西北民族大学、西北师范大学、兰州商学院等3所高校新校区图书馆已经投入使用，陇东学院、兰州工业学院、陇南师范高等专科学校、武威职业学院等4个图书馆的新馆正在建设中。调研31个图书馆的馆舍数据，馆舍面积总计约64.5万平方米，馆均约为2.18万平方米，馆舍面积接近或超过5万平方米的图书馆有6家，最大的是兰州大学图书馆6万平方米，最小的是兰州科技职业学院图书馆430平方米。27个图书馆拥有阅览座席55095个，馆均约2041个。

人员素质和科研能力不断提高。27个图书馆有正式在编1183人。18个图书馆有人员学历数据，大专学历268人，占人员总数的26.2%；本科学历367人，占35.8%；硕士和博士研究生151人，占14.8%。23个图书馆有人员职称结构数据，其中馆员314人，占专业人员总数的27.7%；副研究馆员185人，占16.3%；研究馆员15人，占1.3%。2013年有11个图书馆的员工在省级以上刊物发表论文179篇，馆均16.3篇；出版图书馆学、情报学专著7部，国家级、省部级在研课题28项，各类学术成果获奖15项。

文献资源保障能力稳步提升。38个图书馆藏书总量4299.59万册，其中，普通图书2581.58万册、报刊合订本186.37万册、古籍49.5481万册（善本2.9874万册）、地方文献8.55万册，电子文献1399余万册、外文书刊76.37万册。特别是电子文献增幅明显，有6个图书馆电子文献数量超过纸质文献数量。33个图书馆购买或自建各类数据库579个，其中中文数据库429个、外文数据库132个、自建数据库18个、拥有数据库最多的是兰州大学图书馆，达到了84个。

经费投入稳定增长。有11个图书馆提供购书经费数据，合计3257.784万元，馆均296.16万元，购书经费最高的是兰州大学图书馆1294万元。16个图书馆当年新购图书18.0256万种，56.3748万册；31个图书馆2013年订购报刊1.6593万种。9个图书馆购买电子文献78.9712万种。

网络化、数字化设施全面普及。38个图书馆实现图书馆业务工作的自动化管理，管理系统以金盘、汇文、ILASII用户最多。29个图书馆拥有计算机6164台，馆均213台；28个图书馆的电子阅览室配有计算机4696台，馆均168台。网络带宽有7个图书馆达到1000bps，13个图书馆拥有网路端口8748个。38个图书馆建立了网站，有20余家图书馆开通了移动图书馆。

图书馆服务水平全面提升。13个图书馆累计发放有效借书证18.7万个，馆均1.4万个。39个图书馆有读者统计数据，年接待读者750万人次，年外借书刊393.6万册次。每周开馆时间合计2623小时，馆均67.3小时。有13个图书馆有读者活动数据，年举办读者活动755次，其中讲座、报告会401场次，其他读书活动354场次，参与读者9.4万人次。有12个图书馆积极开展由甘肃省图书馆学会每年组织举办的“全民阅读活动”。文献传递与参考咨询服务有效开展，有13个图书馆提供参考咨询数据，年解答咨询39011条，检索课题765项，编写情报研究报告等二、三次文献9种。在做好常规服务的同

时，甘肃部分高校图书馆还积极探索学科化信息服务，建立以学科馆员为核心的新型服务模式。（甘肃省图书馆学会　董隽）

【甘肃省高等学校图书情报工作委员会工作概述】 2013年，甘肃省高等学校图书情报工作委员会（以下简称甘肃省高校图工委）有成员馆37家。年内组织召开2013甘肃省高校图工委委员馆馆长会议、甘肃省高校图工委2013年年会、甘肃省本科院校新建图书馆文化建设研讨会和《普通高等学校图书馆规程》修订研讨会等4次省内会议。7月召开由教育部中国高校人文社会科学文献中心（CASHL）、北美中国研究图书馆员学会（SCSL）和兰州大学图书馆等联合主办的第二届中美高校图书馆合作发展论坛，9月承办第六届图书馆管理与服务创新论坛。来自国内外和省内的图书馆界同行490余人参加上述会议。联合举办甘肃第七届甘、青、宁新书看样订货会，与中国科技资料进出口公司和兰州大学图书馆联合举办2013年全球著名出版社外文原版图书巡展。组织落实甘肃省高校数字文献集团采购工作，举办超星发现系统产品甘肃省高校图书馆集团采购谈判会，承办图书馆发现系统创新研讨会暨甘肃·青海图书馆“发现系统”开通仪式，举办Find＋混合型知识发现系统研讨会等资源建设性方面的会议。

CALIS甘肃省中心参与“CALIS十五周年庆”活动，设计“CALIS甘肃省中心十五年成就”展板内容，组织省内高校参与示范馆评比，兰州大学图书馆张继忠荣获CALIS三期全国文献信息中心先进个人。组织开展CASHL西北高校文献传递与宣传推广活动（2013），协助支持兰州大学图书馆和西北师范大学图书馆分别获得海外著名出版社价值50万元的图书。完成“CASHL学科服务推广基地试点”历史学科计划。做好CADAL的服务推广工作，联合省内高校成员馆落实3C（CALIS/CASHL/CADAL）相关工作。（甘肃省图书馆学会　董隽）

青海省

【青海大学图书馆概况】 青海大学图书馆始建于1958年。自1998年以来，青海大学经过三次大的院校整合，图书馆现有馆舍总面积为1.18万平方米，分布于5个不同校区，阅览座位2318个。1996年引进学术期刊学术光盘，之后相继成立《中国学术期刊（光盘版）》文献检索一级站，建立电子阅览室，供师生查阅电子文献。2001年起，全馆建立基于自动化管理系统的文献信息服务平台，实现校区间通借、通还服务体系。在清华大学图书馆对口支援的基础上，先后在2002年和2007年顺利通过教育部本科对图书馆的评估要求。经过“211工程”三期建设与“中央财政支持地方高校专项资金”建设，图书馆在自动化、网络化、数字化建设方面取得重要进展，已形成包括纸质中外文图书、期刊，以及中外文数据库等在内的多种类型、多种载体的综合性馆藏体系。截至2013年年底，实体馆藏累计总量有133万余册，引进中外文全文和文摘数据库40余个，其中电子期刊3万余种、中文电子图书40余万册。图书馆每周开放94.5小时，实行开放式藏、借、阅一体化服务，提供馆际互借与文献传递、课题查新、查引等，每天24小时不间断地提供网络信息服务。

5月28日，新图书馆大楼开工典礼举行。该项目总投资1.25亿元，面积3.06万平方米，设计藏书150万册，2300个座位，是建校以来面积最大、国家投资最多的单体建筑。新图书馆由清华大学建筑设计研究院设计，将成为青海大学新的标志性建筑。（孔繁青）

【青海大学图书馆开展拒绝占位专项整治活动】 2013年3月，为使图书馆公共资源得到合理使用，青海大学图书馆开展以“拒绝占位、公共资源、公平使用”为主题的专项整治活动。经过半年的专项治理活动，在图书馆职工和义务馆员的共同努力，以及广大读者的配合下，读者占座现象基本消失，阅览人次明显上升。截至12月，阅览读者达到244664人次，比去年增加56%，取得预期的效果。为防止出现反弹，图书馆将继续落实此项工作，使读者养成良好习惯，为新馆“阅览室座位管理系统”投入使用做好准备。（孔繁青）

【清华大学图书馆对口支援青海大学图书馆】 6月18—21日，根据“清华大学图书馆对口支援青海大学图书馆工作计划”，清华大学图书馆选派曾参与该馆建设的负责人来青海大学图书馆进行现场指导和学术交流。清华大学图书馆系统部主任陈武做题为《把先进的技术和理念融入流通阅览服务中——谈新竹清华见闻及对图书馆流通阅览服务的启示》的报告。未来两馆对口交流内容将全部围绕青海大学新图书馆建设继续进行。（孔繁青）

【青海大学图书馆开展查收查引工作】 从2013年7月开始，借助清华大学图书馆全部免费的电子资源，青海大学图书馆开展包括SCI、CSCD等内容的查收查引工作。截至12月，完成中文学术论文查收查引270多篇，出具检索证明120多份，为学校相关职能部门在奖励申报、职称评定、人才选拔等方面提供评价依据。查收查引工作的开展，填补该馆情报服务的空白，使信息服务内容及质量实现跨越式发展。（孔繁青）

【青海师范大学图书馆概况】 截至2013年，青海师范大学图书馆共有教职员工45人，其中副高级以上职称25人，中级职称18人。馆藏总册数939466册（件），古籍线装书3.4万册，订购印刷型中文期刊868种，中文电子期刊6400余种，电子图书57万余种。图书馆建筑面积13167平方米，阅览室共计18个，阅览座位1351个。全年借还图书60152册次。全馆实行借、藏、阅一体化服务。现有PC机192台，服务器21台，端口264个，网站1个，自建文献数据库2种，购置中外文数据库24个，自建数字资源总量100GB，存储总容量60TB，主干网带宽155M。积极开展参考咨询、馆际互借、文献传递等服务。图书馆是CALIS（中国高等教育文献保障体系）、CADAL（中美数字图书馆国际合作计划）青海省中心，是CASHL（中国高校人文社会科学文献中心)的成员馆。（王琳）

【青海师范大学图书馆开展读者培训及服务】 2013年，图书馆加大数字资源的宣传，推进数据库利用的培训活动，将每周三定为“读者培训日”，聘请专家为读者开展资源利用与服务讲座。本着“立足服务，取得实效”的原则，CALIS省中心组织制作宣传手册，宣传图书馆开展的众多服务内容。随着各种服务的开展，馆际互借量和文献传递量不断增加，CASHL、CALIS全年馆际互借数分别为262篇、212篇。（王琳）

【青海省省长郝鹏视察青海师范大学图书馆】 9月9日，在第29个教师节来临前夕，青海省省长郝鹏、副省长马顺清一行莅临青海师范大学视察指导工作。郝鹏省长一行在图书馆馆长刘霞的带领下视察四库全书阅览室、重点学科阅览室，了解图书资源建设情况，给予该馆极大地关怀 。（王琳）

【2013年CALIS青海省中心工作座谈会召开】 10月25日，会议在青海师范大学图书馆召开，青海省教育厅高教处、公共图书馆、CALIS青海省中心各成员馆负责人共27人参加。CALIS青海省中心从2005年开始建设，承建馆为青海师范大学图书馆，在教育厅及学校的支持下已经初见成效。2013年，CALIS省中心5个共享数据库在全省高校及高职高专学校浏览次数总计为1341815次，下载量为710158次，为推动全省电子资源的共建共享起到积极作用。（王琳）

【青海民族大学博思读者协会举行成立大会】 4月22日，在图书馆隆重举行青海民族大学“博思读者协会”成立大会，图书馆、校学生会、各社团组织的代表共120人参加会议。会上，图书馆党总支副书记许西乐要求该协会会员引领全校学生，学会“多读书、会读书、读好书、读懂书”。博思读者协会指导老师刘虹对该协会的发展建设提出建设性意见，希望协会架起图书馆与读者双向沟通的桥梁，为同学们提供学习和展示才能的舞台。会议对在第18个世界读书日有奖征文活动中获奖的15位同学进行表彰奖励。（范志峰）

新疆维吾尔自治区

【新疆师范大学图书馆概况】 新疆师范大学图书馆经过30多年的发展，截至2013年12月，纸本资源为111.8万册，各学院资料室藏书为23万册，全校藏书合计143万册。2013年，读者借还图书总量达188105册，各阅览室接待读者总量达10.6万人次，两校区电子阅览室接待读者20.7万人次，图书馆主页访问量为289791次。数字资源主要有自建的汉文书目数据库和引进的CNKI中国知网数据库等。将全馆现有维、哈文图书数字化，新疆双语特色数据库通过CALIS三期的验收，逐步完成全馆资源数字化。搭建学报加工平台并测试成功，筹备学报数字化工作。完成全校315篇硕士学位论文的加工；开展新疆师范大学教育学资源库建设，收集整理和加工学术论文56篇；与语言学院进行对接，拍摄一集双语教学课程视频；创建新师学子影视作品库，进行软件及平台测试工作，对现有视频进行加工处理，入库45部。全年有针对性地举办文献检索教育培训和各类专场讲座，其中开展2013年本科及研究生入馆教育59场，开设文献检索课系列课程及各类专场培训10场，为提高师生利用文献资源的素质和能力起到积极作用。文献传递服务稳步推进，论文传递1500篇；外文论文检索74篇，开出SCI、EI收录证明13个；承担2013年自治区教师职称评审论文认定工作，认定论文1620多篇，代送代检外文论文20人次、50篇，为学校的教学科研提供支持。现有正式职工90人，外聘人员17人，硕士以上学历人员达到22%，较2011年提高8%。学历层次比例和职称比例逐步提高，队伍结构得到进一步完善，为业务拓展与服务提升等创造良好条件。（新疆师范大学图书馆　林宏磊）

【新疆师范大学图书馆开展读书月活动】 4月23日—5月23日，新疆师范大学结合"世界读书日"，开展以"春日书香，'悦'读人生"为主题的读书月活动。通过举办读者恳谈会、文献资源利用讲座、图书展销、捐赠"爱心书"、网上答卷抽奖、"我最想对图书馆说"、影视展播、最佳读者评选等8项活动，激发学生的读书热情。（新疆师范大学图书馆　林宏磊）

【新疆医科大学图书馆概况】 新疆医科大学图书馆设有综合业务部、采编部、流通部、阅览部、信息部、技术部6个部门和文献检索教研室。目前在职员工48人，其中正高级职称2人、副高级职称5人、中级职称20人。有硕士研究生学位15人。2013年，新疆医科大学图书馆在图书馆文化建设、学术交流、科研工作、科技查新、服务拓展上开拓创新，取得显著成效。（新疆医科大学图书馆　司艳华）

【新疆医科大学图书馆开展国际学术交流活动】 2013年7月，新疆高校图书馆馆长与欧美、港台高校图书馆代表座谈会在新疆医科大学图书馆召开。来自美国、欧洲和中国港台地区多所知名大学的近30位图书馆专家受邀参加此次座谈会。通过交流，新疆高校图书馆汲取国内外先进发展理念，同时也对外展示新疆高校图书馆积极的发展面貌和良好的发展态势。（新疆医科大学图书馆　司艳华）

【新疆医科大学图书馆引进全疆首家智能座位管理系统】 2013年12月，为有效解决图书馆自习座位紧张与占座浪费公共资源问题，图书馆引进一套先进的智能座位管理系统。目前，该系统在国内投入使用的高校图书馆为数不多，在新疆，该馆属于首家引进。该系统缓解了图书馆自习资源紧张的问题，对高效利用图书馆公共资源起到重要作用。（新疆医科大学图书馆　司艳华）

【新疆医科大学图书馆筹建新医文库】 2013年，图书馆筹建新医文库（全校职工所著图书特藏室），在特色文献资源建设方面取得重要进展。该文库对全校师生的著作及论文进行收集、整理、保存与展示，使新疆医科大学教职工在教学科研上取得的成果资料得到保存与传递，并以此激励学生发奋图强、争赶前人。（新疆医科大学图书馆　司艳华）

党校图书馆

【山东省委党校图书馆获得全国党校系统图书馆"三大文库"建设中期检查评估双奖】 12月23—24日，全国党校系统图书馆数字资源建设中期检查评估会议在广西壮族自治区委党校召开。会议总结2010年以来全国党校系统"三大文库"建设取得的阶段性成果，表彰先进单位，安排部署后期建设工作。山东省委党校图书馆荣获"优秀项目奖"和"优秀组织奖"。在为期5年的"三大文库"建设中，该馆申报承建《中共山东党史文库》和《沂蒙精神文库》。经过三年的努力，已建成《沂蒙精神文库》并投入使用，《中共山东党史文库》已完成网站设计制作和部分数据库加工制作任务。（山东省委党校图书馆）

【四川省委党校图书馆为芦山地震抗震救灾提供信息服务】 "4·20"芦山地震后，四川省党校图书馆积极行动，将已经建成的"从悲壮走向豪迈——‘5·12’汶川特大地震抗震救灾专题数据库”提供社会免费利用，为灾区科学有效抗震救灾提供借鉴指导，并组织专人值班，提供信息代查代检服务，相关信息刊载于《学习时报》，有效实现数据库的社会效益。该数据库作为中央党校“三大文库”建设中“中国国情与地方志文库”的一个重要组成部分，于 2013 年经中央党校图书馆组织相关专家评审论证给予结项。（四川省委党校图书馆　施静）

【四川省委党校图书馆开展内参资料推送工作】 自 5 月起，四川省党校图书馆通过校院智慧校院平台分层分级开展内部参考资料推送工作，主要包括不能直接向外公开的信息资源，为教研人员提供更加优质的个性化信息服务。（四川省委党校图书馆　施静）

【西北五省省级党校图书馆数字资源建设暨甘肃省党校系统图书馆工作会议召开】 6 月 27—28 日，会议在甘肃省委党校召开。来自陕西、甘肃、青海、宁夏、新疆、西安和新疆生产建设兵团的省级、副省级、市州级党校相关负责人共 60 多人参加会议。西北地区省级党校图书馆数字资源建设会议总结和研究西北地区省级党校图书馆数字资源建设、特别是“三大文库”建设工作，互通信息，交流经验；甘肃省党校系统图书馆工作会议总结近年来全省党校图书馆建设、发展的基本情况和经验，研究讨论数字资源共建共享工作和成立全国党校数字图书馆理事会甘肃分会的有关事宜。（甘肃省图书馆学会　张毅宏）

【青海省委党校图书馆深入基层开展帮扶活动】 2013 年 3 月，青海省委党校图书馆派专业技术人员赴海西州天峻县委党校，为该校图书室培训图书管理人员，从图书登录、分类、编目、排架等方面进行讲解与指导，使其在较短的时间内了解和掌握图书馆工作流程及业务工作，并指导、完成图书分类、查重、上架 3420 册。（贾永红）

军队院校图书馆

【概况】 2013 年，军队院校图书馆以深入学习贯彻党的十八大精神为统揽，以适应军队院校教育教学改革、推进图书馆信息服务创新为重点，认真落实总部机关的指示要求，在加强图书馆基础建设的同时，强化军队院校图书馆文献信息联合保障系统（MALIS）的研发和智能管理系统(RFID)的建设，促进图书馆服务功能的大幅提升。

各图书馆以贯彻落实十八大精神为主线，采取多种形式，开展多种内容的主题读书活动，深化对中国特色社会主义理论的理解，坚定道路自信、理论自信、制度自信；按照军委提出的听党指挥、能打胜仗、作风优良的强军目标，适应高素质新型军事人才培养，促进图书馆的建设理念、服务模式和保障途径发生了深刻变化。南京陆军指挥学院、海军蚌埠士官学校等院校图书馆开展“迎接十八大专题图书宣传月”活动以及讲座、报告会、讲演会等多种形式的学习宣传活动，为读者学习理解十八大精神创造条件。

各图书馆以总部提出的“训练向实战聚焦、院校向部队靠拢”的要求，认清新形势下图书馆建设面临的任务、机遇和挑战，紧跟学校教育教学改革的步伐，更新服务观念，找准职能定位，拓展服务范围，明确使命任务，发挥人才、知识、技术和信息优势，以院校教学、部队训练、机关决策信息需求为导向，进一步解放思想，创新服务模式，广泛实现资源共享，形成联合服务能力，信息和知识服务的水平有较大提高。

2013 年，在总部机关的指导下，全军院校图书馆把联建共享作为主要课题认真研究论证，按照“一体化设计、体系化建设、个性化服务、整体化保障”的总体思路，拟制《全军院校图书馆联建共享工程实施方案》，确立联建共享的指导思想，规划联建共享的建设目标，设计联建共享的建设内容，制订联建共享的保障措施，为联建共享的实现绘制蓝图。（李莉　刘家坤）

【中央军委副主席许其亮视察国防大学和外国语学院图书馆】 1 月 15 日、4 月 3 日中央军委副主席许其亮分别视察外国语学院图书馆和国防大学图书馆，听取两馆馆长的汇报，观看图书馆信息资源服务功能的演示。副总参谋长孙建国、总政治部副主任杜金才等陪同视察国防大学图书馆。（贾晓斌　曹子珏）

【国防大学图书馆开办周六讲坛】 自 2013

年3月起，国防大学图书馆围绕热点、焦点问题，邀请本校知名专家教授徐纬地、金一南等主讲《朝鲜半岛：问题、走向与政策》《经营琉球问题：把握东海战略博弈主导权》等。全年共举办13期“周六讲坛”活动，达到汇集思想、展示成果、激发创新的目的。（曹子珏）

【南京炮兵学院廊坊校区图书馆联系实际落实十八大精神】 2013年，该馆在开展十八大精神学习教育活动中紧密联系实际，围绕本馆承担总部机关赋予的一馆（炮兵数字图书馆）、一站（周边国家/地区军事信息网站）、两库（原生文献和联教联训专题数据库）、两室（机要阅览室和反坦克导弹初级指挥学科资料室）重点建设任务，在人员少、任务重的情况下，发挥馆员的积极性、创造性，并与教研单位紧密联系，形成建设合力，突出特色信息资源开发，保质保量地完成建设任务，提升信息服务保障能力。（王兆勇）

【石家庄机械化步兵学院图书馆学习宣传十八大精神】 2013年，该馆认真组织学习十八大精神，将学习研究融入日常工作，更新服务观念，创新服务模式。图书馆年初创办的《军政信息参考》周刊在大会召开期间出版两期，及时追踪报道大会重要新闻、刊登领导讲话，刊物印发至各机关、教研室、学员队，成为大家学习讨论大会精神的重要资料；《军事文萃》电子期刊出版“十八大专辑”，精选《人民日报》《解放军报》《光明日报》等报刊的主要评论以飨读者，电子期刊以其丰富的内容、清晰的脉络、赏心悦目的版面、便捷的阅读方式获得读者好评。十八大召开之后及时推出“十八大专题资料网站”，以“科学发展，继往开来”为主题，包含文字、图片、视频等各种类型资料，共分6个板块，以动静结合的方式，及时报道大会实况、梳理展示党史资料。网站推出不仅成为教研人员了解大会动态的窗口，更是学员掌握中央政策方针、学习党建理论知识的平台。（刘颖）

【空军航空大学图书馆举办真人图书馆活动】 2013年，该馆开启军队院校图书馆多元化阅读模式的先河，在第六届读书节期间开展真人图书馆（Living Library）活动。8本真人图书和读者进行面对面交流，给军校学员带来一种全新的阅读体验。职业生涯规划书、国学书、心理书、义工书、经济书、汽车书、励志书、英语书、工具书、旅行书精彩纷呈；教员书、学员书各展风采。“真人图书馆”做到以人为本打造人格化的知识互动，摒弃浅阅读、功利性阅读等病症，以一种逼近传统的方式，让读者把注意力从纸张、网络、电子书的海量信息中转移开来，面对面地与人进行知识交流、文化互动和角色体验。（孙德建　张继军　翟东航）

【海军航空工程学院青岛校区图书馆积极为部队服务】 2013年，该馆坚持以海军航空兵部队信息化建设需求为牵引，进一步加大与海装航技部机关、各舰航部队信息交流与沟通，紧紧围绕海军航空装备全系统、全过程管理和保障。组成3人小组先后3次赴东航、南航、北航、航空兵学院进行“海军航空装备文件资料管理系统”升级工作，协助部队装备资料信息编目和排架，累计加工资料万余册，使该系统在部队得到全面推广与使用。4次到北航、东航、南航、航空兵学院等师团单位对由该馆自主研发及推广配装的“海军航空装备文献信息保障系统”进行数据更新与维护，累计更新数据7.5TB，检测恢复故障1次。为东海舰队装备部航装处安装“海军航空装备文献信息保障系统”数据镜像近2TB。编辑情报刊物《航空信息参考》4期，分别下发至航空兵机关部队75个部门，共计1012册。创办《任职教育参考》期刊，为满足院校深化特色任职教育学科专业建设需求、保障教学科研工作提供优质高效的情报服务。（周建彩　王净）

【西安、石家庄地区军队院校图书馆分别举办新技术研讨会、座谈会】 8月30日，石家庄地区军队院校图书情报协作组组织召开RFID产品与服务研讨会，驻石5所军队院校图书馆馆长、副馆长及技术人员参加。研讨会邀请RFID产品资深工程师对RFID系统的构成模块、工作原理、使用方法等进行详细讲解，结合各馆实际对系统应用的技术规范、软硬件需求以及对整体业务的影响等问题进行了热烈讨论。西安地区军校图书馆于9月29日举办新技术座谈会，各图书馆馆长、技术人员40余人参会。第二炮兵工程大学图书馆馆长张甲文在会上介绍该馆RFID前期调研及准备实施情况，有关公司就RFID技术及其相关产品进行展示；会议特邀西北工业大学图书馆张应祥教授就 RFID 在地方院校的应用、RFID 对图书馆服务工作的促进以及图书馆未来服务发展做报告。（刘玉　孙艳）

【CALIS 军队院校文献信息服务中心开通仪式暨首批成员馆培训在国防科技大学举行】 11 月 8 日，活动在国防科技大学图书馆举行，来自 20 余所军队院校图书馆的馆长、馆员近 30 人参加。国防科技大学图书馆作为 CALIS 军队院校文献信息服务中心的承建和管理单位，将为全军院校提供一个更加快捷、更加开放、能与国际接轨、服务于军队信息化建设和科技创新的文献信息平台，为军队院校图书馆的文献资源共建共享，实现文献资源的军民融合式保障做出积极贡献。（施燕斌）

【海军潜艇学院图书馆强化为基层部队信息服务】 海军潜艇学院图书馆自 2011 年起陆续为各潜艇部队安装数字图书馆信息服务系统，信息量约 5TB、410 余万条。 2013 年 6 月 25 日，该馆召开专题座谈会，针对潜艇部队如何更好地使用数字图书馆、图书馆更好地为基层部队提供信息服务进行探讨交流。会议确定配发部队的数字图书馆分为涉密与非密两个版本，分别为不同层次人员利用；充分利用部队训练准备期到部队进行宣讲，让更多的官兵了解数字图书馆的情况；积极培训基层部队技术保障人员来从事系统维护，以使数字图书馆的更新更加及时快捷。（王晓青　宋一兵）

【第二军医大学图书馆研发出个性化学科服务平台】 为满足图书馆个性化学科服务的需要，经过前期的调研、论证，第二军医大学图书馆与维普公司联合研发个性化学科服务平台。该平台是基于学科馆员为专家教授提供学科服务的交互平台，整合图书馆各类电子资源，集成各种在线服务手段，以提供多样化、个性化的学科服务功能。（曹洪欣）

【军队院校图书馆信息管理系统维护骨干培训班在上海举办】 5 月 20 日，培训班由南京政治学院上海校区承办，来自全军院校图书馆的 90 名技术骨干参训。经过 21 天紧张有序的培训，于 6 月 9 日结业。从教学情况和反馈意见看，这次培训教得认真，学得扎实，效果较好。（周爱武）

【第二炮兵工程大学图书馆在服务模式创新上有新的举措】 2013 年，为了适应学校新型人才培养的发展需求，为教学科研活动提供信息服务，该馆在创新服务模式、深化服务层次方面进行一系列探索。设立休闲阅读区，包括图书漂流角、电子阅读区、许愿墙、咖啡茶语、“乐在棋中”、书法天地和休闲阅读区；设立新书展架台，融合新书展示和图书检索两项功能，用图书摆出各种造型并定期更换；建立 2 个多媒体放映厅，每周定期为读者播放公开课、影片、视频资料等视听文献；设立融入式专业文献获取协助专区，设有美、日、印、俄等外军图书资料室，读者可在专区里进行学术研习、文献阅读与下载，并随时得到现场专区馆员全方位技术支持与协助；建设学术沙龙活动场所，为各学科教授提供小范围学术讨论与信息服务融为一体的服务平台；建立学科竞赛文献保障专区，紧紧围绕大学生数学竞赛、数学建模竞赛、英语竞赛等比赛提供专业化文献服务环境保障；设立样书展专区，与 10 余家出版社建立长期合作关系，展示各出版社最新新书并定期更换，免费为教员赠送样书；建设“图书漂流角”，接受毕业学员、在职干部和离退休人员的捐赠；设立俱乐部专区，与学校素质拓展中心“国学俱乐部”“书法摄影俱乐部”及“文学俱乐部”合作，在图书馆设立俱乐部办公室，定期组织开展读书、摄影、书法等交流、竞赛活动。（王丽）

【空军预警学院、空军大连通信士官学校新图书馆开馆】 空军预警学院图书馆新馆建筑面积 1.2 万平方米，藏书容量 70 万册，阅览面积 6000 平方米，共设阅览座位 810 个，其中电子阅览机位 350 个，新设信息共享空间、团体与个人研究室、军训网阅览区等功能区。新馆本着“一体化设计、开放式管理、融入式服务”的理念设计建设，采用“藏、借、阅、检、咨一体”的现代管理与服务模式。

空军大连通信士官学校图书馆新馆建筑面积 8600 平方米，具有开放灵活的空间结构，实现环境与功能的完美结合。馆内设有阅览室 10

个、座席 600 个，藏书容量 20 万册，拥有一个具备多媒体系统功能的学术报告厅，可容纳 280 人。新馆功能设施完备，突出以人为本的开放式、智能化、网络化的设计理念，形成藏书、借阅、咨询、管理、网络服务一体化的文献资源收藏中心、情报信息服务中心和学术活动研究中心。（黄爱婷　乐艳丽　逯志祥）

专业图书馆

综述

2013年，专业图书馆继续坚持围绕用户的创新性需求，拓展知识服务内涵，推动图书馆服务转型，重点专业图书馆机构面向科技决策、面向科研一线、面向国家科技信息服务需求，实施文献情报服务创新战略。一年来，专业图书馆机构在数字资源保障体系优化、学科化服务创新发展、新型文献服务拓展、决策情报研究与服务等方面取得了长足的进步。专业图书馆机构研究紧跟行业发展趋势，尝试把握新型数字信息环境、开放创新模式、学术交流环境变化的特点，在全行业推行开放资源组织、开放与集成服务的新理念，积极探索新型文献情报服务转型发展新模式，主要工作呈现以下特点。

一、强化数字化和特色资源建设，建设开放数字资源体系和数字资源长期保存体系

中国科学院国家科学图书馆在优化数字文献资源保障体系建设的同时，全面推进开放学术资源建设保障工作，促进资源建设模式转型。2013年，积极组织和集成开放信息资源建设，全面启动“开放获取期刊采集服务体系”“开放课件采集与服务系统”“开放社会经济信息采集与服务系统”建设，持续建设“综合科技信息集成登记系统”“重要会议开放资源采集与服务系统”，共登记10800条综合资源，采集组织31000篇会议论文、10000条社会经济信息资源、49000个国内外高质量课件，以及超过2000种OA期刊，并逐步开始在中科院多个研究所、各类信息平台得到利用。提出开放资源建设规范指南，为中科院和全国的开放资源建设提供支持。

中国社会科学院图书馆逐步调整资源建设政策，加大数字资源采购力度。2012和2013年每年追加经费500万元，分别引进数据库75种和86种。初步完成哲学社会科学海量数据库规划和架构设计方案，国际研究数据子库、国情调研数据子库、科研成果数据子库、博士后文献数据库、历史研究数据库建设取得阶段性进展。启动中国社会科学院首个“完全自主知识产权”的全国居民调查抽样框建设工作，完成除新疆、西藏外的592个村/居委会的地图绘制和914417个住户清单的列举工作，与31个省、自治区、直辖市的44个科研教学机构、社工协会及其相关机构、专业咨询调查机构建立联系，并达成合作意向。计算机辅助网络调查系统(CAWI)功能进一步完善，完成两期2013中国舆情指数调查、高校在校生和毕业生生活状况追踪调查等项目。“中国社会科学院古籍整理保护暨数字化工程”被列为创新工程项目，2013年年底，全院14家古籍收藏单位的古籍普查登记任务全部完成，共收到古籍普查数据97169条，甄别与鉴定古籍6200余部，完成7个单位古籍普查登记档案册编辑工作，约595万字。

中国科学技术信息研究所国家工程技术图书馆在资源体系完善和特色资源建设方面，取得良好进展。在优化资源采集、强化资源揭示工作的基础上，进一步完善国家工程技术图书馆资源整合平台的建设，完成了从数据加工到数据仓储再到数据发布之间的流程细化工作。2013年，开展国家科技报告制度建设和试点工作，采购美国政府科技报告2.5万份，馆藏科技报告总量达到133万份，国家科技报告制度建设工作初见成效。2013年，集成整合全国科技查新事实型数据资源，研究并开发了全国科技查新事实型数据库系统。

国家科技图书文献中心于2013年正式启动国家数字科技文献资源长期保存体系建设，将其作为战略发展的重要任务。按照科技部领导的有关指示，组织研究拟定建设原则，提出国家数字科技文献资源长期保存体系2014年的工作任务和示范系统建设方案。

军事科学院军事资料馆加大军事专业数字资源建设力度。通过采取自建、合作共建等方式，扩大军事图书、军事期刊、军事专题全文等数据库建设规模，其中军事专题全文数据库建成涉及军事思想、军队

建设、军事历史、军事装备等60多个子库，共有专题全文数据8万余条，提升科研信息服务保障的专业性和有效性。

国家标准馆文献馆2013年执行采集经费700万元，全年共采集标准3万余件，涉及400多个品种，国内外标准化文献502册；国内外标准化期刊1630册；构建适应数字时代的标准文献信息资源保障体系，满足标准文献战略资源保障功能和服务业务的需求。通过对强制性标准的清理核查，全面、准确地摸清我国强制性国家标准、强制性行业标准及强制性地方标准的现状，为我国的强制性标准化信息服务打下坚实的数据基础。

二、面向决策需求，强化组织专题情报与战略情报服务，带动专业图书馆服务转型

2013年，各专业图书馆围绕“十二五”期间文献情报服务转型的战略规划，开展面向科研一线、科技决策的情报研究服务。

中国科学院国家科学图书馆巩固面向科技决策的战略情报服务。持续编辑《国际重要科技信息专报》及其特刊和13个专辑的《科学研究动态监测快报》，高水平完成来自中科院职能局专业局、国家相关部门专题情报调研任务，承担中科院碳排放、纳米、低阶煤、空间科学卫星、页岩气、海洋和信息科技等先导专项战略情报服务；与科技部、国家自然科学基金委、国家发改委能源局、总装载人航天办公室等合作开展战略情报服务。加强重大战略情报研究与服务的产品设计和建设。正式出版《国际科技竞争力分析报告——聚焦金砖四国》《2012科学发展报告》《2013科学发展报告》《创新集群建设的理论与实践》等学术报告。

中国医学科学院图书馆/情报研究所开展面向医药卫生领域的决策咨询服务。组织实施“医学科技发展十三五战略/规划研究”等课题，完成多份医学情报调研咨询报告，编写出版《中国医学科技发展报告2013》。围绕卫生中心工作，深入开展卫生政策领域研究和决策咨询，完成“我国卫生资源配置与规划研究”“人口健康绩效评估试点研究”“国家新农合信息平台联通技术方案及相关政策研究”等一批课题。组织完成面向“重大新药创制”“艾滋病和病毒性肝炎等重大传染病防治”科技重大专项的专业化信息服务。

中国林业科学院图书馆开展基于行业的决策咨询服务。承担国家林业局的《知识产权战略实施与管理——信息平台与预警机制研究》项目，组织开展林业知识产权发展战略与政策研究，为林业主管部门和国际履约提供决策支持。开展林业重点领域专利预警分析研究，主持编写并出版《世界林业行业专利技术现状与发展趋势》和《木地板锁扣技术专利分析报告(2010)》。跟踪国内外林业知识产权动态，实时监测和分析林业行业相关领域的专利动态变化，做好专利数据统计和分析，建立林业知识产权预警指标体系和应急机制，为破解林产品出口的技术贸易壁垒提供支撑。

中国军事科学院军事图书资料馆紧贴科研课题需求，并突出院内、军队和国家重大重点科研项目，提供从课题开题—立项—研究撰写—结题等全过程的嵌入式信息服务，完成包括“中华大典·军事典”共计50余项重大重点科研项目专题信息保障。

三、继续探索学科化服务的新模式，推动文献情报服务融入科研一线

中国科学院国家科学图书馆面向研究所一线的知识服务转型取得实质进展。2013年，继续夯实到所、到课题组、到用户个人的科研信息支持服务，同时以院所协同提升研究所知识服务能力为抓手，加强推进全院研究所文献情报工作向知识服务的转型发展。启动“研究所情报分析可持续服务能力建设”和“研究所群组集成知识平台可持续服务能力建设”项目，逐步组建以研究所文献情报人员为“小核心”，以研究所领导、领域科研专家、项目成员、学术秘书、实验室联络员，以及硕博生多层面“大网络”协助参与的联合项目服务团队。一期项目全部结题、二期项目进展顺利、三期建设全面启动，共协助47个研究所建立学科情报服务机制和团队，产出学科领域态势发展分析、专利技术趋势分析、竞争与合作分析等研究报告141份，编辑21种主题动态监测快报308期，得到所领导和科研团队的广泛认可和高度评价。协助60个研究所在课题组、实验室建立个性化群组知识平台，已建立350多个平台，并开始服务于“先

导专项”“973”“863”等重要项目。协助多个研究所开展“一三五”规划评估中的学科发展态势分析和研究所竞争力分析比较。

解放军医学图书馆继续夯实学科化信息服务。不断深化面向重点实验室和一线专家的重点服务，动态嵌入课题立项、在研和结题等科研过程，为31个研究室、43项国家和军队重大、重点或专项课题提供研究进展和热点问题等信息跟踪服务。利用情报分析工具，完成“军队医院2012年度科研产出分析报告”“军事医学科学院2012年度SCI论文统计分析研究报告”等研究报告。面向军事医学科学院、第三军医大学等单位，做好专题信息服务保障工作。并坚持“常下所”机制，做好面向医教研人员的资源推广、文献保障、咨询培训等普遍服务。

中国医学科学院图书馆开展学科化文献信息服务，与科研机构建立广泛深入的知识服务关系。做好“面向‘重大新药创制’‘艾滋病和病毒性肝炎等重大传染病防治’”科技重大专项的专业化信息服务。全年共编写6期《新药研发动态》(10万字)，为科研人员定期推送《新药研发动态》纸质和电子版共计600份。接受中国科学技术交流中心、中国健康教育中心、北京市疾病控制中心等机构重大科技专项委托，提供《科学技术在应对全球性重大传染病中的作用》《国内外慢性病健康教育适宜技术研究进展》等12份咨询报告(共计15万字)和《H7N9专题跟踪》等24期简报(共计15万字)。继续开展面向“院士团队”的学科化服务，为王陇德、邱贵兴、洪涛、胡亚美等院士提供著作收集与整理、文献检索与获取等的文献信息服务。

中国科技信息研究所/国家工程技术图书馆在做好图书馆全文传递、代查代借、知识服务等传统服务的基础上，以科研院所和两院院士为主体，进一步开拓和发展图书馆的重点用户，大力开展专业化和知识化的文献信息服务。在总馆分馆体系、重点项目跟踪体系和院士服务体系的基础上，进一步加强主动服务工作，构建主动的宣传推广体系。大力开展全国范围的资源与服务宣传推广和用户培训工作，在长春、南京、合肥等地开展用户培训25场。

四、发挥科技信息优势，推动文献情报服务融入经济建设和区域发展

近两年来，专业图书馆机构不断开拓科技信息的新服务领域，有力支持区域科技发展对情报服务的需求。2013年中国科学院国家科学图书馆正式成立有17家省科院参加的“全国科学院联盟文献情报分会”，与14家省科院签订战略合作协议并挂牌成立文献情报共享服务站，基础服务全面覆盖，并与部分省科院联合开展行业发展态势、区域科技与经济发展战略等分析，开始与省科院协同建立科技战略研究中心，积极布局与区域创新体系的建制性合作。院中心深入推进与中关村管委会的合作，与海淀园、天津、唐山签订合作协议。兰州中心重点推进与甘、青、宁、新等省区的地方政府、企事业单位的建制化合作。成都中心深化面向技术转移与区域创新的信息平台建设。武汉中心继续推动对高新技术区企业服务。通过联合、协作，完成或启动多项高层次战略研究，以及产业技术情报研究与服务。

国家科技图书文献中心认真落实中央援疆援藏工作精神，继续推进“NSTL科技文献信息西部阳光服务行动”，支持成员单位发挥资源和专业优势，持续深化两区的科技信息援助工作，获得显著成效。组织成员单位协同合作，深入新疆、西藏两地的农科、质监、标准和医药系统，协助近20个单位建设网络化的数字信息利用环境，建立各种专业数据库、特色图书馆等。2013年，为两区提供定题服务19项，全文文献1.9万篇，为13个科研教育机构开通中文电子图书免费服务；为21个单位开通NSTL网络版外文现刊和回溯期刊全文数据库。为新疆经济技术开发区管委会和部分创新型企业提供近10份技术发展趋势分析报告；以举办专题培训班和交换馆员等方式为两地培养专业人才，促进新疆和西藏地区文献信息专业人才素质的提升。

中国科技信息研究所/国家工程技术图书馆继续开展重点用户服务的服务工作，给长江科学院、中船重工725所、水科院、西北核技术研究院、中国兵器工业205所等十几家重点用户提供全文传递等服务。不断完善专题镜像平台，及时更新数据。2013年，新发展5家机构成为专题镜像平台的用户，平台用户总数达到33家。组织召开航天领域专题镜像平台用户交流会，邀请航天科技集团下属机构人员参加，宣传推专题镜像平台。

五、组织和推广国际开放获取运动，带动专业图书馆的服务转型

在新的学术交流模式的驱动下，科研成果的开放获取受到全球学术界、出版界、图书馆界的重视。近两年，专业图书馆机构为推动国内的开放获取进展发挥重要作用。中国科学院国家科学图书馆在持续推进科技信息开放获取方面发挥引领和示范作用。关于国家科研计划项目论文开放获取的政策建议得到国务院领导批示，建制化参加中科院、基金委的相关政策研究。参与中科院推进全球研究理事会开放获取行动计划，牵头承担该行动计划实施情况的全球评估工作。长期牵头推进中国参与国际的高能物理开放出版资助联盟(SCOAP3)，作为SCOAP3国际指导组和技术工作组的中国代表及中国国家联络点，协调组织国内图书馆参与SCOAP3。中科院机构知识库体系继续高速发展，覆盖103家研究所，存储科技成果52万余份，累计下载超过1411万篇次，2013年下载797万篇次，同比增加51%，首次发布热门下载论文排名，已成为全球科研机构中最大的、使用最为活跃的科研成果共享系统。中科院高能物理研究所图书馆作为中国机构知识库推进专家组成员，持续推进机构知识库建设工作，收集、存储研究所产出的数字文献资源，并提供一站式检索。目前，机构知识库存储的数据条目数近5万条，被访问量超过100万次，全文下载量近10万篇。访问者遍布90个国家和地区，有力地宣传了高能所的科研产出及知名度。

国家科技图书文献中心支持国际高能物理开放获取出版计划。经科技部批准，NSTL代表国家参加欧洲粒子中心组织的高能物理开放出版资助联盟(SCOAP3)，并出资支持，有力地促进该领域科研成果的开放交流，提高我国在国际科技界的影响力，体现出我国作为科技大国的责任与担当。2014年1月1日起，高能物理领域发表的论文转为开放出版，该领域50%以上的高水平期刊论文，全球免费获取，作者发表论文也无须支付费用。完成国家财政支持科技项目论文呈缴存储开放获取的建议报告。鉴于我国尚未建立国家层面的学术论文呈缴共享制度，中心将其作为发展战略研究的重要专题，组织了国家财政经费资助论文呈缴开放共享的专题调研，向科技部提交“关于推动国家财政经费资助的学术论文呈缴共享工作开展的建议”。科技部领导给予肯定，已着手推进落实。

（刘细文　赵树宜　姚伟欣）

年度工作

科研院所及国家机关图书馆

国家科技图书文献中心

【概况】 2013年，国家科技图书文献中心（以下简称“中心”）全面完成各项持续性工作。①文献结构进一步优化。发订外文印本科技文献28425种（含外文期刊18040种，外文会议等文献10385种）。续订全国开通的网络版外文期刊655种，外文事实型数据库3个。新增外文期刊回溯数据库3个，总量已达16个，含1683种过刊。继续支持成员单位和联合采购单位续订网络版外文电子期刊15911种。支持成员单位续订事实型和文摘型数据库85个。订购中文期刊9200种。订购Apabi电子图书4432种，中文电子图书总量达25万余种。继续优化外文印本文献采集结构，调整607种期刊和会议文献。新增订购169种与科技相关的金融、经济及市场发展等方面的期刊文献，提升资源综合保障能力。②引文加工时效明显提高。加工文摘数据354万条，引文数据3390万条，引文与文摘加工基本实现同步，时效明显提高。国际科学引文检索服务系统，数据总量达1.53亿条，来源期刊达4000多种。优化质检网络平台，通过对发布数据的分析，对加工过程的问题进行追踪溯源，为建立数据质量监控预警机制提供基础。③网络服务系统运行稳定，服务功能进一步完善。网络服务系统运行无故障运行率继续保持99.9%。全年加载、更新二次文献数据1022万条，二次文献数据总量达10225万条。外文回溯期刊全文数据总量达587万条。提供跨库检索的外文网络版期刊数据库增至47个。对网络服务系统、文献综合管理系统等6个系统进行全面安全评估，从技术和管理两方面增强其安全性。数字业务平台备份系统投入使用，实现对5种类型数据库的自动保存。完成全国服务站用户审核版本升级部署，实现对公益机构用户和企业机构用户的分类管理。④文献信息服务稳步发展，多元化服务体系持续扩大。中心网络服务系统文献检索量为363万人次，主站访问量1.42亿人次。各种形式订购的外文网络版文献使用效果大幅提升，总计下载全文5982万篇，同比增长27%。其中全国开通的网络版全文现刊下载1084万篇，回溯期刊全文数据库下载416万篇。全年提供文献全文传递服务125.5万篇，其中中心网络服务系统提供36.6万篇，同比提高7.26%。提供网上参考咨询服务1994人次。新建用户管理平台3个、接口接入单位12个，连同已建的41个服务站，覆盖29个省、市、自治区的125个机构。加强了对文献薄弱地区的支持，继新疆、西藏之后，对宁夏、青海也实行免费服务政策。深入开展多种形式的服务推介宣传，加强全国开通的全文数据库的推介。

助推国家重大科技发展的个性化服务成绩突出。①国家重大科技专项服务进一步深化。中心强化对重大专项服务的规范管理和条件支持，为相关成员单位配备专利分析工具和分析文献。重大科技专项信息服务覆盖面从专项的局部向整体拓展，内容从文献信息提供向知识化服务深化，更具针对性。新增4个重大专项的信息服务，实现对民口12个重大专项领域的全覆盖。全年编辑撰写情报研究和专利分析报告106份、255万字，编辑动态简报70期，内容涉及领域态势分析、专利技术分析、基金投入分析等。建设和维护知识共享与信息服务平台6个，更新数据6万余条。②科技信息援疆援藏服务取得新进展。组织成员单位协同合作，深入新疆、西藏两地的农科、质监、标准和医药系统，协助近20个单位建设网络化的数字信息利用环境，建立各种专业数据库、特色图书馆等。以举办专题培训班和交换馆员等方式为两地培养专业人才，促进新疆和西藏地区文献信息专业人才素质的提升。全年为两区提供定题服务19项，全文文献1.9万篇，为13个科研教育机构开通中文电子图书免费服务，为21个单位开通NSTL网络版外文现刊和回溯期刊全文数据库。为新疆经济技术开发区管委会和部分创新型企业提供近10份技术发展趋势分析报告。③面向企业科技创新的信息服务不断拓展。新建中海油集团等3个企业竞争情报服务平台，平台总量达到 18 个，更新文献数据 22 万余条，提供全文服务 5 万多篇。国家科技成果转化示范基地由上一年的 10 个增加到 12 个，开展国家科技成果与地方项目的对接服务。先后举办在线展会 80 多场，实现对接 1.5 万次，达成意向 3700 多次。已建的 12 个行业综合信息服务平台更新数据近 30 万条，提供全文文献 2 万余篇，检索查新 1700 余项，定题跟踪服务 50 余次。编制推送产品信息、技术资讯等资料 7 种，完成咨询报告约 89 万字，服务的企业超过 2600 家。

推进发展转型的创新工作取得成果。①国家数字科技文献资源长期保存体系建设正式启动。中心将其作为战略发展的重要任务，按照科技部领导的有关指示，组织研究拟定建设原则，启动国家数字科技文献资源长期保存体系建设，提出国家数字科技文献资源长期保存体系 2014 年的工作任务和示范系统建设方案。②元数据建设模式转型取得重要结果。积极推进从完全自我加工，向以购买或免费获取文献元数据为主的建设模式转变。文献数据库建设模式的转型，将有利于提高文摘数据库的质量，提升网络服务系统文献检索和全文发现的服务效果。同时，还可为构建作者、机构和刊名等规范数据库提供素材，为开展深层次的知识服务和增值服务，奠定良好的基础。③支持国际高能物理开放获取出版计划。经科技部批准，NSTL 代表国家参加欧洲粒子中心组织的高能物理开放出版资助联盟（SCOAP3），并出资支持，有力地促进该领域科研成果的开放交流，提高我国在国际科技界的影响力，体现出我国作为科技大国的责任与担当。2014 年 1 月 1 日起，高能物理领域发表的论文转为开放出版，该领域 50%以上的高水平期刊论文，全球免费获取，作者发表论文也无须支付费用。④完成国家财政支持科技项目论文呈缴存储开放获取的建议报告。鉴于我国尚未建立国家层面的学术论文呈缴共享制度，中心将其作为发展战略研究的重要专题，组织国家财政经费资助论文呈缴开放共享的专题调研，向科技部提交“关于推动国家财政经费资助的学术论文呈缴共享工作开展的建议”。科技部给予肯定，已着手推进落实。⑤人才培训取得新进展，岗位设置进行试点。根据中心发展对高水平人才队伍的需求，在中信所、农科图资源建设岗位进行试点，完成岗位设置和绩效考核试行方案的制定，正在组织实施。同时，针对中心战略发展和各项业务工作实践，进行有针对性的多层次的业务培训，开展 10 项专题研究，有效提高各领域专业人员的业务素质。⑥STKOS 建设与应用示范项目取得实质性进展。国家科技支撑计划项目“面向外文科技文献信息的知识组织体系建设与应用示范”项目（STKOS）于 2011 年启动，2013 年 7 个课题组协同合作，扎实工作，全力推进各课题研制与建设。开展超级词表和本体建设，初步形成约 50 万个概念，构建具有 NSTL 特色的范畴体系。开发辅助建设工具，初步建成共享服务平台，初步完成海量文献信息的自动处理和智能检索系统，研究大规模科技文献文本语义计算方法。⑦开展相关发展战略研究。为准确把握新的发展，应对变革挑战，科学制定适应数字环境的资源战略保障与服务体系，开展“数字环境下 NSTL 文献资源建设策略研究”和“下一代网络服务系统发展战略研究”，为下一步开展十三五规划制定打下坚实的基础。（国家科技图书文献中心）

【国家科技图书文献中心开展企业服务推广和调研活动】 5 月 21—23 日，为加强文献信息服务支撑企业技术创新，由中心领导带队，开展“NSTL 企业服务调研上海、宁波行”企业服务推广和调研活动，实地走访上海宝钢股份有限公司、召开企业信息服务工作交流会以及通过宁波服务站开展企业服务小型座谈交流，了解创新活动较为活跃地区部分国有大型和中小型企业对科技文献的需求。通过此次调研推广活动，不仅使更多的企业了解到 NSTL 丰富的资源和服务，也为今后开展企业服务工作提供第一手的用户需求反馈信息。（国家科技图书文献中心）

【国家科技图书文献中心开展援藏援疆工作】 7 月 29 日至 8 月 4 日，中心联合部分成员单位组成计量、农业、医学 3 个小分队，在西藏自治区质监系统、农科系统、医药系统中开展一系列科技文献宣传、培训和交流活动。此次活动一方面推动中心资源在西藏地区的利用，同时也为今后有针对性地开展文献援藏工作，保证援藏服务效果夯实基础。8 月 28—30 日，中心在西藏拉萨市举办 NSTL 及其他网络信息资源的有效利用培训班。邀请成员单位的文献信息专家以7个不同主题，分别介绍各种文献数据资源及获取的有效途径。西藏自治区地市科技局、各科研院所、高等院校、高新技术及科技型企业相关业务骨干或科研工作者近60人参加培训。9月13—17日，中心在新疆乌鲁木齐市举办“送服务到西部——NSTL科技文献信息新疆行”活动，会议以7个不同主题分别介绍各种文献数据资源及获取的有效途径，近100位高校企业骨干和科研工作者参会。（国家科技图书文献中心）

中国科学院国家科学图书馆

【概况】 2013年，中国科学院国家科学图书馆（简称国科图）继续夯实到所、到课题组、到用户个人的科研信息支持服务，加强推进全院研究所文献情报工作向知识服务的转型发展。学科馆员到所培训656场次，提供各类咨询服务6.6万人次，提供学科情报250多份。全年完成查新检索6979项。继续实施“研究所情报分析可持续服务能力建设”和“研究所群组集成知识平台可持续服务能力建设”项目，一期全部结题、二期进展顺利、三期建设全面启动。协助47个研究所建立学科情报服务机制和团队，产出学科领域态势发展分析、专利技术趋势分析、竞争与合作分析等研究报告141份，编辑21种主题动态监测快报308期，得到所领导和科研团队的广泛认可和高度评价。已协助60个研究所在课题组、实验室建立350多个群组知识平台，并开始服务于“先导专项”“973计划”“863计划”等重要项目。继续完善“科技态势分析素质”课程，新开设“科研数据管理信息素质教育”课程，共完成502课时。为培养广大研究生利用开放数据和开放工具进行创新的能力，组织首次“科研教育开放信息创新应用大赛”，创新信息服务模式和人才教育模式，共评出优秀作品27项。

发挥国家科学思想库组成部分的建设性作用，产出系列重要产品。完成《国际重要科技信息专报》36期，特刊16期；完成《科学研究动态监测快报》13个专辑共282期。承担中科院碳排放、纳米、低阶煤、空间科学卫星、页岩气、海洋和信息科技等先导专项战略情报服务；与科技部、基金委、发改委能源局、总装载人航天办公室等合作开展战略情报服务。加强对重大问题挖掘分析，提交有分量的专题报告20余份，8份被中办国办采用，其中“俄罗斯国家级科学院系统重组改革正式启动”“关于国家科研计划资助项目发表论文实施开放获取的建议”获国务院领导批示。启动科技决策知识服务系统建设，积极支撑科学院国家思想库体系建设。正式出版《科技全球：资源配置与流动》《十年决策——主要国家（地区）宏观科技政策研究》《国立科研机构管理模式研究》《2013科学发展报告》《材料发展报告》《工业生物技术白皮书》《国际科学技术前沿报告2013》《科学结构地图2012》等报告。

持续保障科研文献需求的高水平满足率，积极组织和集成开放信息资源。共引进网络数据库155个，全院研究所可共享的全文电子资源中，外文现刊17997种，外文图书45948卷/册，外文学位论文414772篇，中文电子图书在全院开通13万多种。全院电子资源全文下载4032万篇，原文传递服务11.4万篇。全面启动“开放获取期刊采集服务体系”“开放课件采集与服务系统”“开放社会经济信息采集与服务系统”建设，持续建设“综合科技信息集成登记系统”“重要会议开放资源采集与服务系统”，共登记10800条综合资源，采集组织31000篇会议论文、10000条社会经济信息资源、49000个国内外高质量课件，以及超过2000种OA期刊，并逐步开始在中科院多个研究所、各类信息平台得到利用。

引领推动科技信息服务新模式。继续巩固发展国内唯一的国外现期数字科技文献长期保存系统，争取到科技部批准由中国科学院国家科学图书馆牵头建设国家数字科技文献长期保存体系。作为SCOAP3国际指导组和技术工作组的中国代表及中国国家联络点，协调组织国内图书馆参与SCOAP3，2013年由NSTL代表中国正式参加SCOAP3并全额资助相关费用。中科院机构知识库体系继续高速发展，覆盖103家研究所，存储科技成果52万余份，累计下载超过1411万篇次，已成为全球科研机构中最大的、使用最为活跃的科研成果共享系统。入选国家知识产权局“2013年知识产权分析评议服务示范创建机构”。

持续深化服务区域科技、经济发展。正式成立有17家省科院参加的“全国科学院联盟文献情报分会”，与 14 家省科院签订战略合作协议并挂牌成立文献情报共享服务站，基础服务全面覆盖，并与部分省科院联合开展行业发展态势、区域科技与经济发展战略等分析，开始与省科院协同建立科技战略研究中心。总分馆积极布局与区域创新体系的建制性合作，完成或启动多项高层次战略研究。总馆完成《中关村高端人才基础情况评估研究》课题研究，与海淀园、天津、唐山签订合作协议，与中创春雨科技孵化公司合作开展面向科技创新和创业早期项目的知识服务与咨询。兰州文献情报中心重点推进与甘、青、宁、新等省区的地方政府、企事业单位的建制化合作，承担金川公司“金川镍钴新材料产业发展路线图及循环经济发展战略研究”，与乌鲁木齐经济技术开发区管委会、青海省科技厅建立合作关系。成都文献情报中心深化面向技术转移与区域创新的信息平台建设，包括“中国科学院（四川）科技成果转化信息服务平台建设”“四川省工业企业技术创新成果信息平台”等，与地方共建“天府生命科技园信息中心”“中国科技城技术转移信息中心”等。武汉文献情报中心协同湖北育成中心共同推动生物城信息中心、产业技术分析中心的有效运作。与武汉高科医疗器械园、中国光谷激光产业基地等产业园达成情报咨询服务合作协议，完成“湖北省公共技术服务平台建设模式和运行机制研究”、《湖北省激光产业发展规划》等多份高水平分析报告。

全年共组织或承接各类科学文化传播活动 290 余场，直接受众超过 6 万人，效果良好。承办“2013 中科院科技创新年度系列巡展”，在北京、西安进行实体巡展，在成都、兰州、武汉、上海、广州等地进行图片巡展，直接受众达 50 多万人次。“科学文化传播平台”正式上线运行。“院士文库”已收集 112 位院士资源到馆。荣获 2013 年“全国科技周”优秀组织奖，入选 2013 年北京市科普先进集体。

全馆 17 种期刊运营平稳，期刊质量不断提高。2 种获“中国最具国际影响力学术期刊”、2 种获“国际影响力优秀学术期刊”，2 种获武汉大学“RCCSE 中国权威学术期刊”，3 种获“RCCSE 中国核心学术期刊”。在国家层面发挥引领示范作用，牵头完成中国科协委托的《中国科协科技期刊发展报告（2014）》，出版《中国科协优秀国际期刊案例》和《中国科协精品科技期刊案例》。《中国科技期刊研究》由双月刊转变为月刊。《图书情报工作》《中国文献情报》等期刊率先施行“开放获取政策”。院期刊研究会顺利完成换届。资源环境科技期刊集群建设取得显著成效。

中科院档案馆完成职能定位和运行机制调整，成为院办公厅直接领导的管理型非法人单元。馆藏档案数字化项目及二期进馆档案数字化试点工作都完成预期任务。（吕秋培）

【国科图入选 2013 年知识产权分析评议服务示范创建机构】 7 月，国科图入选 2013 年知识产权分析评议服务示范创建机构。经过自主申报、初评和专家集中评审等多轮评选，全国共有 26 家单位入选，图书馆行业单位仅国科图 1 家。（吕秋培）

【科研教育开放信息创新应用大赛】 9 月 9 日，中国科学院大学和国科图联合举办此次大赛。大赛历时 4 个多月，共有 211 支队伍报名参赛，收到参赛作品 76 个，评出优秀作品 27 项。参赛作品多以满足科研学习、公共服务等需求为主题，主要有学术研究类、教育学习类、公共生活娱乐类、科普类、学术社交类、个人知识管理或科研管理类、信息检索与分析类等。结合比赛开展，国科图把持续跟踪发现的 700 多个知识服务工具和 10 万余条开放数据全面开放，并先后组织开展多期先进知识工具体验和开放数据使用培训。这既是面向研究生开展的一次开放科研资源普及，也是一种不同于传统教学的新型人才培养机制的积极尝试，是积极支持中科院“率先建成国家创新人才基地”的创新举措。（吕秋培）

【国内首次机构知识库学术研讨会在昆明举行】 9 月 26—29 日，国科图在昆明组织召开国内首次机构知识库学术研讨会，来自台湾大学图书馆、香港大学图书馆、内地高校图书馆以及科研院所图书馆等单位的海内外专家 200 余人参会。会议以“机构知识库的积极实践”为主题，围绕中文机构知识库建设与服务的发展战略、具体实践、政策机制与未来挑战等内容进行交流，组织 34 个专题报告，展出 18 个单位的优秀实践案例。中国机构知识库推进工作组在会上首次发布关于全国范围机构知识库建设情况的调查和机

构知识库用户的态度与需求的调查。（吕秋培）

【第二届开放获取推介周在北京举行】 10月21—23日，国科图组织第二届全国开放获取推介周，来自国内图书馆界、学术界、期刊界、出版界的专家近400人参加。活动包括“开放获取知识库日”“开放获取出版日”“开放获取资源日”三个主题，主要内容包括机构知识库的建设模式与角色定位、机构知识库用户的使用与期待、学术期刊对机构知识库存储论文的意见，机构知识库的激励措施与评价方式、开放获取期刊的运营模式与创新发展等。会议组织22个专题报告与3场互动交流，全面系统地探讨开放获取在我国当前的发展现状、实践案例以及支持政策和服务机制。（吕秋培）

【全国科学院联盟文献情报分会成立】 11月5日，分会在北京成立。这是落实中科院与各省科学院协同创新、服务区域发展的重大创新举措之一。分会成立后，国科图将继续探索巩固全国科学院协同共享的服务机制，把省级科学院文献情报能力纳入自身发展力量的一部分，将已有的资源、能力转移转化到省级科学院，与各个省级科学院协力打造一流的文献情报服务共享体系以及一流的省级科技战略、产业战略支撑平台。（吕秋培）

【张晓林当选为SCOAP3管理理事会成员】 12月4日，来自15个国际高能物理开放出版资助联盟（SCOAP3）参与国和欧洲粒子研究中心（CERN）的32位代表齐聚CERN，召开SCOAP3管理理事会首次会议，签署《SCOAP3备忘录》，宣布SCOAP3计划将于2014年正式实施：自2014年1月起，50%以上的高能物理领域期刊论文在发表伊始即向全世界免费开放获取。我国国家科技图书文献中心（NSTL）作为SCOAP3中国集团牵头机构参加此次会议，代表中国签署《SCOAP3备忘录》。NSTL副主任吴波尔、国科图馆长张晓林当选为SCOAP3管理理事会成员。（吕秋培）

【中国科学院武汉文献情报中心概况】 中国科学院武汉文献情报中心（湖北省科学图书馆），是中南地区最大的科技图书馆和技术力量雄厚的信息中心以及中国科技网（CSTNet）武汉网络分中心，是中国科学院武汉科技查新咨询中心和湖北省查新咨询服务分中心。中心重点服务于能源、新材料和先进制造、生物安全及长江流域资源与环境等学科领域和中科院中南地区研究所的科研创新。建立湖北省科技文献信息服务中心，与中国光谷共建东湖高新技术开发区文献信息中心，与湖北省产业与育成中心共建产业技术分析中心，支持湖北省科技规划的制订和地方科技文献平台建设。中心现任主任钟永恒，党委书记陈丹，副主任刘德洪、王卫兵。2013年在职职工132人，其中高级职称27人、博士9人、硕士生导师6人。国际图书馆协会联合会参考咨询及信息服务专业组常务委员1人，湖北省图书馆学会副会长1人，湖北省信息协会常务理事1人。中心阅览楼和书库面积10000平方米。馆藏文献235万册，其中中文现刊10000多种，外文现刊9000多种，外文数据库84个，中文数据库9个，自建数据库12个，专业门户网站15个。全年365天（8:00—21:30）开门服务，全部馆藏面向社会开放，形成“查、阅、借、藏”一体化模式。

全年接待读者5万人次。新增中外期刊534种，图书2771种。正式上线集成信息服务平台——能源行业开放社会经济信息集成揭示与服务系统（简称OSE，网址：http://ose.whlib.ac.cn）。利用CSDL、NSTL服务平台和其服务网，为用户提供文献保障服务。科技查新数量稳步增长，论文收引检索2211次，受理查新委托756项。为各研究所提供学科咨询报告58份，服务科研人员2775人次，到所培训场次92次，1680人次，解答用户咨询问题7371个，查找文献5589篇。为各研究所搭建学科组网络平台37个，协助研究所维护57个。组织研究所申请新增能力项目14项，获批8项，完成9个研究所的资源保障分析。

2013年，中心围绕新能源、生物安全、新材料与先进制造等领域开展情报监测、态势分析、专利分析、标准分析等，为中国科学院领导及职能局、国家科技部、国家能源局等制定决策和战略规划提供多项重要的情报研究服务。策划并推出年度重大战略研究产品《材料发展报告》《先进制造发展报告》《先进能源科技发展报告》《生物安全发展报告》，与已有的《先进能源科技研究动态监测快报》《先进制造与新材料科技研究动态监测快报》《生物安全科技研究动态监测快报》《国际重要能源信息专报》《学科领域国际发展态势分析》等系列情报产品，在新材料、先进制造、先进能源和生物安全领域形成年度性、综合性、战略性重大产品系列布局。

中心正式推出中科院集成信息平台CASIIP3.0，已经在部分研究所开展升级服务，并在群组三期大范围推广应用；开展“STKOS科技知识组织体系共享服务平台”“开放社会经济信息集成揭示与服务系统OSE平台研发”以及“煤炭领域科技信息监测分析系统V2.0”等信息系统的研发。中心作为中国科技网（CSTNET）武汉分中心，承担中国科技网武汉地区科研网络运营与管理的职责。通过2.5G高速接入北京的中国科技网总中心，为中科院武汉各研究所使用千兆光纤提供网络服务。

中心与湖北育成中心共建的产业技术分析中心承担完成多个湖北省科技研究项目；为东湖高新区光谷激光产业提供激光产业发展规划；与武昌船舶重工有限责任合作开展项目研发，为华大基因、嘉吉烯王、中科光谷等企业提供产业技术分析报告。不断拓展NSTL东湖服务站的创新服务模式，持续走进东湖高新区企业及园区企业开展各项信息服务，支撑区域科技创新和企业发展。

中心作为“湖北省科普教育基地”“武昌区全民阅读示范基地”，致力于建设成为在区域内具有较强影响力的科学文化传播中心。2013年，中心举办和参与“中国科学院科技创新成果”巡展、世界读书日、“湖北省科技周”“美妙的小宇宙”青少年科普活动，以及“请给他们一个家”环保系列讲座等科普活动。

2013年，中心在研项目33项。出版专（译）著《纳米》《图书馆战略规划研究》《可持续能源：事实与真相》，发表国内外学术论文36篇。中心职工参加各类学术会议200多人次。新招聘人员19名，其中博士2人、硕士13人。在读研究生13名，全年有4名研究生顺利毕业。由中心主办的《长江流域资源与环境》在第三届《中国学术期刊评价报告》（2013—2014年）中被评为“RCCSE中国权威学术期刊”。（陈妮娜）

【中国科学院武汉文献情报中心正式推出中科院集成信息平台CASIIP3.0】 9月11日正式推出的CASIIP3.0，是针对研究所、项目组和科研用户建立知识管理、交流与共享的需求而设计的综合科技信息管理平台。它在服务科研方面有着强大的便捷性：一是支持同时构建多个并行的科研社区知识环境，用户可根据科研需求自行规划设计平台栏目，有效发现和组织信息资源；二是实现主从模式下的科研社区信息发布与推送、交互服务与资源定制、知识文档管理与共享，能够快速有效建设面向研究所、项目组、科研团队的群组知识平台；三是将客户关系管理、工作流程管理、知识文档管理等科研工作中现有的应用无缝地集成到一起，满足用户之间知识积累和共享的需要；四是支持RSS科技信息自动采集，自主构建各类专业领域科研信息库，方便地进行知识内容的采集、加工、组织与发布服务。（陈妮娜）

【中国科学院武汉文献情报中心研发数据库亮相2013湖北省图书馆学会年会】 10月23—25日，中心参加在湖北荆州市举行的2013湖北省图书馆学会年会，并携最新数据库产品——中国产业发展数据库亮相现场，这也是中心的数据库产品首次面对中国科学院外公众发布。该数据库由中心下属的产业技术分析中心自主设计并独立开发完成。全库收录42个行业、34个省级行政区域及3200个区县的近1000万条数据，指标覆盖宏观经济、地区经济、行业经济、科技统计、项目基金、上市公司等多个领域。数据库还监测包括现代农业、生物医药、新能源、先进制造、汽车、云计算等多个高技术产业的发展态势，第一时间为用户提供最新的产业信息，并提供数据分析、报告在线阅览等服务。（陈妮娜）

【中国科学院武汉文献情报中心举办首届中国光谷激光产业高层沙龙】 12月8日，中心和中国光谷激光产业基地联合主办的“以光之名，为您开启智慧盛宴”——2013中国光谷激光产业高层沙龙在武汉光谷资本大厦召开。中国科学院武汉分院副院长苏阳、东湖高新技术开发区管委会副主任夏亚民、中国科学院武汉文献情报中心主任钟永恒、国内知名激光企业负责人参加此次活动。与会者就中国激光产业的发展状况等进

行交流。沙龙结束后，钟永恒代表中心与中国光谷激光产业基地签署共享文献情报服务合作的战略合作协议。（陈妮娜）

【中国科学院成都文献情报中心概况】 2013年，中国科学院成都文献情报中心（以下简称中心）在职职工90人，其中高级职称26人。拥有享受国务院政府特殊津贴专家4人、四川省学术带头人2人、四川省专家评议（审）委员会成员3人、全国专利信息利用领军人才1人、全国专利信息利用师资人才1人、“四川省有突出贡献的优秀专家”1人、获四川省“青年科技奖”和四川省青年“管理创新带头人”称号各1人、博士生导师1人、硕士生导师10人。设有中国科学院大学图书馆学、情报学硕士培养点和情报学博士培养点，同时与四川大学合办情报学和图书馆学硕士培养点。

截至2013年年底，已开通使用数字文献数据库106个，包括2.6万余种中外文全文电子期刊、20余万篇外文学位论文、100余万篇中文学位论文以及大量的网络版工具书、专利文献等，共享NSTL科技文献资源；印本文献总量为217万册/件，较完整地收藏国际著名的会议文献SPIE、IEEE、LNCS等。

作为中国科技网（CSTNET）成都分中心和科学数据成都分中心，负责中国科技网成都总节点的运营管理。试点中国科技网下一代互联网IPV6及CNGI项目建设，负责IPV6网络成都节点的维护与管理。（张邓锁）

【中国科学院成都文献情报中心特色构建】 近年来，中心系统收藏国内外专利文献与PCT（专利合作条约）指定的必需非专利文献以及专利分析工具，开展专利分析方法与应用研究，陆续培养一批既熟悉知识产权法律知识又熟悉科技信息服务的人员，率先建设国内领先的“专利信息门户网站”。2013年，由中心承建和维护的“中国科学院知识产权网”进行功能升级，在原有板块的基础上，增加“知识产权法律咨询平台”；收录科学院知识产权数据95143条（专利、软件著作权、集成电路、植物新品种），科技成果数据库5102条。承担中国科学院科技创新重大项目——战略先导专项项目的知识产权信息服务工作，已形成《先导专项知识产权分析报告》《领域知识产权深度分析报告》《知识产权动态》（季刊）、《中国科学院知识产权统计分析报告》《中国科学院专利分析年度报告》等系列产品。（张邓锁）

【中国科学院成都文献情报中心信息服务】 2013年，开馆365天，接待读者17万人次。为读者发送全文15948篇，发送请求628篇；完成科技查新620项，收录检索535项。开展情报咨询30多项，协同责任研究所搭建完成学科群组平台17个，带动6个责任所实施情报分析可持续服务能力项目。开展到研究所服务培训共计133场次、3244人次。在继续加强信息科技领域和先进工业生物技术领域情报研究工作的基础上，为中国科学院领导、职能局、专业局等制定决策和战略规划提供情报研究服务10余项。组织开展科普展览18场次，联合成都蒲公英环境保护交流中心等举办“回收废纸、拯救森林”大型公益活动。中心科普栏目参加2013中国科学院优秀科普栏目评选，在备选的113个栏目中，网友投票支持排名第28名。（张邓锁）

【中国科学院成都文献情报中心区域发展服务】 2013年，中心开展直接面向科技成果转化与技术转移以及区域创新的信息平台建设。其中承担的四川省科技计划项目“中国科学院（四川）科技成果转化信息服务平台”已开始试运行，包含各类成果8000余条，专利成果2万余条，专家400余位，政策法规近百条。成功申报中国科学院规划与决策科技支持系统建设项目“面向区域产业创新发展的知识服务平台建设”。积极开展面向区域发展的深度信息分析与研究工作，完成四川省知识产权局委托的国家知识产权局下达的科研项目“专利信息传播利用（四川）基地服务四川经济科技发展的前瞻性研究”、成都市科技局委托的“轨道交通专利导航研究”项目等。逐步加强区域发展服务体系的布局，与地方相继共建或筹备建设服务分中心或服务站点4个。同时，分别与广西科学院、上海科学院、重庆科学院签署《共享文献情报服务合作协议》，为其搭建信息平台。（张邓锁）

【中国科学院成都文献情报中心期刊出版】 2013年，由中心主办的期刊《世界科技研究与发展》与《天然产物研究与开发》在发行量、下载量、影响因子等方面都取得良好成绩，期刊质量得到进一步提升。《天然产物研究与开发》尝试运行国际先进的出版方式，加强对外学术交流，采取延时开放获取与高质量论文优先发表等举措，全年出版 13 期，其中正刊 12 期、增刊 1 期，并再次入选年度“中国国际影响力优秀学术期刊”。《世界科技研究与发展》（双月刊）全年出版 6 期。（张邓锁）

【中国科学院成都文献情报中心科学研究与人才培养】 2013 年，中心在研项目 58 项，新增 36 项；结题 16 项。全年发表论文 36 篇，其中国际论文 9 篇。执行或完成中科院公派、中科院国家科学图书馆群星计划等访问学者、国际学术会议任务 10 人次。参加各类研讨、培训 36 场次，参加人员 142 人次。（张邓锁）

【中国科学院国家科学图书馆兰州分馆概况】 截至 2013 年年底，兰州分馆从业人员 120 人，其中，正高级专业技术人员 11 人，占人员总数的 9.2%；副高级 20 人，占 16.7%；中级 42 人，占 35%；初级及其他 47 人，占 39.2%，外籍访问学者 2 人。35 岁以下人员占 47%，博硕士学位人员占 56%，在岗业务人员中，博硕士人员近 69%。目前，有 2 人在职攻读硕士，6 人在职攻读博士。全年组织各种专题学术会议、培训等 7 次，参会 79 人次，参加培训 275 人次。其中共派出 15 人次到国外出访交流学习，2 人次出国进修。作为图书馆学和情报学硕士和博士学位培养单位，每年招收硕士和博士研究生 10 人左右。与西北师范大学共建地理学博士学位培养点，该点每年招收博士研究生 8 人左右。职工学术研究能力持续提升，成果产出和影响不断扩大，全年公开发表期刊论文共 60 篇，其中 SCI 论文 1 篇；出版编、译著 4 部，获得省社科优秀成果奖三等奖 1 项。

馆藏纸质藏书总量 202.775 万册。2013 年，入藏中文科技图书 1726 种 1731 册，外文科技图书 1255 种 1371 册。开通使用的数据库有 155 个，覆盖外文电子全文期刊17997种（含开放获取期刊 9957 种、通过国家平台引进开通期刊 684 种）、外文图书45948种/册，外文工具书 6026 卷/册、外文会议录35718卷/册，外文学位论文414722篇，外文行业报告1833078篇；涵盖中文图书338468种/364865册，中文期刊14168种，中文学位论文2150366篇。

建成“综合科技资源登记与服务系统”，建立给予自动检测与抓取实现资源规模化等级的流程和工作机制，已抓取高质量开放资源 8 万多条，全年新增数据量 1.2 万条（其中新增学术会议 3100 多条），不仅可以支持中断用户的检索与查询，还支持第三方系统开放集成调用，目前已在中国科学院下属 12 家研究所的 22 个用户群组平台中嵌入面向用户群组平台的个性化资源定制服务。自开通服务两年来，累计访问量达到 292 万多次。

目前，建成的 CAS－IR Grid 是国内最大规模、增长最快和最有影响的机构知识库（IR）网络，同时也是国际上单一科研机构建设的最大规模的机构知识库。该系统目前已集成中科院下属的 103 家研究所的科研成果 51 万余条（全文数据量 40 多万条），系统收录的成果近 80%可以开放获取到全文，累计总访问量达 5200 多万次，总下载量 752 万余篇次。

开展面向重大科学问题和原地合作的情报咨询服务。2013 年在册读者 5921 人，其中院内 3688 人、院外 2233 人。年接待读者27536人次，外借图书 9698 册次，下载文献86107篇，解答咨询10349人次，满足 CSDL、NSDL 请求的文献传递11354篇，满足率为 95%，满足馆际互借 88 册，完成查新服务项目 142 项，引证服务项目 776 想，专题检索 40 余项。继续深化与兰州大学图书馆、西北师范大学图书馆等兄弟单位的合作，实质性推进与西北师范大学地理与环境科学学院在区域发展战略研究与高级专业人才培养方面的合作，积极加强与兰州生物制品研究所图书馆、金川集团有限公司信息中心、甘肃省科学院文献情报中心等的业务合作，推进区域联合服务能力体系建设。合作开展镍钴新材料产业路线图研究、甘肃省科学院科技竞争力分析、甘肃省有色金属新材料产业技术创新平台竞争力评价研究、兰白科技创新综合配套改革试验区规划等研究工作。

深度介入重要科技战略研究与决策咨询，成果丰硕。参加中科院重要战略研究工作《科技发展新态势与面向 2020 年的战略选择》，2013 年被《中国科学院专报信息》采纳的咨询建议报告有《〈自然〉杂志评论称中国页岩气开发潜力巨大但应谨慎推进》《国外媒体高度关注中国雅安地震应急救援工作》等 6 篇。完成的研究报告《兰州市近 30 年空气质量变化趋势分析与防治对策》被甘肃省科技厅与科技研究院《科技决策参考》采用。主要承担完成中科院前沿科学与教育局地球科学处委托任务《中科院地球科学领域学科建设分析报告》；承担组织和编辑出版《2013 科学发展报告》；组织和参加主编出版《国际科学技术前沿报告 2013》；翻译出版《气候变化再审视——非政府国际气候变化研究组报告》译著；承担中科院—基金委学科发展战略研究委托任务“关键地带研究发展战略分析”等。全年新增各类研究项目和服务课题 26 项，其中国家级项目 2 项、院级项目 2 项、院内外委托项目 12 项、国科图项目任务 10 项。

结合“4·23”世界读书日，成功组织“我心中的知识服务”征文、“信息素养专题培训讲座”“信息素养竞赛”等系列活动；年内举办面向用户的各类培训活动 22 场次，培训学员 774 人次。（甘肃省图书馆学会　董隽）

【中国科学院国家科学图书馆兰州分馆与陕西省科学院共建文献信息共享服务站】 5 月 12 日，由国科图与陕西省科学院共同建立的“文献信息共享服务站”在西安正式成立。自 2012 年 3 月以来，国科图及兰州分馆通过原文传递、技术支持、人员培训等服务，提高陕西省科学院科研人员利用科技文献的水平。服务站的成立，将进一步加强国科图和陕西省科学院在文献情报工作领域的合作共建关系，提高陕西省科学院图书情报服务水平。（甘肃省图书馆学会　张毅宏）

【上海地区专业图书馆概况】 2013 年，中国科学院所属上海地区研究所信息中心图书馆有从业人员 175 人，图书馆建筑面积19108平方米，读者座位 503 个。年度文献购置费 2315.4 万元，其中购数字资源 1303.5 万元；累计馆藏文献3099558.7册，其中外文期刊14691种；年度新增中文图书 2463 册，年度购外文图书 531 册；年度新办借书证 899 张，总流通人次24407人次，书刊外借13414册；组织培训班 103 次，参加培训 3958 人次；文献传递56258篇次，参考咨询服务 16400人次。（上海市图书馆学会秘书处）

【2013 年中科院沪区文献情报工作交流会议召开】 为加强中科院沪区文献情报工作者的交流与沟通，推动中科院上海地区文献情报工作的开展，4 月 3—4 日，在中科院上海生命科学信息中心召开 2013 年中科院沪区文献情报工作交流会议。来自中科院上海生命科学信息中心、上海光机所、上海有机所、上海微系统所、上海应用物理所、上海药物所、上海技术物理所、上海高等研究院等单位的近 30 位图书情报工作者参加交流会。会议就各所在“十二五”期间信息服务工作计划及进展进行探讨。（上海市图书馆学会秘书处）

【中科院上海生命科学信息中心举办“手边的书”开放书架活动】 自 2013 年 6 月以来，中科院上海生命科学研究院信息中心和生科院方糖读书会共同举办“手边的书”开放书架读书活动。“手边的书”开放书架首批在生命科学研究院的中科大厦一楼、岳阳路 319 号地下餐厅和研究生老公寓楼设立 3 个点，陈列一批来自生命科学信息中心、方糖读书会筹集和研究生自行捐赠的书刊，由学生自主借阅和管理。试运行期间，各方筹集和捐赠的陈列书刊有 1000 余册，自主借阅量 1000 余次。（上海市图书馆学会秘书处）

【中科院上海硅酸盐所信息中心信息服务】 2013 年，该中心为适应数字化、网络化环境和科研人员、研究生利用信息行为的变化，在资源采选、宣传推介、培训服务以及提升图书馆员自身业务能力方面下功夫，根据科研与学科需求，不断调整服务方向与内容。由中心编撰维护的所平台“科技信息”与闪烁晶体平台的“科技动态”栏目已成为所科研人员关注的热点。配合和协同国科图推出的“融入一线，嵌入过程”到所、到课题组、到个人的学科化服务，加强面向研究人员和研究生的入所教育、常规培训与咨询工作，受到本所科研人员和研究生的普遍欢迎，取得显著效果。（上海市图书馆学会秘书处）

【上海天文台图书馆学科化服务新举措】 2013 年，面向开放创新科研的需求，结合科研人员的具体需求，该馆在学科化服务能力创新等能力建设方面，推出一系列工作新举措：1. 在学科化信息服务深度方面，针对天文台基础学科以论文发表及引用作为科研产出重要衡量指标的特点，为科研用户提供天文领域的定题专题信息服务，定期推送“物理学研究热点论文系列”，满足科研人员对及时了解本领域高影响力学术论文的需求。2. 在学科化信息服务的快速服务方面，针对研究所重点学科领域，通过学科信息的动态监测、基本发展态势和竞争态势分析等方式，提供“天文学领域文献计量统计报告”“地球科学监测快报”等系列化的学科情报服务，及时响应科研用户的学科情报需求。3. 在学科化信息服务的广度方面，与科研人员及国科图采编部合作，定期推送《天文领域新书推介》，并邀请科研人员对感兴趣的好书做介绍点评，定期发布在图书馆网页上，随时就文献方面的各类问题对科研一线研究人员进行各类推介，提高图书馆的外文图书利用率，定期开展相关讲座培训，有效提高天文台科研人员的学科资源利用能力。（上海市图书馆学会秘书处）

【河北省科学技术情报研究院概况】 2013年，河北省科学技术情报研究院拥有各类科技文献资源达1.5亿条，数据总存储量达40TB，文献覆盖理、工、农、医四大专业领域的100多个学科。全年科技文献订购费150万元，比上一年增加30万元，全年科技文献服务量快速增长。承担各类科研及横向合作项目46项，发表论文15篇，获得计算机软件著作权登记3件，获得授权实用新型专利1项，申报发明专利1项，完成科研项目成果验收19项，《河北科技》出版6期，《科技情报快报》出版24期，主办省级学术会议3次；完成调研报告47篇。与中国科学技术情报信息研究所、中国科学技术发展战略研究院、国家科技评估中心开展研究项目合作；与河北工业大学等6所省重点高校共同培养研究生。首次获得国家软科学项目资助，研究与服务能力明显提升。创新方法培训应用推广工作走在全国前列；远程教育制片稳居全国第二。科技查新质量稳步提升，接受查新委托4862项，完成4690项。完成SCI、EI、ISTP、中国科技引文等科技论文收录、引用证明、医学检索报告800余项。（河北省科技情报研究院）

【河北省科技发展战略与创新管理软科学研究基地建设研讨会召开】 1月18日，召开。河北省科学技术情报研究院邀请中国科技发展战略研究院、中信所、河北工业大学等9位客座专家，就《河北省科学技术情报研究院软科学研究基地开放课题管理办法》和《2013年度河北省科学技术情报研究院软科学研究基地开放课题申报指南》进行讨论、交流，并重点研究基地运行与发展的有关问题。中国科技发展战略研究院副院长郭铁成研究员以“问题研究的程序和方法”为题做专题学术讲座。（河北省科技情报研究院）

【“河北省创新方法应用推广体系建设”通过科技部验收】 9月16日，受科技部科研条件与财务司委托，中国21世纪议程管理中心在北京组织召开由河北省科学技术情报研究院和河北工业大学联合承担的2010年度国家创新方法专项项目“河北省创新方法应用推广体系建设”验收会。验收专家组对项目开展情况和取得的成果给予充分肯定，一致同意项目通过验收。（河北省科技情报研究院）

【广东省科技图书馆为青少年搭建与科学家零距离对话平台】 7月9日，“我与科学家的亲密接触”系列科普活动启动仪式在广东省科技图书馆隆重举行。活动共举行3期，分别邀请来自微生物、植物、电子、土壤、环境、动物、海洋科学等多个领域的专家，与来自10多所学校的500多名学生开展零距离互动对话。活动分“星路分享”“刁难科学家”和“做个小小科学家”3个环节。同学们不仅能听到科学家在科学之旅中的种种趣事，各种各样的科普知识、科普趣闻，还有科学家对生活、对人生的种种思考。活动现场气氛热烈，高潮不断，得到学校和家长的高度评价。该系列科普活动今后将不定期举行。（广东省科技图书馆）

【广东省科技图书馆为研发型企业提供情报服务】 2013年1月，该馆与广东生益科技股份有限公司（以下简称生益科技）签署首份企业文献情报服务全面合作协议，启动为研发型企业提供产业技术情报服务。生益科技是我国最大的覆铜板上市企业，已开发拥有核心技术和自主知识产权的8大系列50多个品种的新产品。7月，该馆馆长李宏荣率有关人员赴东莞生益科技总部实地调研企业对信息情报服务的需求，并签署两项产业技术情报研究课题合作协议。12 月，该馆情报团队如期完成项目研究，项目成果得到企业充分肯定。此次和生益科技的成功合作，是事实型数据、情报分析方法和工具、专家智慧（情报专家＋行业专家）三者有机结合的一次成功尝试，实现互利共赢，为今后开展企业科技情报服务奠定基础，为实现产业技术情报服务转型和支撑广东省研发型企业技术创新与战略决策提供新思路。（广东省科技图书馆）

【中国科学院新疆分院文献信息中心概况】 2013 年，中国科学院新疆分院文献信息中心（又名中国科学院新疆分院图书馆、新疆维吾尔自治区科学数字图书馆）紧密结合中科院、新疆科研及决策需求，完成 20 余项情报调研项目，取得较好成效；编辑《中亚科技信息监测快报》12 期，编辑《非洲科技信息监测快报》3 期，共计编译相关信息 20 万字；编译中亚生态环境状况基本资料 50 余万字。参加国际合作项目——气象与生态监测联合站点建设和生态环境保护与资源管理示范区；参加国家国际科技合作专项——西北转基因棉区生物安全评估及避难所建立；参加中国科学院院地合作项目——新疆棉铃虫数字化监测预警技术及应用推广等。在科技查新项目及代理成果申报的数量、质量和创收额上均取得较大进展，完成查新项目 620 项，比去年同期增加 35 项；收录与引用报告 116 项；受理成果鉴定材料的审查、指导、编写 115 项，较去年增加 22 项，其中受委托编写成果鉴定材料 2 项，并通过自治区的成果鉴定。组织专家到塔什、和田、阿勒泰、伊犁、喀什等地进行 44 个项目的现场勘验工作，并协助专家编现场勘验意见。实现总创收 67 万元。全年保证读者正常借阅、阅览书刊 250 天以上，接待读者、参观者近 4000 人次；利用虚拟参考咨询平台向读者提供咨询解答，提供对文献、数据或事实问题的答案或解决途径，面向读者实时咨询 50 次，共 100 个小时的在线咨询服务，表单咨询、到馆咨询、电子邮件及电话咨询约 400 个。完成中心主页等 14 个学科信息平台维护工作。（中国科学院新疆分院文献信息中心　张小云）

中国社会科学院图书馆

【概况】 2013 年，中国社会科学院党组决定，将调查与数据信息中心及网络中心机房等硬件设备划归院图书馆，赋予院图书馆的主要职能是“统筹全院数字化图书馆、数据库和综合集成实验室平台建设、综合管理平台建设，负责网络（含内网即综合管理平台、保密网）的维护与服务”。图书馆认真贯彻执行院党组的决定，完成机构、人员、财务与资产的整合，加强统一领导和统一管理。同时，通过创新工程全面规划发展方向，紧密结合自己的实际需求，完成“图书馆管理创新”“图书馆服务创新”“中国社会科学院近代中文报刊（1894—1949）普查登记与整理保护”“中国社会科学院近代图书（包括晚清、民国时期）普查登记与整理保护”等 9 个创新项目的设计论证和组织实施。

截至 2013 年 11 月，到馆中文普通图书 16511册，地方志 2006 册，学位论文约 32000 册，外文图书 6708 册，外文期刊 863 种，中文期刊 1455 种，报纸 150 种，接受中文赠书 1200 多册，外文赠书 848 册。继续加大对电子资源投入力度，共引进数据库 64 个，新增“大成老旧期刊数据库”等 14 个数据库。实施“三线典藏计划”，全方位调整藏书布局、改善藏书格局，剔除复本约 8000 册；从一线书库调到二线书库图书约52700册，从二线书库调到三线书库图书约23500册；倒架、定位 408 架。全年接待读者 22880人次，借还图书59833册次。全年接受参考咨询服务 1492 件。

完成中国社会科学院古籍普查工作，共收到全院 14 家古籍收藏单位的古籍普查数据97169 条，对 6200 余部古籍做甄别与鉴定，完成 7 个单位古籍普查登记档案册编辑工作，约 595 万字。

7 月 16 日，国家哲学社会科学学术期刊数据库正式上线。至 11 月 7 日 24 时，总浏览量 99.83 万次，总访问人数 19.3 万人，日均浏览量达 8680 次，拥有注册用户 7641 人，论文在线阅读量 10.7 万次，论文下载 9.2 万次。截至 11 月下旬，共与全国 459 家期刊（包括 336 个核心期刊，45 个特色期刊）编辑部签订作品使用协议。初步完成哲学社会科学海量数据库规划和架构设计方案，国际研究数据子库、国情调研数据子库、科研成果数据子库、博士后文献数据库、历史研究数据库建设取得阶段性进展。截至 11 月 8 日，哲学社会科学海量数据库共完成 5600

本图书、合计 281.5G，4.65 万张图片、合计 755G，7600 条各国大事记，音视频数据 24.8T，研究报告 1036 篇，380 余万条指标数据，370.85 万条调查数据，各类网络采集数据 25.1G，其他文本信息 4.3G 的数据整合和加工检测。

初步构建综合集成实验室平台，与全院 19 个科研院所合作建成 27 个专项实验室，并与院外 4 个科研单位达成实验室战略合作，推出要报 64 篇、数据分析报告 138 篇、模型 2 个、指数 3 个、论文 360 篇。

2013 年 4 月，启动中国社会科学院首个完全自主知识产权的全国居民调查抽样框建设工作，完成除新疆、西藏外的 592 个村/居委会的地图绘制和914417个住户清单的列举工作，与 31 个省、自治区、直辖市的 44 个科研教学机构、社工协会及其相关机构、专业咨询调查机构建立联系，并达成合作意向。

计算机辅助网络调查系统（CAWI）功能进一步完善，完成 2013 中国大学生就业、生活、价值观研究，两期 2013 中国舆情指数调查、高校在校生和毕业生生活状况追踪调查等项目。2013 年中国社会状况综合调查（CSS）项目、中国社区建设与基层群众自治调查、2013 中国舆情指数调查等调查项目顺利开展。

加强和完善网络基础设施建设，对老旧设备进行按需更新替换；完成 9 条互联链路的扩容工作，由扩容前的 98M 升级扩容至 190M，增幅 93.88%；承担为全院各所局 81 个网站的日常维护工作。在网站发布平台上新建社科网中文版、社科网英文版、社科网法文版，中国社会科学院官网等 12 个站点；新建 38 个网站发布系统用户，创建上网账号共 1705 个。坚持每天对邮件进行日常巡检，有效保障邮件系统的安全稳定运行。完成社科院 2013 年度工作会议及反腐工作会议、“六名会议”的视频转播视频直播任务。承担两会、国庆长假期间的网站及网络安全保障工作、十八届三中全会网站安全重点保障工作。

全年出版专著 4 部，合计 111.3 万字；发表学术论文 50 篇，合计 35.2 万字；完成一般学术文章 10 篇，合计 2.2 万字；编译文章 10 篇，合计 1.4 万字。编辑出版《中华信息科学论坛》2013 年第一卷（创刊号）。（*黄丽婷*）

【中国社会科学院图书馆在俄罗斯科学院举办中国社会科学图书展览】 5 月 19—28 日，以副馆长蒋颖为团长的中国社会科学院图书馆 4 人书展团在俄罗斯科学院举办中国社会科学图书展览。社会科学信息研究所副所长维克多·格鲁霍夫主持展览开幕式并致欢迎词，副馆长蒋颖和俄罗斯科学院社会科学信息研究所副所长尤利·乔尔内分别发表庆祝致辞。本届书展共展出中国近年来出版的人文社会科学图书 500 余册。书展期间，书展团访问俄罗斯科学院社会科学信息研究所、俄罗斯科学院图书馆，参观俄罗斯国家图书馆古籍分馆、俄罗斯总统图书馆和俄罗斯科学院图书馆等机构。期间，蒋颖在俄罗斯科学院社会科学信息研究所做《人文社科领域的文献计量学研究》的主题学术报告。（*黄丽婷*）

【乌兹别克斯坦世界经济与外交大学“中国馆”协议签署及开馆剪彩仪式举办】 12 月 16—19 日，中国社会科学院图书馆党委书记、副馆长庄前生等随中国社会科学院代表团访问乌兹别克斯坦世界经济与外交大学，签署“中国馆”协议，举办开馆剪彩仪式。该馆是中国在海外开设的第五家“中国馆”，也是中国社会科学院在海外设立的第一家“中国馆”。根据乌兹别克斯坦世界经济与外交大学图书馆的实际需要，中国社会科学院为其精心挑选 2300 余种图书。剪彩仪式后，中国社会科学院代表团在乌方校长的陪同下参观“中国馆”和汉语言文化交流中心，并与学习汉语的学生进行交流与互动。（*黄丽婷*）

【中国社会科学评价中心成立】 12 月 26 日，中国社会科学评价中心成立揭牌仪式在中国社会科学院学术报告厅举行。中国社会科学院院长王伟光、副院长赵胜轩为评价中心揭牌。副院长张江、秘书长高翔出席仪式。王伟光发表重要讲话，强调评价中心应做好几大品牌评价项目，包括：学术期刊评价、中国社会科学院创新工程科研成果评价、全球智库评价、全国哲学社会科学评价、全国哲学社会科学优秀论文和图书评价。评价中心直属中国社会科学院，其主要职责是：构建中国社会科学权威评价体系，引领我国学术研究朝着正确的方向发展；搭建国际化学术交流平台，参与全球学术评价标准的制定，掌握学术评价话语权。（*黄丽婷*）

【中国社会科学院两项重大课题结项】 6月28日，中国社会科学院A类重大课题“数字图书馆理论、实践与中国社会科学院数字图书馆的建设”结项报告会召开，课题主持人、中国社会科学院图书馆馆长杨沛超代表课题组作结项报告。与会专家就课题成果进行评议。此课题的研究对于社科领域跟上发展、澄清认识、了解发展方向作用重大，课题成果可以成为未来发展的规划和纲领。12月30日，中国社会科学院重大课题“人文社科核心期刊的统计与分析”结项报告会召开，课题主持人姜晓辉研究员介绍该课题的研制情况。与会专家对该课题的研制过程，特别是指标设计和统计方法等方面给予高度评价和充分肯定，指出该课题的研制已在院创新工程考核评价体系中产生较大影响，对人文社科期刊的评价具有重要参考价值。与会专家还对课题研制中的定性评价权重、样本量及学科分类等细节问题提出改进建议。（黄丽婷）

【天津社会科学院图书馆更新图书管理软件】 2013年，该馆引进国内科研、高校图书馆普遍使用的以色列艾利贝斯有限公司自动化管理软件，将自动化管理与资源发现和服务结合起来。目前，管理软件已安装使用，信息处理速度提高，新的服务功能也有所增加。（天津社会科学院图书馆）

【天津社会科学院图书馆提升科研实力】 2013年，该馆全馆人员积极参与课题研究，不断提升科研能力与水平。完成《天津史研究论文选辑（续编）》《馆藏古籍的普查著录》等课题；共申报1项院青年课题，1项院课题。（天津社会科学院图书馆）

【山西省社会科学院图书馆制定数字资源新方案】 2013年，针对目前山西省社科院图书馆图书无法流通的现状，该馆研究制定新的采购策略。在满足科研工作特殊需求的情况下，在订购原有电子资源的基础上，增加读秀知识库，为科研人员提供学科范围更广、涵盖内容更多、学科信息更新的电子文献服务。加大电子资源的收藏力度，扩大电子资源的收藏范围，订购电子书9000册，逐步弥补该馆电子资源收藏较少的不足，为新馆馆藏建设打好基础。同时对院重点、重大课题和一般课题开展定题服务和跟踪服务，提供急需文献资料，力争把因图书打包不能外借的损失降到最低，满足特殊时期科研工作的需要。（山西省社会科学院　赵国良）

【四川省社会科学院文献信息中心馆藏建设】 文献信息中心在图书采购工作中结合院重点学科建设，向重点学科、优长学科倾斜。定期组织院科研人员、研究生在购书中心现场选书，满足他们对图书的需求。全年预订图书2104种，编目、验收入库新书3000余册；接受赠书200多册，上架新书3000余册，归还图书上架5000余册，调架10000余册。订购报纸112种、期刊842种，验收登录新刊10581册，上架现刊46000余册。（冯杰　梁晓薇　贯玲）

【四川省社会科学院文献信息中心信息咨询工作】 完成“十八大精神专家解读”“四川省第十次党代会精神解读”等9个专题资料检索库建设。参加省委宣传部“增强三个自信研究”课题组，完成课题组5000余份调查问卷的数据录入工作。编辑印制《社会科学研究参考资料》12期，总字数约100万字；编辑印制《参阅资料》12期，总字数约30万字；编辑印制《参阅资料》（廉政建设专报）3期，共计10万字。刊物质量受到外界广泛好评。（沈华　赵庆秋）

【四川省社会科学院文献信息中心网站建设】 2013年，完成“四川社会科学在线”“院网”“信息平台”的信息编辑和协调工作，确保网站信息及时更新，上传、协调各类信息7000余条，编辑图片、视频、Word等文档近500条；实现接入点搬迁，使得访问更为顺畅；配合院拍照、摄像等工作以及相关的上传工作。制作专题、页面20余个。着手落实院网站栏目设置完善和后台程序、页面改造工作；开展新版院网全院各部门信息员培训；初步完成院英文网站的建设。（宋扬　申国敏）

中国医学科学院医学信息研究所（中国医学科学院图书馆）

【概况】 2013年，中国医学科学院医学信息研究所/图书馆（简称所馆）加强资源建设工作规范化管理，开拓信息服务新领域。全年订购外文期刊达 3703 种（续订 3624 种，新增 83 种），中文期刊 1429 种（续订 1415 种，新增 14 种）。共套订外文图书专著 440 套（续订 431 套，新增 9 套），零订外文图书 621 种，采集中文图书 538 种。完成 48 个数据库的价格谈判、确定续订方案和付款存档工作，新增 5 个数据库。加强资源建设规范化管理，对 2008 以来订单进行集中维护和规范工作，修订《资源建设部期刊编目手册》。共计接待到馆读者 2.1 万人次。完成原文提供服务共计 35.9 万篇，完成课题委托检索 212 项，定题跟踪服务 4 项，与信息检索、文献资源利用等相关的参考咨询 2400 件。深入院校二级所院、“重大专项”课题组等开展专题培训讲座 19 场次，培训 1590 人次。全年共编写 6 期《新药研发动态》（10 万字），定期推送《新药研发动态》纸质和电子版，共计 600 份。接受中国科学技术交流中心、中国健康教育中心、北京市疾病控制中心、北京朝阳区疾病控制中心、北京协和医院等机构重大科技专项课题组和科研项目管理的委托，提供《科学技术在应对全球性重大传染病中的作用》《国内外慢性病健康教育适宜技术研究进展》《亚太经合组织成员国应对新发突发传染病防控策略、措施及其效果》等 12 份咨询报告（共计 15 万字）以及《H7N9 专题跟踪》等 24 期简报（共计 15 万字）和《水痘/带状疱疹科技文献》数据库服务。承担“医学信息援疆援藏服务”专项任务，逐步开展西藏医学院、新疆维吾尔自治区食品药品检验所的文献服务直通车，以及新疆医科大学图书馆对口交流等公益性服务援助工作。继续开展面向“院士团队”的学科化服务。参与中国工程院“我国转化医学发展战略研究——疾病防控转化医学研究”咨询项目，参与撰写《疾病防控转化医学研究报告》和《慢性退行性疾病防控转化医学研究报告》。完成各类文献的文摘数据 44.8 万条，完成引文数据 1232 万条，完成 MEDLINE 数据库文献标引 1.4 万篇。继续开展中文引文、机构和基金数据的规范研究，加快引文数据库、机构知识库、基金知识库建设进度。继续做好 MeSH 词表的翻译维护工作。

医学信息研究与情报调研、卫生政策研究与决策咨询工作取得新进展。所馆组织实施“十二五”国家科技支撑计划项目“面向外文科技文献信息的知识组织体系建设与示范应用”的建设工作。积极构建医学科技创新决策支持平台，深入开展我国医学研究机构科研竞争力评价研究与实践，组织实施“医学科技发展十三五战略/规划研究”等课题，完成多份医学情报调研咨询报告，编写出版《中国医学科技发展报告 2013》。积极推进“我国卫生资源配置与规划研究”“人口健康绩效评估试点研究”“国家新农合信息平台联通技术方案及相关政策研究”等一批课题和项目。重点参与英文版《“健康中国 2020”战略规划研究报告》的编辑出版工作，完成“部分国家及地区卫生资源配置和规划的做法与启示”等多份调研报告。

科研教育、国家合作、编辑出版工作不断发展。2013 年共获得卫生部、科技部、WHO 等各级各类科研项目和课题 92 项，其中国家科技支撑项目 2 项、国家社会科学基金 3 项、国家自然科学基金 1 项；以第一作者发表论文 152 篇，其中 SCI 收录期刊上发表论文 8 篇；主持或参与编写学术专著 8 部，形成咨询或研究报告 85 份。2013 年硕士研究生毕业 13 名，录取 19 名，在读研究生 51 名。新增研究生导师 1 名，主持开设卫生管理学、卫生经济学、社会医学、医学信息学等 10 门课程。全年组织各种学术活动、座谈会、课题评审会 29 次。为不断深化与世界卫生组织（WHO）的交流与合作，受卫生部国际合作司委托，承担 WHO 在华合作中心协调办公室工作，首次任期两年，主要职能包括协调管理、信息服务和政策研究等相关工作，并承办 2013 年 WHO 在华合作中心主任会议。组织和参加国际学术交流活动，与原卫生部国际合作司、WHO 共同举办中国医改进展吹风会暨中国—世界卫生组织国家合作战略（2013—2015）发布仪式；受 WHO 西太区办事处委托，成功举办 WPRIM 数据库培训班；受原卫生部国际合作司委托，承办第四届中国卫生论坛中非卫生青年领袖圆桌会议。全年出国参加学术交流活动 14 人次，接待国（境）外来访 19 人次。《医学信息学杂志》《医学研究杂志》《中国卫生政策研究》《中国医药导报》和《中国现代医生》等刊物全年共出版 108 期、约 4700 千万字，发行约 12 万册。编辑出版《重大疾病防治动态》《艾滋病科研动态》《妇幼保健与社区卫生工作动态》《计划生育科研动态》等内部刊物。（中国医学科学院医学信息研究所）

【《中国卫生政策研究》影响因子位列学科榜首】 2013 年，清华大学图书馆和中国科技文献计量评价研究中心在北京发布《2012 年中国学术期刊影响因子年报》。据该年报数据，所馆主办的《中国卫生政策研究》杂志 2011 年影响因子和他引影响因子分别为 1.587 和 1.457，分别比 2010 年提高 46.67%和 71.82%，在 31 种医药卫生管理类学术期刊中均排名第一，也领先于 87 种预防医学与卫生学期刊。2011 年，该杂志配合卫生政策与管理研究中心创办中国卫生政策研究论坛，并承办两届研讨会，在国内外形成重要影响。杂志网站自 2010 年正式启用以来，总访问量超过 96 万次，2012 年日均访问量突破 1500 次，为及时传播研究成果发挥着越来越重要的作用。（中国医学科学院医学信息研究所）

【2013 年医学信息服务创新发展研讨会】 7 月10—12 日，会议由中国医学科学院医学信息研究所主办在重庆召开，来自全国高校、科研院所、医院、医药信息机构等单位的近百位专家和用户代表参会。此次会议研讨当前医学信息服务创新的思路和举措，加强医学知识服务系列产品研发服务团队与用户的联系和沟通，宣传所馆医学知识服务系列新产品，进一步了解市场竞争情况与用户需求，为产品的不断优化升级和市场推广打下良好基础。（中国医学科学院医学信息研究所）

【中国医学科学院医学信息研究所主持研发国家新农合信息平台】 10 月 20 日，中央电视台新闻联播重点关注异地就医报销难的问题，在报道中介绍国家新农合信息平台在实现跨省异地就医报销中的重要作用。新华网、凤凰网、新浪网等多家媒体也对此进行报道。该平台是受国家卫生计生委委托，由中国医学科学院医学信息研究所/卫生政策与管理研究中心主持研发的，是在深化医改中承担的一项十分重要的任务，也是“3521”国家卫生信息体系的重要组成部分，是提高新农合科学管理水平的重要举措。下一阶段，将根据国家新农合信息化建设的整体部署，继续推进平台的联通工作。（中国医学科学院医学信息研究所）

【世界卫生组织西太平洋地区医学索引(WPRIM)第二届数据库管理培训班】 培训班由所馆和 WHO 西太区办事处联合主办，12 月 16—18 日，在北京举办。培训班旨在指导参与 WPRIM 建设的各国图书馆员和技术人员完成本国 WPRIM 数据的收集及提交工作。来自菲律宾、韩国、马来西亚、蒙古、日本、越南和中国共 7 个国家的近 20 位代表参加培训。期间，各国技术人员分别讨论本国在 WPRIM 数据采集和提交方面存在的问题及挑战，并就如何推动 WPRIM 建设进行深入交流。本次培训班的成功举办，对于进一步推动 WPRIM 建设、促进西太区医药卫生信息资源的传播、共享和利用有重要意义。（中国医学科学院医学信息研究所）

中国农业科学院农业信息研究所（国家农业图书馆）

【概况】 2013 年，中国农业科学院农业信息研究所共采集外文期刊 2463 种、外文会议录、科技丛书等文献 282 套，中文期刊 1180 种、中文报纸 54 种、中文年鉴等工具书 190 种、中文图书 2243 种、中文学位论文 1010 种，增加采集农业和农业相关学科优秀教材、专著和党风廉政教育类图书，中外文数据库 35 种；订购 E-only 外文期刊 96 种，完成 E-only 电子文献本地下载保存 5621 篇。完成外文文摘和外文引文数据加工 450 多万条，完成中文文摘数据 36.8 万条；牵头开展国家科技图书文献中心（NSTL）中外文数据质量检查工作；获得计算机软件著作权登记 9 项。

全年远程文献提供服务 2.8 万余篇；完成参考咨询服务 1197 项，定题服务 76 项；面向中国农业科学院科技局开展知识服务，形成《中国农业科学院作物科学评价报告》；撰写查新报告 240 余份；承担国家科技图书文献中心（NSTL）“面向转基因重大专项信息服务”的专项任务；持续开展农业科技文献信息援疆援藏服务和微博服务。开展资源及服务的宣传推广和用户培训活动 12 场次、培训用户 860 多人次。

全年主持国家 863 计划、国家科技支撑计划、国家自然科学基金、农业部专项等课题 81 项；获得北京市科学技术奖、农业部科技奖、中国农科院科学技术成果奖共 7 项；发表论文 237 篇，其中 SCI、EI 收录 41 篇，中文核心 71 篇，ISTP 收录论文 15 篇；获颁发明专利 2 个，获得实用新型专利12项、软件著作权登记81个。为促进学术交流，举办世界农业展望大会、金砖国家农业信息系统建设、小农户能力提升等国际会议；在全国农业信息化工作会议上，被授予“全国农业农村信息化示范基地”，成为首批入选的技术创新型示范基地；继续做好河北省怀来和定兴两地科技成果推广示范工作，大力推广示范“农信采”“农业经济电子地图”“基于3G的基层农技推广信息化平台”等成果，带来良好的社会效益和经济效益。

全年接待外宾9个团组49人次；派出21个团组39人次，出访北美、欧洲、亚洲等18个国家和地区；招收7名国际留学生；参加AMIS市场信息组会议、21世纪粮食安全研究重点研讨会、冲击影响模拟模型系统引进与开发等学术活动；全年共执行10余项国际合作项目，进一步促进中国农业科学院农业信息研究所与FAO、OECD、欧盟等相关机构开展合作研究。

主办的13种期刊按时完成本年度的编辑出版任务，为国内外农业科研工作者搭建良好的学术交流平台，也为农业科研成果的传播做出应有贡献。（中国农业科学院农业信息研究所）

【2013世界农业展望大会】 6月6日—7日，由中国农业部支持、联合国粮农组织（FAO）和经合组织（OECD）联合主办，中国农业科学院农业信息研究所承办的此次大会在北京召开。这是世界农业展望大会第一次在FAO和OECD总部以外的国家召开，也是第一次在亚洲国家召开。来自FAO、OECD、世界银行、国际食物政策研究所（IFPRI）等多个国际组织，以及中国、美国、加拿大、墨西哥、德国、意大利等多个国家的专家学者与业界人士500余人出席会议。美联社、路透社、新华社等20多家国内外媒体记者报道会议内容。会议围绕当前及今后十年农业发展的形势与挑战、农业展望模型与方法以及相关领域的前沿热点问题进行深入研讨和交流。会议重点发布《OECD－FAO全球农业展望报告（2013—2022年）》，中国农业科学院农业信息研究所介绍农业监测预警研究相关工作进展。大会的成功召开，标志着中国农业与农产品市场监测预警工作已迈上新的台阶，体现出中国农业科学院农业信息研究所信息分析科研成果受到世界广泛关注，象征着中国实质性参与全球携手开展农业展望研究工作启航，这对于促进中国乃至世界农业持续稳定发展将产生深远影响。（中国农业科学院农业信息研究所）

【国家农业图书馆新馆正式启用】 11月18日，中国农业科学院农业信息研究所举办国家农业图书馆新馆首展活动，标志着国家农业图书馆新馆正式启用。农业部副部长、中国农科院院长李家洋院士视频祝贺。中国农科院党组书记陈萌山、李金祥副院长，农业部市场与经济信息司张合成司长、张兴旺副司长，国家科技图书文献中心主任袁海波、副主任沈仲祺出席首展活动。新馆总投资2.02亿人民币，建筑面积3.19万平方米，具有公益服务、科技创新、学术交流三大主体功能，是亚洲第一大、世界第三大农业图书馆。新馆现有藏书33万余种、210万余册，中外文全文、文摘数据库30多种，其中古籍图书是新馆特色馆藏资源，目前有宋、元、明、清代古籍万余种，特别是《齐民要术》等为国内珍贵孤本。此外，新馆引进国外先进的图书馆自动化集成管理系统和资源统一发现与获取系统，装备150TB的高端磁盘阵列、虚拟磁带库等相关软硬件设备近200台套，建成到馆服务、现场一线服务和网络化服务协同发展的综合服务保障体系。新馆将努力建设成为全国农业图书资源战略保障中心、全国农业信息科技研究中心以及国际农业信息交流与服务中心。（中国农业科学院农业信息研究所）

【全国农业信息科技创新研讨会在北京召开】 11月18—19日，由中国农业科学院农业信息研究所联合中国农学会科技情报分会、农业图书馆分会共同主办的此次会议在北京召开，来自国家及各省、市、自治区农业科研院所和大学的300多名农业信息科技领域同仁共聚刚刚启用的国家农业图书馆报告厅，围绕全国农业信息科技创新主题，展示农业信息科技取得的新成果、交流农业信息科技发展的新进展，探讨农业信息科技的新机遇、新挑战和新趋势。（中国农业科学院农业信息研究所）

【中国农业科学院作物学科评价研究】 为探索现代信息环境下知识化学科化服务工作，充分发挥资源建设人员在文献信息采集和评价工作上的优势，中国农业科学院农业信息研究所在中国农业科学院科技局的支持下，开展“中国农业科学院作物学科评价研究”工作。通过对项目、论文、专利、新品种及推广面积、成果、人才和平台等方面的信息采集和计量分析，初步建立作物学科竞争力评价体系，研究确定作物学科竞争力评价的方法，得到学科专家和科研管理者的认可。2013 年，共采集相关机构制作的科学科领域科研条件、科研产出、科技成果应用等方面数据信息 25 万条，规范、清洗、知识标注各指标数据 15 类，数据处理量达 8 万余条，完成“中国农业科学院作物科学评价报告”。（中国农业科学院农业信息研究所）

中国林业科学研究院图书馆

【概况】 2013 年 1 月，迁入新馆的中国林业科学研究院图书馆（以下简称林科院图书馆）正式开馆迎接读者，从此进入一个新的发展阶段。在资源建设方面，对图书馆已购买的清华同方学术期刊、博硕士论文，重庆维普中文科技期刊，万方博硕士论文、会议论文，方正 Apabi 年鉴、电子图书等镜像站点数据库进行数据更新及版本升级。为保证国外林业重点核心资源的连续性，利用申请的财政专项经费购买 Science、Nature、ProQuest、Elsevier、Wiley 和 Taylor & Francis 等学术期刊全文库及 CABI、AGRIS、AGRICOLA 三大农林数据库的网络版使用权，新引进 Annual Reviews 期刊全文数据库。70 个自建林业数据库资源年新增入库信息 7 万条。整合中国林科院图书馆馆藏的纸质文献、中外文期刊数据库资源和国内外电子图书、网络版学术期刊等数字资源，建成林业移动图书馆和林业资源统一检索平台，为用户提供“一站式”全文检索服务。图书馆未购资源也可通过 E-mail 实现原文传递，移动图书馆更是使读者可以不受地域、时间的限制，随时随地快速获取所需文献。

随着新馆的启用，无论是藏书环境、阅览环境、服务方式还是各项设施方面都得到全面改善，图书馆的接待能力有显著提升，全年共接待读者 5643 人次，到馆读者比 2012 年上升将近 30%。为读者提供原文传递服务 551 篇，文献复印31871页。完成鉴定、报奖和开题立项的查新项目 63 个，代理申请植物新品种 16 个，其中报奖 21 项、立项 12 项、成果鉴定 17 项、收录引用 13 项。

根据各数据资源服务器后台数据统计，到 2013 年，中国林业信息网用户访问量累计达 450 多万人次，平均每天读者访问量达 1 万多人次，全院用户累计下载文献原文达到 320 多万篇。初步建成林业行业的云数据中心，为中国林业信息网的各项应用服务提供网络保证，同时提高云数字图书馆平台的服务能力和水平。（中国林业科学研究院图书馆　孙小满）

【开展林业知识产权宣传与研究】 2013 年，图书馆继续组织开展林业知识产权发展战略与政策研究，林业植物新品种保护制度和对策研究，国际知识产权制度与规则研究，为林业主管部门和国际履约提供决策支持。编印出版《林业知识产权动态》（内部刊物，双月刊）6 期，主要跟踪国外林业知识产权动态、政策、学术前沿和研究进展，提供林业知识产权信息服务。此外，编辑出版《世界林业专利技术现状与发展趋势》一书。（中国林业科学研究院图书馆　孙小满）

军事科学院军事图书资料馆

【概况】 2013 年，军事图书资料馆采购和新增电子图书、电子期刊等各类数字资源共计 900 余万篇、自加工数据 140 万条；采购中文图书 9781 种、中文期刊 1743 种、中文报纸 202 种，外文图书 1625 种、外文期刊 386 种，获赠中外文图书 976 种；采集音视频资源 2 万余条。

建立军事战略、国防和军队建设、国家安全等 24 个军事学术专题数据库，收录全文数字信息 7000 余篇；建立南海问题数据库，围绕南海自然情况、中国对南海拥有主权等 6 个专题，完成 22 个子库的建设任务；完成美国新军事战略、伊朗核问题等 6 个专题的互联网信息采集，更新完成全军基层部队网络综合信息采集；升级解放军报读报系统，引进应用解放军报及人民海军、人民军队等 13 种军兵种报；升级 CNKI 知网全文检索系统，更新中国学术期刊、博士学位论文、优秀硕士学位论文、重要报纸等数据库数据共计 847.6 万篇。根据总参关于军队院校图书馆统一配发使用金盘图书馆业务集成管理系统通知要求，引进应用金盘 GDLIS NET 系统，完成馆藏 47 万种、66 万册数据转换，重新部署包括采访编目、典藏流通等 11 个业务子系统。

与研究生部联合开展“品读经典图书”活动，在军事书刊开架阅览区开设品读经典课堂，接待学员近 2000 人；在全院推动“多读书、读兵书、读精品名著”活动，为科研教学人员采购、配发《之江新语》《战争 2.0——信息时代的非正规战》等 20 种优秀图书；调整完善信息产品编印原则、内容，并根据需求继续扩大发放范围，完成《综合信息》《军事期刊论文索引》《新书通报》印发共计 52 期、6500 余份；延长书刊开架阅览服务时间，由每周 5×8 小时延长至 7×8 小时；加强为总部机关和部队服务，提供专题书目信息 1.8 万条、专题全文信息 2.7 篇。重大重点科研项目保障方面：建立从课题开题—立项—研究撰写—结题等全过程的嵌入式信息服务，完成包括中华大典·军事典共计 50 余项重大重点科研项目专题信息保障，提供馆藏书目数据 5.5 万余条、专题全文信息 2 万余篇，提供古籍文献 108 函、560 余册、图片 3000 余张。完成包括第四届香山论坛、全国孙子兵法研究会第四次全体会议共计 40 余次重要学术会议摄录任务。（军事科学院军事图书资料馆　骆建成　刘晓兰）

【军事科研学术成果资源总库】 该总库为 2013 年总参立项课题，由军事图书资料馆承建。主要任务是收集整理、数字化加工、分类标引、建库发布军事科学院自建院以来完成的军事科研学术成果成品，建立研究报告、法规条令、学术著作、军事辞书、院内期刊和研究论文 6 个专题库，收录军事科研课题 1.1 万余项，其中院内课题 5000 余项、全军性课题 5000 余项、国家社科基金军事学项目 500 余项。（军事科学院军事图书资料馆　骆建成　刘晓兰）

【馆藏古籍信息服务系统】 该系统为 2013 年军事科学院立项课题，由军事图书资料馆承建。主要任务是建设馆藏古籍概况、馆藏古籍书目、镇馆之宝（入选国家珍贵古籍名录古籍善本）、兵书、战图阵图、兵书展厅 6 个专题库，分别介绍馆藏古籍数量、特色及保护利用情况；馆藏 9000 余种 10 万余册古籍目录；馆藏 17 部入选国家珍贵古籍名录的善本古籍；馆藏 1778 种 5544 册古代兵书，并以图形方式介绍馆藏全部战图、阵图，以多媒体方式展示兵书珍品展厅所有展品。（军事科学院军事图书资料馆　骆建成　刘晓兰）

【馆藏音像资源信息服务系统】 该系统为 2013 年军事科学院立项课题，由军事图书资料馆承建。主要任务是整合馆藏 1.4 万部音像资源，涉及经典战例、军事历史人物、军情动态、军事训练、武器装备以及该院学术会议视频等资源，建设军事音像资源信息服务系统硬件平台，包含采集、分类、发布、检索及管理等软件系统、资源编目标准和资源数据库 4 个部分，供全院科研教学使用。（军事科学院军事图书资料馆　骆建成　刘晓兰）

【馆藏古籍保护与利用】 2013 年，完成国家古籍普查任务，普查馆藏古籍共约 9000 册，其中 1795 年前古籍善本 587 种、古籍兵书 1061 部、古今图书集成 520 函/5544 册等。完成全军国有可移动文物普查任务，普查馆藏 1911 年以前古籍共 586 套。3 种善本入选第四批《国家珍贵古籍名录》。兵书珍品展厅全年接待参观共计 116 批、1700 人次。（军事科学院军事图书资料馆　骆建成　刘晓兰）

中国化工信息中心

【概况】 截至 2013 年年底，中国化工信息中心馆藏资源突破 34.2 万册，年新增约 2.1 万册。馆藏期刊 22.6 万册；馆藏国外会议录 5632 册；馆藏科学技术报告 9663 册；光盘、数据库、网络版资源等数据量超过 3852 万条记录；图书资料 10.1 万册。全年对外接待读者 4305 人次，电话网络咨询 1135 人次；文献外借 19630 篇，复印 12 万页，网络原文请求 16306 篇、代查代借 2819 篇、15200 页，网络资源下载 98125 篇；网站访问量达 2215 万人次。

年内先后在西安、邹城、上海、北京等地组织召开信息服务会议 6 次；在上海、北京、乌鲁木齐、银川、澳门等地开展宣传培训等活动 12 次；接待参观访问团体 16 个，其中国外团体 3 次，出访美国、加拿大、澳门地区等图书机构 2 人次；开展内部数据库使用培训 5 次，讲座 3 次，与国外出版商座谈 2 次。

数据库自主加工文摘数据 33.1 万条，消息类数据库加工 3.8 万条数据，网络资源下载 9.8

万篇，数据库整合152万条，新建立专业化平台5个、企业竞争平台18家。

编辑出版国外化工科技文献精选4期，馆藏资源报道4期，相关资讯5种36期，检索查新800项、定题跟踪32次，专题咨询服务63次。（中国化工信息中心　张俊明　魏刚）

【全国化工科技文献共享协作网年会召开】 7月15—16日，全国化工科技文献共享协作网年会暨国家科技图书文献中心资源宣传服务推广会在湖北宜昌召开。NSTL成员单位、NSTL服务站、石化行业研究院所图书馆、科技信息服务部门、石化企业等单位的46名代表参会，共同探讨新时代图书馆发展方向。会议听取中国专业图书馆分会副理事长揭玉斌做《国外科技文献资源出版趋势变化和国内图书馆面临的挑战》的主旨报告，中国化工信息中心副馆长张俊明做关于科技信息资源整合和专业化平台建设、企业竞争平台建设情况的报告；与会代表分别介绍本单位本地区资源建设服务情况和信息需求。新形势下图书馆发展方向和资源平台整合建设模式得到代表的认可。（中国化工信息中心　张俊明　魏刚）

冶金工业信息标准研究院

【概况】 冶金工业信息标准研究院2013年发订外文印本期刊1105种，外文印本文献832种；文摘数据加工16.5万条，引文数据加工76万条；原文服务中NSTL网络服务系统15419篇，本地冶金信息网服务系统21129篇，合计完成原文请求服务36548篇；科技查新完成700余项。炼铁专业化信息服务平台、炼钢专业化信息服务平台、轧钢专业化信息服务平台等7个冶金专业化服务平台服务效果显著，用户涵盖冶金企业200余家。扩大国家科技图书文献中心（NSTL）资源的普惠力度，发挥NSTL的资源保障优势。开展冶金行业企业化服务模式创新服务，为企业科技创新提供信息保障。（冶金工业信息标准研究院）

【与NSTL成员单位和地方情报机构优势互补开展信息服务】 2013年，与中国标准化研究院、浙江省科技信息研究院、苏州独墅湖图书馆等一起合作，尝试背靠行业发挥地方优势，优势互补，为企业科技创新探索开展多种形式的专业化信息服务新模式。其中，与中国标准化研究院合作为企业提供国外冶金产品标准，翻译成中文，提供信息服务；为企业拓展国际市场提供当地标准信息服务；与苏州服务站合作，为苏州工业园区纳米材料企业专题讲座；与杭州服务站合作，走访遂昌金属制品企业，为金属制品企业开展企业科技创新平台建设和产业规划助力；与兰州服务站合作，为甘肃金川公司开展标准信息、情报咨询等服务。（冶金工业信息标准研究院）

【钢筋、钢管和金属制品频道和月度分析报告上线发布】 2013年，冶金工业信息标准研究院开展行业专业化信息服务，信息涵盖技术和市场。上线发布“钢筋行业月度分析报告钢筋信息频道”“钢管行业月度分析报告钢管信息频道”和“金属制品行业月度分析报告金属制品信息频道”，为我国钢筋、钢管和金属制品企业开展个性化一站式服务。（冶金工业信息标准研究院）

【承担多项研究课题】 2013年，承担工信部的知识产权推进计划项目“我国硅钢片领域专利预警分析和风险应对策略研究”并高质量完成，在项目鉴定会上受到专家好评。工信部和专家建议将项目报告《我国硅钢片领域专利预警分析和风险应对策略研究》提交工信部的“高性能电工钢推广应用协调组”。工信部知识产权管理办公室和课题组合作，召开硅钢专利预警研讨会，宣传这个课题的成果。承担中国科协和中国金属学会的“企业创新学会支持平台”课题中欧洲、美国专利信息的遴选、加工工作，依托TI和ORBIT专利分析系统顺利完成项目任务后，由中国科协进行推广，收到较好评价。承担冶金行业企业《带钢连续电镀镍技术专利跟踪分析》等多项专利相关知识产权咨询课题，为企业在市场竞争中赢得主动。（冶金工业信息标准研究院）

中国地质图书馆

【概况】 2013年，中国地质图书馆（中国地质调查局地学文献中心）（以下简称图书馆）启动“大数据计划”，不断夯实资源基础。创新方式方法，多渠道采集资源，不断丰富图书馆文献资源库。推进馆藏资源数字化，启动全文数据库和引文数据库的研发建库工作，完成数字化期刊近20万页，图书45125页。推动共建共享，推动集约服务和利用，今年逐步推广到地勘行业和国有大型矿业企业，与22家签订合作协议，累计达46家。加大地学文献产品开发力度，78片整装勘查区文献集成产品开发，成果得到广泛应用。

启动“大研究计划”，持续增强情报服务。公开出版《矿产资源潜力评价》译著1部，完成“铀矿”“三稀”等12部情报专辑，其中增强型地热系统2部专辑在2013年局两会引起广泛反响，推动我国增强型地热系统的勘查和开发。办好《国外地学动态》《非常规能源信息》和《地调舆情》的编辑、出版及发行工作。积极筹备2014年地调局两会专辑工作，根据专家调研及热点捕捉，确定并完成“天然气水合物”两个热点专辑。

启动“大服务计划”，初建开放服务格局。改善学习环境，开放书吧、开架阅览，举办讲座，在图书馆界普遍到馆人数逐年递减的情况下，实现到馆人数倍增。深化学科馆员服务，结合群众路线活动，组成23个组调研服务104家地勘行业单位，举办讲座61场，与10家单位签订共建共享协议。推进科技查新和专题服务，主动上门或到会服务，流动服务、VPN服务、主动推送服务，扩大服务内容，拓展服务深度，提高服务的数量和质量。全力做好部局支撑服务。从科技外事、成果管理、文献计量分析、情报研究、文化与科普、党建和廉政建设等方面为部局做好支撑服务，受到广泛好评。

启动“大党建计划”，发挥文化引领作用。积极推动开放式党建工作格局的构建。深化“4＋9”、推进城乡共建、开展军民共建，与部机关党委共创党建工作，共同推进学习型党组织的建设。深化地学文化理论研究和实践调研，完成《国土资源文化建设现状研究》报告。联合举办“弘扬‘三光荣’，谱写新华章”为主题的2013年地球科学与文化研讨会。制定并实施《图书馆文化建设实施方案》，从物质文化、行为文化、制度文化和精神文化等方面推动，取得明显效果。大力加强地学科普工作，完成地球日、防灾减灾日等科普活动9次；开展地学科普进校园、进社区和进农村活动8次，获得良好的社会影响。

启动“大平台计划”，增强远程服务支撑。应用新技术和新方法，研发或引进多项应用软件支撑业务工作。建立仓储服务平台，升级网络带宽，提升网速，由原来的50M增加到100M。完善VPN管理，VPN用户增加1340个，总量达6500个。改版图书馆门户网站，2013年门户网站页面访问量达270万，电子资源下载使用量达到260多万篇次。

2013年，书刊数据库采购经费共计940万元。采购、交换及网上收集图书、地图、光盘等3838种6572册/件（其中，采购中文新书1914种4643册；外文图书710种710册；收集部、局系统、地勘行业及社会各界捐赠文献超过1000种册；收到国外交换图书104册，光盘40份；下载国外电子版书刊75册）。采购、交换印本期刊共1073种。完成CNKI全文期刊、维普全文期刊、万方标准、Springer电子书等18个电子资源的采购；开通试用中图电子期刊导航、全国电子报纸索引等8个电子资源。向国外交换机构发刊3次，58种、2957册；订购2014年交换用刊物35种。全年为相关单位捐赠图书3批次共计779册。完成《中国地质文摘》12期，480万字。完成《Abstracts of Chinese Geological Literature》4期，120万字。编辑、审校、出版、发行《国外科技资料目录——地质学》1—4期。完成中国地质文献数据库（中文）（英文）21187条数据入库及网上发布。期刊全文数字化完成198835页。

截至11月19日，全年接待到馆读者159510人/次，借还书97503册，为14家单位发刊1782册，全文传递14361页。上门服务47次，接待读者188人次，借还书245册，提供下载扫描复印件1167页。检索文献142条。完成查新项目科技查新93项，文献引证116项。为部储量司、北京地勘局、新疆煤田局、环境监测院等多家单位提供检索相关文献1400多篇，下载800多篇。

全年承担纵向项目15项，经费总额3236.21万元。其中结转经费146.21万元，年度新增经费3090万元；续作4项，新开7项，结转4项，11个续作与新开项目设计全部通过地调局相关部门组织的评审，4个结转项目中2项已完成成果评审。目前，图书馆在研横向课题27项，经费总额827.31万。其中结转经费514.41万，年度新增到账经费312.9万。横向课题委托单位涉及信息中心、发展中心、航遥中心等多家单位。（王依卓）

【中国地质图书馆设立图书角】 2013 年，根据不同单位的需求及业务特点，在其工作大楼会议室或指定的地点设立图书角，由图书馆进行推送服务，每月提供和更新一次图书文献；并根据业务工作特点和需求，派专职学科馆员定期上门服务，深化特色服务。同时，图书馆将所需文献资料、重要数据信息资源等数字化（包括部机关干部自愿捐赠的文献及各种资料、地图、成果报告等），为单位领导及各个部门量身打造个性化电子图书馆，为他们建立 VPN 账户，通过 VPN 账户登录电子图书馆查阅、下载文献资料。（王依卓）

中国计量科学研究院文献馆

【概况】 中国计量科学研究院文献馆依托 NSTL，全面收集国际一流计量机构出版物，特别是美国标准技术研究院（NIST）、英国国家物理实验室（NPL）、德国物理技术实验室（PTB）等国家级计量科学研究机构，国际计量局（BIPM）、国际法制计量局（OIML）、国际计量技术联合会（IMEKO）等国际计量组织的所有出版物，以及国内相关的计量学协会出版的计量文献。目前该馆拥有计量科技图书、期刊、会议录、科研成果等 50 万余册，以及 1972 年以来我国公开发行的计量检定规程、技术规范等国家计量技术法规 3000 余册。

2013 年，该馆在夯实基础的同时，持续加大数字资源建设力度，采用先进科学技术方法，数据加工质量及服务能力都得到一定提升。依托 NSTL 网络服务平台，继续实现 7 天不间断、24 小时原文传递服务，受到读者普遍好评。同时，面对环境和读者需求的变化搭建知识服务技术平台，为读者提供以知识选取与存储、知识重组与再生产、知识配送与输出为内容的知识服务，为科技发展、政策制定等提供极具价值的大数据分析信息。面向国家重大需求持续开展文献信息服务，并建立相应的服务保障机制，为院士以及中国计量科学研究院重大科研项目团队提供专、精、深的文献信息服务；通过日常文献服务保障、文献定题推送等方式，积极为新疆、西藏地区提供满足其需要的文献信息服务；积极为全军提供高质量的计量科技文献信息服务，并获表扬函。全年为读者提供国内外文献 10 万余篇次，文献馆网站访问量突破 50 万人次。此外，为宣传推广 NSTL 服务平台应用，积极组织和参加学术、行业会议等各种主题活动，如举办“于康教授谈：智慧养生，健康计量人”活动，“Springer 讲授：如何提高论文被 SCI、EI 收录率”专题培训；参加国家质检总局 2013 年度高级专家咨询服务团西部行和计量科技文献信息西部阳光服务行动；向北京市计量检测科学研究院一线科研人员宣传推广 NSTL 服务平台；为全国声学计量技术委员会大会宣传推送文献信息服务等。（中国计量科学研究院文献馆）

【计量科技文献信息西部阳光服务行动——赴藏开展科技文献培训活动】 7 月 29—8 月 4 日，中国计量科学研究院副院长房庆带领该院文献馆信息服务人员在西藏自治区质检系统中开展一系列科技文献培训活动。文献馆向西藏自治区质量技术监督局赠送流量和光学等领域的计量检定规程、中文计量科技论文等 1000 余篇科技文献原文光盘，并做 NSTL 科技文献信息服务平台的使用讲解。此行还专程深入到西藏阿里的典角村，针对西藏科技厅住阿里地区的书记其敏次仁在实际工作中所遇到技术问题的文献信息需求，向其赠送《西藏农牧业项目建设可行性研究报告编写基础与指南》等相关研究报告，有效地满足西藏最基层科研人员的需要。（中国计量科学研究院文献馆）

【为全国声学计量技术委员会大会提供宣传推送文献信息服务】 11 月 4—7 日，全国声学计量技术委员会大会在北京召开。此次会议是全国声学计量技术委员会举办的一次大规模计量检定规程、技术规范研讨会，来自全国各省、市计量院、医院、航天院所等 20 余个单位的 50 余位计量专家参加此次会议。中国计量科学研究院文献馆受邀在会上做“NSTL 科技文献信息服务”宣传推广讲座，与会专家对 NSTL 公益的科技文献服务平台产生浓厚的兴趣。此次活动再次扩大计量领域使用 NSTL 服务的一线科研人员范围，将知识服务稳步有效地应用到计量科学事业的发展中。（中国计量科学研究院文献馆）

中国标准化研究院国家标准馆

【概况】 2013 年，中国标准化研究院国家标准馆执行采集经费 700 万元，全年共采集标准

3万余件，涉及400多个品种，国内外标准化文献502册，国内外标准化期刊1630册；完成5万条资源信息化加工以及200多个标准数据库的维护更新工作，数据总量累计达165万条。通过对强制性标准的清理核查，全面、准确地摸清我国强制性国家标准、强制性行业标准及强制性地方标准的现状，为我国的强制性标准化信息服务打下坚实的数据基础。新版国家标准文献共享服务平台网站于2013年4月上线，获得科技部平台中心的肯定，搜索引擎影响力在23家国家科技基础条件平台中排名第一位，全年访问量481825次，访问人数239990人次，访问页面6326336页。

公益性服务方面，配合国家质检总局援疆、援藏工作，免费开通国家标准文献共享服务平台新疆站和西藏站，支援新疆和西藏的标准化工作。为我国标准化科研人员开题标准信息远程服务系统，支撑标准化科研工作。市场化服务方面，进一步完善平台地方服务站的管理工作，提高服务站的服务水平，构建覆盖地方和行业的全国标准文献资源服务体系。截至2013年年底，国家标准文献共享服务平台在全国建立45家地方服务站，初步实现该平台数据资源的全国共享和社会化服务。

支撑标准文献业务管理方面，开发数据监控系统，提升标准生产、服务全流程统计分析，不断推进标准文献业务信息全生命流程管理。

支撑标准文献信息服务方面，为支撑标准文献国家、地方、企业三级服务网络建设，开发国家标准文献共享服务平台二级平台地方工作站系统、国际正版标准服务系统，为建立全国的标准信息公共服务体系提供坚实的技术支撑。

支撑我国产业升级、企业创新方面，开发企业标准化管理系统，为企业提供从标准管理、标准体系研究、标准信息服务等一揽子标准化解决方案，对提升国家标准馆市场化服务能力、推进服务转型升级具有重要意义。

加大宣传推广和用户培训的力度，通过组织用户培训会和各种研讨会，使更多的潜在用户了解标准文献平台的服务，扩大服务影响力。主动进企业下基层，多次与各企业标准技术人员沟通交流，宣讲国家标准文献共享平台资源优势和获取渠道，获得与企业的长期合作机会。以《我国标准信息资源利用与标准体系研究》为题，参与平台中心举办的首届大学生科技资源共享与服务创新实践竞赛，宣传推广该馆标准资源。

全年共申报和承担国家科技支撑计划、公益性行业专项等各类纵向项目14项，横向项目10余项，完成4项项目验收，在项目申报工作方面获得突破进展和全面丰收。公开发表论文20余篇，出版专著3部。科研工作主要围绕着情报研究、关键技术研发、知识库构建、知识服务4个研究方向开展科研项目立项，注重科研项目服务于业务工作，形成的科研成果能够进行应用和转化。

组织召开“国家标准文献共享服务平台用户委员会工作会议”，强化平台运行监督的职能；加强跨平台的专题服务合作，与计量院“国家标准物质平台”开展食品安全标准专题服务，与北京科技大学“国家材料腐蚀防护平台”开展合作交流研讨，为下一步开展合作奠定基础。与标准信息中心联合，组织部分地方标准化研究院召开两次“标准信息资源共建共享工作研讨会”，制订“标准信息资源整合和共享服务工作方案”和“标准信息资源共建共享联盟章程”，为下一步建立国家标准信息资源平台与公共服务体系奠定基础。

积极争取获取正版标准授权，获得标准委的“国际标准电子版标准授权协议”，并争取由中国标准化研究院牵头建立全国国际标准正版销售体系，解决标准信息服务过程中的版权瓶颈。（中国标准化研究院国家标准馆）

【国家标准文献共享服务平台宣传推广工作】 3月20日，国家标准馆与中关村标准创新服务中心联合主办2013年中关村标准创新试点第一期培训会，向中关村标准创新试点联盟、企业以及各园区管委会、各区县质监局等近百家单位的150余位代表介绍国家标准文献共享服务平台的资源和服务，为企业标准化人才储备和标准化工作起到良好的提升和推进作用。8月21—23日，在青海西宁召开标准知识管理与服务研讨会暨国家标准文献共享服务平台2013年用户研讨会，来自北京、上海、广州、深圳、新疆等地企业的技术人员和标准化科研人员等30多位各行业用户代表参加研讨，在会上宣讲如何利用国家标准文献共享服务平台的海量数据资源进行知识挖掘和知识关联。9月15—17日，参加NSTL

在新疆乌鲁木齐市举办的 NSTL 及其他网络信息资源的有效利用培训班，向与会人员讲解培训标准知识与标准文献资源检索，涵盖标准基本知识、标准文献资源介绍以及国家标准文献共享服务平台网站资源检索和使用方法等内容。（中国标准化研究院国家标准馆）

国家知识产权局专利局专利文献部

【概况】 2013 年，国家知识产权局专利局专利文献部（以下简称专利文献部）共有职工 109 人，其中知识产权图书馆公共服务人员 17 人。全年引进各类专利文献资源 11 种，非专利全文数据库 68 种，合计 79 种；完成中国专利公报原数据及其管理系统引进，扩大社会公众可获取资源的范围。目前，已形成包括数据资源、应用资源、服务资源的资源结构，文献资源总量进一步增长。文献资源配置手段逐渐完善，初步形成基于使用和需求、资源结构、预算经费三位一体的资源配置流程。基于应用的文献资源管理方式不断深化。开展专利文献权威文档建设，实施中国专利文献分析项目，规范文献资源分析评估，实施光盘专利文献信息采集项目，完成《全国知识产权系统专利文献资源发展报告》；加强资源的组织与应用研究，开展文献资源分析，提出相关文献资源的应用建议。文献资源应用效能进一步提升。在本年度预算零增长，需求量大幅度增长的情况下，较好地保持各项重要文献资源的配置，文献资源利用率和资金使用效益持续提升，全年各类非专利数据库检索总量达 2175.61 万次，全文下载总量达 404.27 万篇，单篇下载成本 3 元/篇。完成中国专利文献数据深加工、初加工、非专利数据加工及英文翻译 4 个加工项目的质量监督和数据检测工作，全年共接收 23 个批次 150 余万件加工数据，完成 2.5 万余件抽样数据的检测，形成 19 份检测报告，有效保证数据加工质量。

审查文献服务内容进一步深化。编制电学、通信、化学和医药生物 4 个领域的非专利资源使用手册，探索性开展专题培训和专题检索服务。本年度组织各类非专利数据库培训 41 次，培训人员 1600 余人次；提供专利对比文献10961篇，非专利对比文献19622篇。积极实施联合专利分类体系（CPC）引入项目，为提高专利审查质量奠定基础。审查文献服务对象规模不断扩大，扩展至江苏、广东、湖北、河南审查协作中心，为其开通非专利数据库 IP 访问权限，提供专利与非专利对比文献服务。积极探索面向京外审协中心的服务，提出“嵌入式文献服务、协同服务和知识化服务”的服务模式，服务保障能力不断加强。审查文献服务机制逐步完善。制定数据库使用管理办法，通过采取额度分配、账号管理、使用评估等措施，保障资源的合理使用，强化用户部门在资源服务中的管理作用，促进资源的合理使用，有效提升资源利用效能。专利文献信息公共服务平稳发展。于文献馆一层服务大厅新开辟检索区域，方便读者在检索的同时获取咨询、文献下载和打印服务。专利文献信息公共服务多次受到读者好评和表扬。全年接待读者 2000 余人，受理各类咨询 2000 余人次，受理委托检索 600 余人次，提供文献 1.3 万件，接待国内外参观 47 批近千人，全年举办公益讲座 30 余期，累计培训社会公众近千人。

专利信息传播利用宏观管理作用明显。发布《全国专利文献信息传播利用 2012》，贯彻落实《专利信息传播利用基地建设指南》，制定 2013—2015 年专利信息传播利用工作规划和 2013 年工作计划，进一步加强对全国专利信息传播利用工作的统筹和指导。专利信息传播利用基地建设步伐加快。新评选出上海、重庆、湖南、天津、浙江、辽宁、安徽 7 家知识产权局为专利信息传播利用基地单位，组织完成广东、北京、江苏、山东、四川 5 家基地单位的评议，指导基地单位开展 6 项专利信息传播利用基地服务经济建设研究，举办 5 期专利信息服务能力提升培训班和 5 期知识产权试点示范企业专利信息人才培训班，培训学员 600 余人。确定 6 家知识产权局为专利信息传播利用重点支持单位，以项目合作为指导，帮助提升专利信息工作能力。专利信息传播利用业务指导进一步加强。发布实施《企业专利信息利用工作指南（试行）》，完成《专利文献信息服务指南》《知识产权帮扶中的专利信息传播与利用》软课题研究，编制《专利信息利用帮扶工作手册》等，组织召开 2012 年中欧专利信息服务模式与方法研讨会、全国专利信息利用与技术创新研讨会。专利信息帮扶成效显著。深入重庆、安徽、贵州、宁夏、青海，以培训、业务指导和项目支持为手段对试点省份和重点促进单位进行指导，初步建立五省专利信息利用促进工作体系和工作机制，指导重点促进单位完成专利信息利用分析研究项目 2 项和局软课题中子课题研究 2 项。开展面向企业专利信息利用需求的专题培训和系列辅导，提高地方知识产权局、企业、服务机构专利信息利用能力，实现政府、服务机构、企业三者需求与服务的有效对接。专利信息重点联系单位培育力度不断加大。新增 16 家重点联系单位，新增安徽、重庆、贵州、青海和宁夏 5 个试点帮扶省份。通过转发、印发、宣讲等方式推动落实《企业专利信息利用工作指南》并督促 16 家重点联系单位建立、完善企业专利信息利用管理制度，提升企业知识产权管理水平。重点联系单位专利信息利用和管理能力显著提高，共完成 7 份专利信息分析报告或专利战略研究报告，共计新申请专利 200 余件，建成 4 个专利信息检索平台。面向重点联系单位需求，举办专利信息利用专题培训和系列培训以及现场咨询，培养企业专利信息实务人才，5 个帮扶省份全年共培养企业专利信息利用实务人才 2000 余人。专利信息人才体系工作取得新进展。发布《全国专利信息领军人才和师资人才培养与使用指南》，在全国范围内开展第二批全国专利信息人才选拔；发布《国家知识产权局 2013 年专利信息人才专题项目申报计划》，设立 21 个面向人才的研究项目；与 15 个地方局开展人才前瞻性研究项目 3 项、人才重点研究项目 3 项、专利信息人才培育项目 15 项。专利信息巡回培训统筹有序开展。开展面向东北、华中、西北、中南、沿海等地区不同层次的专利信息技能培训班 9 期，培训学员 630 余人；举办企业技术创新中的专利信息利用高级培训班，培训全国 47 个省市的 170 余名学员；采用外派培训师资等多种方式支持地方局和其他机构共计 10 个培训项目，培训学员 600 余人。同时，编写完成《专利信息利用——实践》《专利信息传播与利用参考手册》等专利信息系列教材。专利竞争情报试点工程有序推进。在天津、广东分别服务试点工作，指导其推动本地区专利竞争情报工作，形成《天津市手机芯片产业专利竞争情报研究》《广东省生物药物产业专利竞争情报研究》等研究成果；编写并出版《专利竞争情报理论与实践》教材。专利信息国际合作协调发展。组织专利局与 EPO 专利信息专家就专利信息最新发展进行交流，促成专利局首次派代表团参加欧洲专利信息年会；编写完成《文献知识与应用培训教材（英文版）》，举办第二届中国专利文献知识与应用发展中国家培训班，扩大中国专利文献的国际影响力。

文献业务研究前瞻性加强，完成“新审查格局下文献资源配置研究”“文献资源管理中的质量保证研究”等课题研究，启动高培课题“文献资源智能化组织”，多视角开展文献业务基础性研究。专利分析研究注重引导，完成《全球专利创新资源研究报告》《新材料产业专利态势分析》等研究报告。专利信息传播利用研究成果丰硕，从宏观政策、业务指导及应用层面组织开展有关专利信息体系建设、人才培养和行业应用等方面的专利信息传播利用研究项目 26 个。（国家知识产权局专利局专利文献部）

中国民族图书馆

【概况】 民族文化宫大修改造工程完成后，中国民族图书馆自 2013 年 2 月初开展文献回迁工作，经 6 个月的不懈努力圆满完成此项工作，于 9 月 16 日正式接待读者，开馆时间调整为 8:30至 16:50，阅览室开放时间延长。在做好文献回迁的同时完成文献资源购进工作，购买新书 3085 册，其中汉文 2269 册，少数民族文字图书 816 册；接收赠送图书 1533 册。10 月开始汉文图书编目工作，12 月开始藏文图书编目工作，在少数民族文字图书编目和数据库建设上迈出第一步。

全年购买察合台文、阿拉伯文、波斯文、托忒蒙古文古籍 114 册。其中托忒蒙古文古籍是新增的文种，结束图书馆没有该文种古籍的历史。复查回库上架古籍，重新复查整理 1912 年前汉文线装古籍，纠正排序错误、补书签等工作，涉及文献达 5154 部。

年度新增中国知网（CNKI）期刊全文数据库信息科技、哲学与人文科学等 5 个专辑（镜像版）。大力推进多文种网站群建设，共开设藏文、蒙古文、维吾尔文、朝鲜文 4 种文字网站。目前，藏文、维吾尔文、朝鲜文版面已经基本调试完成，网站内容建设已经展开。特别是藏文网站全年共发表各类消息 128 条，已基本形成规模。

全年申报获得立项课题 3 项，包括国家民委课题 1 项、北京市民委课题 2 项，获准结项课题

3 项；组织出版《木雅贡布藏学研究文集》（藏文）、《北京地区蒙古文古籍总目》（二）等 3 部著作，发表论文 20 篇。

成功举办 2013 年中国图书馆年会第 24 分会场和藏文古籍保护工作研讨会暨《木雅贡布藏学文集》出版座谈会两次大型学术会议，得到学术界的关注。主办中国少数民族古籍珍品展、中国少数民族头饰展、大连民族学院图书馆藏藏文古籍珍本展等少数民族文化展。（中国民族图书馆 李香）

【CNMARC 藏文文献机读目录规范控制与使用研究结项】 2013 年 7 月，国家民委研究项目“CNMARC 藏文文献机读目录规范控制与使用研究”结项。该项目于 2010 年 12 月立项，由先巴主持。项目主要以《中国机读目录格式》为基础，参照《藏文文献目录学》《中国机读目录格式使用手册》以及藏文文献编目的实践和经验，选用适合于藏文文献的字段和子字段，并增加有关的内容说明和应用实例，供著录藏文文献机读目录数据时参照使用。此项研究为藏文文献机读目录格式及规范使用开起研究先河，从而推动藏文书目数据处理自动化研究。（中国民族图书馆 李香）

【藏文数字图书馆关键技术研究与示范应用结项】 2013 年 8 月，由中国民族图书馆参与承担国家科技支撑计划“少数民族语言文字信息处理共性关键技术研究与示范应用”课题二——“藏文数字图书馆关键技术研究与示范应用”项目结项。该项目在 2010 年 3 月立项，由崔光弼负责。项目提出一个完整的藏文数字图书馆整体应用解决方案，并建成包括 3000 多册藏文图书的藏文数字图书馆，制定藏文图书的加工标准和规范、元数据标准、著录规范等。同时在民族地区建立 4 个示范应用基地，使研究成果得到推广应用。（中国民族图书馆 李香）

【中国少数民族古籍珍品展】 展览于 10 月 9—11 月 8 日、12 月 17—22 日分别在中央民族大学民族博物馆和广西壮族自治区图书馆展出。共展出中国民族图书馆馆藏古籍精品中精选的汉文、藏文、蒙古文（托忒蒙古文）、察合台文等 12 个文种的 75 件珍贵古籍，展品集中反映各个民族在不同历史时期古籍书写、印刷及装帧形式、特点、风格等。展览增进各民族相互了解，促进民族文化交流，增强民族团结。（中国民族图书馆 李香）

【藏文古籍保护工作研讨会暨《木雅贡布藏学文集》出版座谈会】 11 月 29 日，会议在民族文化宫召开，由民族文化宫主办、中国民族图书馆承办。来自中国藏学研究中心、中央民族大学、中国民族语文翻译局、民族出版社、中央人民广播电台、国家图书馆等单位专家学者以及木雅贡布先生生前学界友人、家属等 32 人参加会议。会议对木雅贡布先生生前在藏文古籍抢救保护研究工作中做出的突出贡献表示肯定，对藏文古籍保护工作进行深入交流，总结经验、提出设想，并对新阶段如何保护和研究、开发藏文古籍资源等进行探讨。同时，会上展出中国民族图书馆藏文古籍抢救、保护和整理方面的研究成果。（中国民族图书馆 李香）

中国艺术研究院图书馆

【概况】 中国艺术研究院图书馆馆藏图书近 100 万册，报刊 6 万余册。2013 年，完成馆舍搬迁和新阅览室的开通运行，年度接待读者 1800 余人，图书流通量35000余册次，专项服务提书 5000 余册次。特藏部发挥对外交往“窗口”作用，提高讲解专业水平，年内共接待中外参观人员 26 次，共计 210 余人。

紧紧围绕保障科研教学，积极做好服务咨询工作，满足院重大课题和专家学者及学生的需要。完成《民间工尺谱集成》第一集的文献通检复制核查，《昆曲大典》文献部分校对，《凤阳花鼓全书》的文献复查补充，《美术期刊汇编》（美研所项目）的文献检索影印，《近代戏曲论著集成》的文献检索。完成第四批古籍保护工作的相关要求，送国家图书馆第四批特展展览用书，配合第二批国家再造善本工程用书的技术处理审核审校，《梅兰芳大观》戏单部分的检索核查影印（700 余幅）；配合《年画数据库》建设，对 4000 余张馆藏珍贵年画进行拍摄、比对、鉴定，高标准完成任务；古琴是本馆藏品的重中之重，积极协助“院藏珍贵古琴复制”项目组进行 4 张古琴的 X 光照相。

继续推进《中国艺术研究院图书馆抄稿本总

目提要》编辑工作，完成该书（共 16 册）的审稿、统稿、校对及出版准备工作，取得重要成果。研究院由后海恭王府迁到惠新北里后，对原分散在各研究所的抄稿本作整合。

2013 年，图书馆资源采用公开招标方式集中采购，总金额 180 万元。其中中文图书采购 70 万元，外文图书采购 12 万元，音像制品 5 万元，电子资源(包括超星电子资源学术平台及大成老旧期刊电子数据库)采购 37.5 万元，电子资源数据库更新 42.74 万元，报刊续订及其他 12.76 万元。全年共接受研究院及院外专家学者捐赠的图书 792 种、948 册，期刊 21 种、85 册，音像制品 106 种，其他 13 种。

继续以音像资源数字化为重点，全面开展音频、视频、图片资料的回溯建库与数字化采集，为图书馆数字化信息平台建设打下坚实基础。截至 2013 年 11 月，完成盒式录音带数字化及审核 658 盘，开盘带数字化及审核 414 盘，图片的数字化及编目审核36258张。为研究院“第五届中欧文化对话”等重大活动提供拍摄服务 68 次，拍摄图片 4200 多张，录制影像资料约 176 小时。

充分利用临时闭馆的时机，有针对性地组织职工进行调研考察、对口业务培训学习。先后赴上海、天津、绍兴等地的 17 家单位和个人进行音像档案数字化及视频制作的考察；走访、调研首都图书馆、中国戏曲学院图书馆、国家博物馆图书馆等 9 家图书馆，实地了解当前图书馆的自动化系统使用、馆藏分布、服务模式、自动化水平及新的管理理念；参加工美馆举办的文博系列讲座，开展学习交流；数次组织赴相关博物馆、美术馆等观摩学习，增长专业知识；选送两位同志到国家图书馆、首都图书馆学习工作，提高古籍编目能力和古籍修复水平。（中国艺术研究院图书馆　王春红）

【中国戏曲剧种音像资料数字化工程】 2013 年，全面审看已数字化的 2000 余盘戏曲录像资料光盘，登记字幕的基本情况；整理馆藏戏曲剧本 400 多本；配合课题的字幕工作，通过对多家单位的考察及对中央电视台权威戏曲节目的分析，并根据院内戏曲录像资料的实际情况，拟定《中国戏曲音像资料数字化工程字幕组技术标准》，邀请技术人员来馆培训字幕制作技术，并以两部京剧作为样本进行后期字幕制作，一并提交中国戏曲剧种音像资料字幕制作专家论证会讨论；根据课题计划，采购存储及媒资系统升级的设备。（中国艺术研究院图书馆　王春红）

全国人大图书馆

【概况】 2013 年是十二届全国人大任期第一年。面对新的形势，全国人大图书馆结合自身实际，围绕全国人大及其常委会的中心任务，全面规划五年发展目标，在建设具有人大特色的研究服务型图书馆进程中迈出重要的一步。突出特藏建设，进一步规范特藏收集工作，探索特藏收集的目标、任务和步骤，制定《特藏资源采集办法》，推动建立人大系统内部出版物呈缴本制度和机关内部出版物呈缴本制度，特藏建设取得突破性进展。

研究制定《馆藏资料目录索引开发标准与规范》《人大舆情动态开发标准与规范》，使馆藏资源开发利用更上一层楼。编辑《全国人大图书馆馆藏资料目录索引》6 期，《全国人大图书馆专题资料汇编》3 期，《人大文撷》4 期和《第十一届全国人民代表大会专题资料目录》等。

完成十二届全国人大一次会议、年度历次常委会会议专题资料计 1749 篇文献的提供工作，并拟定《常委会会议专题资料编审规程》；完成“代表服务专区”背景资料计 324 篇文献的编制工作；编辑《新书推荐》4 期并制定《新书推荐编审流程》；完成机关内部专题咨询课题 4 项；开展机关“走访座谈调研”专项活动；及时解答和处理人大代表、地方人大和机关内部等各类读者群体的参考咨询。

基本完成《人民代表大会制度专题数据库》一期建设任务，完成二期建设方案；制定外网添加用户、添加电子资源操作流程，完成第十二届全国人大代表的账户信息导入；研究确定内网存储扩容需求方案；完成更换《图书馆文献管理系统》的前期调研。

接待 4 批次地方人大常委会负责同志培训班 600 余人到馆参观、3 批次地方人大图书资料室及兄弟馆到馆考察；赴湖南、宁夏调研考察地方人大文献信息资源开发利用情况；赴兄弟馆学习考察；参加第 79 届国际图联大会及业内有关学术交流研讨活动。

制定《图书馆会议制度》《图书馆假期管理办法》等系列管理制度和《图书馆信息发布办

法》《捐赠图书管理办法》《图书加工实施细则》等系列业务规范，制度化建设取得显著成效。（全国人大图书馆）

【制订 2013—2017 年五年发展规划】 本规划是图书馆第一个五年规划。规划首先确定指导思想，即以服务全国人民代表大会会议、全国人大常委会会议、委员长会议和全国人大代表、全国人大常委会组成人员、专门委员会组成人员、全国人大机关工作为主，推动建设具有人大特色的文献信息资源保障体系，明确以研究和服务为中心的图书馆战略发展目标，凝集共识，为下一步制定图书馆长期发展规划，把图书馆建设成为人大文献信息资源中心打下坚实的基础。规划提出五方面建设内容：一是明确特色馆藏范围和标准，研究建立人大系统出版物呈缴本制度，特色馆藏初具规模；二是以人民代表大会制度专题数据库建设为核心，整合规范资源开发工作，提升资源研究开发质量和水平；三是推进特藏资源数字化，完善内外网网站及数字图书馆应用系统，保障资源的开发、管理与利用；四是强化读者研究，针对不同类型读者创新服务新模式，以服务促进图书馆的发展；五是加强科学管理和团队建设，营造图书馆文化，建设高素质的干部队伍。（全国人大图书馆）

【人民代表大会制度专题数据库建设项目】 经过 4 年的建设，人民代表大会制度专题数据库一期建设任务基本完成。一期项目包括文章库（含期刊文章，学位论文，报纸文章、会议论文、网络资源）、书目库、著作库、人物资料库、人大系统连续出版物库。（全国人大图书馆）

医院图书馆

【概况】 2013 年，全国医院图书馆紧紧围绕信息服务创新，积极加强全国范围和地区范围的馆藏信息资源的共建、共知和共享工作，组织开展学科化、网络化、个性化信息服务，不断提升医院图书馆核心能力建设，较好地满足了医务人员的医学文献信息需求。同时，医院图书馆工作人员积极配合所属医院开展等级医院评审的迎检准备工作，医院图书馆的正规化建设水平得到不断提升。（医院图书馆委员会）

【解放军医学图书馆主办全军医学文献信息资源共建共享工作暨第十四届医学图书情报学术研讨会】 5 月 28—30 日，会议在陕西西安举办。此次会议以“提升知识服务能力，推进服务创新转型”为主题，来自全军各医学单位负责人及论文作者共 90 余人参加会议。会上，解放军医学图书馆馆长陈锐、军事医学科学院卫生勤务与医学研究所所长吴东、空军航空医学研究所研究员钟方虎、第二军医大学图书馆馆长曹洪欣、第四军医大学图书馆馆长孙艳和海军医学研究所医学科技信息中心主任方旭东，分别做《医学图书馆服务全军的举措与思考》《2012 年世界军事医学进展》《从“十二五”立项和中期检查项目看如何提高图书情报类课题的选题命中率》《国外一流名校图书馆建设与发展趋势》和《洞察趋势、把握转型方向，让情报从跟踪走向引领》的工作报告；会议还邀请中科院国家科学图书馆副馆长孙坦做题为《开放信息环境与嵌入式知识服务》的报告；空军航空医学研究所于丽等 7 位优秀论文作者分别就资源共建共享、科技查新、面向科研团队开展协同学科化服务等方面做大会发言。（医院图书馆委员会）

【解放军医学图书馆协办中华医学会第十九次全国医学信息学术会议暨医学信息分会成立 20 周年庆典活动】 10 月 16—18 日，解放军医学图书馆受中华医学会医学信息学分会委托协办此次会议，来自全国各地医学信息机构的 200 余名代表参会。此次会议围绕“大数据时代医学信息学创新发展”的主题，国家卫计委信息中心主任胡建平、中国医学科学院信息所所长代涛、兰州大学循证医学中心教授杨克虎和北京大学医学信息学中心副主任雷健波，分别做题为《大数据环境下中国卫生信息化建设：进展、挑战与展望》《大数据环境下医学信息领域的挑战与策略》《大数据时代 信息检索在证据生产、评价、应用中的作用》和《医疗卫生大数据—从理论与实践》的大会特邀报告。会议还开设“医学信息研究与医学科技创新专题”“医学信息学人才培养与卫生信息化专题”和“图书馆资源建设与信息服务专题”3 个分会场，12 名论文作者做大会报告，48 名论文作者做分组交流报告。（医院图书馆委员会）

【解放军医学图书馆获得多项军队科技进步奖】 2013年，解放军医学图书馆承担的"全军医学信息资源综合集中管理与战时信息保障平台的研究"课题研究成果获得军队科技进步三等奖；作为第二完成单位承担的"军队卫生信息与健康档案数据元标准应用研究"课题研究成果获得军队科技进步二等奖。（医院图书馆委员会）

【天津市医院图书馆协作网正式运行】 2013年1月，天津市医院图书馆协作网正式运行，以协作网网站建设为重点，大力加强网站信息资源建设和网站功能拓展，确保协作网成员馆充分利用网站信息资源。该协作网的高效运行，大大丰富天津市各医院图书馆的网络信息资源，实现地区医院文献信息资源共建共享的建设目标。（医院图书馆委员会）

【驻石家庄医院图书馆举行关于文献资源征订工作专题研讨会】 11月8日，此次会议在河北医科大学第三医院图书馆召开。石家庄市的7个医院图书馆的9位同志共同探讨目前文献资源上存在的问题并就一些文献资源的使用和采购达成共识。（医院图书馆委员会）

【中国医科大学盛京医院图书馆申获国家自然基金项目】 2013年，中国医科大学盛京医院图书馆中标国家自然基金项目和辽宁省社会发展攻关计划各1项，申获总经费28万。（医院图书馆委员会）

【兰州军区乌鲁木齐总医院图书馆申获兰州军区科研基金项目】 2013年，兰州军区乌鲁木齐总医院图书馆申报的"基于Android的电子病例移动平台研究"获得兰州军区科研基金项目资助。（医院图书馆委员会）

香港特别行政区

公共图书馆

【概况】 香港公共图书馆根据《联合国教育、科学及文化组织公共图书馆宣言》中所载的信念，扮演了开启知识门户的角色，致力提供终身学习、独立思考、文化发展的环境，以满足社会各界人士对信息、知识、终身学习、研究及消闲的需求；同时作为社会的文化中心、推广阅读风气、文学艺术及相关研究。此外，公共图书馆亦积极应用信息科技和通过小区合作，加强服务、提升设施和丰富馆藏，借以实践把公共图书馆发展为信息枢纽及“无墙图书馆”的目标。

公共图书馆系统内共有 77 间图书馆，包括 67 间固定的图书馆及 10 个流动图书馆（车）；按图书馆的规模和服务性质，分别以中央图书馆、主要图书馆、分区图书馆、小型图书馆和流动图书馆五层架构组成香港公共图书馆体系。截至 2013 年，全港的公共图书馆藏有书籍及多媒体数据合共 1313 万项，登记读者人数近 419 万，外借书籍及其他图书馆数据超过 5554 万项。2013/2014 年度香港特别行政区政府公共图书馆的修订财政拨款为 91780 万港元，较 2012/2013 年度的修订预算增加 9010 万港元。（郑刘美莉　陈嘉乐）

【香港中央图书馆】 香港中央图书馆是香港公共图书馆体系中面积最大、服务范畴最广和馆藏数量最多的公共图书馆。香港中央图书馆作为香港重要的信息和文化中心，除了向市民提供公共图书馆设施及全面的参考及信息服务，同时亦为文献保存及文化交流的机构。在 2013 年，香港中央图书馆继续举办各色各样的全港大型活动。主要讲座系列包括“2013 ‘育医造才：探索医学世界’公开讲座系列”“生死教育讲座系列：‘生死预演’”“2012—2013 中华货殖论坛”“2013 亚洲研究专题讲座系列”“都会香港专题讲座”，以及“博文公开讲座”。此外，年内举办的文化交流活动有“4·23 世界阅读日创作比赛”，由香港公共图书馆与广东省立中山图书馆、深圳图书馆和澳门中央图书馆合作，以同一主题“家庭有爱”各自在区内举办比赛，优胜作品在三地的图书馆展出。（郑刘美莉　陈嘉乐）

【重置图书馆】 屏山天水围公共图书馆的启用，标志着香港公共图书馆迈进五十周年的新里程。该馆前身为天水围公共图书馆（一所临时分区图书馆），重置后提升为主要图书馆的设置，2013 年 2 月，新馆开放予市民使用，楼面面积达 6100 平方米，是全港第二大图书馆，仅次于香港中央图书馆；新馆设有青少年图书馆、读者教育厅、展览厅，以及户外阅读环境，为成人及儿童读者提供完善的设施和服务。于同年 3 月由小型图书馆升格为分区图书馆重置的蓝田公共图书馆，则大大加强观塘区的图书馆服务。白田公共图书馆（改名为石硖尾公共图书馆）计划于 2014 年 3 月重置。（郑刘美莉　陈嘉乐）

【加强小区参与】 在 2012—2013 年度，香港公共图书馆继续与区议会携手合作，发展地区图书馆服务和筹办活动，以照顾区内人士的需要。有关工作年内已见成果，各区公共图书馆为推广阅读文化而举办的小区参与活动日益多元化，而优化图书馆设施和阅读环境的计划，种类亦有增加。

年内，各区公共图书馆运用区议会的财政资助举办了逾 3400 项定期推广活动和大型阅读活动，例如深水埗区的暑期阅读活动“与‘埗埗’同游深水埗”、屯门区的“阅读及创作计划 2012”、西贡区的“暑期阅读活动”，以及“阅读在东涌—音乐故事剧场”。这些外展活动大多由香港公共图书馆与地区组织合办，有助吸引更多市民使用公共图书馆和鼓励他们培养阅读习惯。

为了进一步在小区推广阅读文化，香港公共图书馆与学校和地区组织合办多项阅读大使计划，例如以南区小学生为对象的“图书馆服务大使计划”；为屯门区青少年义工及家长而设的“小区阅读大使工作坊”，以及为西贡区家长举办的“阅读大使计划”。

区议会一向积极优化图书馆设施和阅读环境，不但提出工程计划，而且提供财政资助。区议会在2012—2013年度进行多项工程计划，其中的主要项目包括在18间分馆进行提升和更换空调系统的工程，借以改善馆内的空气质素。（郑刘美莉　陈嘉乐）

【扩展公共图书馆服务网络】 为了提供以小区为本的图书馆服务，香港公共图书馆自2005年起与非牟利地区团体携手合作，推行“便利图书站——小区图书馆伙伴计划”。香港公共图书馆为有关团体提供集体借阅服务，并就这些团体为其服务对象设立小区图书馆的事宜提供专业意见。截至2012—2013度完结时，各区共成立了206间小区图书馆。（郑刘美莉　陈嘉乐）

【提升参考和信息服务】 目前，为市民提供参考和信息服务的图书馆包括香港中央图书馆和六间主要图书馆（大会堂公共图书馆、九龙公共图书馆、屏山天水围公共图书馆、沙田公共图书馆、荃湾公共图书馆和屯门公共图书馆）。香港中央图书馆的参考图书馆设有6个专科参考部门，收藏超过100万项参考数据，并提供各类电子资源，包括63个包涵一般参考信息、新闻时事、商业情报快讯、统计数据以及各学科专门数据的在线数据库和18万册电子书籍。已登记的读者可安坐家中，通过互联网查阅电子资源馆藏中所有电子书籍和21个在线数据库。此外，参考图书馆不断丰富香港数据特藏及香港口述历史特藏的资料，并存收了9个国际组织特藏。

香港中央图书馆的艺术资源中心、香港文学数据室和地图图书馆，以及大会堂公共图书馆的工商业图书馆、创造力及创新资源中心和基本法图书馆，均为市民提供专科参考服务；九龙公共图书馆的教育资源中心提供有关教育专科资源和服务，沙田公共图书馆则设有“运动与健体”特藏及其网页。香港公共图书馆通过与教育局和相关范畴的学术界人士和非政府机构合作，透过工作坊、图书馆参观活动和专题讲座向市民推广多元化的专题参考资源。香港中央图书馆亦设有转介服务，让已登记的用户阅览香港大学图书馆的馆藏。香港公共图书馆全年共处理355万项数据查询。（郑刘美莉　陈嘉乐）

【信息科技新措施和数码图书馆服务】 2011年年底，香港公共图书馆推出新世代综合图书馆系统，该系统是全球最大型的图书馆计算机系统之一，提供全面的自动化图书馆服务，包括全日24小时网上图书馆服务，可供检索目录、预约和续借图书馆数据。此外，本署亦在选定图书馆试行无线射频识别技术。

香港公共图书馆又设有网站（www.hkpl.gov.hk），提供一系列网上服务；于2013年度录得的网上搜览时段数目（不计算浏览网页的数目）逾1922万次。香港公共图书馆现正开发新的图书馆网站，加设一站式登入功能，以便更有效推广多元化的图书馆服务，并加强该入门网站的功能，方便读者使用各项图书馆网上服务。

为方便读者获取网上信息，香港公共图书馆在多间分馆安装了超过100台互联网信息站，这些信息站大多可以调节高度，以配合不同读者的需要。此外，各区67间固定图书馆提供逾1900台计算机工作站，让用户阅览图书馆的多媒体和数码化资源、电子书和在线数据库，以及其他网上资源，2013年并录得约585万人次使用各馆的计算机工作站。此外，全港67间固定公共图书馆亦提供政府WiFi无线上网服务。由2013年3月起，香港公共图书馆推出新的“打印易”服务，为读者提供更快捷方便的自助打印服务。

多媒体信息系统配备先进的一站式检索功能，让用户可透过互联网或使用分布于香港中央图书馆和27间主要或分区图书馆内的600个工作站，浏览库存的多媒体数据。系统亦提供各类数码馆藏，包括约6000小时影视听数据，以及逾240万页数码化图像数据如旧报纸、相片、地图、本地艺术及文学数据剪报、文化艺术活动海报及场刊等，方便使用者上网阅览。该系统提升计划于2013年8月顺利推出，把服务扩展至香港公共图书馆辖下全部67间固定图书馆，及提供24小时网上信息服务。系统提升计划还包括加强多媒体工作站的浏览功能，以及改善视听数据的网上预约服务。（郑刘美莉　陈嘉乐）

【推广活动与提倡阅读和文学艺术的工作】 推广活动是图书馆服务的重要一环。香港公共图书馆年内举办各种推广活动，儿童故事时间、书籍介绍、展览和小区讲座兼而有之。2013年度举办的图书馆推广活动共有21308项。

为提倡阅读风气和培养市民欣赏文学艺术的

兴趣，香港公共图书馆积极举办多元化的全港推广活动，包括“阅读缤纷月”大型活动、“与作家会面”讲座系列、“香港公共图书馆青少年读书会与家庭读书会”和“香港书奖”。此外，又举办了“第十二届香港中文文学双年奖”，表扬香港文学作家的杰出成就，向市民推广文学创作和欣赏，并推动出版商出版本地文学佳作。年内香港公共图书馆与香港贸易发展局合作，在“香港书展2013”展出“2013年‘4·23’世界阅读日创作比赛”的获奖作品，向市民推广专题阅读和文学创作，继续把阅读平台拓展至社会各阶层。

为配合“家是香港”全港公众参与运动，香港公共图书馆年内举办多项活动，包括“2013年‘4·23’世界阅读日创作比赛——‘家庭有爱’”“2013阅读缤纷月”专题展览“亲爱的旅程”，以及以“踏出成长路”为主题的“与作家会面”讲座系列。（郑刘美莉　陈嘉乐）

【文化交流】 2013年，香港公共图书馆与中国国家图书馆签署《关于在香港公共图书馆开展数字图书馆合作的协议》，并与德国巴伐利亚州立图书馆签署《合作备忘录》，今后会寻求发展图书馆信息科技和共享数码资源等方面的合作机会，加强图书馆之间的文化交流。

另外，为配合2013年亚洲文化合作论坛的主题“文学与文化生命力”，香港特区政府民政事务局与康乐及文化事务署辖下的香港公共图书馆合办名为“图书馆与文化的保存及推广”的专题研讨工作坊。来自中国、日本、新加坡国家图书馆，以及香港中央图书馆的资深图书馆工作者，分享了他们在收藏、保存及推广文化和文学艺术方面的专业知识。应邀出席研讨工作坊的参加者包括香港、内地部分省市和与会亚洲国家的图书馆专业人员等。（郑刘美莉　陈嘉乐）

【书刊注册组】 书刊注册组为本地印制的书刊注册，协助保存香港的文献数据，并监察国际标准书号系统的有效应用。该组每季在《政府宪报》刊登《香港印刷书刊目录》，市民也可上网浏览有关目录。在2013年度，该组共处理15418册书籍和10607份期刊的登记数据，以及1047个国际标准书号的出版社识别代号。（郑刘美莉　陈嘉乐）

高校图书馆

【人事动态】 在2012年年底及2013年年初两间高校图书馆迎来了新的馆长，他们分别是香港教育学院图书馆的郑保瑛博士和香港中文大学图书馆的李露丝女士。（鲍国葆）

【完善设施】 各高校图书馆于2013年继续提升馆内原有的基础设施以提供更完善的服务给读者。为满足个人研习的需求，城市大学图书馆从10月起在馆内二楼增设125个新的个人研习空间，以先到先得的原则运作。香港科技大学图书馆信息共享空间从3—5月提供了每周七天24小时服务。香港教育学院图书馆的九龙塘学习中心（KTSSC）以试验性质推行新的还书服务，让学生在中心开放时间内可以归还图书馆书籍。（鲍国葆）

【提升服务】 在图书馆服务方面，各高校图书馆继续以最新的技术来为使用者提升现有或开发新的服务。理工大学图书馆推出了一个新的图书馆网页，同时亦增加了学生和教职员视听资料借用和预约的配额。香港中文大学图书馆房间预约系统现可在苹果iOS或Android的移动装置上使用。他们的大学数码化计划（University Digital Initiative）也建立了一个新的网站，而中国善本数字馆藏（Chinese Rare Book Digital Collection）亦放上了开放获取的平台。

香港大学图书馆的“Find@HKUL”和中文大学图书馆的“Easy Search”为读者提供了一站式搜索工具，用以检索图书馆目录内的所有资源以及其他全球范围内的可用电子资源。为满足研究生对面授图书馆迎新课程的大量需求，香港城市大学图书馆开发了在线图书馆迎新课程，使学生可以按自己的进度来概览图书馆服务、设施和资源。在线课程由4部分组成，它们包括：一般信息、研究生图书馆服务和资源；查找书籍；查找文章；如何了解更多及寻求协助。

岭南大学图书馆把在线目录系统迁移到Sierra平台提供的开放数据架构来为图书馆的“1-search”接口及其移动应用程序“Library2Go”开发更多的新功能。岭南大学图书馆还开发了一个新Guides@LU网页，帮助用户了解如何使用图书馆的资源，包括图书馆目录、图书馆设施、学科指导、电子数据库等。

教育学院图书馆提供制作课程参考数据报(course pack)的新服务来支持学者给学生们汇编的数字阅读材料。该图书馆也推出新的移动版图书馆网站，当检测到使用者是用 Android 或 iOS 等移动设备访问时，系统便会自动将用户重新导向新的移动版图书馆网站。

浸会大学图书馆承接着药用植物图像数据库(MPID)的成功，于 2013 年推出了第一个香港研发的开放获取中药材图像数据库(CMMID)。数据库是香港浸会大学中医药学院及大学图书馆的共同努力成果，记载了超过 420 种临床中医常用的生药，也包含了注释、高质量照片和详尽药物信息的档案。CMMID 和 MPID 之间的联结能使学生方便地将 CMMID 的加工草药与 MPID 内的原生态植物连接从而帮助学生将药用植物学和中国本草纲目两个必修课程内获得的知识建立关联。这开放获取模式数据库除了支持浸大教学用途外，也能促进中医药知识的普及。(鲍国葆)

【学习会议和研讨会】 高校图书馆一直以来都籍举办各种学术会议和研讨会，来促进各院校馆员们的专业交流。为庆祝香港中文大学 50 周年校庆，中文大学图书馆联同大学图书馆长联席会(JULAC)在 2013 年 5 月 30 及 31 日举办了题为“求同存异，动静阴阳：未来联校图书馆之合作与竞争”(Academic Librarian 3：The Yin－Yang of Future Consortial Collaboration and Competition) 的大型会议。会议的目的是分享亚洲及世界各地高校图书馆联盟的成就、积效和未来的挑战，透过座谈会的讨论，探究如何将资源与科技相结合来提升馆员培训与绩效表现及加强信息存储和传送，同时又通过联合采购暨授权契约使经费得以善用，借以扩展读者服务到整个校园乃至国家的层面。

2013 年 6 月，8 间教资会(UGC-Funded) 图书馆和美国大学与研究图书馆学会 Association of College & Research Libraries (ACRL) 在香港科技大学主办了为期一周的信息素养课程。这次培训主要目的是提升高校图书馆业界为他们的图书馆用户所提供的信息素养与图书馆使用教育。

香港大学图书馆和国际博硕士论文数字图书馆联盟 The Networked Digital Library of Theses and Dissertations (NDLTD) Consortium 合作，由香港公共图书馆协办，于 2013 年 9 月 23—26 日在香港中央图书馆举办了第 16 届电子论文和学位论文国际研讨会(ETD 2013)。会议首次在亚洲及香港举行，主题是“亚洲价值、西方思维、世界宝藏”（Asian Values，Western Thought，World Treasure）。此次会议旨在为亚洲及世界不同国家的代表提供机会，让参加者研析探讨及分享交流相关经验和知识，包括数字保存、版权及知识产权、机构典藏、电子学位论文服务政策与项目、应用于电子学位论文与机构典藏的信息科技、数字图书馆及信息科技、地区及国际性合作、多媒体电子学位论文、互操作及联合目录、互联网及信息存取、数据监护等。(鲍国葆)

学校图书馆

【台湾学校图书馆参访团】 香港学校图书馆主任协会一向致力推动学校图书馆专业发展，常参与其他地区学术研讨及专业交流。协会与台湾同道，不时互访交流。今年，台湾师范大学陈昭珍教授第三度率团到港进行学术交流及观摩，本会除协助学校图书馆参访活动外，更希望提供本港图书馆主任与该团老师交流的机会，希望借着彼此的互动，加强两地图书馆老师的合作和交流，深入了解两地学校图书馆在制度、课程及教育功能上的差异，取长补短，互相学习，一起进步。这次参访团行程由 2013 年 5 月 14—17 日，共参访了 5 所中、小学。(谭黎绮珊)

【周年聚餐】 2013 年 5 月 17 日上午，香港学校图书馆主任协会 30 周年聚餐暨台湾学校图书馆参访团学术交流聚会在香港基督教青年会(港青)举行，主题为“21 世纪学习——学校图书馆在推广电子书的发展路向”。这次交流会邀请了康文署助理署长(图书馆及发展)李玉文先生及本会荣誉顾问杨陈明英女士作为嘉宾，而两位讲者则是陈昭珍博士及叶锦莲老师。她们在会上分享了学校图书馆在推广电子书发展的看法及经验。最后，不同的电子书商更介绍了相关的服务。这次交流会气氛热闹，连同台湾学校图书馆参访团合共有 70 多位业界同僚参与，大家对交流会内容均感满意。(谭黎绮珊)

【世界华语学校图书馆论坛】 2013 年 8 月 7—10 日，第四届世界华语学校图书馆论坛在福建省福州市福建会堂隆重举行。本届世界华语学校图书馆论坛的主题是“努力把图书馆打造成中小学校的课程资源中心、校园文化中心、知识学习中心”，寓意图书馆要成为“三个中心”，不再只是收藏图书、阅读的地方。两岸四地的20位代表围绕这主题展开了专题演讲、论文交流及经验分享。本次论坛由世界华语学校图书馆联盟和福建读书援助协会主办，由福建省读书援助协会具体承办，出席本次论坛的有来自港、澳、台华语学校和内地各区中小学的图书馆专业人士和有关领导代表140余人。论坛开幕礼上，福建省教育厅原厅长，福建省教育系统关工委主任，福建省读书援助协会副会长暨本次大会主席郭荣辉同志讲话，提到读书对于青少年成长有着重要的意义，把阅读与课程结合起来，最后要求在读书援助和阅读辅导中持之以恒并有所创新，他也提出学校图书馆不是第二课堂，它应是第一课堂，是教育基地，是出人才的摇篮。图书馆老师是各学科老师的合作伙伴，图书馆老师要不断“充电”提升自己使自己的业务水准有所提高，才能在图书馆事业中有所发展。郭主席的开幕辞显出他对学校图书馆功能及角色的了解、支持与盼望。本次论坛，大会特别邀请了国际学校图书馆协会前主席詹姆士·亨利(James Henri)教授做《图书馆员的一天》的主题演讲。《第四届世界华语学校图书馆论坛应征论文集》收进了相关文章共26篇。(谭黎绮珊)

专业图书馆

【香港图书馆协会之师友计划(试验计划)】 此计划是2013年香港图书馆协会的重点发展项目之一，旨在给予图书馆科学生和经验丰富的专业图书馆人员一个非正式渠道交换双方意见及资讯，从而有利于双方终身学习发展。2013年，图书馆协会很荣幸邀请了两位专业图书馆馆长加入2013—2014师友计划之辅导工作，他们分别是的近律师行（Deacons）资讯及图书馆负责人孙绮华女士(Ms. SUEN，Louisa）和香港歌德学院资讯及图书馆馆长Gabriele Sander女士。(邓淑敏)

【香港图书馆协会与香港歌德学院合作】 2013年，香港图书馆协会跟香港歌德学院继续紧密合作，其中包括以下项目：

（1）法兰克福市立图书馆的跨文化图书馆服务讲座。此活动于2013年6月26日举行，由德国法兰克福市立图书馆中心图书馆部负责人比尔吉特·罗茨（Birgit Lotz）女士主讲，题目为“图书馆在具有多样性特征的社会中提供的资源：法兰克福市立图书馆的跨文化图书馆服务”。报告会重点介绍法兰克福市中央图书馆的实况，对服务当地拥有移民背景的读者之重视，也提供了在德国多元文化服务方面所面临的挑战及与合作机遇的概况。讲座内容已上传到以下网站： http://www.hkla.org/content/view/855/69/lang,english。

（2）公共图书馆在文化教育系统里的网络建设讲座。 此活动于2013年9月27日举行，由德国杜伊斯堡市市立图书馆馆长严·皮特·巴比安 博士（Dr. Jan－Pieter Barbian）主讲，题目为《公共图书馆在文化教育系统里的网路建设》。报告会集中介绍杜伊斯堡市图书馆的实况，提出图书馆如何可以跟不同工作机构单位紧密合作，其中两个有趣的工作伙伴为杜伊斯堡乐团和动物园。讲座内容已上传到以下网站：http://www. hkla. org/content/view/909/69/lang,english/。(邓淑敏)

【图书馆教育及职业讲座】 2013年7月20日，香港图书馆协会举办了一年一度的图书馆教育及职业讲座。美国总领事馆（香港及澳门）信息资源中心的图书馆员主管黄汉民先生获邀作演讲。黄先生主要介绍其工作范畴、中心馆藏及历史。信息中心是一所资源中心/图书馆，提供各类关于美国人民及政策的专门性，实质性的参考和研究资料。信息中心除了提供信息服务外，还发放有关美国各个不同科目的不定期“电子讯息报”。最后，黄先生介绍该中心eLibraryUSA的服务，eLibraryUSA为信息资源中心会员提供美国公共图书馆的资源、数据库，包括学习英语、美国历史和文化、卫生、商业和更广泛的数据。黄先生简洁而风趣的介绍，令参与者留下深刻印象。讲座内容已上传到以下网站：http://www. hkla. org/content/view/868/69/lang，english/。(邓淑敏)

澳门特别行政区

综述

一、图书馆数量及分布

2013年,开放给公众使用的公共图书馆及自修室共有81间、学校图书馆103间、专门图书馆84间及大专图书馆23间,总计为291间。

从公共图书馆的数量上,澳门为邻近地区密度最高的地区,开放给公众使用的图书馆及阅览室,共计有81间,主要由文化局、民政总署、教育暨青年局,及其他(包括政府部门、教会、私人机构及社团)所开办。其中,51间是重点向市民提供阅览服务,其他是依母体机构服务职能为主,附设图书馆服务而已。依其主管部门可分类为政府开办有42间、社团开办有22间、教会开办有16间、私人机构有1间。澳门公共图书馆的特色是以小区图书馆及阅览室、公园图书馆为主,部分图书馆馆舍设计相当有特色,讲求空间及阅读气氛的营造,是各类型图书馆中发展得最快的。

澳门的高校及专科学校图书馆共23间,由政府及私人图书馆所组成,部分可以颁授学位的机构并没有成立图书馆。目前,高校图书馆藏书约80万册,从事图书馆人员约有90人,半数以上是具有图书馆专业学位,是各类型图书馆中专业比例最高的一类。

2013年,澳门学校图书馆有103间,总面积为12000平方米,阅览座位约有共4400个。目前,澳门学校的全职图书馆员及阅读推广人员约有110人,兼职人员为60人,服务的学生人数约为75000人。在藏书方面,共约90万册、期刊约2800种、报纸约300种、视听资料约20000种。其中,海星学校图书馆、培正中学图书馆均对小区开放。

澳门的专门图书馆主要为政府机关图书馆、医学图书馆、法律图书馆、经济图书馆、博物馆图书馆、工程图书馆、治安部门图书馆、宗教图书馆及专业社团图书馆等,共计84间。

二、图书馆技术服务概况

图书馆技术服务概况,可参阅表1至表3的各项技术服务与设备的统计分析表:

表1 澳门各类型图书馆采用图书馆自动化系统比较表

系统名称	大专	公共	专门	学校	数量
SLS	11	7	35	48	101
TOTASII	2	25	1	0	28
LIB MASTER	0	0	0	15	15
自行开发	0	1	3	4	8
VLIB	0	6	5	0	11
ELM	1	0	0	0	1
INNOPAC/Millennium	4	0	0	0	4
CEO	0	0	1	0	1
OpenBiblio	1	0	0	0	1
正思	0	0	2	0	2
LIB MANAGER DESTINY	0	0	0	1	1
E-CLASS	0	0	0	1	1

续表

系统名称	大专	公共	专门	学校	数量
宏达信息系统	0	0	0	2	2
明报	0	0	0	3	3
总计	15	40	46	66	167

表 2　澳门各类型图书馆采用图书分类法比较表

图书分类系统	公共	学校	大专	专门	总计
中国图书分类法	42	42	2	17	103
中国图书馆分类法	0	4	1	1	6
杜威分类法	6	5	3	5	19
国会图书馆分类法	0	0	5	1	6
国际十进分类法	2	0	0	4	6
三民主义分类法	1	0	0	0	1
总计	51	51	11	28	141

表 3　澳门各类型图书馆在其他自动化及信息化服务比较表

其他系统	公共	学校	大专	专门	总计
防盗系统	25	7	9	4	41
自助借书系统	8	0	3	2	13
在线导览系统	0	0	1	0	1
RFID	7	2	5	2	16
网页及网上目录	34	12	10	6	62

三、重要发展与服务

(一)阅读概况

教育暨青年局委托香港大学教育学院中文教育研究中心，开展“澳门中小学生阅读专项评鉴”，以评估和分析现时澳门推动阅读政策的成效和困难，结果发现澳门中小学生在阅读能力评估测试的答对率只有五成，甚至更低，尤其在理解篇章深层次的含义，对阅读材料的反思和批判能力更为逊色。一来碍于高考多强调内容与知识的记忆，致学生少阅读课外书；二来澳门无本土教科书，教师只能被“牵着鼻子走”；三来学校领导不清楚阅读的重要性等，这些都为阅读的推广带来困难，改善教学模式迫在眉睫。

总结澳门学生阅读能力整体表现概况如下：根据阅读能力评估测试的成绩，865 名小四学生的阅读评估平均答对率为 46.74%，整体中文阅读成绩表现，低于参与 PIRLS 的香港、中国台湾的学生。根据阅读能力评估测试的成绩，744 名高中三学生的中文阅读平均答对率为 37.5%，低于平均水平，表现不及较邻近地区的香港学生。

同时报告亦指出影响澳门学生读书风气的主要社会因素，在于教育暨青年局的工作是否深入、阅读推广人员的角色是否得到充分作用、中国语文老师的阅读教学是否达标、留级和升学压力对学生的影响、家长对阅读有何看法等。从而可以看到学校和政府对阅读工作是否足够，也影响中小学生对阅读的重视程度。若不重视阅读工作的话，对中小学生会产生负面的影响。读书风气不高，自然影响知识在社会当中传递，也减少知识在社会当中的影响，更让澳门社会发展难以推动多元化。不过提高读书风气不单只是中小学生的事，故此社会各界应举办更多活动培养更多人对阅读产生兴趣，才能够不至于让人感觉澳门始终是文化沙漠，也能够不至于让人感觉澳门产业发展始终单一化。

（二）电子化服务及馆藏的发展

本年度共有62个有网页介绍，可连上网上目录有51间，来自26个不同的机构，41间图书馆设有图书防盗系统。另外，澳门图书馆暨资讯管理协会向澳门基金会虚拟图书馆提供了澳门图书书目系统，共收录了2000—2013年间澳门出版品检索系统的书目7000多条，网址为http://www.macaudata.com/publication/publicationAction/publication headType=11。

在高校图书馆方面：澳门大学图书馆新增自建数据库：imacau、澳门大学数字博物馆馆藏、高等教育资讯；以及建立澳门高校电子资源中心的网页试用版。全澳6所高校图书馆共购置415个数据库，扣除各馆重复购买后，不重复的数据库衹有272个，重复213个数据库，其中有3个数据库有6间高校同时订购，包括：慧科新闻数据库、IG Publishing E-book Collection（IGP）及Ref Works。以澳门大学图书馆投入的资源最多，大约2000万元澳门币，共购置191个数据库。

表4　2013年度澳门高校图书馆订购电子数据库统计表

高校图书馆名称	订购数据库数量
澳门城市大学	22
澳门旅游学院	15
澳门理工学院	65
澳门科技大学	89
澳门大学	191
圣若瑟大学	20
澳门管理学院	2
澳门保安部队高等学校	0
澳门镜湖护理学院	11
总计	415

（三）新设备

民政总署图书馆引进新的图书馆自动化系统SirsiDynix。

（四）社会义务

澳门中央图书馆于“2013澳门图书馆周”期间举办“逾期期刊义卖”活动，所得收入将全数用以购置图书或多媒体数据赠送予澳门明爱属下机构的骏居庭（露宿者之家）。

民政总署图书馆第三年举办荒岛图书馆旧书回收活动，共收集到4000多册书，于9月27—29日组织约20名图书馆义工远赴南海桂城东翔学校，协助送书、整理图书等工作，并与该校学生进行互动教学与游戏。此外，该馆亦在10月20日在氹仔花城公园进行小区阅读推广活动“阅读EasyGo”，由图书馆义工向该区儿童讲故事、唱儿歌，现场更设有阅读阁让儿童阅读童书。

明爱图书馆图书义卖活动，于11月2—3日，在南湾湖水上活动中心举办的第四十四届慈善园游会中举行。

澳门图书馆暨资讯管理协会继续向武汉大学、中山大学、北京大学三校的信息管理系提供每年5000元人民币的奖学金，同时该会亦向华文学校图书馆论坛赞助10000万元人民币作为建置网页的费用。

澳门爱心育苗协进会主办，澳门业余艺苑及驿站—澳门工会联合总会属下服务中心协办的“迎新春献爱心”送暖义卖大行动假工联驿站举行，义卖大行动包括“笔锋下的爱心”慈善书画展、新春义卖和书法名家现场挥春认购一系列活动。其中，“笔锋下的爱心”慈善书画展获澳门六位知名书画家的支持，包括著名画家关权昌、林德昌、原庭秀和书法家黎胜培、李文炜、阮毓明捐出65幅作品供欣赏及义卖，用于扶助儿童及援助内地学校拟向广西防城港捐建两所图书馆一所校舍，并已筹得约20万元。

澳门南安同乡会、澳门南安商会向泉州市海外联谊会捐赠50万元人民币，以及向南安市海外联谊会捐赠60万元人民币，并赴洪梅中心小学参加捐赠图书馆的揭幕仪式。

（五）其他

澳门葡文学校约四年前与本地建筑师利安豪合作，为学校设计及建造阅读室后，设计获联合国教科文组织2012年亚太文化遗产保护奖——评审团创新大奖。

四、阅读活动

2013年的阅读活动，形式多样，包括书展、阅读比赛、演讲、利用教育、游戏、话剧、图书交换、义工服务、参观交流等，加上每年一度的图书馆周、六一儿童节、书香文化节、书市嘉年华，与及终身学习周的系列活动。全年共举办比赛活动10次，普及课程7次，普及讲座17次，读书会及分享会138次，图书馆利用教育17次，阅读活动18次，阅读讲座11次，展览6次。

（一）图书馆周

2013年，澳门图书馆周在4月21日至5月18日之间举行，以“读出生活趣味”为号召，全澳多间图书馆响应，包括澳门中央图书馆、民政总署图书馆、教育暨青年局、澳门图书馆暨资讯管理协会、培正中学图书馆、澳门镜湖护理学院图书馆、明爱图书馆、新华夜中学图书馆、花地玛圣母女子学校图书馆、嘉诺撒圣心中学图书馆、澳门大学图书馆、同善堂中学、澳门旅游学院、澳门生产力暨科技转移中心图书馆、圣德兰学校图书馆、玛大肋纳嘉诺撒学校、培道中学图书馆、圣罗撒中学中文部图书馆。在这期间举办不同的阅读推广活动，借以在澳门散播阅读的种子。计有好书交换、图书馆之旅、专题书展、图书馆利用教育及阅读讲座、亲子兴趣班、现场有奖问答及由多个单位联合参与的阅读推广摊位游戏，专题展览、读书方法之讲座、旧书回收、旧书义卖、期刊漂流、故事会、阅读创意工作坊、全年借阅排行奖、儿童读经班及荒岛图书馆旧书回收活动等一系列丰富多元的活动。

本年度澳门图书馆周的推广日于4月20—21日在塔石广场举行，除了摊位游戏外，还有多场手工坊、颁奖礼、话剧及论语朗诵表演、音乐会、图书馆常识问答比赛、各地图书馆形象及纪念品展览等。

五、学术活动

1.图书馆专业人才

从台湾地区毕业回来有辅仁大学4人、淡江学2人、玄奘大学1人。正修读硕士课程中山大学就读1人、武汉大学27人、南京大学1人。

2.课程（22次）

表5　2013年图书馆学及阅读教育培训课程列表

2013/01/04—2013/02/13	澳门大学、澳门图书馆暨资讯管理协会	英美编目规则与MARC21
2013/02/04—2013/25	澳门图书馆暨资讯管理协会、教育暨青年局	协办教育暨青年局黑沙环青年活动中心图书馆管理培训
2013/02/21—2013/05/08	澳门大学、澳门图书馆暨资讯管理协会	图书分类与主题
2013/03/15	澳门图书馆暨资讯管理协会、澳门文物保存修复学会	西方文献保存修复基础课程（第二期）
2013/05/22—2013/07/12	澳门大学、澳门图书馆暨资讯管理协会	美国国会图书馆分类法课程
2013/05/31	澳门理工学院	新信息科技与图书馆服务/美国雪城大学 Paul Brian Gandel 教授
2013/07/06、2013/07/13、2013/07/20、2013/07/27	澳门中央图书馆	阅读大使专业培训课程

续表

2013/08/17—2013/08/18，2013/08/24—2013/08/25	教育暨青年局外港青年活动中心、澳门图书馆暨资讯管理协会	图乐无穷——图书馆管理工作坊
2013/09/04—10/16	澳门大学、澳门图书馆暨资讯管理协会	图书馆自动化系统如何应用在阅读推广活动课程
2013/09/14—11/25	澳门文物保存修复学会、澳门图书馆暨资讯管理协会	西方文献保存修复基础课程
2013/09/17—10/08	澳门监狱	2013 监狱图书馆管理初阶培训课程证书课程
2013/09/28—10/05	澳门图书馆暨资讯管理协会	阅读教育及学校图书馆管理课程之"如何组织儿童活动——以儿童故事比赛为例"
2013/09/30—10/09	澳门图书馆暨资讯管理协会	阅读教育及学校图书馆管理课程之"新入职阅读推广人员培训"
2013/10/20、2013/10/27、2013/11/03、2013/11/10	黑沙环公园黄营均儿童图书馆	小城大世界·儿童文学研习坊
2013/10/20—27	澳门图书馆暨资讯管理协会、教育暨青年局外港青年活动中心	图乐无穷——图书馆管理工作坊
2013/10/24—25	澳门科技大学、澳门图书馆暨资讯管理协会、CASHL	新环境下图书馆信息服务的拓展实践与发展趋势——CASHL 走入澳门用户培训会
2013/11/05	澳门大学、澳门图书馆暨资讯管理协会	图书资源采购实务课程
2013/11/13	澳门图书馆暨资讯管理协会	阅读教育及学校图书馆管理课程之"学校图书馆管理"
2013/11/28—2013/12/01	澳门大学、澳门图书馆暨资讯管理协会	博物馆及校史馆管理与规划课程
2013/11/30	澳门大学、澳门图书馆暨资讯管理协会	阅读教育及学校图书馆管理课程之"阅读大使——义工培训技巧"
2013/12/07	澳门大学、澳门图书馆暨资讯管理协会	阅读教育及学校图书馆管理课程之"上好一堂阅读课"
2013/12/14	澳门大学、澳门图书馆暨资讯管理协会	阅读教育及学校图书馆管理课程之"阅读美工设计"

3. 研讨会（9 次）

表 6　2013 年图书馆学及阅读教育研讨会列表

2013/02/22	澳门基金会	澳门记忆研讨会
2013/03/10	教育暨青年局成人教育中心	认识音乐版权及著作权/澳门作曲家、作家及出版社协会
2013/04/24	澳门大学、澳门图书馆暨资讯管理协会	图书馆家私、设备、文仪用品专业讲座
2013/05/8—09	文化局	第十四次粤港澳文化合作会议
2013/06/08	澳门中央图书馆	古籍版本鉴定——从澳门中央图书馆刘氏嘉业堂善本讲起/ 沈津
2013/07/25—2013/27	澳门科技大学图书馆、澳门文献信息学会、南京大学图书馆	东亚文献资源国际合作联盟第一次工作会议
2013/07/27	澳门善明会	书中自有黄金屋——提升阅读风气论坛

续表

2013/09/08	澳门历史档案馆	西方文献保护——德国经验讲座/德国著名纸质文物修复专家芭芭拉·夏素(Barbara Hassel)
2013/11/30	澳门图书馆暨资讯管理协会、澳门科技大学	两岸四地图书馆学学刊编辑工作坊（澳门科技大学）

4. 出版书刊(8种)

《碰撞与交流》,李淑仪,澳门文化局

《两岸三地图书馆学期刊发展》,澳门图书馆暨资讯管理协会

《书的传人2：教育、阅读、图书馆学及历史论集》,王国强,澳门图书馆暨资讯管理协会

《书的传人4：澳门文献书目学》,王国强,澳门图书馆暨资讯管理协会

《澳门图书馆名录2014》,王国强、杜凯宁、古淑珍合编,澳门图书馆暨资讯管理协会

《我手打我想》,梁崇烈,澳门图书馆暨资讯管理协会、澳门出版协会

《圣若瑟修院藏老照片1》,澳门文献信息管理学会

《圣若瑟修院藏老照片2》,澳门文献信息管理学会

六、区域合作与交流

(一)本地交流与合作

1. 成立澳门高校图书馆联盟

澳门图书馆暨资讯管理协会倡议,高等教育辅助办公室协助下,澳门九所高等院校建立澳门高校图书馆联盟,召开首次联席会议。

2. 馆际互借及文献传递方面

澳门科技大学图书馆校外机构用户借阅颁证,向立法会图书馆、土地工务运输局研究暨文件处、濠江中学、培华中学、氹仔坊众学校、澳门妇女联合总会、澳门航空、澳门旅游学院图书馆等逾20家机构和社团代表颁发澳门科技大学图书馆机构借书证。

(二)出外参访单位

国内:广州图书馆、武汉图书馆、武汉大学图书馆、湖北省图书馆、湖北省博物馆、湖北省档案馆、深圳图书馆、广东省委党校图书馆、台湾“清华大学”图书馆、台湾大学图书馆、中兴大学图书馆、逢甲大学图书馆、台湾师范大学图书馆、台中公共资讯图书馆。

葡萄牙:科英布拉大学图书馆、雷利亚理工学院图书馆、葡萄牙国立图书馆、里斯本大学图书馆。

美国:联合国总部图书馆、哈佛大学燕京图书馆、美国国会图书馆、美国国家档案馆

(三)接待外宾单位

国内:国家图书馆周和平馆长,中山大学珠海分校图书馆,中国科学院初景利,武汉大学信息管理学院周黎明,天津图书馆朱凡,上海图书馆金晓明,北京大学图书馆顾晓光,南京大学信息管理学院张志强,国家图书馆台港澳交流处副处长马静、古籍馆副馆长谢冬荣,数字资源部副主任吕淑萍,信息网络部总工程师王乐春、馆长秘书刘明杰,以及徐静慧、张丽菲,淡江大学信息与图书馆学系邱炯友、林雯瑶,政治大学图书信息与档案学研究所蔡明月,能仁书院图书馆刘家耀。

国外:美国雪城大学Paul Brian Gandel教授。

(四)对外交流合作

澳门中央图书馆粤港澳文化合作第14次会议,通过了举办《辛亥革命在广东》展览、“世界阅读日”系列活动、粤港公共史学论坛;响应《广州大典》的底本征集工作;三地合作举办系列讲座及馆员专业培训系列课程;增加馆员互访、实习交流的机会;加强公共图书馆活动成果的网上共享,互相赠阅简讯、会刊信息交流等工作。

高等教育辅助办公室副主任何丝雅任团长，成员包括澳门大学、澳门理工学院、澳门旅游学院、澳门城市大学、澳门镜湖护理学院、澳门管理学院、澳门图书馆暨资讯管理协会及高等教育辅助办公室的工作人员，一行16人，到访葡萄牙科英布拉大学图书馆、雷利亚理工学院图书馆、葡萄牙国立图书馆、里斯本大学图书馆。

澳门法律反思研究及传播中心与葡国里斯本法学院及科英布拉大学法学院签署的议定书，该中心可浏览科英布拉大学法学院的图书馆书籍。

（五）出席外地研讨会

澳门图书馆界共参加8次区域的研讨会。

表7　2013年图书馆界出席外地研讨会列表

2013/08/08—10	澳门图书馆暨资讯管理协会	第四届华文学校图书馆长论坛（福建福州）
2013/09/23—27	澳门图书馆暨资讯管理协会	第九次中文文献资源共建共享合作工作会议(武汉)
2013/05/07—08	澳门大学图书馆、澳门科技大学图书馆	The Directors' Symposium (Library Leadership Forum)
2013/05/30—31	澳门大学图书馆、澳门科技大学图书馆	Library Collaboration and Competition in Hong Kong (香港中文大学图书馆)
2013/08/17—24	澳门大学图书馆、澳门中央图书馆	79th IFLA General Conference and Assembly (Singapore)
2013/09/09—11	澳门大学图书馆	新时代图书馆规划与发展趋势国际论坛（清华大学图书馆）
2013/10/02—05	澳门大学图书馆	Pacific Rim Digital Library Affiance (PRDLA)(温哥华)
2013/12/02—03	澳门大学图书馆	Symposium for Yale—China Association for celebrating its 60 years of partnership (香港中文大学)

年度工作

【澳门高校图书馆联盟】 由澳门图书馆暨资讯管理协会倡议，在高等教育辅助办公室协助下，澳门九所高等院校建立澳门高校图书馆联盟，召开首次联席会议。

【新成立或正式开放的图书馆】 2013年，澳门新成立或正式开放的图书馆有：三盏灯综合服务大楼阅览室、湖畔综合活动中心；2011年已对外开放使用的黑沙环公园黄营均儿童图书馆在改装后重开；搬迁后重开的有公民教育资源中心图书室及澳门立法会图书馆。

【新建或改建中的图书馆】 2013年，新建或改建的图书馆有：澳门中央图书馆沙梨头分馆、纪念孙中山公园黄营均图书馆、澳门妇联学校新校部图书馆、圣若瑟大学图书馆、澳门大学图书馆横琴新馆及各住宿式书院的阅览室、澳门大学珍禧书院图书室、澳门城市大学图书馆、郑观应纪念图书馆、浸信中学图书馆、澳门理工学院图书馆、澳门体育联会图书室；另外，政府计划在新填海地段及新落成公屋设立适当数量的图书馆，如文化局的图书馆设于石排湾市政综合大楼6楼，可使用面积约2000平方米，预计2015年启用。

【图书馆赠书】 澳门大学图书馆获香港中文大学图书馆赠书约3500册，其中包括香港知名人士梁家英的藏书；澳门大学图书馆分别将复本赠送给澳门科技大学图书馆、澳门城市大学图书馆及政策研究室图书馆；澳门中央图书馆赠澳门大学图书馆图书70箱；港澳知名出版界罗志雄先生赠送近千册有关翻译学图书给澳门大学图书馆。葡萄牙人后裔协会代表中葡友谊联系的画作赠予澳门15间中葡学校、葡文学校等图书馆，《喜羊羊与灰太狼》作者卢永强先生捐赠3000本相关刊物给黑沙环公园黄营均儿童图书馆。

【学校图书馆经费】 教育暨青年局在本年度增加每所学校的图书购置资助金额。图书资助按教育阶段分，15班或以下为2万元，15班以上为4万元，每年预算约为300万澳门元。此外，为了推动班级阅读，每学生每月有4元补贴期刊购买经费，每月预计支出30万元（约为25万人民币）。有关图书及期刊资助，可以合并使用，用于购买电子资源的资助，不可多于资助金额的30%。

【阅读推广人员】 2007年9月，教育暨青年局推出学校阅读推广人员计划，每校部超过900名学生，可聘请一名全职，局方给校方20万元的津贴，2008年增至22万元，2010年增至23万元，2011年增至24.4万元，2012年增至26万元用作薪金及活动经费；900人以下则为半职人员，津贴减半。2013年改以班级数量为补贴依据，每校部在15级以下可选择聘请2名全职及1名兼职或1名全职及3名兼职或5名兼职。如为16—25班，则可选择3名全职、2名全职及2名兼职、1名全职及4名兼职；如为26—35班，可聘请5名全职；如为36—45班，可聘请6名全职；如为46—55班，可聘请7名全职；如为56—65班可聘请8名全职；如为65班可聘请9名全职。此专职人员应与学校图书馆工作人员有别，其职能主要是推动学校的阅读风气，并不是管理学校图书馆。2013—2014年度有全职阅读推广员52名、兼职31名，合计83名，仍有13间学校没有聘请相关人员。

【澳门图书馆暨资讯管理协会举办10场“澳门图书馆路线游”】 场次包括4月13日、14日、23日、27及28日上午9时半及11时，安排市民乘坐专题设计的开篷巴士展开旅程，参观以喜羊羊及灰太狼为主题的黑沙环公园黄营均儿童图书馆、位于湖畔大厦（尚未对外开放的）湖畔综合活动中心。期间辅以介绍澳门主要图书馆体系的现况、未来发展及图书馆服务等，使之懂得如何更好地利用图书馆。5月3日举行“学校图书馆工作人员联谊会”；5月11日举办“偏远地区图书馆辅导交流会及工作坊”。此外，亦于4月14日与民政总署、文化局中央图书馆及教育暨青年局在公民教育资源中心合办“图书馆知识三项挑战赛”。参赛者在现场进行叠报纸、排序图书及使用参考资源的三项比赛。

（本部分由澳门图书馆暨信息管理协会王国强、黄恩琼供稿。鸣谢澳门大学图书馆、澳门科技大学图书馆、澳门理工学院图书馆、澳门旅游学院图书馆、澳门护理学院图书馆、澳门中央图书馆、民政总署图书馆、教育暨青年局成人教育中心、明爱图书馆、培正中学图书馆等单位提供数据。）

图书馆学会组织

中国图书馆学会

【概况】 一年来，中国图书馆学会主要在如下几个方面开展工作：

一、学术交流与编辑出版工作

1. 11月7日至9日，2013年中国图书馆年会—中国图书馆学会年会·中国图书馆展览会在上海市浦东新区成功举办，会议主题为“书香中国——阅读引领未来”。本次年会备受关注，共约3000余人出席年会；征集论文数量高达1559篇；朱永新先生所做的《文化中心，精神客厅，心灵牧场——我心目中理想的图书馆》大会学术报告深受好评；举办的5个主题论坛和29个分会场内容丰富，专家云集，气氛热烈；根据业界需求和年会实际并参照国际经验，首次在苏州、常熟、杭州、嘉兴和南京等地策划组织5个卫星会议。

2. 组织和策划新的学术交流项目——中国图书馆学会第一届全国图书馆未成年人服务论坛，并拟将其打造成与青年学术论坛、百县馆长论坛齐名的品牌学术活动。论坛主题是“阅读与圆梦”，于8月14—15日在云南省昆明市召开，包含开幕式、主旨报告、优秀案例展示评审和图书馆新技术专题发言、学术分会场、嘉宾演讲等几大板块，内容丰富，形式新颖，深得业界代表广泛好评，参会人数高达450余人，实现中国图书馆学会单项学术交流活动组织规模新的突破。

3. 协调指导学术研究委员会所属各专业委员会开展相关活动，第十二届中国社区乡镇图书馆发展战略研讨会、第25届全国十五城市公共图书馆工作研讨会、全国中小型公共图书馆联合会2013年研讨会和出版界图书馆界全民阅读年会（2013）等系列品牌学术活动顺利完成。

4. 遵守国家各项出版规定，完成《中国图书馆学报》中文双月刊和英文年刊的编辑出版发行工作；编辑、推送《中国图书馆学会工作通讯》（电子刊）；协办中国图书馆行业首报——《图书馆报》。编辑、出版《中国图书馆年鉴2013》和《中国图书馆学会年会论文集》（2013年卷）。

5. 完成学会和学报网站改版工作，及时传递和分享行业信息，加强信息整合与分析，夯实基础网络平台。

二、组织建设工作

1. 积极筹备中国图书馆学会第九次全国会员代表大会，向民政部和中国科协等相关主管单位按照程序办理相关手续，并督促各分支机构开展换届工作。

2. 召开常务理事会和理事会。2月21—22日，在北京召开八届十三次常务理事会暨八届七次理事会，审议中国图书馆学会2012年工作总结、2013年工作要点及其他有关文件。5月24日—6月1日，以通讯方式召开八届十四次常务理事会，审议通过《关于高校图书馆分会第三届委员会换届方案的请示》和《关于团校图书馆委员会变更副主任的申请报告》。8月7—14日，以通讯方式召开八届十五次常务理事会，审议通过《关于中国图书馆学会国家机关图书馆分会成立大会暨选举第一届理事会的请示》和《关于医院图书馆委员会第六届换届方案的请示》。10月8—9日，以通讯方式召开八届十六次常务理事会，审议通过《关于延期召开中国图书馆学会第九次全国会员代表大会的申请》。

3. 召开秘书长联席会议。3月29日至30日，中国图书馆学会2013年秘书长联席会议暨《中国图书馆年鉴》编纂工作会议在辽宁省沈阳市隆重召开。中国图书馆学会各分支机构和各省、自治区、直辖市图书馆学（协）会秘书长、副秘书长及主办、承办方领导和嘉宾52人出席会议。会上，各分支机构和地方学会分享上一年度的工作经验，研讨工作中形成的典型案例；举办《中国图书馆年鉴》编纂工作培训，部署2013卷编纂工作。

4. 完成优秀会员、优秀学会工作者和先进学会的评选工作。

5. 开展个人会员、单位会员的组织发展、收缴会费、颁发证书和维护会员管理数据库等工作，目前共计发展个人会员13398个，单位会员303家。组织开展“会员论坛”征文活动，收取稿件126篇，评选会员论坛之星15名。

6. 开展各分支机构的管理工作，指导、支持和帮助各分支机构开展各类活动。

三、行业协调与服务工作

1. 完成2013年度韦棣华助学金的评审工作，最后共评定25名学生获得韦棣华助学金，共颁发助学金37500元人民币。

2. 开展“全国数字图书馆建设与服务联席会议”相关工作，第十四次会议于6月20—21日在辽宁省大连市召开，会议由国防大学图书馆轮值主办，主题为数字图书馆的“中国梦”。

3. 完成数字图书馆建设与服务宣传推广工作，先后在江苏、安徽和四川3个省开展了宣传推广活动。

4. 实施“全国图书馆未成年人服务提升计划”，先后在吉林和云南2个省举办巡讲等相关活动。

四、科普阅读工作

1. 协调、指导和支持阅读推广委员会等相关机构在全国共计举办各类主题科普活动23次，科普讲座2场，科普展览10次，共计受众约5700人次；开发科普挂图4种，发放科普挂图271张。

2. 9月12—15日，在河南省郑州市召开第七届全民阅读论坛。

3. 命名“全民阅读示范基地”13个，评选2012年全民阅读优秀组织奖9个，评选2012年全民阅读先进单位奖69个，并在年会期间进行表彰。

4. 加强科普工作研究，协助中国科协完成《美国、加拿大高校科普资源开发开放情况调研》和《近年新媒体联盟地平线报告研究》。

五、国际交流工作

1. 6月下旬，为我国图书馆界33位代表赴美国、加拿大参加2013年美国图书馆协会年会并访问相关图书馆提供专业咨询与服务。

2. 7月17—25日，为我国图书馆界17位代表赴俄罗斯、英国参加中俄信息环境下现代数字图书馆研讨会和第10届诺桑比亚图书馆与信息服务绩效评估国际会议提供专业咨询与服务。

3. 8月10—19日，为我国图书馆界46位代表赴新加坡参加第79届世界图书馆暨信息大会（国际图联大会）提供专业咨询与服务。（霍瑞娟　马骏）

【2013网络书香·数字图书馆建设与服务宣传推广项目】 该项目先后在江苏、安徽和四川三省组织开展。项目主要包括启动仪式、馆长高级研讨班、数字阅读体验、展览、视频播放和问卷调查等主要内容，由国家图书馆、中国图书馆学会和各省文化厅主办，各省图书馆和省图书馆学会承办。7月30日至8月5日，“网络书香·数字图书馆建设与服务宣传推广项目”（江苏站）系列活动启动仪式在南京图书馆举行。国家图书馆副馆长、中国图书馆学会副理事长陈力，江苏省文化厅党组成员、南京图书馆党委书记方标军，南京图书馆馆长徐小跃等领导和江苏省各级公共图书馆、部分高校图书馆馆长及业务骨干约180余人参加活动。9月4日至11日，该项目安徽站启动仪式在安徽省图书馆举行。国家图书馆副馆长魏大威，安徽省文化厅副厅长丁光清等领导和安徽省各级公共图书馆、部分高校图书馆的馆长及业务骨干近200余人参加活动。9月25日至30日，该项目四川站启动仪式在崇州市图书馆举行。国家图书馆副馆长、中国图书馆学会副理事长陈力，四川省图书馆馆长、省学会理事长李忠昊等领导和四川省各级公共图书馆、部分高校图书馆的馆长及业务骨干约210余人参加活动。活动期间，在三地设立的数字阅读体验区共接待2600余人参观，其中各级公共图书馆、部分高校图书馆的馆长及业务骨干近600人，读者和社会公众2000余人，收集各类调查问卷及留言册500余份。体验区的精彩亮相，让社会各界对我国的数字图书馆事业有了更加形象、直观的认识，同时也让广大公众认识到数字图书馆在生产生活中的重要作用。此次展示对于推动我国数字图书馆建设，提升图书馆服务效能，培养公众的数字阅读习惯，在全社会营造全民终身学习和热爱阅读的良好氛围有着重要意义。（张章　胡京波　傅嗣鹏）

【2013全国图书馆未成年人服务提升计划

(吉林站)巡讲活动】 8月5日至6日，由国家图书馆、中国图书馆学会主办，吉林省图书馆学会、吉林省图书馆（吉林省少年儿童图书馆）承办的2013“全国图书馆未成年人服务提升计划”（吉林站）巡讲在吉林省长春市举办，来自吉林省各市（州）、县（市、区）图书馆180余名馆长、业务骨干和图书馆员参加活动。国家图书馆少年儿童馆馆长王志庚，南开大学信息资源管理系教授柯平，武汉大学信息管理学院教授黄如花，德国阅读推广机构总监萨碧娜·马勒等国内外图书馆界著名的专家学者分别以《我国公共图书馆未成年人服务政策环境及对策分析》《青少年图书馆服务的理论与方法》《美国图书馆的未成年人服务》《图画书中的结构和元素——作为儿童和青少年活动的桥梁》为主题做专业报告，并与学员们展开互动，答疑解惑。吉林省图书馆（吉林省少年儿童图书馆）和长春市少年儿童图书馆分别演示优秀案例“农民工子女阅读基地”和“少儿阅读大讲堂”，得到专家的高度评价，在全省图书馆界起到引领和示范作用。闭幕式上，主、承办方领导和授课专家为学员代表颁发结业证书，王志庚代表国家图书馆和中国图书馆学会授予吉林省图书馆（吉林省少年儿童图书馆）“全国图书馆未成年人服务提升计划”示范基地称号。（卢小戎）

专业图书馆分会

【专业图书馆分会2013年年会在佳木斯召开】 会议于7月22—26日召开，分会副理事长代涛、乔晓东、揭玉斌，秘书长刘细文及170余名代表参会。此次会议围绕开放科研对信息服务的新挑战、科研数据管理与服务、开放信息资源与服务3个主题，交流探讨科学数据管理与服务发展趋势、管理平台建设、模式机制、数据素养培养和科研数据权益研究等；分享科研信息环境、学科信息环境、专题信息环境建设的实践经验；交流科研学术资源的开放服务模式以及开放学术资源集成平台建设和机构知识库建设等。来自科学院系统、农科、医科、高校、企业及出版社的32位专家做大会发言。（专业图书馆分会）

【举办2013中国图书馆年会学科馆员服务战略转型和最佳实践主题论坛】 由中国图书馆学会专业图书馆分会、高校图书馆分会和医院图书馆委员会联合主办的此次论坛于11月8日在上海召开，170余人参会。论坛由专业图书馆分会理事长张晓林主持，副理事长孙坦做论坛发言。此次会议向业界示范、推广不同类型图书馆学科化服务的新进展、新成果，探讨学科馆员服务进一步发展的战略规划和需要解决的重点问题等，被列为2013中国图书馆年会五大论坛之一，也是3家分会继联合首办2012年学科馆员服务研讨会后，又一次推进学科馆员服务战略转型发展的重要会议。（专业图书馆分会）

【培训工作】 2013年，继续深化以知识服务能力建设为主的培训方向，以中科院国家科学图书馆和会员单位的人才、资源优势和优秀实践经验为依托，以培养图书馆员的专业化服务能力为宗旨，积极主动地向业界推广先进的理念、方法和思路。全年共举办各类培训班8期，其中业界培训7期，中科院所级培训1期，268人次参加培训。继续深化以知识服务能力建设为主、岗位培训为辅的培训方向，以挂靠单位和会员单位的人才、资源优势为依托，积极主动地向业界推广先进的理念、方法和优秀实践。继续夯实图书情报工作岗位培训班以及学科化服务、信息资源建设等常规岗位培训班，持续组织以机构知识库、专利情报分析和先进知识服务工具等专业化服务能力为主的研讨班。在组织实施国科图知识服务能力建设培训任务中，完成3个中科院文献情报系统及省级科学院交换馆员培训任务。（专业图书馆分会）

高等学校图书馆分会

【概况】 2013年，高等学校图书馆分会（以下简称高校分会）配合中国图书馆学会做好“2013中国图书馆榜样人物”、第三届“青年人才奖”“中国图书馆学会‘优秀会员’‘优秀学会工作者’及‘优秀学会’”的推选工作。继续配合中国图书馆学会组织各高校开展2013年全民阅读活动，并推选高校分会系统内的全民阅读活动“先进单位奖”和“全民阅读示范基地”。

加强组织建设，选举产生第三届高校分会。高校分会第二届委员会于2013年6月到届。根据《中国图书馆学会章程》《中国图书馆学会分支机构管理办法》中的有关规定以及按照中图学会的工作安排，高校分会召开第三届委员会会员代表大会，完成第二届委员会的换届工作，选举产生第三届委员会。为使换届会议顺利进行，高校分会做了周密的准备工作，主要包括：完成第二届委员会工作报告、财务情况报告；拟定“中国图书馆学会高校图书馆分会第三届委员会常务委员/委员推荐办法”（下简称“推荐办法”），并于4月2日召开第二届分会委员会，征求委员对“推荐办法”的意见，根据委员们的意见进一步修改“推荐办法”。经过修改的“推荐办法”和委员候选人推荐表于4月20日下发至各地方高校图工委，通过各地方高校图工委推选常务委员、委员；5月根据初选名单与中国图书馆学会秘书处协商委员、常务委员、主任、副主任及秘书长名单，并向中国图书馆学会常务理事会递交“关于高校图书馆分会第三届委员会换届方案的请示”报告，得到批复后，确定召开会员代表大会。6月17日下午，高校分会第三届委员会会员代表大会在长春国际会展中心举行。应该与会的会员人数115人，实到85人，超过所有应到会员人数的2/3，选举顺利进行，结果合法有效。中国图书馆学会秘书长严向东到会祝贺并宣读《中国图书馆学会关于高校分会换届改选的批复》意见。全体与会者听取高校分会第二届委员会主任、北京大学图书馆馆长朱强研究馆员代表高校分会所做的《第二届委员会工作报告》；听取高校分会第二届委员会常务副秘书长、北京师范大学图书馆副馆长王琼研究馆员所做的《第二届委员会财务情况的报告》；审议并通过第三届委员会会员代表大会筹备工作报告；审议第三届委员会常务委员/委员推荐办法及候选人名单；选举产生由东北师范大学图书馆副馆长刘青华为总监票人、东北师范大学图书馆副馆长杨雪诗、副研究馆员王春蕾为监票人、东北师范大学图书馆尹东冬等4人为计票人，共7人组成的监选小组；通过监选原则。投票选举工作由刘青华总监票人主持。按照监选原则，严格的会议程序和一定的会议议程，第三届委员会会员代表大会通过投票选举产生高校分会第三届委员会委员、常务委员，确定高校分会领导人。所有候选人的得票数均超过与会人数的2/3，候选人全部当选。最终的选举结果是：主任：朱强；副主任（按姓氏笔画为序）：邓景康、沙勇忠、陈进、郑章飞、顾建新、彭晓东、程焕文、葛剑雄；秘书长：王琼。

创立分会学术品牌，继续办好年会。2013年6月在吉林长春国际会展中心成功举办2013高校图书馆发展论坛，会议主题为“服务——时代旋律 永恒主题”，由东北师范大学、中国教育装备网承办，会议规模近400人，创历史新高。

大力加强与全国学会、各专业委员会的合作，开展图书馆领域相关问题的研究。6月5—7日，与深圳大学图书馆、美国约翰霍普金斯图书馆、中国图书馆学会数字图书馆专业委员会合作，在深圳召开2013数字图书馆前沿问题研讨班，进一步推动信息技术在图书馆的应用。9月23—26日，与中国机构知识库推进工作组、中国图书馆学会专业图书馆委员会在云南昆明联合举办2013中国机构知识库学术研讨会，会上对国内外机构知识库的建设现状、存在的问题、标准规范等问题进行了研讨，促进国内机构知识库的建设水平。10月21—23日，联合中国机构知识库推进工作组、中国科学院自然科学期刊编辑研究会，组织中国开放获取推介周研讨会。11月7—8日，与专业图书馆委员会、医学图书馆委员会联合承办2013中国图书馆学会年会分论坛，其主题是：数字资源使用规范化统计。

自2009年起，积极与CALIS全国农学文献信息中心合作，组织开展学术研究活动，2013年完成CALIS全国农学文献信息中心研究项目立项和评审工作，提升农林院校图书馆馆员的业务水平和学术研究能力，扩大高校分会在业界的影响。

进一步丰富网站内容，提高学术含金量。高校分会网站自2012年改版后，主页的内容进一步丰富，主页重点更加突出，逐渐成为宣传业界成功经验、服务经典案例、优秀人物、合作企业以及弘扬学术的平台。围绕上述内容，增加全民阅读经典案例栏目；丰富学术论文在线、BLOG直达等栏目；加强通讯员对各高校的宣传和经验推广等工作，加强网页的宣传功能，提升网页的学术含量。

加强对外合作与交流。协助中国图书馆学会组织高校图书馆的代表出席79届国际图联大会，为高校图书馆提供参与国际交流的平台与机会。继续主办“中国图书馆馆员暑期培训班（美国伊大）”，此项活动已举办过9年，反映良好，累计参加人数突破200人，正逐步形成图书馆界赴海外学习的品牌项目。与会者相互探讨中美图书馆行业的经验和技术，开阔视野，对促进图书馆行业与国际化接轨起到一定的作用。（高等学校图书馆分会）

军队院校图书馆委员会

【军队院校图书馆委员会完成换届】 军队院校图书馆委员会组织形式为总部机关聘任制，每届任期三年。总参军训部、总政宣传部于 2013 年 3 月下发通知，决定聘任新一届委员会组成人员并向委员会成员颁发聘书。国防大学图书馆馆长于代军为主任委员，国防科技大学图书馆馆长刘春林、海军指挥学院图书馆馆长蔡彤霞为副主任委员，石家庄机械化步兵学院图书馆馆长王凯为秘书长，另有委员 14 人。（李抒　刘家坤）

【军队院校图书馆委员会召开第 25 次会议】 会议于 5 月 9—10 日在郑州信息工程大学召开，委员会新老成员和 MALIS 系统研发组、监管组代表共 29 人参会。会议总结委员会 2012 年的工作，研究安排 2013 年工作计划；听取 MALIS 研发情况的汇报，研究该系统培训、安装部署方案，讨论《军队院校数字图书馆通用数字资源联合保障实施细则》（讨论稿）和《军队院校图书馆 RFID 建设规范》（草案）。主任委员于代军总结前一年的工作经验和体会。（李抒　刘家坤）

【2013 年军队院校协作工作年会在桂林召开】 会议于 3 月 14—15 日在桂林空军空降兵学院召开，全军各地区院校协作中心办公室主任和各教学协作联席会主任（召集人）参加会议。会上，各地区、各专业协作联席会汇报交流去年协作工作情况和今年工作打算，国防大学图书馆于代军馆长代表图书馆委员会参加会议，并就 2012 年院校图书情报协作工作的情况和 2013 年协作工作计划做汇报发言。会议分组讨论修改《2013 年军队院校教学协作工作要点》和《军队院校教学协作工作章程》；宣布军队院校新一届 20 个教学协作联席会主任名单并颁发聘书。总政宣传部理论教育局副局长罗志清、总参军训部副部长杨隶鲁分别致辞，对加强院校协作工作做指示。（刘家坤）

【召开军队院校图书馆通用数字资源联合保障建设方案专家论证会】 3 月 11 日，图书馆委员会在国防大学召开此次论证会，来自全军各系统、各种不同类型院校的 12 名专家参加会议。论证会听取装备学院图书馆陈文清教授关于通用数字资源联合保障方案（草案）的汇报，与会同志就通用数字资源联合保障当前的情况、今后一个时期联合保障建设的指导思想和原则、建设目标和任务、组织实施等问题各抒己见，畅所欲言，发表了很好的见解，最后形成了一致的意见。（李抒　刘家坤）

【组织专家组对军队院校图书馆 RFID 技术问题进行调研论证】 受总部机关委托，军队院校图书馆委员会组织由 6 位专家组成的 RFID 系统技术调研组，于 5 月 19—28 日赴上海、杭州、深圳、武汉等地进行考察调研，先后实地考察 3 家 RFID 产品供货商公司，走访 8 个已经应用 RFID 技术的军地图书馆。通过实地走访、交流研讨、体验测试和文献调研等方式，了解 RFID 技术在图书馆应用的现状、高频和超高频 RFID 技术特点以及主要生产厂家基本情况，从调研的基本情况、RFID 技术在图书馆行业的应用情况、高频与超高频技术的分析比较提出建议与对策，按时完成《关于 RFID 技术在图书馆应用的调研报告》，为总部机关制订《军队院校图书馆 RFID 系统技术规范》提供决策咨询意见。（刘春林　李抒）

【组织军队院校图书馆 2011—2012 年度优秀信息成果评奖】 按照军队院校图书馆委员会《关于军队院校图书馆 2011—2012 年度优秀信息成果奖励的实施意见》，经各院校图书馆主管部门同意，各地区图书情报协作组推荐，共收到申报的 2011—2012 年度优秀成果项目 148 项；经审查，全部符合申报要求。10 月 25 日，聘请军队院校图书馆的 13 位专家，依据《军队院校图书馆优秀信息成果奖励办法》逐项进行评审，评出一等奖 17 项、二等奖 31 项、三等奖 50 项。委员会予以通报表彰，并颁发获奖证书。（李抒　刘家坤）

【召开信息技术应用暨信息资源标准规范体系建设座谈会】 会议于 1 月 10—11 日在装备学

院召开。委员会领导与军队院校图书馆在信息技术与标准规范方面的专家共 26 人参加。会议对 MALIS 系统研发与应用部署、新一轮信息资源建设服务和针对 2110 建设开展学科化服务等 2013 年的三项重点工作进行部署，并对下一阶段如何开展工作提出具体要求；听取 MALIS 研发进展情况的汇报；分成信息技术、标准规范两个专业组，按照预定的议题分别进行讨论并形成一致的意见，为下一步 MALIS 系统的安装部署奠定良好基础。（廖先军）

医院图书馆委员会

【概况】 2013 年，医院图书馆委员会不断加强组织建设，修订《中国图书馆学会医院图书馆委员会职权及工作规则补充规定》和《中国图书馆学会医院图书馆委员会会员会费标准及管理办法》；组织筹备召开第六次会员代表大会，完成换届选举工作，选举产生第六届委员会、常委会和学会领导。组织开展形式多样的学术交流活动，紧密结合医学图书情报服务的发展和实践探索，主办、联合主办和承办 3 次学术活动，参会人数 626 人次，有效发挥学会在业务指导和学术交流方面的桥梁和纽带作用。组织完成医院图书馆委员会网站的改版工作，推行网站通讯员制度，积极组织报道医院图书馆行业新闻动态、工作经验和学术研究进展。组建“医院图书馆工作者之家”QQ 群，有效促进学会内部的联系与交流，起到凝聚会员和增进通联的作用，学会工作呈现健康发展的良好态势。（医院图书馆委员会）

【医院图书馆委员会第六次会员代表大会】 8 月 28 日，中国图书馆学会医院图书馆委员会组织召开了第六次会员代表大会，陈锐主任委员代表医图委第五届委员会做第五届委员会工作报告，总结回顾了医图委四年来的工作情况；郝继英秘书长做第五届委员会财务收支报告和第六届委员会换届筹备工作报告，组织进行了医院图书馆委员会换届选举，经过民主程序选举产生了由 189 名同志组成的医院图书馆委员会第六届委员会、由 52 名同志组成的医图委第六届常务委员会、由 1 名主任委员、7 名副主任委员和 1 名秘书长组成的第六届学会领导，陈锐同志当选为主任委员，曹宪忠、陈励和、盖起刚、仇晓春、尚武、田新玉、邢美园 7 位同志（按拼音顺序排序）当选为副主任委员，郝继英同志当选为秘书长。（医院图书馆委员会）

【医院图书馆委员会第二十一届学术研讨会暨 2013 年学术年会】 2013 年 8 月 27—30 日，中国图书馆学会医院图书馆委员会第二十届学术研讨会暨 2012 年学术年会在浙江宁波市召开，会议以“医院图书馆服务与发展——评审中的医院图书馆”为主题，来自全国 27 个省市的医学信息机构、医院图书馆及相关领域的 186 名代表参会。陈励和副主任委员、邢美园副主任委员在学会工作交流中介绍了本地区医院图书馆委员会服务为本、创新进取的发展历程，上海瑞金医院图书馆邱坚馆长、北京中日友好医院孟张颖馆长在馆长论坛交流中介绍了医院图书馆在医院等级评审工作中的成功经验和主要做法。本次会议征集论文 58 篇，评选出的 7 篇优秀论文作者在大会论文交流中报告了学科化服务、信息共享空间建设、医院等级评审迎评等方面的学术研究成果。（医院图书馆委员会）

【各地医院图书馆委员会学术交流活跃】 2013 年，北京、上海、天津、河北、广东、湖南、浙江、山西、陕西等分会分别召开地区医院图书馆委员会学术年会，围绕“医院等级复审图书馆迎评工作、医院图书馆学科化服务、机构知识库建设、提高医院图书馆工作人员的科研素质”等主题，研讨交流学科领域的最新研究进展和工作实践，参会人数 1000 余人。（医院图书馆委员会）

【医院图书馆委员会主任委员陈锐当选 2013 年中国图书馆榜样人物】 在 11 月召开的 2013 中国图书馆年会开幕式上，医图委主任委员、解放军医学图书馆馆长陈锐受到文化部、中国图书馆学会的表彰，荣获“2013 年中国图书馆榜样人物”殊荣。（医院图书馆委员会）

【医院图书馆委员会副主任委员陈励和荣获 2013 年广东图书馆学会优秀服务奖】

医院图书馆委员会副主任委员、广州市妇女儿童医疗中心图书馆陈励和主任带领全馆同仁不断创新服务，获得 2013 年广东图书馆学会授予的“优秀服务奖”。（医院图书馆委员会）

各省、自治区、直辖市图书馆学会

北京市

【概况】 2013年，在北京市社会科学界联合会及北京市文化局的支持与指导下，北京市图书馆协会积极开展各项工作，发展个人会员694人，团体会员48个。召开北京市图书馆协会第五次会员代表大会，选举产生第二届理事会、监事会和以倪晓建为理事长的协会领导。

协会积极组织会员开展学术交流活动，探讨图书馆学理论与实践问题。针对公共图书馆事业的发展现状需要，举办图书通借通还服务、数字资源服务与利用、文献标引工作和系统升级工作的培训，共305名会员参加培训；与北京市档案学会联合举办政府信息公开查询工作学术交流会，交流政府信息公开查询工作中取得的成绩，并对进一步完善查询服务提出改进建议；组织会员参加中国图书馆学会及其各专业委员会的学术活动，24篇论文获得中国图书馆学会颁发的年会征文奖，协会获得“征文组织奖”。

协会坚持组织会员单位开展讲座、展览、送书、诵读等阅读活动，面向读者推荐图书、引导阅读。在图书馆服务宣传周、世界读书日、科技周、社会科学普及周以及节假日期间，各会员单位广泛开展阅读体验活动，普及科学知识，全年共举办各类阅读活动3042次，169万人次参与其中。朝阳区图书馆和怀柔区图书馆获得中国图书馆学会颁发的全民阅读活动组织奖和先进单位奖，协会获得北京文化局颁发的2013年全民阅读优秀组织奖。（虞敏）

【北京市图书馆协会第五次会员代表大会召开】 12月18日，北京市图书馆协会第五次会员代表大会在首都图书馆召开，中国图书馆学会等单位相关领导出席会议。大会对协会第一届理事会工作进行审议，选举产生协会第二届理事会、监事会及领导机构。北京市图书馆协会第一届常务副理事长倪晓建做《北京市图书馆协会第一届理事会工作报告》；副理事长王超湘做《北京市图书馆协会第一届财务工作报告》；监事齐金薇做《北京市图书馆协会监事会工作报告》。会议审议通过《北京市图书馆协会程章》（草案）、《北京市图书馆协会会费管理办法》（草案），产生理事48名，监事3名。由理事会成员选举产生常务理事15名。首都图书馆倪晓建馆长当选为协会第二届理事长，首都图书馆邓菊英副馆长当选为常务副理事长兼秘书长，首都图书馆陈坚副馆长、北京联合大学应用文理学院王彤副院长、首都师范大学图书馆熊丽副馆长、西城区第二图书馆李金龙馆长、东城区第一图书馆肖佐刚馆长、北京友谊医院图书馆吴晓海馆长当选为副理事长。（北京市图书馆协会）

天津市

【天津市图书馆学会第七次会员代表大会召开】 9月27日，天津市图书馆学会第七次会员代表大会在天津大学科学图书馆报告厅召开。来自公共、高校、科研、党校、医院及其他系统图书馆的148名代表参加会议。天津市科协学会部负责人、天津市社团管理局负责人也参加此次会议。经投票，85名同志当选为天津市图书馆学会第七届理事。全体理事会议选举产生第七届常务理事会成员，选举产生理事长、副理事长、秘书长。（天津市图书馆学会）

【天津市图书馆学会开展学术交流活动】 9月，组织10人参加在内蒙古呼伦贝尔市召开的第十二届中国社区乡镇图书馆发展战略研讨会。11月，组织参加在上海召开的中国图书馆学会年会，论文获奖6篇。6月，在泰达图书馆举办“2013图书馆学情报学科研—写作—投稿研修班”，来自天津各高校、公共、科研院所图书馆工作人员共100余人参加培训。11月，举办“新型图书馆员能力提升培训班”，邀请国内图书情报理论与业务实践方面8名知名专家学者就资源建设规划特点、图书馆转型与变革、重新定义图书馆、基于多媒体资源与技术的图书馆服务、电子资源保障与建设策略、知识服务工具的开发与应用等热点难点问题进行授课，并进行实际案例分析。12月，举办《现代公共文化服务体系》培训班，来自天津市各级公共图书馆、少年儿童图书馆、开发区泰达图书馆馆长及业务骨干500余人参加培训。完成《中国图书馆年鉴（2013年卷）》天津部分的编纂工作。（天津市图书馆学会）

【天津市图书馆学会加强专业培训】 2013年，学会举办图书馆专业知识职称培训班，来自全市各公共、科研院所、中小学的图书馆工作者近百人参加为期40天的培训并参加考试，考试通过率约为90%，专业培训收到良好的效果。7月23日至8月13日，开展本年度图书资料专业技术人员继续教育培训，来自各区、县图书馆、少儿馆、各基层图书馆以及各行业分馆共计104个图书馆的500余名学员参加培训。（天津市图书馆学会）

河北省

【概况】 河北省图书馆学会现有常务理事单位26个，理事单位51个，会员单位175个。2013年新增会员141名，会员总数达到1387名；向中国图书馆学会推荐新会员55名，全省中国图书馆学会会员达到355名。职业教育院校图书馆分会成立申请获得批准，学会组织机构更加健全。首次被评为河北省5A级社会组织。

2013年，举办以“阅读视野中的图书馆服务”为主题的学术征文活动，组织会员参与中图学会2013年度“书香中国——阅读引领未来”学术征文活动，17篇论文获奖，省学会被中图学会授予2013年度征文组织奖。发动会员参与中国图书馆学会第一届未成年人服务论坛案例征集活动，提交案例5篇。学会组织30多名会员参加在上海浦东召开的2013中国图书馆年会，理事长李春来参加全国公共图书馆工作会议，会员赵俊玲、魏晓峰、刘志大分别在分会场做学术交流。邀请陈力、王世伟、申晓娟、朱强、褚树青等多位业内知名专家学者来河北举办学术报告、专题讲座，举办全省公共图书馆评估培训班和服务规范培训班、全省图书馆联合编目培训班。

举办主题为“经典浸润人生 阅读成就梦想”的2013年度燕赵少年读书系列活动，全省10余万中小学生参与到活动中。在全国少年儿童经典读物情景剧大赛中报送作品8部获奖，学会获得大赛优秀组织奖。燕赵少年读书系列活动荣获文化部颁发的第十届艺术节“群星奖”，活动发起人之一、省图书馆副馆长顾玉青被文化部评为群文之星。

在全省组织开展以“书香中国——阅读引领未来”为主题的公共图书馆服务与宣传周活动；举办“捕捉身边阅读身影”主题摄影大赛和阅读推广海报展评活动，遴选优秀作品在省学会年会上展出；组织驻石各系统图书馆举办第四届乒乓球友谊赛暨2013年度会员活动日活动；举办全省图书馆年会；协助省文化厅完成全省公共图书馆第五次评估定级工作，全程参与全省评估定级的组织实施，为提升全省公共图书馆评估定级整体水平做出贡献。

全年编辑印发《图书情报通讯》和《河北省图书馆学会工作通讯》各6期。继续为《中国图书馆年鉴》河北部分组织撰写稿件，学会因2011、2012年年鉴稿件组织工作受到中图学会的表彰。（河北省图书馆学会 杨洪江）

【举办公共图书馆评估定级培训班和公共图书馆服务规范培训班】 3月14—17日，由河北省文化厅主办，省馆、省学会承办的全省公共图书馆评估定级培训班和公共图书馆服务规范培训班在省馆举办。培训班特别邀请《公共图书馆服务规范》课题组负责人、主要执笔人王世伟教授和《公共图书馆评估标准》（修订版）课题组组长申晓娟研究馆员两位图书馆界知名专家授课。来自全省150余家公共图书馆的馆长及业务骨干共计240人参加培训。（河北省图书馆学会 史君 徐坤）

【河北省图书馆学会首次获评河北省5A级社会组织】 7月18日，以河北省民间组织管理局副局长杨立华为首的省民政厅、人社厅、财政厅评估考察组实地考察学会的办公条件、制度建设、财务管理等情况，对省学会的工作给予高度评价。9月23日，省民政厅公布2013年度河北省社会组织评估结果，省学会从581个单位中脱颖而出，获得河北省5A级社会组织称号，这是省学会首次获得这一殊荣。（河北省图书馆学会 孙苹玲）

【2013年度河北省图书馆学会年会召开】 会议于12月17—19日在刚刚投入使用不久的沧州图书馆新馆隆重召开。本次年会以“阅读视野中的图书馆服务”为主题，来自全省各级各类图书馆的业界同仁300人参加会议，参会人数规模空前。年会上，省文化厅通报全国第五次县以上公共图书馆评估定级中河北省评估情况并公布评

估结果，为上等级图书馆代表颁发标牌；为8个获奖单位颁发2013年度全民阅读先进单位奖牌；为在本年度学术征文活动中获奖的个人和单位颁发证书；为在2013年阅读推广海报展评和“捕捉身边的阅读身影”主题摄影大赛两项活动中表现突出的8个单位颁发荣誉证书，这两项活动共收到摄影作品267幅，阅读推广海报作品108幅，60幅摄影作品、30幅海报作品分别获得一、二、三等奖。会议邀请北京大学图书馆馆长朱强、杭州图书馆馆长褚树青分别做题为《图书馆数字化转型的挑战与策略》《图书馆的非专业解读》的报告。设置4个分会场，代表们分别围绕“图书馆阅读推广创新实践”“资源建设与服务”“图书馆学研究方法”“走向基层的图书馆服务”4个主题开展交流。学会理事长李春来在大会上做2013年学会工作报告并通报2014年重点工作。年会期间，还举办“捕捉身边的阅读身影”摄影大赛作品展、全省图书馆阅读推广海报优秀作品展，沧州图书馆同时举办“阅读的力量”图片展和名社精品图书展2个展览。（河北省图书馆学会　徐坤　史君）

【燕赵少年读书系列活动获文化部“群星奖”】 在文化部组织开展的2012—2013年第十届中国艺术节“群星奖”评奖工作中，由河北省文化厅、省教育厅、团省委主办，省图书馆学会、省图书馆承办的“燕赵少年读书系列活动”荣获项目类“群星奖”，省图书馆副馆长顾玉青被评为“群文之星”。“燕赵少年读书系列活动”已连续举办十届。十年来，省馆、省学会不断积累经验、完善活动机制，通过举办推荐图书、主题征文、知识竞赛、书画摄影集、故事大赛、手抄报书签制作等多种形式，吸引全省60余万名中小学生广泛开展阅读活动，已成为省内公共图书馆具有引领、示范作用的群众性读书活动。（河北省图书馆学会　徐坤　史君）

山西省

【概况】 2013年，山西省图书馆学会召开常务理事会4次，扩大会议1次，充分发挥常务理事会的集体领导作用。目前，全省有中图学会注册会员223人，省学会注册会员472人，团体会员单位57个。

省学会全年组织中国图书馆学会年会、国际图联大会、第12届社区乡镇图书馆发展战略研讨会、百县馆长论坛等国内及国际性学术会议的征文活动。共征集学术论文67篇，其中21人分别荣获学术交流论文一、二、三等奖。6月，省学会与网络化与数字化工作委员会在太原理工大学图书馆共同举办图书馆软件平台建设与借阅工作的融合学术论坛。9月，在全国科普日系列活动中发放宣传资料2000余份，现场接待群众咨询百余人，全省图书馆系统累计发放资料6万余份。9月和12月，分别组织30多名会员参加由中国图书馆学会举办的城市图书馆服务体系建设研讨班。在“4·23”世界读书日、图书馆服务宣传周、全国科普活动日活动开展期间，省学会组织全省各级各类图书馆积极参与并做好总结表彰工作；完成《中国图书馆年鉴》2013卷山西部分的组稿、编纂工作。

省学会被省科学技术协会评为“山西省科普日活动优秀组织单位”，获得《中国图书馆年鉴》编纂工作二等奖。吕梁市图书馆、清徐县图书馆分获2013年全国“全民阅读活动先进单位”。（山西省图书馆学会　武锦丽）

【山西省图书馆学会五届四次理事会在太原召开】 2013年2月，山西省图书馆学会五届四次理事会在太原召开。来自全省公共图书馆、高校图书馆和科研院所图书馆的理事50余人参加会议。会议审议通过《2012年山西省图书馆学会工作总结》《2013年山西省图书馆学会2013年工作计划》《2012年山西省图书馆学会财务报告》，表决通过更换、增补和变更理事长、副秘书长等议案，表彰2012年全民阅读先进单位、图书馆服务宣传周先进单位及《晋图动态》的优秀通讯员。（山西省图书馆学会　武锦丽）

【李小强等8名同志被授予山西省图书馆学会第五届理事会荣誉理事】 为表彰山西省图书馆学会第五届常务理事李小强同志、李嘉琳同志、裴成发同志、李明同志、幸玉亮同志、霍春英同志、雷立康同志、白才进同志长期以来为山西省图书馆事业做出的贡献，经五届十三次常务理事会研究，决定授予上述同志“山西省图书馆学会第五届理事会荣誉理事”称号。（山西省图书馆学会　武锦丽）

辽宁省

【概况】 2013年，辽宁省图书馆学会被中国图书馆学会评为“2009—2013年中国图书馆学会先进学会”，获2013年中国图书馆学会年会征文组织奖。成功举办“从参考咨询走向知识咨询”专题学术研讨会，“辽宁省图书馆学会2013年文化志愿服务”专题研讨会，与吉林省图书馆学会、黑龙江省图书馆学会在黑龙江省绥芬河市联合召开“东北地区第十四次图书馆学科学讨论会”，组织会员积极参与2013年度科研课题立项和自然科学成果报送工作；大力支持学会下属各系统专业委员会开展各类学术活动；学会会刊《图书馆学刊》编辑出版12期，刊发论文613篇。积极向中国图书馆学会推荐全民阅读先进单位。同时积极配合图书馆服务宣传周和科普日活动，举办读书节活动和科普日专题展览制作工作。（辽宁省图书馆学会）

【辽宁省图书馆学会2013年秘书长工作会议召开】 会议于4月15日在沈阳召开。来自全省14个市级学会的秘书长参加此次会议。会上，各市学会秘书长汇报2012年工作，杜希林秘书长传达学会2013年工作要点并着重强调《中国图书馆年鉴》（2013卷）编撰工作的重要性。（辽宁省图书馆学会）

【辽宁省图书馆学会获中国图书馆学会年会征文组织奖】 11月7—9日，“2013年中国图书馆年会——中国图书馆学会年会·中国图书馆展览会”在上海浦东新区举办。辽宁省图书馆学会为此次年会征集学术论文137篇，其中56篇论文分别被评为优秀论文一、二、三等奖。因征文组织工作得力，辽宁省图书馆学会获“征文组织奖”。（辽宁省图书馆学会）

吉林省

【吉林省图书馆学会召开第八次会员代表大会暨联盟第二届理事会】 会议于5月7日在吉林省图书馆报告厅召开。来自全省9个市（州）的公共、高校、科研和其他系统图书情报单位的150多名代表参加会议。中国图书馆学会及17个兄弟省、市（区）图书馆学会发来贺信贺电。七届理事会理事长鲍盛华在工作报告中全面总结回顾七届理事会工作。会议选举产生第八届理事会，共110名理事、29名常务理事，增加17个理事单位，新增、更换理事55人，符合学会章程规定要求。会议选举产生以鲍盛华为理事长，王剑、刘万国、谢群、李云彪为副理事长，张毕臣为秘书长的新一届理事会领导机构；审议通过《吉林省图书馆学会章程》（修改草案）及章程修改说明、《吉林省图书馆学会会费管理办法（草案）》以及第八届理事会秘书处组成人员名单。学会对在七届理事会期间涌现出的先进集体和优秀个人进行表彰。延边、通化等4个市（州）图书馆学会、吉林大学图书馆等31个先进单位以及26名优秀馆长、15名优秀学会工作者和171名优秀会员代表分别获得2009—2012年度先进奖牌和荣誉证书。

在吉林省图书馆联盟第二届理事会上，刘万国副理事长在联盟工作总结报告中全面阐述联盟自2008年成立5年来的发展历程以及所取得的成绩。会议选举产生联盟第二届理事会，推选出29名联盟理事，鲍盛华担任理事长，王剑、刘万国、谢群、李云彪担任副理事长。本次会议还确定32个县级公共图书馆以及2所高校图书馆加盟成为省图书馆联盟第五批成员馆，使图书馆联盟实现在全省县级以上公共图书馆的全覆盖。

会议结束后，举办学术报告会，特邀北京大学信息管理系李国新教授做题为《公共文化服务体系建设——理论突破、实践进展与时代任务》的学术报告，与会代表享受到一次难得的高层次、高水平的知识盛宴。（吉林省图书馆学会秘书处）

【吉林省图书馆学会推荐多个单位荣获全民阅读奖】 按照中国图书馆学会的要求，吉林省图书馆学会各级做好全民阅读各个奖项的申报推荐工作。2013年，推荐的吉林省图书馆获得全民阅读示范基地荣誉，另有东北师范大学图书馆、敦化市图书馆、延吉市少年儿童图书馆同时获得全民阅读先进单位奖。（吉林省图书馆学会秘书处）

【吉林省图书馆学会组织代表参加东北地区第十四次图书馆学科学讨论会】 8月21—24日，吉林省图书馆学会组织全省近60名代表，到黑龙江省绥芬河市参加由黑龙江省图书馆学会承办的东北地区第十四次图书馆学科学讨论会。吉林省图书馆党委书记吴爱云主持开幕式。此次研讨会吉林省学会共组织征文143篇，评出一等奖20篇、二等奖82篇、优秀奖8篇。另有5个单位获征文组织奖。（吉林省图书馆学会秘书处）

【吉林省图书馆学会组织全省县以上公共图书馆第五次评估定级工作】 受吉林省文化厅委托，吉林省图书馆学会历时半年完成全省县以上公共图书馆第五次评估定级工作。1月起草评估通知，确定评估领导小组和专家组成员；3月参加全国公共图书馆评估定级工作培训班；4—5月，指导基层图书馆评估工作；6月4—28日，省评估专家组分成两组深入9个地区，对29个参评图书馆进行了实地评估；7月，陪同文化部评估组到长春市少年儿童图书馆实地评估，起草评估暨重点文化工程督导汇报材料；同时，对复评材料、数据进行汇总、分析，完成评估总结报告，受到省文化厅肯定；12月，发放评估上等级牌匾。（吉林省图书馆学会秘书处）

黑龙江省

【黑龙江省图书馆学会承办第五次评估定级培训班】 1月27日—28日，由黑龙江省文化厅主办，省学会承办的全省公共图书馆第五次评估定级工作暨《公共图书馆服务规范》培训班在省馆报告厅举行。全省各级公共图书馆及地市级文化局主管评估工作的负责人共138人参加培训。开班仪式上，省文化厅社文处处长李辽昌做评估定级和推广《公共图书馆服务规范》工作部署；省馆馆长高文华做《扎实推进全省基层公共数字文化服务》专题报告；辅导培训部主任闻德锋、采编部主任于爱君分别就《公共图书馆第五次评估标准》中的内容，并结合省馆第四次评估定级档案逐一条款解读，布置评估定级工作的具体要求和操作步骤；省馆副馆长毕洪秋对《公共图书馆服务规范》的编制背景、意义、条文解读等做详细讲解。（黑龙江省图书馆学会秘书处）

【黑龙江省图书馆学会召开第十次会员代表大会】 会议于7月18—19日在黑龙江省图书馆召开。省文化厅副厅长韩慧峰、省民间组织管理局局长杨晓光、省科学技术协会副主席丛丽、省社会科学界联合会学会部部长王宏宇等领导，来自公共、高校、科研、党校、医院、农垦等系统图书馆学会的122名代表出席会议。开幕式上举行省学会2009—2013年度优秀学会、优秀团体会员、优秀学会工作者及优秀会员的颁奖，哈尔滨市图书馆学会等10个学会被授予“优秀学会”的称号，表彰优秀团体会员图书馆48个、学会工作者25名、优秀会员102名。省学会九届理事长高文华做第九届理事会工作报告。经过民主选举投票方式产生新一届理事会、常务理事会、理事长、副理事长和秘书长。会议审议通过第九届理事会工作报告、修订后的《黑龙江省图书馆学会章程》和《黑龙江省图书馆学会会费标准及管理办法》；宣布第十届理事会、常务理事会组成人员及分工，秘书处、学术工作委员会、编辑出版工作委员会组成人员及分工；通过第十届理事会名誉理事长和名誉理事的决定。第十届理事会由67人组成，常务理事会由19人组成，高文华当选为本届理事会理事长，副理事长由孙威、曲章义、马海群、毕洪秋担任，秘书长由闻德锋担任。（黑龙江省图书馆学会秘书处）

【黑龙江省图书馆学会承办东北地区第十四次图书馆学科学讨论会】 会议于8月22—23日在黑龙江省绥芬河市图书馆召开。来自黑龙江、吉林、辽宁三省的图书馆界学者、图书馆工作者120余人参加会议。黑龙江大学信息管理学院副院长蒋永福教授做《图书馆人的职业人生与学术人生》的专题报告。会议通过论文交流、学术研讨，提升东北三省图书馆员的研究水平，实现开展跨地区图书馆学交流的目的，同时促进三省图书馆员之间的友谊。（黑龙江省图书馆学会秘书处）

上海市

【概况】 上海市图书馆学会开展学术活动次数和会员参与率连年保持不断增长的势头。2013年全年累计举办各类型国际性、全国性、区域性和全市性学术会议、研讨会、年会、论坛、报告、讲座、征文、培训等专业学术学术活动30余次，会员年人均参与学术活动达到2.2次；圆满完成年度科研课题立项申报评审工作；学会会刊《图书馆杂志》出版发行达6.6万份、数字机构用户4800个，刊登发表各类学术论文360余篇；学会网站年访问量达2338132人次。再度荣登2013年全国300名全国省级“学会之星”排行榜，同时荣列“2013年开展学术交流五十佳省级学会”名单。学会业务指标项目综合能力不断增强，学会学术平台效应愈益显现。（上海市图书馆学会秘书处）

【上海市图书馆学会再次荣登2013年全国省级“学会之星”排行榜】 根据中国科协主办的《学会》杂志发布的2013年全国300名全国省级“学会之星”排行榜，上海市图书馆学会再次榜上有名，同时荣列“2013年开展学术交流五十佳省级学会”名单。全国省级学会“学会之星”排行榜评选，是中国科协学会学术部委托学会杂志社科技社团评价中心与福建省海西社团评价中心依据国家统计局与中国科协有关学会统计数据开展的第三方评估研究项目。通过对中国科协系统内全国3000多个省级学会（协会、研究会）业务指标项目进行测算，分学科按最终得分降序排名。上海市科协系统共有19家学会入榜“学会之星”，上海市图书馆学会位列其中第6位。在“开展学术交流五十佳省级学会”名单中排名第18位，在入选的上海4家学会中位列第2。这也是上海市图书馆学会继2006年以来连续八年获全国省级“学会之星”、五次获“学术交流五十佳省级学会”称号殊荣。（上海市图书馆学会秘书处）

【2013年图书馆前沿技术论坛:“资源发现之旅”研讨会】 由上海市图书馆学会和上海图书馆主办、学会学术委员会承办的此次会议于5月29日在上海图书馆召开，来自全国各省市高校图书馆、公共图书馆和企业界的300余名代表参会。这次研讨会的召开，为未使用资源发现系统的图书馆或正在考察、准备采购资源发现系统的图书馆提供丰富的信息和知识，也给大家提供一个沟通交流和发现问题的平台。（上海市图书馆学会秘书处）

【上海市图书馆学会2013年科研课题立项评审结果发布】 6月8日，2013年度上海市图书馆学会科研课题项目评审结果正式发布。共42项课题获得批准立项，其中自选重点课题3项，获得资助一般课题5项。此次从课题指南发布到立项申报和评审结果发布为时半年，期间共受理会员单位组织申报的一般和自选课题70项，其中申报重点课题项目3项，一般课题项目67项。所有通过初审的申报项目由学会组织专家全部实行匿名分组通讯评审。根据匿名通讯评审的综合得分及综合评价高低，本着公平竞争、择优立项、好中选优的原则，从68项通讯评审入围课题中选出42个课题立项，再从中遴选出5个立项资助课题。此次的立项评审工作，力求做到坚持正确导向，突出研究重点；坚持质量第一，兼顾自选创新。在整个评审规程中，努力做到严格评审制度，规范评审程序，推进学风建设。（上海市图书馆学会秘书处）

【图书馆多元文化服务国际研讨会暨第9届中日图书馆国际研讨会】 由上海市图书馆学会、日本图书馆研究会、浦东图书馆联合主办的此次会议于11月7日在上海召开。研讨会主题为“多元文化·人·图书馆服务”。中国图书馆学会副理事长、上海图书馆馆长吴建中，日本图书馆研究会理事长、京都大学大学院教育学研究科川崎良孝，新加坡国家图书馆管理局助理总裁、公共图书馆馆长郑爱清等3位专家分别以“城市发展与图书馆多元文化”“作为阅读空间图书馆的历史与现状”和“新加坡公共图书馆多元文化服务”为题做主题报告；爱知学泉短期大学久野和子，上海市浦东新区图书馆学会秘书长、浦东图书馆副馆长王韧，京都大学附属图书馆赤泽久弥，长宁区图书馆副馆长郭敏芬等业界代表做交流发言。本次研讨会对图书馆作为重要的社会文化机构，如何适应城市人口结构和社会发展的要求、如何在多元文化共存的地区开展无差异的信息文化服务、如何建立适应外来移民文化需求的城市公共文化服务体系等进行思考、研究和探讨。（上海市图书馆学会秘书处）

【2013年长三角网上联合知识导航站年会召开】 作为由沪浙苏三省市图书馆学会主办的“长三角城市图书馆论坛”共同倡导的区域图书馆合作项目，“加强区域合作 促进转型发展——2013年长三角网上联合知识导航站年会”暨扬州分站揭牌仪式于12月12日下午在扬州市召开。本次会议由“长三角城市图书馆论坛”合作成员单位上海图书馆和扬州市图书馆联合举办。来自长三角地区20多家公共图书馆、部分高校图书馆以及导航站专家学者、扬州市图书馆的同

行共70余人与会。会议向2013年年度优秀服务奖获得者颁发荣誉证书，向扬州市图书馆4名新聘专家颁发聘书。大会还安排主题报告及分组讨论。此次会议为明年区域参考咨询工作的合作和发展打下良好基础。导航站管理中心将在充分参考与会专家领导所提意见与建议的基础上，进一步完善导航站新平台的各项功能，为参考咨询专家和读者提供更加优质高效的网上参考咨询服务。（上海市图书馆学会秘书处）

江苏省

【概况】 2013年，江苏省图书馆学会努力做到凝聚行业力量，完善自身建设，倡导学术创新，扩大合作交流，推进全民阅读，加强人才培养，为进一步推动江苏图书馆事业发展做出贡献。组织开展各种形式的学术活动，成功举办江苏省第十四届县（市）区图书馆馆长理论研讨会。协助上级部门及其分支机构组织开展学术交流及研讨活动。在2013中国图书馆年会征文活动中，江苏共提交征文215篇，其中104篇论文获奖，征文数和获奖数继续保持全国领先，省学会荣获年会征文活动组织奖。积极组织参加中国图书馆学会第一届全国图书馆未成年人服务论坛，全省共有19家单位提交案例26个，其中2个案例分获二、三等奖，6个案例获优秀奖，省学会荣获论坛优秀组织奖。协调和支持各市图书馆学会和各分支机构开展学术活动，参与组织省学会学术委员会与继续教育委员会联合举办的学术年会、资源共建共享工作委员会与军事院校图书馆工作委员会联合举办的“军地图书馆资源融合与共同发展”研讨会等学术活动。组织全省开展全民阅读推广活动。在中图学会2012全民阅读奖项评审中，江苏地区有8家单位获全民阅读先进单位称号，1家单位被命名为全民阅读示范基地，获奖数全国第一。与南京图书馆合作，成功举办由国家图书馆、中国图书馆学会主办的“网络书香·数字图书馆建设与服务”宣传推广项目（江苏站）系列活动。积极发展会员，努力做好会员管理工作。全年新发展省学会会员52名，中图学会会员45名。至2013年年底，省学会在册会员1344名，中图学会会员639名。（江苏省图书馆学会　杨岭雪）

【举办“传承与发展——历史文献保护实践与展望”学术研讨会】 10月22日，江苏省图书馆学会古籍整理与文献保护工作委员会、江苏省古籍保护中心联合举办“传承与发展——历史文献保护实践与展望”学术研讨会。会议特别邀请来自上海、浙江、广西、广东、辽宁、山西及澳门等地历史文献保护工作专家，古籍整理与文献保护工作委员会委员以及来自江苏地区公共图书馆、高校图书馆、博物馆、科研系统等古籍收藏单位近70名代表参会。会议分为专题发言、经验交流、论文代表发言3个部分。与会人员就古籍普查实施现状、面临问题与解决方案，古籍修复与保护，古籍保护人才培养，古籍整理利用研究，民国文献修复与保护，民国文献整理利用研究等多个专题展开研讨与交流。（江苏省图书馆学会）

【省学会学术委员会和继续教育委员会联合举办学术年会】 会议于11月14—15日在南通大学图书馆召开，主题为：“文化大繁荣大发展背景下的图书馆管理及业务工作变革”。省图书馆学会学术委员会和继续教育委员会委员，年会征文部分获奖者，全省各级各类图书馆领导、工作者参加年会。开幕式由省图书馆学会副理事长、继续教育委员会主任孙建军教授主持。南通大学副校长董正超致欢迎词，南京图书馆副馆长许建业代表省图书馆学会致辞。会议邀请武汉大学资深教授、博士生导师马费成，杭州图书馆馆长褚树青做专家报告；江苏大学图书馆馆长卢章平，南京图书馆副馆长许建业，南京大学教授、博士生导师杨海平及浪潮集团江苏分公司副总经理许倩分别做大会报告。会议进行分组讨论和汇报，南京大学教授、博士生导师郑建明做此次年会获奖论文评述。此次年会共收到全省征文100篇，评选出一等奖11篇，二等奖19篇，三等奖30篇，优秀奖若干。（江苏省图书馆学会）

【组织召开江苏省第十四届县(市)区图书馆馆长理论研讨会】 11月27—28日，由江苏省图书馆学会主办，邳州市文广新体局承办，徐州市图书馆学会、邳州市图书馆协办的江苏省第十四届县（市）区图书馆馆长理论研讨会在邳州市召开。全省市、县区图书馆馆长及相关人员近100人参加会议。研讨会围绕“公共图书馆服务体系的枢纽：县级图书馆‘十二五’时期的创新发展”主题交流研讨。特邀山东省图书馆馆长李西宁、南京大学信息管理学院院长孙建军分别做题为《数字时代图书馆服务理念》和《公共数字文化的技术与实践》的报告；南京图书馆业务管理部主任吴政、北京超星集团副总经理叶艳鸣分别做题为《数字时代新馆建设规划及我省公共数字文化建设》和《大数据时代的公共数字图书馆建设》报告。南京大学信息管理学院博士生导师、省学会学术委员会主任郑建明教授做本次研讨会征文综述和点评。此次研讨会共征集论文42篇，评出一等奖5篇、二等奖10篇、三等奖15篇、优秀奖若干，3个图书馆获征文组织奖。5名获奖论文作者代表在会上做交流发言。（江苏省图书馆学会　杨岭雪）

【省学会资源共建共享工作委员会与军事院校图书馆工作委员会联合举办学术研讨会】 12月17日，江苏省图书馆学会资源共建共享工作委员会与军事院校图书馆工作委员会在解放军南京陆军指挥学院图书馆联合召开“军地图书馆资源融合与共同发展”研讨会。省文化厅党组成员、省图书馆学会常务副理事长、南京图书馆党委书记方标军和南京陆军指挥学院训练部副部长高建，南京图书馆副馆长许建业，省图书馆学会秘书长杨岭雪以及2个工作委员会的30余位委员和代表参加会议。会议由军事院校图书馆工作委员孙正东主持，高建、方标军先后致辞。会议就南京图书馆与驻苏军事院校图书馆资源共建共享的有关草案展开讨论，并交流4个专题报告。许建业做会议总结。会议结束后，与会代表参观南京陆军指挥学院院史馆和图书馆。（江苏省图书馆学会）

浙江省

【概况】 浙江省图书馆学会2013年在学术科研、教育培训、合作交流等方面继续发挥平台作用：举办第十三次学术研讨会，开展第五届优秀学术论文评奖活动，完成省学会2013年度学术研究课题申报立项、历年课题结题工作；组织举办、承办首届全国阅读推广高峰论坛、省学会2013年度学术报告会等学术活动，协办首届中国藏书文化学术研讨会、公共图书馆服务体系建设研讨会——第二届总分馆高层论坛。举办阅读推广、图书馆建设与服务提升2期培训班。省学会学术委员会各分委会活动注重实效，创意十足。文献资源建设与共享分委会、编目与标引分委会和省高校期刊专业委员会联合主办浙江省“品名家、评名著、藏精品”学术研讨会；图书馆文化与传播分委会协办省首届公共图书馆信息服务产品创作大赛决赛、省未成年人思想道德建设“微电影”大赛；少儿与中小学图书馆分委会主办浙江省图书馆学会未成年人阅读推广工作研讨会暨“少年梦·阅读情”主题摄影大赛；网络化数字化分委会和省高校图工委网络数字化专业委员会举办2012年、2013年年会。

配合省社科联和中图学会工作，积极开展合作交流。参与省社科联2013年度“当代浙学论坛”学术研讨项目，有2项活动入选；组织2项科普周活动、6场“社科专家基层行”活动。积极组织参加中图学会年会及征文活动、组织申报中国图书馆学会第三届青年人才奖、申报中国图书馆学会先进学会、优秀会员和优秀学会工作者；组织参加中国图书馆学会2012年“全民阅读”评选活动、中国图书馆学会第一届全国图书馆未成年人服务论坛案例征集活动、2013全民阅读年会“全民阅读案例征集与评选”活动；按要求完成《中国图书馆年鉴》（2013卷）浙江省内容的撰稿工作。（浙江省图书馆学会秘书处）

【浙江省图书馆学会第五届优秀学术论文评奖活动】 省学会于3—6月开展第五届优秀学术论文评奖活动，参评范围为2010年1月—2012年12月底在国内外公开发表的图书情报专业论文、《图书馆研究与工作》和《浙江高校图书情报工作》杂志上发表的学术论文，以及正式出版的会议论文。共收到评奖论文127篇，经学术委员会组织评委认真评审，评选出一等奖3篇，二等奖11篇，三等奖28篇。（浙江省图书馆学会秘书处）

【浙江省公共图书馆阅读推广培训班在绍兴举办】 7月10—13日，省学会与省馆联合主办此次培训班，来自全省各公共图书馆从事阅读推广的工作人员80人参加培训。培训班邀请北京大学教授、中国图书馆学会副理事长王余光，台湾政治大学教授杨美华，南京大学教授、中国图书馆学会阅读推广委员会副主任、中国阅读学研究会会长徐雁，分别讲授《阅读，与经典通行》

《台湾民众阅读及使用公共图书馆习惯调查报告与业内因应对策》《“学习型馆员”培育与阅读推广活动的文化创意》《公共图书馆宣传推广与阅读促进》。（浙江省图书馆学会秘书处）

【浙江省图书馆学会第十三次学术研讨会在台州召开】 会议于10月23—24日召开。来自全省各高校、公共、科研院所图书馆的130名代表参加会议。此次会议以“图书馆建设与服务提升”为主题，以主旨报告及案例展示两种方式进行。分别邀请清华大学图书馆副馆长姜爱蓉研究馆员和台州市图书馆馆长毛旭研究馆员做主旨报告并与大家做交流探讨。来自公共、高校、科研院所等图书馆的16个代表案例通过现场展示评比，浙江大学宁波理工学院图书馆推选的“论文收录信息即时发现与推送服务”案例和杭州少年儿童图书馆推选的“‘小可妈妈伴小时’亲子课堂”案例最终同获一等奖，同时产生二等奖3名，三等奖5名。会议期间，为省学会第五届优秀学术论文获奖代表颁奖。（浙江省图书馆学会秘书处）

【浙江省图书馆学会未成年人阅读推广工作研讨会暨“少年梦·阅读情”主题摄影大赛颁奖活动在杭州举行】 会议于12月19日在杭州少年儿童图书馆举行。浙江图书馆副书记徐洁为获得“少年梦·阅读情”主题摄影大赛优秀组织奖的杭州少年儿童图书馆等6个图书馆颁奖。此次大赛从6月启动，省内多家图书馆积极组织参与。经历2个多月的作品征集、评选等过程，最终评选出浙江赛区特等奖1名，一等奖2名、二等奖4名、三等奖6名、优秀奖9名以及优秀组织奖6名、优秀指导老师奖2名。（浙江省图书馆学会秘书处）

安徽省

【2013年安徽省图书馆学会课题立项】 根据省社科联关于2013年课题申报的通知要求，省学会组织发动业界图书馆工作者积极参与课题申报。在省学会推荐上报的9项课题中，有4项获准立项，其中2项为资助课题，2项为非资助课题。（张海政 武巍泓）

福建省

【概况】 2013年，福建省图书馆学会共有团体会员55个，个人会员1293人，其中429人是中国图书馆学会会员。召开2次学会理事会，增补2位理事和1位副秘书长，成立未成年人专业委员会，继续实行对中国图书馆学会和省图书馆学会获奖论文作者、中图学会优秀会员和优秀学会工作者、省科协与省社科联先进工作者的表彰奖励制度。联合省图书馆举办各种专业培训4期，培训各系统图书馆员541人。在全省图书馆界积极组织开展全民阅读和科普宣传活动，秘书处也联合省图书馆汽车图书馆直接参加全国科普日系列活动、科普进社区进乡村活动和全省社会科学普及宣传周开幕式暨科普咨询活动，并联合省图书馆举办多期专题科普书展和图片展。编辑《图苑撷英——福建省图书馆学会2005—2010年优秀论文汇编》，收入省图书馆学会获奖论文89篇，由海峡文艺出版社正式出版，并寄赠省内外有关图书馆和图书馆学会。联合福建省信息学会成功申办福建省科协第十三届学术年会分会场和福建省社科界2013年学术年会分论坛。被中国图书馆学会评为2012年全民阅读优秀组织奖和《中国图书馆年鉴》2011—2012年编纂工作二等奖，被福建省科协评为2013年优秀科技社团和学会工作先进集体，学会刊物《福建图书馆理论与实践》被评为第六届优秀科技期刊鼓励奖。（福建省图书馆学会秘书处）

【福建省图书馆学会2013年学术年会在长汀召开】 年会于10月13—16日召开，主题为“书香中国——阅读引领未来”。此次年会也是省科协第十三届学术年会分会场和省社科界2013年学术年会分论坛，由福建省图书馆学会和福建省社科信息学会联合举办，163人出席。厦门市图书馆馆长林丽萍做《厦门地区公共图书馆服务体系构建实践及未来发展》报告，美国俄勒冈州交流馆员洛丽·温斯里博士、帕特里夏·弗伦奇分别做《图书馆设计》和《摩尔特诺玛县图书馆儿童青少年服务》报告。会议共收到论文166篇，15位论文作者在会上宣读论文。（福建省图书馆学会秘书处）、

【2013年图书馆数字资源建设与服务专题培训班】 11月25—30日由福建省图书馆学会与省图书馆联合在福州举办。此次培训班开设福建数字图书馆建设的探索与实践、公共数字信息资

源的整合与推广、泉州市图书馆数字资源建设经验交流、资源整合与门户建设、电子阅览室建设与服务、网络参考咨询服务、课题咨询实证案例分析、网络环境下的信息资源建设等专题课程，并安排上机操作实践。来自全省各系统图书馆的121名学员参加培训。（福建省图书馆）

【福建省图书馆学会与福建省图书馆联合开展2014年迎新春文化下乡活动】 12月29日，省图书馆学会与省图书馆联合组织学会秘书处和省图书馆13位志愿者，并邀请福州左海书院3位书法家，把省图书馆汽车图书馆开到闽侯县荆溪镇关中村，开展2014年迎新春文化下乡活动。内容有现场办证、图书借阅、上网冲浪、视频播放、图书展览等，同时举办写春联、剪纸、有奖猜谜、《纪念毛泽东诞辰120周年》图片展、美文朗诵等广大群众喜闻乐见的活动，吸引300多位村民和少年儿童参与。（福建省图书馆学会秘书处）

【海峡两岸图书馆青年论坛暨厦门市图书馆学会第三届青年学术沙龙】 会议于10月31日在华侨大学厦门校区图书馆举行，由厦门市图书馆学会和厦门市图书馆联合举办。台湾公共资讯图书馆辅导推广科科长刘杏怡、北京大学信息管理系副教授张广钦、华东师范大学商学院副教授金武刚、厦门大学图书馆馆长萧德洪、华侨大学图书馆副馆长黄自强等专家学者以及全市各图书馆80余名青年会员参加。会议主题是“未来图书馆的个性化服务”，采取专家报告、会员发言、专家点评、观众提问与互动交流相结合的方式。刘杏怡做《公共图书馆服务的现状与展望》报告，张广钦做《未来图书馆的个性化服务——面对图书馆的未来，我们的思考》报告，金武刚做《立足实践、关注未来——示范区创建中的公共图书馆服务创新》报告。12名青年会员代表围绕会议主题发言。（厦门市图书馆）

江西省

【概况】 2013年，江西省图书馆学会积极倡导、推动全民阅读活动，抓好“世界读书日”“全民读书月”“全国科普日”的宣传与普及；开展丰富多彩的交流协作活动，开阔全省图书情报工作者的学术视野与工作思路，引导理论创新和实践创新；以《图书馆研究》《江西图书馆动态》、江西省图书馆学会网站为阵地，不断扩大江西图书馆的社会影响力。学会荣获省民政厅颁发的中国社会组织评估AAAA等级、2012年度江西省科协先进省级学会和2012年度江西省社会科学工作先进单位，获得2011—2012年度《中国图书馆年鉴》编纂工作二等奖。（江西省图书馆学会）

【组织江西图书馆界代表参加2013年中国图书馆学会年会】 11月7—9日，江西图书馆界50余人参加在上海浦东召开的2013年中国图书馆年会。会上，江西省图书馆获得“全民阅读示范基地”荣誉称号，这是江西首次获此殊荣；抚州市图书馆、萍乡市图书馆同时荣获“全民阅读先进单位”荣誉称号。为配合此次年会，江西省图书馆学会组织全省广大会员和各系统图书情报工作者积极参与、踊跃投稿，共提交论文47篇，有20篇论文分别荣获一、二、三等奖。（王晴）

【2013鲁豫皖赣新五省区图书馆学会学术年会暨四省图书馆援疆会议在江西上饶召开】 会议于11月21—22日召开。江西省文化厅党组成员、副厅长王晓庆，江西省科学技术协会党组成员、副主席梁纯平，上饶市副市长饶爱京出席会议并致辞。来自五省区的图书馆工作者150余人参加会议。年会以“书香中国——阅读引领未来”为主题，首次采取鲁豫皖赣新东中西部五省区图书馆学会跨省合作共同主办的方式，由上饶市图书馆和《图书馆研究》杂志社承办，是创新办会形式的一种新的尝试，也是促进学术交流的有益探索。会上还发出《四省图书馆界援疆倡议书》，号召鲁豫皖赣四省图书馆界从资源、技术、人才方面加大援疆力度。五省区将通过资源共享、设备支援、技术指导、举办专题培训、组织巡回讲座、彼此互派馆员等方式，加大东、中、西部资源整合以及内地与新疆的交流与合作。（王晴）

【2013年江西图书馆年会暨江西省图书馆学会年会在南昌召开】 会议于12月18—20日召开，学会理事、全省各设区市、县级图书馆馆长及获奖代表等近200人参加。省文化厅党组成员、副厅长王晓庆出席会议并致辞。会议围绕

"书香赣鄱——阅读引领未来"主题，针对图书馆如何在倡导全民阅读，构建书香赣鄱中发挥作用进行研讨交流。会上发布关于开展读书活动、营造全民阅读氛围的倡议；对2013中国图书馆榜样人物入围者、江西省全民阅读先进单位、2013学会年会征文组织奖、学会年会征文个人奖、第二届青年人才奖、学会优秀工作者、学会优秀会员、《江西图书馆动态》优秀通讯员及读好书摄影、征文奖的获奖代表进行表彰；省图书馆学会理事长周建文做2013年学会工作总结并宣读2014年学会工作计划；来自南昌大学图书馆的熊莉君和南丰县图书馆的李秀华做学术发言。此次年会首次设立2个分会场，分别针对全民阅读推广和古籍工作2个主题进行交流。（王晴）

山东省

【概况】 2013年，山东省图书馆学会定期召开、参加有关工作会议和专业培训。如，派员参加2013年省科协学会工作会议、省社科联工作会议、中国图书馆学会八届十三次常务理事会暨八届七次理事会、2013年中国图书馆年会暨中国图书馆学会年会等。组织召开2013全省公共图书馆馆长座谈会、2013年全省公共图书馆馆长联席会、中国图书馆学会阅读推广委员会2013年工作会议暨第七届全民阅读论坛等。

本年度注册更新中图学会有效会员120人，会员总数达到353人。注册更新省学会有效会员100人，会费的收缴工作完成情况良好。

组织区域内学术研讨，举办山东省图书馆学会第二十次科学讨论会，编辑出版获奖论文专辑；组织跨省域学术研讨，联合安徽、河南、江西等3省图书馆学会开展四省学会交流研讨会征文活动，山东省图书馆学会共征集论文143篇并进行评奖，在江西共同召开2013年鲁豫皖赣新图书馆学会学术年会；参与组织或承办全国性学术活动，开展"书香世界、阅读天堂"研讨会征文及分会场创新案例征集活动，在中国图书馆学会年会上开设"阅读文化研究"分会场，吸引大批代表听会。

借助"世界读书日""省社科普及周""图书馆服务宣传周"等策划、组织一系列科普宣传活动。在春节期间，省学会、省图书馆以"喜迎十艺节 全民共欢乐"为主题，通过读书、送书、展览、视频、灯谜会等形式，吸引广大群众广泛参与。"大众讲坛"举办"齐鲁文化与泰山皮影""中国书法审美提纲"等30余期公益讲座。举办"相约十艺节"山东近代建筑艺术摄影展、《中国历代名人读书故事》宣传展等公益性展览。开展"六一献爱心 捐书助学进山区"向东八井村小学赠书、"走进图书馆——快乐阅读体验日"、读书夏令营、第八届全省读书朗诵大赛等活动。

重视人才队伍建设，积极开展继续教育。先后举办全省公共电子阅览室管理软件培训班、全省联合参考咨询系统使用培训班等。

继续做好学会内部刊物《山东图书馆信息》的编辑工作，定期将省学会在科普宣传、阅读指导等方面的工作动态编撰成文，报送至省科协《学会工作月报》和省社科联"社科普及网"两大省级学会信息平台，与全省各级各类学会交流学习。（山东省图书馆学会）

【第八届全省读书朗诵大赛圆满落幕】 4月21日，由山东省文化厅、齐鲁晚报主办，省学会、省馆承办的第八届全省读书朗诵大赛颁奖典礼暨汇报演出在省馆隆重举行。此次活动主题为"相约十艺节 抒怀中国梦"，历时一个月，比赛地域覆盖全省17个地市，参与人数近5000人次。大赛呈现3个特点：一是紧扣"中国梦"和实现中华民族伟大复兴的时代主题，参赛选手以诗歌、散文、影视对白等形式，展示实现民族复兴的豪情，这对于整个社会风气具有很好的引领作用；二是营造迎接十艺节的喜庆气氛；三是在以往参赛群体基础上新增加视障读者，使本届大赛社会效益更加突出。（山东省图书馆学会）

【山东省图书馆学会第二十次科学讨论会举办】 此次科学讨论会主题为"图书馆的职能拓展与效能提高"。活动得到全省广大会员的大力支持，各系统图书馆工作者踊跃撰稿，截至2013年3月，共收到征文240篇。经省学会专家评委会严格评审，评出二等奖26篇，三等奖144篇及优秀奖若干（一等奖空缺）。编辑出版获奖论文专辑《山东图书馆学刊——2013年图书馆的职能拓展与效能提高专辑》。（山东省图书馆学会）

【山东省图书馆学会承办2013年中国图书馆

年会第 17 分会场】 11 月 8 日上午，由中国图书馆学会阅读推广委员会主办，阅读文化研究委员会、山东省图书馆学会、山东省图书馆承办的 2013 年中国图书馆年会第 17 分会场“书香世界 阅读天堂——图书馆阅读创新案例推介会”在上海世博展览馆 8 号会议室举行。山东省文化厅副厅长李国琳，中国图书馆学会秘书长严向东，阅读文化研究委员会主任、山东省图书馆馆长李西宁等领导和嘉宾，以及来自全国各地图书馆界的同仁、获奖代表及关注阅读推广工作的各界人士 100 多人参加活动。推介会分为颁奖仪式、主旨报告、案例推介 3 个阶段。在前期专题征文活动中收到论文 120 余篇，评选出获奖论文 63 篇，会上为获奖论文代表颁发证书。与会专家和会议代表们围绕阅读推广活动进行全面、深入的交流与探讨。河北大学图书馆系主任赵俊玲教授做题为《全球阅读推广趋势：对经典案例的综合考察》的主旨报告；香港中文大学新亚书院钱穆图书馆主任马辉洪先生介绍“流动的文字风景——谈‘香港文学夏令营 2013’”案例，天津市和平区图书馆馆长李金玲以“用漫画绘出阅读的激情”为题分享案例体会，山东省图书馆王彬介绍“书香齐鲁”全民阅读促进活动。此次推介会从国外和国内两个视角探讨图书馆阅读的理论，展示图书馆人在阅读推广活动中的实践，解决阅读推广工作中的一些问题，树立了先进的阅读推广理念。（山东省图书馆学会）

【山东省图书馆学会举办百馆千场讲座迎十艺活动】 3 月 23 日，在“大众讲坛”七周年之际，由省学会、省公共图书馆讲座联盟联合组织的“百馆千场讲座迎十艺”活动在省馆正式启动。此次系列讲座以“喜庆十八大 相约十艺节”为主题，在全省县级以上公共图书馆中广泛开展。围绕“十艺节”，策划组织“十艺节”相关知识、戏剧曲艺音乐赏析、书画鉴赏、非遗项目展示等艺术类讲座，并重点突出山东地方特色，代表性讲座在联盟成员馆之间进行交流共享。各联盟成员馆可以结合自身实际，通过邀请参与组织“十艺节”的领导专家、艺术名家等现场讲座，也可借助全国文化信息资源共建共享工程以及数字图书馆平台进行讲座资源播放，还可以整合各联盟单位现有的讲座光盘播放等多种方式开展讲座。以此次活动为契机，山东省公共图书馆讲座联盟将积极拓展讲座传播渠道，扩大讲座受众范围，利用全省文化信息资源共建共享工程播放平台以及“送讲座到基层”等活动，满足不同听众的需求。（山东省图书馆学会）

河南省

【河南省图书馆学会八届四次全体理事会召开】 会议于 5 月 28 日在河南省图书馆召开。来自全省各系统图书馆的 90 位理事参加会议。审议、通过省学会 2012 年工作总结、2013 年工作计划和 2012 年财务工作报告，通报中国图书馆学会 2013 年工作计划，表彰 2012 年“全民阅读”活动先进单位 60 家，调整、增补八届四次有关常务理事、理事等。会后组织 25 位理事赴湖北省图书馆参观学习。（严真　马秀峰）

【2013 年河南省公共图书馆市级馆馆长座谈会召开】 由河南省图书馆学会主办、开封市图书馆承办的此次会议于 10 月 20 日在开封召开，来自全省 16 个地（市）公共图书馆的馆长、副馆长共计 31 人参加会议。这次会议以探讨公共图书馆前沿问题，明确各馆下一步发展方向为主要目的，在充分肯定各馆工作经验和成果的同时，讨论影响全省公共图书馆事业发展的薄弱环节，找出产生问题的原因，提出解决办法，为公共图书馆队伍创新建设提供参考意见，同时研究和探讨各馆间加强协作协调的新模式、新方法。（严真　马秀峰）

湖南省

【概况】 2013 年，湖南省图书馆学会（以下简称学会）不断完善内部管理结构，研究制定一系列工作章程与管理办法，形成较为完善的组织管理体系，保证学会的民主决策和规范管理。成立省学会党支部，挂靠湖南图书馆党委，同时接受湖南省社科联党组织的监督和管理，书记由邹序明担任。顺利完成 2012 年度省民政厅和社科联的年检工作。配合社科联党的群众路线教育实践活动办的领导完成对本学会的专题调研工作并撰写征求意见。

学会把繁荣学术研究摆在各项工作的首位，将搭建高水平、多元化、开放性的学术交流平台作为提高行业素质的第一要务。2013 年，湖南省文献信息资源共建共享协作网获得迅速发展，成员单位由最初7家扩展至11家；工作平台、工作机制进一步完善，年服务量持续增长，达到每年万余人，年传递文献资源数万篇，为充分发挥全省重要图书情报机构的文献资源优势、信息技术优势和人才优势做出有益探索。重视青年人才培养，组织中青年人才库2013年度成员申报、考核和课题申报、2012年度课题结题等工作，并由学会学术委员会组成评审委员会对递交的材料进行评审。组织并完成中国图书馆学会2013年会征文的宣传工作，以及“全民阅读”、第三届青年人才奖等评选工作等其他学术组织工作。学会获准与武汉大学合办2014年图情学学位的研究生双证班，报名、考试等招生工作正在有序开展。学术成果喜人，由学会高校图书馆工作专业委员会组织编写的《湖南省普通高校图书馆事业志》、高职系统的《湖南省高职院校图书馆事业志》编辑出版。

学会举办全省新馆员业务培训班，历时10天，培训来自全省各系统各单位的学员110人，培训内容涉及图书馆学基础知识、信息资源建设、文献编目工作、古籍知识、读者服务工作、文化信息共享工程、地方文献资源建设以及图书馆现代信息技术等。同时创新培训模式，采用“业内外专家结合”的授课新思路，举办湖南省图书馆活动策划培训班、湖南省地方文献工作与研究培训班，邀请浙江大学教授李超平、著名媒体专家王伟、南开大学教授柯平等专家授课，来自全省48家公共图书馆以及9家高校、高职图书馆业务骨干共170人参加培训。组织并完成2012年度湖南省图书馆年鉴词条撰写和汇总工作。承办全省图书馆业务知识竞赛活动，创造学会竞赛参赛人数最多、历时最长、影响范围最广的纪录，强化学会的行业领头地位。学会以多单位、多部门联合为阵地，全方位开展科普服务工作，除利用图书馆的馆藏书刊、报纸等直接向读者开展阅读服务以外，还大力开展科普推广活动，编辑发布科普信息，开展科技下乡、青少年科普教育、社会科学研究服务等，为提高全民科学文化素质做出积极贡献，同时提升学会凝聚力和影响力。

学会领导下的专业委员会在各自领域也开展众多学术活动。由湖南省教育厅高等教育处和中国图书馆学会阅读推广委员会指导、高校分会组织、湖南省图书馆学会高校图书馆工作专业委员会主办的“一校一书”阅读活动历时8个月，覆盖全省37所普通高等学校近70万师生。高职院校图书馆工作专业委员会主办以“同享读书之乐 共建书香校园”为主题的“读者之星”演讲比赛，承办“图书馆联盟与资源共享——2013年全国金盘软件教育（成果）交流会”。少年儿童图书馆工作专业委员会承办由省委宣传部、省文明办、省文化厅等八部委联合主办的“三湘读书月——全省少年儿童‘中国梦·我的梦’”系列读书活动，全省14个市（州）120多个县（市）、区共有50多万少年儿童参加此次活动，开展各种形式的阅读推广活动1950余场，征集网络征文12000余篇。（邹序明）

【2013年湖南省图书馆活动策划培训班顺利开班】 9月8日，由湖南省图书馆学会、湖南图书馆联合举办的2013年湖南省图书馆活动策划培训班在湖南图书馆多媒体演示厅开班。来自全省48家公共图书馆以及9家高职院校图书馆的104名学员参加本次培训。浙江大学信息资源管理系副教授、中国图书馆学会学术委员会图书馆社会合作分委会副主任李超平，湖南图书馆副馆长、省学会副理事长邹序明，湖南广电资深制片人吴滔、著名媒体专家王伟、湖南图书馆研究馆员赵惠分别做专题讲座。（周浪）

【2013年全省市(州)公共图书馆(中心馆)馆长会议召开】 会议于9月23日在湖南图书馆召开。省文化厅社文处副处长金铁龙，省馆馆长张勇、副馆长伍艺、伍涛，省少儿馆馆长李宏斌及全省13个市（州）公共图书馆（中心馆）馆长参加会议。会议由省馆副馆长邹序明主持。会上，湖南图书馆通报全省古籍普查和地方文献工作、文化共享工程和数字图书馆工作情况；长沙市图书馆馆长王自洋就创建公共文化服务示范点经验做典型发言；李宏斌馆长重点介绍省少儿图书馆特色工作；其他各市（州）图书馆（中心馆）馆长先后介绍本馆基本情况并围绕图书馆管理的现状与问题进行交流和探讨。（黄浩）

【承办全省图书馆业务知识竞赛活动】 由湖南省文化厅主办，省图书馆学会承办，省科学技术情报学会、省高校图工委、省高职教育图书馆管理研究会协办的全省图书馆业务知识竞赛活动于5—10月举办。自活动实施以来，学会完成全省图书馆业务知识竞赛方案制定、竞赛复习题库制作和网络宣传等；协助高校、高职系统完成竞赛的海选，负责公共图书馆系统的初赛工作。10月24—25日，全省图书馆业务知识竞赛团体赛决赛在湖南图书馆举行，来自全省16支参赛队伍共48人参加，湖南图书馆代表队获一等奖，长沙市、衡阳市代表队分获二等奖，湖南省少年儿童图书馆、中南大学图书馆等5个代表队获三等奖，同时还评出组织奖、优秀个人奖等。此次活动创造学会竞赛参赛人数最多、历时最长、影响范围最广的纪录，强化学会的行业领头地位，为进一步推动湖南省图书馆事业发展贡献力量。（段蓓虹）

广东省

【广东图书馆学会举办2013年学术年会暨学会成立五十周年纪念活动】 11月27—28日，广东图书馆学会2013年学术年会暨学会成立五十周年纪念系列活动在肇庆市图书馆举办。本次活动以“风雨五十载，薪火永相传”为主题，由开幕活动、2013年学术年会学术报告会、图书馆新技术发展研讨展示会、第三届图书车艺术表演比赛、2013年学术年会分主题会议以及闭幕活动六部分组成，内容丰富多彩。全省图书馆界同仁、企业代表600多人参会。学术年会中，刘洪辉理事长做《风雨五十载，薪火永相传——广东图书馆学会成立五十周年》报告，回顾广东图书馆学会五十年历届理事会所走过的历程以及近年广东图书馆事业取得的成就，展望广东图书馆事业未来发展之路。程焕文、黄俊贵、谭祥金分别做题为“大学图书馆的理念”“公共图书馆服务随想”“对会员有益，对事业有利——学会工作宗旨”的专家学术报告。此次活动颁发图书馆事业“杰出贡献奖”“终身荣誉奖”“优秀服务奖”“广东最美图书馆员”“广东十大最美图书馆建筑”等奖项，吴晞荣获“杰出贡献奖”。18支队伍参加图书车艺术表演，其中广东省立中山图书馆参演节目“中图，我们做朋友吧”获得比赛一等奖。本次大会主题元素贯穿整个会议，会议规模和参会人数均为历史之最，充分展现文化大发展大繁荣的局面，体现广东图书馆事业发展正处于良好发展态势。（广东图书馆学会）

【广东图书馆学会与美国图书馆协会建立合作关系】 2013年8月，利用广东图书馆学会（LSGD）组团赴新加坡参加IFLA年会的机会，周国昌、方家忠、张岩、王冰等同仁，分别与美国图书馆协会（ALA）国际关系部主任Michael Dowling先生、新加坡国家图书馆管理局助理总裁李玉嫔女士就加强交流合作等问题进行交流。双方就图书馆员继续教育等领域表达加强交流合作的意愿，并讨论合作的基本设想。ALA方面希望与广东图书馆学会合作开展图书馆员网络继续教育课程。（广东图书馆学会）

广西壮族自治区

【概况】 2013年末学会有团体会员83个，设内部机构2个（秘书处、《图书馆界》编辑部）。现任领导机构是第九届理事会，有理事81人，其中常务理事21人。理事长徐欣禄，秘书长贾莹。

组织会员单位报送中国图书馆学会第一届全国图书馆未成年人服务论坛案例，其中广西兴安县图书馆提交的案例“加强馆校互动 促进学生阅读——兴安县图书馆未成年人阅读推广”获二等奖，广西少年儿童图书馆提交的案例“‘享受阅读 快乐成长’阅读表演秀邀请赛”获三等奖，北海少年儿童图书馆、南宁市图书馆提交的案例分获优秀奖；广西图书馆学会获优秀组织奖。动员全区会员积极撰文参加在上海浦东举办的2013年中国图书馆年会征文活动，全区提交论文37篇，其中获一等奖2篇，二等奖3篇，三等奖15篇；配合理事长单位广西图书馆资助10个县级图书馆的馆长到上海浦东参会，使基层图书馆员有机会现场体验新时期我国图书馆事业的发展盛况。（广西图书馆学会）

【广西图书馆学会举办2013年全区公共图书馆馆长高级研修班】 7月30日—8月2日在南宁举办。来自全区县级以上97家公共图书馆的140位馆长参加本次培训。广西图书馆学会理事长徐欣禄主持开班仪式，广西壮族自治区文化厅社文处处长黄燕熙出席开班仪式并发表讲话。主要培训内容有：原广西壮族自治区文化厅厅长，巡视员、研究员余益中讲授《勿忘昨天 无愧今天 不负明天 同心共筑中华民族伟大复兴“中国梦”》；上海社会科学院信息研究所所长王世伟讲授《公共图书馆服务规范解读》；清华大学图书馆副馆长姜爱蓉讲授《图书馆应用技术最新进展及发展趋势》；浙江大学公共管理学院副教授李超平讲授《问题读者及其应对》；广西壮族自治区公安厅网络安全保卫总队一支队副支队长雷可讲授《互联网安全形势分析》。（广西图书馆学会）

【广西图书馆学会举办 2013 年“三区”人才培训班】 根据《广西壮族自治区文化厅关于做好边远贫困地区、边疆民族地区和革命老区人才支持计划文化工作者专项工作的通知》（桂文发〔2013〕21 号）要求以及广西图书馆 2013 年“三区”人才支持工作方案，广西图书馆学会于 9 月 24—29 日、11 月 25—29 日、12 月 16—26 日，分别举行图书馆信息化建设与系统维护培训班、图书馆读者活动策划与信息服务培训班和图书馆采编业务自动化培训班，共有 36 家来自广西“三区”市县级图书馆的 129 人参加培训。培训针对“三区”基础图书馆的业务特点和调研现状，按照理论和实践课程一比一的比例来安排培训课时，培训主讲老师均为该课程领域的专业技术人员，加上合理安排上机时间，认真进行技能考核，圆满完成此次培训任务，为“三区”图书馆的人才队伍建设打下良好基础。（广西图书馆学会）

【广西图书馆学会 2013 年年会暨第 31 次科学讨论会】 会议于 10 月 24 日在贵港市图书馆举行。来自广西各公共、高校、科研系统图书馆的 225 位代表参会，为历年参会人数之最。开幕式由贵港市图书馆馆长凌真达主持，广西图书馆学会理事长、广西图书馆馆长徐欣禄做《广西图书馆学会 2013 年工作报告》，北京大学信息管理系教授王余光做题为《图书馆与阅读推广》的主旨报告。在学术研讨中，主办方首次采取分会场的形式，由代表们自由选择参与。第一分会场主要探讨图书馆新馆建设，第二分会场主要探讨图书馆宣传视频策划制作。在学术交流环节，徐欣禄对 2013 年年会论文进行点评，并为获得此次征文活动组织奖的单位颁奖，对获得“中国知网 CNKI 杯”《图书馆界》2013 年度广西优秀论文奖的两篇论文进行点评和颁奖。闭幕式上，广西图书馆学会副理事长、广西师范大学图书馆馆长杨善朝致闭幕词。（广西图书馆学会）

海南省

【概况】 海南省图书馆协会自 2009 年 3 月 26 日成立以来，积极开展各项工作，共发展中图学会会员 64 人，省协会个人会员 358 人，团体会员 55 个。

举办志愿者行动——基层图书馆馆长培训班、中文图书机读目录格式及《中图法》第五版培训班、《公共图书馆服务规范》培训班等各类培训班 25 次，培训学员 2409 人次。组织成员馆赴江西、广东、陕西、上海、杭州等省市的公共图书馆学习考察活动 5 次。

举办海南省高校图书馆分会 2013 年学术年会。积极组织广大会员参加中图学会年会及征文活动、第十一届中国社区乡镇图书馆发展战略研讨会、第十一届全国民族地区图书馆学术研讨会、第三届百县馆论坛征文活动，组织市县图书馆馆长参加中国图书馆学会第三、四届百县馆长论坛。在各类征文活动中共有 24 篇论文获奖。

组织各级各类图书馆开展全民阅读活动，三亚市图书馆、昌江黎族自治县图书馆和海口经济学院图书馆获得“全民阅读先进单位”，海口经济学院图书馆获得“出版界图书馆界全民阅读年会（2013）优秀案例三等奖”；联合文化信息资源共享工程海南省分中心开展送知识、送技术下乡活动；组织参加“闻一多”杯第二届全国少年儿童书法、绘画大赛，推选作品 133 幅，其中 38 幅作品获奖，海南省图书馆荣获组织奖；组织省图书馆参加“泛珠三角洲图书馆学（协）会年会”，获得书车表演团队一等奖；组织各行业图书馆参加 2012 年中图学会“会员印象”摄影活动；组织海口地区图书馆协会会员参加第二届“万方”杯羽毛球友谊赛。

编印学术内刊《海南图书馆建设与研究》1 期，《海南省公共图书馆工作通讯》4 期，《海南省图书馆简报》27 期。（海南省图书馆协会）

【海南省图书馆协会二届一次会员代表大会隆重召开】 11 月 29 日，海南省图书馆协会二届一次会员代表大会在省图书馆多功能报告厅隆重召开。来自全省公共、高校、科研、党校、医院、中小学图书馆以及企业等协会各系统推选的共计 180 名会员代表参加此次会议。大会听取并审议通过第一届理事会工作报告，审议通过《第一届理事会财务报告》和《海南省图书馆协会章程》修改草案。大会代表以等额无记名投票方式选举产生海南省图书馆协会第二届理事会。在第二届理事会第一次会议上，采用等额无记名投票方式民主选举产生海南省图书馆协会第二届理事会常务理事和理事会领导。海南省图书馆馆长李彤当选第二届理事会会长，罗敏当选为秘书长。第二届常务理事第一次会议讨论确定新一届各委员会、分会构成及负责人员名单，研究讨论常务理事分工及下一步工作安排。（海南省图书馆协会）

【海南省图书馆协会举办图书馆业务培训班】 由海南省图书馆协会和省图书馆联合举办的“海南省图书馆业务培训班”分别于10月21—26日和10月28日—11月2日在武汉大学举行。来自省图书馆和市县区图书馆的馆长、中层干部及业务骨干共64人参加培训。武汉大学的黄如花、肖希明、司莉、吴钢四位老师分别讲授图书馆未成年人服务、公共图书馆特色服务的理论与实践、图书馆服务营销与公共关系、数字环境下信息资源建设的变革与发展、图书馆用户管理与服务、公共图书馆如何利用免费信息资源等知识。此外还组织学员参观考察武汉大学图书馆和湖北省图书馆。此次培训班是省图书馆和图书馆协会首次委托高校举办，突破以往的办班培训模式。（海南省图书馆协会）

重庆市

【概况】 2013年，重庆市图书馆学会通过召开三届五次常务理事会、第四届会员大会、理事会四届一次会议，顺利实现换届选举，并于11月成立学会学术研究与交流专业委员会。发展新会员88人，活跃会员共计435人。接待学会会员单位馆来馆参观，安排其在馆内主要业务部门学习与交流。向中图学会、重庆市社科联、重庆市科协传送重庆市图书馆学会各项活动信息及报道；通过重庆市民政局民间组织管理局2012年度市级社科社团年度检查。荣获“2013年中国图书馆学会年会征文组织奖”“《中国图书馆年鉴》2011—2012年编纂工作先进单位三等奖”。

成功举办2013年中南、西南省（市）、自治区公共图书馆业务协作研讨会；完成学会2013年度课题项目申报评审立项工作；学会刊物《重庆图情研究》出版4期，刊发论文68篇、简讯12篇，每期发行2000册；举行图书馆理论、宣传、课题申报等全市性业务培训4次，开辟并组织“馆员沙龙”2次；通过“重图讲座”的平台，举办“历史文化专题”等系列学术讲座，与重庆国学院合作新推“重庆国学大讲堂”讲座，承办第四届中国重庆文化艺术节知名文化学者系列讲座；组织参加2013年中国图书馆年会、2013中国机构知识库学术研讨会等全国性学术活动；积极参与世界读书日、图书馆服务宣传周、重庆读书月等重大全民阅读活动的组织工作；参与全市公共图书馆第五次评估定级。（重庆市图书馆学会）

【重庆市图书馆学会第四届会员代表大会】 6月5日，重庆市图书馆学会第四届会员代表大会在重庆图书馆四楼多功能厅举行。来自重庆市高校图书馆、公共图书馆的130多位会员代表参加会议。会上，第三届学会理事长邵康庆、副理事长任竞分别向全体会员代表做学会第三届理事会工作报告及财务报告。大会按照学会理事会选举程序，由全体会员代表投票选出第四届学会理事会理事81人。新成立的理事会召开理事会四届一次会议，由全体理事投票选出第四届理事会常务理事和学会领导机构。经选举，确定由重庆图书馆馆长任竞任第四届理事会理事长，重庆图书馆副馆长张冰梅、重庆大学图书馆馆长彭晓东、西南大学图书馆馆长李森、重庆市少儿图书馆馆长刘红任副理事长，重庆图书馆馆长助理王宁远任秘书长。（重庆市图书馆学会）

【2013年中南、西南省（市）、自治区公共图书馆业务协作研讨会】 会议于9月26日在重庆图书馆四楼多功能厅开幕，由中南、西南省（市）、自治区公共图书馆联合主办，重庆市图书馆学会、重庆图书馆承办，得到中国图书馆学会的支持和指导。会议主题为“图书馆合作与共享”，旨在加强区域间公共图书馆的协作与共享，进一步探讨公共图书馆在加强公共文化服务体系建设、提高地区综合实力方面的作用和途径。来自中南、西南地区11个省（市）、自治区17个公共图书馆的馆领导、业务骨干及获奖

论文作者共60余人参会交流。收到论文106篇，经专家组讨论评审后，评出一等奖11篇，二等奖20篇，三等奖30篇。（重庆市图书馆学会）

四川省

【概况】 2013年，四川省图书馆学会有序开展各项工作。学会品牌讲座“巴蜀讲坛”共举办13次，行程遍布全川，累计听众2600人次。举办针对全省的业务培训班2次，培训学员590人次。协助雅安地震灾区图书馆灾后重建，接收上海图书馆捐赠的书籍三百件（册），并将其转运至雅安市图书馆。组织申报四川省图书情报学与文献学规划项目2013年度课题，立项课题33个。获得《中国图书馆年鉴》2011—2012年编纂工作先进单位二等奖。（四川省图书馆学会 李秋雨）

【四川省图书馆学会第七届三次常务理事会召开】 1月23日，四川省图书馆学会第七届三次常务理事会在四川省图书馆召开。四川省图书馆学会理事长李忠昊、副理事长王嘉陵及各常务理事等21人出席会议。李忠昊全面总结四川省图书馆学会2012年的工作成果。常务理事马继刚主持关于学会先进评选表彰办法的讨论工作，最终审议通过《四川省图书馆学会先进集体、优秀会员、优秀学会工作者评选表彰办法（讨论稿）》。（四川省图书馆学会　熊文　李秋雨）

【第五次公共图书馆评估定级辅导班(西南区)在蓉举办】 3月17—19日，由中国图书馆学会和四川省图书馆主办、四川省图书馆学会承办的“公共图书馆评估定级辅导班”（西南区）在成都举办，来自西南地区和全国10个省市区的各级公共图书馆馆长及业务骨干共380人参加培训。国家图书馆研究院副院长申晓娟、上海图书馆副馆长周德明、原长春图书馆馆长刘慧娟授课。（四川省图书馆学会　熊文　李秋雨）

【四川省图书馆界获得多项荣誉】 11月8日，在2013年中国图书馆年会召开期间，由四川省图书馆学会、成都市图书馆学会支持，成都龙泉驿区图书馆主办的年会学术会议第20分会场“基层公共图书馆服务体系建设”在上海世博展览馆11号会议室举行，展示国内不同地区以及国内外图书馆在服务体系建设中的优秀案例。在年会期间，宜宾市图书馆、四川大学图书馆等7家四川省内图书馆被评为全民阅读先进集体；省学会35名会员被评为中图学会先进会员，2名学会工作者被评为中图学会先进工作者；在年会征文活动中，省内共获得论文一等奖3个、二等奖2个、三等奖6个；在中图学会阅读推广委员会举办的征文活动中，省学会2位会员分获二、三等奖。（四川省图书馆学会　熊文　李秋雨）

贵州省

【贵州省图书馆学会召开第八次会员代表大会暨2013年学术年会】 会议于10月26—27日在省馆召开。来自全省公共、高校和科研系统图书馆的145名代表和论文作者出席大会。省科协副主席路贵，省社科联副主席林永菁、省文化厅社文处处长王德文等领导到会祝贺并分别致辞。代表们认真听取并分组讨论第七届理事会理事长高誉所做的《贵州省图书馆学会第七届理事会工作报告》和副秘书长张廷川所做的《关于〈贵州省图书馆学会章程〉修改草案的说明》。大会以无记名投票方式选举产生第八届理事会，并召开第八届理事会第一次会议，通过协商推举常务理事19人，贵州省图书馆馆长罗青松任理事长；贵州师范大学图书馆馆长张伟云、贵阳市图书馆馆长郭春、贵州大学图书馆馆长李军旗等任副理事长；贵州省图书馆副馆长钟海珍任秘书长。审议通过《贵州省图书馆学会第七届理事会工作报告》和《贵州省图书馆学会章程（修订稿）》及修改说明。（贵州省图书馆学会　关燕云）

云南省

【概况】 2013年，云南省图书馆学会严格遵守省社科联章程和管理规定，认真履行会员义务，圆满完成省社科联、省科技厅、省文化厅下达的各项工作任务。学会组织健全、班子团结，工作有计划、有总结。学会领导重视学会工作，专门核定经费作为学会经费，年底将学会各项工作纳入任期目标管理的考核内容，定期听取各种学会活动的工作汇报，及时研究解决遇到的困难和问题，并亲自参加各种学会宣传活动。同时，学会领导积极争取省文化厅、省科技厅、省社科联的大力支持，联合社会各界力量开展活动。截至2013年年底，省图书馆学会会员548人，中国图书馆学会会员440人。

学会举办“数字出版引领全民阅读”学术交流报告会，承办中国图书馆学会第一届全国图书馆未成年人服务论坛等有特色的学术活动。成功争取省科技厅“借助全国文化信息共享共程平台解决科技难题”计划项目任务，完成省科技厅“云南省图书馆以免费开放为契机，积极打造科普精品教育基地”科普课题（课题经费30万元），积极申报国家社会科学基金项目“云南边疆少数民族地区公共数字文化建设”课题。积极开展科学知识的普及、宣传、咨询及培训活动，与师宗县文体广旅局共同主办2013“美丽师宗”系列文化活动之元宵灯谜竞猜，参与云南省科技厅组织的科技下乡，与昆明少年儿童图书馆共同举办2013庆“六一”我心目中的图书馆有奖征文，策划并组织各地州开展丰富多彩的2013年度图书馆服务宣传周活动。学会主办的《云南图书馆》季刊获得云南省2011—2012优秀连续性内部资料性出版物双年奖评选金奖。（云南省图书馆学会）

【数字出版引领全民阅读学术交流报告会在泸西举行】 10月10—11日，云南省图书馆学会与中文在线在泸西县青少年活动中心共同举办“数字出版引领全民阅读”学术交流报告会。清华大学图书馆党委书记蒋耘中、云南省图书馆馆长王水乔、云南大学图书馆馆长万永林、中文在线董事长童之磊和全省部分州市县图书馆馆长共计130余人参加报告会。会上，蒋耘中、王水乔、童之磊分别做题为《书香清华——数字阅读助力清华大学校园文化建设》《数字阅读与公共图书馆事业的发展》《书香中国——互联网数字图书馆开创全民阅读新时代》的学术报告。（云南省图书馆学会　金美丽）

【《云南图书馆》荣获云南省第四届优秀内部出版物金奖】 在云南省新闻出版局召开的全省连续性内部出版物年度管理工作暨第四届优秀内部出版物表彰大会上，云南省图书馆学会主办的学术季刊《云南图书馆》、云南省图书馆专题信息刊物《农民素质教育网络培训学校实用信息》分别获得云南省2011—2012优秀连续性内部资料性出版物双年奖评选金奖、银奖，多名编辑获优秀编辑奖。季刊编辑部在人员少、工作量大的艰苦环境下坚持秉承编辑部的优良传统，在经验中积极改进，继续保持特色化精品化风格。2013年共收到纸质、网上投稿660篇，录用刊发文章125篇，寄发刊物5440册。在期刊编校方面，严格遵循“三校一通读”的校对原则，编校质量严格遵守新闻出版局的有关规定。（云南省图书馆学会　金美丽）

陕西省

【概况】 2013年，陕西省图书馆学会在继续主办或参与举办形式多样、内容丰富的学术研究与交流活动的同时，还独立举办活动和积极参与省内其他行业组织举办的学术活动。与陕西省社会科学信息学会、省高校图工委联合举办2013年陕西图书情报界中青年学术年会，与陕西省图书馆、省公共图书馆服务联盟等联合举办3次高水平专题报告会，分别在3所高校策划组织3期学术沙龙，与陕西省社会科学信息学会、省科技情报学会联合举办全省图书情报界中青年骨干馆员高级研修班，参与主办西北五省区图书馆第十二次科学讨论会等。修订完善研究课题管理办法，推进课题研究工作规范发展。完成8.5万字的《陕西省志·文化艺术志》图书馆部分的编撰工作，填补全省近20年图书馆事业发展史的空白。这些工作在引领行业发展的同时，也实现多赢的局面，学会自身的工作水准、号召力、组织力、凝聚力和影响力都有所提高，得到业界的普遍认同和参与。

召开七届二次常务理事会议，并两次以通讯方式召开常务理事会议，即时决策相关事项。召开各委员会工作会议。积极发展会员，举办会员活动。

承接协助省文化厅针对市县级公共图书馆的评估工作，制定评估标准释义及分值分解，承担相关咨询，参与专家推荐，完成对全省10个地区50个市、县（区）图书馆的评估复查工作。继续推进高校图书馆与基层公共图书馆的结对帮扶工作。（霍彩玲）

【陕西省图书馆学会七届二次常务理事会】 会议于3月18日在陕西科技大学逸夫楼召开。听取和审议通过学会2012年工作总结、2012年财务收支情况说明，以及学术研究委员会、编辑出版委员会、协作协调委员会、阅读推广委员会、秘书处的 2013 年工作计划要点。会议收到理事建议案 7 项，审议通过其中 3 项并责成秘书处予以落实。表决通过 3 个图书馆提出的更换常务理事、理事的申请以及 2 个图书馆调整委员会人选的申请。（霍彩玲）

【阅读推广活动】 2013 年，陕西省图书馆学会阅读推广委员会以“知识给人力量 阅读引领未来”为主题，结合第十八个世界读书日和全民阅读活动，联合全省图书馆开展阅读推广活动。共有 34 个图书馆报送活动总结，共计开展有关活动 141 场次，参加人数 3 万余人次。该委员会还根据各地市图书馆阅读推广活动开展情况征集优秀案例，并向中国图书馆学会进行推荐。（霍彩玲）

【举办专题报告会】 7 月 6 日，陕西省图书馆学会在省馆举办“新时期图书馆事业发展政策”专题报告会，特邀北京大学信息管理系李国新教授莅临主讲，受到全省 300 余位图书馆工作者的欢迎。9 月 11 日，全国著名教育家、民进中央副主席兼秘书长朱永新教授应民进陕西省委的邀请，在省人民剧院做“阅读的力量”专题报告会，由学会和省公共图书馆服务联盟组织的 106 名图书馆员聆听报告。9 月 25 日，与省馆和歌德学院（北京）联合举办《绿色图书馆——图书馆中的可持续性》报告会，邀请德国自由大学图书馆馆长维尔纳博士主讲，全省图书情报界 136 人参加报告会。（霍彩玲）

【推进高校图书馆与基层公共图书馆结对帮扶】 9 月 12 日，陕西省图书馆学会与省高校图工委在长安大学图书馆联合举办结对帮扶高校图书馆经验交流会，西安交通大学等 9 所高校图书馆负责人以及省高校图工委、省学会相关人员共 16 人参加会议；12 月 13 日，组织相关人员赴永寿县图书馆调研结对帮扶工作进展情况和存在的问题。与此同时，为加强会员之间以及图书馆之间的交流学习，省学会于 11 月 15 日组织 69 名会员到西安翻译学院图书馆参观学习和交流。（霍彩玲）

【2013 年陕西图书情报界中青年学术年会】 11 月 19 日，陕西省图书馆学会与省社会科学信息学会、省高校图工委在西北大学联合举办此次年会，来自全省高校、公共和专业图书馆系统的 150 余名同行专家、馆长及中青年学术骨干参会。此次年会的主题是“文化强国建设背景下的图情事业转型与服务升级”。重庆大学常务副馆长杨新涯博士做大会主题报告《大学图书馆的扁平化服务思考与实践》。会议为 2013 年陕西省图书情报界“云雀杯”《我的图情中国梦》主题征文比赛获奖作者代表颁发荣誉证书。（霍彩玲）

【修订研究课题管理办法】 2013 年，陕西省图书馆学会对前几年出台的《陕西省图书馆学会研究课题管理办法》进行修订完善，经以通讯方式召开常务理事会议通过后公布执行。全年共收到课题申报材料 51 项，其中 A 类 36 项，B 类 15 项。经过评审，准予立项研究的课题 37 项，其中 A 类 10 项，建议转为 B 类研究的 12 项，B 类课题准予立项的 15 项。完成 2012 年课题的结题评审，其中准予结题课题 6 项，对 7 项申请延期的课题准予延期半年结题。（霍彩玲）

甘肃省

【概况】 截至 2013 年年底，甘肃省图书馆学会拥有甘肃个人会员 562 人，中国图书馆学会个人会员 238 人，当年发展甘肃个人会员 41 人，中国图书馆学会个人会员 12 人。有单位会员 62 家，理事 83 人，常务理事 31 人。被甘肃省社科联评为标准化学会，被中国图书馆学会授予年会征文优秀组织奖。通过甘肃省民政厅、省财政厅、省物价局等有关部门的年度检查。

在学术交流方面，成功举办 2013 甘肃省图书馆学会年会，组织广大会员积极撰文参加 2013 年中国图书馆年会的征文活动，做好西北五省（区）图书馆第十二次科学讨论会的征文组织工作。“甘肃省第十三次社会科学优秀成果评奖活动”揭晓，有四项成果分获一、二、三等奖，为历届社会科学优秀成果评奖获奖数量最多和获奖奖次最高的一次。目前省学会已连续参加十三届社会科学优秀成果评奖活动，累计有 46 项成果获奖，其中，一等奖 2 项，二等奖 9 项，三等奖 31 项，佳作奖 4 项。

在工作交流方面，与省馆、兰州书立方文化传播公司联合举办甘肃省首届图书馆出版社文化论坛及新书现采会；与省科技情报学会、省馆、兰州大学图书馆联合举办“甘肃图书馆情报界首届书画艺术大赛”和参赛作品的巡展活动；组织会员参加第 79 届 IFLA 大会；组织举办赴浙江上海的公共文化服务体系专题学习考察活动等。

在教育培训方面，成功实施 2013 年甘肃省图书馆学会“志愿者行动——基层图书馆员培训活动”，走进庆阳、平凉、定西、陇南、天水五市，培训学员 660 余名。举办各类培训班、研讨班、报告会、学习考察等 10 期，培训学员 902 人次。

在行业协调方面与服务方面，组织开展 2013 年全民阅读活动，并做好活动的总结表彰与引导工作，命名“甘肃省全民阅读基地”1 个，11 个图书馆被授予先进单位奖。做好第五次公共图书馆评估的培训和咨询工作，全年对兰州、白银、平凉、庆阳、定西、陇南、天水等 7 市的 30 个图书馆进行业务辅导。协助省馆开展“送书下乡”和文化帮扶工作。做好“甘肃图书情报界讲座展览联盟”的相关工作，组织举办 1 次工作会议和 1 次业务培训。

在编辑出版与网络宣传方面，会刊《图书与情报》2013 年继续保持核心期刊地位，全年出刊 6 期，发表文章 180 余篇；编印工作通讯《甘肃图书馆工作》6 期；编辑出版 2013 甘肃省图书馆学会论文集《甘肃图书馆事业现状与发展研究》，完成《中国图书馆年鉴》2013 卷甘肃部分；更新维护甘肃省图书馆学会网站，及时报道国内图书馆界和甘肃图书情报界的信息动态，网站点击量累计 31 万余次。（甘肃省图书馆学会　董隽）

【甘肃省图书馆学会举办全省图书馆基础业务知识暨图书馆员继续教育培训】 此次培训班为期 10 天，于 3 月 27 日圆满结束，来自全省公共、高校、科研系统图书馆的 61 名学员参加培训。此次培训班是为提升全省各级各类图书馆基础业务的规范化和标准化水平、推广使用《中图法》第五版、配合第五次公共图书馆评估工作顺利开展而开设。培训课程主要有图书馆学概论、第五次公共图书馆评估标准讲解、中图法（第五版）、文献编目和连续出版物管理。学员是来自全省各级公共图书馆的馆长或副馆长，及高校和企事业单位图书馆的相关业务工作人员。培训班还在省图书馆电子阅览室安排学员们上机实习，实习指导老师对学员在普通图书和连续出版物的机读目录格式著录中出现的难点、疑点及图书馆自动化系统运行等问题进行现场答疑。（甘肃省图书馆学会　张毅宏）

【甘肃图书馆情报界讲座展览联盟 2013 年工作会议召开】 会议于 4 月 11 日上午在兰州金城宾馆召开。此次会议是甘肃图书情报界讲座展览联盟成立以来召开的第一次会议，与会代表对图书馆讲座展览工作面临的新情况、新问题进行探讨交流，共同分享各自图书馆的讲座展览经验。（甘肃省图书馆学会　张毅宏）

【甘肃省图书馆学会“志愿者行动——基层图书馆员培训活动”圆满结束】 6 月至 7 月，由甘肃省图书馆学会组织策划，并联合甘肃省图书馆、兰州大学图书馆、国家科学图书馆兰州分馆和共享工程甘肃省分中心共同主办的 2013 年“志愿者行动——基层图书馆员培训活动”，在庆阳、平凉、定西、陇南、天水 5 市成功举办。来自基层图书馆、社区文化站、农家书屋的 660 余名学员参加培训。至此，志愿者行动经过三年的有效实施实现全省覆盖。三年来，来自省内公共、高校、科研三大系统图书馆的 20 位志愿者参与培训授课，志愿服务时间累计 2000 多个小时以上。志愿者行动走遍全省 14 个市州，行程一万余公里，培训来自基层图书馆、学校图书馆、乡镇文化站和农家书屋的学员 1500 余名，完成一次在甘肃省图书馆事业发展史上持续时间最长、规模最大、受益面最广、参与人数最多、影响最深远的面向基层图书馆员的培训活动。

【2013 甘肃省图书馆学会年会在兰州举行】 9 月 25 日，来自全省 14 个市州公共、高校和科研图书馆的 130 余名代表参加此次会议。大会交流分为工作交流和学术交流。本次年会提交论文 230 篇，其中地县图书馆 169 篇，非地县图书馆 61 篇。经过专家评委的认真评议，103 篇论文获地县图书馆组一、二、三等奖；44 篇论文获非地县图书馆组一、二、三等奖。年会论文集《甘肃图书馆事业现状与发展研究》由甘肃民族出版社于 2013 年 10 月正式出版发行，收录论文 88 篇，计 49 万余字，是学会编辑出版的第七部

专业书籍，成为广大会员进行学术交流的又一媒介。（甘肃省图书馆学会　张毅宏）

青海省

【青海省图书馆学会组团赴山东省图书馆参观学习】 为加强青海图书馆的科学管理，提高在免费开放环境下的服务能力，5 月 20—30 日，青海省图书馆学会组织全省本科院校、高职高专、公共图书馆的 35 位馆长及业务骨干到山东省图书馆参观学习。山东省图书馆副馆长李永慧就该馆概况以及科学管理、特色服务及免费开放、区域协作协调、全民阅读活动等情况做详细介绍，给学员留下深刻印象。 山东省馆读者服务工作的好做法、好经验和先进服务理念对青海图书馆起到积极的推进和示范作用。（李盛福）

【青海省图书馆学会参与 2013 年青海省社会科学普及周宣传活动】 8 月 31 日，青海省委宣传部、青海省社会科学界联合会在湟中县鲁沙尔镇中心广场隆重举行 2013 年青海省社会科学普及周活动启动仪式及科普农村行活动。省社科联常务副主席胡维忠、秘书长李平，湟中县委常委、宣传部长张恒山，湟中县副县长马财及省内 28 家社科类学（协）会、研究会参加此次活动。青海省委宣传部、省社科联对 2012 年度青海省社会科学普及周活动中涌现出来的先进集体、先进个人进行表彰奖励，省图书馆学会秘书长李盛福荣获“先进个人”荣誉。在此次广场宣传咨询服务活动中，省图书馆学会、省图书馆和湟中县图书馆组织推出近 20 块展板，宣传内容涉及公共图书馆服务体系、公共文化服务标准、公共图书馆免费开放政策、公共图书馆服务职能以及公众服务部门简介等，近万人次参观展览，同时发放宣传品 1000 余册。（李盛福）

【青海省图书馆、大通县图书馆被评为 2012 年度全民阅读先进单位】 11 月 7—9 日，省图书馆学会组织 24 位青海代表参加在上海浦东召开的 2013 年中国图书馆年会。会上，由省图书馆学会组织推荐的青海省图书馆、大通县图书馆被评为 2012 年度“全民阅读”先进单位。（李盛福）

新疆维吾尔自治区

【概况】 截至 2013 年年底，新疆维吾尔自治区图书馆学会现有团体会员 16 个，个人会员 558 人，设内部机构 1 个（学会秘书处），工作人员 5 人。现任领导机构是第六届理事会，有理事 59 人，其中常务理事 25 人。理事长祖农·库提鲁克，秘书长历力。

2013 年，学会先后组织全疆 35 位图书馆工作者参加 2013 年中国图书馆年会和 2013 鲁豫皖赣新五省图书馆学会学术年会，征集的学术论文获奖 30 余篇。分别在南北疆基层图书馆开展业务培训班 20 余期；参与组织、协调文化共享工程技能培训班、第二期珍贵古籍数字化培训班、“春雨工程”——新疆文化信息资源共享工程师资骨干培训班、“送服务到西部”——NSTL 科技文献信息新疆行等全疆图书馆业务交流培训活动。

按照自治区党委关于 2013“民生建设年”的重大工作部署，学会先后组织 20 余名专家参与自治区科协“百会万人下基层”系列科技服务活动。全年共举办“昆仑讲坛”“作家大讲坛”各类讲座 57 场次，听众达 6800 人次，其中以多种合作方式开展活动，取得较好的社会效果。

积极配合社科联等社团管理部门工作。参加新疆维吾尔自治区社科联系统领导干部培训班的培训与学习，开展新疆维吾尔自治区哲学社会科学评奖工作和国家社会科学基金项目申报工作，申请成立哲学社会科学评奖工作成果申报点，参与《新疆社科联年鉴·2013》的撰写工作。

发挥网站与学会出版物的阵地与传播作用。定期维护新图讲坛网页；学会主办的行业学术性刊物《西域图书馆论坛》（汉文）、《图书论坛》（维文）全年编辑出版各 4 期，刊登学术论文（汉文、维文）150 余篇，并对两刊分别进行改版；编辑出版《新疆图书馆学会通讯》4 期。（新疆维吾尔自治区图书馆学会）

【新疆维吾尔自治区图书馆学会第六届理事会第四次理事会议召开】 会议于 3 月 15 日召开，由学会秘书长、自治区图书馆馆长历力主持。会议传达学习科协相关文件精神，安排部署 2013 年学会工作，明确新时期学会的主要工作方向及具体任务；公布 2013 年常务理事会审议通过的学会各专业委员会机构设置意见以及 2013 年常务理事会审议通过的各专业工作委员会负责人聘用名单；宣读《学会章程修改后报告》中由常务理事会讨论通过的学会章程修改内容，讨论通过《第六届理事会工作报告修改后报告》，对理事会工作报告的修改内容以及修改原因进行阐述，并宣读修改后的报告。（新疆维吾尔自治区图书馆学会　赵燕）

【讲坛工作】 2013 年，学会共举办“昆仑讲坛”“作家大讲坛”各类讲座 57 场次，听众达 6800 人次，讲座的品牌效应、知识传播效应进一步显现。今年以多种合作方式开展活动：与新疆社科联签订“联盟协议”，共同打造以社会科学为主题的新项目——“社科大讲堂”，举办讲座 4 场；与国家图书馆讲座联盟联合开展两地学术交流，举办讲座 2 场；与国税局、区直机关工委、吐鲁番地区图书馆、库尔勒市图书馆合作举办讲座 4 场；修改全疆图书馆界展览、讲座联盟协议，为基层图书馆开办讲座提供支持，分别在昌吉、巴州、博州、吐鲁番等地举办讲座 8 场；与新疆人民广播电台等单位联合举办“文化引领现代·点燃中国梦想”——2013 年度“昆仑讲坛”走进基层系列活动，实现讲坛走进企业、走进学校、走进军营。同时维护更新新图讲坛网页，实现讲座视频在线点播；制作讲座数字光盘向读者免费赠送，扩大宣传教育效果。（新疆维吾尔自治区图书馆学会　赵燕）

【全民阅读活动】 学会积极参与以“知识给人力量 阅读引领未来”为主题的“书香新疆”2013 年全民阅读活动的策划、组织和宣传工作。在“4·23”世界读书日当天，举办主题讲座，邀请北京大学教授、博士生导师肖东发主讲《中国梦与全民阅读》，现场共有 260 余名听众聆听。全年共收集全疆各馆全民读书月活动信息 200 多条，编制完成“全民阅读专题”通讯 4 期，收集整理 2013 年全疆全民读书活动材料 50 余册。（新疆维吾尔自治区图书馆学会　赵燕）

注：所有馆情数据，均由各馆提供。

学术交流

中国图书馆学会 2013 新年峰会

1月 9 日，中国图书馆学会 2013 新年峰会在国家图书馆召开。中国图书馆学会理事长詹福瑞等学会主要领导和业界知名专家 10 余人出席峰会，峰会由中国图书馆学会副理事长陈力主持。

本次新年峰会围绕“新形势下中国图书馆学会功能定位和工作重点”“中国图书馆学会年会主题”“图书馆免费开放现状调查和示范案例推荐”和“全国图书馆未成年人服务提升计划项目”等 4 个议题进行研讨，朱强、吴建中、范并思和霍瑞娟分别就相关议题进行说明。詹福瑞做会议总结，并就相关工作进行部署。本次新年峰会秉承以往峰会的宗旨，分析当前形势，研讨重大问题，凝聚集体智慧，推动事业发展。各位领导和专家畅所欲言，提出很多具有建设性的思路、建议和对策，是中国图书馆学会在新形势下召开的一次非常成功的新年峰会。（摘编自中国图书馆学会网站）

民国时期文献保护工作座谈会

3 月 21 日，由国家图书馆主办、南京图书馆协办的民国时期文献保护工作座谈会在南京举行。来自全国省级图书馆的代表，档案馆、高校以及各研究机构的专家学者近 50 人参加会议。

国家图书馆副馆长陈力主持会议。江苏省文化厅党组书记、厅长徐耀新在会上致辞。国家图书馆馆长周和平做主旨发言，对 2012 年民国时期文献保护工作进行回顾和总结，并重点对下一阶段工作提出具体思路。一是要以点带面，推进各项工作全面协调开展。要继续开展文献普查；进一步加强海外存藏文献调查、征集及合作保护；继续推进原生性保护研究及相关工作；不断拓展海内外交流与合作，加大人才培养力度；要重视专家队伍建设，为民国时期文献保护出谋划策，起到参谋顾问作用。二是要加快文献整理出版，形成工作机制。以整理出版为助力，调动各地参与文献保护的积极性，全面辐射、带动全国民国时期文献保护的各项工作。三是要营造全社会共同保护民国时期文献的良好氛围，提高社会影响力。通过展览、讲座、会议等各种形式，向公众揭示民国时期文献的现实意义。

会议期间，南京大学中华民国史研究中心主任张宪文、中国第二历史档案馆副馆长马振犊先后做大会发言。来自山西省图书馆、南京图书馆、山东省图书馆、广东省立中山图书馆、重庆图书馆的代表分别就各自开展民国时期文献保护工作的经验做交流汇报。陈力就“民国时期文献整理出版规划”及实施方案做了说明。与会人员畅所欲言，分别就促进民国时期文献保护工作，建立民国时期文献出版工作机制，加快民国时期文献的整理、出版与研究工作建言献策。

2011 年，国家图书馆联合全国各省公共图书馆，策划了“民国时期文献保护计划”项目，得到中央有关部委的高度重视和大力支持，并得到财政部 2012 和 2013 年度经费支持。2012 年作为项目启动年，在各地图书馆积极参与下，在专家全力配合下，文献普查、海外文献征集、整理出版等方面都取得阶段性成果。（摘编自国家图书馆网站）

第十届数字图书馆前沿问题高级研讨班

6月5日上午，深圳大学图书馆30周年馆庆暨第十届数字图书馆前沿问题高级研讨班在深圳大学师范学院国际会议厅举行。来自海内外170多所高校图书馆、科学院图书馆、公共图书馆系统的馆长、专家学者和代表近400人参加庆典。

深圳大学副校长黎军主持庆典仪式。深圳大学校长李清泉、北京大学图书馆馆长朱强、国家科学图书馆馆长张晓林、广东省立中山图书馆馆长刘洪辉、中山大学图书馆馆长程焕文、香港浸会大学图书馆馆长李海鹏、美国约翰·霍普金斯大学图书馆教授张甲、深圳大学印度文化研究中心教授郁龙余先后致辞。馆长张道义代表深圳大学图书馆感谢学校、国内外专家学者和图书馆同行多年的支持和帮助，并汇报了图书馆30年的发展历程。

随后，第十届数字图书馆前沿问题高级研讨班拉开帷幕。本届研讨班由中国图书馆学会高等学校图书馆分会、深圳大学图书馆、美国霍普金斯大学图书馆和中国图书馆学会数字图书馆专业委员会联合主办，会议主题是“数字环境中的图书馆变革与创新”。会议持续三天，与会代表围绕大数据、数字学术、数字人文、下一代图书馆服务平台、数字出版、开放获取、智慧技术、数据管理、语义技术、关联数据、数字图书馆信息安全、资源发现等分主题展开交流与讨论；举办3场技术培训，并以“大数据环境下的知识组织与服务——挑战与机遇”为主题展开头脑风暴，进行热烈讨论。

本届研讨班收到参会论文31篇，案例5个。经过专家评审，评出优秀论文9篇，优秀案例3个。会议为获奖者颁发获奖证书。

“数字图书馆前沿问题高级研讨班”最早由朱强馆长及旅美图书馆界学者倡议并始创于2004年，第一届在深圳举办，第十届又回到深圳。深圳大学图书馆副馆长陈大庆在闭幕词中代表所有参会者衷心感谢研讨班对我国数字图书馆发展所起到的促进和推动作用，感谢朱强、张甲、曾蕾、秦健4位研讨班创始人，并代表会议主办方向他们颁赠纪念奖牌。（摘编自中国图书馆学会高校图书馆分会网站）

2013中国高校图书馆发展论坛

6月17—19日，2013中国高校图书馆发展论坛暨中国图书馆学会高等学校图书馆分会换届大会在吉林长春国际会展中心召开。

在本届论坛正式开幕前，中国图书馆学会高校图书馆分会召开第三届委员会会员代表大会，完成换届选举。朱强当选第三届委员会主任，陈进、程焕文、邓景康、葛剑雄、顾建新、彭晓东、沙永忠、郑章飞当选副主任，王琼当选秘书长。

总体概括，本届论坛呈现以下特点：

1. 人数多，为历届之最。为期3天的会议，共吸引394人参会，其中分会委员85人，图书馆管理和工作人员286人，企业23人，总人数超过前三届论坛。

2. 征集论文质量高。共收到论文115篇，其中获得一、二、三等奖的分别有5篇、15篇、25篇；共收到案例19篇，其中8篇获奖。

3. 报告内容丰富，学术质量高。本次论坛共设2个主论坛、6个分论坛，总报告数超过40个，除了国内高校图书馆的精彩报告，还邀请美国纽约州立大学宾汉姆顿大学图书馆馆长John M. Meador Jr. 和美国图书馆协会（ALA）前任主席Camila Alire做报告。这些报告研究性强，尤其是新增设的“国家社科基金课题汇报”分论坛，更是展现了图书馆界为增强服务能力而加强关于自身理论与实践研究的成果。

4. 相关厂商积极参与，推出特色技术和产品。（摘编自中国图书馆学会高校图书馆分会网站）

全国数字图书馆建设与服务联席会议第十四次会议

6 月 20 日，全国数字图书馆建设与服务联席会议第十四次会议在辽宁省大连市举行，会议主题为“数字图书馆的‘中国梦’”。本次会议由国防大学图书馆承办，海军大连舰艇学院图书馆协办，各联席会议成员单位有关负责人出席会议。

国防大学图书馆馆长于代军主持会议，海军大连舰艇学院院长姜国平出席并致词。国家图书馆副馆长魏大威以“国家数字图书馆建设与公共数字文化服务”、上海图书馆副馆长刘炜以“数字图书馆近期热点及上图打算”、中国科学院国家科学图书馆馆长张晓林以“从数字图书馆到‘创客工场’”、CALIS 管理中心秘书长姚晓霞以“CALIS 的中国梦”、浙江大学图书馆副馆长黄晨以“CADAL 项目三期规划思路交流”、文化部全国公共文化发展中心副主任李建军以“以开拓创新为引领，推动数字文化服务”、中央党校图书馆副巡视员刘俊瑞以“党校系统图书馆‘三大文库’建设检查评估情况”、国防大学图书馆副馆长李抒以“军队院校数图建设发展及未来设想”等为主题分别进行专题发言，介绍本单位近期关于数字图书馆建设与服务的研究和实践，并展开深入的交流与讨论。

文化部公共文化司巡视员刘小琴进行会议总结。她指出，联席会议集合各系统数字图书馆建设的领军单位，体现了战略性、前瞻性和互补性的突出特点，有效地推动全国数字图书馆的发展。本次会议内容丰富而新颖，交流了各单位数字图书馆建设的新认识、新成果、新举措、新思路，创新发展、协作协同的理念和重在服务的导向更加凸显，明确了今后的发展方向和工作重点。她还就进一步加强联席会议成员单位间的交流与合作提出若干建议。

会议决定，全国数字图书馆建设与服务联席会议第十五次会议由国家图书馆承办。（摘编自中国图书馆学会网站）

“大都市的公共图书馆事业”国际学术研讨会

6 月 27 日—7 月 1 日，为建设“国内一流，国际先进”的国家中心城市图书馆，积极推进图书馆界的交流与合作，广州图书馆、广州市图书馆学会借广州图书馆新馆全面开放之机举办“大都市的公共图书馆事业”国际学术研讨会。

文化部公共文化司巡视员刘小琴、广州市文化广电新闻出版局（版权局）副局长陈春盛、广州市社会科学界联合会副主席李兰芬、广东图书馆学会理事长刘洪辉等领导出席大会并在开幕式上先后致辞。上海图书馆馆长吴建中、上海社会科学院信息研究所所长王世伟、北京大学信息管理系教授李国新、中山大学图书馆馆长程焕文等图书馆界专家和来自全国各地大型图书馆的馆长、广州市国际友好城市图书馆的馆长及图书馆工作者、新闻媒体记者等 200 多人出席会议，共同探讨图书馆多元文化服务、城市第三空间塑造、图书馆国际化和本土化、图书馆服务体系构建与发展策略、图书馆特色和创新服务、新媒体环境下的图书馆服务以及图书馆社会公益服务等主题的理论和实践问题。

嘉宾演讲环节分别由广州图书馆副馆长吴翠红、罗小红主持。广州图书馆馆长方家忠主讲

"社会转型背景下的图书馆多元文化服务"，德国法兰克福市立图书馆总馆馆长贝吉特·洛兹主讲"法兰克福公共图书馆的多元文化服务"，韩国光州广域市立图书馆馆长金三喆主讲"发展光州图书馆幸福模式"，上海社会科学院信息研究所所长王世伟主讲"国际大都市图书馆服务空间发展的融合趋势论略"，法国里昂市立图书馆馆长艾波里·吉尔斯主讲"里昂市立图书馆发展规划"，加拿大温哥华公共图书馆馆长桑德拉·辛格主讲"图书馆作为城区文化发展第三空间——以温哥华公共图书馆为例"，芬兰坦佩雷市图书馆副馆长派特利·通特力主讲"坦佩雷市立图书馆——移动，资源推介，媒体教育"，上海图书馆馆长、上海科技情报研究所所长吴建中主讲"国际化战略——图书馆转型与创新的重要抓手"，美国洛杉矶县立公共图书馆系统总馆长玛格丽特·唐娜伦·陶德主讲"美国洛杉矶县立公共图书馆社区为本之多元化服务"，南非德班市立图书馆馆员汤贝拉·尼及迪主讲"'乌瓦兹'——分享本地知识的数字渠道"，北京大学信息管理系教授李国新主讲"完善服务体系，提高服务效能"，英国伯明翰信托基金会图书馆首席执行官布莱恩·甘布尔斯主讲"图书馆服务传递的创新与转型"。与会代表与12位演讲嘉宾通过积极的现场互动与交流，对图书馆多元文化服务、城市"第三空间"的塑造、图书馆国际化与本土化、图书馆服务系统构建与发展策略以及图书馆创新服务等问题进行深入探讨。

闭幕式上，程焕文馆长对此次研讨会做综述发言，广州图书馆馆长方家忠致闭幕词。此次国际研讨会为同行提供一个多元文化服务的学术交流平台，促进各国图书馆间的学术交流，进一步推动我国公共图书馆事业的繁荣发展。（摘编自广州市图书馆学会网站）

中国图书馆学会代表团参加美国图书馆协会2013年年会

以文化部公共文化司副司长张永新为团长，国家图书馆典藏阅览部主任兼国家图书馆少年儿童馆馆长王志庚和吉林省图书馆（吉林省少年儿童图书馆）副馆长张勇为副团长的中国图书馆学会代表团一行33人于2013年6月28—30日赴美国芝加哥参加美国图书馆协会年会并访问芝加哥主要图书馆。参会代表来自全国十几个省市区县的各类型图书馆。

美国图书馆协会（American Library Association，简称ALA）是美国图书馆界的专业组织，是世界上历史最悠久、规模最大的图书馆协会。成立于1876年，总部设在芝加哥，至今拥有5.8万名会员。ALA已成功举办100多次年会，每年都有近2万名来自美国和世界各地的图书馆员参会，就当前世界图书馆界共同关心的话题展开交流与探讨，以达成共识。ALA年会的展览规模也远超国际图联大会的展场，每年都会吸引近千家世界各国参展企业。

本次大会的主题是"Transforming Our Libraries，Ourselves"。来自美国和世界各国的图书馆界专家、代表约2万人（其中海外代表约400多人）参会。年会安排2500多场各类会前会、理事会、专业委员会会议、文艺演出及展览等活动。6月28日，ALA 2013年年会开幕式在美国芝加哥麦考密克会展中心举行。ALA主席Maureen Sulliva、芝加哥市长Rahm Emanuel先后致辞。国际畅销书《魔鬼经济学》合著者史蒂文.D.莱维特做"Think Like A Freak"的主旨报告（脱口秀），展示在日常生活中碰到问题时如何通过反直观的思维解决问题并使这些问题具有的令人惊讶的结果，引导听众如何在工作和日常生活中做出更聪明、积极向上和更严谨的决策。在随后开幕的展览会上，有政府机构、图书馆学院、图书馆设备供应商、出版社与新闻媒体等900多家展商参展，推出的新产品吸引来自世界各国与会代表驻足观看，不少公司还举办现场演示活动、自助餐会等。

6月29日下午，中国图书馆学会代表团参加本次年会"图书馆未成年人服务"分会场中国分会场（Public Libraries in China Today）会议。国家图书馆少年儿童馆馆长王志庚、首都图书馆主管张震宇、长春市少年儿童图书馆副馆长姚淑慧分别做专题发言。文化部公共文化司副司长张永新在会上代表2013年中国图书馆年会组委会向美国图书馆协会提出诚挚的邀请，表达与美国同行进行更多、更深入交流的愿望。（摘编自中国图书馆学会网站）

首届全国阅读推广高峰论坛

7月11—14日，由中国图书馆学会阅读推广委员会、浙江省图书馆学会、绍兴县文广新局主办，绍兴县文化发展中心、绍兴县图书馆承办的首届全国阅读推广高峰论坛在浙江省绍兴县举行。本次论坛主题为“免费开放背景下图书馆的阅读推广”。文化部公共文化司巡视员刘小琴、中国图书馆学会副理事长王余光、中国图书馆学会秘书长严向东、中国图书馆学会阅读推广委员会主任吴晞、浙江省文化厅公共文化处处长戴言及来自全国各公共及高校图书馆的阅读推广嘉宾共100余人出席论坛。

7位著名阅读推广专家在论坛上发言。台湾政治大学教授、美国印第安纳大学图书馆学暨资讯科学博士杨美华主讲“台湾民众阅读及使用公共图书馆习惯调查报告及业内因应对策”，中国图书馆学会副理事长王余光主讲“推荐书目与图书馆阅读推广”，中国阅读研究会会长徐雁主讲“‘学习型馆员’培育与阅读推广活动的文化创意”，中国阅读研究会学术顾问、上海图书馆《图书馆杂志》原常务副总编王宗义主讲“阅读推广研究论文的撰写”，中国图书馆学会理事、华东师范大学信息学系教授范并思主讲“中外儿童阅读推广理念、路径与问题探讨”，浙江大学信息管理学院副教授李超平主讲“公共图书馆宣传推广与阅读促进”，浙江省图书馆学会秘书长袁逸主讲“阅读传统的当今认识——兼谈阅读推广之图书馆人职责”。

在优秀案例观摩环节，共展出4个精品案例，分别是武汉大学图书馆的“虚拟咨询员、形象代言人‘小布’的形象不断完善设计并投入使用”、浙江师范大学图书馆的“打造会发声的图书馆是图书馆之梦”、郑州大学图书馆的“读书达人秀”和南阳师范学院图书馆的“绿荫读书会”“大学生读书节”。（摘编自《图书馆报》）

中国图书馆学会代表团赴俄罗斯、英国进行交流访问

7月17—25日，由文化部公共文化司刘小琴巡视员担任团长，中国图书馆学会副理事长、首都图书馆馆长倪晓建担任副团长，中国图书馆学会副秘书长霍瑞娟担任秘书长的中国图书馆学会代表团一行17人赴俄罗斯、英国参加中俄信息环境下现代数字图书馆研讨会及第10届诺桑比亚图书馆与信息服务绩效评估国际会议。会议期间，中国图书馆界代表与俄罗斯、英国图书馆界代表围绕数字图书馆建设与服务、图书馆与信息服务绩效评估等问题展开热烈讨论、有效互动，会议最终取得圆满成功。

一、中俄信息环境下现代数字图书馆研讨会

7月19日，中俄信息环境下现代数字图书馆研讨会在俄罗斯圣彼得堡召开，会议由俄罗斯鲍里斯·叶利钦图书馆、俄罗斯图书馆协会和中国图书馆学会联合主办，中俄双方共有60余位专家、学者参会。此次研讨会主题为“信息环境下的现代图书馆”，下设“数字图书馆国家级项目介绍”“地区级数字图书馆项目”“以建立现代数字图书馆为基础的合作与规划”“数字图书馆元数据、数字资源建设与服务”“在图书馆网站门户获取数字资源”等分主题。

研讨会上，中俄双方图书馆界代表介绍了各自在数字图书馆方面的成果和规划。倪晓建副理

事长在会上做题为《区域性数字图书馆建设的实践——以北京记忆为例》的主旨报告，中国国家图书馆数字资源部主任李晓明、中国科学院成都文献情报中心馆长方曙做题为《实施数字图书馆推广工程，全面提升公共文化服务能力》《中国科学院国家科学数字图书馆项目介绍》的专题报告，分别介绍中国国家、地方、科研机构数字图书馆工作进展和优秀工作经验。俄罗斯鲍里斯.叶利钦图书馆副馆长E. 扎布科做题为《俄罗斯数字图书馆：现状与发展可能性》的主旨报告，俄罗斯鲍里斯·叶利钦图书馆T. 马斯克胡里亚、俄罗斯科学院西伯利亚分院国立公共科技图书馆N. 瑞德金娜、普斯科夫地区大学科学图书馆S. 巴卡洛夫、俄罗斯鲍里斯·叶利钦图书馆M. 贝斯特洛娃、俄罗斯科学院西伯利亚分院国立公共科技图书馆T. 卡尔组支娜亚、赤塔后贝加尔地区科学图书馆N. 欧蕾哈瓦等人分别做题为《数字馆藏是形成总统图书馆数字储备的基础》《俄罗斯科学院西伯利亚分院图书馆建立数字图书合作资源的技术》《方志数字图书馆：作为当地自治政府发展史调研资源的领土文件》《总统图书馆储备中的关于中国的俄文善本》《SPSL数字图书馆的形成》等专题报告，分别介绍俄罗斯全国及地区性数字图书馆项目、专题数字图书馆项目等工作的进展和经验。此外，俄罗斯科学院东方文献研究所所长波波娃介绍19世纪成立于圣彼得堡的中国文献基金，叶利钦总统图书馆的工作人员介绍俄罗斯关于中国18世纪至19世纪的文献等。

中国代表团还参观了叶利钦总统图书馆，并体验了图书馆的数字化建设成果。该图书馆是根据俄罗斯总统普京签署的总统令建设的图书馆，重点搜集俄国家历史方面的资料，文献基础将由俄国家档案馆的电子拷贝资料和其他馆所的文件构成，是俄罗斯数字图书馆建设与服务领域的翘楚。图书馆为中国代表团代表开通了数字阅览证，让代表能够随时在互联网上共享叶利钦总统图书馆的资料。

二、第10届诺桑比亚图书馆与信息服务绩效评估国际会议

7月22—24日，由约克大学图书馆及档案馆主办的第10届诺桑比亚图书馆与信息服务绩效评估会议在英国约克举办，来自各国的近300名代表参会。会议主题为“图书馆与信息服务绩效评估”，下设“图书馆的价值、影响、成果”“以文化、社会、经济资产评估图书馆”“社群中的图书馆与博物馆”“图书馆与信息服务统计及量化测评”等14个分主题。会议由开幕式、闭幕式、全体会议、工作坊和平行分会场组成，主要围绕图书馆与信息服务绩效评估的影响与价值、质量指标工具、统计与评估等几个方面展开。中国图书馆学会代表团听取会议发言并参与会议讨论。2013年恰逢中国公共图书馆评估年，会议讨论的内容对于我国改善图书馆评估工具，提高评估效率有很大帮助。

中国代表团通过此次活动，与俄罗斯、英国等图书馆界同仁共同思考数字图书馆建设和图书馆与信息服务评估中面临的问题与解决办法，相互学习，分享成功经验，会议促进图书馆界的交流与合作，巩固了中外图书馆人的友谊，为未来更加紧密的联系与合作打下基础。（摘编自中国图书馆学会网站）

第二届中美高校图书馆合作发展论坛

7月17—18日，第二届中美高校图书馆合作发展论坛在兰州成功召开。本届论坛由中国高校人文社会科学文献中心（CASHL）、北美中国研究图书馆员学会（SCSL）和兰州大学联合主办，兰州大学图书馆承办，论坛主题是“中国周边国家文献资源的收集、整理和共享服务”。来自海内外8个国家和地区的图书馆专家、学者110人参加本次会议。

兰州大学图书馆馆长沙勇忠主持大会开幕式。兰州大学副校长景涛教授致辞。美国俄亥俄州立大学图书馆李国庆教授及CASHL管理中心主任、北京大学图书馆馆长朱强教授分别代表北

美中国研究图书馆员学会和国内参会代表致辞。学术报告由朱强主持。围绕本届会议主题，大会共安排 3 个主旨报告，分别是 CASHL 管理中心副主任肖珑和秘书长关志英做《中国周边国家文献的国家保障研究》报告，加拿大维多利亚大学亚洲研究馆员柳瀛做《北美的东南亚图书馆》报告，斯坦福大学东亚馆馆长杨继东做《北美地区对中亚、西藏和丝绸之路研究的历史及相关资源的收藏》报告。专家们从宏观角度，展现了中国和北美高校对周边国家文献收藏的现状、面临的问题及未来发展的构想。在大会报告阶段，22 篇入选发言报告的作者分别从 3 个会议分主题，以个案研究方式，从个体图书馆出发，分别介绍海内外高校图书馆对于珍稀日韩文献的收藏、整理及利用，朝鲜、蒙古、俄罗斯及东欧文献的馆藏建设，东北亚、东南亚、南亚研究文献采集的现状与资源共享前景；就中国周边国家语种文献的采选政策、整理与编目、区域研究资料中心建设、用户服务及地域共享思路展开探讨，重点研讨周边国家特色馆藏建设相关主题，包括拉祜、回鹘、旧版日本文献、越南文献等，也包括古籍文献资源如梵蒂冈图书馆馆藏中国周边国家古代写本文献、复旦大学图书馆藏朝鲜汉籍述略等。

在大会闭幕式上，朱强做会议总结。本次论坛共收到来自中国内地、港台，北美、欧洲等地近 50 家高校的 47 篇征文，经评审遴选出其中 26 篇作为大会发言报告。论坛加深了中国与海外高校图书馆在区域研究文献资源建设方面的相互了解，也将有力推进在这一领域的深度合作，为未来更好地向人文社会科学研究人员提供文献支撑与保障打下坚实基础。（摘编自中国高校人文社会科学文献中心网站）

“知识服务 2013：开放创新环境下专业图书馆的新角色”年会

科研数据管理与服务是专业图书馆深化知识服务的新领域，学科馆员服务面对开放科研环境也面临战略转型的挑战，引导研究性图书馆员角色转换、服务模式转型具有很强的现实意义。鉴于此，7 月 22—26 日，“知识服务 2013：开放创新环境下专业图书馆的新角色”年会在黑龙江省佳木斯市召开。此次会议由中国图书馆学会专业图书馆分会主办，来自科学院系统、农科、医科、高校、企业及出版社的 170 多位代表参会。会议围绕开放科研对信息服务的新挑战、科研数据管理与服务、开放信息资源与服务等 3 个主题，探讨科学数据管理与服务发展趋势、管理平台建设、模式机制、数据素养培养和科研数据权益研究等；分享科研信息环境、学科信息环境、专题信息环境建设的积极实践；交流科研学术资源的开放服务模式，以及开放学术资源集成平台建设和机构知识库建设等。32 位专家做大会发言。（中国图书馆学会专业图书馆分会）

出版界图书馆界全民阅读年会（2013）

7 月 30 日—8 月 1 日，由韬奋基金会、中国新华书店协会、中国图书馆学会阅读推广委员会、《图书馆报》主办，黑龙江省图书馆承办的出版界图书馆界全民阅读年会（2013）在黑龙江省图书馆召开。300 多名代表齐聚哈尔滨，就全民阅读推广、馆社合作、数字阅读和数字出版进行深入探讨。开幕式由《图书馆报》社长、总编辑赖雪梅主持。国家新闻出版广电总局出版管理司副司长阎智红、黑龙江省文化厅厅长宋宏伟、中国图书馆学会阅读推广委员会主任吴晞、中国出版公司副总裁李岩先后致辞。

会议邀请全国政协副秘书长、民进中央副主席、中国教育学会副会长朱永新，韬奋基金会理事长聂振宁，中国图书馆学会副理事长、北京大学信息管理系主任王余光，著名作家、教授梁晓声，分别做题为《阅读的力量》《阅读的好时代与坏时代》《儿童阅读从纸本开始》和《阅读的好处》的主旨报告。会议设立3个分会场，分别是《图书情报工作》主编初景利主持的经典阅读分会场，中国盲文出版社总编辑助理沃淑萍主持的馆社合作分会场，中文在线公司董事长童之磊主持的数字阅读分会场。

作为此次年会的重要内容，年会组委会向社会隆重发布《全国图书馆推荐书目（2012年度）》和《全国图书馆50种重点推荐图书（2012年度）》。韬奋基金会代表全国出版界向黑龙江省47家公共图书馆捐赠516万元码洋图书，中国质检出版社向黑龙江省图书馆捐赠37万元码洋图书。参会代表集中参观了“全国图书馆2012年度好书推选”展览、阅读案例展示与图书现采会等。

此次年会是一个多方融合的大平台，参会的300多位代表中，有全国各级各类图书馆的馆长、馆员，也有来自全国各地出版社和新华书店的代表。今年的阅读年会，主办方增加韬奋基金会和中国新华书店协会，目的在于吸引更多的出版界、发行界人士广泛参与到全民阅读年会中来，加大图书馆、出版社、书店、阅读推广人等多方面的参与力度，聚合各方资源，将“全民阅读年会”真正办成跨行业合作、深入人民群众的阅读活动。为此，主办方和承办方积极运作，前期举办年会征文、全民阅读案例评选和“全国图书馆2012年度好书推选”等活动。（摘编自黑龙江省图书馆网站、《图书馆报》）

中国图书馆学会第一届全国图书馆未成年人服务论坛

8月14—15日，由中国图书馆学会、国家图书馆和云南省文化厅主办，云南省图书馆学会和云南省图书馆承办的中国图书馆学会第一届全国图书馆未成年人服务论坛在昆明召开。来自全国图书馆界和相关业界的专家学者，各省、自治区、直辖市公共图书馆、少儿图书馆和中小学图书馆的代表，以及媒体和图书馆相关技术的企业代表共计450余人参会。本届论坛的主题是“阅读与圆梦”。论坛包含开幕式、主旨报告、优秀案例展示评审和图书馆新技术专题发言、学术分会场、嘉宾演讲等几大板块。

云南省文化厅副巡视员郭伟和中国图书馆学会理事长、国家图书馆党委书记、常务副馆长詹福瑞先后在开幕式上致辞。詹福瑞做题为《顺从天性 激发好奇——图书馆未成年人阅读之我见》的主旨报告。随后进行图书馆未成年人服务优秀案例展示和评审。为了集中展示和推广近年来我国图书馆界未成年人服务实践中形成的优秀案例，进一步促进全国图书馆未成年人服务方法的多样化和服务水平的整体提升，中国图书馆学会于6—7月面向全国图书馆界征集未成年人服务优秀案例，在一个月内共计征集案例148个。本次论坛精选其中10个优秀案例现场集中展播，邀请图书馆和相关业界知名专家进行现场点评，最终由全体参会代表现场投票评出一等奖2名、二等奖8名、三等奖12名以及优秀奖若干名。期间，两位企业代表做图书馆新技术专题发言。

论坛安排以阅读指导、阅读实践、绘本阅读和阅读管理为主题的4个学术分会场，分别由国家图书馆少年儿童馆、深圳少年儿童图书馆、武汉市少年儿童图书馆、中国图书馆学会学术研究委员会未成年人图书馆服务专业委员会和天津市少年儿童图书馆主办。教育部基础教育课程教材发展中心评价处处长李水平、浙江大学公共管理学院副教授李超平、儿童阅读研究专家及著名阅读推广人王林、华东师范大学教授范并思等十余位业内专家在各分会场发言，并与参会代表充分交流讨论。

在闭幕式上，中国新闻出版研究院副院长张立先做题为《从国民阅读与购买倾向调查看儿童阅读状况》的演讲。4个学术分会场代表分别就会议交流情况做汇报发言。中国图书馆学会学术研究委员会未成年人图书馆服务专业委员会委员王志庚、陈方权、刘红、汪茜分别发布图书馆未成年人服务相关信息。会议为获得未成年人服务优秀案例的图书馆代表和获得优秀组织奖的图书馆学会颁发证书。中国图书馆学会副秘书长霍瑞娟向云南省图书馆学会、云南省图书馆和昆明少年儿童图书馆颁发感谢状并致闭幕词。

中国图书馆学会自2012年开始在全国范围内实施"全国图书馆未成年人服务提升计划"以来，取得显著成效。而此次成功举办首届全国图书馆未成年人服务论坛，将促进全国图书馆界积极钻研理论，大胆创新实践，提升全国图书馆未成年人服务水平，让孩子们在阅读中快乐成长。（中国图书馆学会网站）

第五届中国图书馆馆长与国际出版社高层对话论坛

2013北京国际图书博览会（BIBF）期间，由中国图书馆学会专业图书馆分会、中国图书进出口（集团）总公司、中国图书馆学会高校图书馆分会共同主办的第五届中国图书馆馆长与国际出版社高层对话论坛于8月29日在北京举行，论坛的主题为"电子图书与图书馆"。中国出版集团公司副总裁、中国图书进出口（集团）总公司总经理刘伯根，中国图书馆学会副理事长、中国科学院国家科学图书馆馆长张晓林，中国图书馆学会副理事长、北京大学图书馆馆长朱强和国内180多家专业、公共与大学图书馆负责人，国内外知名出版集团的高管等出席会议。

论坛期间，与会国内外专家、业内人士就当前数字出版和网络出版的趋势与战略，电子图书对图书馆的影响，电子图书的发展趋势等热点话题展开对话和讨论。主题发言和互动对话的内容涉及：数字出版和网络出版的趋势与战略，电子图书技术发展趋势，电子图书对图书馆的影响，电子图书的内容组织、服务模式、销售模式，数字化图书的功能扩展与前瞻，基于电子图书的服务实践，电子图书的知识产权管理问题等领域，反映业内对于行业发展现状和趋势的持续关注和前沿思考。与会代表达成广泛共识：数字化出版是当前重要的出版形态，图书馆尤其要加强馆藏建设调整的研究和部署，适应数字出版和网络出版的变化，改变图书馆服务模式，迅速确立先进的服务理念，全面提升服务水准。数字出版既是广大图书馆界面临的巨大挑战，也带来发展和突破的契机。图书馆、出版商、读者和服务供应商应相互支持，开展深度合作，从而形成和构建共赢的新的市场服务模式。

本次论坛是第20届BIBF的系列专业活动之一，继前四届成功举办之后，论坛的专业化特色进一步突出，与行业发展结合得日益紧密，已发展成为BIBF的一个重要品牌。论坛提供了海内外出版界、图书馆界直接对话、交流的平台，对推动我国出版和图书馆事业的发展起到积极作用。（摘编自《图书馆报》）

中国图书馆学会阅读推广委员会2013年工作会议暨第七届全民阅读论坛

中国图书馆学会阅读推广委员会2013年工作会议暨第七届全民阅读论坛9月12—15日在郑州大学召开。会议由中国图书馆学会、中国图书馆学会阅读推广委员会主办，郑州大学图书馆、郑州图书馆承办，河南省图书馆学会、河南省高校图书情报工作委员会协办。来自全国各地公共图书馆、高校图书馆、图书馆相关媒体等100多名代表参加会议。

9月13日，中国图书馆学会阅读推广委员会2013年工作会议开幕式在郑州大学图书馆举行。河南省文化厅副厅长崔为工、副处长底鲜平，河南省教育厅评估办主任唐多毅，郑州市文广新局副局长高振超，中国图书馆学会副理事长王余光、秘书长严向东、阅读推广委员会主任吴晞，郑州大学副校长高丹盈出席开幕式。阅读推广委员会及其15个专业委员会分别做2012年工作总结及2013年工作计划。与会委员就总结与计划展开热烈讨论，充分交流。郑州大学王保国教授在会上做《中原文化的特征与精神》专题报告。

9月14日，第七届全民阅读论坛在郑州图书馆举行，论坛主题为“经典重读与书香未来”。为了让普通大众共享阅读之乐，本届论坛向公众开放，吸引郑州市大批读者前来参加。国家一级作家二月河，中国图书馆学会副理事长、北京大学教授王余光，中国阅读学研究会会长、南京大学教授徐雁，河南高校图工委主任、郑州升达经贸管理学院院长崔慕岳，分别应邀做《我的读书生涯》《我们为什么读经典》《推广名人传记图书，萃取人生正能量力》《经典重读与书香校园建设》的报告。

中国图书馆学会阅读推广委员会2013年工作会议暨第七届全民阅读论坛的举办，聚集了全国各界专家、学者，积极推进全民阅读，对郑州的文化建设和城市人文精神塑造具有重要影响。（摘编自中国图书馆学会高校图书馆分会网站）

2013年教育部高校图工委期刊研究工作年会暨全国高校图书馆第十四届期刊工作学术研讨会

9月13—14日，由教育部高校图工委期刊研究工作组、全国高校期刊工作委员会主办，南京大学图书馆、武汉大学图书馆、中国图书进出口（集团）总公司联合承办的2013年教育部高校图工委期刊研究工作年会暨全国高校图书馆第十四届期刊工作学术研讨会在武汉大学召开。本次会议的主题为“数字化转型下的图书馆期刊资源建设与服务”。来自国内40多所大学的70多位代表参加会议。教育部高校图工委期刊研究工作组组长、全国高校期刊工作委员会主任、南京大学图书馆馆长洪修平，武汉大学图书馆馆长王新才，中国图书进出口总公司常务副总经理张纪臣分别在开幕式上致辞。

高校期刊工作委员会首席学术专家、南京大学信息管理学院教授叶继元，中国社会科学研究评价中心副主任、南京大学信息管理学院教授沈固朝分别做主题报告。叶继元教授在题为《纸质期刊与数字期刊的利用统计与收集策略》的报告中，指出图书馆期刊利用统计存在的问题，分析产生问题的原因，并根据国外图书馆的现行做法提出相关建议。沈固朝教授在题为《学术评价、期刊评价与引文索引》的报告中，分析学术评价、期刊评价与引文索引的关系，介绍CSSCI新平台的功能与使用方法。代表们就专家报告以及期刊工作未来发展方向等相关问题进行热烈讨论。

会议期间，还举办了第一届海外数字出版与图书馆资源建设高峰论坛。武汉大学图书馆副馆长张洪元做《成长的烦恼——数字资源建设的困惑与出路》主题报告，对数字资源时代给图书馆资源建设带来的冲击与挑战，以及图书馆员应该如何应对，提供自己的见解。Wiley公司、Taylor & Francis公司、英国科技出版集团的专家分别就数字时代期刊的同行评审、期刊开放获取的模式、数字出版内容的增长带来的挑战等议题做大会报告，张纪臣重点介绍了中图公司在数字出版环境下所进行的变革与创新举措。与会代表在会后参加了首届中国（武汉）期刊交易博览会。（教育部高校图工委网站）

第六届图书馆管理与服务创新论坛

9月25—26日，由教育部高等学校图书情报工作指导委员会、中国图书馆学会学术研究委员会图书馆管理专业委员会、上海交通大学图书馆主办，兰州大学图书馆承办的第六届图书馆管理与服务创新论坛在兰州大学图书馆报告厅召开。来自中国内地、香港等高校的160位图书馆界代表参会。兰州大学副校长陈发虎出席会议并讲话。

此次论坛主题为“放飞智慧图书馆的梦想”，由5个单元组成，其中包括大会主题发言、大会交流发言、馆际交流、馆长论坛之“头脑风暴”和第四次论坛学术委员会工作会议。在大会主题发言阶段，教育部高校图工委主任、北京大学图书馆馆长朱强，香港理工大学图书馆馆长黄朝荣，上海交通大学图书馆馆长陈进，兰州大学图书馆馆长沙勇忠，武汉大学图书馆馆长王新才，四川大学图书馆馆长马继刚，分别做题为《数字时代大学图书馆的转型策略》《重塑E世代图书馆服务（Reinventing Library in the Digital Era）》《智慧图书馆设计与探索》《大数据背景下的用户行为研究》《信息技术驱动下的智慧图书馆及其服务模式初探》《智慧图书馆助推人才培养改革》的专题学术报告。报告探讨物联网环境下智慧图书馆的核心内涵及主要特征、本质追求及关键问题、发展现状与未来前景，以期为高校图书馆提升理念、开阔视野。

在大会交流发言、馆际交流、馆长论坛之“头脑风暴”阶段，专家和代表们结合不断变化的信息环境，围绕与智慧图书馆密切相关的热点问题，如技术、资源、服务、馆员和读者等展开深入的理论探讨与实践总结，并力求不断地在新思维与旧模式、梦想与现实、跨越与转型等的激烈碰撞中寻求新的突破，为智慧图书馆的发展建言献策。

本次论坛具有主题设置新颖、内容形式丰富、会议共识广泛等3个显著特点。会议决定第七届图书馆管理与服务创新论坛于2014年在宁夏大学召开。（摘编自兰州大学网站）

2013’中国机构知识库学术研讨会

为促进我国机构知识库的发展，9月26—29日，2013’中国机构知识库学术研讨会在昆明举办。此次会议由中国机构知识库推进工作组、中国图书馆学会专业图书馆分会和高校图书馆分会联合主办，来自台湾大学图书馆、香港大学图书馆、内地高校以及科研院所图书馆等单位的专家213人参加会议。

会议以“机构知识库的积极实践”为主题，围绕中文机构知识库建设与服务的发展战略、具体实践、政策机制与未来挑战等内容进行交流。会议分为趋势与战略、实践探索、政策机制、未来挑战及互动对话5个版块，共组织专题报告34个。高校图书馆分会主任委员、北京大学图书馆馆长朱强致开幕词；专业图书馆分会理事长、中科院国家科学图书馆馆长张晓林做会议总结。中国机构知识库推进工作组在会上首次发布全国范围机构知识库建设情况调查和机构知识库用户的态度与需求调查，现场以18块展板形式展示国内外重要机构知识库实践机构的优秀实践案例。

此次会议全面、系统地展现、探讨机构知识库的进展及未来趋势。展示我国其他机构在机构知识库上的快速发展，表明我国机构知识库作为教育科研的重要支持力量已经进入大规模建设与不断深化服务的时期，台湾地区的机构知识库联盟、香港地区机构知识库服务、中国科学院机构知识库网格已经发挥实际支持教育科研人员进行知识管理的作用。随着科研教育活动和知识管理需求的不断增加，机构知识库作为机构知识战略的支撑之一，必将有效促进知识存储、管理、传播、生产等的创新发展。（摘编自中国图书馆学会专业图书馆分会网站）

2013 年全国图书馆参考咨询工作研讨会

10 月 16—19 日，由国家图书馆和山东省图书馆主办，青岛市图书馆协办的 2013 年全国图书馆参考咨询工作研讨会在山东青岛举办。国家图书馆馆长助理汪东波出席会议并致开幕词，来自全国 50 余所公共图书馆、专业图书馆以及高校图书馆的 90 余位专家、参考咨询馆员和业务管理者参加会议。在会议召开之前，主办方举办为期 3 天的全国图书馆参考咨询协作网参考咨询业务培训班，4 位专家就参考信息源与社科参考咨询服务、科技文献检索与文献查证服务、参考咨询案例评析、图书馆决策咨询服务等内容进行授课。

本次会议主题为“新媒体环境下图书馆参考咨询服务——业务联合与服务创新”，旨在凝聚参考咨询业务未来发展的关注焦点，寻求并探讨业务交流协作的切入点，共同规划图书馆参考咨询业务创新与协作的发展蓝图。会上，中科院国家科学图书馆研究员、博士生导师初景利做题为《参考咨询服务中的知识咨询服务——对图书馆参考咨询业务发展方向的思考与探索》的主旨报告。8 位专家学者结合各自工作实践，分别就参考咨询服务对策与标准、参考咨询馆员信息素养以及政府决策咨询服务等问题和与会代表做交流。此外，会议还设立“图书馆参考咨询服务联合”和“面向机构用户的参考咨询服务”两个分主题会场以增进代表之间的沟通与交流。

闭幕式上，国家图书馆参考咨询部主任王磊向与会者重点介绍数字图书馆推广工程的两个重要建设项目：省级公共图书馆立法决策服务平台和全国图书馆参考咨询协作网的相关情况。与会代表纷纷表示希望通过这两个平台的建设，进一步加强图书馆员之间的交流与分享，促进图书馆参考咨询业务的联合和协作，进而提升全国图书馆界参考咨询工作的整体水平。（摘编自国家图书馆网站）

“城市与图书馆”学术论坛暨首都图书馆百年纪念会议

10 月 16 日，“城市与图书馆”学术论坛暨首都图书馆百年纪念会议在首都图书馆举行。文化部党组副书记、副部长杨志今，北京市委常委、市委宣传部部长李伟，国家图书馆的馆长周和平等领导出席会议。来自 11 个国家和地区以及国内 41 个省级、副省级公共图书馆的馆长和专家学者、首都图书馆联盟成员单位代表以及社会各界代表等近 800 名嘉宾参会。

纪念会议由北京市文化局局长陈冬主持。首都图书馆馆长倪晓建致开幕词，回顾百年首图的历史发展，介绍现代首图的多元服务，勾画未来首图的发展愿景。陕西省图书馆馆长谢林代表图书馆界向首都图书馆百年华诞表示祝贺。李伟部长代表北京市委、市政府祝贺首都图书馆百年华诞，充分肯定首图近年来的工作实绩，并希望首图牢牢把握发展机遇，深化国内外交流合作，加强馆际资源信息共享，推出更多优秀文化品牌，为市民群众提供优质便捷、开放全面的文化服务，为实现中国梦凝聚强大的精神力量。倪晓建馆长与法国蓬皮杜国家艺术和文化中心公共信息图书馆副馆长伊曼纽尔·阿齐扎在会上签署战略合作协议，双方将在馆员互派、图书交换、合作办展和学术交流等方面开展深入合作。

“城市与图书馆”学术论坛在纪念会议后举

行。论坛设立 1 个主会场和 2 个分会场。来自亚洲、欧洲和美洲的 17 名专家学者围绕论坛主题，从城市创新、社会责任、时代使命、服务效能、公共关系、少儿图书馆服务等方面进行多层面、多视角的精彩阐释。市文化局党组书记张文华主持主论坛。

国家图书馆馆长周和平做题为《城镇化条件下我国图书馆事业的发展》的主旨发言。他表示，北京的发展离不开图书馆事业。近年来，在首都图书馆的引领下，首都地区图书馆事业在办馆条件、资源建设、公共服务、共建共享等多个方面发展迅速，在全国图书馆事业发展中发挥了重要的带动作用。为推进首都地区图书馆事业发展，他建议，要加快建设覆盖全城区的图书馆服务网络，加快形成资源共享体系，拓展社会教育职能，不断创新服务内容与服务形式。随后，上海图书馆馆长吴建中、伊曼纽尔·阿奇扎副馆长、美国哈佛大学燕京图书馆馆长郑炯文、爱尔兰都柏林市图书馆馆长玛格丽特·海斯先后做精彩演讲，分别介绍城市创新与图书馆发展、图书馆为社会融入和公民所能做的新服务、研究性图书馆的新任务、图书馆的社会责任等多项现代图书馆发展的前沿命题。在 2 个学术论坛分会场，来自荷兰海牙市图书馆、法国里昂市中心图书馆、意大利米兰市图书馆、芬兰赫尔辛基城市图书馆、加拿大不列颠哥伦比亚大学亚洲图书馆、新加坡公共图书馆、美国芝加哥大学东亚图书馆、香港公共图书馆、中国科学院国家科学图书馆、中山大学图书馆、北京大学等国内外图书馆或相关机构的 13 位馆长、学者分别做大会发言。（摘编自首都图书馆网站）

第 25 届全国十五城市公共图书馆工作研讨会

10 月 18 日上午，第 25 届全国十五城市公共图书馆工作研讨会在武汉图书馆开幕。本次会议为期三天，由中国图书馆学会主办，武汉图书馆承办，会议主题为“城市公共图书馆服务模式创新及管理创新”。文化部公共文化司巡视员刘小琴、武汉市人民政府副市长刘英姿、武汉市文新广局局长陈邂馨、湖北省图书馆学会理事长万群华，全国 15 个副省级公共图书馆的馆长、业务骨干及武汉市少年儿童图书馆、武汉市各区图书馆代表出席开幕式。武汉大学信息管理学院教授、武汉大学本科生院院长陈传夫做题为《对图书馆业态发展趋势的思考》的主题报告。

会议期间，与会代表就城市图书馆发展过程中的成功经验、风险及挑战，图书馆第三空间打造，图书馆社会价值实现等方面进行深入交流和探讨。由武汉图书馆提出建立十五城市公共图书馆联盟倡议得到各馆代表们认同，将进一步密切十五城市公共图书馆间的联系，并通过建立“15 城市图书馆联盟”在联合参考咨询、讲座、展览、馆员学习交流、阅读交流、读者活动等方面开展合作，携手提升图书馆社会影响力，共促发展。为配合此次会议的召开，“全国十五城市公共图书馆服务概况展览”在武汉图书馆同期举办，集中展示各馆在硬件设施改善、文献资源建设、读者服务工作等方面的熠熠风采，生动再现近年来国内城市公共图书馆事业发展中取得的斐然成绩。

会议确定下一届全国十五城市公共图书馆工作研讨会在青岛召开。（摘编自中国图书馆学会网站）

第三届全国文献编目工作研讨会

10月20—23日，由国家图书馆、中国图书馆学会学术研究委员会信息组织专业委员会主办，厦门市图书馆协办的第三届全国文献编目工作研讨会在福建厦门举办。国家图书馆馆长助理、信息组织专业委员会主任汪东波出席会议并致辞。厦门市文化广电新闻出版局局长、党组书记罗才福等领导和来自全国23个省、自治区、直辖市的140余名图书馆界代表参加会议。

本次会议以“编目：新的变化与应对之策”为主题，旨在凝聚全国业界之力共同探讨新环境下编目工作的应对之策，分享研究成果与实践经验，推动全国文献编目工作的学术研讨，促进同行业工作人员的交流，加速我国文献编目的国际化进程。研讨会共收到会议征文102篇，评选出45篇获奖论文并结集出版。

会上，中国科学院国家科学图书馆研究馆员宋文、华东师范大学图书馆研究馆员胡小菁、国家图书馆中文采编部主任毛雅君、CALIS（中国高等教育文献保障系统）联机编目中心主任喻爽爽、上海图书馆采编中心副主任纪陆恩、国家图书馆中文采编部研究馆员卜书庆等6位专家，分别从信息组织领域相关标准规范的发展及其应对建议和实践、中国国家书目的FRBR（Functional Requirements for Bibliographic Records，书目记录的功能需求）化展示及服务、两岸三地中文名称规范合作与共享、RDA（Resource Description and Access，资源描述和检索）最新变化及应对和RDA在上海图书馆的调研与应用、《中分表》修订及建立关联数据的实践研究等方面详细阐释，充分展现目前国内编目领域紧跟国际趋势的发展变化。会议还设立“编目规则国际化及标准化发展”“RDA和ISBD统一版等新变化对文献编目工作的影响”“社会化环境下编目工作的改革与发展”3个主题分会场，与会者就上述主题进一步交流和探讨，毛雅君对讨论内容做全面总结。

此次会议作为一个良好的业务交流与分享平台，使与会者进一步跟踪并了解到国内外编目发展的前沿信息，对全国图书馆界编目工作的发展提升起到有力的推动作用。（摘编自国家图书馆网站）

2013（第二届）全国开放获取推介周研讨会

为持续推进开放获取的各种实施政策、实用方案以及实践活动在我国的长远可持续发展，继2012年10月在北京首次成功举办中国开放获取推介周活动后，2013年（第二届）全国开放获取推介周研讨会于10月21—23日在中科院国家科学图书馆举办。此次会议由中科院国家科学图书馆/中国机构知识库推进工作组牵头组织，并联合中国图书馆学会专业图书馆分会、中国科学院自然科学期刊编辑研究会共同主办。分会理事长、中科院国家科学图书馆馆长张晓林，分会副理事长、中科院国家科学图书馆副馆长孙坦，中国科技信息研究所总工程师乔晓东，分会常务理事、解放军医学图书馆馆长陈锐出席会议并做大会发言。

会议分为机构知识库发展趋势、挑战与现况，机构知识库发展的激励、标准与评价，国内外开放出版的积极实践，开放出版的支持机制，开放资源及其挑战5个板块，共组织22个专题报告和3场互动交流，全面系统地介绍了开放获取在我国当前的发展现状、实践案例以及支持政策和服务机制，内容涉及：机构知识库的建设模式与角色定位、机构知识库用户的使用与期待、学术期刊对机构知识库存储论文的意见、机构知识库的未来可持续发展方向、机构知识库的激励措施与评价方式、开放获取期刊的运营模式与创新发展、开放获取的支撑服务以及新兴的开放获取资源等。会上还发布中国机构知识库推进工作组在全国范围内开展的多项调查结果，以及中科院国家科学图书馆在机构知识库、开放获取出版支持政策、开放信息资源上的实践经验与探索。现场以 32 块展板的形式，展示国内外重要机构知识库的实践案例。

来自科研、高校、编辑出版部门及相关院校研究生等系统的代表 357 人参加此次活动。（摘编自中国图书馆学会网站）

“数字图书馆可持续发展战略”高级研修班

10 月 22—26 日，由文化部人事司主办、国家图书馆和湖南省文化厅承办、湖南图书馆协办的“数字图书馆可持续发展战略”高级研修班在长沙市举办。国家图书馆馆长周和平、副馆长魏大威，文化部公共文化司巡视员刘小琴、人事司副司长汪志刚，湖南省文化厅副厅长孟庆善等出席开班仪式。近 60 位来自全国各省、自治区、直辖市的文化厅局长、社文处处长以及省级图书馆馆长参加了培训。

开班仪式后，周和平做题为《巩固建设成果 完善服务体系 推进数字图书馆事业持续发展》专题讲座。他指出，数字图书馆推广工程作为重点文化工程项目之一，自 2011 年启动以来，为整合数字图书馆行业资源、凝聚业界力量、引导财政投入、带动事业发展发挥积极作用。未来，要继续以推广工程为抓手，做好数字图书馆顶层设计，加快数字资源的建设与整合服务，加强数字图书馆人才保障，共同推进数字图书馆服务体系的形成，实现图书馆事业跨越式发展。随后，汪志刚、刘小琴分别做专题报告。

本次研修班紧密结合当前国内数字图书馆行业的人才需求，注重理论联系实际，围绕数字图书馆可持续发展战略这一主线，安排公共数字文化发展、数字图书馆建设与发展、信息技术前沿、跨界分享、知识产权等五大主题，12 场报告以及 8 个地区经验交流，具有较强的针对性、专业性和实效性。在师资方面，除来自文化部、国家图书馆及各地文化厅局和图书馆的专家外，还邀请工业和信息化部、中国社会科学院、中国科学院等机构的专家和信息技术前沿公司的负责人为学员授课。在培训方式上，除课堂教学外，还采取互动研讨、参观交流、经验分享等多种形式，受到与会代表的欢迎。

本次高级研修班是落实人力资源与社会保障部《专业技术人才知识更新工程实施方案》精神而面向全国数字图书馆高层管理人员举办的专题培训，对于加强我国图书馆界高层人才队伍建设具有重要意义。研修班旨在传递数字图书馆先进建设理念、管理方法、实施战略、前沿发展等，带动各地数字图书馆人才培养，为提升专业技术人员能力提供重要抓手，从宏观层面加强全国数字图书馆建设的智力保障。（摘编自国家图书馆网站）

第六届全国目录学学术研讨会

11 月 2—3 日，由中国图书馆学会学术研究委员会目录学专业委员会主办，武汉大学图书馆、武汉大学信息管理学院承办的第六届全国目录学学术研讨会在武汉大学顺利召开。会议以“继承与发展——中国目录学的发展”为主题，来自全国 24 所高校、学术研究机构及公共图书馆的近 50 名专家、代表及学生参会。目录学专业委员会副主任、武汉大学图书馆馆长王新才教授主持开幕式。武汉大学图书馆党委书记楚龙强致开幕词。信息管理学院院长方卿教授、目录学专业委员会主任柯平教授先后致辞。

武汉大学人文社会科学资深教授彭斐章先生以"目录学是读书治学的必修之学"为主题，博古论今，从读书治学的基本价值观、海量图书信息与治学的矛盾、目录学方法是读书治学必备的方法、创新是读书治学的目标等四个方面阐述目录学对于读书治学的重要性。他指出，目录学虽然是一门历史悠久的学科，但目录学在出版发行、信息管理、数字阅读、书目控制、网络信息资源揭示、数字目录学等领域仍具有十分重要的指导作用，同时通过创新开拓，目录学将得到更大的发展。武汉大学信息管理学院谢灼华教授则从目录学学术研讨会发端说起，提出目录学应当细化、深化，发挥目录学在全民阅读中的作用，加强已编制的书目文献的宣传推广以及推动目录学史的发展等问题。他主张编纂一部有影响力的目录学史专著，将目录学史理论条理化。

北京大学王锦贵教授、武汉大学本科生院院长陈传夫教授、南开大学商学院信息资源管理系柯平教授分别做题为《数典勿忘祖，"显学"隐巨擘——为司马迁目录学成就正名》《目录学的时代性——教学研究体会》《关于中国目录学创新发展的几个问题》的主题报告。王锦贵教授列举司马迁在《史记》一书中研究诸子分野、揭示学人简历，辨章学术、考镜源流，历数学者著述，首创互见法等对目录学的贡献，最终提出司马迁的目录学成就应当得到更广泛认可的观点。陈传夫教授从当前民众对阅读指导的需求以及目录学在数字时代的应用提出目录学时代性的问题，结合目录学教学工作，分析 12 个挑战目录学传统地位的因素，提出目录学应当继续发挥文化担当和学术传承的功能，并进一步加强文化引领的作用。柯平教授则从 8 个方面阐述了目录学创新发展的问题：目录学史的研究与目录学传统的继承、古籍数字目录学、数字阅读、文献与书目情报的未来、从大目录学到微目录学——关于目录学方法创新、目录学与信息素养的关系、目录学人才与教育问题、中国图书馆学会目录学专业委员会工作规划。会议还安排论文作者分组交流，现场讨论十分热烈。

目录学专业委员会副主任、南京大学信息管理学院教授郑建明主持闭幕式并致闭幕词。会议就分组交流的内容进行总结，并为 15 位获奖论文作者颁奖。王新才教授做大会总结。会议期间，与会代表还参加了彭斐章教授执教六十周年与目录学学术研讨会召开三十周年庆祝活动。

此次会议主题鲜明，内容丰富，不仅是一次高水平的学术交流，也为探索目录学学术传承与目录学在数字时代应用等议题提供良好的平台，更是储备目录学人才的绝佳机会。（摘编自中国图书馆学会高校图书馆分会网站）

2013 高校图书馆服务与技术发展研讨会

为了应对图书馆服务与技术所面临的问题与挑战，由高等教育文献保障系统（CALIS）管理中心主办的 2013 高校图书馆服务与技术发展研讨会于 11 月 21—22 日在北京师范大学图书馆举行。教育部高教司教育学条件处处长李静，北京师范大学党委副书记刘利，国家图书馆馆长助理汪东波，CADAL 管理中心副主任竺海康，国家科学图书馆副馆长孙坦等领导和嘉宾出席会议。来自 CALIS 高校成员馆、非高校系统和合作单位的专家、代表 260 余人云集于此，共同探讨图书馆服务与技术的新理念、新思路、新方法和新应用。

此次研讨会内容涉及图书馆发展趋势研讨，数字图书馆系统建设与展望；云计算与云服务、学科服务、课题咨询服务、开放获取服务、CALIS 新服务与协同服务；图书馆省中心、应用服务示范经验交流等主题。CALIS 管理中心副主任、北京大学图书馆馆长朱强在会上发言，希望与会的专家、代表通过此次会议深入研讨图书馆在数字化转型时期面临的问题与挑战，加强高校图书馆间以及高校图书馆和其他系统图书馆之间在资源、服务、技术等方面的整合、协作和共享，共同总结 CALIS 的成果、经验和不足，为 CALIS 今后的发展献计献策。参会代表就推动高校图书馆事业的未来整体化建设，加强联系，密切沟通，开展广泛合作等问题进行深入交流。

在本次会议上，CALIS 推出新的服务——“CALIS 与国家图书馆馆际互借与文献传递服务”，进一步扩大网络环境下资源共享的范围。会上还对在 CALIS 三期项目建设中取得显著成绩的省中心、示范馆、联合目录服务馆及馆际互借服务馆进行表彰。

从 1998 年开始建设至今，CALIS 已先后完成三期项目研发建设，形成多项服务，进一步提高了全国高校图书馆的整体信息化水平，尤其是第三期建立在“云服务”基础上的“普遍服务”更获得广泛认可。目前，获取 CALIS 服务的成员馆已超过 1600 家。（摘编自北京大学网站）

法律法规与政策性文件

法律法规与政策性文件综述

2013年，中央和地方发布系列政策文件以规范和管理我国图书馆事业的发展。这些文件在地方图书馆立法、中长期发展规划、经费保障、标准规范、评估督导等多个领域均有实质性进展，并呈现出重视公共图书馆体系化发展、重视基层图书馆服务保障、强调数字资源建设及信息技术服务、强调政策的执行监督等特点，为我国图书馆事业发展提供制度保障。

一、地方图书馆立法

2013年，在《公共图书馆法》立法进程扎实推进的同时，一些地方图书馆立法工作也取得重要突破。其中，《四川省公共图书馆条例》已于2013年7月获得通过，并于同年10月1日起正式实施。《广州市公共图书馆条例（草案征求意见稿）》也于2013年6月开始面向社会公众征求意见。两个条例都对地方各级政府、各级图书馆及各类型图书馆行业组织在图书馆事业发展中的地位和作用做出了明确规定，同时结合当前事业发展的新趋势，提出了建设地区图书馆服务体系、加强公共数字文化建设等方面的新要求。这些地方立法工作，不仅为本地区图书馆事业发展提供法制保障，同时也为目前正在立法进程中的《公共图书馆法》奠定立法实践基础，并具有一定的借鉴意义。

《四川省公共图书馆条例》要求县级以上地方人民政府切实承担本地区公共图书馆事业发展的管理和保障职能，并将公共图书馆事业纳入国民经济和社会发展的总体规划；同时规定省、市、县三级公共图书馆所承担的不同职能，明确提出县（市、区）人民政府应当推进本级公共图书馆服务体系建设；《条例》还规定省内出版单位向省及所在地公共图书馆免费送交出版物样本的义务，并明确将数字资源纳入文献信息资源的范畴，强调公共图书馆应当加强数字资源建设。

《广州市公共图书馆条例（草案征求意见稿）》规定：各级人民政府应为公共图书馆提供经费保障，并将公共图书馆事业纳入国民经济和社会发展总体规划，推动建立覆盖城乡的公共图书馆服务体系；《草案》提出街（镇）应当设立独立运作的公共图书馆，社区（行政村）公共图书馆（室）可以和其他公共服务设施共建共享，市、区、县级市公共图书馆可以在社区、学校、企业等设立图书服务网点。《草案》规定公共图书馆信息资源建设的基本规模和增长规模，以及数字资源的采集、开发、利用、管理等内容。

二、中长期发展规划

2013年，图书馆领域中长期发展规划取得突出进展，首个全国性公共图书馆事业发展中长期规划以及文化信息资源共享工程发展规划于2013年1月相继出台，为“十二五”时期公共图书馆事业及公共数字文化的发展提出战略构想。

《全国公共图书馆事业发展“十二五”规划》以较为全面的现实基础为依据，运用大量客观数据，对“十二五”期间的政策环境、社会需求、经济基础、技术支撑等宏观背景进行分析，确立“将公共图书馆纳入公共文化服务体系建设总体架构，构建覆盖全社会的公共图书馆服务体系，加大对中西部地区图书馆、农村和基层图书馆的支持力度，缩小事业发展的地区差距和城乡差距”等基本原则，在“逐步建立覆盖城乡、结构合理、功能健全、实用高效的服务网络”“带动全国图书馆事业发展，使公共图书馆在公共文化服务体系和公共数字文化建设中发挥主体作用，使公共图书馆成为人民群众基本文化需求的重要阵地”的总体目标下，针对当前存在的主要问题，提出“设施网络覆盖城乡”“服务网络惠及全民”“数字图书馆建设与服务加快推进”等7个分项发展目标，并从设施网络建设、文献资源保障体系建设、服务能力建设、新技术研发与应用、法制化与标准化建设、人才队伍建设等方面提出10个领域的重点任务，并以专栏的形式，在各项重点任务下分别规划地市级公共图书馆建设工程、数字图书馆推广工程、革命历史文献和民国时期文献保护计划、公共图书馆免费开放等7个重点项目，为这些重点任务确立了项目抓手。

《全国文化信息资源共享工程“十二五”规划纲要》明确工作重点从侧重设施建设向侧重管理服务转变；建设方式从铺摊建点的规模化建设向专业化和品牌化转变的发展方向，提出完善覆盖城乡的六级服务网络、推进文化共享工程进入居民家庭、加强数字资源建设的统筹规划和管理、打造先进实用的技术支撑平台、促进基层惠民服务品牌化专业化等7项主要任务。《纲要》还同时明确加强组织领导和管理机制创新、争取财政持续加大投入、广泛开展共建共享、健全人才队伍等5项保障措施。

三、经费保障政策

2013年，国家重视对公共文化事业的经费投入，并进一步完善经费管理机制，加大对"三馆免费"开放以及中央补助地方农村文化建设等领域专项资金的管理力度。

2013年4月，财政部印发《中央补助地方农村文化建设专项资金管理暂行办法》，明确提出由中央财政设立专项资金用于支持农村公共文化事业发展，保障基层农村群众基本文化权益。农村文化建设专项资金的管理和使用坚持中央补助、分级负责、合理安排、专款专用的原则，实行定额补助和因素分配相结合的分配方法。专项资金包括补助资金和奖励资金，其中，补助资金主要用于全国文化信息资源共享工程村级基层服务点运行维护和开展宣传培训等支出、农家书屋出版物补充及更新支出等支出，奖励资金主要用于鼓励地方开展农村特色文化体育活动、加强农村基层文化体育人才队伍建设等。

2013年6月，财政部、文化部印发《中央补助地方美术馆、公共图书馆、文化馆(站)免费开放专项资金管理暂行办法》，正式将美术馆、公共图书馆、文化馆(站)(简称"三馆一站")免费开放专项资金纳入中央财政经常性预算，为全国各级公共图书馆贯彻落实免费开放提供切实的经费保障。《办法》规定，中央专项资金分为补助资金和奖励资金，其中补助资金用于对东中西部地区"三馆一站"免费开放所需支出给予补助，奖励资金用于对"三馆一站"免费开放工作实施效果好的省份给予奖励。《办法》针对地市级、县级、乡镇等不同级别，以及东、中、西部等不同区域的"三馆一站"确定不同的基本补助标准。

四、标准规范建设

2013年，我国图书馆标准体系进一步完善，地方公共图书馆服务规范的建设力度也进一步加强。

(一)国家标准与行业标准建设

国家标准《图书馆古籍书库基本要求》于2013年正式发布。该标准由国家古籍保护中心办公室项目牵头，联合武汉大学、吉林图书馆、中央档案馆等多家单位共同研制，对图书馆古籍特藏书库的建筑、消防、安防、温湿度、空气净化、光照和防紫外线等基本条件提出了要求，将于2014年12月1日起正式实施。

在全国图书馆标准化技术委员会的推动下，《公共图书馆少年儿童服务规范》《乡镇图书馆管理规范》《乡镇图书馆服务规范》等国家标准和《图书馆数字资源长期保存信息包封装规范》《图书馆行业条码》等文化行业标准研制项目也得以成功立项，体现当前我国公共图书馆事业发展中强调基层图书馆发展、重视特殊人群服务、注重提升专业技术规范等方面的总体趋势。

(二)地方公共图书馆服务规范的建设

《青海省公共图书馆服务标准》和《江苏省公共图书馆服务规范》等地方公共图书馆服务规范于本年度先后正式施行。这些服务规范以《中华人民共和国公共文化体育设施条例》等国家政策文件和《公共图书馆服务规范》《公共图书馆建设标准》等现行标准规范为主要依据，针对图书馆的各项具体服务工作提出一系列量化指标，如青海省规定开放时间、文献流通、读者活动、流动图书室新建数量等；江苏省规定开放时间、不同类型文献从到馆到提供服务各个业务环节的时间限制、服务响应时间等。此外，两个规范均重视图书馆的读者满意度调查，江苏省规定读者调查的方式可由图书馆进行也可委托相关机构；青海省则明确提出应委托相关机构进行。

五、评估督导政策

2013年，文化部开展全国县以上公共图书馆第五次评估定级工作，同时部署完成第一次乡镇综合文化站评估工作，通过制定和实施相关的评估督导政策，实现"以评促建"，推动事业科学发展的目的。

(一)第五次公共图书馆评估定级工作

文化部第五次县以上公共图书馆评估定级工作分为修订标准、实施评估、定级总结三个阶段。2012年11月，文化部印发《关于开展县以上公共图书馆第五次评估定级工作的通知》，针对2013年开展的县级以上公共图书馆第五次评估定级的具体工作进行系统部署，新修订的公共图书馆标准和定级必备条件同时下发。2013年6月下旬至7月末，文化部组织14个专家评估组，分赴全国31个省(区、市)，严格以评估标准及定级必备条件为依据，对各地公共图书馆评估定级工作的组织实施情况进行检查，对副省级以上图书馆进行评估，并对数字图书馆推广工程、中华古籍保护计划等重点文化工程的实施情况进行检查督导。同年10月，文化部印发《关于公布第五次全国县以上公共图书馆评估定级上等级图书馆名单的通知》(文公共发〔2013〕52号)，分别授予2230个图书馆一、二、三级图书馆称号，其中一级图书馆859个，二级图书馆640个，三级图书馆731个，上等级馆数量比上次评估增长25%，一、二级图书馆数量分别增长79%和56.1%。

此外，在地方层面，山东、浙江、福州等多个省市均专门发布文件部署本地区的评估定级工作，进一步明确此次评估定级工作的范围、标准、组织实施、工作步骤、工作要求等，这些政策为地方评估工作的扎实、有序实施提供保障。评估工作使图书馆能够对自身发展的优势和不足形成更为客观、准确的认识，并在今后的工作中不断改进、完善，有效促进全国公共图书馆工作质量和服务水平的全面提升。

(二)第一次乡镇综合文化站评估工作

2013年4月1日，文化部印发《文化部办公厅关于开展第一次全国乡镇综合文化站评估定级工作的通知》，对评估定级的原则和办法、周期、标准、工作要求、工作步骤等进行部署。《全国乡镇综合文化站评估定级标准指导纲要》同时下发，规定全国乡镇综合文化站评估定级参考标准以及上等级必备条件。评估工作依据文化部的统一规定和定级标准，由各省负责开展实施。文件提出要严格掌握标准，并控制定级比例，以切实发挥评估定级工作对乡镇综合文化站管理和服务水平的促进和提高作用。此次评估工作对促进乡镇综合文化站规范化建设和管理，推进基层公共文化服务体系建设具有重要意义。

(国家图书馆　邓茜)

法律法规与政策性文件全文

文化部关于印发《文化部“十二五”时期公共文化服务体系建设实施纲要》的通知
（2013年1月14日 文公共发〔2013〕3号）

各省、自治区、直辖市文化厅（局），新疆生产建设兵团文化广播电视局，各计划单列市文化局，本部各司局、国家文物局，各直属单位：

《文化部“十二五”时期公共文化服务体系建设实施纲要》已经文化部部务会审定，现印发给你们，请结合实际认真贯彻执行。

特此通知。

文化部“十二五”时期公共文化服务体系建设实施纲要

为深入贯彻落实党的十八大和十七届六中全会精神，推动“十二五”时期公共文化服务体系建设，文化部根据《中华人民共和国国民经济和社会发展第十二个五年规划纲要》《中共中央关于深化文化体制改革推动社会主义文化大发展大繁荣若干重大问题的决定》《国家基本公共服务体系“十二五”规划》《国家“十二五”时期文化改革发展规划纲要》《文化部“十二五”时期文化改革发展规划》，制定本纲要。

序言

公共文化服务体系是以公共财政为支撑，以公益性文化单位为骨干，以全体人民为服务对象，现阶段以保障人民群众看电视、听广播、读书看报、进行公共文化鉴赏、参与公共文化活动等基本文化权益为主要内容，向社会提供的公共文化设施、产品、服务及制度体系的总称。构建覆盖城乡、结构合理、功能健全、实用高效的公共文化服务体系，是满足人民群众基本文化需求、保障人民群众基本文化权益的主要途径。

“十一五”以来，在党中央、国务院的高度重视下，在各级党委、政府的大力支持下，我国文化事业费投入大幅度增加，公共文化设施网络基本建立，队伍素质稳步提升，政策法规建设取得重要突破，重大文化惠民工程深入实施，服务方式和手段不断创新，服务能力和水平明显提高，公共文化服务体系建设取得重大进展，覆盖城乡的公共文化服务体系框架初步建立，人民群众的基本文化权益得到更好保障。

“十二五”时期，我国公共文化服务体系建设仍处于可以大有作为的重要战略机遇期。党和政府的高度重视为公共文化服务体系建设带来了历史性机遇，人民群众文化需求的日益旺盛为公共文化服务体系建设提供了内在动力，国家经济实力的增强为公共文化服务体系建设提供了经济保障，科技创新和现代传播手段的发展为公共文化服务体系建设提供了技术支撑。推进公共文化服务体系建设，已经成为建设服务型政府的重要内容，成为保障全体人民基本文化权益的必然要求。

但同时必须看到，我国公共文化服务总体水平不高，与经济社会发展的进程和水平还不相适应，与广大人民群众日益增长的精神文化需求还不相适应，与底蕴深厚的文化资源大国地位还不相适应，与实现文化大发展大繁荣的任务还不相适应，突出表现在：文化事业费投入总量不足，公共文化设施不完善，队伍不够健全，资源缺乏统筹，城乡、区域发展不平衡，特别是农村和欠发达地区基础薄弱，公共文化服务和科技的融合度不高，公共文化管理体制改革还不够深入，管理和服务水平不高，政策落实不到位，政策法规体系不完善等。“十二五”时期，必须不断增强机遇意识和忧患意识，抓住机遇，迎接挑战，更加自觉、更加主动地推动公共文化服务体系良性运行和可持续发展。

一、总体思路

（一）指导思想

以邓小平理论、“三个代表”重要思想、科学发展观为指导，按照党的十八大关于文化建设的决策部署，牢牢把握社会主义先进文化前进方向，以社会主义核心价值体系建设为根本任务，按照公益性、基本性、均等性、便利性的要求，坚持政府主导，依循“保基本、强基层、建机制、重实效”的基本思路，着力丰富人民群众精神文化生活，着力提高公共文化服务效能，着力创新体制机制，完善覆盖城乡、结构合理、功能健全、实用高效的公共文化服务体系，努力实现“广覆盖、高效能”，全面提升公共文化服务均等化水平，保障广大人民群众基本文化权益。

（二）基本原则

1. 政府主导、坚持公益。牢牢把握基本公共文化服务的公益性质，明确政府责任，充分发挥政府在公共文化服务体系建设中的主导作用，以公共财政为支撑，以公益性文化单位为骨干，建立健全公共文化设施网络，深入实施文化惠民工程，加强立法、规划、监督和政策支持。

2. 保障基本、促进公平。从满足人民群众基本文化需求、保障人民群众基本文化权益出发，立足我国社会主义初级阶段的基本国情，坚持尽力而为、量力而行，优先保障基本公共文化服务的供给，促进基本公共文化服务均等化，使全体人民共享文化改革发展成果。

3. 统筹城乡、突出基层。适应新型工业化、信息化、城镇化和农业现代化的发展趋势，加快城乡公共文化服务一体化建设，建立以城带乡联动机制，合理配置城乡公共文化资源，加强对农村和欠发达地区公共文化服务体系建设的帮扶力度，推动公共文化服务体系建设重心下移、资源下移、服务下移，加大公共文化资源向城乡基层倾斜的力度。

4. 创新机制、强化服务。创新发展思路和体制机制，着力解决制约公共文化服务体系科学发展的突出矛盾和问题，在继续加强公共文化设施建设的同时，更加注重现代科学技术和信息手段应用，更加注重产品供给、服务能力、队伍建设、资源共享、制度标准建设，努力提高公共文化服务效能。

（三）发展目标

到 2015 年，覆盖城乡、结构合理、功能健全、实用高效的公共文化服务体系初步建立，公共文化设施网络更加完善，服务运行机制进一步健全，服务效能明显提高，“十二五”时期公共文化服务国家基本标准有效落实，人民群众基本文化权益得到更好保障。

表 1 “十二五”时期公共文化服务国家基本标准

服务项目	服务对象	保障标准	支出责任	覆盖水平
公共文化场馆开放	城乡居民	公共空间设施和基本服务项目免费，全年开放时间不少于 10 个月	中央和地方财政按比例共同负担	除文物建筑及遗址类博物馆外，各级文化文物部门归口管理的公共文化场馆全部向社会开放
公益性流动文化服务	城乡居民	免费享有文艺演出、图片展览、图书借阅等为一体的流动文化服务；每个乡镇每年送 4 场地方戏曲	地方政府负责，中央财政适当补助	基本建立灵活机动、方便群众的公益性流动文化服务网络，保障公益性演出场次

——保证公共财政对文化建设投入的增长幅度高于财政经常性收入增长幅度，提高文化支出占财政支出比例。

——到“十二五”期末，全国 60%以上文化馆、公共图书馆达到部颁三级以上评估标准。基本实现全国所有地市级城市都建有设施达标、布局合理、功能完善的文化馆、公共图书馆。县乡两级公共文化设施规范化、标准化水平进一步提升。基本实现每个行政村和城市社区建有文化活动场所。

——到“十二五”期末，全国人均拥有公共图书馆藏书达到 0.7 册。各级文化馆（站、室）、公共图书馆和文化共享工程基层服务点基本建有公共电子阅览室。文化共享工程资源量争取达到 530 百万兆字节以上，入户率达到 50%左右。国家数字图书馆资源总量争取达到 1000 百万兆字节以上。

——到“十二五”期末，全国博物馆总数达到 3500 个，国家一二三级博物馆总数达到 800 个。法人治理结构规范化、管理专业化的民办博物馆建设率达到 10%。

——到“十二五”期末，逐步实现全国地市级城市建有设施达标、布局合理、功能健全的国有美术馆。

——到“十二五”期末，中西部地区争取每县配备2台流动文化车。

——到“十二五”期末，文化馆（站）、博物馆、公共图书馆、美术馆等基本服务项目健全并向社会免费开放。

表2　公共文化服务体系建设“十二五”主要指标

指标	单位	2010	2015
文化馆（群艺馆）达标率（部颁三级以上）	%	50	60
博物馆达标率（部颁三级以上）	%	16	23
图书馆达标率（部颁三级以上）	%	55.8	60
每××万人拥有一座博物馆	万人/座	40	35
人均公共图书馆藏书量	册	0.46	0.7
文化馆（站）举办活动次数	万次	57	100
县级以上博物馆展览次数	万次	1	1.5
公共图书馆总流通人次	亿人次	3.28	4.5
公共电子阅览室设置率	%	—	90
文化信息资源共享工程资源量	TB	108	530
国家数字图书馆资源总量	TB	480	1000
文化馆（站）、博物馆、公共图书馆、美术馆等公共文化设施免费开放率	%	—	90
行政村文化活动场所设置率	%	34	90
（城市）社区文化活动场所设置率	%	46	90

二、重点任务

（一）继续提高基层公共文化设施建设水平，实现有效覆盖

适应推进城镇化和建设社会主义新农村的要求，统筹规划、合理布局，以城乡基层文化设施建设为重点，以流动文化设施和数字文化阵地建设为补充，继续加强公共文化设施建设，努力形成比较完善的国家、省、市、县、乡镇（街道）、村（社区）六级公共文化设施网络。

1.市、县、乡公共文化设施。实施地市级公共文化设施建设规划，对地市级文化馆、博物馆、美术馆、公共图书馆等进行新建和改扩建。落实县、乡文化场馆建设标准和设备配置标准，继续实施县级图书馆、文化馆修缮项目，提高基层公共文化设施建设标准化和规范化水平。

2.行政村文化活动场所。与城乡统筹、小城镇建设、新农村建设等政策相衔接，与村级组织办公场所、村小学、文化信息资源共享工程基层服务点建设相结合，统筹村级文化活动场所规划、修建、管理、运营和维护，体现多功能、综合性。

3.城市社区文化活动场所。继续实施“社区文化中心（活动室）设备购置项目”，落实全国城市社区文化中心（街道文化站）和社区文化活动室设备购置专项资金，对中西部地区社区文化中心（活动室）设备购置进行补助。

4.流动文化设施。推动流动文化设施建设，提高装备配置水平，因地制宜开展流动服务，提高流动服务设施的利用效率，建立起灵活机动、方便群众的流动文化服务网络。

5.数字文化阵地。统筹实施文化共享工程、数字图书馆推广工程和公共电子阅览室建设计划等公共数字文化工程，努力形成内容丰富、技术先进、覆盖城乡、传播快捷的公共数字文化服务网络。

专栏 1. 公共文化设施建设项目
全国地市级公共文化设施建设规划：完成 532 个地市级文化馆、博物馆、公共图书馆建设项目，其中，地市级文化馆 221 个，地市级博物馆 122 个，地市级公共图书馆 189 个。规划实施完成后，基本实现全国地市都建有设施达标、功能完善、布局合理的文化馆和公共图书馆，文物资源特别丰富的地市文物馆藏及展示条件得到明显改善。 社区文化中心（活动室）设备购置项目：项目第一阶段于 2009 年至 2013 年实施，通过中央财政资金的投入和引导，向截止到 2008 年底已建有文化设施的社区文化中心（活动室）购置设备，总计投入 10.59 亿。项目第一阶段实施完成后，将争取实施第二阶段，实施时间为 2014 年至 2018 年，为 2008 年以后新建的社区文化中心（活动室）购置设备。

（二）加强公共文化产品的创作和生产，丰富服务内容

加强对公共文化产品创作和生产的引导，充分发挥广大文化工作者和人民群众的文化创造精神，推动优秀公共文化产品大量涌现，丰富公共文化服务内容，为人民提供更好更多精神食粮。

1. 探索建立群众文化需求反馈机制。充分尊重群众的参与权和表达权，探索建立群众文化需求的动态反馈机制，重点加强对基层和少数民族地区群众文化需求的了解，有针对性地提供公共文化产品和服务。

2. 不断推出更多优秀公共文化产品。加强群众文艺创作规划和统筹，推动群众文艺作品体裁、题材、形式、手段发展创新。鼓励广大文化工作者生产创作一批文化精品剧（节）目，调动广大群众和社会力量参与文艺创作的积极性，支持文化企业生产质优价廉、安全适用的公共文化产品。各级文化馆要成为当地群众文艺创作中心，生产更多短小精悍、喜闻乐见的群众优秀文艺作品。鼓励国家投资、资助或拥有版权的文化产品无偿用于公共文化服务。加强少数民族语言文艺节目和数字文化资源的译制。

3. 丰富基层群众精神文化生活。开展群众性文化活动，引导群众在文化建设中自我表现、自我教育、自我服务。以"群星奖""中国民间文化艺术之乡"为龙头，推出一批优秀的、具有可持续发展价值的文化品牌，发挥导向、示范和带动作用，实现群众文化活动的整体推进、全面提高。以社区文化、村镇文化、企业文化、校园文化建设为载体，积极搭建公益性文化活动平台。依托重大节庆活动，大力开展群众文化活动，丰富其内容和形式。坚持面向基层，服务群众，开展"文化下乡""文化进社区"、群众文艺精品巡演展演、老年合唱节、少儿合唱节等公益性文化活动。挖掘和利用民族民间文化资源，打造特色文化精品。

（三）加强公共文化产品和服务供给，促进共建共享

坚持以政府为主导，强化公益性文化单位的骨干作用，充分调动市场和社会文化资源，形成共建共享、良性竞争、多元互补的公共文化服务供给体系，实现公共文化服务多元化、社会化。

1. 强化公益性文化单位的骨干作用。建立年度公益性文化服务目录公布制度。进一步明确文化馆（站）、博物馆、公共图书馆、美术馆的服务标准，向社会免费开放服务，继续推进科技馆、工人文化宫、青少年宫、妇女儿童活动中心免费开放工作，扩大文物博物馆公共文化服务的免费范围。开展世界文化遗产、国际考古遗址公园、文物保护单位定期免费开放试点工作。鼓励各级公益性文化单位开展立法决策咨询、讲座、培训、展览、组织活动等服务。鼓励有条件的文化单位开展流动服务、联网服务，推动公共文化服务更好地向城乡基层延伸。建设优秀传统文化传承体系，实施中华古籍保护计划。

2. 引导社会力量参与公共文化服务。支持社会力量兴办具有公益性和准公益性特点的读书社、书画社、乡村文艺俱乐部、文化大院、群众文艺团队、社区文化服务组织、民间文艺协会等，直接面向社会公众提供公益性文化服务。逐步建立公共文化服务政府采购制度，支持民营文化企业的产品和服务进入采购目录。鼓励民间资本通过招投标等方式，参与公益性文化产品和服务供给、重大公益性文化活动和其他公共文化服务。

3. 促进公共文化资源整合和共建共享。制定政策措施，调动政府、社会组织、企事业单位等的积极性，加大跨地区、跨部门、跨领域、跨系统文化项目的交流与合作，推动基层公共文化资源整合，促进共建共享和有效利用。鼓励展览

馆、科技馆、工人文化宫（俱乐部）、青少年宫等国有文化单位以及大型企业、科研院所、高等院校等开展公益性文化活动，参与公共文化服务。

专栏 2. 公共文化服务供给项目
美术馆、公共图书馆、文化馆(站)免费开放计划：进一步深化公益性文化事业单位改革，建立健全经费保障机制，深入推进美术馆、公共图书馆、文化馆(站)设施免费向群众开放，与其职能相应的基本文化服务项目健全并免费向群众提供。 全国美术馆事业促进计划：开展全国美术馆专业人才培训项目，实施全国美术馆优秀展览资助计划，推动重要学术研究及公共教育计划以及全国重点美术馆评估和标准化建设计划，有计划地开展全国美术馆调研、普查、登记工作，研究制定行业标准、管理办法以及相关法律法规，推动国内美术馆建设、管理水平的整体进步。 国家美术收藏工程：开展国家美术藏品的普查和档案及数据库建设，研究制定国家美术收藏规划和指导目录，加强对藏品的科学保护、修复、研究、展示和推广，制定国家美术收藏政策和法规等。 中华古籍保护计划：开展古籍普查、《中华古籍总目》分省卷的编纂、《中华医藏》的编纂、古籍数字化、古籍修复、西藏古籍保护、新疆古籍保护等工作。到 2015 年，初步形成比较完善的古籍保护工作体系，改善古籍保护条件，推动古籍的合理利用。

（四）加强公共文化人才队伍建设，提升服务能力

按照存量优化、增量优选的原则，落实文化人才队伍建设规划，完善机构编制、从业人员准入、学习培训、待遇保障等方面的政策措施，建立一支稳定的、高素质的公共文化人才队伍。

1. 重视公共文化人才的选拔、引进。完善公共文化人才政策和措施，吸引各类优秀人才进入公共文化服务领域，重点培养引进公共文化策划、组织、管理和“一专多能”的复合型人才。建立健全基层管理人才选拔任用机制，向社会选拔、公开招聘公益性文化单位负责人。设立城乡基层公共文化服务岗位，引导和鼓励高校毕业生到基层从事公共文化服务工作。重视发现和培养扎根基层的乡土文化能人、民族民间文化传承人和文化活动积极分子，促进他们健康成长、发挥积极作用。

2. 落实编制，解决待遇，稳定基层文化队伍。适应公共文化设施免费开放要求，制定各级文化馆（站）、博物馆、美术馆、公共图书馆等公益性文化单位编制标准，落实每个乡镇（街道）文化站编制不少于 2 人的要求。与当地经济社会发展水平相适应，逐步提升基层文化工作人员待遇，稳定乡镇和社区文化队伍。加强基层尤其是农村文化从业人员的岗前培训，逐步实施基层公益性文化单位从业人员职业资格制度。

3. 加强公共文化队伍的教育培训，提升队伍素质和服务能力。重点实施全国基层文化队伍培训项目、文物博物馆人才队伍能力提升工程、全国美术馆专业人才培训项目，强化公共文化人才职业道德、业务知识、管理能力、文化素质和服务能力等方面的培训。

4. 支持边远贫困地区、边疆民族地区和革命老区公共文化人才队伍建设。加大对“三区”公共文化人才队伍建设的支持力度，落实“三区”人才支持计划文化工作者专项实施方案，提高“三区”文化工作者素质，为“三区”文化事业发展提供人才支持。

专栏 3. 全国基层文化队伍建设项目
全国基层文化队伍培训项目："十二五"期间，对现有 24.27 万县乡专职文化队伍和 366.85 万左右的业余文化队伍(包括业余文艺骨干、基层文化指导员、大学生村官等)进行系统培训，积极发展省、市、县各级文化队伍培训网络，逐步建立基层文化队伍培训长效机制。编写、出版一批教材，培养一支稳定的高素质的师资队伍，推进基层文化队伍培训规范化建设。
边远贫困地区、边疆民族地区和革命老区人才支持计划文化工作者项目：从 2013 年到 2020 年，每年选派 1.9 万名优秀文化工作者到"三区"工作和提供服务，每年为"三区"培训 1500 名急需紧缺的文化工作者。
文物博物馆人才队伍能力提升工程：依托高等学校、科研院所和文物保护机构，建设一批国家级文物博物馆行业继续教育基地，统筹推进管理人员、执法人员和专业人员培训工作，培养一批行业急需高级专门人才和青年骨干人才，提高队伍整体素质。
全国美术馆专业人才培训项目：通过举办专业人员培训班、开展国际交流学习、资助国内外"访问学者"等方式，分专题对美术馆从业人员进行培训。

（五）促进公共文化领域文化和科技融合发展，强化公共文化服务的技术支撑

大力推进数字文化建设，将计算机技术、数字技术、网络技术、移动通讯技术等应用于公共文化服务，创新文化表现形式，丰富服务内容，拓宽服务渠道。

1. 深入实施全国文化信息资源共享工程。在各级文化馆、城市社区新建基层服务点，加强管理，发展完善服务网络。进一步加大整合力度，丰富公共数字文化资源。利用"云计算"和"三网融合"技术，提升整个网络的管理水平和服务能力。大力推进工程资源进村入户，广泛开展惠民服务，实施以"农村实用技术人才培养计划"为重点的网络培训。

2. 继续加强数字图书馆建设。建设覆盖全国的数字图书馆虚拟网、互联互通的数字图书馆系统平台和海量分布式数字资源库群，形成完整的数字图书馆标准规范体系。借助"三网融合"工程，实现全国图书馆资源的无障碍共享。实施"数字图书馆推广工程"，形成覆盖全国的数字图书馆服务网络，打造基于新媒体的图书馆服务新业态。

3. 加快推进公共电子阅览室建设。实施"公共电子阅览室建设计划"，利用文化信息资源共享工程工作网络，依托公益性文化单位，建立公共电子阅览室，为基层群众特别是广大青少年提供内容健康、服务规范、环境良好的公益性互联网服务。

4. 加强公益性文化单位网络服务平台建设。加强公益性文化单位基础数据库建设，发展网络服务平台，提高公共文化服务的数字化、网络化水平。将文化馆的数字化建设纳入文化共享工程建设体系，促进群众文化活动资源的数字化和网络化，开展网上展览、网上辅导、远程指导等数字文化服务。推动全国数字美术馆建设。实施国家文物博物馆资源基础数据库建设工程。

5. 加强移动通信技术在公共文化服务领域的应用。鼓励和引导基于主流移动通讯平台的资源服务系统开发，探索通过手机、便携式计算机等移动终端提供公共文化服务。探索基于地理位置信息（GIS）的公共文化服务供给新模式，提高公共文化服务的针对性、便捷性和时效性。

专栏 4. 公共数字文化建设项目

全国文化信息资源共享工程：大力推进服务网络建设，在中西部地区积极推进"进村入户"。建立"公共文化数字资源基础库群"和"红色历史文化多媒体资源库"，加强少数民族语言数字资源译制等。到 2015 年，争取资源量达到 530 百万兆字节，入户率达到 50%，建成资源优质丰富、技术先进实用、传播高效互动、服务便捷贴近、管理科学规范、体系完整可控的公共数字文化服务体系。

数字图书馆推广工程：构建以国家数字图书馆为中心、以各级数字图书馆为节点、覆盖全国的数字图书馆服务网络。力争通过五年的建设，全国各级公共图书馆的数字资源量将得到较大、均衡的增长，工程数字资源总量达到 10000 百万兆字节，其中国家图书馆数字资源总量达到 1000 百万兆字节，每个省级数字图书馆数字资源量达 100 百万兆字节，每个市级数字图书馆数字资源量达 30 百万兆字节，每个县级数字图书馆数字资源量达 4 百万兆字节。

公共电子阅览室建设计划：以未成年人、老年人、进城务工人员等群体为重点服务对象，与文化共享工程建设、乡镇文化站建设、街道（社区）文化中心（文化活动室）建设以及中央文明办组织实施的"绿色电脑进西部活动"相结合，推进公共电子阅览室建设，努力构建内容健康、服务规范、环境良好的公益性互联网服务体系。到"十二五"末，实现各级公共图书馆，文化共享工程乡镇、街道、社区基层服务点基本建有公共电子阅览室。

国家文物博物馆资源基础数据库建设工程：建设全国重点文物保护单位、世界文化遗产、重大遗址、国家一二三级博物馆、国有馆藏一级文物等国家文物博物馆资源基础数据库，建立基础数据管理、使用、共享和服务工作机制，基本实现在数据管理、科学研究、公共服务、决策支持等方面的信息化。

（六）深入推进国家公共文化示范区（项目）创建工作

按照公益性、基本性、均等性、便利性的要求，在全国创建一批公共文化示范区（项目），发挥示范带动作用，推动公共文化服务体系建设科学发展。

1. 探索完善示范区（项目）创建工作机制。根据全国公共文化服务体系发展形势，进一步完善示范区（项目）申报方案、创建标准和验收办法，优化创建工作流程，明确国家公共文化服务体系建设专家委员会、各省（区、市）文化厅（局）、创建示范区人民政府的职责，形成示范区（项目）创建工作的整体合力。

2. 加强对示范区（项目）创建工作的动态管理。建立健全创建示范区（项目）督查指导工作机制，贯彻落实《创建国家公共文化示范区（项目）过程管理几项规定》《关于进一步加强第一批国家公共文化示范项目创建工作的通知》等文件精神，通过定期督查和指导，推动各创建示范区（项目）落实创建规划和实施方案。按照与时俱进修订的创建和验收标准，定期对已通过验收命名的示范区（项目）进行复查，建立保障示范区（项目）科学发展的长效机制。

3. 总结推广各创建示范区（项目）的先进典型经验。组织召开示范区（项目）创建工作经验交流会，加强各创建示范区（项目）之间的工作交流。通过网络平台、信息简报、工作通报、工作座谈会等多种形式，推广示范区（项目）创建工作经验。充分吸纳各创建示范区的制度设计经验，及时形成对全国具有普遍指导意义的政策、措施和工作机制，推动各省（区、市）因地制宜开展本地示范区（项目）创建工作。

专栏 5. 国家公共文化示范区（项目）创建工作

在全国创建一批网络健全、结构合理、发展均衡、运行有效的公共文化示范区，培育一批具有创新性、带动性、导向性、科学性的公共文化示范项目，为我国公共文化服务体系建设探索路径、积累经验、提供示范，推动公共文化服务体系建设科学发展。到 2016 年，计划建成国家公共文化示范区 90 个左右，示范项目 180 个左右，涵盖全国 1/3 的市县。

（七）加强制度设计，探索公共文化服务体系建设长效机制

坚持理论联系实际、理论指导实际，在继续推进实践探索的同时，更加注重公共文化服务体系理论政策研究和制度设计，建立完善公共文化服务体系建设长效机制。

1. 加强公共文化服务体系制度设计研究。组建国家公共文化服务体系建设专家库，完善专家委员会工作机制，设立国家公共文化研究基地，建立一支高水平的公共文化服务体系专家队伍。

完善制度设计研究工作长效机制，通过合作共建、项目委托等形式，推进公共文化服务体系理论和政策研究，充分发挥决策参考、指导实践、推动立法作用。

2. 推进公共文化服务的制度化、标准化和规范化建设。加快制定和完善公益性文化单位服务标准和服务规范，作为各级政府履行公共文化服务职能的规范、面向公众的服务承诺和监管公共文化服务过程的依据，提高公共文化服务的制度化、标准化和规范化水平。

专栏 6. 国家公共文化服务体系制度建设项目
公共文化单位服务能力建设项目："十二五"期间投入 2250 万元，主要用于图书馆、文化馆（站）等基层公益性文化单位制度创新、丰富服务内容、强化管理、提高队伍素质等方面。具体包括图书馆、文化馆和乡镇综合文化站（社区文化中心）评估定级工作，中国民间文化艺术之乡评审、命名工作，优秀群众文艺作品创作与推广，图书馆和文化馆站标准化、规范化建设等。

（八）加强对特定地域、特定群体的公共文化服务，促进公共文化服务均等化

加强面向特定地域、特殊群体的文化关怀，促进公共文化资源的合理配置，丰富农村、偏远山区、边疆民族地区群众和弱势群体的精神文化生活，促进公共文化服务均等化。

1. 加强面向特殊群体的公共文化服务。完善面向妇女、未成年人、老年人、残疾人的公共文化服务设施。实施中国少儿歌曲创作推广计划，举办中国老年合唱节。以下岗失业人员、离退休人员、低收入人群、残障人群为重点服务对象，采取政府采购、补贴、发放文化消费券等措施，开辟服务渠道，丰富服务内容，探索建立长效机制，努力实现弱势群体文化权益保障的制度化。鼓励社会组织参与对弱势群体的文化服务。

2. 加快推进农民工文化建设。按照"政府主导、企业共建、社会参与"的原则，把农民工纳入城市公共文化服务体系，引导企业、社区积极开展面向农民工的公益性文化活动。把面向农民工的文化服务列为各级公益性文化单位工作重点，运用流动文化设施和数字文化阵地，广泛开展送图书、送电影、送演出、送讲座等多种形式的农民工文化服务。鼓励用工企业、社会组织参与农民工文化工作，采用政企共建、购买服务、委托承办等方式为农民工提供文化服务。加大对农民工文化团体的扶持力度，培育农民工的文化主体意识。

3. 深入实施文化援助帮扶计划。加大对革命老区、民族地区、边疆地区、贫困地区公共文化服务体系建设支持和帮扶力度。鼓励城市在基础设施建设、文化队伍培养、文化遗产保护、文化活动开展等领域对农村进行帮扶。把支持农村文化建设作为创建国家公共文化示范区重要指标。完善中央、省、市级公益性文化单位经常性下乡服务制度，鼓励面向农村开展数字文化服务、流动文化服务和网点服务。采取"城乡共建、对口帮扶"的办法，推动城市与农村"结对子"，开展"一对一"帮扶活动，促进城乡公共文化服务一体化发展。

专栏 7. 特殊群体文化权益保障项目
中国少儿歌曲创作推广计划："十二五"期间，加大对优秀少儿歌曲创作的支持力度，采取多种形式广泛开展优秀少儿歌曲的推广普及活动，扩大少儿歌曲创作推广的社会参与面和参与度，提高优秀少儿歌曲的社会影响力。 群众歌咏和老年文化项目："十二五"期间，继续加大投入，推广群众歌咏活动、举办全国老年合唱节，充分发挥示范、导向和带动作用，推动群众歌咏活动广泛、深入、持久地开展。

（九）加强少数民族和民族地区公共文化服务体系建设

以建设社会主义核心价值体系为主线，以增强少数民族和民族地区公共文化产品和服务供给能力为重点，采取有力措施，完善工作机制，全面提高少数民族和民族地区公共文化服务水平。

1. 完善民族地区公共文化设施网络。以自然条件、服务人口、覆盖面积等为依据，突出民族和地域特点，推进民族地区公共文化设施的科学化、规范化建设。落实国家地市级公共文化设施建设规划，对民族地区地市级文化馆、博物馆、美术馆、公共图书馆新建和改扩建项目，在技术、资金和人员培训方面给予倾斜和支持。重点推进沿边地区、偏远山区和广大农牧区公共文化设施建设，支持改建和扩建未达标的县级公共图书馆、文化馆和乡镇综合文化站，推进村级文化活动场所建设，完善基层公共文化设施网络。

2. 创新民族地区公共文化服务方式和手段。根据民族地区实际情况，推动各级文化馆（站）、公共图书馆、博物馆、美术馆等加强流动文化服务，消除公共文化服务“盲区”。加强公共数字文化服务，依托公共数字文化建设工程在民族地区建设一批少数民族语言资源译制中心，整合译制少数民族语言数字文化资源，通过互联网、广播电视网、无线通信网等新型传播载体，提升公共文化服务信息化水平。针对民族地区公共文化服务对象和服务内容多元多样的特点，因地制宜，分类指导，逐步建立起符合少数民族地区特点的公共文化服务模式。

3. 深入开展“春雨工程”——全国文化志愿者边疆行工作。深入推进“文化援疆”“文化援藏”工作。以“大舞台”“大讲堂”“大展台”为主要载体，坚持需求导向、项目带动，组织文化志愿者为边疆民族地区群众提供文化辅导、文艺演出和展览展示等文化服务，培育文化志愿服务品牌。采取双向互动交流的方式，进一步加强各省（区、市）与边疆民族地区的文化交流，逐步提高边疆民族地区的公共文化服务水平。

专栏 8. 少数民族文化权益保障项目
春雨工程——全国文化志愿者边疆行：“十二五”期间，着眼于满足边疆民族地区群众基本文化需求，通过开展各省、区、市对边疆民族地区的文化志愿服务活动，建立一支热心公益、素质优良、结构合理、积极奉献的文化志愿者队伍，推出一批惠及边疆民族地区群众的文化志愿服务品牌活动，形成一套设计科学、行之有效的文化志愿服务机制，不断深化各省、区、市与边疆民族地区的文化交流，提高边疆民族地区公共文化服务水平。

（十）探索完善文化志愿服务机制，广泛开展文化志愿服务活动

完善文化志愿服务工作机制，发展文化志愿者队伍，广泛开展文化志愿服务活动，努力构建参与广泛、形式多样、活动经常、机制健全的文化志愿服务体系。

1. 完善文化志愿服务工作机制。贯彻落实《文化部中央文明办关于广泛开展基层文化志愿服务活动的意见》精神，把文化志愿服务工作纳入公共文化服务体系建设总体规划，加强统筹协调和组织推动。制定文化志愿者招募办法，依托相关单位或行业协会组建文化志愿服务组织，建立文化志愿者注册系统、电子档案和文化志愿服务数据库，实现文化志愿者、服务对象、活动项目有效对接。加强文化志愿服务理论政策研究，建立和完善激励机制，推动文化志愿服务工作深入开展。

2. 发展壮大文化志愿者队伍。鼓励热心公益事业的社会人士参与基层文化建设和群众文化活动，担任文化指导员、辅导员或文化管理员。招募大学生志愿者到西部地区乡镇文化站协助做好日常管理、政策宣传教育和开展基层文化活动等工作。依托全国文化信息资源共享工程、公共电子阅览室建设工程等重点文化惠民工程，招募文化志愿者做好技术指导、资源搜集整理、活动开展、政策宣传等志愿服务。开展常规培训与岗前培训，提升文化志愿者的服务意识、服务能力和服务水平。

3. 广泛开展文化志愿服务活动。依托各类公益性文化单位，招募文化志愿者做好图书借阅管理、读者咨询、展览布展、讲解讲座、群众文化活动组织等志愿服务工作。组织志愿者深入全国文化信息资源共享工程县级支中心和乡镇街道服务点，辅导群众学习网络知识，检修电子设备，开展业务培训。组织文化志愿者在重要节日纪念日深入基层开展民俗活动、文化娱乐活动、主题教育实践活动等各具特色的文化志愿服务活动。以关爱空巢老人、留守儿童、农民工、残疾人、边疆民族地区群众为重点，培育和打造一批文化志愿服务品牌。

三、保障机制

（一）理顺权责关系，建立健全组织保障

按照党的十八大关于深化行政体制改革的要求，改革公共文化管理体制，强化基层政府在公共文化服务中的责任，理顺文化行政管理部门与文化事业单位的关系，推进文化事业单位改革，建立职责明确、反应灵敏、运转有序、统一高效的公共文化服务组织保障体系。

1. 强化地方政府在公共文化服务中的责任。推动地方各级党委政府把公共文化服务体系建设作为提高党的执政能力、建设服务型政府的重要任务，切实担负起领导责任，充分发挥在公共文化服务体系建设中的主导作用。建立党政相关部门共同参与的沟通协商机制，共同承担公共文化服务体系建设职责，形成工作合力。

2. 深化公益性文化事业单位改革。按照党的十八大关于推进事业单位分类改革的要求，科学界定公益性文化事业单位的性质和功能，全面推进人事、收入分配和社会保障制度改革，增强活力。积极推动文化馆（站）、博物馆、公共图书馆等公益性文化单位创新公共文化设施运行机制，探索建立事业单位法人治理结构，吸纳有代表性的社会人士、专业人士、基层群众参与管理。

3. 加强公共文化行业管理。探索建立文化馆、博物馆、美术馆、公共图书馆行业协会组织，搭建行业交流和服务平台。按照政事分开、政社分开的原则，理顺文化行政部门和公共文化行业组织之间的关系，探索建立文化行政部门宏观调控和行业组织微观管理相结合的公共文化行业管理体制，推动政府公共文化职能转变，加快形成政社分开、权责明确、依法自治的现代社会组织体制。充分发挥公共文化行业组织在行业发展规划、标准制定、理论研究、信息交流、人才培训、资质认定、行业监督等方面的重要作用，提高行业组织自我教育、自我管理、自我服务、自我监督能力。

（二）探索建立公共文化服务经费投入和保障机制

积极推动把主要公共文化产品和服务项目、公益性文化活动纳入公共财政经常性支出预算，建立健全公共文化服务经费投入长效机制。发挥财政资金的杠杆作用，鼓励和引导民间资本参与公共文化服务，逐步形成以政府投入为主、社会力量积极参与的多元化公共文化服务投入机制。

1. 建立稳定增长的公共文化服务财政保障机制。保证公共财政对文化建设投入的增长幅度高于财政经常性收入增长幅度，提高文化支出占财政支出比例。以农村和基层、边疆民族地区、贫困地区为重点，优先安排设计关系人民群众切身利益的文化项目，重点保障基层公益性文化单位开展基本公共文化服务所需经费，扶持公益性文化单位的技术改造和设备投入。中央、省、市三级设立农村文化建设专项资金，保证一定数量的中央转移支付资金用于乡镇和村文化建设。

2. 引导和鼓励社会资本进入公共文化服务领域。转变公共财政投入方式，通过政府购买服务、项目补贴、以奖代补等方式，鼓励和引导社会力量提供公共文化产品和服务。落实和完善文化经济政策，进一步落实鼓励社会组织、机构和个人捐赠以及兴办公益性文化事业的税收优惠政策，促进企业及民间对文化的投入明显增加。落实《文化部关于鼓励和引导民间资本进入文化领域的实施意见》，鼓励和引导民间资本进入公共文化服务领域。

（三）探索建立公共文化服务绩效评价和监督机制

发挥绩效评价对政府行为的导向作用，研究建立完善的公共文化服务绩效评价指标体系，建立健全考核和监督机制，树立正确的绩效导向。

1. 完善公共文化服务绩效评价指标体系。建立健全政府、文化行政部门、公益性文化单位、重大文化项目工作考核机制，建立科学合理的绩效评价指标体系。通过开展文化馆（站）、博物馆、公共图书馆、国家重点美术馆评估定级工作，提高行业规范化、标准化水平。推动将公共文化服务指标纳入科学发展考核评价体系，纳入各级党委政府和党政领导干部的绩效考核体系。

2. 建立和完善社会评价机制。将群众满意度作为公共文化服务考核评价的重要指标，逐步建立“城乡居民公共文化服务满意度指数”。探索实施公共文化服务第三方评价机制，增强公共文化服务评价的客观性和科学性。

3. 加强对公共文化服务体系建设的监督和管理。加大对中央决策部署落实情况、重大文化惠民工程建设情况的监督检查，提高地方各级党委政府、文化行政部门和公益性文化单位推动公共文化服务体系建设的主动性和积极性。重视和充分发挥新闻媒体舆论引导和监督作用，营造公共文化服务体系建设良好氛围。

（四）加强公共文化服务领域政策法律法规建设，促进对外公共文化交流

1. 建立和完善公共文化服务领域的政策法规保障。加快研究制定《公共文化服务保障法》，继续推进《公共图书馆法》《博物馆条例》立法工作，修订《文化馆管理办法》，制定《城市社区文化设施管理办法》《美术馆管理办法》《美术馆工作规范》，制定和完善文化馆（站）、公共图书馆等公益性文化单位的服务标准和服务规范。

2. 积极推动对外公共文化交流。继续组织公共文化领域的对外交流，落实好公共图书馆、群众文化、少数民族文化、少儿文化等领域的对外交流合作项目。准确把握国外公共文化服务体系建设的最新动态和发展趋势，借鉴和吸收有益经验，为科学制定公共文化服务体系建设的政策措施提供参考依据。积极组织举办公共文化发展国际学术会议，参加国际公共文化交流活动。

文化部负责对《纲要》落实情况进行总体跟踪分析，适时开展《纲要》实施中期评估和后期评估。当宏观环境发生不可预见的重大变化，或由于其他原因导致实际发展严重偏离《纲要》目标时，可提出调整方案，由文化部党组审议批准后实施。

文化部关于印发《全国文化信息资源共享工程“十二五”规划纲要》的通知

（2013 年 1 月 30 日 文公共发〔2013〕7 号）

各省、自治区、直辖市文化厅（局），新疆生产建设兵团文化广播电视局，各计划单列市文化局，本部各司局、国家文物局，各直属单位：

《全国文化信息资源共享工程“十二五”规划纲要》已经文化部审定，现印发给你们，请结合实际认真贯彻执行。

特此通知。

全国文化信息资源共享工程“十二五”规划纲要

全国文化信息资源共享工程（以下简称文化共享工程）是国家重大文化惠民工程，在我国公共文化服务体系建设中具有战略性、基础性地位。“十一五”期间，在党中央、国务院的正确领导下，在各级文化行政部门的大力推动下，文化共享工程建设取得了丰硕成果，覆盖城乡的服务网络基本建成，数字资源初具规模，技术平台日趋成熟，管理体系不断完善，初步实现了优秀文化信息资源在全国范围的共建共享。当前，文化共享工程已从共建进入到全面共享的发展阶段，面临着三个重要转变，即工作重点从侧重设施建设向侧重管理服务转变；建设方式从铺摊建点的规模化建设向专业化和品牌化转变；发展模式从单一化向社会化转变。为深入贯彻党的十八大及十七届六中全会精神，进一步推动“十二五”时期文化共享工程建设，切实保障人民群众的基本文化权益，推动社会主义文化大发展大繁荣，促进我国经济社会协调发展，编制本规划纲要。

一、指导思想与发展目标

（一）指导思想

以邓小平理论和“三个代表”重要思想为指导，深入贯彻落实科学发展观，坚持社会主义先进文化前进方向，以满足人民精神文化需求为出发点和落脚点，坚持公益性、基本性、均等性、便利性原则，坚持以政府为主导，以资源建设为核心，以技术支撑平台为保障，以共建共享为途径，面向基层、服务群众，努力实现优秀文化信息资源的全民共享。

（二）发展目标

在巩固完善文化共享工程基础设施建设基础上，丰富数字资源，扩展服务网络，优化技术平台，创新机制，完善管理，加强服务，提升效益，将文化共享工程建成资源丰富、传播高效、服务便捷、管理科学的公共数字文化品牌工程。到 2015 年，文化共享工程数字资源总量达到 530 百万兆字节；服务网络实现从城市到农村的全面覆盖，公共电子阅览室基本覆盖全国所有乡镇和街道、社区，入户率达到 50%。

二、主要任务

（一）完善覆盖城乡的六级服务网络

继续以农村和中西部地区为重点，扩大覆盖，消除盲点，提高标准，完善文化共享工程国家、省、市、县（区）、乡镇（街道）、村（社区）六级服务网络。在各级文化馆、城市街道社区新建文化共享工程基层服务点。与公共文化服务示范区建设相结合，评选命名一批“文化共享

工程·公共电子阅览室示范点”，发挥其在设施建设、管理与基层服务方面的示范作用，实现文化共享工程基层服务点建设的品牌化、科学化、规范化。

（二）推进文化共享工程进入居民家庭

紧密结合国家“三网融合”发展战略，加强与广播电视和信息产业等部门的合作共建，推广各地文化共享工程“进村入户”的先进经验，结合各地实际，通过直播卫星、互联网、通信网、有线（数字）电视、网络电视等多种方式，将文化共享工程的资源送入居民家庭。加强入户资源的建设与整合，完善相关技术标准、技术模式和制播流程，强化资源内容和节目播出的安全管理，确保入户资源的顺畅推送及节目编播的自主可控。

（三）实施“公共电子阅览室建设计划”

按照文化部、财政部印发的《“公共电子阅览室建设计划”实施方案》（文社文发〔2012〕5号）的要求，以未成年人、老年人、进城务工人员等特殊群体为重点服务对象，依托文化共享工程的服务网络和设施，与乡镇文化站建设、街道（社区）文化中心（文化活动室）建设以及中央文明办组织实施的“绿色电脑进西部”工程结合，与共青团中央、全国总工会、全国妇联等密切合作，组织实施“公共电子阅览室建设计划”。以乡镇、街道、社区为重点，提高配置标准，完善公共电子阅览室建设的设施条件。坚持建设、管理与服务并重，丰富公共电子阅览室的资源内容，完善技术支撑平台，健全管理制度，推进免费开放，加强惠民服务，努力构建内容安全、服务规范、环境良好、覆盖广泛的公益性互联网服务体系。

（四）加强数字资源建设的统筹规划和管理

1. 建设公共数字文化资源基础库

以基层群众为对象，以服务和需求为牵引，大力建设体现社会主义核心价值、弘扬中华民族传统文化、关系文化民生的公共数字文化资源。深入研究基层群众的数字文化需求，研究制订《文化共享工程 2013—1015 年资源建设规划》，明确资源建设的目标、任务、分类体系、建设重点和建设方法，提高资源建设工作的整体水平。加大资源征集力度，确保资源增量。以文化艺术类、群众文化类、进城务工及农业科技类、生活服务类、少儿教育类等资源为重点，建设若干主题鲜明、体系完整、质量上乘、具备公共文化服务基础性的专题资源库，提高资源建设的系统性、针对性、实用性。贯彻落实中宣部有关文件精神，加强“红色历史文化”多媒体资源库的建设。统筹开展“中国戏曲多媒体资源库”等全国性资源建设项目的规划与实施。

2. 加强少数民族文化产品译制工作

重点整合译制藏语、维吾尔语、哈萨克语、蒙语、朝鲜语资源。在新疆维吾尔自治区、西藏自治区、内蒙古自治区、青海省、四川省、吉林省等建立少数民族语言资源建设中心，在文化共享工程国家中心组织协调下，开展相关少数民族语言数字资源的征集、整合、译制及服务工作，建设一批贴近少数民族群众生活、反映少数民族特色、帮助少数民族农牧民群众生产致富的数字文化资源。逐步丰富少数民族语言资源的种类。到2015年，建成藏汉、维汉、哈汉、蒙汉、朝汉等文化共享工程双语网站。

3. 推进数字资源共建共享

建立、完善文化共享工程资源建设标准规范体系，开展文化共享工程资源联合编目工作，编制文化共享工程资源总目录，推动文化共享工程全系统资源的共建共享。鼓励各省结合实际，采取灵活多样的办法，加强各省之间及本省范围内的资源共享。建设分布式数字资源共建共享系统，采用开放式、分级管理方式，实现数字资源的分布式加工、存储和元数据的统一管理以及跨库使用。建立数字资源异地灾备系统，实现数字资源的长期安全保存。

4. 建立健全资源建设机制

研究制定《文化共享工程资源建设管理办法》，全面提高资源建设的科学化、制度化、规范化水平。组建“文化共享工程资源建设领导小组”，加强对资源建设工作的组织领导，形成国家中心负责规划、统筹、指导，各省级分中心负责具体组织实施、市（县）级支中心共同参与的资源建设工作格局。组建“文化共享工程资源建设专家委员会”，充分发挥专家在资源建设规划、项目策划、方案实施、成果验收等方面的作用。建立健全资源建设的项目申报和立项审批机制，提高项目策划水平和建设质量。创新资源征集机制，加大对文艺院团、群艺馆、文化馆、美术馆、艺术院、博物馆等以及社会资源的征集力度，组织开展资源捐赠活动，鼓励机关事业团体、企业、个人向文化共享工程捐赠资源。探索建立资源使用效果的调查与反馈机制。

5. 切实做好资源的推送、揭示和服务

因地制宜，广开渠道，面向基层，加大资源的推送、更新、揭示和服务力度。制定《文化共享工程资源服务手册》，规范资源服务工作流程和管理。整合、开发、制作一批系列化的资源服务产品。按照中组部党员教育中心的要求，继续做好党员教育相关教材的制播工作。积极主动地向相关部门、企事业单位、社会组织等提供公益性资源服务。保护知识产权，妥善解决资源建设与服务中的版权问题。

（五）打造先进实用的技术支撑平台

1. 建设国家公共文化数字支撑平台

加强科研开发和应用的研究，采用云计算等最新适用技术，发挥文化共享工程基础设施作用和规模优势，建设管理统一、开放互动、共建共享的国家公共文化数字支撑平台，增强数字资源共享能力，提高数字资源的传播效率和信息基础设施的综合利用率，改善资源服务的针对性、便捷性和时效性，实现公共文化服务数字化评估管理，为提升文化共享工程服务效能、推动公共文化服务体系长效发展提供整体有效的数字化支撑。

2. 建设全国公共电子阅览室管理信息系统

运用先进技术手段，建立国家级公共电子阅览室建设管理平台，有效监督和管理全国各级公共电子阅览室的服务和使用情况，确保公共电子阅览室网络信息服务的安全，资源的及时更新以及服务导航的方便实用性，构建健康、文明的网络访问环境，杜绝反动、淫秽、暴力等不良信息的侵入和传播。

3. 建设公共文化信息服务门户

构建资源丰富、内容权威、基于现代新技术以全媒体数字文化服务新业态为主导的公共文化信息服务门户。建设国家、省、市、县/区四级分布式互联网网站群，打造“国家数字文化网”，满足基层群众多样化的网络文化信息需求。

（六）推动国家中长期人才培训计划的实施

1. 开展国民信息素养教育培训

根据国家信息化发展战略确立的利用文化共享工程开展提高国民信息素养培训的要求，利用覆盖城乡的文化共享工程服务网络，通过建设与整合各类标准化、高质量的培训课件，因地制宜，有步骤、有组织地开展提高国民信息素养的教育培训。制作并翻译少数民族语言的培训课件，加大少数民族地区的培训力度。

2. 推进农村实用人才和进城务工人员培训

根据《国家中长期人才发展规划纲要（2010—2020 年）》和《关于进一步加强农民工文化工作的意见》要求，发挥文化共享工程服务网络优势，通过合作共建等方式推进基层服务品牌项目实施，大规模开展农村实用人才培养和进城务工人员培训。“十二五”期间，培训农村实用人才和进城务工人员 1000 万人次。

3. 继续实施文化共享工程基层队伍培训

根据文化部《关于开展全国基层文化队伍培训工作的意见》和文化共享工程基层队伍培训工作规划，完善工程培训体系，提升远程培训能力，实现培训工作的科学化、规范化、常态化。按照分级负责、分类实施、全员学习的原则，培训各级各类工作人员 500 万人次。

（七）促进基层惠民服务品牌化专业化

1. 创建“公共数字文化服务体验区”

围绕公共文化服务体系建设总体目标，依托文化共享工程服务网络及公共电子阅览室平台，以新思路、新技术、新产品、新内容为引导，着力推动公共文化服务与科技创新融合，试点推进、打造多种模式的集知识性、趣味性、互动性、娱乐性为一体的公共数字文化体验区，大幅度提升公共文化服务的吸引力、感染力。

2. 构建“边疆万里数字文化长廊”

依托边疆地区文化共享工程基层服务网点和公共电子阅览室构建“边疆万里数字文化长廊”，通过提高边疆地区文化共享工程基层点和公共电子阅览室的覆盖率，改善边疆地区文化设施薄弱，基层群众、部队官兵的精神文化生活匮乏、单调的状况，增强文化实力。

3. 联合打造基层惠民服务品牌

深入总结各地经验，大力推广“东方社区信息苑”“数字文化讲师团”“农文网培学校”“市民艺术培训学校”“戏曲动漫暨传统文化进校园”等服务模式，推动文化共享工程服务多样化、品牌化，不断满足基层群众“求知识、求富裕、求健康、求快乐”的需求。

4. 广泛开展公共数字文化惠民服务

充分发挥文化共享工程基层服务点和公共电

子阅览室阵地优势，结合国家重大事件、重要节日、假日和纪念日，策划开展持续时间长、参与人数多、举办规模大、对外影响广的公共文化服务活动，改进、丰富和加强公共数字文化惠民服务。

三、保障措施

（一）加强组织领导和管理机制创新

各级政府作为公共文化服务体系建设的领导者和组织者，要把文化共享工程纳入当地经济和信息化发展规划及创建文明城市、文明乡村的重要内容。各级文化主管部门要将文化共享工程纳入创建文化先进县（市）和乡镇的评比标准，并作为衡量当地文化事业发展的重要指标。文化共享工程各级单位要在争取政策支持的同时，认真抓好各项任务的落实。要加强文化共享工程建设的制度设计，建立绩效评估体系，提高工程管理的科学化水平。

（二）争取财政持续加大投入

文化共享工程作为我国公共文化服务基础性、战略性工程，应积极争取中央财政投入，对文化共享工程运行保障、六级网络体系建设、资源建设、技术平台建设等给予经费支持，保障工程各项工作的顺利实施。通过补贴机制和奖励机制，对开展文化共享工程公益性服务和工作突出的地区和单位予以补贴和奖励，调动各地工作的积极性。各级地方财政要按照规划任务，确保配套资金的落实，同时结合本地实际，进一步加大对文化共享工程的投入力度。

（三）广泛开展共建共享

加大文化系统内的资源整合力度，争取由国家财政投入生产的文化产品向文化共享工程无偿提供。与教育、广电、信息产业、农业、科技、新闻出版等部门广泛合作，努力以免费或优惠的价格获取各系统的相关资源。建立捐赠人激励机制，对捐赠著作、资金、设备的个人、集体颁发荣誉证书，并协调相关部门，综合采取多项激励政策，鼓励和保护对公益性文化事业的捐助。

（四）健全人才队伍

加强文化共享工程各级中心的机构建设，建立文化共享工程人力资源支持保障体系，培养一支既具备较高技术素质和专业知识，掌握数字文化服务的基本理念，又能熟练运用数字文化服务技能的人才队伍。国家中心组织力量编制教材，面向省级分中心、地市（县）级支中心开办骨干培训班。各地组织本地区的培训工作，重点建设一批爱岗敬业、善于管理服务设施和组织基层文化服务项目的专业队伍。评选、表彰一批“文化共享之星”。把社会工作者、志愿者作为人才队伍建设的有机组成部分，切实做好人才配置工作。

（五）扩大宣传推广

提升高度、把握角度，下基层、接地气，找准切入点，突出宣传文化共享工程文化惠民的本质、特色和实效，以形成宣传推广品牌。积极发挥网站窗口作用，同时通过广播电视、平面媒体同步推送，参与组织举办主题晚会、制播公益广告及专题节目、开展知识竞赛等，进一步扩大文化共享工程的社会影响力。

文化部关于印发《全国公共图书馆事业发展“十二五”规划》的通知

（2013 年 1 月 30 日 文公共发〔2013〕8 号）

各省、自治区、直辖市文化厅（局），新疆生产建设兵团文化广播电视局，各计划单列市文化局，本部各司局、国家文物局，各直属单位：

《全国公共图书馆事业发展“十二五”规划》已经文化部审定，现印发给你们，请结合实际认真贯彻执行。

全国公共图书馆事业发展“十二五”规划

“十二五”时期是全面建设小康社会的关键时期，是深化改革开放、加快转变经济发展方式的攻坚时期，也是推动社会主义文化大发展大繁荣、增强国家文化软实力、进一步推进公共文化服务体系建设的重要战略机遇期。公共图书馆作为公共文化服务体系的重要组成部分，承担着保存人类文化遗产、提供知识信息、传播先进文化、开展社会教育的重要职责，为中国特色社会主义事业建设提供信息资源支撑和智力支持。深刻认识并准确把握国内外形势新变化新特点，适应人民群众不断增长的精神文化需求，科学制订公共图书馆事业发展“十二五”规划，对于明确未来五年公共图书馆事业的发展方向、总体思路和重点任务，推动公共图书馆事业更好更快发展，促进公共文化服务体系建设，推进全面建设小康社会进程具有重要意义。

一、序言

公共图书馆是保障人民基本文化权益的重要阵地，是开展社会教育活动的终身课堂，是国家公共文化服务体系的重要组成部分，是城市文明进步的标志。“十一五”以来，中央和地方各级政府进一步加大对公共图书馆建设的支持力度，公共图书馆财政投入稳步增加，法制化、规范化建设取得重要进展。通过实施县级图书馆建设、县级图书馆修缮、全国文化信息资源共享工程（以下简称“文化共享工程”）、乡镇综合文化站建设等重点文化工程，各地公共图书馆服务设施网络不断完善，文献资源日益丰富，服务理念不断创新，服务手段不断增加，服务能力显著提升，队伍素质稳步提高，社会效益明显增强，公共图书馆事业呈现出蓬勃发展、整体推进的良好发展局面。同时，我们还必须看到，公共图书馆事业发展在总体上还滞后于经济社会发展，还不能满足社会公众日益增长的精神文化需求，与全面提供公益性、基本性、均等性和便利性的图书馆服务，构建覆盖城乡的公共文化服务体系，全面提高全民族文明素质，实现文化大发展大繁荣的要求还不相适应，主要表现在：设施网络尚需完善，服务网络有待健全，地区差异和城乡差异比较明显，文献资源保障能力有待提高，队伍建设需要加强，保障机制尚不健全。

“十二五”时期是我国进一步推进公共文化服务体系建设的重要战略机遇期，公共图书馆作为公共文化服务体系的重要组成部分，机遇与挑战并存。一是党和政府高度重视文化建设为公共图书馆事业发展提供了良好的政策环境。党的十七大对兴起社会主义文化建设新高潮、推动社会主义文化大发展大繁荣做出了全面部署，把建设覆盖全社会的公共文化服务体系作为实现全面建设小康社会的重要目标之一。党的十八大对建设社会主义文化强国，继续丰富社会文化生活，更好地保障人民基本文化权益，完善公共文化服务体系，提高服务效能提出了进一步的明确要求。党和政府的高度重视为公共图书馆事业发展提供了坚强的领导保证和政策环境，带来了历史性发展机遇。二是人民群众不断增长的精神文化需求为公共图书馆事业发展提供了强劲的动力。随着生活水平的不断提高，人民群众的文化需求日益增长，进一步保障人民群众的基本文化权益，是时代赋予我国公共图书馆事业的光荣职责和神圣使命，为我国公共图书馆事业的发展提供了内在动力。三是国民经济的稳步增长为公共图书馆事业发展提供了坚实的经济基础。“公共文化”是重要的民生问题之一，“十二五”时期国家加大对公共文化服务体系建设的投入，也必将为图书馆事业的发展带来更为充足的资金支持。四是现代科学技术的发展为公共图书馆事业发展提供了强大的技术支撑。当今时代，以信息技术为代表的科技发展日新月异。网络技术、数字技术、新型传媒技术的推广应用，对文化生产与传播产生了革命性的影响，极大地丰富了公共文化产品服务的内容和形式，为新时期公共图书馆事业的发展提供了强有力的技术支撑。同时，如何把握好机遇期，提高经费效益，不断提升技术应用水平，充分发挥公共图书馆在加快构建学习型社会、提高全民族文明素质和保障人民群众基本文化权益方面的积极作用，是摆在公共图书馆界面前的一个重大挑战。

二、“十二五”时期公共图书馆事业发展总体思路

（一）指导思想

坚持以中国特色社会主义理论为指导，深入贯彻落实科学发展观，以建设社会主义核心价值体系为根本任务，以丰富人民精神文化生活、保障人民群众基本文化权益、满足人民群众基本文化需求为出发点和落脚点，按照体现公益性、基本性、均等性、便利性的要求，坚持政府主导，依循“保基本、强基层、建机制、重实效”的基本思路，以城乡基层建设为重点，以基础设施建设为依托，以技术创新为动力，以机制体制建设为保障，努力构建普遍均等、惠及全民的公共图书馆服务网络，全面提升各级公共图书馆的服务能力、服务水平和服务效益，最大限度地发挥公共图书馆在保护文献典籍、传承中华文化、建设学习型社会、培养公民高度的文化自觉和文化自信、提高全民族文明素质、建设社会主义文化强国等方面的重要作用，推动公共图书馆事业更好更快地发展。

（二）基本原则

——政府主导，社会参与。各级政府切实履行发展公共图书馆事业的责任，将公共图书馆建设纳入经济社会发展规划，纳入公共文化服务体系建设总体架构，纳入财政预算，纳入科学发展考核评价体系。加大公共资金投入力度，保证公

共图书馆免费提供基本服务和正常运转的需求。同时，倡导和鼓励社会力量以多种方式参与公共图书馆建设。

——强化基础，注重创新。进一步夯实各级公共图书馆的业务基础，加强对文献信息资源建设的整体规划，提高文献信息资源保障能力，强化公共文化产品供给能力。加快高新技术在公共图书馆领域的应用与推广，以技术创新促进管理创新、服务创新，推动公共图书馆事业实现创新型发展。

——统筹兼顾，分类指导。以构建覆盖全社会的公共图书馆服务体系为目标，以地市级公共图书馆的建设与发展为主要抓手，充分发挥城市中心图书馆在事业发展和创新中的引领作用，发挥县级图书馆在公共图书馆服务体系中承上启下的枢纽作用。立足中国图书馆事业发展的实际情况，按照东部、中部和西部进行分级分类指导，加大对中西部地区图书馆、农村和基层图书馆的支持力度，缩小事业发展的地区差距和城乡差距。

——以人为本，提升服务。继续扎实推进图书馆基本服务，不断满足人民群众日益增长的基本文化需求。全面提高公共图书馆服务的专业化水平，拓宽服务领域，创新服务方式，改善服务质量，提升服务效益，提供多层次、多样性、多元化的公共图书馆服务。

（三）发展目标

“十二五”期间，逐步建立覆盖城乡、结构合理、功能健全、实用高效的服务网络，进一步增强活力，提高效能，服务能力、服务水平与服务效益明显提升，部分地区图书馆接近或达到国际先进水平。加强公共图书馆与其他系统图书馆的共建共享，带动全国图书馆事业发展，从而使公共图书馆在公共文化服务体系和公共数字文化建设中发挥主体作用，使公共图书馆成为满足人民群众基本文化需求的重要阵地，为提高全民族素质，全面建成小康社会做出应有的贡献。

——设施网络覆盖城乡。推动地市级公共图书馆建设，按照《公共图书馆建设用地指标》和《公共图书馆建设标准》，力争使全国县以上图书馆全部达到国家建设标准。加强乡镇、社区图书馆（室）及服务网点建设，推进流动图书馆设施建设，形成覆盖城乡、比较完备的公共图书馆设施网络建设。

——服务网络惠及全民。在建立健全设施网络的基础上，进一步通过总分馆制、图书馆联盟、流动服务、数字远程服务等多种形式延伸图书馆服务，提高图书馆服务获取的便捷性。积极拓展公共图书馆的社会教育职能，在实现均等普惠的公共服务基础上，加强对特定地域、特殊群体的服务，形成覆盖城乡、结构合理、功能健全、实用高效的图书馆服务网络。

——数字图书馆建设与服务加快推进。积极推进公共数字文化服务体系建设，以文化共享工程、数字图书馆推广工程、公共电子阅览室建设计划等重大项目为抓手，在全国形成一个资源丰富、服务快捷、技术先进、稳定可靠的分布式数字图书馆服务网络，催生网络环境下新的文化服务业态。

——文献资源保障能力不断提高。逐步在全国形成分级分布的，与各级公共图书馆功能任务相适应的，涵盖纸本文献、缩微文献、数字资源等各种资源类型的国家文献信息资源保障体系，重点开展地方特色资源建设，实现对地域性文化资源的传承与利用。

——人才队伍建设有效加强。重点提高基层公共图书馆骨干的业务素质，加大对优秀中青年人才队伍的培养，特别是围绕古籍保护、未成年人服务、信息资源建设、数字图书馆建设等事业发展重点领域培养一批领军人物，造就一支数量合理、结构优化、素质优良、有良好职业道德与服务能力的人才队伍。

——法制保障体系日益健全。积极推动出台《公共图书馆法》《古籍保护条例》等法律法规，加快公共图书馆相关国家标准与行业标准的制定、修订工作，建立健全公共图书馆法律法规体系和标准规范体系。

——管理体制机制改革创新。推进和深化公共图书馆管理体制和运行机制改革，探索和建立与公共文化服务体系相适应的管理体制，建立充满生机与活力的公共图书馆体制机制。

"十二五"时期公共图书馆事业发展主要指标

指标	单位	地区	2010 年	2015 年
公共图书馆覆盖率	%	地市	81.98	100
		县	86.10	100
公共图书馆达标率(部颁三级以上)	%	县以上	55.8	60
公共图书馆免费开放率	%	县以上		100
人均公共图书馆藏书量	册	全国	0.46	0.7
		东部	0.65	1.0
		中部	0.33	0.5
		西部	0.36	0.5
人均公共图书馆年新增图书藏量	册	全国	0.02	0.05
人均公共图书馆购书经费	元	全国	0.83	1.65
国家数字图书馆资源总量	TB	全国	480	1000
有效读者总人数	万人	全国	2020	5050
文献外借册次	亿册次	全国	2.64	4
总流通人次	亿人次	全国	3.28	4.5
提供远程访问服务的公共图书馆比例	%	省		100
		地市		90
		县		50
图书馆专业技术人员比例 高级职称	%	全国	8.2	10.66
图书馆专业技术人员比例 中级职称		全国	32.4	36.29

三、"十二五"时期重点任务

（一）加强制度化、标准化和规范化建设，为事业发展提供法制保障

积极推进《公共图书馆法》《古籍保护条例》等图书馆相关立法进程，努力实现在制度层面保障公共图书馆事业的全面、协调、可持续发展。进一步建立健全公共图书馆标准规范体系，提高公共图书馆建设与服务的制度化、标准化和规范化水平。

1. 推动《公共图书馆法》立法。在前期工作的基础上，进一步加快《公共图书馆法》的立法进程，积极推动《公共图书馆法》的颁布和实施，以法律的形式对公共图书馆运行发展所涉及的各方面问题予以调整规范，保障公共图书馆履行职能，从制度上确保我国公共图书馆事业全面、健康、可持续发展。

2. 推动《古籍保护条例》的制定实施。广泛征求各方意见，修改完善《古籍保护条例》，积极推动《古籍保护条例》尽早列入国家立法计划，力争从国家立法层面规范古籍管理、保护与利用等工作，使古籍保护有法可依、有章可循，使中国古籍保护工作走上制度化和规范化道路，以巩固我国古籍保护工作已有成果，解决古籍保护工作中存在的突出问题，健全完善古籍保护制度体系，促进古籍保护事业科学、健康、可持续发展。

3. 推动图书馆工作相关业务标准规范的制定出台。依托全国图书馆标准化技术委员会等行业标准组织，设计、研究、制定有关行业标准规范，推动其上升为国家标准，逐步完善公共图书馆标准规范体系。颁布实施《公共图书馆服务规范》，进一步完善图书馆评估定级标准，围绕数字图书馆建设等事业发展的重要领域制订有关行业标准规范。

（二）进一步加强基层图书馆设施建设，力争形成覆盖城乡、结构合理、功能完备的设施网络

以城乡基层公共图书馆设施建设为重点，加强对公共图书馆布局的统筹规划，按照普遍均等、惠及全民的建设原则，在"十一五"建设的基础上，实现基层图书馆全覆盖，形成比较完备的国家、省、市、县（区）、乡镇（街道）、村

（社区）六级公共图书馆设施网络。

1. 推动地市级公共图书馆设施建设。实施《全国地市级公共文化设施建设规划》，对设施不达标的地市级公共图书馆进行新建、改建和扩建，完成189个地市级公共图书馆建设项目。规划完成后，基本实现全国地市级城市都有设施达标、功能完善、布局合理的公共图书馆。

2. 加强基层公共图书馆设施建设。进一步加大县级和县级以下基层图书馆（室）设施建设力度，重点向贫困地区、落后地区、革命老区和基层农村倾斜。充分发挥县级图书馆承上启下的枢纽作用。在县县有图书馆的基础上，进一步在全国乡镇和街道文化站、村和社区文化室都设立图书室或图书馆服务网点，巩固和规范已有独立建制的基层图书室。

3. 开展县级图书馆修缮项目。对全国馆舍面积未达标的县级图书馆修缮给予资金补助，努力实现县级图书馆全部达到国家建设标准，使其具备开展公共文化服务的基本条件。按公共图书馆评估标准推进县级图书馆达标升级，实现60%的县级图书馆达到三级馆以上标准。重点对沿边地区、偏远山区和广大农牧区未达标的县级图书馆改扩建工作给予支持。

4. 推进流动图书馆设施建设。依托已有的图书馆阵地服务，大力推动流动图书馆设施建设，建立流动书库，为中等城市图书馆和县级图书馆配备流动服务车等流动服务设施设备。实现阵地服务与流动服务相结合，因地制宜开展流动服务，建立起灵活机动、惠及基层群众的流动服务网络，推动图书馆服务进一步向基层、社区延伸。

专栏一：地市级图书馆建设重点项目	
实施《全国地市级公共文化设施建设规划》	对设施不达标的地市级公共图书馆进行新建、改建和扩建，完成189个地市级公共图书馆建设项目。规划完成后，基本实现全国地市级城市都有设施达标、功能完善、布局合理的公共图书馆

（三）深入开展公共数字文化建设与服务，培育基于新媒体的新型图书馆服务业态

依托文化共享工程、公共电子阅览室建设计划、数字图书馆推广工程等，建立公共数字文化设施网络，加强公共数字文化资源生产，大力提高网络环境下公共图书馆的数字文化产品供给与服务能力，努力建设资源丰富、技术先进、服务便捷、覆盖全媒体的数字文化服务网络，培育基于新媒体的新型图书馆服务业态。

1. 继续实施文化共享工程。进一步发挥各级公共图书馆在全国文化信息资源共享工程中的主体作用，在“十一五”基本实现“村村通”的基础上，以有效开展服务为重心，以打造精品、优化应用为重点，以可持续发展的体制机制为保障，进一步加大整合力度，建设“公共文化数字资源基础库群”，资源总量达到530TB；在城市社区、文化馆新建基层服务点，加强已建基层点的管理，发展完善覆盖城乡的服务网络，到“十二五”末达到基层服务点100万个，入户覆盖全国50%以上的家庭；利用“云计算”和“三网融合”技术，提升整个网络的服务能力与管理能力；大力推进进村入户，广泛开展惠民服务，实施以“农村实用技术人才培养计划”为重点的网络培训；与公共电子阅览室建设计划相结合，加快建设以公共图书馆、学校电子阅览室、社区文化活动中心为载体的未成年人公益性上网场所，更好地满足人民群众特别是广大青少年的精神文化需求，将文化共享工程建成技术先进实用、传播高效互动、服务便捷贴近、管理科学规范、体系完整可控的公共数字文化建设重点工程。

2. 实施数字图书馆推广工程。在全国范围内实施“数字图书馆推广工程”，建设覆盖全国的数字图书馆虚拟网、互联互通的数字图书馆系统平台和海量分布式数字资源库群，形成完整的数字图书馆标准规范体系，借助全媒体提供数字文化服务。通过工程建设，进一步加强资源共享，扩大资源总量，形成规模效益，有效扩充全国各级公共图书馆的数字资源，避免重复建设；全面提升各级公共图书馆的文献保障水平和信息服务能力，拓展服务渠道，丰富服务手段；推广我国在数字图书馆软硬件平台建设方面的成果，搭建标准化和开放性的数字图书馆系统；以互联

网、移动通信网、广电网为通道，借助手机、数字电视、移动电视等新兴媒体，使数字图书馆的服务覆盖全国省、市、县、乡镇（街道）、村（社区），为广大公众提供多层次、多样化、专业化、个性化的数字图书馆服务，打造基于新媒体的图书馆服务新业态，使数字图书馆的服务惠及全民。

3. 实施公共电子阅览室建设计划。以保障人民群众的基本网络文化权益为目标，以未成年人、老年人、进城务工人员等群体为重点服务对象，依托文化共享工程的服务网络和设施，以及文化共享工程、数字图书馆推广工程丰富的数字资源，与文化共享工程建设、乡镇文化站建设、街道（社区）文化中心（文化活动室）建设，以及中央文明办组织实施的"绿色电脑进西部活动"相结合，在城乡基层大力推进公共电子阅览室建设，努力构建内容安全、服务规范、环境良好、覆盖广泛的公益性互联网服务体系。实施公共电子阅览室建设计划，将为广大人民群众特别是未成年人提供公益性上网场所，吸引广大人民群众参与积极、健康的网络文化活动；将进一步完善全国各级公共图书馆、文化馆（站、室）的软硬件设施，增强各级公共图书馆、文化馆（站、室）的数字文化服务能力，把更多适应人民群众需求的数字资源传送到社区、城镇和农村，活跃基层群众的文化生活，推进全社会的信息化。到"十二五"末，努力实现公共电子阅览室在全国乡镇、街道、社区的全覆盖。

三大公共数字文化惠民工程既有内在联系又各有侧重，在组织实施上，统一规划，统筹兼顾；在技术平台和网络建设上，做好协调，不重复建设；在资源建设上，各有侧重，突出特色；在标准规范上，统一规则，相互兼容。三大惠民工程互为支撑，互相促进，形成合力，共同在公共数字文化建设中发挥重要作用。

专栏二：公共数字文化建设重点项目	
全国文化信息资源共享工程	大力推进服务网络建设，在中西部地区积极推进"进村入户"。建立"公共文化数字资源基础库群"和"红色历史文化多媒体资源库"，加强少数民族语言数字资源译制等。到2015年，争取资源量达到530TB，入户率达到50%，建成资源优质丰富、技术先进实用、传播高效互动、服务便捷贴近、管理科学规范、体系完整可控的公共数字文化服务体系
数字图书馆推广工程	"十二五"末，建设总量达10PB的数字资源（其中国家图书馆数字资源总量达到1000TB，每个省级数字图书馆数字资源量达100TB，每个市级数字图书馆数字资源量达30TB，每个县级数字图书馆数字资源量达4TB），服务覆盖3000万有线电视用户、7亿手机用户，同时100%覆盖全国文化信息资源共享工程各级中心和基层服务点，在全国形成一个资源丰富、服务快捷、技术先进、稳定可靠的分布式国家数字图书馆服务网络
公共电子阅览室建设计划	以未成年人、老年人、进城务工人员等群体为重点服务对象，与文化共享工程建设、乡镇文化站建设、街道（社区）文化中心（文化活动室）建设以及中央文明办组织实施的"绿色电脑进西部活动"相结合，推进公共电子阅览室建设，努力构建内容健康、服务规范、环境良好的公益性互联网服务体系。到"十二五"末，实现各级公共图书馆，文化共享工程乡镇、街道、社区基层服务点基本建有公共电子阅览室

（四）进一步推进传统文化资源的保存与保护，强化公共图书馆在传承中华文明方面的重要职能

依托中华古籍保护计划等重大文化工程，按照保护与利用并重的原则，努力建设公共图书馆传统文化资源保存保护和研究利用的合作网络，设立保护基地和实验室，加快推进公共图书馆对普通古籍、珍本善本、民国文献、少数民族文献、非物质文化遗产等传统文化资源的采集、保存、保护工作，大力提高公共图书馆古籍文献研究整理水平，促进古籍研究整理成果的出版、展示与利用，充分发挥公共图书馆保护民族典籍，传承中华文化的重要作用。

1. 加大古籍保护力度。大力推进中华古籍保护计划，继续实施全国古籍普查工作，完善《国家珍贵古籍名录》的申报机制，继续编纂

《中华古籍总目》。积极开展国际合作，开展海外中华古籍调查，建立海外中华古籍书目数据库，鼓励海外古籍以各种方式回归，建立“国家级古籍编目、版本鉴定与修复专家”遴选机制，开展“文献修复师”职业资格认证工作，建设一支高素质的古籍专业人才队伍。完善国家级古籍修复中心的管理制度，健全科学、规范的修复措施。对入选《国家珍贵古籍名录》古籍采取数字化、缩微复制等方式，建设“中华古籍资源库”。加强对古籍版本目录和古籍保护修复工作的研究，增进国际交流，学习各国保护古籍的先进经验。加大对中西部地区扶持力度，促进古籍保护工作全面均衡发展。

2. 加快革命历史文献和民国时期文献的保护和开发利用。研究制定革命历史文献和民国时期文献保护工作实施方案，启动“革命历史文献和民国时期文献保护计划”。全面开展文献普查登记工作，建立民国文献联合目录检索平台；编制全国《民国时期文献总目》，实现特色文献的专项保护，建立若干专题目录；改善文献存藏条件，完成一批民国时期文献试点书库的标准化建设；设立若干保护基地和实验室，对珍贵文献进行脱酸、修复、加固等原生性保护；加快民国时期文献的缩微技术、数字技术等手段，对文献进行再生性保护；加快民国时期文献的缩微和数字化进程，联合馆藏三宝或特色突出的收藏机构，共建一批高质量的民国时期文献全文资源库；利用新媒体、新技术创新文献展陈手段，充分发挥革命历史文献和民国时期文献的社会教育作用；策划选题，加强出版利用工作；加强海峡两岸及国际交流与合作，促进民国时期文献的共享和以各种形式回归。

3. 加强少数民族文献的保护和整理工作。推动西藏古籍保护专项工作和新疆古籍保护专项工作，开展对其他少数民族地区和不同语种的古籍保护，适时设立其他民族古籍保护专项。进一步发挥各地区少数民族古籍协作组织的作用，加强不同地区在同种民族语言文献收集、整理和利用方面的合作与共享，促进少数民族文字古籍的全面保护。制定与实施我国少数民族文字古籍定级标准，为少数民族古籍的保护、抢救、普查、修复、整理等各项工作提供重要依据，实现少数民族古籍的分级保护和科学管理。

专栏三：传统文化文献典籍保护重点项目	
中华古籍保护计划	重点开展古籍普查、《中华古籍总目》分省卷的编纂、《中华医藏》的编纂、古籍数字化、古籍修复、西藏古籍保护、新疆古籍保护等工作。到2015年，初步形成比较完善的古籍保护工作体系，改善古籍保护条件，推动古籍合理利用
革命历史文献和民国时期文献保护计划	全面开展文献普查工作；编制全国《民国时期文献总目》和《珍贵革命历史文献名录》；建立一批符合纸质文献永久保存要求的标准库房；设立若干保护基地和实验室，对珍贵文献进行脱酸、修复、加固等原生性保护；加快利用缩微技术、数字技术等手段，对文献进行再生性保护；策划选题，加强出版利用工作；加强海峡两岸及国际交流与合作

（五）建设多级文献信息资源保障体系，提高公共图书馆文献信息保障能力

“十二五”期间，要进一步完善公共图书馆文献信息资源保障体系，通过整体布局、协调采购、分工入藏、分散采集等方式，在全国建立若干地区性文献资源保障中心，提高公共图书馆文献信息保障能力。

1. 建立总量丰富、结构优良的公共图书馆文献信息资源体系。加大文献资源建设经费投入，确保文献资源达到一定规模并持续更新，“十二五”末全国人均公共图书馆藏书量达0.7册，东部地区实现人均1册，中西部地区有明显增长。落实新增藏量指标，优化文献资源结构，建立涵盖纸本文献、缩微文献、数字资源、网络资源等各类资源类型的公共图书馆信息资源体系，推动公共图书馆文献信息资源建设的科学发展。加快数字资源建设，特别是地方特色数字资源、少年儿童适用数字资源和少数民族语言文字数字资源的建设，在全国形成超大规模分布式海量数字资源库群，扭转目前中文优质网络文化资源藏量不足的现状。

2. 建立与各级公共图书馆功能任务相适应

的多级文献信息资源保障体系。依托国家图书馆文献资源总库和国家文献战略储备库的建设，将省级和部分中心城市公共图书馆建成本地区的文献资源保障中心，加大基层图书馆地方特色资源建设，为地区地方特色文化和民族特色文化的传承和发展提供支撑，为本地区各级公共图书馆开展多层次、多元化、多样化的信息服务提供保障，最终形成全国性的多级文献资源保障体系，实现国家信息资源的长期保存与长久利用。

3. 加强资源建设的协调与合作，建立和完善全国公共图书馆文献资源共建共享机制。加强各级政府对公共图书馆事业的领导，发挥行业组织的组织协调作用，建立完善各级公共图书馆文献资源建设，特别是外文资源建设的协调合作机制。建设各级公共图书馆文献资源共建共享平台，促进全国性联合书目网络建设，协调部署地方特色文献资源的数字化加工，形成一批地方特色精品数据库。鼓励基层公共图书馆与其他文化机构的资源整合，促进共建共享和有效利用。逐步建立起区域性、多层次、多形式的文献资源互补与共享机制，合理配置与整合文献资源，创新资源共建共享方式，提高文献资源利用率。

（六）创新服务手段，优化服务模式，全面提升公共图书馆服务能力

“十二五”期间，要积极利用现代信息技术，进一步推动服务创新，提高服务专业化水平，积极探索形式多样、内容广泛的服务模式，开展多种形式的延伸服务，向社会公众提供多样化、多层次的资源和服务，全面提升公共图书馆服务能力，进一步提高公众对图书馆服务的满意率，增强公共图书馆的社会影响力。

1. 全面推进公共图书馆免费开放。“十二五”期间，全面实施公共图书馆免费开放，加大对中西部地区基层图书馆基本公共文化服务项目所需经费的投入，争取到 2015 年，实现全国公共图书馆基本公共文化服务项目健全。建立起相对完善的公共图书馆免费开放经费保障机制，不断提升公共图书馆免费开放的内容与质量，为城乡居民提供优质高效、普惠均等的公共文化服务。

2. 加强对农村基层、特殊群体的服务。在实现均等普惠的公共服务基础上，加强面向农村基层、特殊人群的文化关怀，丰富农村、偏远山区、弱势群体的精神文化生活。加强面向农民、进城务工人员、老年人、未成年人、低收入人群、残障人群等特殊人群的图书馆服务，开辟服务渠道，丰富服务内容，探索建立长效机制，有效提高对弱势群体的公共文化供给能力。开辟面向未成年人的绿色网络空间，为青少年健康利用网络、提高信息素养提供条件，积极探索面向儿童的阅读服务。丰富边疆地区公共图书馆服务的层次和内容，促进民族团结和社会和谐。

3. 大力开展公共图书馆延伸服务。建立各级图书馆的分层服务机制，在全国形成网络健全、结构合理、发展均衡、运行有效、惠及全民的公共图书馆服务网络。充分发挥公共图书馆的社会教育职能，大力开展讲座、展览、培训、读书活动等丰富多彩的活动。积极开展决策咨询服务，从整体上提高各级图书馆为立法决策服务的水平。积极探索适合基层特点、适应群众需要的新的公共图书馆服务方式，在有条件的地方开展流动服务、联网服务，推动公共图书馆服务更好地向城乡基层延伸，继续推进公共图书馆总分馆制，提升公共图书馆服务的整体效能。

4. 提高公共图书馆服务专业化水平。将提高服务专业化水平作为提高服务质量的核心，通过合理规划馆藏体系、深入挖掘馆藏内容、有针对性地开展分层服务、提供个性化信息服务、有计划地开展馆藏和服务评价等方式，不断提高各级图书馆的服务专业化水平。在有条件的地区，鼓励开展盲人图书馆、少儿图书馆、主题图书馆等专业图书馆建设。在示范区或其他有条件的地区建设具有较高专业化服务水平和较好服务效益的示范性公共图书馆，通过典型示范，带动全国公共图书馆服务质量的提高。

专栏四:公共图书馆服务重点项目	
公共图书馆免费开放	到2011年年底,全国所有公共图书馆实现无障碍、零门槛进入,公共空间设施场地全部免费开放,所提供的基本服务项目全部免费;到2012年年底,全国所有一级馆、省级馆、省会城市馆、东部地区馆站免费提供的公共文化服务质量和水平不断提升,形成两个以上服务品牌。其他图书馆实现基本公共文化服务项目健全,并免费提供

(七)加强新技术应用,以技术促进事业的创新发展

推进文化与科技的深度融合,使高新技术成为推动公共图书馆事业发展的重要引擎。在加快基层公共图书馆基础性技术普及和升级改造的同时,加强先进适用技术的研究、应用和推广,形成以技术强化业务,以技术创新服务,以技术提升管理,以技术促进发展的良性发展机制,为事业发展提供技术支撑。

1. 加快公共图书馆基础性技术的普及。加强基础性技术的应用和推广,在现代技术应用薄弱的公共图书馆,特别是基层图书馆,提高业务管理自动化水平,在有条件的地区建立区域性集成系统,为区域性资源共建共享提供支撑。加大数字化、信息化、网络化技术的应用,加强图书馆网站建设,充分利用计算机网络设施开展各类型服务,使公共图书馆成为缩小数字鸿沟的重要基地。

2. 提升公共图书馆新技术应用水平。以文化科技创新为动力,实施一批图书馆科技创新项目,自主研发一批有利于事业发展的核心技术。大力推进数字图书馆建设,积极开展基于手机、电视、网络提供服务的技术研发,加强新媒体服务应用和推广,进一步拓展公共图书馆服务的覆盖范围。通过知识组织等技术的应用,提升图书馆知识服务能力。加强图书馆新技术应用的理论研究,组织相关技术标准的制定和实施。

(八)加强科研工作,为事业发展提供理论支撑

加强全国公共图书馆科研工作的统筹规划和总体设计,围绕全国公共图书馆事业发展中亟须研究解决的问题,确立重点研究领域,加强科研成果转化,建立科研工作、人才培养与业务发展之间的良性互动机制,促进事业的科学发展。

1. 加强科研工作的宏观管理。以实施国家文化科技提升计划为契机,加强公共图书馆科研工作的统筹规划和总体设计。加大对图书馆发展研究的投入力度,建立公益性行业(图书馆)科研专项,在国家科技经费中列出有关图书馆发展研究的相关课题。鼓励公共图书馆与各类型科研教育机构合作开展研究,建立相关的激励和保障机制,为公共图书馆结合实践开展科研工作创造有利条件。建立若干公共图书馆重点研究基地,开展以实践为导向的研究,将研究基地打造成公共图书馆事业战略发展的智囊机构、国际学术交流的前沿阵地、区域性公共图书馆管理与服务创新的试验田和新技术应用的孵化器。

2. 加强事业发展重点领域研究。整合全国公共图书馆研究力量,围绕公共文化服务体系建设中公共图书馆的地位与作用、数字环境下公共图书馆转型与发展、公共图书馆服务模式、信息资源建设与管理、数字图书馆技术、图书馆标准规范、图书馆管理等重点领域开展深入研究。与国家公共文化服务体系建设示范区(项目)相结合,开展服务于事业发展的公共图书馆制度设计研究。

3. 促进科学研究、人才培养与业务发展的有机结合。依托中国图书馆学会、全国图书馆标准化技术委员会、全国文献影像技术标准化技术委员会等平台,大力促进科研成果的转化、共享、推广与应用,重视科研成果的出版,推动业务与服务创新。加强科研成果在实际工作中的应用,使科研成果真正转化为现实生产力,发挥科研对事业发展的促进作用。促进科研工作、人才培养与业务发展三者的良性互动,通过科研工作促进人才培养与成长。

(九)加强人才队伍建设,为事业发展提供人才保障

把人才队伍建设作为图书馆创新服务的基础和关键,按照“存量优化、增量优选”的原则,以“人才资源优先开发、人才结构优先调整、人才投资优先保证、人才制度优先创新”为指导方针,结合我国公共图书馆的实际,探索能够有效发现人才、吸引人才、培养人才、留住人才、用

好人才的体制机制，造就一支数量合理、结构优化、素质优良、有良好职业道德与服务能力的人才队伍。

1. 重视人才的选拔、引进和任用。完善图书馆人才政策和措施，建立图书馆人才发展专项经费，采取各种措施吸引优秀人才进入公共图书馆。引导和鼓励高校毕业生到基层图书馆工作，鼓励各级公共图书之间开展多种形式的人才交流活动，提高基层队伍的素质和水平。加大对优秀中青年人才，特别是数字图书馆、古籍保护、特殊人群服务、信息资源建设等重点领域领军人物的培养力度。建立健全基层图书馆管理人才选拔任用机制，完善人才公开聘任机制，建立人员录用考试机制。

2. 加强教育培训，提升队伍素质。完善图书馆在职人员继续教育体系，建立继续教育效果考核、评价机制。加强与图书情报教育机构的联系和合作，通过开展图书情报专业硕士培养等方式，鼓励图书馆从业人员接受专业断续教育。建立全国及区域性培训基地，对全国图书馆从业人员进行系统化、专业化的分层分类培训。逐步建立图书馆队伍培训长效机制，加强基层尤其是农村图书馆（室）从业人员的岗前培训，推进图书馆队伍培训规范化建设。

3. 建立健全人才评价和激励机制。探索实施对专业技术人才、技能人才、运行保障人才进行分类界定的方式，推进评价体系多元化。加快推进职称制度改革，完善专业技术职务任职评价方法。探索建立图书馆从业人员职业资格制度，结合地方实际情况，积极探索多样化的职业准入方式，在有条件的地区开展试点工作。建立以岗位绩效考核为基础的人员考核评价制度，健全领导干部考核评价机制。

4. 积极探索志愿者队伍建设。吸引社会人力资源以志愿者形式参与图书馆服务，成为专业队伍的有益补充。加强志愿者队伍的制度建设，探索和实践公共图书馆志愿者工作岗位的分类与界定，建立志愿者上岗的培训制度，保证志愿者岗位的服务质量，完善志愿者队伍管理制度。

（十）加强国内外交流与合作，进一步提升行业影响力和国际竞争力

以交流和吸收先进经验、拓展社会影响力和国际话语权为目标，以平等交流对话和广泛深入合作为手段，进一步扩大交流渠道，改进交流手段，深化交流内涵，提高交流质量，积极开创公共图书馆国内外交流合作新局面。

1. 加强国内合作。充分发挥中国图书馆学会等行业协会和区域性图书馆共享机制的作用，进一步加强公共图书馆之间以及公共图书馆与其他类型图书馆之间的交流与合作。加强图书馆联盟建设，重点以全国公共图书馆讲座联盟、全国公共图书馆展览联盟为平台，开展社会教育领域的合作。积极开展与港澳台地区图书馆的广泛联系与合作。

2. 拓展国际交流。加强与国际图联等国际组织的联系，鼓励和支持更多的图书馆参与国际学术交流活动，积极争取国际图联等国际组织常设基金对我国公共图书馆项目的资助。巩固和深化已有的交流与合作项目，策划新的国际交流合作项目，重点加强在古籍文献整理与保护、数字图书馆建设等方面的国际交流与合作。积极参与国家文化“走出去”战略，参与海外中国文化中心图书馆的建设，建设中华文化数字资源库群，通过网络向海外用户提供内容丰富多彩、形式生动鲜活的中华文化数字产品，不断增强中华优秀文化的辐射力与影响力。

四、保障措施

为确保全国公共图书馆事业“十二五”规划各项任务的落实，需要有必要的保障措施，主要包括建立健全组织保障、推进管理机制改革和完善经费保障机制。

（一）推动宏观管理体制机制改革创新，促进全国公共图书馆统筹协调发展

建立政府宏观管理、行业组织专业指导、公共图书馆法人治理的组织保障体系。积极转变政府职能，明确政府责任，实现政府对图书馆事业的宏观科学管理。加强图书馆行业组织建设，强化行业组织在事业发展中的专业指导和行业自律功能，探索建立政社分开、权责明确的公共图书馆行业管理体制。

（二）深化内部管理运行机制改革，激发公共图书馆事业的发展活力

以转换机制为手段，以增强活力为重点，以改善服务为宗旨，推进公共图书馆深化人事、收入分配和社会保障制度改革，建立公共图书馆法人治理结构。进一步转变观念，推进公共图书馆服务体系制度设计研究，探索与公共图书馆服务体系建设相适应的管理运行机制创新。立足现

实，因地制宜地推广公共图书馆总分馆制。

（三）完善经费保障机制，促进公共图书馆事业持续稳定发展

围绕公共图书馆的基本职能，建立公共图书馆经费保障机制。将公共图书馆人员开支、资源购置、基本服务提供、数字图书馆建设、设施设备购置与维护等日常运行经费纳入各级财政预算，并逐步提高经费保障水平，以保证公共图书馆正常运转和可持续发展。建立免费开放经费保障机制，经费投入重点向中西部地区倾斜。探索建立公共文化多元化投入机制，拓宽经费来源渠道，大力吸引社会资金以多种方式投入到图书馆建设，逐步形成以政府投入为主、社会力量积极参与的多元化经费保障体系。建立经费投入的评价机制和监督机制，确保经费结构科学合理，经费投入效益最大化。

（四）建立完善监督评估机制，强化服务标准考核

积极推动将公共图书馆建设与服务指标纳入科学发展考核评价体系，纳入各级文化行政主管部门的绩效考核体系。以绩效评估为手段，健全和完善监督机制，重点加强对专项资金和重大项目的监督考核机制。围绕全面提升各级公共图书馆建设水平和服务质量的要求，根据《公共图书馆建设标准》和《公共图书馆服务规范》的相关要求，进一步完善各级公共图书馆评估定级标准，建立健全各级公共图书馆的评估考核机制，将群众满意度纳入公共图书馆评价体系重要指标。

国务院关于公布第四批国家珍贵古籍名录和第四批全国古籍重点保护单位名单的通知
（2013 年 3 月 8 日 国发〔2013〕12 号）

各省、自治区、直辖市人民政府，国务院各部委、各直属机构：

国务院批准文化部确定的第四批国家珍贵古籍（1516 部）名录和第四批全国古籍重点保护单位（16 个）名单，现予公布。

各地区、各部门要继续贯彻“保护为主、抢救第一、合理利用、加强管理”的指导方针，认真总结经验，切实加大工作力度，进一步做好珍贵古籍的保护、管理和合理利用工作。

附件：1. 第四批国家珍贵古籍名录（1516 部）（略）

2. 第四批全国古籍重点保护单位名录（16 个）（略）

新闻出版总署关于开展 2013 年全民阅读活动的通知
（2013 年 3 月 15 日 新出字〔2013〕103 号）

各省、自治区、直辖市新闻出版局，新疆生产建设兵团新闻出版局，解放军总政治部宣传部新闻出版局：

为深入贯彻党的十八大精神，加快推动社会主义文化强国建设，新闻出版总署在多年倡导并组织开展全民阅读活动建设“书香中国”的基础上，就开展 2013 年全民阅读活动的有关事项通知如下：

一、贯彻落实党的十八大精神，充分认识开展全民阅读活动的重要意义。全民阅读是一件关乎国民素质、关乎综合国力、关乎民族未来的大事。世界发达国家都把读书作为提高国民素质、国家软实力的基础工程来抓。中华民族是一个有着热爱读书、崇尚读书优良传统的民族，中华文明传承千载与崇尚读书紧密相连。党中央国务院一向重视读书活动，特别是党的十八大把“开展全民阅读活动”写入报告之中，为深入开展全民阅读活动创造了前所未有的良好条件和历史机遇。全国各地要认真贯彻落实党的十八大精神，深刻领会开展全民阅读活动的重要意义，推进社会主义核心价值体系建设，推动社会主义文化大发展大繁荣，提高全民族思想道德素质和科学文化素质，建设社会主义文化强国，努力实现中华民族伟大复兴的“中国梦”。

二、围绕 2013 年党和国家中心工作，组织开展各种形式的主题阅读活动。做好学习宣传贯彻党的十八大精神、社会主义核心价值体系建设“双百”出版工程、纪念毛泽东同志诞辰 120 周年、弘扬雷锋精神等重点出版物的出版发行工作，通过展示展销、主题演讲、捐书助读、读书征文、知识竞赛等丰富多彩的阅读活动，引导健康阅读，促进良好读书风气的形成。

三、培育、巩固一批“书香”品牌，营造全民阅读的浓厚氛围。继续组织开展“书香中国”系列活动，举办“2013 书香中国”全民阅读电视晚会。今年将在全国范围内开展“书香之家”

推荐活动，各地要根据本地区的实际情况认真组织实施，注重面向基层和普通群众家庭，推荐出本地区的“书香之家”。各地区还可以探索在本地区范围内开展“书香之乡（镇）”“书香之县（市）”的评选活动，充分发挥阅读典型的引导示范作用。积极开展各具特色的“读书节”“读书周”“读书月”活动，将各种书博会、书展、书市与全民阅读活动有机结合起来，培育城市“书香”品牌。

四、依托新闻出版公共服务体系，切实满足广大人民群众的基本阅读需求。面向基层、面向群众，推动全民阅读进农村（牧区）、进社区、进校园、进军营、进企业、进机关、进家庭。巩固提高农家书屋工程，充分利用农家书屋平台规划开展丰富多彩的农民读书活动，培养农民的读书习惯。加快“城乡阅报栏（屏）”工程建设。继续开展“全民数字阅读活动”“强素质、作表率”主题读书论坛等品牌活动。

五、继续鼓励和引导社会各界共同参与全民阅读中的公益活动。鼓励开展各种捐书助读活动，重点保障贫困地区儿童、进城务工人员子弟、残障人士等特殊群体的基本阅读需求。进一步完善和落实社会力量捐赠公益性文化事业的政策措施。有条件的地区可以探索向困难群体免费发放购书券。继续会同残联等部门开展“文化助残公益行动”。

六、积极开展面向大众的优秀出版物推荐活动，充分发挥阅读引导作用。按照将群众评价、专家评价和市场检验相统一的评价标准，推荐近年来出版的优秀出版物，重点推荐适合青少年的阅读书目，培育青少年阅读兴趣和阅读习惯。继续开展“向全国青少年推荐百种优秀图书活动”“向全国少年儿童推荐优秀少儿报刊活动”“大众喜爱的 50 种图书”推荐活动、“向全国青少年推荐 50 种优秀音像电子出版物活动”。

七、充分发挥新闻媒体的宣传推广作用，营造“书香中国”舆论氛围。鼓励建设“全民阅读媒体联盟”、开展“全民阅读报刊行”活动，鼓励媒体开设各种书评、导读、排行榜等多种形式的专栏、专题、访谈节目，宣传全民阅读活动的开展情况和社会效果。今年 4 月 23 日是联合国教科文组织确定的第 18 个“世界读书日”，各地新华书店要开展优惠售书活动，延长书店营业时间，方便读者购书；各地要组织新闻媒体做好宣传推广工作，投放全民阅读公益广告。

八、加强立法保障，合理规划指导，加大资金投入，努力推动长效机制建设。各地要积极推动本地区的阅读立法工作，以法律法规的形式将全民阅读工作纳入法制化轨道。研究制订本地区全民阅读中长期规划，确定开展全民阅读的指导思想、基本原则、主要目标等。开展本地区的阅读调查工作，发布阅读指数，增强全民阅读活动指导的科学性。协调宣传、财政等有关部门，加大对全民阅读活动的政策扶持和资金投入，探索建立本地区的全民阅读基金，开展面向青少年等重点群体的全民阅读工程建设。

九、进一步建立健全全民阅读组织领导机构。开展全民阅读活动是一项战略工程，需要各地各部门齐心协力共同推动。建立健全组织领导机构有利于加强领导，统筹协调各地各部门资源，形成合力；有利于建立长效机制，形成长远战略；有利于解决全民阅读工作中的重点难点问题。要邀请本地区的主要领导担任组织领导机构负责人，党委宣传部门、文明办以及地方政府中的财政、教育、民政、文化、法制办、工会、共青团、妇联等部门作为成员单位，办公室仍设在新闻出版局，各地新闻出版部门要协调党政部门和群众团体，建立健全全民阅读领导机构，新闻出版部门要具体承担组织领导机构的日常工作。

十、各省级新闻出版行政部门要根据本通知要求，认真制订本地 2013 年全民阅读活动工作方案，并于 4 月 10 日前上报总署。各地要深入挖掘典型、总结经验，充分利用《全民阅读活动简报》平台，介绍交流本地全民阅读活动的好做法和好经验。总署将会同有关部门在今年下半年召开全民阅读工作会议，总结和表扬近年来各地各部门的优秀组织单位以及好活动、好项目。

全国“知识工程”领导小组办公室关于在全国开展 2013 年图书馆服务宣传周活动的通知

(2013 年 4 月 8 日全国“知识工程”领导小组办公室)

各省、自治区、直辖市“知识工程”领导小组，国家图书馆，文化部全国公共文化发展中心，中国图书馆学会：

党的十八大报告指出，要扎实推进社会主义文化强国建设，“开展全民阅读活动”。图书馆作为全民阅读的领航者，肩负着培养全社会的阅读习惯，共建书香中国的重要职责。2013 年中国图书馆年会定于 11 月 7 日至 9 日在上海市浦东新区举办，主题为“书香中国——阅读引领未来”。为贯彻落实党的十八大精神，促进全民阅读，结合 2013 年中国图书馆年会主题，现就在全国开展 2013 年度图书馆服务宣传周活动的有关事项通知如下：

一、时间：

2013 年 5 月 27 日至 6 月 2 日

二、主题：书香中国——阅读引领未来

三、宣传重点：

结合 2013 年图书馆年会主题，大力宣传图书馆在倡导阅读、指导阅读、推动全民阅读方面的重要作用，进一步体现图书馆在加强社会主义核心价值体系建设、全面提高公民道德素质、丰富人民精神文化生活等方面的重要作用。

四、有关要求：

（一）统筹协调，加强领导。各地文化行政部门要主动与宣传、教育、新闻广电、工会、共青团和妇联等部门协作协调，发挥各自优势，形成合力，产生积极的社会影响和良好的效果。

（二）精心策划，认真组织。各地要围绕主题，结合地方特点，采取丰富多彩、群众喜闻乐见的形式，广泛开展各种宣传活动。要充分利用广播、电视、报刊、互联网、移动网络等传播媒介，进行宣传报道。

（三）创新举措，务求实效。各地要积极宣传、报道图书馆在推进全民阅读活动中的创新举措，通过生动鲜活的案例，展现图书馆在推进阅读，引领风尚、教育人民等方面的社会价值和风采风貌。

（四）面向基层，服务群众。各级各类图书馆要以服务宣传周为契机，提升服务水平，拓展服务范围。要积极开展针对老年人、残疾人、未成年人及进城务工人员特点的阅读活动。

（五）发动读者，加强互动。要注重与读者的互动，召开读者座谈会，发动读者谈阅读感受、阅读体会，讲述个人阅读史及阅读帮助成长的事例，体现读者的文化自觉。

（六）要充分借助公共数字文化重点惠民工程开展宣传，在全国文化信息资源共享工程、数字图书馆推广工程网站上进行专题宣传，积极利用公共电子阅览室开展相关活动。

各地在开展服务宣传周各项工作中要严格按照中央关于厉行节约的要求，不搞形式主义，注重实效。

请将本省、自治区、直辖市 2013 年度图书馆服务宣传周活动的总结于 2013 年 6 月 30 日前报送至全国“知识工程”领导小组办公室。

联系人：文化部公共文化司图书馆处 张 剑

电 话：010－59881722

传 真：010－59881776

电子邮箱：tsgchu@sina.com

教育部关于成立第四届教育部高等学校图书情报工作指导委员会的通知
（2013 年 5 月 30 日 教高函〔2013〕7 号）

各省、自治区、直辖市教育厅（教委），新疆生产建设兵团教育局，有关部门（单位）教育司（局），部属各高等学校，有关单位：

为加强我部对高等学校图书情报工作的宏观管理和指导，充分发挥专家学者在高校图书情报工作中的研究咨询等作用，推动高等教育内涵式发展，经认真研究并征求有关方面意见，我部决定成立第四届教育部高等学校图书情报工作指导委员会及其高职高专院校分委员会（以下简称图工委）。现将有关事项通知如下。

一、图工委性质

教育部高等学校图书情报工作指导委员会是在教育部领导下的专家组织，具有非常设学术机构的性质，接受教育部的委托，组织开展全国普通高等学校图书情报事业的咨询、研究、指导、评估、服务等工作。

二、图工委主要任务

（一）调查研究高等学校图书情报工作的状况，提出加强图书情报建设的意见和建议。

（二）进行高等学校图书馆改革发展和建设的研究，提供业务咨询。

（三）接受教育部的委托，开展以下业务：

1. 促进高等学校图书情报事业整体化建设，推进文献信息资源的共建、共知和共享；

2. 组织高等学校图书情报专业人员和管理干部的继续教育和培训；

3. 组织图书情报工作的经验交流和学术研讨活动；

4. 对高等学校图书情报工作进行检查评估和成果评价；

5. 参加全国图书情报工作的协作、协调。

（四）编辑出版有关高等学校图书情报工作的书刊，宣传高等学校图书馆的职能和作用。

（五）调研国外图书情报工作的情况和发展趋势，开展对外交流。

（六）联系和指导各地区、各部委高等学校图书情报工作委员会等机构的工作。

（七）承担教育部委托的其他任务。

三、图工委组成

第四届图工委委员及高职高专院校分委员会委员等成员是在省级教育行政部门和上届图工委推荐的基础上，经我部组织有关专家认真评议并征求有关方面意见后产生的（成员名单见附件）。委员任期自发文日起，至 2017 年 12 月 31 日止。

四、图工委工作方式

图工委工作由主任委员全面负责，副主任委员分工负责或协助主任委员开展工作；图工委设秘书处，处理日常行政性事务，秘书处挂靠在北京大学图书馆。

高职高专院校分委员会是图工委的分支机构，在图工委的领导下，负责高职高专院校图书情报相应工作，秘书处挂靠在天津医学高等专科学校。

我部高等教育司教学条件处负责与图工委的日常联系工作，职业教育与成人教育司高职与高专教育处分工负责与高职高专院校分委员会的日常联系工作。

各高校和有关单位应积极支持和配合图工委的工作，委员所在单位应为委员参加图工委工作提供必要的支持。

附件：第四届教育部高等学校图书情报工作指导委员会成员名单（略）

财政部、文化部关于印发《中央补助地方美术馆、公共图书馆、文化馆(站)免费开放专项资金管理暂行办法》的通知

(2013 年 6 月 7 日 财教〔2013〕98 号)

各省、自治区、直辖市、计划单列市财政厅（局）、文化厅（局），新疆生产建设兵团财务局、文化广播电视局：

为规范和加强中央补助地方美术馆、公共图书馆、文化馆（站）免费开放专项资金管理，提高资金使用效益，我们制定了《中央补助地方美术馆、公共图书馆、文化馆（站）免费开放专项资金管理暂行办法》，现印发你们，请遵照执行。

中央补助地方美术馆、公共图书馆、文化馆(站)免费开放专项资金管理暂行办法

第一章　总则

第一条　为了规范和加强中央补助地方美术馆、公共图书馆、文化馆（站）免费开放专项资金（以下简称专项资金）管理，根据国家有关规定，制定本办法。

第二条　专项资金由中央财政设立，用于支持文化主管部门归口管理的地市级和县级美术馆、公共图书馆、文化馆以及乡镇综合文化站（以下简称“三馆一站”）免费开展基本公共文化服务。

地方财政应当保障本地区免费开放“三馆一站”日常运转所需经费，不得因中央财政安排专项资金而减少应由地方财政安排的资金。

第三条　专项资金管理和使用坚持“定额补助、择优奖励、分级管理、专款专用”的原则。

第四条　专项资金管理和使用应当接受财政、审计和文化等部门的监督检查。

第二章　补助范围、标准与支出内容

第五条　专项资金分为补助资金和奖励资金，其中：补助资金用于对东中西部地区“三馆一站”免费开放所需支出给予补助；奖励资金用于对“三馆一站”免费开放工作实施效果好的省份给予奖励。

第六条　“三馆一站”免费开放基本补助标准：

（一）地市级美术馆、公共图书馆、文化馆每馆每年 50 万元；

（二）县级美术馆、公共图书馆、文化馆每馆每年 20 万元；

（三）乡镇综合文化站每站每年 5 万元。

基本补助标准可以根据文化事业发展需要和财力可能实行动态调整。

第七条　中央财政对东、中、西部地区分别按照基本补助标准的 20%、50%和 80%的比例安排补助资金，其余部分由地方财政负责安排。各地方可以根据实际情况提高补助标准，高于基

本补助标准部分，所需资金由地方财政自行负担。

对党中央、国务院文件规定比照享受中部政策的东部地区，中央财政按照基本补助标准50%的比例安排补助资金；比照享受西部政策的东中部地区，中央财政按照基本补助标准80%的比例安排补助资金。

第八条　奖励资金由中央财政根据当年专项资金预算规模，结合上年度“三馆一站”免费开放工作进展及相关检查评价结果核定。

第九条　专项资金用于“三馆一站”免费开展基本公共文化服务项目所需支出，其中：

（一）美术馆：举办展览、公益性讲座，开展公共教育和观众体验拓展活动，业务活动用房小型修缮及零星业务设备更新等。

（二）图书馆：文献资源借阅、检索与咨询，举办公益性讲座、展览，开展阅读推广、宣传活动，基层文化骨干业务辅导，文化信息资源共享工程、公共电子阅览室服务及设备运行维护，流动图书借阅与送书下乡服务，业务活动用房小型修缮及零星业务设备更新等。

（三）文化馆：举办普及性文化艺术类培训项目，举办公益性讲座、展览，开展宣传活动，组织公益性群众文化活动，基层文化骨干业务辅导，民间文化传承活动，业务活动用房小型修缮及零星业务设备更新等。

（四）乡镇综合文化站：组织公益性群众文化活动，举办公益性讲座和展览宣传，村级文化骨干辅导，文化信息资源共享工程、公共电子阅览室服务及设备运行维护，业务活动用房小型修缮及零星业务设备更新等。

第十条　专项资金不得用于支付各种罚款、捐款、赞助、投资等支出，不得用于编制内在职人员和离退休人员工资及津补贴、基本建设、大型维修改造、美术作品征集等支出，不得用于偿还债务。

第三章　申报与审批

第十一条　各省级财政部门应当会同省级文化主管部门做好本地区上年度“三馆一站”免费开放工作总结，根据上年度文化统计年报数据，提出本年度专项资金申请，于每年4月30日前联合报送财政部和文化部。

凡单方面上报或越级上报的均不予受理。

第十二条　文化部负责对地方报送的专项资金申请报告进行审核汇总，提出年度资金分配建议方案报财政部。

第十三条　财政部对文化部提出的建议方案进行审核，于每年6月15日前将专项资金下达省级财政部门，同时抄送文化部。

第十四条　财政部根据当年补助资金总额的一定比例，于每年9月30日前将下一年度部分补助资金预算提前下达省级财政部门。

第四章　管理与使用

第十五条　各省级财政部门收到财政部下达的专项资金预算后，应当及时协商同级文化主管部门，在60日内予以分配下达。

第十六条　各级财政部门应当按照基本补助标准及相应的资金负担比例足额落实“三馆一站”免费开放所需资金。各省级财政部门应当结合本省实际，统筹安排奖励资金，用于“三馆一站”免费开放，不得用于抵顶基本补助标准支出中应由地方财政负担的资金。

第十七条　乡镇综合文化站补助资金原则上由县级财政部门会同同级文化主管部门统筹管理，根据各乡镇综合文化站基本公共服务项目开展情况和资金申请情况核定下达。

第十八条　专项资金预算下达后一般不予调整，确因特殊情况需要调整的，应当按照本办法规定的申报程序重新报批。

第十九条　专项资金支付按照财政国库集中支付管理制度规定执行。

第二十条　专项资金支出应当严格执行国家有关财务规章制度规定的开支范围及开支标准；国家有关财务规章制度没有统一规定的，由资金使用单位结合实际情况规定，报文化主管部门和同级财政部门备案。

第二十一条　专项资金支出过程中应当实行政府采购的，按照国家政府采购的有关规定执行。

第二十二条　专项资金形成的资产属于国有资产，应当按照国家国有资产管理有关规定管理和使用。

第二十三条　专项资金的结转和结余管理，按照财政部和同级财政部门财政拨款结转和结余管理规定执行。

第五章　监督与检查

第二十四条　财政部会同文化部适时组织或委托有关机构对专项资金管理使用情况进行监督

检查或绩效评价。检查和评价结果作为以后年度分配专项资金的重要参考依据。

第二十五条 地方各级财政部门应当会同同级文化主管部门按照各自职责建立健全专项资金使用的监督检查机制和绩效评价制度。

第二十六条 “三馆一站”应当建立健全内部监督约束机制，提高专项资金管理和使用的安全性、有效性、规范性。

第二十七条 凡有下列行为之一的，财政部将给予通报批评、核减下年度专项资金等处罚，并按照《财政违法行为处罚处分条例》（国务院令第427号）等规定追究相关单位和人员责任，触犯法律的将依法追究法律责任。

（一）编报虚假预算，套取国家财政资金；

（二）截留、挤占、挪用专项资金；

（三）违反规定转拨、转移专项资金；

（四）提供虚假财务会计资料；

（五）擅自变更补助范围和支出内容；

（六）因管理不善，给国家财产和资金造成损失和浪费；

（七）不按照规定报送专项资金申报和备案文件；

（八）其他违反国家财经纪律的行为。

第六章 附则

第二十八条 本办法自发布之日起施行。

四川省公共图书馆条例
（2013年7月26日四川省第十二届人民代表大会常务委员会公告第3号）

第一章 总则

第一条 为了发展公共图书馆事业，构建覆盖城乡的公共图书馆服务体系，保障公民终身学习与公平获取信息，促进社会物质文明和精神文明建设，依据有关法律、行政法规规定，结合四川省实际，制定本条例。

第二条 四川省公共图书馆事业的管理和运行适用本条例。

本条例所称公共图书馆，是指由县级以上地方人民政府设立，具有文献信息资源的收集、整理、存储、研究、传播和服务等功能，面向社会公众开放的公益性文化机构与社会教育设施。

本条例所称文献信息资源，是指一切知识和信息记录的总和，包括图书、报纸、期刊等纸质文献和缩微制品、音像制品、数字资源、网络信息等。

第三条 省人民政府应当加强对全省公共图书馆事业的领导，促进公共图书馆服务的普及，对民族、边远和贫困地区的公共图书馆事业给予重点扶持。

第四条 县级以上地方人民政府应当按国家规定将公共图书馆事业纳入国民经济和社会发展总体规划，逐步加大对公共图书馆建设的投入。

公共图书馆经费应当给予保障，专款专用。

财政、审计部门对公共图书馆经费的管理和使用的情况应当加强监督检查。

第五条 县级以上地方人民政府文化行政主管部门是公共图书馆事业的主管部门。

县级以上发展改革、财政、人力资源社会保障、国土资源、住房城乡建设、新闻出版、通信管理、教育、科技、税务等部门按照各自职责，保障和支持公共图书馆事业的发展。

第六条 县级以上地方人民政府鼓励图书馆行业组织发挥行业指导、协调、服务等作用，支持公共图书馆与学校图书馆、科学研究机构图书馆及其他类型图书馆开展交流与合作，实现资源共享与联合服务。

第七条 县级以上地方人民政府鼓励社会组织及个人以捐赠方式支持公共图书馆建设。倡导企业、事业单位、社会团体以及其他组织和个人的图书馆面向社会公众开放。

对为公共图书馆事业做出突出贡献的组织和个人，按照国家有关规定进行表彰和奖励。

第二章 设置与职能

第八条 县级以上地方人民政府应当根据社会经济文化发展需求和人口分布状况，统筹规划、合理布局，建立覆盖城乡的公共图书馆服务网络。

第九条 公共图书馆应当纳入城市、镇控制性详细规划。

公共图书馆选址应当位于人口相对集中、环境相对安静、交通便利、符合安全卫生和环保标准、市政配套设施良好的区域。

公共图书馆规模和面积应当依据服务功能、服务人口、文献信息资源等因素确定，建筑设计应当能满足公共图书馆服务的开放性和现代化方式的需求。

第十条 县级以上公共图书馆建设设计方案

应当由上一级地方人民政府文化行政主管部门组织专家论证，并公开征求本地有代表性的社会人士、专业人士及社会公众的意见。

第十一条　公共图书馆建设应当符合国家的公共图书馆建设标准。

新建或者改扩建公共图书馆应当执行重点设防类设计建设标准。

第十二条　公共图书馆应当具有以下基本职能：

（一）系统保存文献信息资源，传承文化；

（二）传递信息、传播知识；

（三）提供公民终身学习环境；

（四）促进科学研究和公众阅读。

第十三条　省公共图书馆负责全省的文献信息资源保障、地方文献收藏、古籍保护、学术研究、业务辅导、图书馆协作协调等业务。

市（州）公共图书馆承担区域内社会公众的公共图书馆服务和指导基层公共图书馆业务。

县（市、区）公共图书馆承担区域内社会公众的公共图书馆服务。

第十四条　县（市、区）人民政府应当推进本级公共图书馆设立分馆或者服务站点，整合乡（镇、街道）综合文化站（中心）、村（社区）文化室（中心）、公共电子阅览室、文化信息资源共享工程基层服务点、农家书屋等公共文化资源，形成覆盖城乡的基层公共图书馆服务体系。

第十五条　县（市、区）公共图书馆集中管理和整合基层图书馆（室）或者服务站点的文献信息资源，统一服务标准，建立通借通还的便捷服务体系，实现文献信息资源利用和服务的最大化。

第十六条　公共图书馆应当设置少年儿童分馆或者少年儿童阅览室（区），有条件的公共图书馆应当设置残疾人阅览室（区）或者阅览专座。

少数民族地区公共图书馆应当设置民族文献分馆或者民族文献阅览室。

第十七条　任何组织和个人不得侵占公共图书馆用地、馆舍和设备设施，不得擅自改变公共图书馆用途。

因城乡建设确需拆除公共图书馆或者改变其功能和用途的，县级以上地方人民政府应当组织专家论证和社会公众听证，并征得上一级地方人民政府文化行政主管部门同意后，报上一级地方人民政府批准。

公共图书馆迁址，应当坚持先建设后拆除原则。

第三章　文献信息资源

第十八条　公共图书馆的文献信息资源建设遵循合理布局、各有重点、分工协作、共建共享原则。

公共图书馆应当按照国家标准规定的藏书总量、年新增藏书量和电子文献年入藏量做好文献信息资源的搜集入藏。

公共图书馆对文献信息资源享有自主采购权。

第十九条　公共图书馆应当加强数字资源和文献信息资源数字化建设，逐步建立现代化图书馆资源共享网络。

第二十条　公共图书馆应当加强对地方文献的征集，形成具有地方特色的馆藏体系。

第二十一条　公共图书馆应当加强古籍文献、其他珍贵文献的保护和管理，落实安全措施。建立古籍保护制度，开展古籍登记、定级、著录，改善古籍保管条件，推进古籍修复、整理、出版和研究利用。

第二十二条　省内出版单位应当将出版的图书、报纸、期刊、音像制品、电子出版物等，自出版之日起30日内，向省公共图书馆和所在地公共图书馆免费送交不少于2册（套、件）样本。

鼓励单位和个人向省公共图书馆和所在地公共图书馆免费送交所编印的资料样本。

鼓励单位和个人将在省外出版的作品向省内公共图书馆捐赠。

接受送交的公共图书馆应当向出版机构出具接受送交凭证，向单位和个人出具接收送交或者捐赠证明。

第二十三条　公共图书馆对丧失收藏和使用价值的文献资料，经专家集体鉴定后，可以根据有关剔旧规则进行剔除。剔除的文献资料应当向本级文化行政主管部门备案。

第二十四条　公共图书馆应当配备专业防护和安全防范设施设备，建立和落实防火、防潮、防水、防蠹、防盗、信息网络安全管理等制度，做好文献信息资源的保护工作。

第二十五条　任何单位和个人不得侵占、损坏公共图书馆的文献信息资源。

第四章 服务与管理

第二十六条 公共图书馆应当免费向读者提供基本服务，包括：

（一）文献的检索、阅览、外借、一般性咨询；

（二）电子与网络信息资源的检索、浏览、阅读、咨询；

（三）流动服务和定点借阅；

（四）举办公益性讲座、展览、学术交流、培训等活动；

（五）专门为少年儿童、残疾人、老年人提供的借阅服务；

（六）阅读指导和读书活动；

（七）其他公益性服务。

第二十七条 公共图书馆可以采用馆内借阅、预约借阅、流动借阅等多种方式提供服务。

公共图书馆应当定期通过流动站（车）等形式向社区、村镇、偏远地区开展公共图书馆流动服务。

第二十八条 公共图书馆应当依托文化信息资源共享工程、数字图书馆、公共电子阅览室等，利用数字化、网络化和多媒体等技术，向读者提供远程查询、阅读等现代信息服务。

第二十九条 公共图书馆之间以及公共图书馆与其他类型图书馆之间应当通过馆际互借、通借通还、联合参考咨询、文献传递等形式实现共享资源的联合服务。

第三十条 公共图书馆每周开放时间：

（一）省公共图书馆 70 小时以上；

（二）市（州）公共图书馆 63 小时以上；

（三）县（市、区）公共图书馆 56 小时以上。

乡（镇、街道）图书室每周应当开放 48 小时以上。

公共图书馆少年儿童分馆或者少年儿童阅览室，每周应当开放 40 小时以上；节假日和寒暑假期每天开放 8 小时以上。

第三十一条 县级以上地方人民政府应当在公共图书馆设置政府信息查阅场所。

县级以上地方人民政府及其部门应当及时向公共图书馆提供主动公开的政府信息，为社会公众获取政府信息提供便利。

第三十二条 公共图书馆应当建立信息披露制度，重要事项、年度报告等信息向社会公开。

公共图书馆应当将服务范围、内容、时间以及借阅规则等基本服务信息向读者公示。

公共图书馆闭馆或者变更开放时间，应当提前公告。

第三十三条 公共图书馆可以根据单位和个人需求提供多样化、专题性的个性化服务。

公共图书馆提供基本服务之外的其他服务，可以收取成本费用。收费标准经价格主管部门核准后执行。

第三十四条 公共图书馆对具有文物价值的珍善本文献，应当按照相关法律法规的规定，采取保护措施，利用数字化和善本再造等技术，提供保护性使用。

第三十五条 公共图书馆应当保护读者个人隐私，不得泄露或者向他人非法提供读者个人信息。

第三十六条 读者应当遵守公共图书馆的规章制度和公共秩序，尊重知识产权，合法利用文献信息资源，爱护公共图书馆的文献信息资源和设备设施。

第三十七条 公共图书馆馆长应当具备相应的专业管理水平。

公共图书馆应当依据所在区域服务人口、服务功能、服务时间、馆舍规模、文献信息资源量等因素，科学合理设置岗位，并按照国家标准配备图书情报学等相关学科专业的工作人员。

第三十八条 公共图书馆可根据公共文化、社会公益活动的需要，吸纳志愿者并依法组织其参与公共图书馆的服务活动。

第三十九条 县级以上地方人民政府及其文化行政主管部门应当依法对公共图书馆进行监督管理，建立公共图书馆服务绩效考评制度。

第四十条 县级以上地方人民政府及其文化行政主管部门可以吸纳有代表性的社会人士、专业人士、读者参与公共图书馆管理。

第五章 法律责任

第四十一条 省内出版单位未按第二十二条第一款规定向公共图书馆免费送交出版物样本的，由省文化行政主管部门会同省新闻出版部门责令限期送交。

第四十二条 有下列行为之一的，由县级以上文化行政主管部门责令限期改正；情节严重的，对主管人员和直接责任人依法给予处分：

（一）未按照第二十六条规定免费提供基本

服务的；

（二）未按照第三十条规定时间向读者开放的；

（三）未按照第三十二条规定公开有关信息的。

第四十三条　有下列行为之一的，由县级以上文化行政主管部门会同相关部门责令限期改正；情节严重的，对主管人员和直接责任人依法给予处分；构成犯罪的，依法追究刑事责任：

（一）截留、挤占、挪用公共图书馆经费的；

（二）侵占公共图书馆建设用地、馆舍、设施设备的；

（三）侵占、损毁、非法转让馆藏文献信息资源的；

（四）泄露或者向他人非法提供读者个人信息的。

第四十四条　擅自征用、拆除公共图书馆或者改变其功能、用途的，依照有关法律、法规的规定执行；构成犯罪的，依法追究刑事责任。

第四十五条　读者造成公共图书馆馆藏文献信息资源和公共设施设备损坏、遗失的，应当赔偿。

第六章　附则

第四十六条　本条例自2013年10月1日起施行。

江苏省公共图书馆服务规范
（2013年9月2日 江苏省文化厅）

一、总 则

第一条　根据国家质量监督检验检疫局、国家标准化管理委员会《公共图书馆服务规范》（GB/T28220—2011），结合江苏省公共图书馆事业现状与发展要求，制定《江苏省公共图书馆服务规范》。

第二条　本规范适用于江苏省行政区域内各级政府批准设立的公共图书馆，其他图书馆参照执行。

二、服务设施和环境

第三条　图书馆须有醒目的馆名标牌，入口处应标识分区功能，公共区域标识安全警示、注意事项等，楼层设有设施分布图，阅览区、书库应设排架标识，并与在架文献保持一致。图书馆须使用标准化文字和图像符号。

第四条　图书馆内消防设施齐全、标识明显，消防通道畅通。雨雪天气时应有防滑措施。有大面积玻璃门窗的公共图书馆须有醒目提示标志，以防发生意外。

第五条　图书馆应设立无障碍设施，室外有方便残疾人进出通道，室内有残疾人卫生设备和电梯。无障碍设施标识明显，符合国家相关规定。

第六条　图书馆少儿阅览区应与成人阅览区分开，并设置有单独的出入口。

第七条　图书馆服务区域环境清洁、整齐，阅览区域须保持安静，书库及外借、阅览区域应定期消毒，盥洗室无异味。夏、冬两季的服务区域室内温度应符合国家有关规定。公共图书馆公众区域为无烟区，禁烟标识明显。

第八条　图书馆应配备一定数量的计算机设备供读者使用，通过有线、无线网络等技术手段向读者提供信息服务。省、地市两级公共图书馆应实现馆内无线网络全覆盖，县（区、市）级公共图书馆应实现有线宽带接入，为读者提供网络信息服务。

第九条　图书馆一线服务岗位应配备数量适宜、专业训练扎实、工作经验丰富的工作人员，具备良好的职业道德，真诚接待读者。工作人员挂牌上岗，仪表端庄，举止文明，热忱服务，接待读者应使用普通话，文明用语。严格遵守首问负责制，切实为读者解决问题。

三、服务对象和开放时间

第十条　图书馆向社会公众开放，并向残疾人、未成年人、老年人等社会弱势群体提供形式多样、内容丰富的公益服务。少年儿童图书馆除向适龄少年儿童开放外，还应接待少儿读者家长，以及幼儿教师、中小学教师、青少年社工等少年儿童工作者。

第十一条　图书馆实行全年开放，省级图书馆每周开放时间不少于64小时，地市级图书馆每周开放时间不少于60小时，县（区、市）级图书馆每周开放时间不少于56小时，各级少儿图书馆每周开放时间不少于40小时。

四、服务内容和方式

第十二条　图书馆免费提供基本服务项目，为读者免费提供多语种、多载体的文献外借、阅览服务和政府信息公开查询服务、一般咨询服务，设立寄包、失物招领等免费服务窗口，提供饮用水、老花镜、放大镜、公用药箱等便民服务。

第十三条　图书馆应通过流动站、流动车等形式，将基本服务项目向社区、村镇延伸；积极利用互联网、手机通讯等信息技术手段和载体，开展多种形式的远程网络信息服务。

第十四条　图书馆应建立普遍均等的总分馆制，实现区域馆际互借一卡通、通借通还等服务，建立便捷高效的文献流通体系，提升本地区公共图书馆系统的服务能力。

第十五条　图书馆文献加工时间以文献到馆至文献上架、上线服务时间间隔计。报纸到馆当天上架，期刊到馆 2 个工作日上架，省、地市、县（区、市）级公共图书馆图书到馆后，应分别在 20、15、7 个工作日内上架服务。

第十六条　图书馆开架图书应按《中国图书馆图书分类法》的分类号顺序排列整齐，省、地市、县（区、市）级公共图书馆的开架图书排架正确率分别不低于 96%、95%、94%。

第十七条　图书馆服务响应时间以读者提交请求至获取文献、信息之间的间隔时间计。本馆闭架文献提供不超过 30 分钟，他馆文献提供响应时间不超过 2 个工作日、参考咨询服务响应时间不超过 2 个工作日。

第十八条　图书馆应积极通过报纸、网站、宣传资料、宣传栏及各种现代化信息技术手段，利用“世界读书日”“世界版权日”“江苏省读书节”、寒暑假期以及双休日、节假日，邀请、吸引读者广泛参与互动。

第十九条　图书馆应设有专门网站或网页，向读者提供书目检索、信息查询、参考咨询等网上服务项目。

第二十条　图书馆应在馆内显著位置及图书馆网站或网页相关栏目，向读者公示有关服务范围、服务内容、服务时间、服务公约、服务承诺，以及读者须知、办证方法、借阅规则、收费标准、便民措施等各类服务信息。

第二十一条　图书馆对馆藏纸质、电子、缩微等不同载体的各类馆藏文献书目数据应予以数字化，通过计算机与书目检索系统向读者提供题名、著者、主题等基本检索途径，方便读者查询。

第二十二条　图书馆因故必须暂时闭馆，须提前一周向读者公告。如遇公共安全、网络安全等突发事件必须临时闭馆或关闭部分区域、暂停部分服务的，应及时向读者公告。

五、服务管理和监督

第二十三条　图书馆主要入口处或馆内显著位置应公布《中国图书馆员职业道德准则》和《中国图书馆服务宣言》，图书馆从业人员应在工作中认真对照执行。

第二十四条　图书馆应在馆内显著位置设立读者意见箱（簿），公开监督电话号码，开设网上投诉通道，设立服务接待日，定期召开读者座谈会。认真对待、正确处理来自读者的意见投诉，并在规定时间（五个工作日）内予以回复并整改。

第二十五条　图书馆每年至少进行一次读者满意度调查，可自行或委托相关机构向馆内读者随机发放读者满意度调查表。调查表发放数量，省、地市、县（区、市）级公共图书馆分别不少于 1000、500、300 份，回收率不低于 80%。图书馆对回收的读者满意度调查表应及时分析，针对薄弱环节提出整改措施。相关调查数据应系统整理，建档保存。

六、附则

第二十六条　本规范可作为江苏省各级公共图书馆绩效考评依据，其解释权在江苏省文化厅。

第二十七条　本规范自颁布之日起施行。

文化部关于公布第五次公共图书馆评估定级上等级图书馆名单的通知

（2013 年 10 月 31 日　文公共发〔2013〕52 号）

为全面贯彻落实党的十八大精神，推动公共图书馆事业发展，文化部于 2013 年在全国开展了第五次县以上公共图书馆的评估定级工作。各级文化行政部门高度重视、精心组织，各级公共图书馆以评估工作为契机，努力改革创新，加强基础业务建设，提高服务效能和管理水平，使图书馆工作达到了新的水平。

依据第五次公共图书馆评估标准和定级必备条件，经审查和公示，确定全国 2230 个图书馆达到三级以上图书馆标准。现公布如下：

首都图书馆等 859 个图书馆荣获“一级图书馆”称号；天津市河西区图书馆等 640 个图书馆

荣获“二级图书馆”称号；天津市河北区图书馆等731个图书馆荣获“三级图书馆”称号。

各级文化行政部门要进一步加强对图书馆工作的领导和支持，对上等级图书馆给予奖励，并切实采取措施，帮助未上等级图书馆解决困难和问题，促进公共图书馆事业全面、均衡发展。

各级公共图书馆要发扬成绩，改进不足，按照《国家“十二五”时期文化改革发展规划纲要》及《全国公共图书馆事业发展“十二五”规划》提出的目标和要求，进一步加大改革和创新的力度，争取各项工作迈上新台阶，充分发挥公共图书馆在公共文化服务体系建设中的重要作用，为全面建成小康社会和社会主义文化强国做出新的贡献。

特此通知。

附件：第五次公共图书馆评估定级上等级图书馆名单（略）

（国家图书馆　邓茜整理）

相关法律法规与政策性文件目录

主题	标题	文号	发布与实施时间
法律法规	安徽省突发事件应对条例	安徽省人民代表大会常务委员会公告第 50 号	2012 年 12 月 24 日发布，2013 年 3 月 1 日实施
	江苏省非物质文化遗产保护条例(2013 修订)	江苏省人大常委会公告第 125 号	2013 年 1 月 15 日发布，2013 年 4 月 1 日实施
	广东省实施《中华人民共和国循环经济促进法》办法	广东省第十一届人民代表大会常务委员会公告第 96 号	2013 年 1 月 21 日发布，2013 年 3 月 1 日实施
	信息网络传播权保护条例(2013 修订)	国务院令第 634 号	2013 年 1 月 30 日发布，2006 年 7 月 1 日实施
	云南省非物质文化遗产保护条例	云南省第十二届人民代表大会常务委员会公告第 1 号	2013 年 3 月 28 日发布，2013 年 6 月 1 日实施
	广西壮族自治区实施《中华人民共和国突发事件应对法》办法	广西壮族自治区第十二届人民代表大会常务委员会公告第 3 号	2013 年 3 月 28 日发布，2013 年 5 月 1 日实施
	吉林省残疾人保障条例	吉林省人大常委会公告第 3 号	2013 年 5 月 30 日发布，2013 年 8 月 1 日实施
	河北省突发事件应对条例	河北省第十二届人民代表大会常务委员会公告第 6 号	2013 年 5 月 30 日发布，2013 年 7 月 1 日实施
	西藏自治区实施《中华人民共和国档案法》办法(2013 修正)	西藏自治区第十届人民代表大会常务委员会第五次会议修正	2013 年 7 月 25 日发布，2013 年 10 月 1 日实施
	江西省突发事件应对条例	江西省人民代表大会常务委员会公告第 10 号	2013 年 7 月 27 日发布，2013 年 9 月 1 日实施
	陕西省城市公共空间管理条例	陕西省人民代表大会常务委员会公告[12 届]第 4 号	2013 年 9 月 26 日发布，2014 年 1 月 1 日实施
	江西省残疾人保障条例	江西省人民代表大会常务委员会公告第 19 号	2013 年 9 月 26 日发布，2013 年 11 月 1 日实施
	河南省非物质文化遗产保护条例	河南省人民代表大会常务委员会公告[十二届]第十二号	2013 年 9 月 26 日发布，2014 年 1 月 1 日实施
	江苏省爱国卫生条例	江苏省人大常委会公告第 3 号	2013 年 9 月 27 日发布，2013 年 12 月 1 日实施
	西藏自治区实施《中华人民共和国残疾人保障法》办法(2013 修订)	西藏自治区第十届人民代表大会常务委员会公告〔2013〕7 号	2013 年 9 月 29 日发布，2013 年 12 月 1 日实施
	上海市实施《中华人民共和国残疾人保障法》办法(2013 修订)	上海市人民代表大会常务委员会公告第 4 号	2013 年 11 月 21 日发布，2014 年 4 月 1 日实施
	四川省地方志工作条例(2013 修订)	四川省第十二届人民代表大会常务委员会公告第 10 号	2013 年 11 月 28 日发布，2014 年 1 月 1 日实施

续表

主题	标题	文号	发布与实施时间
文化建设与图书馆	内蒙古自治区人民政府关于进一步推进公共文化服务体系惠民工程的实施意见	内政发〔2013〕14 号	2013 年 2 月 5 日发布并实施
	文化部办公厅关于开展第一次全国乡镇综合文化站评估定级工作的通知	办公共函〔2013〕107 号	2013 年 4 月 1 日发布并实施
	文化部关于做好 2013 年中央补助地方文化事业专项资金申报工作的通知		2013 年 4 月 22 日发布并实施
	文化部关于印发 2013 年度国家文化创新工程项目立项名单的通知	文科技函〔2013〕565 号	2013 年 4 月 23 日发布并实施
	文化部、中央文明办关于开展“文化志愿者基层服务年”系列活动的通知	文公共函〔2013〕688 号	2013 年 5 月 2 日发布并实施
	中共湖南省委办公厅、湖南省人民政府办公厅关于加强农家书屋管理的意见	湘办〔2013〕22 号	2013 年 5 月 20 日发布并实施
	中共甘肃省委办公厅、甘肃省人民政府办公厅关于印发《甘肃省文化资源普查和分类分级评估工作实施方案》的通知		2013 年 6 月 13 日发布并实施
	陕西省人民政府关于实施项目带动战略促进文化产业发展的意见	陕政发〔2013〕38 号	2013 年 9 月 10 日发布并实施
	国家公共文化服务体系示范区（项目）创建工作领导小组关于公布第二批申报创建国家公共文化服务体系示范区（项目）名单的通知		2013 年 10 月 31 日发布并实施
	国家公共文化服务体系示范区（项目）创建工作领导小组关于公布第一批国家公共文化服务体系示范区（项目）名单的通知		2013 年 10 月 31 日发布并实施
	江苏省新闻出版局、中共江苏省委宣传部、江苏省文明办等关于印发《关于实施农家书屋提升工程的意见》的通知	苏新出联〔2013〕10 号	2013 年 12 月 11 日发布并实施
	北京市文化局、北京市商务委员会关于联合下发《关于促进文化与商务融合加快发展新型文化业态的实施意见》的通知	京文研发〔2013〕693 号	2013 年 12 月 18 日发布并实施
文化遗产保护与图书馆	河北省人民政府关于公布第二批河北省珍贵古籍名录和河北省古籍重点保护单位名单的通知	冀政函〔2013〕75 号	2013 年 6 月 13 日发布并实施
	国家新闻出版广电总局、全国古籍整理出版规划领导小组关于调整《2011—2020 年国家古籍整理出版规划》的通知	新出联〔2013〕5 号	2013 年 7 月 17 日发布并实施
	甘肃省人民政府关于公布第二批甘肃省珍贵古籍名录和第二批甘肃省古籍重点保护单位的通知	甘政发〔2013〕82 号	2013 年 8 月 14 日发布并实施

续表

主题	标题	文号	发布与实施时间
文化遗产保护与图书馆	陕西省人民政府关于公布第一批省珍贵古籍名录的通知	陕政发〔2013〕32 号	2013 年 8 月 16 日发布并实施
	海南省人民政府关于公布第一批海南省珍贵古籍名录和第一批海南省古籍重点保护单位名单的通知	琼府〔2013〕54 号	2013 年 8 月 26 日发布并实施
	上海市文物局关于发布《上海市第一次全国可移动文物普查实施方案》的通知		2013 年 9 月 4 日发布并实施
	山东省人民政府办公厅关于印发《山东省第一次全国可移动文物普查实施方案》的通知	鲁政办字〔2013〕150 号	2013 年 11 月 18 日发布并实施
	四川省人民政府办公厅关于公布第一批四川省古籍重点保护单位和第一批四川省古籍保护单位名单的通知	川办发〔2013〕80 号	2013 年 11 月 28 日发布并实施
	吉林省人民政府关于加强文化遗产工作的意见	吉政发〔2013〕30 号	2013 年 12 月 20 日发布并实施
教育事业与图书馆	黑龙江省人民政府办公厅关于印发黑龙江省农村残疾人扶贫开发纲要(2011—2020 年)的通知	黑政办发〔2013〕2 号	2013 年 1 月 4 日发布并实施
	江苏省教育厅关于全面提高高等学校人才培养质量的意见	苏教高〔2013〕1 号	2013 年 1 月 21 日发布并实施
	江苏省人民政府办公厅关于印发江苏教育现代化指标体系的通知	苏政办发〔2013〕8 号	2013 年 1 月 28 日发布并实施
	人力资源和社会保障部关于做好国家级重点技工院校评估工作的通知	人社部发〔2013〕9 号	2013 年 1 月 28 日发布并实施
	广西壮族自治区人民政府关于全面提高教育质量振兴广西高等教育的若干意见	桂政发〔2013〕6 号	2013 年 1 月 30 日发布并实施
	教育部、国家发展改革委、财政部关于印发《中西部高等教育振兴计划(2012—2020 年)》的通知	教高〔2013〕2 号	2013 年 2 月 20 日发布并实施
	海南省人民政府关于深入推进义务教育均衡发展的实施意见	琼府〔2013〕11 号	2013 年 2 月 22 日发布并实施
	教育部关于成立 2013—2017 年教育部高等学校教学指导委员会的通知	教高函〔2013〕4 号	2013 年 4 月 9 日发布并实施
	河南省教育厅关于印发河南省学校基本建设“十二五”规划的通知	豫教发规〔2013〕89 号	2013 年 5 月 17 日发布并实施
	海南省教育厅关于印发海南省中小学“数字校园”建设标准的通知	琼教信〔2013〕15 号	2013 年 6 月 20 日发布并实施
	国务院办公厅转发教育部等部门关于实施教育扶贫工程意见的通知	国办发〔2013〕86 号	2013 年 7 月 29 日发布并实施
	北京市教委、北京市发展改革委、北京市财政局等关于印发北京市特殊教育学校办学条件标准的通知	京教基二〔2013〕15 号	2013 年 7 月 31 日发布，2013 年 9 月 1 日实施
	广东省教育厅关于印发《广东省义务教育标准化学校标准》的通知	粤教基〔2013〕17 号	2013 年 8 月 19 日发布，2013 年 9 月 1 日实施

续表

主题	标题	文号	发布与实施时间
教育事业与图书馆	上海市教育委员会关于印发《上海教育信息化重点工作(2013—2015年)》的通知	沪教委科〔2013〕71号	2013年10月9日发布并实施
	江苏省教育厅办公室关于进一步加强学校安全管理工作的通知	苏教办安〔2013〕12号	2013年10月18日发布并实施
	贵州省教育厅、贵州省财政厅、贵州省人力资源和社会保障厅关于印发深入推进全省义务教育均衡发展实施意见的通知	黔教基发〔2013〕453号	2013年10月31日发布并实施
	吉林省人民政府关于深入推进义务教育均衡发展的实施意见	吉政发〔2013〕32号	2013年12月26日发布并实施
特殊人群保护与图书馆	新疆维吾尔自治区人民政府办公厅贯彻国务院、残工委和发改委等十部门关于加快西藏和新疆残疾人事业发展指导意见的实施意见	新政办发〔2013〕2号	2013年1月4日发布并实施
	住房和城乡建设部、工业和信息化部、民政部等关于开展创建无障碍环境市县工作的通知	建标〔2013〕37号	2013年2月28日发布并实施
	青海省人民政府办公厅关于印发青海省少数民族事业“十二五”规划的通知	青政办〔2013〕42号	2013年3月11日发布并实施
	江苏省委办公厅、省政府办公厅关于转发省文明委《江苏省未成年人思想道德建设三年提升行动计划(2012—2015)》的通知	苏办发〔2013〕13号	2013年5月9日发布并实施
	上海市老龄工作委员会关于印发《上海市老年友好城市建设导则(试行)》的通知	沪老龄办发〔2013〕19号	2013年8月27日发布并实施
	河北省无障碍环境建设管理办法	河北省人民政府令〔2013〕第13号	2013年12月23日发布，2014年2月1日实施
	全国老龄工作委员会办公室、最高人民法院、中共中央宣传部等关于进一步加强老年人优待工作的意见	全国老龄办发〔2013〕97号	2013年12月30日发布并实施
政府信息公开与图书馆	青海省实施《中华人民共和国政府信息公开条例》办法	青海省人民政府令第95号	2013年1月9日发布，2013年2月1日实施
	青海省人民政府办公厅关于印发青海省政府信息公开工作考核办法(试行)的通知	青政办〔2013〕235号	2013年8月27日发布并实施
	广东省人民政府办公厅关于进一步推进重点领域信息公开的意见	粤府办〔2013〕38号	2013年9月10日发布并实施
	青海省人民政府办公厅关于印发《青海省政府信息公开工作过错责任追究制度》《青海省政府信息公开社会评议制度》《青海省政府信息发布协调制度》《青海省政府信息公开新闻发布管理制度》等四项制度的通知	青政办〔2013〕306号	2013年11月23日发布并实施
	云南省人民政府关于印发云南省政府信息公开规定的通知	云政发〔2013〕153号	2013年12月5日发布，2014年1月1日实施
	四川省人民政府办公厅关于进一步加强政府信息公开回应社会关切提升政府公信力的实施意见	川办发〔2013〕81号	2013年12月12日发布并实施

续表

主题	标题	文号	发布与实施时间
科技发展与图书馆	文化部关于印发2013年度文化部科技创新项目立项名单的通知	文科技函〔2013〕720号	2013年5月16日发布并实施
	文化部关于2013年度“国家文化科技提升计划”项目立项的通知	文科技函〔2013〕718号	2013年5月17日发布并实施
	国务院关于印发“宽带中国”战略及实施方案的通知	国发〔2013〕31号	2013年8月1日发布并实施
	文化部关于印发《文化部信息化发展纲要》的通知	文信息发〔2013〕44号	2013年9月10日发布并实施
	工业和信息化部关于印发《信息化发展规划》的通知	工信部规〔2013〕362号	2013年9月29日发布并实施
	青海省人民政府关于建设宽带青海促进信息消费的指导意见	青政〔2013〕71号	2013年11月15日发布并实施
	上海市经济信息化委、上海市民政局、上海市精神文明建设委员会办公室关于印发《上海市智慧社区建设指南(试行)》的通知	沪经信推〔2013〕782号	2013年11月27日发布并实施
	江西省人民政府关于促进信息消费扩大内需的实施意见	赣府发〔2013〕36号	2013年12月4日发布并实施
政府工作与图书馆	浙江省实施《地方志工作条例》办法	浙江省人民政府令〔2012〕303号	2012年11月17日发布，2013年1月1日实施
	国务院关于印发“十二五”国家自主创新能力建设规划的通知	国发〔2013〕4号	2013年1月15日发布并实施
	娱乐场所管理办法	文化部令第55号	2013年2月4日发布，2013年3月11日实施
	内蒙古自治区党委办公厅、自治区人民政府办公厅关于印发《内蒙古自治区农村牧区扶贫开发实施方案(2013—2017年)》的通知	内党办发〔2013〕3号	2013年2月6日发布并实施
	新疆维吾尔自治区人民政府关于印发《新疆维吾尔自治区标准化发展战略纲要(2011—2020年)》的通知	新政发〔2013〕19号	2013年2月18日发布并实施
	福建省人民政府关于印发福建省推进基本公共服务均等化“十二五”规划的通知	闽政〔2013〕17号	2013年3月4日发布并实施
	宁夏回族自治区人民政府关于印发宁夏回族自治区城镇化发展“十二五”规划的通知	宁政发〔2013〕40号	2013年3月5日发布并实施
	广东省人民政府办公厅关于印发广东省城镇化发展“十二五”规划的通知	粤府办〔2013〕8号	2013年3月7日发布并实施
	文化部关于贯彻《娱乐场所管理办法》的通知	文市发〔2013〕12号	2013年3月15日发布并实施
	山西省人民政府办公厅关于印发山西省基本公共服务体系“十二五”规划的通知	晋政办发〔2013〕31号	2013年3月18日发布并实施
	国家发展和改革委员会关于印发全国老工业基地调整改造规划(2013—2022年)的通知	发改东北〔2013〕543号	2013年3月18日发布并实施

续表

主题	标题	文号	发布与实施时间
政府工作与图书馆	福建省人民政府办公厅转发省住房和城乡建设厅等部门关于加强城镇公共配套服务设施建设规划意见的通知	闽政办〔2013〕32 号	2013 年 3 月 18 日发布并实施
	宁夏回族自治区人民政府关于印发宁夏回族自治区服务业发展“十二五”规划的通知	宁政发〔2013〕52 号	2013 年 3 月 30 日发布并实施
	国务院关于印发芦山地震灾后恢复重建总体规划的通知	国发〔2013〕26 号	2013 年 7 月 6 日发布并实施
	江苏省人民政府办公厅关于印发江苏省“十二五”基本公共服务体系规划的通知	苏政办发〔2013〕152 号	2013 年 8 月 5 日发布并实施
	安徽省人民政府办公厅关于印发安徽省基本公共服务体系三年行动计划(2013—2015 年)的通知	皖政办〔2013〕28 号	2013 年 8 月 12 日发布并实施
	青海省人民政府办公厅关于印发青海省贯彻《“十二五”国家自主创新能力建设规划》实施意见的通知	青政办〔2013〕220 号	2013 年 8 月 13 日发布并实施
	江苏省人民政府办公厅印发贯彻落实省政府关于扎实推进城镇化促进城乡发展一体化意见实施方案的通知	苏政办发〔2013〕171 号	2013 年 9 月 26 日发布并实施
	湖北省人民政府关于加快推进老工业基地调整改造工作的实施意见	鄂政发〔2013〕44 号	2013 年 9 月 29 日发布并实施
	湖北省人民政府关于印发湖北省基本公共服务体系“十二五”规划的通知	鄂政发〔2013〕45 号	2013 年 10 月 9 日发布并实施
	中共江苏省委贯彻落实《中共中央关于全面深化改革若干重大问题的决定》的意见	中国共产党江苏省第十二届委员会第六次全体会议通过	2013 年 11 月 25 日发布并实施
	中共甘肃省委关于贯彻落实《中共中央关于全面深化改革若干重大问题的决定》的意见	中国共产党甘肃省委十二届六次全委会通过	2013 年 11 月 26 日发布并实施
	中共福建省委文明办、福建省民政厅关于印发《福建省志愿服务记录办法实施细则(试行)》的通知	闽民人〔2013〕518 号	2013 年 12 月 6 日发布并实施
	辽宁省人民政府关于印发辽宁省基本公共服务体系发展规划(2013—2015 年)的通知	辽政发〔2013〕41 号	2013 年 12 月 14 日发布并实施
	河北省人民政府关于加强全省自主创新能力建设的实施意见	冀政〔2013〕87 号	2013 年 12 月 31 日发布并实施
安全卫生与图书馆	天津市公共场所室内空气质量管理规定	天津市人民政府令第 59 号	2013 年 1 月 27 日发布，2013 年 4 月 1 日实施
	云南省公共场所卫生监督管理办法	云南省卫生厅公告第 1 号	2013 年 5 月 17 日发布，2013 年 9 月 1 日实施
	山西省人民政府办公厅关于进一步加强火灾高危单位消防安全管理的通知	晋政办发〔2013〕102 号	2013 年 11 月 15 日发布并实施
	河北省人民政府办公厅关于印发河北省火灾高危单位消防安全管理规定的通知	冀政办〔2013〕37 号	2013 年 12 月 17 日发布，2014 年 1 月 1 日实施
	青海省人民政府办公厅转发省公安厅关于青海省火灾高危单位消防安全管理规定的通知	青政办〔2013〕328 号	2013 年 12 月 30 日发布，2014 年 1 月 1 日实施

（国家图书馆　邓茜整理）

专业文献

2013年部分院校图书馆学情报学博士学位论文摘要

[中文题名] 高校图书馆组织结构变革研究

[英文题名] Research on Organizational Structure Change

[论文作者] 贾东琴

[指导老师] 柯平

[学位授予单位] 南开大学

[内容摘要] 组织结构变革是组织生存、发展与创新的永恒主题。面对剧烈的环境变化，如何实施有效的组织结构变革，加强部门之间的科学整合，提高组织结构的资源配置效率和运行管理效率，促进组织目标的实现，已成为高校图书馆实践中的重要议题。

本研究分三部分：第一部分，在对图书馆组织结构变革研究文献与相关理论进行回顾、总结的基础上，综合采用网络调查、专家访谈、问卷调查等多种方法揭示高校图书馆组织结构变革的状态；第二部分，构建图书馆组织结构变革的实现模型；第三部分，选取典型案例及相关研究，验证所构建的模型，得出研究结论。

本论文采用以实证分析为主的技术方法，主要有内容分析法、专家访谈与问卷调查、探索性因子分析。研究得出三个重要结论：第一，组织结构变革是高校图书馆实现其创新发展的必然选择。第二，高校图书馆组织结构变革受环境、技术等多种因素的共同驱动和制约。第三，高校图书馆的组织结构变革沿着纵向、横向以及空间拓展三个维度，通过分权与再造、职能拓展与重组、整合与协同等多种方式共同推进图书馆组织结构的整体变革。

本研究的创新之处主要有：第一，通过探索性因子分析提出高校图书馆组织结构变革的五类影响因素，即环境、图书馆规模与资源、技术、管理、战略。第二，构建高校图书馆纵向、横向以及空间拓展三个维度的组织结构变革体系。第三，构建高校图书馆组织结构变革的基本实现模型。

[中文题名] 基于心理契约的科研人员知识转移研究

[英文题名] Research on Scientific Researchers' Knowledge Transfer Based on Phycological Contract

[论文作者] 李廷翰

[指导老师] 柯平

[学位授予单位] 南开大学

[内容摘要] 随着知识经济来临，科学技术在促进经济发展中发挥着越来越大的作用。研究人员作为研究机构最重要的部分，其在组织生存和发展过程中的作用无可替代，对其心理契约与知识转移的结合研究也十分重要。

本研究的主要内容为：（一）阐述研究背景和对科研人员进行研究的必要性，确定技术路线与本研究拟采用的研究方法。（二）论述科研人员心理契约和知识转移的概念与理论基础。（三）进行科研人员心理契约与知识转移关系的理论分析与研究假设。（四）从理论层面分析并证明科研人员心理契约由机构责任与员工责任双方责任构成。（五）根据理论论证，开发科研人员知识转移量表进行实证检验。（六）通过理论与实证论证科研人员心理契约的机构责任、员工责任的不同维度的影响。（七）尝试对科研机构提出七项管理建议。

本研究的主要创新点包括：第一，从理论上探索科研人员心理契约内容与维度构成，开发科研人员心理契约结构量表，进行实证调查与数据分析。第二，从理论出发，论证科研人员知识转移包含知识传播过程与知识吸收过程等两个过程，开发科研人员知识转移影响要素量表进行实证检验。第三，首次证明科研人员心理契约对知识转移绩效的直接与间接影响作用。

[中文题名] 基于个人信息世界的信息分化研究

［英文题名］A Study of the Information Divide Based on the Information Worlds of Individuals

［论文作者］周文杰

［指导老师］于良芝

［学位授予单位］南开大学

［内容摘要］随着人类社会由工业社会向信息社会的转型，信息贫富分化已引起各国政府和研究者的高度关注。尤其是 Internet 的高速普及和 ICT 的急剧扩散，使得洞悉信息时代社会的实质与特征变得越加重要和紧迫。

本研究以个人信息世界的贫富差序作为信息分化的操作性定义，采用《个人信息世界量表》等工具考察城市成年人群的信息贫富状况及关联因素，通过参照分层抽样的相关标准，选取在区域位置、经济和社会发展水平、人口规模、文化传统等方面具有代表性的 6 座城市，对 6048 位城市居民进行了测量。

通过统计分析，本研究发现：①从信息的角度看，我国城市成年人群中存在若干信息贫富程度不同、差异明显的层级。②在信息分化格局中处于不同地位的城市成年人群的个人信息世界各具特色。③结构和主观能动性共同“塑造”了信息分化。④公共图书馆对信息分化的干预和治理具有积极意义。

本研究的主要贡献：通过基于个人信息世界的测度与聚类，把人们对于信息这种战略资源的占有和利用程度作为衡量其信息贫富状况的基本依据，实现基于整体性理论视角对信息分化层级的划分和解析。本研究在以下两方面实现理论创新：一是基于个人信息世界分化差序结构而形成的关于信息社会结构的认识，弥补单纯从经济社会地位理解人们在信息社会分层中地位的认识。二是基于个人信息世界的丰富程度而划分的信息贫富分化层级，实现对传统的基于信息获取利用或 ICT 接入等单维信息分化认识的创新。

［中文题名］我国综合性文献数据库用户心智模型研究

［英文题名］The Study in Users' Mental Model of China Comprehensive Academic Database

［论文作者］韩正彪

［指导老师］王知津

［学位授予单位］南开大学

［内容摘要］我国综合性文献数据库作为一类以实现全社会知识资源传播共享和增值利用为目标的信息化建设产品，如何最大限度地提升用户对这类产品的利用效率是文献数据库开发商和用户心中共同的理念。本研究旨在对我国综合性文献数据库用户心智模型的结构、前因和效应进行探索。主要研究工作有：第一，文献综述和对信息行为领域用户心智模型理论问题分析的基础上，构建本研究的理论框架，阐明各类变量的构成和测度方法。第二，采取便利抽样的方法，综合利用概念列表法、半结构化访谈法和绘制心智图法对用户心智模型的构成进行质性探索。第三，采用大样本的问卷调查法，对用户心智模型的结构进行定量测量。第四，综合采用实验法、问卷调查法等对用户心智模型的前因（个体差异）和绩效进行分析。最后，提出今后文献数据库设计者、信息专业人员和研究人员的努力方向。

本研究的主要研究结论为：第一，用户心智模型构成方面：得出和验证用户心智模型的构成概念模型。第二，用户心智模型前因方面：网龄和认知风格是造成用户心智模型差异的两个重要因素。第三，用户心智模型效应方面：用户心智模型在用户特征与用户检索绩效之间存在中介效应。

本研究的创新点主要体现为：第一，首次对我国综合性文献数据库用户心智模型的构成维度和元素进行探索。第二，制定我国综合性文献数据库用户心智模型的测量量表及指标体系。第三，从定量的角度对我国综合性文献数据库用户心智模型的前因和效应进行检验。

［中文题名］面向供应链管理的竞争情报分析模型研究

［英文题名］Study on Competitive Intelligence Analysis Model for Supply Chain Management

［论文作者］周鹏

［指导老师］王知津

［学位授予单位］南开大学

［内容摘要］进入 21 世纪，全球经济一体化加速，市场竞争日益激烈，消费者需求越来越个性化、多样化。为此，越来越多的企业组成供应链来应对竞争环境，竞争情报分析是决策活动的先导活动，为决策提供预测、运筹结果等情报，

在供应链竞争时代，也理应为供应链活动提供情报支持。

本研究分析竞争情报分析和供应链管理的基本理论，并选择供应链管理的供应链优化、供应链竞争对手识别、供应链合作伙伴关系管理和供应链风险四个领域进行竞争情报分析的模型研究。在介绍定标比超法和供应链优化问题的基础上，建立基于定标比超法的供应链优化模型。介绍BP神经网络和提出供应链竞争对手识别问题，建立基于BP神经网络的供应链竞争对手识别模型。在决策树方法和供应链合作伙伴关系管理的基础上，构建基于决策树方法的供应链合作伙伴关系分析模型。使用SPSS软件进行算例分析。在介绍情景分析法和供应链风险问题之后，建立基于情景分析法的供应链风险分析模型。

本研究的创新点主要有以下几个：①建立基于定标比超法的供应链优化模型。②建立基于BP神经网络的供应链竞争对手识别模型。③建立基于决策树方法的供应链合作伙伴关系分析模型。④建立基于情景分析法的供应链风险分析模型。

[中文题名] 公共借阅权制度研究

[英文题名] Study on Public Lending Right System

[论文作者] 傅文奇

[指导老师] 陈传夫

[学位授予单位] 武汉大学

[内容摘要] 公共借阅权（PLR）本质上是版权人的一项权利，是法律赋予版权人的，由于其版权作品的原件或复制件被图书馆等公益性机构提供给公众利用而对其市场销售造成影响，因而由公共财政经费对权利人进行补偿。截至2012年年底，世界上已有56个国家对公共借阅权立法，30个国家建立公共借阅权制度。公共借阅权制度对于合理分配公共资源和促进文化发展起到积极作用。国外优秀文明成果值得我国借鉴。因此，本论文选题是一个具有理论意义和实践价值的课题。

[中文题名] 面向跨系统知识创新的信息服务协同组织研究

[英文题名] Research on Collaborative Organization of Information Services Oriented to Cross-system Knowledge Innovation

[论文作者] 刘昆雄

[指导老师] 胡昌平

[学位授予单位] 武汉大学

[内容摘要] 本研究围绕跨系统知识创新的信息服务协同组织问题进行跨系统协同信息服务组织理论研究和面向现实问题的实践探索。

主要研究内容有：分析知识创新用户信息需求的演化、形态变化和跨系统信息需求的形成机制，明确跨系统创新对信息服务组织的要求；按知识创新价值链关系和知识网络的形成，在跨系统服务实现中按系统性原则进行组织构架和技术构架，进行开放化管理体系建设，确立协同化组织模式，按协同学原理进行社会化协同组织的路径优化；以用户的跨系统信息需求为导向进行知识信息共享环境下的资源协同配置研究；协同信息服务的组织面向跨系统协同创新进行，根据面向用户的原则和资源的跨系统组织原则展开，融合服务中所解决的基本问题；进行基于用户的交互服务系统设计，在交互中拓展服务内容，同时将信息服务深化到知识服务层面；根据协同效益的实现构建评价体系、选择评价方法，进行评价的组织研究；分析跨系统知识创新中的协同信息服务组织案例。

本研究的创新之处有：①在知识创新的跨系统实施中，进行基于知识创新价值链的信息服务协同组织构架；②针对信息资源的分散分布和分系统配置所导致的集成化与全程化服务的组织障碍，通过协同关系构建和机制变革研究，提出面向跨系统知识创新的多元协同服务组织模型；③在面向知识创新环节的服务研究中，将信息服务嵌入创新过程，使之成为一个整体，以此出发进行跨系统信息融合和协同融合，以及基于动态标准的服务业务组织模式的构建。

[中文题名] 高校图书馆数字信息资源整合与集成服务研究

[英文题名] A Study on University Library Digital Information Resources Integration and Integrated Service

[论文作者] 项英

[指导老师] 焦玉英

[学位授予单位] 武汉大学

［内容摘要］随着高校数字图书馆建设的深入发展，通过对现有数字信息资源进行整合，将分散、独立的数字资源系统进行融合、重组，实现资源的无缝整合，为用户提供一体化的集成信息服务已成为高校图书馆的发展热点。本研究从图书馆数字信息资源整合的理论研究与技术发展现状出发，分析当前高校图书馆数字资源整合与服务中存在的问题，研究 web2.0 环境下高校图书馆数字资源整合系统的实施与应用模式，从管理、用户、服务质量三个方面构建高校图书馆数字资源整合与集成服务的评价指标体系。

本研究的主要内容为：第一部分探讨数字资源整合的理论基础与技术基础。第二部分分析高校图书馆数字信息资源整合的主要模式及发展趋势。第三部分分析比较图书馆数字信息资源系统和数字信息资源发现系统，研究高校图书馆数字信息资源整合系统的应用模式。第四部分结合案例研究高校图书馆基于资源整合的信息集成服务模式。第五部分从管理、用户、服务质量的角度分析高校图书馆数字信息资源整合与集成服务的评价内容与重点，以数字图书馆评价理论为基础，借鉴数字信息资源整合系统选型标准、数字资源整合系统可用性评价研究的成果，构建高校图书馆数字信息资源整合与集成服务的评价指标体系。最后，总结全文，指出研究的不足之处，并对高校图书馆数字信息资源整合与集成服务的未来发展进行展望。

［中文题名］基于多重关系整合的专利网络结构分析研究

［英文题名］Study on the patent network structural analysis from multi－relationsintergration perspectives

［论文作者］杨冠灿

［指导老师］李纲

［学位授予单位］武汉大学

［内容摘要］由于专利信息包含大量的创新技术、所属技术领域、发明人（及其地理位置）、技术转让方面的信息，因此受到学术界及实务界的持续关注。专利分析在评价知识溢出、知识流动、技术转移与演化的效果及影响方面具有不可替代的作用。虽然在近 40 年的发展过程中专利分析通过设立指标、构建模型、实证研究等形式建立良好的研究基础，并在专利战略分析、技术预见方面取得一定进展。然而，在新的时代条件下，专利分析仍面临严峻的挑战，这主要表现在“两个矛盾”的凸显：科学进化过程中的复杂性与专利分析指标的“平面化”商务之间的矛盾，以及技术创新过程中信息需求的深化与专利分析方法的单一、不系统之间的矛盾。

［中文题名］公益网站信息生态规划与信息构建

［英文题名］Ecological Planning of Information and IA about Charity Website

［论文作者］谢镕键

［指导老师］何绍华

［学位授予单位］武汉大学

［内容摘要］随着民间公益力量的壮大，中国公益网站的发展前景愈加广阔。公益网站的建设质量，取决于社会人际关系和人机关系的协调。信息生态理论和信息构建理论分别有助于解决社会人际关系问题和人机关系问题。因此，信息生态规划和信息构建可以被视为网站信息生态系统的生态平衡的一种整体方法。

本研究的主要内容：第一章提出本文的研究背景与研究意义，对国内外有关信息生态与信息构建的研究现状做出简单分析。同时阐述本文的研究内容、研究方法、逻辑框架与整体结构。第二章对信息生态规划及构建的理论基础进行介绍、分析。第三章分析中国公益网站的现状。第四章分析公益网站规划的要素，对信息生态环境、信息用户、信息内容等进行详细分析。第五章探讨公益网站的主要规划方法。第六章探讨公益网站信息构建方法。第七章以助学交流网为例，进行公益网站的实证研究。第八章为总结与展望。

本文的创新点有：第一，将信息生态规划引入公益网站建设。第二，基于信息构建，提出一套网站信息系统的开发方法。第三，将信息生态与信息构建融合为一套前后相继的完整的公益网站建设方法。第四，将社会心理学引入信息生态规划，将认知心理学引入信息构建。

［中文题名］虚拟现实技术在数字图书馆的应用研究

［英文题名］Application of Virtual Reality to Digital Library

[论文作者] 陆颖隽

[指导老师] 陈传夫

[学位授予单位] 武汉大学

[内容摘要] 数字图书馆是信息时代传统图书馆的延伸与发展。研究探讨虚拟现实技术在数字图书馆的应用，尤其是当前三网融合、网联网建设的环境下，对促进、推动我国数字图书馆的科学、快速发展具有非常重要的意义。

本研究的主要内容为：第一章阐述 VR 技术在数字图书馆的应用基础以及 VR 系统的构成与实现。第二章从信息社会发展、数字图书馆建设与发展以及优势互补、创新服务的角度论述 VR 技术在数字图书馆应用的必要性；从“三网”融合与物联网建设、图书馆的技术情结、VR 技术的特征等方面分析 VR 技术在数字图书馆应用的可行性。第三章从虚拟现实建模语言（VRML）的原理与特点入手，通过基于 VRML 的数字图书馆虚拟空间设计，从 VR 系统四种类型全面探讨 VR 技术在数字图书馆虚拟空间的应用，分析 VR 技术在数字图书馆应用中存在的问题，指出目前阶段纯软件 VR 技术方式是我国数字图书馆的最佳选择，纯软件 VR 技术方式与 Internet 技术结合起来的分布式 VR 系统，是数字图书馆应用的发展方向。第四章通过利用 HTML、JavaS cript、VRML 对信息资源建设的具体实现，对二维信息资源和三维信息资源进行比较分析。第五章从信息检索的可视化与三维虚拟参考咨询的角度，梳理目前 VR 技术在数字图书馆三维可视化信息检索、虚拟参考咨询的案例，对 VR 技术在数字图书馆服务方面的应用进行深入分析，提出改进数字图书馆三维可视化信息检索和虚拟参考咨询的建议。最后，进行总结和展望。

[中文题名] 虚拟社区信息质量建模及感知差异性比较研究

[英文题名] Study on Information Quality Modelling and Perceived Difference Comparison in the Context of Virtual Community

[论文作者] 李晶

[指导老师] 查先进

[学位授予单位] 武汉大学

[内容摘要] 信息质量问题产生于信息社会的发展过程中，并随着信息资源开发利用活动向纵深发展而加剧，是由信息资源无限增长与人的吸收利用能力有限，信息分布和流向不确定与用户需求多样化之间的矛盾造成的。基于 Web2.0 模式的虚拟社区的出现为信息交流提供更广阔的平台，人们可以根据自己的兴趣参与特定主题的社区的自由发布和搜寻信息。虚拟社区的出现使可获得的信息数量激增，由用户共同创造内容形成的信息源改变人们的信息搜寻行为，传统的信息传播模式发生了巨大变化，由此也引发各种信息质量问题，信息的准确性、完整性、可理解性、权威性和及时性等质量特征受到更加广泛的关注。目前国内外对信息质量领域的研究，在基础理论、评价框架和情境研究中均形成一定的体系，具有各自的研究特色。但是与国外的研究相比，我国学者立足于信息资源管理学的学科特点，从信息用户视角出发采用实证研究方法对信息质量问题进行系统、深入研究的文章并不多。而当今受互联网信息技术的影响，虚拟社区环境信息海量增长与用户的信息能力不足之间的矛盾急需通过有效改善信息质量来加以解决，因此，本研究以虚拟社区环境为背景，探究信息质量建模问题，以及社区用户在信息提供和信息消费过程中对信息质量的感知，以信息用户为中心充分展现他们眼中的信息质量问题并提出相应的优化策略。

[中文题名] 面向公共危机预警的网络舆情分析研究

[英文题名] Study on Online Public Opinion Analysis Oriented Public Crisis Pre-warning

[论文作者] 董坚峰

[指导老师] 张玉峰

[学位授予单位] 武汉大学

[内容摘要] 20 世纪末的信息革命推动现代网络技术的广泛应用和普及，网络媒体作为“第四类舆情传播媒体”逐步受到关注。近年来，中国网民数量逐年递增，网民借助互联网平台进行利益诉求表达、情绪宣泄、公共事务参与的积极性和频率愈来愈高，国家在社会转型期间凸现的各类社会矛盾也往往在第一时间聚焦于网络平台。与此同时，互联网强大的开放、快速传播和互动特性使得一些原本在传统传播渠道和言论环境下简单可控的舆情事件转化为群体性突发事件，引发社会公共危机，并给政府等公共管理部门带来极大的压力和挑战。作为政府公共管理的

一项重要职能，网络舆情危机预警近年来受到广泛关注，与此相关的机制建设和技术系统研制纷纷展开，网络舆情监控和预警受到包括国家层面在内的各级政府重视。然而，作为网络舆情危机预警流程中最关键的一环，对网络舆情的分析和研判的研究和实践远远滞后于当前 Web2.0 环境下的公共危机预警现实需求。在这种背景下，利用现有技术手段和学科方法对网络舆情分析方法和技术进行创新进而为危机预警提供技术保障，对维护社会稳定、推进社会转型具有重要的现实意义。本研究正是从这一实际出发，以网络舆情这一特殊的信息客体为研究对象，在梳理前人研究成果的基础之上，将网络舆情分析与公共危机预警目标相结合，综合采用信息分析、自然语言处理、人工智能、数据挖掘、危机管理、新闻传播等多学科理论与方法，从多个角度和层面对网络舆情分析的理论、方法、技术和应用进行研究。

［中文题名］ 大数据环境下基于开源信息整合的反恐情报获取研究

［英文题名］ Research on the Counterterrorism Intelligence Acquisition Based on Open Source Information Integration in Big Data

［论文作者］ 部先永

［指导老师］ 张玉峰

［学位授予单位］ 武汉大学

［内容摘要］ 互联网开启信息社会的新时代。网络在方便大众进行信息传播与交流沟通的同时，也往往被恐怖组织和恐怖分子所利用。恐怖组织和恐怖分子越来越熟练地利用网络从事疯狂的破坏活动，迫使各国政府纷纷采取相关措施加大对互联网“信息反恐战”的投入，同时各国的情报部门和学术机构也加入到反恐主义的“网络新阵地”，反恐呈现出信息化、网络化、智能化、虚拟化的发展趋势，反恐情报获取和涉恐信息智能化处理已成为十分迫切而重要的研究课题。开源信息是指通过公开或半公开渠道获取的信息。随着信息技术和网络技术的不断发展，开源信息的获取变得十分方便快捷，资源数量也急剧增长。纷繁芜杂的开源信息在互联网上的快速传播和持续增长给情报搜集与信息安全带来新的机遇和挑战。由于开源信息通常由结构化数据、半结构化数据、非结构化数据等多种结构类型的数据组成，如果不对其进行有效的整合，就无法快速有效地从中提取有价值的隐藏信息和高质量的、深层的反恐情报。大数据环境下基于开源信息整合的反恐情报获取研究吸取了情报学、计算机科学、本体、人工智能等领域的研究成果，并以众多先进的理论与技术为支撑，如知识工程、数据挖掘、语音识别、人际情报网络、可视化技术等，为反恐情报的获取、创新以及反恐决策的优化提供了支持。

［中文题名］ 数字图书馆知识服务的情境影响因素研究

［英文题名］ Exploring Contextual Factors for Knowledge Service in Digital Libraries

［论文作者］ 张文萍

［指导老师］ 邓仲华

［学位授予单位］ 武汉大学

［内容摘要］ 有关情境的研究最初源于移动与普适计算领域。情境因素的引入使得系统能够利用地理位置、环境、时间等时空情境信息为用户提供满足其需求的服务与计算资源。之后，随着电子商务领域推荐服务的发展，研究者们逐渐意识到单纯的“用户（User）—推荐项目（Item）”间的匹配计算并不能充分挖掘用户需求，而将情境信息纳入推荐过程能够显著提高推荐精确度和用户满意度。自此，与情境相关的研究蓬勃发展起来。作为知识服务的重要实施组织，数字图书馆经过二十多年的发展，已从单纯的提供信息资源存储、检索服务的信息资源服务系统转变为与学术研究过程紧密结合、为用户提供个性化服务的知识服务系统，并与用户以及知识服务活动共同构成知识生态系统。在以用户为中心、以满足用户个性化需求为导向的数字图书馆知识服务过程中，与整个知识生态系统密切相关的情境因素对知识服务的服务质量以及用户满意度必然产生重要的影响与作用。因为整个知识生态系统包含多个参与方以及参与方之间的活动或事件，所以其中涉及的情境因素纷繁复杂，因而开展数字图书馆知识服务的情境影响因素研究，发现影响数字图书馆知识服务的情境因素，了解不同情境因素在数字图书馆知识服务中的作用途径以及效用值的大小，有助于改善数字图书馆的功能与服务、提高用户满意度，为数字图书馆的发展提供理论支持。

［中文题名］社会化媒体环境下消费者信息搜寻行为研究

［英文题名］On Consumer's Information Seeking Behavior under Social Media Environment

［论文作者］袁红

［指导老师］马费成

［学位授予单位］武汉大学

［内容摘要］社会化媒体是给予用户极大参与空间的新型在线媒体，它使 Web 超越了庞大而僵化的站点集合，网络信息在基于人的关系间通过互动自由流动。随着近年来社会化媒体的发展，消费者信息搜寻行为正在发生巨大的变化。相对于传统网络环境的信息搜寻，消费者通过社会化媒体获取的信息更具有个性化、情境性和交互性，搜寻也更为有效。用户信息行为研究一直是情报学的研究热点。情报学对消费者这一特定类型用户的信息搜寻行为的关注和研究由来已久。本研究全面梳理消费者信息搜寻行为和社会化媒体的基本概念和基础理论，从信息搜寻全过程和持续信息搜寻的视角，深入揭示社会化媒体环境下消费者信息搜寻行为的规律。以社会化媒体为研究背景对于拓宽用户信息搜寻行为领域的研究视角、发展其研究方法具有一定的理论意义。同时，深入了解社会化媒体环境下消费者信息搜寻行为，对于改善消费者网络信息搜寻体验，建立以用户为中心的优化的网络信息资源环境，实现其有效组织和利用有着重要的现实意义。

［中文题名］产学研协同创新中的信息保障研究

［英文题名］Research of Information Security in Research Collaborative Innovation

［论文作者］陈世银

［指导老师］胡昌平

［学位授予单位］武汉大学

［内容摘要］协同创新，是在创新过程引入协同的思想，创新要素在创新过程中发挥各自作用，在提升自身效率的基础上，依托机制性互动，提升生产与收益的效率，从而增加价值和创造的过程。2011 年，胡锦涛总书记在清华大学建校 100 周年大会上的讲话中指出，鼓励高校同科研机构、企业建立协同创新的战略联盟，提升自主创新能力，为建设创新型国家做出贡献。2012 年，教育部"2011 计划"正式启动实施。本文所研究的产学研协同创新，是指企业、高校、科研机构，围绕共同的目标，以人员、资源、技术、管理等协同为基础，通过深度合作，实现各参与主体价值的共同增值。高校、企业、科研机构在开展协同创新的过程中，存在大量的信息需求，如何以高质量的信息服务确保协同创新富有成效，是摆在广大信息工作者面前的一项重要课题。本研究以产学研协同创新中的信息保障为主线，综合了创新理论、协同理论、信息与知识管理理论、用户行为与心理理论等，研究产学研协同创新的环境与基础，产学研协同创新中的信息需求与信息获取，面向协同创新需求的产学研创新信息保障体系构建等内容，构建产学研协同创新信息保障平台模型，并对武汉药物与疫苗技术协同创新中心信息保障平台建设案例进行分析，丰富基于产学研协同创新视角的信息管理与服务理论。

［中文题名］图书馆云服务质量的模型及保证研究

［英文题名］Study on the Model and Assurance Measures of Quality of Service for Library Cloud

［论文作者］黎春兰

［指导老师］邓仲华

［学位授予单位］武汉大学

［内容摘要］随着云计算在图书馆领域的应用和发展，图书馆云的应用也越来越广泛。图书馆云（Library Cloud）是一个基于云计算的图书馆服务管理平台，它是构建在一个共享数据模型的基础上，通过网络将计算资源、图书馆的馆藏资源及其他图书馆服务交付给用户的。包括图书馆的基础设施、系统软件以及书目、馆藏数据、供应商数据、用户创建的知识库、评价内容等信息资源，均被虚拟化集中在图书馆云的数据中心里，所有的服务都托管在图书馆云的数据中心，以 SaaS 的形式可同时在网站界面上呈现给多个用户。所有这些 SaaS 服务被统称为图书馆云服务。从提供商内部的角度来看，图书馆云是一个网络化的图书馆服务管理平台或管理系统，负责运营所有硬件资源或软件服务的交付使用。从用户的角度来看，它就是图书馆网站上的一个界面，通过接入该界面可获得各种各样的资源或服

务。因此，图书馆云又被称为图书馆云平台、图书馆云系统或图书馆云网站。基于云计算架构的图书馆云服务使其具备云计算的优势，如共享计算能力、获得灵活性、节约技术和资金、数据更有效等，但也使其与云计算一样面临着服务质量方面的巨大挑战。同时，图书馆云服务还面临着网络信息提供商的激烈竞争。本研究正是基于这样的现状，提出构建评测图书馆云服务质量的模型，在此基础上寻求保证用户服务质量的相关措施，以保证用户的满意度和忠诚度，使图书馆获得竞争优势。

[中文题名] 国内高校数字资源利用效能综合评价研究

[英文题名] Study on Integrated Evaluation of Digital Resources Utilization Efficacy in Domestic Universities

[论文作者] 刘佳音

[指导老师] 李纲

[学位授予单位] 武汉大学

[内容摘要] 数字资源是文献信息的表现形式之一，是将计算机技术、通信技术及多媒体技术相互融合而形成的以数字形式发布、存取、利用的信息资源总和。数字资源价值的大小在很大程度上受到资源配置方式和利用效率的影响。对于高校图书馆管理者和资源建设人员来说，商业化的数字资源是建设经费投入的主要部分和关注的主要对象，也是高校信息用户查找资源的主要渠道来源。因此，本文将研究对象立足于商业化的数字资源，也即我们常说的数据库资源，对其使用的相关数据进行统计分析比较，并结合利用过程中各环节的多项指标来综合评价数字资源的利用情况。本研究基于核心期刊利用效率、资源深度利用与科研产出的关系这些着眼于数字资源实际利用水平的指标来进行评价。通过数字资源利用效能评价，能够准确客观合理地衡量资源利用水平，促进高校教育和科研的文献资源保障水平和数字资源利用能力水平的提高，在理论上有助于提高图书馆资源绩效评估的可靠性，完善资源配置理论，为图书馆文献资源建设提供决策依据。

[中文题名] 基于知识生态理论的企业知识流动研究

[英文题名] the Research of Enterprise Knowledge Flow Based on the Theory of Knowledge Ecological

[论文作者] 谢守美

[指导老师] 胡昌平

[学位授予单位] 武汉大学

[内容摘要] 在当今社会，经济发展的动力主要来源于知识生产、知识传递和知识应用。美国经济学家罗默（Romer）认为知识有助于提高投资的回报与收益，知识积累是经济发展的内在的独立因素，是经济发展的来源。美国经济学家卢卡斯（Lucas）指出，人力资本才是经济发展的真正来源，因为人力资本具有特殊性、专业性，是通过劳动技能反映出来的。基于以上研究，人们认识到知识对经济的重要作用，对知识与经济发展两者之间的关系有全新的认识。经济合作与发展组织（OECD）在《以知识为基础的经济》报告中，认为知识经济是以知识生产、知识分配和知识使用为基础而建立和发展的经济。在当今社会，知识已作为生产要素投入到生产过程，并且发挥出越来越重要的作用，逐渐变成生产要素中的最重要因素，以知识成为最重要的生产要素为标志的知识经济成为 21 世纪经济形态的主导地位。OECD 成员国的 50%以上的国内生产总值的完成是以知识为基础的 。据 OECD 的调查，科技进步对世界经济增长的贡献已从 20 世纪初的 5%—20%提高到 70 年代到 90 年代的 70%—80% 。所有这些表明，经济社会的发展将更加依赖于知识和智慧，由工业经济转变为知识经济成为经济社会发展的主流。

[中文题名] 面向公共图书馆服务体系建设的图书馆事业政策研究

[英文题名]A Research on the Library Policy for the Construction of a Public Library Service System

[论文作者] 申晓娟

[指导老师] 陈传夫

[学位授予单位] 武汉大学

[内容摘要] 公共图书馆事业是一个国家为保障公民能够平等自由地获取信息与知识的一种制度安排，是社会文化、教育事业的重要组成部分。政府作为建设与发展公共图书馆事业的责任主体，其履行责任的主要方式之一就是建立完善的政策体系，从而为公共图书馆事业发展提供制

度保障。因此，公共图书馆事业发展受国家政策影响非常之大，研究公共图书馆事业不可避免也涉及对相关政策的研究，发展公共图书馆事业不可避免需要完善的政策支持。特别是近年来，随时国家文化发展战略的调整，公共文化政策环境正在发生深刻变化，公共文化服务体系建设被确立为今后一个时期的重要文化政策，公共图书馆服务体系建设已经成为公共文化服务体系建设的重要内容。在此背景下，深入研究公共图书馆事业发展变化对政策的新需求，建立和完善面向公共图书馆服务体系建设的图书馆事业政策体系，具有重要的意义。目前我国面向公共图书馆服务体系建设的图书馆事业政策的宏观性、整体性研究明显不足，还处在刚刚起步的阶段。本研究以面向公共图书馆服务体系建设的图书馆事业政策为切入点，采用文献调研法、问卷调查法、案例分析法、比较分析法等研究方法，对面向公共图书馆服务体系建设的图书馆事业政策体系框架、重点领域政策内容、当前政策优化路径等进行研究。

[中文题名] 郑樵与章学诚的校雠学研究

[英文题名] Zheng Qiao and Zhang Xuecheng's Broad-sensed Emendation Research

[论文作者] 周余姣

[指导老师] 王子舟

[学位授予单位] 北京大学

[内容摘要] 我国古代的校雠之学是由汉代向歆父子发展而出的一套治书理论，在学术文化历史上发挥巨大的作用。学界对校雠之学的认识历来有广义与狭义之分，广义的被认为包括校勘、目录、版本、辑佚等内容，而狭义的被认为近似现代的校勘学。本文选取了我国两位著名的校雠学家郑樵和章学诚作为研究对象，通过研读他们的校雠学著作——郑樵《通志》中的《校雠略》《艺文略》《图谱略》《金石略》，章学诚的《和州志艺文书》《校雠通义》《史籍考》等相关著作，在文本分析的基础上进行比较，分析他们校雠学研究的内容、特点、优点和不足，对二人校雠学思想之间的继承和发展关系进行梳理，并评价郑樵和章学诚二人校雠学在我国学术史上的地位。

本文共六部分。第一部分是导言，说明选题缘起和意义，并对郑樵、章学诚的校雠学概念做了界定，以及对相关的研究进行了综述。第二部分是对郑樵和章学诚校雠学思想进行溯源，找出影响他们校雠学思想的理论源头。第三、四部分分别对郑樵和章学诚二人的校雠学著作进行解读和评析，总结他们校雠学思想的特殊之处。第五部分是总结郑樵和章学诚二人校雠学研究的特点以及二人校雠学思想之间的继承和发展关系，在章学诚对校雠之学的三段式的建构基础上，重新构建校雠学的四段式传承路线。第六部分论述郑樵、章学诚校雠学对后人的影响。

[中文题名] 美国城镇—乡村社区图书馆发展研究

[英文题名] Research on the Development of American Township-Rural Community Library

[论文作者] 曹海霞

[指导老师] 刘兹恒

[学位授予单位] 北京大学

[内容摘要] 美国的公共图书馆在美国民主政治和文化生活中一直占有特殊地位。美国的公共图书馆体系之所以非常发达，主要是有着众多靠近居民生活区域的社区图书馆，尤其是一些城镇—乡村社区图书馆更是美国公共文化服务体系的中坚力量。进入21世纪的信息社会，美国更加注重小城镇以及农村地区的社区图书馆发展，并注重加强上述地区社区图书馆的网络化建设。目前美国90%以上的城镇—乡村社区图书馆都为读者提供免费计算机上网和无线上网服务，方便信息时代读者对于图书馆的新需求。本论文主要对美国城镇—乡村基层公共图书馆的发展进行理论阐释和实证探究，通过对美国城镇与农村社区图书馆发展的理论和实践研究，希望对我国基层社区图书馆的发展有所启示。

本论文主要分为八章。第一章，绪论。第二章，国内外研究进展。第三章，美国城镇—乡村社区图书馆发展的历史背景及历史条件。第四章，美国城镇—乡村社区图书馆管理与服务研究。主要对美国城镇—乡村社区图书馆发展情况进行宏观概述。第五章，美国城镇—乡村社区图书馆最新发展进展。对网络时代美国社区图书馆的网络化、信息化发展状况进行论述。第六章，伊利诺伊州城镇—乡村社区图书馆的实证研究。主要对该州若干城镇—乡村图书馆进行访谈和问卷调研，实地调查美国居民对城镇—乡村社区图书馆的利用情况等。第七章，对美国公共图书馆尤其是城镇—乡村社区图书馆的发展经验进行总结，阐述对中国基层公共图书馆发展的借鉴意义。第八章，总结本研究的结论。

［中文题名］汉语词汇化树邻接语法技术及应用研究

［英文题名］Research on Chinese Lexicalized Tree Adjoining Grammar Technology and application

［论文作者］刘丹

［指导老师］王惠临

［学位授予单位］北京大学

［内容摘要］语言技术是自然语言处理的支撑技术，词汇化树邻接语法是一个优秀的形式化语法。本研究系统地探讨了汉语词汇化树邻接语法理论及相关问题，主要包括：

（1）分析词汇化树邻接语法在汉语中进行应用的可行性，在汉语句法结构特点分析的基础上，对汉语词汇化树邻接语法进行设计，并研究其构建技术。

（2）设计并实现汉语词汇化树邻接语法平台，并基于该平台进行汉语词汇化树邻接语法句法分析实验。

（3）开展英语和汉语词汇化树邻接语法的同步方法研究工作，设计利用英汉同步树邻接语法思想进行英语和汉语同步分析的算法，并分析其应用于机器翻译和语义理解的前景。

（4）研究基于词汇化树邻接语法的语法资源建设问题。

本论文的创新之处主要有：

（1）将语言学中的属性合一理论应用到汉语词汇化树邻接语法的设计中，提出了一套切实可行的汉语词汇化树邻接语法构建方法，设计并实现其支撑技术平台。为汉语词汇化树邻接语法的研究奠定了良好的基础。

（2）将同步的思想引入汉语和成熟的英语词汇化树邻接语法之中，设计英汉同步词汇化树邻接语法的描述和实现方法，并提出其同步分析的算法。

（3）将情报学进行资源管理的优秀思想引入语言学语法资源建设之中，进行基于词汇化树邻接语法的语法资源建设，设计并实现基于该语法的资源建设和管理系统。

［中文题名］多人在线角色扮演游戏玩家信息接受行为研究

［英文题名］A Study of Information Acceptance Behavior of Multi-player Online Role-playing Gamers

［论文作者］孔少华

［指导老师］陈建龙

［学位授予单位］北京大学

［内容摘要］网络游戏产业在蓬勃发展的同时也存在一些问题，尤其是在游戏监管方面。本研究旨在从信息接受的微观视角分析网络游戏玩家游戏过程，探索游戏信息场及其信息流动规律对玩家认知的影响。

首先，本文以戈夫曼戏剧理论为基础研究网络游戏的本质，以审美接受理论分析了玩家与游戏的关系，以建构主义学习理论和信息加工理论为基础从微观层面研究网络游戏玩家的信息接受问题。其次，在理论探索的基础上，分析了网络游戏玩家信息接受过程中的客体影响因素、主体影响因素以及社会情境影响因素，并构建多人在线角色扮演游戏玩家信息接受模型。并且，以玩家信息接受行为模型为研究框架，在参与观察和深度访谈的基础上，分析多人在线角色扮演游戏的信息结构与布局、信息流的特点、社会情境因素对玩家的影响，研究游戏玩家信息接受过程中的信息感知、信息理解及信息记忆存储，并通过定量的方法分析不同沉浸程度玩家对信息中断态度的差异性。

研究结论表明：（1）多人在线角色扮演游戏过程是一个基于多媒体技术的自我叙事过程，网络游戏信息接受存在审美层次的接受行为；（2）多通道的信息传达、赋予玩家更高的自主性是影响玩家信息感知的重要因素；（3）游戏信息场中的“信息中断”影响玩家的信息行为；（4）游戏中的各种互动促进玩家认知情境模型的构建，在情境模型记忆模式下，信息更容易被接受也更容易被提取，因此玩家在游戏信息场中很容易被情境激发做出各种行为反应。

［中文题名］政府网站用户行为特性及其应用研究

［英文题名］Research on Features of Government Website Visitors Behavior and Application

［论文作者］刘合翔

［指导老师］陈建龙

［学位授予单位］北京大学

［内容摘要］由于缺少较为夯实的数据基础，传统的信息行为研究还多停留在粗粒度地行为考察和以定性为主的分析。以政府网站的用户行为为例，目前我国政府网站对于其用户的需求及行为普遍缺乏认知与了解，相关的研究也多停留在上述层面的分析，难以为现实工作提供实际参考和指导。

本研究借助国家信息中心的有关业务推进，尝试将相关工具应用到了政府网站的用户行为分析中，经过一年多的实践和工具改造，形成一套适应政府网站的网站分析工具，并将其应用于数百家政府网站，从而为本研究积累大量的研究素材与研究数据。通过近半年对累计数据分几个批次的处理及分析，最终形成本文相关研究主题的研究基础。

通过对相关研究的回顾和相关实践的积累，本文形成具体的研究思路和研究框架：通过对政府网站用户访问过程中点击流数据的采集与分析，重点从用户的访问质量、访问时间、访问来源以及访问需求四个方面描述当前我国政府网站用户行为的基本特征，并考察其用户行为特征随用户访问经验变化的演化规律；对用户行为的主要的几种类型：搜索、浏览、交互做了基于大量行为属性数据的行为量化分析，考察了政府网站用户各类型行为的行为偏好及其行为特性；总结和检验影响政府网站用户行为的部分影响因素；并针对当前我国政府网站面临的各类问题，提出基于用户行为特性的政府网站优化若干策略。

［中文题名］基于生活事件的电子政务服务整合方法研究

［英文题名］Research on the E-Government Service Integration Approach Based on Life-Events

［论文作者］王巍巍

［指导老师］李广建

［学位授予单位］北京大学

［内容摘要］基于生活事件的电子政务服务整合方法简称生活事件方法，是一种基于用户日常生活中遇到的、与政府公共服务有关的生活事件（或商业情境）来组织、整合服务，并根据不同的用户情境提供不同服务流程的电子政务服务整合方法。

本文从两方面对生活事件方法进行研究：一是通过对生活事件方法的基本理论进行较为系统的研究，从生活事件方法包含的基本问题，到生活事件方法的层级，生活事件模型的构建及其核心元素分析，从总体到部分，研究生活事件方法是什么、如何描述的问题；二是对生活事件本体的构建方法进行研究，分析和探讨生活事件本体的核心概念、概念层级、子概念以及属性的构建方法，并对生活事件方法三个层次的实现方法进行分析，研究生活事件方法如何实现的问题。

本文的主要研究成果包括：

第一，较为系统地对生活事件方法进行分析。

第二，引入相关学科的研究成果，对生活事件方法实现的理论基础进行补充。一是依据概念隐喻理论的研究成果，对生活事件方法中用户情境和服务流程的关系进行揭示，并改进服务流程的构建方式，有利于实现真正以用户为中心的服务整合；二是利用信息距离理论的研究成果，对生活事件方法中的服务流程整合设计和服务提供方式的改进提出指导。

第三，提出构建生活事件本体的方法。从方法论的层次，对如何构建生活事件本体进行探讨，为生活事件方法的研究成果转化为实际应用提供方法指导。

［中文题名］日据时期台湾兰记书局研究

［英文题名］The Study of Lanji Bookstore During Japanese Colonial Period in Taiwan

［论文作者］丁希如

［指导老师］王余光

［学位授予单位］北京大学

［内容摘要］日据时期的台湾文化，呈现出中日、新旧四种文化势力交缠并互争消长的状态，图书出版业作为文化、思想的重要生产、传播渠道，明显呈现出受政府控制的特征。在日本政府抑制汉文，利用检查制度打压汉文出版的情势下，由台湾人所开设，以贩卖中文图书为主的汉文书店，克服了诸多障碍，担负起生产、销售汉文图书的工作，这不但提供民众在正式教育体制之外，自学汉文的管道，更为汉文的传承留下一线生机，成为保存传统文化的功臣之一。

黄茂盛创立的兰记书局，是当时最具代表性

的汉文书店，创立于 1919 年，2004 年正式结束营业，共计 85 年历史，历经日据及光复后两个不同政权主政。其创立、发展、延续到结束的过程，反映出政经社会的大环境，对出版事业造成的影响。且其业务包括当时出版的所有方面，从其作业情形，可以一窥当时分工不甚精细的出版业，获得较为全面性的理解。

当时台湾人阅读的中文图书，一来自中国大陆进口，一是本岛出版。但当时本岛出版能力微弱，汉文书店由中国大陆进口销售的图书，更大程度决定当时台湾人民的阅读内容，及知识领域的构成。表面上这是一个商业交易的过程，但更为深层的意涵却是，经由此，台湾与大陆的思想交流得以维系，不但承接传统文化，晚清至民初进入中国的各种新思潮，以及五四运动后提出的新文化主张，也从此进入台湾，引发连动反应，建构新的知识体系。

另一方面，本土创作者努力发挥本身的特色与长处，为当时台湾的本土文化留下珍贵纪录。

［中文题名］图书馆用户需求生态服务系统研究

［英文题名］A Research on Ecological Services System of Library User Demand

［论文作者］毛刚

［指导老师］李贺

［学位授予单位］吉林大学

［内容摘要］图书馆用户需求问题一直以来都是图书情报领域研究的重点内容。本文在对当前用户需求研究现状、图书馆用户服务研究现状、需求理论、生态学研究进展、生态学在其他学科的应用的研究基础上，从生态学的角度出发对图书馆用户需求和图书馆的需求服务进行深入分析，提出并构建图书馆用户需求生态服务系统。

本文研究内容和主要结论如下：

（1）以用户需求为逻辑起点进行研究用户需求与图书馆之间的关系，是人类利用图书馆产生信息活动时所表现出的最基本、最常见、最普遍的一种关系。

（2）存在图书馆用户需求外溢现象。

（3）界定图书馆用户需求服务系统生态性，研究了图书馆用户需求生态服务系统的主体构成、图书馆用户需求生态服务系统的环境构成、图书馆用户需求生态服务链及其结合能力、功能维度。

（4）图书馆用户需求生态服务系统的平衡可以概括为以下四个方面：基于服务的内化与外化间的平衡、图书馆用户需求生态服务系统主体间的平衡、用户需求与图书馆理念制度核心价值的平衡、用户需求生物多样性与图书馆服务的平衡。

（5）图书馆用户需求生态服务系统的关键影响因素包括图书馆用户需求的开发能力、获取能力、实现能力、适应能力、用户需求生态服务链的结合能力、用户需求的引导能力。

（6）图书馆用户需求生态服务系统的运行机制包括优化机制、信息流转机制、图书馆用户需求结合机制、生态友好型发展机制、平衡机制、监测与评价机制。

［中文题名］开放存取期刊学术影响力研究

［英文题名］A Study on Academic Influence of Open Access Joural

［论文作者］周金娉

［指导老师］李贺

［学位授予单位］吉林大学

［内容摘要］本研究以探究开放存取期刊学术影响力的影响因素与提升途径为研究内容，运用定性与定量相结合的方法，通过大量文献调研，分析开放存取期刊的组成要素及属性特征，根据已有相关研究对开放存取期刊学术影响力的相关因素进行分析和甄选，构建开放存取期刊学术影响力的概念模型。

本文可主要分为五部分内容：（1）理论研究，主要研究开放存取期刊学术影响力的内涵、特征、构成要素、评测方法，并进行其学术影响力的相关理论探索。（2）因素分析，依据开放存取期刊特征与学术影响力构成要素，辨析各组成要素的影响因素，分析关键影响因素间的作用机理。（3）实证研究，对开放存取期刊学术影响力的关键影响因素之间的作用机理进行实证检验，分析实证研究结果。（4）模式构建，构建科学的、系统的开放存取期刊学术影响力逻辑模型和开放存取期刊学术影响力评价指标体系。（5）实施对策，探讨提高开放存取期刊学术影响力的途径、对策。

研究的主要结论有：

（1）分析出影响开放存取期刊学术影响力

的主要因素有：作者影响力、读者影响力、机构影响力、网站影响力、期刊影响力、论文影响力及网络影响力。

（2）构建了以学术交流过程为理论支撑的开放存取期刊学术影响力逻辑模型。

（3）我国开放存取期刊学术影响力在开放存取期刊作者合作度、机构声望、编委构成、网络链接和开放存取论文图表数量等方面与国外差异较大，应不断提升其学术影响力与资源价值。

（国家图书馆　杨凡整理）

2013年部分院校图书馆学情报学硕士学位论文目录

题目	作者	学校	导师	学科专业
基于新浪微博的企业负面网络舆情传播特征研究	魏杨	安徽大学	陈来	情报学
安徽省农村信息化发展研究	李君	安徽大学	陈来	情报学
安徽国土资源信息服务平台建设研究	庞露露	安徽大学	陈来	情报学
国内知识管理学科体系结构可视化研究	孙晓宁	安徽大学	储节旺	情报学
合肥高新区企业知识员工激励影响因素研究	谈甄	安徽大学	储节旺	情报学
美国劳动力市场信息监测及对我国的启示	邓方云	安徽大学	储节旺	情报学
IT企业内部知识共享障碍分析及对策研究	王龙	安徽大学	储节旺	情报学
政府知识管理绩效评价研究	王永卫	安徽大学	储节旺	情报学
创新型企业的信息保障研究	卫东东	安徽大学	任娟	情报学
基于链接分析的网络信息行为研究	汪涛	安徽大学	汪传雷	情报学
安徽省物流企业信息化创新绩效研究	王如正	安徽大学	汪传雷	情报学
基于产业集群视角的合肥高新区创新发展战略提升行动研究	刘新妍	安徽大学	汪传雷	情报学
金融员工网络信息行为研究	姜培培	安徽大学	汪传雷	情报学
基于协同理论的农业科技信息服务体系研究	钱程	安徽大学	汪祖柱	情报学
问答型虚拟社区用户满意度影响因素研究	高山	安徽大学	汪祖柱	情报学
虚拟学习社区知识管理流程研究	王栋	安徽大学	汪祖柱	情报学
高校大学生网络信息消费影响因素研究——以安徽大学为例	张媛	安徽大学	吴昌合	情报学
基于网络的高校图书馆个性化信息服务研究	付为青	安徽大学	吴昌合	情报学
基于Web2.0的图书馆信息服务创新研究	王翰博	安徽大学	吴昌合	情报学
高校DL信息资源管理研究	杜娜	安徽大学	吴昌合	情报学
政府微博的信息传播研究	张倩	安徽大学	谢阳群	情报学
基于企业信息工厂的商务智能数据管理	沈振萍	安徽大学	谢阳群	情报学
面向整合的个人信息管理工具研究	王文韬	安徽大学	谢阳群	情报学
基于神经网络方法的高校图书馆知识服务评价体系研究	刘天娇	安徽大学	周瑛	情报学
全媒体时代高校图书馆信息服务模式研究	李静丽	安徽大学	郭春侠	图书馆学
Web2.0环境下高校图书馆学科馆员角色研究	曹莎莎	安徽大学	郭春侠	图书馆学
高校信息检索课程实践创新方法研究	张春丽	安徽大学	陆和建	图书馆学
泛在信息社会下我国省级公共图书馆网站信息服务研究	金岳晴	安徽大学	陆和建	图书馆学
移动互联网环境下安徽省高校图书馆知识推荐研究	刘梦虹	安徽大学	陆和建	图书馆学
基于ADL的安徽省高校图书馆联盟的建设与发展研究	寿曼丽	安徽大学	陆和建	图书馆学
论专题图书馆建设与图书馆核心竞争力	谢雨	安徽大学	陆和建	图书馆学
基于网络舆情的政府决策信息平台功能设计	张芳源	安徽大学	陆和建	图书馆学
民办高校图书馆核心竞争力研究	朱海燕	安徽大学	吴昌合	图书馆学
公共图书馆社会责任的内涵及评价体系研究	秦静	安徽大学	吴昌合	图书馆学
福州市少儿图书馆的儿童阅读推广活动研究	郑辰	安徽大学	谢阳群	图书馆学
免费开放环境下公共图书馆馆藏发展政策研究	刘蒙	安徽大学	谢阳群	图书馆学

续表

题目	作者	学校	导师	学科专业
PubMed和CNKI收录炎症性肠病文献计量学研究	崔悦	第四军医大学	许昌泰	情报学
眼科三种重要疾病循证医学文献的检索与分析	刘瑛	第四军医大学	孙金立	图书馆学
基于社会资本维度的人际情报网络研究	满鑫	东北师范大学	王翠萍	情报学
云计算环境下用户信息安全策略研究	娄伟	东北师范大学	徐宽	情报学
基于本体的垂直搜索引擎模型研究	张一歌	东北师范大学	徐宽	情报学
省属师范院校大学生信息素养调查分析与研究	刘静	东北师范大学	徐跃权	情报学
企业员工个体隐性知识测评研究	邹雅婧	东北师范大学	徐跃权	情报学
网页共词分析方法在乳制品行业中的应用研究	杨畔	东北师范大学	魏来	情报学
图书馆关联数据质量控制研究	付瑶	东北师范大学	魏来	情报学
区域图书馆联盟促进信息公平的社会评价研究	张利敏	东北师范大学	孙成江	情报学
网络级发现服务系统比较研究	陈秀秀	东北师范大学	刘万国	图书馆学
我国公共图书馆信息共享空间(IC)构建研究	庞彩云	东北师范大学	孙成江	图书馆学
内蒙古自治区特色数字资源建设研究	呼和木其	东北师范大学	王战林	图书馆学
我国《公共图书馆法(征求意见稿)》的若干问题研究	赵雪婷	东北师范大学	孔庆杰	图书馆学
数字化学习资源组织与目录体系构建研究	谢映萍	东北师范大学	陈凌	图书馆学
图书馆经济价值计量方法研究	王聪	东北师范大学	徐跃权	图书馆学
我国图书馆学概论性著作的历史演化与内容分析	崔丽媛	东北师范大学	徐跃权	图书馆学
基于社会化媒体的图书馆阅读推广研究	高灵溪	东北师范大学	王翠萍	图书馆学
图书馆阅读服务评价及实证研究	刘丽萍	东北师范大学	王翠萍	图书馆学
微群用户社交网络分析模式研究	王灿	北京大学	王延飞	情报学
高校图书馆数字参考咨询服务新策略探究	连康平	北京大学	张久珍	图书馆学
美国公共图书馆志愿服务的实践及对我国的启示	刘通	北京大学	刘兹恒	图书馆学
批判抑或启蒙:内部发行的“皮书”研究	吕果	北京大学	王子舟	图书馆学
人格特质与社群信息服务参与行为的关系研究	彭金芳	北京大学	张广钦	图书馆学
民国巡回文库研究(1912—1949)	王红涛	北京大学	王子舟	图书馆学
图书馆发现服务系统研究	王文磊	北京大学	张久珍	图书馆学
武汉周边地区农村信息化需求研究	王艳妮	北京大学	张广钦	图书馆学
美国公共图书馆少儿数字资源建设若干问题研究	武娇	北京大学	刘兹恒	图书馆学
北京市东城区公共文化资源供给体系研究	杨振铎	北京大学	李国新	图书馆学
面向儿童的移动应用软件交互设计研究	蔡小芳	北京大学	王军	情报学
欧洲国家政府信息公开保密审查制度研究	曹雨佳	北京大学	周庆山	情报学
微博多栖V用户行为研究	崔莎	北京大学	王益明	情报学
云计算领域的专利计量研究	冯思颖	北京大学	王继民	情报学
我国典型企业海外专利布局的实证研究——以华为和中兴公司为例	李志强	北京大学	祁延莉	情报学
基于IPC的企业关键专利技术分析及应用:以海尔公司为例	刘蔚	北京大学	祁延莉	情报学
标签在个人信息管理中的应用研究	罗颖琳	北京大学	陈建龙	情报学
服务搜索效果评价研究	梅培培	北京大学	赖茂生	情报学
服务搜索的原理与架构设计初探	王婧	北京大学	赖茂生	情报学

续表

题目	作者	学校	导师	学科专业
基于 PaaS 模式的招聘信息服务平台研究	王启贤	北京大学	陈建龙	情报学
我国物流业服务创新评价研究	王哲	北京大学	申静	情报学
高校学术团队内合作式信息查寻行为研究	许美静	北京大学	王益明	情报学
我国咨询业服务创新成果保护机制研究	杨保珠	北京大学	申静	情报学
政府信息资源共享的激励机制研究	杨学婧	北京大学	韩圣龙	情报学
基于用户任务的检索模型研究	于洁	北京大学	陈文广	情报学
美国政府信息公开立法中保密审查制度文本分析	俞治朕	北京大学	周庆山	情报学
基于音频特征和支持向量机的音乐情绪和适用场景自动识别	张苾莜	北京大学	韩圣龙	情报学
基于反垃圾标注的标签检索质量提升策略研究	张薇	北京大学	王延飞	情报学
我国西南地区城乡数字鸿沟及其对城市化进程影响研究——以贵州省为例	张艺山	北京大学	韩圣龙	情报学
云计算领域的知识图谱分析	王明星	北京大学	王继民	情报学
军队基层政工干部信息素养提升研究	许辉	北京大学	王延飞	情报学
提升组织敏捷性的知识管理方法初探	易征宇	北京大学	祁延莉	情报学
河北省公益性科技情报机构面向中小企业服务对策研究	臧素娟	河北大学	李振奇	情报学
图书馆志愿者管理研究	宋家梅	河北大学	金胜勇	图书馆学
互联网有害信息处理网格设计	于长钺	吉林大学	窦平安	情报学
微博新闻事件信息可信度评价	高雅	吉林大学	窦平安	情报学
信息技术对我国商业银行创新的影响研究	白璐	吉林大学	黄微	情报学
信息生态环境下商务网站经营模式研究	王文韬	吉林大学	黄微	情报学
商务网站信息生态环境优化研究	李吉	吉林大学	黄微	情报学
科研人员对开放存取期刊的接受研究	徐桂芬	吉林大学	李贺	情报学
技术创新型企业知识产权控制与管理研究	马睿涵	吉林大学	徐宝祥	情报学
基于概念格的语义信息检索模型研究	刘京京	吉林大学	徐宝祥	情报学
商务网站信息过滤原理与过滤模型研究	孙学帅	吉林大学	张海涛	情报学
高校知识生态系统的构建与价值实现研究	张丽	吉林大学	张海涛	情报学
我国轿车企业客户信息服务体系研究	孟楠	吉林大学	张向先	情报学
信息查寻行为与自我效能及思维风格相关性研究	曲佳艺	吉林大学	曹锦丹	情报学
领域本体的构建及语义检索模型研究	刘建飞	吉林大学	陈晓美	情报学
儒家思想与图书馆文化建设研究	郭沫含	吉林大学	毕强	图书馆学
图书馆科技创新信息资源共建共享协作模式研究	闫明	吉林大学	马捷	图书馆学
终身学习视域下的高校图书馆服务模式研究	姜宇欧	吉林大学	徐恺英	图书馆学
镜众传播范式下的高校图书馆信息服务模式研究	周华林	吉林大学	徐恺英	图书馆学
高校图书馆信息生态系统优化研究	张超	吉林大学	徐恺英	图书馆学
基于本体的公共危机事件案例表示研究	李文娟	兰州大学	沙勇忠	情报学
基于公共危机事件案例库的知识推理研究	刘亚杰	兰州大学	沙勇忠	情报学
基于语义相似度的公共危机事件案例库检索方法研究	石忠贤	兰州大学	沙勇忠	情报学
数字时代图书馆出版服务模式研究	宋臣国	辽宁师范大学	贾玉文	图书馆学
云计算在图书馆信息咨询服务中的应用研究	白果	辽宁师范大学	贾玉文	图书馆学

续表

题目	作者	学校	导师	学科专业
泛在知识环境下以用户为导向图书馆创新服务模式的构建	王笑辉	辽宁师范大学	贾玉文	图书馆学
社会化推荐在图书馆知识服务中的应用研究	丁安	辽宁师范大学	贾玉文	图书馆学
著作权在数字图书馆建设中的优化探析	迟丹阳	辽宁师范大学	贾玉文	图书馆学
高校手机图书馆系统研究	李睿	辽宁师范大学	李永先	图书馆学
Web2.0 环境下的网络舆情管理研究	马晓晨	辽宁师范大学	李永先	图书馆学
基于众包的高校图书馆知识服务模式研究	苏静	辽宁师范大学	李永先	图书馆学
基于 OAIS 的数字信息长期保存分层模式研究	张波	辽宁师范大学	张秀兰	图书馆学
图书馆公共文化服务绩效评估指标体系研究	刘海涛	辽宁师范大学	张秀兰	图书馆学
PDA 在我国图书馆的推行策略研究	孙广霞	辽宁师范大学	张秀兰	图书馆学
《中华人民共和国公共图书馆法(征求意见稿)》的评价	崔敏	辽宁师范大学	张秀兰	图书馆学
移动新媒体阅读对图书馆发展影响的 SWOT 分析	高源	辽宁师范大学	张秀兰	图书馆学
基层图书馆服务体系研究	钱晓芳	南昌大学	程结晶	情报学
基于信息生态理论的企业生态系统复杂网络研究	龚怡	南昌大学	龚花萍	情报学
高校信息素质教育合作模式探析	方统伟	南昌大学	曾群	情报学
云环境下江西高校图书馆个性化信息服务现状与对策研究	单祎	南昌大学	何晓萍	情报学
灾害应急信息资源共享体系研究	万晓	南昌大学	刘春年	情报学
灾害应急管理信息资源分类体系研究	黄弋芸	南昌大学	刘春年	情报学
基于中小企业的信息利用与银行信贷风险关系研究	张秋实	南昌大学	沈玖玖	情报学
基于用户认知的电子商务网站知识推荐服务接受模型研究	张红	南京理工大学	甘利人	情报学
基于神经网络的电子商务用户认知分类研究	张萍	南京理工大学	甘利人	情报学
基于案例推理的不确定信息车辆路径问题研究	王婷婷	南京理工大学	哈进兵	情报学
基于 ART 神经网络案例匹配的轨道交通智能数据诊断技术研究	严悦	南京理工大学	哈进兵	情报学
中小制造企业双渠道协调定价决策建模研究	贾纺纺	南京理工大学	李莉	情报学
多语言标签聚类及其应用研究	汤丽娟	南京理工大学	章成志	情报学
网络知识社区内知识交流与共享行为研究	刘潞丹	南开大学	刘玉照	情报学
移动环境下信息搜寻行为研究	马婧	南开大学	王知津	情报学
网络协同创作动机研究	王璇	南开大学	王知津	情报学
社会网络嵌入性与知识共享研究:以电子政务外包为例	刘光辉	南开大学	李颖	情报学
组织公民行为对高校科研团队知识共享动机的影响研究	王璐	南开大学	李颖	情报学
高校图书馆借阅制度的创新研究	刘莉	南开大学	柯平	图书馆学
少年儿童图书馆功能和服务部门设置研究	张雪钗	南开大学	柯平	图书馆学
公共图书馆对促进社会资本增量的贡献研究——以苏州图书馆为例	王玫	南开大学	李晓新	图书馆学
改革开放以来我国百科全书事业研究——以中国大百科全书出版社为例	冯凯悦	南开大学	徐建华	图书馆学
县级公共图书馆基本藏书书目编制研究	卢正明	南开大学	徐建华	图书馆学
内隐—外显图书馆员刻板印象研究	俞碧飏	南开大学	徐建华	图书馆学
高校图书馆信息生态系统评价研究	薛鹏	山东大学	郭砚常	图书馆学
大学生信息素养评价指标体系构建及应用研究	赵雅萍	山东大学	江三宝	图书馆学

续表

题目	作者	学校	导师	学科专业
高校图书馆网站可用性研究	肖敏	山东大学	江三宝	图书馆学
实时参考咨询软件图形用户界面研究	宁建伟	山东大学	江三宝	图书馆学
泛在知识环境下社会科学信息服务模式研究	沈旺	山东大学	江三宝	图书馆学
虚拟参考咨询系统在高校图书馆应用研究	崔明	山东大学	张辉	图书馆学
高校图书馆企业信息服务研究	辛成国	山东大学	张辉	图书馆学
新建本科院校图书馆信息服务研究	王秀娟	山东大学	张辉	图书馆学
基于社交网站的用户信息行为研究	翟羽佳	山东理工大学	刘文云	情报学
基于信息生态理论的高校数字档案系统信息流转能力评价研究	杜成杰	山西财经大学	尚成国	情报学
基于价值链分析的高校学科竞争情报研究	李媛媛	山西财经大学	贾伟	情报学
情报学硕士研究生教育质量管理体系构建及绩效评价研究	张萌萌	山西财经大学	武三林	情报学
分众分类系统的用户行为特征分析	张宁	山西大学	贾君枝	情报学
中图法与 DDC 类目自动映射研究	郝倩倩	山西大学	贾君枝	情报学
分众分类与受控词表的集成研究	李艳	山西大学	贾君枝	情报学
基于书目记录的《中图法》物理学类目调整方法	陈攀	山西大学	贾君枝	情报学
政府开放数据的社会人增值服务研究	刘铬	山西大学	相丽玲	情报学
云时代数字资源开放存取中的法律问题研究	刘红丽	山西大学	相丽玲	情报学
政府的内部知识转移研究	冯越	山西大学	李景峰	图书馆学
我国“国民经济与社会发展五年规划”中的图书馆事业	李盼	山西大学	裴成发	图书馆学
我国 985 高校图书馆特色资源建设与重点学科的相关性研究	李小红	山西大学	裴成发	图书馆学
基于读者抱怨的高校图书馆发展环境研究	王玉风	山西大学	裴成发	图书馆学
基于用户感知的高校图书馆电子服务质量测评研究	何巍	山西大学	齐向华	图书馆学
多种媒体特色资源库组织与管理框架体系研究	刘雄洲	上海交通大学	郑巧英	情报学
肝炎病毒蛋白领域本体的构建及应用研究	魏晓萍	上海交通大学	金毅	情报学
高校学生信息素养能力档案袋评价方法实证研究	邓晓音	上海交通大学	潘卫	情报学
美国情报学前沿热点的可视化分析	阚振	苏州大学	鞠英杰	情报学
我国银行信息安全风险管理体系研究	陈小娟	苏州大学	项文新	情报学
开发区档案信息资源共享模式研究	李超	苏州大学	项文新	情报学
我国图书馆隐性知识管理模型研究	刁琴琴	苏州大学	周毅	情报学
我国人文社会科学领域的科学合作计量研究	李亚婷	武汉大学	马费成	情报学
基于共关键词网络的学科知识网络研究——以中国经济学学科为例	刘旻璇	武汉大学	马费成	情报学
基于知识图谱的科学概念扩散与内涵演化——以“知识库”为例	李聪	武汉大学	马费成	情报学
信息检索融合的影响因素研究	邓健	武汉大学	陆伟	情报学
基于查询性能预测的集成检索结果合并	王琪	武汉大学	陆伟	情报学
查询中的时间意图识别	周红霞	武汉大学	陆伟	情报学
基于 Vague 集的微博广告效果测度模型研究	金秀云	武汉大学	唐晓波	情报学
基于 XML/RDF 的数字图书馆互操作模型研究	曹洁	武汉大学	邱均平	情报学
馆藏数字资源深度聚合模型研究	谭文韬	武汉大学	邱均平	情报学
语义网关键技术发展现状的国内外比较研究	汪姝辰	武汉大学	邱均平	情报学

续表

题目	作者	学校	导师	学科专业
高校学习共享空间 Web 2.0 应用研究	娄海凤	武汉大学	查先进	情报学
微博营销环境下的用户满意影响因素研究	饶怡晴	武汉大学	查先进	情报学
虚拟社区服务质量与用户忠诚的关系研究	周芬	武汉大学	查先进	情报学
图像标注模式对标注一致性的影响研究	赵雅琴	武汉大学	陆泉	情报学
基于社会标签的图像情感自动标注模型研究	丁恒	武汉大学	陆泉	情报学
基于网络媒体和网民关注的医院网络形象研究	汤尚	武汉大学	李纲	情报学
位置服务的用户接受研究	胡瑾	武汉大学	胡昌平	情报学
移动互联网用户信息搜索行为研究——基于 APP 开发者的视角	申舒	武汉大学	胡昌平	情报学
面向云计算环境的图书馆服务等级质量参数研究	张颂	武汉大学	邓仲华	情报学
基于 SLA 的图书馆云服务成本效益研究	陈琪	武汉大学	邓仲华	情报学
基于作者关键词和 FCA 的科研组织知识结构探测	王哲	武汉大学	刘萍	情报学
面向科研组织的知识社区发现研究	陈枫琳	武汉大学	刘萍	情报学
基于计量分析的数字资源聚合研究	徐灿	武汉大学	赵蓉英	情报学
国内外信息计量学课程建设实证调查研究	李飞	武汉大学	赵蓉英	情报学
基于社会标签共现分析的 Web 挖掘研究	陈晨	武汉大学	赵蓉英	情报学
社会化媒体的信息传播规律与商业价值研究——以电影数据为例	朱梦娴	武汉大学	宋恩梅	情报学
社交网站用户知识贡献行为及其影响因素研究	周婷	武汉大学	邓胜利	情报学
数据库版权保护模式及图书馆应对策略研究	董舞艺	武汉大学	陈传夫	图书馆学
我国对原生数字资源的保存问题及对策研究	冯倩然	武汉大学	陈传夫	图书馆学
政府信息公共利用中的个人信息保护问题研究	吴沫	武汉大学	陈传夫	图书馆学
我国公共图书馆社会化媒体营销研究	钱绮琪	武汉大学	司莉	图书馆学
数据库的知识链接方式比较研究	吴方枝	武汉大学	司莉	图书馆学
面向信息职业需求的美国 iSchool 课程设置研究	王思敏	武汉大学	司莉	图书馆学
协同信息检索行为实验研究——以协同能力和任务类型为视角	邱瑾	武汉大学	吴丹	图书馆学
基于 ISP 模型的大学生学术信息行为研究	党婉玉	武汉大学	吴丹	图书馆学
图书馆与图书分享网站的用户标注行为比较研究	许小梅	武汉大学	吴丹	图书馆学
高校学生对深网资源的认知及利用现状调查——以武汉 3 所高校为例	伊富红	武汉大学	陆颖隽	图书馆学
云服务在美国图书馆的应用研究	郑怡萍	武汉大学	陆颖隽	图书馆学
面向学科化服务的信息资源建设研究——以武汉市高校图书馆为例	曹晶	武汉大学	肖希明	图书馆学
以需求为导向的学科导航绩效评估研究	刘静羽	武汉大学	肖希明	图书馆学
深圳公共图书馆服务体系的调查分析	余愿	武汉大学	肖希明	图书馆学
“985”高校图书馆 OPAC 与其他资源发现工具融合的调查与分析	任其翔	武汉大学	黄如花	图书馆学
我国信息组织标准发展现状的研究	杨雨霖	武汉大学	黄如花	图书馆学
资源描述与检索(RDA)实施现状研究	周伟	武汉大学	黄如花	图书馆学
美国公共图书馆青少年志愿者服务研究	赵玮	武汉大学	黄如花	图书馆学
网上药店的营销策略分析	吴珠安	武汉大学	余世英	图书馆学

续表

题目	作者	学校	导师	学科专业
跨社区的 P2P 语义检索策略研究	苏静	西安电子科技大学	窦永香	情报学
合作信息查寻与检索的相关性判断研究	李鹏	西南大学	韩毅	情报学
农民工日常生活信息查寻行为模型构建研究	李琳琳	西南大学	韩毅	情报学
个性化搜索服务对网购者信息搜寻行为的影响研究	吕露	西南大学	韩毅	情报学
电子政务信息生态系统的构建及管理策略研究	谢佳	西南大学	邓小昭	情报学
Web2.0 环境下研究生信息素养评价指标体系研究	于琦	西南大学	阮建海	情报学
基于微博的网络社区用户学术信息交互行为研究	王莹莉	西南大学	阮建海	情报学
京津沪渝四直辖市档案信息网信息服务比较研究	唐江玲	西南大学	阮建海	情报学
黄彝仲档案学思想研究	延黎	西南大学	郑宏	图书馆学
武汉市区域性道路客运信息资源共享研究	陈雪	湘潭大学	周永红	情报学
面向社区的公共图书馆信息服务研究	张振慧	湘潭大学	刘昆雄	图书馆学
中美社区图书馆服务比较研究	汪其英	湘潭大学	龚蛟腾	图书馆学
企业竞争情报活动中伦理问题的研究及其控制	黄巾	云南大学	樊泳雪	情报学
竞争情报战略分析方法在企业产品竞争战略分析中的选择、改进及综合应用	王澜瑾	云南大学	赖于民	情报学
区域性竞争情报公共服务平台建设研究	李想	云南大学	尚朝秋	情报学
云南省旅游信息资源传播中的信息生态保护研究	陈涛	云南大学	马自坤	情报学
云南省临沧市开展情报服务及研究工作的现状分析	周莹	云南大学	马敏象	情报学
中美公共图书馆制度比较研究	刘燕	云南大学	胡立耘	图书馆学
我国省级公共图书馆地方特色资源数据库建设及发展研究	陈曼	云南大学	杨勇	图书馆学
新通信技术环境下美国高校图书馆服务及服务理念研究	于高乐	云南大学	马自坤	图书馆学
纳西族东巴口述文献的采集、整理与保护研究	刁晓耀	云南大学	侯明昌	图书馆学
公共图书馆营销策略研究	周宇麟	浙江大学	李超平	情报学
科学文献老化的信息计量测度研究	丁喆	浙江大学	叶鹰	情报学
图书馆咨询团队知识转移绩效影响因素研究	李平辉	郑州大学	付立宏	情报学
中国图书情报专业硕士培养策略研究	牛福渊	郑州大学	郭少友	情报学
中小型管理咨询机构知识管理应用研究	郑雪丽	郑州大学	郭少友	情报学
基于微博的网络舆情引导功能研究	王宁	郑州大学	刘焕成	情报学
政府信息公开中的个人信息保护研究	赵刚	郑州大学	周拴龙	情报学
银行信用卡在图书馆读者信用管理中的应用研究	董肃哲	郑州大学	马国华	情报学
虚拟社区用户信息行为研究	王晓斌	郑州大学	金燕	情报学
网络社区的知识组织体系研究	江闪闪	郑州大学	金燕	情报学
学术机构知识库质量控制研究	黄晓晖	郑州大学	尚新丽	情报学
面向危机决策的知识构建与知识服务研究	程倩倩	郑州大学	刘永	情报学
基于 UCD 的高校内部信息平台优化研究——以郑州大学为例	孙淑兰	郑州大学	郭强	情报学
开源中文分词器的比较研究	黄翼彪	郑州大学	郭强	情报学
数字保存的认知和实践调查及其问题与对策	刘思	郑州大学	臧国全	情报学
基于 SCOT 的大众分类法本体构建研究	刘萍	郑州大学	白华	图书馆学
社会标注语义本体研究	高舒	郑州大学	白华	图书馆学

续表

题目	作者	学校	导师	学科专业
中国高校图书馆在线信息素质教育研究——以“985 工程”高校图书馆为例	娄亚奇	郑州大学	张研	图书馆学
军校图书馆文献信息资源建设和利用研究	吴莹	郑州大学	王国强	图书馆学
中国公共图书馆借阅制度研究(1949—2012)	刘海丽	郑州大学	王国强	图书馆学
中西文献校勘方法比较研究	刘怡君	郑州大学	王国强	图书馆学
馆员与高校图书馆阅读文化建设研究	马毽	郑州大学	王国强	图书馆学
中国高校移动图书馆服务研究	王建娟	郑州大学	张怀涛	图书馆学
基于知识管理的高校图书馆学科服务研究	王海霞	郑州大学	张怀涛	图书馆学
高校图书馆教材资源建设与服务研究	袁艳	郑州大学	张怀涛	图书馆学
病历档案数据库质量评价研究	吉向阳	郑州大学	周拴龙	图书馆学
主题漂移监测方法研究	白云霄	中国农业科学院	张学福	情报学
基于都柏林核心(DC)的中医文献元数据标准研究	赵阳	中国中医科学院	崔蒙 李海燕	情报学
中医药治疗心血管病的文献计量分析	王梓宁	中国中医科学院	张华敏	情报学
美国针灸教育现状及特点研究	陆聪	中国中医科学院	赵英凯	情报学
基于用户体验的移动图书馆服务模型研究	侯桂楠	重庆大学	魏群义	情报学
高校官方微博分析研究——基于 985 高校	庞歆	重庆大学	李学静	情报学

(国家图书馆　杨凡整理)

2013年出版图书馆学情报学著作目录

序号	书名	作者	出版地	出版社	ISBN
1	穿越时光隧道:寻找昔日城市生活文化之谜:2013穗港澳少年儿童阅读计划作品集	穗港澳少年儿童阅读计划组委会主编	广州	广东教育出版社	978-7-5548-0394-3
2	民主德国的秘密读者	(德)齐格弗里德·洛卡蒂斯,(德)英格里德·宗塔格等著;吴雪莲译	北京	社会科学文献出版社	978-7-5097-5037-7
3	书籍的秩序:14至18世纪的书写文化与社会	(法)罗杰·夏蒂埃著;吴泓缈,张璐译	北京	商务印书馆	978-7-100-09754-3
4	别想摆脱书:艾柯&卡里埃尔对话录	(法)让—菲利浦·德·托纳克编;吴雅凌译	桂林	广西师范大学出版社	978-7-5495-4044-0
5	木刻八万大藏经的秘密	(韩)朴相珍著;(韩)金宰民,张琳译	杭州	浙江大学出版社	978-7-308-11456-1
6	UNIMARC手册:规范格式	(克罗)米尔娜·维勒(Mirna Willer)编;《中国机读规范格式》工作组译	北京	国家图书馆出版社	978-7-5013-5210-4
7	图书馆数字资源管理	(美)奥德丽·芬娜编;成爱萍译	大连	大连理工大学出版社	978-7-5611-7739-6
8	情报分析:以目标为中心的方法	(美)罗伯特·克拉克(Robert M. Clark)著;马忠元译	北京	金城出版社	978-7-5155-0795-8
9	图书馆的故事	(美)马修·巴特尔斯著;赵雪倩译	北京	商务印书馆	978-7-100-09729-1
10	香草续校书	(清)于鬯著;张华民点校	北京	中华书局	978-7-101-09066-6
11	书的故事	(苏)伊林著;胡愈之译	贵阳	贵州教育出版社	978-7-5456-0411-5
12	地方文献研究论文选	《阿坝州文库》编委会编	成都	四川民族出版社	978-7-5409-5159-7
13	古籍研究.总第59卷	《古籍研究》编辑委员会编	合肥	安徽大学出版社	978-7-5664-0443-5

续表

序号	书名	作者	出版地	出版社	ISBN
14	古籍研究.总第57—58卷	《古籍研究》编辑委员会编	合肥	安徽大学出版社	978-7-5664-0172-4
15	湖南农家书屋工程建设风采	《湖南农家书屋工程建设风采》编写组编	长沙	湖南人民出版社	978-7-5438-9822-6
16	四库文丛.第一卷	《四库文丛》编委会,成都图书馆编	上海	上海交通大学出版社	978-7-313-09616-6
17	知识服务的现在与未来	《图书情报工作》杂志社编	北京	海洋出版社	978-7-5027-8652-6
18	学科服务进展与创新	《图书情报工作》杂志社编	北京	海洋出版社	978-7-5027-8653-3
19	文津学志.第六辑	《文津学志》编委会编	北京	国家图书馆出版社	978-7-5013-5161-9
20	中国图书馆分类法:未成年人图书馆版(第四版)	《中国图书馆分类法(未成年人图书馆版)》编辑委员会编	北京	国家图书馆出版社	978-7-5013-5189-3
21	中国医药卫生期刊年鉴.2011—2012卷	《中国医药卫生期刊年鉴》编辑委员会编	北京	科学技术文献出版社	978-7-5023-8443-2
22	精通搜索分析	Brent Cbaters 著;宫鑫,余宇,孙萌译	北京	机械工业出版社	978-7-111-39681-9
23	SEO的艺术	Eric Enge 等著;姚军等译	北京	机械工业出版社	978-7-111-42236-5
24	读出来的味道:2012年书香伴税行活动优秀读书心得100篇	安徽省地方税务局编	北京	中国税务出版社	978-7-80235-991-8
25	安徽省图书馆志	安徽省图书馆编	合肥	安徽美术出版社	978-7-5398-3559-4
26	图书分类学	白国应编著	北京	国家图书馆出版社	978-7-5013-4297-6
27	虚拟图书馆与实体图书馆的比较与发展研究	白丽荣,刘纪刚编著	沈阳	沈阳出版社	978-7-5441-5441-3
28	南京农业大学图书馆发展史	包平主编	北京	中国农业出版社	978-7-109-18450-3
29	四川省图书馆·成都图书馆百年同人文集:1912—2012	本书编委会编	成都	四川大学出版社	978-7-5614-6530-1
30	湖南省普通高等学校图书馆事业志	本书编委会编	长沙	湖南大学出版社	978-7-5667-0508-2
31	网络资源采集与数字资源长期保存学术研讨会论文集	本书编委会编	北京	国家图书馆出版社	978-7-5013-5239-5
32	《中国图书馆分类法》第五版与第四版增删改类目对照表	卜书庆,刘华梅编	北京	国家图书馆出版社	978-7-5013-4814-5

续表

序号	书名	作者	出版地	出版社	ISBN
33	去图书馆约会	蔡家园著	北京	金城出版社	978-7-5155-0691-3
34	文献信息检索教程	蔡丽萍主编	北京	北京邮电大学出版社	978-7-5635-3354-1
35	图书馆利用基础	蔡莉静主编	北京	海洋出版社	978-7-5027-8596-3
36	图书馆参考咨询工作基础	蔡莉静主编	北京	海洋出版社	978-7-5027-8593-2
37	图书馆网络化基础	蔡莉静主编	北京	海洋出版社	978-7-5027-8595-6
38	图书馆读者业务工作	蔡莉静主编	北京	海洋出版社	978-7-5027-8594-9
39	SEO 实战指导:知识·策略·案例	藏锋者,郝永清编著	北京	中国铁道出版社	978-7-113-16025-8
40	科技信息资源检索	曹彩英主编	北京	海洋出版社	978-7-5027-8651-9
41	农业历史文献数字化建设研究	曹玲,薛春香著	芜湖	安徽师范大学出版社	978-7-5676-0997-6
42	信息组织	曾伟忠编著	北京	人民邮电出版社	978-7-115-31228-0
43	信息检索与利用	曾英姿主编	成都	四川大学出版社	978-7-5614-6265-2
44	网络学术资源检索与利用	柴晓娟主编;柴晓娟等编著	南京	南京大学出版社	978-7-305-11783-1
45	古籍计算机自动校勘、自动编纂与自动注释研究	常娥著	芜湖	安徽师范大学出版社	978-7-5676-1002-6
46	藏书文化论集	陈德弟,范凤书主编	天津	天津古籍出版社	978-7-5528-0148-4
47	基于潜在语义的个性化搜索关键技术研究	陈冬玲著	北京	中国水利水电出版社	978-7-5170-1031-9
48	图书馆 RFID 技术及应用	陈进,邓景康,景祥祜主编	上海	上海交通大学出版社	978-7-313-09238-0
49	思源籍府 书香致远:上海交通大学图书馆馆史(1896—2012)	陈进主编	上海	上海交通大学出版社	978-7-313-10665-0
50	大学图书馆文化体系建设	陈进主编	上海	上海交通大学出版社	978-7-313-10455-7

续表

序号	书名	作者	出版地	出版社	ISBN
51	明代藩府刻书研究	陈清慧著	北京	国家图书馆出版社	978-7-5013-5139-8
52	网络信息检索与实践教程	陈泉主编	北京	清华大学出版社	978-7-302-33177-3
53	信息检索与分析利用	陈蔚杰,徐晓琳,谢德体主编	北京	清华大学出版社	978-7-302-27963-1
54	先秦文献信息处理	陈小荷,冯敏萱,徐润华等著	北京	世界图书出版公司北京公司	978-7-5100-5661-1
55	嘉兴刻书史	陈心蓉著	合肥	黄山书社	978-7-5461-3624-0
56	图书馆业务外包	陈新洁著	北京	北京理工大学出版社	978-7-5640-7493-7
57	20世纪中国图书馆学文库(全95册)	陈源蒸,李万健,宋安莉主编	北京	国家图书馆出版社	978-7-5013-4297-6
58	全媒体环境下图书馆阅读推广工作研究	程大立著	合肥	安徽教育出版社	978-7-5336-7572-1
59	大学图书馆环境文化建设研究	程佳著	昆明	云南民族出版社	978-7-5367-5727-1
60	高校图书馆学理论与应用	迟艳,逄丽东,郭之锐著	北京	九州出版社	978-7-5108-2042-7
61	城市图书馆研究.第一卷第二辑	褚树青主编	北京	国家图书馆出版社	978-7-5013-5132-9
62	ISSN注册与管理	崔明明编著	北京	国家图书馆出版社	978-7-5013-5125-1
63	连续性资源ISSN记录编目实用指南	崔明明编著	北京	国家图书馆出版社	978-7-5013-5133-6
64	俄文网络信息资源及利用	崔卫,刘戈著	北京	北京大学出版社	978-7-301-20729-1
65	信息资源分类:方法与实践	单志广等编著	北京	科学出版社	978-7-03-037355-7
66	图书情报与财经理论研究.第二辑	党大恩主编	西安	西北大学出版社	978-7-5604-3299-1
67	中医药文献检索	邓翀,陈守鹏主编	上海	上海科学技术出版社	978-7-5478-1809-1
68	信息检索与利用	邓发云编著	北京	科学出版社	978-7-03-036313-8

续表

序号	书名	作者	出版地	出版社	ISBN
69	网络信息搜索行为研究:以我国高校学生为例	丁韧著	武汉	武汉大学出版社	978-7-307-10356-6
70	图书馆与图书馆学简论	董隽,宋戈,张毅宏编著	兰州	兰州大学出版社	978-7-311-04083-3
71	书舶庸谭	董康著;朱慧整理	北京	中华书局	978-7-101-09159-5
72	中国图书馆联盟发展研究	董琴娟著	北京	光明日报出版社	978-7-5112-4863-3
73	图书馆基础资源建设	董素音,王丽敏主编	北京	海洋出版社	978-7-5027-8591-8
74	图书馆期刊业务与研究	鄂丽君,蔡莉静,马兰主编	北京	海洋出版社	978-7-5027-8590-1
75	中国私家藏书史	范凤书著	武汉	武汉大学出版社	978-7-307-10147-0
76	信息检索实用教程	范耘,缪云华主编	北京	中国建材工业出版社	978-7-5160-0583-5
77	现代图书馆及数字资源利用	方东权,王琼主编	北京	中国书籍出版社	978-7-5068-2950-2
78	大都市的公共图书馆事业:国际学术研讨会论文集	方家忠主编	广州	中山大学出版社	978-7-306-04557-7
79	南宋藏书史	方建新著	北京	人民出版社	978-7-01-011244-2
80	信息检索综合教程	费业昆主编	北京	中国电力出版社	978-7-5123-4049-7
81	面向学科信息集成的领域分析数据集构建	冯璐著	北京	北京邮电大学出版社	978-7-5635-2838-7
82	浙东藏书史	冯晓霞著	杭州	浙江工商大学出版社	978-7-81140-754-9
83	数字图书馆	奉国和主编	北京	北京大学出版社	978-7-301-22118-1
84	图苑撷英:福建省图书馆学会2005—2010年优秀论文汇编	福建省图书馆学会编	福州	海峡文艺出版社	978-7-5550-0173-7
85	清末民初小说版本经眼录二集	付建舟著	杭州	浙江工商大学出版社	978-7-81140-676-4
86	清末民初小说版本经眼录三集	付建舟著	北京	中国社会科学出版社	978-7-5161-3168-8
87	版本通义古籍举要	傅宏星主编	武汉	华中师范大学出版社	978-7-5622-6200-8

续表

序号	书名	作者	出版地	出版社	ISBN
88	创新与超越:城市街区自助图书馆网建设与实践	甘琳等著	北京	国家图书馆出版社	978-7-5013-5064-3
89	专利信息利用实践	甘绍宁主编	北京	知识产权出版社	978-7-5130-0410-7
90	图书馆变革与发展:四川省文化厅图书情报学与文献学规划项目论文集	高凡主编	成都	西南交通大学出版社	978-7-5643-2639-5
91	中小学图书馆管理	高红,郭劲赤编著	北京	中国水利水电出版社	978-7-5170-0942-9
92	科技文献信息与科技创新	高新陵,吴东敏主编	南京	河海大学出版社	978-7-5630-3457-4
93	在职工程硕士网络检索指南	葛敬民编著	北京	人民邮电出版社	978-7-115-30332-5
94	爱读书读好书善读书:公安部直属机关读书活动心得选登	公安部直属机关党委编	北京	中国人民公安大学出版社	978-7-5653-1352-3
95	藏书家.第17辑	宫晓卫主编	济南	齐鲁书社	978-7-5333-2884-9
96	中国图书馆学的起源与转型:从校雠学说到近现代图书馆学的演变	龚蛟腾著	北京	国家图书馆出版社	978-7-5013-5227-2
97	图书馆知识管理范式研究	龚蛟腾著	北京	知识产权出版社	978-7-5130-2270-5
98	书海一生击楫忙:图书馆学家张厚生先生纪念文集	顾建新主编	南京	东南大学出版社	978-7-5641-3589-8
99	数字图书馆发展:个性化、开放化、社群化	顾立平著	北京	科学技术文献出版社	978-7-5023-7832-5
100	医学文献检索	顾萍,谢志耘主编	北京	北京大学医学出版社	978-7-5659-0715-9
101	校勘学教程	管锡华著	北京	北京大学出版社	978-7-301-23202-6
102	金色阶梯:全省职工读书征文获奖作品集	贵州省总工会,劳动时报社编	贵阳	贵州教育出版社	978-7-5456-0548-8
103	医学文献检索与论文写作	郭继军主编	北京	人民卫生出版社	978-7-117-17213-4
104	图书馆学科化服务研究与进展	郭晶主编	上海	上海交通大学出版社	978-7-313-09008-9
105	基于协同过滤的推荐系统关键技术研究	郭艳红著	大连	大连理工大学出版社	978-7-5611-8087-7
106	云服务时代的特色图书馆建设	郭燕平,王锐英主编	北京	中国建筑工业出版社	978-7-112-15588-0

续表

序号	书名	作者	出版地	出版社	ISBN
107	与幸福同行：书香国网牵手幸福主题读书征文活动获奖作品选	国家电网公司工会编	北京	中国电力出版社	978-7-5123-5164-6
108	翰墨缥缃：中华古籍保护计划成果展暨国家珍贵古籍特展图录	国家图书馆，国家古籍保护中心编	北京	国家图书馆出版社	978-7-5013-5065-0
109	图书馆行业中长期战略规划选编	国家图书馆研究院编	北京	国家图书馆出版社	978-7-5013-5069-8
110	公共图书馆服务体系的探索与实践：天津调研报告	国家图书馆研究院主编	北京	国家图书馆出版社	978-7-5013-4903-6
111	公共图书馆服务体系的探索与实践：山西调研报告	国家图书馆研究院主编	北京	国家图书馆出版社	978-7-5013-4913-5
112	编目：新的变化与应对之策：第三届全国文献编目工作研讨会论文集	国家图书馆中文采编部编	北京	国家图书馆出版社	978-7-5013-5192-3
113	经济信息导航	过仕明主编	北京	科学出版社	978-7-03-038467-6
114	信息素养与信息检索	韩志伟主编	北京	中国轻工业出版社	978-7-5019-9202-7
115	中国书籍编纂史稿	韩仲民著	北京	商务印书馆	978-7-100-09514-3
116	数字化时代的图书馆学研究	郝明，赵莉娜，武春江编著	哈尔滨	东北林业大学出版社	978-7-5674-0247-8
117	现代信息资源检索实务	何钧主编	北京	经济管理出版社	978-7-5096-2232-2
118	信息检索概论	贺继康主编；陕西学前师范学院图书馆编	西安	陕西人民教育出版社	978-7-5450-2688-7
119	俄罗斯图书馆事业政策法规研究	贺延辉著	北京	知识产权出版社	978-7-5130-2163-0
120	古籍计算机全文数据库及内容挖掘研究：以《方志物产·广东》为例	衡中青著	芜湖	安徽师范大学出版社	978-7-5676-0999-0
121	馆藏于右任藏书·藏书印赏析	侯蔼奇著	西安	三秦出版社	978-7-5518-0519-3
122	开放存取期刊研究	胡德华等著	长沙	中南大学出版社	978-7-5487-0853-7
123	互联网学术信息可信性研究	胡磊著	北京	首都经济贸易大学出版社	978-7-5638-2060-3
124	校雠学	胡朴安，胡道静著	长沙	岳麓书社	978-7-80761-912-3
125	公益创新服务：黄冈市第一届图书馆学会论文集	胡瑞银主编	武汉	湖北科学技术出版社	978-7-5352-6078-9
126	古籍善本粹编. 1	胡文虎编	杭州	浙江人民美术出版社	978-7-5340-3692-7
127	书香荆楚文化湖北：2012 年全民阅读活动集锦	湖北省全民阅读活动领导小组办公室编	武汉	湖北人民出版社	978-7-216-07551-0

续表

序号	书名	作者	出版地	出版社	ISBN
128	湖南与阅读	湖南省新闻出版局主编	北京	人民出版社	978-7-01-012725-5
129	图书馆界联合参考咨询服务网建构研究	黄刚著	北京	中国水利水电出版社	978-7-5170-0957-3
130	日藏汉籍研究:以宋元版为中心	黄华珍著	北京	中华书局	978-7-101-09230-1
131	中国少数民族古籍保护与发展报告:1982—2012	黄建明,邵古主编	北京	民族出版社	978-7-105-12989-8
132	古籍计算机自动断句标点与自动分词标引研究	黄建年著	芜湖	安徽师范大学出版社	978-7-5676-1001-9
133	主题标引差错1000例	黄建平著	北京	国家图书馆出版社	978-7-5013-4834-3
134	文献检索与科技论文写作	黄军左主编	北京	中国石化出版社	978-7-5114-2212-5
135	数字图书馆服务链:服务模式·体系架构·关键技术	黄梦醒著	北京	清华大学出版社	978-7-302-33074-5
136	数字出版与数字图书馆	黄肖俊等编著	北京	电子工业出版社	978-7-121-20522-4
137	古籍整理概论	黄永年著	上海	上海书店出版社	978-7-5458-0725-7
138	图书馆学导论	黄宗忠编著	武汉	武汉大学出版社	978-7-307-11029-8
139	图书馆工作研究与思考	霍速,陈茜,刁云梅主编	长春	吉林大学出版社	978-7-5677-0651-4
140	文献检索与知识发现指南	吉久明,孙济庆主编	上海	格致出版社	978-7-5432-2264-9
141	信息检索与图书馆资源利用	计斌主编	北京	人民邮电出版社	978-7-115-30152-9
142	相麓景萝稿	纪健生著	合肥	黄山书社	978-7-5461-3530-4
143	张丑书画收藏与著录研究	纪学艳著	北京	中国民族摄影艺术出版社	978-7-5122-0354-9
144	读书启迪.2:湖北省总“爱岗敬业,服务社会”读书征文作品选	冀群风主编	北京	中国工人出版社	978-7-5008-5543-9
145	信息时代的社会科学信息工作	贾玲著	成都	电子科技大学出版社	978-7-5647-1510-6
146	图书馆战略规划研究	江洪著	北京	科学出版社	978-7-03-037546-9
147	企业情报失察:现状、成因与对策研究	江洁著	北京	清华大学出版社	978-7-302-34367-7
148	清代版本学史	江曦著	北京	中国社会科学出版社	978-7-5161-2955-5
149	信息检索教程	江友霞,常思浩,王涛主编	北京	人民邮电出版社	978-7-115-30934-1

续表

序号	书名	作者	出版地	出版社	ISBN
150	人文社会科学领域文献计量学研究	蒋颖著	北京	社会科学文献出版社	978－7－5097－4553－3
151	读书·求索·明智·献给党的十八大	焦时俭主编	武汉	华中师范大学出版社	978－7－5622－6169－8
152	基于支持向量机的图像检索若干问题	解洪胜著	济南	山东人民出版社	978－7－209－07623－4
153	信息意识研究:人格差异的视角	解敏,赵永华,姜懿庭著	北京	科学出版社	978－7－03－039148－3
154	图书情报档案理论与实践研究	金波,于英香主编	上海	上海世界图书出版公司	978－7－5100－6721－1
155	文本与版本的叠合	金宏宇著	北京	中国社会科学出版社	978－7－5161－2087－3
156	数字信息检索与创新	金晓祥主编	北京	中国书籍出版社	978－7－5068－3098－0
157	蓝色地平线	景顺祥主编	兰州	兰州大学出版社	978－7－311－04060－4
158	图书馆战略规划:理论、模型与实证	柯平等著	北京	国家图书馆出版社	978－7－5013－4914－2
159	书之传承:时间里的图书史	来新夏著	天津	天津教育出版社	978－7－5309－7349－3
160	公共图书馆宣传推广与阅读促进	李超平编著	北京	北京师范大学出版社	978－7－303－15598－9
161	公共图书馆信息技术应用	李东来,宛玲,金武刚编著	北京	北京师范大学出版社	978－7－303－15597－2
162	公共图书馆读者工作	李芬林,王小林,尹琼编著	兰州	甘肃文化出版社	978－7－5490－0493－5
163	制度与范式:中国图书馆学的历史考察(1909—2009)	李刚等著	北京	科学出版社	978－7－03－037523－0
164	信息资源检索教程	李桂贞主编	南京	河海大学出版社	978－7－5630－3414－7
165	独立学院图书馆管理初探	李惠编著	武汉	湖北科学技术出版社	978－7－5352－5689－8
166	我与书的故事.3	李克强主编	银川	宁夏人民教育出版社	978－7－5544－0213－9
167	县图书馆建设研究	李旎编著	南京	河海大学出版社	978－7－5630－3348－5
168	中国公共图书馆未成年人服务调查	李晓明主编	北京	国家图书馆出版社	978－7－5013－5163－3

续表

序号	书名	作者	出版地	出版社	ISBN
169	信息检索教程	李晓艳，赵文凯主编	北京	中国石化出版社	978-7-5114-1941-5
170	再造大学图书馆：上海财经大学图书馆的实践与思考	李笑野，陈骁，王伯言主编	上海	上海社会科学院出版社	978-7-5520-0201-0
171	XML 智能信息检索技术	李新叶著	北京	中国电力出版社	978-7-5123-4938-4
172	图书馆读者行为分析与挖掘研究	李艳，王洪利著	南昌	江西高校出版社	978-7-5493-2057-8
173	城乡一体化进程中的图书馆发展模式研究：以成都地区图书馆为例	李勇，钟刚毅，程孝良等著	北京	科学出版社	978-7-03-030727-9
174	四川省图书馆百年馆庆纪念文集：1912-2012	李忠昊主编	成都	四川人民出版社	978-7-220-08908-4
175	网络信息资源理论与实践研究	梁平，陈红勤著	北京	中国书籍出版社	978-7-5068-3154-3
176	网络信息资源优化配置研究	梁平著	北京	中国书籍出版社	978-7-5068-3437-7
177	搜索	梁晓涛，汪文斌主编	武汉	武汉大学出版社	978-7-307-11035-9
178	探索改革奋进：纪念清华大学图书馆百年华诞论文集	林佳主编	北京	清华大学出版社	978-7-302-31132-4
179	法科学生必修课：论文写作与资源探索	凌斌著	北京	北京大学出版社	978-7-301-22182-2
180	基层图书馆服务体系建设研究	刘宝玲著	北京	红旗出版社	978-7-5051-2700-5
181	数据与事实检索	刘彩娥编著	北京	科学出版社	978-7-03-037558-2
182	信息检索与创新专利	刘二稳等编著	北京	科学出版社	978-7-03-038484-3
183	理论拓展实践创新：2009—2012 年重庆市少年儿童图书馆职工论文集	刘红主编	长春	吉林人民出版社	978-7-206-09896-3
184	公共图书馆全免费服务发展框架与策略研究	刘杰民编著	北京	科学技术文献出版社	978-7-5023-8307-7
185	悠远的书香：富厚堂藏书楼研究	刘金元著	长沙	岳麓书社	978-7-5538-0189-6
186	面向泛在信息社会的数字馆藏管理与利用	刘净净著	北京	国家图书馆出版社	978-7-5013-5039-1
187	古籍计算机信息门户自动构建与应用：以农史学科为例	刘竟著	芜湖	安徽师范大学出版社	978-7-5676-0998-3
188	农家书屋建设的现状及可持续发展研究	刘丽编著	合肥	安徽科学技术出版社	978-7-5337-5882-0
189	图书馆管理与服务研究	刘丽娅著	长春	吉林大学出版社	978-7-5677-0445-9

续表

序号	书名	作者	出版地	出版社	ISBN
190	对外汉语信息检索	刘丽主编	北京	北京语言大学出版社	978-7-5619-3562-0
191	现代信息检索教程	刘尚毅,卢艳霞主编	北京	人民邮电出版社	978-7-115-28488-4
192	盲人图书馆建设理论与实践初探	刘玮著	广州	世界图书出版广东有限公司	978-7-5100-3900-3
193	网络信息检索与利用	刘霞,李洪杰主编	济南	山东人民出版社	978-7-209-07154-3
194	子海珍本编图录	刘心明,鲍有为,张云编	南京	凤凰出版社	978-7-5506-1901-2
195	医学信息技术基础实验指导	刘燕,冯天亮主编	北京	科学出版社	978-7-03-036889-8
196	大学信息检索实用教程	刘颖,宋乐平主编	北京	清华大学出版社	978-7-302-31317-5
197	当代图书馆学情报学教育问题浅探	刘瑜编著	昆明	云南民族出版社	978-7-5367-5772-1
198	淄博市图书馆志	刘玉湘主编	北京	中国文史出版社	978-7-5034-4198-1
199	书馨集:出土文献与古文字论丛	刘钊著	上海	上海古籍出版社	978-7-5325-7055-3
200	从纸张到数字:信息时代的文献	刘子明著;王昉译	郑州	大象出版社	978-7-5347-7725-7
201	电子资源 MARC21 组织法	罗翀等编著	北京	国家图书馆出版社	978-7-5013-5194-7
202	文献信息检索与应用	罗敏主编	北京	人民邮电出版社	978-7-115-32097-1
203	坚守与超越:高校图书馆发展研究	罗时进,唐忠明主编	苏州	苏州大学出版社	978-7-5672-0646-5
204	组织情报学	吕斌,李国秋著	上海	上海世界图书出版公司	978-7-5100-5604-8
205	链路预测	吕琳媛,周涛著	北京	高等教育出版社	978-7-04-038232-7
206	实用科技信息资源检索与利用	马光雄,袁丽芬,王苏海主编	南京	南京大学出版社	978-7-305-04988-0
207	大学图书馆的创新与发展	马继刚主编	成都	四川大学出版社	978-7-5614-6834-0
208	信息检索与利用	马林山编著	合肥	安徽科学技术出版社	978-7-5337-6041-0
209	医学数字资源的检索与利用	马路主编	北京	人民卫生出版社	978-7-117-17687-3

续表

序号	书名	作者	出版地	出版社	ISBN
210	图书馆现代人力资源开发与管理	马文筠，张莉，冯京桉编著	北京	国家图书馆出版社	978-7-5013-5045-2
211	面向用户需求的图书馆移动信息服务研究	茆意宏著	北京	中国书籍出版社	978-7-5068-3359-2
212	查询推荐关键技术研究	孟玲玲著	北京	清华大学出版社	978-7-302-33579-5
213	敦煌愿文词汇研究	敏春芳著	北京	民族出版社	978-7-105-12721-4
214	图书馆信息研究与服务	穆丽红，王丽敏主编	北京	海洋出版社	978-7-5027-8592-5
215	中文古籍整理与版本目录学国际学术研讨会论文集	倪莉，王蕾，沈津编	桂林	广西师范大学出版社	978-7-5495-4412-7
216	一个世纪的开放历程：首都图书馆建馆一百周年	倪晓建，肖维平主编；首都图书馆编	北京	中国戏剧出版社	978-7-104-04089-7
217	公共图书馆与未成年人服务	宁英伟著	沈阳	万卷出版公司	978-7-5470-2471-3
218	中外学术论文中英文摘要语料库的创建及应用	牛桂玲著	北京	知识产权出版社	978-7-5130-2325-2
219	古籍修复与装帧	潘美娣著	上海	上海人民出版社	978-7-208-11440-1
220	科技文献检索入门与提高	潘杏仙编著	芜湖	安徽师范大学出版社	978-7-5676-0986-0
221	信息检索实验	潘有能，叶鹰编著	杭州	浙江人民出版社	978-7-213-05499-0
222	政府信息资源的图书馆开发利用模式研究	彭国莉著	北京	中国社会科学出版社	978-7-5161-3580-8
223	信息资源检索策略与分析	彭奇志，林中主撰	南京	南京大学出版社	978-7-305-11827-2
224	信息检索与利用	彭奇志主编	北京	中国轻工业出版社	978-7-5019-9071-9
225	图书分类法评论选集	皮高品著	武汉	武汉大学出版社	978-7-307-10268-2
226	云南民族古籍与历史文化研究	普学旺，李克忠主编；云南省少数民族古籍整理出版规划办公室编	昆明	云南美术出版社	978-7-5489-1378-8
227	信息检索概论	祁延莉，赵丹群编著	北京	北京大学出版社	978-7-301-22648-3
228	文献信息检索与利用	乔好勤，冯建福，陈爱军主编	武汉	华中科技大学出版社	978-7-5609-9195-5

续表

序号	书名	作者	出版地	出版社	ISBN
229	信息检索实用指南	乔颖著	北京	中国农业科学技术出版社	978-7-5116-1232-8
230	图书馆学情报学大辞典	丘东江主编	北京	海洋出版社	978-7-5027-8344-0
231	公共图书馆管理实务	邱冠华,陈萍编著	北京	北京师范大学出版社	978-7-303-15596-5
232	中国学术期刊评价研究报告.2013—2014:RCCSE权威、核心期刊排行榜与指南	邱均平,燕今伟,刘霞等编著	北京	科学出版社	978-7-03-037277-2
233	陇东学院图书馆史:1978—2012	邱烈祥主编	兰州	甘肃民族出版社	978-7-5421-2428-9
234	中文书目数据制作	全国图书馆联合编目中心,国家图书馆中文采编部编	北京	国家图书馆出版社	978-7-5013-5162-6
235	民国时期四川图书馆业概况	任家乐,李禾主编	成都	四川大学出版社	978-7-5614-6635-3
236	西藏阿里地区发现蒙古文散叶研究	萨仁高娃著	北京	国家图书馆出版社	978-7-5013-5130-5
237	信息检索与档案文献研究方法	邵景霞,闻武,张军主编	北京	中国戏剧出版社	978-7-104-04044-6
238	化学信息学	邵学广,蔡文生编著	北京	科学出版社	978-7-03-036904-8
239	少儿图书馆建设理论与实践	沈建勤主编	南京	东南大学出版社	978-7-5641-4660-3
240	版本目录学研究.第四辑	沈乃文主编	北京	北京大学出版社	978-7-301-22948-4
241	湖南近代图书馆史	沈小丁著	长沙	岳麓书社	978-7-5538-0047-9
242	大学图书馆导读策略	沈秀琼著	北京	人民邮电出版社	978-7-115-31999-9
243	沈祖荣文集	沈祖荣著	武汉	武汉大学出版社	978-7-307-11721-1
244	川沙图书馆发展史	施济屏主编	上海	上海科学技术文献出版社	978-7-5439-5584-4
245	实用网络文献信息资源检索与利用	史红改,方芳主编	北京	北京交通大学出版社	978-7-5121-1582-8
246	阅读在身边	首都图书馆编	北京	学苑出版社	978-7-5077-4240-4
247	启迪民智 书脉传承:首都图书馆建馆百年纪念文集	首都图书馆编	北京	学苑出版社	978-7-5077-4349-4

续表

序号	书名	作者	出版地	出版社	ISBN
248	首都图书馆百年纪事	首都图书馆编	北京	学苑出版社	978-7-5077-4348-7
249	相约幸福：全国首届书香“三八”读书征文活动优秀作品集	书香“三八”读书征文活动组委会编	北京	红旗出版社	978-7-5051-2781-4
250	为了幸福：全国首届书香“三八”读书征文活动优秀组织奖汇编	书香“三八”读书征文活动组委会编	北京	红旗出版社	978-7-5051-2780-7
251	图书馆核心价值及其实现策略：图书情报学理论与实践工作纵论	宋剑祥著	北京	中国书籍出版社	978-7-5068-3128-4
252	基层图书馆工作指南	宋廷旺主编	兰州	兰州大学出版社	978-7-311-04082-6
253	引用认同和引证形象研究	苏芳荔著	上海	上海世界图书出版公司	978-7-5100-6187-5
254	主题法的理论与标引	刘湘生编著	北京	国家图书馆出版社	978-7-5013-4297-6
255	个性化推荐系统关键技术	苏玉召，赵妍著	郑州	郑州大学出版社	978-7-5645-1506-5
256	基于TAM与TTF模型的网络信息资源利用效率研究	孙建军著	北京	科学出版社	978-7-03-037268-0
257	科技写作与文献检索	孙平，伊雪峰编	北京	清华大学出版社	978-7-302-31386-1
258	计算机网络资源共享机制研究	孙绍荣等著	北京	科学出版社	978-7-03-038856-8
259	数字时代的元数据实践	孙晓菲主编；韩子静，曹玉霞，熊健敏编著	杭州	浙江大学出版社	978-7-308-11226-0
260	学科化服务技术与应用	孙翌主编	上海	上海交通大学出版社	978-7-313-09127-7
261	图书馆名言集	塔季扬娜·埃斯克特兰德选编；李恺译	北京	国家图书馆出版社	978-7-5013-4672-1
262	知识的宝库·图书馆	台湾牛顿出版公司编著	合肥	黄山书社	978-7-5461-3154-2
263	现代图书馆信息资源建设与创新服务研究	谭永钦，胡颖，李相文著	北京	光明日报出版社	978-7-5112-3516-9
264	个性化知识服务的实践与技术	汤江主编；中国科学院上海生命科学信息中心编	北京	科学出版社	978-7-03-035997-1

续表

序号	书名	作者	出版地	出版社	ISBN
265	信息检索	唐开主编	北京	煤炭工业出版社	978-7-5020-4273-8
266	转型发展:2012年上海地区公共图书馆读者服务研讨会论文集	唐铭杰主编;上海市图书馆学会编	上海	上海辞书出版社	978-7-5326-3875-8
267	图书馆数字资源选择标准研究	唐琼著	武汉	武汉大学出版社	978-7-307-11987-1
268	天一阁文丛.第11辑	天一阁博物馆编	杭州	浙江古籍出版社	978-7-5540-0174-5
269	苹楼藏书琐谈	涂宗涛著	天津	天津古籍出版社	978-7-5528-0076-0
270	数字资源贸易权益分享理论与实证	宛玲,李晓娟著	北京	人民出版社	978-7-01-012317-2
271	图书馆资源建设与编目工作研究	万爱雯,周建清著	北京	当代中国出版社	978-7-5154-0284-0
272	传承与求索:云南大学图书馆90周年纪念文集	万永林主编	昆明	云南大学出版社	978-7-5482-1379-6
273	图书馆志愿者服务的理论与实践	汪海波,张燚著	广州	世界图书出版广东有限公司	978-7-5100-5130-2
274	社科信息检索实用教程	汪雪莲编著	北京	清华大学出版社	978-7-302-32803-2
275	现代信息检索技术基本原理教程	王冲主编	西安	西安电子科技大学出版社	978-7-5606-3229-2
276	延阁飞香:东北大学图书馆建馆九十周年纪念集	王恩德主编	沈阳	东北大学出版社	978-7-5517-0423-6
277	图书情报专业学术论文写作	王福,周文学编著	呼和浩特	内蒙古大学出版社	978-7-5665-0455-5
278	信息资源检索与利用	王海著	济南	济南出版社	978-7-5488-1031-5
279	钱谦益藏书研究	王红蕾著	天津	南开大学出版社	978-7-310-04114-5
280	药学文献检索	王鸿,邢美园主编	杭州	浙江大学出版社	978-7-308-11732-6
281	清代藏书思想研究	王蕾著	桂林	广西师范大学出版社	978-7-5495-2596-6

续表

序号	书名	作者	出版地	出版社	ISBN
282	文献信息检索与利用	王丽萍主编	广州	华南理工大学出版社	978-7-5623-3972-4
283	现代图书馆管理理论与方法研究	王玲玲,白烨芳,翟迎春编著	北京	中国时代经济出版社	978-7-5119-1648-8
284	图书馆学研究的理性与感性	王梅著	北京	九州出版社	978-7-5108-2415-9
285	医药文献检索与利用	王平南,肖卫雯,吴娅娜主编	杭州	浙江大学出版社	978-7-308-12001-2
286	图书馆学笔记:科学网图谋博客精粹	王启云著	北京	知识产权出版社	978-7-5130-2165-4
287	高校数字图书馆建设评估研究	王启云著	北京	中国书籍出版社	978-7-5068-3059-1
288	《公共图书馆服务规范》应用指南	王世伟,张涛编著	北京	国家图书馆出版社	978-7-5013-4916-6
289	国际大都市图书馆服务体系述略	王世伟等著	上海	上海人民出版社	978-7-208-11608-5
290	拥雪斋书影	王树田著	呼和浩特	内蒙古人民出版社	978-7-204-12388-9
291	医学电子资源获取与利用	王庭槐主编	北京	高等教育出版社	978-7-04-037706-4
292	研究生活必备的八堂课:和你一起分享文献的检索、分析与利用	王伟,钟绍春编著	北京	清华大学出版社	978-7-302-33981-6
293	高校图书馆工具书管理与服务研究	王文兵,覃云主编	武汉	湖北科学技术出版社	978-7-5352-5722-2
294	文献信息检索与论文写作	王细荣,韩玲,张勤编著	上海	上海交通大学出版社	978-7-313-04514-0
295	清儒整理唐代文献研究	王雪玲著	北京	中国社会科学出版社	978-7-5161-1563-3
296	古籍计算机自动索引研究:以民国农业文献自动索引为例	王雅戈著	芜湖	安徽师范大学出版社	978-7-5676-1000-2
297	学习型社会视阈下图书馆服务范型研究	王晔著	长春	吉林人民出版社	978-7-206-10010-9

续表

序号	书名	作者	出版地	出版社	ISBN
298	东亚坐标中的书籍之路研究	王勇主编	北京	中国书籍出版社	978－7－5068－3061－4
299	信息检索教程	王宇主编	北京	高等教育出版社	978－7－04－037075－1
300	网络信息检索与综合利用	王裕芳主编	北京	人民邮电出版社	978－7－115－32869－4
301	危机管理融入图书馆组织文化建设研究	王云洪著	天津	天津科学技术出版社	978－7－5308－8095－1
302	专利信息分析及典型应用	王运斗，李鹏主编	北京	军事医学科学出版社	978－7－5163－0134－0
303	文献资源建设学：理论与实践研究	王泽武等主编	天津	天津科学技术出版社	978－7－5308－8256－6
304	古典文献学术论丛. 第三辑	王政，周有斌主编	合肥	黄山书社	978－7－5461－3415－4
305	近代著名图书馆馆刊荟萃四编	王志庚，顾烨青主编	北京	国家图书馆出版社	978－7－5013－5049－0
306	清华大学图书馆百年图史	韦庆媛，邓景康著	北京	清华大学出版社	978－7－302－31033－4
307	中韩图书馆实用手册	魏成光，赵源，吕盈盈著	北京	国家图书馆出版社	978－7－5013－4828－2
308	中国药学主题词表	魏金明主编	北京	中国医药科技出版社	978－7－5067－5902－1
309	图书馆学基础	魏蔚，张亚君主编	成都	电子科技大学出版社	978－7－5647－1344－7
310	化学化工信息检索	魏振枢主编	北京	化学工业出版社	978－7－122－14458－4
311	清代内府刻书研究	翁连溪著	北京	故宫出版社	978－7－5134－0305－4
312	搜索引擎优化	吴春琼编著	北京	中央广播电视大学出版社	978－7－304－06351－1
313	阅读创意互动：绘本阅读推广的多元化策略	吴翠红主编	广州	广州出版社	978－7－5462－1522－8
314	文献编目理论研究	吴丽坤，殷洁著	北京	中央编译出版社	978－7－5117－1725－2
315	图书馆科学发展的理念与实践	吴涛，王关锁著	北京	中国书籍出版社	978－7－5068－3119－2

续表

序号	书名	作者	出版地	出版社	ISBN
316	公共图书馆读者服务案例	吴晞,肖容梅著	北京	北京师范大学出版社	978-7-303-15605-4
317	图林芳华:江汉大学图书馆十年回顾	吴学思,张黎明主编	广州	世界图书出版广东有限公司	978-7-5100-7096-9
318	实用化学化工文献检索	夏红,朱金苗主编	合肥	中国科学技术大学出版社	978-7-312-03158-8
319	科技查新案例评析	夏太寿主编	南京	东南大学出版社	978-7-5641-4633-7
320	卢文·校勘学研究	夏艳著	天津	天津社会科学院出版社	978-7-80688-887-2
321	中国古典文献学	项楚,罗鹭主编	北京	中国人民大学出版社	978-7-300-17764-9
322	医学文献信息检索实用教程	肖凤玲,李朝葵主编	北京	科学出版社	978-7-03-038215-3
323	数字信息资源的检索与利用	肖珑主编	北京	北京大学出版社	978-7-301-22414-4
324	探索·创新:大连地区图书馆学术论文集	辛欣主编	沈阳	万卷出版公司	978-7-5470-2492-8
325	搜索引擎优化技巧·策略·案例	新奇e族编著	北京	化学工业出版社	978-7-122-15365-4
326	毕业论文写作与文献检索	邢彦辰主编	北京	北京邮电大学出版社	978-7-5635-3379-4
327	网络资源共享模型与相关技术研究	邢长明,韩庆华著	北京	经济科学出版社	978-7-5141-2985-4
328	图书馆服务设计	熊萍著	武汉	武汉出版社	978-7-5430-7744-7
329	于鬯《春秋》四传《校书》训诂研究	熊焰著	北京	中国社会科学出版社	978-7-5161-3343-9
330	天禄方圆:西安图书馆制度汇编	胥文哲编著	西安	陕西旅游出版社	978-7-5418-2899-7
331	数字参考咨询与地学文化研究	徐红燕著	北京	知识产权出版社	978-7-5130-2329-0
332	文献信息检索	徐景芬主编	长春	吉林出版集团有限责任公司	978-7-5534-2846-8

续表

序号	书名	作者	出版地	出版社	ISBN
333	藏文古籍概览	徐丽华著	北京	民族出版社	978-7-105-12602-6
334	明人别集经眼叙录	徐永明，赵素文著	杭州	浙江古籍出版社	978-7-80715-441-9
335	国家图书馆数字资源对象管理规范	徐周亚，龙伟主编	北京	国家图书馆出版社	978-7-5013-5051-3
336	信息资源获取与应用	许萍，肖爱斌主编	北京	中国书籍出版社	978-7-5068-3063-8
337	社会化标签的语义检索研究	宣云干著	南京	东南大学出版社	978-7-5641-4453-1
338	青岛市图书馆藏山东文献珍本图录	薛山青，徐月霞主编	济南	齐鲁书社	978-7-5333-2713-2
339	湖南刻书史略	寻霖，刘志盛著	长沙	岳麓书社	978-7-80761-978-9
340	田野书香	杨宏峰主编	银川	宁夏人民教育出版社	978-7-5544-0224-5
341	高校图书馆信息共享空间建设	杨敏主编	郑州	中原农民出版社	978-7-5542-0512-9
342	积微居读书记	杨树达著	上海	上海古籍出版社	978-7-5325-6977-9
343	现代图书馆信息资源服务及创新研究	杨秀平，赵悦著	北京	中国商务出版社	978-7-5103-0873-4
344	王应麟汉代文献研究述论	杨毅著	广州	世界图书出版广东有限公司	978-7-5100-6154-7
345	公共图书馆资源建设与服务	杨玉麟，屈义华编著	北京	北京师范大学出版社	978-7-303-15606-1
346	科技信息素养基础教程	杨云川等编著	北京	国防工业出版社	978-7-118-09239-4
347	悦读：携手进阶“数字图书馆”	杨允仙主编	昆明	云南大学出版社	978-7-5482-1584-4
348	图书馆信息化建设	姚健等主编	天津	天津科学技术出版社	978-7-5308-8639-7
349	中国目录学史	姚名达著	长沙	岳麓书社	978-7-5538-0036-3
350	公共图书馆社会化服务	姚迎东编著	武汉	武汉出版社	978-7-5430-7698-3

续表

序号	书名	作者	出版地	出版社	ISBN
351	文化发展中的信息服务与创新:北京高校科技信息服务研究会学术年会论文集	叶春明,赵世华主编	北京	北京邮电大学出版社	978-7-5635-3620-7
352	书的版本命名	叶守法著	北京	光明日报出版社	978-7-5112-4714-8
353	中文工具书的使用及实践指导	叶勇,明月辉,吕健主编	长春	吉林文史出版社	978-7-5472-1612-5
354	畅销书与思想解放论稿	易图强著	长沙	湖南人民出版社	978-7-5438-9723-6
355	数字资源检索与利用(文科类)	尤建忠编著	杭州	浙江工商大学出版社	978-7-5178-0017-0
356	高校图书馆企业信息服务	于春莉著	武汉	湖北科学技术出版社	978-7-5352-5603-4
357	古书通例	余嘉锡著	上海	上海古籍出版社	978-7-5325-6720-1
358	目录学发微古书通例	余嘉锡著	上海	上海古籍出版社	978-7-5325-6720-1
359	网络环境下我国高校图书馆变革与发展若干问题研究	余侠,王宁著	合肥	安徽大学出版社	978-7-5664-0597-5
360	“天堂”的行为艺术	余小林著	北京	大众文艺出版社	978-7-5172-0138-0
361	民国时期的图书馆与社会阅读	余训培著	北京	清华大学出版社	978-7-302-32816-2
362	现代图书馆服务	袁明伦编著	成都	四川大学出版社	978-7-5614-7182-1
363	实用信息检索	袁新芳,樊瑜主编	徐州	中国矿业大学出版社	978-7-5646-1627-4
364	专利知识挖掘关键技术研究	翟东升著	北京	知识产权出版社	978-7-5130-1686-5
365	中医古籍文献学	张灿玾著;张增敏,张鹤鸣协助整理	北京	科学出版社	978-7-03-038540-6
366	彝文古籍与西南边疆历史	张纯德,朱琚元,白兴发著	北京	社会科学文献出版社	978-7-5097-4165-8
367	图书情报理论与实践	张金城,马万民主编	北京	中国时代经济出版社	978-7-5119-1651-8
368	民航信息资源检索概论	张晶等著	北京	科学技术文献出版社	978-7-5023-7815-8

续表

序号	书名	作者	出版地	出版社	ISBN
369	信息检索与利用基础教程	张鹏主编	沈阳	东北大学出版社	978-7-5517-0305-5
370	吕剑书影录	张期鹏编著	济南	山东大学出版社	978-7-5607-4902-0
371	吴伯箫书影录	张期鹏编著	济南	山东大学出版社	978-7-5607-4903-7
372	王毓铨书影录	张期鹏编著	济南	山东大学出版社	978-7-5607-4904-4
373	面向创新体系的科技及社科查新	张群著	北京	科学技术文献出版社	978-7-5023-8410-4
374	中国图书馆事业和中国图书馆学发展史论丛:张树华教授论文选集	张树华著	北京	国家图书馆出版社	978-7-5013-5134-3
375	广校雠略	张舜徽著	上海	上海古籍出版社	978-7-5325-7069-0
376	衔华佩实:浦东图书馆内涵发展论文集	张伟主编	上海	上海远东出版社	978-7-5476-0703-9
377	问道	张伟著	上海	上海远东出版社	978-7-5476-0702-2
378	面向残疾人的数字图书馆服务	张炜著	北京	国家图书馆出版社	978-7-5013-5044-5
379	馆里馆外:文化名人与中国近代图书馆的创建和理论探索	张喜梅著	北京	中国时代经济出版社	978-7-5119-1787-4
380	中国现代文学散文版本闻见录续集:1926—1949	张泽贤著	上海	上海远东出版社	978-7-5476-0733-6
381	主题聚类及其应用研究	章成志著	北京	国家图书馆出版社	978-7-5013-4929-6
382	阅读推广:理念·方法·案例	赵俊玲,郭腊梅,杨绍志主编	北京	国家图书馆出版社	978-7-5013-5073-5
383	国家图书馆网络资源元数据规范和著录规则	赵亮,周晨主编	北京	国家图书馆出版社	978-7-5013-5050-6
384	实用信息检索方法与利用	赵乃瑄主编	北京	化学工业出版社	978-7-122-15843-7
385	古文献研究集刊.第七辑	赵生群,方向东主编	南京	凤凰出版社	978-7-5506-1923-4
386	信息检索与利用	赵生让主编	西安	西安电子科技大学出版社	978-7-5606-3115-8

续表

序号	书名	作者	出版地	出版社	ISBN
387	医学文献检索	赵玉虹主编	北京	人民卫生出版社	978-7-117-17684-2
388	从MEGA1到MEGA2的历程:《马克思恩格斯全集》历史考证版的诞生与发展	赵玉兰著	北京	中国社会科学出版社	978-7-5161-1975-4
389	图书馆合作创新与发展.2012年卷	肇庆市图书馆学会,广州市图书馆学会,佛山市图书馆学会主编	北京	中国轻工业出版社	978-7-5019-9062-7
390	图书馆学档案学名家文集	浙江大学信息资源管理系编	杭州	浙江大学出版社	978-7-308-11305-2
391	浙江省古籍普查手册	浙江省古籍保护中心编	北京	国家图书馆出版社	978-7-5013-5074-2
392	数字图书馆建设体制与发展模式	郑建明著	北京	科学出版社	978-7-03-037513-1
393	国家图书馆电子图书元数据规范和著录规则	郑巧英,梁蕙玮,陈幼华主编	北京	国家图书馆出版社	978-7-5013-5128-2
394	国家图书馆图像资源元数据规范和著录规则	郑巧英,周晨,彭佳主编	北京	国家图书馆出版社	978-7-5013-5072-8
395	大学图书馆研究与思考	郑学军著	哈尔滨	哈尔滨工业大学出版社	978-7-5603-4072-2
396	领导月读.第18辑	中共广西壮族自治区委员会宣传部,中共广西壮族自治区委员会讲师团编	南宁	广西人民出版社	978-7-219-08333-8
397	领导月读.第17辑	中共广西壮族自治区委员会宣传部,中共广西壮族自治区委员会讲师团编	南宁	广西人民出版社	978-7-219-08299-7
398	领导月读.第16辑	中共广西壮族自治区委员会宣传部,中共广西壮族自治区委员会讲师团编	南宁	广西人民出版社	978-7-219-08260-7
399	领导月读.第26辑	中共广西壮族自治区委员会宣传部,中共广西壮族自治区委员会讲师团编	南宁	广西人民出版社	978-7-219-08657-5
400	领导月读.第20辑	中共广西壮族自治区委员会宣传部,中共广西壮族自治区委员会讲师团编	南宁	广西人民出版社	978-7-219-08384-0

续表

序号	书名	作者	出版地	出版社	ISBN
401	领导月读.第19辑	中共广西壮族自治区委员会宣传部,中共广西壮族自治区委员会讲师团编	南宁	广西人民出版社	978-7-219-08354-3
402	领导月读.第25辑	中共广西壮族自治区委员会宣传部,中共广西壮族自治区委员会讲师团编	南宁	广西人民出版社	978-7-219-08584-4
403	领导月读.第21辑	中共广西壮族自治区委员会宣传部,中共广西壮族自治区委员会讲师团编	南宁	广西人民出版社	978-7-219-08426-7
404	领导月读.第23辑	中共广西壮族自治区委员会宣传部,中共广西壮族自治区委员会讲师团编	南宁	广西人民出版社	978-7-219-08479-3
405	领导月读.第24辑	中共广西壮族自治区委员会宣传部,中共广西壮族自治区委员会讲师团编	南宁	广西人民出版社	978-7-219-08509-7
406	领导月读.第22辑	中共广西壮族自治区委员会宣传部,中共广西壮族自治区委员会讲师团编	南宁	广西人民出版社	978-7-219-08454-0
407	中小学图书馆工作指南	中国教育装备行业协会学校图书装备分会主编	北京	高等教育出版社	978-7-04-039315-6
408	中国科学技术信息研究所论文集.2010	中国科学技术信息研究所编	北京	科学技术文献出版社	978-7-5023-7616-1
409	中国科学技术信息研究所论文集.2011	中国科学技术信息研究所编	北京	科学技术文献出版社	978-7-5023-7617-8
410	中国科学技术信息研究所论文集.2009	中国科学技术信息研究所编	北京	科学技术文献出版社	978-7-5023-7615-4
411	中国科学计量指标:期刊引证报告.2012年卷	中国科学引文数据库项目组编著	北京	知识产权出版社	978-7-5130-1986-6
412	中国科学计量指标:论文与引文统计.2012年卷	中国科学院国家科学图书馆中国科学引文数据库项目组编著	北京	知识产权出版社	978-7-5130-2013-8
413	图书馆、情报与文献学研究的新视野.6:中国社会科学情报学会2012年学术年会论文集	中国社会科学情报学会编	北京	中国书籍出版社	978-7-5068-3374-5

续表

序号	书名	作者	出版地	出版社	ISBN
414	图书馆、情报与文献学研究的新视野. 1:中国社会科学情报学会成立二十周年学术论文集	中国社会科学情报学会编	北京	中国书籍出版社	978-7-5068-3267-0
415	探寻中国铁路历史的印迹:中国铁道博物馆正阳门馆文稿汇编:2010～2012	中国铁道博物馆编	北京	中国铁道出版社	978-7-113-14788-4
416	中国图书馆年鉴. 2012	中国图书馆学会,国家图书馆编	北京	国家图书馆出版社	978-7-5013-4851-0
417	中国图书馆年鉴. 2013	中国图书馆学会,国家图书馆编	北京	国家图书馆出版社	978-7-5013-5228-9
418	文化强国建设中的中小型图书馆服务	中国图书馆学会,全国中小型公共图书馆联合会,北京市西城区图书馆管理协会编	北京	中国民族摄影艺术出版社	978-7-5122-0343-3
419	中国图书馆学会年会论文集. 2013年卷	中国图书馆学会编	北京	国家图书馆出版社	978-7-5013-5184-8
420	基于OPAC的图书馆资源整合研究	周晨主编	北京	国家图书馆出版社	978-7-5013-5122-0
421	中国图书馆事业发展报告. 2012	周和平主编	北京	国家图书馆出版社	978-7-5013-4892-3
422	信息检索实用教程	周淮主编	南京	南京大学出版社	978-7-305-11107-5
423	文献标引与文献编目	周军等主编	天津	天津科学技术出版社	978-7-5308-8236-8
424	中国农家书屋建设、管理与利用实务	周晓季编著	南京	南京大学出版社	978-7-305-10936-2
425	高校图书馆信息资源检索与利用	周晓燕主编	西安	西安地图出版社	978-7-80748-937-5
426	高职信息检索实用教程	周云主编	北京	机械工业出版社	978-7-111-42479-6
427	古典文献学理论探索与古籍整理方法研究	朱崇先主编	北京	民族出版社	978-7-105-12587-6
428	基于WEB2.0的图书馆信息服务创新研究	朱凤娟,郭青阳,娄长春著	北京	九州出版社	978-7-5108-2167-7
429	计算机搜索技术及技巧	朱俭编著	北京	机械工业出版社	978-7-111-41782-8

续表

序号	书名	作者	出版地	出版社	ISBN
430	现代信息检索实用教程	朱静芳主编	北京	清华大学出版社	978-7-302-29354-5
431	科技文献监测:理论、方法与应用	朱祥枝主编	福州	福建科学技术出版社	978-7-5335-4433-1
432	书香,也醉人	朱永新著	深圳	海天出版社	978-7-5507-0734-4
433	民族学信息检索	祝方林编著	广州	世界图书出版广东有限公司	978-7-5100-6194-3
434	云间韩氏藏书题识汇录	邹百耐纂;石菲整理	上海	上海古籍出版社	978-7-5325-6526-9
435	中国文献学	张大可著	北京	商务印书馆	978-7-100-09389-7
436	国家图书馆年鉴.2013	国家图书馆编	北京	国家图书馆出版社	978-7-5013-5188-6
437	GB/T3792.6—2005《测绘制图资料著录规则》应用指南	苏品红,白鸿叶,吴碧华编著	北京	国家图书馆出版社	978-7-5013-5212-8
438	钱基博版本通义	钱基博著	长春	吉林人民出版社	978-7-206-09943-4
439	高明学术论集	高明著	上海	上海古籍出版社	978-7-5325-7064-5
440	WH/T46—2012 图像数据加工规范	国家图书馆出版社编	北京	国家图书馆出版社	978-7-5013-5046-9
441	WH/T47—2012 图书馆数字资源统计规范	中华人民共和国文化部编	北京	国家图书馆出版社	978-7-5013-5047-6
442	WH/T52—2012 管理元数据规范	国家图书馆出版社编	北京	国家图书馆出版社	978-7-5013-5048-3

（国家图书馆中文采编部供稿）

统计资料

2013年全国公共图书馆事业统计

按年份全国公共图书馆主要业务活动情况

年　份	机构数（个）	从业人员（人）	总藏量（万册件）	总流通人次（万人次）		书刊、文献外借册次（万册次）	书架单层总长度（万米）	发放借书证数（万个）	本年新购藏量（万册）
					外借人次				
1979年	1651		18353	7787		9625			
1980年	1732		19904	9045		11830			
1985年	2344	29350	25573	11614		18942			1343
1986年	2406	31849	26133	11722		16205	504	523	1359
1990年	2527	40247	29064	12435		20242	772	603	895
1991年	2535	42037	30614	20496	7949	13325	758	631	771
1992年	2558	43051	31175	18495	7653	12625	748	563	740
1993年	2572	44656	31410	16973	6970	11685	797	562	631
1994年	2589	44367	32332	14451	7232	11852	776	552	556
1995年	2615	45323	32850	14142	7160	11814	899	540	551
1996年	2620	46457	33686	14793	7731	13544	967	527	577
1997年	2628	47882	37549	16114	8561	15685	817	556	680
1998年	2662	48313	38514	17058	8910	15422	873	582	700
1999年	2669	48792	39539	18040	9075	16290	934	596	678
2000年	2675	51342	40953	18854	9600	16913	978	623	692
2001年	2696	48579	42130	20757	9829	17559	945	792	819
2002年	2697	48447	42683	21950	10428	20021	995	918	946
2003年	2709	49646	43776	21440	10666	18775	1035	943	1049
2004年	2720	49069	46152	22095	10140	18536	1247	1056	1228
2005年	2762	50423	48056	23332	10821	20269	1320	1062	1535
2006年	2778	51311	50024	25218	11408	21039	1413	1160	1686
2007年	2799	51650	52053	26103	11454	21319	1318	1273	1871
2008年	2820	52021	55064	28141	12251	23129	1112	1454	2071
2009年	2850	52688	58521	32167	13277	25857	1216	1749	2939
2010年	2884	53564	61726	32823	13934	26392	1200	2020	2956
2011年	2952	54475	63896	37423	15316	28452	1218	2214	3985
2012年	3076	54997	68827	43437	17402	33191	1216	2485	5826
2013年	3112	56320	74896	49232	20552	40868	1191	2877	4865

按年份全国公共图书馆经费收支及设施情况

年　份	收入合计（万元）		支出合计（万元）		新购图书（万册）	实际使用房屋建筑面积（万平方米）			阅览室座席数（万个）
		财政拨款		新增藏量购置费			书库	阅览室	
1979年	5040	5040	5206	2163		86.6	38.1	21.1	
1980年	5476	5476	5486	2273		92.0	42.1	23.5	
1985年	15272	15272	13393	4164	1343	172.0	64.1	46.1	23.1
1986年	19891	19070	17242	5300	1359	210.2	73.0	53.4	33.7
1990年	32328	29292	30271	8474	895	326.0	98.4	76.1	32.1
1991年	36764	32593	34388	8927	771	349.1	104.3	80.0	34.0
1992年	45354	39010	41132	9916	740	363.6	105.3	84.3	34.4
1993年	50917	42975	48211	10698	631	368.0	108.0	85.0	34.3
1994年	74586	60639	63295	9252	556	409.1	113.6	85.7	34.8
1995年	79685	65829	74080	16788	551	415.5	117.8	88.3	35.2
1996年	93235	76582	88963	19626	577	441.4	120.8	94.0	35.6
1997年	114004	93177	113927	25527	680	471.5	124.9	98.0	37.4
1998年	129082	107521	127032	28067	700	492.5	131.7	101.8	39.9
1999年	137430	115830	135826	30473	678	506.0	137.4	105.7	41.6
2000年	163799	139321	157173	37141	692	598.2	139.0	109.7	41.6
2001年	183368	152732	187661	36489	819	561.8	146.4	114.4	43.7
2002年	213322	176882	208929	41853	946	582.8	151.6	122.6	43.9
2003年	242188	205252	235819	44407	1049	588.6	156.0	129.7	46.1
2004年	281234	238141	275034	50780	1228	625.1	158.4	138.6	47.2
2005年	325880	277848	312571	59781	1535	677.0	170.0	150.0	48.0
2006年	366089	319479	344076	66095	1686	718.9	175.5	159.0	50.0
2007年	450512	395441	431326	78262	1871	741.4	181.6	169.2	52.7
2008年	531926	477616	519841	83832	2071	780.0	183.5	179.3	55.4
2009年	613175	550808	606630	104404	2939	850.3	194.7	203.5	60.2
2010年	646085	583685	643629	111093	2956	900.4	204.5	220.6	63.1
2011年	813232	756357	776839	123540	3985	994.9	212.9	245.3	68.1
2012年	1002068	934890	977556	147785	5826	1058.4	230.1	281.9	73.5
2013年	1151163	1070575	1130035	165959	4865	1158.5	240.2	318.9	81.0

按年份各地区公共图书馆机构数

单位：个

地区	1995年	2000年	2005年	2009年	2010年	2011年	2012年	2013年
总计	**2615**	**2675**	**2762**	**2850**	**2884**	**2952**	**3076**	**3112**
北京	22	24	25	24	24	24	24	24
天津	31	31	32	31	31	31	31	31
河北	134	145	153	164	165	166	172	173
山西	119	121	122	126	126	126	126	127
内蒙古	107	108	110	113	113	114	114	116
辽宁	127	128	126	128	128	128	129	129
吉林	51	60	63	66	65	65	66	66
黑龙江	96	97	96	100	107	107	106	107
上海	31	31	28	29	28	25	25	25
江苏	94	101	103	109	111	112	112	113
浙江	81	83	90	96	97	97	97	98
安徽	83	84	88	89	88	100	102	107
福建	78	81	84	85	86	86	87	91
江西	104	104	104	108	108	114	114	114
山东	130	133	145	150	149	150	150	153
河南	132	134	136	142	142	152	156	157
湖北	100	103	102	107	107	109	111	112
湖南	116	115	120	120	124	130	136	136
广东	114	124	129	133	132	134	137	137
广西	99	94	95	100	108	108	112	112
海南	19	19	20	20	20	20	20	21
重庆		42	43	43	43	43	43	43
四川	166	129	141	156	161	169	188	197
贵州	87	89	91	93	93	94	93	94
云南	148	148	149	150	150	152	152	152
西藏	18	1	4	4	4	4	77	78
陕西	114	114	111	112	112	112	112	114
甘肃	86	91	92	93	94	100	103	103
青海	41	38	43	44	44	49	49	49
宁夏	20	22	20	20	20	27	26	26
新疆	66	80	96	94	103	103	105	106

按年份各地区公共图书馆从业人员

单位：人

地　区	1995年	2000年	2005年	2009年	2010年	2011年	2012年	2013年
总　计	**45323**	**51342**	**50423**	**52688**	**53564**	**54475**	**54997**	**56320**
北　京	886	1080	1219	1292	1307	1273	1258	1254
天　津	1084	1111	1057	1087	1077	1051	1272	1248
河　北	1592	1711	1690	1751	1789	1823	1852	1851
山　西	1370	1527	1631	1579	1575	1545	1550	1539
内蒙古	2015	1833	1776	1822	1804	1907	1937	1998
辽　宁	2859	4916	2888	2891	3152	2922	2971	2892
吉　林	1596	1724	1783	1717	1661	1674	1652	1652
黑龙江	2014	1846	1669	1806	1846	1772	1796	1817
上　海	1686	2513	2597	2376	2180	2264	2089	2210
江　苏	1953	2092	2363	2787	2838	2932	2901	3033
浙　江	1565	1936	2122	2646	3040	3091	3096	3273
安　徽	1168	1241	1217	1229	1239	1267	1312	1412
福　建	1077	1172	1110	1199	1190	1227	1263	1301
江　西	1386	1462	1373	1426	1406	1469	1454	1435
山　东	2318	2506	2690	2669	2680	2697	2647	2760
河　南	2352	2626	2742	2756	2762	2839	2867	2889
湖　北	2054	2299	2253	2180	2151	2149	2219	2226
湖　南	1733	1925	1963	1927	1993	2032	2080	2143
广　东	2355	2837	3252	3711	3761	4203	4237	4147
广　西	1335	1540	1459	1471	1509	1467	1467	1519
海　南	252	250	250	357	374	348	317	327
重　庆		785	755	805	854	848	848	852
四　川	2415	1719	1869	1974	1972	1984	2051	2170
贵　州	869	876	905	946	937	950	976	1014
云　南	1429	1571	1661	1754	1760	1734	1783	1806
西　藏	50	42	62	66	64	60	91	107
陕　西	1317	1572	1691	1944	1988	2007	2163	2231
甘　肃	979	1110	1179	1263	1306	1402	1413	1472
青　海	400	378	365	391	398	406	394	393
宁　夏	498	537	509	531	543	578	545	557
新　疆	770	907	951	945	978	981	1070	1065

按年份各地区公共图书馆总藏量

单位：万册件

地　区	1995年	2000年	2005年	2009年	2010年	2011年	2012年	2012年
总　计	**32850**	**40953**	**48056**	**58521**	**61726**	**63896**	**68827**	**74896**
北　京	670	767	1121	1589	1715	1821	1948	2072
天　津	677	786	869	1159	1258	1286	1397	1474
河　北	845	1081	1307	1549	1611	1643	1773	1937
山　西	777	867	963	1176	1208	1259	1363	1466
内蒙古	621	683	744	870	940	1056	1157	1325
辽　宁	1786	1970	2326	2785	2953	2948	3185	3355
吉　林	921	1030	1202	1338	1380	1399	1494	1597
黑龙江	1094	1186	1291	1572	1644	1703	1751	1843
上　海	1586	5500	6049	6593	6809	6783	6978	7239
江　苏	2420	2669	3179	4071	4370	4781	5468	5770
浙　江	1511	1715	2324	3552	3761	3964	4539	5165
安　徽	752	787	847	1136	1236	1208	1407	1776
福　建	902	985	1274	1542	1682	1676	2080	2467
江　西	1070	1122	1282	1474	1520	1602	1681	1990
山　东	1724	1989	2746	3515	3636	3720	3888	4422
河　南	1062	1239	1429	1724	1837	2045	2145	2218
湖　北	1445	1678	1923	2181	2361	2376	2460	2648
湖　南	1362	1514	1667	1839	1961	2031	2144	2282
广　东	1651	2316	3119	4367	4615	5040	5426	6101
广　西	1243	1312	1491	1760	1881	1868	1942	2110
海　南	137	154	184	341	285	316	385	377
重　庆		811	768	988	1031	986	1129	1129
四　川	2356	1722	2002	2480	2599	2703	2802	3048
贵　州	616	681	764	800	812	868	990	1156
云　南	1104	1254	1371	1508	1566	1573	1686	1765
西　藏	51	60	42	50	53	55	67	100
陕　西	733	837	887	1059	1127	1199	1281	1377
甘　肃	670	745	860	951	1042	1128	1176	1226
青　海	280	286	324	402	358	368	376	379
宁　夏	338	380	378	435	462	497	505	595
新　疆	489	579	817	934	1113	999	1084	1242

按年份各地区人均拥有公共图书馆藏量

单位：册/件

地　区	1995年	2000年	2005年	2009年	2010年	2011年	2012年	2013年
全　国	**0.27**	**0.32**	**0.37**	**0.44**	**0.46**	**0.47**	**0.51**	**0.55**
北　京	0.54	0.55	0.73	0.91	0.87	0.90	0.94	0.98
天　津	0.72	0.79	0.83	0.94	0.97	0.95	0.99	1.00
河　北	0.13	0.16	0.19	0.22	0.22	0.23	0.24	0.26
山　西	0.25	0.26	0.29	0.34	0.34	0.35	0.38	0.40
内蒙古	0.27	0.29	0.31	0.36	0.38	0.43	0.46	0.53
辽　宁	0.44	0.46	0.55	0.64	0.68	0.67	0.73	0.76
吉　林	0.36	0.38	0.44	0.49	0.50	0.51	0.54	0.58
黑龙江	0.30	0.32	0.34	0.41	0.43	0.44	0.46	0.48
上　海	1.12	3.29	3.40	3.43	2.96	2.89	2.93	3.00
江　苏	0.34	0.36	0.43	0.53	0.56	0.61	0.69	0.73
浙　江	0.35	0.37	0.47	0.69	0.69	0.73	0.83	0.94
安　徽	0.13	0.13	0.14	0.19	0.21	0.20	0.23	0.29
福　建	0.28	0.28	0.36	0.43	0.46	0.45	0.55	0.65
江　西	0.26	0.27	0.30	0.33	0.34	0.36	0.37	0.44
山　东	0.20	0.22	0.30	0.37	0.38	0.39	0.40	0.45
河　南	0.12	0.13	0.15	0.18	0.20	0.22	0.23	0.24
湖　北	0.25	0.28	0.34	0.38	0.41	0.41	0.43	0.46
湖　南	0.21	0.24	0.26	0.29	0.30	0.31	0.32	0.34
广　东	0.24	0.27	0.34	0.45	0.44	0.48	0.51	0.57
广　西	0.27	0.29	0.32	0.36	0.41	0.40	0.41	0.45
海　南	0.19	0.20	0.22	0.39	0.33	0.36	0.43	0.42
重　庆		0.26	0.27	0.35	0.36	0.34	0.38	0.38
四　川	0.21	0.21	0.24	0.30	0.32	0.34	0.35	0.38
贵　州	0.18	0.19	0.20	0.21	0.23	0.25	0.28	0.33
云　南	0.28	0.29	0.31	0.33	0.34	0.34	0.36	0.38
西　藏	0.21	0.23	0.15	0.17	0.18	0.18	0.22	0.32
陕　西	0.21	0.23	0.24	0.28	0.30	0.32	0.34	0.37
甘　肃	0.27	0.29	0.33	0.36	0.41	0.44	0.46	0.47
青　海	0.58	0.55	0.60	0.72	0.64	0.65	0.66	0.66
宁　夏	0.66	0.68	0.63	0.70	0.73	0.78	0.78	0.91
新　疆	0.29	0.30	0.41	0.43	0.51	0.45	0.49	0.55

按年份各地区公共图书馆总流通人次

单位：万人次

地　区	1995年	2000年	2005年	2009年	2010年	2011年	2012年	2013年
总　计	**14142**	**18854**	**23332**	**32167**	**32823**	**37423**	**43437**	**49232**
北　京	272	320	715	824	775	726	865	1033
天　津	265	461	483	676	606	572	630	714
河　北	473	736	635	713	736	796	1023	1079
山　西	227	261	256	350	374	398	475	603
内蒙古	282	270	380	310	312	373	417	575
辽　宁	829	1184	1133	1666	1457	1553	1939	1939
吉　林	385	409	505	490	503	611	691	540
黑龙江	631	608	505	617	622	694	836	822
上　海	687	1225	1249	1460	1853	1926	2062	3605
江　苏	883	1227	1735	2787	3006	3542	4527	5047
浙　江	555	1140	1398	4253	3454	3971	4572	4946
安　徽	372	561	461	671	760	1176	1264	1347
福　建	466	647	734	1182	1193	1315	1526	1809
江　西	413	485	534	596	639	756	1057	1165
山　东	509	795	1422	1603	1717	1915	2035	2355
河　南	650	713	828	1011	1026	1334	1638	1785
湖　北	559	714	1145	1271	1516	1342	1516	1763
湖　南	618	808	787	940	1028	1215	1490	1694
广　东	1447	2235	3543	4565	4540	6072	6418	7357
广　西	809	927	896	1100	1343	1231	1366	1471
海　南	94	121	115	193	172	150	270	247
重　庆		266	595	588	621	777	1078	1147
四　川	776	554	766	1151	1168	1433	1628	1738
贵　州	462	228	187	267	369	314	420	467
云　南	559	654	735	962	907	993	1070	1223
西　藏		2	2	2	3	3	4	11
陕　西	242	275	365	384	519	560	727	879
甘　肃	225	185	317	414	468	473	558	616
青　海	39	58	68	90	89	96	102	114
宁　夏	140	142	167	147	163	233	210	221
新　疆	140	263	212	364	350	425	645	502

按年份各地区公共图书馆图书外借册次

单位：万册次

地　区	1995年	2000年	2005年	2009年	2010年	2011年	2012年	2013年
总　计	**11814**	**16913**	**20269**	**25857**	**26392**	**28452**	**33191**	**40868**
北　京	283	442	678	890	804	749	819	893
天　津	237	274	380	637	572	601	562	658
河　北	379	673	469	528	493	504	693	727
山　西	204	207	272	242	282	343	392	404
内蒙古	239	233	243	242	312	357	446	578
辽　宁	856	1119	1173	1407	1456	1426	1616	1750
吉　林	332	387	794	443	412	403	476	462
黑龙江	500	527	789	560	479	483	637	575
上　海	507	970	1028	1453	1461	1715	1973	6316
江　苏	967	1269	1494	2445	2542	2739	3430	3997
浙　江	550	1054	1233	2785	2924	3660	3900	3919
安　徽	343	455	341	578	683	843	1186	1258
福　建	517	779	729	1129	1097	1205	1519	1805
江　西	383	543	723	518	562	590	832	947
山　东	573	718	1379	1544	1514	1608	1990	2158
河　南	517	695	647	952	915	1214	1378	1465
湖　北	543	769	927	1047	1846	1114	1386	1570
湖　南	562	735	801	958	1059	1173	1304	1424
广　东	687	1192	2037	2536	2267	2617	3070	3499
广　西	528	688	761	774	733	668	806	854
海　南	49	64	28	134	86	103	126	153
重　庆		435	472	760	706	721	868	969
四　川	691	564	651	949	924	1042	1194	1374
贵　州	133	189	118	213	222	164	279	337
云　南	529	680	701	770	702	982	760	870
西　藏		11	4	2	4	2	3	9
陕　西	238	305	264	258	305	372	497	609
甘　肃	173	153	261	329	345	389	447	526
青　海	51	52	58	43	42	43	45	89
宁　夏	125	265	212	156	182	205	163	253
新　疆	91	251	175	354	317	366	396	419

按年份各地区公共图书馆财政拨款

单位：万元

地　区	1995年	2000年	2005年	2009年	2010年	2011年	2012年	2013年
总　计	**65829**	**139321**	**277848**	**550808**	**583685**	**756357**	**934890**	**1070575**
北　京	1683	8734	15554	28294	32746	36261	43528	49391
天　津	1295	2751	10980	14970	18500	30119	25123	27108
河　北	1827	2980	6717	10090	10034	14325	18771	21637
山　西	1184	2150	4862	9433	9838	13342	21448	20406
内蒙古	1432	2452	5086	14221	17898	20954	47688	30656
辽　宁	3737	6822	15446	30535	31121	34838	39276	40948
吉　林	1707	3364	5861	11982	12385	17696	19800	22523
黑龙江	2088	3104	7752	12227	13616	14596	16870	21645
上　海	5558	22870	30636	55912	56345	59285	66891	76095
江　苏	3620	6729	16075	33088	34240	44475	55797	65869
浙　江	2356	6509	20316	38761	43536	52741	69686	71759
安　徽	1165	2054	5436	9933	10008	14125	17942	22034
福　建	1778	3681	6579	11962	14975	19124	21355	26545
江　西	1184	2022	3780	7772	9726	11197	16182	18748
山　东	2814	6129	12039	21027	22996	28069	32611	44736
河　南	1766	3591	5987	12201	12252	16911	22181	30279
湖　北	1649	2896	6498	23000	29240	32336	31304	40567
湖　南	1816	2550	5376	11217	12154	15125	19894	23292
广　东	6110	11868	28592	55146	58296	75460	87426	99593
广　西	1563	2851	5469	11353	12191	13425	22675	23491
海　南	378	322	631	2882	3373	4804	9633	9393
重　庆		1491	2957	7268	7650	11846	20379	18838
四　川	2591	2877	7229	18586	16955	28597	38337	63021
贵　州	746	1259	3401	5383	5939	9616	10903	14714
云　南	2178	5134	6096	11670	11763	17720	20102	24684
西　藏	72	111	336	609	1145	1322	1366	1718
陕　西	934	2038	3973	9107	11547	15884	19896	21708
甘　肃	985	1752	4438	8888	9648	13354	17173	22499
青　海	724	678	1237	2965	3096	4003	5072	4835
宁　夏	408	786	1504	4592	5067	6868	9264	9556
新　疆	1062	1476	3360	6694	8089	11518	17552	20343

按年份各地区公共图书馆总支出

单位：万元

地　区	1995年	2000年	2005年	2009年	2010年	2011年	2012年	2013年
总　计	**74080**	**157173**	**312571**	**606630**	**643629**	**776839**	**977556**	**1130035**
北　京	1851	5326	16840	24095	26706	34490	45592	54556
天　津	2128	3074	7548	16083	20119	19465	25863	38499
河　北	2044	3458	7208	10186	11062	15008	18744	21448
山　西	1170	2270	5085	17289	10787	13033	20849	20052
内蒙古	1458	2536	4959	15166	15124	21493	50213	31419
辽　宁	4392	7783	16225	31112	32183	33159	37498	44930
吉　林	1835	3520	6295	12141	12613	14344	19559	20660
黑龙江	2139	3409	8602	12551	13500	14719	16986	18767
上　海	7021	24425	36757	63238	63728	69955	76427	84361
江　苏	4046	8400	20630	37970	37964	46285	61874	72904
浙　江	3082	8500	22905	44880	47316	56470	73446	76969
安　徽	1384	2641	5767	11014	11788	15666	20465	24087
福　建	1710	3916	7446	12294	15517	20371	26184	28177
江　西	1323	2343	4343	9401	10432	12076	15909	18337
山　东	2968	6881	13242	23034	23206	28317	31732	44902
河　南	2140	3902	6377	12674	13452	16503	21725	30732
湖　北	2372	3952	8120	24834	31444	35003	34313	43633
湖　南	2329	3399	6431	12226	13378	16533	21159	24418
广　东	6807	14597	33777	56428	61294	78470	91435	106861
广　西	1769	3077	6288	12343	13369	14085	18759	25286
海　南	369	355	658	3149	4320	4785	9918	9239
重　庆		2026	3856	9123	9335	13866	21121	19947
四　川	3245	3462	8218	20540	17841	28633	36464	52668
贵　州	810	1428	3497	6350	6736	11081	11838	14154
云　南	2234	3928	6786	15896	12632	16585	21077	24899
西　藏	61	110	336	609	689	894	1228	2129
陕　西	951	2263	4405	9663	11820	15600	19462	22657
甘　肃	1011	1799	4399	8639	9592	12147	15418	21308
青　海	424	780	1315	3065	3155	4099	5168	6004
宁　夏	430	783	1574	4603	5786	7555	8011	10089
新　疆	1119	1677	3999	7873	8890	11972	15712	17275

按年份各地区公共图书馆新增藏量购置费

单位：万元

地区	1995年	2000年	2005年	2009年	2010年	2011年	2012年	2013年
总计	**16788**	**37141**	**59781**	**104404**	**111093**	**123540**	**147785**	**165959**
北京	251	914	3413	3756	4483	4776	5564	6057
天津	318	563	1527	3664	3267	2742	4192	3358
河北	302	428	677	1471	1524	1920	2393	3469
山西	131	292	385	1205	1482	1221	2368	1124
内蒙古	86	166	169	830	939	2004	2838	3149
辽宁	768	948	2027	4070	5165	4720	5033	5742
吉林	250	459	777	1397	1312	1683	2482	2766
黑龙江	235	395	410	1248	1584	1423	1710	1897
上海	2204	11210	10342	16490	14950	17962	18320	17855
江苏	732	1780	3739	7671	8279	9114	12074	13431
浙江	578	1577	3994	9805	10908	11850	15632	14418
安徽	262	297	619	1468	1454	1732	2509	3427
福建	311	716	1599	1588	2801	21017	3357	4696
江西	99	302	646	954	1299	1389	1564	2294
山东	506	978	1868	3525	4000	4388	4701	7986
河南	255	413	655	1240	1449	1847	1892	3188
湖北	299	699	1296	1888	1847	2138	4210	6350
湖南	207	415	900	1499	1672	2018	2316	2496
广东	1186	2832	7394	12042	12506	13326	17404	18493
广西	291	520	674	1697	1863	2099	2484	3346
海南	59	41	92	557	874	495	1136	2061
重庆		330	569	1461	1626	2291	2236	2887
四川	431	485	1095	2145	2129	3516	3740	4153
贵州	100	166	301	491	682	1275	910	1126
云南	441	538	720	1605	1700	2152	2671	4738
西藏	14	16	43	107	119	116	198	147
陕西	104	117	701	1169	1527	1885	1871	2992
甘肃	170	289	594	1013	1177	1267	1803	3819
青海	33	54	72	198	153	197	236	612
宁夏	41	68	136	483	501	594	381	582
新疆	91	136	347	769	925	1190	1371	1049

按年份各地区公共图书馆人均购书费

单位：元

地　区	1995年	2000年	2005年	2009年	2010年	2011年	2012年	2013年
全　国	**0.139**	**0.293**	**0.457**	**0.782**	**0.829**	**0.917**	**1.091**	**1.220**
北　京	0.201	0.661	2.219	2.140	2.286	2.366	2.689	2.864
天　津	0.338	0.562	1.464	2.983	2.525	2.024	2.967	2.281
河　北	0.047	0.063	0.099	0.209	0.212	0.265	0.328	0.473
山　西	0.043	0.089	0.115	0.351	0.415	0.340	0.656	0.310
内蒙古	0.039	0.070	0.071	0.343	0.380	0.807	1.140	1.261
辽　宁	0.188	0.224	0.480	0.942	1.181	1.077	1.147	1.308
吉　林	0.096	0.168	0.286	0.510	0.478	0.612	0.903	1.005
黑龙江	0.063	0.107	0.107	0.326	0.414	0.371	0.446	0.495
上　海	1.558	6.697	5.817	8.584	6.494	7.653	7.698	7.393
江　苏	0.104	0.239	0.500	0.993	1.052	1.154	1.524	1.692
浙　江	0.134	0.337	0.815	1.893	2.004	2.169	2.854	2.622
安　徽	0.044	0.050	0.101	0.239	0.244	0.290	0.419	0.568
福　建	0.096	0.206	0.452	0.438	0.759	0.828	0.896	1.244
江　西	0.024	0.073	0.150	0.215	0.291	0.309	0.347	0.507
山　东	0.058	0.108	0.202	0.372	0.418	0.455	0.485	0.820
河　南	0.028	0.045	0.070	0.131	0.154	0.197	0.201	0.339
湖　北	0.052	0.116	0.227	0.330	0.323	0.371	0.728	1.095
湖　南	0.032	0.064	0.142	0.234	0.254	0.306	0.349	0.373
广　东	0.173	0.328	0.804	1.249	1.199	1.269	1.643	1.737
广　西	0.064	0.116	0.145	0.349	0.405	0.452	0.531	0.709
海　南	0.081	0.052	0.111	0.645	1.008	0.564	1.281	2.303
重　庆		0.107	0.203	0.511	0.564	0.785	0.759	0.972
四　川	0.038	0.058	0.133	0.262	0.265	0.437	0.463	0.512
贵　州	0.029	0.047	0.081	0.129	0.196	0.368	0.261	0.321
云　南	0.111	0.125	0.162	0.351	0.370	0.465	0.573	1.011
西　藏	0.058	0.061	0.155	0.369	0.396	0.383	0.643	0.471
陕　西	0.030	0.032	0.188	0.310	0.409	0.504	0.498	0.795
甘　肃	0.070	0.113	0.229	0.384	0.460	0.494	0.699	1.479
青　海	0.069	0.104	0.133	0.356	0.271	0.347	0.412	1.060
宁　夏	0.080	0.121	0.228	0.773	0.796	0.930	0.588	0.890
新　疆	0.055	0.071	0.173	0.356	0.424	0.539	0.614	0.463

按年份各地区公共图书馆购书费支出占总支出的比重

单位：%

地区	1995年	2000年	2005年	2009年	2010年	2011年	2012年	2013年
全国	**22.7**	**23.6**	**19.1**	**17.2**	**17.3**	**15.9**	**15.1**	**15.5**
北京	13.6	17.2	20.3	15.6	16.8	13.8	12.2	12.3
天津	14.9	18.3	20.2	22.8	16.2	14.1	16.2	12.4
河北	14.8	12.4	9.4	14.4	13.8	12.8	12.8	16.0
山西	11.2	12.9	7.6	7.0	13.7	9.4	11.4	5.5
内蒙古	5.9	6.5	3.4	5.5	6.2	9.3	5.7	10.3
辽宁	17.5	12.2	12.5	13.1	16.0	14.2	13.4	14.0
吉林	13.6	13.0	12.3	11.5	10.4	11.7	12.7	12.3
黑龙江	11.0	11.6	4.8	9.9	11.7	9.7	10.1	8.8
上海	31.4	45.9	28.1	26.1	23.5	25.7	24.0	23.5
江苏	18.1	21.2	18.1	20.2	21.8	19.7	19.5	20.4
浙江	18.8	18.6	17.4	21.8	23.1	21.0	21.3	20.1
安徽	18.9	11.2	10.7	13.3	12.3	11.1	12.3	15.6
福建	18.2	18.3	21.5	12.9	18.0	15.1	12.8	17.7
江西	7.5	12.9	14.9	10.1	12.4	11.5	9.8	12.2
山东	17.0	14.2	14.1	15.3	17.2	15.5	14.8	17.9
河南	11.9	10.6	10.3	9.8	10.8	11.2	8.7	10.5
湖北	12.6	17.7	16.0	7.6	5.9	6.1	12.3	15.7
湖南	8.9	12.2	14.0	12.3	12.5	12.2	10.9	10.7
广东	17.4	19.4	21.9	21.3	20.4	17.0	19.0	18.6
广西	16.4	16.9	10.7	13.8	13.9	14.9	13.2	14.2
海南	16.0	11.5	14.0	17.7	20.2	10.4	11.5	21.9
重庆		16.3	14.8	16.0	17.4	16.5	10.6	15.3
四川	13.3	14.0	13.3	10.4	11.9	12.3	10.3	6.6
贵州	12.3	11.6	8.6	7.7	10.1	11.5	7.7	7.6
云南	19.7	13.7	10.6	10.1	13.5	13.0	12.7	19.2
西藏	23.0	14.5	12.8	17.6	17.2	13.0	16.1	8.5
陕西	10.9	5.2	15.9	12.1	12.9	12.1	9.6	13.8
甘肃	16.8	16.1	13.5	11.7	12.3	10.4	11.7	17.0
青海	7.8	6.9	5.5	6.5	4.8	4.8	4.6	12.7
宁夏	9.5	8.7	8.6	10.5	8.7	7.9	4.7	6.1
新疆	8.1	8.1	8.7	9.8	10.4	9.9	8.7	5.2

按年份各地区公共图书馆新购图书册数

单位：万册

地　区	1995年	2000年	2005年	2009年	2010年	2011年	2012年	2013年
总　计	**551**	**692**	**1535**	**2939**	**2956**	**3985**	**5826**	**4865**
北　京	11	33	114	163	125	134	161	152
天　津	12	17	35	89	74	81	109	121
河　北	26	15	33	93	68	58	138	108
山　西	7	12	17	40	45	49	96	44
内蒙古	7	11	8	42	67	110	91	105
辽　宁	41	39	72	173	157	154	297	169
吉　林	14	14	32	64	52	198	140	95
黑龙江	17	17	26	60	71	55	67	81
上　海	44	67	100	197	176	205	312	211
江　苏	41	57	106	205	259	458	874	436
浙　江	33	54	142	321	337	450	628	480
安　徽	9	11	23	82	61	80	408	341
福　建	18	25	71	96	103	152	375	230
江　西	9	15	26	39	65	58	60	76
山　东	23	32	64	172	133	211	159	359
河　南	16	21	30	69	95	114	93	111
湖　北	23	28	43	68	60	83	111	138
湖　南	19	24	54	59	80	94	144	106
广　东	69	77	316	342	368	409	513	604
广　西	16	20	26	61	56	62	91	97
海　南	6	3	3	18	25	36	31	49
重　庆		12	23	58	52	56	186	107
四　川	25	21	47	160	95	271	229	129
贵　州	5	8	7	24	27	34	36	41
云　南	22	15	26	52	43	67	111	106
西　藏			2	1	2	2	5	3
陕　西	5	6	25	37	43	57	130	83
甘　肃	7	7	12	22	26	29	35	68
青　海	1	2	3	6	6	4	8	17
宁　夏	2	3	5	17	31	29	14	24
新　疆	6	5	15	27	32	88	44	48

按年份各地区公共图书馆阅览室坐席数

单位：万个

地　　区	1995年	2000年	2005年	2009年	2010年	2011年	2012年	2013年
总　　计	**35.2**	**41.6**	**48.0**	**60.2**	**63.1**	**68.1**	**73.5**	**81.0**
北　　京	0.5	0.8	1.1	1.3	1.3	1.3	1.4	1.6
天　　津	0.5	0.7	1.0	0.9	0.9	1.0	1.2	1.4
河　　北	1.4	1.8	2.0	2.0	2.2	2.7	2.7	3.0
山　　西	0.9	1.1	1.2	1.5	1.6	1.7	2.0	2.6
内 蒙 古	1.2	1.3	1.4	1.7	1.7	1.7	1.9	2.4
辽　　宁	1.7	2.0	2.3	2.8	3.0	3.0	3.2	3.1
吉　　林	0.9	1.2	1.2	1.3	1.4	1.5	1.6	1.6
黑 龙 江	1.1	1.1	1.3	1.7	1.8	2.0	2.1	2.2
上　　海	1.2	1.5	1.5	1.7	1.9	2.0	2.2	2.3
江　　苏	1.8	2.2	2.5	3.5	3.9	4.0	4.2	4.4
浙　　江	1.2	1.6	2.5	3.5	3.5	3.6	4.0	4.2
安　　徽	0.9	0.8	1.0	1.5	1.6	1.7	2.1	2.7
福　　建	1.3	1.3	1.7	2.2	2.5	2.4	2.7	2.9
江　　西	1.6	1.6	1.7	2.2	2.2	2.3	2.6	2.8
山　　东	1.4	2.0	2.7	3.6	3.7	3.8	4.0	4.7
河　　南	1.2	1.6	1.7	2.4	2.4	3.0	3.2	4.0
湖　　北	2.1	2.1	2.4	2.7	2.7	2.6	3.4	3.5
湖　　南	2.2	2.5	2.3	2.9	3.0	3.1	3.4	3.0
广　　东	2.6	3.0	4.0	5.8	5.9	6.8	7.1	7.6
广　　西	1.8	2.0	1.8	2.3	2.5	2.4	2.6	2.7
海　　南	0.3	0.3	0.3	0.4	0.4	0.5	0.5	0.6
重　　庆		0.8	0.8	1.0	1.4	1.3	1.6	1.7
四　　川	2.2	2.1	2.3	2.6	2.6	3.2	3.5	4.1
贵　　州	0.8	1.0	1.1	1.2	1.2	2.2	1.4	1.9
云　　南	1.5	1.9	1.9	2.0	2.1	2.2	2.4	2.6
西　　藏				0.1		0.1	0.1	0.2
陕　　西	0.9	0.9	1.3	1.3	1.4	1.6	1.6	1.8
甘　　肃	0.7	0.8	1.0	1.3	1.3	1.5	1.6	1.7
青　　海	0.2	0.2	0.2	0.3	0.3	0.3	0.4	0.4
宁　　夏	0.4	0.4	0.5	0.5	0.5	0.7	0.7	0.7
新　　疆	0.5	0.7	1.0	1.1	1.4	1.6	1.7	2.0

按年份各地区平均每万人公共图书馆建筑面积

单位：平方米

地 区	1995年	2000年	2005年	2009年	2010年	2011年	2012年	2013年
全 国	**34.3**	**47.3**	**51.8**	**63.7**	**67.2**	**73.8**	**78.2**	**85.1**
北 京	56.7	75.3	99.5	94.0	86.6	82.8	107.2	113.8
天 津	81.6	99.9	162.0	104.2	103.1	121.4	181.7	168.1
河 北	26.9	33.5	38.5	36.5	34.6	41.9	46.7	52.9
山 西	27.6	34.3	45.0	92.8	67.8	76.9	81.6	108.1
内蒙古	46.0	53.0	65.8	92.1	90.4	94.6	105.0	131.5
辽 宁	53.8	61.6	81.3	97.9	100.8	103.4	108.4	103.4
吉 林	35.5	39.6	50.1	51.8	53.3	61.5	67.9	70.6
黑龙江	33.6	36.6	48.2	62.2	65.0	67.5	70.3	72.3
上 海	85.8	132.6	137.2	148.9	160.9	158.6	162.4	171.5
江 苏	30.3	35.5	57.9	83.9	83.1	85.8	104.3	112.1
浙 江	34.8	57.7	83.7	107.1	106.7	114.6	125.7	135.8
安 徽	14.6	15.9	23.9	34.4	37.0	41.0	47.1	58.7
福 建	42.2	47.5	65.9	84.9	117.1	114.9	89.6	93.4
江 西	38.6	39.9	47.6	65.9	61.1	64.9	70.3	75.9
山 东	22.6	26.9	42.3	49.1	49.7	73.0	57.6	73.5
河 南	21.6	25.9	27.2	33.5	34.5	44.9	45.7	56.8
湖 北	35.1	39.3	49.9	55.2	57.3	61.1	83.2	88.3
湖 南	33.6	38.7	39.7	46.1	54.9	55.6	53.8	56.9
广 东	43.2	132.1	57.8	81.3	80.6	92.8	95.6	102.8
广 西	38.1	46.8	45.1	48.6	55.8	55.5	60.9	59.6
海 南	36.0	41.9	53.1	91.4	98.2	95.2	96.7	91.4
重 庆		37.5	47.2	58.1	70.8	77.1	83.3	85.1
四 川	22.6	27.3	34.2	39.2	42.1	48.1	55.4	59.5
贵 州	23.9	39.7	35.7	40.8	44.5	49.3	46.7	59.9
云 南	44.6	48.5	78.4	62.8	65.5	72.2	71.0	73.2
西 藏	52.1	61.1	104.7	93.1	89.6	80.4	88.0	120.6
陕 西	32.8	33.8	52.7	49.3	53.5	58.0	64.0	64.1
甘 肃	34.5	43.7	41.6	56.2	63.2	67.0	71.2	74.9
青 海	60.5	73.4	68.1	80.8	78.9	81.7	93.7	79.5
宁 夏	78.2	78.3	68.8	134.4	133.9	177.1	160.9	163.7
新 疆	43.1	44.7	54.7	66.2	82.0	80.5	82.4	90.9

	机构数（个）	从业人员（人）	专业技术人才	正高级职称	副高级职称	中级职称	总藏量（万册）
总　计	**3112**	**56320**	**39440**	**715**	**4607**	**17867**	**74896.05**
其中：少儿图书馆	105	2170	1558	36	222	703	3165.01
按隶属关系分：							
中央	1	1727	1296	47	294	662	3244.28
省、区、市	39	7913	6482	282	1169	2653	18104.56
地、市	360	14183	10937	264	1671	5228	19500.93
县、市、区	2712	32497	20725	122	1473	9324	34046.29
县图书馆	1632	15559	10038	60	596	4497	13734.91

续表 1

	电子图书（万册）	本馆自建	本馆外购	从其他机构免费共享	书架单层总长度（米）	本年新增藏量（万册）	本年新增电子图书（万册）	当年购买的报刊种类（种）	有效借书证数（个）
总　计	**37767.27**	**1062.21**	**24141.18**	**12563.89**	**11913030**	**4865.18**	**14884.51**	**1091244**	**28773644**
其中：少儿图书馆	775.73	11.21	713.81	50.71	227479	284.14	326.57	34160	1439589
按隶属关系分：									
中央	406.50	60.80	345.70			124.77	7.10	18449	1762449
省、区、市	4258.48	86.73	3570.16	601.60	2804409	720.99	822.87	165685	4589493
地、市	15574.32	314.83	13158.91	2100.58	4194464	1485.81	9840.50	286127	10096118
县、市、区	17527.97	599.85	7066.41	9861.71	4914157	2533.61	4214.05	620983	12325584
县图书馆	6730.82	299.96	2791.09	3639.78	2222145	934.45	1704.29	273990	3602310

图书	盲文图书	古籍	善本	报刊	视听文献	缩微制品	其它	在藏量中 开架书刊	少儿文献
56123.73	**83.52**	**2735.52**	**271.57**	**8034.82**	**1353.08**	**1461.57**	**5187.34**	**31654.95**	**5626.28**
2737.27	1.10	29.69	5.14	145.91	119.49	2.64	130.02	1507.53	1335.27
1111.92	0.12	194.06	28.23	1441.19	31.34	151.57	314.20		
10750.26	5.14	1365.79	162.92	1842.04	305.86	1262.58	2578.04	4423.61	627.27
15849.74	16.95	690.86	39.63	1783.32	482.75	27.10	667.16	9816.05	2133.39
28411.80	61.32	484.80	40.78	2968.29	533.14	20.32	1627.96	17415.29	2865.63
11017.95	11.44	215.36	22.44	1654.65	119.90	9.15	717.90	6101.81	1032.13

总流通人次（万人次）	书刊文献外借人次	书刊文献外借册次（万册次）	为读者举办各种活动 组织各类讲座次数（次）	参加人次（万人次）	举办展览（个）	参加人次（万人次）	举办培训班（个）	培训人次（万人次）	计算机（台）	供读者使用电子阅览室终端数	图书馆网站访问量（页次）
49232.00	**20551.83**	**40868.32**	**49474**	**864.77**	**15848**	**3353.77**	**26198**	**192.70**	**195413**	**116274**	**1614819403**
2131.47	976.88	2285.37	2622	51.51	488	99.88	1719	10.67	6648	3286	10408117
418.74			237	6.06	53	57.75	32	0.31	3180	368	1036242518
7755.37	2568.91	8264.71	4166	89.54	1327	817.32	2605	25.95	19963	8261	300276279
14615.43	6054.26	11878.35	13280	255.61	3371	1034.42	6104	42.45	41929	22369	182213889
26442.46	11928.67	20725.25	31791	513.56	11097	1444.29	17457	124.00	130341	85276	96086717
8932.86	4753.65	7152.65	14264	242.20	5795	638.53	9007	61.63	68487	46032	36784250

续表 2

	本年收入合计（千元）	财政补贴收入	购书专项经费	上级补助收入	事业收入	经营收入	附属单位上缴收入	其他收入
总　　计	**11511625**	**10705745**	**1479923**	**224517**	**303209**	**46285**	**2633**	**229236**
其中：少儿图书馆	458671	438243	68570	7080	5639	2356		5353
按隶属关系分：								
中央	943336	819443	134500		100468	11780		11645
省、区、市	2906352	2695478	470158	10121	132225	15493	722	52313
地、市	3143131	3021732	444225	51504	16926	3377		49592
县、市、区	4518806	4169092	431040	162892	53590	15635	1911	115686
县图书馆	1680543	1530871	125519	81588	17086	4668	789	45541

续表 3

	本年支出合计（千元）						资产总计（千元）	
	对个人和家庭补助支出	抚恤金和生活补助	其他资本性支出	各种设备、交通工具、图书购置费	新增藏量购置费	新增数字资源购置费		固定资产原值
总　　计	**1118386**	**45713**	**3024026**	**2429850**	**1450855**	**208733**	**34797788**	**27227219**
其中：少儿图书馆	52166	1513	113568	101317	66159	8704	1083486	930678
按隶属关系分：								
中央	85629	363	405463	208869	133335	29178	5068735	2816603
省、区、市	247279	6669	993184	868291	470786	88314	11927316	8959950
地、市	346561	16110	773594	646957	386749	53381	7920143	6978843
县、市、区	438917	22571	851785	705733	459985	37860	9881594	8471823
县图书馆	154611	10839	273793	214409	164888	11013	3160664	2723902

本年支出合计(千元)	基本支出	项目支出	经营支出	在支出合计中：					
				工资福利支出	商品和服务支出				各种税金支出
						差旅费	劳务费	福利费	
11300346	**5765954**	**4995273**	**39748**	**3320881**	**2518407**	**59190**	**154569**	**41274**	**18189**
426417	223164	189845	1711	140574	88402	2311	4437	1216	594
986707	301114	681160	4433	160239	280758	3124	9235	184	2151
2819406	971876	1830960	15209	582124	762356	14981	49788	8253	8163
2996878	1615613	1250151	2107	921597	606862	15780	31202	9498	3890
4497355	2877351	1233002	17999	1656921	868431	25305	64344	23339	3985
1642482	1145717	299059	9383	658893	267039	13258	17736	8533	1564

实际使用公用房屋建筑面积(万平方米)	书库面积	阅览室面积			实际拥有产权面积(万平方米)	阅览室坐席数(个)			图书馆延伸服务情况		
			书刊阅览室面积	电子阅览室面积			少儿阅览室坐席数	盲人阅览室坐席数	流动服务书刊借阅人次(万人次)	流动图书馆车书刊借阅册次(万册次)	分馆数量(个)
1158.46	**240.25**	**318.85**	**229.64**	**51.23**	**700.99**	**809767**	**196192**	**18976**	**2939.39**	**5188.79**	**6516**
29.61	4.97	9.75	6.51	1.27	19.71	26642	21917	980	252.77	445.16	699
24.46	4.85	6.63	6.52	0.11	25.37	4411	139	12			32
153.18	38.54	41.31	35.63	2.42	110.80	67021	8906	788	350.70	568.10	937
342.32	69.66	95.86	73.51	10.79	185.58	200155	42893	4913	982.74	1725.89	2016
638.51	127.20	175.06	113.99	37.92	379.24	538180	144254	13263	1605.95	2894.80	3531
277.78	57.48	75.56	43.94	19.45	179.92	250134	72701	6107	638.25	965.96	1060

2013年各地区公

地区	机构数（个）	从业人员（人）					总藏量（万册）	
			专业技术人才					图书
				正高级职称	副高级职称	中级职称		
全　国	**3112**	**56320**	**39440**	**715**	**4607**	**17867**	**74896.05**	**56123.73**
北　京	24	1254	1015	12	73	370	2071.99	1842.46
天　津	31	1248	1067	15	140	366	1473.79	1297.63
河　北	173	1851	1204	34	168	564	1937.40	1545.80
山　西	127	1539	1004	14	78	430	1465.68	1110.52
内蒙古	116	1998	1604	13	281	647	1324.81	1090.04
辽　宁	129	2892	2101	59	244	1199	3355.42	2661.32
吉　林	66	1652	1380	38	237	658	1597.04	1283.83
黑龙江	107	1817	1381	86	299	764	1843.47	1501.77
上　海	25	2210	1580	42	139	617	7239.00	2929.89
江　苏	113	3033	2203	41	305	937	5769.83	4902.40
浙　江	98	3273	1999	47	266	938	5164.79	4350.12
安　徽	107	1412	1016	8	83	382	1776.49	1463.99
福　建	91	1301	938	8	83	451	2466.74	1839.76
江　西	114	1435	871	11	86	352	1989.68	1464.37
山　东	153	2760	2311	35	339	1097	4422.05	3538.97
河　南	157	2889	1394	17	129	710	2218.19	1773.19
湖　北	112	2226	1741	25	164	973	2648.27	2155.95
湖　南	136	2143	1511	17	152	735	2282.20	1768.88
广　东	137	4147	2640	43	218	1162	6100.67	5208.07
广　西	112	1519	1083	9	74	497	2109.84	1554.95
海　南	21	327	251		6	57	377.13	335.37
重　庆	43	852	579	14	76	217	1128.85	895.30
四　川	197	2170	1328	11	103	535	3048.14	2364.56
贵　州	94	1014	751	12	79	243	1156.13	857.46
云　南	152	1806	1567	5	208	792	1765.46	1346.67
西　藏	78	107	42	10	10	3	100.33	82.97
陕　西	114	2231	1211	26	66	556	1377.12	1116.44
甘　肃	103	1472	775	6	62	312	1226.22	947.15
青　海	49	393	298	5	33	139	378.77	316.61
宁　夏	26	557	438	4	39	176	594.70	495.42
新　疆	106	1065	861	1	73	326	1241.60	969.97

共图书馆基本情况

盲文图书	古籍	善本	报刊	视听文献	缩微制品	其他	在藏量中		电子图书（万册）	本馆自建
							开架书刊	少儿文献		
83.52	**2735.52**	**271.57**	**8034.82**	**1353.08**	**1461.57**	**5187.34**	**31654.95**	**5626.28**	**37767.27**	**1062.21**
0.28	46.66	6.77	70.76	74.65	0.03	37.43	1189.05	231.00	2544.50	0.28
0.15	57.31	10.49	79.18	24.24	0.99	14.44	700.86	147.17	121.14	20.09
2.52	54.01	2.39	175.42	36.93	7.38	117.86	914.72	140.32	352.27	11.99
1.53	75.01	12.13	228.15	11.41	1.52	39.08	729.70	89.67	402.88	7.13
0.84	31.56	1.05	123.05	10.63	0.44	69.09	490.22	59.85	381.91	39.45
1.03	134.82	16.20	256.96	74.23	0.80	227.29	1695.49	323.50	923.21	13.79
0.52	44.64	6.52	157.10	27.27	2.88	81.33	568.54	82.20	323.83	0.79
0.58	45.49	2.17	210.75	33.90	23.90	27.68	895.66	73.43	354.84	1.45
1.18	201.96	20.43	362.50	123.49	1235.94	2385.22	1767.08	243.01	365.56	0.12
3.50	344.60	26.51	373.58	84.59	5.73	58.92	2800.34	552.06	3488.90	39.60
3.12	193.84	21.15	359.31	194.71	0.61	66.20	2890.95	549.78	9386.50	75.83
4.03	59.55	4.34	150.77	22.19	1.59	78.41	601.27	143.19	2359.57	65.78
1.24	48.43	4.60	235.12	57.05	3.03	283.35	1032.15	230.72	1506.06	73.02
2.27	95.47	6.99	282.69	14.20	0.70	132.25	634.66	152.01	509.29	15.31
3.89	142.44	24.84	403.46	36.63	4.16	296.39	2080.11	300.24	1447.89	48.87
1.59	112.97	7.75	276.85	13.44	1.06	40.69	975.22	125.60	886.56	11.51
2.39	98.51	8.36	274.99	32.73	6.74	79.35	1272.73	191.56	401.76	25.59
3.08	117.98	8.79	289.53	43.66	1.26	60.89	991.28	236.09	591.59	27.08
37.25	80.47	5.31	421.13	187.44	2.47	201.09	3390.43	907.02	2794.07	261.21
0.30	43.65	1.60	391.35	25.64	1.10	93.16	839.85	110.43	624.74	11.36
0.34	1.05	0.01	34.96	3.30	0.01	2.44	215.36	26.72	611.21	14.11
2.24	71.93	9.52	92.24	21.46	3.14	44.79	553.30	111.98	645.32	67.21
2.75	164.84	10.27	331.96	65.17	1.10	120.52	1233.71	243.65	1229.10	53.21
1.89	26.12	1.43	151.22	43.73	1.04	76.56	601.88	58.60	684.10	10.23
1.01	97.05	5.15	245.14	18.99	0.85	56.77	673.45	79.73	723.21	7.65
	1.17	0.05	11.18	0.22		4.79	25.61	2.27	20.61	0.51
2.04	57.76	5.72	133.47	10.78	0.36	58.31	480.91	53.12	2856.97	6.24
1.15	53.53	11.11	178.49	8.88	0.49	37.68	580.94	50.99	154.38	1.86
0.33	13.96	1.25	34.25	2.55	0.18	11.21	77.54	19.56	109.19	0.10
0.20	14.90	0.35	50.29	4.98	0.08	29.03	273.86	30.96	128.93	
0.15	9.78	0.11	207.80	12.67	0.45	40.95	478.08	59.84	430.66	90.05

地区			书架单层总长度(米)	本年新购藏量(万册)	本年新增电子图书(万册)	当年购买的报刊种类(种)	有效借书证数(个)	总流通人次(万人次)	
	本馆外购	免费共享							书刊文献外借人次
全　国	**24141.18**	**12563.89**	**11913030**	**4865.18**	**14884.51**	**1091244**	**28773644**	**49232.00**	**20551.83**
北　京	324.97	2219.25	528796	152.03	33.59	21696	786317	1033.39	325.32
天　津	100.34	0.72	182603	121.45	31.77	20486	583031	713.55	291.89
河　北	311.04	29.25	386981	108.32	60.83	27831	661312	1078.56	477.91
山　西	176.92	218.83	213429	43.61	163.31	31661	254964	602.85	279.99
内蒙古	161.49	180.97	351602	104.68	262.37	24407	223826	574.93	285.36
辽　宁	732.78	176.65	399767	168.99	149.30	57677	1021177	1939.38	772.61
吉　林	252.88	70.16	184575	95.16	60.48	24457	277460	540.18	241.47
黑龙江	92.81	260.58	252938	80.77	25.05	23606	900264	821.98	303.26
上　海	363.11	2.33	523212	210.96	86.50	50639	1579715	3605.36	1717.29
江　苏	2070.56	1378.73	1193651	435.97	1323.15	70696	3677104	5046.69	2450.10
浙　江	8100.18	1210.49	595329	480.15	7589.50	79830	3215180	4946.30	1911.51
安　徽	2047.07	246.72	219700	340.57	1108.88	37710	650698	1346.79	798.20
福　建	974.59	458.46	360776	229.99	286.15	36041	786512	1809.15	723.94
江　西	283.44	210.54	192702	76.26	168.65	25648	700377	1165.05	675.33
山　东	1074.44	324.58	618457	358.61	407.64	58737	1578114	2355.00	1430.19
河　南	521.02	354.04	339273	111.17	657.52	35393	828449	1785.17	960.10
湖　北	200.47	175.69	525225	138.38	84.01	34693	1079349	1762.79	952.04
湖　南	314.97	249.53	393982	106.39	93.47	35139	782474	1694.02	801.25
广　东	1866.00	666.86	991277	604.50	633.39	89723	4100449	7356.71	1587.97
广　西	500.64	112.74	341172	96.77	96.90	41580	459731	1470.51	438.66
海　南	552.29	44.82	62658	49.20	55.64	17088	125091	246.73	64.05
重　庆	415.60	162.51	296960	106.64	283.20	27725	367088	1146.78	428.57
四　川	870.59	305.30	1309235	129.36	356.06	46697	590203	1738.02	788.84
贵　州	536.75	137.13	161628	41.00	173.80	19891	319904	467.24	261.70
云　南	381.80	333.76	468075	106.10	267.67	48428	413229	1222.71	506.69
西　藏	10.03	10.08	24654	2.85	1.20	2158	8987	11.08	3.62
陕　西	124.79	2725.94	234355	83.22	104.93	22839	303413	879.29	335.45
甘　肃	143.69	8.83	223085	68.46	69.54	15506	274283	616.13	304.36
青　海	106.63	2.46	87480	17.19	70.64	6442	105806	113.85	58.85
宁　夏	23.93	105.00	111079	24.06	120.53	8961	108933	221.32	131.46
新　疆	159.67	180.95	138374	47.62	51.74	29410	247755	501.76	243.86

书刊文献外借册次（万册次）	为读者举办各种活动						计算机（台）		图书馆网站访问量（页次）
	组织各类讲座次数（次）	参加人次（万人次）	举办展览（个）	参加人次（万人次）	举办培训班（个）	培训人次（万人次）		供读者使用电子阅览室终端数	
40868.32	**49474**	**864.77**	**15848**	**3353.77**	**26198**	**192.70**	**195413**	**116274**	**1614819403**
893.30	1731	19.47	296	152.37	717	4.53	3601	1725	45486828
658.05	921	12.33	191	90.28	520	2.86	3148	1522	2931823
726.85	1941	32.57	500	120.56	635	5.53	6774	4171	17164428
404.30	1647	23.63	489	69.96	1041	6.40	5821	3976	739637
577.95	971	14.40	295	50.23	401	2.44	5918	3885	4353760
1749.88	2099	34.60	635	178.20	1374	6.97	7032	3508	33964741
462.26	973	20.41	259	45.10	279	2.52	4335	2146	11019131
575.42	918	17.68	421	60.10	403	3.08	5649	3834	4551058
6316.30	1643	22.20	389	84.06	652	7.25	7071	3121	53697921
3996.84	3003	63.91	911	171.33	1665	12.01	10100	5300	44507261
3918.94	2645	53.95	1228	334.16	2280	13.19	9521	5396	37387859
1258.11	1431	24.46	538	73.80	718	5.17	7132	5003	8681740
1805.18	2265	30.07	638	179.48	674	5.05	5539	3372	31569757
946.87	1409	41.12	628	147.43	540	5.62	6867	4234	9070719
2158.08	2661	50.18	863	97.31	1182	8.54	10637	6780	26041801
1464.83	2454	47.39	737	89.75	876	7.52	8369	5625	3682541
1570.14	1682	35.37	487	133.20	1029	9.26	7088	4621	12239081
1424.31	2347	47.22	545	71.51	1248	13.80	6098	4414	33060775
3498.85	4295	80.62	1318	514.79	1827	12.14	18588	7875	62118111
853.93	1505	26.12	634	105.60	1301	7.16	5763	3887	14804285
153.38	124	2.21	144	18.62	174	1.45	1484	952	523297
968.73	990	11.79	387	77.32	1100	7.51	3890	2530	32006569
1374.10	2680	33.46	806	108.60	1333	10.14	9831	6600	25740255
337.46	1414	13.58	289	23.06	471	3.90	4780	2941	21935463
869.57	1894	27.70	720	123.14	1412	11.52	7214	5029	14226482
8.92	27	0.24	19	1.66	24	0.04	738	581	905156
608.57	1323	17.31	461	70.51	956	8.75	5781	3498	19879537
525.95	1024	27.02	354	33.76	346	2.77	4499	2818	1674337
88.95	244	2.64	88	2.75	179	0.92	1942	1353	90640
253.22	248	4.47	47	5.30	199	0.18	2052	1571	177772
419.08	728	20.61	478	62.06	610	4.20	4971	3638	4344120

地　　区	本年收入合计(千元)	财政补贴收入	购书专项经费	事业收入	上级补助收入	附属单位上缴收入	经营收入	其他收入	本年支出合计(千元)
全　　国	**11511625**	**10705745**	**1479923**	**224517**	**303209**	**46285**	**2633**	**229236**	**11300346**
北　　京	522891	493908	65147	4584	7512	2196		14691	545556
天　　津	279036	271077	36607	303	4270	24		3362	384985
河　　北	228482	216369	26525	3140	1148	792		7033	214476
山　　西	208063	204058	17401	604	4	3247		150	200521
内 蒙 古	308396	306556	27181	665	11			1164	314194
辽　　宁	414515	409483	44275	597	3568			867	449301
吉　　林	232331	225229	28101	4318	1233	167		1384	206598
黑 龙 江	219425	216453	20952	1484	1157		20	311	187667
上　　海	866394	760948	184092	4719	92998			7729	843610
江　　苏	719308	658689	114132	8129	14339	6605		31546	729044
浙　　江	785080	717588	115377	10458	19430	1484	1836	34284	769694
安　　徽	243264	220341	31108	15481	3331	1484	324	2303	240871
福　　建	300195	265453	39213	17914	7490	1968		7370	281766
江　　西	205164	187477	20485	6753	4634	3084	3	3213	183374
山　　东	453135	447358	70226	3585	319			1873	449015
河　　南	312639	302790	28954	5565	420	1418	5	2441	307315
湖　　北	440787	405669	46625	15892	3544	475		15207	436326
湖　　南	252511	232921	21995	7398	2151	4124		5917	244182
广　　东	1071353	995928	200096	37416	20659	1504	1	15845	1068610
广　　西	290322	234913	31819	20269	1732	502		32906	252855
海　　南	99326	93927	14436	1954		800		2645	92387
重　　庆	196567	188379	22041	1870	5267			1051	199470
四　　川	645690	630213	35692	9766	1565			4146	526682
贵　　州	166364	147140	8603	13769	4021	193		1241	141543
云　　南	258602	246837	24229	5663	33	3406	200	2463	248987
西　　藏	17644	17184	1295	300		160			21285
陕　　西	236265	217081	23136	11764	965	490		5965	226566
甘　　肃	227122	224994	21146			174		1954	213083
青　　海	51842	48345	3926	3304	101			92	60036
宁　　夏	97131	95562	5300	950	106	208		305	100894
新　　疆	218445	203432	15308	5903	733		244	8133	172746

基本支出	项目支出	经营支出	在支出合计中：						
			工资福利支出	商品和服务支出				各种税金支出	对个人和家庭补助支出
					差旅费	劳务费	福利费		
5765954	**4995273**	**39748**	**3320881**	**2518407**	**59190**	**154569**	**41274**	**18189**	**1118386**
244991	298864	1697	125820	146905	411	2471	1894	836	49809
210811	170997	24	91625	71114	285	314	1449	403	46316
135021	65188	2019	72174	48561	785	3688	382	124	17717
123041	69025	3347	69187	48226	1087	10527	501	268	16018
225181	80307	703	128921	58277	2493	3022	1132	17	37266
258293	153155	3	152040	114023	1882	5875	339	135	60718
143214	61552	167	76414	41992	1448	1185	122	216	36426
139828	36184	586	70548	41649	1445	1970	321		30283
376886	465549		261929	285648	4941	11228	5432	2305	38501
459824	249339	3262	224232	135095	2495	6485	2322	2055	93453
388272	352525	1497	254723	189363	4094	18613	5620	1020	65772
130528	88289	2024	75518	39434	2779	3833	1039	198	31911
133628	104542	1301	83192	46176	1584	5228	543	239	26433
114194	50973	784	59697	32276	2033	2134	1772	923	28977
225462	189783	20	147270	72860	1480	4088	275	66	37246
178053	110252	1583	104717	45598	1161	5170	934	171	28015
158978	264862	2090	98976	92743	2336	7272	1752	756	31937
175520	57213	3382	85169	61102	2013	3064	2208	490	26887
476179	510877	1890	288539	248205	2899	18496	6861	1655	102714
148991	84014	1505	85001	42346	3497	1876	295	1514	39099
27790	58912	490	18090	34940	942	1167	217	296	2239
82002	113247		48905	42154	1349	5438	908	146	23546
189683	324039	200	113570	96373	3840	7549	1603	434	37391
85402	35580	34	51165	18872	1814	1120	890	54	20503
145133	69467	3369	88487	37757	1490	2515	294	76	25488
9604	7197	187	7268	1190	184		2		966
157180	52392	1728	96055	45488	1333	2545	820	19	15873
119197	81557	755	61302	44670	1481	5124	521	1544	20271
40920	14557		23665	9688	404	472	95	9	7390
59056	35762	568	38146	14539	283	706	108	15	12312
101978	57913	100	58297	30385	1798	2159	439	54	21280

地区	抚恤金和生活补助	其他资本性支出	各种设备购置费	新增藏量购置费	新增数字资源购置费	资产总计(千元)	固定资产原值	实际使用公用房屋建筑面积(万平方米)	书库面积
全国	**45713**	**3024026**	**2429850**	**1450855**	**208733**	**34797788**	**27227219**	**1158.46**	**240.25**
北京	1720	153876	142278	57629	2945	2039009	1328491	24.06	4.35
天津	1185	148704	144783	31650	1929	626239	526170	24.74	5.00
河北	434	60133	41812	33035	1654	547736	483888	38.80	8.13
山西	1054	34587	29359	10597	643	602044	534222	39.23	7.51
内蒙古	2322	78387	56943	27173	4313	589332	544934	32.84	5.52
辽宁	7952	92526	86175	48645	8771	1157036	1033411	45.40	7.93
吉林	677	46597	37729	24880	2779	490242	358679	19.43	3.99
黑龙江	675	27325	24704	16721	2249	649166	594106	27.72	5.58
上海	1721	232028	218663	164019	14528	3510062	3116711	41.41	9.20
江苏	1370	190674	157857	111074	23237	2332836	2048363	89.01	13.63
浙江	518	226254	203294	137050	7129	2137221	1912373	74.69	14.07
安徽	1067	45841	41390	26671	7602	722180	644293	35.37	7.37
福建	1475	75794	67399	38043	8915	815592	702506	35.26	7.99
江西	1836	43215	30462	18196	4741	489120	404318	34.32	8.50
山东	1883	141434	135889	67783	12074	1332615	1235636	71.50	15.92
河南	907	71765	57460	27821	4057	689942	585550	53.45	11.90
湖北	1885	160855	70964	50756	12747	1615206	819341	51.18	10.66
湖南	1689	42665	34258	24175	787	532683	456760	38.06	10.84
广东	1490	262433	238558	164779	20155	3173452	2614606	109.37	18.76
广西	1714	62359	51789	28451	5006	575180	463405	28.13	7.95
海南	121	27030	25504	15342	5272	145343	129592	8.18	1.90
重庆	1005	52124	41507	21155	7713	396735	329737	25.26	4.94
四川	1751	78946	68876	37421	4112	1050004	805862	48.22	11.25
贵州	1815	19627	16373	9822	1433	498038	253200	20.96	5.59
云南	1089	69432	64394	44781	2602	765962	683136	34.33	7.84
西藏		1710	1710	1417	52	78664	72390	3.76	0.80
陕西	2707	39457	36711	26967	2952	660783	580917	24.13	5.23
甘肃	1470	52441	47024	30698	7491	642091	508448	19.35	4.41
青海	316	13703	6184	5462	660	99323	90481	4.59	1.23
宁夏	1209	26498	18389	5262	560	279911	229569	10.71	3.11
新疆	293	40143	22543	10045	447	485306	319521	20.57	4.31

阅览室面积	书刊阅览室面积	电子阅览室面积	实际拥有产权面积(万平方米)	阅览室坐席数(个)	少儿阅览室坐席数	盲人阅览室坐席数	图书馆延伸服务情况		
							流动服务书刊借阅人次(万人次)	流动图书馆车书刊借阅册次(万册次)	分馆数量(个)
318.85	**229.64**	**51.23**	**700.99**	**809767**	**196192**	**18976**	**2939.39**	**5188.79**	**6516**
5.99	4.90	0.78	7.68	16002	3921	211	13.90	57.74	313
7.74	4.38	1.02	3.17	13526	2143	100	75.99	118.70	9
11.50	8.22	1.75	26.11	30348	6513	617	36.77	58.34	23
11.45	7.93	2.04	33.00	26050	5125	672	51.12	68.60	165
9.27	6.90	1.75	15.84	24363	5379	505	73.18	130.80	95
11.31	7.82	1.80	24.68	30523	8080	725	127.92	291.00	662
5.57	4.30	0.82	12.91	15645	3878	277	71.72	98.31	210
7.66	5.25	1.53	11.36	21952	5447	389	118.70	175.31	277
10.17	8.62	0.88	21.92	22593	4142	178	126.83	403.28	282
19.88	14.12	2.43	47.75	44431	11794	1303	159.30	274.40	853
17.75	13.46	2.55	39.39	42423	10439	1831	293.36	681.40	720
11.15	8.24	2.05	26.12	27298	6812	804	115.94	152.22	140
10.95	8.58	1.41	22.23	28524	8612	476	129.05	241.51	434
10.87	7.37	1.75	21.26	28283	7147	1203	119.32	138.99	110
18.99	13.14	3.40	36.99	47068	11194	1385	115.29	194.96	356
12.92	9.36	2.44	35.99	39766	10540	1007	53.75	89.69	85
13.16	9.62	2.22	39.46	34860	9348	892	135.05	203.37	91
9.37	6.67	1.89	26.29	30438	9541	405	39.86	67.87	217
33.16	25.44	4.18	58.96	75838	15880	1153	309.92	502.07	737
7.96	5.87	1.53	15.64	27046	7340	400	79.56	143.78	29
2.43	1.76	0.31	6.83	5671	1304	76	14.46	35.18	
6.96	4.86	1.13	16.30	17369	4352	409	104.39	191.81	118
14.56	9.89	3.01	29.37	40983	9101	1128	116.74	202.23	131
6.78	4.21	1.16	16.72	19224	4602	795	71.74	90.16	112
8.76	5.62	2.20	25.20	26376	7200	516	146.38	186.40	122
0.76	0.47	0.19	3.75	1961	236	75	0.46	0.79	
7.65	5.72	1.36	17.06	18116	4107	562	51.02	69.81	81
5.46	3.48	1.06	13.99	17403	4478	366	66.50	133.51	32
1.29	0.68	0.30	2.51	3576	628	46	11.66	19.02	
3.27	2.35	0.65	8.98	7344	1729	218	35.85	70.76	3
7.52	3.93	1.54	8.16	20356	5041	240	73.69	96.81	77

地区	机构数（个）	从业人员（人）	专业技术人才	正高级职称	副高级职称	中级职称	总藏量（万册）	图书	盲文图书
全国	**105**	**2170**	**1558**	**36**	**222**	**703**	**3165.01**	**2737.27**	**1.10**
北京	4	107	48	1	5	29	94.45	86.40	
天津	11	171	115	1	18	50	233.89	220.59	
河北	1	10	6		1	2	20.30	20.29	
山西	1	15	10	1		5	11.10	8.45	
内蒙古	2	123	63	1	4	14	88.42	84.57	0.03
辽宁	15	286	218	6	23	128	339.63	305.09	0.02
吉林	4	294	233	14	61	89	491.07	394.89	0.12
黑龙江	1	14	14		1	11	5.61	2.57	
上海	4	68	48	1	2	23	173.83	137.02	0.02
江苏	9	111	61	1	16	20	140.90	129.31	0.04
浙江	3	92	80	2	14	33	196.03	175.56	0.03
安徽	5	75	53		3	23	28.83	24.25	0.04
福建	7	128	77	1	9	40	195.26	170.28	0.53
江西									
山东	1	10	9		2	5	12.77	10.77	0.01
河南	5	73	40		3	12	42.65	36.54	
湖北	4	68	62	1	6	26	141.26	114.88	0.02
湖南	6	124	106	1	12	59	142.90	124.01	0.02
广东	4	156	129	2	20	61	546.45	463.75	0.18
广西	3	57	45		5	22	79.33	72.51	0.01
海南									
重庆	2	93	75	3	14	26	108.81	94.05	
四川	2	9	7				10.13	9.08	0.02
贵州	1	5	4				8.93	7.48	
云南	4	19	16		2	11	22.64	17.36	
西藏									
陕西	2	25	24		1	11	14.41	12.75	
甘肃	4	37	15			3	15.43	14.82	0.01
青海									
宁夏									
新疆									

古籍	善本	报刊	视听文献	缩微制品	其他	在藏量中		电子图书（万册）	本馆自建
						开架书刊	少儿文献		
29.69	**5.14**	**145.91**	**119.49**	**2.64**	**130.02**	**1507.53**	**1335.27**	**775.73**	**11.21**
		1.54	6.51			77.97	46.55	5.40	0.05
		2.92	3.55	0.05	6.78	186.21	110.26	6.04	6.04
		0.01				10.00	10.00		
		2.65				11.10			
0.33		1.99	0.56		0.97	12.67	5.59	1.03	
		4.77	13.87		15.90	192.63	134.84	38.65	2.79
23.00	4.76	55.26	3.40	2.57	11.94	112.31	22.11	155.17	
		2.33	0.05		0.66	4.34			
		1.30	26.98		8.52	110.08	117.32	21.14	
0.11		6.71	2.18		2.60	123.23	88.48	8.01	
		7.51	12.96			131.27	66.14	2.68	
		4.34	0.22		0.02	12.77	19.95	12.57	
		20.73	4.20		0.05	71.24	110.53	147.30	0.85
		1.75	0.25			10.92	6.55	0.07	
		6.11				42.05	35.99	1.82	0.52
3.89	0.34	1.79	2.50		18.20	75.23	8.83	14.12	
0.08		12.03	6.17	0.01	0.60	127.13	108.02	8.70	0.70
		0.78	29.31		52.62	111.46	394.54	287.38	
		5.23	1.60			10.27	6.48	48.34	
1.25	0.02	4.51	4.58		4.43	38.47	24.16	15.82	
		0.24	0.10		0.70	1.20	4.33		
		0.79	0.04		0.62	4.66	0.05	0.27	0.26
		0.04	0.32		4.92	16.00	9.63		
1.00	0.02	0.54	0.11			6.67	4.50	1.20	
0.03		0.04	0.03		0.50	7.66	0.43	0.03	

地区			书架单层总长度（米）	本年新购藏量（万册）	本年新增电子图书（万册）	当年购买的报刊种类（种）	有效借书证数（个）	总流通人次（万人次）	
	本馆外购	免费共享							书刊文献外借人次
全　国	**713.81**	**50.71**	**227479**	**284.14**	**326.57**	**34160**	**1439589**	**2131.47**	**976.88**
北　京	5.35		10018	6.79	0.59	1454	120791	46.52	28.81
天　津			7910	11.67	1.63	1784	37794	84.51	60.97
河　北			1400	2.59		310		43.00	15.00
山　西			900	0.41		63	5121	7.79	7.79
内蒙古	1.03		2734	1.66		300	19885	19.91	12.47
辽　宁	35.85	0.01	34418	25.40	3.16	3457	176565	208.75	114.98
吉　林	155.17		49749	24.55	0.54	4466	53528	96.98	52.56
黑龙江			330	0.08		33	3574	6.05	3.36
上　海	21.14		11361	16.00	6.44	1653	85081	99.35	56.57
江　苏	7.01	1.00	12293	13.52	1.51	2187	112690	185.79	123.27
浙　江	2.68		10892	21.33	8.33	2103	113286	151.50	110.81
安　徽	12.57		1070	5.56	1.32	522	19609	46.73	28.68
福　建	138.44	8.00	11887	27.18	25.68	3089	139137	250.84	155.84
江　西									
山　东	0.02	0.05		0.43		92	5191	10.38	4.19
河　南	1.30		3422	6.48	1.23	1536	22653	61.46	37.03
湖　北	14.10	0.02	10642	8.40	1.11	1031	57618	96.79	26.29
湖　南	8.00		13051	7.50	8.70	2460	42670	105.12	31.86
广　东	287.38		18902	88.18	244.76	3384	319392	341.40	47.15
广　西	8.24	40.10	6939	6.07	6.21	1586	42433	138.60	24.32
海　南									
重　庆	15.49	0.33	6994	6.24	15.29	1856	27669	69.87	8.61
四　川			40	0.43			1035	4.55	2.24
贵　州		0.01	4680	0.20	0.04		18500	1.24	0.36
云　南			3200	0.61		376	10636	26.49	4.32
西　藏									
陕　西		1.20	2024	0.87		256	1353	13.77	13.43
甘　肃	0.03		2623	1.99	0.03	162	3378	14.09	5.99
青　海									
宁　夏									
新　疆									

书刊文献外借册次（万册次）	为读者举办各种活动						计算机（台）	供读者使用电子阅览室终端数	图书馆网站访问量（页次）
	组织各类讲座次数（次）	参加人次（万人次）	举办展览（个）	参加人次（万人次）	举办培训班（个）	培训人次（万人次）			
2285.37	**2622**	**51.51**	**488**	**99.88**	**1719**	**10.67**	**6648**	**3286**	**10408117**
74.83	164	3.78	35	5.06	63	0.56	334	205	600000
111.56	167	2.09	23	0.33	75	0.35	297	147	85000
21.00	30	0.30							
7.79							26	26	
33.82	85	1.31	22	0.48	46	0.37	120	61	29474
412.96	500	6.41	55	3.43	312	1.23	738	458	788146
92.51	86	1.27	17	0.29	27	0.09	801	123	578716
5.35	1	0.02	10	0.36			4	1	
168.57	60	0.99	7	1.15	232	2.01	363	161	704065
176.17	112	3.20	56	6.95	97	0.34	535	378	1261342
174.47	76	1.52	10	17.90	107	0.19	310	110	608864
64.59	55	1.11	20	5.79	3	0.02	168	102	69070
369.02	287	5.84	63	12.09	199	1.98	699	405	615582
12.75	3	0.04	2	0.57	15	0.10	42	31	25781
48.32	131	1.41	24	2.87	27	0.34	270	163	
62.07	83	1.09	39	24.16	112	0.34	138	65	373372
76.94	117	2.50	28	3.45	106	0.71	186	59	496186
215.55	481	15.30	16	8.12	204	1.18	720	258	3814837
58.18	56	0.70	11	3.34	40	0.41	188	117	151982
57.02	25	0.22	16	0.60	18	0.05	237	126	112700
3.94	9	0.39	1	0.01	2	0.02	12	10	
1.30	8	0.03	2	0.08	1	0.01	48	35	
10.43	27	0.11	6	1.86	16	0.29	178	84	3000
15.21	38	1.45	13	0.81	13	0.05	89	61	80000
11.02	21	0.45	12	0.18	4	0.04	145	100	10000

地　　区	本年收入合计（千元）	财政补贴收入	购书专项经费	事业收入	上级补助收入	附属单位上缴收入	经营收入	其他收入	本年支出合计（千元）
全　　国	**458671**	**438243**	**68570**	**7080**	**5639**	**2356**		**5353**	**426417**
北　　京	17465	16765	850	20	46			634	17912
天　　津	37977	36902	5900	303	639	24		109	30849
河　　北	1010	1010	500						998
山　　西	2069	2069	45						1900
内 蒙 古	11744	11744	70						9532
辽　　宁	41732	41731	5530					1	53480
吉　　林	66218	65618	12430	280		167		153	54943
黑 龙 江	880	880	25						880
上　　海	16986	13505	1290	2810	644			27	21804
江　　苏	17188	15493	2685	700				995	15899
浙　　江	33749	33402	3100					347	30994
安　　徽	7564	7061	10	120				383	7428
福　　建	37782	33307	4935	2225	1129	959		162	29870
江　　西									
山　　东	1395	1335	130	30				30	1268
河　　南	19088	19076	900		12				6365
湖　　北	12218	11415	530					803	12210
湖　　南	19911	18520	1600	98		1206		87	19268
广　　东	78388	76007	23950		2081			300	73287
广　　西	7395	6135	899	64				1196	9165
海　　南									
重　　庆	17707	16613	2000		1048			46	17707
四　　川	1546	1546	56						1546
贵　　州	484	314	30	170					371
云　　南	2555	2555	300						2555
西　　藏									
陕　　西	2118	1818	80	260	40				2093
甘　　肃	3502	3422	725					80	4093
青　　海									
宁　　夏									
新　　疆									

基本支出	项目支出	经营支出	在支出合计中：						
			工资福利支出	商品和服务支出	差旅费	劳务费	福利费	各种税金支出	对个人和家庭补助支出
223164	**189845**	**1711**	**140574**	**88402**	**2311**	**4437**	**1216**	**594**	**52166**
13443	4469		7771	5751	115	167	57	121	3156
28133	2692	24	11695	5188	30	30	188	50	7514
510	488		510						
1900			919	58	3	6	14		824
9532			5707	951	38	16	55		775
25932	26683		16133	11554	196	240	61		5549
27457	27052	167	14947	14768	591	764	23	9	9320
880			855						
8883	12650		9151	5112	175	319	160		1882
7730	8169		6104	4424	240	119	83	27	1196
16521	14340		10751	6973	90	1059	162		3654
4740	2688		3302	1065	29	39			580
10661	17458	590	7463	9814	188	481	74		2761
954	314		784	48					122
3270	3094		2350	1830	40	313	3		382
2477	5240		4024	2972	72	264	5	91	1981
12313	5750	930	6598	4114	70	150	47	275	3026
25451	44768		19208	6652	259	122	227	6	4425
7167	1998		3870	1961	93	259	6	6	1869
7586	10121		4313	2782	8				2648
1050	196		577	254	3				158
284			284	18	11	7			
1780	775		1070	134			24		162
1818			1084	477	41	47	20	9	4
2692	900		1104	1502	19	35	7		178

地　区	抚恤金和生活补助	其他资本性支出	各种设备购置费	新增藏量购置费	新增数字资源购置费	资产总计（千元）	固定资产原值	实际使用公用房屋建筑面积（万平方米）	书库面积
全　国	**1513**	**113568**	**101317**	**66159**	**8704**	**1083486**	**930678**	**29.61**	**4.97**
北　京	86	1115	1115	850	60	61426	54638	1.36	0.14
天　津	411	6326	6301	5079	494	68069	54377	1.43	0.21
河　北		488	488	488		488	488	0.06	
山　西		99	99	66		943	943	0.08	0.06
内蒙古		1999	1556	220		11530	8876	0.39	0.15
辽　宁	75	18297	14576	4508	162	118554	105037	2.76	0.39
吉　林	190	15522	15375	12180		145189	115267	2.40	0.79
黑龙江		25	25	25		720	590	0.05	0.01
上　海	94	5629	3547	2804	741	49377	41903	1.21	0.12
江　苏		3100	2823	2636	47	65649	54454	2.57	0.34
浙　江	1	6228	6228	3314	163	84754	76141	1.93	0.07
安　徽		1487	1471	685	399	17281	14745	0.39	0.04
福　建	610	9141	9077	4567	2281	58893	41934	2.49	0.71
江　西									
山　东		142	142	142		1949	1712	0.39	
河　南		1463	1459	850		19883	6469	1.68	0.21
湖　北		2982	2559	2009	550	29348	23573	0.68	0.21
湖　南	4	4322	2541	1621	107	31124	25604	1.65	0.47
广　东		26635	23642	20956	2464	250050	238678	4.23	0.21
广　西		1465	1465	840	79	18335	17303	0.97	0.25
海　南									
重　庆	38	5192	5192	1317	1156	33784	31806	0.87	0.30
四　川		57	57	57		216	216	0.34	0.03
贵　州		69	61	60	1	1050	1050	0.32	0.04
云　南		300	300	300		3790	3790	0.50	0.04
西　藏									
陕　西	4	198	198	110		1732	1732	0.29	0.06
甘　肃		1287	1020	475		9352	9352	0.57	0.12
青　海									
宁　夏									
新　疆									

							图书馆延伸服务情况		
阅览室面积	书刊阅览室面积	电子阅览室面积	实际拥有产权面积（万平方米）	阅览室坐席数（个）	少儿阅览室坐席数	盲人阅览室坐席数	流动服务书刊借阅人次（万人次）	流动图书馆车书刊借阅册次（万册次）	分馆数量（个）
9.75	**6.51**	**1.27**	**19.71**	**26642**	**21917**	**980**	**252.77**	**445.16**	**699**
0.38	0.34	0.03	0.57	1422	1422		4.03	9.67	15
0.47	0.28	0.11	0.16	1169	1074		36.38	61.10	
0.06	0.06			70	70				
0.02	0.01		0.08	35	35		7.79	7.79	
0.05	0.03	0.02		158	103	11	11.08	21.26	5
0.53	0.32	0.15	1.58	2505	2388	67	28.05	54.83	164
0.48	0.34	0.05	1.86	1448	632	20	27.93	35.68	1
0.03	0.01	0.01	0.05	160	90				2
0.35	0.28	0.07	0.41	1656	1023	6	4.07	22.64	
0.58	0.47	0.10	2.11	2260	1960	20	10.94	15.94	22
0.84	0.77	0.04	0.57	1538	975	563	10.51	33.28	45
0.07	0.05	0.02	0.17	427	423	4	7.20	12.82	10
0.86	0.74	0.12	2.87	3255	3161	50	50.42	53.57	277
0.16	0.06	0.03	0.39	158	50	8			5
0.72	0.63	0.09	2.37	1540	1540		4.77	10.14	7
0.22	0.17	0.04		849	843	6	11.05	21.88	5
0.39	0.34	0.05	1.35	1656	1630	26	1.72	4.14	60
2.30	0.75	0.11	2.01	2228	1652	29	2.14	3.01	37
0.26	0.23	0.04	0.73	1095	1075	20	8.19	31.69	
0.26	0.22	0.04	0.87	820	470	6	24.83	42.27	18
0.17	0.07	0.08	0.19	148	68	5			
0.07	0.06	0.01	0.32	654	545	109	0.35	0.12	
0.21	0.16	0.02	0.50	450	167	10	0.40	0.60	16
0.09	0.08	0.02	0.49	364	64		0.33	1.55	5
0.20	0.04	0.05	0.08	577	457	20	0.60	1.20	5

2013年各地区省级

地　区	机构数（个）	从业人员（人）					总藏量（万册）	
			专业技术人才					图书
				正高级职称	副高级职称	中级职称		
全　国	**39**	**7913**	**6482**	**282**	**1169**	**2653**	**18104.56**	**10750.26**
北　京	1	370	345	8	35	136	688.28	553.36
天　津	2	554	482	11	57	132	844.87	715.95
河　北	1	174	120	11	42	45	230.88	175.23
山　西	1	157	136	7	31	52	300.71	178.37
内蒙古	1	181	170	5	66	43	240.97	172.72
辽　宁	1	231	206	17	44	103	566.28	444.46
吉　林	1	220	168	10	43	63	409.51	322.90
黑龙江	1	202	168	21	46	87	326.62	270.36
上　海	2	838	703	39	108	308	5517.56	1405.39
江　苏	1	513	471	18	83	166	1006.15	727.44
浙　江	1	358	225	14	49	132	614.81	433.70
安　徽	1	173	140	4	26	54	287.90	221.19
福　建	2	270	244	2	35	117	341.96	264.65
江　西	1	156	146	6	34	70	323.41	207.37
山　东	1	226	213	9	33	83	740.84	472.58
河　南	2	188	149	9	30	67	338.24	256.24
湖　北	1	269	251	10	30	80	598.81	468.14
湖　南	2	335	289	7	39	122	512.71	364.81
广　东	1	303	265	7	44	129	763.59	581.10
广　西	3	315	188	9	43	136	557.16	429.66
海　南	1	119	85		6	24	105.10	97.84
重　庆	2	299	230	13	36	72	382.76	259.78
四　川	1	246	175	6	33	53	524.25	344.23
贵　州	1	152	115	7	26	52	176.75	131.56
云　南	1	186	174	3	54	74	301.24	173.18
西　藏	1	49	20	10	10		45.72	35.62
陕　西	1	295	174	7	18	88	395.74	298.81
甘　肃	1	216	157	5	22	79	391.35	298.20
青　海	1	92	78	5	18	32	166.13	130.97
宁　夏	1	135	117	2	18	43	213.02	189.20
新　疆	1	91	78		10	11	191.22	125.29

盲文图书	古籍		报刊	视听文献	缩微制品	其他	在藏量中		电子图书（万册）	
		善本					开架书刊	少儿文献		本馆自建
5.14	**1365.79**	**162.92**	**1842.04**	**305.86**	**1262.58**	**2578.04**	**4423.61**	**627.27**	**4258.48**	**86.73**
0.08	41.60	6.70	38.55	42.64	0.03	12.11	116.71	107.59	252.79	0.12
0.08	53.09	10.35	50.25	17.87	0.94	6.78	370.55	105.96	34.47	20.09
0.21	6.63	0.55	34.42	11.56	2.80	0.24	87.49	9.98	36.14	
0.20	29.32	5.02	87.34	2.72	0.50	2.46	243.09	15.84	53.32	
	18.00	0.45	7.97	0.50	0.20	41.58	42.15	3.35	74.09	0.05
0.04	45.99	12.22	51.60	13.64	0.59	10.00	220.22	16.96	426.73	3.08
0.03	23.00	4.76	47.68	1.42	2.57	11.94	34.52	3.41	130.00	
0.06	13.37	0.66	34.70	4.19	4.00		69.68	6.97	71.80	
0.54	192.23	19.24	333.92	38.92	1235.93	2311.18	725.84	70.27	179.79	
0.22	160.00	14.00	79.74	28.25	4.21	6.51	95.00	5.92	139.49	8.52
0.34	83.78	14.50	83.56	13.46	0.31	0.01	100.99		124.33	0.31
0.07	35.30	3.27	30.12	0.82	0.44	0.04	52.67	12.50	77.53	
0.28	25.14	2.06	39.50	11.55	1.12		72.57		157.75	0.04
0.01	50.16	3.00	29.76	0.72	0.11	35.30	109.04	6.43	134.01	0.01
0.01	75.34	20.00	95.70	7.58	0.67	88.97	354.77	32.57	59.47	
0.04	50.66	2.40	28.34	2.76	0.24		57.50	13.30	201.23	0.52
0.13	46.18	5.87	60.50	13.34	3.19	7.46	157.52	22.20	10.53	
0.77	62.08	5.00	58.19	24.26	0.46	2.92	181.93	93.84	329.10	0.70
0.19	44.00	3.25	124.92	10.11	2.29	1.18	262.80	8.43	182.00	
0.07	26.65	0.78	86.07	14.27	0.14	0.39	118.00	14.84	287.63	0.20
0.19	0.01	0.00	4.86	0.93		1.47	80.58	11.33	395.61	
0.22	45.26	6.99	41.50	7.76	0.88	27.59	87.16	20.58	161.54	7.14
	68.70	6.07	90.20	20.79	0.31	0.03	65.64	0.65	110.27	
0.42	11.14	0.50	33.11	0.77	0.09	0.08	148.04	1.70	290.00	
0.19	59.29	3.05	64.57	4.03	0.13	0.06	4.50	4.76	36.79	0.46
	1.10	0.05	7.47	0.04		1.50	7.90		0.50	0.50
0.14	32.44	4.37	54.37	4.26	0.03	5.83	122.24	16.03	105.57	
0.55	31.62	6.65	57.87	2.99	0.22	0.45	199.03	2.47	39.91	
0.04	11.48	1.00	21.22	0.45	0.05	1.96	29.63	1.34	1.10	
0.02	14.11	0.12	7.69	1.94	0.08		166.20	4.30	110.00	
	8.15	0.03	56.37	1.34	0.07		39.66	13.76	45.00	45.00

地　　区	本馆外购	免费共享	书架单层总长度(米)	本年新购藏量(万册)	本年新增电子图书(万册)	当年购买的报刊种类(种)	有效借书证数(个)	总流通人次(万人次)	书刊文献外借人次
全　国	**3570.16**	**601.60**	**2804409**	**720.99**	**822.87**	**165685**	**4589493**	**7755.37**	**2568.91**
北　京	151.67	101.00	395624	49.44	0.34	6233	341774	454.37	66.75
天　津	14.39		85558	45.05	2.83	9337	393855	319.83	92.32
河　北	36.14		70850	15.93	2.00	5121	218998	195.12	57.13
山　西	53.32		36505		3.00	3131	28618	150.00	62.79
内蒙古	74.04		84320	9.10	60.84	2030	29147	57.05	14.04
辽　宁	323.65	100.00	32719	23.12	67.18	6972	53130	89.23	32.27
吉　林	130.00		43949	17.57		3866	32831	41.59	9.26
黑龙江	71.80		39961	14.10	7.13	2704	187532	286.59	87.04
上　海	179.38	0.41	319399	71.65	41.42	17177	727631	1247.00	1143.13
江　苏	130.97		260000	38.99	8.80	8452	336663	301.10	73.69
浙　江	124.03		62285	25.33	10.85	8563	55571	261.46	36.68
安　徽	43.83	33.70	60168	13.82	38.98	3169	175845	118.87	106.20
福　建	157.71		54837	28.39	7.71	6224	135608	212.60	50.33
江　西	34.00	100.00	2200	3.58	12.00	4102	222734	120.00	57.00
山　东	59.47		136001	31.36	7.40	5717	275746	146.55	60.32
河　南	200.71		45067	5.85	201.23	3152	70230	115.10	39.76
湖　北	10.53		163636	37.61		5027	111091	215.80	67.51
湖　南	163.40	165.00	79004	25.71	9.10	5880	149817	519.20	64.88
广　东	182.00		183802	66.01		9678	200198	1297.07	115.24
广　西	287.43		42028	26.18	15.31	9293	136342	354.52	54.46
海　南	395.61		28843	26.91	2.77	3192	76399	127.83	26.23
重　庆	152.90	1.49	44300	31.46	160.04	5288	120121	305.00	46.86
四　川	110.27		86124	11.97	25.27	6542	25006	12.91	4.11
贵　州	290.00		59678	9.60		3257	64593	13.00	7.00
云　南	36.34		129035	22.57	9.50	4732	113046	235.06	34.17
西　藏			22708	1.23		1263	5942	3.00	1.71
陕　西	105.57		89448	22.66	1.70	4972	80477	261.24	67.24
甘　肃	39.91		60000	32.49	16.38	4407	108975	159.95	37.98
青　海	1.10		37286	2.13	1.10	1250	48573	33.94	10.42
宁　夏	10.00	100.00	39896	6.00	110.00	1789	44000	51.10	32.60
新　疆			9178	5.20		3165	19000	49.30	9.83

书刊文献外借册次（万册次）	为读者举办各种活动						计算机（台）	供读者使用电子阅览室终端数	图书馆网站访问量（页次）
	组织各类讲座次数（次）	参加人次（万人次）	举办展览（个）	参加人次（万人次）	举办培训班（个）	培训人次（万人次）			
8264.71	**4166**	**89.54**	**1327**	**817.32**	**2605**	**25.95**	**19963**	**8261**	**300276279**
272.96	253	2.98	56	109.50			739	316	41256227
353.14	221	4.16	38	79.46	46	1.13	1490	466	1907844
88.01	229	3.33	27	78.00	27	0.52	580	153	7120000
104.81	138	3.03	13	31.00	83	0.49	981	414	
24.37	21	0.81	19	1.96	15	0.20	453	285	3687321
114.52	48	1.08	42	29.06	354	0.93	440	118	13601430
18.51	45	0.51	4	0.03	3	0.03	549	34	528316
157.89	287	2.51	99	21.82	64	0.56	708	460	4506744
4544.88	230	5.67	176	18.24	155	2.80	2961	1253	39908103
180.23	168	6.80	73	39.58	261	3.16	1104	401	18882449
129.53	105	2.22	29	39.34	40	0.08	651	194	14378869
179.50	75	1.35	25	1.43	3	0.03	336	141	2694416
341.00	379	8.63	64	48.51	33	0.60	968	358	21265457
63.00	72	1.34	30	70.41	42	0.73	301	104	8005852
102.04	150	1.75	35	5.28	27	0.13	448	202	7991716
68.90	69	1.06	36	4.52	64	0.52	328	184	970000
183.35	120	3.33	45	45.47	58	0.12	973	536	1230000
251.03	327	3.28	93	7.90	313	4.97	486	196	23573236
219.83	342	10.09	193	71.54	284	1.44	777	305	11146685
177.96	147	2.00	45	41.04	22	0.19	692	274	934400
69.18	17	0.49	15	7.99	78	0.24	351	205	312071
124.13	110	2.72	32	7.41	259	1.32	673	406	29915572
13.34	59	1.22	7	2.20	21	0.29	482	30	436251
11.00	68	1.90	11	1.15	18	0.26	336	181	20000000
68.33	91	2.49	30	35.00	107	1.61	391	221	8170000
5.12	12	0.15	2	1.10	16		80	80	880280
184.82	143	3.95	20	6.01	111	2.65	427	182	12858940
91.26	80	1.80	20	6.85	20	0.16	496	104	1000000
25.92	55	0.70	11	0.35	26	0.05	117	58	57100
71.60	44	2.10	12	2.67	17	0.01	224	224	157000
24.57	61	6.10	25	2.50	38	0.76	421	176	2900000

地　　区	本年收入合计（千元）	财政补贴收入	购书专项经费	事业收入	上级补助收入	附属单位上缴收入	经营收入	其他收入	本年支出合计（千元）
全　　国	**2906352**	**2695478**	**470158**	**10121**	**132225**	**15493**	**722**	**52313**	**2819406**
北　　京	219033	211147	35539		6587	707		592	244561
天　　津	132858	127113	30150	103	2974			2668	242624
河　　北	44995	40314	8000	1680				3001	44987
山　　西	56936	53542	8000	20		3247		127	54766
内 蒙 古	52930	52063	8000	665				202	67136
辽　　宁	57886	55650			1674			562	62705
吉　　林	55489	55243	10000			167		79	43394
黑 龙 江	35666	35666	5500						35666
上　　海	476733	385601	124069	1553	88055			1524	438288
江　　苏	147526	127658	45000		7524	495		11849	138247
浙　　江	103153	90715	2280		7237	1481	722	2998	98632
安　　徽	48706	45544	6000		2330			832	50173
福　　建	65257	59059	12000	3951	2242			5	62446
江　　西	45260	44629	7000			631			33415
山　　东	66741	66098	12000					643	69767
河　　南	51430	48991	4500		12	1413		1014	61638
湖　　北	188358	183965	24000		1518			2875	188358
湖　　南	60448	54023	6950		1662	3114		1649	60438
广　　东	152804	140151	41074	73	4541			8039	150939
广　　西	101029	90931	16000	1452	922			7724	91309
海　　南	51015	50694	10196					321	44632
重　　庆	68135	63577	9700		4512			46	71496
四　　川	267632	265022	9000		84			2526	184928
贵　　州	38450	38212	3000					238	31933
云　　南	45557	41752	8000			3406		399	35294
西　　藏	8449	8449	1000						12107
陕　　西	54828	52335	10000			450		2043	47645
甘　　肃	89427	88971	9000			174		282	69923
青　　海	14449	14023	1200	424				2	20371
宁　　夏	33128	32804	3000		76	208		40	36879
新　　疆	72044	71536		200	275			33	24709

基本支出	项目支出	经营支出	在支出合计中：						
			工资福利支出	商品和服务支出					对个人和家庭补助支出
					差旅费	劳务费	福利费	各种税金支出	
971876	**1830960**	**15209**	**582124**	**762356**	**14981**	**49788**	**8253**	**8163**	**247279**
89118	154734	707	35254	75555	159	1361	869	374	13663
113384	129240		39067	58235	154	6	586	296	14027
13283	31704		6845	20568	258	2320			3848
17159	34360	3247	10964	24980	273	8284	61	239	4568
20569	46567		15148	19731	695	924	350		3315
30647	32058		13712	18351	445	633	23	134	8235
20409	22818	167	10376	13294	565	720	21	9	6781
20079	15587		8401	12156	637	581			6828
129266	308751		118132	154732	2940	6285	1996	2163	15206
59965	77281	1001	38683	25545	291	1199	154	1001	24512
48476	48662	1494	29601	21022	412	2151	983	246	9051
27186	22987		13261	13485	1836	2933	18		13767
23185	39261		17710	17690	428	1336	45	107	7783
16039	17155	221	8105	8658	305	1102	415	16	5833
23440	46327		13583	30230	203	2460	21	39	8002
15044	45181	1413	9409	15824	144	1842	190	50	4149
23790	164568		18842	40144	352	6062	161	207	6943
28897	28427	2838	15977	20292	436	1061	447	275	10099
47776	103163		28991	40390	358	1229	953	826	18610
36317	54212		23595	14634	618	377	3	1441	15161
9096	35536		6614	23292	673	500	8	234	661
22969	48527		17432	18922	466	784	381	74	7560
21135	163793		14167	12425	520	600	107	393	6557
15889	16044		8332	3127	645				4428
14846	17129	3319	8111	4694	235	373			5424
5410	6697		3999	89	81		1		689
19928	27267	450	13898	12759	172	290	332		4852
15837	53942	144	9644	21550	294	3465	19		4634
11778	8562		6695	2628	100	140	3	9	3976
20120	16551	208	11122	9153	30	212	91		4840
10839	13869		6454	8201	256	558	15	30	3277

地区	抚恤金和生活补助	其他资本性支出	各种设备购置费	新增藏量购置费	新增数字资源购置费	资产总计(千元)	固定资产原值	实际使用公用房屋建筑面积(万平方米)
全国	**6669**	**993184**	**868291**	**470786**	**88314**	**11927316**	**8959950**	**153.18**
北京	165	71615	71615	34263	1276	1345540	719784	9.40
天津	49	131295	131295	23478	1514	454544	372978	13.32
河北	44	13267	12501	10703		113058	91206	5.30
山西	69	14254	14254	1		139077	95714	8.03
内蒙古	152	28942	17490	8866	3042	156656	150115	2.80
辽宁	55	22407	22407	10840	4560	322778	322778	4.45
吉林	152	12943	12943	10000		120161	92967	1.50
黑龙江	67	8281	8281	4311	1189	273473	273473	3.39
上海	738	150187	148105	118876	7417	2667481	2431609	13.05
江苏	386	49506	48861	30030	17145	567748	479473	9.69
浙江		37465	36856	22766	596	507022	507022	4.92
安徽	101	9660	8568	5716	284	206494	186285	3.69
福建	42	19261	18886	9394	4734	249042	194061	2.93
江西	100	10403	10403	4900	2000	118004	80491	2.25
山东	29	15211	15211	12007	2103	405657	385160	4.49
河南	25	30843	30843	12412	1513	133123	108068	3.89
湖北	140	122429	41045	29484	10051	827672	137078	10.33
湖南	196	10957	9333	6965	157	168093	136979	4.40
广东	117	62948	56366	33286	7912	1106936	715281	9.06
广西	837	25073	25073	12512	3560	245191	179394	4.45
海南		14065	14065	10196	3869	47613	47613	2.79
重庆	86	25425	17650	6609	5076	158513	141722	5.62
四川	108	14619	14619	9000	995	238972	102324	1.72
贵州	109	4132	4132	3000		58876	58876	2.52
云南	179	13636	13636	8000		262760	230020	3.04
西藏		1000	1000	1000		34214	34214	1.75
陕西	1457	14756	13341	8651	1525	344845	290362	4.48
甘肃	323	33951	30867	19280	6796	299479	198967	3.92
青海	25	7041	1248	600	600	62348	55078	1.20
宁夏	896	11555	11340	2600	400	67461	55539	2.33
新疆	22	6057	6057	1040		224485	85319	2.47

								图书馆延伸服务情况		
书库面积	阅览室面积	书刊阅览室面积	电子阅览室面积	实际拥有产权面积（万平方米）	阅览室坐席数（个）	少儿阅览室坐席数	盲人阅览室坐席数	流动服务书刊借阅人次（万人次）	流动图书馆车书刊借阅册次（万册次）	分馆数量（个）
38.54	**41.31**	**35.63**	**2.42**	**110.80**	**67021**	**8906**	**788**	**350.70**	**568.10**	**937**
1.18	2.78	2.62	0.16		2799	379	41	0.46	4.28	18
1.66	5.05	2.52	0.33	0.14	5054	272	12	35.37	59.71	1
1.12	0.93	0.86	0.07	5.30	3070	280	22	3.60	5.90	
1.29	1.71	1.67	0.04	3.01	3237	212	22	5.50	8.33	108
0.58	1.27	1.21	0.06	2.80	1593	60	89	0.85	1.70	
0.75	0.85	0.77	0.07	5.11	1228	150	8	9.18	22.57	152
0.65	0.29	0.22	0.02	1.40	840	38	6	1.84	3.68	1
0.34	0.90	0.80	0.10	3.39	1674	162	24	57.42	70.79	59
6.07	1.36	1.30	0.06	12.36	2467	8	18	3.73	10.21	250
1.03	1.81	1.69	0.11	3.40	2352	206	32	10.32	20.38	
1.92	1.07	1.02	0.06	4.92	1570		135	41.73	64.95	10
0.77	0.90	0.75	0.06	3.69	1659	278	24	3.92	2.95	4
0.78	0.96	0.75	0.10	6.00	2066	1016	33	10.49	16.79	63
1.52	0.71	0.70	0.01	2.25	1411	160	20	36.00	45.00	48
1.80	1.50	1.47	0.03	3.84	1884	164	20	1.67	16.92	2
1.04	1.46	1.38	0.08	5.06	2074	932		0.37	0.67	
1.80	4.20	3.90	0.30	10.33	5293	750	24	5.15	5.15	2
1.33	1.17	1.13	0.04	4.29	2258	770	24	0.50	2.01	50
2.54	0.81	0.81		9.06	7010	388	10			81
1.34	1.81	1.66	0.08	1.67	2717	681	26	19.67	45.14	6
0.47	1.27	1.00	0.06	2.79	1702	225	8	4.55	3.50	
1.07	1.47	1.05	0.10	0.60	2379	755	38	26.28	46.69	18
0.86	0.46	0.45	0.01	1.50	636	15		1.80	2.01	
1.66	0.86	0.83	0.03	2.74	1071	95	20	2.80	5.60	25
0.72	0.82	0.75	0.08	3.04	1324	88	46	24.86	18.07	11
0.42	0.34	0.26	0.07	2.97	300	45				
0.58	1.72	1.62	0.10		1927	284	12	1.01	2.82	18
0.98	0.86	0.64	0.06	3.92	1576	150	30	30.00	72.00	2
0.39	0.15	0.11	0.02	1.89	970	43	14	2.10	8.76	
1.18	1.05	0.96	0.10	3.32	1480	150	30			
0.73	0.80	0.76	0.04		1400	150		9.53	1.53	8

2013年各地区地市级

地区	机构数(个)	从业人员(人)					总藏量(万册)	
			专业技术人才					图书
				正高级职称	副高级职称	中级职称		
全　国	**360**	**14183**	**10937**	**264**	**1671**	**5228**	**19500.93**	**15849.74**
北　京								
天　津								
河　北	12	460	369	20	69	156	701.53	495.92
山　西	7	272	188	5	28	81	257.57	191.10
内蒙古	12	566	486	2	116	191	413.51	359.22
辽　宁	22	1207	938	36	135	508	1608.85	1204.71
吉　林	10	546	471	24	105	223	671.54	554.63
黑龙江	11	625	433	49	100	228	876.31	669.32
上　海								
江　苏	17	919	685	16	115	326	1741.47	1464.39
浙　江	14	958	641	19	110	292	1604.05	1333.05
安　徽	17	423	353	3	38	142	654.61	537.83
福　建	13	387	288	4	35	135	719.63	529.86
江　西	11	364	268	1	40	105	548.64	433.97
山　东	17	788	679	21	126	312	1212.53	993.75
河　南	19	706	506	6	76	257	815.97	651.75
湖　北	16	681	616	13	102	346	983.09	821.32
湖　南	15	484	386	4	50	209	526.94	438.30
广　东	26	1616	1281	27	131	616	2847.59	2481.67
广　西	15	437	352		23	190	463.50	359.72
海　南	3	58	46			16	82.77	76.48
重　庆								
四　川	22	676	463	5	49	226	978.89	790.93
贵　州	9	291	243	4	39	79	255.08	215.11
云　南	18	464	394	2	74	193	393.39	309.02
西　藏	3	17	12			2	23.21	21.53
陕　西	8	309	172	1	29	97	299.89	262.80
甘　肃	17	345	186		20	79	259.21	210.51
青　海	7	120	90		12	46	71.67	67.39
宁　夏	5	167	125	1	15	54	154.94	125.64
新　疆	14	297	266	1	34	119	334.58	249.82

	古籍		报刊	视听文献	缩微制品	其他	在藏量中		电子图书（万册）	
盲文图书		善本					开架书刊	少儿文献		本馆自建
16.95	**690.86**	**39.63**	**1783.32**	**482.75**	**27.10**	**667.16**	**9816.05**	**2133.39**	**15574.32**	**314.83**
1.34	40.18	1.27	70.83	20.03	4.30	70.28	390.90	59.00	151.32	10.32
0.38	16.31	1.77	46.37	3.16		0.63	168.05	15.85	245.26	0.06
0.43	10.51	0.33	36.66	4.92		2.20	154.91	22.69	188.66	
0.41	81.78	2.83	162.64	41.80	0.13	117.79	701.70	163.78	310.94	6.13
0.31	20.59	1.72	66.13	18.21	0.13	11.85	278.34	25.44	80.14	0.05
0.22	30.66	1.50	122.00	27.09	19.86	7.38	467.25	34.39	18.20	0.91
0.79	130.82	9.71	114.31	23.66	1.05	7.24	1009.76	222.22	1094.13	1.00
0.60	58.92	4.22	94.31	115.38	0.01	2.39	1018.76	199.62	7772.97	0.85
0.73	16.90	0.73	51.28	2.76		45.83	178.92	51.11	746.42	6.63
0.52	9.96	0.68	75.70	16.38	0.03	87.69	321.07	129.39	548.87	1.58
0.80	21.15	1.66	61.12	8.45	0.04	23.91	153.99	50.95	140.13	11.00
0.77	40.47	2.11	110.10	7.29	0.49	60.44	712.00	99.39	922.46	0.12
0.66	46.89	4.19	108.07	6.19	0.59	2.47	435.89	61.49	199.40	
0.64	39.49	1.14	84.08	14.42	0.11	23.67	644.59	76.76	216.90	0.05
0.21	14.78	0.56	56.94	9.23	0.12	7.58	237.84	37.77	119.53	17.09
6.08	23.86	1.05	143.48	108.92	0.15	89.51	1503.22	657.73	1269.72	225.45
0.06	8.44	0.41	82.74	6.42		6.18	246.15	39.92	140.84	
0.15	0.58	0.01	4.21	1.51			38.76	5.67	23.82	
0.61	47.98	1.67	97.26	30.70	0.02	12.00	431.60	108.12	389.64	0.03
0.29	5.73	0.10	27.63	2.53		4.08	144.97	16.44	109.60	0.60
0.14	10.09	0.04	56.54	4.57		13.17	167.82	11.70	462.42	0.31
			1.49	0.03		0.17	17.64	2.13	10.00	
0.31	4.92	0.50	14.15	2.48	0.06	15.49	88.40	3.86	167.84	4.00
0.25	7.83	1.10	23.57	1.39	0.01	15.90	120.47	7.31	34.96	1.00
0.13	0.70	0.08	1.72	0.23		1.63	13.21	8.90	61.57	
0.05	0.21	0.20	17.85	0.42		10.82	37.65	10.09	12.90	
0.09	1.13	0.06	52.16	4.60		26.87	132.20	11.70	135.65	27.65

地　区	本馆外购	免费共享	书架单层总长度（米）	本年新购藏量（万册）	本年新增电子图书（万册）	当年购买的报刊种类（种）	有效借书证数（个）	总流通人次（万人次）	书刊文献外借人次
全　国	**13158.91**	**2100.58**	**4194464**	**1485.81**	**9840.50**	**286127**	**10096118**	**14615.43**	**6054.26**
北　京									
天　津									
河　北	122.50	18.50	144754	55.31	26.53	8033	257927	421.68	168.14
山　西	30.96	214.24	68581	10.86	100.05	3603	85020	155.72	86.91
内蒙古	56.89	131.77	158144	38.08	170.77	9056	86871	238.67	107.78
辽　宁	246.48	58.33	201634	82.06	24.63	27844	487207	946.99	363.89
吉　林	80.09		78424	33.46	27.61	10094	71113	214.06	100.30
黑龙江	16.97	0.32	118431	26.50	16.20	10498	565368	225.57	72.78
上　海									
江　苏	910.93	182.20	578931	126.18	559.89	22348	1494886	2044.18	818.76
浙　江	7742.08	30.04	242088	145.97	7356.84	21597	1294669	1701.98	737.76
安　徽	621.29	118.50	63066	196.39	280.12	10272	248825	423.37	200.66
福　建	429.25	118.05	105550	51.30	73.45	9164	326863	684.97	261.92
江　西	129.13		44684	19.21	23.40	8053	247320	324.42	217.15
山　东	798.54	123.80	166376	130.22	317.15	19567	553517	809.30	448.39
河　南	173.30	26.10	120428	45.78	114.02	13330	331984	673.04	341.35
湖　北	104.13	112.72	187270	34.77	15.63	12663	365692	706.01	386.34
湖　南	62.45	40.00	87372	21.28	21.52	7487	193793	277.32	167.20
广　东	655.37	388.90	422526	285.94	281.50	32293	2586774	2457.66	652.85
广　西	100.24	40.60	98938	36.72	46.50	8971	185865	543.04	129.87
海　南	23.82		5980	5.66	7.82	1562	19616	50.18	8.48
重　庆									
四　川	347.91	41.70	968784	41.04	144.05	13333	228205	611.15	262.19
贵　州	99.00	10.00	24282	9.61	27.02	3790	83718	130.93	84.36
云　南	208.42	253.69	105283	18.55	112.95	9991	118416	311.08	135.04
西　藏	10.00		1732	1.22	1.00	769	2941	4.30	0.73
陕　西	17.34	146.50	57683	16.40	16.08	5263	48913	244.43	62.01
甘　肃	33.45	0.51	57039	22.35	11.11	4569	45601	134.18	83.14
青　海	61.57		21067	7.84	24.90	1584	37949	34.41	22.30
宁　夏	12.90		26670	2.40	8.12	2530	33647	64.27	41.52
新　疆	63.89	44.11	38747	20.73	31.64	7863	93418	182.52	92.47

书刊文献外借册次（万册次）	为读者举办各种活动						计算机（台）	供读者使用电子阅览室终端数	图书馆网站访问量（页次）
	组织各类讲座次数（次）	参加人次（万人次）	举办展览（个）	参加人次（万人次）	举办培训班（个）	培训人次（万人次）			
11878.35	**13280**	**255.61**	**3371**	**1034.42**	**6104**	**42.45**	**41929**	**22369**	**182213889**
269.03	554	6.74	66	14.92	88	0.85	1528	947	2356882
96.77	450	2.82	61	3.72	452	1.12	1008	669	443285
211.30	159	4.11	78	34.31	40	0.44	1861	1182	287967
852.14	1079	15.54	226	102.39	652	2.58	2882	1231	19535101
198.90	392	12.48	54	25.92	121	1.25	1352	539	7908129
149.35	161	5.29	63	9.32	43	0.33	1505	920	1228
1407.12	949	22.64	245	46.87	324	1.32	2907	1284	14582684
1525.72	747	13.75	262	101.50	1125	7.98	2600	1330	14854068
382.66	503	10.33	145	25.10	67	0.51	1998	1022	1774215
674.76	1040	6.62	188	91.11	224	1.87	1236	661	3824106
327.85	272	13.74	97	33.68	89	0.80	1148	514	456531
693.63	693	14.25	205	29.74	223	2.34	2974	1454	15989876
560.84	796	13.70	144	38.12	149	1.28	2212	1476	1438735
635.41	448	14.01	136	54.92	354	3.69	1630	873	9415932
299.73	451	14.34	107	14.68	275	1.59	1146	689	3366901
1883.57	1924	42.91	451	272.67	777	5.43	5134	2147	43204714
269.84	375	7.50	125	35.43	183	1.36	1151	684	12773116
33.34	16	0.14	58	2.81	5	0.04	174	107	34371
475.87	459	8.63	167	30.46	341	3.30	1845	1043	20163250
111.81	448	1.44	21	0.57	36	0.24	574	335	597505
224.19	597	7.06	191	25.50	304	2.31	1663	1172	2634088
1.64	6	0.06	10	0.50			150	146	24876
141.42	229	2.86	67	11.28	46	0.25	681	308	6171521
173.08	196	8.25	109	4.24	15	0.45	650	341	238745
30.74	52	0.60	9	0.48	34	0.18	257	191	15482
85.20	79	0.73	4	0.54	19	0.05	573	356	15572
162.46	205	5.12	82	23.66	118	0.91	1090	748	105009

地区	本年收入合计(千元)	财政补贴收入	购书专项经费	事业收入	上级补助收入	附属单位上缴收入	经营收入	其他收入	本年支出合计(千元)
全国	**3143131**	**3021732**	**444225**	**51504**	**16926**	**3377**		**49592**	**2996878**
北京									
天津									
河北	101378	96485	14132	750	225	440		3478	91281
山西	35017	34669	3618	335				13	34829
内蒙古	116309	116177	10328		11			121	111749
辽宁	204860	204855	30150					5	233933
吉林	98954	94736	15855	3203	100			915	86562
黑龙江	100712	100646	7588		40			26	74189
上海									
江苏	263344	254493	38541	27	983	10		7831	263358
浙江	261907	251275	48820	360	4918			5354	261171
安徽	78079	70664	11799	6312	346			757	74357
福建	120197	109026	8800	7270	844	1968		1089	103525
江西	58491	56561	5446	1125	674			131	58179
山东	199122	197652	32933	500	75			895	191268
河南	138019	136860	16827	404				755	123793
湖北	107159	99382	11887	1040	681			6056	108214
湖南	66651	65275	6260	174	204			998	59788
广东	569035	555552	120319	3644	6712	410		2717	551823
广西	110472	87582	8812	15100	301	356		7133	80737
海南	19827	19784	2020					43	20380
重庆									
四川	125783	123400	11402	1084	575			724	121605
贵州	61099	56115	1390	4725	7	193		59	46025
云南	81666	79544	7904	1306				816	75144
西藏	4826	4826	286						4826
陕西	42174	38165	6550	1770				2239	39566
甘肃	61589	60461	9100					1128	58559
青海	17059	15609	1310	1450					19612
宁夏	33304	33201	1160	45	30			28	33133
新疆	66098	58737	10988	880	200			6281	69272

基本支出	项目支出	经营支出	在支出合计中：						
			工资福利支出	商品和服务支出	差旅费	劳务费	福利费	各种税金支出	对个人和家庭补助支出
1615613	**1250151**	**2107**	**921597**	**606862**	**15780**	**31202**	**9498**	**3890**	**346561**
60140	27746	274	25967	16937	201	462	129		8748
23362	11462		14099	4842	139	734	183		4243
79800	30875		38954	19018	779	799	214		14459
119659	99781		67526	65833	779	1506	193		32598
61021	25413		28913	16975	287	178	30	56	16488
56474	14679		25556	15470	294	1079	199		14002
152580	110749	10	78539	54463	1025	2371	420	493	34459
121097	135319		81732	70498	1590	6960	1512	220	23689
43066	24568		27915	11104	298	441	129	2	6657
46184	26295	1301	29778	11752	429	1033	296	61	10262
32932	23557		17965	7949	529	488	75	578	10068
82306	108352		50255	21474	496	896	86	20	16284
62696	58921		38284	12886	430	2526	273	46	13633
64923	38795		35829	33158	808	853	441	532	13042
47531	12256		22235	14464	475	716	742	47	8032
237769	272788	400	153618	119537	1569	2677	2050	123	48900
58163	20323	112	30563	12863	1459	700	97	33	13212
5821	13929		2524	4136	55	310		30	1059
58623	62760		38061	29186	1336	1885	1044	17	14515
30309	10560	10	17283	7284	447	517	670	54	10786
43142	31538		25555	14941	611	1152	80	70	9621
2593	500		1766	1041	103		1		277
26288	11581		14618	8774	253	888	140	6	2311
32634	23831		14439	12154	512	591	146	1502	6298
14377	4994		7338	5059	198	330	61		2366
18605	14528		12374	3045	123	234	3		3724
33518	34051		19911	12019	555	876	284		6828

地　区	抚恤金和生活补助	其他资本性支出	各种设备购置费	新增藏量购置费	新增数字资源购置费	资产总计(千元)	固定资产原值	实际使用公用房屋建筑面积(万平方米)	书库面积
全　国	**16110**	**773594**	**646957**	**386749**	**53381**	**7920143**	**6978843**	**342.32**	**69.66**
北　京									
天　津									
河　北	89	37708	21559	15687	1377	235148	207748	10.45	2.22
山　西	11	6365	6165	3939	364	198216	193181	6.41	1.14
内蒙古	42	33727	27627	10253	1066	286952	260509	14.18	1.99
辽　宁	7415	51761	48040	25289	2995	569164	478924	19.66	3.50
吉　林	222	23252	19122	11486	2500	264502	174085	8.98	1.69
黑龙江	187	11030	9855	6985	828	235306	189357	10.83	2.80
上　海									
江　苏	281	74970	50396	38553	3906	749059	666030	31.24	5.38
浙　江	26	73970	73099	48145	4503	671974	612390	23.36	4.78
安　徽	22	21242	19086	10629	5629	212810	197139	11.57	2.44
福　建	748	21570	19627	10324	2820	234412	207462	10.28	1.92
江　西	520	16990	7471	4415	540	147585	126855	11.06	2.11
山　东	1350	82178	79661	30466	7563	508029	458544	27.19	6.26
河　南	529	13071	12313	6326	1830	241040	197112	21.78	4.90
湖　北	670	18666	16221	11025	2471	488328	399844	19.83	4.15
湖　南	509	13685	10150	6967	240	143192	128847	9.76	3.71
广　东	404	127548	123398	94804	7499	1312434	1234757	44.94	6.85
广　西	174	21936	13994	6111	639	164223	145412	9.08	2.04
海　南		6643	6291	2156	536	36735	25925	1.42	0.38
重　庆									
四　川	749	29007	25547	12491	1826	320193	266138	13.61	3.51
贵　州	1201	6580	5150	1856	848	90454	79260	4.31	1.27
云　南	276	20977	17572	7152	1881	179033	159695	9.09	1.71
西　藏		540	540	297	2	22465	22130	0.99	0.13
陕　西	16	8772	8658	6321	810	152541	145591	6.02	1.35
甘　肃	543	11828	10111	7265	300	184960	181143	5.46	1.14
青　海	15	4010	3787	3718	60	16311	16287	1.33	0.25
宁　夏	61	12256	4692	959	160	161781	128938	4.23	0.96
新　疆	50	23312	6825	3130	188	93296	75540	5.23	1.08

							图书馆延伸服务情况		
阅览室面积	书刊阅览室面积	电子阅览室面积	实际拥有产权面积（万平方米）	阅览室坐席数（个）	少儿阅览室坐席数	盲人阅览室坐席数	流动服务书刊借阅人次（万人次）	流动图书馆车书刊借阅册次（万册次）	分馆数量（个）
95.86	**73.51**	**10.79**	**185.58**	**200155**	**42893**	**4913**	**982.74**	**1725.89**	**2016**
4.02	3.37	0.27	5.28	7178	946	139	13.13	20.91	11
2.87	2.46	0.25	6.14	4389	614	80	12.47	16.65	29
3.74	2.95	0.55	5.37	8617	1251	126	17.69	34.95	23
5.20	3.32	0.91	11.69	10620	3276	294	61.51	153.71	329
2.62	2.13	0.19	4.40	4966	829	120	38.76	46.67	36
2.47	2.10	0.32	3.46	5723	530	42	35.06	52.53	110
7.40	4.66	0.52	16.05	13407	2852	143	77.87	104.13	217
6.14	5.33	0.47	11.24	11340	3551	757	76.46	229.34	164
3.74	3.12	0.39	7.64	8695	1868	231	53.10	71.46	77
4.18	3.64	0.30	3.41	8314	2626	141	72.07	123.08	257
4.08	3.08	0.34	4.30	6960	1320	329	29.75	27.93	15
7.46	5.37	0.88	16.71	13058	2554	323	37.59	87.78	154
4.24	3.18	0.82	15.55	12522	2290	479	26.46	62.18	41
3.49	2.84	0.50	12.69	10342	2390	320	53.37	98.17	33
2.44	2.01	0.41	3.93	5892	1762	72	7.89	14.36	90
16.01	12.45	1.57	19.55	26439	5595	255	151.23	246.48	259
1.98	1.61	0.30	3.40	6613	1837	237	29.84	58.45	7
0.19	0.13	0.03	1.42	537	110	18	1.70	17.34	
3.29	2.58	0.42	8.84	8726	1717	306	32.43	53.72	83
1.65	1.16	0.16	3.34	3393	708	152	38.00	40.96	12
2.33	1.67	0.46	6.17	6128	1285	95	46.25	51.48	27
0.09	0.05	0.04	0.72	390	24		0.35	0.52	
1.96	1.69	0.11	6.40	3550	510	70	15.14	18.83	15
1.74	1.22	0.16	3.43	4232	775	56	6.50	15.33	6
0.48	0.28	0.07		760	170	22	1.99	1.06	
0.75	0.38	0.12	2.46	2141	495	30	20.91	40.89	1
1.30	0.72	0.26	1.99	5223	1008	76	25.25	37.02	20

2013年各地区县市级

地　区	机构数（个）	从业人员（人）	专业技术人才	正高级职称	副高级职称	中级职称	总藏量（万册）	图书	盲文图书
全　国	**2712**	**32497**	**20725**	**122**	**1473**	**9324**	**34046.29**	**28411.80**	**61.32**
北　京	23	884	670	4	38	234	1383.70	1289.10	0.20
天　津	29	694	585	4	83	234	628.91	581.68	0.08
河　北	160	1217	715	3	57	363	1004.99	874.65	0.98
山　西	119	1110	680	2	19	297	907.41	741.05	0.95
内蒙古	103	1251	948	6	99	413	670.33	558.11	0.41
辽　宁	106	1454	957	6	65	588	1180.30	1012.15	0.58
吉　林	55	886	741	4	89	372	515.98	406.30	0.18
黑龙江	95	990	780	16	153	449	640.54	562.08	0.30
上　海	23	1372	877	3	31	309	1721.44	1524.50	0.63
江　苏	95	1601	1047	7	107	445	3022.21	2710.57	2.49
浙　江	83	1957	1133	14	107	514	2945.93	2583.37	2.18
安　徽	89	816	523	1	19	186	833.98	704.97	3.23
福　建	76	644	406	2	13	199	1405.16	1045.25	0.45
江　西	102	915	457	4	12	177	1117.63	823.03	1.46
山　东	135	1746	1419	5	180	702	2468.68	2072.64	3.12
河　南	136	1995	739	2	23	386	1063.99	865.20	0.89
湖　北	95	1276	874	2	32	547	1066.36	866.49	1.61
湖　南	119	1324	836	6	63	404	1242.55	965.77	2.11
广　东	110	2228	1094	9	43	417	2489.50	2145.31	30.98
广　西	94	767	543		8	171	1089.18	765.57	0.17
海　南	17	150	120			17	189.26	161.05	
重　庆	41	553	349	1	40	145	746.09	635.52	2.02
四　川	174	1248	690		21	256	1545.00	1229.41	2.14
贵　州	84	571	393	1	14	112	724.30	510.78	1.18
云　南	133	1156	999		80	525	1070.83	864.47	0.68
西　藏	74	41	10			1	31.40	25.83	
陕　西	105	1627	865	18	19	371	681.48	554.83	1.58
甘　肃	85	911	432	1	20	154	575.65	438.45	0.35
青　海	41	181	130		3	61	140.97	118.25	0.17
宁　夏	20	255	196	1	6	79	226.75	180.59	0.13
新　疆	91	677	517		29	196	715.81	594.86	0.07

古籍	善本	报刊	视听文献	缩微制品	其他	在藏量中		电子图书（万册）	本馆自建
						开架书刊	少儿文献		
484.80	**40.78**	**2968.29**	**533.14**	**20.32**	**1627.96**	**17415.29**	**2865.63**	**17527.97**	**599.85**
5.06	0.06	32.22	32.01		25.32	1072.33	123.40	2291.72	0.16
4.23	0.13	28.93	6.37	0.05	7.66	330.31	41.21	86.67	
7.21	0.57	70.18	5.34	0.28	47.34	436.32	71.34	164.81	1.67
29.38	5.34	94.43	5.53	1.03	35.99	318.55	57.99	104.30	7.08
3.06	0.27	78.42	5.21	0.23	25.31	293.16	33.81	119.16	39.40
7.05	1.15	42.72	18.80	0.08	99.51	773.57	142.76	185.54	4.58
1.05	0.04	43.28	7.65	0.17	57.54	255.69	53.35	113.69	0.74
1.46	0.00	54.05	2.62	0.04	20.30	358.73	32.08	264.84	0.54
9.73	1.19	28.58	84.57	0.01	74.05	1041.25	172.75	185.77	0.12
53.78	2.80	179.52	32.69	0.48	45.17	1695.58	323.92	2255.29	30.09
51.14	2.43	181.44	65.87	0.29	63.80	1771.19	350.16	1489.20	74.67
7.35	0.34	69.37	18.61	1.16	32.53	369.69	79.58	1535.62	59.15
13.33	1.86	119.92	29.12	1.88	195.66	638.51	101.34	799.44	71.40
24.16	2.33	191.82	5.03	0.56	73.05	371.63	94.63	235.15	4.30
26.63	2.74	197.66	21.77	3.01	146.98	1013.35	168.28	465.96	48.75
15.42	1.16	140.44	4.49	0.22	38.22	481.83	50.81	485.93	10.99
12.85	1.35	130.41	4.97	3.43	48.22	470.62	92.60	174.33	25.54
41.13	3.23	174.39	10.18	0.68	50.40	571.51	104.48	142.95	9.30
12.60	1.01	152.74	68.41	0.03	110.40	1624.41	240.86	1342.35	35.76
8.56	0.41	222.54	4.96	0.96	86.60	475.70	55.68	196.27	11.16
0.47	0.00	25.90	0.87	0.01	0.97	96.02	9.73	191.79	14.11
26.67	2.53	50.74	13.70	2.25	17.20	466.14	91.41	483.78	60.07
48.17	2.52	144.50	13.67	0.77	108.49	736.48	134.87	729.19	53.18
9.25	0.83	90.49	40.43	0.95	72.40	308.87	40.46	284.50	9.63
27.67	2.06	124.04	10.40	0.72	43.54	501.14	63.27	224.00	6.89
0.07		2.23	0.15		3.11	0.07	0.13	10.11	0.01
20.39	0.85	64.95	4.05	0.27	36.99	270.27	33.23	2583.56	2.24
14.08	3.35	97.05	4.49	0.26	21.33	261.43	41.21	79.51	0.86
1.78	0.17	11.32	1.87	0.14	7.62	34.70	9.33	46.52	0.10
0.59	0.03	24.75	2.62		18.21	70.01	16.57	6.03	
0.50	0.02	99.27	6.73	0.38	14.08	306.22	34.39	250.01	17.40

地　区	本馆外购	免费共享	书架单层总长度（米）	本年新购藏量（万册）	本年新增电子图书（万册）	当年购买的报刊种类（种）	有效借书证数（个）	总流通人次（万人次）	书刊文献外借人次
全　国	**7066.41**	**9861.71**	**4914157**	**2533.61**	**4214.05**	**620983**	**12325584**	**26442.46**	**11928.67**
北　京	173.31	2118.25	133172	102.59	33.26	15463	444543	579.02	258.57
天　津	85.95	0.72	97045	76.40	28.94	11149	189176	393.72	199.57
河　北	152.40	10.75	171377	37.07	32.30	14677	184387	461.76	252.65
山　西	92.64	4.58	108343	32.75	60.26	24927	141326	297.13	130.29
内蒙古	30.56	49.21	109138	57.50	30.76	13321	107808	279.21	163.55
辽　宁	162.65	18.32	165414	63.82	57.49	22861	480840	903.16	376.45
吉　林	42.79	70.16	62202	44.14	32.87	10497	173516	284.53	131.92
黑龙江	4.04	260.26	94546	40.17	1.72	10404	147364	309.83	143.45
上　海	183.73	1.92	203813	139.31	45.08	33462	852084	2358.37	574.16
江　苏	1028.67	1196.53	354720	270.81	754.46	39896	1845555	2701.41	1557.65
浙　江	234.08	1180.45	290956	308.85	221.81	49670	1864940	2982.85	1137.08
安　徽	1381.95	94.52	96466	130.36	789.78	24269	226028	804.55	491.35
福　建	387.63	340.41	200389	150.30	204.99	20653	324041	911.58	411.70
江　西	120.30	110.54	145818	53.48	133.25	13493	230323	720.63	401.18
山　东	216.43	200.78	316080	197.03	83.09	33453	748851	1399.15	921.48
河　南	147.00	327.94	173778	59.54	342.27	18911	426235	997.03	578.99
湖　北	85.82	62.97	174319	66.00	68.38	17003	602566	840.98	498.20
湖　南	89.13	44.53	227606	59.40	62.86	21772	438864	897.50	569.17
广　东	1028.63	277.96	384949	252.55	351.90	47752	1313477	3601.98	819.88
广　西	112.97	72.14	200206	33.87	35.08	23316	137524	572.95	254.34
海　南	132.87	44.82	27835	16.63	45.05	12334	29076	68.72	29.34
重　庆	262.70	161.02	252660	75.18	123.16	22437	246967	841.78	381.71
四　川	412.41	263.60	254327	76.34	186.74	26822	336992	1113.96	522.53
贵　州	147.75	127.13	77668	21.79	146.78	12844	171593	323.31	170.34
云　南	137.04	80.08	233757	64.98	145.23	33705	181767	676.58	337.48
西　藏	0.03	10.08	214	0.40	0.20	126	104	3.78	1.19
陕　西	1.88	2579.44	87224	44.16	87.15	12604	174023	373.62	206.20
甘　肃	70.32	8.32	106046	13.62	42.05	6530	119707	322.00	183.24
青　海	43.96	2.46	29127	7.22	44.64	3608	19284	45.50	26.13
宁　夏	1.03	5.00	44513	15.66	2.41	4642	31286	105.94	57.34
新　疆	95.78	136.84	90449	21.69	20.11	18382	135337	269.94	141.56

书刊文献外借册次（万册次）	为读者举办各种活动						计算机（台）	供读者使用电子阅览室终端数	图书馆网站访问量（页次）
	组织各类讲座次数（次）	参加人次（万人次）	举办展览（个）	参加人次（万人次）	举办培训班（个）	培训人次（万人次）			
20725.25	**31791**	**513.56**	**11097**	**1444.29**	**17457**	**124.00**	**130341**	**85276**	**96086717**
620.34	1478	16.49	240	42.87	717	4.53	2862	1409	4230601
304.91	700	8.17	153	10.82	474	1.73	1658	1056	1023979
369.82	1158	22.50	407	27.64	520	4.16	4666	3071	7687546
202.72	1059	17.78	415	35.25	506	4.79	3832	2893	296352
342.28	791	9.48	198	13.96	346	1.80	3604	2418	378472
783.22	972	17.98	367	46.75	368	3.46	3710	2159	828210
244.85	536	7.42	201	19.16	155	1.24	2434	1573	2582686
268.18	470	9.89	259	28.96	296	2.19	3436	2454	43086
1771.41	1413	16.52	213	65.82	497	4.46	4110	1868	13789818
2409.49	1886	34.47	593	84.89	1080	7.53	6089	3615	11042128
2263.70	1793	37.99	937	193.32	1115	5.13	6270	3872	8154922
695.95	853	12.78	368	47.27	648	4.63	4798	3840	4213109
789.42	846	14.82	386	39.87	417	2.58	3335	2353	6480194
556.02	1065	26.04	501	43.34	409	4.09	5418	3616	608336
1362.42	1818	34.18	623	62.29	932	6.07	7215	5124	2060209
835.09	1589	32.64	557	47.12	663	5.72	5829	3965	1273806
751.38	1114	18.03	306	32.82	617	5.46	4485	3212	1593149
873.55	1569	29.60	345	48.93	660	7.25	4466	3529	6120638
1395.45	2029	27.62	674	170.59	766	5.26	12677	5423	7766712
406.13	983	16.63	464	29.13	1096	5.61	3920	2929	1096769
50.85	91	1.59	71	7.82	91	1.18	959	640	176855
844.60	880	9.07	355	69.91	841	6.19	3217	2124	2090997
884.89	2162	23.61	632	75.94	971	6.55	7504	5527	5140754
214.65	898	10.24	257	21.34	417	3.40	3870	2425	1337958
577.05	1206	18.15	499	62.64	1001	7.61	5160	3636	3422394
2.17	9	0.03	7	0.06	8	0.04	508	355	
282.33	951	10.50	374	53.23	799	5.85	4673	3008	849076
261.60	748	16.98	225	22.66	311	2.17	3353	2373	435592
32.29	137	1.34	68	1.93	119	0.69	1568	1104	18058
96.42	125	1.64	31	2.09	163	0.13	1255	991	5200
232.06	462	9.39	371	35.90	454	2.53	3460	2714	1339111

地　　区	本年收入合计(千元)	财政补贴收入	购书专项经费	事业收入	上级补助收入	附属单位上缴收入	经营收入	其他收入	本年支出合计(千元)
全　　国	**4518806**	**4169092**	**431040**	**162892**	**53590**	**15635**	**1911**	**115686**	**4497355**
北　　京	303858	282761	29608	4584	925	1489		14099	300995
天　　津	146178	143964	6457	200	1296	24		694	142361
河　　北	82109	79570	4393	710	923	352		554	78208
山　　西	116110	115847	5783	249	4			10	110926
内 蒙 古	139157	138316	8853					841	135309
辽　　宁	151769	148978	14125	597	1894			300	152663
吉　　林	77888	75250	2246	1115	1133			390	76642
黑 龙 江	83047	80141	7864	1484	1117		20	285	77812
上　　海	389661	375347	60023	3166	4943			6205	405322
江　　苏	308438	276538	30591	8102	5832	6100		11866	327439
浙　　江	420020	375598	64277	10098	7275	3	1114	25932	409891
安　　徽	116479	104133	13309	9169	655	1484	324	714	116341
福　　建	114741	97368	18413	6693	4404			6276	115795
江　　西	101413	86287	8039	5628	3960	2453	3	3082	91780
山　　东	187272	183608	25293	3085	244			335	187980
河　　南	123190	116939	7627	5161	408	5	5	672	121884
湖　　北	145270	122322	10738	14852	1345	475		6276	139754
湖　　南	125412	113623	8785	7224	285	1010		3270	123956
广　　东	349514	300225	38703	33699	9406	1094	1	5089	365848
广　　西	78821	56400	7007	3717	509	146		18049	80809
海　　南	28484	23449	2220	1954		800		2281	27375
重　　庆	128432	124802	12341	1870	755			1005	127974
四　　川	252275	241791	15290	8682	906			896	220149
贵　　州	66815	52813	4213	9044	4014			944	63585
云　　南	131379	125541	8325	4357	33		200	1248	138549
西　　藏	4369	3909	9	300		160			4352
陕　　西	139263	126581	6586	9994	965	40		1683	139355
甘　　肃	76106	75562	3046					544	84601
青　　海	20334	18713	1416	1430	101			90	20053
宁　　夏	30699	29557	1140	905				237	30882
新　　疆	80303	73159	4320	4823	258		244	1819	78765

基本支出	项目支出	经营支出	在支出合计中：						
			工资福利支出	商品和服务支出	差旅费	劳务费	福利费	各种税金支出	对个人和家庭补助支出
2877351	**1233002**	**17999**	**1656921**	**868431**	**25305**	**64344**	**23339**	**3985**	**438917**
155873	144130	990	90566	71350	252	1110	1025	462	36146
97427	41757	24	52558	12879	131	308	863	107	32289
61598	5738	1745	39362	11056	326	906	253	124	5121
82520	23203	100	44124	18404	675	1509	257	29	7207
124812	2865	703	74819	19528	1019	1299	568	17	19492
107987	21316	3	70802	29839	658	3736	123	1	19885
61784	13321		37125	11723	596	287	71	151	13157
63275	5918	586	36591	14023	514	310	122		9453
247620	156798		143797	130916	2001	4943	3436	142	23295
247279	61309	2251	107010	55087	1179	2915	1748	561	34482
218699	168544	3	143390	97843	2092	9502	3125	554	33032
60276	40734	2024	34342	14845	645	459	892	196	11487
64259	38986		35704	16734	727	2859	202	71	8388
65223	10261	563	33627	15669	1199	544	1282	329	13076
119716	35104	20	83432	21156	781	732	168	7	12960
100313	6150	170	57024	16888	587	802	471	75	10233
70265	61499	2090	44305	19441	1176	357	1150	17	11952
99092	16530	544	46957	26346	1102	1287	1019	168	8756
190634	134926	1490	105930	88278	972	14590	3858	706	35204
54511	9479	1393	30843	14849	1420	799	195	40	10726
12873	9447	490	8952	7512	214	357	209	32	519
59033	64720		31473	23232	883	4654	527	72	15986
109925	97486	200	61342	54762	1984	5064	452	24	16319
39204	8976	24	25550	8461	722	603	220		5289
87145	20800	50	54821	18122	644	990	214	6	10443
1601		187	1503	60					
110964	13544	1278	67539	23955	908	1367	348	13	8710
70726	3784	611	37219	10966	675	1068	356	42	9339
14765	1001		9632	2001	106	2	31		1048
20331	4683	360	14650	2341	130	260	14	15	3748
57621	9993	100	31932	10165	987	725	140	24	11175

地区	抚恤金和生活补助	其他资本性支出	各种设备购置费	新增藏量购置费	新增数字资源购置费	资产总计(千元)	固定资产原值	实际使用公用房屋建筑面积(万平方米)	书库面积
全　国	**22571**	**851785**	**705733**	**459985**	**37860**	**9881594**	**8471823**	**638.51**	**127.20**
北　京	1555	82261	70663	23366	1669	693469	608707	14.66	3.17
天　津	1136	17409	13488	8172	415	171695	153192	11.42	3.34
河　北	301	9158	7752	6645	277	199530	184934	23.06	4.79
山　西	974	13968	8940	6657	279	264751	245327	24.79	5.08
内蒙古	2128	15718	11826	8054	205	145724	134310	15.86	2.94
辽　宁	482	18358	15728	12516	1216	265094	231709	21.30	3.68
吉　林	303	10402	5664	3394	279	105579	91627	8.95	1.66
黑龙江	421	8014	6568	5425	232	140387	131276	13.49	2.45
上　海	983	81841	70558	45143	7111	842581	685102	28.36	3.13
江　苏	703	66198	58600	42491	2186	1016029	902860	48.08	7.23
浙　江	492	114819	93339	66139	2030	958225	792961	46.40	7.38
安　徽	944	14939	13736	10326	1689	302876	260869	20.11	4.16
福　建	685	34963	28886	18325	1361	332138	300983	22.05	5.29
江　西	1216	15822	12588	8881	2201	223531	196972	21.00	4.87
山　东	504	44045	41017	25310	2408	418929	391932	39.82	7.86
河　南	353	27851	14304	9083	714	315779	280370	27.79	5.96
湖　北	1075	19760	13698	10247	225	299206	282419	21.02	4.71
湖　南	984	18023	14775	10243	390	221398	190934	23.89	5.80
广　东	969	71937	58794	36689	4744	754082	664568	55.36	9.36
广　西	703	15350	12722	9828	807	165766	138599	14.60	4.58
海　南	121	6322	5148	2990	867	60995	56054	3.98	1.05
重　庆	919	26699	23857	14546	2637	238222	188015	19.65	3.88
四　川	894	35320	28710	15930	1291	490839	437400	32.89	6.88
贵　州	505	8915	7091	4966	585	348708	115064	14.14	2.65
云　南	634	34819	33186	29629	721	324169	293421	22.20	5.41
西　藏		170	170	120	50	21985	16046	1.02	0.24
陕　西	1234	15929	14712	11995	617	163397	144964	13.62	3.30
甘　肃	604	6662	6046	4153	395	157652	128338	9.96	2.30
青　海	276	2652	1149	1144		20664	19116	2.06	0.58
宁　夏	252	2687	2357	1703		50669	45092	4.15	0.97
新　疆	221	10774	9661	5875	259	167525	158662	12.86	2.50

							图书馆延伸服务情况		
阅览室面积	书刊阅览室面积	电子阅览室面积	实际拥有产权面积（万平方米）	阅览室坐席数（个）	少儿阅览室坐席数	盲人阅览室坐席数	流动服务书刊借阅人次（万人次）	流动图书馆车书刊借阅册次（万册次）	分馆数量（个）
175.06	**113.99**	**37.92**	**379.24**	**538180**	**144254**	**13263**	**1605.95**	**2894.80**	**3531**
3.21	2.27	0.62	7.68	13203	3542	170	13.44	53.46	295
2.69	1.87	0.69	3.04	8472	1871	88	40.62	58.99	8
6.55	3.98	1.41	15.53	20100	5287	456	20.03	31.53	12
6.87	3.81	1.75	23.85	18424	4299	570	33.14	43.62	28
4.26	2.74	1.15	7.67	14153	4068	290	54.65	94.15	72
5.27	3.72	0.82	7.88	18675	4654	423	57.23	114.71	181
2.66	1.95	0.62	7.10	9839	3011	151	31.12	47.96	173
4.28	2.35	1.11	4.50	14555	4755	323	26.22	51.99	108
8.82	7.32	0.83	9.56	20126	4134	160	123.10	393.07	32
10.67	7.77	1.81	28.29	28672	8736	1128	71.11	149.89	636
10.54	7.12	2.03	23.23	29513	6888	939	175.18	387.10	546
6.52	4.37	1.60	14.79	16944	4666	549	58.92	77.81	59
5.81	4.19	1.02	12.83	18144	4970	302	46.49	101.64	114
6.08	3.59	1.40	14.72	19912	5667	854	53.58	66.06	47
10.03	6.31	2.50	16.44	32126	8476	1042	76.03	90.27	200
7.22	4.79	1.54	15.39	25170	7318	528	26.92	26.84	44
5.46	2.88	1.41	16.44	19225	6208	548	76.53	100.05	56
5.77	3.53	1.45	18.07	22288	7009	309	31.47	51.50	77
16.34	12.18	2.61	30.35	42389	9897	888	158.69	255.60	397
4.17	2.59	1.15	10.57	17716	4822	137	30.05	40.20	16
0.96	0.62	0.23	2.63	3432	969	50	8.21	14.34	
5.49	3.82	1.03	15.70	14990	3597	371	78.11	145.12	100
10.81	6.86	2.57	19.03	31621	7369	822	82.51	146.50	48
4.27	2.22	0.97	10.64	14760	3799	623	30.94	43.60	75
5.61	3.20	1.66	15.98	18924	5827	375	75.27	116.85	84
0.34	0.16	0.08	0.06	1271	167	75	0.11	0.27	
3.97	2.41	1.16	10.66	12639	3313	480	34.87	48.16	48
2.86	1.61	0.84	6.64	11595	3553	280	30.00	46.19	24
0.66	0.29	0.21	0.62	1846	415	10	7.57	9.20	
1.47	1.01	0.43	3.19	3723	1084	158	14.94	29.87	2
5.42	2.45	1.25	6.18	13733	3883	164	38.91	58.26	49

全国公共图书馆分级别总藏量排序

单位：万册/件

名次	单位名称	总藏量	名次	单位名称	总藏量
	一、省级			**二、市级**	
1	上海图书馆上海科技情报研究所	5415	1	广东省广州图书馆	574
2	江苏省南京图书馆	1006	2	浙江省杭州图书馆	452
3	广东省立中山图书馆	764	3	广东省深圳图书馆	402
4	山东省图书馆	741	4	江苏省苏州图书馆	351
5	天津图书馆	691	5	辽宁省沈阳市图书馆	349
6	首都图书馆	688	6	辽宁省大连市图书馆	348
7	浙江图书馆	615	7	广东省广州少年儿童图书馆	319
8	湖北省图书馆	599	8	黑龙江省哈尔滨市图书馆	309
9	辽宁省图书馆	566	9	四川省成都市图书馆	264
10	四川省图书馆	524	10	湖北省武汉图书馆	262
11	湖南图书馆	417	11	广东省东莞图书馆	251
12	吉林省图书馆	410	12	黑龙江省大庆市图书馆	250
13	陕西省图书馆	396	13	吉林省长春市图书馆	245
14	甘肃省图书馆	391	14	山东省济南市图书馆	224
15	河南省图书馆	330	15	福建省厦门市图书馆	215
16	黑龙江省图书馆	327	16	山东省青岛市图书馆	212
17	江西省图书馆	323	17	江苏省金陵图书馆	198
18	云南省图书馆	301	18	广东省深圳少年儿童图书馆	187
19	山西省图书馆	301	19	浙江省嘉兴市图书馆	187
20	重庆图书馆	297	20	浙江省宁波市图书馆	178
21	安徽省图书馆	288	21	江苏省无锡市图书馆	177
22	福建省图书馆	282	22	浙江省温州市图书馆	173
23	广西壮族自治区图书馆	274	23	江苏省常州市图书馆	163
24	广西壮族自治区桂林图书馆	253	24	安徽省黄山市图书馆	160
25	内蒙古自治区图书馆	241	25	吉林省吉林市图书馆	153
26	河北省图书馆	231	26	河北省廊坊市图书馆	149
27	宁夏图书馆	213	27	辽宁省鞍山市图书馆	146
28	新疆维吾尔自治区图书馆	191	28	山东省烟台市图书馆	135
29	贵州省图书馆	177	29	广东省中山市中山图书馆	134
30	青海省图书馆	166	30	河北省石家庄市图书馆	128
31	天津市少年儿童图书馆	154	31	四川省广安市图书馆	127
32	海南省图书馆	105	32	江苏省镇江市图书馆	125
33	上海市少年儿童图书馆	102	33	江苏省扬州市图书馆	125
34	湖南省少年儿童图书馆	96	34	浙江省绍兴图书馆	122
35	重庆市少年儿童图书馆	85	35	黑龙江省齐齐哈尔市图书馆	121
36	福建省少年儿童图书馆	60	36	福建省福州市图书馆	120
37	西藏自治区图书馆	46	37	湖北省武汉市少年儿童图书馆	112
38	广西壮族自治区少年儿童图书馆	31	38	江苏省南通市图书馆	108
39	河南省少年儿童图书馆	9	39	辽宁省沈阳市少年儿童图书馆	108

续表 1

单位：万册/件

名次	单位名称	总藏量	名次	单位名称	总藏量
40	辽宁省大连市少年儿童图书馆	108	80	四川省泸州市图书馆	67
41	广东省深圳大学城图书馆	107	81	河北省秦皇岛图书馆	66
42	河南省郑州市图书馆	106	82	陕西省咸阳图书馆	66
43	浙江省杭州少年儿童图书馆	103	83	江西省九江市图书馆	66
44	山西省太原市图书馆	103	84	湖南省长沙市图书馆	66
45	辽宁省抚顺市图书馆	96	85	新疆维吾尔自治区克拉玛依市图书馆	65
46	江西省南昌市图书馆	95	86	辽宁省营口市图书馆	65
47	广东省佛山市图书馆	92	87	内蒙古自治区鄂尔多斯市图书馆	65
48	广东省江门市五邑图书馆	92	88	陕西省宝鸡市图书馆	64
49	广东省珠海市图书馆	92	89	内蒙古自治区赤峰市图书馆	63
50	江苏省徐州市图书馆	92	90	江西省景德镇市图书馆	63
51	湖北省黄石市图书馆	89	91	山东省枣庄市图书馆	62
52	广西壮族自治区柳州市图书馆	88	92	吉林省延边朝鲜族自治州图书馆	62
53	贵州省贵阳市图书馆	88	93	江苏省连云港市图书馆	61
54	山东省淄博市图书馆	87	94	安徽省芜湖市图书馆	61
55	福建省泉州市图书馆	84	95	浙江省衢州市图书馆	61
56	安徽省蚌埠市图书馆	84	96	江西省吉安市图书馆	60
57	云南省昆明市图书馆	82	97	江西省上饶市图书馆	60
58	辽宁省本溪市图书馆	82	98	福建省厦门市少年儿童图书馆	60
59	广东省汕头市图书馆	82	99	广西壮族自治区南宁市图书馆	59
60	河北省唐山市图书馆	81	100	浙江省舟山市图书馆	59
61	江苏省盐城市图书馆	77		**三、县级**	
62	浙江省湖州市图书馆	77	1	上海市浦东新区图书馆	330
63	辽宁省锦州市图书馆	76	2	广东省深圳市福田区图书馆	254
64	河北省保定市图书馆	75	3	浙江省杭州市萧山图书馆	249
65	河南省洛阳市图书馆	74	4	江苏省昆山市图书馆	200
66	河南省新乡市图书馆	74	5	江苏省苏州市吴江区图书馆	198
67	安徽省合肥市图书馆	73	6	江苏省张家港市图书馆	192
68	山东省潍坊市图书馆	73	7	江苏省常熟市图书馆	177
69	河南省三门峡市图书馆	73	8	北京市朝阳区图书馆	165
70	江苏省淮安市图书馆	72	9	山东省龙口市图书馆	155
71	湖北省宜昌市图书馆	71	10	浙江省桐乡市图书馆	117
72	湖北省襄阳市图书馆	70	11	广东省深圳市南山区图书馆	117
73	浙江省温州市少儿图书馆	70	12	浙江省宁波市鄞州区图书馆	116
74	广东省惠州慈云图书馆	69	13	上海市黄浦区图书馆	112
75	山东省东营市图书馆	68	14	上海市嘉定区图书馆	112
76	江苏省泰州市图书馆	68	15	广东省佛山市顺德区图书馆	111
77	河南省南阳市图书馆	68	16	上海市杨浦区图书馆	101
78	陕西省西安图书馆	68	17	上海市闵行区图书馆	101
79	湖北省恩施州图书馆	68	18	广东省深圳市罗湖区图书馆	101

续表 2

单位：万册/件

名次	单位名称	总藏量	名次	单位名称	总藏量
20	浙江省苍南县图书馆	97	61	浙江省义乌市图书馆	62
21	上海市虹口区图书馆	94	62	贵州省毕节市图书馆	60
22	浙江省鹿城区图书馆	92	63	浙江省嘉善县图书馆	60
23	江苏省江阴市图书馆	88	64	安徽省亳州市图书馆	60
24	江苏省太仓市图书馆	87	65	广州番禺区图书馆	60
25	福建省龙岩图书馆	86	66	北京市东城区第一图书馆	59
26	山东省寿光市图书馆	85	67	北京市通州区图书馆	59
27	广东省深圳市宝安区图书馆	84	68	北京市怀柔区图书馆	58
28	北京市大兴区图书馆	84	69	山东省招远市图书馆	57
29	新疆维吾尔自治区独山子区图书馆	83	70	北京市西城区第二图书馆	56
30	天津市泰达图书馆	83	71	浙江省平阳县图书馆	56
31	辽宁省大连市经济技术开发区图书馆	81	72	浙江省张元济图书馆	56
32	辽宁省丹东市图书馆	81	73	北京市房山区图书馆	55
33	江苏省苏州市姑苏区独墅湖图书馆	80	74	四川省双流县图书馆	55
34	北京市平谷区图书馆	80	75	上海市闸北区图书馆	55
35	上海市徐汇区图书馆	79	76	天津市滨海新区塘沽图书馆	55
36	上海市宝山区图书馆	76	77	辽宁省瓦房店市图书馆	55
37	江苏省如皋市图书馆	76	78	浙江省宁波市北仑区图书馆	54
38	山东省兰山区图书馆	74	79	上海市崇明县图书馆	54
39	上海市奉贤区图书馆	74	80	广东省越秀区图书馆	54
40	内蒙古自治区东胜区少年儿童图书馆	73	81	浙江省余姚市图书馆	53
41	福建省尤溪县图书馆	73	82	福建省长乐市图书馆	53
42	上海市松江区图书馆	71	83	贵州省贵阳市乌当区图书馆	53
43	北京市顺义区图书馆	70	84	广东省广州市黄埔区图书馆	52
44	江苏省东海县图书馆	69	85	上海市黄浦区明复图书馆	52
45	北京市西城区第一图书馆	69	86	广东省花都区图书馆	52
46	北京市石景山区图书馆	69	87	浙江省嵊州市图书馆	52
47	上海市普陀区图书馆	69	88	江苏省海门市图书馆	51
48	北京市海淀区图书馆	68	89	浙江省建德市图书馆	51
49	北京市丰台区图书馆	68	90	广东省广州市荔湾区图书馆	51
50	福建省晋江市图书馆	66	91	重庆市北碚图书馆	50
51	浙江省杭州市余杭区图书馆	65	92	上海市静安区图书馆	50
52	广东省龙岗区图书馆	65	93	江苏省宜兴市图书馆	50
53	北京市门头沟区图书馆	65	94	广东省江门市新会区景堂图书馆	49
54	北京市密云县图书馆	65	95	浙江省瑞安市图书馆	49
55	广东省佛山市南海区图书馆	64	96	辽宁省大连市甘井子区图书馆	49
56	浙江省平湖市图书馆	64	97	浙江省临安市图书馆	47
57	北京市昌平区图书馆	63	98	广西壮族自治区隆安县图书馆	47
58	北京市东城区第二图书馆	63	99	江苏省常州市武进区图书馆	46
59	上海市长宁区图书馆	63	100	江苏省南京市秦淮区图书馆	46

全国公共图书馆分级别外借册次排序

单位：万册次

名次	单位名称	外借册次	名次	单位名称	外借册次
	一、省级			**一、市级**	
1	上海图书馆上海科技情报研究所	446	1	广东省广州市图书馆	569
2	天津图书馆	275	2	江苏省苏州市图书馆	362
3	首都图书馆	273	3	广东省深圳市图书馆	361
4	广东省立中山图书馆	220	4	福建省厦门市图书馆	353
5	湖南图书馆	214	5	浙江省杭州市图书馆	319
6	陕西省图书馆	185	6	浙江省温州市图书馆	247
7	湖北省图书馆	183	7	湖北省武汉图书馆	242
8	江苏省南京图书馆	180	8	广东省东莞市图书馆	191
9	安徽省图书馆	180	9	江苏省金陵图书馆	179
10	福建省图书馆	171	10	浙江省宁波市图书馆	175
11	福建省少年儿童图书馆	170	11	辽宁省鞍山市少儿图书馆	150
12	黑龙江省图书馆	158	12	浙江省嘉兴市图书馆	146
13	浙江图书馆	130	13	广东省广州少年儿童图书馆	141
14	辽宁省图书馆	115	14	四川省成都市图书馆	137
15	广西壮族自治区图书馆	110	15	辽宁省大连市少年儿童图书馆	134
16	山西省图书馆	105	16	福建省厦门市少年儿童图书馆	132
17	山东省图书馆	102	17	山东省青岛市图书馆	128
18	甘肃省图书馆	91	18	广东省佛山市图书馆	121
19	河北省图书馆	88	19	江苏省镇江市图书馆	119
20	重庆图书馆	85	20	江西省宜春市图书馆	118
21	上海市少年儿童图书馆	85	21	辽宁省大连市图书馆	112
22	天津市少年儿童图书馆	78	22	江苏省无锡市图书馆	107
23	宁夏图书馆	72	23	江苏省盐城市图书馆	105
24	河南省图书馆	69	24	江苏省常州市图书馆	103
25	海南省图书馆	69	25	浙江省绍兴市图书馆	101
26	云南省图书馆	68	26	江苏省泰州市图书馆	101
27	江西省图书馆	63	27	浙江省湖州市图书馆	100
28	广西壮族自治区桂林图书馆	44	28	浙江省台州市图书馆	95
29	重庆市少年儿童图书馆	39	29	山东省济南市图书馆	94
30	湖南省少年儿童图书馆	37	30	广东省珠海市图书馆	90
31	青海省图书馆	26	31	浙江省杭州少年儿童图书馆	84
32	新疆维吾尔自治区图书馆	25	32	辽宁省鞍山市图书馆	83
33	内蒙古自治区图书馆	24	33	辽宁省沈阳市图书馆	80
34	广西壮族自治区少年儿童图书馆	24	34	浙江省温州市少儿图书馆	78
35	吉林省图书馆	19	35	安徽省合肥市图书馆	72
36	四川省图书馆	13	36	甘肃省白银市图书馆	71
37	贵州省图书馆	11	37	山东省临沂市图书馆	70
38	西藏自治区图书馆	5	38	广西壮族自治区钦州市图书馆	70

续表 1

单位：万册次

名次	单位名称	外借册次	名次	单位名称	外借册次
39	黑龙江省哈尔滨市图书馆	69	80	江西省景德镇市图书馆	36
40	山东省枣庄市图书馆	68	81	湖北省十堰市图书馆	36
41	浙江省舟山市图书馆	68	82	湖南省衡阳市图书馆	36
42	四川省广安市图书馆	65	83	江苏省宿迁市图书馆	36
43	内蒙古自治区包头市图书馆	65	84	陕西省宝鸡市图书馆	35
44	河北省秦皇岛市图书馆	64	85	贵州省遵义市图书馆	35
45	浙江省衢州市图书馆	64	86	湖北省荆门市图书馆	35
46	湖北省宜昌市图书馆	62	87	河南省安阳市少年儿童图书馆	35
47	广东省深圳少年儿童图书馆	58	88	河南省开封市图书馆	34
48	广东省深圳大学城图书馆	56	89	湖南省株洲市图书馆	34
49	河南省郑州市图书馆	56	90	山东省菏泽市图书馆	34
50	辽宁省沈阳市少年儿童图书馆	55	91	湖南省岳阳市图书馆	34
51	湖南省长沙市图书馆	54	92	山东省潍坊市图书馆	33
52	吉林省长春市少年儿童图书馆	54	93	甘肃省兰州市图书馆	33
53	福建省泉州市图书馆	53	94	云南省曲靖市图书馆	33
54	河北省唐山市图书馆	53	95	江苏省扬州市少年儿童图书馆※	33
55	河南省安阳市图书馆	53	96	江西省抚州市图书馆	33
56	安徽省马鞍山市图书馆	52	97	吉林省长春市图书馆	32
57	湖北省黄冈市图书馆	52	98	山东省烟台市图书馆	32
58	江西省赣州市图书馆	50	99	江苏省南通市图书馆	32
59	辽宁省锦州市图书馆	49	100	广西壮族自治区玉林市图书馆	32
60	四川省内江市图书馆	49		**三、县级**	
61	河南省周口市图书馆	48	1	上海市浦东新区图书馆	282
62	广东省中山市中山图书馆	47	2	上海市闵行区图书馆	244
63	湖北省襄阳市图书馆	46	3	江苏省常熟市图书馆	212
64	河南省鹤壁市图书馆	46	4	江苏省昆山市图书馆	207
65	安徽省合肥市少儿图书馆	44	5	江苏省张家港市图书馆	197
66	江苏省连云港市少年儿童图书馆	43	6	上海市普陀区图书馆	155
67	江苏省扬州市图书馆	41	7	广东省深圳南山图书馆	137
68	宁夏回族自治区银川市图书馆	41	8	浙江省杭州市西湖区图书馆	134
69	新疆维吾尔自治区阿勒泰地区图书馆	41	9	浙江省杭州市下城区图书馆	134
70	广东省江门市五邑图书馆	40	10	上海市嘉定区图书馆	115
71	河南省三门峡市图书馆	40	11	浙江省杭州市萧山图书馆	114
72	江苏省淮安市图书馆	40	12	上海市虹口区图书馆	108
73	湖北省武汉市少年儿童图书馆	39	13	江苏省苏州市姑苏区独墅湖图书馆	105
74	四川省乐山市图书馆	39	14	江苏省东海县图书馆	105
75	辽宁省营口市图书馆	38	15	山东省市北区图书馆	102
76	河南省濮阳市图书馆	38	16	上海市宝山区图书馆	100
77	河南省洛阳市图书馆	37	17	江苏省苏州市吴江区图书馆	98
78	山东省聊城市海源阁图书馆	37	18	浙江省长兴县图书馆	93
79	内蒙古自治区鄂尔多斯市图书馆	36	19	江苏省太仓市图书馆	89

续表 2

单位：万册次

名次	单位名称	外借册次	名次	单位名称	外借册次
20	上海市松江区图书馆	82	61	广东省深圳市宝安区图书馆	45
21	浙江省江干区图书馆	79	62	浙江省宁海县图书馆	45
22	北京市西城区第一图书馆	75	63	重庆市江津区图书馆	44
23	江苏省邳州市图书馆	75	64	重庆市渝北区图书馆	44
24	广东省龙岗区图书馆	71	65	辽宁省大连市沙河口区图书馆	43
25	浙江省平湖市图书馆	71	66	四川省龙泉驿区图书馆	43
26	上海市杨浦区图书馆	70	67	福建省厦门市湖里区图书馆	41
27	广东省深圳市福田区图书馆	69	68	浙江省定海区图书馆	41
28	江苏省启东市图书馆	69	69	上海市徐汇区图书馆	40
29	上海市长宁区图书馆	67	70	辽宁省沈阳市沈河区图书馆	40
30	上海市长宁区少年儿童图书馆	65	71	福建省厦门市同安区图书馆	40
31	浙江省海宁市图书馆	63	72	安徽省谯城区图书馆	40
32	广东省佛山市南海区图书馆	63	73	福建省集美区少年儿童图书馆	40
33	浙江省张元济图书馆	63	74	江苏省大丰市图书馆	39
34	福建省晋江市图书馆	62	75	河南省濮阳市华龙区图书馆	39
35	上海市浦东新区新川沙图书馆	61	76	辽宁省大连市甘井子区图书馆	38
36	上海市奉贤区图书馆	60	77	重庆市涪陵区图书馆	38
37	辽宁省大连市普兰店市图书馆	59	78	安徽省宁国市图书馆	38
38	北京市朝阳区图书馆	58	79	广东省越秀区图书馆	37
39	浙江省永康市图书馆	58	80	江苏省南通市通州区图书馆	37
40	辽宁省大连市经济技术开发区图书馆	57	81	重庆市九龙坡区图书馆	37
41	江苏省靖江市图书馆	56	82	江苏省金坛市图书馆	37
42	上海市金山区图书馆	56	83	山东省陵县图书馆	37
43	重庆市铜梁图书馆	56	84	广州番禺区图书馆	36
44	浙江省杭州市余杭区图书馆	55	85	重庆市北碚图书馆	36
45	浙江省上虞市图书馆	55	86	浙江省玉环县图书馆	36
46	上海市闸北区图书馆	54	87	江苏省苏州市姑苏区图书馆	36
47	浙江省临安市图书馆	54	88	浙江省慈溪市图书馆	35
48	浙江省杭州市拱墅区图书馆	54	89	浙江省余姚市图书馆	35
49	江苏省南京市高淳区图书馆	54	90	河南省济源市图书馆	35
50	重庆市巴南区图书馆	54	91	江苏省泰兴市图书馆	35
51	江苏省江阴市图书馆	53	92	安徽省萧县图书馆	35
52	浙江省瑞安市图书馆	53	93	内蒙古自治区东胜区少年儿童图书馆	34
53	浙江省宁波市北仑区图书馆	52	94	天津市河西区图书馆	34
54	上海市黄浦区图书馆	51	95	四川省温江区图书馆	34
55	四川省双流县图书馆	50	96	河北省唐山市丰南区图书馆	34
56	广东省顺德图书馆	48	97	北京市西城区第二图书馆	33
57	北京市昌平区图书馆	48	98	上海市青浦区图书馆	33
58	上海市静安区图书馆	47	99	浙江省诸暨市图书馆	33
59	四川省崇州市图书馆	47	100	重庆市大渡口区图书馆	33
60	浙江省宁波市江东区图书馆	46			

全国公共图书馆分级别购书费占总支出的比重

单位：%

名次	单位名称	比重	名次	单位名称	比重
	一、省级		3	湖北省十堰市少儿图书馆	62.5
1	甘肃省图书馆	37.3	4	甘肃省嘉峪关市图书馆	61.7
2	江苏省南京图书馆	34.1	5	河北省石家庄市少年儿童图书馆	48.9
3	福建省少年儿童图书馆	33.8	6	广东省广州少年儿童图书馆	46.8
4	天津市少年儿童图书馆	33.6	7	山东省威海市图书馆	43.7
5	海南省图书馆	31.5	8	安徽省淮北市图书馆	43.5
6	上海图书馆上海科技情报研究所	29.3	9	青海省西宁市图书馆	39.9
7	广东省立中山图书馆	27.3	10	河北省沧州市图书馆	39.8
8	辽宁省图书馆	24.6	11	广东省韶关市图书馆	38.9
9	河北省图书馆	23.8	12	湖南省邵阳市少年儿童图书馆	37.1
10	浙江图书馆	23.7	13	山东省菏泽市图书馆	36.3
11	河南省图书馆	23.1	14	安徽省合肥市图书馆	33.1
12	吉林省图书馆	23.0	15	四川省成都市图书馆	32.6
13	云南省图书馆	22.7	16	浙江省台州市图书馆	32.3
14	陕西省图书馆	21.4	17	陕西省西安图书馆	31.0
15	湖北省图书馆	21.0	18	吉林省长春市少年儿童图书馆	30.9
16	江西省图书馆	20.7	19	河南省平顶山市少年儿童图书馆	30.8
17	福建省图书馆	20.3	20	山东省青岛市图书馆	30.7
18	山东省图书馆	20.2	21	河南省三门峡市图书馆	30.6
19	广西壮族自治区图书馆	19.6	22	江西省抚州市图书馆	30.3
20	内蒙古自治区图书馆	17.7	23	湖南省永州市图书馆	30.2
21	重庆市少年儿童图书馆	16.4	24	安徽省宣城市图书馆	30.2
22	重庆图书馆	16.3	25	广东省佛山市图书馆	30.2
23	上海市少年儿童图书馆	15.8	26	内蒙古自治区乌海市图书馆	29.2
24	黑龙江省图书馆	15.4	27	辽宁省大连市图书馆	28.9
25	首都图书馆	14.5	28	福建省福州市少年儿童图书馆	27.9
26	广西壮族自治区桂林图书馆	14.4	29	福建省福州市图书馆	27.8
27	湖南图书馆	12.8	30	浙江省金华严济慈图书馆	27.7
28	安徽省图书馆	12.0	31	安徽省芜湖市图书馆	26.7
29	贵州省图书馆	9.4	32	江苏省南通市图书馆	26.6
30	天津图书馆	8.7	33	吉林省长春市图书馆	26.4
31	西藏自治区图书馆	8.3	34	河南省平顶山市图书馆	26.4
32	宁夏图书馆	8.1	35	广东省广州图书馆	26.3
33	湖南省少年儿童图书馆	8.1	36	安徽省马鞍山市图书馆	25.8
34	青海省图书馆	5.9	37	河北省邢台市图书馆	25.8
35	四川省图书馆	5.4	38	浙江省嘉兴市图书馆	25.6
36	新疆维吾尔自治区图书馆	4.2	39	江西省萍乡市图书馆	25.4
	二、市级		40	河北省廊坊市图书馆	25.4
1	广西壮族自治区来宾市图书馆	66.2	41	广东省珠海市图书馆	25.0
2	安徽省黄山市图书馆	64.5	42	山东省济南市图书馆	24.8

续表 1

单位：%

名次	单位名称	比重
43	青海省果洛州图书馆	24.6
44	河南省洛阳市少年儿童图书馆	24.5
45	江苏省淮安市图书馆	24.2
46	浙江省杭州图书馆	23.6
47	云南省昆明市图书馆	23.5
48	湖北省孝感市图书馆	22.7
49	广东省中山市中山图书馆	22.6
50	福建省泉州市图书馆	21.5
51	西藏林芝地区图书馆	21.4
52	浙江省温州市图书馆	21.1
53	湖南省郴州市图书馆	21.0
54	内蒙古自治区呼伦贝尔市图书馆	20.9
55	山东省滨州市图书馆	20.7
56	福建省厦门市图书馆	20.4
57	山西省阳泉市图书馆	20.4
58	湖北省武汉市少年儿童图书馆	20.3
59	浙江省湖州市图书馆	20.2
60	广东省梅州市剑英图书馆	20.2
61	河北省秦皇岛图书馆	20.2
62	云南省临沧市图书馆	20.1
63	广东省汕尾市图书馆	20.1
64	安徽省合肥市少儿图书馆	20.0
65	江苏省常州市图书馆	19.9
66	浙江省宁波市图书馆	19.9
67	江苏省苏州图书馆	19.6
68	黑龙江省七台河市图书馆	19.4
69	辽宁省铁岭市少年儿童图书馆	19.3
70	河南省信阳市图书馆	19.0
71	吉林省松原市图书馆	19.0
72	江苏省淮安市少儿图书馆※	18.7
73	河南省安阳市图书馆	18.6
74	甘肃省平凉市图书馆	18.6
75	山东省莱芜市图书馆	18.5
76	云南省曲靖市图书馆	18.3
77	福建省莆田市图书馆	18.3
78	湖北省武汉图书馆	18.2
79	湖南省益阳市图书馆	18.2
80	黑龙江省牡丹江市图书馆	17.8
81	云南省昭通市图书馆	17.8
82	江苏省南通市少年儿童图书馆	17.7
83	山东省东营市图书馆	17.6
84	江苏省镇江市图书馆	17.4
85	河北省石家庄市图书馆	17.4
86	内蒙古自治区呼和浩特市图书馆	17.3
87	广西壮族自治区钦州市图书馆	17.1
88	山东省潍坊市图书馆	17.0
89	广西壮族自治区河池市民族图书馆	17.0
90	广东省惠州慈云图书馆	16.9
91	湖南省常德市图书馆	16.8
92	山西省长治市图书馆	16.7
93	浙江省丽水市图书馆	16.7
94	青海省海西州图书馆	16.6
95	湖北省襄阳市少年儿童图书馆	16.5
96	江苏省泰州市图书馆	16.4
97	湖北省襄阳市图书馆	16.3
98	甘肃省兰州市图书馆	16.2
99	广东省湛江市少年儿童图书馆	16.2
100	山东省烟台市图书馆	16.1
	三、县级	
1	广东省佛冈图书馆	68.6
2	江苏省丹阳市少儿图书馆	66.7
3	河北省石家庄市新华区图书馆	66.7
4	河北省大城县图书馆	65.8
5	广西壮族自治区隆安县图书馆	65.5
6	山东省东阿县图书馆	64.5
7	江西省青原区图书馆	63.3
8	江苏省灌云县图书馆	63.3
9	河北省临西县图书馆	62.5
10	重庆市南川区图书馆	60.0
11	安徽省金寨县图书馆	59.5
12	广东省惠东县图书馆	58.8
13	江西省吉州区图书馆	58.5
14	江西省浮梁县图书馆	58.5
15	河北省石家庄高新区图书馆	57.7
16	贵州省余庆县图书馆	57.1
17	安徽省潘集区图书馆	57.0
18	四川省汉源县图书馆	56.5
19	新疆维吾尔自治区独山子区图书馆	55.2
20	江苏省镇江市润州区图书馆	54.4
21	江西省昌江区图书馆	53.8

续表 2

单位：%

名次	单位名称	比重	名次	单位名称	比重
22	贵州省黄平县图书馆	53.7	62	安徽省雨山区图书馆	42.4
23	海南省陵水黎族自治县图书馆	53.6	63	新疆维吾尔自治区乌鲁木齐县图书馆	41.7
24	河南省召陵区图书馆	53.6	64	山西省晋源区图书馆	41.6
25	河北省任县图书馆	52.6	65	江西省石城县图书馆	41.5
26	安徽省烈山区图书馆	52.0	66	江苏省张家港市图书馆	41.5
27	浙江省湖州市南浔区图书馆	51.8	67	安徽省滁州市琅琊区图书馆	41.4
28	河北省临城县图书馆	51.4	68	内蒙古自治区杭锦旗图书馆	41.4
29	内蒙古自治区准格尔旗图书馆	51.0	69	山东省历下区图书馆	40.4
30	河北省高邑县图书馆	50.9	70	浙江省温州市龙湾区图书馆	40.3
31	河北省鸡泽县图书馆	50.0	71	浙江省鹿城区图书馆	40.1
32	湖南省邵阳市北塔图书馆	50.0	72	河南省新野县图书馆	40.0
33	贵州省水城县图书馆	50.0	73	安徽省三山区图书馆	40.0
34	安徽省黟县少儿图书馆	50.0	74	青海省贵德县图书馆	39.9
35	河北省南和县图书馆	49.8	75	广西壮族自治区鱼峰区图书馆	39.0
36	浙江省新昌县图书馆	49.2	76	重庆市石柱土家族自治县图书馆	38.9
37	湖北省赤壁市图书馆	49.2	77	安徽省狮子山区图书馆	38.9
38	湖南省湘潭市岳塘区图书馆	49.2	78	四川省成都市成华区图书馆	38.8
39	浙江省衢江区图书馆	48.2	79	山东省垦利县图书馆	38.5
40	宁夏回族自治区红寺堡区图书馆	48.1	80	浙江省宁波市鄞州区图书馆	38.0
41	江苏省苏州市相城区图书馆	47.7	81	云南省西畴县图书馆	37.9
42	西藏自治区加查县图书馆	47.3	82	山东省东营区图书馆	37.8
43	福建省翔安区图书馆	46.4	83	福建省蕉城区图书馆	37.8
44	浙江省杭州市下城区图书馆	46.2	84	福建省厦门市海沧区图书馆	37.7
45	辽宁省瓦房店市图书馆	45.9	85	山东省青岛市市南区图书馆	37.6
46	河北省广宗县图书馆	45.5	86	山东省泗水县图书馆	37.5
47	浙江省瓯海区图书馆	45.1	87	湖南省衡阳市珠晖区图书馆	37.3
48	福建省厦门市思明区图书馆	44.9	88	新疆维吾尔自治区伽师县图书馆	36.9
49	山东省烟台市莱山区图书馆	44.5	89	湖南省东安县图书馆	36.8
50	江西省萍乡市湘东区图书馆	44.4	90	福建省将乐县图书馆	36.7
51	山东省无棣县图书馆	44.0	91	四川省武胜县图书馆	36.4
52	浙江省杭州市西湖区图书馆	43.8	92	山东省寿光市图书馆	36.4
53	广西壮族自治区柳南区图书馆	43.7	93	浙江省嘉善县图书馆	36.2
54	黑龙江省翠峦区图书馆	43.5	94	湖南省长沙市芙蓉区图书馆	36.1
55	安徽省无为县图书馆	43.3	95	广西壮族自治区南宁市青秀区图书馆	35.2
56	云南省石林县民族图书馆	43.3	96	福建省福清市图书馆	35.1
57	贵州省习水县图书馆	43.2	97	贵州省瓮安县图书馆	34.9
58	陕西省延川县图书馆	42.9	98	湖南省长沙市开福区图书馆	34.8
59	新疆维吾尔自治区若羌县图书馆	42.9	99	福建省周宁县图书馆	34.8
60	广西壮族自治区江南区图书馆	42.7	100	黑龙江省伊春市金山屯区图书馆	34.8
61	江苏省宿迁市宿豫区图书馆	42.6			

图书馆主要指标解释

1. 总藏量:指本馆已编目的古籍、图书、期刊和报纸的合订本、小册子、手稿,以及缩微制品、录像带、录音带、光盘等视听文献资料数量之和。

对同一书名,但分若干册(卷)的图书,按每一册(卷)作为一册统计。期刊和报纸均以每一合订本为一册统计。至填报本表时,尚未装订成册编目的期刊和报纸不应统计在内。

2. 古籍、善本:指实际成书和出版年代在 1911 年(含 1911 年)以前的线装、卷轴装、经折装、蝴蝶装、包背装等书籍为古籍;其中清乾隆六十年,即 1795 年(含 1795 年)以前的古籍为善本,1795 年至 1911 年间的具有历史文献性、学术资料性和印刷装帧艺术代表性的也归为善本。

3. 图书:指不少于 49 页并在"古籍"范围以外的图书。少儿读物、连环画 49 页以上的按图书统计,48 页以下的按小册子统计到"其他"类中。

4. 报刊:指刊登当前事件的专题或综合新闻,每周至少出版一张并按年、月、日顺序或按编号排列的连续出版物。或者是同一刊名下,按顺序号或按年、月、日出版的定期或不定期的一种连续出版物。包括报纸和期刊。

5. 视听文献、缩微制品:指要求使用专用设备阅读和(或)听声的非书型文献。包括声频文献(例如:唱片、录音带、盒式磁带等),视频文献(例如:幻灯片、透明正片等)和声频与视频混合文献(例如:有声电影、录像片等),电子文献(例如存储在光盘、软盘、硬盘等通过计算机阅读、视听的文献)。包括所有经过缩微处理制成缩微胶卷和缩微平片,使用时需要放大的文献资料。

6. 其他:指手稿和 48 页以下的小册子等。

7. 开架书刊:指图书馆总藏量中已上架并可用于外借或馆内阅读的图书、报刊等。

8. 当年购买的报刊种类:指图书馆当年购买的期刊和报纸种类之和。其计量原则同图书。

9. 书架单层总长度:指按书架(包括书柜)每层(不包括书架顶部遮尘板)长度累计计算的长度,其中两面放书的书架每层应按两个长度计算。

10. 累计发放有效借书证数:指图书馆发放并正在使用的有效的借书证累计数。

11. 总流通人次:指包括在馆内阅读和借出阅读书、刊、缩微制品、视听文献、电子文献等的读者人次。

12. 书刊文献外借人次:指由馆内借出阅读书、刊、缩微制品、视听文献等的读者人次。

13. 书刊文献外借册次:指读者通过借阅手续借出,在馆外阅读的书、刊、缩微制品、视听文献等册次,包括外文图书。

14. 组织各类讲座次数、参加人次:指由本馆举办或与馆外机构联合举办的各类讲座次数及参加这些讲座的人次。

15. 举办展览个数、参观人次:指本馆举办或与馆外机构联合举办的在馆内或馆外展览的个数及参观人次。个数按展览的内容计算。同一内容的展览不论在哪些地点展出和展出时间多久,只计算一个。

16. 举办训练班班次、培训人次:指本馆举办或与馆外机构联合举办的各种科普、文化、艺术等训练班,按截止到年底办完的班数及培训人数,分别计算班次及培训人次。截止到年底未办完的班数和人数均在下一年度统计。

17. 计算机:指图书馆内列入固定资产管理并正在使用的计算机台数。

18. 电子阅览室终端数:指图书馆内放置于电子阅览室可供读者使用的计算机台数。

19. 新增藏量购置费:指本馆本年购进图书、报刊、缩微制品和视听文献等藏品所用经费之和。

20. 本年新购藏量：指本年购进馆的图书、报刊、缩微制品和视听文献等藏品之和。

21. 阅览室座席数：指阅览室内可供读者坐阅的座位数。

22. 少儿阅览室座席数：指少儿图书馆阅览室和公共图书馆中的少儿阅览室可供少儿读者坐阅的座位数。

23. 流动图书车书刊借阅人次、册次：指图书馆利用流动图书车开展书刊借阅服务的读者人次和册次。

24. 分馆：指馆舍面积、藏书具有一定规模，有专人管理的文献收藏单位。总馆对分馆负有业务指导关系，并且总、分馆之间文献资源实现共建共享。

（本统计资料由文化部财务司规划统计处提供）

2013 年全国高校图书馆统计数据

2013 年 611 所高校图书馆馆舍总面积统计表

序号	机构名称	馆舍总面积(平方米)	序号	机构名称	馆舍总面积(平方米)
1	中山大学图书馆	116660	36	西安石油大学图书馆	53980
2	贵州大学图书馆	89341	37	上海大学图书馆	53900
3	浙江大学图书馆	86376	38	江苏大学图书馆	53119
4	郑州大学图书馆	84323	39	华东师范大学图书馆	53087
5	大连理工大学图书馆	83000	40	浙江师范大学图书馆	52974
6	苏州大学图书馆	79850	41	暨南大学图书馆	52967
7	扬州大学图书馆	78077	42	西北大学图书馆	52661
8	安徽大学图书馆	74395	43	温州大学图书馆	52229
9	广东工业大学图书馆	74004	44	江南大学图书馆	52217
10	厦门大学图书馆	73482	45	河南工业大学图书馆	51677
11	电子科技大学图书馆	66974	46	中国海洋大学图书馆	51663
12	东南大学图书馆	66900	47	合肥工业大学图书馆	50353
13	同济大学图书馆	66713	48	西南财经大学图书馆	50000
14	河南大学图书馆	65248	49	兰州交通大学图书馆	50000
15	重庆大学图书馆	63919	50	广东外语外贸大学图书馆	50000
16	贵州财经大学图书馆	63578	51	西北民族大学图书馆	49808
17	四川大学图书馆	63100	52	福建农林大学图书馆	49791
18	武汉大学图书馆	62985	53	苏州科技学院图书馆	49581
19	华侨大学图书馆	61637	54	上海交通大学图书馆	49296
20	西安电子科技大学图书馆	61140	55	西南民族大学图书馆	49144
21	安徽工业大学图书馆	61000	56	山东理工大学图书馆	49000
22	中国矿业大学图书馆	60000	57	深圳大学图书馆	48441
23	江西师范大学图书馆	60000	58	安徽师范大学图书馆	48150
24	浙江工业大学图书馆	59472	59	天津师范大学图书馆	48000
25	西南交通大学图书馆	59316	60	西安工业学院图书馆	47672
26	兰州大学图书馆	59000	61	南京财经大学图书馆	47300
27	广州大学图书馆	59000	62	盐城工学院图书馆	47000
28	复旦大学图书馆	57984	63	华东理工大学图书馆	46766
29	北京大学图书馆	57830	64	西北师范大学图书馆	46752
30	浙江工商大学图书馆	57800	65	上海海事大学图书馆	46425
31	陕西师范大学图书馆	57578	66	杭州师范大学图书馆	46359
32	清华大学图书馆	57229	67	西北工业大学图书馆	46161
33	福建师范大学图书馆	55571	68	天津理工大学图书馆	45900
34	广东药学院图书馆	54641	69	郑州旅游职业学院图书馆	45112
35	长安大学图书馆	54372	70	琼州学院图书馆	44792

续表

序号	机构名称	馆舍总面积(平方米)	序号	机构名称	馆舍总面积(平方米)
71	徐州工程学院图书馆	44701	112	西安财经学院图书馆	36541
72	黄山学院图书馆	44672	113	西南科技大学图书馆	36475
73	南方医科大学图书馆	44661	114	延安大学图书馆	36448
74	四川农业大学图书馆	44607	115	西安交通大学图书馆	36394
75	河北师范大学图书馆	44345	116	福州大学图书馆	36136
76	潍坊学院图书馆	44254	117	上海师范大学图书馆	36119
77	华南理工大学图书馆	43155	118	天津科技大学图书馆	36000
78	重庆师范大学图书馆	43085	119	宁波职业技术学院图书馆	36000
79	大连交通大学图书馆	43000	120	浙江理工大学图书馆	36000
80	深圳职业技术学院图书馆	42300	121	河北经贸大学图书馆	36000
81	烟台大学图书馆	42300	122	南阳师范学院图书馆	36000
82	浙江传媒学院图书馆	42029	123	海口经济学院图书馆	35787
83	南京航空航天大学图书馆	42000	124	浙江海洋学院图书馆	35566
84	西安外国语大学图书馆	42000	125	北京师范大学珠海分校图书馆	35300
85	海南大学图书馆	41906	126	长江师范学院图书馆	35264
86	中国科学技术大学图书馆	41783	127	南京审计学院图书馆	35257
87	合肥学院图书馆	41400	128	浙江财经大学图书馆	35053
88	广东创新科技职业学院图书馆	41248	129	天津工业大学图书馆	35000
89	集美大学图书馆	41130	130	山西大学图书馆	35000
90	辽宁师范大学图书馆	41000	131	安徽财经大学图书馆	35000
91	四川师范大学图书馆	40000	132	山东农业大学图书馆	34876
92	深圳大学城图书馆图书馆	40000	133	沈阳工业大学图书馆	34700
93	华中科技大学图书馆	39982	134	宿州学院图书馆	34600
94	浙江建设职业技术学院图书馆	39910	135	陕西科技大学图书馆	34600
95	湖南师范大学图书馆	39612	136	西华大学图书馆	34576
96	华中师范大学图书馆	39357	137	南京晓庄学院图书馆	34456
97	淄博职业学院图书馆	39336	138	西北政法学院图书馆	34400
98	中国计量学院图书馆	39254	139	海南医学院图书馆	34000
99	沈阳理工大学图书馆	39180	140	西华师范大学图书馆	34000
100	南京师范大学图书馆	39105	141	华北电力大学图书馆	33929
101	河南工业职业技术学院图书馆	38874	142	西昌学院图书馆	33758
102	安徽理工大学图书馆	38774	143	上海财经大学图书馆	33712
103	成都中医药大学图书馆	38500	144	广东科学技术职业学院图书馆	33656
104	济宁学院图书馆	38300	145	天津商业大学图书馆	33621
105	东北师范大学图书馆	38100	146	苏州职业大学图书馆	33443
106	杭州电子科技大学图书馆	37913	147	广州中医药大学图书馆	33350
107	武汉理工大学图书馆	37704	148	西安工程大学图书馆	33337
108	广西工学院图书馆	37684	149	辽宁石油化工大学图书馆	32900
109	西南政法大学图书馆	37684	150	四川理工学院图书馆	32900
110	辽宁大学图书馆	37470	151	西南石油大学图书馆	32867
111	淮南师范学院图书馆	37300	152	南京信息工程大学(原南京气象学院)图书馆	32414

续表

序号	机构名称	馆舍总面积(平方米)	序号	机构名称	馆舍总面积(平方米)
153	华南农业大学图书馆	32263	194	上海工程技术大学图书馆	27000
154	广东轻工职业技术学院图书馆	32255	195	甘肃民族师范学院图书馆	27000
155	宝鸡文理学院图书馆	32200	196	承德民族师范高等专科学校图书馆	26880
156	湛江师范学院图书馆	32200	197	菏泽学院图书馆	26700
157	西北农林科技大学图书馆	32104	198	河北理工大学图书馆	26693
158	南京工业大学图书馆	32000	199	上海理工大学图书馆	26500
159	西安医学院图书馆	32000	200	漳州师范学院图书馆	26256
160	广东医学院图书馆	31900	201	广东海洋大学图书馆	26241
161	成都信息工程学院图书馆	31687	202	肇庆学院图书馆	26111
162	梧州职业学院图书馆	31000	203	四川外语学院图书馆	26000
163	许昌职业技术学院图书馆	31000	204	天水师范学院图书馆	25800
164	渭南师范学院图书馆	30681	205	西安培华学院图书馆	25780
165	成都电子机械高等专科学校图书馆	30674	206	天津大学图书馆	25700
166	西安理工大学图书馆	30608	207	浙江财经大学东方学院图书馆	25644
167	上海应用技术学院图书馆	30300	208	扬州市职业大学图书馆	25460
168	湖南大学图书馆	30300	209	宁德师范学院图书馆	25210
169	陕西理工学院图书馆	30300	210	西安翻译学院图书馆	25083
170	武汉大学东湖分校图书馆	30000	211	宁波大学图书馆	25070
171	宜宾学院图书馆	30000	212	丽水学院图书馆	25066
172	湖州师范学院图书馆	29750	213	沈阳化工大学图书馆	25000
173	西安科技商贸职业学院图书馆	29736	214	陕西学前师范学院图书馆	25000
174	常州纺织服装职业技术学院图书馆	29605	215	山东建筑工程学院图书馆	25000
175	浙江万里学院图书馆	29530	216	华北科技学院图书馆	25000
176	韶关学院图书馆	29426	217	山东商务职业学院图书馆	25000
177	南开大学图书馆	29110	218	咸阳师范学院图书馆	24990
178	佛山科学技术学院图书馆	28947	219	海南工商职业学院图书馆	24900
179	陕西国防工业职业技术学院图书馆	28876	220	北京工商大学图书馆	24767
180	淮阴师范学院图书馆	28769	221	连云港职业技术学院图书馆	24711
181	浙江大学城市学院图书馆	28610	222	福建交通职业技术学院图书馆	24650
182	浙江农林大学图书馆	28558	223	金华职业技术学院图书馆	24582
183	西安邮电大学图书馆	28427	224	成都医学院图书馆	24567
184	河北大学图书馆	28021	225	中央民族大学图书馆	24500
185	上海电机学院图书馆	28013	226	五邑大学图书馆	24438
186	河源职业技术学院图书馆	28000	227	保定学院图书馆	24212
187	温州医科大学图书馆	28000	228	大连海事大学图书馆	24132
188	福建工程学院图书馆	28000	229	杭州科技职业技术学院图书馆	24054
189	四川教育学院图书馆	27800	230	中国政法大学图书馆	24050
190	凯里学院图书馆	27703	231	北京科技大学图书馆	24006
191	河北北方学院图书馆	27554	232	上海杉达学院图书馆	24000
192	泸州医学院图书馆	27289	233	广东农工商职业技术学院图书馆	24000
193	东莞理工学院图书馆	27020	234	常熟理工学院图书馆	24000

续表

序号	机构名称	馆舍总面积(平方米)	序号	机构名称	馆舍总面积(平方米)
235	无锡职业技术学院图书馆	24000	276	浙江大学宁波理工学院图书馆	21159
236	沈阳航空工业学院图书馆	24000	277	濮阳职业技术学院图书馆	21140
237	江苏海事职业技术学院图书馆	23800	278	惠州学院图书馆	21000
238	广东科技学院图书馆	23720	279	广东石油化工学院图书馆	21000
239	西安科技大学图书馆	23700	280	南京农业大学图书馆	21000
240	广东警官学院图书馆	23579	281	江苏师范大学图书馆	21000
241	西北大学现代学院图书馆	23440	282	深圳信息职业技术学院图书馆	20930
242	福建江夏学院图书馆	23395	283	西安思源学院图书馆	20740
243	泉州师范学院图书馆	23395	284	北京工业大学图书馆	20713
244	皖西学院图书馆	23300	285	苏州经贸职业技术学院图书馆	20710
245	威海职业学院图书馆	23208	286	四川警安职业学院图书馆	20703
246	西安外事学院图书馆	23160	287	沈阳工程学院图书馆	20700
247	广西师范学院图书馆	23093	288	上海立信会计学院图书馆	20600
248	池州学院图书馆	23000	289	河北科技大学图书馆	20600
249	河南城建学院图书馆	23000	290	咸阳职业技术学院图书馆	20558
250	四川职业技术学院图书馆	23000	291	东北大学图书馆	20510
251	浙江工业职业技术学院图书馆	22945	292	仰恩大学图书馆	20500
252	淮海工学院图书馆	22904	293	四川美术学院图书馆	20400
253	宁波工程学院图书馆	22888	294	台州学院图书馆	20260
254	嘉兴学院图书馆	22816	295	江苏警官学院图书馆	20000
255	宁波大红鹰学院图书馆	22800	296	常州轻工职业技术学院图书馆	20000
256	淮北师范大学图书馆	22717	297	商洛职业技术学院图书馆	20000
257	贵州师范大学图书馆	22656	298	甘肃农业大学图书馆	19980
258	华东政法大学图书馆	22541	299	安徽医学高等专科学校图书馆	19911
259	天津外国语大学图书馆	22338	300	上海电力学院图书馆	19523
260	浙江经贸职业技术学院图书馆	22300	301	商丘师范学院图书馆	19521
261	顺德职业技术学院图书馆	22000	302	遵义师范学院图书馆	19470
262	南京医科大学图书馆	22000	303	沈阳大学图书馆	19300
263	贵州民族大学图书馆	22000	304	西京学院图书馆	19148
264	四川建筑职业技术学院图书馆	21797	305	安徽职业技术学院图书馆	190800
265	绍兴文理学院图书馆	21745	306	广东工程职业技术学院图书馆	19000
266	贵阳学院图书馆	21700	307	广东培正学院图书馆	18830
267	安徽工程大学图书馆	21567	308	西安航空学院图书馆	18818
268	三明学院图书馆	21553	309	龙岩学院图书馆	18760
269	大连大学图书馆	21550	310	四川工程职业技术学院图书馆	18200
270	西安建筑科技大学图书馆	21483	311	沧州师范专科学校图书馆	18200
271	重庆三峡学院图书馆	21341	312	信阳农业高等专科学校图书馆	18112
272	广州工商职业技术学院图书馆	21302	313	温州职业技术学院图书馆	18079
273	陕西国际商贸学院图书馆	21300	314	厦门南洋职业学院图书馆	18000
274	汕头大学图书馆	21245	315	台州科技职业学院图书馆	17910
275	上海金融学院图书馆	21180	316	闽江学院图书馆	17906

序号	机构名称	馆舍总面积(平方米)	序号	机构名称	馆舍总面积(平方米)
317	南京理工大学图书馆	17800	358	燕山大学图书馆	14500
318	福建中医药大学图书馆	17800	359	漳州卫生职业学院图书馆	14325
319	浙江商业职业技术学院图书馆	17392	360	浙江国际海运职业技术学院图书馆	14325
320	成都理工大学图书馆	17340	361	河北政法职业学院图书馆	14098
321	毕节学院图书馆	17203	362	浙江金融职业学院图书馆	14080
322	攀枝花学院图书馆	16889	363	嘉兴职业技术学院图书馆	14045
323	浙江水利水电学院图书馆	16822	364	四川托普信息技术职业学院图书馆	14042
324	阿坝师范高等专科学校图书馆	16802	365	辽宁工程技术大学图书馆	14000
325	南京化工职业技术学院图书馆	16764	366	浙江旅游职业学院图书馆	14000
326	漳州职业技术学院图书馆	16676	367	中国医科大学图书馆	14000
327	石家庄学院图书馆	16396	368	惠州经济职业技术学院图书馆	14000
328	承德石油高等专科学校图书馆	16385	369	川北医学院图书馆	13928
329	厦门海洋职业技术学院图书馆	16242	370	中国美术学院图书馆	13900
330	中国民用航空飞行学院图书馆	16135	371	四川师范大学成都学院图书馆	13877
331	四川音乐学院图书馆	16000	372	广东白云学院图书馆	13802
332	西安文理学院图书馆	16000	373	首都医科大学图书馆	13800
333	商洛学院图书馆	15860	374	电子科技大学中山学院图书馆	13710
334	北京中医药大学图书馆	15811	375	鹤壁职业技术学院图书馆	13650
335	南开大学滨海学院图书馆	15800	376	四川工商职业技术学院图书馆	13630
336	西北工业大学明德学院图书馆	15800	377	湖南理工学院图书馆	13600
337	浙江纺织服装职业技术学院图书馆	15758	378	成都航空职业技术学院图书馆	13600
338	六盘水师范学院图书馆	15750	379	贵阳医学院图书馆	13420
339	重庆师范大学涉外商贸学院图书馆	15700	380	浙江经济职业技术学院图书馆	13403
340	西安欧亚学院图书馆	15700	381	青海师范大学图书馆	13167
341	衡水学院图书馆	15500	382	杨凌职业技术学院图书馆	13125
342	上海政法学院图书馆	15500	383	四川文理学院图书馆	13074
343	重庆医科大学图书馆	15370	384	新乡医学院图书馆	13057
344	百色学院图书馆	15366	385	南京林业大学图书馆	13039
345	泉州理工职业学院图书馆	15364	386	陕西工业职业技术学院图书馆	13000
346	贵州广播电视大学图书馆	15295	387	西安科技大学高新学院图书馆	13000
347	浙江工商职业技术学院图书馆	15170	388	厦门安防科技职业学院图书馆	13000
348	安康学院图书馆	15100	389	广东省外语艺术职业学院图书馆	12984
349	上海体育学院图书馆	15087	390	陕西铁路工程职业技术学院图书馆	12954
350	海南职业技术学院图书馆	15050	391	丽水职业技术学院图书馆	12913
351	河北工程大学图书馆	15024	392	湖州职业技术学院图书馆	12900
352	中国民航大学图书馆	15000	393	闽西职业技术学院图书馆	12863
353	华南理工大学广州学院图书馆	15000	394	南通职业大学图书馆	12700
354	郑州成功财经学院图书馆	15000	395	天津中医学院图书馆	12658
355	沈阳体育学院图书馆	14878	396	吉林华桥外国语学院图书馆	12641
356	西藏民族学院图书馆	14821	397	石家庄铁道学院图书馆	12639
357	河北工业大学图书馆	14600	398	遵义医学院图书馆	12634

续表

序号	机构名称	馆舍总面积(平方米)	序号	机构名称	馆舍总面积(平方米)
399	广东水利电力职业技术学院图书馆	12618	440	广西机电职业技术学院图书馆	10872
400	沈阳医学院图书馆	12616	441	贵阳中医学院图书馆	10814
401	中华女子学院图书馆	12614	442	青海民族大学图书馆	10813
402	四川城市职业学院图书馆	12600	443	徐州医学院图书馆	10797
403	陕西中医学院图书馆	12538	444	南方科技大学图书馆	10727
404	陕西服装工程学院图书馆	12500	445	东北电力大学图书馆	10700
405	内江师范学院图书馆	12500	446	浙江育英职业技术学院图书馆	10489
406	衢州职业技术学院图书馆	12475	447	宁波卫生职业技术学院图书馆	10435
407	辽宁农业职业技术学院图书馆	12430	448	南京工业职业技术学院图书馆	10315
408	健雄职业技术学院图书馆	12300	449	黎明职业大学图书馆	10200
409	天津大学仁爱学院图书馆	12256	450	福建卫生职业技术学院图书馆	10112
410	杭州万向职业技术学院图书馆	12180	451	浙江医药高等专科学校图书馆	10035
411	四川交通职业技术学院图书馆	12166	452	北京第二外国语学院图书馆	10000
412	山东政法学院图书馆	12100	453	厦门城市职业学院图书馆	10000
413	四川信息职业技术学院图书馆	12000	454	泉州经贸职业技术学院图书馆	9917
414	广州南洋理工职业学院图书馆	12000	455	中央戏剧学院图书馆	9916
415	浙江越秀外国语学院图书馆	12000	456	浙江中医药大学图书馆	9885
416	浙江长征职业技术学院图书馆	11969	457	上海对外贸易学院图书馆	9885
417	厦门华厦职业学院图书馆	11904	458	上海商学院图书馆	9789
418	台州职业技术学院图书馆	11836	459	宁波城市职业技术学院图书馆	9751
419	浙江横店影视职业学院图书馆	11659	460	浙江机电职业技术学院图书馆	9728
420	长春职业技术学院图书馆	11604	461	盘锦职业技术学院图书馆	9622
421	沧州医学高等专科学校图书馆	11602	462	九江职业技术学院图书馆	9491
422	紫琅职业技术学院图书馆	11557	463	福建华南女子职业学院图书馆	9490
423	泰州学院图书馆	11484	464	揭阳职业技术学院图书馆	9487
424	营口理工学院图书馆图书馆	11390	465	钦州学院图书馆	9298
425	四川航天职业技术学院图书馆	11278	466	天津农学院图书馆	9275
426	广州城市职业学院图书馆	11224	467	福建警察学院图书馆	9200
427	山东警察学院图书馆	11220	468	上海立达职业技术学院图书馆	9150
428	义乌工商职业技术学院图书馆	11200	469	广东女子职业技术学院图书馆	9078
429	苏州卫生职业技术学院图书馆	11180	470	河北机电职业技术学院图书馆	9000
430	福建信息职业技术学院图书馆	11150	471	烟台工程职业技术学院图书馆	9000
431	浙江交通职业技术学院图书馆	11130	472	华南农业大学珠江学院图书馆	8688
432	浙江医学高等专科学校图书馆	11052	473	宝鸡职业技术学院图书馆	8676
433	浙江理工大学科技与艺术学院图书馆	11000	474	上海师范大学天华学院图书馆	8570
434	中国青年政治学院图书馆	11000	475	北京理工大学珠海学院图书馆	8500
435	海南科技职业学院图书馆	11000	476	上海工商外国语职业学院图书馆	8483
436	四川邮电职业技术学院图书馆	10991	477	广州涉外经济职业技术学院图书馆	8335
437	莆田学院图书馆	10938	478	吉林司法警官职业学院图书馆	8296
438	广东技术师范学院图书馆	10918	479	贵州师范学院图书馆	8220
439	上海建桥学院图书馆	10900	480	黔南民族师范学院图书馆	8212

续表

序号	机构名称	馆舍总面积(平方米)	序号	机构名称	馆舍总面积(平方米)
481	上海济光职业技术学院图书馆	8193	522	漳州天福茶职业技术学院图书馆	6133
482	广东科贸职业学院图书馆	8131	523	上海旅游高等专科学校图书馆	6130
483	成都体育学院图书馆	8033	524	北京师范大学—香港浸会大学联合国际学院图书馆	6087
484	天津美术学院图书馆	8000	525	宜春职业技术学院图书馆	6054
485	绵阳职业技术学院图书馆	8000	526	四川商务职业学院图书馆	6049
486	绍兴职业技术学院图书馆	8000	527	琼台师范高等专科学校图书馆	6008
487	天津医学高等专科学校图书馆	7987	528	浙江同济科技职业学院图书馆	6000
488	湄洲湾职业技术学院图书馆	7888	529	亳州师范高等专科学校图书馆	6000
489	天津电子信息职业技术学院图书馆	7815	530	复旦大学上海视觉艺术学院图书馆	6000
490	天津体育学院图书馆	7800	531	天津现代职业技术学院图书馆	6000
491	上海电子信息职业技术学院图书馆	7800	532	贵州理工学院图书馆	5915
492	厦门兴才职业技术学院图书馆	7747	533	南充职业技术学院图书馆	5867
493	成都职业技术学院图书馆	7704	534	右江民族医学院图书馆	5600
494	山东理工大学图书馆	7675	535	上海行健职业学院图书馆	5600
495	泰州职业技术学院图书馆	7600	536	海南外国语职业学院图书馆	5528
496	江西服装职业技术学院图书馆	7509	537	浙江工贸职业技术学院图书馆	5333
497	陕西能源职业技术学院图书馆	7447	538	邯郸职业技术学院图书馆	5250
498	上海农林职业技术学院图书馆	7386	539	私立华联学院图书馆	5218
499	广州科技贸易职业学院图书馆	7361	540	西安铁路职业技术学院图书馆	5170
500	天津职业大学图书馆	7317	541	福建电力职业技术学院图书馆	5106
501	洛阳职业技术学院图书馆	7310	542	西安财经学院行知学院图书馆	5068
502	天津财经大学图书馆	7300	543	上海公安高等专科学校图书馆	5061
503	广东环境保护工程职业学院图书馆	7280	544	公安海警学院图书馆	5060
504	九州职业技术学院图书馆	7260	545	广东食品药品职业学院图书馆	5000
505	上海海关高等专科学校图书馆	7121	546	上海新侨职业技术学院图书馆	4919
506	广东文艺职业学院图书馆	7100	547	漳州理工职业学院图书馆	4830
507	浙江东方职业技术学院图书馆	7002	548	陕西交通职业技术学院图书馆	4797
508	德化陶瓷职业技术学院图书馆	7000	549	广东行政职业学院图书馆	4790
509	四川司法警官职业学院图书馆	7000	550	广州工程技术职业学院图书馆	4751
510	陕西职业技术学院图书馆	7000	551	内江职业技术学院图书馆	4631
511	漯河职业技术学院图书馆	6800	552	中山大学新华学院图书馆	4532
512	上海出版印刷高等专科学校图书馆	6700	553	浙江外国语学院图书馆	4500
513	天津滨海职业学院图书馆	6592	554	贵州商业高等专科学校图书馆	4500
514	桐城师范高等专科学校图书馆	6560	555	西安美术学院图书馆	4468
515	上海东海职业技术学院图书馆	6509	556	广东青年职业学院图书馆	4400
516	海南政法职业学院图书馆	6493	557	西安交通大学城市学院图书馆	4347
517	苏州高博软件技术职业学院图书馆	6446	558	广西水利电力职业技术学院图书馆	4297
518	四川民族学院图书馆	6415	559	厦门医学高等专科学校图书馆	4265
519	浙江警察学院图书馆	6375	560	上海思博职业技术学院图书馆	4260
520	西安体育学院图书馆	6351	561	陕西青年职业学院图书馆	4133
521	贵州交通职业技术学院图书馆	6293	562	浙江艺术职业学院图书馆	4112

续表

序号	机构名称	馆舍总面积(平方米)	序号	机构名称	馆舍总面积(平方米)
563	上海科学技术职业学院图书馆	4000	588	上海民远职业技术学院图书馆	2707
564	广安职业技术学院图书馆	4000	589	黔南民族医学高等专科学校图书馆	2696
565	天津天狮学院图书馆	4000	590	西安音乐学院图书馆	2448
566	河北建筑工程学院图书馆	4000	591	上海震旦职业学院图书馆	2445
567	天津理工大学中环信息学院图书馆	3929	592	天津音乐学院图书馆	2408
568	汕头大学医学院图书馆	3750	593	上海托普信息技术职业学院图书馆	2337
569	江西农业工程职业学院图书馆	3709	594	三明职业技术学院图书馆	2256
570	沈阳音乐学院图书馆	3700	595	宁波教育学院图书馆	2200
571	河北石油职业技术学院图书馆	3500	596	上海音乐学院图书馆	2152
572	广东信息工程职业学院图书馆	3500	597	广东理工职业学院图书馆	2097
573	铜仁学院图书馆	3466	598	陕西邮电职业技术学院图书馆	2053
574	上海城市管理职业技术学院图书馆	3464	599	武夷山职业学院图书馆	2015
575	浙江体育职业技术学院图书馆	3400	600	广西生态工程职业技术学院图书馆	2000
576	河南水利与环境职业学院图书馆	3350	601	成都纺织高等专科学校图书馆	2000
577	福建体育职业技术学院图书馆	3283	602	甘肃交通职业技术学院图书馆	2000
578	上海医疗器械高等专科学校图书馆	3268	603	广西经贸职业技术学院图书馆	1906
579	安顺学院图书馆	3251	604	金华教育学院图书馆	1850
580	四川化工职业技术学院图书馆	3170	605	广东邮电职业技术学院图书馆	1780
581	西安工业大学北方信息工程学院图书馆	3073	606	青海警官职业学院图书馆	1520
582	河北工程技术高等专科学校图书馆	3056	607	南宁地区教育学院图书馆	1500
583	浙江广播电视大学图书馆	3000	608	四川烹饪高等专科学校图书馆	1400
584	西安电力高等专科学校图书馆	3000	609	连云港师范高等专科学校图书馆	1250
585	延安大学西安创新学院图书馆	3000	610	闽北职业技术学院图书馆	1080
586	兴义民族师范学院图书馆	2807	611	上海民航职业技术学院图书馆	500
587	北京联合大学生物化学工程学院图书馆	2778			

2013年642所高校图书馆在编职工统计表

序号	机构名称	在编职工(人)	序号	机构名称	在编职工(人)
1	武汉大学图书馆	298	39	西南交通大学图书馆	109
2	中山大学图书馆	253	40	长安大学图书馆	108
3	上海交通大学图书馆	220	41	合肥工业大学图书馆	108
4	四川大学图书馆	204	42	浙江工业大学图书馆	105
5	华中科技大学图书馆	195	43	兰州大学图书馆	103
6	复旦大学图书馆	184	44	温州大学图书馆	102
7	浙江大学图书馆	178	45	福州大学图书馆	102
8	厦门大学图书馆	168	46	湖南师范大学图书馆	100
9	扬州大学图书馆	168	47	华中师范大学图书馆	99
10	北京大学图书馆	168	48	深圳大学城图书馆图书馆	99
11	武汉理工大学图书馆	166	49	华东理工大学图书馆	97
12	上海大学图书馆	165	50	暨南大学图书馆	96
13	苏州大学图书馆	161	51	江西师范大学图书馆	96
14	同济大学图书馆	158	52	河北工程大学图书馆	96
15	河南大学图书馆	151	53	四川师范大学图书馆	95
16	华东师范大学图书馆	141	54	中国海洋大学图书馆	94
17	湖南大学图书馆	140	55	辽宁大学图书馆	94
18	西安交通大学图书馆	138	56	江南大学图书馆	93
19	河北大学图书馆	138	57	南京财经大学图书馆	93
20	清华大学图书馆	138	58	河北理工大学图书馆	93
21	华南理工大学图书馆	133	59	天津大学图书馆	92
22	西北农林科技大学图书馆	133	60	华东政法大学图书馆	91
23	东南大学图书馆	131	61	山东理工大学图书馆	91
24	重庆大学图书馆	130	62	贵州大学图书馆	91
25	南京师范大学图书馆	125	63	华北电力大学图书馆	91
26	南开大学图书馆	124	64	南京航空航天大学图书馆	90
27	东北师范大学图书馆	122	65	中国矿业大学图书馆	89
28	江苏大学图书馆	119	66	海南大学图书馆	88
29	河北师范大学图书馆	117	67	安徽工业大学图书馆	88
30	河北科技大学图书馆	117	68	首都师范大学图书馆	88
31	大连理工大学图书馆	117	69	广州大学图书馆	87
32	上海师范大学图书馆	116	70	西南民族大学图书馆	86
33	安徽大学图书馆	115	71	潍坊学院图书馆	85
34	南京农业大学图书馆	114	72	华南农业大学图书馆	85
35	江苏师范大学图书馆	114	73	电子科技大学图书馆	85
36	福建师范大学图书馆	112	74	贵州师范大学图书馆	85
37	集美大学图书馆	110	75	山东农业大学图书馆	84
38	浙江师范大学图书馆	110	76	安徽师范大学图书馆	84

续表

序号	机构名称	在编职工(人)	序号	机构名称	在编职工(人)
77	烟台大学图书馆	84	118	兰州交通大学图书馆	63
78	大连海事大学图书馆	83	119	佛山科学技术学院图书馆	63
79	西安建筑科技大学图书馆	82	120	中国科学技术大学图书馆	63
80	东北大学图书馆	81	121	天津财经大学图书馆	62
81	广东工业大学图书馆	81	122	衡水学院图书馆	62
82	南京理工大学图书馆	80	123	上海应用技术学院图书馆	62
83	广东海洋大学图书馆	80	124	杭州电子科技大学图书馆	62
84	陕西师范大学图书馆	79	125	成都理工大学图书馆	62
85	安徽理工大学图书馆	78	126	北京科技大学图书馆	62
86	淮海工学院图书馆	74	127	山西大学图书馆	61
87	宁波大学图书馆	74	128	上海财经大学图书馆	61
88	中国石油大学(华东)图书馆	72	129	燕山大学图书馆	61
89	西北民族大学图书馆	72	130	南阳师范学院图书馆	61
90	天津科技大学图书馆	71	131	保定学院图书馆	60
91	西北师范大学图书馆	71	132	淮北师范大学图书馆	60
92	南京审计学院图书馆	70	133	深圳职业技术学院图书馆	60
93	浙江工商大学图书馆	70	134	西昌学院图书馆	60
94	安徽财经大学图书馆	70	135	南京信息工程大学(原南京气象学院)图书馆	60
95	西南石油大学图书馆	70	136	北京工商大学图书馆	60
96	西南财经大学图书馆	70	137	四川农业大学图书馆	59
97	西华师范大学图书馆	70	138	山东建筑工程学院图书馆	59
98	天津外国语大学图书馆	69	139	河南工业大学图书馆	58
99	大连大学图书馆	69	140	台州学院图书馆	58
100	南京工业大学图书馆	68	141	西安电子科技大学图书馆	57
101	湖南理工学院图书馆	68	142	广东技术师范学院图书馆	57
102	西北大学图书馆	68	143	广东金融学院图书馆	57
103	西北工业大学图书馆	68	144	成都中医药大学图书馆	57
104	西安财经学院图书馆	68	145	苏州科技学院图书馆	57
105	北京工业大学图书馆	67	146	天津商业大学图书馆	56
106	西华大学图书馆	66	147	西南政法大学图书馆	56
107	沈阳师范大学图书馆	66	148	福建工程学院图书馆	56
108	福建农林大学图书馆	66	149	上海中医药大学图书馆	56
109	湛江师范学院图书馆	65	150	河北经贸大学图书馆	56
110	广东外语外贸大学图书馆	65	151	菏泽学院图书馆	56
111	杭州师范大学图书馆	65	152	天津理工大学图书馆	55
112	河北工业大学图书馆	65	153	河北北方学院图书馆	55
113	西安科技大学图书馆	64	154	辽宁工程技术大学图书馆	55
114	辽宁师范大学图书馆	64	155	上海海事大学图书馆	55
115	中国政法大学图书馆	63	156	四川理工学院图书馆	55
116	沈阳理工大学图书馆	63	157	西北政法学院图书馆	55
117	西安翻译学院图书馆	63	158	浙江农林大学图书馆	55

序号	机构名称	在编职工(人)	序号	机构名称	在编职工(人)
159	漳州师范学院图书馆	55	200	中央民族大学图书馆	47
160	石家庄学院图书馆	55	201	广东医学院图书馆	47
161	中国民航大学图书馆	54	202	西安外事学院图书馆	47
162	西南科技大学图书馆	54	203	海南医学院图书馆	47
163	广西财经学院图书馆	54	204	沈阳农业大学图书馆	46
164	天津工业大学图书馆	53	205	浙江传媒学院图书馆	46
165	广东药学院图书馆	53	206	浙江万里学院图书馆	46
166	宝鸡文理学院图书馆	53	207	广西工学院图书馆	46
167	海口经济学院图书馆	53	208	陕西科技大学图书馆	46
168	中国医科大学图书馆	53	209	咸阳师范学院图书馆	46
169	徐州工程学院图书馆	52	210	西安文理学院图书馆	46
170	阜阳师范学院图书馆	52	211	琼州学院图书馆	46
171	西安理工大学图书馆	52	212	华北科技学院图书馆	46
172	西安工程大学图书馆	52	213	青海民族大学图书馆	45
173	浙江理工大学图书馆	52	214	湖州师范学院图书馆	45
174	四川外语学院图书馆	51	215	丽水学院图书馆	45
175	西安外国语大学图书馆	51	216	济宁学院图书馆	45
176	内江师范学院图书馆	51	217	甘肃农业大学图书馆	44
177	南京医科大学图书馆	51	218	贺州学院图书馆	44
178	中国计量学院图书馆	51	219	扬州市职业大学图书馆	44
179	新乡医学院图书馆	51	220	承德民族师范 高等专科学校图书馆	43
180	沈阳航空工业学院图书馆	51	221	辽宁石油化工大学图书馆	43
181	浙江财经大学图书馆	50	222	广西师范学院图书馆	43
182	嘉兴学院图书馆	50	223	重庆医科大学图书馆	43
183	延安大学图书馆	50	224	上海理工大学图书馆	43
184	肇庆学院图书馆	50	225	商丘师范学院图书馆	43
185	河南农业大学图书馆	50	226	池州学院图书馆	42
186	盐城工学院图书馆	50	227	成都信息工程学院图书馆	42
187	南京林业大学图书馆	50	228	渭南师范学院图书馆	42
188	贵州财经大学图书馆	50	229	贵州民族大学图书馆	42
189	新乡学院图书馆	49	230	黄山学院图书馆	41
190	重庆三峡学院图书馆	49	231	陕西学前师范学院图书馆	41
191	韶关学院图书馆	49	232	青海师范大学图书馆	41
192	广东石油化工学院图书馆	49	233	遵义师范学院图书馆	41
193	绍兴文理学院图书馆	49	234	上海外国语大学图书馆	41
194	陕西理工学院图书馆	49	235	大连交通大学图书馆	40
195	东北电力大学图书馆	48	236	浙江科技学院图书馆	40
196	浙江大学城市学院图书馆	48	237	淮南师范学院图书馆	40
197	西安工业学院图书馆	48	238	东莞理工学院图书馆	40
198	浙江海洋学院图书馆	48	239	漯河职业技术学院图书馆	40
199	温州医科大学图书馆	48	240	毕节学院图书馆	40

续表

序号	机构名称	在编职工(人)	序号	机构名称	在编职工(人)
241	闽江学院图书馆	40	281	濮阳职业技术学院图书馆	33
242	天津中医学院图书馆	39	282	北京中医药大学图书馆	33
243	上海电力学院图书馆	39	283	常州纺织服装职业技术学院图书馆	32
244	西安石油大学图书馆	39	284	琼台师范高等专科学校图书馆	32
245	西藏民族学院图书馆	39	285	贵阳中医学院图书馆	32
246	泉州师范学院图书馆	39	286	陕西工业职业技术学院图书馆	32
247	首都医科大学图书馆	39	287	西安欧亚学院图书馆	32
248	四川师范大学成都学院图书馆	38	288	西北工业大学明德学院图书馆	32
249	莆田学院图书馆	38	289	凯里学院图书馆	32
250	武汉大学东湖分校图书馆	38	290	龙岩学院图书馆	32
251	长江师范学院图书馆	38	291	山东警察学院图书馆	32
252	南方医科大学图书馆	38	292	沈阳工程学院图书馆	31
253	徐州医学院图书馆	38	293	河南城建学院图书馆	31
254	三明学院图书馆	38	294	攀枝花学院图书馆	31
255	南京晓庄学院图书馆	37	295	遵义医学院图书馆	31
256	皖西学院图书馆	37	296	贵州师范学院图书馆	31
257	中国民用航空飞行学院图书馆	37	297	杨凌职业技术学院图书馆	31
258	沈阳工业大学图书馆	37	298	许昌职业技术学院图书馆	31
259	上海对外贸易学院图书馆	37	299	河南工业职业技术学院图书馆	31
260	沈阳化工大学图书馆	36	300	石家庄铁道学院图书馆	31
261	淄博职业学院图书馆	36	301	福建江夏学院图书馆	30
262	汕头大学图书馆	36	302	金华职业技术学院图书馆	30
263	沧州师范专科学校图书馆	36	303	广东农工商职业技术学院图书馆	30
264	沈阳体育学院图书馆	35	304	天水师范学院图书馆	30
265	苏州职业大学图书馆	35	305	六盘水师范学院图书馆	30
266	中国美术学院图书馆	35	306	上海立信会计学院图书馆	30
267	宜宾学院图书馆	35	307	北京第二外国语学院图书馆	30
268	信阳农业高等专科学校图书馆	35	308	常熟理工学院图书馆	30
269	安徽医科大学图书馆	35	309	广州工商职业技术学院图书馆	30
270	上海工程技术大学图书馆	35	310	浙江外国语学院图书馆	29
271	上海海洋大学图书馆	35	311	西安邮电大学图书馆	29
272	河北医科大学图书馆	34	312	西安体育学院图书馆	29
273	西京学院图书馆	34	313	海南职业技术学院图书馆	29
274	天津农学院图书馆	33	314	乐山师范学院图书馆	29
275	宁波工程学院图书馆	33	315	铜仁学院图书馆	29
276	五邑大学图书馆	33	316	黔南民族师范学院图书馆	29
277	惠州学院图书馆	33	317	安徽工程大学图书馆	29
278	贵阳医学院图书馆	33	318	天津职业大学图书馆	29
279	贵阳学院图书馆	33	319	北京师范大学珠海分校图书馆	29
280	泸州医学院图书馆	33	320	西安航空学院图书馆	28

续表

序号	机构名称	在编职工(人)	序号	机构名称	在编职工(人)
321	商洛学院图书馆	28	362	广东省外语艺术职业学院图书馆	23
322	安康学院图书馆	28	363	四川职业技术学院图书馆	23
323	西安思源学院图书馆	28	364	长春职业技术学院图书馆	23
324	鹤壁职业技术学院图书馆	28	365	甘肃民族师范学院图书馆	23
325	福建中医药大学图书馆	28	366	沧州医学高等专科学校图书馆	22
326	厦门理工学院图书馆	28	367	连云港职业技术学院图书馆	22
327	承德石油高等专科学校图书馆	28	368	南通职业大学图书馆	22
328	温州职业技术学院图书馆	27	369	宁波职业技术学院图书馆	22
329	宁波大红鹰学院图书馆	27	370	百色学院图书馆	22
330	四川教育学院图书馆	27	371	成都体育学院图书馆	22
331	安顺学院图书馆	27	372	四川建筑职业技术学院图书馆	22
332	上海政法学院图书馆	27	373	陕西能源职业技术学院图书馆	22
333	广州中医药大学图书馆	26	374	南京工业职业技术学院图书馆	22
334	广东培正学院图书馆	26	375	广州城市职业学院图书馆	22
335	商洛职业技术学院图书馆	26	376	鲁迅美术学院图书馆	21
336	上海电机学院图书馆	26	377	上海音乐学院图书馆	21
337	四川文理学院图书馆	25	378	上海师范大学天华学院图书馆	21
338	江苏海事职业技术学院图书馆	25	379	南京化工职业技术学院图书馆	21
339	海南工商职业学院图书馆	25	380	常州轻工职业技术学院图书馆	21
340	成都纺织高等专科学校图书馆	25	381	浙江国际海运职业技术学院图书馆	21
341	四川音乐学院图书馆	25	382	厦门华厦职业学院图书馆	21
342	西安医学院图书馆	25	383	绵阳职业技术学院图书馆	21
343	西北大学现代学院图书馆	25	384	重庆师范大学涉外商贸学院图书馆	21
344	甘肃政法学院图书馆	25	385	西安科技大学高新学院图书馆	21
345	四川工程职业技术学院图书馆	25	386	广东警官学院图书馆	21
346	中国青年政治学院图书馆	25	387	苏州经贸职业技术学院图书馆	21
347	中华女子学院图书馆	25	388	浙江中医药大学图书馆	21
348	河北政法职业学院图书馆	25	389	盘锦职业技术学院图书馆	21
349	合肥学院图书馆	24	390	上海旅游高等专科学校图书馆	21
350	四川交通职业技术学院图书馆	24	391	河北建筑工程学院图书馆	21
351	西安培华学院图书馆	24	392	邯郸职业技术学院图书馆	21
352	兴义民族师范学院图书馆	24	393	浙江越秀外国语学院图书馆	21
353	沈阳医学院图书馆	24	394	温州科技职业学院图书馆	20
354	宁德师范学院图书馆	24	395	江苏警官学院图书馆	20
355	吉林华桥外国语学院图书馆	24	396	宿州学院图书馆	20
356	四川民族学院图书馆	24	397	闽西职业技术学院图书馆	20
357	钦州学院图书馆	24	398	柳州运输职业技术学院图书馆	20
358	秦皇岛职业技术学院图书馆	23	399	成都电子机械高等专科学校图书馆	20
359	沈阳音乐学院图书馆	23	400	成都航空职业技术学院图书馆	20
360	上海体育学院图书馆	23	401	四川美术学院图书馆	20
361	江苏食品职业技术学院图书馆	23	402	陕西中医学院图书馆	20

续表

序号	机构名称	在编职工(人)	序号	机构名称	在编职工(人)
403	陕西交通职业技术学院图书馆	20	444	杭州科技职业技术学院图书馆	17
404	陕西国际商贸学院图书馆	20	445	黎明职业大学图书馆	17
405	宝鸡职业技术学院图书馆	20	446	福建交通职业技术学院图书馆	17
406	宜春职业技术学院图书馆	20	447	九江职业技术学院图书馆	17
407	广东科技学院图书馆	20	448	广东白云学院图书馆	17
408	延安大学西安创新学院图书馆	20	449	广东轻工职业技术学院图书馆	17
409	厦门南洋职业学院图书馆	19	450	西安美术学院图书馆	17
410	天津音乐学院图书馆	19	451	深圳信息职业技术学院图书馆	17
411	上海金融学院图书馆	19	452	浙江医药高等专科学校图书馆	17
412	南京特殊教育职业技术学院图书馆	19	453	浙江金融职业学院图书馆	17
413	浙江交通职业技术学院图书馆	19	454	河北工程技术高等专科学校图书馆	17
414	苏州卫生职业技术学院图书馆	19	455	福建信息职业技术学院图书馆	17
415	西安电力高等专科学校图书馆	19	456	营口理工学院图书馆图书馆	17
416	清远职业技术学院图书馆	19	457	广州涉外经济职业技术学院图书馆	17
417	山东政法学院图书馆	19	458	南方科技大学图书馆	17
418	成都职业技术学院图书馆	19	459	紫琅职业技术学院图书馆	16
419	浙江水利水电学院图书馆	19	460	南开大学滨海学院图书馆	16
420	辽宁农业职业技术学院图书馆	19	461	中央戏剧学院图书馆	16
421	漳州职业技术学院图书馆	19	462	上海公安高等专科学校图书馆	16
422	上海建桥学院图书馆	19	463	浙江警察学院图书馆	16
423	河北石油职业技术学院图书馆	19	464	私立华联学院图书馆	16
424	江苏建筑职业技术学院图书馆	19	465	电子科技大学中山学院图书馆	16
425	江西服装职业技术学院图书馆	19	466	广西机电职业技术学院图书馆	16
426	烟台工程职业技术学院图书馆	19	467	贵州商业高等专科学校图书馆	16
427	北京理工大学珠海学院图书馆	19	468	浙江工贸职业技术学院图书馆	16
428	郑州成功财经学院图书馆	19	469	浙江经贸职业技术学院图书馆	16
429	承德医学院图书馆	18	470	安徽医学高等专科学校图书馆	16
430	上海杉达学院图书馆	18	471	北京联合大学生物化学工程学院图书馆	16
431	泰州学院图书馆	18	472	四川城市职业学院图书馆	16
432	浙江医学高等专科学校图书馆	18	473	天津大学仁爱学院图书馆	16
433	仰恩大学图书馆	18	474	华南农业大学珠江学院图书馆	16
434	右江民族医学院图书馆	18	475	惠州经济职业技术学院图书馆	16
435	广西水利电力职业技术学院图书馆	18	476	湄洲湾职业技术学院图书馆	15
436	西安音乐学院图书馆	18	477	天津美术学院图书馆	15
437	咸阳职业技术学院图书馆	18	478	宁波城市职业技术学院图书馆	15
438	西安交通大学城市学院图书馆	18	479	佛山职业技术学院图书馆	15
439	西安科技商贸职业学院图书馆	18	480	四川烹饪高等专科学校图书馆	15
440	揭阳职业技术学院图书馆	18	481	南充职业技术学院图书馆	15
441	浙江纺织服装职业技术学院图书馆	18	482	海南外国语职业学院图书馆	15
442	江阴职业技术学院图书馆	17	483	阿坝师范高等专科学校图书馆	15
443	衢州职业技术学院图书馆	17	484	贵州交通职业技术学院图书馆	15

序号	机构名称	在编职工（人）	序号	机构名称	在编职工（人）
485	浙江商业职业技术学院图书馆	15	526	丽水职业技术学院图书馆	12
486	厦门城市职业学院图书馆	15	527	浙江大学宁波理工学院图书馆	12
487	福州外语外贸学院图书馆	15	528	广东水利电力职业技术学院图书馆	12
488	衡水职业技术学院图书馆	14	529	四川警安职业学院图书馆	12
489	顺德职业技术学院图书馆	14	530	陕西青年职业学院图书馆	12
490	陕西服装工程学院图书馆	14	531	广东女子职业技术学院图书馆	12
491	西安铁路职业技术学院图书馆	14	532	四川托普信息技术职业学院图书馆	12
492	海南政法职业学院图书馆	14	533	四川航天职业技术学院图书馆	12
493	郑州旅游职业学院图书馆	14	534	浙江机电职业技术学院图书馆	12
494	铜陵职业技术学院图书馆	14	535	嘉兴职业技术学院图书馆	12
495	上海海关高等专科学校图书馆	14	536	宁波卫生职业技术学院图书馆	12
496	上海电子信息职业技术学院图书馆	14	537	天津医学高等专科学校图书馆	12
497	泰州职业技术学院图书馆	14	538	威海职业学院图书馆	12
498	福建卫生职业技术学院图书馆	14	539	无锡职业技术学院图书馆	12
499	广东行政职业学院图书馆	14	540	广西教育学院图书馆	12
500	汕头大学医学院图书馆	14	541	南宁地区教育学院图书馆	12
501	广东科学技术职业学院图书馆	14	542	泉州经贸职业技术学院图书馆	12
502	洛阳职业技术学院图书馆	14	543	河南水利与环境职业学院图书馆	12
503	山东旅游职业学院图书馆	14	544	海南科技职业学院图书馆	12
504	常州工程职业技术学院图书馆	13	545	河北机电职业技术学院图书馆	11
505	天津体育学院图书馆	13	546	浙江长征职业技术学院图书馆	11
506	浙江财经大学东方学院图书馆	13	547	浙江体育职业技术学院图书馆	11
507	上海工商外国语职业学院图书馆	13	548	贵州广播电视大学图书馆	11
508	杭州万向职业技术学院图书馆	13	549	陕西铁路工程职业技术学院图书馆	11
509	浙江东方职业技术学院图书馆	13	550	四川工商职业技术学院图书馆	11
510	四川水利职业技术学院图书馆	13	551	吉林司法警官职业学院图书馆	11
511	内江职业技术学院图书馆	13	552	上海出版印刷高等专科学校图书馆	11
512	成都医学院图书馆	13	553	上海立达职业技术学院图书馆	11
513	四川文化产业职业学院图书馆	13	554	天津电子信息职业技术学院图书馆	11
514	贵州理工学院图书馆	13	555	桐城师范高等专科学校图书馆	11
515	黔南民族医学高等专科学校图书馆	13	556	广东理工职业学院图书馆	11
516	陕西国防工业职业技术学院图书馆	13	557	上海民航职业技术学院图书馆	11
517	青海警官职业学院图书馆	13	558	广东工程职业技术学院图书馆	11
518	广东工贸职业技术学院图书馆	13	559	中山大学新华学院图书馆	11
519	浙江旅游职业学院图书馆	13	560	四川商务职业学院图书馆	10
520	浙江育英职业技术学院图书馆	13	561	浙江工商职业技术学院图书馆	10
521	安徽职业技术学院图书馆	13	562	湖州职业技术学院图书馆	10
522	福建警察学院图书馆	13	563	义乌工商职业技术学院图书馆	10
523	天津现代职业技术学院图书馆	13	564	浙江同济科技职业学院图书馆	10
524	华南理工大学广州学院图书馆	13	565	台州科技职业学院图书馆	10
525	漳州卫生职业学院图书馆	12	566	广州工程技术职业学院图书馆	10

续表

序号	机构名称	在编职工(人)	序号	机构名称	在编职工(人)
567	广州铁路职业技术学院图书馆	10	605	浙江广播电视大学图书馆	7
568	广西生态工程职业技术学院图书馆	10	606	陕西邮电职业技术学院图书馆	7
569	四川司法警官职业学院图书馆	10	607	天津滨海职业学院图书馆	7
570	陕西职业技术学院图书馆	10	608	厦门兴才职业技术学院图书馆	6
571	广安职业技术学院图书馆	10	609	厦门海洋职业技术学院图书馆	6
572	浙江经济职业技术学院图书馆	10	610	四川财经职业学院图书馆	6
573	天津天狮学院图书馆	10	611	广西幼儿师范高等专科学校图书馆	6
574	江西农业工程职业学院图书馆	10	612	九州职业技术学院图书馆	6
575	广东食品药品职业学院图书馆	10	613	三明职业技术学院图书馆	6
576	保定电力职业技术学院图书馆	9	614	上海医疗器械高等专科学校图书馆	6
577	上海东海职业技术学院图书馆	9	615	厦门安防科技职业学院图书馆	6
578	连云港师范高等专科学校图书馆	9	616	天津理工大学中环信息学院图书馆	6
579	金华教育学院图书馆	9	617	广东文艺职业学院图书馆	6
580	宁波教育学院图书馆	9	618	广州科技贸易职业学院图书馆	6
581	广东科贸职业学院图书馆	9	619	甘肃交通职业技术学院图书馆	6
582	梧州职业学院图书馆	9	620	闽北职业技术学院图书馆	5
583	三亚航空旅游职业学院图书馆	9	621	上海城市管理职业技术学院图书馆	5
584	青海交通职业技术学院图书馆	9	622	厦门医学高等专科学校图书馆	5
585	四川化工职业技术学院图书馆	9	623	苏州高博软件技术职业学院图书馆	5
586	四川邮电职业技术学院图书馆	9	624	四川信息职业技术学院图书馆	5
587	绍兴职业技术学院图书馆	9	625	上海思博职业技术学院图书馆	5
588	上海农林职业技术学院图书馆	9	626	浙江横店影视职业学院图书馆	5
589	上海震旦职业学院图书馆	9	627	广东青年职业学院图书馆	5
590	广东创新科技职业学院图书馆	9	628	福建电力职业技术学院图书馆	4
591	泉州轻工职业学院图书馆	8	629	漳州天福茶职业技术学院图书馆	4
592	上海商学院图书馆	8	630	台州职业技术学院图书馆	4
593	亳州师范高等专科学校图书馆	8	631	德化陶瓷职业技术学院图书馆	3
594	福建华南女子职业学院图书馆	8	632	上海新侨职业技术学院图书馆	3
595	西安财经学院行知学院图书馆	8	633	上海科学技术职业学院图书馆	3
596	广西经贸职业技术学院图书馆	8	634	浙江理工大学科技与艺术学院图书馆	3
597	健雄职业技术学院图书馆	8	635	上海行健职业学院图书馆	3
598	浙江艺术职业学院图书馆	8	636	上海民远职业技术学院图书馆	3
599	浙江工业职业技术学院图书馆	8	637	广东环境保护工程职业学院图书馆	3
600	浙江建设职业技术学院图书馆	8	638	福州英华职业学院图书馆	2
601	复旦大学上海视觉艺术学院图书馆	8	639	西安工业大学北方信息工程学院图书馆	2
602	山东商务职业学院图书馆	8	640	武夷山职业学院图书馆	2
603	上海济光职业技术学院图书馆	7	641	上海托普信息技术职业学院图书馆	2
604	公安海警学院图书馆	7	642	福建体育职业技术学院图书馆	2

2013年614所高校图书馆年度经费统计表

序号	机构名称	年度经费(元)	序号	机构名称	年度经费(元)
1	复旦大学图书馆	54334468.00	39	陕西师范大学图书馆	16504602
2	同济大学图书馆	50848050.00	40	中国科学技术大学图书馆	16493085
3	浙江大学图书馆	40734432.00	41	东北师范大学图书馆	16483204
4	北京大学图书馆	38955960.00	42	暨南大学图书馆	16378598
5	上海交通大学图书馆	34246084.00	43	南方科技大学图书馆	16375802
6	清华大学图书馆	34195236.00	44	中国海洋大学图书馆	16288800
7	重庆大学图书馆	32613100.00	45	深圳大学图书馆	16276522
8	武汉大学图书馆	30889130.00	46	杭州师范大学图书馆	16229467
9	中山大学图书馆	30748800.00	47	南开大学图书馆	16123000
10	华东师范大学图书馆	30237624.00	48	江南大学图书馆	15782420
11	厦门大学图书馆	29987728.00	49	福建师范大学图书馆	15578471
12	东北大学图书馆	25333210.00	50	河南工业大学图书馆	14923534
13	华中科技大学图书馆	25221514.00	51	浙江海洋学院图书馆	14852731
14	电子科技大学图书馆	25102784.00	52	北京工业大学图书馆	14791436
15	中国矿业大学图书馆	23756284.00	53	浙江师范大学图书馆	14653332
16	东南大学图书馆	23509356.00	54	华东理工大学图书馆	14549926
17	西南民族大学图书馆	23051374.00	55	天津大学图书馆	14524411
18	大连理工大学图书馆	22104458.00	56	江苏大学图书馆	1.4408010.00
19	四川大学图书馆	21683186.00	57	西安电子科技大学图书馆	14341724
20	西安交通大学图书馆	21519780.00	58	南京航空航天大学图书馆	14267751
21	深圳大学城图书馆图书馆	21108318.00	59	华中师范大学图书馆	14209919
22	西北工业大学图书馆	21060116.00	60	南京财经大学图书馆	14084351
23	华东政法大学图书馆	20557078.00	61	上海师范大学图书馆	14038179
24	上海大学图书馆	19870262.00	62	浙江育英职业技术学院图书馆	14008604
25	天津师范大学图书馆	19296862.00	63	贵州财经大学图书馆	13922344
26	浙江工业大学图书馆	18480976.00	64	浙江理工大学图书馆	13627947
27	南京农业大学图书馆	18444706.00	65	苏州大学图书馆	13085598
28	西南交通大学图书馆	18401108.00	66	上海财经大学图书馆	12990747
29	郑州大学图书馆	18346382.00	67	江苏师范大学图书馆	12950443
30	陕西师范大学图书馆	18308348.00	68	浙江工商大学图书馆	12697915
31	兰州大学图书馆	18187566.00	69	南京理工大学图书馆	12640937
32	南京师范大学图书馆	18181388.00	70	合肥工业大学图书馆	12403431
33	武汉理工大学图书馆	18175072.00	71	西北民族大学图书馆	12290000
34	西北农林科技大学图书馆	17710520.00	72	长安大学图书馆	12283448
35	安徽大学图书馆	1.7590078.00	73	华北电力大学图书馆	12050556
36	河南大学图书馆	17196000.00	74	温州大学图书馆	12016366
37	湖南大学图书馆	16665007.00	75	沈阳医学院图书馆	11998471
38	北京科技大学图书馆	16563365.00	76	福建农林大学图书馆	11925603

续表

序号	机构名称	年度经费(元)	序号	机构名称	年度经费(元)
77	北京师范大学—香港浸会大学联合国际学院图书馆	11918644.00	117	中国民航大学图书馆	8110000.00
78	中国计量学院图书馆	11869477.00	118	浙江财经大学图书馆	8086171.00
79	河北师范大学图书馆	11661461.00	119	西南科技大学图书馆	8029439.00
80	华侨大学图书馆	11639381.00	120	漳州师范学院图书馆	7983257.50
81	浙江农林大学图书馆	11602570.00	121	南京医科大学图书馆	7978074.00
82	西南财经大学图书馆	11450524.00	122	山东理工大学图书馆	7951184.50
83	福州大学图书馆	11431116.00	123	河北工业大学图书馆	7931398.00
84	海南大学图书馆	11364390.00	124	广东外语外贸大学图书馆	7757702.00
85	石家庄学院图书馆	11145000.00	125	济宁学院图书馆	7710780.00
86	南京审计学院图书馆	11142817.00	126	上海电力学院图书馆	7641005.00
87	扬州大学图书馆	11091909.00	127	东莞理工学院图书馆	7627501.00
88	宁波大学图书馆	10912759.00	128	四川美术学院图书馆	7561000.00
89	广东工业大学图书馆	10887890.00	129	潍坊学院图书馆	7534790.50
90	华南农业大学图书馆	10585235.00	130	成都理工大学图书馆	7489824.50
91	西北大学图书馆	10558475.00	131	烟台大学图书馆	7482434.00
92	四川农业大学图书馆	10248989.00	132	安徽工业大学图书馆	7470618.50
93	广州大学图书馆	10068000.00	133	上海政法学院图书馆	7452189.50
94	上海海事大学图书馆	9972763.00	134	广西工学院图书馆	7314866.00
95	燕山大学图书馆	9705785.00	135	中国青年政治学院图书馆	7262300.00
96	中国政法大学图书馆	9661664.00	136	山东农业大学图书馆	7224495.00
97	重庆师范大学图书馆	9657013.00	137	河北北方学院图书馆	7223659.00
98	北京工商大学图书馆	9635400.00	138	贵州大学图书馆	7215139.00
99	南京工业大学图书馆	9629463.00	139	西华师范大学图书馆	7203443.00
100	深圳职业技术学院图书馆	9397000.00	140	郑州旅游职业学院图书馆	7148000.00
101	四川师范大学图书馆	9145125.00	141	西安科技商贸职业学院图书馆	7132070.00
102	安徽师范大学图书馆	9052621.00	142	首都医科大学图书馆	7130104.00
103	汕头大学图书馆	8843776.00	143	成都中医药大学图书馆	7127509.00
104	四川警安职业学院图书馆	8830890.00	144	河北大学图书馆	7042422.50
105	杭州电子科技大学图书馆	8780408.00	145	南京林业大学图书馆	6961962.50
106	上海工程技术大学图书馆	8768395.00	146	湖南师范大学图书馆	6957327.00
107	安徽理工大学图书馆	8753890.00	147	百色学院图书馆	6957032.00
108	上海理工大学图书馆	8691630.00	148	南开大学滨海学院图书馆	6955520.00
109	陕西科技大学图书馆	8544797.00	149	黔南民族医学高等专科学校图书馆	6836772.00
110	天津理工大学图书馆	8449451.00	150	大连大学图书馆	6834337.00
111	四川师范大学成都学院图书馆	8372244.50	151	西安建筑科技大学图书馆	6671940.50
112	温州医科大学图书馆	8339686.50	152	嘉兴学院图书馆	6651645.50
113	西北师范大学图书馆	8339532.00	153	西安石油大学图书馆	6578981.00
114	天津科技大学图书馆	8307870.50	154	西安培华学院图书馆	6479756.50
115	大连海事大学图书馆	8250335.50	155	南方医科大学图书馆	6442299.00
116	四川理工学院图书馆	8213700.00	156	集美大学图书馆	6292271.50

续表

序号	机构名称	年度经费(元)	序号	机构名称	年度经费(元)
157	安徽财经大学图书馆	6238305.50	197	遵义医学院图书馆	5155129.50
158	广东海洋大学图书馆	6224329.00	198	沈阳师范大学图书馆	5136381.00
159	浙江外国语学院图书馆	6196017.00	199	上海杉达学院图书馆	5120579.50
160	西京学院图书馆	6164135.00	200	四川外语学院图书馆	5081500.00
161	青岛科技大学图书馆	6118575.00	201	常州纺织服装职业技术学院图书馆	4972502.50
162	西安外国语大学图书馆	6089023.50	202	四川音乐学院图书馆	4969382.50
163	上海对外贸易学院图书馆	6087266.00	203	广东医学院图书馆	4965650.50
164	北京师范大学珠海分校图书馆	6081395.50	204	天津商业大学图书馆	4950504.00
165	西安科技大学图书馆	6066060.50	205	盘锦职业技术学院图书馆	4858934.00
166	西安理工大学图书馆	5993561.50	206	西安欧亚学院图书馆	4795678.50
167	南京晓庄学院图书馆	5977663.00	207	南京信息工程大学(原南京气象学院)图书馆	4772874.50
168	山东理工大学图书馆	5977663.00	208	徐州工程学院图书馆	4688694.50
169	上海应用技术学院图书馆	5886669.50	209	浙江万里学院图书馆	4638207.00
170	西华大学图书馆	5877672.00	210	肇庆学院图书馆	4625000.00
171	苏州科技学院图书馆	5836414.50	211	盐城工学院图书馆	4616168.50
172	西安工程大学图书馆	5823636.50	212	福建工程学院图书馆	4614707.00
173	西南政法大学图书馆	5819122.00	213	西安翻译学院图书馆	4609789.50
174	河北理工大学图书馆	5744057.50	214	广州中医药大学图书馆	4601649.00
175	海口经济学院图书馆	5710358.50	215	天津大学仁爱学院图书馆	4583111.50
176	西安医学院图书馆	5660906.00	216	菏泽学院图书馆	4553555.50
177	西安财经学院行知学院图书馆	5650855.00	217	四川教育学院图书馆	4545656.00
178	厦门理工学院图书馆	5615147.50	218	上海体育学院图书馆	4507599.50
179	重庆医科大学图书馆	5579282.00	219	湖州师范学院图书馆	4507341.00
180	五邑大学图书馆	5574848.50	220	深圳信息职业技术学院图书馆	4478043.50
181	广西财经学院图书馆	5503300.00	221	宁波大红鹰学院图书馆	4451520.00
182	绍兴文理学院图书馆	5495587.50	222	浙江财经大学东方学院图书馆	4437714.00
183	辽宁师范大学图书馆	5473680.50	223	西安邮电大学图书馆	4414364.50
184	天津中医学院图书馆	5462376.00	224	重庆三峡学院图书馆	4387000.00
185	宁德师范学院图书馆	5455491.50	225	浙江传媒学院图书馆	4371802.00
186	兰州交通大学图书馆	5405304.00	226	贵州民族大学图书馆	4368424.00
187	广西师范学院图书馆	5371678.50	227	黄山学院图书馆	4353665.00
188	江西师范大学图书馆	5368688.50	228	西昌学院图书馆	4350977.00
189	贵州师范大学图书馆	5301582.00	229	河北科技大学图书馆	4231801.50
190	中国医科大学图书馆	5281640.00	230	台州学院图书馆	4218906.50
191	西南石油大学图书馆	5270396.00	231	顺德职业技术学院图书馆	4200647.00
192	辽宁大学图书馆	5252070.50	232	浙江科技学院图书馆	4169289.00
193	浙江越秀外国语学院图书馆	5248380.00	233	河北工程大学图书馆	4141256.75
194	沈阳航空工业学院图书馆	5243463.00	234	沈阳工业大学图书馆	4129277.00
195	中央戏剧学院图书馆	5213505.00	235	浙江大学城市学院图书馆	4108640.00
196	成都信息工程学院图书馆	5163229.00	236	成都医学院图书馆	4096924.25

续表

序号	机构名称	年度经费(元)	序号	机构名称	年度经费(元)
237	皖西学院图书馆	4071000.00	277	闽江学院图书馆	3405359.00
238	天津财经大学图书馆	4056300.00	278	华北科技学院图书馆	3391691.75
239	西北大学现代学院图书馆	4031310.50	279	广东轻工职业技术学院图书馆	3385854.00
240	琼州学院图书馆	3963560.75	280	淮阴师范学院图书馆	3385854.00
241	成都电子机械高等专科学校图书馆	3947680.25	281	丽水职业技术学院图书馆	3376458.00
242	西安科技大学高新学院图书馆	3942916.00	282	广东技术师范学院图书馆	3312478.00
243	衡水学院图书馆	3923491.75	283	长江师范学院图书馆	3309851.00
244	中国民用航空飞行学院图书馆	3918132.25	284	电子科技大学中山学院图书馆	3291183.75
245	韶关学院图书馆	3884504.50	285	苏州职业大学图书馆	3288912.75
246	北京理工大学珠海学院图书馆	3869820.00	286	成都航空职业技术学院图书馆	3288544.50
247	沈阳农业大学图书馆	3844143.50	287	安徽医学高等专科学校图书馆	3277000.00
248	四川文理学院图书馆	3826889.25	288	广东石油化工学院图书馆	3274424.00
249	金华职业技术学院图书馆	3813013.00	289	佛山科学技术学院图书馆	3254679.75
250	四川建筑职业技术学院图书馆	3808803.00	290	江苏海事职业技术学院图书馆	3208081.25
251	中央民族大学图书馆	3795287.50	291	广东金融学院图书馆	3200000.00
252	上海建桥学院图书馆	3787670.75	292	天津农学院图书馆	3193043.50
253	常州工程职业技术学院图书馆	3766761.50	293	浙江建设职业技术学院图书馆	3192182.25
254	池州学院图书馆	3762385.00	294	上海立信会计学院图书馆	3185672.25
255	宁波工程学院图书馆	3740391.25	295	贵州师范学院图书馆	3183031.75
256	内江师范学院图书馆	3734282.25	296	成都纺织高等专科学校图书馆	3182000.00
257	河北经贸大学图书馆	3715026.50	297	淮北师范大学图书馆	3181215.25
258	亳州师范高等专科学校图书馆	3714700.00	298	广东培正学院图书馆	3117686.00
259	淮南师范学院图书馆	3694750.00	299	福建中医药大学图书馆	3093910.00
260	莆田学院图书馆	3693000.00	300	惠州学院图书馆	3092896.25
261	成都体育学院图书馆	3687808.00	301	天津外国语大学图书馆	3086682.25
262	浙江工贸职业技术学院图书馆	3673275.00	302	浙江中医药大学图书馆	3080297.00
263	宿州学院图书馆	3668530.00	303	铜仁学院图书馆	3064095.50
264	宁波职业技术学院图书馆	3655207.50	304	保定学院图书馆	3044918.50
265	常熟理工学院图书馆	3611479.25	305	贵州商业高等专科学校图书馆	3024875.00
266	三明学院图书馆	3608318.50	306	商洛学院图书馆	3021058.25
267	南阳师范学院图书馆	3600000.00	307	四川工商职业技术学院图书馆	3012165.00
268	宜宾学院图书馆	3598446.75	308	泸州医学院图书馆	2982526.75
269	中国美术学院图书馆	3561977.25	309	石家庄铁道学院图书馆	2982437.75
270	上海电机学院图书馆	3549410.25	310	河南城建学院图书馆	2974386.75
271	新乡医学院图书馆	3529652.00	311	遵义师范学院图书馆	2970608.50
272	川北医学院图书馆	3515005.00	312	湛江师范学院图书馆	2949564.00
273	徐州医学院图书馆	3462241.75	313	西安工业学院图书馆	2948676.50
274	陕西学前师范学院图书馆	3440000.00	314	四川工程职业技术学院图书馆	2904036.00
275	琼台师范高等专科学校图书馆	3427183.75	315	淮海工学院图书馆	2889373.50
276	上海电子信息职业技术学院图书馆	3418000.00	316	丽水学院图书馆	2876913.00

续表

序号	机构名称	年度经费(元)	序号	机构名称	年度经费(元)
317	甘肃政法学院图书馆	2843494.50	357	鲁迅美术学院图书馆	2283528.00
318	广州工程技术职业学院图书馆	2812440.00	358	浙江交通职业技术学院图书馆	2282038.25
319	合肥学院图书馆	2808078.75	359	攀枝花学院图书馆	2272748.00
320	濮阳职业技术学院图书馆	2805000.00	360	陕西理工学院图书馆	2270274.00
321	天水师范学院图书馆	2770000.00	361	山东建筑工程学院图书馆	2222000.00
322	龙岩学院图书馆	2761787.50	362	浙江经济职业技术学院图书馆	2221000.00
323	厦门医学高等专科学校图书馆	2755344.00	363	宝鸡文理学院图书馆	2209632.75
324	青海师范大学图书馆	2751987.00	364	西北政法学院图书馆	2168113.25
325	辽宁工程技术大学图书馆	2744599.50	365	浙江经贸职业技术学院图书馆	2155118.00
326	厦门华厦职业学院图书馆	2724929.00	366	上海金融学院图书馆	2129991.50
327	上海师范大学天华学院图书馆	2708018.00	367	无锡职业技术学院图书馆	2119987.50
328	甘肃农业大学图书馆	2670000.00	368	沈阳理工大学图书馆	2119960.00
329	泉州师范学院图书馆	2667500.00	369	安徽工程大学图书馆	2115416.00
330	广州城市职业学院图书馆	2660000.00	370	广东农工商职业技术学院图书馆	2108000.00
331	海南工商职业学院图书馆	2633007.75	371	浙江商业职业技术学院图书馆	2105297.00
332	陕西国际商贸学院图书馆	2603395.00	372	西安文理学院图书馆	2085874.00
333	贵阳医学院图书馆	2598526.75	373	泰州职业技术学院图书馆	2080800.00
334	贵阳学院图书馆	2591800.00	374	辽宁石油化工大学图书馆	2065039.37
335	沈阳大学图书馆	2562301.00	375	温州职业技术学院图书馆	2041667.00
336	浙江大学宁波理工学院图书馆	2557424.75	376	山东政法学院图书馆	2041100.00
337	陕西中医学院图书馆	2549951.50	377	四川民族学院图书馆	2037117.75
338	沈阳化工大学图书馆	2539827.00	378	咸阳师范学院图书馆	2009823.00
339	渭南师范学院图书馆	2537136.00	379	西安航空学院图书馆	1999191.75
340	广东白云学院图书馆	2524800.00	380	西北工业大学明德学院图书馆	1999087.00
341	上海金融学院图书馆	2483026.00	381	淄博职业学院图书馆	1998000.00
342	甘肃民族师范学院图书馆	2469086.00	382	宜春职业技术学院图书馆	1972292.25
343	广州涉外经济职业技术学院图书馆	2460000.00	383	四川职业技术学院图书馆	1970100.00
344	浙江金融职业学院图书馆	2436482.50	384	安徽职业技术学院图书馆	1968000.00
345	西安财经学院图书馆	2400660.00	385	凯里学院图书馆	1948695.25
346	华南理工大学广州学院图书馆	2390000.00	386	安康学院图书馆	1944153.00
347	大连交通大学图书馆	2367329.25	387	江阴职业技术学院图书馆	1939050.00
348	扬州市职业大学图书馆	2367219.75	388	仰恩大学图书馆	1916517.00
349	广东科学技术职业学院图书馆	2366700.00	389	吉林华桥外国语学院图书馆	1912931.25
350	浙江纺织服装职业技术学院图书馆	2308010.00	390	延安大学西安创新学院图书馆	1891311.75
351	毕节学院图书馆	2307698.25	391	武汉大学东湖分校图书馆	1883320.00
352	浙江工商职业技术学院图书馆	2307071.00	392	沈阳工程学院图书馆	1881345.00
353	西藏民族学院图书馆	2298209.00	393	陕西工业职业技术学院图书馆	1864862.00
354	浙江旅游职业学院图书馆	2296462.00	394	广东工程职业技术学院图书馆	1857292.12
355	北京中医药大学图书馆	2296456.25	395	连云港师范高等专科学校图书馆	1842746.12
356	浙江水利水电学院图书馆	2287641.00	396	广东创新科技职业学院图书馆	1828618.00

续表

序号	机构名称	年度经费(元)	序号	机构名称	年度经费(元)
397	烟台工程职业技术学院图书馆	1815700.62	437	广东环境保护工程职业学院图书馆	1453928.75
398	江苏建筑职业技术学院图书馆	1815442.12	438	广东警官学院图书馆	1449432.75
399	成都职业技术学院图书馆	1815410.00	439	阿坝师范高等专科学校图书馆	1447197.13
400	福建交通职业技术学院图书馆	1805928.50	440	苏州经贸职业技术学院图书馆	1445000.00
401	延安大学图书馆	1796798.25	441	清远职业技术学院图书馆	1443200.00
402	钦州学院图书馆	1780000.00	442	江苏食品职业技术学院图书馆	1440950.00
403	四川财经职业学院图书馆	1757264.25	443	西安工业大学 北方信息工程学院图书馆	1435084.00
404	贵阳中医学院图书馆	1752650.00	444	梧州职业学院图书馆	1428453.50
405	西安美术学院图书馆	1725386.50	445	浙江医学高等专科学校图书馆	1420211.87
406	青海民族大学图书馆	1719866.75	446	承德民族师范高等专科学校图书馆	1405000.00
407	咸阳职业技术学院图书馆	1716690.00	447	西安思源学院图书馆	1397998.00
408	南通职业大学图书馆	1714090.75	448	四川城市职业学院图书馆	1395321.50
409	广东省外语艺术职业学院图书馆	1712491.37	449	四川烹饪高等专科学校图书馆	1390971.00
410	绵阳职业技术学院图书馆	1710176.87	450	复旦大学上海视觉艺术学院图书馆	1386500.00
411	威海职业学院图书馆	1703000.00	451	沧州医学高等专科学校图书馆	1363632.37
412	浙江警察学院图书馆	1694170.75	452	西安铁路职业技术学院图书馆	1358538.25
413	上海出版印刷高等专科学校图书馆	1678000.00	453	广东科技学院图书馆	1353549.25
414	上海海关高等专科学校图书馆	1656702.37	454	闽江学院图书馆	1347632.37
415	宁波卫生职业技术学院图书馆	1650056.00	455	华南农业大学珠江学院图书馆	1345000.00
416	衢州职业技术学院图书馆	1649389.25	456	天津天狮学院图书馆	1341099.12
417	湖州职业技术学院图书馆	1635424.62	457	新乡学院图书馆	1341048.12
418	杨凌职业技术学院图书馆	1632857.25	458	西安体育学院图书馆	1341048.12
419	义乌工商职业技术学院图书馆	1617569.50	459	天津美术学院图书馆	1335091.62
420	黎明职业大学图书馆	1604570.75	460	常州轻工职业技术学院图书馆	1313192.00
421	九江职业技术学院图书馆	1603590.25	461	佛山职业技术学院图书馆	1312000.00
422	福州外语外贸学院图书馆	1600000.00	462	南充职业技术学院图书馆	1293060.00
423	柳州运输职业技术学院图书馆	1593600.00	463	广东理工职业学院图书馆	1289043.62
424	商丘师范学院图书馆	1587600.00	464	铜陵职业技术学院图书馆	1280000.00
425	山东商务职业学院图书馆	1577500.00	465	河北建筑工程学院图书馆	1276074.62
426	陕西铁路工程职业技术学院图书馆	1574132.50	466	辽宁农业职业技术学院图书馆	1275976.62
427	杭州科技职业技术学院图书馆	1572000.00	467	宁波城市职业技术学院图书馆	1270124.12
428	东北电力大学图书馆	1570499.00	468	浙江机电职业技术学院图书馆	1244492.37
429	山东警察学院图书馆	1569627.37	469	南京化工职业技术学院图书馆	1244034.25
430	天津职业大学图书馆	1520000.00	470	上海公安高等专科学校图书馆	1241040.00
431	沈阳体育学院图书馆	1510744.75	471	桐城师范高等专科学校图书馆	1236000.00
432	漳州职业技术学院图书馆	1509071.87	472	沧州师范专科学校图书馆	1213326.62
433	广州工商职业技术学院图书馆	1497922.00	473	浙江艺术职业学院图书馆	1195764.75
434	上海音乐学院图书馆	1495433.37	474	嘉兴职业技术学院图书馆	1174578.62
435	南京工业职业技术学院图书馆	1491548.62	475	许昌职业技术学院图书馆	1166000.00
436	武夷学院图书馆	1475394.87	476	鹤壁职业技术学院图书馆	1154427.37

序号	机构名称	年度经费(元)	序号	机构名称	年度经费(元)
477	上海旅游高等专科学校图书馆	1150828.00	517	湖南理工学院图书馆	903998.81
478	河北政法职业学院图书馆	1145764.00	518	海南政法职业学院图书馆	903793.25
479	安顺学院图书馆	1137165.00	519	广东文艺职业学院图书馆	899000.00
480	中山大学新华学院图书馆	1105100.50	520	贵州理工学院图书馆	898083.62
481	天津滨海职业学院图书馆	1103063.75	521	浙江同济科技职业学院图书馆	895122.00
482	陕西服装工程学院图书馆	1096559.00	522	健雄职业技术学院图书馆	887733.25
483	四川交通职业技术学院图书馆	1096520.00	523	西安交通大学城市学院图书馆	887078.00
484	承德医学院图书馆	1095000.00	524	黔南民族师范学院图书馆	885199.00
485	浙江工业职业技术学院图书馆	1086861.00	525	福建卫生职业技术学院图书馆	862850.00
486	广东食品药品职业学院图书馆	1080000.00	526	苏州卫生职业技术学院图书馆	825000.00
487	海南职业技术学院图书馆	1073133.00	527	广西经贸职业技术学院图书馆	820970.00
488	厦门海洋职业技术学院图书馆	1071800.00	528	连云港职业技术学院图书馆	814000.00
489	四川司法警官职业学院图书馆	1066924.87	529	陕西职业技术学院图书馆	806933.31
490	江苏警官学院图书馆	1057820.00	530	浙江长征职业技术学院图书馆	796148.81
491	天津电子信息职业技术学院图书馆	1056849.12	531	泉州轻工职业学院图书馆	710763.00
492	台州职业技术学院图书馆	1052382.00	532	广西水利电力职业技术学院图书馆	707958.00
493	广东科贸职业学院图书馆	1047400.00	533	泉州经贸职业技术学院图书馆	700000.00
494	承德石油高等专科学校图书馆	1045556.00	534	厦门城市职业学院图书馆	677000.00
495	紫琅职业技术学院图书馆	1045000.00	535	沧州师范专科学校图书馆	662031.25
496	天津医学高等专科学校图书馆	1044949.00	536	浙江东方职业技术学院图书馆	660483.62
497	广东女子职业技术学院图书馆	1039600.00	537	漳州卫生职业学院图书馆	659343.50
498	广州南洋理工职业学院图书馆	1036986.56	538	江苏信息职业技术学院图书馆	644000.00
499	六盘水师范学院图书馆	1034562.68	539	广东邮电职业技术学院图书馆	640683.50
500	四川交通职业技术学院图书馆	1031992.81	540	广东司法警官职业学院图书馆	620000.00
501	四川航天职业技术学院图书馆	1031992.81	541	湄洲湾职业技术学院图书馆	616098.25
502	闽西职业技术学院图书馆	1031895.81	542	宝鸡职业技术学院图书馆	616000.00
503	陕西国防工业职业技术学院图书馆	1029496.06	543	漳州理工职业学院图书馆	613123.50
504	陕西交通职业技术学院图书馆	1027824.12	544	沈阳音乐学院图书馆	610379.00
505	河南工业职业技术学院图书馆	1000000.00	545	四川水利职业技术学院图书馆	600000.00
506	苏州卫生职业技术学院图书馆	993479.31	546	上海农林职业技术学院图书馆	597690.37
507	杭州万向职业技术学院图书馆	983323.00	547	泰州学院图书馆	590655.75
508	信阳农业高等专科学校图书馆	979861.93	548	西安音乐学院图书馆	587481.00
509	绍兴职业技术学院图书馆	951080.18	549	营口理工学院图书馆图书馆	586899.81
510	惠州经济职业技术学院图书馆	938000.00	550	青海交通职业技术学院图书馆	579905.00
511	三亚航空旅游职业学院图书馆	936270.00	551	内江职业技术学院图书馆	574707.00
512	四川邮电职业技术学院图书馆	934807.75	552	上海工商外国语职业学院图书馆	561381.62
513	浙江国际海运职业技术学院图书馆	923052.68	553	海南外国语职业学院图书馆	560400.00
514	陕西青年职业学院图书馆	914983.12	554	海南科技职业学院图书馆	551806.06
515	台州科技职业学院图书馆	910720.00	555	宁波教育学院图书馆	551067.25
516	上海城市管理职业技术学院图书馆	906385.75	556	广东水利电力职业技术学院图书馆	548693.00

续表

序号	机构名称	年度经费(元)	序号	机构名称	年度经费(元)
557	四川化工职业技术学院图书馆	543000.00	586	西安电力高等专科学校图书馆	318331.37
558	上海科学技术职业学院图书馆	542191.00	587	商洛职业技术学院图书馆	301419.18
559	贵州广播电视大学图书馆	539638.62	588	厦门兴才职业技术学院图书馆	287214.46
560	上海医疗器械高等专科学校图书馆	525593.06	589	衡水职业技术学院图书馆	263370.00
561	天津现代职业技术学院图书馆	508700.00	590	九州职业技术学院图书馆	254610.07
562	上海行健职业学院图书馆	493003.43	591	河北石油职业技术学院图书馆	253557.00
563	私立华联学院图书馆	486825.00	592	天津音乐学院图书馆	250317.71
564	陕西能源职业技术学院图书馆	484045.15	593	德化陶瓷职业技术学院图书馆	222663.00
565	广西生态工程职业技术学院图书馆	475885.00	594	福建体育职业技术学院图书馆	219918.42
566	河北机电职业技术学院图书馆	459000.00	595	贵州交通职业技术学院图书馆	214703.00
567	四川信息职业技术学院图书馆	444000.00	596	浙江广播电视大学图书馆	205592.29
568	上海济光职业技术学院图书馆	439464.68	597	上海立达职业技术学院图书馆	176724.70
569	上海新侨职业技术学院图书馆	427439.62	598	金华教育学院图书馆	171616.00
570	福建华南女子职业学院图书馆	425219.00	599	漯河职业技术学院图书馆	164900.00
571	浙江体育职业技术学院图书馆	425000.00	600	漳州天福茶职业技术学院图书馆	160866.00
572	四川托普信息技术职业学院图书馆	418012.75	601	广东行政职业学院图书馆	157018.00
573	上海思博职业技术学院图书馆	417850.68	602	青海警官职业学院图书馆	148530.50
574	广东信息工程职业学院图书馆	414000.00	603	苏州高博软件技术职业学院图书馆	146674.98
575	福建电力职业技术学院图书馆	411625.00	604	吉林司法警官职业学院图书馆	140000.00
576	甘肃交通职业技术学院图书馆	410000.00	605	陕西邮电职业技术学院图书馆	135312.48
577	河南水利与环境职业学院图书馆	400000.00	606	南宁地区教育学院图书馆	125300.00
578	河北工程技术高等专科学校图书馆	399596.00	607	闽北职业技术学院图书馆	92506.06
579	揭阳职业技术学院图书馆	394226.93	608	福州英华职业学院图书馆	89139.00
580	天津体育学院图书馆	392033.93	609	上海托普信息技术职业学院图书馆	83473.38
581	兴义民族师范学院图书馆	378065.18	610	上海民远职业技术学院图书馆	40096.73
582	江西农业工程职业学院图书馆	367652.00	611	武夷山职业学院图书馆	36000.00
583	上海东海职业技术学院图书馆	363294.40	612	四川商务职业学院图书馆	33500.00
584	上海民航职业技术学院图书馆	345755.00	613	厦门南洋职业学院图书馆	20573.38
585	上海震旦职业学院图书馆	340312.90	614	厦门安防科技职业学院图书馆	9787.63

2013年611所高校图书馆文献资源购置费统计表

序号	机构名称	文献资源购置费(元)	序号	机构名称	文献资源购置费(元)
1	复旦大学图书馆	50004268.00	39	上海大学图书馆	14166327.00
2	浙江大学图书馆	40111180.00	40	江南大学图书馆	14095866.00
3	清华大学图书馆	34086004.00	41	浙江育英职业技术学院图书馆	14008604.00
4	北京大学图书馆	32623884.00	42	中国科学技术大学图书馆	13993085.00
5	上海交通大学图书馆	30343000.00	43	华东理工大学图书馆	13971235.00
6	重庆大学图书馆	28761000.00	44	福建师范大学图书馆	13964951.00
7	中山大学图书馆	28341900.00	45	西北农林科技大学图书馆	13767092.00
8	厦门大学图书馆	27210158.00	46	南京财经大学图书馆	13220851.00
9	武汉大学图书馆	25801524.00	47	南京航空航天大学图书馆	13003302.00
10	华东师范大学图书馆	25794752.00	48	天津大学图书馆	12825803.00
11	华中科技大学图书馆	24098862.00	49	南开大学图书馆	12825000.00
12	东南大学图书馆	21705930.00	50	中国矿业大学图书馆	12651165.00
13	深圳大学城图书馆图书馆	20869578.00	51	北京工业大学图书馆	12590892.00
14	大连理工大学图书馆	20554600.00	52	浙江师范大学图书馆	12432421.00
15	同济大学图书馆	20035280.00	53	华中师范大学图书馆	12073956.00
16	四川大学图书馆	19721292.00	54	西北民族大学图书馆	12040000.00
17	电子科技大学图书馆	18657222.00	55	苏州大学图书馆	12031897.00
18	西安交通大学图书馆	18588370.00	56	沈阳医学院图书馆	11996694.00
19	西南交通大学图书馆	17896918.00	57	南京理工大学图书馆	11914645.00
20	浙江工业大学图书馆	17845578.00	58	上海师范大学图书馆	11900170.00
21	陕西师范大学图书馆	17102044.00	59	浙江工商大学图书馆	11895955.00
22	西北工业大学图书馆	17089378.00	60	江苏师范大学图书馆	11832217.00
23	暨南大学图书馆	16378598.00	61	合肥工业大学图书馆	11688431.00
24	郑州大学图书馆	16357582.00	62	华侨大学图书馆	11639381.00
25	兰州大学图书馆	16285831.00	63	福州大学图书馆	11431116.00
26	河南大学图书馆	16090000.00	64	浙江理工大学图书馆	11367000.00
27	东北师范大学图书馆	15683204.00	65	西安电子科技大学图书馆	11103119.00
28	武汉理工大学图书馆	15655992.00	66	扬州大学图书馆	11082809.00
29	北京科技大学图书馆	15497106.00	67	江苏大学图书馆	11072068.00
30	湖南大学图书馆	15463727.00	68	南方科技大学图书馆	10970202.00
31	西南民族大学图书馆	15450024.00	69	广东工业大学图书馆	10727890.00
32	陕西师范大学图书馆	15298297.00	70	西南财经大学图书馆	10264889.00
33	华东政法大学图书馆	15144959.00	71	西北大学图书馆	10233657.00
34	深圳大学图书馆	14856522.00	72	上海财经大学图书馆	10068909.00
35	南京师范大学图书馆	14817519.00	73	华南农业大学图书馆	10014473.00
36	杭州师范大学图书馆	14577392.00	74	海南大学图书馆	9870102.00
37	东北大学图书馆	14567210.00	75	广州大学图书馆	9618000.00
38	中国海洋大学图书馆	14516800.00	76	上海海事大学图书馆	9537578.00

续表

序号	机构名称	文献资源购置费(元)	序号	机构名称	文献资源购置费(元)
77	北京师范大学—香港浸会大学联合国际学院图书馆	9519131.00	117	首都医科大学图书馆	6934052.00
78	南京工业大学图书馆	9514463.00	118	济宁学院图书馆	6918000.00
79	温州大学图书馆	9439561.00	119	天津师范大学图书馆	6833745.00
80	四川农业大学图书馆	9194989.00	120	重庆师范大学图书馆	6794768.50
81	中国计量学院图书馆	9172648.00	121	西安科技商贸职业学院图书馆	6707690.00
82	华北电力大学图书馆	9156165.00	122	南京林业大学图书馆	6691777.50
83	福建农林大学图书馆	8876154.00	123	大连大学图书馆	6591941.00
84	北京工商大学图书馆	8855400.00	124	潍坊学院图书馆	6435840.00
85	贵州财经大学图书馆	8649730.00	125	山东农业大学图书馆	6405695.50
86	南京农业大学图书馆	8646612.00	126	陕西科技大学图书馆	6321592.00
87	汕头大学图书馆	8569895.00	127	湖南师范大学图书馆	6293327.00
88	深圳职业技术学院图书馆	8430000.00	128	西安培华学院图书馆	6282140.50
89	杭州电子科技大学图书馆	8366464.00	129	西安建筑科技大学图书馆	6275430.00
90	燕山大学图书馆	8301085.00	130	河北师范大学图书馆	6241577.00
91	长安大学图书馆	8291114.50	131	南京审计学院图书馆	6236972.50
92	天津科技大学图书馆	8272782.50	132	浙江海洋学院图书馆	6155000.00
93	四川师范大学成都学院图书馆	8167789.50	133	浙江外国语学院图书馆	6046804.50
94	上海理工大学图书馆	8061532.50	134	南开大学滨海学院图书馆	6019376.00
95	浙江财经大学图书馆	8009139.00	135	西安外国语大学图书馆	6014223.50
96	中国民航大学图书馆	7955000.00	136	东莞理工学院图书馆	5972001.00
97	大连海事大学图书馆	7896674.50	137	安徽大学图书馆	5933932.50
98	安徽理工大学图书馆	7872483.50	138	百色学院图书馆	5931629.00
99	广东外语外贸大学图书馆	7757452.00	139	南方医科大学图书馆	5856746.00
100	温州医科大学图书馆	7739080.50	140	西安科技大学图书馆	5806122.50
101	南京医科大学图书馆	7702045.00	141	西京学院图书馆	5763764.00
102	河北工业大学图书馆	7641178.00	142	苏州科技学院图书馆	5756981.50
103	西南科技大学图书馆	7638855.00	143	河南工业大学图书馆	5713534.00
104	中国政法大学图书馆	7519745.00	144	上海电力学院图书馆	5707778.00
105	漳州师范学院图书馆	7472420.50	145	西安理工大学图书馆	5698891.50
106	四川理工学院图书馆	7435718.50	146	成都中医药大学图书馆	5502086.00
107	安徽师范大学图书馆	7406621.00	147	西华大学图书馆	5477672.00
108	四川警安职业学院图书馆	7367255.50	148	嘉兴学院图书馆	5451645.50
109	烟台大学图书馆	7271730.00	149	四川师范大学图书馆	5436000.00
110	宁波大学图书馆	7226096.50	150	上海应用技术学院图书馆	5424638.00
111	上海工程技术大学图书馆	7197228.00	151	上海政法学院图书馆	5420125.50
112	郑州旅游职业学院图书馆	7148000.00	152	海口经济学院图书馆	5412000.00
113	安徽工业大学图书馆	7070618.50	153	五邑大学图书馆	5409448.50
114	成都理工大学图书馆	7045851.50	154	江西师范大学图书馆	5368688.50
115	贵州大学图书馆	7015139.00	155	天津中医学院图书馆	5355876.00
116	河北大学图书馆	6981543.50	156	厦门理工学院图书馆	5337296.00

序号	机构名称	文献资源购置费(元)	序号	机构名称	文献资源购置费(元)
157	广西师范学院图书馆	5336793.00	197	河北科技大学图书馆	4004005.75
158	重庆医科大学图书馆	5315387.00	198	琼州学院图书馆	3963560.75
159	兰州交通大学图书馆	5290304.00	199	广西工学院图书馆	3962582.00
160	集美大学图书馆	5270179.50	200	肇庆学院图书馆	3950000.00
161	中国医科大学图书馆	5236640.00	201	安徽财经大学图书馆	3940005.50
162	青岛科技大学图书馆	5213649.00	202	重庆三峡学院图书馆	3940000.00
163	河北北方学院图书馆	5172375.50	203	西安欧亚学院图书馆	3930460.25
164	西南政法大学图书馆	5103538.00	204	衡水学院图书馆	3908143.75
165	北京师范大学珠海分校图书馆	5075795.50	205	南京晓庄学院图书馆	3884494.00
166	西安财经学院行知学院图书馆	5025526.00	206	山东理工大学图书馆	3884494.00
167	浙江农林大学图书馆	5021715.00	207	广州中医药大学图书馆	3879000.00
168	上海对外贸易学院图书馆	5010776.50	208	西安医学院图书馆	3853719.75
169	西南石油大学图书馆	5007158.00	209	浙江财经大学东方学院图书馆	3803954.00
170	四川外语学院图书馆	5001500.00	210	成都信息工程学院图书馆	3776446.75
171	广东海洋大学图书馆	4996468.00	211	金华职业技术学院图书馆	3774009.00
172	西华师范大学图书馆	4986926.00	212	天津商业大学图书馆	3770100.00
173	西安工程大学图书馆	4953532.00	213	中国民用航空飞行学院图书馆	3747924.00
174	西北师范大学图书馆	4905709.00	214	中央民族大学图书馆	3742387.50
175	浙江越秀外国语学院图书馆	4891680.00	215	沈阳农业大学图书馆	3712143.50
176	辽宁大学图书馆	4880443.50	216	徐州工程学院图书馆	3707247.50
177	四川音乐学院图书馆	4874137.50	217	西安石油大学图书馆	3699745.25
178	四川美术学院图书馆	4800000.00	218	亳州师范高等专科学校图书馆	3678700.00
179	沈阳航空工业学院图书馆	4702167.00	219	浙江大学城市学院图书馆	3656240.00
180	广东医学院图书馆	4667420.50	220	池州学院图书馆	3642385.00
181	福建工程学院图书馆	4614707.00	221	河北经贸大学图书馆	3640000.00
182	南京信息工程大学(原南京气象学院)图书馆	4576374.50	222	台州学院图书馆	3629376.50
183	上海体育学院图书馆	4507599.50	223	常熟理工学院图书馆	3594079.25
184	深圳信息职业技术学院图书馆	4478043.50	224	黄山学院图书馆	3588000.00
185	河北理工大学图书馆	4467342.00	225	浙江万里学院图书馆	3582576.00
186	上海杉达学院图书馆	4460579.50	226	菏泽学院图书馆	3572555.50
187	宁波大红鹰学院图书馆	4354613.00	227	湖州师范学院图书馆	3551161.00
188	天津大学仁爱学院图书馆	4306409.50	228	西安邮电大学图书馆	3529236.50
189	西昌学院图书馆	4256756.00	229	西安翻译学院图书馆	3512983.75
190	绍兴文理学院图书馆	4240185.00	230	三明学院图书馆	3512218.50
191	贵州师范大学图书馆	4116561.00	231	西安科技大学高新学院图书馆	3495356.00
192	沈阳师范大学图书馆	4040530.50	232	韶关学院图书馆	3453971.25
193	成都医学院图书馆	4038124.25	233	莆田学院图书馆	3413000.00
194	河北工程大学图书馆	4031256.75	234	陕西学前师范学院图书馆	3395000.00
195	盐城工学院图书馆	4025168.75	235	华北科技学院图书馆	3391691.75
196	西北大学现代学院图书馆	4017897.50	236	广东轻工职业技术学院图书馆	3385854.00

续表

序号	机构名称	文献资源购置费(元)	序号	机构名称	文献资源购置费(元)
237	淮阴师范学院图书馆	3385854.00	277	丽水职业技术学院图书馆	2931060.00
238	四川文理学院图书馆	3381470.75	278	福建中医药大学图书馆	2928210.00
239	宜宾学院图书馆	3378245.00	279	天津外国语大学图书馆	2914357.00
240	宁波工程学院图书馆	3377955.50	280	广东培正学院图书馆	2910926.00
241	中央戏剧学院图书馆	3357857.75	281	石家庄铁道学院图书馆	2897957.75
242	沈阳工业大学图书馆	3351037.00	282	淮海工学院图书馆	2889373.50
243	上海电机学院图书馆	3301206.00	283	琼台师范高等专科学校图书馆	2884299.75
244	中国美术学院图书馆	3286684.25	284	泸州医学院图书馆	2879867.25
245	内江师范学院图书馆	3281017.25	285	电子科技大学中山学院图书馆	2867672.75
246	徐州医学院图书馆	3275241.75	286	天津理工大学图书馆	2865861.00
247	浙江传媒学院图书馆	3275109.25	287	保定学院图书馆	2856400.00
248	贵州民族大学图书馆	3259567.00	288	顺德职业技术学院图书馆	2819297.00
249	天津财经大学图书馆	3226300.00	289	宿州学院图书馆	2800030.00
250	广东金融学院图书馆	3200000.00	290	长江师范学院图书馆	2777411.00
251	上海建桥学院图书馆	3197790.50	291	辽宁工程技术大学图书馆	2744599.50
252	浙江科技学院图书馆	3183419.00	292	湛江师范学院图书馆	2704439.25
253	南阳师范学院图书馆	3180000.00	293	甘肃政法学院图书馆	2691816.00
254	淮南师范学院图书馆	3143750.00	294	合肥学院图书馆	2652710.75
255	天津农学院图书馆	3137043.50	295	天水师范学院图书馆	2650000.00
256	闽江学院图书馆	3099568.25	296	青海师范大学图书馆	2648839.00
257	浙江工贸职业技术学院图书馆	3091540.50	297	西安工业学院图书馆	2647558.50
258	佛山科学技术学院图书馆	3078162.75	298	四川工程职业技术学院图书馆	2644544.00
259	川北医学院图书馆	3053583.00	299	新乡医学院图书馆	2596502.00
260	苏州职业大学图书馆	3050356.00	300	中国青年政治学院图书馆	2582300.00
261	铜仁学院图书馆	3035936.50	301	遵义师范学院图书馆	2568478.50
262	遵义医学院图书馆	3032470.50	302	辽宁师范大学图书馆	2537083.50
263	上海立信会计学院图书馆	3009776.75	303	贵阳医学院图书馆	2536526.75
264	上海电子信息职业技术学院图书馆	3008000.00	304	广东白云学院图书馆	2524800.00
265	广西财经学院图书馆	3000000.00	305	泉州师范学院图书馆	2487500.00
266	石家庄学院图书馆	3000000.00	306	皖西学院图书馆	2470000.00
267	惠州学院图书馆	2992621.75	307	龙岩学院图书馆	2467787.50
268	贵州商业高等专科学校图书馆	2991875.00	308	渭南师范学院图书馆	2456850.00
269	广东石油化工学院图书馆	2984984.00	309	沈阳化工大学图书馆	2455688.00
270	贵州师范学院图书馆	2980031.75	310	西安财经学院图书馆	2400660.00
271	四川工商职业技术学院图书馆	2957935.00	311	厦门华厦职业学院图书馆	2399035.25
272	广东技术师范学院图书馆	2949647.00	312	浙江建设职业技术学院图书馆	2351691.25
273	河南城建学院图书馆	2944386.75	313	甘肃民族师范学院图书馆	2318086.00
274	宁波职业技术学院图书馆	2943207.55	314	广州涉外经济职业技术学院图书馆	2310000.00
275	浙江中医药大学图书馆	2934784.75	315	大连交通大学图书馆	2307329.25
276	四川建筑职业技术学院图书馆	2934100.00	316	江苏海事职业技术学院图书馆	2298081.25

序号	机构名称	文献资源购置费(元)	序号	机构名称	文献资源购置费(元)
317	浙江金融职业学院图书馆	2271482.50	357	濮阳职业技术学院图书馆	1803000.00
318	上海师范大学天华学院图书馆	2264614.25	358	无锡职业技术学院图书馆	1793474.37
319	鲁迅美术学院图书馆	2261425.00	359	广东创新科技职业学院图书馆	1786300.00
320	扬州市职业大学图书馆	2240219.75	360	烟台工程职业技术学院图书馆	1783107.87
321	甘肃农业大学图书馆	2230000.00	361	广东农工商职业技术学院图书馆	1780000.00
322	陕西理工学院图书馆	2213056.50	362	钦州学院图书馆	1780000.00
323	华南理工大学广州学院图书馆	2210000.00	363	西安文理学院图书馆	1762994.00
324	宁德师范学院图书馆	2208143.25	364	四川财经职业学院图书馆	1757264.25
325	陕西国际商贸学院图书馆	2206400.00	365	山东政法学院图书馆	1750000.00
326	厦门医学高等专科学校图书馆	2203000.00	366	江苏建筑职业技术学院图书馆	1739442.12
327	浙江水利水电学院图书馆	2181441.00	367	浙江经贸职业技术学院图书馆	1738718.00
328	淮北师范大学图书馆	2172203.50	368	福建交通职业技术学院图书馆	1712478.50
329	浙江大学宁波理工学院图书馆	2171259.50	369	黔南民族医学高等专科学校图书馆	1709851.87
330	贵阳学院图书馆	2165300.00	370	贵阳中医学院图书馆	1699955.00
331	陕西中医学院图书馆	2148195.50	371	延安大学西安创新学院图书馆	1698011.75
332	宝鸡文理学院图书馆	2146361.50	372	广东科学技术职业学院图书馆	1690000.00
333	西藏民族学院图书馆	2124920.00	373	青海民族大学图书馆	1681405.75
334	浙江交通职业技术学院图书馆	2116038.25	374	吉林华桥外国语学院图书馆	1672931.25
335	浙江纺织服装职业技术学院图书馆	2106453.00	375	南通职业大学图书馆	1671110.75
336	成都电子机械高等专科学校图书馆	2067646.37	376	延安大学图书馆	1671015.00
337	西北政法学院图书馆	2037082.00	377	山东建筑工程学院图书馆	1660000.00
338	浙江工商职业技术学院图书馆	2031091.00	378	威海职业学院图书馆	1655700.00
339	沈阳理工大学图书馆	2000000.00	379	攀枝花学院图书馆	1654163.00
340	毕节学院图书馆	1968748.25	380	上海海关高等专科学校图书馆	1644622.37
341	辽宁石油化工大学图书馆	1965039.37	381	浙江旅游职业学院图书馆	1639354.00
342	上海金融学院图书馆	1954026.00	382	北京理工大学珠海学院图书馆	1635000.00
343	丽水学院图书馆	1943536.25	383	凯里学院图书馆	1625231.25
344	四川民族学院图书馆	1942763.12	384	浙江商业职业技术学院图书馆	1616377.12
345	西安航空学院图书馆	1937702.25	385	浙江警察学院图书馆	1608263.75
346	北京中医药大学图书馆	1926456.25	386	福州外语外贸学院图书馆	1600000.00
347	泰州职业技术学院图书馆	1926000.00	387	成都职业技术学院图书馆	1593000.00
348	仰恩大学图书馆	1916517.00	388	安徽医学高等专科学校图书馆	1591000.00
349	淄博职业学院图书馆	1876000.00	389	杨凌职业技术学院图书馆	1584857.25
350	四川教育学院图书馆	1868413.25	390	广东省外语艺术职业学院图书馆	1583017.37
351	咸阳师范学院图书馆	1863319.00	391	浙江经济职业技术学院图书馆	1578000.00
352	安康学院图书馆	1862451.00	392	陕西工业职业技术学院图书馆	1575929.00
353	江阴职业技术学院图书馆	1854050.00	393	九江职业技术学院图书馆	1572330.25
354	连云港师范高等专科学校图书馆	1842746.12	394	杭州科技职业技术学院图书馆	1572000.00
355	成都航空职业技术学院图书馆	1817197.37	395	安徽职业技术学院图书馆	1568000.00
356	常州纺织服装职业技术学院图书馆	1813403.87	396	广州城市职业学院图书馆	1550000.00

续表

序号	机构名称	文献资源购置费(元)	序号	机构名称	文献资源购置费(元)
397	成都体育学院图书馆	1523406.00	437	南充职业技术学院图书馆	1272960.00
398	东北电力大学图书馆	1520499.00	438	柳州运输职业技术学院图书馆	1260600.00
399	西安美术学院图书馆	1502946.50	439	黎明职业大学图书馆	1258078.75
400	衢州职业技术学院图书馆	1496000.00	440	咸阳职业技术学院图书馆	1250000.00
401	西北工业大学明德学院图书馆	1481642.50	441	四川职业技术学院图书馆	1242100.00
402	武夷学院图书馆	1475394.87	442	浙江医学高等专科学校图书馆	1217986.75
403	沈阳大学图书馆	1475085.00	443	辽宁农业职业技术学院图书馆	1211948.62
404	温州职业技术学院图书馆	1473667.00	444	浙江机电职业技术学院图书馆	1200000.00
405	广州工商职业技术学院图书馆	1446922.00	445	南京化工职业技术学院图书馆	1188734.25
406	广东警官学院图书馆	1440151.75	446	义乌工商职业技术学院图书馆	1186550.00
407	广州工程技术职业学院图书馆	1439440.00	447	铜陵职业技术学院图书馆	1180000.00
408	阿坝师范高等专科学校图书馆	1437197.12	448	宁波城市职业技术学院图书馆	1170124.12
409	商丘师范学院图书馆	1430000.00	449	西安铁路职业技术学院图书馆	1162622.75
410	清远职业技术学院图书馆	1425000.00	450	广东工程职业技术学院图书馆	1144959.00
411	漳州职业技术学院图书馆	1422871.87	451	四川城市职业学院图书馆	1143357.25
412	沈阳体育学院图书馆	1418814.75	452	上海公安高等专科学校图书馆	1129040.00
413	安徽工程大学图书馆	1405740.00	453	常州工程职业技术学院图书馆	1117998.25
414	南京工业职业技术学院图书馆	1405548.62	454	安顺学院图书馆	1114265.00
415	陕西铁路工程职业技术学院图书馆	1404672.50	455	浙江艺术职业学院图书馆	1098635.25
416	江苏食品职业技术学院图书馆	1400000.00	456	浙江工业职业技术学院图书馆	1086861.00
417	西安工业大学北方信息工程学院图书馆	1400000.00	457	天津天狮学院图书馆	1086299.12
418	苏州经贸职业技术学院图书馆	1390000.00	458	海南工商职业学院图书馆	1083366.87
419	上海音乐学院图书馆	1372433.37	459	陕西服装工程学院图书馆	1079843.00
420	天津职业大学图书馆	1370000.00	460	四川交通职业技术学院图书馆	1058720.00
421	承德民族师范高等专科学校图书馆	1345000.00	461	闽西职业技术学院图书馆	1031895.81
422	商洛学院图书馆	1343923.25	462	紫琅职业技术学院图书馆	1030000.00
423	新乡学院图书馆	1341048.12	463	天津医学高等专科学校图书馆	1025949.00
424	西安体育学院图书馆	1341048.12	464	六盘水师范学院图书馆	1020528.37
425	复旦大学上海视觉艺术学院图书馆	1326500.00	465	承德医学院图书馆	1020000.00
426	宜春职业技术学院图书馆	1322835.62	466	陕西国防工业职业技术学院图书馆	1019996.06
427	湖州职业技术学院图书馆	1320050.12	467	江苏警官学院图书馆	1002348.00
428	武汉大学东湖分校图书馆	1303320.00	468	广州南洋理工职业学院图书馆	1000686.56
429	华南农业大学珠江学院图书馆	1300000.00	469	广东女子职业技术学院图书馆	1000000.00
430	广东环境保护工程职业学院图书馆	1298928.75	470	许昌职业技术学院图书馆	1000000.00
431	佛山职业技术学院图书馆	1290000.00	471	西安思源学院图书馆	996998.00
432	常州轻工职业技术学院图书馆	1283192.00	472	河北政法职业学院图书馆	995689.00
433	河北建筑工程学院图书馆	1276074.62	473	承德石油高等专科学校图书馆	995556.00
434	广东理工职业学院图书馆	1274623.62	474	苏州卫生职业技术学院图书馆	993479.31
435	山东警察学院图书馆	1273931.37	475	中山大学新华学院图书馆	992047.43
436	天津美术学院图书馆	1273346.62	476	台州职业技术学院图书馆	988080.00

续表

序号	机构名称	文献资源购置费(元)	序号	机构名称	文献资源购置费(元)
477	厦门海洋职业技术学院图书馆	986800.00	517	泉州轻工职业学院图书馆	698263.00
478	沧州医学高等专科学校图书馆	977766.31	518	陕西交通职业技术学院图书馆	687034.12
479	河南工业职业技术学院图书馆	977000.00	519	四川交通职业技术学院图书馆	656867.81
480	闽江学院图书馆	961766.31	520	四川航天职业技术学院图书馆	656867.81
481	鹤壁职业技术学院图书馆	961599.37	521	厦门城市职业学院图书馆	652000.00
482	广东食品药品职业学院图书馆	960000.00	522	泉州经贸职业技术学院图书馆	610000.00
483	上海出版印刷高等专科学校图书馆	947500.00	523	广西水利电力职业技术学院图书馆	607958.00
484	广东科贸职业学院图书馆	930000.00	524	浙江国际海运职业技术学院图书馆	600532.68
485	广东科技学院图书馆	924884.25	525	四川水利职业技术学院图书馆	600000.00
486	成都纺织高等专科学校图书馆	913000.00	526	漳州理工职业学院图书馆	598221.50
487	海南职业技术学院图书馆	912883.00	527	三亚航空旅游职业学院图书馆	591270.00
488	惠州经济职业技术学院图书馆	908000.00	528	绍兴职业技术学院图书馆	587189.00
489	上海城市管理职业技术学院图书馆	906385.75	529	内江职业技术学院图书馆	570707.00
490	杭州万向职业技术学院图书馆	897300.00	530	湄洲湾职业技术学院图书馆	570560.25
491	台州科技职业学院图书馆	890000.00	531	浙江东方职业技术学院图书馆	562578.62
492	西安交通大学城市学院图书馆	878705.00	532	黔南民族师范学院图书馆	558037.00
493	浙江同济科技职业学院图书馆	878601.00	533	漳州卫生职业学院图书馆	554083.50
494	上海旅游高等专科学校图书馆	876021.00	534	上海农林职业技术学院图书馆	552740.37
495	湖南理工学院图书馆	873764.81	535	沈阳音乐学院图书馆	550420.00
496	天津电子信息职业技术学院图书馆	872650.12	536	宝鸡职业技术学院图书馆	550000.00
497	山东商务职业学院图书馆	872500.00	537	广东司法警官职业学院图书馆	540000.00
498	信阳农业高等专科学校图书馆	866861.93	538	贵州广播电视大学图书馆	532638.62
499	广东文艺职业学院图书馆	859000.00	539	青海交通职业技术学院图书馆	531855.00
500	天津滨海职业学院图书馆	856563.75	540	陕西职业技术学院图书馆	530983.31
501	嘉兴职业技术学院图书馆	856014.68	541	四川化工职业技术学院图书馆	520000.00
502	桐城师范高等专科学校图书馆	856000.00	542	宁波教育学院图书馆	514041.65
503	海南政法职业学院图书馆	845672.37	543	泰州学院图书馆	513368.15
504	福建卫生职业技术学院图书馆	836000.00	544	海南外国语职业学院图书馆	506000.00
505	绵阳职业技术学院图书馆	831976.93	545	广东水利电力职业技术学院图书馆	498693.00
506	贵州理工学院图书馆	827083.62	546	上海工商外国语职业学院图书馆	495882.90
507	苏州卫生职业技术学院图书馆	825000.00	547	上海行健职业学院图书馆	493003.43
508	宁波卫生职业技术学院图书馆	810056.00	548	四川司法警官职业学院图书馆	489069.87
509	四川邮电职业技术学院图书馆	802191.06	549	私立华联学院图书馆	486825.00
510	健雄职业技术学院图书馆	787471.25	550	海南科技职业学院图书馆	473466.09
511	浙江长征职业技术学院图书馆	786148.81	551	上海科学技术职业学院图书馆	457606.00
512	广西经贸职业技术学院图书馆	786000.00	552	陕西能源职业技术学院图书馆	452805.15
513	连云港职业技术学院图书馆	780000.00	553	上海医疗器械高等专科学校图书馆	450414.65
514	沈阳工程学院图书馆	777900.00	554	河北机电职业技术学院图书馆	450000.00
515	陕西青年职业学院图书馆	775619.12	555	天津现代职业技术学院图书馆	446000.00
516	四川烹饪高等专科学校图书馆	752000.00	556	广西生态工程职业技术学院图书馆	443385.00

续表

序号	机构名称	文献资源购置费(元)	序号	机构名称	文献资源购置费(元)
557	江苏信息职业技术学院图书馆	432000.00	585	衡水职业技术学院图书馆	240670.00
558	四川信息职业技术学院图书馆	432000.00	586	福建体育职业技术学院图书馆	219918.42
559	上海济光职业技术学院图书馆	423118.09	587	河北石油职业技术学院图书馆	218990.00
560	西安音乐学院图书馆	419518.68	588	德化陶瓷职业技术学院图书馆	207663.00
561	福建电力职业技术学院图书馆	408625.00	589	浙江广播电视大学图书馆	205592.29
562	河南水利与环境职业学院图书馆	400000.00	590	贵州交通职业技术学院图书馆	200000.00
563	沧州师范专科学校图书馆	394527.21	591	天津音乐学院图书馆	195006.01
564	甘肃交通职业技术学院图书馆	394000.00	592	上海立达职业技术学院图书馆	176724.70
565	营口理工学院图书馆图书馆	386563.81	593	金华教育学院图书馆	171616.00
566	福建华南女子职业学院图书馆	384367.18	594	盘锦职业技术学院图书馆	166090.00
567	天津体育学院图书馆	384065.93	595	广东行政职业学院图书馆	157009.00
568	揭阳职业技术学院图书馆	377226.93	596	漳州天福茶职业技术学院图书馆	150000.00
569	四川商务职业学院图书馆	362400.00	597	上海震旦职业学院图书馆	149234.92
570	上海思博职业技术学院图书馆	362130.87	598	吉林司法警官职业学院图书馆	138000.00
571	梧州职业学院图书馆	350011.00	599	陕西邮电职业技术学院图书馆	135312.48
572	上海民航职业技术学院图书馆	345755.00	600	青海警官职业学院图书馆	134606.50
573	江西农业工程职业学院图书馆	342452.00	601	苏州高博软件技术职业学院图书馆	128544.97
574	兴义民族师范学院图书馆	341082.18	602	漯河职业技术学院图书馆	120900.00
575	河北工程技术高等专科学校图书馆	330976.00	603	上海新侨职业技术学院图书馆	117047.61
576	上海东海职业技术学院图书馆	329410.03	604	闽北职业技术学院图书馆	92506.06
577	西安电力高等专科学校图书馆	318331.37	605	福州英华职业学院图书馆	86939.00
578	广东邮电职业技术学院图书馆	304814.46	606	南宁地区教育学院图书馆	81700.00
579	四川托普信息技术职业学院图书馆	300857.75	607	上海民远职业技术学院图书馆	40096.73
580	广东信息工程职业学院图书馆	294000.00	608	武夷山职业学院图书馆	25000.00
581	厦门兴才职业技术学院图书馆	287214.46	609	上海托普信息技术职业学院图书馆	24973.38
582	商洛职业技术学院图书馆	271419.18	610	厦门南洋职业学院图书馆	15247.37
583	浙江体育职业技术学院图书馆	269000.00	611	厦门安防科技职业学院图书馆	9787.63
584	九州职业技术学院图书馆	254610.07			

2013年610所高校图书馆纸质资源购置费统计表

序号	机构名称	购纸质资源(元)	序号	机构名称	购纸质资源(元)
1	复旦大学图书馆	28257310.00	39	河南大学图书馆	7080000.00
2	浙江大学图书馆	22202658.00	40	电子科技大学图书馆	7079470.00
3	北京大学图书馆	19207952.00	41	东北师范大学图书馆	7046000.00
4	中山大学图书馆	16353300.00	42	深圳职业技术学院图书馆	6950000.00
5	武汉大学图书馆	15008631.00	43	济宁学院图书馆	6918000.00
6	华东师范大学图书馆	14601649.00	44	上海师范大学图书馆	6884653.00
7	浙江育英职业技术学院图书馆	14008604.00	45	浙江工商大学图书馆	6771839.50
8	东南大学图书馆	12419879.00	46	郑州旅游职业学院图书馆	6750000.00
9	重庆大学图书馆	11679500.00	47	南开大学图书馆	6730000.00
10	沈阳医学院图书馆	11582125.00	48	中国科学技术大学图书馆	6626546.50
11	西安交通大学图书馆	11368267.00	49	华中师范大学图书馆	6586990.00
12	厦门大学图书馆	11132134.00	50	华东政法大学图书馆	6412214.50
13	深圳大学城图书馆图书馆	10995469.00	51	同济大学图书馆	6310471.00
14	清华大学图书馆	10537245.00	52	大连理工大学图书馆	6299645.50
15	上海交通大学图书馆	10119918.00	53	中国政法大学图书馆	6234462.00
16	南京财经大学图书馆	9221513.00	54	西安科技商贸职业学院图书馆	6187690.00
17	暨南大学图书馆	9192000.00	55	南京航空航天大学图书馆	6164065.50
18	西南交通大学图书馆	9159572.00	56	烟台大学图书馆	6100870.00
19	中国海洋大学图书馆	9119800.00	57	深圳大学图书馆	5941911.00
20	浙江工业大学图书馆	8919714.00	58	温州大学图书馆	5825201.50
21	武汉理工大学图书馆	8739010.00	59	天津大学图书馆	5819670.50
22	四川大学图书馆	8697610.00	60	扬州大学图书馆	5816181.00
23	南京师范大学图书馆	8402869.00	61	南京农业大学图书馆	5744600.50
24	天津科技大学图书馆	8161189.50	62	陕西师范大学图书馆	5718647.50
25	兰州大学图书馆	8138845.50	63	江南大学图书馆	5714900.00
26	杭州师范大学图书馆	7973785.50	64	四川农业大学图书馆	5703899.50
27	四川师范大学成都学院图书馆	7908789.50	65	广东工业大学图书馆	5605342.00
28	西南民族大学图书馆	7635728.00	66	浙江师范大学图书馆	5584969.50
29	东北大学图书馆	7573112.00	67	浙江外国语学院图书馆	5513979.00
30	上海大学图书馆	7522393.50	68	浙江理工大学图书馆	5472000.00
31	贵州财经大学图书馆	7479688.50	69	南开大学滨海学院图书馆	5467241.00
32	华侨大学图书馆	7394004.00	70	江西师范大学图书馆	5368688.50
33	郑州大学图书馆	7328128.50	71	上海财经大学图书馆	5341655.00
34	北京科技大学图书馆	7297069.50	72	西南财经大学图书馆	5301444.00
35	北京师范大学—香港浸会大学联合国际学院图书馆	7294398.50	73	西安培华学院图书馆	5276410.50
36	四川警安职业学院图书馆	7279255.50	74	华南农业大学图书馆	5265077.50
37	西北工业大学图书馆	7178058.00	75	西京学院图书馆	5253264.00
38	福建师范大学图书馆	7155242.50	76	海南大学图书馆	5206363.00

续表

序号	机构名称	购纸质资源(元)	序号	机构名称	购纸质资源(元)
77	漳州师范学院图书馆	5198467.00	117	福建工程学院图书馆	3934707.00
78	福建农林大学图书馆	5193854.50	118	重庆医科大学图书馆	3934111.00
79	潍坊学院图书馆	5180947.00	119	深圳信息职业技术学院图书馆	3881943.50
80	长安大学图书馆	5161111.00	120	江苏大学图书馆	3848832.00
81	苏州大学图书馆	5126177.00	121	浙江财经大学东方学院图书馆	3803154.00
82	湖南大学图书馆	5084445.50	122	西安建筑科技大学图书馆	3791044.50
83	广州大学图书馆	5040000.00	123	南京信息工程大学 (原南京气象学院)图书馆	3724237.50
84	中国矿业大学图书馆	5035400.00	124	河北师范大学图书馆	3722898.50
85	西北农林科技大学图书馆	4947071.00	125	西南科技大学图书馆	3667491.25
86	温州医科大学图书馆	4914361.50	126	南京理工大学图书馆	3657362.75
87	上海海事大学图书馆	4832521.00	127	南京工业大学图书馆	3642788.25
88	海口经济学院图书馆	4830000.00	128	浙江大学城市学院图书馆	3601900.00
89	河北工业大学图书馆	4816758.00	129	四川音乐学院图书馆	3562833.50
90	华东理工大学图书馆	4809695.50	130	西北大学图书馆	3547615.75
91	江苏师范大学图书馆	4757507.00	131	浙江农林大学图书馆	3505510.75
92	华中科技大学图书馆	4731751.00	132	琼州学院图书馆	3487706.75
93	合肥工业大学图书馆	4708320.00	133	四川理工学院图书馆	3482122.50
94	中国计量学院图书馆	4696374.00	134	宁波大红鹰学院图书馆	3474814.75
95	福州大学图书馆	4640708.50	135	北京师范大学珠海分校图书馆	3448009.25
96	四川美术学院图书馆	4630000.00	136	贵州师范大学图书馆	3432176.25
97	西安财经学院行知学院图书馆	4605126.00	137	集美大学图书馆	3426019.50
98	河北大学图书馆	4585843.50	138	西安电子科技大学图书馆	3418226.75
99	广西师范学院图书馆	4567791.00	139	上海工程技术大学图书馆	3415689.75
100	中国民航大学图书馆	4562000.00	140	苏州科技学院图书馆	3406684.75
101	华北电力大学图书馆	4424820.00	141	西安科技大学高新学院图书馆	3356368.00
102	西北民族大学图书馆	4420000.00	142	北京工商大学图书馆	3350000.00
103	浙江越秀外国语学院图书馆	4327975.00	143	衡水学院图书馆	3329343.75
104	浙江海洋学院图书馆	4315000.00	144	池州学院图书馆	3312385.00
105	大连海事大学图书馆	4305509.50	145	河北北方学院图书馆	3309751.75
106	百色学院图书馆	4239053.00	146	北京工业大学图书馆	3282829.50
107	南方科技大学图书馆	4211811.00	147	广西工学院图书馆	3276702.25
108	广东外语外贸大学图书馆	4196113.00	148	南京林业大学图书馆	3275807.25
109	南京医科大学图书馆	4147030.00	149	山东农业大学图书馆	3273246.50
110	西安科技大学图书馆	4109712.00	150	安徽工业大学图书馆	3270618.50
111	天津师范大学图书馆	4106693.75	151	三明学院图书馆	3250105.50
112	浙江财经大学图书馆	4103315.75	152	杭州电子科技大学图书馆	3218512.25
113	天津大学仁爱学院图书馆	4091659.50	153	重庆三峡学院图书馆	3210000.00
114	厦门理工学院图书馆	4084461.25	154	浙江万里学院图书馆	3207648.00
115	安徽师范大学图书馆	4009299.00	155	贵州大学图书馆	3206871.75
116	西北大学现代学院图书馆	3937897.50	156	湖南师范大学图书馆	3200000.00

续表

序号	机构名称	购纸质资源(元)	序号	机构名称	购纸质资源(元)
157	四川外语学院图书馆	3200000.00	197	南京晓庄学院图书馆	2619923.00
158	四川文理学院图书馆	3196370.75	198	山东理工大学图书馆	2619923.00
159	兰州交通大学图书馆	3167667.00	199	贵州民族大学图书馆	2616326.00
160	四川师范大学图书馆	3116000.00	200	河南工业大学图书馆	2616314.25
161	成都理工大学图书馆	3087085.25	201	重庆师范大学图书馆	2595787.75
162	青岛科技大学图书馆	3061314.00	202	上海对外贸易学院图书馆	2589230.25
163	广东医学院图书馆	3053000.00	203	西安石油大学图书馆	2577182.25
164	嘉兴学院图书馆	3051924.50	204	天津农学院图书馆	2577043.50
165	肇庆学院图书馆	3050000.00	205	上海电力学院图书馆	2570858.00
166	亳州师范高等专科学校图书馆	3008700.00	206	汕头大学图书馆	2538581.75
167	菏泽学院图书馆	3006282.50	207	上海建桥学院图书馆	2532477.50
168	安徽理工大学图书馆	2998693.25	208	天津商业大学图书馆	2512200.00
169	南京审计学院图书馆	2991298.75	209	上海电子信息职业技术学院图书馆	2510000.00
170	贵州师范学院图书馆	2980031.75	210	保定学院图书馆	2505000.00
171	黄山学院图书馆	2950000.00	211	上海政法学院图书馆	2481485.50
172	丽水职业技术学院图书馆	2898660.00	212	东莞理工学院图书馆	2473256.00
173	广东海洋大学图书馆	2883776.75	213	大连大学图书馆	2456841.00
174	宁波大学图书馆	2856096.50	214	苏州职业大学图书馆	2453083.50
175	成都医学院图书馆	2827924.25	215	惠州学院图书馆	2443641.75
176	上海理工大学图书馆	2819416.50	216	广东轻工职业技术学院图书馆	2410000.00
177	贵州商业高等专科学校图书馆	2804875.00	217	淮阴师范学院图书馆	2410000.00
178	中央戏剧学院图书馆	2790840.00	218	成都信息工程学院图书馆	2401731.50
179	浙江工贸职业技术学院图书馆	2785556.50	219	西安医学院图书馆	2368501.75
180	金华职业技术学院图书馆	2780461.00	220	四川工程职业技术学院图书馆	2354544.00
181	西华大学图书馆	2779979.00	221	广东金融学院图书馆	2350000.00
182	西华师范大学图书馆	2767926.00	222	内江师范学院图书馆	2348980.25
183	四川工商职业技术学院图书馆	2766616.00	223	华北科技学院图书馆	2333719.75
184	绍兴文理学院图书馆	2755401.00	224	上海立信会计学院图书馆	2323197.25
185	西昌学院图书馆	2748702.25	225	广东培正学院图书馆	2305625.00
186	铜仁学院图书馆	2739332.25	226	川北医学院图书馆	2302650.00
187	韶关学院图书馆	2727804.25	227	厦门华厦职业学院图书馆	2294435.25
188	陕西学前师范学院图书馆	2724000.00	228	西安工程大学图书馆	2294402.00
189	西南政法大学图书馆	2709169.50	229	徐州医学院图书馆	2292241.75
190	西北师范大学图书馆	2704457.00	230	成都中医药大学图书馆	2291186.00
191	西安理工大学图书馆	2702025.50	231	中国民用航空飞行学院图书馆	2289879.50
192	燕山大学图书馆	2699500.00	232	上海应用技术学院图书馆	2280713.50
193	四川建筑职业技术学院图书馆	2689220.00	233	沈阳航空工业学院图书馆	2273370.00
194	中国美术学院图书馆	2650616.75	234	浙江传媒学院图书馆	2271809.25
195	五邑大学图书馆	2643736.50	235	鲁迅美术学院图书馆	2261425.00
196	西安欧亚学院图书馆	2642460.25	236	天津财经大学图书馆	2250000.00

续表

序号	机构名称	购纸质资源(元)	序号	机构名称	购纸质资源(元)
237	西安外国语大学图书馆	2243835.75	277	佛山科学技术学院图书馆	1906446.25
238	广东白云学院图书馆	2224800.00	278	天水师范学院图书馆	1900000.00
239	辽宁大学图书馆	2216204.00	279	北京中医药大学图书馆	1896456.25
240	上海杉达学院图书馆	2209699.50	280	厦门医学高等专科学校图书馆	1890000.00
241	宁波职业技术学院图书馆	2202977.50	281	遵义师范学院图书馆	1870678.50
242	河北经贸大学图书馆	2190000.00	282	天津中医学院图书馆	1866344.87
243	浙江大学宁波理工学院图书馆	2171259.50	283	辽宁师范大学图书馆	1850833.50
244	宁德师范学院图书馆	2162600.50	284	常熟理工学院图书馆	1847455.25
245	闽江学院图书馆	2136955.25	285	西安工业学院图书馆	1832712.50
246	甘肃政法学院图书馆	2136816.00	286	广东技术师范学院图书馆	1827647.00
247	台州学院图书馆	2129615.50	287	浙江中医药大学图书馆	1816312.62
248	沈阳农业大学图书馆	2127943.50	288	河北工程大学图书馆	1805856.87
249	甘肃民族师范学院图书馆	2088085.87	289	顺德职业技术学院图书馆	1802907.00
250	辽宁工程技术大学图书馆	2087946.62	290	广东石油化工学院图书馆	1802600.37
251	长江师范学院图书馆	2084411.00	291	钦州学院图书馆	1780000.00
252	电子科技大学中山学院图书馆	2078672.62	292	江苏海事职业技术学院图书馆	1768081.37
253	湖州师范学院图书馆	2072724.00	293	浙江科技学院图书馆	1760000.00
254	石家庄学院图书馆	2070000.00	294	濮阳职业技术学院图书馆	1740000.00
255	河北理工大学图书馆	2052369.00	295	淮南师范学院图书馆	1718000.00
256	南阳师范学院图书馆	2050000.00	296	浙江交通职业技术学院图书馆	1717658.25
257	遵义医学院图书馆	2045453.50	297	烟台工程职业技术学院图书馆	1717107.87
258	扬州市职业大学图书馆	2033219.87	298	江阴职业技术学院图书馆	1709000.00
259	徐州工程学院图书馆	2025342.50	299	黔南民族医学高等专科学校图书馆	1702851.87
260	琼台师范高等专科学校图书馆	2014299.75	300	浙江建设职业技术学院图书馆	1698239.37
261	莆田学院图书馆	2010000.00	301	延安大学西安创新学院图书馆	1698011.75
262	泸州医学院图书馆	2009667.37	302	广东创新科技职业学院图书馆	1686300.00
263	西安翻译学院图书馆	2000098.75	303	丽水学院图书馆	1680508.25
264	宿州学院图书馆	2000030.00	304	淄博职业学院图书馆	1680000.00
265	陕西国际商贸学院图书馆	1992000.00	305	陕西中医学院图书馆	1671095.50
266	上海师范大学天华学院图书馆	1984614.25	306	上海电机学院图书馆	1650273.62
267	宁波工程学院图书馆	1982050.50	307	天津外国语大学图书馆	1644027.50
268	广西财经学院图书馆	1980000.00	308	安徽财经大学图书馆	1640000.00
269	龙岩学院图书馆	1967787.50	309	北京理工大学珠海学院图书馆	1635000.00
270	中国医科大学图书馆	1961070.87	310	泰州职业技术学院图书馆	1626000.00
271	合肥学院图书馆	1950610.75	311	湛江师范学院图书馆	1597722.00
272	广州涉外经济职业技术学院图书馆	1950000.00	312	上海金融学院图书馆	1593807.00
273	中央民族大学图书馆	1947850.50	313	河北科技大学图书馆	1591008.37
274	广州中医药大学图书馆	1930000.00	314	陕西科技大学图书馆	1588389.62
275	宜宾学院图书馆	1926645.12	315	西安邮电大学图书馆	1584647.37
276	沈阳师范大学图书馆	1909394.50	316	西藏民族学院图书馆	1584370.00

续表

序号	机构名称	购纸质资源(元)	序号	机构名称	购纸质资源(元)
317	无锡职业技术学院图书馆	1573403.37	357	新乡学院图书馆	1341048.12
318	天津理工大学图书馆	1570117.00	358	西安体育学院图书馆	1341048.12
319	西安财经学院图书馆	1560962.00	359	温州职业技术学院图书馆	1334667.00
320	华南理工大学广州学院图书馆	1560000.00	360	南方医科大学图书馆	1332800.00
321	成都航空职业技术学院图书馆	1543972.37	361	西北工业大学明德学院图书馆	1331292.50
322	安康学院图书馆	1543001.00	362	辽宁石油化工大学图书馆	1330704.37
323	成都电子机械高等专科学校图书馆	1539746.37	363	山东政法学院图书馆	1320000.00
324	广东农工商职业技术学院图书馆	1530000.00	364	中国青年政治学院图书馆	1305000.00
325	盐城工学院图书馆	1527248.62	365	华南农业大学珠江学院图书馆	1300000.00
326	皖西学院图书馆	1520000.00	366	浙江商业职业技术学院图书馆	1289009.12
327	江苏建筑职业技术学院图书馆	1518442.12	367	威海职业学院图书馆	1285000.00
328	仰恩大学图书馆	1515607.00	368	淮北师范大学图书馆	1268234.37
329	新乡医学院图书馆	1507552.00	369	广东警官学院图书馆	1264715.75
330	安徽医学高等专科学校图书馆	1500000.00	370	广州工程技术职业学院图书馆	1259440.00
331	四川财经职业学院图书馆	1492264.25	371	漳州职业技术学院图书馆	1254871.87
332	咸阳师范学院图书馆	1485219.00	372	西南石油大学图书馆	1251017.75
333	渭南师范学院图书馆	1480850.00	373	浙江经贸职业技术学院图书馆	1246666.00
334	陕西理工学院图书馆	1478732.37	374	衢州职业技术学院图书馆	1240000.00
335	武夷学院图书馆	1475394.87	375	泉州师范学院图书馆	1236000.00
336	西安文理学院图书馆	1464402.00	376	甘肃农业大学图书馆	1230000.00
337	石家庄铁道学院图书馆	1462738.62	377	清远职业技术学院图书馆	1230000.00
338	常州纺织服装职业技术学院图书馆	1462723.87	378	四川教育学院图书馆	1228890.25
339	西安航空学院图书馆	1461510.25	379	贵阳医学院图书馆	1223035.87
340	河南城建学院图书馆	1459292.75	380	宜春职业技术学院图书馆	1217835.62
341	安徽职业技术学院图书馆	1448000.00	381	淮海工学院图书馆	1217559.50
342	大连交通大学图书馆	1440507.25	382	福建交通职业技术学院图书馆	1214878.50
343	阿坝师范高等专科学校图书馆	1437197.12	383	毕节学院图书馆	1209548.25
344	沈阳工业大学图书馆	1433914.87	384	咸阳职业技术学院图书馆	1200000.00
345	广州工商职业技术学院图书馆	1431922.00	385	天津职业大学图书馆	1200000.00
346	南通职业大学图书馆	1422495.75	386	吉林华桥外国语学院图书馆	1197531.25
347	西北政法学院图书馆	1400220.00	387	上海体育学院图书馆	1185136.75
348	西安工业大学 北方信息工程学院图书馆	1400000.00	388	浙江医药高等专科学校图书馆	1182933.50
349	福州外语外贸学院图书馆	1400000.00	389	连云港师范高等专科学校图书馆	1175746.12
350	安徽大学图书馆	1392739.37	390	宝鸡文理学院图书馆	1173170.50
351	福建中医药大学图书馆	1391177.12	391	浙江水利水电学院图书馆	1172741.00
352	浙江纺织服装职业技术学院图书馆	1390290.00	392	复旦大学上海视觉艺术学院图书馆	1164000.00
353	沈阳化工大学图书馆	1386167.00	393	浙江经济职业技术学院图书馆	1162354.00
354	九江职业技术学院图书馆	1373850.25	394	苏州经贸职业技术学院图书馆	1160000.00
355	成都职业技术学院图书馆	1360000.00	395	南充职业技术学院图书馆	1152260.00
356	浙江金融职业学院图书馆	1351482.37	396	杭州科技职业技术学院图书馆	1152000.00

续表

序号	机构名称	购纸质资源(元)	序号	机构名称	购纸质资源(元)
397	广东环境保护工程职业学院图书馆	1150928.75	437	凯里学院图书馆	900731.18
398	佛山职业技术学院图书馆	1150000.00	438	许昌职业技术学院图书馆	900000.00
399	贵阳学院图书馆	1149300.00	439	安徽工程大学图书馆	896740.00
400	湖州职业技术学院图书馆	1145289.12	440	宁波城市职业技术学院图书馆	895124.12
401	商洛学院图书馆	1143923.25	441	陕西铁路工程职业技术学院图书馆	893445.68
402	四川城市职业学院图书馆	1143357.25	442	陕西国防工业职业技术学院图书馆	892996.06
403	首都医科大学图书馆	1141509.00	443	广东工程职业技术学院图书馆	885503.00
404	青海师范大学图书馆	1129493.00	444	常州轻工职业技术学院图书馆	883192.00
405	攀枝花学院图书馆	1125163.00	445	紫琅职业技术学院图书馆	880000.00
406	广东科学技术职业学院图书馆	1120000.00	446	沈阳理工大学图书馆	878169.00
407	武汉大学东湖分校图书馆	1105820.00	447	西安思源学院图书馆	866998.00
408	陕西工业职业技术学院图书馆	1104129.00	448	海南职业技术学院图书馆	862883.00
409	江苏食品职业技术学院图书馆	1100000.00	449	广东科贸职业学院图书馆	860000.00
410	贵阳中医学院图书馆	1099955.00	450	山东商务职业学院图书馆	860000.00
411	上海海关高等专科学校图书馆	1099654.50	451	浙江工业职业技术学院图书馆	855637.00
412	天津美术学院图书馆	1090073.62	452	山东警察学院图书馆	850041.37
413	黎明职业大学图书馆	1086078.75	453	上海出版印刷高等专科学校图书馆	847500.00
414	四川职业技术学院图书馆	1084100.00	454	厦门海洋职业技术学院图书馆	846800.00
415	延安大学图书馆	1080532.00	455	鹤壁职业技术学院图书馆	846599.37
416	上海音乐学院图书馆	1073461.37	456	商丘师范学院图书馆	840000.00
417	沈阳体育学院图书馆	1069305.00	457	广东理工职业学院图书馆	833223.68
418	四川民族学院图书馆	1058099.75	458	中山大学新华学院图书馆	832047.43
419	浙江工商职业技术学院图书馆	1050091.00	459	绵阳职业技术学院图书馆	831976.93
420	广州城市职业学院图书馆	1050000.00	460	福建卫生职业技术学院图书馆	824000.00
421	辽宁农业职业技术学院图书馆	1031948.68	461	浙江机电职业技术学院图书馆	807969.50
422	杨凌职业技术学院图书馆	1014857.18	462	广东科技学院图书馆	804884.25
423	浙江旅游职业学院图书馆	1011533.00	463	青海民族大学图书馆	801839.75
424	东北电力大学图书馆	993499.00	464	广东省外语艺术职业学院图书馆	798017.43
425	海南工商职业学院图书馆	991366.93	465	浙江长征职业技术学院图书馆	786148.81
426	南京工业职业技术学院图书馆	990024.50	466	河南工业职业技术学院图书馆	785000.00
427	浙江艺术职业学院图书馆	985651.25	467	浙江同济科技职业学院图书馆	784501.00
428	西安美术学院图书馆	980946.50	468	浙江医学高等专科学校图书馆	783902.81
429	陕西服装工程学院图书馆	979843.00	469	惠州经济职业技术学院图书馆	778000.00
430	义乌工商职业技术学院图书馆	979206.56	470	闽西职业技术学院图书馆	771882.81
431	南京化工职业技术学院图书馆	952426.18	471	河北政法职业学院图书馆	769689.00
432	柳州运输职业技术学院图书馆	920000.00	472	四川交通职业技术学院图书馆	768720.00
433	天津天狮学院图书馆	916299.18	473	安顺学院图书馆	763955.00
434	江苏警官学院图书馆	916138.00	474	天津滨海职业学院图书馆	757063.75
435	承德石油高等专科学校图书馆	915556.00	475	广东文艺职业学院图书馆	750000.00
436	六盘水师范学院图书馆	915528.37	476	成都体育学院图书馆	748965.93

续表

序号	机构名称	购纸质资源(元)	序号	机构名称	购纸质资源(元)
477	苏州卫生职业技术学院图书馆	748171.31	517	广东女子职业技术学院图书馆	500000.00
478	常州工程职业技术学院图书馆	742998.25	518	湖南理工学院图书馆	496998.84
479	杭州万向职业技术学院图书馆	736000.00	519	健雄职业技术学院图书馆	489471.28
480	河北建筑工程学院图书馆	723870.68	520	贵州广播电视大学图书馆	482638.59
481	天津电子信息职业技术学院图书馆	722650.12	521	广西水利电力职业技术学院图书馆	480958.00
482	承德民族师范高等专科学校图书馆	720000.00	522	私立华联学院图书馆	471825.00
483	台州职业技术学院图书馆	720000.00	523	海南外国语职业学院图书馆	471000.00
484	四川邮电职业技术学院图书馆	719691.06	524	天津医学高等专科学校图书馆	470949.00
485	广州南洋理工职业学院图书馆	712686.56	525	浙江东方职业技术学院图书馆	462484.62
486	泉州轻工职业学院图书馆	698263.00	526	浙江东方职业技术学院图书馆	462484.62
487	上海城市管理职业技术学院图书馆	696385.75	527	贵州理工学院图书馆	449483.62
488	铜陵职业技术学院图书馆	680000.00	528	上海科学技术职业学院图书馆	442606.00
489	西安交通大学城市学院图书馆	678505.00	529	宝鸡职业技术学院图书馆	440000.00
490	浙江警察学院图书馆	666992.37	530	陕西职业技术学院图书馆	437983.31
491	西安铁路职业技术学院图书馆	664822.81	531	上海公安高等专科学校图书馆	432000.00
492	四川烹饪高等专科学校图书馆	662000.00	532	宁波教育学院图书馆	410041.65
493	宁波卫生职业技术学院图书馆	660056.00	533	四川司法警官职业学院图书馆	407769.87
494	连云港职业技术学院图书馆	660000.00	534	广东水利电力职业技术学院图书馆	405053.00
495	广东食品药品职业学院图书馆	660000.00	535	上海工商外国语职业学院图书馆	403397.90
496	上海旅游高等专科学校图书馆	655618.00	536	江苏信息职业技术学院图书馆	400000.00
497	山东建筑工程学院图书馆	650000.00	537	河南水利与环境职业学院图书馆	400000.00
498	陕西交通职业技术学院图书馆	642034.12	538	浙江国际海运职业技术学院图书馆	398552.68
499	成都纺织高等专科学校图书馆	614000.00	539	上海行健职业学院图书馆	397003.43
500	信阳农业高等专科学校图书馆	608861.93	540	上海医疗器械高等专科学校图书馆	392414.65
501	陕西青年职业学院图书馆	607619.12	541	四川化工职业技术学院图书馆	390000.00
502	漳州理工职业学院图书馆	598221.50	542	黔南民族师范学院图书馆	385037.00
503	台州科技职业学院图书馆	580000.00	543	上海农林职业技术学院图书馆	380440.37
504	桐城师范高等专科学校图书馆	580000.00	544	河北机电职业技术学院图书馆	380000.00
505	嘉兴职业技术学院图书馆	563786.68	545	内江职业技术学院图书馆	376206.96
506	四川交通职业技术学院图书馆	562867.81	546	沈阳大学图书馆	375085.00
507	四川航天职业技术学院图书馆	562867.81	547	漳州卫生职业学院图书馆	373083.53
508	三亚航空旅游职业学院图书馆	561270.00	548	福建电力职业技术学院图书馆	368625.00
509	承德医学院图书馆	560000.00	549	上海思博职业技术学院图书馆	362130.87
510	沧州医学高等专科学校图书馆	556066.31	550	上海济光职业技术学院图书馆	360118.09
511	闽江学院图书馆	556066.31	551	泰州学院图书馆	358368.15
512	泉州经贸职业技术学院图书馆	550000.00	552	青海交通职业技术学院图书馆	356855.00
513	绍兴职业技术学院图书馆	547189.00	553	福建华南女子职业学院图书馆	354367.19
514	广西经贸职业技术学院图书馆	513000.00	554	广西生态工程职业技术学院图书馆	350385.00
515	海南政法职业学院图书馆	509372.34	555	梧州职业学院图书馆	350002.00
516	四川水利职业技术学院图书馆	500000.00	556	广东司法警官职业学院图书馆	350000.00

续表

序号	机构名称	购纸质资源(元)	序号	机构名称	购纸质资源(元)
557	沈阳工程学院图书馆	348896.00	584	上海立达职业技术学院图书馆	176724.70
558	海南科技职业学院图书馆	348466.09	585	广东信息工程职业学院图书馆	174000.00
559	天津现代职业技术学院图书馆	346000.00	586	金华教育学院图书馆	171616.00
560	天津体育学院图书馆	332065.93	587	河北工程技术高等专科学校图书馆	160730.00
561	四川信息职业技术学院图书馆	312000.00	588	广东行政职业学院图书馆	157000.00
562	西安电力高等专科学校图书馆	300331.37	589	漳州天福茶职业技术学院图书馆	150000.00
563	甘肃交通职业技术学院图书馆	299000.00	590	河北石油职业技术学院图书馆	145990.00
564	陕西能源职业技术学院图书馆	294005.15	591	沧州师范专科学校图书馆	144527.23
565	厦门兴才职业技术学院图书馆	287214.46	592	揭阳职业技术学院图书馆	144226.93
566	四川托普信息技术职业学院图书馆	285857.75	593	浙江广播电视大学图书馆	136452.29
567	沈阳音乐学院图书馆	284000.00	594	上海震旦职业学院图书馆	134234.92
568	上海东海职业技术学院图书馆	279410.03	595	苏州高博软件技术职业学院图书馆	128186.78
569	湄洲湾职业技术学院图书馆	275560.25	596	上海新侨职业技术学院图书馆	107047.61
570	江西农业工程职业学院图书馆	274452.00	597	盘锦职业技术学院图书馆	106090.00
571	商洛职业技术学院图书馆	271419.18	598	陕西邮电职业技术学院图书馆	105312.49
572	浙江体育职业技术学院图书馆	269000.00	599	衡水职业技术学院图书馆	93870.00
573	兴义民族师范学院图书馆	261982.20	600	闽北职业技术学院图书馆	92506.06
574	广东邮电职业技术学院图书馆	257377.98	601	漯河职业技术学院图书馆	90900.00
575	厦门城市职业学院图书馆	256000.00	602	青海警官职业学院图书馆	88606.50
576	九州职业技术学院图书馆	254610.07	603	南宁地区教育学院图书馆	81700.00
577	福建体育职业技术学院图书馆	219918.42	604	福州英华职业学院图书馆	66739.00
578	德化陶瓷职业技术学院图书馆	207663.00	605	上海民远职业技术学院图书馆	40096.73
579	四川商务职业学院图书馆	206400.00	606	武夷山职业学院图书馆	25000.00
580	西安音乐学院图书馆	204518.68	607	上海托普信息技术职业学院图书馆	24973.38
581	贵州交通职业技术学院图书馆	200000.00	608	上海民航职业技术学院图书馆	15755.00
582	天津音乐学院图书馆	195006.01	609	厦门南洋职业学院图书馆	15247.37
583	营口理工学院图书馆图书馆	187563.79	610	厦门安防科技职业学院图书馆	9787.63

2013年566所高校图书馆电子资源购置费统计表

序号	机构名称	购电子资源(元)	序号	机构名称	购电子资源(元)
1	复旦大学图书馆	21498558.00	39	中国矿业大学图书馆	7585765.00
2	清华大学图书馆	21008604.00	40	中国科学技术大学图书馆	7366539.00
3	上海交通大学图书馆	20222712.00	41	江苏大学图书馆	7222714.00
4	华中科技大学图书馆	19341076.00	42	西安交通大学图书馆	7220104.00
5	浙江大学图书馆	17805988.00	43	暨南大学图书馆	7186598.00
6	重庆大学图书馆	17081500.00	44	江苏师范大学图书馆	7062710.00
7	厦门大学图书馆	15251748.00	45	东北大学图书馆	6980818.00
8	大连理工大学图书馆	14248417.00	46	武汉理工大学图书馆	6916982.00
9	同济大学图书馆	13653968.00	47	天津大学图书馆	6915992.00
10	北京大学图书馆	13052828.00	48	苏州大学图书馆	6904483.00
11	中山大学图书馆	11988600.00	49	浙江师范大学图书馆	6847451.50
12	华东师范大学图书馆	11142000.00	50	福建师范大学图书馆	6797213.00
13	四川大学图书馆	10959901.00	51	南京航空航天大学图书馆	6791777.00
14	武汉大学图书馆	10723056.00	52	福州大学图书馆	6790408.00
15	湖南大学图书馆	10373955.00	53	南方科技大学图书馆	6758391.00
16	西北工业大学图书馆	9911270.00	54	西北大学图书馆	6665032.00
17	深圳大学城图书馆图书馆	9874109.00	55	上海大学图书馆	6592760.00
18	陕西师范大学图书馆	9578049.00	56	杭州师范大学图书馆	6554012.50
19	北京工业大学图书馆	9308062.00	57	合肥工业大学图书馆	6523682.00
20	东南大学图书馆	9236051.00	58	南京师范大学图书馆	6362257.00
21	华东理工大学图书馆	9146129.00	59	南开大学图书馆	6080000.00
22	郑州大学图书馆	9029453.00	60	汕头大学图书馆	5909613.00
23	河南大学图书馆	9000000.00	61	浙江理工大学图书馆	5895000.00
24	浙江工业大学图书馆	8925864.00	62	南京工业大学图书馆	5871459.00
25	深圳大学图书馆	8914611.00	63	燕山大学图书馆	5593085.00
26	西北农林科技大学图书馆	8820021.00	64	华中师范大学图书馆	5486966.00
27	华东政法大学图书馆	8722281.00	65	北京工商大学图书馆	5475400.00
28	西南交通大学图书馆	8715588.00	66	中国海洋大学图书馆	5347000.00
29	电子科技大学图书馆	8628431.00	67	扬州大学图书馆	5266628.00
30	东北师范大学图书馆	8580998.00	68	上海理工大学图书馆	5231560.50
31	江南大学图书馆	8312122.00	69	杭州电子科技大学图书馆	5142952.00
32	北京科技大学图书馆	8197674.00	70	浙江工商大学图书馆	5124115.00
33	兰州大学图书馆	8136445.00	71	广东工业大学图书馆	5122548.00
34	南京理工大学图书馆	8034282.00	72	上海师范大学图书馆	5004719.50
35	西安电子科技大学图书馆	7673992.50	73	西南财经大学图书馆	4963445.00
36	西南民族大学图书馆	7655681.50	74	安徽理工大学图书馆	4873790.00
37	西北民族大学图书馆	7620000.00	75	华北电力大学图书馆	4731345.00
38	西北民族大学图书馆	7620000.00	76	陕西科技大学图书馆	4730202.50

续表

序号	机构名称	购电子资源(元)	序号	机构名称	购电子资源(元)
77	华南农业大学图书馆	4726396.00	117	上海应用技术学院图书馆	3123509.25
78	上海财经大学图书馆	4724932.00	118	长安大学图书馆	3113191.00
79	上海海事大学图书馆	4692111.50	119	河南工业大学图书馆	3097220.00
80	海南大学图书馆	4663739.00	120	湖南师范大学图书馆	3081327.00
81	广州大学图书馆	4578000.00	121	西安理工大学图书馆	2995035.75
82	安徽大学图书馆	4541193.00	122	上海政法学院图书馆	2937940.00
83	中国计量学院图书馆	4473700.00	123	南京农业大学图书馆	2877011.00
84	宁波大学图书馆	4370000.00	124	温州医科大学图书馆	2811409.00
85	南方医科大学图书馆	4349946.00	125	河北工业大学图书馆	2800000.00
86	首都医科大学图书馆	4342542.50	126	五邑大学图书馆	2762712.00
87	华侨大学图书馆	4245377.00	127	天津师范大学图书馆	2727051.00
88	重庆师范大学图书馆	4198981.00	128	西华大学图书馆	2677693.25
89	大连大学图书馆	4135100.00	129	辽宁大学图书馆	2663926.00
90	南京财经大学图书馆	3999338.00	130	西安工程大学图书馆	2656504.00
91	西南科技大学图书馆	3969890.75	131	河北师范大学图书馆	2513678.50
92	成都理工大学图书馆	3955970.50	132	盐城工学院图书馆	2497720.00
93	四川理工学院图书馆	3952554.00	133	西安建筑科技大学图书馆	2452430.50
94	浙江财经大学图书馆	3905823.00	134	沈阳航空工业学院图书馆	2428797.00
95	贵州大学图书馆	3808267.00	135	上海对外贸易学院图书馆	2421318.50
96	安徽工业大学图书馆	3800000.00	136	河北理工大学图书馆	2414973.00
97	上海工程技术大学图书馆	3779741.00	137	河北科技大学图书馆	2412997.50
98	西安外国语大学图书馆	3770388.00	138	河北大学图书馆	2395700.00
99	西南石油大学图书馆	3756140.00	139	西南政法大学图书馆	2392868.25
100	福建农林大学图书馆	3680800.00	140	苏州科技学院图书馆	2350297.00
101	温州大学图书馆	3609543.50	141	四川师范大学图书馆	2320000.00
102	大连海事大学图书馆	3591165.00	142	安徽财经大学图书馆	2300005.50
103	南京医科大学图书馆	3555015.25	143	漳州师范学院图书馆	2265073.50
104	广东外语外贸大学图书馆	3528699.00	144	上海杉达学院图书馆	2250000.00
105	东莞理工学院图书馆	3498745.00	145	嘉兴学院图书馆	2229721.00
106	天津中医学院图书馆	3489531.00	146	河北工程大学图书馆	2225400.00
107	四川农业大学图书馆	3487089.75	147	北京师范大学— 香港浸会大学联合国际学院图书馆	2222582.25
108	南京林业大学图书馆	3415970.00	148	西华师范大学图书馆	2219000.00
109	安徽师范大学图书馆	3397322.00	149	西北师范大学图书馆	2198387.00
110	上海体育学院图书馆	3322463.00	150	青岛科技大学图书馆	2152334.75
111	中国民航大学图书馆	3313000.00	151	广东海洋大学图书馆	2111191.00
112	中国医科大学图书馆	3261569.00	152	沈阳师范大学图书馆	2094508.00
113	南京审计学院图书馆	3245674.00	153	兰州交通大学图书馆	1962637.00
114	成都中医药大学图书馆	3207700.00	154	西安邮电大学图书馆	1944089.00
115	上海电力学院图书馆	3136920.00	155	沈阳工业大学图书馆	1917122.00
116	山东农业大学图书馆	3132449.00	156	河北北方学院图书馆	1862624.00

序号	机构名称	购电子资源(元)	序号	机构名称	购电子资源(元)
157	集美大学图书馆	1842812.00	197	山东理工大学图书馆	1264571.00
158	浙江海洋学院图书馆	1840000.00	198	天津商业大学图书馆	1257900.00
159	四川外语学院图书馆	1800000.00	199	天津外国语大学图书馆	1257399.00
160	中央民族大学图书馆	1794537.00	200	泉州师范学院图书馆	1250000.00
161	常熟理工学院图书馆	1746624.00	201	厦门理工学院图书馆	1249954.00
162	百色学院图书馆	1692576.00	202	潍坊学院图书馆	1242193.00
163	西安科技大学图书馆	1686132.00	203	成都医学院图书馆	1210200.00
164	徐州工程学院图书馆	1681905.00	204	广东石油化工学院图书馆	1182383.75
165	淮海工学院图书馆	1671814.00	205	中国青年政治学院图书馆	1177300.00
166	上海电机学院图书馆	1650827.50	206	佛山科学技术学院图书馆	1171716.37
167	北京师范大学珠海分校图书馆	1627786.00	207	贵州财经大学图书馆	1145042.00
168	广东医学院图书馆	1614420.50	208	南阳师范学院图书馆	1130000.00
169	沈阳农业大学图书馆	1580000.00	209	沈阳理工大学图书馆	1121831.00
170	青海师范大学图书馆	1518000.00	210	西安石油大学图书馆	1121663.00
171	浙江农林大学图书馆	1514347.50	211	广东技术师范学院图书馆	1117000.00
172	西安翻译学院图书馆	1511855.00	212	浙江中医药大学图书馆	1116972.00
173	福建中医药大学图书馆	1510255.00	213	烟台大学图书馆	1111260.00
174	西昌学院图书馆	1508054.00	214	湛江师范学院图书馆	1106717.25
175	河南城建学院图书馆	1485094.00	215	沈阳大学图书馆	1100000.00
176	绍兴文理学院图书馆	1484784.00	216	新乡医学院图书馆	1068950.00
177	西安医学院图书馆	1482768.00	217	沈阳化工大学图书馆	1068321.00
178	湖州师范学院图书馆	1478437.00	218	华北科技学院图书馆	1057972.00
179	台州学院图书馆	1467021.00	219	广西财经学院图书馆	1020000.00
180	中国民用航空飞行学院图书馆	1457484.75	220	贵阳学院图书馆	1016000.00
181	宜宾学院图书馆	1451600.00	221	西安培华学院图书馆	1005300.00
182	深圳职业技术学院图书馆	1450000.00	222	顺德职业技术学院图书馆	1001120.00
183	河北经贸大学图书馆	1450000.00	223	甘肃农业大学图书馆	1000000.00
184	石家庄铁道学院图书馆	1435219.00	224	山东建筑工程学院图书馆	1000000.00
185	淮南师范学院图书馆	1425750.00	225	浙江传媒学院图书馆	998300.00
186	浙江科技学院图书馆	1421920.00	226	金华职业技术学院图书馆	993548.00
187	莆田学院图书馆	1403000.00	227	遵义医学院图书馆	987017.00
188	宁波工程学院图书馆	1395905.00	228	徐州医学院图书馆	983000.00
189	重庆医科大学图书馆	1376276.00	229	浙江工商职业技术学院图书馆	981000.00
190	成都信息工程学院图书馆	1374670.25	230	渭南师范学院图书馆	976000.00
191	贵阳医学院图书馆	1313491.00	231	广东轻工职业技术学院图书馆	975854.00
192	四川音乐学院图书馆	1308754.00	232	淮阴师范学院图书馆	975854.00
193	天津理工大学图书馆	1295744.00	233	天津财经大学图书馆	975500.00
194	西安欧亚学院图书馆	1287000.00	234	宝鸡文理学院图书馆	973091.00
195	中国政法大学图书馆	1275283.00	235	闽江学院图书馆	962613.00
196	南京晓庄学院图书馆	1264571.00	236	皖西学院图书馆	950000.00

续表

序号	机构名称	购电子资源(元)	序号	机构名称	购电子资源(元)
237	浙江警察学院图书馆	941271.37	277	陕西学前师范学院图书馆	671000.00
238	浙江水利水电学院图书馆	938900.00	278	亳州师范高等专科学校图书馆	670000.00
239	内江师范学院图书馆	932037.00	279	连云港师范高等专科学校图书馆	667000.00
240	石家庄学院图书馆	930000.00	280	上海建桥学院图书馆	665313.00
241	浙江金融职业学院图书馆	920000.00	281	辽宁工程技术大学图书馆	656653.00
242	淮北师范大学图书馆	903969.06	282	浙江建设职业技术学院图书馆	653452.00
243	肇庆学院图书馆	900000.00	283	华南理工大学广州学院图书馆	650000.00
244	四川民族学院图书馆	884663.37	284	贵州民族大学图书馆	638241.00
245	宁波大红鹰学院图书馆	879798.00	285	黄山学院图书馆	638000.00
246	青海民族大学图书馆	879566.00	286	四川教育学院图书馆	637423.00
247	泸州医学院图书馆	870200.00	287	西北政法学院图书馆	636842.00
248	琼台师范高等专科学校图书馆	870000.00	288	辽宁石油化工大学图书馆	633577.00
249	大连交通大学图书馆	866822.00	289	承德民族师范高等专科学校图书馆	625000.00
250	广东金融学院图书馆	850000.00	290	广东培正学院图书馆	605301.00
251	南京信息工程大学 (原南京气象学院)图书馆	850000.00	291	贵阳中医学院图书馆	600000.00
252	西安财经学院图书馆	839698.00	292	苏州职业大学图书馆	596915.00
253	西安工业学院图书馆	813542.00	293	深圳信息职业技术学院图书馆	596100.00
254	宿州学院图书馆	800000.00	294	延安大学图书馆	590483.00
255	电子科技大学中山学院图书馆	789000.00	295	商丘师范学院图书馆	590000.00
256	广东省外语艺术职业学院图书馆	785000.00	296	海口经济学院图书馆	582000.00
257	成都体育学院图书馆	772835.00	297	衡水学院图书馆	578800.00
258	广西师范学院图书馆	769002.00	298	杨凌职业技术学院图书馆	570000.00
259	毕节学院图书馆	758400.00	299	广东科学技术职业学院图书馆	570000.00
260	川北医学院图书馆	750128.00	300	菏泽学院图书馆	566273.00
261	宁波职业技术学院图书馆	740230.00	301	浙江越秀外国语学院图书馆	563705.00
262	陕西理工学院图书馆	734274.00	302	天津农学院图书馆	560000.00
263	重庆三峡学院图书馆	725000.00	303	甘肃政法学院图书馆	555000.00
264	凯里学院图书馆	724500.00	304	天津医学高等专科学校图书馆	555000.00
265	天水师范学院图书馆	720000.00	305	河北建筑工程学院图书馆	552204.00
266	浙江纺织服装职业技术学院图书馆	716163.00	306	南开大学滨海学院图书馆	552135.00
267	合肥学院图书馆	702100.00	307	惠州学院图书馆	545980.00
268	遵义师范学院图书馆	697800.00	308	上海海关高等专科学校图书馆	544967.87
269	上海公安高等专科学校图书馆	697040.00	309	西藏民族学院图书馆	537000.00
270	韶关学院图书馆	696167.00	310	江苏海事职业技术学院图书馆	530000.00
271	长江师范学院图书馆	688000.00	311	浙江外国语学院图书馆	529399.00
272	上海立信会计学院图书馆	686579.50	312	攀枝花学院图书馆	529000.00
273	辽宁师范大学图书馆	686250.00	313	成都电子机械高等专科学校图书馆	527900.00
274	广西工学院图书馆	685879.62	314	东北电力大学图书馆	527000.00
275	贵州师范大学图书馆	681277.00	315	中央戏剧学院图书馆	526976.00
276	福建工程学院图书馆	680000.00	316	西安美术学院图书馆	522000.00

续表

序号	机构名称	购电子资源(元)	序号	机构名称	购电子资源(元)
317	西安科技商贸职业学院图书馆	520000.00	357	湖南理工学院图书馆	376766.00
318	陕西铁路工程职业技术学院图书馆	511226.81	358	常州工程职业技术学院图书馆	375000.00
319	西京学院图书馆	510000.00	359	浙江万里学院图书馆	373928.00
320	安徽工程大学图书馆	509000.00	360	威海职业学院图书馆	370700.00
321	广东女子职业技术学院图书馆	500000.00	361	上海金融学院图书馆	360219.00
322	铜陵职业技术学院图书馆	500000.00	362	广州涉外经济职业技术学院图书馆	360000.00
323	龙岩学院图书馆	500000.00	363	常州纺织服装职业技术学院图书馆	350680.00
324	广州城市职业学院图书馆	500000.00	364	沈阳体育学院图书馆	349509.84
325	上海电子信息职业技术学院图书馆	498000.00	365	安顺学院图书馆	349000.00
326	西安铁路职业技术学院图书馆	497800.00	366	海南政法职业学院图书馆	334900.00
327	福建交通职业技术学院图书馆	497600.00	367	池州学院图书馆	330000.00
328	浙江经贸职业技术学院图书馆	492052.00	368	上海民航职业技术学院图书馆	330000.00
329	陕西中医学院图书馆	477000.00	369	浙江商业职业技术学院图书馆	327368.00
330	浙江旅游职业学院图书馆	476000.00	370	安康学院图书馆	319000.00
331	琼州学院图书馆	475854.00	371	厦门医学高等专科学校图书馆	313000.00
332	西安航空学院图书馆	475000.00	372	台州科技职业学院图书馆	310000.00
333	吉林华桥外国语学院图书馆	475000.00	373	浙江工贸职业技术学院图书馆	305984.00
334	陕西工业职业技术学院图书馆	471800.00	374	江苏食品职业技术学院图书馆	300000.00
335	承德医学院图书馆	460000.00	375	广东白云学院图书馆	300000.00
336	广东理工职业学院图书馆	441400.00	376	泰州职业技术学院图书馆	300000.00
337	中国美术学院图书馆	432549.00	377	广东食品药品职业学院图书馆	300000.00
338	浙江医学高等专科学校图书馆	432144.00	378	成都纺织高等专科学校图书馆	299000.00
339	山东政法学院图书馆	430000.00	379	健雄职业技术学院图书馆	298000.00
340	山东警察学院图书馆	423390.00	380	西安文理学院图书馆	297217.00
341	沈阳工程学院图书馆	423104.00	381	铜仁学院图书馆	295971.00
342	沧州医学高等专科学校图书馆	421700.00	382	湄洲湾职业技术学院图书馆	295000.00
343	杭州科技职业技术学院图书馆	420000.00	383	嘉兴职业技术学院图书馆	291822.00
344	西安财经学院行知学院图书馆	420000.00	384	上海音乐学院图书馆	290000.00
345	浙江经济职业技术学院图书馆	415646.00	385	四川交通职业技术学院图书馆	290000.00
346	沈阳医学院图书馆	414569.00	386	四川工程职业技术学院图书馆	290000.00
347	南京工业职业技术学院图书馆	413315.00	387	广州南洋理工职业学院图书馆	288000.00
348	闽江学院图书馆	405700.00	388	上海师范大学天华学院图书馆	280000.00
349	仰恩大学图书馆	400910.00	389	桐城师范高等专科学校图书馆	276000.00
350	常州轻工职业技术学院图书馆	400000.00	390	宁波城市职业技术学院图书馆	275000.00
351	郑州旅游职业学院图书馆	398000.00	391	成都航空职业技术学院图书馆	273225.00
352	厦门城市职业学院图书馆	396000.00	392	广西经贸职业技术学院图书馆	273000.00
353	浙江机电职业技术学院图书馆	392030.53	393	台州职业技术学院图书馆	268080.00
354	浙江交通职业技术学院图书馆	387580.00	394	沈阳音乐学院图书馆	266020.00
355	咸阳师范学院图书馆	378000.00	395	四川财经职业学院图书馆	265000.00
356	贵州理工学院图书馆	377600.00	396	三明学院图书馆	262113.00

序号	机构名称	购电子资源(元)	序号	机构名称	购电子资源(元)
397	丽水学院图书馆	261708.00	437	漳州卫生职业学院图书馆	181000.00
398	闽西职业技术学院图书馆	260013.00	438	广州工程技术职业学院图书馆	180000.00
399	广东工程职业技术学院图书馆	259456.00	439	辽宁农业职业技术学院图书馆	180000.00
400	信阳农业高等专科学校图书馆	258000.00	440	扬州市职业大学图书馆	178500.00
401	衢州职业技术学院图书馆	250000.00	441	武汉大学东湖分校图书馆	177000.00
402	广东农工商职业技术学院图书馆	250000.00	442	广东警官学院图书馆	175436.00
403	沧州师范专科学校图书馆	250000.00	443	青海交通职业技术学院图书馆	175000.00
404	南通职业大学图书馆	248615.00	444	湖州职业技术学院图书馆	173190.00
405	苏州卫生职业技术学院图书馆	245308.00	445	黔南民族师范学院图书馆	173000.00
406	四川建筑职业技术学院图书馆	244880.00	446	上海农林职业技术学院图书馆	172300.00
407	揭阳职业技术学院图书馆	233000.00	447	黎明职业大学图书馆	172000.00
408	成都职业技术学院图书馆	233000.00	448	河北工程技术高等专科学校图书馆	170246.00
409	南京化工职业技术学院图书馆	231308.00	449	四川美术学院图书馆	170000.00
410	浙江工业职业技术学院图书馆	231224.00	450	天津职业大学图书馆	170000.00
411	苏州经贸职业技术学院图书馆	230000.00	451	天津天狮学院图书馆	170000.00
412	甘肃民族师范学院图书馆	230000.00	452	陕西青年职业学院图书馆	168000.00
413	四川师范大学成都学院图书馆	229000.00	453	漳州职业技术学院图书馆	168000.00
414	河北政法职业学院图书馆	226000.00	454	苏州卫生职业技术学院图书馆	165000.00
415	江苏建筑职业技术学院图书馆	221000.00	455	杭州万向职业技术学院图书馆	161300.00
416	无锡职业技术学院图书馆	220071.00	456	复旦大学上海视觉艺术学院图书馆	160000.00
417	西安音乐学院图书馆	215000.00	457	中山大学新华学院图书馆	160000.00
418	天津大学仁爱学院图书馆	214750.00	458	陕西能源职业技术学院图书馆	158800.00
419	陕西国际商贸学院图书馆	214000.00	459	四川商务职业学院图书馆	156000.00
420	上海城市管理职业技术学院图书馆	210000.00	460	泰州学院图书馆	155000.00
421	义乌工商职业技术学院图书馆	205936.00	461	四川职业技术学院图书馆	152000.00
422	浙江国际海运职业技术学院图书馆	201980.00	462	紫琅职业技术学院图书馆	150000.00
423	商洛学院图书馆	200000.00	463	宁波卫生职业技术学院图书馆	150000.00
424	西安交通大学城市学院图书馆	200000.00	464	天津电子信息职业技术学院图书馆	150000.00
425	福州外语外贸学院图书馆	200000.00	465	西北工业大学明德学院图书馆	149800.00
426	营口理工学院图书馆图书馆	199000.00	466	广东环境保护工程职业学院图书馆	148000.00
427	九江职业技术学院图书馆	198480.00	467	衡水职业技术学院图书馆	146800.00
428	淄博职业学院图书馆	196000.00	468	江阴职业技术学院图书馆	145000.00
429	清远职业技术学院图书馆	195000.00	469	厦门海洋职业技术学院图书馆	140000.00
430	内江职业技术学院图书馆	194500.00	470	佛山职业技术学院图书馆	140000.00
431	河南工业职业技术学院图书馆	192000.00	471	温州职业技术学院图书馆	139000.00
432	四川工商职业技术学院图书馆	191319.00	472	西安科技大学高新学院图书馆	138988.00
433	广东司法警官职业学院图书馆	190000.00	473	吉林司法警官职业学院图书馆	138000.00
434	贵州商业高等专科学校图书馆	187000.00	474	上海旅游高等专科学校图书馆	131043.00
435	四川文理学院图书馆	184100.00	475	西安思源学院图书馆	130000.00
436	天津美术学院图书馆	183273.00	476	四川化工职业技术学院图书馆	130000.00

序号	机构名称	购电子资源(元)	序号	机构名称	购电子资源(元)
477	惠州经济职业技术学院图书馆	130000.00	517	江苏警官学院图书馆	86210.00
478	广西水利电力职业技术学院图书馆	127000.00	518	四川邮电职业技术学院图书馆	82500.00
479	陕西国防工业职业技术学院图书馆	127000.00	519	上海工商外国语职业学院图书馆	82485.00
480	海南科技职业学院图书馆	125000.00	520	四川司法警官职业学院图书馆	81300.00
481	南充职业技术学院图书馆	120700.00	521	西北大学现代学院图书馆	80000.00
482	连云港职业技术学院图书馆	120000.00	522	承德石油高等专科学校图书馆	80000.00
483	四川信息职业技术学院图书馆	120000.00	523	兴义民族师范学院图书馆	78000.00
484	安徽职业技术学院图书馆	120000.00	524	河北石油职业技术学院图书馆	73000.00
485	广东信息工程职业学院图书馆	120000.00	525	河北机电职业技术学院图书馆	70000.00
486	广东科技学院图书馆	120000.00	526	广东科贸职业学院图书馆	70000.00
487	鹤壁职业技术学院图书馆	115000.00	527	浙江广播电视大学图书馆	69140.00
488	浙江艺术职业学院图书馆	112984.00	528	江西农业工程职业学院图书馆	68000.00
489	天津科技大学图书馆	111593.00	529	烟台工程职业技术学院图书馆	66000.00
490	宝鸡职业技术学院图书馆	110000.00	530	濮阳职业技术学院图书馆	63000.00
491	广东文艺职业学院图书馆	109000.00	531	盘锦职业技术学院图书馆	60000.00
492	浙江医药高等专科学校图书馆	108656.00	532	泉州经贸职业技术学院图书馆	60000.00
493	六盘水师范学院图书馆	105000.00	533	上海医疗器械高等专科学校图书馆	58000.00
494	宜春职业技术学院图书馆	105000.00	534	浙江大学城市学院图书馆	54340.00
495	厦门华厦职业学院图书馆	104600.00	535	天津体育学院图书馆	52000.00
496	宁波教育学院图书馆	104000.00	536	上海东海职业技术学院图书馆	50000.00
497	浙江东方职业技术学院图书馆	100094.00	537	贵州广播电视大学图书馆	50000.00
498	四川水利职业技术学院图书馆	100000.00	538	咸阳职业技术学院图书馆	50000.00
499	陕西服装工程学院图书馆	100000.00	539	海南职业技术学院图书馆	50000.00
500	许昌职业技术学院图书馆	100000.00	540	上海济光职业技术学院图书馆	48000.00
501	上海出版印刷高等专科学校图书馆	100000.00	541	广东邮电职业技术学院图书馆	47328.50
502	天津现代职业技术学院图书馆	100000.00	542	青海警官职业学院图书馆	46000.00
503	广东创新科技职业学院图书馆	100000.00	543	陕西交通职业技术学院图书馆	45000.00
504	天津滨海职业学院图书馆	99500.00	544	宁德师范学院图书馆	42613.00
505	上海行健职业学院图书馆	96000.00	545	福建电力职业技术学院图书馆	40000.00
506	甘肃交通职业技术学院图书馆	95000.00	546	绍兴职业技术学院图书馆	40000.00
507	浙江同济科技职业学院图书馆	94100.00	547	海南外国语职业学院图书馆	35000.00
508	四川交通职业技术学院图书馆	94000.00	548	丽水职业技术学院图书馆	32400.00
509	四川航天职业技术学院图书馆	94000.00	549	江苏信息职业技术学院图书馆	32000.00
510	广东水利电力职业技术学院图书馆	93640.00	550	福建华南女子职业学院图书馆	30000.00
511	广西生态工程职业技术学院图书馆	93000.00	551	三亚航空旅游职业学院图书馆	30000.00
512	陕西职业技术学院图书馆	93000.00	552	陕西邮电职业技术学院图书馆	30000.00
513	海南工商职业学院图书馆	92000.00	553	漯河职业技术学院图书馆	30000.00
514	安徽医学高等专科学校图书馆	91000.00	554	北京中医药大学图书馆	30000.00
515	四川烹饪高等专科学校图书馆	90000.00	555	福州英华职业学院图书馆	20200.00
516	四川警安职业学院图书馆	88000.00	556	西安电力高等专科学校图书馆	18000.00

续表

序号	机构名称	购电子资源(元)	序号	机构名称	购电子资源(元)
557	上海科学技术职业学院图书馆	15000.00	562	山东商务职业学院图书馆	12500.00
558	私立华联学院图书馆	15000.00	563	福建卫生职业技术学院图书馆	12000.00
559	四川托普信息技术职业学院图书馆	15000.00	564	上海新侨职业技术学院图书馆	10000.00
560	上海震旦职业学院图书馆	15000.00	565	黔南民族医学高等专科学校图书馆	7000.00
561	广州工商职业技术学院图书馆	15000.00	566	苏州高博软件技术职业学院图书馆	3582.00

(本部分数据出自教育部高等学校图书馆事实数据库,为各馆自报。

2013 年国家图书馆馆情数据

<table>
<tr><th colspan="2">类别</th><th>项目</th><th>数据</th></tr>
<tr><td colspan="2" rowspan="4">面积</td><td>总建筑面积</td><td>28 万平方米</td></tr>
<tr><td>总馆南区</td><td>17 万平方米</td></tr>
<tr><td>总馆北区</td><td>8 万平方米</td></tr>
<tr><td>古籍馆</td><td>3 万平方米</td></tr>
<tr><td colspan="2" rowspan="5">机构</td><td>处级机构总数</td><td>28 个</td></tr>
<tr><td>职能部门</td><td>12 个</td></tr>
<tr><td>业务部门</td><td>15 个</td></tr>
<tr><td>后勤服务部门</td><td>1 个</td></tr>
<tr><td>科组总数</td><td>100 个</td></tr>
<tr><td rowspan="11">人员结构</td><td>在编人员总数</td><td>在编人员</td><td>1468 人</td></tr>
<tr><td rowspan="5">学历结构</td><td>博士</td><td>71 人</td></tr>
<tr><td>硕士</td><td>588 人</td></tr>
<tr><td>本科</td><td>492 人</td></tr>
<tr><td>大专</td><td>172 人</td></tr>
<tr><td>大专以下学历</td><td>145 人</td></tr>
<tr><td rowspan="4">专业技术人员职称结构</td><td>专业技术人员</td><td>1254 人</td></tr>
<tr><td>正、副高级专业技术人员</td><td>341 人</td></tr>
<tr><td>中级专业技术人员</td><td>662 人</td></tr>
<tr><td>初级专业技术人员</td><td>251 人</td></tr>
<tr><td>离退休人员总数</td><td>离退休人员</td><td>986 人</td></tr>
<tr><td colspan="2" rowspan="3">经费</td><td>财政拨款总数</td><td>81 944.34 万元</td></tr>
<tr><td>购书经费</td><td>13 450 万元</td></tr>
<tr><td>事业经费</td><td>15 176.34 万元</td></tr>
<tr><td colspan="2" rowspan="8">馆藏</td><td>馆藏文献总量</td><td>3244.28 万册(件)</td></tr>
<tr><td>中文文献总量</td><td>2104.19 万册(件)</td></tr>
<tr><td>外文文献总量</td><td>1140.09 万册(件)</td></tr>
<tr><td>善本古籍总量</td><td>340036 册(件)</td></tr>
<tr><td>普通古籍总量</td><td>160 万册(件)</td></tr>
<tr><td>善本特藏(不含普通古籍)</td><td>817455 册(件)</td></tr>
<tr><td>数字资源总量</td><td>874.5TB(网络信息采集 45.7TB,自建数字资源 737.9TB)</td></tr>
<tr><td>外购数据库</td><td>273 个(中文数据库 124 个,外文数据库 149 个)</td></tr>
</table>

续表

类别	项目		数据
服务	开馆时间	总馆南区	维修改造
		总馆北区	周一至周五 9:00—21:00 周六至周日 9:00—17:00
		古籍馆	周一至周五 9:00—17:00
		少年儿童馆	周一至周日 9:00—17:00
	阅览室		22 个(总馆北区 18 个,古籍馆 4 个)
	阅览座位		4411 个(总馆北区 4228 个,古籍馆 183 个)
	到馆读者		418.74 万人次
	流通书刊		2773.75 万册次
	各类咨询		103.41 万件
	网站点击量		10.36 亿次
	办理读者证卡		23.22 万个
	举办讲座		237 场(公益性讲座),60553 人次
	举办展览		53 场(公益性展览),577462 人次
	馆际互借		697 家文献信息单位
	国际互借		63 个国家和地区的 512 家图书馆
	部委分馆		14 家
培训	馆内培训		22 场,1582 人次
全国图书馆 联合编目中心	分中心		26 家
	成员馆		1477 家
	数据用户		1965 家
国际交换	国家和地区		117 个
	交换单位		552 家机构
	赠送		150 家机构
国际交流	建立人员交流和合作关系(不含港澳台地区)		23 个国家图书馆
	国际图联相关机构任职人员		13 名

文化部第五次公共图书馆评估定级上等级图书馆名单

一级图书馆

北京市

首都图书馆
东城区图书馆
西城区图书馆
西城区第二图书馆
西城区青少年儿童图书馆
朝阳区图书馆
丰台区图书馆
石景山区图书馆
石景山区少年儿童图书馆
海淀区图书馆
房山区图书馆
通州区图书馆
昌平区图书馆
大兴区图书馆
怀柔区图书馆
平谷区图书馆
密云县图书馆
延庆县图书馆

天津市

天津图书馆
天津市少年儿童图书馆
和平区图书馆
河东区图书馆
南开区图书馆
红桥区少年儿童图书馆
泰达图书馆
滨海新区大港图书馆
东丽区图书馆
津南区图书馆
北辰区图书馆
静海县图书馆
蓟县图书馆

河北省

河北省图书馆
石家庄市图书馆
唐山市图书馆
秦皇岛图书馆
邢台市图书馆
沧州市图书馆
廊坊市图书馆
唐山市丰南区图书馆
乐亭县图书馆
遵化市图书馆
迁安市图书馆
涉县图书馆
武安市图书馆
沙河市图书馆
涞水县图书馆
易县图书馆
涿州图书馆
张北县图书馆
滦平县图书馆
泊头市图书馆
霸州市图书馆

山西省

山西省图书馆
太原市图书馆
长治市图书馆
清徐县图书馆
长治县图书馆
沁源县图书馆
灵石县图书馆
万荣县图书馆
晋中市榆次区图书馆
祁县图书馆
曲沃县图书馆
古县图书馆
孝义市图书馆
汾阳市图书馆

内蒙古自治区

包头市图书馆
鄂尔多斯市图书馆
包头市青山区图书馆
包头市九原区图书馆
土默特右旗图书馆
乌海市乌达区图书馆
通辽市科尔沁区图书馆
开鲁县图书馆
奈曼旗图书馆
赤峰市红山区民族少年儿童图书馆
鄂尔多斯市东胜区图书馆
鄂托克旗图书馆
乌审旗图书馆
科尔沁右翼中旗图书馆

辽宁省

沈阳市图书馆
大连图书馆
大连市少年儿童图书馆
鞍山市图书馆
营口市图书馆
沈阳市和平区图书馆
沈阳市大东区图书馆
沈阳市东陵区图书馆
沈阳市沈北新区图书馆
沈阳市于洪区图书馆
大连市开发区图书馆
大连市西岗区图书馆
大连市沙河口区图书馆
大连市甘井子区图书馆
大连市旅顺口区图书馆
大连市金州区图书馆
瓦房店市图书馆
普兰店市图书馆
庄河市图书馆
鞍山市铁东区图书馆
海城市图书馆
营口市鲅鱼圈区图书馆
建平县图书馆
北票市图书馆
凌源市图书馆

吉林省

长春市少年儿童图书馆
延边朝鲜族自治州图书馆
吉林市图书馆
松原市图书馆
延吉市少年儿童图书馆
长春市宽城区图书馆
长春市朝阳区图书馆
长春市绿园区图书馆
蛟河市图书馆
桦甸市图书馆
通化县图书馆
抚松县图书馆
前郭尔罗斯蒙古族自治县图书馆
敦化市图书馆
龙井市图书馆

黑龙江省

黑龙江省图书馆
牡丹江市图书馆
大庆市图书馆
哈尔滨市南岗区图书馆
哈尔滨市香坊区图书馆
哈尔滨市阿城区图书馆
哈尔滨市双城市图书馆
拜泉县图书馆
伊春市西林区图书馆
伊春市金山屯区图书馆
嘉荫县图书馆
绥芬河市图书馆
东宁县图书馆
海林市图书馆
望奎县图书馆
庆安县图书馆
绥棱县图书馆

上海市

上海图书馆
上海市少年儿童图书馆
黄浦区图书馆
黄浦区明复图书馆
徐汇区图书馆
长宁区图书馆
长宁区少年儿童图书馆
静安区图书馆
普陀区图书馆
普陀区少年儿童图书馆
闸北区图书馆
闸北区少年儿童图书馆
虹口区图书馆
杨浦区图书馆
闵行区图书馆
宝山区图书馆
嘉定区图书馆
浦东图书馆
浦东新区陆家嘴图书馆
浦东新区新川沙图书馆
松江区图书馆
青浦区图书馆
奉贤区图书馆
崇明县图书馆

江苏省

南京图书馆
金陵图书馆
无锡市图书馆
徐州市图书馆
常州市图书馆
苏州图书馆
南通市图书馆
南通市少年儿童图书馆
连云港市图书馆
连云港市少年儿童图书馆
淮安市图书馆
淮安市少年儿童图书馆
盐城市图书馆
扬州市图书馆
扬州市少年儿童图书馆
镇江市图书馆
泰州市图书馆
南京市玄武区少年儿童图书馆

南京市白下区图书馆
南京市秦淮区图书馆
南京市建邺区图书馆
南京市鼓楼区图书馆
南京市浦口区图书馆
南京市栖霞区图书馆
南京市雨花台区图书馆
南京市江宁区图书馆
南京市六合区第一图书馆
南京市六合区第二图书馆
南京市溧水区图书馆
南京市溧水区少年儿童图书馆
南京市高淳区图书馆
无锡市崇安区图书馆
无锡市北塘区图书馆
无锡市锡山区图书馆
无锡市惠山区图书馆
无锡市滨湖区图书馆
无锡市新区图书馆
江阴市图书馆
宜兴市图书馆
徐州市铜山区图书馆
沛县图书馆
新沂市图书馆
邳州市图书馆
常州市武进区图书馆
溧阳市图书馆
金坛市图书馆
苏州市沧浪区图书馆
苏州市平江区图书馆
苏州市金阊区图书馆
苏州市吴中区图书馆
苏州市相城区图书馆
苏州市高新区图书馆
苏州市吴江区图书馆
苏州工业园区独墅湖图书馆
常熟市图书馆
张家港市图书馆
张家港市少年儿童图书馆
昆山市图书馆
太仓市图书馆
南通市通州区图书馆
海安县图书馆
如东县图书馆
启东市图书馆
如皋市图书馆
海门市图书馆
赣榆县图书馆
东海县图书馆
灌云县图书馆
灌南县图书馆
淮安市淮安区图书馆
淮安市清河区图书馆
洪泽县图书馆
盱眙县图书馆
金湖县图书馆
盐城市盐都区图书馆
滨海县图书馆
阜宁县图书馆
射阳县图书馆
建湖县图书馆
东台市图书馆
大丰市图书馆
扬州市江都区图书馆
扬州市邗江区图书馆
仪征市图书馆
高邮市图书馆
镇江市京口区图书馆
镇江市润州区图书馆
镇江市丹徒区图书馆
丹阳市图书馆
扬中市图书馆
句容市图书馆
泰州市高港区图书馆
泰州市姜堰区图书馆
兴化市图书馆
靖江市图书馆
泰兴市图书馆
宿迁市宿城区图书馆
沭阳县图书馆
泗阳县图书馆

浙江省

浙江图书馆
杭州图书馆
杭州少年儿童图书馆
温州市图书馆
温州市少年儿童图书馆
嘉兴市图书馆
湖州市图书馆
绍兴图书馆
金华市图书馆
舟山市图书馆
台州市图书馆
杭州市下城区图书馆
杭州市江干区图书馆
杭州市拱墅区图书馆
杭州市西湖区图书馆
萧山图书馆
杭州市余杭区图书馆
桐庐县图书馆
建德市图书馆
富阳市图书馆
临安市图书馆
宁波市江东区图书馆
宁波市鄞州区图书馆
宁波市镇海区图书馆
宁波市北仑区图书馆
宁波市海曙区图书馆
宁波市江北区图书馆
象山县图书馆
宁海县图书馆
余姚市图书馆
慈溪市图书馆
奉化市图书馆
温州市瓯海区图书馆
温州市龙湾区图书馆
洞头县图书馆
永嘉县图书馆
平阳县图书馆
苍南县图书馆
泰顺县图书馆
瑞安市图书馆
乐清市图书馆
嘉善县图书馆
海盐张元济图书馆
海宁市图书馆
平湖市图书馆

桐乡市图书馆
湖州南浔区图书馆
德清县图书馆
长兴县图书馆
安吉县图书馆
绍兴县图书馆
新昌县图书馆
诸暨市图书馆
上虞市图书馆
嵊州市图书馆
武义县图书馆
浦江县图书馆
磐安县图书馆
兰溪市图书馆
义乌市图书馆
东阳市图书馆
永康市图书馆
舟山市定海区图书馆
舟山市普陀区图书馆
岱山县图书馆
嵊泗县图书馆
台州市椒江区图书馆
温岭市图书馆
临海市图书馆
云和县图书馆
景宁畲族自治县图书馆
龙泉市图书馆

安徽省

安徽省图书馆
合肥市图书馆
芜湖市图书馆
蚌埠市图书馆
马鞍山市图书馆
淮北市图书馆
铜陵市图书馆
安庆市图书馆
肥东县图书馆
芜湖市镜湖区图书馆
芜湖县图书馆
繁昌县图书馆
南陵县图书馆
五河县图书馆
马鞍山市花山区图书馆
怀宁县图书馆
枞阳县图书馆
太湖县图书馆
宿松县图书馆
桐城市图书馆
歙县图书馆
来安县图书馆
定远县图书馆
凤阳县图书馆
天长市图书馆
颍上县图书馆
界首市图书馆
巢湖市图书馆
无为县图书馆
黄山市屯溪区图书馆
黟县图书馆
郎溪县图书馆
青阳县图书馆
宁国市图书馆

福建省

福建省图书馆
厦门市图书馆
厦门市少年儿童图书馆
泉州市图书馆
三明市图书馆
龙岩图书馆
长乐市图书馆
厦门市思明区图书馆
厦门市海沧区图书馆
厦门市湖里区图书馆
厦门市集美图书馆
厦门市集美区少年儿童图书馆
厦门市同安区图书馆
厦门市翔安区图书馆
沙县图书馆
将乐县图书馆
永安市图书馆
泉州市鲤城区图书馆
永春县图书馆
石狮市图书馆
晋江市图书馆
南安市图书馆
南安市李成智公众图书馆
南靖县图书馆
龙海市图书馆
邵武市图书馆

江西省

南昌市图书馆
景德镇市图书馆
萍乡市图书馆
九江市图书馆
赣州市图书馆
吉安市图书馆
宜春市图书馆
抚州市图书馆
上饶市图书馆
庐山图书馆
会昌县图书馆
进贤县图书馆
乐平市图书馆
莲花县图书馆
武宁县图书馆
修水县图书馆
湖口县图书馆
瑞昌市图书馆
渝水区图书馆
分宜县图书馆
月湖区图书馆
大余县图书馆
上犹县图书馆
定南县图书馆

全南县图书馆
于都县图书馆
青原区图书馆
吉安县图书馆
峡江县图书馆
遂川县图书馆
万安县图书馆
安福县图书馆
奉新县图书馆
万载县图书馆
上高县图书馆
宜丰县图书馆
靖安县图书馆
崇仁县图书馆
金溪县图书馆
弋阳县图书馆

山东省

山东省图书馆
青岛市图书馆
济南市图书馆
淄博市图书馆
枣庄市图书馆
东营市图书馆
烟台图书馆
潍坊市图书馆
济宁市图书馆
泰安市图书馆
莱芜市图书馆
临沂市图书馆
德州市图书馆
菏泽市图书馆
济南市历下区图书馆
济南市市中区图书馆
济南市槐荫区图书馆
济南市天桥区图书馆
济南市历城区图书馆
济南市长清区图书馆
商河县图书馆
章丘市图书馆
青岛经济技术开发区图书馆
青岛市南区图书馆
青岛市市北区第一图书馆
青岛市市北区第二图书馆
青岛市黄岛区图书馆
青岛市崂山区图书馆
青岛市李沧区图书馆
青岛市城阳区图书馆
即墨市图书馆
平度市图书馆
莱西市图书馆
淄博市张店区少儿图书馆
桓台县图书馆
沂源县图书馆
滕州市图书馆
东营市东营区图书馆
垦利县图书馆
广饶县图书馆
烟台经济技术开发区图书馆
烟台市牟平区图书馆
龙口市图书馆
莱阳市图书馆
莱州市图书馆
招远市图书馆
潍坊市坊子区图书馆
潍坊市奎文区图书馆
青州市图书馆
诸城市图书馆
寿光市图书馆
高密市图书馆
昌邑市图书馆
金乡县图书馆
曲阜市图书馆
兖州市图书馆
邹城市图书馆
泰安市泰山区图书馆
东平县图书馆
肥城市图书馆
文登市图书馆
荣成市图书馆
乳山市图书馆
莱芜市钢城区图书馆
郯城县图书馆
沂水县图书馆
临沭县图书馆
陵县图书馆
齐河县图书馆
平原县图书馆
禹城市图书馆
茌平县图书馆
东阿县图书馆
无棣县图书馆
博兴县图书馆
菏泽市牡丹区图书馆

河南省

郑州图书馆
洛阳市图书馆
安阳市图书馆
鹤壁市图书馆
新乡市图书馆
焦作市图书馆
许昌市图书馆
三门峡市图书馆
信阳市图书馆
济源市图书馆
郑州市金水区图书馆
郑州市上街区图书馆
郑州经济技术开发区图书馆
荥阳市图书馆
新郑市图书馆
孟津县图书馆
新安县图书馆
偃师市图书馆
宝丰县图书馆
延津县图书馆
修武县图书馆
鄢陵县图书馆
禹州市图书馆
渑池县图书馆

陕县图书馆
灵宝市图书馆
淅川县图书馆
商丘市梁园区图书馆
商丘市睢阳区图书馆
睢县图书馆
永城市图书馆
信阳市平桥区图书馆
罗山县图书馆
商城县图书馆
商水县图书馆
郸城县图书馆
淮阳县图书馆
西平县图书馆
上蔡县图书馆
汝南县图书馆

湖北省

湖北省图书馆
武汉图书馆
武汉市少年儿童图书馆
黄石市图书馆
十堰市图书馆
宜昌市图书馆
襄阳市图书馆
鄂州市图书馆
荆州市图书馆
武汉市江岸区图书馆
武汉市江汉区图书馆
武汉市硚口区图书馆
武汉市汉阳区图书馆
武汉市青山区图书馆
武汉市洪山区图书馆
武汉市东西湖区图书馆
武汉市蔡甸区图书馆
武汉市江夏区图书馆
大冶市图书馆
宜昌市夷陵区图书馆
远安县图书馆
兴山县图书馆
秭归县图书馆
长阳县图书馆
当阳市图书馆
襄阳市襄州区图书馆
谷城县图书馆
老河口市图书馆
宜城市图书馆
京山县图书馆
钟祥市图书馆
应城市图书馆
松滋市图书馆
团风县图书馆
红安县图书馆
罗田县图书馆
浠水县图书馆
蕲春县图书馆
黄梅县图书馆
麻城县图书馆
嘉鱼县图书馆
崇阳县图书馆
赤壁市图书馆
利川市图书馆
仙桃市图书馆
潜江市图书馆
天门市图书馆

湖南省

湖南图书馆
湖南省少年儿童图书馆
株洲市图书馆
衡阳市图书馆
岳阳市图书馆
常德市图书馆
长沙市芙蓉区图书馆
长沙市天心区图书馆
长沙市岳麓区图书馆
长沙市开福区图书馆
长沙市雨花区图书馆
长沙县图书馆
长沙市望城区雷锋图书馆
宁乡县图书馆
浏阳市图书馆
攸县图书馆
茶陵县图书馆
炎陵县图书馆
醴陵市图书馆
湘潭县图书馆
湘乡市图书馆
韶山市图书馆
衡南县图书馆
张家界市永定区图书馆
衡东县荣桓图书馆
邵东县图书馆
隆回县魏源图书馆
岳阳县图书馆
华容县图书馆
平江县图书馆
汨罗市图书馆
临湘市图书馆
石门县图书馆
益阳市资阳区图书馆
益阳市赫山区图书馆
桃江县图书馆
永州市零陵区图书馆
祁阳县图书馆
双峰县图书馆
冷水江市图书馆
涟源市图书馆
泸溪县图书馆
凤凰县图书馆
花垣县图书馆

广东省

广东省立中山图书馆
广州图书馆
广州少年儿童图书馆

深圳图书馆
深圳少年儿童图书馆
珠海市图书馆
汕头市图书馆
佛山市图书馆
湛江市图书馆
湛江市少年儿童图书馆
茂名市图书馆
肇庆市图书馆
惠州市慈云图书馆
梅州市剑英图书馆
东莞市图书馆
中山市图书馆
广州市荔湾区图书馆
广州市越秀区图书馆
广州市海珠区图书馆
广州市天河区图书馆
广州市白云区图书馆
广州市黄埔区图书馆
广州市番禺区图书馆
广州花都区图书馆
广州市南沙区图书馆
广州市萝岗区图书馆
增城市图书馆
从化市图书馆
深圳市罗湖区图书馆
深圳市福田区图书馆
深圳市南山区图书馆
深圳市宝安区图书馆
深圳市龙岗区图书馆
深圳市盐田区图书馆
汕头市龙湖区图书馆
汕头市澄海区图书馆
佛山市禅城区图书馆
佛山市南海区图书馆
佛山市顺德区图书馆
佛山市三水区图书馆
佛山市高明区图书馆
江门市五邑图书馆
江门市新会区景堂图书馆
台山市图书馆
开平市图书馆
鹤山市图书馆
恩平市图书馆
高州市图书馆
肇庆市端州区图书馆
广宁县图书馆
怀集县图书馆
高要市图书馆
四会市图书馆
惠州市惠阳区图书馆
博罗县图书馆
惠东县图书馆
梅县图书馆
蕉岭县图书馆
兴宁市图书馆
英德市图书馆
连州市图书馆
中山市火炬开发区图书馆
揭阳市榕城区图书馆
普宁市图书馆
新兴县图书馆
罗定市图书馆

广西壮族自治区

广西壮族自治区图书馆
南宁市图书馆
南宁市少年儿童图书馆
柳州市图书馆
北海市少年儿童图书馆
贵港市图书馆
玉林市图书馆
隆安县图书馆
宾阳县图书馆
横县图书馆
灵川县图书馆
灵山县图书馆
博白县图书馆
北流市图书馆
兴宾区图书馆
象州县图书馆

海南省

昌江黎族自治县图书馆

重庆市

重庆图书馆
重庆市少年儿童图书馆
涪陵区图书馆
涪陵区少年儿童图书馆
渝中区图书馆
大渡口区图书馆
江北区图书馆
沙坪坝区图书馆
九龙坡区图书馆
南岸区图书馆
北碚区图书馆
万盛经济技术开发区图书馆
黔江区图书馆
长寿区图书馆
潼南县图书馆
铜梁县图书馆
荣昌县图书馆
璧山县图书馆
武隆县图书馆
忠县图书馆
开县图书馆
云阳县图书馆
奉节县图书馆
秀山县图书馆
酉阳县图书馆

四川省

成都图书馆
攀枝花市图书馆
泸州市图书馆
绵阳市图书馆
邓小平图书馆
成都市锦江区图书馆
成都市青羊区图书馆
成都市金牛区图书馆
成都市武侯区图书馆
成都市成华区图书馆
成都市龙泉驿区图书馆
成都市青白江区图书馆
成都市新都区图书馆
成都市温江区图书馆
成都市高新区图书馆
双流县图书馆
郫县图书馆
新津县图书馆
都江堰市图书馆
彭州市图书馆
邛崃市图书馆
崇州市图书馆
米易县图书馆
合江县图书馆
中江县图书馆
广汉市图书馆
什邡市图书馆
绵竹市图书馆
三台县图书馆
安县图书馆
北川羌族自治县图书馆
旺苍县图书馆
苍溪县图书馆
射洪县图书馆
南部县图书馆
眉山市东坡区图书馆
仁寿县图书馆
资阳市雁江区图书馆

贵州省

贵阳市图书馆
遵义市图书馆
毕节市图书馆
贵阳市乌当区图书馆
贵阳市白云区图书馆
开阳县图书馆
湄潭县图书馆
兴义市图书馆
贞丰县图书馆
仁怀市图书馆
大方县图书馆
镇远县图书馆
都匀市图书馆
瓮安县图书馆

云南省

云南省图书馆
昆明市图书馆
玉溪市图书馆
楚雄州图书馆
大理州图书馆
昆明少年儿童图书馆
昆明市五华区图书馆
昆明市官渡区图书馆
昆明市西山区图书馆
安宁市图书馆
曲靖市麒麟区图书馆
陆良县图书馆
师宗县图书馆
罗平县图书馆
宣威市图书馆
玉溪市红塔区图书馆
易门县图书馆
腾冲县图书馆
昌宁县图书馆
玉龙县图书馆
临翔区图书馆
楚雄市图书馆
大姚县图书馆
禄丰县图书馆
个旧市锡都图书馆
开远市图书馆
石屏县图书馆
弥勒市图书馆
泸西县图书馆

陕西省

陕西省图书馆
铜川市图书馆
延安市宝塔区图书馆
神木县图书馆
汉滨区少年儿童图书馆

甘肃省

甘肃省图书馆
兰州市图书馆
金昌市图书馆
白银市图书馆
兰州市西固区图书馆
张掖市甘州区图书馆
高台县图书馆
华亭县图书馆
酒泉市肃州区图书馆
通渭县图书馆
陇西县图书馆

宁夏回族自治区

宁夏图书馆
贺兰县图书馆
青铜峡市图书馆
银川市图书馆
平罗县图书馆
中宁县图书馆
吴忠市图书馆

新疆维吾尔自治区

乌鲁木齐市图书馆
克拉玛依市独山子区图书馆
喀什地区莎车县图书馆
克拉玛依市图书馆
昌吉州吉木萨尔县图书馆
伊犁州新源县图书馆
昌吉州图书馆
巴音郭楞州和静县图书馆

二级图书馆

天津市

河西区图书馆
滨海新区汉沽图书馆

河北省

保定市图书馆
正定县图书馆
平山县图书馆
赵县图书馆
辛集市图书馆
藁城市图书馆
晋州市图书馆
新乐市图书馆
鹿泉市图书馆
唐山市曹妃甸区图书馆
唐山市古冶区图书馆
唐山市丰润区图书馆
滦南县图书馆
青龙满族自治县图书馆
昌黎县图书馆
抚宁县图书馆
鸡泽县图书馆
内丘县图书馆
任丘市图书馆
栾城县图书馆
唐县图书馆
定州市图书馆
平泉县图书馆
宽城满族自治县图书馆
邢台县图书馆
承德市鹰手营子矿区图书馆
青县图书馆
大厂县图书馆
黄骅市图书馆

山西省

阳泉市图书馆
大同市城区图书馆
大同市南郊区图书馆
左云县图书馆
襄垣县图书馆
长子县图书馆
黎城县图书馆
武乡县图书馆
朔州市朔城区图书馆
山阴县图书馆
代县图书馆
襄汾县图书馆
洪洞县图书馆
安泽县图书馆
侯马市图书馆
柳林县图书馆

内蒙古自治区

赤峰市图书馆
呼伦贝尔市图书馆
巴彦淖尔市图书馆
乌兰察布市图书馆
阿拉善盟图书馆
达茂旗图书馆
乌海市海渤湾区图书馆
赤峰市红山区图书馆
巴林左旗图书馆
巴林右旗图书馆
通辽库伦旗图书馆
扎鲁特旗图书馆
阿荣旗图书馆
莫力达瓦达斡尔族自治旗图书馆
满洲里市图书馆
五原县图书馆
乌拉特前旗图书馆
乌拉特中旗图书馆

辽宁省

丹东市图书馆
盘锦市图书馆
盘锦市少年儿童图书馆
铁岭市少年儿童图书馆
朝阳市图书馆
锦州市少年儿童图书馆
鞍山市铁西区图书馆
大连市中山区图书馆
长海县图书馆
鞍山市立山区图书馆
黑山县图书馆
义县图书馆
凌海市图书馆
阜新蒙古族自治县图书馆
彰武县图书馆
辽阳市宏伟区图书馆
辽阳市弓长岭区图书馆
辽阳县图书馆
灯塔市图书馆
朝阳市双塔区少年儿童图书馆
朝阳县图书馆
喀喇沁左翼蒙古族自治县图书馆
葫芦岛市连山区图书馆
建昌县图书馆

吉林省

白山市图书馆
长春市二道区图书馆
长春市双阳区图书馆
九台市图书馆
榆树市图书馆
德惠市图书馆
永吉县图书馆
磐石市图书馆
伊通满族自治县图书馆
集安市图书馆
白城市洮北区少年儿童图书馆
图们市图书馆
汪清县图书馆

黑龙江省

伊春市图书馆
哈尔滨市呼兰区图书馆
尚志市图书馆
依安县图书馆
泰来县图书馆
富裕县图书馆
讷河市图书馆
肇州县图书馆
肇源县图书馆
伊春市南岔区图书馆
伊春市友好区图书馆
伊春市新青区图书馆
铁力市图书馆
黑河市爱辉区图书馆
嫩江县图书馆
孙吴县图书馆
绥化市北林区图书馆
海伦市图书馆

上海市

金山区图书馆

江苏省

南京市下关区图书馆
宿迁市图书馆
无锡市南长区图书馆
涟水县图书馆
响水县图书馆
宿迁市宿豫区图书馆
泗洪县图书馆

浙江省

宁波市图书馆
淳安县图书馆
文成县图书馆
常山县图书馆
开化县图书馆
龙游县图书馆
江山市图书馆
台州市黄岩区图书馆
玉环县图书馆
三门县图书馆
天台县图书馆
仙居县图书馆
缙云县图书馆
遂昌县图书馆
松阳县图书馆

安徽省

淮南市少年儿童图书馆
长丰县图书馆
固镇县图书馆
马鞍山市雨山区图书馆
淮北市杜集区图书馆
淮北市相山区图书馆
淮北市烈山区图书馆
铜陵县图书馆
临泉县图书馆
岳西县图书馆
黄山市黄山区图书馆
黄山市徽州区图书馆
休宁县图书馆
祁门县图书馆
舒城县图书馆
金寨县图书馆
霍邱县图书馆
东至县图书馆
宣城市宣州区图书馆
泾县图书馆
广德县图书馆
旌德县图书馆

福建省

漳州市图书馆
三明市少年儿童图书馆
福州市台江区图书馆

福州市马尾区图书馆
福州市晋安区图书馆
连江县图书馆
平潭县图书馆
福清市图书馆
明溪县图书馆
清流县图书馆
宁化县图书馆
大田县图书馆
尤溪县图书馆
泰宁县图书馆
建宁县图书馆
惠安县图书馆
安溪县图书馆
德化县图书馆
漳浦县图书馆
诏安县图书馆
长泰县图书馆
浦城县图书馆
光泽县图书馆
政和县图书馆
武夷山市图书馆
建瓯市图书馆
建阳市图书馆
永定县图书馆
上杭县图书馆
武平县图书馆
连城县图书馆
漳平市图书馆
宁德市蕉城区图书馆
福安市图书馆
福鼎市图书馆

江西省

江西省图书馆
新余市图书馆
鹰潭市图书馆
南昌市东湖区图书馆
南昌市西湖区图书馆
南昌市青云谱区图书馆
南昌县图书馆
安义县图书馆
浮梁县图书馆
芦溪县图书馆
永修县图书馆
德安县图书馆
都昌县图书馆
贵溪市图书馆
赣县图书馆
信丰县图书馆
安远县图书馆
龙南县图书馆
兴国县图书馆
南康市图书馆
吉水县图书馆
新干县图书馆
永丰县图书馆
泰和县图书馆
永新县图书馆
井冈山市图书馆
丰城市图书馆
樟树市图书馆
高安市图书馆
南城县图书馆
南丰县图书馆
乐安县图书馆
宜黄县图书馆
资溪县图书馆
信州区图书馆
玉山县图书馆
鄱阳县图书馆
万年县图书馆
婺源县图书馆
德兴市图书馆

山东省

平阴县图书馆
淄博市临淄区图书馆
枣庄市峄城区图书馆
枣庄市台儿庄区图书馆
枣庄市山亭区图书馆
东营市河口区图书馆
利津县图书馆
烟台市芝罘区图书馆
长岛县图书馆
蓬莱市图书馆
海阳市图书馆
潍坊市寒亭区图书馆
临朐县图书馆
安丘市图书馆
微山县图书馆
汶上县图书馆
泗水县图书馆
新泰市图书馆
五莲县图书馆
莒县图书馆
临沂市兰山区图书馆
临沂市罗庄区图书馆
临沂市河东区图书馆
沂南县图书馆
苍山县图书馆
费县图书馆
平邑县图书馆
莒南县图书馆
蒙阴县图书馆
宁津县图书馆
庆云县图书馆
临邑县图书馆
夏津县图书馆
武城县图书馆
乐陵市图书馆
高唐县图书馆
临清市图书馆
滨州市滨城区图书馆
阳信县图书馆
单县图书馆
巨野县图书馆
郓城县图书馆

河南省

河南省图书馆
平顶山市图书馆
安阳市少年儿童图书馆
濮阳市图书馆
周口市图书馆
郑州市中原区图书馆
郑州市二七区图书馆
郑州市管城区图书馆
郑州市惠济区图书馆
中牟县图书馆
巩义市图书馆
新密市图书馆
洛阳市吉利区图书馆
栾川县图书馆
嵩县图书馆
鲁山县图书馆
舞钢市图书馆
滑县图书馆
浚县图书馆
新乡市牧野区图书馆
获嘉县图书馆
长垣县图书馆
武陟县图书馆
温县图书馆
清丰县图书馆
许昌市魏都区图书馆(许昌市少年儿童图书馆)
长葛市图书馆
漯河市郾城区图书馆
舞阳县图书馆
卢氏县图书馆
义马市图书馆
西峡县图书馆
镇平县图书馆
唐河县图书馆
桐柏县图书馆
邓州市图书馆
民权县图书馆
宁陵县图书馆
固始县图书馆
扶沟县图书馆
平舆县图书馆
确山县图书馆

湖北省

荆门市图书馆
孝感市图书馆
黄冈市图书馆
随州市图书馆
武汉市江岸区少年儿童图书馆
武汉市武昌区图书馆
武汉市汉南区图书馆
武汉市黄陂区图书馆
武汉市新洲区图书馆
阳新县图书馆
郧县图书馆
郧西县图书馆
五峰县图书馆
宜都市图书馆
保康县图书馆
枣阳市图书馆
荆门市掇刀区图书馆
孝感市孝南区图书馆
云梦县图书馆
安陆市图书馆
汉川市图书馆
荆州市荆州区图书馆
公安县图书馆
石首市图书馆
黄冈市黄州区图书馆
英山县图书馆
蕲春县少年儿童图书馆(李时珍图书馆)
武穴市图书馆
咸宁市咸安区图书馆
通城县图书馆
通山县图书馆
恩施市图书馆

湖南省

衡阳市少年儿童图书馆
邵阳市少年儿童图书馆
益阳市图书馆
郴州市图书馆
怀化市图书馆
湘西土家族苗族自治州图书馆
衡阳市雁峰区图书馆
衡阳县图书馆
南县图书馆
衡山县图书馆
祁东县图书馆
邵阳市松坡图书馆
邵阳市双清区图书馆
邵阳市大祥区图书馆
邵阳市北塔区图书馆
新邵县图书馆
邵阳县图书馆
洞口县图书馆
武冈市图书馆
常德市鼎城区图书馆
安乡县图书馆
汉寿县图书馆
澧县图书馆
临澧县图书馆
张家界市武陵源区图书馆
慈利县图书馆
桑植县图书馆
安化县图书馆
沅江市图书馆
郴州市嘉禾县图书馆
郴州市临武县图书馆
郴州市资兴市图书馆
双牌县图书馆
宁远县图书馆
怀化市鹤城区图书馆
沅陵县图书馆

辰溪县图书馆
溆浦县图书馆
会同县图书馆
通道侗族自治县图书馆
新化县图书馆
龙山县图书馆
保靖县图书馆
永顺县图书馆

广东省

韶关市图书馆
阳江市图书馆
云浮市图书馆
韶关市曲江区图书馆
乳源县图书馆
乐昌市图书馆
南雄市图书馆
珠海市斗门区图书馆
珠海市金湾区图书馆
汕头市金平区图书馆
汕头市潮阳区图书馆
遂溪县图书馆
廉江市图书馆
雷州市图书馆
信宜市图书馆
封开县图书馆
德庆县图书馆
梅州市梅江区图书馆
大埔县图书馆
丰顺县图书馆
五华县图书馆
紫金县图书馆
和平县图书馆
阳江市阳春图书馆
清远市清城区图书馆
饶平县图书馆
揭阳市揭东区图书馆
揭西县图书馆
惠来县图书馆
郁南县图书馆

广西壮族自治区

北海市图书馆
钦州市图书馆
南宁市兴宁区图书馆
南宁市青秀区图书馆
南宁市江南区图书馆
南宁市西乡塘区图书馆
南宁市良庆区图书馆
南宁市邕宁区图书馆
武鸣县图书馆
马山县图书馆
上林县图书馆
柳江县图书馆
柳城县图书馆
鹿寨县图书馆
融水县图书馆
临桂县图书馆
兴安县图书馆
合浦县图书馆
钦州市钦北区图书馆
浦北县图书馆
平南县图书馆
桂平市图书馆
靖西县图书馆
昭平县图书馆
南丹县图书馆
钟山县图书馆
环江县图书馆
宜州市图书馆
忻城县图书馆
武宣县图书馆
金秀县图书馆
宁明县图书馆
大新县图书馆
凭祥市图书馆

海南省

海南省图书馆
三亚市图书馆
澄迈县图书馆
保亭黎族苗族自治县图书馆
琼中黎族苗族自治县图书馆

重庆市

渝北区图书馆
巴南区图书馆
合川区图书馆
永川区图书馆
城口县图书馆
丰都县图书馆

四川省

自贡市图书馆
广元市图书馆
德阳市图书馆
宜宾市图书馆
遂宁市图书馆
内江市图书馆
乐山市图书馆
南充市图书馆
达州市图书馆
资阳市图书馆
巴中市图书馆
攀枝花市仁和区图书馆

盐边县图书馆
泸州市纳溪区图书馆
泸州市龙马潭区图书馆
泸县图书馆
叙永县图书馆
罗江县图书馆
盐亭县图书馆
梓潼县图书馆
平武县图书馆
江油市图书馆
青川县图书馆
剑阁县图书馆
大英县图书馆
威远县图书馆
资中县图书馆
峨眉山市图书馆
营山县图书馆
蓬安县图书馆
仪陇县图书馆
阆中市图书馆
青神县图书馆
广安市广安区图书馆
岳池县图书馆
武胜县图书馆
邻水县图书馆
达县图书馆
宣汉县图书馆
大竹县图书馆
渠县图书馆
万源市图书馆
巴中市巴州区图书馆
通江县图书馆
南江县图书馆
平昌县图书馆
茂县图书馆
西昌市图书馆

贵州省

贵州省图书馆
六盘水市图书馆
黔南州图书馆
息烽县图书馆
六盘水市六枝特区图书馆
盘县图书馆
桐梓县图书馆
绥阳县图书馆
正安县图书馆
道真县图书馆
凤冈县图书馆
余庆县图书馆
习水县图书馆
赤水市图书馆
普定县图书馆
关岭县图书馆
江口县图书馆
石阡县图书馆
思南县图书馆
印江县图书馆
黔西县图书馆
兴仁县图书馆
安龙县图书馆
威宁县图书馆
锦屏县图书馆
福泉市图书馆
榕江县图书馆
从江县图书馆
麻江县图书馆
岑巩县图书馆
荔波县图书馆
龙里县图书馆
惠水县图书馆
碧江区图书馆

云南省

普洱市图书馆
文山州图书馆
通海县图书馆
石林县图书馆
富源县图书馆
江川县图书馆
澄江县图书馆
峨山县图书馆
新平县图书馆
隆阳区图书馆
永善县图书馆
绥江县图书馆
威信县图书馆
丽江市古城区图书馆
景东县图书馆
牟定县图书馆
姚安县图书馆
永仁县图书馆
武定县图书馆
建水县图书馆
马关县图书馆
广南县图书馆
大理市图书馆
弥渡县图书馆
鹤庆县图书馆

西藏自治区

昌都地区图书馆

陕西省

西安图书馆
咸阳市图书馆
高陵县图书馆
铜川市耀州区图书馆
宝鸡市金台区图书馆
三原县图书馆

乾县图书馆
彬县图书馆
旬邑县图书馆
临渭区图书馆
华县图书馆
韩城市司马迁图书馆
吴起县图书馆
黄陵县轩辕图书馆
汉中市汉台区图书馆
南郑县图书馆
榆林市榆阳区星元图书馆
定边县图书馆
洛南县图书馆
柞水县图书馆

甘肃省

嘉峪关市少年儿童图书馆
天水市图书馆
兰州市安宁区图书馆
天水市麦积区图书馆
武威市凉州区图书馆
肃南县图书馆
庄浪县图书馆
静宁县图书馆
环县图书馆
镇原县图书馆
定西市安定区图书馆
临洮县图书馆

青海省

海西州图书馆
宁夏回族自治区
石嘴山市图书馆
中卫市图书馆
西夏区图书馆

新疆维吾尔自治区

新疆维吾尔自治区图书馆
巴音郭楞蒙古自治州图书馆
塔城地区图书馆
克拉玛依市白碱滩区图书馆
吐鲁番地区鄯善县图书馆
昌吉州昌吉市图书馆
昌吉州阜康市图书馆
昌吉州玛纳斯县图书馆
昌吉州奇台县图书馆
昌吉州木垒县图书馆
巴音郭楞州库尔勒市图书馆
巴音郭楞州尉犁县图书馆
阿克苏地区沙雅县图书馆
阿克苏地区拜城县图书馆
喀什地区喀什市图书馆
喀什地区疏附县图书馆
和田地区于田县图书馆
伊犁州伊宁县图书馆
塔城地区额敏县图书馆
塔城地区沙湾县图书馆

三级图书馆

天津市

河北区图书馆
河北区少年儿童图书馆

河北省

承德市图书馆
石家庄市高新区图书馆
石家庄市井陉矿区图书馆
石家庄市裕华区图书馆
井陉县图书馆
行唐图书馆
灵寿县图书馆
深泽县图书馆
无极县图书馆
元氏县图书馆
玉田县图书馆
秦皇岛市山海关区图书馆
卢龙县图书馆
邯郸市邯山区图书馆
邯郸市丛台区图书馆
邯郸市复兴区图书馆
邯郸市峰峰矿区图书馆
临漳县图书馆
磁县图书馆
肥乡县图书馆
邱县图书馆
馆陶县图书馆
曲周县图书馆
永年县图书馆
临城县图书馆
柏乡县图书馆
隆尧县图书馆
任县图书馆
宁晋县图书馆
广宗县图书馆
平乡县图书馆
威县图书馆
清河县图书馆
南宫市图书馆
高碑店市图书馆
张家口市下花园区图书馆
万全县图书馆
怀来县图书馆
承德丰宁满族自治县图书馆
承德县图书馆
固安县图书馆
文安县图书馆
景县图书馆
枣强县李玉霞图书馆
冀州市图书馆

山西省

朔州市图书馆
太原市尖草坪区图书馆
太原市万柏林区图书馆
娄烦县图书馆
大同市新荣区图书馆
大同县图书馆
阳泉市城区图书馆
平定县图书馆
盂县图书馆
长治市郊区图书馆
平顺县图书馆
屯留县图书馆
壶关县图书馆
沁县图书馆
潞城市图书馆
晋城市城区图书馆
沁水县赵树理图书馆
陵川县图书馆
高平市图书馆
左权县图书馆
和顺县图书馆
运城市盐湖区图书馆
新绛县图书馆
绛县图书馆
垣曲县图书馆
夏县图书馆
平陆县图书馆
永济市图书馆
河津市图书馆
忻州市忻府区图书馆
定襄县图书馆
五台县图书馆
繁峙县图书馆
宁武县图书馆
静乐县图书馆
神池县图书馆
五寨县图书馆
岢岚县图书馆
河曲县图书馆
保德县图书馆
偏关县图书馆
原平市图书馆
太谷县图书馆
临汾市尧都区图书馆
翼城县图书馆
吉县图书馆
大宁县图书馆
隰县图书馆
蒲县图书馆
汾西县图书馆
文水县图书馆
交城县图书馆
中阳县图书馆
临县图书馆

内蒙古自治区

内蒙古自治区图书馆
乌海市图书馆
通辽市图书馆
呼和浩特市图书馆
呼和浩特市新城区图书馆
包头市白云矿区图书馆
赤峰市元宝山区图书馆
阿鲁科尔沁旗图书馆
林西县图书馆
克什克腾旗图书馆
翁牛特旗图书馆
敖汉旗图书馆
达拉特旗图书馆
鄂托克前旗图书馆
杭锦旗图书馆
伊金霍洛旗图书馆
鄂伦春自治旗图书馆
鄂温克族自治旗图书馆
新巴尔虎左旗图书馆
新巴尔虎右旗图书馆
扎兰屯市图书馆
额尔古纳市图书馆
根河市图书馆
巴彦淖尔市临河区图书馆
磴口县图书馆
乌拉特后旗图书馆
杭锦后旗图书馆
凉城县图书馆
化德县图书馆
商都县图书馆
察右中旗图书馆
察右后旗图书馆
科尔沁右翼前旗图书馆
乌兰浩特市图书馆
扎赉特旗图书馆
突泉县图书馆
二连浩特市图书馆
锡林浩特市图书馆
阿巴嘎旗图书馆
苏尼特左旗图书馆
东乌珠穆沁旗图书馆
西乌珠穆沁旗图书馆
镶黄旗图书馆
正镶白旗图书馆
太仆寺旗图书馆
多伦县图书馆
阿拉善左旗图书馆
阿拉善右旗图书馆

辽宁省

丹东市少年儿童图书馆
辽阳市少年儿童图书馆
铁岭市图书馆
鞍山市千山区图书馆
营口市西市区图书馆
营口市老边区图书馆
调兵山市图书馆
绥中县图书馆

吉林省

通化市图书馆
白城市图书馆
四平市图书馆
吉林市龙潭区图书馆
吉林市船营区图书馆
吉林市丰满区图书馆
舒兰市图书馆
梨树县图书馆
公主岭市图书馆
双辽市图书馆
东辽县图书馆
通化市二道江区图书馆
柳河县图书馆
白山市江源区图书馆
镇赉县图书馆
通榆县图书馆
大安市图书馆

黑龙江省

鸡西市图书馆
七台河市图书馆
牡丹江市朝鲜族图书馆
大兴安岭地区图书馆
哈尔滨市道外区图书馆
哈尔滨市平房区图书馆
宾县图书馆
通河县图书馆
延寿县图书馆
五常市图书馆
甘南县图书馆
鸡东县图书馆
虎林市图书馆
密山市图书馆
龙江县图书馆
萝北县图书馆
绥滨县图书馆
饶河县图书馆
林甸县图书馆
杜蒙县图书馆
伊春市美溪区图书馆
伊春市五营区图书馆
伊春市红星区图书馆
伊春市汤旺河区图书馆
富锦市图书馆
汤原县图书馆
宁安市图书馆
林口县图书馆
穆棱市图书馆
北安市图书馆
安达市图书馆
兰西县图书馆
明水县图书馆

青冈县图书馆 肇东市图书馆 漠河县图书馆

江苏省

丰县图书馆 宝应县图书馆 淮安市淮阴区图书馆

浙江省

丽水市图书馆 青田县图书馆 庆元县图书馆

安徽省

阜阳市图书馆 潜山县图书馆 寿县图书馆
池州市图书馆 全椒县图书馆 霍山县图书馆
宣城市图书馆 明光市图书馆 亳州市谯城区图书馆
庐江县图书馆 阜南县图书馆 涡阳县图书馆
怀远县图书馆 宿州市埇桥区图书馆 蒙城县图书馆
淮南市潘集区图书馆 砀山县图书馆 利辛县图书馆
凤台县图书馆 萧县图书馆 石台县图书馆
当涂县图书馆 含山县图书馆 绩溪县图书馆
濉溪县图书馆 和县图书馆
铜陵市郊区图书馆 六安市金安区图书馆

福建省

南平市图书馆 云霄县图书馆 屏南县图书馆
莆田市图书馆 东山县图书馆 古田县图书馆
仓山区图书馆 平和县图书馆 寿宁县图书馆
罗源县图书馆 华安县图书馆 柘荣县图书馆
永泰县图书馆 顺昌县图书馆
仙游县图书馆 霞浦县图书馆

江西省

南昌市湾里区图书馆 星子县图书馆 吉州区图书馆
新建县图书馆 彭泽县图书馆 铜鼓县图书馆
景德镇市昌江区图书馆 章贡区图书馆 临川区图书馆
景德镇市珠山区图书馆 崇义县图书馆 黎川县图书馆
上栗县图书馆 宁都县图书馆 广昌县图书馆
九江市庐山区图书馆 寻乌县图书馆 上饶县图书馆
浔阳区图书馆 石城县图书馆 横峰县图书馆
九江县图书馆 瑞金市图书馆 余干县图书馆

山东省

枣庄市中区图书馆 栖霞市图书馆 曹县图书馆

河南省

开封市图书馆 登封市图书馆 宜阳县图书馆
南阳市图书馆 兰考县图书馆 平顶山市卫东区图书馆

叶县图书馆
郏县图书馆
汝州市图书馆
安阳县图书馆
汤阴县图书馆
内黄县图书馆
原阳县图书馆
卫辉市图书馆
博爱县图书馆
孟州市图书馆
许昌县图书馆
临颍县图书馆
南召县图书馆
方城县图书馆
内乡县图书馆
社旗县图书馆
新野县图书馆
柘城县图书馆
虞城县图书馆
夏邑县图书馆
信阳市浉河区图书馆
潢川县图书馆
淮滨县图书馆
周口市川汇区图书馆
西华县图书馆
鹿邑县图书馆
项城市图书馆
驻马店市驿城区图书馆
正阳县图书馆
泌阳县图书馆
遂平县图书馆

湖北省

恩施州图书馆
竹山县图书馆
竹溪县图书馆
丹江口市图书馆
荆门市东宝区图书馆
沙洋县图书馆
孝昌县图书馆
大悟县图书馆
监利县图书馆
江陵县图书馆
洪湖市图书馆
建始县图书馆
巴东县图书馆
宣恩县图书馆
来凤县图书馆
鹤峰县图书馆
神农架林区图书馆

湖南省

永州市图书馆
株洲县图书馆
湘潭市岳塘区图书馆
衡阳市珠晖区图书馆
衡阳市石鼓区图书馆
衡阳市南岳区图书馆
新宁县图书馆
城步县图书馆
岳阳市云溪区图书馆
岳阳市君山区图书馆
岳阳市屈原区图书馆
岳阳市岳阳楼区图书馆
湘阴县图书馆
桃源县图书馆
郴州市苏仙区图书馆
桂阳县图书馆
宜章县图书馆
永兴县图书馆
汝城县图书馆
桂东县图书馆
安仁县图书馆
永州市冷水滩区图书馆
东安县图书馆
道县图书馆
津市图书馆
江永县图书馆
蓝山县图书馆
新田县图书馆
江华县图书馆
怀化市洪江市图书馆
怀化市鹤城区少年儿童图书馆
中方县图书馆
麻阳苗族自治县图书馆
新晃侗族自治县图书馆
芷江侗族自治县图书馆
靖州苗族侗族自治县图书馆
洪江区图书馆
涟源市作家爱心书屋

广东省

汕尾市图书馆
清远市图书馆
潮州市图书馆
始兴县图书馆
仁化县图书馆
翁源县图书馆
新丰县图书馆
汕头市濠江区图书馆
南澳县图书馆
湛江市霞山区图书馆
吴川市图书馆
电白县图书馆
化州市图书馆
肇庆市鼎湖区图书馆
龙门县图书馆
梅县松口图书馆
平远县图书馆
河源市源城区图书馆
连平县图书馆
阳东县图书馆
佛冈县图书馆
阳山县图书馆
连山县图书馆
连南县图书馆

清远市清新区图书馆
潮安县图书馆
云安县图书馆

广西壮族自治区

梧州市图书馆
贺州市图书馆
河池市民族图书馆
柳州市城中区图书馆
柳州市鱼峰区图书馆
融安县图书馆
三江县图书馆
全州县图书馆
灌阳县图书馆
龙胜县图书馆
永福县图书馆
平乐县图书馆
苍梧县图书馆
藤县图书馆
蒙山图书馆
岑溪市图书馆
上思县图书馆
东兴市图书馆
钦州市钦南区图书馆
容县图书馆
兴业县图书馆
田东县图书馆
百色市右江区图书馆
田阳县图书馆
凌云县图书馆
乐业县图书馆
田林县图书馆
西林县图书馆
隆林县图书馆
天峨县图书馆
凤山县图书馆
东兰县图书馆
罗城县图书馆
巴马县图书馆
大化县图书馆
合山市图书馆
扶绥县图书馆
龙州县图书馆
天等县图书馆
那坡县图书馆
荔浦县图书馆
都安县图书馆
陆川县图书馆
恭城县图书馆

海南省

五指山市图书馆
琼海市图书馆
儋州市图书馆
东方市图书馆
定安县图书馆
屯昌县图书馆

重庆市

万州区图书馆
南川区图书馆
綦江区图书馆
巫山县图书馆
石柱县图书馆
彭水县图书馆

四川省

阿坝藏族羌族自治州图书馆
凉山彝族自治州图书馆
眉山市图书馆
金堂县图书馆
大邑县图书馆
蒲江县图书馆
荣县图书馆
富顺县图书馆
古蔺县图书馆
广元市朝天区图书馆
遂宁市船山区图书馆
隆昌县图书馆
乐山市沙湾区沫若图书馆
乐山市五通桥区图书馆
犍为县图书馆
井研县图书馆
夹江县图书馆
沐川县图书馆
彭山县图书馆
洪雅县图书馆
宜宾县图书馆
宜宾市南溪区图书馆
江安县图书馆
高县图书馆
珙县图书馆
筠连县图书馆
兴文县图书馆
开江县图书馆
汶川县图书馆
九寨沟县图书馆
小金县图书馆
宁南县图书馆

贵州省

安顺市图书馆
黔东南州图书馆
修文县图书馆
平坝县图书馆
沿河县图书馆
铜仁市万山特区图书馆
晴隆县图书馆
册亨县图书馆
金沙县图书馆

织金县图书馆
赫章县图书馆
黄平县图书馆
三穗县图书馆
剑河县图书馆
黎平县图书馆
雷山县图书馆
平塘县图书馆
长顺县图书馆

云南省

曲靖市图书馆
曲靖市少年儿童图书馆
保山市图书馆
昭通市图书馆
临沧市图书馆
红河州图书馆
西双版纳州图书馆
德宏州图书馆
怒江州图书馆
迪庆州图书馆
昆明市呈贡区图书馆
华宁县图书馆
施甸县图书馆
巧家县图书馆
大关县图书馆
水富县图书馆
凤庆县图书馆
云县图书馆
永德县图书馆
沧源县图书馆
盈江县图书馆
晋宁县图书馆
富民县图书馆
宜良县图书馆
嵩明县图书馆
禄劝县图书馆
寻甸县图书馆
马龙县图书馆
会泽县图书馆
沾益县图书馆
元江县图书馆
腾冲和顺图书馆
龙陵县图书馆
昭阳区图书馆
鲁甸县图书馆
盐津县图书馆
镇雄县图书馆
华坪县图书馆
宁蒗县图书馆
宁洱县图书馆
墨江县图书馆
景谷县图书馆
镇沅县图书馆
江城县图书馆
孟连县图书馆
澜沧县图书馆
西盟县图书馆
镇康县图书馆
双江县图书馆
耿马县图书馆
双柏县图书馆
南华县图书馆
元谋县图书馆
屏边县图书馆
元阳县图书馆
红河县图书馆
金平县图书馆
砚山县图书馆
麻栗坡县图书馆
丘北县图书馆
富宁县图书馆
景洪市图书馆
漾濞县图书馆
祥云县图书馆
宾川县图书馆
南涧县图书馆
巍山县图书馆
永平县图书馆
云龙县图书馆
洱源县图书馆
剑川县图书馆
芒市图书馆
瑞丽市图书馆
梁河县图书馆
陇川县图书馆
泸水县图书馆
贡山县图书馆
维西县图书馆

西藏自治区

西藏自治区图书馆
林芝地区图书馆
札达县图书馆
工布江达县图书馆

陕西省

铜川市王益区少年儿童图书馆
宝鸡市图书馆
安康市图书馆
西安市灞桥区图书馆
西安市阎良区图书馆
西安市临潼区图书馆
蓝田县图书馆
户县图书馆
铜川市印台区图书馆
宜君县图书馆
宝鸡市渭滨区图书馆
宝鸡市陈仓区图书馆
凤翔县图书馆
岐山县图书馆
扶风县图书馆
眉县图书馆
陇县图书馆
千阳县图书馆
凤县图书馆
泾阳县图书馆
礼泉县图书馆

永寿县图书馆
淳化县图书馆
兴平市图书馆
大荔县图书馆
澄城县图书馆
富平县图书馆
延川县图书馆
志丹县图书馆
城固县图书馆
西乡县图书馆
勉县图书馆
镇巴县图书馆
留坝县图书馆
佛坪县图书馆
佳县国祯图书馆
汉阴县图书馆
石泉县图书馆
平利县图书馆
旬阳县图书馆
商洛市商州区少年儿童图书馆

甘肃省

兰州市红古区图书馆
永登县图书馆
榆中县图书馆
白银市平川区图书馆
靖远县图书馆
会宁县图书馆
景泰县图书馆
清水县图书馆
秦安县图书馆
甘谷县图书馆
民勤县图书馆
天祝县图书馆
民乐县图书馆
临泽县图书馆
山丹县图书馆
泾川县图书馆
灵台县图书馆
金塔县图书馆
瓜州县图书馆
肃北县图书馆
阿克塞县图书馆
玉门市图书馆
华池县图书馆
合水县图书馆
正宁县图书馆
宁县图书馆
渭源县图书馆
漳县图书馆
岷县图书馆
成县图书馆
迭部县图书馆

青海省

果洛州图书馆
大通县图书馆
湟中县图书馆
海晏县图书馆
湟源县图书馆
平安县图书馆
民和县图书馆
乐都县图书馆
门源县图书馆
河南县图书馆
贵德县图书馆
格尔木市图书馆
互助县图书馆

宁夏回族自治区

永宁县图书馆
灵武市图书馆
惠农区图书馆
盐池县图书馆
同心县图书馆
原州区图书馆
西吉县图书馆
彭阳县图书馆
隆德县图书馆
泾源县图书馆
海原县图书馆

新疆维吾尔自治区

吐鲁番地区图书馆
阿克苏地区图书馆
喀什地区图书馆
和田地区图书馆
伊犁哈萨克自治州图书馆
石河子市图书馆
乌鲁木齐市水磨沟区图书馆
乌鲁木齐市米东区图书馆
吐鲁番地区吐鲁番市图书馆
吐鲁番地区托克逊县图书馆
哈密地区哈密市图书馆
哈密地区巴里坤县图书馆
哈密地区伊吾县图书馆
昌吉州呼图壁县图书馆
博尔塔拉蒙古自治州博乐市图书馆
博尔塔拉蒙古自治州精河县图书馆
巴音郭楞州轮台县图书馆
巴音郭楞州若羌县图书馆
巴音郭楞州且末县图书馆
巴音郭楞州焉耆县图书馆
巴音郭楞州和硕县图书馆
巴音郭楞州博湖县图书馆
阿克苏地区新和县图书馆
阿克苏地区乌什县图书馆
克孜勒苏州阿图什市图书馆
克孜勒苏州乌恰县图书馆
喀什地区英吉沙县图书馆

喀什地区泽普县图书馆
喀什地区叶城县图书馆
喀什地区伽师县图书馆
伊犁州奎屯市图书馆
伊犁州察布查尔县图书馆
塔城地区塔城市图书馆
塔城地区托里县图书馆
塔城地区裕民县图书馆
塔城地区和布克赛尔县图书馆
阿勒泰地区阿勒泰市图书馆
阿勒泰地区哈巴河县图书馆
阿勒泰地区富蕴县图书馆
阿勒泰地区福海县图书馆
阿勒泰地区吉木乃县图书馆

第二批创建国家公共文化服务体系示范项目名单
（图书馆部分）

2013年10月31日，国家公共文化服务体系示范区（项目）创建工作领导小组公布第二批申报创建国家公共文化服务体系示范区（项目）评审结果。今年参与申报示范区创建的单位有50个，获得创建资格的有32个；申报示范项目创建的单位有103个，获得创建资格的有57个，其中与图书馆有关的9个专门项目名单如下：

省份	创建示范项目名单
江苏	常州市电视图书馆
浙江	绍兴市电视图书馆绍兴模式
江西	九江市文化亲民“八个一”工程
河南	信阳市平桥关爱留守儿童:农村公共图书馆一体化建设
重庆	南岸区社区图书馆标准化服务
西藏	昌都地区公共图书馆服务拓展与创新
甘肃	酒泉市图书漂流志愿服务活动
新疆	巴音郭楞蒙古自治州“幸福家园·特阅服务”公共图书阅览及文化信息共享工程
新疆生产建设兵团	新疆生产建设兵团第六师文化共享工程进连入户

（摘编自文化部网站）

2013年图书馆界获得各类基金项目统计

2013年国家社会科学基金资助项目

项目名称	负责人	工作单位	所在省市	项目类别	预期成果	批准号
公共数字文化服务中的资源整合研究	肖希明	武汉大学	湖北	重点项目	专题论文集研究报告	13ATQ001
图书馆面向残疾人的服务模式与规范研究	陈力	国家图书馆	机关	重点项目	研究报告	13ATQ002
中国古代版印图录	李致忠	国家图书馆	机关	重点项目	专著	13ATQ003
中国民间家书的文化价值与抢救性收藏研究	张丁	中国人民大学	高校	重点项目	专著	13ATQ004
基于知识组织的产品分类本体研究	黄奇	南京大学	江苏	重点项目	研究报告电脑软件	13ATQ005
基于公众视角的政府电子信息服务质量评价及优化研究	高洁	天津师范大学	天津	重点项目	专题论文集研究报告	13ATQ006
云计算环境下电子文件管理元数据智能化研究	张正强	南京政治学院上海校区	军队	重点项目	专著工具书	13ATQ008
数字档案馆生态系统培育与管理研究	金波	上海大学	上海	重点项目	专著	13ATQ007
重大突发事件中的政府应急信息发布研究	陈艳红	湘潭大学	湖南	重点项目	专著	13ATQ009
跨系统区域图书馆联盟建设与发展研究	邓菊英	首都图书馆	北京	一般项目	专题论文集研究报告	13BTQ002
基于管理沟通的图书馆组织文化研究	唐承秀	天津财经大学	天津	一般项目	研究报告	13BTQ001
中国方志馆研究	潘捷军	浙江省社科院	浙江	一般项目	专著研究报告	13BTQ003
公共图书馆为阅读障碍人群服务的理论、方法与对策研究	束漫	华南师范大学	广东	一般项目	研究报告	13BTQ006
基于生态化程度测评的网络信息生态系统研究	马捷	吉林大学	吉林	一般项目	专题论文集	13BTQ007
农业信息传播模式对我国农业现代化的影响研究	臧运平	青岛农业大学	山东	一般项目	专著	13BTQ009
公共图书馆开展全民阅读活动与建设学习型社会研究	吴晞	深圳图书馆	广东	一般项目	专著研究报告	13BTQ005
新型网络环境下信息无障碍建设的影响因素及保障体系研究	赵英	四川大学	四川	一般项目	研究报告	13BTQ010

续表

项目名称	负责人	工作单位	所在省市	项目类别	预期成果	批准号
面向城乡公共服务均等化的信息资源公益性开发研究	王云娣	浙江师范大学	浙江	一般项目	专题论文集研究报告	13BTQ008
泛在网络环境下公众对健康信息的选择策略研究	赵文龙	重庆医科大学	重庆	一般项目	专题论文集研究报告	13BTQ004
国外数据库商业版权模式及图书馆应对策略研究	刘兹恒	北京大学	高校	一般项目	专题论文集	13BTQ014
基于经典扎根理论的我国高校图书馆 FOLKSONOMY 实证研究	王翠英	广东商学院	广东	一般项目	专题论文集	13BTQ015
多种媒体特色资源深度聚合与组织研究	郑巧英	上海交通大学	上海	一般项目	专题论文集研究报告	13BTQ011
新疆周边国家及中亚文献资源保障体系建设研究	张沛黎	石河子大学	兵团	一般项目	研究报告工具书	13BTQ019
基于社会化媒体的图书馆品牌营销研究	卢振波	浙江工业大学	浙江	一般项目	专题论文集研究报告	13BTQ016
国家叙词库构建方式与发展机制研究	吴雯娜	中国科学技术信息研究所	机关	一般项目	研究报告电脑软件	13BTQ013
面向共享的科技计划项目元数据框架研究	刘春燕	中国科学技术信息研究所	机关	一般项目	专题论文集研究报告	13BTQ018
面向公共安全决策需求的信息资源开发利用战略及政策研究	马德辉	中国人民公安大学	高校	一般项目	研究报告	13BTQ017
构建基于本体的循证医学知识管理体系	徐维	解放军第二军医大学	军队	一般项目	专题论文集研究报告	13BTQ012
数字阅读机制与导读策略研究	袁曦临	东南大学	江苏	一般项目	专著	13BTQ023
全媒体语境下老龄社会的阅读服务保障整合研究	邓香莲	华东师范大学	上海	一般项目	专著专题论文集	13BTQ022
信息素质教育网络游戏模型与实证研究	吴建华	华中师范大学	湖北	一般项目	专题论文集电脑软件	13BTQ024
农村少数民族阅读困难群体分布状况与图书馆关怀研究	王虹	齐齐哈尔大学	黑龙江	一般项目	专题论文集研究报告	13BTQ021
大学生抑郁症阅读疗法中医学配伍书方研究	宫梅玲	泰山医学院	山东	一般项目	研究报告	13BTQ020
大数据时代图书馆用户信息的资源化研究	李爱国	东南大学	江苏	一般项目	专题论文集	13BTQ025
社会网络中意见领袖对个性化信息推荐服务质量的影响研究	张莉	对外经济贸易大学	高校	一般项目	专题论文集研究报告	13BTQ027
图书馆电子借阅服务的利益平衡机制研究	傅文奇	福建师范大学	福建	一般项目	专著专题论文集	13BTQ028
移动图书馆服务质量影响因素与提升策略研究	施国洪	江苏大学	江苏	一般项目	研究报告专题论文集	13BTQ029

续表

项目名称	负责人	工作单位	所在省市	项目类别	预期成果	批准号
基于用户感知的移动图书馆服务质量评价及提升策略研究	郑德俊	南京农业大学	江苏	一般项目	研究报告	13BTQ026
民国时期古籍出版研究	刘洪权	安徽大学	安徽	一般项目	专著	13BTQ032
《舶载书目》研究	孙文	河南大学	河南	一般项目	专著	13BTQ030
宁夏明清人士著述整理与研究	田富军	宁夏大学	宁夏	一般项目	专著	13BTQ033
西夏遗民文献整理与研究	张琰玲	宁夏社科院	宁夏	一般项目	专著	13BTQ034
百年以来羌学论著总目提要	袁琳蓉	西南民族大学	四川	一般项目	专著	13BTQ031
现当代中国文献辨伪学（1912—2012)研究	王国强	郑州大学	河南	一般项目	专著	13BTQ035
彝文古籍及其数字化保护与利用研究	李仲良	楚雄师范学院	云南	一般项目	研究报告电脑软件	13BTQ042
江南进士藏书研究	陈心蓉	嘉兴学院	浙江	一般项目	专著	13BTQ040
河洛地区名人家谱收集、整理与研究	谢琳惠	洛阳理工学院	河南	一般项目	专著	13BTQ038
基于地图文献与GIS技术的南海地名汇释与考证	许盘清	三江学院	江苏	一般项目	专著研究报告	13BTQ039
《藏文大藏经目录》编制研究	董多杰	青海民族大学	青海	一般项目	专著工具书	13BTQ036
1970年代“保钓运动”历史文献与口述历史的整理研究	高瑄	清华大学	高校	一般项目	专题论文集研究报告	13BTQ037
民国以前云南水资料整理及数据库建设	江燕	云南省社科院	云南	一般项目	研究报告工具书	13BTQ041
有限实名网络中的个人信息动态监管研究	周伟良	安徽行政学院	安徽	一般项目	专题论文集研究报告	13BTQ048
美国战略情报体制研究	丰建泉	国防科学技术大学	军队	一般项目	研究报告	13BTQ045
张琪玉学术思想研究	王崇良	湖北科技学院	湖北	一般项目	专题论文集研究报告	13BTQ049
面向微博的舆情波动与扩散趋势预估模型研究	张亮	江苏警官学院	江苏	一般项目	专题论文集电脑软件	13BTQ046
情报研究有效性评价的理论构建及方法设计	钟丽萍	南昌大学	江西	一般项目	专题论文集研究报告	13BTQ047
海洋强国科研实力的情报学分析及海洋学领域学科导航的构建	华薇娜	南京大学	江苏	一般项目	专题论文集电脑软件	13BTQ043

续表

项目名称	负责人	工作单位	所在省市	项目类别	预期成果	批准号
基于知识产权的民族文化资源产业转化机理研究	罗爱静	中南大学	湖南	一般项目	专题论文集研究报告	13BTQ044
面向知识服务的学科领域术语语义分析及应用研究	孙济庆	华东理工大学	上海	一般项目	研究报告电脑软件	13BTQ053
海量图像资源检索中的语义标注及改进策略研究	金聪	华中师范大学	湖北	一般项目	专题论文集	13BTQ050
知识管理视角下差错学习机制和模型构建的研究	张家年	淮北师范大学	安徽	一般项目	研究报告专著	13BTQ054
基于协同网络的行业知识库的构建及其应用研究	张明宝	南京航空航天大学	江苏	一般项目	专题论文集研究报告	13BTQ051
面向临床决策的电子病历潜在语义分析及应用研究	陈先来	中南大学	湖南	一般项目	专题论文集电脑软件	13BTQ052
基于用户行为和信息粒度的社会网络环境下信息组织模式研究	顾伟泉	哈尔滨师范大学	黑龙江	一般项目	专题论文集研究报告	13BTQ057
城镇化进程中新市民信息行为及其社区信息服务策略	俞守华	华南农业大学	广东	一般项目	研究报告	13BTQ055
复杂语境下专利引用行为机制与专利引文评价的相关性研究	李睿	四川大学	四川	一般项目	研究报告	13BTQ056
交互式信息服务环境下的用户认知需求及其量表的开发和应用研究	曹锦丹	吉林大学	吉林	一般项目	专题论文集	13BTQ058
老年人社会化网络服务采纳及持续使用行为研究	刘炜	江西财经大学	江西	一般项目	研究报告	13BTQ059
面向社会的档案服务体系建设与创新研究	李财富	安徽大学	安徽	一般项目	专题论文集研究报告	13BTQ063
黄河流域岩画文化遗产档案式保护模式与实现机制研究	杨敏	北方民族大学	宁夏	一般项目	专著电脑软件	13BTQ062
瑶族档案文化对外传播路径研究	郑慧	广西民族大学	广西	一般项目	专著	13BTQ067
信息文化视域下档案价值认知转型研究	倪丽娟	黑龙江大学	黑龙江	一般项目	专著	13BTQ066
公共档案馆档案信息服务社会化绩效评价研究	王灿荣	吉首大学	湖南	一般项目	专题论文集研究报告	13BTQ061
我国普通公众档案馆利用行为研究	胡燕	苏州大学	江苏	一般项目	研究报告专著	13BTQ065
苏联解体 20 年来俄罗斯档案事业的变革与发展研究	肖秋会	武汉大学	湖北	一般项目	专著专题论文集	13BTQ064
非物质文化遗产档案资源建设“群体智慧模式”研究	周耀林	武汉大学	湖北	一般项目	专著研究报告	13BTQ060
依法治档研究	陈忠海	郑州大学	河南	一般项目	专著研究报告	13BTQ068

续表

项目名称	负责人	工作单位	所在省市	项目类别	预期成果	批准号
高校图书馆基于区域图书馆联盟开展阅读推广活动的策略研究	刘彦丽	北京大学	高校	青年项目	专题论文集研究报告	13CTQ001
新生代农民工对城市的文化适应研究	洪秋兰	福建师范大学	福建	青年项目	专著	13CTQ002
新时期我国图书馆学研究主题分布及其演变趋势研究	张雪梅	哈尔滨师范大学	黑龙江	青年项目	专题论文集研究报告	13CTQ003
基于制度创新视角的公共数字文化建设机制研究	吴高	广西师范大学	广西	青年项目	专题论文集研究报告	13CTQ006
“资源—资产”视角下我国政府信息资源商业价值实现路径研究	陈兰杰	河北大学	河北	青年项目	研究报告	13CTQ004
公共文化服务中的民间图书馆发展战略研究	吴汉华	山西财经大学	山西	青年项目	专著	13CTQ005
老年人健康信息行为及信息服务机制研究	彭骏	解放军第二军医大学	军队	青年项目	专题论文集研究报告	13CTQ007
W3C 的 RDB2RDF 标准规范在关联数据服务构建中的应用	夏翠娟	上海图书馆	上海	青年项目	专题论文集电脑软件	13CTQ008
研究型图书馆电子资源优先策略研究	孔青青	中国社科院	社科院	青年项目	专著	13CTQ010
基于 R2RML 的 RDB 到 RDF 的转换模式研究与实现	吴思竹	中国医学科学院	高校	青年项目	专题论文集研究报告	13CTQ009
数字图书馆用户数据资源化管理研究	王丹丹	河南科技大学	河南	青年项目	专著	13CTQ012
图书馆为阅读困难群体服务的对策研究	王政	黑龙江省图书馆	黑龙江	青年项目	专题论文集研究报告	13CTQ014
图书馆电子书服务体系的构建与评价研究	陈铭	南京大学	江苏	青年项目	研究报告	13CTQ013
新媒介环境下青少年社会化阅读及其引导机制研究	李武	上海交通大学	上海	青年项目	专题论文集研究报告	13CTQ015
面向检索的网络用户行为可靠性度量研究	吴清强	厦门大学	福建	青年项目	专题论文集研究报告	13CTQ011
真人图书馆：图书馆知识服务新模式及构架研究	吴才唤	上海市委党校	上海	青年项目	专著研究报告	13CTQ017
基于公私伙伴关系的公益性信息服务组织与运行机制研究	聂勇浩	中山大学	广东	青年项目	研究报告	13CTQ016
历代藏文译师及其译著目录研究	桑杰措	拉萨师范高等专科学校	西藏	青年项目	专著	13CTQ018
古籍公文纸印本《王文公文集》纸背文书整理与研究	魏琳	河北省石家庄市图书馆	河北	青年项目	专著	13CTQ020
现存《永乐大典》涉医文献研究	张雪丹	上海中医药大学	上海	青年项目	专著专题论文集	13CTQ021

续表

项目名称	负责人	工作单位	所在省市	项目类别	预期成果	批准号
敦煌藏文写本《入菩萨行论》的整理、翻译与研究	索南	西北民族大学	甘肃	青年项目	专著	13CTQ019
大规模个性化定制环境下的情报系统研究	徐扬	北京大学	高校	青年项目	专题论文集研究报告	13CTQ022
科研领域合作关系的识别与关联强度分析	吕娜	北京理工大学	高校	青年项目	研究报告	13CTQ024
西北地区民族宗教问题网络舆情危险辨识与引导机制研究	胡圣方	甘肃省社科院	甘肃	青年项目	专著	13CTQ026
基于社会认同视角的微博群体意见传播机制及控制策略研究	张军	山东理工大学	山东	青年项目	研究报告	13CTQ023
新兴信息技术环境下我国个人信息安全保护体系构建及应用研究	罗力	上海社科院	上海	青年项目	专题论文集研究报告	13CTQ027
移动互联网环境下网络舆情新特征、新问题与对策研究	唐涛	上海社科院	上海	青年项目	研究报告	13CTQ028
我国区域基础研究特点与竞争力对比分析研究	马廷灿	中国科学院武汉文献情报中心	湖北	青年项目	专题论文集研究报告	13CTQ025
基于产学研协同创新的隐性知识转移机制及支持系统研究	王培林	安徽大学	安徽	青年项目	研究报告	13CTQ029
基于社区发现的学术 WEB 主题显著度研究	杨波	南京农业大学	江苏	青年项目	研究报告电脑软件	13CTQ031
基于框架网络本体的标签系统语义分析研究	郜杨芳	山西医科大学	山西	青年项目	专题论文集电脑软件	13CTQ030
医学知识组织体系映射模式及其在医保中的应用服务研究	李亚子	中国医学科学院	高校	青年项目	研究报告电脑软件	13CTQ032
组织间信息系统扩散理论及扩散关键影响因素研究	王姣	东北师范大学	吉林	青年项目	专题论文集研究报告	13CTQ041
文献计量学视角下的 NPE 及其专利的计量与评价	宋艳辉	杭州电子科技大学	浙江	青年项目	专题论文集研究报告	13CTQ036
基于引文分析的期刊非正常引用行为研究	鞠秀芳	南京大学	江苏	青年项目	专著专题论文集	13CTQ034
面向知识服务的科学数据组织与应用研究	何琳	南京农业大学	江苏	青年项目	专题论文集研究报告	13CTQ035
中小企业经理人的信息搜寻影响因素与行为模式研究	王琳	天津师范大学	天津	青年项目	专题论文集研究报告	13CTQ040
基于大数据的产业竞争态势动态预警机制研究	吴金红	武汉纺织大学	湖北	青年项目	专题论文集研究报告	13CTQ033
我国政府部门基于大数据的决策模式研究	迪莉娅	燕山大学	河北	青年项目	专著专题论文集	13CTQ037
引用认同和引证形象在引文分析中的应用研究	苏芳荔	郑州航空工业管理学院	河南	青年项目	专题论文集研究报告	13CTQ039

续表

项目名称	负责人	工作单位	所在省市	项目类别	预期成果	批准号
面向知识创新的企业知识利用行为分析	张勤	北京物资学院	北京	青年项目	研究报告	13CTQ044
中国企业海外风险情报检测的合作治理机制研究	丁源	河海大学	江苏	青年项目	专著研究报告	13CTQ047
科技型中小企业知识资本运营中的法律风险识别与防范机制研究	李丹	华东政法大学	上海	青年项目	研究报告	13CTQ043
财经垂直门户信息服务模式选择及绩效评估研究	胡翠华	上海立信会计学院	上海	青年项目	专题论文集研究报告	13CTQ042
民族地区城乡义务教育信息资源协同配置与绩效评估研究	罗廷锦	云南民族大学	云南	青年项目	研究报告	13CTQ045
移动网络环境下高校图书馆用户情景敏感服务模式及实证研究	袁静	郑州大学	河南	青年项目	专题论文集研究报告	13CTQ046
我国数字档案信息长期保存的策略体系研究	谢永宪	北京联合大学	北京	青年项目	专题论文集	13CTQ051
清代巴县婚姻档案研究	张晓霞	成都学院	四川	青年项目	专著	13CTQ048
云计算环境下电子文件一体化管理实证研究	毕建新	东南大学	江苏	青年项目	专题论文集	13CTQ053
中外公共档案馆发展路径比较及对策研究	谭必勇	山东大学	山东	青年项目	专著	13CTQ054
数字档案安全及长期保存策略研究	耿志杰	上海大学	上海	青年项目	专题论文集研究报告	13CTQ050
世界记忆遗产——东巴古籍文献整合性保护研究	胡莹	云南大学	云南	青年项目	研究报告	13CTQ049
西南地区县级档案馆重大自然灾害防治研究	胡红霞	云南师范大学	云南	青年项目	研究报告	13CTQ052

2013 年国家社会科学基金西部项目

项目名称	负责人	工作单位
我国图书馆职业价值与图书馆员职业化研究	马谦	宁夏大学
壮族传统文化信息资源与文化创意产业融合发展研究	梁福兴	桂林理工大学
智慧图书馆理论与系统实践研究	杨新涯	重庆大学图书馆
政府信息资源开发中的公私合作研究	范丽莉	长安大学
数字信息资源长期保存机制及法律保障研究	王爱霞	西北政法大学
西南联大文献资源的发掘利用研究	王顺英	云南师范大学
藏文文献数据库建设实证调查研究	德萨	西藏大学
南海及南海诸岛资料数据库构建	李敏	海南师范大学
用户信息素养教育与信息消费能力长效互动机制研究	陆浩东	贺州学院
元杂剧校勘研究	窦开虎	甘肃行政学院

续表

项目名称	负责人	工作单位
四川南派藏医药古籍文献的抢救性挖掘整理及数据库研究	邓都	成都中医药大学
敦煌文学写本文献研究	冷江山	贵州师范大学
中文图书引文数据库建设及其学术影响力分析研究	吕先竞	西华大学
白族家谱整理与研究	何俊伟	大理学院

2013 年国家社会科学基金重大项目

课题名称	首席专家	责任单位	批准号
中国图书馆学史	王余光	北京大学	13&ZD153
智慧城市应急决策情报体系建设研究	李纲	武汉大学	13&ZD173
面向突发事件应急决策的快速响应情报体系研究	苏新宁	南京大学	13&ZD174
基于多维度聚合的网络资源知识发现研究	夏立新	华中师范大学	13&ZD183
国家数字档案资源整合与服务机制研究	安小米	中国人民大学	13&ZD184
大数据与云环境下国家信息安全管理范式及政策路径研究	王世伟	上海社科院	13&ZD185
天一阁所藏文献分类整理与研究	龚缨晏	宁波大学	13&ZD089
国家图书馆藏未刊稿整理与研究	刘玉才	北京大学	13&ZD107
中国彝文古籍文献整理保护及其数字化建设	沙马拉毅	西南民族大学	13&ZD142

2013 年国家自然科学基金资助项目

项目名称	项目负责人	依托单位	项目批准号
科技信息用户价值模型构建与实证研究	徐丽芳	武汉大学	71373196
开放数据下公共信息资源再利用体系的重构研究	夏义堃	武汉大学	71373195
新研究领域科学文献传播网络生长及对传播效果影响研究	王曰芬	南京理工大学	71373124
多因素融合下的微博话题可信度评估模型及实证研究	王平	武汉大学	71303179
面向电子商务生态平衡的目录导购机制研究	王军	北京大学	71373015
基于 CSSCI 的句法级汉英平行语料库构建及知识挖掘研究	王东波	南京农业大学	71303120
基于关联书目数据的分层聚合与导航机制研究	索传军	中国人民大学	71373278
基于演化本体的网络舆情自适应话题跟踪方法研究	马静	南京航空航天大学	71373123
面向文本分类的多学科协同建模理论与实践研究	路永和	中山大学	71373291
专利网络中群体行为视角的科技创新趋势涌现研究	刘向	华中师范大学	71303090
基于多重关系整合的专利综合网络分析方法与应用研究	刘彤	北京市科学技术情报研究所	71303023
泛在环境下基于情境历史和兴趣社区的个性化信息推荐模型与实现	刘启华	江西财经大学	71363022
社会化阅读服务用户持续使用的行为机理研究	刘鲁川	山东财经大学	71373144
基于复杂网络的中文文本语义相似度研究	刘怀亮	西安电子科技大学	71373200
基于用户检索行为和搜索任务情境的个性化信息检索系统研究	刘畅	北京大学	71303015
井冈山革命老区接入网络终端资源协同及其面向信息扶贫村的知识扩散模式研究	李太杰	南昌航空大学	71363045
面向知识服务的知识库结构研究	蒋勋	南京大学	71303109

续表

项目名称	项目负责人	依托单位	项目批准号
微博环境下实时主动感知网络舆情事件的多核方法研究	黄炜	湖北工业大学	71303075
社会网络环境下基于用户—资源关联的信息推荐研究	胡吉明	武汉大学	71303178
大数据环境下面向科学研究第四范式的信息资源云研究	邓仲华	武汉大学	71373191
图书层次主题自动标引研究	陈静	华中师范大学	71303089
基于情感倾向分析的网络舆情意见领袖识别与对策研究	陈芬	南京理工大学	71303111
需求和能力调节下的网络信息行为影响规律及优化研究	查先进	武汉大学	71373193

2013 年文化部国家文化科技提升计划项目立项统计

项目名称	申报单位	承担单位
公共电子阅览室的新形态实现研究	广东省文化厅	东莞图书馆 文化部全国公共文化发展中心

2013 年文化部科技创新项目立项统计

项目名称	承担单位	申报部门	项目负责人
基于 RFID 技术的读者借阅行为分析与预测研究	国家图书馆	国家图书馆	茹　文
基于云计算的古籍数据库建库技术研究	国家图书馆出版社	国家图书馆	方自金
新型无酸纸质材料对古籍保存影响的研究	湖南省博物馆	湖南省文化厅	王宜飞
图书馆智慧平台的研究与示范	深圳市盐田区图书馆	广东省文化厅	尹丽棠
数字图书馆个性化推荐服务体系及相关技术研究	山东科技大学	山东省文化厅	李　默
图书馆综合服务模式研究及示范	北京文创国际集团有限公司	北京市文化局	张　晓
黑龙江省图书馆馆藏资源非遗文献挖掘与数据库构建	黑龙江省图书馆	黑龙江省文化厅	许静华
非遗数据库构建分类及信息资源元数据研究	中国文化传媒集团国家公共文化发展中心	中国文化传媒集团有限公司	苑　利 李　静

2013 年教育部人文社会科学研究规划基金项目、青年基金项目立项统计

学校名称	项目类别	项目名称	申请人
昌吉学院	规划基金项目	西部民族地区农民信息行为特征及其信息保障机制研究	龚立群
成都理工大学	规划基金项目	图书馆促进新生代农民工城市融入的模式及路径研究	程孝良
东华大学	规划基金项目	纺织史研究资源保障及其服务体系构建研究	陈惠兰
福建师范大学	规划基金项目	福建历代私家藏书研究	方宝川
杭州师范大学	规划基金项目	清末民初社会变革中的图书馆应对研究(1900—1920)	范玉红
华侨大学	规划基金项目	基于协同创新的企业知识产权合作研究	李朝明
吉首大学	规划基金项目	武陵山片区农村信息贫困程度评价及扶贫机制研究	赵奇钊

续表

学校名称	项目类别	项目名称	申请人
嘉兴学院	规划基金项目	中国进士藏书家研究及其数据库建设	丁辉
江南大学	规划基金项目	“日本侵华时期图书损失”史料数据库建设研究	黄红
江苏技术师范学院	规划基金项目	基于 CALIS 的区域贮存图书馆建设模式研究	熊太纯
兰州交通大学	规划基金项目	基于网络爬虫和数字水印的图书馆数字资源侵权追踪研究	李启南
南京工业大学	规划基金项目	网络社区驱动的高校图书馆数字资源服务与管理功能全关联映射研究	赵乃瑄
南京理工大学	规划基金项目	多语言高质量社会化标签生成及聚类研究	章成志
内蒙古大学	规划基金项目	蒙古学信息服务平台建设研究	德力格尔
山东师范大学	规划基金项目	山东方志人物传记资料索引	王恒柱
上海大学	规划基金项目	云环境下研究图书馆文献资源建设策略与机制研究	刘华
天津师范大学	规划基金项目	科学共同体动态演化过程的可视化研究	贺颖
武汉大学	规划基金项目	我国科学数据集成与共享的保障研究	司莉
武汉大学	规划基金项目	馆藏数字资源语义化深度聚合的理论与关键技术研究	赵蓉英
西藏民族学院	规划基金项目	明朝以前西藏地方档案管理研究	侯希文
浙江海洋学院	规划基金项目	晚清翻译小说目录志编撰	陆国飞
郑州大学	规划基金项目	图书馆数字资源的细粒度语义化描述与复用研究	郭少友
中山大学	规划基金项目	公共文化服务体系视野下新生代农民工日常生活信息获取行为研究	肖永英
安徽大学	青年基金项目	基于排序学习的信息检索模型研究	程凡
北京大学	青年基金项目	清代宫廷戏曲文献整理及研究	熊静
北京戏曲艺术职业学院	青年基金项目	基于互联网开放领域构建京剧专业语料库	乐娟
东北师范大学	青年基金项目	基于学术博客的知识转移与传播研究	陈卓群
广西师范大学	青年基金项目	图书馆云的服务质量模型	黎春兰
湖北工业大学	青年基金项目	基于移动互联网的网络社会集群行为感知与引导研究	刘蔚
华东师范大学	青年基金项目	中国图书馆法律制度建设的实践及成效研究	金武刚
华中师范大学	青年基金项目	基于用户兴趣挖掘的电子政务门户知识整合研究	翟姗姗
吉林大学	青年基金项目	面向用户的数字图书馆自适应信息服务机制研究	沈旺
江苏大学	青年基金项目	基于新核函数的相似专利文献检索研究	王秀红
江西财经职业学院	青年基金项目	企业反竞争情报能力的构成、测度与提升路径研究	黎小平
九江学院	青年基金项目	基于压缩感知和可逆水印的数字图书馆信息资源知识产权认证研究	高光勇
鲁东大学	青年基金项目	《通志堂经解》版本学研究	王爱亭
南昌大学	青年基金项目	数字遗产长期保存策略研究	聂云霞
南京大学	青年基金项目	众包社区中参与者的动因分类及调节效应研究	赵宇翔
曲阜师范大学	青年基金项目	全纳视阈下高校图书馆泛在知识服务研究	王焕景
泉州师范学院	青年基金项目	戴志骞外文著述整理、翻译与研究	郑锦怀
上海大学	青年基金项目	社会化标注系统资源多维度聚合与导航研究	张云中
上海师范大学	青年基金项目	数字档案馆服务能力测评模型与实证研究	吕元智
苏州大学	青年基金项目	数字图书馆的用户交互模型与服务改进研究	徐芳
天津大学	青年基金项目	基于在线网络和媒体的社会实体公信力评价体系研究	孙越恒
天津工业大学	青年基金项目	基于情报学理论和方法的社会预警研究	刘建准
武汉大学	青年基金项目	社会网络环境下信息内容主题挖掘与语义分类研究	胡吉明

续表

学校名称	项目类别	项目名称	申请人
武汉纺织大学	青年基金项目	移动虚拟社区的群推荐信息服务研究——以涌现知识和时空情境整合的视角	胡慕海
武汉科技大学	青年基金项目	基于认知地图的隐性知识表达与组织研究	张凌
南昌大学	青年基金项目	公益性数字文化服务合作机制研究	戴艳清
浙江大学	青年基金项目	面向知识服务的图书馆信息资源整合研究	丁楠
浙江警察学院	青年基金项目	基于意见领袖的在线购买决策行为研究	梦非
浙江师范大学	青年基金项目	民国时期图书馆学本土化实践探索研究——以人物个案为中心	刘应芳
浙江万里学院	青年基金项目	国家海洋权益视野下的海洋档案管理模式研究	范世清
中国农业大学	青年基金项目	基于重叠结构的学科交叉演化研究	陈仕吉
中国人民大学	青年基金项目	全程管理框架下的电子文件与档案分类:模型构建与实证研究	马林青
中国医科大学	青年基金项目	基于语义述谓网络属性的多文档自动摘要:以生物医学为例	张晗
中山大学	青年基金项目	图书馆、档案馆与博物馆数字信息资源的深度聚合研究	宋琳琳

（国家图书馆　张收棉整理）

年度大事记

2013年中国图书馆事业大事记

1月

1月8日，"广州十三行图片文献展"在香港中央图书馆展览馆隆重开幕，庆贺广东省立中山图书馆成立100周年、香港公共图书馆成立50周年。

1月9日，中国图书馆学会2013新年峰会在国家图书馆召开。

1月12日，"高校图书馆RFID技术应用标准规范研讨暨产品设备展示会"在上海交通大学图书馆召开。

1月29日，"中国记忆"项目系列展览之"年画中的记忆——国家图书馆藏年画精品暨国家级非物质文化遗产年画项目代表性传承人作品展"在国家图书馆拉开帷幕。展览由文化部非物质文化遗产司与国家图书馆共同主办。

1月30日，文化部正式发布《全国公共图书馆事业发展"十二五"规划》，这是我国第一个全国性的公共图书馆事业发展五年规划。

2月

2月4日，国家图书馆联合全国66家省市公共图书馆共同启动"网络书香过大年"系列活动。该项活动一直持续到3月11日，借助虚拟网为各地读者送去总量超过120TB的网络文化大餐。

2月21—22日，中国图书馆学会八届十三次常务理事会暨八届七次理事会在国家图书馆召开。

2月22日，由国家图书馆与总后勤部共建的军队后勤数字图书馆正式开通。

3月

3月13日，由中美联泰大都会人寿保险有限公司等捐建的全国第七座公益图书馆"大都会图书馆"在上海市徐汇区致康儿童健康园落成。

3月13—14日，公共图书馆评估定级工作培训班在国家图书馆举办。来自全国省级、副省级图书馆（包括少儿馆）的馆长及相关部门负责人约100人参加了培训。

3月14日，中国交响乐发展基金会向国家图书馆捐赠纪录片《世纪交响——中国杰出音乐家访谈录》和《交响世界》杂志等珍贵资料。此次捐赠的音乐文献从未公开发行过，是极为珍贵的第一手史料。

3月16日，由"上图讲座"和德稻集团首次合作打造的"德稻大师讲坛"在上海图书馆签约并开讲，同时拉开"上图讲座"35周年系列活动的帷幕。

3月15日，长沙市召开推进创建国家公共文化服务示范区工作会议（以下简称会议），下发《长沙图书馆总分馆建设实施方案》。到2013年年底，将建成基层图书馆（室）2000个、分馆100个。

3月21日，由国家图书馆主办、南京图书馆协办的民国时期文献保护工作座谈会在南京举行。

3月22日，由中国高校人文社会科学文献中心（CASHL）主办的"2013年CASHL中心馆馆长工作会议"在浙江大学宁波理工学院图书馆召开。

3月22日，2013年江西省设区市公共图书馆馆长联席会议在抚州举行。江西省公共图书馆讲座与展览联盟正式成立。

3月23日，由中国下一代教育基金会、中国数字图书馆和中国信息化推进联盟共同发起的"中国下一代教育基金会学前教育数字图书馆公益行动"启动仪式暨"学前教育数字图书馆分馆"授牌仪式在中国科学院文献情报中心学术报告厅隆重举行。

3月26日—4月1日，由云南省图书馆组织实施的云南省首期公共图书馆基础业务理论与实践培训班在曲靖市举办。

3月27日，"大学数字图书馆国际合作计划（CADAL）"香港地区合作筹备中心在香港城市大学揭牌。

4月

4月2日，国家图书馆馆长周和平与香港特别行政区康乐及文化事务署署长冯程淑仪在香港中央图书馆签署《关于在香港公共图书馆开展数字图书馆合作的协议》，进一步推动内地与香港的文化和数字图书馆的交流合作。

4 月 2 日，由国家图书馆、中国图书馆学会联合主办的“科普阅读——开启智慧人生”2013 全国少年儿童阅读年系列活动启动仪式在国家图书馆举行。

4 月 3 日，第三届“北京换书大集”正式启动收书。此次活动由首都图书馆联盟、首都图书馆主办。

4 月 9 日，“河南省公共图书馆地方特色资源共建共享联盟”成立大会在河南省图书馆举行。

4 月 12 日，上海纺织（SHANGTEX）与上海图书馆共建的“上海时尚产业主题图书馆” 在上海国际时尚教育中心正式开馆。

4 月 15—17 日，由中国图书馆学会、德国歌德学院北京分院、杭州图书馆联合举办，杭州市图书馆协会承办的“图书馆服务与评估研讨班”在杭州图书馆举行。

4 月 18 日，第四批《国家珍贵古籍名录》暨古籍普查重要发现在国家图书馆正式发布。

4 月 18 日，全国国民阅读调查项目正式对外发布“第十次全国国民阅读调查”初步研究成果。调查结果显示图书阅读率与数字阅读接触率双双上升。

4 月 20 日，蒲公英儿童图书馆在上海塘桥社区正式开馆。该馆由海归教育硕士杜可名和儿童阅读推广领域的专业人士共同发起，为儿童提供免费、高质量的阅读和教育服务。

4 月 23 日，由深圳大学城图书馆、深圳大学图书馆与深圳图书馆联合创建的“移动图书馆”（m. szdnet. org. cn）正式开通运行。

4 月 23 日，湖南图书馆成立中国首家公共女子图书馆和湖南首家公共老年图书馆。

4 月 24—27 日，由辽宁省图书馆学会、《图书情报工作》杂志社联合主办、丹东市图书馆学会承办的“从参考咨询走向知识咨询”专题学术研讨会在辽宁省丹东市隆重召开。

4 月 27 日，我国图书馆界第一部综合性蓝皮书——《中国图书馆事业发展报告 2012》在国家图书馆正式发布。

5 月

5 月 7 日，吉林省图书馆学会第八次会员代表大会暨联盟第二届理事会在吉林省图书馆隆重召开。

5 月 11 日，湘鄂赣皖四省公共图书馆举行签约仪式，正式成立湘鄂赣皖四省公共图书馆联盟。

5 月 17 日，中国首座以文物图书为主题的图书馆——陕西文物图书中心在西安碑林博物馆建成。该中心收藏的古籍图书、平装图书、过报过刊达 15 余万册，其中古籍图书 4199 种，珍贵古善本 54 部。

5 月 15—17 日，北京发行集团主办的“2013 年北京·台湖全国图书馆采购订货会、全国少儿图书订货会”在北京台湖出版物会展贸易中心举办。

5 月 18 日，由中国残联、中国狮子联会、中国盲文出版社举办的“最美的声音”——第 23 次全国助残日朗诵会暨中国盲文图书馆河北分馆揭牌仪式在河北省图书馆举行。

5 月 18 日，“孙中山纪念图书馆”在台湾政治大学社会科学资料中心揭幕。该馆藏有丰富的中国国民党党史资料，向公众和研究人员开放。

5 月 22—23 日，“CALIS 三期‘高校古文献资源库’扩大建设工作总结暨发展战略研讨会”在复旦大学召开。

5 月 25 日，中国残联和国家图书馆联合主办的“书香中国·让知识的阳光照亮每一个人的心灵”——图书馆文化助残系列活动在国家图书馆启动，发布《图书馆知识助残行动倡议书》。

5 月 29 日，由上海市图书馆学会和上海图书馆主办、上海市图书馆学会学术委员会承办的“2013 图书馆前沿技术论坛：‘资源发现之旅’（2013’ IT4L：Discover the Ultimate Beauty of the Library Services）”专题研讨会在上海图书馆召开。

5 月 30 日，“网络书香”全国数字阅读推广活动在福建省图书馆启动，拉开福建省图书馆服务宣传周的序幕。该活动由国家图书馆联合全国百家公共图书馆共同开展，福建省图书馆是此次全国性活动的首发站。

5 月 30—31 日，第三届学术图书馆馆员国际学术会议在香港中文大学图书馆举办，会议主题为“求同存异，动静阴阳：未来联校图书馆之合作与竞争”。

6 月

6 月 1 日，由国家图书馆出版社和北京人天书店有限公司共同策划的《20 世纪中国图书馆文库》正式出版发行。这是对 20 世纪中国图书馆学文献进行的一次系统整理。

6月3日，旧金山知名华人专栏作家、美国华人收藏协会秘书长招思虹再次向中国国家图书馆无偿捐赠记录北美华侨爱国史的6种清末华文报纸等文献资料。

6月3—6日，“第五届CALIS全国高校医学图书馆工作会议暨2013两岸三地医学图书馆馆长论坛”在宁夏举办。论坛由CALIS全国医学文献信息中心、北京大学医学图书馆主办。

6月5—7日，第十届数字图书馆前沿问题高级研讨班和深圳大学图书馆30周年馆庆在深圳大学图书馆举办。会议主题为“数字环境下的图书馆变革与创新”。

6月7日，由文化部非物质文化遗产司与国家图书馆共同主办的“中国记忆”项目系列展览之“大漆的记忆——中国大漆髹饰暨国家级非物质文化遗产项目代表性传承人作品大展”在国家图书馆拉开帷幕。

6月7日，财政部、文化部联合发布《中央补助地方美术馆、公共图书馆、文化馆(站)免费开放专项资金管理暂行办法》。

6月17日，全国中小型公共图书馆联合会2013年研讨会在张家港市开幕。

6月17—18日，“海外（北美地区）中华古籍保护工作研讨会”在国家图书馆召开。北美地区收藏中文善本较多的12家图书馆馆长或负责人受邀参加。

6月17—19日，2013中国高校图书馆发展论坛暨中国图书馆学会高等学校图书馆分会换届大会在吉林召开。

6月18日，在武汉学院举办的首届毕业典礼上，著名互联网企业家陈一丹宣布捐赠3000万元，与校方共建武汉学院新图书馆。此举开创了中国互联网企业家捐建大学图书馆的先河。

6月19日，由国家图书馆主办、绍兴图书馆承办的“数字图书馆推广工程”市级图书馆必配系统培训班在绍兴举行。

6月20日，由国防大学图书馆承办、海军大连舰艇学院图书馆协办的全国数字图书馆建设与服务联席会议第十四次会议在辽宁省大连市举行，会议主题为数字图书馆的“中国梦”。

6月20日，全新的数字式“讲座图书馆”在上海图书馆举办开通仪式。

6月22日，以“1+1，书送爱”为主题的“百所图书馆”计划在深圳少年儿童图书馆正式启动。

6月27日—7月1日，广州图书馆、广州市图书馆学会借广州图书馆新馆全面开放之机举办“大都市的公共图书馆事业国际学术研讨会”。

6月28日，共青团中央、国家图书馆在中国青年政治学院签署合作协议，宣布以该院图书馆为平台的国家图书馆团中央分馆正式成立。

6月28—30日，中国图书馆学会代表团一行33人赴美国芝加哥参加了美国图书馆协会年会并访问了芝加哥主要图书馆。

7月

7月1日，山西省图书馆新馆在太原汾河西畔的长风商务区开馆。

7月3日，吉林省2013年中小学图书馆（室）管理人员培训班在通化市举办。

7月11—13日，首届全国阅读推广高峰论坛在浙江绍兴县举行。论坛由中国图书馆学会阅读推广委员会、浙江省图书馆学会、绍兴县文广新局主办，主题为“免费开放背景下图书馆的阅读推广”。

7月11—14日，2013年中文数字出版与数字图书馆国际研讨会在甘肃敦煌举行。来自美国、英国等18个国家和地区的近400位专家、学者围绕云出版模式下的中文数字资源建设和服务进行探讨。

7月12日，国家图书馆首家地方分馆——三沙市分馆在西沙永兴岛挂牌成立。

7月17日—18日，“第二届中美高校图书馆合作发展论坛”在兰州召开。论坛主题为“中国周边国家文献资源的收集、整理和共享服务”，涉及东北亚、东南亚、南亚、中亚、俄罗斯和外蒙等多区域、多语种文献。

7月18—19日，黑龙江省图书馆学会第十次会员代表大会在省图书馆召开。

7月17—25日，中国图书馆学会代表团一行17人赴俄罗斯、英国参加中俄信息环境下现代数字图书馆研讨会及第10届诺桑比亚图书馆与信息服务绩效评估国际会议。

7月22—25日，中国图书馆学会专业图书馆分会2013学术年会在黑龙江省佳木斯市召开。会议主题为“知识服务2013：开放创新环境下专业图书馆的新角色”。

7月22—26日，“第二期《全国古籍普查登记目录》审校人员培训班”在陕西省图书馆举办。

7月26日，四川省第十二届人民代表大会常务委员会第四次会议审议通过《四川省公共图书馆条例》。

7月30日—8月1日，2013出版界图书馆界全民阅读年会在黑龙江省图书馆举办。

7月30日，由国家图书馆主办的“网络书香”全国数字阅读推广活动地市级首站在天津市泰达图书馆档案馆启动。

7月31日—8月2日，“2013年全区公共图书馆馆长高级研修班”在广西壮族自治区图书馆报告厅举办。

8月

8月1日，全民阅读立法专家研讨会在京召开。《全民阅读促进条例》初稿出炉，全民阅读立法列入国务院立法计划。

8月1—2日，第四届教育部高等学校图书情报工作指导委员会成立大会暨第一次工作会议在河南省郑州市召开。

8月5日，2013“全国图书馆未成年人服务提升计划”（吉林站）巡讲活动在长春启幕。

8月8日，郑州图书馆新馆正式投入试运行。

8月8日，第四届世界华语学校图书馆论坛在福建福州召开。

8月11—13日，“中国书业馆配年会暨图书馆与出版社高层论坛”在上海举行。

8月13日，第二届国家公共文化服务体系建设专家委员会成立大会在北京召开。

8月14—15日，第一届全国图书馆未成年人服务论坛在昆明隆重召开。论坛由中国图书馆学会、国家图书馆和云南省文化厅主办，云南省图书馆学会和云南省图书馆承办，主题是“阅读与圆梦”。

8月19—23日，第三期《全国古籍普查登记目录》审校人员培训班在重庆市图书馆举办。

8月22—23日，东北地区第十四次图书馆学科学讨论会在黑龙江省绥芬河市图书馆召开。

8月23日，《中国科学院国家科学图书馆与中关村科技园区海淀园工会工作委员会联合开展文献信息服务合作协议》在中国科学院国家科学图书馆签署。

8月27日，国家图书馆藏“天禄琳琅”珍贵古籍修复项目启动。

8月28日，中国图书馆学会医院图书馆委员会第21届学术研讨会暨2013年年会在浙江宁波召开。此次会议由中国图书馆学会医院图书馆委员会主办，解放军医学图书馆承办，会议主题为：医院图书馆服务与发展——评审中的医院图书馆。

8月29日，第五届“中国图书馆馆长与国际出版社高层对话论坛”在北京举行，论坛的主题为“电子图书与图书馆”。本届论坛由中国图书馆学会专业图书馆分会、中国图书进出口(集团)总公司、中国图书馆学会高校图书馆分会共同主办，中国图书进出口(集团)总公司具体承办。

9月

9月2日，由国家图书馆和上海交通大学联合整理影印，国家图书馆出版社与上海交通大学出版社共同出版的80卷、5万页的《远东国际军事法庭庭审记录》正式出版发行。此次完整出版庭审记录在中国尚属首次。

9月5—6日，第35届医学图书馆工作人员年会暨2013海峡两岸医学图书馆馆长会议在台湾高雄举办。

9月5—7日，“第十二届中国社区乡镇图书馆发展战略研讨会”在内蒙古自治区呼伦贝尔市海拉尔区召开。会议由中国图书馆学会社区乡镇图书馆专业委员会主办，湖北省图书馆学会承办，内蒙古自治区图书馆和呼伦贝尔市图书馆协办。

9月9日，国家图书馆建馆104周年馆庆之际，国家图书馆进一步放宽入馆年龄，实现入馆“零门槛”，成为世界上开放程度最高的国家图书馆之一。

9月9日，国家图书馆在京联合全国所有公共图书馆面向公众发布《共创文明图书馆倡议书》。

9月10日，中国黑龙江、俄罗斯远东国家科学图书馆国际图书馆学术研讨会在黑龙江省图书馆召开。

9月10—11日，由中国国家图书馆主办的“网络资源采集与数字资源长期保存”研讨会在北京会议中心举办。

9月11—14日，第二十二届中国西部地区市地州公共图书馆协作网年会暨学术研讨会在贵州省毕节市举行。

9月12—13日，华北地区高校图书馆协作委员会第二十七届学术年会在山西大学图书馆举行。

9月12—15日，中国图书馆学会阅读推广委员会2013年工作会议暨第七届全民阅读论坛在郑州大学召开。论坛主题为“经典重读与书香未来”。

9月14日，福建省泉州市万祥图书馆海洋馆正式开馆。

9月14日—10月27日，由深圳读书月组委会、深圳市新闻出版局主办，深圳市少年儿童图书馆承办的“第二期全市阅读推广人公益培训班”成功举行。

9月16日，在两国元首的共同见证下，中国文化部部长蔡武与巴林教育部大臣马吉德·本·阿里·纳依米在人民大会堂签署《中国国家图书馆与巴林王国教育部（哈马德国王图书馆）合作备忘录》。

9月23—25日，首届“中国藏书文化学术研讨会”在温州市图书馆举行，主题为“图书馆与民间文献”。

9月23日，“中文文献资源共建共享合作会议”理事会第七次会议在武汉召开。

9月25—26日，“第六届图书馆管理与服务创新论坛”在兰州召开。会议由教育部高等学校图书情报工作指导委员会、中国图书馆学会图书馆管理专业委员会、上海交通大学图书馆主办，兰州大学图书馆承办。

9月26日，“2013年中南、西南省（市）、自治区公共图书馆业务协作研讨会”在重庆图书馆拉开帷幕。会议主题为“图书馆合作与共享”。

9月26—29日，中国图书馆学会专业图书馆分会举办2013中国机构知识库研讨会。会议主题为“机构知识库的积极实践”。

9月28日，中国人权发展基金会在西藏儿童福利院举行捐赠，为西藏自治区中小学捐建500所数字图书馆，总价值约1000万元。

10月

10月8—12日，由中国图书馆学会主办，苏州图书馆和苏州市图书馆学会承办的“城市图书馆服务体系建设研讨班·苏州站”在苏州图书馆举行。

10月10日，南京金陵图书馆与加纳图书馆委员会在加纳首都阿克拉共同签署备忘录，建立长期合作关系，促进两国文化交流。

10月11日，目前全国唯一的花木类专业图书馆——中国·嘉泽花木图书馆正式开馆。

10月11日，济南市图书馆新馆正式开馆。

10月11—13日，华北地区高校图协第二十七届学术年会在山西大学图书馆召开，主题为“盛世危言：网络环境下图书馆生存危机探讨”。

10月13—16日，福建省图书馆学会2013年学术年会在龙岩市召开，年会主题是“书香中国——阅读引领未来”。

10月13—19日，由国家图书馆与山东省图书馆主办、青岛市图书馆协办的“全国图书馆参考咨询协作网参考咨询业务培训班”及“2013年全国图书馆参考咨询工作研讨会”在青岛举办。

10月14—25日，第一期全国传拓技术高级培训班在桂林举办。

10月15日，历经4个多月公开征集的“2013年中国图书馆年会”会徽在上海揭晓，由湖南益阳刘中涛设计的作品在海内外600多件应征作品中脱颖而出，被选为中国图书馆年会的永久会徽。

10月15—17日，2013年CALIS全国农学文献信息中心业务交流暨学术报告会在安徽农业大学举行。

10月16—18日，由国际图书馆协会联合会（IFLA）主办、中国高等教育文献保障系统（CALIS）承办的“国际图联第13届馆际互借与文献提供（ILDS）会议”在北京大学英杰交流中心召开。

10月16日，首都图书馆迎来建馆100周年。“城市与图书馆”学术论坛暨首都图书馆百年纪念会在北京举行。

10月17日，延边图书馆和朝鲜出版物交流协会在延边图书馆举行“朝鲜民主主义人民共和国图片展及朝鲜图书赠送仪式”，共同纪念中国延边—朝鲜平壤友好图书馆开馆一周年。

10月17—23日，全国图书馆联合编目中心年度工作会议和第三届全国文献编目工作研讨会在厦门举办。

10月18日，第25届“全国十五城市公共图书馆工作研讨会”在武汉图书馆开幕。会议主题为“城市公共图书馆服务模式创新及管理创新”。

10月21日，由江苏省文化厅、江苏省古籍保护中心主办的2013年“传承与发展——历史文献保护实践与展望”学术研讨会暨江苏省古籍保护工作会议在南京召开。

10月21—22日，云南省数字图书馆推广工程培训班在文山州图书馆举行。

10月22—26日，由文化部人事司主办、国家图书馆和湖南省文化厅承办、湖南图书馆协办的“数字图书馆可持续发展战略”高级研修班在湖南省长沙市举办。

10 月 21—23 日，2013（第二届）全国开放获取推介周在中科院国家科学图书馆举办。

10 月 23—24 日，浙江省图书馆学会第十三次学术研讨会在台州市图书馆召开。

10 月 24 日，广西图书馆学会 2013 年年会暨第 31 次科学讨论会在贵港市图书馆举行。

10 月 25—26 日，由北京高教学会图书馆工作研究会数字图书馆专业委员会主办、北京大学图书馆承办的北京高校图书馆“大数据时代数字图书馆的变革与创新”学术研讨会在京召开。

11 月

11 月 1 日，始建于 1903 年（清光绪二十九年）的湖南省常德市图书馆迎来 110 岁的生日。该馆为我国最早以“图书馆”命名的地市级公共图书馆。

11 月 2 日，文化部公共文化司发布《文化部关于公布第五次公共图书馆评估定级上等级图书馆名单的通知》。

11 月 2—3 日，由中国图书馆学会目录学专业委员会主办，武汉大学图书馆、武汉大学信息管理学院承办的第六届全国目录学学术研讨会在武汉大学召开。会议主题为“继承与发展——中国目录学的发展”。

11 月 7 日，2013 年中国图书馆年会——中国图书馆学会年会·中国图书馆展览会在上海浦东世博中心开幕。逾 3000 嘉宾齐聚一堂，共论“阅读引领未来”。

11 月 12 日，安徽省图书馆举办百年庆典，安徽省图书馆 100 周年纪念展和全国公共图书馆古籍整理出版成果邀请展同时开展。

11 月 13—14 日，北京高校网络图书馆 2013 年项目交流研讨会召开。

11 月 19—20 日，2013 亚洲图书馆馆长论坛在云南昆明举办。

11 月 21—22 日，由高等教育文献保障系统（CALIS）管理中心主办的“2013 高校图书馆服务与技术发展研讨会”在北京师范大学图书馆举行。

11 月 22 日，第四次中国旅游院校“五星联盟（5+1）”图书馆馆长会议在桂林旅游高等专科学校召开。

11 月 24 日，由国家图书馆民国时期文献保护工作办公室主办，江西省图书馆承办的第四期民国时期文献普查工作培训班在南昌举行开班仪式。

11 月 27—28 日，“广东图书馆学会 2013 年学术年会暨学会成立五十周年纪念系列活动”在肇庆市图书馆举办。

11 月 29 日，海南省图书馆协会第二届会员代表大会在省图书馆多功能报告厅召开。

12 月

12 月 2—6 日，中国图书馆学会主办，广东图书馆学会、佛山市图书馆学会承办的“城市图书馆服务体系建设研讨班·佛山站”在佛山市图书馆举行。

12 月 3 日，古籍普查重要发现暨第四批国家珍贵古籍特展在国家图书馆开幕。

12 月 3 日，由中国文联终身名誉主席周巍峙题写馆名的全国首家公益民营少儿图书馆——荆楚少儿图书馆枣阳分馆开馆。“全国道德模范”吴天祥任名誉馆长。

12 月 3—5 日，第四届全国知识组织与知识链接学术交流会在北京召开。

12 月 4—5 日，全国文献影像技术标准化技术委员会、中国文献影像技术协会 2013 年年会在贵阳市召开。

12 月 11 日，由全国图书馆标准化技术委员会组织的《社区图书馆建设指南》《乡镇图书馆统计指南》《社区图书馆服务规范》等 3 个文化行业标准专家审查会在国家图书馆召开。

12 月 12—13 日，第十四届全国省、自治区、直辖市、较大城市图书馆馆长联席会议在国家图书馆举行，会议围绕全国公共图书馆服务体系建设问题进行研讨。

12 月 14 日，“抗战时期桂林出版物和抗战史料保护利用研讨会”在广西桂林召开。

12 月 12—15 日，2013 华夏阅读论坛之“图书评论与乡镇社区阅读推广研讨会”在云南和顺图书馆召开。会议由中国图书馆学会阅读推广委员会、中国写作协会阅读学研究会主办，腾冲县文化广播电视体育局、和顺图书馆承办。本次会议是阅读推广委员会第一次在乡镇基层举办工作会议。

12 月 17 日，由自治区古籍保护中心、广西图书馆联合主办，中国民族图书馆协办的“中国少数民族古籍珍品展”开幕仪式在广西图书馆举行。

12 月 18 日，北京市图书馆协会第五次会员代表大会在首都图书馆召开。

12 月 23—25 日，河南省第 25 届省辖市公共图书馆馆长联席会暨基层公共图书馆经验交流会在修武县召开。

12 月 26 日，北京首个环保智能型图书馆——朝阳区图书馆新馆开馆。

12 月 27—28 日，2013 年北京地区高校图书馆年会在怀柔举办。

12 月 30 日，国内第一个二星级绿色建筑图书馆——广东省深圳市宝安中心图书馆新馆部分建成开放。

12 月 30 日，由文化部非物质文化遗产司、国家图书馆和中国丝绸博物馆共同主办的“丝绸的记忆——中国蚕丝织绣暨国家级非物质文化遗产项目特展”在国家图书馆开展。

（罗欢编辑整理）

索　　引

索 引

C

D

E

F

G

H

J

K

L

M

N

P

Q

R

S

W

X

Y

Z

(衡中青编制)